国学经典 | 典藏版

春秋左传

上

管曙光　注译

中州古籍出版社
·郑州·

前　言

春秋战国，在中国历史上是不同寻常的时期，是社会发生激剧变化的时期。在这个长达数百年的历史转型过程中，不仅政治、经济发生了深刻的变迁，思想文化领域也出现了罕有的繁荣景象，一批文化元典相继涌现，成为中华文化的源头和精华。其中《左传》堪称那个时期的杰出代表。

一、春秋战国时期

以周平王东迁洛阳为标志，开启了东周时期。东周分春秋和战国两个时期，其分水岭是韩、赵、魏三家分晋。春秋基本上是东周的前期，战国指东周后期至秦统一中原前。所谓"春秋""战国"，是后人所命名。"春秋"取自史书《春秋》，"战国"取自西汉刘向校订的《战国策》。

春秋战国是一个社会大变革的时期，也是思想大解放的时期。春秋时期，由于社会经济的发展、宗法制和礼制的变化、王权旁落、列国争霸、士阶层的形成和壮大、学术下移等原因，形成了相对宽松的文化环境，诸多思想流派得到了更加自由的发展空间。此时既有乱世必然出现的所谓礼崩乐坏的种种乱象,也有思想多元化所孕育出的文化新生机、新气象。特别是随着生产力的发展,人们征服和控制自然的能力得到提高,人的独立意识得以增强,反对天道,重视人道,要求提高人的地位和价值的思想,成为社会思潮的大趋势,促进了一个时代的觉醒。战国中前期,中国保留着春秋时期的社会特征,同时社会矛盾更加激化,社会生活更加复杂,各国争斗更为激烈,一系列政治问题、社会问题、人生问题需要解答。肇始于春秋时期的百家争鸣,此时更加活跃,并达到鼎盛。诸子百家从不同角度总结历史发展规律,探索社会发展方向,思考人生真谛,解答各种问题,或聚徒讲学,或私家著述,或处士横议,或游说诸侯……各种思想相互激荡、相互融合,学术更加繁荣,开创了我国历史上学术文化的黄金时代,为中华文化的发展奠定了基础。社会的转型深刻影响着文化的转型,文化的转型又直接推动了社会的转型。《左传》就是那个转型期大合唱中出现的一朵文化奇葩。

二、《春秋》简说

在中国古代,史官记事制度非常发达。《汉书·艺文志》上说:"古之王者世有史官,君举必书,所以慎言行、昭法式也。左史记言,右史记事,事为《春秋》,言为《尚书》。"[①]《春秋》作为史书的通称由来已久。据先秦文献记载,西周末期至东周前期,不少诸侯国的编年史大都以"春秋"命名。如墨子云:"吾见百国《春秋》。"[②]《国语·晋语》:"羊舌肸习于《春秋》。"[③]《国语·楚语》:"教之以《春秋》。"[④]《战国策·燕策》:"贤明之君,功立而不废,故著于《春秋》。"[⑤]这里的《春秋》应是史书的通称。有时为了说明是哪一国史书,前面会冠以国名,如《墨子·明鬼》有

"周之《春秋》""燕之《春秋》""宋之《春秋》""齐之《春秋》"诸说⑥。

《春秋》虽为各国史书通称，但随着岁月的流逝，只有鲁国史书《春秋》传了下来，因此到了春秋末期和战国时期，《春秋》便逐渐成了鲁史的专称⑦。

为什么取名《春秋》呢？古来说法甚多。主要有三：一是认为《春秋》有刑赏之义。根据古制，赏以春夏，刑以秋冬，各取一字，以示赏罚，寓褒贬于其中。二是取自孔子著书的时间。认为孔丘作《春秋》以其"春作秋成"，故名。三是错举"春秋"以代表四季。杜预《春秋经传集解序》说："年有四时，故错举以为所记之名也。"⑧也就是说，古代史书无非记载一年春夏秋冬四季大事，但不能遍举四字以为书名，又由于古人于四季中，特别重视春秋二季，"春为生物之始，而秋为成物之终"⑨。所以便交错互举，取春、秋以包夏、冬。另有今人认为春、秋二季白昼黑夜一样长，气候不冷不热，比较温和，古人希望一个国家的社会、政治也能像春秋一样平衡，因此便称史书为《春秋》。⑩

三、《春秋》与孔子

现存《春秋》，分年纪事，即上起鲁隐公元年，下至鲁哀公十四年（后人又续至十六年），历时12代君主，凡242年，极其简明地记载了周王朝、鲁国及其他各国的事件，是古代较早的一部编年史。其内容大多记录政治活动，这也是中国古代史书的一个特色。其中征伐大约占40%，会盟大约占20%，朝聘大约占20%，祭祀婚丧等大约占10%，日月之食、星变、地震、陨石、雨雪、水灾、旱灾等大约占10%。

关于《春秋》的作者，也是一个久争不休的话题。从战国时期孟子提出孔子作《春秋》，到民国钱玄同等人认为《春秋》与孔子无关，两千多年来关于《春秋》作者以及孔子与《春秋》关系的争论，大致有三种说法。

第一，孔子作《春秋》说。最早提出孔子作《春秋》之说的是孟子，在《孟子》一书中有两处提及孔子作《春秋》，其中"孔子成《春秋》而乱臣贼子惧"（《孟子·滕文公下》）的观点对后世影响极大，历代史学大师如司马迁、董仲舒、刘向、桓宽、王充、康有为、梁启超等也一致认同孔子作《春秋》的说法。其理由主要有两点：一是鲁国旧史只是孔子作《春秋》的素材，其体例乃孔子所创。二是《春秋》中的微言大义是原鲁《春秋》所没有的。

第二，孔子修《春秋》说。此说是由晋人杜预最早提出。杜预认为，《春秋》为鲁国旧史，其凡例大义周公早已确立，孔子在刊削时当然也加进了自己的见解，但只不过在原有基础上修订、补充而已，因此《春秋》不能算是孔子的著作。今人杨伯峻先生认为，最早提出《春秋》为孔子所修的是《左传》作者。[11]

第三，孔子非《春秋》作者说。此惊世骇俗之论出自民国初年疑古大家钱玄同。他从三个方面进行阐述：一是从总体上否定"六经"的经学元典价值，认为是后世儒家的"托古"，孔子无删述或制作"六经"之事。二是检索《论语》中有关"六经"言论，独无《春秋》之说，"《论语》关于《春秋》的话，简直一句也没有"。[12]故证明孔子不曾作过《春秋》。三是孔子作《春秋》是孟子伪造，这是道统思想作祟。[13]对此，今人又从《春秋》书法体例前后不一、歧异之处甚多证明其出于众手而非孔子一人所删定；《春秋》中有"孔子生""孔子卒"的记载，也证明孔子不可能是《春秋》的作者。

总之，孔子作《春秋》说确实缺乏足够的证据，但也不能完全排除《春秋》与孔子的关系。至少可以肯定，孔子曾经用《春秋》作为教材教过学生，孔子曾经讲论过《春秋》。那么他在此期间对《春秋》进行过一番整理和文字上的修订也是理所应当的了。

四、《春秋》与"三传"

《春秋》记事简略，240余年的历史只用短短16500多字加以记叙，每条经文，少则几个字，多者也就是二三十个字，而且辞义隐晦，仅从字面上很难看出事情的原委和蕴含的意义。因此后世便不断有解释《春秋》的文字出现。先师所言为经，后师所言为传，是过去的经学传统。因《春秋》被儒家后学尊称为"经"，释经之书便称为"传"。据《汉书·艺文志》载，西汉时解说《春秋》的"传"有五家：《左氏传》30卷，《公羊传》11卷，《穀梁传》11卷，《邹氏传》11卷，《夹氏传》11卷。但到了东汉，《邹氏传》已无传人，《夹氏传》没有形成文本，连班固都不曾见到，所以东汉人所见到的只有《春秋左氏传》《春秋公羊传》《春秋穀梁传》，合称"《春秋》三传"。

《公羊传》《穀梁传》虽自战国口耳相传，但成书于汉代景帝时期，是用汉隶书写的，所以称为"今文"。《左传》则为先秦著作，西汉发现时是用秦以前的文字书写的，所以称为"古文"。

什么是今文、古文？西汉时期经师传授的经典，大多是以当时通用的汉隶写成，被称为"今文"。西汉立于学官的经典，都是这种今文经。而历经秦火之劫，尚有许多先秦古籍幸存于世，这些古籍是用古文即战国文字书写，被称为古文经。当时从孔子后裔宅壁以及其他地方，也不断发现这种古文经典，只是这些古文经都没有被立于学官。因此，西汉时期，《公羊传》《穀梁传》都立于学官

(《公羊传》更受重视),设有博士,成为当时的官方"《春秋》学"。《左传》则受到排斥,只在民间流传,直至西汉末年,始立学官,到东汉明帝后,才形成"三传"并立的格局。

"三传"既有今、古文之分,《春秋》经文自然也分今、古。《春秋》今、古经文的区别主要有三:一是卷数不同。今文经11卷,古文经12卷。为什么不同?因为闵公在位只有二年,事短不足成卷,故今文经将"闵公"之事合并于"庄公"中,就成为11卷了。古文经则坚持一公一篇。二是终止年代不同。今文经止于鲁哀公十四年,古文经则止于鲁哀公十六年[14]。三是文字上小有异同。

"三传"的解经方式有很大的不同。《左传》主要是以史实解经,将《春秋》所记之事详加叙述,前因后果、故事情节、人物对话以及背景材料,都有详细交代,甚至有些叙事远离了经文。所以作为一部史书,《左传》内容丰富、生动、具体。即使有一些解经的话,如解释《春秋》"书"与"不书",以及怎样"书",也是分量较少。《公羊传》《穀梁传》以解释《春秋》经文为主,记事极少,着重阐发"微言大义",即主要解释《春秋》的"义",挖掘《春秋》文字背后深层的思想,例如:为什么要记这件事,为什么要这样写,为什么用这个字而不用那个字,这样写表达了作者怎样的褒贬和爱憎,等等。其解释大多自逞胸臆,未必合乎《春秋》作者本意。在编撰体裁上,《公羊传》《穀梁传》采用问答体,对经文逐层加以系统阐释。

在古代,《春秋》和"三传"各自成书,"传"不附"经"文。到了西晋,杜预把《春秋》经文按年分别写在了对应年代的传文之前,并汇集了前人对《春秋左氏传》的注释,合编在一起,称为《春秋经传集解》。

五、《左传》的作者

关于《左传》的作者,历来说法不一。主要为两大类若干种。

第一类是左丘明说。

在早期文献中,有关左丘明的记载很少。"左丘明"这个名字,只在《论语·公冶长》中出现过:"巧言、令色、足恭,左丘明耻之,丘亦耻之。匿怨而友其人,左丘明耻之,丘亦耻之。"⑮

司马迁和班固都认为《左传》的作者是左丘明,与孔子是同时代人,也是鲁国人,或受经于孔子。孔子作《春秋》后,左丘明担心孔门弟子"人人异端,各安其意,失其真,故因孔子史记,具论其语,成《左氏春秋》"⑯。也就是说,左丘明试图为解释《春秋》提供充分的史实依据,以避免因口说流传而渐失其真,于是依据这些孔子曾经依据的历史材料(即所谓"孔子史记")编出一部《左氏春秋》来,这就是《左传》作者的编撰目的。司马迁还认为左丘明是鲁国的"君子",班固还说左丘明为鲁国的"太史"。自《史记》《汉书》之说出,左丘明作《左传》几成定论,魏晋以来学者多无异议,可以说唐代以前很少有人怀疑。支持此说的还有汉代的班彪和刘歆及唐代的刘知几等。

第二类是非左丘明说。

到了唐代,学者开始多有异议,认为《左传》作者左氏与《论语》中的"左丘明"是两个人(从孔子的语气看,这位左丘明更像是其前辈而非学生辈),《左传》中所记载的占卜预言往往极其准确,其书必成于田氏代齐、三家分晋之后,而《左传》中的一些官名、爵号、风俗等又是战国时期的秦制,因此《左传》的作者当是战国时人。唐代赵匡、宋代王安石认为《左传》的作者不是左丘明，唐代啖助和宋代朱熹、郑樵等人认为当是左氏、左姓，或左丘明的子孙、门人，或六国时楚人，而非左丘明。清代顾炎武也反对孔子同时代的左丘明著《左传》之说。近人康有为认为是汉代刘歆窜易《国语》伪造的《左传》。清代姚鼐和今人钱穆认为是战国初人吴起。徐中舒认为左丘明不可能是定稿之人，可能是子夏的再传弟子。杨伯峻认为是儒家别派。

不管《左传》的作者是谁，但可以肯定，他是鲁国人或鲁国史官。并且他充分掌握了春秋时期诸侯各国的史料，所处时代距春秋不远，当为儒家后学且长于兵学。从今本《左传》叙事范围的下限看，《左传》初稿作者当为战国初期人，后由授受者不断补充润色，大体定型。

六、《左传》的成书

关于《左传》的成书年代，历来有不同看法。有的认为是春秋末期，有的认为是战国中期。两说皆自古延续至今。有的学者甚至把《左传》的成书时间精确到公元前343年之前或大致在公元前375年至公元前343年之间。[17] 2012年4月24日，在《浙江大学藏战国楚简》图书首发仪式上，一批有着2300多年历史的楚国竹简于杭州首次公开亮相。这批楚简与目前流传的《左传》内容基本一致，首次证实《左传》的成书时间至少是在战国时期，从而破解了千百年来关于《左传》的真伪之争。

学术界一般倾向于《左传》成书于战国初中期。其实，先秦史书和诸子著作一样，都有一个口头传诵的授受过程。一部近20万字、涵盖各诸侯国史实的巨著不可能在一个较短时间内编撰而成，从草创（初稿）到写定，应该经历一个过程。具体来说，《左传》

当是草创于战国初年（三家分晋之后不久），而写定于战国中期以前。

关于《左传》的发现，主要有四种说法：一是汉代藏于秘府（皇家书库），为刘歆所发现。这是《左传》官藏本，司马迁撰写《史记》所参考的《左传》就是这个版本。此说出自《汉书·刘歆传》。二是系汉初张苍所献。此说出自许慎《说文解字·序》。三是发现于孔宅壁中。此说出自王充《论衡·案书》。四是民间藏本。《汉书·景十三王传》记载："献王所得书皆古文先秦旧书……立《毛氏诗》《左氏春秋》博士。"⑱另据《汉书·刘歆传》及《儒林传》，当刘歆发现秘府本《左传》时，大为好奇，急忙跑去向治《左传》的伊咸和翟方进求教。可见，在汉景帝和汉成帝时民间就有《左传》传本。学术界对第二、三种说法均持怀疑态度。

关于《左传》的名称演变。《左传》在战国时就颇有影响，但那时不叫《左传》，而被称为《春秋》。《战国策》数引《左传》之文，就称它为《春秋》。到了汉代，司马迁称其为《春秋古文》或《左氏春秋》。到了东汉，班固作《汉书》，称其为《春秋左氏传》，时人又称为《左氏》《左氏传》。《汉书》中也有《左氏春秋》和《春秋左氏传》混用的情况。经过一段时间，人们逐渐感觉《春秋左氏传》这一名称要比《左氏春秋》更为准确，于是《春秋左氏传》为学人所习惯使用，简称《左传》。⑲

简言之，学术界通过对汉代诸种史料的综合分析，关于《左传》的成书，大致得出这样的结论：《左传》大约成书于战国初中期，西汉初年已在民间流传，西汉末年成帝时，经刘歆整理诠释始见正式文字著录，至汉平帝时王莽当政，立于学官，从此开始产生较大影响。

七、《左传》的体例

《左传》是一部编年史，而且是一部较为详备完整的编年史。它生动记载了上自鲁隐公元年，下至鲁哀公二十七年之间各诸侯国的盛衰兴亡以及当时政治、军事、经济和外交方面的一系列重大事件，书写了春秋历史的恢宏画卷。《左传》记事的下限较《春秋》更长。

《左传》是解说《春秋》的，因此在编纂体例和结构上同于《春秋》。它对《春秋》的解说主要表现为如下几种方式：一是对《春秋》经文直接加以解释说明。二是用事实补充说明。有许多大事件，《春秋》只是记为一两句，《左传》则用大量的篇幅把这些事件从头至尾具体地叙述出来。三是对《春秋》中的错误加以订正。四是有无经之传，即《左传》没有拘泥于《春秋》，《春秋》没有记载的事，《左传》作者认为有必要传之后代，便写了出来。

但《左传》又不仅是解说《春秋》的，即它不同于《公羊传》《穀梁传》只是解经之作。《春秋》仅有1万多字，《左传》则有近20万字。毫无疑问，仅靠《春秋》的只言片语，很多史实搞不清原委，如果没有《左传》，《春秋》的价值将会大大降低。而且《左传》已经有意识地从某种历史联系的角度来统筹规划、取舍剪裁以编撰成书。《春秋》虽然号称编年史，严格来讲，它就是一部大事记，而《左传》才是一部真正意义上的编年体史书。所以钱穆先生说："《左传》是一部史学上更进一步的编年史。孔子《春秋》只是开拓者，《左传》才是编年史的正式完成。"[20]虽然我们承认二者在学术渊源上的内在联系，但必须充分认识《左传》作为独立的史学著作的应有价值，充分肯定《左传》在中国思想史、文化史上的重要地位。

八、《左传》的价值

《左传》是一部重要的儒家经典、史学巨著、历史散文杰作，更是一部春秋时期的社会文化百科全书，先秦史学发展的经典之作、集大成者，具有重要的史学和文学价值，对其后几千年中国政治、思想、文化、军事等的发展产生了巨大而深远的影响。

《左传》的史学价值主要表现为：一是全面系统且比较详细地记述了春秋时期的历史，是研究春秋时期历史的宝贵文献资料。它以实录的方式，记载了大量春秋时期的史实，全方位反映了当时的社会风貌，保存了丰富的古代典章制度史料。如果没有《左传》，我们今天对春秋时期的认识要浅薄、苍白很多。二是为春秋以前的古史提供了大量珍贵的史料。三是记载了许多复杂的历史事件，总结了丰富的历史经验和教训，如国家关系、战争成败、外交艺术等，对今天仍有借鉴意义。四是反映了春秋时期丰富复杂的思想倾向，包括民本思想、崇礼思想、爱国思想、战争观念、天人观念、伦理观念等，并通过对虚伪残暴、荒淫腐败的统治者的揭露和对爱国、有为、明礼、诚信的杰出政治家和优秀人才的赞扬，寄托了作者的政治理想和价值取向。五是通过历史事件、历史人物和历史故事表现历史，反映历史全貌，开创了一种全新的史著体裁，对后世历史著作的写作产生了深刻的影响，是史官文化的杰出代表，是史家写史的榜样。

《左传》的文学价值主要表现为：一是将"言""事"结合，把历史事件故事化的写法，对史传文学的形成具有重大意义。二是叙事完整，结构缜密，亦文亦史，富于故事性和戏剧性，是我国古代散文的典范之作。三是善于描写历史人物，通过生动传神的细节描写，刻画出人物的动作和心理，创造了一系列栩栩如生的形象。四是擅长运用曲尽其详、张弛有度、谨严有序的笔触把复杂的战争、宏大的场面描写得惊心动魄、波澜起伏、跌宕多姿，为后世文学和历史作品描写战争等场面积累了宝贵经验。五是善于用平易简练、富于文采和魅力的语言把复杂纷繁的历史事件写得脉络清晰、详略适宜、引人入胜。六是典雅浑朴、细致传神的文风成为后世作家取之不尽的源泉。此外，还为我们留下了许多说理透辟、委婉动听、措辞典雅巧妙而不失分寸、为人称道不已的外交辞令。

历代学者对《左传》推崇备至，评价甚高。南朝刘勰《文心雕龙·史传》说："辞宗丘明。"[21]唐人刘知几《史通》说："著述罕闻，古今卓绝"，"其言简而要，其事详而博"，"言近而旨远，辞浅而义深，虽发语已殚，而含义未尽"。[22]清人刘熙载《艺概》说："微而显，志而晦，婉而成章，尽而不污，惩恶而劝善：《左氏》释经有此五体，其实《左氏》叙事，亦处处皆本此意。""《左氏》叙事，纷者整之，孤者辅之，板者活之，直者婉之，俗者雅之，枯者腴之。剪裁运化之方，期为大备。"[23]清人冯李骅《左绣·读〈左〉卮言》说："左氏叙事、述言、论断，色色精绝，固不待言，乃其妙尤在无字句处，凡声情意态，缓者缓之，急者急之，喜怒曲直莫不毕肖，笔有化工。"[24]梁启超《要籍解题及其读法》说："《左传》文章优美，其记事文对于极复杂之事项，如五大战役等，纲领提挈得极严谨而分明，情节叙述得极委曲而简洁，可谓极技术之能事。其记言文渊懿美茂，而生气勃勃，后此亦殆未有其比。又其文虽时代甚古，然无佶屈聱牙之病，颇易诵习。"[25]

《左传》自战国问世以来，非常流行。从西汉贾谊开始，历代都有人为《左传》作注。现存比较有代表性的著作有：西晋杜预的《春秋经传集解》，唐代孔颖达的《春秋左传正义》，清代洪亮吉的

《春秋左传诂》，尤其是今人杨伯峻的《春秋左传注》，广采古今有关《春秋》《左传》的研究成果，资料翔实，释读精当。

本书以中华书局1980年影印的阮元校刻《十三经注疏》本《春秋左传正义》（晋杜预注，唐孔颖达疏）为底本，同时参校了其他版本。将经文按年序分别排在传文之前，传文注释力求简要、准确，译文力求忠实原文、行文流畅。由于经文较为简短，不再注译。

本书在注译过程中，借鉴了诸多前人和今人的研究成果，特别是重点参考了杨伯峻先生的《春秋左传注》，在此一并谢过。注译中的不妥之处，在所难免，诚望方家和读者不吝赐教。

管曙光
2017年5月于郑州

[注释]

① （汉）班固撰：《汉书》，中华书局1962年版。　② （清）孙诒让撰：《墨子间诂·附录》，中华书局1986年版。此为墨子佚文。　③ （吴）韦昭注：《国语》，上海古籍出版社1978年版。　④ （吴）韦昭注：《国语》，上海古籍出版社1978年版。　⑤ （汉）刘向集录：《战国策》，上海古籍出版社1985年版。　⑥ （清）孙诒让撰：《墨子间诂》，中华书局1986年版。　⑦ 当时有些国家的史书似乎还有各自的专名，《孟子·离娄下》云："晋之《乘》、楚之《梼杌》、鲁之《春秋》，一也。"（杨伯峻译注：《孟子译注》，中华书局1962年版）说明与鲁国《春秋》相当的，在晋国称《乘》，在楚国称《梼杌》，鲁史似乎没有其他名称，就叫《春秋》。　⑧ （唐）杜预：《春秋经传集解序》，《十三经注疏》（第三册），中华书局1980年版。　⑨ 何休注、徐彦疏：《春秋公羊传注疏》，《十三经注疏》（第三册），中华书局1980年版。　⑩ 南怀瑾：《论语别裁》，复旦大学出版社1990年版。　⑪ 杨伯峻先生认为，《左传》在提到《春秋》作者时，多

次称之为"君子",在成公十四年盛赞《春秋》"非圣人谁能修之"。尽管当时"圣人"还不是孔子的专称,但是联系《左传》在其他地方的多处表述看,《左传》作者也是认定孔子是修过《春秋》的。参见杨伯峻:《春秋左传注·前言》,中华书局1981年版。　⑫钱玄同:《答顾颉刚先生书》,罗根泽编:《古史辨》(第一册中编),上海古籍出版社1982年版。　⑬钱玄同:《答顾颉刚先生书》,罗根泽编:《古史辨》(第一册中编),上海古籍出版社1982年版。　⑭《春秋》古文经鲁哀公十六年最后一条经文是"夏四月己丑,孔丘卒",这就与孔子作或修《春秋》发生了冲突。所以自古以来很多学者都认为哀公十四年"西狩……获麟"之后的文字是孔子弟子的"续经",为的是"记圣师之卒","以示尊圣"。　⑮杨伯峻译注:《论语译注》,中华书局1980年版。　⑯(汉)司马迁撰:《史记·十二诸侯年表序》,中华书局1982年版。　⑰赵伯雄:《〈春秋〉经传讲义》,人民出版社2012年版。　⑱(汉)班固撰:《汉书》,中华书局1962年版。　⑲沈玉成、刘宁:《春秋左传学史稿》,江苏古籍出版社1992年版。　⑳钱穆:《中国史学名著·春秋三传》,生活·读书·新知三联书店2005年版。　㉑(南朝)刘勰著:《文心雕龙注》,人民出版社1958年版。　㉒(唐)刘知几著:《史通》,上海古籍出版社1978年版。　㉓(清)刘熙载:《艺概》,上海古籍出版社1978年版。　㉔(清)冯李骅辑注:《左绣》,清康熙五十九年刊本。　㉕梁启超著:《要籍解题及其读法》,岳麓书社2010年版。

目 录

隐公 1

桓公 44

庄公 87

闵公 139

僖公 153

文公 286

宣公 361

成公 434

襄公 539

昭公 785

定公 1074

哀公 1139

隐 公

传 惠公元妃孟子①。孟子卒②,继室以声子③,生隐公。宋武公生仲子④,仲子生而有文在其手⑤,曰"为鲁夫人",故仲子归于我⑥。生桓公而惠公薨,是以隐公立而奉之⑦。

[注释]

①惠公:鲁国国君,名弗湟,隐公、桓公之父,在位四十六年而卒。元妃:国君第一次所娶的正夫人,即原配。孟子:宋国女子。孟,为排行,即老大。古时以"孟、仲、叔、季"排行,或作"伯、仲、叔、季"。子,宋国姓。女子出嫁后的名字常以排行冠于姓之前。下文"仲子"亦同此。 ②卒:去世。据《礼记·曲礼下》:"天子死曰崩,诸侯曰薨,大夫曰卒,士曰不禄,庶人曰死。" ③继室:此处用作动词,指续娶。声子:宋国女子,孟子的侄女。春秋时婚俗,诸侯娶妻,女方常以其妹妹或侄女陪嫁,称为媵。元妃死,则以媵为继室,但尚不能视为正室夫人。声,谥号。 ④宋武公:宋国国君,名司空。宋,子姓,都城在今河南省商丘市区,为殷商后裔。仲子:宋武公之女,鲁惠公继配夫人,鲁桓公之母。 ⑤文:文字,或解释为花纹、图形。

⑥归：出嫁。我：鲁国，即鲁惠公。　⑦隐公：鲁惠公继室声子所生，名息姑。立：此指隐公行国君之政，即摄政。奉之：奉戴桓公。时桓公为太子，年尚幼，隐公遵照其父遗嘱，率国人奉戴桓公为君。

[译文]

　　鲁惠公的原配夫人是孟子。孟子去世后，惠公娶了声子为继室，生了隐公。宋武公生了仲子。仲子生下时手掌上有文字，说"为鲁夫人"，因此仲子嫁到了鲁国。生了桓公不久惠公去世，因此由隐公摄政以奉戴桓公。

隐公元年

经　元年春王正月。三月，公及邾仪父盟于蔑。夏五月，郑伯克段于鄢。秋七月，天王使宰咺来归惠公、仲子之赗。九月，及宋人盟于宿。冬十有二月，祭伯来。公子益师卒。

传　元年春①，王周正月②，不书即位，摄也③。

三月，公及邾仪父盟于蔑④，邾子克也。未王命，故不书爵⑤。曰"仪父"，贵之也。公摄位而欲求好于邾，故为蔑之盟。

夏四月，费伯帅师城郎⑥。不书，非公命也。

初，郑武公娶于申⑦，曰武姜⑧。生庄公及共叔段⑨。庄公寤生⑩，惊姜氏，故名曰寤生，遂恶之。爱共叔段，欲立之。亟请于武公⑪，公弗许。及庄公即位，为之请制⑫。公曰："制，岩邑也⑬，虢叔死焉⑭。佗邑唯命⑮。"请京⑯，使居之，谓之京城大叔⑰。祭仲曰⑱："都城过百雉⑲，国之害也。先王之制㉑：大都不过叁国之一㉑，中五之一，小九之一。今京不度㉒，非制也，君将不堪。"公曰："姜氏欲之，焉辟害㉓？"曰："姜氏何厌之有㉔？不如早为之所㉕，无使滋蔓，蔓难图也。蔓草犹不可除，况君之宠弟乎？"公曰："多行不义必自毙㉖。子姑待之。"

既而大叔命西鄙、北鄙贰于己㉗。公子吕曰㉘："国不堪贰㉙，君将若之何？欲与大叔，臣请事之。若弗与，则请除之，无生民心。"公曰："无庸㉚，将自及。"大叔又收贰以为己邑，至于廪延㉛。子封曰："可矣。厚将得众㉜。"公曰："不义不昵㉝，厚将崩。"

大叔完聚㉞，缮甲兵㉟，具卒乘㊱，将袭郑。夫人将启之㊲。公闻其期，曰："可矣！"命子封帅车二百乘以伐京㊳。京叛大叔段，段入于鄢㊴，公伐诸鄢。五月辛丑㊵，大叔出奔共㊶。

书曰："郑伯克段于鄢。"段不弟㊷，故不言弟；如二君，故曰克；称郑伯，讥失教也。谓之郑志㊸。不言出奔，难之也。

遂置姜氏于城颍㊹，而誓之曰："不及黄泉，无相见也。"既而悔之。

颍考叔为颍谷封人㊺，闻之，有献于公㊻。公赐之食，食舍肉㊼。公问之，对曰："小人有母，皆尝小人之食矣，未尝君之羹。请以遗之㊽。"公曰："尔有母遗，繄我独无㊾！"颍考叔曰："敢问何谓也㊿？"公语之故，且告之悔。对曰："君何患焉？若阙地及泉㊶，隧而相见㊷，其谁曰不然㊸？"公从之。公入而赋㊹："大隧之中，其乐也融融㊺！"

隐公

姜出而赋："大隧之外，其乐也洩洩㊱！"遂为母子如初。

君子曰："颍考叔，纯孝也，爱其母，施及庄公㊲。《诗》曰㊳：'孝子不匮㊴，永锡尔类㊵。'其是之谓乎！"

秋七月，天王使宰咺来归惠公、仲子之赗㊶。缓，且子氏未薨㊷，故名。

天子七月而葬，同轨毕至㊸。诸侯五月，同盟至㊹。大夫三月，同位至㊺。士逾月，外姻至㊻。赠死不及尸㊼，吊生不及哀㊽，豫凶事㊾，非礼也。

八月，纪人伐夷㊿。夷不告，故不书。

有蜚㉛。不为灾，亦不书。

惠公之季年㉜，败宋师于黄㉝。公立而求成焉㉞。九月，及宋人盟于宿㉟，始通也㊱。

冬十月庚申㊲，改葬惠公。公弗临㊳，故不书。

惠公之薨也，有宋师，大子少，葬故有阙㊴，是以改葬。

卫侯来会葬㊵，不见公，亦不书。

郑共叔之乱，公孙滑出奔卫㊶。卫人为之伐郑，取廪延。郑人以王师、虢师伐卫南鄙㊷。请师于邾。邾子使私于公子豫㊸，豫请往，公弗许。遂行，及邾人、郑人盟于翼㊹。不书，非公命也。

新作南门。不书，亦非公命也。

十二月，祭伯来㊺，非王命也。

众父卒㊻。公不与小敛㊼，故不书日。

[注释]

①元年：公元前722年。周平王四十九年。　②王：周天子。周：

周历。春秋时代各国所用历法不一，有夏历、殷历、周历。三历岁首月建不同，夏历正月建寅，殷历正月建丑，周历正月建子。正月：周历即今夏历十一月。　③摄：摄政。　④邾仪父：即邾子克，邾国国君。盟：此处用作动词，指会盟、订约。蔑：鲁地，即姑蔑，在今山东省泗水县东部。　⑤爵：爵位，君主国家贵族所封的等级，古有公、侯、伯、子、男五等之说。　⑥费（bì）伯：鲁国大夫。郎：鲁邑，在今山东省鱼台县东北。　⑦郑武公：郑国国君，名掘突，武公是死后的谥号。郑，国名，姬姓，周宣王封其弟桓公友于郑，初都棫林（在今陕西省渭南市华州区西北），后迁都新郑（在今河南省新郑市）。申：国名，姜姓，在今河南省南阳市。　⑧武姜：即武公之妻姜氏，庄公、共（gōng）叔段之母。武，表明其夫为武公。姜，表明其母家姓姜。　⑨庄公：即郑伯，武公长子。共叔段：即太叔段，武公次子，名段。　⑩寤生：逆生，出生时足先出，即难产。寤，通"啎"。　⑪亟（qì）：屡次。　⑫制：郑邑，又名虎牢，在今河南省荥阳市汜水镇。　⑬岩邑：险邑。邑，城邑。　⑭虢（guó）叔：东虢国君，为郑所灭。虢，国名，在今河南省荥阳市。　⑮佗：通"他"。　⑯京：郑邑，在今河南省荥阳市东南。　⑰大叔：即太叔，叔段的尊称，表示在庄公弟弟中排行最前。大，同"太"。　⑱祭（zhài）仲：即祭足，郑国大夫。祭，地名，祭仲的食邑，在今河南省中牟县境内。　⑲都：都邑。城：城墙。雉：古时度量名称，长三丈，高一丈。　⑳制：制度，规制。　㉑叁国之一：即国都的三分之一。叁，同"三"。　㉒不度：不合法度。　㉓辟：同"避"，逃避。　㉔何厌之有：即"有何厌"的倒装。厌，满足。之，结构助词，将宾语提前，无义。　㉕所：处所。　㉖毙：倒下，喻失败。　㉗既而：不久。西鄙、北鄙：边境二邑。鄙，边境城邑。贰：两属，既属于庄公，也属于自己。　㉘公子吕：郑国大夫，字子封。　㉙堪：忍受，容忍。　㉚无庸：不用。庸，用，使用，采用。　㉛廪延：郑邑，在今河南省延津县北。　㉜厚：指势力雄厚。　㉝昵：亲近。　㉞完：坚固城郭。

隐　公

聚：收集粮食。㉟缮：修整。㊱具：准备。㊲启：开启。㊳乘（shèng）：一车四马为一乘。㊴鄢：郑地，在今河南省鄢陵县。㊵辛丑：二十三日。㊶共：原诸侯国名，后为卫国别邑，在今河南省辉县市。㊷不弟：不像兄弟。弟，又通“悌”。㊸郑志：即郑庄公的意志。㊹城颍：郑邑，在今河南省临颍县西北。㊺封人：镇守边疆的地方官。封，疆界。㊻献：送物于人。㊼舍肉：将肉放置一边。舍，放置。㊽遗（wèi）：馈赠，给予。㊾繄（yī）：语气助词。㊿敢：谦辞，有冒昧的意思。(51)阙（jué）：同“掘”，挖。(52)隧：用作动词，指挖隧道。(53)其：语气副词，加强反问。(54)赋：赋诗。(55)融融：和乐的样子。(56)泄泄（yì yì）：舒畅的样子。(57)施（yì）：延及，推广。(58)《诗》：指《诗经》。下面两句引自《诗经·大雅·既醉》。(59)匮：缺乏，竭尽。(60)锡：通“赐”。(61)天王：即周平王姬宜臼。宰咺（xuǎn）：周王室臣子，宰为官名。归：通“馈”。赗（fèng）：送财物给人办丧事。(62)子氏：即仲子。(63)同轨：车轨辙迹相同者，此指周天子所分封的诸侯。(64)同盟：订立盟约的诸侯。(65)同位：爵位相同者。(66)外姻：有婚姻关系的亲戚。(67)尸：停柩待葬之时通称为“尸”。(68)哀：自始死至返哭（古礼，葬后返庙而哭），其间主人最为悲哀。(69)豫：通“预”。(70)纪：国名，姜姓，故城在今山东省寿光市南。夷：国名，妘姓，故城在今山东省即墨市西。(71)蜚（fěi）：一种有害的飞虫，今人谓之蜚盘虫。(72)季：末。(73)黄：宋邑，故城在今河南省民权县东。(74)成：媾和。(75)宿：国名，风姓，故城在今山东省东平县东南。(76)通：通好。(77)庚申：十四日。(78)临：临丧哭泣。(79)阙：缺失，不完备。(80)卫侯：卫国国君，姬姓。(81)公孙滑：共叔段之子。(82)虢：此指西虢国，故城在今河南省三门峡市陕州区。此时东虢已灭。(83)邾子：即邾子克。公子豫：鲁国大夫。(84)翼：邾地，在今山东省费县西南。(85)祭伯：周王室卿士。祭为其食邑，在今河南省郑州市郑东新区，与前祭仲之食邑为两地。(86)众父：即公子益师,字众父,鲁孝公之子。 ㉘小敛:给死者穿衣称为小敛,入棺称为大敛。

[译文]

元年春季,周历正月,《春秋》没有记载隐公即位,因为他只是代理国政。

三月,隐公与邾仪父在蔑地会盟,邾仪父就是邾子克。因为邾子尚未正式受周王室册封,所以《春秋》未记载他的爵位。称其为"仪父",是尊重他。隐公因为摄政而想和邾国结好,所以在蔑地举行了盟会。

夏季四月,鲁大夫费伯率领军队在郎地筑城。《春秋》没有记载此事,是因为不是奉隐公之命。

当初,郑武公从申国娶一女子,称为武姜。武姜生了庄公和共叔段。生庄公时出现难产,姜氏受到惊吓,就给庄公取名叫"寤生",并因此而讨厌他。姜氏宠爱共叔段,想立他为太子。多次请求武公,武公不答应。等到庄公即位,姜氏请求把制这个地方封给共叔段。庄公说:"制,是一个险要的城邑,虢叔曾经死在那里,其他地方随您挑选。"姜氏又请求京地,并让共叔段住在那里,称其为"京城太叔"。郑国大夫祭仲说:"都邑的城墙周围超过了三百丈,就会成为国家的祸害。先王规定的制度是:大的都邑城墙不超过国都城墙的三分之一,中等都邑不超过五分之一,小的都邑不超过九分之一。现在京城的城墙不合法度,不是先王定下的规矩,国君将难以承受。"庄公说:"姜氏要这样,我哪里能够避免祸害呢?"祭仲说:"姜氏哪里会满足?不如对共叔段早做处置,不要让他的势力滋长蔓延,一旦蔓延开来就难以对付了。蔓延的野草尚且难以铲除,更何况是国君受宠的弟弟呢?"庄公说:"不义之事做多了,必然自己栽跟头。您就等着瞧吧。"

不久,太叔命令西部和北部边境二邑同时也听命于自己。公子吕说:"一国不能容有二君,国君打算怎么办?如果想把君位让给太叔,就请允许我去事奉他。如果不想给他，就请把他除掉，以免让百姓生有二心。"庄公说："不必如此，他将咎由自取。"太叔进而把两属之地收归自己所有，并扩展到廪延一带。公子吕说："可以动手了。土地扩大了就会得到更多的民心。"庄公说："对国君不义，对兄长不敬，土地越多，崩溃就越快。"

太叔修治城郭，积聚粮草，整治装备武器，充实士卒战车，准备偷袭郑都。姜氏准备作为内应打开城门。庄公听说太叔起兵的日期后说："可以动手了。"命令子封率领二百辆战车攻打京城。京城的人背叛了太叔，太叔逃到鄢地，庄公又攻打鄢地。五月二十三日，太叔逃到共国。

《春秋》记载为："郑伯克段于鄢。"太叔不讲孝悌，所以不称他为庄公之弟；兄弟相争，如同两国国君交战一样，所以称为"克"；称庄公为"郑伯"，是讥讽他对弟弟有失教诲。这也表明庄公早有杀弟之心。不写太叔"出奔"，是表示责难庄公。

随后庄公把姜氏安置到城颍居住，并发誓说："不到黄泉，绝不再见。"但不久他就后悔了。

当时，颍考叔正镇守颍谷，听说此事后，借献礼之机求见庄公。庄公赐给他食物，颍考叔把肉挑出来放在一边。庄公问是什么意思，他回答说："小人家有老母，一向都是吃小人供奉的食物，还从未尝过国君的东西。请允许我把这些肉带回去给她品尝。"庄公说："你有母亲可以孝敬，我却没有。"颍考叔问："请问这是什么意思？"庄公告诉他原因，并表示已经后悔。颍考叔说："国君何必对此忧虑？如果掘地见到泉水，你们在隧道中相见，又有谁说这不是黄泉相见呢？"庄公听从了他的建议。庄公进入隧道吟诗道："来到隧道中，心中好欢畅！"姜氏走出隧道也吟道："走出隧道外，心情真愉快！"从此母子和好如初。

君子评论说："颍考叔是一个至纯的孝子，孝敬自己的母亲，并且还推及庄公。《诗经》说：'孝子之孝无穷尽，永远赐予你同类。'说的就是这种情况吧!"

秋季七月,周天子派宰咺来馈送惠公和仲子的助丧财物。惠公已经下葬,财物送的太迟;仲子还没有死,财物送的又过早,因此《春秋》直书宰咺的名字。

天子死后七个月下葬,诸侯都要参加葬礼。诸侯去世后五个月下葬,同盟的诸侯都要参加葬礼。大夫去世后三个月下葬,爵位相同的人都要参加葬礼。士去世后一个月下葬,姻亲都要参加葬礼。下葬之后再向死者赠送礼品,向生者吊丧没有赶上举哀的时间,人未去世就预先赠送丧葬礼品,都不合乎礼。

八月,纪国人讨伐夷国。夷国没有前来报告,《春秋》没有记载。

鲁国发现了蚍蜉虫,但没有造成灾害,《春秋》也不记载。

惠公晚年,曾在黄地打败宋国。隐公即位后要求和宋人讲和。九月,在宿地和宋人结盟,两国开始通好。

冬季十月十四日,改葬惠公。隐公没有以丧主的身份临丧哭泣。因此,《春秋》没有记载。

惠公去世时,正遇鲁国和宋国交战,太子桓公又年幼,葬礼不够完备,所以现在才改葬。

卫桓公前来参加葬礼,没有见到隐公,因此《春秋》也不予记载。

郑国的共叔段叛乱后,他的儿子公孙滑逃到卫国。卫国人帮助他攻打郑国,夺取了廪延。郑国人率领周天子和虢国的军队攻打卫国南部边境。又请求邾国出兵。邾子派人私下和鲁国大夫公子豫商量,公子豫请求出兵救援,隐公不同意。公子豫便自己去了,和邾国、郑国在翼地结盟。《春秋》没有记载,是因为不是出于隐公的命令。

鲁国重新建造了国都南门。《春秋》没有记载,也是因为不是出于隐公的命令。

十二月,祭伯来到鲁国,他此行不是奉周天子的命令。

众父去世。隐公没有参加小殓,因此《春秋》没有记载众父死亡的日期。

隐公二年

经 二年春,公会戎于潜。夏五月,莒人入向。无骇帅师入极。秋八月庚辰,公及戎盟于唐。九月,纪裂繻来逆女。冬十月,伯姬归于纪。纪子帛、莒子盟于密。十有二月乙卯,夫人子氏薨。郑人伐卫。

传 二年春,公会戎于潜①,修惠公之好也。戎请盟,公辞②。

莒子娶于向③,向姜不安莒而归④。夏,莒人入向,以姜氏还。

司空无骇入极⑤,费庈父胜之⑥。

戎请盟。秋,盟于唐⑦,复修戎好也。

九月,纪裂繻来逆女⑧,卿为君逆也。

冬,纪子帛、莒子盟于密⑨,鲁故也⑩。

郑人伐卫,讨公孙滑之乱也⑪。

[注释]

①戎:华戎,原为西方少数民族,春秋时,一部分进入中原,与华夏族杂处。潜:鲁地,在今山东省济宁市西南。 ②辞:谢绝。 ③莒(jǔ):国名,己姓,都城在今山东省莒县。向:国名,姜姓,在今山东省境内。 ④向姜:向国女。 ⑤司空无骇:鲁国卿士。司空,官名,鲁有司空、司马、司徒三卿。无骇,公子展之孙,展禽(柳下惠)之父。极:鲁附庸国。 ⑥费庈(qín)父:即费伯,鲁国大夫。 ⑦唐:鲁地,在今山东省鱼台县东。 ⑧纪裂繻:纪国卿士。逆:迎娶。 ⑨纪子帛:即纪裂繻,字子帛。密:莒地,在今山东省昌邑

市东南。　⑩鲁故：莒、鲁不和，纪侯娶鲁女，因派大夫与莒结盟，使莒、鲁和解，所以说"鲁故"。　⑪公孙滑之乱：公孙滑为太叔段之子，叔段失败，滑奔卫，卫人为之伐郑，取廪延。见隐公元年传。

[译文]

二年春季，隐公在潜地会见戎人，是为了重修惠公时期的友好关系。戎人请求结盟，被隐公谢绝。

莒子从向国娶了向姜为妻，向姜不安心在莒国居住，又回到了向国。夏季，莒国人进入向国，带着向姜回国。

鲁国的司空无骇攻入极国，派费庈父灭了极国。

戎人请求结盟。秋季，在唐地结盟，这是为了和戎人重修旧好。

九月，纪裂繻前来迎娶隐公的女儿，这是卿为国君迎亲。

冬季，纪子帛、莒子在密地结盟，是为了缓和鲁国和莒国的关系。

郑国人攻打卫国，讨伐公孙滑的叛乱。

隐公三年

经　三年春王二月，己巳，日有食之。三月庚戌，天王崩。夏四月辛卯，君氏卒。秋，武氏子来求赙。八月庚辰，宋公和卒。冬十有二月，齐侯、郑伯盟于石门。癸未，葬宋穆公。

传　三年春，王三月壬戌①，平王崩②。赴以庚戌③，故书之。

夏，君氏卒。声子也。不赴于诸侯，不反哭于寝④，不祔于姑⑤，故不曰薨。不称夫人，故不言葬，不书姓。为公故，曰君氏。

郑武公、庄公为平王卿士。王贰于虢⑥，郑伯怨王，王曰："无之。"故周、郑交质⑦，王子狐为质于郑⑧，郑公子忽为质于周⑨。王崩，周人将畀虢公政⑩。四月，郑祭足帅师取温之麦⑪。秋，又取成周之禾⑫。周、郑交恶。

君子曰："信不由中⑬，质无益也。明恕而行⑭，要之以礼⑮，虽无有质，谁能间之⑯？苟有明信，涧溪沼沚之毛⑰，蘋蘩蕰藻之菜，筐筥锜釜之器⑱，潢污行潦之水⑲，可荐于鬼神⑳，可羞于王公，而况君子结二国之信，行之以礼，又焉用质？《风》有《采蘩》《采蘋》㉑，《雅》有《行苇》《泂酌》㉒，昭忠信也㉓。"

武氏子来求赙㉔，王未葬也。

宋穆公疾㉕，召大司马孔父而属殇公焉㉖，曰："先君舍与夷而立寡人㉗，寡人弗敢忘。若以大夫之灵㉘，得保首领以没㉙，先君若问与夷，其将何辞以对？请子奉之，以主社稷㉚，寡人虽死，亦无悔焉。"对曰："群臣愿奉冯也㉛。"公曰："不可。先君以寡人为贤，使主社稷。若弃德不让，是废先君之举也㉜，岂曰能贤？光昭先君之令德㉝，可不务乎㉞？吾子其无废先君之功㉟！"使公子冯出居于郑。八月庚辰㊱，宋穆公卒。殇公即位。

君子曰："宋宣公可谓知人矣。立穆公，其子飨之㊲，命以义夫㊳。《商颂》曰㊴：'殷受命咸宜㊵，百禄是荷㊶，'其是之谓乎！"

冬，齐、郑盟于石门㊷，寻卢之盟也㊸。庚戌㊹，郑伯之车偾于济㊺。

卫庄公娶于齐东宫得臣之妹㊻，曰庄姜。美而无子，卫人所为赋《硕人》也㊼。又娶于陈㊽，曰厉妫，生孝伯，早死。其娣戴妫生桓公(49)，庄姜以为己子。

公子州吁(50)，嬖人之子也(51)，有宠而好兵。公弗禁，庄姜恶之。石碏谏曰(52)："臣闻爱子，教之以义方(53)，弗纳于邪。骄、奢、淫、泆(54)，所自邪也。四者之来，宠禄过也(55)。将立州吁，乃定之矣；若犹未也，阶之为祸(56)。夫宠而不骄，骄而能降，降而不憾(57)，憾而能眕者鲜矣(58)。且夫贱妨贵(59)，少陵长(60)，远间亲(61)，新间旧，小加大(62)，淫破义，所谓六逆也(63)。君义，臣行，父慈，子孝，兄爱，弟敬，所谓六顺也(64)。去顺效逆，所以速祸也(65)。君人者将祸是务去(66)，而速之，无乃不可乎？"弗听。其子厚与州吁游(67)，禁之，不可。桓公立，乃老(68)。

[注释]

①王三月：即周历三月。壬戌：二十四日。 ②崩：天子死为崩。 ③赴：同"讣"，讣告。庚戌：十二日。 ④反哭：古礼，葬后返回宗庙而哭。反，通"返"。寝：寝庙，宗庙。古代宗庙分两部分，前面祭祀的地方叫"庙"，后面停放牌位和先人遗物的地方叫"寝"，合称"寝庙"。 ⑤祔：后死者附祭于宗庙的一种仪式。姑：丈夫之母，即婆婆。 ⑥贰：不专一。虢：这里指西虢公。 ⑦质：人质，以人为抵押品，春秋、战国时多盛行。 ⑧王子狐：周平王的儿子。 ⑨公子忽：郑庄公太子。 ⑩畀（bì）：给予。 ⑪祭足：即祭仲。温：周王畿内小国，在今河南省温县南。 ⑫成周：周王城邑，为周公所建，故城在今河南省洛阳市东。 ⑬信：人言。中：同"衷"，内心。 ⑭恕：宽恕，体谅。 ⑮要（yāo）：约束。 ⑯间：离间。 ⑰毛：草木通称。此指野草。 ⑱筥（jǔ）：圆形竹筐。方者为筐，圆者为筥。锜（qí）：三足锅。有足者为锜，无足者为釜。 ⑲潢：积水池。污：同"洿"，池塘。大

者为潢,小者为污。行潦:道路上所积的雨水。 ⑳荐:进献。与下句"羞"同义。 ㉑《风》:指《诗经·国风》。《采蘩(fán)》《采蘋》:均为《诗经·国风》篇名。 ㉒《雅》:此指《诗经·大雅》。《行苇》《泂(jiǒng)酌》:均为《诗经·大雅》篇名。 ㉓昭:显明。 ㉔武氏子:即武氏之子。武氏,周王室大夫。赙(fù):助丧的财物。 ㉕宋穆公:宋国国君,名和,宋武公之子,宣公弟,继其兄为国君。 ㉖大司马:宋国官名。孔父:名嘉,又称孔父嘉,正考父之子,孔丘的祖先。属:同"嘱",嘱托。殇公:宋宣公之子,名与夷,继穆公为国君。 ㉗先君:指宋宣公。舍:废弃。 ㉘灵:福。 ㉙保首领:即善终。领,颈项。没:终,即死。 ㉚社稷:国家。社,土地神。稷,谷神。古代君主均祭祀社稷,后遂以"社稷"指代国家。 ㉛冯(píng):公子冯,穆公之子,后即位为宋庄公。 ㉜举:荐举。 ㉝光昭:发扬光大。令德:美德。令,美好。 ㉞务:尽力从事。 ㉟吾子:对称代词,即"你",既表恭敬,又表亲昵。其:句中语气词,表示期望或命令。 ㊱庚辰:十五日。 ㊲飨:同"享"。 ㊳命以义:遗命立弟为君而不传位于子,合于道义。夫:句末语气词,表感叹。 ㊴《商颂》:《诗经》中颂扬殷商祖先建国立业的诗篇。 ㊵咸:都,全。宜:同"义"。 ㊶百禄:各种福禄。荷:承受。 ㊷齐:国名,姜姓,太公望之后,都城在今山东省淄博市临淄区。春秋后期,君权由田氏取代,称为田齐。石门:齐地,在今山东省济南市长清区西南。 ㊸卢:齐地,在今山东省济南市长清区西南。 ㊹庚戌:十二月无庚戌日,恐有误。 ㊺偾(fèn):倒覆。济:济水,古代四渎之一,在今山东省境内。 ㊻卫庄公:卫国国君,名扬。东宫:古时太子居东宫,故称太子为东宫。得臣:齐太子名,与庄姜同母,齐庄公嫡长子。 ㊼《硕人》:《诗经·国风》篇名。 ㊽陈:国名,妫(guī)姓,虞舜的后代,都城在今河南省淮阳县。 ㊾娣:妹妹。一般指同嫁一个丈夫的妹妹。 ㊿州吁:卫庄公之子。 51嬖(bì):宠妾。 52石碏(què):卫国大夫。 53义方:道义。 54泆:通"逸",放荡。 55过:过分。 56阶:阶梯。这里用作动词，即为祸乱制造阶梯。 (57)憾：恨。 (58)眕（zhěn）：克制。鲜：少。 (59)妨：害。 (60)陵：通“凌”，凌驾。 (61)间：因离间而取代。 (62)加：通“驾”，凌驾。 (63)六逆：六种违背道义的行为。 (64)六顺：六种顺合道义的行为。另据《管子·五辅》篇：“圣王饬此八礼，以导其民。八者各得其义，则为人君者中正而无私，为人臣者忠信而不党，为人父者慈惠以教，为人子者孝悌以肃，为人兄者宽裕以诲，为人弟者比顺以敬，为人夫者敦蒙以固，为人妻者劝勉以贞。”与此略同。 (65)速祸：即加速祸患到来。速，动词，使动用法。 (66)将祸是务去：即“将务去祸”的倒装句。 (67)游：交往。 (68)老：告老退休。

［译文］

三年春季，周历三月二十四日，周平王去世。讣告上写的是十二日，因此《春秋》就记为十二日。

夏季，君氏去世。君氏就是声子。因为没有向诸侯发讣告，安葬后没有返回祖庙哭祭，也没有把神位安放在婆婆的神位旁边，所以《春秋》称“卒”，不称“薨”。因为不称她为“夫人”，所以没有记载安葬的情况，也没有记载她的姓。因为她是隐公的生母，所以称之为“君氏”。

郑武公和郑庄公都做过周平王的卿士。平王暗中把朝政分给虢公一部分，庄公对平王有所不满，平王说：“没有这回事。”因此王室和郑国互换了人质，王室把王子狐送到郑国做人质，郑国把公子忽送到王室做人质。平王去世后，周人拟将政权交给虢公。四月，郑国的祭足率军抢收了温地的麦子。秋季，又抢收了成周的谷子。王室和郑国结下了怨仇。

君子评论说：“如果信任不是出自内心，即使互换人质也没有益处。若能彼此谅解而后行事，并主动接受礼的约束，即使没有人质，又有谁能离间他们呢？假若有诚信之心，即使是沟溪、沼池中的野草，浮萍、白蒿、蕴藻一类的野菜，筐、筥、锜、釜一类的器具以及道路上的积水，都可以用来祭祀鬼神，进献王公，何况君子是要缔结两国之间的信任，只要依礼行事，又何须什么人质？《国风》中有《采蘩》《采蘋》，《大雅》中有《行苇》《泂酌》，都是用以昭明这种忠信之道的诗篇。"

　　武氏的儿子来鲁国求取周平王的助丧之物，因为平王还没有安葬。

　　宋穆公病重，召见大司马孔父，把殇公托付给他，说："先君舍弃儿子与夷而立我为君，此恩此德我不敢忘记。如果我能托大夫的福得以善终，先君假如问起与夷，将用什么话回答他呢？请您一定事奉与夷主持国政，我也就死而无憾了。"孔父回答说："群臣都愿意事奉国君的儿子冯啊。"穆公说："不能这么做。先君认为我贤能，才让我主持国政。如果背离先君之德而不让位，就废弃了先君的贤德之举，怎么说是贤能呢？发扬先君的美德，能不尽力而为吗？希望您不要废弃先君的功业！"于是让公子冯前往郑国居住。八月十五日，宋穆公去世。殇公即位。

　　君子评论说："宋宣公可以说是知人善任了。立了兄弟穆公为君，他的儿子仍旧取得了君位，这是因为他的遗命符合道义吧。《商颂》说：'殷王传授天命都合于道义，因此得到了各种福禄。'说的就是这种情况吧！"

　　冬季，齐国和郑国在石门会盟，这是为了重修在卢地结盟的友好关系。某日，郑庄公的车子翻到了济水里。

　　卫庄公娶了齐国太子得臣的妹妹为妻，称为庄姜。庄姜貌美但未生儿子，卫国人便为她作了《硕人》一诗。庄公又从陈国娶厉妫为妻，生了孝伯，但孝伯很小就死了。厉妫的妹妹戴妫生了桓公，庄姜把桓公当作自己的儿子对待。

　　公子州吁是庄公宠妾的儿子，受到庄公的溺爱，又喜欢动武。庄公不加禁止，庄姜却很讨厌他。大夫石碏劝告庄公说："我听说宠爱儿子，应以道义教育他，以免他走了邪路。骄横、无礼、纵欲、放荡，是走上邪路的开始。这四种恶习的养成，是由于过分宠爱和享乐。如果您打算立州吁为太子，就请尽快决定；如果还不能定，就会酿成祸患。那种受宠而不骄、骄横而能甘心地位下降、位降而不怨恨、怨恨而能克制安分的人是少有的。卑贱欺压尊贵，年少凌辱年长，疏远挑拨亲近，新人离间旧人，弱小欺侮强大，淫乱破坏道义，这是六逆。国君行事合乎道义，臣子奉命而行，父亲慈爱，子女孝顺，兄长友爱，弟弟恭敬，这是六顺。舍弃六顺而效法六逆，就会加速祸害的到来。作为国君，务必尽力消除祸患，而如今却要加速它的到来，恐怕不行吧？"庄公不听。石碏的儿子石厚常与州吁来往，石碏禁止，石厚不听。后来卫桓公即位，石碏便告老辞官了。

隐公四年

经 四年春王二月，莒人伐杞，取牟、娄。戊申，卫州吁弑其君完。夏，公及宋公遇于清。宋公、陈侯、蔡人、卫人伐郑。秋，翚帅师会宋公、陈侯、蔡人、卫人伐郑。九月，卫人杀州吁于濮。冬十有二月，卫人立晋。

传 四年春，卫州吁弑桓公而立①。公与宋公为会，将寻宿之盟。未及期，卫人来告乱。夏，公及宋公遇于清②。

宋殇公之即位也，公子冯出奔郑，郑人欲纳之③。及卫州吁立，将修先君之怨于郑④，而求宠于诸侯，以和其民。使告于宋曰："君若伐郑以除君害⑤，君为主，敝邑以赋与陈、蔡从⑥。则卫国之愿也。"宋人许之。于是，陈、蔡方睦于卫，故宋公、陈侯、蔡人、卫人伐郑，围其东门，五日而还。

公问于众仲曰⑦："卫州吁其成乎？"对曰："臣闻以德和民，不闻以乱。以乱，犹治丝而棼之也⑧。夫州吁，阻兵而安忍⑨。阻兵无众，安忍无亲。众叛亲离，难以济矣⑩。夫兵犹火也，弗戢⑪，将自焚也。夫州吁弑其君而虐用其民，于是乎不务令德，而欲以乱成，必不免矣。"

秋，诸侯复伐郑。宋公使来乞师⑫，公辞之。羽父请以师会之⑬，公弗许，固请而行。故书曰"翚帅师"，疾之也⑭。诸侯之师败郑徒兵，取其禾而还。

州吁未能和其民。厚问定君于石子⑮。石子曰："王觐为可⑯。"曰："何以得觐？"曰："陈桓公方有宠于王，陈、卫方睦，若朝陈使请，必可得也。"厚从州吁如陈⑰。石碏使告于陈曰："卫国褊小⑱，老夫耄矣⑲，无能为也。此二人者，实弑寡君，敢即图之⑳。"陈人执之，而请莅于卫㉑。九月，卫人使右宰丑莅杀州吁于濮㉒，石碏使其宰獳羊肩莅杀石厚于陈㉓。

君子曰："石碏，纯臣也㉔。恶州吁而厚与焉㉕。'大义灭亲'，其是之谓乎！"

卫人逆公子晋于邢㉖。冬十二月，宣公即位，书曰"卫人立晋"，众也。

[注释]

①弑：古时以下杀上称为"弑"。 ②遇：相逢，不期而会，指非正式会见。清：卫邑，在今山东省东阿县南。 ③纳：引进，接纳。 ④修……怨：即报仇。 ⑤君害：指宋国公子冯，曾与宋殇公争夺君位。 ⑥敝邑：对本国的谦称。赋：兵赋，即人力、物力。蔡：国名，周武王弟蔡叔度之后，故城在今河南省上蔡县。从：从属。 ⑦众仲：鲁国大夫。 ⑧棼（fén）：纷乱。 ⑨阻兵：倚仗武力。安忍：安心于残忍。

⑩济：成功。　⑪戢（jí）：收敛，止息。　⑫乞师：请求出兵援助。　⑬羽父：即公子翚（huī），鲁国大夫。　⑭疾：憎恶。　⑮厚：即石厚，州吁党羽，石碏之子。定君：使君位安定。石子：即石碏。　⑯王觐（jìn）：是"觐王"的倒装。觐，古时诸侯朝见天子。　⑰如：动词，到……去。　⑱褊（biǎn）小：狭小。　⑲耄（mào）：年老。古时有以70岁称耄的，也有以80岁、90岁称耄的。　⑳敢：谦辞，请。即：就，趁此机会。　㉑莅（lì）：临，到。　㉒右宰：卫国官名。丑：人名。濮：陈地，在今安徽省亳州市。　㉓宰：家臣之长。獳（nòu）羊肩：人名，石碏的家臣。　㉔纯臣：忠心事主、纯一不贰的臣子。　㉕与：连同。　㉖公子晋：即卫宣公，卫桓公的弟弟，名晋。邢：国名，姬姓，故城在今河北省邢台市。

[译文]

　　四年春季，卫国的州吁杀了卫桓公，自立为国君。隐公打算会见宋殇公，以重温宿地结下的友好关系。还未到会见日期，卫国人来报告说发生了叛乱。夏季，隐公与宋殇公在清地非正式会见。

　　宋殇公即位时，公子冯逃到郑国，郑国人打算帮他回国夺取君位。州吁自立为君后，准备向郑国报复前代国君结下的怨仇，以此讨好诸侯，安定民心。他派人告诉宋国说："国君倘若攻打郑国，以铲除国君的祸害，我们就拥戴您为盟主，我国就可以动员人力、物力和陈、蔡两国跟随贵国。这是我们卫国的愿望。"宋国人答应了。此时陈、蔡两国正与卫国交好，因此宋殇公、陈桓公、蔡国人、卫国人联合攻打郑国，包围了郑都东门，五天后才回去。

　　隐公问众仲："卫国的州吁能成功吗？"众仲回答说："我听说过以德安民，未曾听说过以乱治国。以乱治国，犹如梳理乱丝一样越梳越乱。州吁依仗武力而且非常残忍。依仗武力会失去民众，残忍暴虐则无亲近之人。众叛亲离，则难以成功。武力犹如大火，不加抑制，将会焚及自身。州吁杀了他的国君，并且虐待他的百姓，不致力于修德行善，反而要以乱取胜，必定难免灾祸。"

秋季，诸侯又攻打郑国。宋殇公派人来鲁国请求出兵，隐公推辞了。羽父请求出兵会合，隐公不允许，羽父坚持请求后出发。因此《春秋》记载为"翚帅师"，表示憎恶他。诸侯的军队打败了郑国的步兵，收割了郑国的谷子后回国。

州吁终究没能安定他的百姓。石厚问父亲石碏如何才能使君位安定。石碏说："能朝见天子才能安定。"石厚又问："怎样才能朝见天子呢？"石碏说："陈侯目前正受天子宠信，陈、卫两国正交好，如果朝见陈侯，让他代为请求，一定能如愿以偿。"石厚便跟随州吁到了陈国。石碏又派人告诉陈国说："卫国地域狭小，老夫我年纪已大，不能有所作为了。这两个人确实杀了寡君，请贵国趁此机会对付他们。"陈国人把州吁和石厚抓了起来，并请卫国派人前去处置。九月，卫国人派右宰丑到陈国，在濮地杀了州吁，石碏派其家臣獳羊肩到陈国杀了石厚。

君子评论说："石碏真是一个至纯的臣子。他憎恨州吁，连同儿子石厚一并除掉。所谓'大义灭亲'，大概说的就是这种情况吧！"

卫国人到邢国迎接公子晋。冬季十二月，卫宣公即位，《春秋》记载为"卫人立晋"，说明宣公即位是众人的意愿。

隐公五年

经 五年春，公矢鱼于棠。夏四月，葬卫桓公。秋，卫师入郕。九月，考仲子之宫。初献六羽。邾人、郑人伐宋。螟。冬十有二月辛巳，公子彄卒。宋人伐郑，围长葛。

传 五年春，公将如棠观鱼者①。臧僖伯谏曰②："凡物不足以讲大事③，其材不足以备器用，则君不举焉④。君将纳民于轨物者也⑤。故讲事以度轨量谓之轨，取材以章物采谓之物⑥。不轨不物谓之乱政。乱政亟行，所以败也。故春蒐、夏苗、秋狝、冬狩⑦，皆于农隙以讲事也⑧。三年而治兵，入而振旅⑨，归而饮至⑩，以数军实⑪。昭文章⑫，明贵贱，辨等列，顺少长，习威仪也。鸟兽之肉不登于俎⑬，皮革、齿牙、骨角、毛羽不登于器⑭，则公不射，古之制也。若夫山林川泽之实，器用之资，皂隶之事⑮，官司之守，非君所及也。"公曰："吾将略地焉⑯。"遂往，陈鱼而观之⑰。僖伯称疾⑱，不从。书曰"公矢鱼于棠⑲"，非礼也，且言远地也。

曲沃庄伯以郑人、邢人伐翼⑳，王使尹氏、武氏助之㉑。翼侯奔随㉒。

夏，葬卫桓公。卫乱，是以缓。

四月，郑人侵卫牧㉓，以报东门之役。卫人以燕师伐郑㉔。郑祭足、原繁、泄驾以三军军其前㉕，使曼伯与子元潜军军其后㉖。燕人畏郑三军而不虞制人㉗。六月，郑二公子以制人败燕师于北制㉘。君子曰："不备不虞，不可以师。"

曲沃叛王。秋，王命虢公伐曲沃，而立哀侯于翼㉙。

卫之乱也，郕人侵卫㉚，故卫师入郕。

九月，考仲子之宫㉛，将《万》焉㉜。公问羽数于众仲㉝。对曰："天子用八，诸侯用六，大夫四，士二。夫舞所以节八音而行八风㉞，故自八以下。"公从之。于是初献六羽，始用六佾也㉟。

宋人取邾田。邾人告于郑曰："请君释憾于宋㊱，敝邑为道㊲。"郑人以王师会之，伐宋，入其郛㊳，以报东门之役。宋人使来告命,公闻其入郛也,将救之,问于使者曰:"师何及?"对曰:"未及国。"公怒,乃止,辞使者曰:"君命寡人同恤社稷之难㊴,今问诸使者,曰'师未及国',非寡人之所敢知也。"

冬十二月辛巳㊵,臧僖伯卒。公曰:"叔父有憾于寡人㊶,寡人弗敢忘。"葬之加一等。

宋人伐郑,围长葛,以报入郛之役也。

[注释]

①棠:鲁地,在今山东省鱼台县北。鱼:同"渔",即捕鱼。 ②臧僖伯:鲁臣,即公子彄(kōu),字子臧。 ③讲:讲习。大事:指祭祀与战争。 ④举:举动,行动。 ⑤轨:法度。物:事物。 ⑥章:通"彰",显明。采:通"彩"。 ⑦蒐(sōu)、苗、狝(xiǎn)、狩:均为打猎,因四时不同而叫法不一。 ⑧讲事:讲习武事。古时常于狩猎之机习武。 ⑨振旅:整顿军队。 ⑩饮至:古礼,凡国君出外,临行时一定要告于宗庙,归来时也要告于宗庙。同时要宴请臣下,犒赏随从,称为"饮至"。 ⑪军实:战争中所有物资器械、兵员及俘获的战利品。 ⑫文章:文采。这里指车服旌旗。 ⑬俎(zǔ):祭器。 ⑭器:器物。 ⑮皂隶:奴隶中的等级。此泛指贱役。 ⑯略:视察边境。 ⑰陈:陈设。 ⑱称疾:推托有病。 ⑲矢:陈。 ⑳曲沃:晋地,在今山西省闻喜县东。晋昭侯封成师(即桓叔,穆侯之子)于曲沃。庄伯:成师之子。翼:晋国当时的都城,在今山西省翼城县东南。 ㉑王:指周桓王。尹氏、武氏:均为周世族大夫。 ㉒翼侯:指晋国国君晋鄂侯。随:晋地,在今山西省介休市东南。 ㉓牧:郊外。 ㉔燕:此指南燕,国名,姞姓,都城在今河南省延津县东北。 ㉕祭足、原繁、泄驾:三人均为郑国大夫。 ㉖曼伯:即郑昭公,名忽。子元:即郑厉公,名突。潜:埋伏。 ㉗虞:预料,防备。制:郑邑,即

虎牢关。　㉘北制：即虎牢。　㉙哀侯：晋鄂侯之子，名光。　㉚郕（chéng）：国名，在今河南省范县东南。　㉛考：古时宗庙宫室或重要器物初建成而举行的祭礼，类似现在的落成典礼。宫：此指宗庙。　㉜《万》：舞名，包括文舞与武舞。文舞左手执籥（yuè，古代一种管乐器），右手秉翟（dí，野鸡毛），因此也叫籥舞、羽舞；武舞手执干（盾牌）与戚（一种像斧的兵器）。　㉝羽数：执羽的人数。众仲：鲁国大夫。　㉞八音：即金、石、丝、竹、匏、土、革、木八种不同材料所制成的乐器发出的乐音。八风：八方之风。　㉟六佾（yì）：六行列。佾，行列。古时乐舞，以八人为一列，称为一佾。此六佾，即四十八人。　㊱释憾：以打击报复而泄愤。　㊲道：同"导"，即向导。　㊳郛（fú）：外城，即"郭"。　㊴恤：忧虑。　㊵辛巳：二十九日。　㊶叔父：诸侯称同姓大夫，长曰伯父，少曰叔父。臧僖伯是鲁孝公的儿子，鲁惠公的弟弟，鲁隐公的亲叔父。憾：怨恨。指谏观鱼不听从一事。

[译文]

　　五年春季，隐公准备到棠地观看捕鱼。臧僖伯劝谏说："凡是物品，如果不是用于讲习大事，其材料不是用于制造礼器和兵器，国君就不必亲自行动。国君的责任是把百姓纳入法度和礼的规范。因此讲习大事以端正法度称作'轨'，选用材料以制造重要器物称作'物'。做事不合'轨'与'物'，就称为乱政。乱政多次出现，必将导致衰败。因此春蒐、夏苗、秋狝、冬狩这四种打猎的仪式都是用来在农闲时间讲习武事的。每隔三年还要举行一次大的军事演习，在郊外演习完毕后，整治军队进入国都，祭告宗庙，饮酒庆贺，并清点物资器械、兵员及俘获的战果。要表明各种器物的彩饰，分清高低贵贱，辨别上下等级，做到长幼有序，这是为了讲习威仪。如果鸟兽之肉不是用于祭祀，其皮革、牙齿、骨角、毛羽不是用于制造兵器，国君就不必去猎取，这是自古以来的制度。至于山林河泽中的物产，一般器物的原料，那是卑贱之人所为，有关官吏的职责，不是国君所应过问的。"隐公说:"我是准备去巡视边境。"随后就前往棠地,让捕鱼者摆出捕鱼的场面观看。僖伯推说有病,没有随从前往。《春秋》记载为"公矢鱼于棠",这是因为隐公的行为不合于礼,并且说棠地离国都较远。

曲沃庄伯率领郑国人、邢国人攻打翼地,周天子派尹氏、武氏帮助他。翼地的晋鄂侯逃到随地。

夏季,安葬卫桓公。由于卫国发生动乱,推迟了安葬时间。

四月,郑国人入侵卫国,攻至卫都郊外,报了去年东门一战之仇。卫国人率南燕军队攻打郑国。郑国的祭足、原繁、泄驾率三军从正面进攻燕军,并派曼伯和子元偷偷领兵驻扎在燕军背后。燕国人惧怕郑国三军,却没有提防从制地来的军队。六月,郑国的曼伯和子元率领制地人在北制打败了燕军。君子评论说:"如不提防意外,就不可领兵作战。"

曲沃背叛了周天子。秋季,天子命令虢公攻打曲沃,在翼地立哀侯为晋君。

卫国动乱时,郕人曾入侵卫国,因此,卫军攻入郕国。

九月,仲子庙落成,举行祭礼,准备演出《万》舞。隐公向众仲询问执羽而舞的人数。众仲回答说:"天子用八行,诸侯用六行,大夫用四行,士用二行。这种舞是伴随着八种材料所制乐器奏出的声音,传播八方的风俗,因此,要在八行以下。"隐公听从了众仲的意见。从此以后献演六羽乐舞,开始采用六行人演舞。

宋国人夺取了邾国的土地。邾国人告诉郑国说:"请国君对宋国予以报复,我们愿做向导。"郑国人率天子军队和邾军会合,讨伐宋国,一直攻到宋都外城,报了去年东门一战之仇。宋人以国君名义派人前来鲁国告急,隐公听说郑国军队已进入宋都外城,准备出兵救援,他问宋国使者:"郑国的军队到了哪里?"使者回答:"还未到国都。"隐公非常恼火,决定停止出兵,对使者推辞说:"贵君让我一起为宋国的危难担忧,如今问你,你却说'敌兵还没到国都',这样寡人就不知道应该怎么办了。"

冬季十二月二十九日，臧僖伯去世。隐公说："叔父对我有过怨恨，我不敢忘记。"于是提高一个等级安葬了他。

宋人攻打郑国，包围了长葛，以报郑人攻入宋都外城之仇。

隐公六年

经 六年春，郑人来渝平。夏五月辛酉，公会齐侯，盟于艾。秋七月。冬，宋人取长葛。

传 六年春，郑人来渝平①，更成也。

翼九宗、五正顷父之子嘉父逆晋侯于随②，纳诸鄂③。晋人谓之鄂侯。

夏，盟于艾④，始平于齐也。

五月庚申⑤，郑伯侵陈，大获。

往岁，郑伯请成于陈⑥，陈侯不许⑦。五父谏曰⑧："亲仁善邻，国之宝也。君其许郑。"陈侯曰："宋、卫实难⑨，郑何能为？"遂不许。

君子曰："善不可失，恶不可长，其陈桓公之谓乎！长恶不悛，从自及也⑩。虽欲救之，其将能乎？《商书》曰⑪：'恶之易也⑫，如火之燎于原，不可乡迩⑬，其犹可扑灭？'周任有言曰⑭：'为国家者，见恶如农夫之务去草焉，芟夷蕴崇之⑮，绝其本根，勿使能殖，则善者信矣⑯。'"

秋，宋人取长葛。

冬，京师来告饥。公为之请籴于宋、卫、齐、郑⑰，礼也。

郑伯如周，始朝桓王也。王不礼焉。周桓公言于王曰⑱："我周之东迁，晋、郑焉依。善郑以劝来者，犹惧不蔇⑲，况不礼焉？郑不来矣！"

[注释]

①渝平：弃怨修好，与"更成"同义。渝、更都是改变的意思，平、成都是讲和、和解的意思。　②翼：详见隐公五年注。九宗、五正：皆官名，顷父曾任此职。唐叔始封时，受怀姓九宗，职官五正。九宗即一姓为九族，五正为五官之长。晋侯：即隐公五年逃亡到随地的晋鄂侯。　③鄂：晋地，在今山西省乡宁县南。　④艾：地名，在齐、鲁两国交界处，即今山东省新泰市西北。　⑤庚申：十一日。　⑥请成：请求结好。　⑦陈侯：即陈桓公。陈，国名，妫姓，其地在今河南省淮阳县。　⑧五父：陈国执政大臣，又称陈公子佗、陈佗、文公子佗、陈五父、五父佗。　⑨难（nàn）：患。　⑩从：随从。　⑪《商书》：《尚书》中的一部分。下引文见《尚书·商书·盘庚上》。　⑫易：蔓延。　⑬乡：同"向"。迩（ěr）：近。　⑭周任：周代史官。　⑮芟（shān）夷：铲除，削平。蕴崇：聚积。　⑯善者：双关词，既指嘉禾，又指善人、善事、善政。信：同"伸"。　⑰籴（dí）：购买粮食。　⑱周桓公：周公旦的后裔。周公原封于鲁，其嫡长子世袭君位，而次子则世守王畿内的采地，在王朝为官。　⑲蔇（jì）：同"暨"，到、至。

[译文]

六年春季，郑国人前来弃怨修好，称为"更成"。

晋国翼地担任九宗、五正官职的顷父的儿子嘉父前往随地迎接晋侯，把他安置在鄂地。晋国人称其为鄂侯。

夏季，隐公在艾地和齐僖公结盟，鲁国开始和齐国结好。

五月十一日，郑庄公入侵陈国，俘获很多。

往年，郑庄公请求与陈国和好，陈桓公不愿意。五父劝谏说："亲近仁义与邻国友好,是治国最宝贵的。国君还是答应郑国吧。"陈桓公说:"宋国和卫国才是祸患,郑国能把我们怎么样呢?"就没有答应。

君子评论说:"友善不可丢失,怨仇不可助长,大概说的就是陈桓公吧!助长了怨仇而不悔改,灾祸将随之而来。即使想挽救,还能做到吗?《商书》说:'怨仇的滋生蔓延如同大火在原野上燃烧,不能够接近,怎么还能扑灭呢?'周任有句话说:'治国理家的人对于怨仇,要像农夫对待野草一样,尽力铲除,借以肥田,掘其老根,使其不能生长,如此,友善就能够得以发展了。'"

秋季,宋国人夺取了长葛。

冬季,京城派人来说发生了饥荒。隐公为周室向宋、卫、齐、郑等国请求购买谷物,是合乎礼的。

郑庄公前往周室,开始朝见周桓王。桓王没有以礼相待。周桓公对桓王说:"我们周室东迁,是依靠晋国和郑国的帮助。即使善待郑国,还担心其他诸侯不来呢,更何况不对郑国以礼相待呢?郑国不会再来了!"

隐公七年

经 七年春王三月,叔姬归于纪。滕侯卒。夏,城中丘。齐侯使其弟年来聘。秋,公伐邾。冬,天王使凡伯来聘。戎伐凡伯于楚丘以归。

传 七年春,滕侯卒①。不书名,未同盟也。凡诸侯同盟,于是称名,故薨则赴以名,告终称嗣也②,以继好息民③,谓之礼经④。

夏,城中丘⑤。书,不时也⑥。

齐侯使夷仲年来聘⑦,结艾之盟也。

秋，宋及郑平。七月庚申⑧，盟于宿⑨。公伐邾，为宋讨也。

初，戎朝于周⑩，发币于公卿⑪，凡伯弗宾⑫。冬，王使凡伯来聘。还，戎伐之于楚丘以归⑬。

陈及郑平。十二月，陈五父如郑莅盟⑭。壬申⑮，及郑伯盟，歃如忘⑯。泄伯曰⑰："五父必不免，不赖盟矣⑱。"

郑良佐如陈莅盟⑲。辛巳⑳，及陈侯盟，亦知陈之将乱也。

郑公子忽在王所㉑，故陈侯请妻之㉒。郑伯许之，乃成昏㉓。

[注释]

①滕：诸侯小国，姬姓，在今山东省滕州市。 ②告终：国君死要向同盟国报告。称嗣：向同盟国宣布继承人。 ③继好：继续同盟的旧好。息民：安民。 ④礼经：礼仪中的重要部分。 ⑤中丘：鲁地，故城在今山东省临沂市河东区。 ⑥不时：不是季节。 ⑦夷仲年：齐国大夫。聘（pìn）：诸侯之间卿大夫互访。 ⑧庚申：十七日。 ⑨宿：国名，在今山东省东平县东南。 ⑩戎：国名。 ⑪币：财礼。 ⑫凡伯：周王卿士。凡，国名，在今河南省辉县市西南。伯，爵名。弗宾：不礼遇。 ⑬楚丘：戎地，在今山东省曹县东南。 ⑭陈五父：见隐公六年注。 ⑮壬申：二日。 ⑯歃（shà）：古时举行盟会，杀牲饮血，以表示诚意。忘：意不专诚。 ⑰泄伯：即郑国大夫泄驾。 ⑱不赖盟：即不以结盟为重。 ⑲良佐：郑国大夫。 ⑳辛巳：十一日。 ㉑公子忽：见隐公三年注。所：处所。 ㉒妻（qì）：用作动词，以女嫁人。 ㉓昏：古时娶妻在黄昏，称为昏礼。昏，同"婚"。

[译文]

七年春季，滕侯去世。《春秋》没有记载滕侯的名字，是因为滕国没有和鲁国结盟。凡是诸侯结盟，都要在盟约上写上名字，死后也要在讣告上写上名字，为的是向盟国通报国君去世和继位者是谁，以继续友好，安定百姓，被称为是礼仪中的重要内容。

夏季，鲁国在中丘筑城。《春秋》记载此事，是此时筑城妨碍了农时。

齐僖公派其弟弟夷仲年来鲁国聘问，以巩固艾地盟约。

秋季，宋国和郑国讲和。七月十七日，在宿地结盟。隐公攻打邾国，是为宋国而讨伐。

从前，戎人到周室朝见，向公卿送上钱财，凡伯没有礼待戎人。冬季，天子派凡伯来访问。返回途中，戎人在楚丘把他抓住带回。

陈国和郑国讲和。十二月，陈国的五父到郑国参加盟会。二日，和郑庄公结盟，歃血时五父心不在焉。泄伯说："五父一定难免灾祸，他对结盟不够重视。"

郑国的良佐到陈国参加盟会。十一日，和陈桓公结盟，他也得知陈国将要发生动乱。

郑国的公子忽作为人质住在周室，陈桓公请求把女儿嫁给他。郑庄公同意了，就举行了订婚仪式。

隐公八年

经 八年春，宋公、卫侯遇于垂。三月，郑伯使宛来归祊。庚寅，我入祊。夏六月己亥，蔡侯考父卒。辛亥，宿男卒。秋七月庚午，宋公、齐侯、卫侯盟于瓦屋。八月，葬蔡宣公。九月辛卯，公及莒人盟于浮来。螟。冬十有二月，无骇卒。

传 八年春，齐侯将平宋、卫①，有会期。宋公以币请于卫,请先相见。卫侯许之,故遇于犬丘②。

郑伯请释泰山之祀而祀周公③,以泰山之祊易许田④。三月,郑伯使宛来归祊⑤,不祀泰山也。

夏,虢公忌父始作卿士于周。

四月甲辰⑥,郑公子忽如陈逆妇妫⑦。辛亥⑧,以妫氏归。甲寅⑨,入于郑。陈𬱖子送女⑩。先配而后祖⑪。𬱖子曰:"是不为夫妇。诬其祖矣⑫,非礼也⑬,何以能育⑭?"

齐人卒平宋、卫于郑⑮。秋,会于温⑯,盟于瓦屋⑰,以释东门之役,礼也。

八月丙戌⑱,郑伯以齐人朝王,礼也。

公及莒人盟于浮来⑲,以成纪好也⑳。

冬,齐侯使来告成三国。公使众仲对曰:"君释三国之图以鸠其民㉑,君之惠也。寡君闻命矣,敢不承受君之明德。"

无骇卒㉒。羽父请谥与族㉓。公问族于众仲。众仲对曰:"天子建德,因生以赐姓,胙之土而命之氏㉔。诸侯以字为谥,因以为族,官有世功,则有官族。邑亦如之。"公命以字为展氏。

[注释]

①平:修好。使动用法。　②犬丘:卫地,即垂,在今山东省曹县北。　③释:放弃。　④祊(bēng):郑国祭祀泰山的邑名,在今山东省费县境内。易:交换。许:近许之田,在今河南省许昌市南,原为周成王赏赐给周公朝见天子时的朝宿之邑。　⑤宛:郑国大夫。　⑥甲辰:六日。　⑦逆妇:迎娶。古人娶妻,除天子外,均亲迎。

妫（guī）：陈国姓，即以此名称新妇。　⑧辛亥：十三日。　⑨甲寅：十六日。　⑩陈铖子：陈国大夫。　⑪配：同床共寝。祖：告祭祖庙。⑫诬：欺骗。　⑬非礼：不合礼仪。依礼，郑公子忽率妇返国，应先祭祖庙，报告迎娶归来，然后同居。但公子忽则先同居而后祭祖。⑭育：生养教育。　⑮齐人：指齐僖公。　⑯温：周地，在今河南省温县。　⑰瓦屋：周地，在今河南省温县西北。　⑱丙戌：八月无丙戌日，恐有误。　⑲浮来：莒地，在今山东省莒县西。　⑳纪：详见隐公元年注。　㉑鸠：安集，安定。　㉒无骇：鲁执政大臣。㉓羽父：鲁执政大臣，即公子翚。族：即"氏"。古代姓氏有别，姓百世不改，氏是从姓分出来的。无骇的祖父是公子展，父亲是公孙夷伯，他的氏须请求鲁隐公赐予，而姓则同是"姬"。㉔胙（zuò）：赐。即赏赐土地作为封国，并给予氏名。

[译文]

八年春季，齐僖公准备使宋国、卫国和郑国讲和，定下了结盟日期。宋殇公馈送钱财向卫国请求，希望两国先行会谈。卫宣公同意了，因此两人在犬丘非正式会见。

郑庄公请求免除对泰山的祭祀而祭祀周公，用泰山附近的祊地交换鲁国许地的田地。三月，郑庄公派宛前来送上祊地，从此不再祭祀泰山。

夏季，虢公忌父开始在周室做卿士。

四月六日，郑国的公子忽到陈国迎娶妫氏。十三日，带妫氏回国。十六日，到了郑国。陈铖子送新娘到郑国。公子忽和妫氏先同房，然后祭告祖庙。陈铖子说："这不能算是夫妻。欺骗他的祖先，是不合乎礼的，将来怎么能够使子孙繁衍兴旺呢？"

齐国人终于让宋、卫两国和郑国讲和。秋季，三国在温地会见，在瓦屋结盟，以捐弃东门一战结下的怨仇，是合于礼的。

八月某日，郑庄公率领齐国人朝见周天子，也是合于礼的。

隐公和莒人在浮来结盟，以表示对纪国的友好。

冬季，齐僖公派人前来通报宋、卫两国和郑国讲和的消息。隐公派众仲答复："国君使三国放弃互相报复的念头，以安定他们的百姓，这是国君的恩惠。寡君听说了，也十分感谢国君的大德。"

无骇去世。羽父为他请求谥号和族氏。隐公向众仲询问有关族氏的问题。众仲回答说："天子封有德之人为诸侯，根据他们的生地而赐姓，又分封土地并且赐给他族氏。诸侯用字作为谥号，他的后代以此作为族氏。如果先辈担任某一官职而卓有功绩，其后人则以这一官职名称作为族氏。也有以先辈封邑的地名作为族氏的。"隐公命令用无骇的字为族氏，即展氏。

隐公九年

经 九年春，天王使南季来聘。三月癸酉，大雨，震电。庚辰，大雨雪。挟卒。夏，城郎。秋，七月。冬，公会齐侯于防。

传 九年春，王三月癸酉①，大雨霖以震②，书，始也。庚辰③，大雨雪，亦如之。书，时失也④。凡雨，自三日以往为霖。平地尺为大雪。

夏，城郎⑤。书，不时也。

宋公不王⑥。郑伯为王左卿士，以王命讨之，伐宋。宋以入郛之役怨公，不告命。公怒，绝宋使。

秋，郑人以王命来告伐宋。

冬，公会齐侯于防⑦，谋伐宋也。

北戎侵郑，郑伯御之。患戎师，曰："彼徒我车，惧其侵轶我也⑧。"公子突曰："使勇而无刚者，尝寇而速去之⑨。君为三覆以待之⑩。戎轻而不整⑪，贪而无亲⑫，胜不相让，败不相救。先者见获必务进⑬，进而遇覆必速奔，后者不救，则无继矣⑭。乃可以逞。"从之。

戎人之前遇覆者奔。祝聃逐之⑮。衷戎师，前后击之，尽殪⑯。戎师大奔。十一月甲寅⑰，郑人大败戎师。

[注释]

①癸酉：十日。 ②雨（yù）：用作动词，下雨。震：雷。 ③庚辰：十七日。 ④时失：节候与时令不合。 ⑤郎：鲁邑，为曲阜近郊邑名。 ⑥不王：诸侯朝见天子叫"王"。不王，即不朝见周天子。 ⑦防：鲁邑，在今山东省费县东北。 ⑧侵轶：突然从后面超越而侵犯。 ⑨尝：尝试。去：离开，后退。 ⑩三覆：三处伏兵。 ⑪轻：轻率。 ⑫贪：贪婪。 ⑬务：致力。 ⑭继：后继，后援。 ⑮祝聃（dān）：郑国大夫。 ⑯殪（yì）：战死。 ⑰甲寅：十一月无甲寅日，恐有误。

[译文]

九年春季，周历三月十日，连续下雨，并伴有雷震，《春秋》只记载了开始的这一天。十七日，开始连续下雪，《春秋》也只记载了开始的这一天。《春秋》记载这两件事，是因为气候反常。凡是下雨，连续三天以上叫"霖"。下雪平地积有一尺就叫"大雪"。

夏季，鲁国在郎地筑城。《春秋》记载此事，是筑城妨碍了农时。

宋殇公不去朝见周天子。郑庄公作为天子的左卿，以天子的名义讨伐殇公，进攻宋国。宋国由于外城被攻而鲁国不救一事还对隐公耿耿于怀，没有派人前来报告。隐公非常恼怒，断绝了和宋国使者的来往。

秋季，郑国人以天子的名义来通报攻打宋国的情况。

冬季，隐公和齐僖公在防地会见，商议讨伐宋国。

北戎人入侵郑国，郑庄公率军抵抗。他担心戎人军队强大，说："他们是步兵，我们是车兵，怕他们从后面超越到前面攻击我们。"公子突说："可以派出一些勇猛但不够坚强的士兵，和敌人刚一接触就马上撤退。国君在撤退途中设下三处伏兵等待。戎军散漫而不严整，贪婪而不团结，胜利了会因争夺财物各不相让，失败了则只知顾全自己互不相救。走在前面的见到有财物可获，必然更快地前进，遭到伏击必然迅速逃奔，后面的人看到前面遇到埋伏溃不成军，必然不去援救，敌兵就没有后援了。我们就可以取胜。"庄公采纳了他的建议。

果然，戎人的先头部队遇到伏击后四散奔逃。祝聃率军追击。把戎军拦腰截断，前后夹攻，将其全部歼灭。后面的戎军全部溃逃。十一月某日，郑国人大败戎军。

隐公十年

经 十年春，王二月，公会齐侯、郑伯于中丘。夏，翚帅师会齐人、郑人伐宋。六月壬戌，公败宋师于菅。辛未，取郜。辛巳，取防。秋，宋人、卫人入郑。宋人、蔡人、卫人伐戴。郑伯伐取之。冬十月壬午，齐人、郑人入郕。

传 十年春，王正月，公会齐侯、郑伯于中丘①。癸丑②，盟于邓③，为师期。

夏五月，羽父先会齐侯、郑伯伐宋。

六月戊申④，公会齐侯、郑伯于老桃⑤。壬戌⑥，公败宋于菅⑦。庚午⑧，郑师入郜⑨。辛未⑩，归于我。庚辰⑪，郑师入防⑫。辛巳⑬，归于我。

君子谓："郑庄公于是乎可谓正矣。以王命讨不庭⑭，不贪其土以劳王爵⑮，正之体也⑯。"

蔡人、卫人、郕人不会王命。

秋七月庚寅⑰，郑师入郊。犹在郊，宋人、卫人入郑。蔡人从之，伐戴⑱。八月壬戌⑲，郑伯围戴。癸亥⑳，克之，取三师焉㉑。

宋、卫既入郑，而以伐戴召蔡人。蔡人怒，故不和而败㉒。

九月戊寅㉓，郑伯入宋。

冬，齐人、郑人入郕，讨违王命也㉔。

[注释]

①中丘：见隐公七年注。　②癸丑：当是二月二十五日。　③邓：鲁地。　④戊申：六月无戊申日。如是戊午，即三日。　⑤老桃：宋地，当在今山东省济宁市北。　⑥壬戌：七日。　⑦菅（guān）：宋地，当在今山东省单县北。　⑧庚午：十五日。　⑨郜（gào）：原为诸侯国名，在今山东省成武县东南。春秋前，被宋国灭掉。　⑩辛未：十六日。　⑪庚辰：二十五日。　⑫防：宋地。　⑬辛巳：二十六日。　⑭不庭：不朝觐天子。庭，朝廷，用作动词。　⑮劳：犒劳，慰劳。　⑯体：本体，根本。　⑰庚寅：五日。　⑱戴：姬姓国，在今河南省民权县以东。　⑲壬戌：八日。　⑳癸亥：九日。　㉑三师：此指宋、卫、蔡三国军队。　㉒不和：不合作。　㉓戊寅：九月无戊寅日，当为记载之误。　㉔讨：讨伐。

[译文]

十年春季，周历正月，隐公在中丘会见齐僖公、郑庄公。二月二十五日，在邓地结盟，商定了出兵伐宋的日期。

夏季五月，羽父先行会合齐僖公、郑庄公攻打宋国。

六月某日，隐公在老桃会见齐僖公、郑庄公。七日，隐公在营地打败了宋国军队。十五日，郑国军队进入郜地。十六日，将郜地归属鲁国。二十五日，郑国军队进入防地。二十六日，将防地归属鲁国。

君子认为："郑庄公这样做可以说合于正道。以天子的命令讨伐不来朝见的诸侯，自己并不贪求土地，用来犒赏王室封爵的国君，可以说掌握了治理国政的本体。"

蔡国人、卫国人、郕国人没有遵照天子的命令会师讨伐宋国。

秋季，七月五日，郑国军队进入本国远郊。趁郑国军队还在远郊，宋军、卫军侵入郑国。蔡国人跟在后面进攻戴地。八月八日，郑庄公包围戴地。九日，攻下戴地，俘虏了三国军队。

宋、卫两国侵入郑国后，才让蔡国军队攻打戴地。蔡国人非常恼火，没有与宋、卫军队积极配合，导致三国军队失败。

九月某日，郑庄公攻入宋国。

冬季，齐军、郑军攻入郕国，以讨伐郕国违背天子的命令。

隐公十一年

经 十有一年春，滕侯、薛侯来朝。夏，公会郑伯于时来。秋七月壬午，公及齐侯、郑伯入许。冬十有一月壬辰，公薨。

传 十一年春，滕侯、薛侯来朝①，争长②。薛侯曰："我先封③。"滕侯曰："我，周之卜正也④。薛，庶姓也⑤，我不可以后之。"

公使羽父请于薛侯曰："君与滕君辱在寡人⑥。周谚有之曰：'山有木，工则度之⑦；宾有礼，主则择之。'周之宗盟⑧，异姓为后。寡人若朝于薛，不敢与诸任齿⑨。君若辱贶寡人⑩，则愿以滕君为请。"

薛侯许之，乃长滕侯。

夏，公会郑伯于郲⑪，谋伐许也⑫。

郑伯将伐许，五月甲辰⑬，授兵于大宫⑭。公孙阏与颖考叔争车⑮，颖考叔挟辀以走⑯，子都拔棘以逐之⑰，及大逵⑱，弗及，子都怒。

秋七月，公会齐侯、郑伯伐许。庚辰⑲，傅于许⑳。颖考叔取郑伯之旗蝥弧以先登㉑。子都自下射之，颠㉒。瑕叔盈又以蝥弧登㉓，周麾而呼曰㉔："君登矣！"郑师毕登。壬午㉕，遂入许。许庄公奔卫。

齐侯以许让公。公曰："君谓许不共㉖，故从君讨之。许既伏其罪矣，虽君有命，寡人弗敢与闻。"乃与郑人。

郑伯使许大夫百里奉许叔以居许东偏㉗，曰："天祸许国，鬼神实不逞于许君㉘，而假手于我寡人㉙。寡人唯是一二父兄不能共亿㉚，其敢以许自为功乎？寡人有弟，不能和协，而使糊其口于四方㉛，其况能久有许乎？吾子其奉许叔以抚柔此民也㉜，吾将使获也佐吾子㉝。若寡人得没于地，天其以礼悔祸于许，无宁兹许公复奉其社稷㉞。唯我郑国之有请谒焉㉟，如旧昏媾㊱，其能降以相从也。无滋他族㊲，实逼处此㊳，以与我郑国争此土也。吾子孙其覆亡之不暇，而况能禋祀许乎㊴？寡人之使吾子处此，不唯许国之为，亦聊以固吾圉也㊵。"乃使公孙获处许西偏㊶，曰："凡而器用财贿㊷，无置于许。我死，乃亟去之㊸。吾先君新邑于此㊹，王室而既卑矣㊺，周之子孙日失其序㊻。夫许，大岳之胤也㊼，天而既厌周德矣㊽，吾其能与许争乎㊾？"

隐 公

君子谓："郑庄公于是乎有礼。礼，经国家⁵⁰，定社稷，序民人⁵¹，利后嗣者也⁵²。许无刑而伐之⁵³，服而舍之，度德而处之⁵⁴，量力而行之，相时而动⁵⁵，无累后人⁵⁶，可谓知礼矣。"

郑伯使卒出豭⁵⁷，行出犬鸡⁵⁸，以诅射颍考叔者⁵⁹。

君子谓："郑庄公失政刑矣。政以治民，刑以正邪⁶⁰，既无德政，又无威刑，是以及邪⁶¹。邪而诅之，将何益矣？"

王取邬、刘、蒍、邘之田于郑⁶²，而与郑人苏忿生之田⁶³：温、原、絺、樊、隰郕、欑茅、向、盟、州、陉、隤、怀⁶⁴。

君子是以知桓王之失郑也。恕而行之⁶⁵，德之则也，礼之经也。己弗能有而以与人，人之不至，不亦宜乎？

郑、息有违言⁶⁶，息侯伐郑。郑伯与战于竟⁶⁷，息师大败而还。君子是以知息之将亡也。不度德，不量力，不亲亲，不征辞⁶⁸，不察有罪，犯五不韪而伐人⁶⁹，其丧师也，不亦宜乎？

冬十月，郑伯以虢师伐宋。壬戌⁷⁰，大败宋师，以报其入郑也。

宋不告命，故不书。凡诸侯有命，告则书，不然则否。师出臧否⁷¹，亦如之。虽及灭国，灭不告败，胜不告克，不书于策⁷²。

羽父请杀桓公，将以求大宰⁷³。公曰："为其少故也，吾将授之矣⁷⁴。使营菟裘⁷⁵，吾将老焉。"羽父惧，反谮公于桓公而请弑之⁷⁶。

公之为公子也，与郑人战于狐壤⑦⑦，止焉⑦⑧。郑人囚诸尹氏⑦⑨，赂尹氏而祷于其主钟巫⑧⑩，遂与尹氏归而立其主。十一月，公祭钟巫，齐于社圃⑧①，馆于寪氏⑧②。壬辰⑧③，羽父使贼弑公于寪氏，立桓公而讨寪氏，有死者。不书葬，不成丧也⑧④。

[注释]

①滕：见隐公七年注。薛：诸侯小国，任姓，在今山东省滕州市南。　②争长（zhǎng）：争执行礼的先后。　③封：受封。薛侯祖先为夏朝官员，封于夏代。　④卜正：官名，卜官之长。　⑤庶姓：不与周王同姓。　⑥辱：表敬副词。在：问候，存问。　⑦度（duó）：整治，测量。　⑧宗盟：会盟。《周礼·大宗伯》有"以宾礼亲邦国，春见曰朝，夏见曰宗，秋见曰觐，冬见曰遇，时见曰会，殷见曰同"。　⑨诸任：任姓诸国。齿：并列。　⑩贶（kuàng）：赏赐，施加恩惠。　⑪郲（lái）：即时来，郑地，当在今河南省郑州市北。　⑫许：诸侯国，姜姓，故城在今河南省许昌市东。　⑬甲辰：二十四日。　⑭大宫：即太宫，郑国祖庙。　⑮公孙阏（è）：郑国大夫，又称子都。　⑯辀（zhōu）：车辕。走：跑。　⑰棘：同"戟"。　⑱大逵（kuí）：大路。　⑲庚辰：初一日。　⑳傅：附着，靠近。　㉑蝥（máo）弧：旗名。　㉒颠：从城上坠下。　㉓瑕叔盈：郑国大夫。　㉔周：周遍。麾：挥动。　㉕壬午：初三日。　㉖共（gōng）：法度。　㉗许叔：许庄公弟，名郑，谥桓公。　㉘逞：满意，快意。　㉙假：借。　㉚一二父兄：指同姓群臣。共亿：即相安无事。亿，安。　㉛四方：四处。　㉜抚柔：安抚。　㉝获：即公孙获，郑国大夫。　㉞无宁：宁可。无，句首语气助词，无义。兹：使。　㉟谒：请求，告诉。　㊱昏媾：婚姻亲戚。　㊲滋：同"兹"，使。　㊳逼：迫近。　㊴禋（yīn）：祭祀。　㊵聊：姑且。圉（yǔ）：边疆。　㊶西偏：即

偏西部。㊷而：同“尔”。㊸亟（jí）：赶快。㊹新邑：指今河南省新郑市。郑国原在今陕西省渭南市华州区东北，平王东迁之后，郑桓公伐虢、桧，并其土地，立国于此。㊺卑：衰微。㊻序：绪业，即继承的功业。㊼大岳：即太岳，四岳，上古官名，掌管四岳的祭祀。胤（yìn）：后代。㊽厌：厌弃。㊾其：同“岂”。(50)经：经营，治理。(51)序：使动用法，使……有秩序。(52)嗣（sì）：后代，继承人。(53)刑：法度。(54)度（duó）：揣度。(55)相时：瞅准机会。(56)累：牵累。(57)卒：古代的军队编制，百人为卒。豭（jiā）：公猪。(58)行（háng）：古代的军队编制，二十五人为行。(59)诅：诅咒。古人祭神诅咒他人常用猪、犬、鸡三物。(60)正邪：匡正邪恶。(61)及邪：指大臣不睦，于战阵时射杀先登城者。(62)邬、刘、蒍（wěi）、邘（yú）：均为邑名。刘邑在今河南省偃师市南。邬邑在刘邑的西南。蒍邑当在今河南省孟津县东北。今河南省沁阳市西北有邘台镇，当是古邘邑。(63)苏忿生：周武王时为司寇，受封于温。(64)温、原、絺（chī）、樊、隰（xí）郕（chéng）、欑（cuán）茅、向、盟、州、陉（xíng）、隤（tuí）、怀：均为邑名，原为苏忿生封地，在今洛阳市以东、黄河以北的河南省境内。(65)恕：恕道，即“己所不欲，勿施于人”。(66)息：姬姓诸侯国，在今河南省息县。违言：言语不和。(67)竟：通“境”。(68)征辞：明辨是非。征，审察明白。辞，言辞。(69)不韪：常连用，即过错。韪（wěi），是，对。(70)壬戌：十四日。(71)臧（zāng）否（pǐ）：即善恶得失。臧，善。否，恶。(72)策：假借为“册”，指简册。(73)求：谋求。大宰：即太宰，官名。(74)授之：即交授君位。(75)菟（tú）裘：鲁地，在今山东省泰安市境内。(76)谮（zèn）：说坏话诬陷他人。(77)狐壤：郑地，在今河南省许昌市北。(78)止：被俘获。(79)诸：之于。之，代词。于，介词。尹氏：郑国大夫。(80)钟巫：神名，尹氏家中的祭主。(81)齐：同“斋”，斋戒。社圃：园名。(82)馆：住宿。寪（wěi）氏：鲁国大夫。(83)壬辰：十五日。(84)不成丧：即不按照国君之礼举行丧葬。

[译文]

十一年春季,滕侯、薛侯前来朝见隐公,为行礼的先后争执起来。薛侯说:"我们薛姓受封在前。"滕侯说:"我是周室的卜正。薛国是庶姓,我不能排在他后面。"

隐公派羽父向薛侯请求说:"承蒙您与滕君前来问候我。周朝有句谚语:'山上有树木,工匠就加以修整;宾客有礼貌,主人就加以选择。'周室的会盟,一般是异姓在后。我如果到薛国朝见,就不敢和你们任姓诸国争夺先后次序。如果您看得起我,就请同意让滕君先行礼。"

薛侯同意了,就让滕侯先行朝礼。

夏季,隐公和郑庄公在郲地会见,谋划攻打许国。

郑庄公准备攻打许国,五月二十四日,在祖庙内举行分发武器的仪式。子都和颍考叔为一辆兵车争夺起来,颍考叔挟起车辕就跑,子都拔出戟追了上去,追到大路上,没能赶上,子都很恼火。

秋季七月,隐公会合齐僖公、郑庄公讨伐许国。初一日,大军逼近许城。颍考叔举着郑庄公的"蝥弧"旗抢先登上城墙。子都从下边射他,颍考叔从城上坠落。瑕叔盈举"蝥弧"旗再登,摇旗呐喊:"国君登上城墙了!"郑国的军队全部攻了上去。三日,郑庄公进入许城。许庄公逃到了卫国。

齐僖公要把许国让给隐公。隐公说:"国君认为许国违背了法度,所以我才随您去讨伐。既然许国已经服罪,虽然您有命令,我也不敢接受。"就把许国让给了郑国人。

郑庄公让许国大夫百里事奉许叔主持国政并居住在许国东部,说:"上天降给许国灾祸,鬼神也对许君不满,因而借助寡人的手来惩罚他。寡人和自己的一两个父老兄弟尚且不能相安无事,哪里还敢把讨伐许国作为自己的功劳呢?寡人有一个弟弟,尚且不能与他和睦相处,而使其寄食于四方,哪里还顾得上长期占有许国呢?你事奉许叔安抚这里的百姓，寡人准备再让公孙获辅佐你。如果将来寡人得以善终，上天又能依礼重新撤去降给许国的灾祸，寡人宁可使许公重新主持国政。到那时，如果郑国有所请求，希望许国能像对待老亲戚一样，仍然赐予照顾。不要让其他国家乘机抢占这里，和郑国争夺这块土地。不然，我的子孙挽救自己的危亡尚且来不及，哪里还能顾得上为许国祭祀祖先呢？寡人让你留在这里，不仅是为了许国，也是想借此巩固我国的边境。"于是派公孙获住在许国的西部，对他说："凡是你的器用财物，都不要放在许国。我死后你就赶快离开这里。我祖先在这里新建城邑，王室已日渐衰落，周朝的子孙互相攻伐，秩序日趋混乱。许国是太岳的后代，上天既然已经厌弃了周朝，我们怎么还能和许国相争呢？"

君子认为："郑庄公在这件事上合乎礼。礼是治理国家，安定社稷，使百姓尊卑有序、造福后代的手段。当许国没有法度时就讨伐它，服罪以后就赦免它，估量自己的德行与人相处，根据自己的力量处理问题，选择有利时机采取行动，又不累及后人，可以说懂得礼了。"

郑庄公让一百个人拿出一头公猪，二十五个人拿出一只狗或鸡，来诅咒射杀颖考叔的凶手。

君子认为："郑庄公已经失去了理政和用刑的能力。政令用来治理百姓，刑罚用来匡正邪恶，既缺乏有益于百姓的政治措施，又缺乏有威严的刑罚，因此才发生了这种邪恶之事。邪恶既已出现，再去诅咒它，又有什么用处呢？"

周天子在郑国获取了邬、刘、芳、邘四处田地，把原来属于苏忿生的温、原、絺、樊、隰郕、欑茅、向、盟、州、陉、隤、怀等处田地给了郑国。

君子由此知道周桓王要失去郑国。以怨道处理问题，是道德的准则，礼的常规。桓王自己不能保有土地，就把它送给别人，别人不再来朝见，不也是应该吗？

郑国和息国因言语不合而反目，息侯攻打郑国。郑庄公和息侯在边境作战，息国军队大败而回。君子因此知道息国将要灭亡。不考虑自己的德行，不衡量自己的力量，不亲近自己的亲戚，对言语不和不能辨别是非，不能明察曲直，犯了这五条过失，又去讨伐别人，最终打了败仗，不也是应该吗？

冬季十月，郑庄公带领虢国的军队攻打宋国。十四日，大败宋军，报了隐公十年宋国进攻郑国一战之仇。

宋国没有报告这件事，因此《春秋》没有记载。凡是诸侯发生大事，来告诉就记载，否则就不予记载。出兵顺利不顺利，也是这样。即使某一国家被灭亡，只要被灭亡的国家不报告战败，胜利的国家不报告战胜，也都不加记载。

羽父向隐公请求杀掉桓公，准备以此求得太宰的职位。隐公说："过去因为他年幼，我才代为摄政，我打算把国君的位置还给他。我已经让人在菟裘建造了房屋，准备在那里养老。"羽父害怕了，反过来在桓公那里诋毁隐公，请求桓公杀掉隐公。

隐公还是公子时，与郑国人在狐壤作战，被郑国人俘虏。郑国人把他囚禁在尹氏那里，隐公贿赂尹氏，在尹氏的祭主钟巫的神位前祷告，然后和尹氏一起回国，并在鲁国立了钟巫的神位。十一月，隐公准备祭祀钟巫，先在社圃斋戒，住在寪氏那里。十五日，羽父派刺客在寪氏家里杀了隐公，立桓公为君，又攻打寪氏，寪氏家族有人丧命。《春秋》没有记载安葬隐公一事，是因为桓公没有依照国君的规格为隐公举行丧礼。

桓 公

桓公元年

经 元年春,王正月,公即位。三月,公会郑伯于垂,郑伯以璧假许田。夏四月丁未,公及郑伯盟于越。秋,大水。冬十月。

传 元年春①,公即位,修好于郑,郑人请复祀周公,卒易祊田②。公许之。三月,郑伯以璧假许田③,为周公祊故也。

夏四月丁未④,公及郑伯盟于越⑤,结祊成也。盟曰:"渝盟无享国⑥。"

秋,大水。凡平原出水为大水。

冬,郑伯拜盟。

宋华父督见孔父之妻于路⑦,目逆而送之,曰:"美而艳⑧。"

[注释]

①元年:周桓王九年。公元前711年。 ②卒:结束。祊:见隐

公八年注。　③假：借。　④丁未：二日。　⑤越：鲁地，在今山东省曹县附近。　⑥渝：改变。享：享有。　⑦华父督：宋戴公之孙，名督，字华父。孔父：即孔父嘉，孔子六世祖。　⑧美而艳：面目姣好为"美"，光彩动人为"艳"。

[译文]

元年春季，桓公即位，和郑国重修友好，郑国人提出重新祭祀周公，完成祊田的交换。桓公答应了。三月，郑庄公增加玉璧换取许田，是为了祭祀周公和以祊田交换许田。

夏季，四月二日，桓公和郑庄公在越地结盟，为祊田、许田的交换表示友好。双方立誓："如果违背盟约，就不能享有国家。"

秋季，鲁国发了大水。凡水淹没了平原，就叫大水。

冬季，郑庄公前来鲁国拜谢结盟。

宋国的华父督在路上见到孔父的妻子，看着她迎面走来，又目送她背影远去，赞叹说："真是华美而艳丽。"

桓公二年

经　二年春，王正月戊申，宋督弑其君与夷及其大夫孔父。滕子来朝。三月，公会齐侯、陈侯、郑伯于稷，以成宋乱。夏四月，取郜大鼎于宋。戊申，纳于大庙。秋七月，杞侯来朝。蔡侯、郑伯会于邓。九月，入杞。公及戎盟于唐。冬，公至自唐。

传　二年春，宋督攻孔氏，杀孔父而取其妻，公怒①，督惧，遂弑殇公。

君子以督为有无君之心而后动于恶，故先书弑其君。

会于稷以成宋乱②。为赂故，立华氏也。

宋殇公立，十年十一战，民不堪命③。孔父嘉为司马，督为大宰。故因民之不堪命，先宣言曰④："司马则然⑤。"已杀孔父而弑殇公，召庄公于郑而立之⑥，以亲郑。以郜大鼎赂公⑦，齐、陈、郑皆有赂，故遂相宋公⑧。

夏四月，取郜大鼎于宋。戊申⑨，纳于大庙。非礼也。臧哀伯谏曰⑩："君人者将昭德塞违⑪，以临照百官⑫，犹惧或失之。故昭令德以示子孙。是以清庙茅屋⑬，大路越席⑭，大羹不致⑮，粢食不凿⑯，昭其俭也。衮、冕、黻、珽、带、裳、幅、舄、衡、纮、𫄸、𫄧⑰，昭其度也。藻、率、鞞、鞛、鞶、厉、游、缨⑱，昭其数也⑲。火、龙、黼、黻⑳，昭其文也㉑。五色比象㉒，昭其物也㉓。钖、鸾、和、铃㉔，昭其声也。三辰旂旗㉕，昭其明也。夫德，俭而有度，登降有数㉖。文、物以纪之㉗，声、明以发之㉘，以临照百官，百官于是乎戒惧而不敢易纪律㉙。今灭德立违㉚，而置其赂器于大庙㉛，以明示百官。百官象之㉜，其又何诛焉？国家之败，由官邪也。官之失德，宠赂章也。郜鼎在庙，章孰甚焉？武王克商，迁九鼎于雒邑㉝，义士犹或非之㉞，而况将昭违乱之赂器于大庙，其若之何？"公不听。

周内史闻之曰㉟："臧孙达其有后于鲁乎！君违不忘谏之以德。"

秋七月，杞侯来朝，不敬。杞侯归，乃谋伐之。

蔡侯、郑伯会于邓，始惧楚也㊱。

九月，入杞，讨不敬也。

公及戎盟于唐，修旧好也。

冬，公至自唐。告于庙也。

凡公行，告于宗庙。反行㊲，饮至、舍爵、策勋焉㊳，礼也。

特相会㊴，往来称地㊵，让事也㊶。自参以上㊷，则往称地，来称会，成事也㊸。

初，晋穆侯之夫人姜氏以条之役生大子㊹，命之曰仇㊺。其弟以千亩之战生㊻，命之曰成师㊼。

师服曰㊽："异哉，君之名子也㊾！夫名以制义，义以出礼㊿，礼以体政[51]，政以正民[52]。是以政成而民听，易则生乱[53]。嘉耦曰妃[54]，怨耦曰仇[55]，古之命也。今君命大子曰仇，弟曰成师，始兆乱矣[56]。兄其替乎[57]？"

惠之二十四年，晋始乱，故封桓叔于曲沃[58]，靖侯之孙栾宾傅之[59]。

师服曰："吾闻国家之立也，本大而末小，是以能固。故天子建国[60]，诸侯立家[61]，卿置侧室[62]，大夫有贰宗[63]，士有隶子弟[64]，庶人工商各有分亲[65]，皆有等衰[66]。是以民服事其上而下无觊觎[67]。今晋，甸侯也[68]，而建国。本既弱矣，其能久乎？"

惠之三十年，晋潘父弑昭侯而纳桓叔[69]，不克。晋人立孝侯[70]。惠之四十五年，曲沃庄伯伐翼[71]，弑孝侯。翼人立其弟鄂侯[72]。鄂侯生哀侯。哀侯侵陉庭之田[73]。陉庭南鄙启曲沃伐翼[74]。

[注释]

①公：指宋殇公。　②稷：宋地，在今河南省商丘市区。成：成

就，造成。 ③不堪：不能忍受。 ④宣言：扬言，散布言论。 ⑤然：如此，这样。 ⑥庄公：即公子冯，宋穆公之子。因殇公立而出奔于郑国。 ⑦郜（gào）：国名，姬姓，故城在今山东省成武县东南，为宋所灭，其鼎归于宋。 ⑧相：辅佐。 ⑨戊申：初九日。 ⑩臧哀伯：鲁国大夫，名达，臧僖伯之子。 ⑪君人者：统治百姓的人，即人君。塞违：堵塞邪恶。违，指违德背礼的行为。 ⑫临照：监察。 ⑬清庙：即太庙，又叫明堂、太室。茅屋：指屋顶用茅草覆盖。 ⑭大路：车子的一种。路，通"辂"。越席：用蒲草结成的席子作为车垫。 ⑮大羹：肉汁。不致：不加调料。古时祭祀用大羹。 ⑯粢（zī）食：祭祀用的主食。粢，古代祭祀用的谷物。不凿：不舂。 ⑰衮（gǔn）：古代天子及三公穿的礼服。冕：古代礼帽，大夫以上服用。黻（fú）：亦作"韨"或"芾"，古代用来蔽膝的祭服。珽（tǐng）：玉笏。从古代天子到士，朝见皆执笏，天子用玉笏，诸侯用象牙笏，大夫与士用竹笏。笏的用处是有事时写在上面，以备遗忘。带：大带，用来束腰。裳：下裙。幅：古人以布缠足，上至膝，即今之绑腿。舄（xì）：鞋子，古人称鞋为履，鞋底用单层者称为屦，双层者称为舄。单层用皮，双层中间加木。古代天子、诸侯，逢吉事都穿舄，士以下穿屦。衡：衡笄（jī），即固定帽子的簪子。紞（dǎn）：古代冠冕上用来系瑱（tiàn，塞耳玉）的带子。纮（hóng）：系于颔下的帽带。綖（yán）：冠冕上覆盖的装饰物。 ⑱藻：放置圭、璋等玉器的皮垫子。率（shuài）：帅的假借字，亦作"帨"（shuì），即佩巾。鞞（bǐng）：刀鞘。鞛（běng）：佩刀刀把上的装饰。鞶（pán）：革带。厉：带上的装饰品。游（liú）：旌旗上的飘带。缨：马鞅。 ⑲昭其数：藻、率等以上八种物品各依地位高低不同而数量不同。数：数量。 ⑳火、龙、黼（fǔ）、黻：四者均为古代礼服上的花纹。火，半环形。龙，龙形。黼，黑白两色的一对斧头形刺绣。黻，用黑青两色所绣成的两个弓形相背的花纹。 ㉑文：文采，花纹。 ㉒五色：指青、黄、赤、白、黑，古时以这五色为正色。比象：即以五色绘成山、龙、花、虫等形象。 ㉓物：色。 ㉔钖（yáng）：马额上的一种饰物，用铜制成，行走时有响声。鸾：同“銮”，车铃。和：指挂在车轼上的小铃。铃：指挂在旌旗上的小铃。 ㉕三辰：指日、月、星。旂旗：旗帜的总称。旂（qí），一种有铃的旗帜。 ㉖登降：即升降，意为增减。 ㉗纪：通“记”，记录，记载。 ㉘发：表现。 ㉙易：违反。 ㉚灭：消除。 ㉛置：安放。 ㉜象：法式，榜样。意动用法。 ㉝九鼎：象征国家政权的传国之宝。相传禹收九牧之金，铸九鼎，象征九州。后成汤迁九鼎于商邑。周武王迁之于洛邑。雒邑：即洛邑，王城，在今河南省洛阳市。 ㉞义士：指伯夷、叔齐。 ㉟内史：周王室官名。 ㊱楚：国名，芈姓，初建都丹阳（今湖北省秭归县），周武王时迁于郢（今湖北省江陵县）。 ㊲反行：返回。反，通“返”。 ㊳舍爵：设置酒杯，即饮酒。舍，放置。爵，古“雀”字，古代酒杯，形状似雀。策勋：将功勋书写在简册上。策，用作动词。 ㊴特：独特，单独。 ㊵称地：记明地点。 ㊶让事：会见必有主人，单独二人会见都不肯当主人，互相谦让。 ㊷参：同“叁”。 ㊸成事：三国相会，必有盟主。 ㊹晋穆侯：晋国第九君，名费生，晋国原定都于唐（今山西省太原市），后迁都于绛，即翼（今山西省翼城县）。条：晋地。大子：太子。 ㊺命：名。仇：条地之战晋国战败，故起名为仇。 ㊻千亩：晋地，在今山西省安泽县北。 ㊼成师：后受封于曲沃，号桓叔。千亩之战晋国获胜，故起名成师。 ㊽师服：晋国大夫。 ㊾名子：为子取名。名词作动词用。 ㊿出礼：产生礼仪。 (51)体政：体现政治。 (52)正民：匡正百姓的行为。 (53)易：违反。 (54)嘉耦：美好的姻缘。耦，通“偶”。 (55)怨耦：不和睦的夫妻，也指敌对的双方。 (56)兆乱：预兆着祸乱。 (57)替：衰落。 (58)曲沃：见隐公五年注。 (59)靖侯：晋国第六君，桓叔的高祖。栾宾：又名栾叔，字宾父，靖侯的庶孙，桓叔的叔祖父。傅：辅佐。 (60)建国：天子分封诸侯。 (61)诸侯立家：诸侯分采邑与卿大夫。 (62)侧室：晋官名。 (63)贰宗：官名。 (64)隶：隶役。 (65)分亲：亲疏有别的宗族或家庭成员。 ⑯等衰（cuī）：等差，等级。 ⑰觊觎（jì yú）：非分的企图。 ⑱甸侯：甸服内的诸侯。周公以九州制为九服，即京畿以外的九等地区，包括侯、甸、男、采、卫、蛮、夷、镇、藩。 ⑲潘父：晋国大臣。 ⑳孝侯：昭侯的儿子，名平。 ㉑曲沃庄伯：桓叔（成师）之子，名鲜（shàn）。 ㉒鄂侯：孝侯之弟，名郄。 ㉓陉（xíng）庭：翼南边境小城。 ㉔南鄙：即陉庭南部边境。

[译文]

　　二年春季，宋国的华父督攻打孔氏，杀了孔父并占有了他的妻子，宋殇公发怒，华父督非常害怕，于是杀了殇公。

　　君子认为华父督先是心中没有国君，然后才做出杀害大臣的恶行，因此《春秋》先记载"弑其君"。

　　诸侯在稷地会见，是为了平定宋国叛乱。因为接受了贿赂，就帮助建立了华氏政权。

　　宋殇公即位后，宋国十年发生了十一次战争，百姓不堪忍受。孔父嘉做司马，华父督做太宰。华父督故意利用百姓的不堪忍受，首先扬言："司马要这样做。"不久杀了孔父和殇公，把宋庄公从郑国请回立为国君，以此和郑国亲近。又把郜国的大鼎赠送给鲁桓公，对齐国、陈国和郑国也都送了财礼，所以他能辅佐宋庄公。

　　夏季四月，桓公从宋国取来郜国的大鼎。九日，安放在太庙。这是不合礼的。臧哀伯劝阻说："作为一个国君，应该宣扬美德防止邪恶，以监视百官，即使如此还担心百官会有所违背。所以要宣扬美德，为子孙后代作出示范。因此，太庙要用茅草覆盖屋顶，祭天之车要用草席铺垫，肉汁不加任何调料，主食不用精米，是为了表明节俭。礼服、礼帽、蔽膝、玉笏、衣带、裙子、绑腿、鞋子、横簪、瑱绳、帽带、头巾，是为了表明尊卑上下各有制度。玉垫、佩巾、刀鞘、刀饰、革带、带饰、飘带、马鞅，是为了表明尊卑等级各有定数。礼服上绘饰的火焰、飞龙、黼、黻图案，是为了表示尊贵的花纹。青、黄、赤、白、黑五种颜色绘出各种形象，是为了表明器物的颜色。车马上的钖、鸾、和、铃，是为了表明声音。旗帜上画有日月星辰，是为了表示明亮。美德，就是节俭而有法度，增减而有定数。以花纹和色彩作为标志，以声音和明亮予以发扬，以此昭示百官，百官才能有所警惕和畏惧，不敢违反戒律。如今您却抛弃德行树立邪恶，公然把宋国贿赂的器物安放在太庙中，展示在百官面前。假如百官竞相效仿，又怎么去惩罚他们呢？国家的衰败，是由为官者邪僻的行为开始的。为官者丧失美德，是通过骄纵和贿赂表现出来的。把郜鼎放在太庙，还有比这更明显的贿赂行为吗？周武王战胜商朝后，把九鼎迁移到雒邑，尚且有义士对他非难，更何况把标志着邪恶叛乱的贿赂器物放在太庙里，这怎么能行？"桓公不听。

周朝的内史听说了这件事，说："臧孙达的后代恐怕在鲁国能长享禄位吧！国君违背礼制，他没有忘记以道德去劝阻。"

秋季七月，杞武公前来朝见，态度不够恭敬。杞侯回国后，鲁国就谋划讨伐他。

蔡桓侯和郑庄公在邓地会见，两国开始对楚国产生畏惧。

九月，鲁国攻入杞国，以讨伐杞武公的不敬。

桓公和戎人在唐地结盟，是为了重建过去的友好关系。

冬季，桓公从唐地回来。《春秋》记载此事，是因为回来后祭告了宗庙。

凡是国君外出，临行前要祭告宗庙。回来后也要祭告宗庙、宴请臣下、互相劝酒、记载功勋于简册上，这是合乎礼的。

两国国君单独会见，无论是去还是来都只记载会见地点，表示互相谦让不设会主。三国以上会见，前去就记载会见地点，别国前来只记载会见，表示这是已有盟主的会见。

当初，晋穆侯的夫人姜氏在条地之战时生了太子，起名为仇。仇的弟弟在千亩之战时出生，起名叫成师。

师服评论说："真是奇怪，国君这样给儿子起名字！起名应以义为准则，义产生礼仪，礼体现政治，政治匡正百姓。因此，政治成功百姓才能服从，反之就会发生动乱。相爱的夫妻称为妃，不和睦的夫妻叫作仇，这是古人命名的方法。如今国君给太子起名为仇，他的弟弟为成师，就开始预示动乱了。做哥哥的恐怕要衰败吧？"

鲁惠公二十四年，晋国开始动乱，所以把桓叔即成师封在曲沃，靖侯的孙子栾宾辅佐他。

师服评论道："我曾听说国家的建立就像树木，要根本大而枝叶小，因此才能稳固。所以天子建立诸侯国，诸侯建立采邑分封给卿，卿设置侧室官职分封给同宗兄弟，大夫设贰宗官职给宗室子弟，士以其子弟为隶役，平民、工匠、商人各以亲疏远近分出不同的等级。因此百姓才甘愿服从上级，下级没有非分之想。现在晋国本是王室甸服内的诸侯，却又建立侯国。其根本既已衰弱，还能够长久吗？"

鲁惠公三十年，晋国的潘父杀了晋昭侯迎立桓叔，没有成功。晋国人立了孝侯。鲁惠公四十五年，曲沃庄伯攻打翼城，杀了孝侯。翼城人立了孝侯的弟弟鄂侯。鄂侯生了哀侯。哀侯侵占了陉庭的土地。陉庭南部边境的人引导曲沃武公攻打翼城。

桓公三年

经 三年春正月，公会齐侯于嬴。夏，齐侯、卫侯胥命于蒲。六月，公会杞侯于郕。秋七月壬辰朔，日有食之，既。公子翚如齐逆女。九月，齐侯送姜氏于讙。公会齐侯于讙。夫人姜氏至自齐。冬，齐侯使其弟年来聘。有年。

传 三年春，曲沃武公伐翼①，次于陉庭②。韩万御戎③，梁弘为右④，逐翼侯于汾隰⑤，骖絓而止⑥。夜获之，及栾共叔⑦。

会于嬴⑧,成昏于齐也。

夏,齐侯、卫侯胥命于蒲⑨,不盟也。

公会杞侯于郕,杞求成也。

秋,公子翚如齐逆女⑩。修先君之好,故曰公子。

齐侯送姜氏于讙,非礼也。凡公女嫁于敌国⑪,姊妹则上卿送之⑫,以礼于先君;公子则下卿送之⑬;于大国,虽公子亦上卿送之;于天子,则诸卿皆行,公不自送;于小国,则上大夫送之。

冬,齐仲年来聘,致夫人也⑭。

芮伯万之母芮姜恶芮伯之多宠人也⑮,故逐之,出居于魏⑯。

[注释]

①曲沃武公:庄伯之子,即后来的晋武公。先后杀掉晋哀侯、晋小子侯、晋侯缗,统治晋国。 ②次:驻扎。 ③韩万:庄伯之弟。御戎:驾驶战车。 ④梁弘:武公的大臣。右:古代战车,每车甲士三人。驾车的居中,称为御或御戎;执戈矛的居右,称右;尊者居左。 ⑤翼侯:指晋哀侯。汾隰:汾河岸边低洼地。 ⑥骖(cān):古代战车,一车四马,中间两马为"服",两边两马为"骖"。絓(guà):阻碍。 ⑦栾共叔:栾宾之子,名成,为哀侯大夫。 ⑧嬴:齐地,故城在今山东省莱芜市西北。 ⑨胥命:会谈而不盟誓。蒲:卫地,在今河南省长垣县东。 ⑩公子翚:见隐公四年注。 ⑪公女:公室女子。敌国:匹敌的国家。 ⑫姊妹:即国君的姊妹。 ⑬公子:男女皆可称为公子,此指国君的女儿,也叫女公子。 ⑭致:致送。 ⑮芮(ruì)伯万:芮国国君,名万。芮,国名,故城在今陕西省大荔县东南。 ⑯魏:国名,为晋献公所灭,故城在今山西省芮城县境。

[译文]

　　三年春季,曲沃武公攻打翼城,驻扎在陉庭。韩万为武公驾车,梁弘为车右,在汾水附近的低洼地带追赶晋哀侯,行进中驾车的马被树木挂住才停了下来。夜里俘获了晋哀侯和栾共叔。

　　桓公和齐僖公在嬴地会见,是由于和齐女订婚。

　　夏季,齐僖公和卫宣公在蒲地会谈,没有结盟。

　　桓公和杞武公在郕地会见,是杞国要求讲和。

　　秋季,鲁国的公子翚到齐国迎娶齐女。重修了前代国君的友好,因此《春秋》称翚为"公子"。

　　齐僖公送姜氏出嫁到了鲁国讙地,这是不合礼的。凡本国公室女子出嫁到同等国家,国君的姐妹,由上卿护送,以表示对前代国君的敬重;国君的女儿,由下卿护送;出嫁到大国,即使是国君的女儿,也由上卿护送;嫁给天子,则由全体大臣护送前往,国君不亲自送行;出嫁到小国,就由上大夫护送。

　　冬季,齐仲年前来聘问,是为了探问姜氏。

　　芮国国君芮伯万的母亲芮姜厌恶芮伯的宠姬太多,因此把他赶走,让他住在魏城。

桓公四年

经　四年春正月,公狩于郎。夏,天王使宰渠伯纠来聘。

传　四年春正月,公狩于郎。书,时①,礼也。

　　夏,周宰渠伯纠来聘②。父在,故名。

　　秋,秦侵芮③,败焉,小之也④。

　　冬,王师、秦师围魏,执芮伯以归⑤。

[注释]

①时：合时，即不误农时。 ②宰：官名。 ③秦：国名，嬴姓，故城在今甘肃省天水市附近的秦城，后迁都于陕西省咸阳市东。 ④小之：轻视芮国。小，意动用法。 ⑤芮伯：即芮伯万。

[译文]

四年春季，正月，桓公在郎地狩猎。《春秋》记载此事，是因为不误农时，是合于礼的。

夏季，王室的宰官渠伯纠前来聘问。因为其父亲健在，所以《春秋》写了他的名字。

秋季，秦国侵袭芮国，打了败仗，是因为轻敌。

冬季，王室军队、秦国军队包围芮国魏地，抓了芮伯回去。

桓公五年

经 五年春正月，甲戌，己丑，陈侯鲍卒。夏，齐侯、郑伯如纪。天王使仍叔之子来聘，葬陈桓公。城祝丘。秋，蔡人、卫人、陈人从王伐郑，大雩。螽。冬，州公如曹。

传 五年春正月，甲戌①，己丑②，陈侯鲍卒③，再赴也④。于是陈乱，文公子佗杀大子免而代之⑤。公疾病而乱作，国人分散，故再赴。

夏，齐侯、郑伯朝于纪，欲以袭之。纪人知之。

王夺郑伯政，郑伯不朝。秋，王以诸侯伐郑，郑伯御之。

王为中军，虢公林父将右军⑥，蔡人、卫人属焉⑦，周公黑肩将左军⑧，陈人属焉。

郑子元请为左拒以当蔡人、卫人⑨，为右拒以当陈人。曰："陈乱，民莫有斗心，若先犯之⑩，必奔。王卒顾之⑪，必乱。蔡、卫不枝⑫，固将先奔。既而萃于王卒⑬，可以集事⑭。"从之。曼伯为右拒⑮，祭仲足为左拒，原繁、高渠弥以中军奉公⑯，为鱼丽之陈⑰，先偏后伍⑱，伍承弥缝⑲。

战于繻葛⑳。命二拒曰："旝动而鼓㉑。"蔡、卫、陈皆奔，王卒乱，郑师合以攻之，王卒大败，祝聃射王中肩，王亦能军。祝聃请从之㉒，公曰："君子不欲多上人㉓，况敢陵天子乎㉔？苟自救也㉕，社稷无陨，多矣。"

夜，郑伯使祭足劳王㉖，且问左右。

仍叔之子来聘㉗。弱也㉘。

秋，大雩㉙，书，不时也。凡祀，启蛰而郊㉚，龙见而雩㉛，始杀而尝㉜，闭蛰而烝㉝。过则书。

冬，淳于公如曹㉞。度其国危，遂不复㉟。

[注释]

①甲戌：上年十二月二十一日。　②己丑：此年正月六日。　③陈侯鲍：即陈桓公。　④再赴：二次发讣告。赴，通"讣"。　⑤佗(tuó)：陈文公之子，陈桓公之弟，名五父。　⑥虢公林父：周王卿士。　⑦属：隶属。　⑧周公黑肩：即周桓公，此时任周王卿士。　⑨子元：公子突。拒：方形阵势。也作"矩"。　⑩犯：侵犯，攻击。　⑪顾：照顾。　⑫枝：支持，支撑。亦作"支"。　⑬萃：聚集。　⑭集：成。　⑮曼伯：公子忽。　⑯原繁：郑大夫。高渠弥：郑大夫。　⑰鱼丽：战阵名，战时战车与步兵混编。兵车一队分为二偏，二十五乘为一偏。再以步卒填补兵车之间的空隙，兵车在前，步卒在后。　⑱伍：步卒五人。　⑲承：承接。弥：弥补。　⑳繻(xū)葛：长葛，郑邑，在今河

南省长葛市境内。　㉑旝（kuài）：大旗。　㉒从：追赶。　㉓多：满足。上：陵驾，超越。　㉔陵：通"凌"，侵侮。　㉕苟：如果。　㉖劳：慰问。　㉗仍叔：周大夫。　㉘弱：年轻。　㉙雩（yú）：祭祀求雨的一种活动。　㉚启蛰：惊蛰。郊：郊礼，即古时于夏历正月祈求谷物丰登的一种礼仪。　㉛龙：苍龙，即东方角、亢、氐、房、心、尾、箕七宿的总称，其中有室女座、天秤座、天蝎座、人马座之星。见：同"现"。　㉜杀：肃杀，即秋气来临。尝：祭名，古时在夏历七月举行。《礼记·月令》有"孟秋之月……农乃登谷，天子尝新，先荐寝庙"。　㉝闭蛰：昆虫蛰伏。烝（zhēng）：冬祭名，古时在孟冬十月举行。　㉞淳于公：州国国君，即州公。州，国名，姜姓，定都于淳于（今山东省安丘市东北）。曹：国名，姬姓，定都于陶丘（今山东省定陶县西南）。　㉟复：返国。

[译文]

五年春季，正月，去年十二月二十一日，今年正月六日，陈桓公去世，《春秋》记载两个日子，是因为鲁国收到两次讣告。当时陈国发生动乱，文公的儿子佗杀了太子免取而代之。陈桓公病危时动乱发生，国都臣民四散奔逃，所以发了两次讣告。

夏季，齐僖公、郑庄公去纪国朝见，想乘机偷袭纪国。纪国人察觉了他们的阴谋。

周天子剥夺了郑庄公的权力，庄公不再上朝。秋季，天子率领诸侯讨伐郑国，庄公出兵抵抗。

天子率领中军，虢公林父率领右军，蔡国人、卫国人也隶属于右军，周公黑肩率领左军，陈国军队隶属于左军。

郑国的子元请求设左方阵抵挡蔡军和卫军，设右方阵抵挡陈军。他说："陈国正处于动乱，百姓缺乏战斗决心，如果首先进攻他们，必然四散奔逃。天子的军队要去接应，一定发生混乱。蔡军、卫军招架不住，一定竞相逃命。然后可以集中兵力对付天子的中军，就可以一举获胜。"

庄公同意了他的建议。由曼伯任右方阵主帅，祭仲足任左方阵主帅，原繁、高渠弥率中军护卫庄公，摆开"鱼丽"之阵，兵车在前，步卒在后，步卒弥补兵车的空隙。

战斗在郑国的繻葛展开。庄公对左右两方阵下令："看到大旗挥动，就击鼓进攻。"蔡、卫、陈三军四散奔逃，天子军队也乱了起来，郑国军队从两边夹攻，天子军队大败，祝聃射中天子的肩膀，天子还能指挥军队。祝聃请求继续追赶，庄公说："君子不希望逼人太甚，何况是冒犯天子呢？如果能挽救自己，使国家免于灭亡，就足够了。"

夜间，郑庄公派遣祭仲足前去慰问天子，同时问候他的左右。

仍叔的儿子来鲁国聘问。《春秋》写"仍叔之子"，是因为他年轻。

秋季，鲁国举行大雩祭，《春秋》记载此事，是因为并非常规祭祀活动。凡是祭祀，昆虫惊动时举行郊祭，东方七宿出现时举行雩祭，秋天气候肃杀时举行秋祭，昆虫蛰伏时举行冬祭。过了常规时间举行祭祀，就要加以记载。

冬季，淳于公到曹国访问。他估计自己的国家将有危险，就没再回国。

桓公六年

经　六年春正月，实来。夏四月，公会纪侯于成。秋八月壬午，大阅。蔡人杀陈佗。九月丁卯，子同生。冬，纪侯来朝。

传　六年春，自曹来朝。书曰"实来①"，不复其国也。楚武王侵随②，使薳章求成焉③，军于瑕以待之④。随人使少师董成⑤。

斗伯比言于楚子曰⑥："吾不得志于汉东也⑦，我则使然。我张吾三军而被吾甲兵⑧,以武临之,彼则惧而协以谋我⑨,故难间也⑩。汉东之国随为大,随张必弃小国⑪,小国离,楚之利也。少师侈⑫,请羸师以张之⑬。"熊率且比曰⑭:"季梁在⑮,何益?"斗伯比曰:"以为后图,少师得其君⑯。"王毁军而纳少师⑰。

少师归,请追楚师,随侯将许之。季梁止之曰:"天方授楚⑱,楚之羸,其诱我也,君何急焉?臣闻小之能敌大也,小道大淫⑲。所谓道,忠于民而信于神也⑳。上思利民,忠也;祝史正辞㉑,信也。今民馁而君逞欲㉒,祝史矫举以祭㉓,臣不知其可也。"公曰:"吾牲牷肥腯㉔,粢盛丰备,何则不信?"对曰:"夫民,神之主也。是以圣王先成民而后致力于神。故奉牲以告曰'博硕肥腯',谓民力之普存也,谓其畜之硕大蕃滋也㉕,谓其不疾瘯蠡也㉖,谓其备腯咸有也㉗。奉盛以告曰'洁粢丰盛',谓其三时不害而民和年丰也㉘。奉酒醴以告曰㉙'嘉栗旨酒㉚',谓其上下皆有嘉德而无违心也。所谓馨香㉛,无谗慝也㉜。故务其三时,修其五教㉝,亲其九族㉞,以致其禋祀。于是乎民和而神降之福,故动则有成㉟。今民各有心,而鬼神乏主,君虽独丰,其何福之有?君姑修政而亲兄弟之国㊱,庶免于难㊲。"随侯惧而修政,楚不敢伐。

夏,会于成,纪来咨谋齐难也㊳。

北戎伐齐,齐使乞师于郑。郑大子忽帅师救齐。六月,大败戎师,获其二帅大良、少良㊴,甲首三百㊵,以献于齐。

于是,诸侯之大夫戍齐㊶,齐人馈之饩㊷,使鲁为其班㊸,后郑。郑忽以其有功也㊹,怒,故有郎之师㊺。

公之未昏于齐也⁴⁶，齐侯欲以文姜妻郑大子忽。大子忽辞，人问其故，大子曰："人各有耦⁴⁷，齐大，非吾耦也。《诗》云：'自求多福⁴⁸。'在我而已，大国何为？"君子曰："善自为谋。"及其败戎师也，齐侯又请妻之，固辞⁴⁹。人问其故，大子曰："无事于齐⁵⁰，吾犹不敢。今以君命奔齐之急，而受室以归⁵¹，是以师昏也⁵²。民其谓我何？"遂辞诸郑伯。

秋，大阅⁵³，简车马也⁵⁴。

九月丁卯⁵⁵，子同生⁵⁶。以大子生之礼举之，接以大牢⁵⁷，卜士负之⁵⁸，士妻食之⁵⁹。公与文姜、宗妇命之⁶⁰。

公问名于申繻。对曰："名有五：有信，有义，有象，有假，有类。以名生为信⁶¹，以德命为义⁶²，以类命为象⁶³，取于物为假⁶⁴，取于父为类⁶⁵。不以国，不以官，不以山川，不以隐疾，不以畜牲，不以器币⁶⁶。周人以讳事神⁶⁷，名，终将讳之⁶⁸。故以国则废名，以官则废职，以山川则废主，以畜牲则废祀，以器币则废礼。晋以僖侯废司徒⁶⁹，宋以武公废司空⁷⁰，先君献、武废二山⁷¹，是以大物不可以命。"公曰："是其生也，与吾同物⁷²，命之曰同。"

冬，纪侯来朝，请王命以求成于齐，公告不能。

[注释]

①实来：为当时常用语。实，通"是"。　②随：国名，姬姓。一说为神农之后，姜姓。春秋末年尚存，后为楚国所灭。故城在今湖北省随州市南。　③薳（wěi）章：楚国大夫。　④瑕：随国地名。　⑤少师：随国官名，其人不详。董成：主持和谈。董，主持。　⑥斗伯比：

楚国大夫，令尹子文之父。楚子：即楚武王。 ⑦汉东：即今汉水以东，多姬姓小国。 ⑧张：扩大。被：装备。 ⑨协：协力。 ⑩间：离间。 ⑪张：自大。弃：轻视。 ⑫侈：骄傲，放肆。 ⑬羸（léi）师：疲弱的士卒。 ⑭熊率且（jū）比：楚国大夫。 ⑮季梁：随国贤臣。 ⑯得其君：即得到国君的信任。 ⑰毁军：毁坏军容。纳：迎接。 ⑱方：正当，正在。授：赋予好运气，照顾。 ⑲淫：过分，无节制。 ⑳信：诚。 ㉑祝史：主持祭祀祈祷的官吏。正辞：诚实正直的言辞。 ㉒逞欲：满足自己的欲望。 ㉓矫举：诈称功德。矫，虚假。 ㉔牲：祭祀所用的全牛等。牷（quán）：古代用作祭品的毛色纯一的牛。腯（tú）：肥壮。 ㉕蕃（fán）：繁殖。滋：滋生。 ㉖瘯（cù）蠡（luǒ）：家畜病疫，瘦弱。瘯，借为瘦。蠡，借为羸。 ㉗咸：都，全。 ㉘三时：春、夏、秋三季。不害：无灾害。 ㉙醴（lǐ）：甜酒。 ㉚栗：通“洌”，清。旨：美好。 ㉛馨香：芳香远闻。 ㉜谗：谗言。慝（tè）：邪恶。 ㉝五教：五种教化，即父义、母慈、兄友、弟恭、子孝。 ㉞九族：自高祖、曾祖、祖父、父、本身，至子、孙、曾孙、玄孙共九代，称为九族。一说九族包括异姓亲戚，除本族之外，包括外祖父、外祖母、岳父、岳母、姨母之子、姑母之子、姊妹之子、女之子，共为九族。 ㉟有成：成功。 ㊱兄弟之国：指汉水流域诸姬姓国。 ㊲庶：庶几。 ㊳咨谋：商讨。咨、谋为同义词。齐难：齐早有灭纪的企图，故称为“齐难”。 ㊴大良、少良：人名，一说为官名。 ㊵甲首：披甲者的首级。 ㊶戍：防卫。 ㊷馈：赠送。饩（xì）：食物或粮食。凡赠人食物，熟者称为“飧”，生者称为“饩”。 ㊸为班：定先后次序。班，次序。 ㊹郑忽：即郑国公子忽。 ㊺郎之师：指桓公十年郑合齐、卫伐鲁之役。郎，鲁邑，在今山东省鱼台县东北。 ㊻未昏：未成婚。 ㊼耦：同“偶”，匹配。 ㊽自求多福：出自《诗经·大雅·文王》。 ㊾固：坚持。 ㊿无事：没做什么事。 (51)受室：接受妻室。室，妻室。 (52)以师昏：利用战争成婚。 (53)阅：阅兵。 (54)简：检阅。 (55)丁卯：二十四日。 (56)子同：鲁太子，名同，即后来的鲁庄公。 (57)接：其父接见其子。大牢：即太牢，古时祭祀，牛、羊、豕三牲皆备称为“太牢”，只用一牲称为“特”，用羊与豕称为“少牢”。 (58)卜士：用占卜选择出来的吉利士人。负：抱。《礼记·内则》云：“三日，卜士负之。吉者宿齐，朝服寝门外，诗负之。”《汉书·贾谊传》载：“古之王者，太子乃生，固举以礼，使士负之。” (59)士妻：用占卜所选择的吉士之妻。食（sì）：喂乳。古礼，太子之母不乳其子，卜士之妻或大夫之妾有乳者，其吉者使乳太子。 (60)宗妇：同宗之妇人。命：名，取名。 (61)以名生：当为“以生名”，即以生时特征命名。如鲁季友初生时，其手掌有图形似“友”，故取名为“友”。 (62)以德命：取祥瑞之字命名。如太王自以为有德，后必兴盛，为周文王取名“昌”。 (63)以类命：以相类似的字命名。如孔子头像尼丘，故取名“丘”。 (64)取于物：假借万物之名命名。如孔子为其子取名为“鲤”。 (65)取于父：取与其父相同之处命名。如庄公的生日与桓公的相同，故取名为“同”。 (66)器币：器物礼品。器，指礼器，如俎、豆、罍、彝、钟、磬等。币，馈赠别人的礼物，如圭、璋、璧、琮、马、皮、帛、锦、绣等。 (67)讳：避讳。 (68)终：死。 (69)僖侯：晋国国君，名司徒。因避讳废除司徒官名。 (70)武公：宋国国君，名司空。因避讳改官名司空为司城。 (71)献、武：即鲁献公、鲁武公。鲁献公，名具；鲁武公，名敖。鲁人因避讳，改了具山、敖山的山名。 (72)同物：同日。物，指岁、时、日、月、星、辰六物。

[译文]

六年春季，淳于公从曹国来鲁国朝见。《春秋》记为“实来”，是因为他不再回国。

楚武王入侵随国，派薳章前去议和，把军队驻扎在瑕地等待结果。随国派少师主持和谈。

斗伯比对楚武王说：“我国在汉水以东没能继续扩展，是我们自己造成了这种结果。我们扩展军队，充实装备，依靠武力和邻国相处，他们因害怕而联合起来对付我们，就很难离间他们。在汉水以东的国家中，随国最大，随国狂妄自大，必然轻视小国，一旦小国疏远随国，就对楚国有利。少师一向傲慢，请让我军假装疲弱，以使他更加骄傲自大。"熊率且比说："随国有季梁这样的贤臣，有什么用呢？"斗伯比说："这是为以后打算，少师必定受到随君的宠信。"武王故意使军容不整，接待少师。

少师回去，请求追击楚军，随侯准备同意。季梁阻止说："上天正在保佑楚国，楚军显得疲弱，恐怕是在诱惑我们，国君何必急于出兵呢？臣听说小国之所以能够抗拒大国，是小国得道而大国放纵过度。所谓道，就是忠于百姓而取信于神灵。国君经常想到对百姓有利，就是忠；祝史主持祭祀时言辞不欺，就是信。如今百姓饥饿而国君放纵私欲，祝史诈称功德以祭祀，臣不知道这样行不行。"随侯说："我祭祀用的牲畜色纯膘肥，黍稷丰盛完备，怎么能说不取信于神灵呢？"季梁回答说："百姓是神灵的主人。因此，圣明的君主先成全百姓，然后才致力于神灵。所以在进献牲畜时祷告说'个大膘肥'，是说百姓的财力普遍富足，是说他们的牲畜肥大而且繁衍众多，是说他们的牲畜不患疾病也不瘦弱，是说他们的牲畜品种齐全、取之不尽。在进献黍稷时祷告说'洁净的黍稷盛满了器皿'，是说他们没有妨害春夏秋三季农时，百姓和睦，收成很好。在进献甜酒时祷告说'好酒清酒美酒'，是说他们上下都有美德而无邪恶之心。所谓祭品芳香远闻，就是人心没有邪念。所以他们专心致志从事三季农事，修明五教，亲近九族，以此来致祭神灵。这样百姓和睦而神灵降福，因此任何行动都会成功。如今民心不齐，神灵无主，国君一人即使祭品丰盛，又能求得什么福呢？国君姑且修明政事，亲近兄弟国家，也许可以免于灾难。"随侯因害怕而修明政事，楚国也不敢再侵犯随国。

夏季，桓公和纪武公在成地会谈，纪武公来商讨怎样免于被齐国灭亡。

北戎攻打齐国，齐国派人到郑国求援。郑国的太子忽率军救援齐国。

六月，大败戎军，俘虏了两个主帅大良和少良，砍下三百个披甲士兵的首级，献给齐国。

此时，各诸侯国大夫都在齐国戍守边境，齐国人赠送他们食物，让鲁国决定赠送的顺序，鲁国把郑国排在了后面。郑国的太子忽认为自己作战有功而极为愤怒，因此就有了郎地之战。

桓公在没有向齐国求婚之前，齐僖公想把文姜嫁与郑国太子忽。太子忽谢绝了，有人问他为什么，太子说："人人都有合适的配偶，齐国强大，不适合我。《诗经》说：'依靠自己，才能多受福禄。'靠我自己就行了，何必要依靠大国？"君子说："太子忽善于为自己考虑。"等到他打败了戎军，齐僖公又请求把女儿嫁给他，他坚决拒绝。有人问他原因，太子说："我于齐国无功，尚且不敢娶妻。现在因为齐侯的命令而奔赴齐国解救危急，却娶了妻子回来，这是利用战争而成婚。国人会怎么说我呢？"就以庄公名义推辞了这桩婚事。

秋季，鲁国举行了盛大的阅兵仪式，检阅了战车和战马。

九月二十四日，桓公的儿子同出生。举行了太子出生的礼仪，父亲以太牢之礼接见儿子，占卜选择士人的妻子哺乳。桓公和文姜、同宗妇人为他起名。

桓公向申繻询问起名之事。申繻回答说："人的名字分为信、义、象、假、类五种情况。根据出生时的特征起名是信，用表示德行的字起名是义，以类似的事物起名是象，借用万物的名称起名是假，用和父亲有关的字起名是类。起名不用国名，不用官名，不用山河名，不用疾病名，不用牲畜名，不用器物、礼品名。周朝人通过避讳奉祀神灵，人在死后名字就要避讳。因此用国名起名就要废除人名，用官名起名就要废除官职名称，用山河起名就要废除山河名称，用牲畜起名就要废除祭祀，用器物、礼品起名就要废除各种礼仪。晋国因为晋僖侯的名字而改了司徒的官名，宋国因为宋武公的名字而改了司空的官名，我国因为先君献公、武公的名字而改了具山、敖山的名称，因此不能使用大的事物起名。"桓公说："这个孩子的出生，和我是同一天，就起名为同吧。"

冬季，纪侯前来朝见，请求鲁国代请周天子同意去向齐国求和，桓公说做不到。

桓公七年

经 七年春，二月己亥，焚咸丘。夏，谷伯绥来朝。邓侯吾离来朝。

传 七年春，谷伯、邓侯来朝①。名②，贱之也。

夏，盟、向求成于郑③，既而背之。

秋，郑人、齐人、卫人伐盟、向。王迁盟、向之民于郏④。

冬，曲沃伯诱晋小子侯⑤，杀之。

[注释]

①谷伯：谷国国君，名绥。谷故城在今湖北省谷城县西北。邓侯：邓国国君，名吾离。邓，故城在今河南省邓州市。 ②名：作动词用，记载名字。 ③盟、向：周邑。 ④郏（jiá）：又称郏鄏，即王城，在今河南省洛阳市。 ⑤曲沃伯：即曲沃武公。晋小子侯：晋国国君，哀侯之子。

[译文]

七年春季，谷伯、邓侯前来朝见。《春秋》记载其名字，表示轻视他们。

夏季，盟邑、向邑向郑国求和，不久又背叛了郑国。

秋季，郑、齐、卫三国发兵讨伐盟、向二邑。周天子把盟、向二邑的百姓迁到郏地。

冬季，曲沃伯诱骗晋小子侯，把他杀掉。

桓公八年

经 八年春正月己卯，烝。天王使家父来聘。夏五月丁丑，烝。秋，伐邾。冬十月，雨雪。祭公来，遂逆王后于纪。

传 八年春，灭翼。

随少师有宠。楚斗伯比曰："可矣。仇有衅①，不可失也。"

夏，楚子合诸侯于沈鹿②。黄、随不会③。使薳章让黄④。楚子伐随，军于汉、淮之间⑤。

季梁请下之⑥，弗许而后战，所以怒我而怠寇也⑦。少师谓随侯曰："必速战。不然，将失楚师。"随侯御之，望楚师。季梁曰："楚人上左⑧，君必左⑨，无与王遇。且攻其右，右无良焉⑩，必败，偏败⑪，众乃携矣⑫。"少师曰："不当王⑬，非敌也⑭。"弗从。战于速杞⑮，随师败绩，随侯逸⑯。斗丹获其戎车⑰，与其戎右少师⑱。

秋，随及楚平。楚子将不许，斗伯比曰："天去其疾矣⑲，随未可克也。"乃盟而还。

冬，王命虢仲立晋哀侯之弟缗于晋⑳。

祭公来，遂逆王后于纪㉑，礼也。

[注释]

①仇：仇敌，指随国。衅：空隙。 ②合：会合。沈鹿：楚地，在今湖北省钟祥市东。 ③黄：国名，嬴姓，故城在今河南省潢川县西

④让：责备。　⑤军：驻军，用作动词。淮：淮河。　⑥季梁：见桓公六年注。下：请服。　⑦怒：激怒。怠：懈怠，用作动词。　⑧上左：以左为上。上，同"尚"，用作动词。春秋诸国，多以右为上，左为下。　⑨君：指楚君。　⑩良：精良。　⑪偏：偏师。　⑫携：离散。　⑬当：正面，面对。　⑭敌：匹敌，相等。　⑮速杞：随地，在今湖北省广水市。　⑯逸：逃跑。　⑰斗丹：楚大夫。　⑱戎右：车右。少师有宠，随侯任他为车右。　⑲疾：祸患，此指少师。　⑳虢仲：即周王卿士虢公林父。　㉑逆：迎娶。古礼，天子娶后不亲迎，派遣卿士迎娶。

[译文]

八年春季，曲沃伯灭亡了翼城。

随国少师受到宠信。楚国斗伯比说："可以了。敌国内部有隙可乘，不能失去机会。"

夏季，楚武王在沈鹿会合诸侯。黄国、随国没有赴会。武王派薳章前去责难黄国。武王亲自讨伐随国，军队驻扎在汉水和淮水之间。

季梁请求向楚国降服，如果楚国不接受之后再战，就可以激励我军斗志，而使敌军懈怠。少师对随侯说："一定要尽快作战。否则，将失去战胜楚军的机会。"随侯率兵抵抗，从远处眺望楚国的军队。季梁说："楚国人以左为尊，国君一定在左军，不要和楚王正面作战。姑且攻击他的右军，右军没有良将，一定会失败，偏师一败，众人就都会奔散。"少师说："不去正面抵挡楚王，表明我们不是对等的国家。"随侯又没有听从季梁的话。两军在速杞作战，随军大败，随侯逃走。斗丹俘获了随侯的战车和他的车右少师。

秋季，随国和楚国讲和。楚武王打算不同意，斗伯比说："上天已经除掉了他们的祸患，随国还不能战胜。"就订立了盟约回国。

冬季，周天子命令虢仲在晋国立晋哀侯的弟弟缗为国君。

祭公先来鲁国，随后到纪国为天子迎娶王后，是合于礼的。

桓公九年

经 九年春,纪季姜归于京师。夏四月。秋七月。冬,曹伯使其世子射姑来朝。

传 九年春,纪季姜归于京师①。凡诸侯之女行②,唯王后书。

巴子使韩服告于楚③,请与邓为好。楚子使道朔将巴客以聘于邓④。邓南鄙鄾人攻而夺之币⑤,杀道朔及巴行人⑥。楚子使薳章让于邓,邓人弗受。

夏,楚使斗廉帅师及巴师围鄾⑦。邓养甥、聃甥帅师救鄾⑧。三逐巴师⑨,不克。斗廉衡陈其师于巴师之中⑩,以战,而北⑪。邓人逐之,背巴师⑫。而夹攻之,邓师大败,鄾人宵溃⑬。

秋,虢仲、芮伯、梁伯、荀侯、贾伯伐曲沃⑭。

冬,曹大子来朝,宾之以上卿⑮,礼也。

享曹大子⑯,初献⑰,乐奏而叹。施父曰⑱:"曹大子其有忧乎,非叹所也。"

[注释]

①季姜:即去年祭公所迎的王后。季,姊妹中排行。姜,姓。古时同姓不婚,所以女子一定将姓书写在排行之下。京师:即洛邑。 ②行:出嫁。 ③巴子:巴国国君。巴,国名,姬姓,在楚国西北部。韩服:巴国使者。 ④道朔:楚大夫。将:率领。巴客:即韩服。 ⑤鄾(yōu):邓地,在今河南省邓州市南。一说在今湖北省襄阳市附近。币:

聘问礼品。 ⑥行人：使者。 ⑦斗廉：楚大夫。 ⑧养甥、聃甥：均为邓国大夫。 ⑨逐：攻击。 ⑩衡陈：横阵。衡，同"横"。陈，通"阵"。 ⑪北：败北。此为诈败。 ⑫背：在背后。 ⑬宵：夜间。 ⑭梁伯：梁国国君。梁，国名，嬴姓，故城在今陕西省韩城市南。荀侯：荀国国君。荀，姬姓国，故城在今山西省新绛县东北。贾伯：贾国国君。贾，姬姓国，故城在今山西省襄汾县东。 ⑮宾：接待，用作动词。 ⑯享：宴享。 ⑰献：献酒。 ⑱施父：鲁大夫。

[译文]

九年春季，纪国的季姜出嫁到京师。凡是诸侯女儿出嫁，只有嫁做王后，《春秋》才加以记载。

巴子派韩服向楚国报告，请求和邓国修好。楚武王派道朔带领巴国使者到邓国聘问。邓国南部边境鄾地人攻击他们并抢夺财礼，杀死了道朔和巴国使者。武王派蒍章前去责难邓国，邓国人拒不接受。

夏季，楚武王派斗廉率军和巴国军队围攻鄾地。邓国的养甥、聃甥率军援救鄾地。邓军向巴军发起三次冲锋，未能得胜。斗廉将楚军列为横阵隐在巴军之中，作战时假装失败逃走。邓军追逐楚军，巴军处在邓军背后。巴军、楚军两军夹攻，邓军大败，鄾地人连夜溃散。

秋季，虢仲、芮伯、梁伯、荀侯、贾伯攻打曲沃。

冬季，曹国太子前来朝见，用上卿之礼接待，是合于礼的。

设享礼招待曹太子，第一次献酒，奏乐时曹太子叹息。施父说："曹太子恐怕会有忧患吧，这里不是叹息的场合。"

桓公十年

经 十年春，王正月庚申，曹伯终生卒。夏五月，葬曹桓公。秋，公会卫侯于桃丘，弗遇。冬十有二月丙午，齐侯、卫侯、郑伯来战于郎。

传 十年春,曹桓公卒。

虢仲谮其大夫詹父于王①。詹父有辞②,以王师伐虢。夏,虢公出奔虞③。

秋,秦人纳芮伯万于芮④。

初,虞叔有玉⑤,虞公求旃。弗献,既而悔之。曰:"周谚有之:'匹夫无罪,怀璧其罪⑥。'吾焉用此⑦,其以贾害也⑧?"乃献之。又求其宝剑。叔曰:"是无厌也。无厌,将及我⑨。"遂伐虞公,故虞公出奔共池⑩。

冬,齐、卫、郑来战于郎。我有辞也。

初,北戎病齐⑪,诸侯救之。郑公子忽有功焉。齐人馈诸侯,使鲁次之。鲁以周班后郑⑫。郑人怒,请师于齐⑬。齐人以卫师助之,故不称侵伐。先书齐、卫,王爵也⑭。

[注释]

①谮(zèn):说坏话诬陷别人。詹父:周王室大夫。 ②有辞:有道理。 ③虞:姬姓国,僖公五年为晋所灭。故城在今山西省平陆县东北。 ④纳:送回。 ⑤虞叔:虞公的弟弟。 ⑥怀璧:怀藏璧玉。 ⑦焉:疑问代词,怎么。 ⑧贾(gǔ)害:买祸害。 ⑨及我:祸患来到我身上。 ⑩共池:地名,当在今山西省平陆县。 ⑪病齐:使齐国疲困。 ⑫周班:周王室封爵的次序。班,班次。后郑:把郑放在后面。 ⑬请师:请求出兵。 ⑭王爵:即周班。

[译文]

十年春季,曹桓公去世。

虢仲在天子面前诬陷他的大夫詹父。詹父有理,率领天子军队攻打虢国。夏季,虢公逃亡虞国。

秋季,秦国人把芮伯万送回芮国。

当初，虞叔有块美玉，虞公向他索要。虞叔不肯进献，不久就后悔了。他说："周朝有句谚语：'普通人没有罪，怀藏玉璧就有了罪。'我哪里用得着这美玉，难道是要用它买祸吗？"就献给了虞公。虞公又向他索要宝剑。虞叔说："这是没有满足。没有满足，灾祸要降到我身上。"于是攻打虞公，因此虞公逃亡到共池。

冬季，齐、卫、郑三国在郎地和鲁国作战。我国是有理的。

当初，北戎攻打齐国，诸侯前去救援。郑国的公子忽功劳最大。齐国人向诸侯军队赠送食物时，让鲁国决定先后。鲁国根据周室封爵的次序把郑国排在后面。郑国人发怒，请求齐国出兵。齐国人率领卫国军队帮助郑国，因此《春秋》不称这次战争为"侵伐"。先写齐国和卫国，是按照周室封爵的次序。

桓公十一年

经 十有一年春正月，齐人、卫人、郑人盟于恶曹。夏五月癸未，郑伯寤生卒。秋七月，葬郑庄公。九月，宋人执郑祭仲。突归于郑。郑忽出奔卫。柔会宋公、陈侯、蔡叔盟于折。公会宋公于夫钟。冬十有二月，公会宋公于阚。

传 十一年春，齐、卫、郑、宋盟于恶曹①。

楚屈瑕将盟贰、轸②。郧人军于蒲骚③，将与随、绞、州、蓼伐楚师④。莫敖患之⑤。斗廉曰⑥："郧人军其郊，必不诫⑦，且日虞四邑之至也⑧。君次于郊郢以御四邑⑨，我以锐师宵加于郧。郧有虞心而恃其城⑩，莫有斗志。若败郧师，四邑必离。"莫敖曰："盍请济师于王⑪？"对曰："师克在和，不在众。商、周之不敌，君之所闻也。成军以出⑫，又何济焉？"莫敖曰："卜之！"对曰："卜以决疑，不疑何卜?"遂败郧师于蒲骚,卒盟而还。

郑昭公之败北戎也⑬,齐人将妻之,昭公辞。祭仲曰:"必取之⑭。君多内宠⑮,子无大援⑯,将不立。三公子⑰,皆君也。"弗从。

夏,郑庄公卒。

初,祭封人仲足有宠于庄公,庄公使为卿。为公娶邓曼⑱,生昭公。故祭仲立之。宋雍氏女于郑庄公⑲,曰雍姞,生厉公。雍氏宗⑳,有宠于宋庄公,故诱祭仲而执之,曰:"不立突㉑,将死。"亦执厉公而求赂焉。祭仲与宋人盟,以厉公归而立之。

秋九月丁亥㉒,昭公奔卫。己亥㉓,厉公立。

[注释]

①恶曹:地名,不详。一说在今河南省延津县。　②屈瑕:楚大臣。贰、轸:两国名,在今湖北省境内,后均为楚所灭。　③郧(yún):国名,在今湖北省安陆市境内。蒲骚:郧地,在今湖北省应城市西北。　④绞:国名,在今湖北省十堰市郧阳区。州:国名,即今湖北省监利县东的州陵城。蓼:国名,在今河南省唐河县西南。　⑤莫敖:楚国官名,此时莫敖相当于大司马。后来楚又另设大司马、右司马、左司马,莫敖则降至左司马之下。此时莫敖为屈瑕。　⑥斗廉:又名斗射师,楚臣。　⑦诫:警戒。　⑧日虞:天天盼望。四邑:即随、绞、州、蓼四国。　⑨君:指屈瑕。郊郢:楚地,即今湖北省钟祥市郢州故城。　⑩虞心:盼望四国救援之心。　⑪盍(hé):"何不"二字的合音字。济:增加。　⑫成军:军队整顿齐备。　⑬郑昭公:即郑公子忽。　⑭取:同"娶"。　⑮君:指郑庄公。　⑯大援:强有力的外援。　⑰三公子:指昭公忽的三个兄弟公子突、公子亹(wěi)、公子仪。　⑱邓曼:邓国

女，曼姓。　⑲雍氏：宋国大夫，姞姓。女：嫁女。　⑳宗：为人所尊仰。　㉑突：公子突，即郑厉公。　㉒丁亥：十三日。　㉓己亥：二十五日。

[译文]

　　十一年春季，齐国、卫国、郑国、宋国在恶曹结盟。

　　楚国的屈瑕准备和贰国、轸国结盟。郧国人把军队驻扎在蒲骚，准备和随国、绞国、州国、蓼国攻打楚军。莫敖屈瑕对此极为担心。斗廉说："郧国人把军队驻扎在他们的郊区，一定缺乏警戒之心，而且天天盼望四国军队的到来。您领兵驻扎在郊郢抵抗四国军队，我率精锐部队在夜里攻击郧国。郧国一心希望援兵到来，又依仗其城池坚固，士兵没有斗志。如果能够打败郧军，四国军队必然离散。"屈瑕说："何不向国君请求增兵呢？"斗廉回答说："军队能够获胜，在于团结不在人多。商朝敌不过周朝，这是您所知道的。整顿军队出兵，还增什么兵呢？"屈瑕说："占卜一下吧！"斗廉说："占卜是为了决定犹豫不决的事情，既然没有疑惑，又何必占卜？"于是在蒲骚打败了郧军，最后订立盟约回国。

　　郑昭公打败北戎的时候，齐僖公打算把女儿嫁给他，昭公谢绝了。祭仲说："一定要娶她。国君宠妾很多，您如果没有强大的外援，将不能继承君位。其他三个公子都有可能成为国君。"昭公没有听从。

　　夏季，郑庄公去世。

　　当初，祭地封人仲足受到郑庄公的宠信，庄公任命他为卿。祭仲为庄公迎娶了邓曼，生了昭公忽。所以祭仲立昭公为国君。宋国的雍氏把女儿嫁给了郑庄公，叫雍姞，生了厉公突。雍氏为人所敬重，受到宋庄公的宠爱，所以就诱骗祭仲把他抓了起来，说："不立公子突，就把你处死。"还抓了厉公索要财物。祭仲和宋国人订立盟约，让厉公回国并立为国君。

　　秋季九月十三日，郑昭公逃到卫国。二十五日，郑厉公立为国君。

桓公十二年

经 十有二年春正月。夏六月壬寅，公会杞侯、莒子，盟于曲池。秋七月丁亥，公会宋公、燕人，盟于谷丘。八月壬辰，陈侯跃卒。公会宋公于虚。冬十有一月，公会宋公于龟。丙戌，公会郑伯，盟于武父。丙戌，卫侯晋卒。十有二月，及郑师伐宋。丁未，战于宋。

传 十二年夏，盟于曲池①，平杞、莒也。

公欲平宋、郑。秋，公及宋公盟于句渎之丘②。宋成未可知也，故又会于虚③。冬，又会于龟④。宋公辞平⑤，故与郑伯盟于武父⑥。遂帅师而伐宋，战焉，宋无信也⑦。

君子曰："苟信不继⑧，盟无益也。《诗》云：'君子屡盟，乱是用长⑨。'无信也。"

楚伐绞，军其南门。莫敖屈瑕曰⑩："绞小而轻⑪，轻则寡谋⑫，请无扞采樵者以诱之⑬。"从之。绞人获三十人。明日，绞人争出，驱楚役徒于山中⑭。楚人坐其北门而覆诸山下⑮，大败之，为城下之盟而还。

伐绞之役，楚师分涉于彭⑯。罗人欲伐之⑰，使伯嘉谍之⑱，三巡⑲，数之。

[注释]

①曲池：鲁地，在今山东省宁阳县东北。 ②句渎之丘：即谷丘，宋邑，在今河南省商丘市区。 ③虚：宋地，在今河南省延津县东。 ④龟：宋地，疑在今河南省睢县境内。 ⑤辞平：拒绝讲和。 ⑥武父：

郑地,在今山东省东明县西南。　⑦信:信用。　⑧不继:接续不上。
⑨"君子屡盟"二句:出自《诗经·小雅·巧言》。是用:即是以,
连词。长:滋生。　⑩莫敖屈瑕:见桓公十一年注。　⑪轻:轻浮。
⑫寡谋:少谋。　⑬扞(hàn):保卫。　⑭役徒:即砍柴的人。
⑮坐:坐立,即等待。覆:伏,即埋伏。　⑯彭:彭水,今名南河,发
源于湖北省房县西南。　⑰罗:熊姓诸侯国,故城在今湖北省宜城市西。
⑱伯嘉:罗国大夫。谍:侦察。　⑲巡:遍。

[译文]

　　十二年夏季,桓公和杞侯、莒子在曲池结盟,是为了使杞国和莒国和好。

　　桓公想让宋国和郑国讲和。秋季,桓公和宋庄公在句渎之丘结盟。不知道宋国是否想和郑国和好,所以又在虚地会见。冬季,又在龟地会见。宋庄公拒绝议和,因此桓公和郑厉公在武父结盟。随后桓公率兵攻打宋国,发生战斗,这是宋国不讲信用的结果。

　　君子评论说:"假如一再不讲信用,结盟也没有什么好处。《诗经》说:'君子屡次订盟,动乱因此滋长。'就是因为不讲信用。"

　　楚国讨伐绞国,军队驻扎在南门。莫敖屈瑕说:"绞国地小而人轻浮,轻浮则缺少智谋,请不要派兵保护我军外出砍柴的人,以此引诱他们。"楚武王听从了他的建议。绞军俘获了楚国的三十个砍柴人。第二天,绞军争相出城,把楚国的砍柴人驱赶到山里。楚军坐守在绞国北门,并在山下设了埋伏,大败绞军,订立城下之盟后回国。

　　在攻打绞国的战役中,楚国曾分兵渡过彭水。罗国想趁机攻打他们,派伯嘉前去打探,伯嘉把楚军的人数数了三遍。

桓公十三年

经　十有三年春二月,公会纪侯、郑伯。己巳,及齐侯、宋公、卫侯、燕人战。齐师、宋师、卫师、燕师败绩。

三月，葬卫宣公。夏，大水。秋七月。冬十月。

传 十三年春，楚屈瑕伐罗，斗伯比送之。还，谓其御曰①："莫敖必败。举趾高②，心不固矣③。"遂见楚子曰："必济师。"楚子辞焉。入告夫人邓曼④。邓曼曰："大夫其非众之谓⑤，其谓君抚小民以信⑥，训诸司以德⑦，而威莫敖以刑也⑧。莫敖狃于蒲骚之役⑨，将自用也⑩，必小罗⑪。君若不镇抚，其不设备乎⑫！夫固谓君训众而好镇抚之，召诸司而劝之以令德⑬，见莫敖而告诸天之不假易也⑭。不然，夫岂不知楚师之尽行也⑮？"楚子使赖人追之⑯，不及。

莫敖使徇于师曰⑰："谏者有刑！"及鄢⑱，乱次以济⑲。遂无次，且不设备。及罗，罗与卢戎两军之⑳，大败之。莫敖缢于荒谷㉑，群帅囚于冶父以听刑㉒。楚子曰："孤之罪也。"皆免之。

宋多责赂于郑㉓，郑不堪命㉔，故以纪、鲁及齐，与宋、卫、燕战。不书所战，后也㉕。

郑人来请修好。

[注释]

①御：车夫。 ②趾：脚。 ③固：稳定。 ④入：入宫。 ⑤大夫：指斗伯比。其非众之谓：倒装句，即"其非谓之众"，意为并非说的军队多少。其，疑问副词，大概，可能，或许。 ⑥抚：镇抚。 ⑦诸司：泛指各级官吏。 ⑧威：使人畏惧，用作动词。刑：法。 ⑨狃：习惯。 ⑩自用：自以为是。 ⑪小：轻视。 ⑫设备：加以防备。 ⑬令德：美德。 ⑭假易：宽纵。 ⑮尽行：全部出动。 ⑯赖：

国名,在今湖北省随县东北。 ⑰徇:宣布命令,即通告。 ⑱鄢:水名,今名蛮河,发源于今湖北省保康县西南,入汉水。 ⑲次:次序。济:渡河。 ⑳卢戎:南蛮国名,在今湖北省南漳县东。两军:两边夹击。 ㉑荒谷:楚地,在今湖北省江陵县西。 ㉒冶父:楚地,在今湖北省江陵县南。听刑:听从(楚王)的处罚。 ㉓责赂:索取财物。 ㉔不堪命:忍受不了。 ㉕后:落后。

[译文]

十三年春季,楚国的莫敖屈瑕讨伐罗国,斗伯比为他送行。回来后,斗伯比对他的御者说:"莫敖一定失败。他走路趾高气扬,说明意志不够坚定。"于是进见楚武王,说:"一定要增派军队。"武王拒绝。武王回宫后告诉夫人邓曼。邓曼说:"大夫说的是不在人数的多少,是说国君要以信用安抚百姓,以美德训诫百官,以刑罚使莫敖有所惧怕。莫敖已经满足于蒲骚一战的胜利,必然自以为是,轻视罗国。国君如果不加抑制,他将更加不加防备!斗伯比的本意是请国君训诫大众并善于抑制和安抚他们,召集百官用美德勉励他们,见到莫敖则告诉他上天对他的行为不会宽容放纵。如果不是这样,难道斗伯比不知道楚军已全部出动了吗?"楚王派在楚国做官的赖国人追赶莫敖,没能追上。

莫敖派人在军中发布命令:"谁敢进谏都将受到处罚!"到达鄢水,军队渡河时次序混乱。过河后既没有整队,也没有设防。到达罗国后,受到了罗国和卢戎军队的两面夹攻,楚军大败。莫敖在荒谷自缢而死,将帅们自我囚禁在冶父,听候楚王处罚。楚武王说:"是我的罪过。"把他们都赦免了。

宋国多次向郑国索要财物,郑国不堪忍受,所以率领纪国、鲁国和齐国的军队,与宋国、卫国、燕国的军队作战。《春秋》没有记载这次作战的地点,是因为鲁国军队迟到了。

郑国人前来请求修好。

桓公十四年

经 十有四年春正月，公会郑伯于曹。无冰。夏五，郑伯使其弟语来盟。秋八月壬申，御廪灾。乙亥，尝。冬十有二月丁巳，齐侯禄父卒。宋人以齐人、蔡人、卫人、陈人伐郑。

传 十四年春，会于曹，曹人致饩①，礼也。

夏，郑子人来寻盟②，且修曹之会。

秋八月壬申③，御廪灾④。乙亥⑤，尝⑥。书，不害也。

冬，宋人以诸侯伐郑⑦，报宋之战也。焚渠门⑧，入，及大逵⑨。伐东郊，取牛首⑩。以大宫之椽归⑪，为卢门之椽⑫。

[注释]

①饩：见桓公六年注。 ②子人：郑伯的弟弟。 ③壬申：十五日。 ④御廪：储藏祭祀所用谷物的仓库。一说为珍宝库。灾：火灾。 ⑤乙亥：十八日。 ⑥尝：尝祭。 ⑦以：率领。 ⑧渠门：郑国城门。 ⑨大逵：此指城中大街。 ⑩牛首：郑邑，在今河南省通许县北。 ⑪大宫：太宫、太庙，即郑国祖庙。 ⑫卢门：宋郊城门。

[译文]

十四年春季，桓公和郑厉公在曹国会见，曹国人送去食物，是合乎礼的。

夏季，郑国的子人前来重温往日盟约，同时重叙曹国会见时的友好。

秋季八月十五日，鲁国的仓库发生火灾。十八日，举行秋祭。《春秋》记载此事，说明没有造成灾害。

冬季，宋国人率领诸侯讨伐郑国，以报复郑国攻打宋国那次战役。宋军焚烧了郑都渠门，进入都城，来到城中大街。攻打东郊，夺取了牛首一地。把郑国太庙的椽子拿回去做了卢门的椽子。

桓公十五年

经 十有五年春二月，天王使家父来求车。三月乙未，天王崩。夏四月己巳，葬齐僖公。五月，郑伯突出奔蔡。郑世子忽复归于郑。许叔入于许。公会齐侯于艾。邾人、牟人、葛人来朝。秋九月，郑伯突入于栎。冬十有一月，公会宋公、卫侯、陈侯于袲，伐郑。

传 十五年春，天王使家父来求车，非礼也。诸侯不贡车服，天子不私求财。

祭仲专①，郑伯患之，使其婿雍纠杀之②。将享诸郊，雍姬知之③，谓其母曰："父与夫孰亲④？"其母曰："人尽夫也，父一而已。胡可比也⑤？"遂告祭仲曰："雍氏舍其室而将享子于郊⑥，吾惑之，以告。"祭仲杀雍纠，尸诸周氏之汪⑦。公载以出⑧，曰："谋及妇人，宜其死也⑨。"夏，厉公出奔蔡。

六月乙亥⑩，昭公入⑪。

许叔入于许⑫。

公会齐侯于艾，谋定许也。

秋，郑伯因栎人杀檀伯⑬，而遂居栎。

冬，会于袲⑭，谋伐郑，将纳厉公也。弗克而还。

[注释]

①专：专权。 ②雍纠：郑国大夫，祭仲的女婿。 ③雍姬：雍纠之妻，祭仲之女。 ④孰：谁。 ⑤胡：疑问代词，怎么。 ⑥室：家。 ⑦尸：陈尸，用作动词。周氏之汪：郑大夫周氏的水池。汪，水池。 ⑧公：指厉公。 ⑨宜：应该。 ⑩乙亥：二十二日。 ⑪昭公：即郑公子忽。 ⑫许叔：许穆公，名新臣，许庄公之弟。入于许：进入许都。鲁隐公十一年，鲁、齐、郑三国伐许，七月三日入城，许庄公奔卫，许国被郑国占领。郑伯让大夫百里帮助许叔，住在许国东部，此时则住进许都。 ⑬因：借助。栎（lì，一读 yuè）：郑国的大城邑，在今河南省禹州市。檀伯：郑国守栎的大夫。 ⑭袤（chǐ）：宋地，在今安徽省宿州市西。

[译文]

十五年春季，周天子派家父前来求取车辆，这是不合礼的。诸侯不向天子进贡车辆和戎服，天子不私自向诸侯求取财货。

祭仲专权独断，郑厉公对此非常忧虑，派祭仲的女婿雍纠去杀他。雍纠准备在郊外宴请祭仲，雍姬得知此事，问她母亲："父亲和丈夫哪一个更为亲近？"她母亲说："对女人来说谁都可以做她的丈夫，而父亲只有一个。两者怎么能够相比呢？"于是雍姬告诉祭仲："雍纠不在家里却在郊外宴请您，我怀疑其中有诈，所以告诉您。"祭仲就杀了雍纠，陈尸于周氏的池塘边。郑厉公用车载了雍纠的尸体逃亡，说："遇事和女人商量，他真是该死。"夏季，厉公逃到蔡国。

六月二十二日，郑昭公又回国即位。

许叔进入许都。

桓公和齐襄公在艾地会见，谋划如何安定许国。

秋季，郑厉公依靠栎地人杀了栎地大夫檀伯，随后居住在栎地。

冬季，桓公和宋庄公、卫惠公、陈庄公在袤地会见，谋划攻打郑国，打算护送厉公回国。没有成功就回国了。

桓公十六年

经 十有六年春正月,公会宋公、蔡侯、卫侯于曹。夏四月,公会宋公、卫侯、陈侯、蔡侯伐郑。秋七月,公至自伐郑。冬,城向。十有一月,卫侯朔出奔齐。

传 十六年春正月,会于曹,谋伐郑也。

夏,伐郑。

秋七月,公至自伐郑,以饮至之礼也。

冬,城向①。书,时也。

初,卫宣公烝于夷姜②,生急子,属诸右公子③。为之娶于齐,而美,公取之④,生寿及朔,属寿于左公子⑤。夷姜缢。宣姜与公子朔构急子⑥。公使诸齐⑦,使盗待诸莘⑧,将杀之。寿子告之,使行⑨。不可,曰:"弃父之命,恶用子矣⑩!有无父之国则可也。"及行,饮以酒,寿子载其旌以先,盗杀之。急子至,曰:"我之求也,此何罪?请杀我乎!"又杀之。二公子故怨惠公⑪。

十一月,左公子泄、右公子职立公子黔牟⑫。惠公奔齐。

[注释]

①向:见隐公二年注。 ②烝:与长辈淫乱。夷姜:卫庄公妾,卫宣公庶母。 ③属:嘱托,托付。右公子:名职,卫宣公的兄弟。 ④取:夺取。 ⑤左公子:名泄,卫宣公的兄弟。 ⑥宣姜:齐女,宣公夫人,本卫急子妻。构:诬陷。 ⑦使:出使。 ⑧莘:卫地,在今

山东省莘县北。　⑨行：逃跑。　⑩恶（wū）：疑问代词，哪里，怎么。　⑪二公子：即左公子和右公子。惠公：即公子朔。　⑫公子黔牟：又名公子留。

[译文]

十六年春季，正月，桓公和宋庄公、蔡桓侯、卫惠公在曹国会见，商议攻打郑国。

夏季，攻打郑国。

秋季七月，桓公伐郑之后回到国内，举行仪式祭告宗庙并宴请臣下。

冬季，鲁国在向地筑城。《春秋》记载此事，是因为没有妨碍农时。

当初，卫宣公和夷姜私通，生了急子，把急子托付给右公子。从齐国为急子娶妻，齐女很美，宣公就自己娶了她，生了寿和朔，把寿托付给左公子。夷姜自缢而死。宣姜和公子朔诬陷急子。卫宣公让急子出使齐国，让刺客在莘地等候，打算杀死他。寿子把这件事告诉了急子，让他逃走。急子不听，说："不听父亲的命令，儿子还有何用！假如有无父之国，我可以逃到那里去。"临行时，寿子把急子灌醉，带着他的旗子坐车走在前面，刺客把寿子杀了。急子赶到，说："要杀的是我，这个人有什么罪？请杀了我吧！"刺客又杀了急子。左公子、右公子因此而怨恨卫惠公。

十一月，左公子泄和右公子职拥立公子黔牟为国君。卫惠公逃亡到齐国。

桓公十七年

经　十有七年春正月丙辰，公会齐侯、纪侯盟于黄。二月丙午，公会邾仪父，盟于趡。夏五月丙午，及齐师战于奚。六月丁丑，蔡侯封人卒。秋八月，蔡季自陈归于蔡。癸巳，葬蔡桓侯。及宋人、卫人伐邾。冬十月朔，日有食之。

传 十七年春，盟于黄①，平齐、纪，且谋卫故也。

及邾仪父盟于趡②，寻蔑之盟也。

夏，及齐师战于奚③，疆事也④。于是齐人侵鲁疆⑤。疆吏来告，公曰："疆埸之事⑥，慎守其一而备其不虞⑦。姑尽所备焉。事至而战，又何谒焉⑧？"

蔡桓侯卒，蔡人召蔡季于陈⑨。

秋，蔡季自陈归于蔡，蔡人嘉之也⑩。

伐邾，宋志也。

冬十月朔⑪，日有食之⑫。不书日，官失之也。天子有日官⑬，诸侯有日御⑭。日官居卿以厎日⑮，礼也。日御不失日⑯，以授百官于朝。

初，郑伯将以高渠弥为卿，昭公恶之，固谏，不听。昭公立，惧其杀已也。辛卯⑰，弑昭公，而立公子亹。

君子谓昭公知所恶矣。公子达曰⑱："高伯其为戮乎⑲！复恶已甚矣⑳。"

[注释]

①黄：齐地，由鲁至齐必经之地，在今山东省淄博市淄川区。 ②趡（cuǐ）：鲁地，在今山东省泗水县与邹城市之间。 ③奚：鲁、齐边界地名。 ④疆事：边界冲突。 ⑤于是：在此时。 ⑥埸（yì）：边境。 ⑦不虞：意外。 ⑧谒：请谒，请示。 ⑨蔡季：蔡桓侯弟，名献舞，即哀侯。 ⑩嘉：赞许。 ⑪朔：初一日。 ⑫食：通"蚀"。 ⑬日官：掌管天文历法的官员。 ⑭日御：同"日官"。 ⑮居卿：居于卿位。厎日：测量日影，即推算历法。 ⑯不失日：准确地推算出历法。 ⑰辛卯：十月二十二日。 ⑱公子达：鲁大夫。 ⑲高伯：即高渠弥。 ⑳复恶：报怨。复，报复。

[译文]

　　十七年春季,桓公和齐襄公、纪侯在黄地结盟,是为了使齐国与纪国和好,同时商量如何对付卫国。

　　桓公和邾仪父在趡地结盟,是为重申蔑地的盟约。

　　夏季,鲁国和齐国在奚地发生战斗,这属于两国边境冲突。当时齐国人入侵鲁国边境。守卫边境的官吏前来报告,桓公说:"对边境之事,你要谨慎小心,时刻防备发生意外。尽管全力防守就行了。发生了战事就迎战,又何必请示呢?"

　　蔡桓侯去世,蔡国人从陈国召请蔡季回国。

　　秋季,蔡季从陈国回到蔡国,蔡国人拥护他。

　　鲁国讨伐邾国,是为了满足宋国的意愿。

　　冬季,十月一日,鲁国发生日食。《春秋》没有记载哪一天,是史官的遗漏。天子有日官,诸侯有日御。日官拥有卿的地位以推算历象,这是合乎礼的。日御不能遗漏每一天的情况,以便在朝廷上授给百官。

　　当初,郑庄公准备让高渠弥做卿,昭公讨厌他,坚决劝阻,庄公不听。昭公即位后,高渠弥害怕昭公会杀了自己。十月二十二日,杀了昭公,立公子亹为国君。

　　君子认为昭公了解他所厌恶的人。公子达说:"高伯恐怕要被诛杀吧!因为他的报复太过分了。"

桓公十八年

经 十有八年春,王正月,公会齐侯于泺。公与夫人姜氏遂如齐。夏四月丙子,公薨于齐。丁酉,公之丧至自齐。秋七月。冬十有二月己丑,葬我君桓公。

传 十八年春,公将有行,遂与姜氏如齐。申繻曰[①]:"女有家,男有室,无相渎也[②],谓之有礼。易此必败[③]。"

公会齐侯于泺④,遂及文姜如齐。齐侯通焉⑤。公谪之⑥,以告。

夏四月丙子⑦,享公。使公子彭生乘公⑧,公薨于车。

鲁人告于齐曰:"寡君畏君之威,不敢宁居⑨,来修旧好。礼成而不反,无所归咎,恶于诸侯⑩。请以彭生除之⑪。"齐人杀彭生。

秋,齐侯师于首止⑫,子亹会之,高渠弥相。七月戊戌⑬,齐人杀子亹而轘高渠弥⑭,祭仲逆郑子于陈而立之。

是行也,祭仲知之,故称疾不往。人曰:"祭仲以知免。"仲曰:"信也。"

周公欲弑庄王而立王子克⑮。辛伯告王⑯,遂与王杀周公黑肩。王子克奔燕⑰。

初,子仪有宠于桓王,桓王属诸周公。辛伯谏曰:"并后⑱,匹嫡⑲,两政⑳,耦国㉑,乱之本也。"周公弗从,故及。

[注释]

①申繻:鲁国大夫。 ②渎:轻慢,亵渎。 ③易:违反。败:坏。 ④泺(luò):齐地,在今山东省济南市西北。 ⑤通:通奸。 ⑥谪:责备。 ⑦丙子:初十日。 ⑧公子彭生:齐国大力士。乘公:扶桓公登车。 ⑨宁居:安居。 ⑩恶:恶劣影响。 ⑪除之:消除耻辱。 ⑫首止:卫地,接近郑地。 ⑬戊戌:初三日。 ⑭轘(huàn):车裂。 ⑮周公:即周公黑肩,周桓王卿士。王子克:周庄王之弟子仪。 ⑯辛伯:周大夫。 ⑰燕:南燕国。 ⑱并后:媵妾与王后并列。后,王后,即正妻。 ⑲匹嫡:庶子与嫡子相等。匹,匹敌,相等。 ⑳两政:一国之内有两位正卿同时执政。 ㉑耦国:大城与都城一样。耦,

匹敌，并列。

[译文]

　　十八年春季，桓公准备出行，便和姜氏到了齐国。申繻说："女人有丈夫，男人有妻室，夫妻之间不能互相亵渎，这就叫有礼。违反了这一点必然坏事。"

　　桓公和齐襄公在泺地会见，然后又和文姜到了齐都。襄公和文姜通奸。桓公谴责文姜，文姜告诉了襄公。

　　夏季四月十日，襄公宴请桓公。宴后让公子彭生扶桓公上车，桓公死在车中。

　　鲁国人告诉齐国人说："寡君因为害怕贵国国君的威严，没敢安居国内，前去重修旧好。礼仪完成后却没有回国，又没有人承担责任，在诸侯中造成了恶劣影响。请杀掉彭生以消除影响。"齐国人杀了彭生。

　　秋季，齐襄公率军驻扎在首止，郑国子亹前去会见，高渠弥为相礼。七月三日，齐国人杀了子亹，并把高渠弥车裂，祭仲到陈国迎接公子仪并立他为国君。

　　首止之行，祭仲事先有所察觉，所以推托有病没去。有人说："祭仲有先见之明，所以免祸。"祭仲说："确实如此。"

　　周公想杀掉周庄王而立王子克为王。辛伯报告庄王，随后帮助庄王杀了周公黑肩。王子克逃亡到了燕国。

　　当初，王子克受到桓王宠爱，桓王把他托付给周公。辛伯劝阻说："媵妾与王后并重，庶子与嫡子等同，二卿有同等权力，大城与国都一样，都是祸乱的根源。"周公不听，所以招致杀身之祸。

庄　公

庄公元年

经　元年春，王正月。三月，夫人孙于齐。夏，单伯送王姬。秋，筑王姬之馆于外。冬十月乙亥，陈侯林卒。王使荣叔来锡桓公命。王姬归于齐。齐师迁纪郱、鄑、郚。

传　元年春①，不称即位，文姜出故也②。

三月，夫人孙于齐③。不称姜氏，绝不为亲，礼也。

秋，筑王姬之馆于外④。为外，礼也。

[注释]

①元年：公元前693年。周庄王四年。　②出：外出。　③夫人：指文姜。孙：通"逊"，奔。　④王姬：周王之女的通称。此王姬当是周平王孙女，嫁与齐国国君。馆：馆舍。外：城外。古礼，天子嫁女，使同姓诸侯主婚，故将王姬送至鲁国。王姬因不是鲁国女，故在城外筑馆舍而备出嫁。

[译文]

元年春季，《春秋》没有记载庄公即位，是由于文姜外出没有回国的缘故。

三月，文姜流亡齐国。《春秋》不称姜氏而称"夫人"，是因为庄公与之断绝了母子关系，是合乎礼的。

秋季，鲁国在城外为王姬建造馆舍。在城外建馆，是合乎礼的。

庄公二年

经 二年春，王二月，葬陈庄公。夏，公子庆父帅师伐于余丘。秋七月，齐王姬卒。冬十有二月，夫人姜氏会齐侯于禚。乙酉，宋公冯卒。

传 二年冬，夫人姜氏会齐侯于禚①。书，奸也。

[注释]

①禚（zhuó）：齐地，在今山东省济南市长清区。

[译文]

二年冬季，夫人文姜在禚地和齐襄公相会。《春秋》记载此事，是说他们通奸。

庄公三年

经 三年春，王正月，溺会齐师伐卫。夏四月，葬宋庄公。五月，葬桓王。秋，纪季以酅入于齐。冬，公次于滑。

传 三年春，溺会齐师伐卫①。疾之也②。
夏五月，葬桓王，缓也。
秋，纪季以酅入于齐③，纪于是乎始判④。

冬，公次于滑⑤，将会郑伯，谋纪故也。郑伯辞以难⑥。

凡师，一宿为舍，再宿为信，过信为次。

[注释]

①溺：鲁国大夫，即公子溺。 ②疾：疾恶，讨厌。 ③纪季：纪侯的弟弟。酅（xī）：纪国邑名，在今山东省淄博市临淄区东。入：并入。 ④判：分。 ⑤滑：郑地，在今河南省睢县西北。 ⑥难：祸患。

[译文]

三年春季，公子溺会合齐国军队讨伐卫国。《春秋》直书其名，是表示对他的厌恶。

夏季五月，安葬周桓王，安葬推迟了时间。

秋季，纪季带着酅地并入齐国，从此纪国开始分裂。

冬季，庄公住在滑地，准备会见郑伯子仪，谋划对付纪国。郑伯以国内有祸难为由推辞了。

凡是军队驻扎在外，一夜叫作舍，两夜叫作信，超过两夜叫作次。

庄公四年

经 四年春，王二月，夫人姜氏享齐侯于祝丘。三月，纪伯姬卒。夏，齐侯、陈侯、郑伯遇于垂。纪侯大去其国。六月乙丑，齐侯葬纪伯姬。秋七月。冬，公及齐人狩于禚。

传 四年春，王三月。楚武王荆尸①，授师孑焉②，以伐随。将齐③，入告夫人邓曼曰："余心荡④。"邓曼叹曰："王禄尽矣⑤。盈而荡⑥，天之道也，先君其知之矣⑦。故临武事，将发大命⑧，而荡王心焉。若师徒无亏⑨，王薨于行，国之福也。"王遂行，卒于樠木之下⑩。令尹斗祁、莫敖屈重除道梁溠⑪,营军临随⑫。随人惧,行成⑬。莫敖以王命入盟随侯,且请为会于汉汭而还⑭。济汉而后发丧。

纪侯不能下齐⑮,以与纪季。夏,纪侯大去其国⑯,违齐难也⑰。

[注释]

①荆尸:楚武王所创的一种战阵。荆,楚国别称。尸,阵法。②孑:同"戟"。 ③齐:同"斋",斋戒。 ④荡:跳。 ⑤禄:福气,此指寿命。 ⑥盈:满。 ⑦先君:过去的国君,即祖先。 ⑧命:令。 ⑨师徒:指军队。亏:损失。 ⑩樠(mán):树木名。 ⑪令尹:楚国官名,执政大臣,相当于后世的宰相。除道:开路。梁溠(zhà):在溠河上架桥。梁,架设桥梁,用作动词。溠,河名,今名扶恭河,在湖北省随县一带。 ⑫营军:军队扎下营垒。营,使动用法。⑬行成:求和。 ⑭汉汭(ruì):汉水转弯处。汭,水流弯曲且与他河汇合的地方。 ⑮下齐:居于齐国之下。下,用作动词。 ⑯大去:一去不返。去,离开。 ⑰违:避开。

[译文]

四年春季,周历三月。楚武王运用"荆尸"阵法,把戟发给士兵,要去攻打随国。斋戒之前,入宫告诉夫人邓曼:"我的心跳得厉害。"邓曼叹息道:"国君的禄命到头了。本应精神饱满却心神散乱,这是上天的启示,先君大概已经预料到了。所以在作战前,要发布征伐命令而使国君心乱不安。如果军队没有损失,国君在行军途中去世,就是国家的福分了。"武王率军出征,死在樠树下面。令尹斗祁、莫敖屈重继续开道前进,在溠水上架桥,在随都城外安营扎寨。随国人害怕了,请求讲和。莫敖以武王名义入城和随侯结盟,并约他在汉水汇合处会见,然后撤兵。渡过汉水才公布武王去世的消息。

纪侯不愿屈从齐国,把自己的土地给了纪季。夏季,纪侯永远离开了他的国家，以躲避齐国的祸难。

庄公五年

经 五年春，王正月。夏，夫人姜氏如齐师。秋，郳犁来来朝。冬，公会齐人、宋人、陈人、蔡人伐卫。

传 五年秋，郳犁来来朝①。名，未王命也。
冬，伐卫，纳惠公也②。

[注释]
①郳（ní）犁来：郳国国君，名犁来。 ②惠公：即卫惠公，名朔，于鲁桓公十六年奔齐，故齐侯会合诸侯的军队伐卫，预谋立惠公为君。
[译文]
五年秋季，郳国的犁来前来朝见。《春秋》直书其名，是因为他还没有得到天子的封爵。
冬季，攻打卫国，是为了护送卫惠公回国。

庄公六年

经 六年春，王正月，王人子突救卫。夏六月，卫侯朔入于卫。秋，公至自伐卫。螟。冬，齐人来归卫俘。

传 六年春，王人救卫①。
夏，卫侯入，放公子黔牟于周②，放宁跪于秦③，杀左公子泄、右公子职④，乃即位。
君子以二公子之立黔牟为不度矣⑤。夫能固位者，必度于本末而后立衷焉⑥。不知其本,不谋。知本之不枝⑦,弗强⑧。《诗》云⑨:"本枝百世⑩。"

冬,齐人来归卫宝,文姜请之也。

楚文王伐申⑪,过邓。邓祁侯曰⑫:"吾甥也。"止而享之⑬。骓甥、聃甥、养甥请杀楚子⑭,邓侯弗许。三甥曰:"亡邓国者,必此人也。若不早图,后君噬齐⑮,其及图之乎⑯!图之,此为时矣!"邓侯曰:"人将不食吾余⑰。"对曰:"若不从三臣,抑社稷实不血食⑱,而君焉取余?"弗从。还年⑲,楚子伐邓。十六年⑳,楚复伐邓,灭之。

[注释]

①王人:周王室官员。 ②放:放逐,流放。公子黔牟:见桓公十六年注。 ③宁跪:卫国大夫。 ④左公子泄、右公子职:见桓公十六年注。 ⑤度:揣度。 ⑥本末:各个方面的条件。衷:适当的方法和时机。 ⑦不枝:无枝叶。 ⑧强:勉强。 ⑨《诗》:指《诗经》。 ⑩本枝百世:出自《诗经·大雅·文王》。意为本宗和旁枝,百代兴旺。 ⑪楚文王:楚武王之子,夫人邓曼所生,继武王为楚君。 ⑫邓祁侯:邓国国君。祁,邓侯的谥号。 ⑬止:留住。 ⑭骓(zhuī)甥、聃甥、养甥:均为邓国大夫,也是邓祁侯的外甥。楚子:即楚文王,国君新即位又称"子"。 ⑮噬(shì)齐:咬肚脐。齐,通"脐"。人不能自咬其肚脐,比喻后悔不及。 ⑯及:及时。 ⑰不食吾余:不吃我祭祀剩余的东西。不食余,为当时俗语,贱视、唾弃的意思。 ⑱抑:连词,表示选择,相当于现代汉语的"还是""或者"。血食:祭祀杀牲。 ⑲还年:指楚王伐申返回那一年。 ⑳十六年:指鲁庄公十六年。

[译文]

六年春季,王室官员前去援救卫国。

夏季，卫惠公回国，把公子黔牟流放到成周，把宁跪流放到秦国，杀了左公子泄、右公子职，然后即位。

君子认为左公子、右公子立黔牟为国君是缺乏考虑。要稳定国君的地位，必须充分权衡他各个方面的条件，并采取适当方法。不了解他的根本，就不能为他谋划。只知有根本而没有枝叶，也不能勉强。《诗经》说："根壮枝茂才能百世不衰。"

冬季，齐国人前来归还卫国的宝器，这是出于文姜的请求。

楚文王攻打申国，路过邓国。邓祁侯说："他是我的外甥。"把文王留住盛情款待。骓甥、聃甥、养甥请求杀掉楚王，邓祁侯不同意。那三个人说："将来灭亡邓国的，必定是这个人。如果不早做打算，以后您将后悔莫及，现在下手还来得及！如果要动手，现在正是好机会！"邓祁侯说："这样做人们将会鄙视我。"三个人回答说："如果不听我们三人的话，社神和稷神将得不到祭祀，您哪里还有机会让人鄙视呢？"邓祁侯没有听从。文王攻打申国返回那年，进攻邓国。鲁庄公十六年，楚国再次攻打邓国，将其灭亡。

庄公七年

经 七年春，夫人姜氏会齐侯于防。夏四月辛卯，夜，恒星不见。夜中，星陨如雨。秋，大水。无麦、苗。冬，夫人姜氏会齐侯于谷。

传 七年春，文姜会齐侯于防，齐志也。

夏，恒星不见①，夜明也。星陨如雨②，与雨偕也③。

秋，无麦、苗④，不害嘉谷也⑤。

[注释]

①恒星：即常见之星。见：通"现"。　②陨：落。　③偕：同，

俱。　④无麦：麦子无收获。　⑤嘉谷：指黍稷。

[译文]

　　七年春季，文姜和齐襄公在防地相会，这是出于齐襄公的意愿。

　　夏季，平时常见的星星没有出现，是因为夜空明亮。流星陨落犹如下雨，是和雨一起落下的。

　　秋季，麦子不收，禾苗被淹，但没有妨碍黍稷的收成。

庄公八年

经　八年春，王正月，师次于郎，以俟陈人、蔡人。甲午，治兵。夏，师及齐师围郕，郕降于齐师。秋，师还。冬十有一月癸未，齐无知弑其君诸儿。

传　八年春，治兵于庙，礼也。

夏，师及齐师围郕。郕降于齐师。仲庆父请伐齐师①。公曰："不可。我实不德，齐师何罪？罪我之由②。《夏书》曰③：'皋陶迈种德④，德，乃降。'姑务修德以待时乎！"

秋，师还。君子是以善鲁庄公。

齐侯使连称、管至父戍葵丘⑤，瓜时而往⑥，曰："及瓜而代⑦。"期戍⑧，公问不至⑨。请代，弗许。故谋作乱。

僖公之母弟曰夷仲年，生公孙无知，有宠于僖公，衣服礼秩如适⑩。襄公绌之⑪。二人因之以作乱⑫。

连称有从妹在公宫⑬，无宠，使间公⑭，曰："捷，吾以汝为夫人。"

冬十二月，齐侯游于姑棼⑮，遂田于贝丘⑯。见大豕，从者曰："公子彭生也。"公怒曰："彭生敢见！"射之，豕人立而啼⑰。公惧，队于车⑱，伤足，丧屦⑲。反，诛屦于徒人费⑳。弗得，鞭之，见血。走出，遇贼于门㉑。劫而束之。费曰："我奚御哉㉒！"袒而示之背，信之。费请先入。伏公而出斗㉓，死于门中。石之纷如死于阶下㉔。遂入，杀孟阳于床㉕，曰："非君也，不类㉖。"见公之足于户下，遂弑之，而立无知。

初，襄公立，无常㉗。鲍叔牙曰㉘："君使民慢㉙，乱将作矣。"奉公子小白出奔莒㉚。乱作，管夷吾、召忽奉公子纠来奔㉛。

初，公孙无知虐于雍廪㉜。

[注释]

①仲庆父：鲁庄公之弟。 ②罪我之由：即"罪由我"的倒装句。 ③《夏书》：《尚书》中有《禹贡》《甘誓》《五子之歌》《胤征》共四篇，旧称《夏书》。 ④皋陶：传说为虞舜时大臣，掌管刑狱。迈：勉励。种：树立。 ⑤连称、管至父：皆齐国大夫。戍：守卫。葵丘：齐地，在今山东省淄博市临淄区西。 ⑥瓜时：瓜熟时节。 ⑦及瓜：来年瓜熟之时。 ⑧期（jī）：一周年。 ⑨问：音讯。 ⑩礼秩：待遇等级。适：同"嫡"。 ⑪绌（chù）：通"黜"，贬退。 ⑫因：凭借。 ⑬从妹：堂妹。 ⑭间（jiàn）：刺探。 ⑮姑棼：齐地，即薄姑，在今山东省博兴县东北。 ⑯田：围猎。贝丘：齐地，在今山东省博兴县南。 ⑰人立：即后足立地，前足悬空，如人站立。 ⑱队：同"坠"。 ⑲屦：鞋子。 ⑳诛：责令。徒人费：名字叫费的侍者。徒人，侍人，即寺人，宫中小臣。 ㉑贼：指公孙无知等一伙叛贼。 ㉒奚：疑问代词，哪里，怎么。御：抵抗。 ㉓伏公：将齐襄公藏匿起来。伏，藏匿。 ㉔石之纷如：即石纷如，侍人名字。 ㉕孟阳：侍人名。 ㉖不类：

不像。此指伪装成齐襄公躺在床上。　㉗无常：言行无准则。　㉘鲍叔牙：齐国大夫。　㉙慢：松弛放纵。　㉚公子小白：齐襄公庶弟，后继位为齐桓公。出奔：逃亡。　㉛管夷吾：齐国卿士，又称管仲、管敬仲。召忽：齐卿。公子纠：齐襄公庶弟，其母为鲁国女。　㉜虐：虐待。雍廪：齐国大夫。

[译文]

八年春季，鲁国在太庙给军队分发兵器，是合乎礼的。

夏季，鲁国军队和齐国军队围攻郕国。郕国向齐军投降。仲庆父请求攻打齐军。庄公说："不行。是我缺少德行，齐军有什么罪？罪在于我。《夏书》说：'皋陶努力修养德行，有了德行，他人自来降服。'姑且致力于修养德行，以等待时机吧！"

秋季，鲁国军队回国。君子因此而称赞鲁庄公。

齐襄公让连称、管至父戍守葵丘，七月瓜熟时动身赴任，说："到明年瓜熟时就派人去接替你们。"一年戍期已满，襄公替换的命令也没有下达。二人请求派人来代替，襄公不答应。因此二人谋划发动叛乱。

齐僖公的同母之弟叫夷仲年，生了公孙无知，受到僖公的宠爱，穿的衣服和所享受的待遇同嫡子一样。襄公即位以后，降低了他的待遇。连称和管至父二人依靠他发动叛乱。

连称有个堂妹在后宫为妾，没有得宠，公孙无知让她窥探襄公的行踪，说："事情成功了，我就封你为夫人。"

冬季十二月，齐襄公在姑棼游玩，然后在贝丘打猎。突然看到一头大野猪，随从说："这是公子彭生。"襄公愤怒地说："彭生还敢在我面前现形！"就用箭射，野猪像人一样站立起来吼叫。襄公害怕，从车上坠下来，摔伤了脚，还丢失了鞋。归来后，他责令侍人费去找鞋。费找不到，襄公就鞭打他，打出了血。费跑出去，在门口遇到了叛贼。叛贼劫持费并把他捆绑起来。费说："我哪里会抵抗你们啊！"脱了衣服让叛贼看他脊背上的伤痕，叛贼相信了。费请求先行进宫。他进去后先把襄公隐藏起来，然后出来和叛贼搏斗，死在宫门里。侍人石纷如死在台阶下。叛贼进到宫里，杀了躺在床上的侍人孟阳，说："这个人不是国君，看样子不像。"在门下看到襄公的脚，就把他杀了，立公孙无知为君。

当初，齐襄公即位后，政令无常。鲍叔牙说："国君放纵百姓，祸乱将要发生。"就事奉公子小白逃到了莒国。叛乱发生后，管仲、召忽事奉公子纠逃到了鲁国。

当初，公孙无知虐待大夫雍廪。

庄公九年

经 九年春，齐人杀无知。公及齐大夫盟于蔇。夏，公伐齐，纳子纠。齐小白入于齐。秋七月丁酉，葬齐襄公。八月庚申，及齐师战于乾时，我师败绩。九月，齐人取子纠杀之。冬，浚洙。

传 九年春，雍廪杀无知。

公及齐大夫盟于蔇①，齐无君也。

夏，公伐齐，纳子纠。桓公自莒先入。

秋，师及齐师战于乾时②，我师败绩。公丧戎路③，传乘而归④。秦子、梁子以公旗辟于下道⑤，是以皆止⑥。

鲍叔帅师来言曰："子纠，亲也，请君讨之⑦。管、召⑧，仇也，请受而甘心焉。"乃杀子纠于生窦⑨，召忽死之。管仲请囚，鲍叔受之，及堂阜而税之⑩。归而以告曰："管夷吾治于高傒⑪，使相可也。"公从之。

[注释]

①蔇：通"暨"，鲁地。 ②乾时：齐地，在今山东省淄博市临淄

区西南。　③公：指鲁庄公。戎路：兵车。　④传乘：转乘其他车辆。　⑤秦子、梁子：二人名，为鲁庄公戎车上的御者及戎右。辟：同"避"。下道：小道。　⑥止：俘获。　⑦讨：诛杀。　⑧管、召：指管仲、召忽。　⑨生窦：鲁地，在今山东省菏泽市北。　⑩堂阜：齐地，齐、鲁二国交界处，在今山东省蒙阴县西北。税：同"脱"，释放。　⑪治于高傒：即治国才能超过高傒。高傒，齐国上卿，执政大臣。

[译文]

九年春季，雍廪杀了公孙无知。

庄公和齐国的大夫在蔇地结盟，因为齐国没有国君。

夏季，庄公讨伐齐国，护送公子纠回国。齐桓公小白从莒国抢先回到齐国。

秋季，鲁国军队和齐国军队在乾时交战，鲁军大败。庄公丢弃战车，转乘驿车回国。秦子、梁子打着庄公的旗帜躲在小道上引诱齐军，被齐军俘获。

鲍叔率领军队来鲁国说："子纠是我们国君的亲兄弟，请贵国国君杀了他。管仲、召忽是我们的仇人，请交给我们称心快意地处置。"齐国人在生窦杀死子纠，召忽自杀。管仲请求把他囚送齐国，鲍叔接纳了管仲，到堂阜就把他放了。回国后，鲍叔告诉齐桓公："管仲的治国才能超过了高傒，可以让他辅佐国君。"桓公采纳了他的建议。

庄公十年

经　十年春，王正月，公败齐师于长勺。二月，公侵宋。三月，宋人迁宿。夏六月，齐师、宋师次于郎。公败宋师于乘丘。秋九月，荆败蔡师于莘，以蔡侯献舞归。冬十月，齐师灭谭，谭子奔莒。

传　十年春，齐师伐我。公将战，曹刿请见①。其乡人曰:"肉食者谋之②,又何间焉③?"刿曰:"肉食者鄙④,未能远谋。"乃入见。问:"何以战?"公曰:"衣食所安,弗敢专也⑤,必以分人。"对曰:"小惠未遍,民弗从也。"公曰:"牺牲玉帛⑥,弗敢加也⑦,必以信⑧。"对曰:"小信未孚⑨,神弗福也。"公曰:"小大之狱,虽不能察⑩,必以情⑪。"对曰:"忠之属也,可以一战。战则请从。"

公与之乘,战于长勺⑫。公将鼓之。刿曰:"未可。"齐人三鼓,刿曰:"可矣。"齐师败绩。公将驰之⑬。刿曰"未可。"下,视其辙,登轼而望之⑭,曰:"可矣。"遂逐齐师。

既克,公问其故。对曰:"夫战,勇气也。一鼓作气,再而衰,三而竭。彼竭我盈,故克之。夫大国,难测也,惧有伏焉。吾视其辙乱,望其旗靡⑮,故逐之。"

夏六月,齐师、宋师次于郎。公子偃曰⑯:"宋师不整,可败也。宋败,齐必还,请击之。"公弗许。自雩门窃出⑰,蒙皋比而先犯之⑱。公从之。大败宋师于乘丘⑲。齐师乃还。

蔡哀侯娶于陈,息侯亦娶焉⑳。息妫将归㉑,过蔡,蔡侯曰:"吾姨也。"止而见之,弗宾㉒。息侯闻之,怒,使谓楚文王曰:"伐我,吾求救于蔡而伐之。"楚子从之。秋九月,楚败蔡师于莘㉓,以蔡侯献舞归㉔。

齐侯之出也㉕,过谭㉖,谭不礼焉㉗。及其入也㉘,诸侯皆贺,谭又不至。冬,齐师灭谭,谭无礼也。谭子奔莒㉙,同盟故也。

[注释]

①曹刿(guì):鲁国人,又名曹沫。 ②肉食者:即"食肉者",

庄 公 99

指做官的人。　③间：参与。　④鄙：鄙陋，无远见。　⑤专：专享。　⑥牺牲玉帛：祭祀之物。　⑦加：变更。　⑧信：诚实。　⑨孚：借为"覆"，覆盖，普遍。一说孚即信用、信服。　⑩察：洞察，明察。　⑪情：实情。　⑫长勺：鲁地，在今山东省曲阜市北。　⑬驰：追逐。　⑭轼：古代车厢前用作扶手的横木。　⑮靡：倒伏。　⑯公子偃：鲁国大夫。　⑰雩（yú）门：鲁都南城西门。鲁都南城有三门，正南门叫稷门，东门叫鹿门，西门叫雩门。窃出：私下出击。　⑱皋比：虎皮。　⑲乘丘：鲁地，在今山东省济宁市兖州区。　⑳息侯：息国国君。　㉑息妫：息侯夫人，陈国女，妫姓。归：出嫁。　㉒弗宾：不礼敬，有轻佻行为。　㉓莘：蔡地，在今河南省汝南县境。　㉔蔡侯献舞：即蔡季、蔡哀侯，名献舞。　㉕出：逃亡。　㉖谭：国名，在今山东省济南市东南。　㉗不礼：不以礼相待。　㉘入：回国做国君。　㉙谭子：谭国国君。

[译文]

十年春季，齐国军队攻打鲁国。庄公准备迎战，曹刿求见。他的同乡说："这事由当官的人去谋划，你又何必参与？"曹刿说："当官的人都很浅陋，不能深谋远虑。"于是入宫进见庄公。他问庄公："依靠什么作战？"庄公说："穿衣吃饭这些安逸之事，我不敢独自享受，一定要分给别人。"曹刿说："这些小恩小惠也没有普遍施行，百姓是不会跟随您的。"庄公说："祭祀用的牲口和玉帛，按照规定不敢擅自变更，祝史的祷告必须诚心。"曹刿回答："一点点诚心不能为神灵所信服，神灵不一定会保佑您。"庄公又说："对大大小小各种案件，虽然不能一一审查清楚，都尽力使其合乎情理。"曹刿说："这是尽心为百姓办事的表现，可以凭借这一点打仗。如果打仗，请允许我随您前往。"

庄公和曹刿同乘一辆战车，与齐军在长勺交战。庄公准备击鼓进军。曹刿说："不行。"齐国人擂了三通战鼓后，曹刿说："可以了。"结果齐军大败。庄公准备下令追赶。曹刿说："不行。"他下车仔细察看了齐军的车辙,又登上车前横木眺望一番后说:"可以了。"鲁军才追击齐军。

战斗胜利后,庄公问曹刿取胜的原因。曹刿回答说:"作战全靠勇气。擂第一通战鼓时,士气大振;擂第二通战鼓时,士气就开始衰落下去了;擂第三通战鼓时,士气就没有了。敌方的士气没有了,而我方士气正旺,因此才战胜他们。大国的行动难于揣测,我怕他们设有埋伏。当我看到他们的车辙已显杂乱,远望他们的战旗已经倒下,所以才追击他们。"

夏季六月,齐军和宋军驻扎在郎地。公子偃说:"宋军阵容不整,可以打败他们。宋军一败,齐军必定撤回,请进攻他们。"庄公不同意。公子偃私自从雩门出城,用虎皮蒙上马先进攻宋军。庄公率军赶来。在乘丘把宋军打得大败。然后齐军回国。

蔡哀侯从陈国娶妻,息侯也从陈国娶妻。息妫出嫁时路过蔡国,蔡哀侯说:"这是我的小姨子。"把她强留下来,很不礼貌。息侯听说后,非常恼怒,派人对楚文王说:"请您假装攻打我国,我向蔡国求救,您趁机攻打。"文王同意了。秋季九月,楚国在莘地打败蔡军,俘获了蔡哀侯献舞而回。

齐桓公逃亡在外时,路过谭国,谭国对他没有以礼相待。等他回国即位,诸侯都去祝贺,谭国又没有去。冬季,齐国发兵灭了谭国,这是因为谭国没有礼貌。谭子逃到莒国,这是因为两国曾经结盟的缘故。

庄公十一年

经 十有一年春,王正月。夏五月戊寅,公败宋师于鄑。秋,宋大水。冬,王姬归于齐。

传 十一年夏,宋为乘丘之役故侵我。公御之,宋师未陈而薄之①,败诸鄑②。

凡师,敌未陈曰败某师,皆陈曰战,大崩曰败绩,得俊曰克③,覆而败之曰取某师④,京师败曰王师败绩于某⑤。

秋,宋大水。公使吊焉⑥,曰:"天作淫雨,害于粢盛⑦,若之何不吊?"对曰:"孤实不敬⑧,天降之灾,又以为君忧,拜命之辱⑨。"

臧文仲曰⑩:"宋其兴乎!禹、汤罪己,其兴也悖焉⑪;桀、纣罪人,其亡也忽焉⑫。且列国有凶称孤⑬,礼也。言惧而名礼⑭,其庶乎⑮!"既而闻之曰:"公子御说之辞也⑯。"臧孙达曰⑰:"是宜为君,有恤民之心⑱。"

冬,齐侯来逆共姬⑲。

乘丘之役,公以金仆姑射南宫长万⑳,公右歂孙生搏之㉑。宋人请之,宋公靳之㉒,曰:"始吾敬子。今子,鲁囚也,吾弗敬子矣。"病之㉓。

[注释]

①薄:迫近。 ②鄑(zī):鲁地,宋、鲁边界处,当在今山东省汶上县南。 ③得俊:战胜敌军,俘获其首领或勇士。俊,才智出众的人。 ④覆:隐蔽,埋伏。 ⑤京师:周天子的军队。 ⑥吊:慰问。 ⑦粢盛:祭礼所用的黍稷,此指庄稼。 ⑧孤:宋君自称。 ⑨拜命之辱:当时习惯用语,犹如后来的"承蒙关照,实不敢当"。 ⑩臧文仲:即臧孙辰,鲁国大夫。 ⑪悖:同"勃"。 ⑫忽:疾速。 ⑬凶:灾荒。 ⑭言惧:言辞谦恭惶恐。名礼:名称合于礼。 ⑮庶:庶几。 ⑯公子御说(yuè):宋庄公之子,宋闵公之弟,即后来的宋桓公。 ⑰臧孙达:即臧哀伯。 ⑱恤:怜悯。 ⑲齐侯:即齐桓公。共姬:即王姬。 ⑳金仆姑:箭名。南宫长万:宋国大夫,又名宋万。 ㉑右:车右。歂(chuán)孙:鲁庄公车右。生搏:活捉。 ㉒靳:奚落,嘲笑。 ㉓病:积怨,怀恨。

[译文]

　　十一年夏季，宋国为了报复乘丘那次战役而侵犯我鲁国。庄公率兵迎战，宋国军队还没有摆开阵势，鲁军就逼近了，在鄑地将宋军打败。

　　凡是军队交战，敌方没有摆开阵势就将其打败叫"败某师"，双方都摆开了阵势叫"战"，一方军队彻底崩溃叫"败绩"，俘获敌方将帅叫"克"，设埋伏击败敌军叫"取某师"，周天子的军队战败叫"败绩于某"。

　　秋季，宋国发了大水。庄公派人前去慰问，说："天降大雨，庄稼受灾，怎么能不慰问呢？"宋闵公回答说："我对上天不够敬重，上天降灾于我，又让贵君担忧，实在担当不起。"

　　臧文仲说："宋国大概要兴盛了！禹、汤勇于自我责备，因此迅速兴起；桀、纣归罪别人，所以迅速灭亡。而且各国发生灾荒，称自己为孤，也是合乎礼的。说话诚惶诚恐且自我称谓又合乎礼，差不多能兴盛了吧！"不久又听说："这番话是公子御说讲的。"臧孙达说："这个人应该做国君，他有怜悯百姓之心。"

　　冬季，齐桓公来鲁国迎娶王姬。

　　乘丘一战中，庄公用金仆姑箭射中了宋国的南宫长万，庄公的车右歂孙将其活捉。宋国人请求把南宫长万释放回国，宋闵公奚落南宫长万说："当初我敬重你。如今你成了鲁国的囚犯，我不能再敬重你了。"南宫长万对闵公怀恨在心。

庄公十二年

经　十有二年春，王三月，纪叔姬归于酅。夏四月。秋八月甲午，宋万弑其君捷及其大夫仇牧。冬十月，宋万出奔陈。

传　十二年秋，宋万弑闵公于蒙泽①。遇仇牧于门②，批而杀之③。遇大宰督于东宫之西④，又杀之。立子游⑤。群公子奔萧⑥。公子御说奔亳⑦。南宫牛、猛获帅师围亳⑧。

冬十月，萧叔大心及戴、武、宣、穆、庄之族以曹师伐之⑨。杀南宫牛于师，杀子游于宋，立桓公⑩。猛获奔卫。南宫万奔陈，以乘车辇其母⑪，一日而至。

宋人请猛获于卫，卫人欲勿与，石祁子曰⑫："不可。天下之恶一也，恶于宋而保于我⑬，保之何补⑭？得一夫而失一国，与恶而弃好⑮，非谋也。"卫人归之。亦请南宫万于陈，以赂。陈人使妇人饮之酒，而以犀革裹之。比及宋，手足皆见。宋人皆醢之⑯。

[注释]

①宋万：即南宫长万。闵公：即宋闵公，名捷。蒙泽：宋地，在今河南省商丘市区。　②仇牧：宋国卿士。　③批：反手击打。　④大宰督：即华父督。大宰，即太宰，官名。　⑤子游：宋国公子。　⑥萧：宋附庸国，在今安徽省萧县西北。　⑦亳（bó）：宋邑，当在今河南省商丘市北。一说在今安徽省亳州市。　⑧南宫牛：南宫长万之子。猛获：南宫长万的同党。　⑨萧叔大心：萧国大夫。叔，排行。大心，名。戴、武、宣、穆、庄：指宋戴公、宋武公、宋宣公、宋穆公、宋庄公。　⑩桓公：即公子御说。　⑪乘车：载人的车子。辇：以人驾车。　⑫石祁子：卫国大夫。　⑬保：保护。　⑭补：益处。　⑮与恶：袒护邪恶。　⑯醢（hǎi）：肉酱。此作动词用，即烹而腌之。

[译文]

十二年秋季，宋国的南宫长万在蒙泽杀了宋闵公。在宫门口遇到大夫仇牧，一掌把他打死。在东宫西面遇到太宰督，又杀了他。立子游为君。众公子逃亡到萧国。公子御说逃亡到亳地。南宫牛和猛获率兵包围了亳地。

冬季十月,萧叔大心和宋戴公、武公、宣公、穆公、庄公的族人率领曹军讨伐南宫长万。在军中杀了南宫牛,在宋都杀了子游,拥立桓公为君。猛获逃到卫国。南宫长万逃到陈国,自己拉车载着他母亲,一天就到了。

宋国人向卫国请求归还猛获,卫国人不想给,石祁子说:"不行。天下的邪恶是一样的,他在宋国作恶却在我国受到保护,保护他有什么用处呢?得到一个人而失去一个国家,袒护邪恶而断绝友好,这不是好主意。"卫国人把猛获归还了宋国。也向陈国请求归还南宫长万,并送上财礼。陈国人让女人劝南宫长万饮酒,灌醉后用牛皮捆裹起来。等走到宋国,南宫长万的手脚已经露出来了。宋国人把两人都剁成了肉酱。

庄公十三年

经 十有三年春,齐侯、宋人、陈人、蔡人、邾人会于北杏。夏六月,齐人灭遂。秋七月。冬,公会齐侯,盟于柯。

传 十三年春,会于北杏①,以平宋乱。遂人不至②。夏,齐人灭遂而成之。
冬,盟于柯③,始及齐平也。
宋人背北杏之会④。

[注释]
①北杏:齐地,在今山东省东阿县境。 ②遂:诸侯国,妫姓,在今山东省宁阳县西北,与肥城市交界处。 ③柯:齐邑,在今山东省阳谷县东北。 ④背:背盟,违约。

[译文]

十三年春季，诸侯在北杏会见，以平定宋国的动乱。遂国国君没有来。夏季，齐国灭亡遂国并驻兵镇守。

冬季，庄公和齐桓公在柯地结盟，开始与齐国讲和。

宋国人背叛了北杏之盟。

庄公十四年

经 十有四年春，齐人、陈人、曹人伐宋。夏，单伯会伐宋。秋七月，荆入蔡。冬，单伯会齐侯、宋公、卫侯、郑伯于鄄。

传 十四年春，诸侯伐宋，齐请师于周。夏，单伯会之①，取成于宋而还。

郑厉公自栎侵郑②，及大陵③，获傅瑕④。傅瑕曰："苟舍我⑤，吾请纳君。"与之盟而赦之。六月甲子⑥，傅瑕杀郑子及其二子而纳厉公⑦。

初，内蛇与外蛇斗于郑南门中⑧，内蛇死。六年而厉公入。公闻之，问于申繻曰："犹有妖乎？"对曰："人之所忌，其气焰以取之，妖由人兴也。人无衅焉⑨，妖不自作。人弃常则妖兴⑩，故有妖。"

厉公入，遂杀傅瑕。使谓原繁曰："傅瑕贰⑪，周有常刑，既伏其罪矣。纳我而无二心者，吾皆许之上大夫之事，吾愿与伯父图之⑫。且寡人出⑬，伯父无里言⑭，入，又不念寡人⑮，寡人憾焉⑯。"对曰："先君桓公命我先人典司宗祏⑰。社稷有主而外其心，其何贰如之？苟主社稷，国内之民其谁不为臣?臣无二心,天之制也⑱。子仪在位十四年矣⑲,而谋召君者,庸非贰乎⑳?庄公之子犹有八人,若皆以官爵行赂、劝贰而可以济事㉑,君其若之何?臣闻命矣㉒。"乃缢而死。

蔡哀侯为莘故㉓,绳息妫以语楚子㉔。楚子如息,以食入享,遂灭息。以息妫归,生堵敖及成王焉。未言,楚子问之,对曰:"吾一妇人而事二夫,纵弗能死,其又奚言?"楚子以蔡侯灭息,遂伐蔡。秋七月,楚入蔡。

君子曰:"《商书》所谓'恶之易也㉕,如火之燎于原,不可乡迩,其犹可扑灭'者,其如蔡哀侯乎!"

冬,会于鄄㉖,宋服故也。

[注释]

①会:会合。　②栎:郑地,在今河南省禹州市。郑:指郑国国都。③大陵:郑地,当在河南省新密市与新郑市之间。　④傅瑕:郑国大臣。　⑤舍:释放。　⑥甲子:二十日。　⑦郑子:即郑国国君子仪,因无谥号,故称"郑子"。　⑧内蛇:门内之蛇。外蛇:门外之蛇。⑨衅:破绽,缝隙。　⑩弃常:失去常态、常道。　⑪贰:有二心,不专诚。　⑫伯父:指原繁。　⑬寡人:郑厉公自称。　⑭里言:指将国内情况告知厉公。　⑮念:顾念,亲近。　⑯憾:遗憾,不满意。⑰桓公:郑国开始受封的第一代国君。典司:主管。宗祏(shí):宗庙中藏神主的石室。　⑱制:规定。　⑲子仪:即郑子。　⑳庸:难道。㉑劝贰:规劝别人对君主存二心。济事:成事,指做国君。　㉒闻命:听从命令。　㉓蔡哀侯:见庄公十年注。㉔绳:赞美。楚子:即楚文王。　㉕《商书》:见隐公六年注。　㉖鄄(juàn):卫地,在今山东省鄄城县西北。

[译文]

十四年春季,诸侯讨伐宋国,齐国请求王室出兵。夏季,周大夫单伯和诸侯会合,与宋国讲和后回国。

郑厉公从栎地侵入郑都,行至大陵,俘虏了傅瑕。傅瑕说:"假如放了我,我使您回国为君。"郑厉公和他订立盟约后将其释放。六月二十日,傅瑕杀了子仪和子仪的两个儿子,接纳厉公回国。

当初,门内之蛇和门外之蛇在郑都南门争斗,门内之蛇被咬死。此后六年厉公回国。庄公听说此事后,问申𦈡:"还有妖孽吗?"申𦈡回答说:"一个人有所惧怕,取决于他的气势,妖孽因人而兴。人无缺陷,妖孽不会自己兴起。人离开了正道,妖孽就会产生,因此也就有了妖孽。"

郑厉公回国后就杀了傅瑕。派人对原繁说:"傅瑕对国君怀有二心,对此周朝制定了刑罚,现已将他惩处。凡帮我回国而没有二心的,我都答应给他上大夫的官职,希望能跟伯父共同商议。而且在我居住国外时,伯父没能告诉我国内情况,回国后,又不亲近寡人,我感到非常遗憾。"原繁回答说:"先君桓公命令我的祖先管理宗庙石室。国家有君主,自己却心系国外,还有比这更严重的二心吗?假如能够统治国家,国内的百姓谁不是他的臣民呢?臣民不能怀有二心,这是上天的规定。子仪位居君位已经十四年了,现在谋划召请国君回国的人,难道不是二心吗?庄公的儿子还有八个,如果都用官职爵位作为贿赂条件劝说某人背叛国君而又能成功的话,国君您又怎么办呢?您的意思我明白了。"于是自缢而死。

蔡哀侯因为莘地之战被俘的缘故,在楚文王面前极力颂赞息妫。楚文王前往息国,假装带着食物设享礼招待息侯,趁机攻打息国,灭掉了息国。他把息妫带回,生了堵敖和成王。息妫一直不说话,楚王问她原因,她回答说:"我一个女人事奉两个丈夫,即使不能以死守志,又有什么话可说呢?"文王知道因为蔡侯才灭了息国,就攻打蔡国。秋季七月,楚军攻入蔡国。

君子评论说:"《商书》所说的'邪恶的蔓延,犹如燎原大火,接近都不能,难道还能扑灭吗',恐怕就是指蔡哀侯这样的人吧!"

冬季,周大夫单伯和诸侯在鄄地会见,因为宋国顺服的缘故。

庄公十五年

经 十有五年春,齐侯、宋公、陈侯、卫侯、郑伯会于鄄。夏,夫人姜氏如齐。秋,宋人、齐人、邾人伐郳。郑人侵宋。冬十月。

传 十五年春,复会焉①,齐始霸也②。

秋,诸侯为宋伐郳③。郑人间之而侵宋④。

[注释]

①复会:指齐、宋、陈、卫、郑国再次于鄄地会盟。 ②霸:称霸。 ③郳(ní):宋国附庸国,后又背叛了宋国。 ④间:乘机。

[注释]

十五年春季,诸侯再次在鄄地会见,齐国开始称霸。

秋季,诸侯为宋国攻打郳国。郑国人乘机入侵宋国。

庄公十六年

经 十有六年春,王正月。夏,宋人、齐人、卫人伐郑。秋,荆伐郑。冬十有二月,会齐侯、宋公、陈侯、卫侯、郑伯、许男、滑伯、滕子同盟于幽。邾子克卒。

传 十六年夏，诸侯伐郑，宋故也。

郑伯自栎入，缓告于楚。秋，楚伐郑，及栎，为不礼故也。

郑伯治与于雍纠之乱者①。九月，杀公子阏②，刖强鉏③。公父定叔出奔卫④。三年而复之，曰："不可使共叔无后于郑。"使以十月入，曰："良月也⑤，就盈数焉⑥。"

君子谓强鉏不能卫其足。

冬，同盟于幽⑦，郑成也。

王使虢公命曲沃伯以一军为晋侯⑧。

初，晋武公伐夷⑨，执夷诡诸⑩。蒍国请而免之⑪。既而弗报⑫。故子国作乱⑬，谓晋人曰："与我伐夷而取其地。"遂以晋师伐夷，杀夷诡诸。周公忌父出奔虢⑭。惠王立而复之⑮。

[注释]

①治：整治。与：参与。 ②公子阏（è）：祭仲党羽。 ③刖（yuè）：一种断足的酷刑。强鉏（chú）：祭仲党羽。 ④公父定叔：共叔段的孙子。定，谥号。 ⑤良月：古时以奇数月为忌，以偶数月为良。 ⑥盈数：满数，十为满数。 ⑦幽：宋地，在今河南省兰考县。 ⑧曲沃伯：即曲沃武公。一军：即一个军的兵力。据《周礼·夏官》载："凡制军，万有二千五百人为军。王六军，大国三军，次国二军，小国一军。"每军有战车五百辆。 ⑨夷：周地，采邑名，不详何处。 ⑩夷诡诸：周大夫。此人以邑为氏。 ⑪蒍（wěi）国：周大夫。 ⑫报：报答，酬谢。 ⑬子国：即蒍国。 ⑭周公忌父：周王室卿士。 ⑮惠王：即后来的周惠王。

[译文]

十六年夏季,诸侯讨伐郑国,是因为郑国入侵宋国。

郑厉公从栎地回国即位,没有及时通知楚国。秋季,楚国讨伐郑国,攻至栎地,是为了惩罚它的无礼。

郑厉公开始惩治参与雍纠之乱的人。九月,杀了公子阏,砍了强鉏的脚。公父定叔逃到卫国。三年后,郑厉公又让他回来,说:"不能让共叔段在郑国没有后代。"让他在十月回国,说:"十月是个好月份,十是满数。"

君子认为强鉏不能保护自己的双脚。

冬季,诸侯在幽地结盟,为的是与郑国讲和。

周天子派虢公命令曲沃伯设立一军,赐命他为晋侯。

当初,晋武公讨伐夷地,抓住了夷诡诸。周大夫芮国请求免除对他的处罚。事后夷诡诸没有报答芮国。所以芮国就开始作乱,对晋国人说:"请和我一起讨伐夷人,夺取他们的土地。"随后带领晋国军队进攻夷地,杀了夷诡诸。周公忌父逃亡到了虢国。周惠王即位后恢复了他的职位。

庄公十七年

经 十有七年春,齐人执郑詹。夏,齐人歼于遂。秋,郑詹自齐逃来。冬,多麋。

传 十七年春,齐人执郑詹①,郑不朝也。

夏,遂因氏、颌氏、工娄氏、须遂氏飨齐戍②,醉而杀之,齐人歼焉③。

[注释]

①郑詹:郑国执政大臣叔詹。 ②因氏、颌氏、工娄氏、须遂氏:

遂国四个家族。齐戍：齐国的戍卒。　③歼：杀尽。

[译文]

十七年春季，齐国人抓了郑国执政大臣郑詹，因为郑国不去朝见齐国。

夏季，遂国的因氏、颌氏、工娄氏、须遂氏用酒食招待戍守遂国的齐军，将其灌醉后杀死，齐国人把遂国人全部消灭。

庄公十八年

经　十有八年春，王三月，日有食之。夏，公追戎于济西。秋，有蜮。冬十月。

传　十八年春，虢公、晋侯朝王。王飨醴①，命之宥②，皆赐玉五瑴③、马三匹。非礼也。王命诸侯，名位不同，礼亦异数，不以礼假人。

虢公、晋侯、郑伯使原庄公逆王后于陈④。陈妫归于京师，实惠后。

夏，公追戎于济西⑤。不言其来，讳之也。

秋，有蜮⑥。为灾也。

初，楚武王克权⑦，使斗缗尹之⑧。以叛，围而杀之。迁权于那处⑨，使阎敖尹之⑩。

及文王即位，与巴人伐申而惊其师，巴人叛楚而伐那处，取之，遂门于楚。阎敖游涌而逸⑪。楚子杀之，其族为乱。冬，巴人因之以伐楚⑫。

[注释]

①醴（lǐ）：一种甜酒。　②宥（yòu）：酬酢，劝酒。　③五瑴

(jué)：五对玉。珏，合在一起的两块玉。　④原庄公：周王卿士。　⑤济：水名，古时四渎之一，发源于今河南省济源市王屋山，春秋时流经曹、魏、齐、鲁等国。　⑥蜮（yù）：一种害虫。　⑦权：国名，子姓，在今湖北省当阳市东南。　⑧斗缗：楚国大夫。尹：治理。　⑨迁权：指迁移权国的臣民。那（nuó）处：楚地，在今湖北省荆门市东南。　⑩阎敖：楚国大夫。　⑪涌：水名，即今湖北省监利县东南的乾港湖。逸：逃跑。　⑫因：趁着，乘机。

[译文]

　　十八年春季，虢公、晋献公朝见周天子。天子用甜酒招待他们，并接受了他们的敬酒，赐给他们每人五对玉、三匹马。这是不合礼的。天子策命诸侯，名称地位不同，礼仪等级也不同，不能把礼数违例送人。

　　虢公、晋献公、郑厉公派原庄公到陈国为周惠王迎娶王后。陈妫嫁到京城，就是惠后。

　　夏季，庄公在济水之西追击戎人。《春秋》没写戎人进攻，是因为忌讳。

　　秋季，鲁国发现了蜮虫。《春秋》记载此事，是因为造成了灾害。

　　当初，楚武王攻克权国，派斗缗为权地县尹。斗缗背叛了楚国，楚国包围权地杀了斗缗。把权地百姓迁到那处，派阎敖管理。

　　到楚文王即位，楚国和巴国人攻打申国，巴军受到惊扰，巴国人背叛了楚国进攻那处，将其占领，又攻打楚都城门。阎敖游过涌水逃走。文王将其杀死，阎敖族人作乱。冬季，巴国人趁机攻打楚国。

庄公十九年

经　十有九年春，王正月。夏四月。秋，公子结媵陈人之妇于鄄，遂及齐侯、宋公盟。夫人姜氏如莒。冬，齐人、宋人、陈人伐我西鄙。

传 十九年春,楚子御之①,大败于津②。还,鬻拳弗纳③。遂伐黄④,败黄师于踖陵⑤。还,及湫⑥,有疾。夏六月庚申卒⑦,鬻拳葬诸夕室⑧,亦自杀也,而葬于绖皇⑨。

初,鬻拳强谏楚子,楚子弗从,临之以兵⑩,惧而从之。鬻拳曰:"吾惧君以兵,罪莫大焉。"遂自刖也。楚人以为大阍⑪,谓之大伯⑫,使其后掌之⑬。

君子曰:"鬻拳可谓爱君矣。谏以自纳于刑,刑犹不忘纳君于善。"

初,王姚嬖于庄王⑭,生子颓。子颓有宠,蒍国为之师⑮。及惠王即位⑯,取蒍国之圃以为囿⑰。边伯之宫近于王宫⑱,王取之。王夺子禽祝跪与詹父田⑲,而收膳夫之秩⑳。故蒍国、边伯、石速、詹父、子禽祝跪作乱,因苏氏㉑。秋,五大夫奉子颓以伐王,不克,出奔温㉒。苏子奉子颓以奔卫。卫师、燕师伐周。冬,立子颓。

[注释]

①御之:抵御巴军。 ②津:楚地,在今湖北省江陵县南。 ③鬻(yù)拳:主管楚国城门的人。 ④黄:国名,嬴姓。故城在今河南省潢川县西南。 ⑤踖(què)陵:黄地,在今河南省潢川县西南。 ⑥湫(jiǎo):楚地,在今湖北省钟祥市北。 ⑦庚申:十五日。 ⑧夕室:楚国君主墓葬地名。 ⑨绖(dié)皇:即室皇,陵墓地宫前庭。一说为墓门内庭中道。绖,通"窒"。 ⑩临:对着。兵:武器。 ⑪大阍(hūn):守卫城门的官员。阍,守门人。 ⑫大伯:即太伯。 ⑬后:后代。 ⑭王姚:周庄王之妾。姚,母家姓。嬖(bì):宠爱。 ⑮蒍国:周王大夫。师:老师。 ⑯惠王:周庄王之孙,周僖王之子。 ⑰圃:种植蔬菜

瓜果的园子。囿（yòu）：畜养禽兽的园地。　⑱边伯：周王大夫。宫：房屋，住宅。　⑲子禽祝跪、詹父：二人均为周王大夫。　⑳膳夫：官名，掌管王宫饮食，即石速。秩：俸禄。　㉑因：依靠。苏氏：周王大夫。周桓王曾夺其十二邑与郑国，因此不和。　㉒温：苏氏采邑，在今河南省卫辉市。

[译文]

十九年春季，楚文王率军抵抗巴国人，在津地大败。回国后，鬻拳拒绝文王入城。文王转而进攻黄国，在踖陵打败了黄国军队。回国途中，行至湫地，文王患病。夏季六月十五日文王去世，鬻拳把文王安葬在夕室后，也自杀身亡，被葬在文王地宫的前庭。

当初，鬻拳曾力劝文王不要出兵，文王不听，鬻拳拿起兵器威胁他，文王害怕，只好听从。鬻拳说："我以兵器威胁国君，犯下了莫大的罪过。"就自己砍掉了双脚。楚国人让他担任守卫楚都城门的官职，称之为"太伯"，让他的子孙世代担任此职。

君子评论说："鬻拳可以说是热爱他的国君了。因力劝国君而自我施刑，受刑也不忘引导国君走上正道。"

当初，王姚受到周庄王的宠幸，生了子颓。子颓受到宠爱，庄王让蒍国做他的老师。惠王即位后，强占了蒍国的菜园作为饲养牲畜的地方。周大夫边伯的房屋在王宫附近，也被惠王占有。惠王还夺取了子禽祝跪和詹父的田地，收回了膳夫石速的俸禄。因此蒍国、边伯、石速、詹父、子禽祝跪发动叛乱，依靠苏忿生。秋季，五位大夫事奉子颓攻打惠王，没有得胜，逃到了温地。苏忿生事奉子颓逃到卫国。卫国、燕国的军队攻打王室。冬季，立子颓为天子。

庄公二十年

经　二十年春，王二月，夫人姜氏如莒。夏，齐大灾。秋七月。冬，齐人伐戎。

传 二十年春，郑伯和王室①，不克。执燕仲父②。夏，郑伯遂以王归，王处于栎。秋，王及郑伯入于邬③。遂入成周④，取其宝器而还。

冬，王子颓享五大夫⑤，乐及遍舞⑥。郑伯闻之，见虢叔曰："寡人闻之，哀乐失时，殃咎必至⑦。今王子颓歌舞不倦，乐祸也。夫司寇行戮⑧，君为之不举⑨，而况敢乐祸乎？奸王之位⑩，祸孰大焉？临祸忘忧，忧必及之。盍纳王乎？"虢公曰："寡人之愿也。"

[注释]

①和王室：即在周惠王与子颓之间进行调和。 ②燕仲父：南燕国君，曾伐周。 ③邬（wū）：郑邑，在今河南省偃师市西南。 ④成周：子颓在王城，成周在王城东。 ⑤五大夫：指芮国、边伯、石速、詹父、子禽祝跪五人。 ⑥遍舞：指遍舞六代之乐，即黄帝之《云门》《大卷》，尧之《大咸》，舜之《大韶》，禹之《大夏》，汤之《大濩》，周武王之《大武》。 ⑦殃咎：祸灾。 ⑧司寇：古代主管刑法的官员。行戮：杀人。 ⑨不举：减少膳食，撤除音乐。举，即备有佳肴并以音乐助食。 ⑩奸：同"干"，即篡夺。

[译文]

二十年春季，郑厉公调解周惠王和子颓的纠纷，没能成功。抓住了南燕国君燕仲父。夏季，郑厉公护送周惠王回国，惠王住在栎地。秋季，惠王和郑厉公进入邬地。然后进入成周，取了成周的宝器后返回。

冬季，王子颓设宴招待五位大夫，演奏音乐和六代所有舞蹈。郑厉公听说后，见到虢叔，说："据我所知，悲哀和欢乐的时机掌握不当，灾祸一定会到来。现在王子颓观赏歌舞不知疲倦，这是以灾难作为欢乐。司寇行刑之时，国君要减少膳食、撤除音乐，何况是以灾难作为欢乐呢？篡夺王位，还有比这更大的灾难吗？灾难将要降临却忘记忧愁，忧患一定会到来。何不接纳天子复位呢？"虢公说："这也正是我的愿望。"

庄公二十一年

经 二十有一年春，王正月。夏五月辛酉，郑伯突卒。秋七月戊戌，夫人姜氏薨。冬十有二月，葬郑厉公。

传 二十一年春，胥命于弭①。夏，同伐王城。郑伯将王②，自圉门入③，虢叔自北门入，杀王子颓及五大夫。

郑伯享王于阙西辟④，乐备⑤。王与之武公之略⑥，自虎牢以东⑦。原伯曰⑧："郑伯效尤⑨，其亦将有咎！"五月，郑厉公卒。

王巡虢守⑩。虢公为王宫于玤⑪，王与之酒泉⑫。

郑伯之享王也，王以后之鞶鉴予之⑬。虢公请器⑭，王予之爵⑮。郑伯由是始恶于王⑯。

冬，王归自虢。

[注释]

①胥命：指诸侯会见，立盟约而不歃血。弭：郑地，在今河南省新密市境内。 ②将：扶持。 ③圉（yǔ）门：王城南门。 ④阙西辟：两阙中的西阙。阙，又名观，即城楼。古时天子诸侯的宫门皆筑台，台上建屋，叫台门。台门两旁又建高屋，称为双阙，也叫两观。 ⑤乐备：即备六代之乐。 ⑥武公：指郑武公。略：经略土地。

⑦虎牢：即虎牢关，在今河南省荥阳市境。 ⑧原伯：指原庄公。 ⑨效尤：仿效罪过。尤，罪过。 ⑩巡：巡视。虢守：虢国所守之地。 ⑪拝（bàng）：虢地，在今河南省渑池县境。 ⑫酒泉：周邑。 ⑬后：王后。鞶鉴：镶嵌有镜子的大带。鞶，大带，又名绅带。鉴，镜子。 ⑭器：器物。 ⑮爵：酒器。 ⑯郑伯：指郑厉公之子郑文公。恶：怀恨。

[译文]

二十一年春季，郑厉公和虢公在弭地会见。夏季，一同攻打王城。郑厉公事奉惠王从圉门入城，虢叔从北门入城，杀了王子颓和五个大夫。

郑厉公在王宫门口的西阙设宴招待惠王，演奏了所有乐舞。惠王把虎牢以东原郑武公的土地赐给了厉公。原伯说："郑伯效仿别人的过错，他也将要遭殃！"五月，郑厉公去世。

惠王巡视虢叔守卫的地区。虢叔在拝地为惠王建造行宫，惠王把酒泉一地赐给了他。

郑厉公设宴招待惠王时，惠王把王后的鞶鉴赐给了他。虢公请求赏赐器物，惠王赐给他爵。郑文公因此开始对天子怀恨在心。

冬季，惠王从虢国回到王城。

庄公二十二年

经 二十有二年春，王正月，肆大眚。癸丑，葬我小君文姜。陈人杀其公子御寇。夏五月。秋七月丙申，及齐高傒盟于防。冬，公如齐纳币。

传 二十二年春，陈人杀其大子御寇①。陈公子完与颛孙奔齐②。颛孙自齐来奔。

齐侯使敬仲为卿[3]。辞曰："羁旅之臣[4]，幸若获宥[5]，及于宽政，赦其不闲于教训[6]，而免于罪戾，弛于负担[7]，君之惠也[8]。所获多矣，敢辱高位[9]，以速官谤[10]？请以死告。《诗》云：'翘翘车乘，招我以弓。岂不欲往，畏我友朋。'[11]"使为工正[12]。

饮桓公酒，乐。公曰："以火继之[13]。"辞曰："臣卜其昼[14]，未卜其夜，不敢。"君子曰："酒以成礼，不继以淫[15]，义也。以君成礼，弗纳于淫，仁也。"

初，懿氏卜妻敬仲[16]。其妻占之，曰："吉。是谓'凤皇于飞[17]，和鸣锵锵[18]。有妫之后[19]，将育于姜[20]。五世其昌[21]，并于正卿[22]。八世之后，莫之于京[23]'。"

陈厉公，蔡出也[24]。故蔡人杀五父而立之[25]，生敬仲。其少也，周史有以《周易》见陈侯者[26]，陈侯使筮之[27]，遇《观》䷓之《否》䷋[28]。曰："是谓'观国之光，利用宾于王[29]'。此其代陈有国乎。不在此，其在异国；非此其身，在其子孙。光，远而自他有耀者也。《坤》[30]，土也。《巽》[31]，风也。《乾》[32]，天也。风为天于土上，山也[33]。有山之材而照之以天光[34]，于是乎居土上，故曰：'观国之光，利用宾于王。'庭实旅百[35]，奉之以玉帛[36]，天地之美具焉，故曰：'利用宾于王。'犹有观焉，故曰：'其在后乎。'风行而著于土[37]，故曰：'其在异国乎。'若在异国，必姜姓也。姜，大岳之后也[38]。山岳则配天[39]，物莫能两大。陈衰，此其昌乎！"

及陈之初亡也，陈桓子始大于齐[40]。其后亡也，成子得政[41]。

[注释]

①大子御寇：陈宣公之子。大，同"太"。　②公子完：陈厉公之子，太子御寇同党。颛（zhuān）孙：太子御寇同党。　③敬仲：即陈公子完。　④羁旅：行旅。　⑤宥：宽容。　⑥闲：熟习。　⑦弛：放松。　⑧惠：恩惠。　⑨敢：岂敢。辱：辱没，谦辞。　⑩谤：指责。　⑪《诗》：下列诗句为逸诗，不载于《诗经》三百篇中。翘翘：高高的样子。　⑫工正：官名。　⑬火：烛火。　⑭卜：占卜。　⑮淫：过度。　⑯懿氏：陈国大夫。妻：嫁女。　⑰凤皇：古代相传为神鸟，雄曰凤，雌曰皇（亦作"凰"）。于飞：飞翔。于，助词，置于动词前，无义。　⑱和鸣：鸣声相和。　⑲有妫：陈国为妫姓。有，名词词头，无义。　⑳姜：指齐国，姜姓。　㉑昌：昌盛。㉒并：并列。　㉓京：大。　㉔蔡出：蔡女所生。　㉕五父：即陈佗。　㉖史：官名，古有太史、内史等官。　㉗筮（shì）：用蓍（shī）草占卜。　㉘遇：通过揲（shé）蓍得到某卦。《观》、《否》：六十四卦卦名。之：变为。　㉙"观国之光"二句：为《观》卦中的六四爻辞。意为臣子朝见国王，以观王国之光，利于做君王的宾客。㉚《坤》：八卦之一，象征地。《观》《否》二重卦中的下卦均有《坤》卦。　㉛《巽》：八卦之一，象征风。《观》卦中的上卦为《巽》。　㉜《乾》：八卦之一，象征天。《否》卦中的上卦为《乾》。㉝山：《否》卦的二、三、四爻组成《艮》卦（即互体），《艮》象征山。　㉞材：物产。　㉟庭实：诸侯朝觐天子或互相聘问，将所送礼物陈列于庭内。旅：陈列。百：泛指很多。　㊱奉：奉献。玉帛：指金、玉、布帛等宝物。　㊲著：附着。　㊳大岳：即太岳，四岳。㊴配天：指天之高大唯有山岳能够相比。　㊵陈桓子：敬仲五世孙陈无宇。大：昌大。　㊶成子：敬仲八世孙陈常。

[译文]

二十二年春季，陈国人杀了他们的太子御寇。陈国公子完和颛孙逃亡到齐国。颛孙又从齐国逃到鲁国。

齐桓公让敬仲做卿。敬仲推辞说:"我是旅居在外的臣子,如果承蒙您的宽恕,在这政策宽厚的国家里,赦免我有失训教,免去我的罪过,解除我的负担,就是国君对我的莫大恩赐了。我得到的已经很多了,哪里还敢占据高位,使您招致百官的指责呢?特此冒死禀告。《诗经》说:'贵人坐在高高的车上,以手持弓招我前往。难道是我不想前去,只因害怕我的亲朋。'"齐桓公让他担任工正一职。

敬仲设酒宴招待桓公,桓公很高兴。桓公说:"点上灯火继续喝。"敬仲辞谢说:"为臣占卜了白天宴请国君,没有占卜晚上宴请,恕我不敢遵命。"君子评论道:"酒用来完成礼仪,饮用不可过度,就是义。与国君饮酒,完成了礼,又不使他过分,就是仁。"

当初,陈国大夫懿氏占卜女儿嫁给敬仲的吉凶。懿氏的妻子占卜后说:"吉利。说是'凤凰相伴而飞,鸣声嘹亮清脆。我们妫氏后代,将在齐国成长。五代就要昌盛,官位堪比正卿。直至八代以后,无人与之争雄'。"

陈厉公是蔡女所生。所以蔡国人杀了五父立厉公为君,生了敬仲。敬仲少年时,周太史拿了《周易》去见陈厉公,厉公让他占筮,遇到《观》卦,又变为《否》卦。太史解释说:"这叫作'观看王国之光,利于做君主的贵宾'。此人将要代替陈而享有国家吧。不是在本国,而是在其他国家;不是在他本人,而是在他的子孙。光,是从远处其他地方照射而来的。《坤》象征土,《巽》象征风,《乾》象征天。风从天空产生,在地上运行,就形成了山。有了山上的各种物产,又有天光照射,就能在土地上居住,所以说:'观看王国之光,利于做君主的贵宾。'庭院中摆了很多礼物,进奉了玉璧束帛,天上地上美好的东西一应俱全,所以说:'利于做君主的贵宾。'还要看将来怎么样,所以说:'恐怕在他的后代身上。'大风吹行而落到土地上,所以说:'恐怕是在别国。'如果是在别国,一定是姜姓之国。姜是太岳的后代。山岳高大能够与天匹配,但两个事物不能一样大。如果陈国衰亡了,这个氏族就会昌盛吧!"

等陈国第一次灭亡,陈桓子开始在齐国昌大。后来陈国再次灭亡时,陈成子就取得了齐国政权。

庄公二十三年

经 二十有三年春,公至自齐。祭叔来聘。夏,公如齐观社。公至自齐。荆人来聘。公及齐侯遇于谷。萧叔朝公。秋,丹桓宫楹。冬十有一月,曹伯射姑卒。十有二月甲寅,公会齐侯盟于扈。

传 二十三年夏,公如齐观社①,非礼也。曹刿谏曰:"不可。夫礼,所以整民也。故会以训上下之则②,制财用之节③;朝以正班爵之义④,帅长幼之序⑤;征伐以讨其不然⑥。诸侯有王⑦,王有巡守⑧,以大习之⑨。非是,君不举矣⑩。君举必书,书而不法⑪,后嗣何观?"

晋桓、庄之族逼⑫,献公患之⑬。士蒍曰⑭:"去富子⑮,则群公子可谋也已。"公曰:"尔试其事⑯。"士蒍与群公子谋,谮富子而去之。

秋,丹桓宫之楹⑰。

[注释]

①社:祭祀社神。 ②则:法则。 ③节:节制。 ④班爵:排列爵位。义:同"仪",即仪式。 ⑤帅:同"率"。序:序列。 ⑥不然:不敬。 ⑦有王:朝聘天子。 ⑧巡守:巡视四方。 ⑨大习之:指熟习会见和朝觐的制度、礼仪。 ⑩举:举动,行动。 ⑪不法:不合法度。 ⑫桓、庄:指桓叔、庄伯,即曲沃武公的父

与祖。逼：威逼，压迫公室。 ⑬献公：晋武公之子，名诡诸，庄公十八年即位。 ⑭士芬：晋国大夫。 ⑮富子：桓、庄家族中足智多谋的人。 ⑯尔：你。 ⑰丹：朱漆，用作动词，涂朱漆。桓宫：鲁桓公庙。楹（yíng）：柱子。

[译文]

二十三年夏季，庄公前往齐国观看祭祀社神，是不合礼的。曹刿劝阻说："不能去。礼，是用来整顿百姓的。因此通过会见训示上下之间的准则，制定节用财物的规范；通过朝见端正爵位的排列顺序，遵循长幼的次序；通过征伐教训对上的不恭。诸侯朝见天子，天子视察各国，是为了熟悉会见和朝见的制度。不是这样，国君则不应出行。国君出行一定加以记载，记载了不合法度的行为，后代子孙将怎么看呢？"

晋国桓叔、庄伯的家族威胁到了公室，晋献公极为担心。晋大夫士芬说："把富子除掉，其他公子就可以对付了。"献公说："你试着去办吧。"士芬与公子们谋议，乘机讲富子的坏话而将其赶走。

秋季，鲁国在桓公庙的柱子上涂了红漆。

庄公二十四年

经 二十有四年春，王三月，刻桓宫桷。葬曹庄公。夏，公如齐逆女。秋，公至自齐。八月丁丑，夫人姜氏入。戊寅，大夫宗妇觌，用币。大水。冬，戎侵曹。曹羁出奔陈。赤归于曹。郭公。

传 二十四年春，刻其桷①，皆非礼也②。御孙谏曰③："臣闻之，俭，德之共也④；侈，恶之大也。先君有共德而君纳诸大恶，无乃不可乎？"

秋，哀姜至⑤。公使宗妇觌⑥，用币⑦，非礼也。御孙曰："男贽大者玉帛⑧，小者禽鸟，以章物也⑨。女贽不过榛栗枣脩⑩，以告虔也⑪。今男女同贽⑫，是无别也。男女之别，国之大节也⑬。而由夫人乱之，无乃不可乎？"

晋士蒍又与群公子谋，使杀游氏之二子⑭。士蒍告晋侯曰："可矣。不过二年，君必无患。"

[注释]

①刻：雕镂。桷（jué）：方形椽子。此句本应接上年"秋，丹桓宫之楹"而来，为后人所割裂，分为两截。 ②非礼：古礼，自天子以至大夫、士，皆不雕刻桷，亦不漆柱。故丹楹、刻桷均为非礼。 ③御孙：鲁国大夫。 ④共：读为"洪"，大。 ⑤哀姜：鲁庄公夫人。 ⑥宗妇：同姓大夫的夫人。觌（dí）：见。 ⑦币：玉帛之类的礼物。 ⑧贽（zhì）：古时初次拜见尊长时所拿的礼物。 ⑨章物：古代的贽见礼，由各人所执礼物的不同而显示其贵贱等级。 ⑩榛（zhēn）：一种落叶乔木，果实似栗而小。脩（xiū）：干肉。 ⑪告虔：表示诚敬。 ⑫同贽：贽礼相同。 ⑬大节：大法。 ⑭游氏：桓叔、庄伯之族。

[译文]

二十四年春季，鲁国在桓公庙的椽子上雕刻花纹，这与在柱子上涂红漆，都是不合礼的。鲁大夫御孙劝阻说："下臣听说，节俭是美德中的大德；奢侈是邪恶中的大恶。先君具有大德，国君却要把它放到大恶中去，恐怕不行吧？"

秋季，哀姜来到鲁国。庄公让同姓大夫的夫人进见，夫人们用玉帛作为进见的礼物，是不合礼的。御孙说："男人进见的礼物，大的用玉帛，小的用禽鸟，以不同的礼物表明身份等级。女人进见时不过是榛子、栗子、枣子、干肉，能表明心诚恭敬就行了。现在男女进见的礼物一样,等于没有区别。男女之别是一个国家的大法。如果让夫人们搞乱,恐怕不行吧?"

晋国的士蒍又和公子们谋划,让他们杀了游氏的两个儿子。士蒍告诉晋献公说:"可以了。过不了两年,国君一定没有忧患了。"

庄公二十五年

经 二十有五年春,陈侯使女叔来聘。夏五月癸丑,卫侯朔卒。六月辛未朔,日有食之。鼓,用牲于社。伯姬归于杞。秋,大水,鼓,用牲于社、于门。冬,公子友如陈。

传 二十五年春,陈女叔来聘①,始结陈好也。嘉之②,故不名。

夏六月辛未朔③,日有食之。鼓④,用牲于社⑤,非常也⑥。唯正月之朔⑦,慝未作⑧,日有食之,于是乎用币于社,伐鼓于朝⑨。

秋,大水。鼓,用牲于社、于门⑩,亦非常也。凡天灾,有币无牲。非日月之眚⑪,不鼓。

晋士蒍使群公子尽杀游氏之族,乃城聚而处之⑫。

冬,晋侯围聚⑬,尽杀群公子。

[注释]

①女(rǔ)叔:陈国卿士。 ②嘉:赞美。 ③朔:夏历每月初一日。 ④鼓:击鼓。 ⑤牲:牺牲,古代特指供宴飨祭祀用的牛、猪、羊。 ⑥非常:不合常礼。 ⑦正(zhèng)月:正阳之月,即夏历四月。 ⑧慝(tè):阴气。 ⑨伐:击打。 ⑩门:城门门神。

⑪眚（shěng）：灾祸。　⑫聚：晋邑，在今山西省绛县东南。
⑬晋侯：指晋献公。

[译文]

二十五年春季，陈国的女叔来鲁国聘问，鲁国开始和陈国结好。《春秋》称赞这件事，所以不称他的名。

夏季六月一日，鲁国出现了日食。击鼓，用牲畜祭祀土地神，是不合常礼的。只有夏历四月一日，阴气尚未发作时出现日食，才用玉帛祭祀土地神，在朝廷之上击鼓。

秋季，鲁国发了大水。击鼓，用牲畜祭祀土地神和城门门神，也是不合常礼的。凡是遇到天灾，祭祀时只用玉帛，不用牲畜。不是日食或月食，不击鼓。

晋国的士蒍让公子们杀尽了游氏家族，然后在聚地筑城，让公子们住在那里。

冬季，晋献公包围了聚城，把公子们全部杀死。

庄公二十六年

经　二十有六年春，公伐戎。夏，公至自伐戎。曹杀其大夫。秋，公会宋人、齐人伐徐。冬十有二月癸亥，朔，日有食之。

传　二十六年春，晋士蒍为大司空①。

夏，士蒍城绛②，以深其宫③。

秋，虢人侵晋。冬，虢人又侵晋。

[注释]

①大司空：官名，相当于卿。　②城：加固城墙。　③深：加高

宫墙。

[译文]

二十六年春季，晋国的士蒍做了大司空。

夏季，士蒍加固了绛都城墙，同时也加高了宫墙。

秋季，虢国人侵袭晋国。冬季，虢国人再次侵袭晋国。

庄公二十七年

经 二十有七年春，公会杞伯姬于洮。夏六月，公会齐侯、宋公、陈侯、郑伯，同盟于幽。秋，公子友如陈，葬原仲。冬，杞伯姬来。莒庆来逆叔姬。杞伯来朝。公会齐侯于城濮。

传 二十七年春，公会杞伯姬于洮①，非事也。天子非展义不巡守②，诸侯非民事不举，卿非君命不越竟③。

夏，同盟于幽④，陈、郑服也。

秋，公子友如陈，葬原仲⑤，非礼也。原仲，季友之旧也⑥。

冬，杞伯姬来，归宁也⑦。凡诸侯之女，归宁曰来⑧，出曰来归⑨。夫人归宁曰如某，出曰归于某。

晋侯将伐虢，士蒍曰："不可。虢公骄，若骤得胜于我，必弃其民。无众而后伐之，欲御我，谁与⑩？夫礼乐慈爱，战所畜也⑪。夫民，让事乐和⑫，爱亲哀丧⑬，而后可用也。虢弗畜也，亟战将饥⑭。"

王使召伯廖赐齐侯命⑮，且请伐卫，以其立子颓也⑯。

[注释]

①杞伯姬：鲁庄公女，杞成公夫人。 ②展义：宣扬德义。 ③竟：同"境"。 ④幽：见庄公十六年注。 ⑤原仲：陈国大夫。 ⑥季友：即公子友。旧：老朋友。 ⑦归宁：女子出嫁，返回娘家探问父母。宁，安。 ⑧来：女子出嫁，探问父母后仍返回夫家。 ⑨来归：女子出嫁，被夫家休弃，不再返回，称为来归，又叫出。 ⑩与：跟从。 ⑪畜（xù）：积聚，储藏。 ⑫让事：谦让，对礼而言。乐和：和谐，对乐而言。 ⑬爱亲：爱护亲属，对慈而言。哀丧：对死伤者悲痛，对爱而言。 ⑭亟（qì）：屡次。饥：馁，气馁。 ⑮召伯廖：周天子卿士。 ⑯子颓：见庄公十九年注。

[译文]

二十七年春季，庄公和女儿杞伯姬在洮地会见，与国事无关。天子不是为了宣扬道义不能外出巡察，诸侯不是为了百姓之事不能外出行动，卿没有国君的命令不能越过国境。

夏季，诸侯在幽地结盟，因为陈国和郑国已经顺服。

秋季，鲁国的公子友到陈国安葬原仲，是不合礼的。原仲只是公子友的旧友。

冬季，杞伯姬回国，是回娘家。凡是诸侯的女儿回娘家称作"来"，被丈夫休弃称作"来归"。国君的夫人返回娘家称作"如某"，被丈夫休弃称作"归于某"。

晋献公准备讨伐虢国，士蒍说："不行。虢公骄横自大，如果突然战胜我们，一定会舍弃他的百姓。等他失去了百姓再讨伐，即使他要抵抗，还有谁会跟随呢？礼、乐、慈、爱是对敌作战之前应该具备的。百姓谦让有礼、和睦相处，爱护亲属、悲痛丧亡，然后才能使用。虢国并不具备这些，却屡次出兵作战，百姓的士气将会低落下去。"

周天子派召伯廖赐命齐桓公，并请他讨伐卫国，因为卫国曾立子颓为天子。

庄公二十八年

经 二十有八年春，王三月甲寅，齐人伐卫。卫人及齐人战，卫人败绩。夏四月丁未，邾子琐卒。秋，荆伐郑。公会齐人、宋人救郑。冬，筑郿。大无麦禾。臧孙辰告籴于齐。

传 二十八年春，齐侯伐卫。战，败卫师。数之以王命①，取赂而还。

晋献公娶于贾②，无子。烝于齐姜③，生秦穆夫人及大子申生。又娶二女于戎，大戎狐姬生重耳④，小戎子生夷吾⑤。晋伐骊戎⑥，骊戎男女以骊姬⑦。归，生奚齐。其娣生卓子⑧。骊姬嬖，欲立其子，赂外嬖梁五⑨，与东关嬖五⑩，使言于公曰："曲沃，君之宗也⑪。蒲与二屈⑫，君之疆也，不可以无主。宗邑无主则民不威，疆场无主则启戎心⑬。戎之生心，民慢其政⑭，国之患也。若使大子主曲沃，而重耳、夷吾主蒲与屈，则可以威民而惧戎，且旌君伐⑮。"使俱曰："狄之广莫⑯，于晋为都⑰。晋之启土⑱，不亦宜乎？"晋侯说之⑲。夏，使大子居曲沃，重耳居蒲城，夷吾居屈。群公子皆鄙⑳，唯二姬之子在绛㉑。二五卒与骊姬谮群公子而立奚齐㉒，晋人谓之"二五耦㉓"。

楚令尹子元欲蛊文夫人㉔。为馆于其宫侧而振万焉㉕。夫人闻之，泣曰："先君以是舞也，习戎备也㉖。今令尹不寻诸仇雠㉗，而于未亡人之侧㉘，不亦异乎㉙！"御人以告子元㉚。子元曰："妇人不忘袭雠，我反忘之！"

秋，子元以车六百乘伐郑，入于桔柣之门㉛。子元、斗御强、斗梧、耿之不比为旆㉜，斗班、王孙游、王孙喜殿㉝。众车入自纯门㉞，及逵市㉟。县门不发㊱，楚言而出㊲。子元曰："郑有人焉㊳。"诸侯救郑，楚师夜遁。郑人将奔桐丘㊴，谍告曰㊵："楚幕有乌㊶。"乃止。

冬，饥。臧孙辰告籴于齐㊷，礼也。

筑郿㊸，非都也。凡邑，有宗庙先君之主曰都，无曰邑。邑曰筑，都曰城。

[注释]

①数：数落，责备。命：名义。 ②贾：姬姓诸侯国，当在今山西省临汾市。 ③齐姜：齐国女。一说为晋武公之妾。 ④大戎狐姬：又名狐季姬，王子狐之后。 ⑤小戎子：大戎狐姬之妹。 ⑥骊戎：国名，姬姓，在今陕西省西安市临潼区。 ⑦骊戎男：骊戎国君。男，爵名。 ⑧娣：指骊姬之妹。 ⑨外嬖：受宠的男子。女人受宠叫内嬖。梁五：晋大夫。 ⑩东关嬖五：晋大夫。 ⑪宗：宗庙所在地。 ⑫蒲：晋邑，在今山西省隰县西北。二屈：即南屈和北屈，均为地名。 ⑬戎：泛指境外异国。 ⑭慢：轻慢。 ⑮旌：表彰。伐：功。 ⑯狄：古代泛指我国北方少数民族地区。广莫：广大无垠。莫，通"漠"。 ⑰都：城邑。 ⑱启土：开拓疆土。 ⑲说：通"悦"。 ⑳鄙：边疆。 ㉑二姬：指骊姬与其妹妹。 ㉒立：立为太子。 ㉓二五耦：即梁五与东关嬖五朋比为奸。耦，二人共做某事。 ㉔子元：又名王子善、公子元，楚武王之子，文王之弟。蛊：诱惑。文夫人：楚文王夫人，息妫。 ㉕振：摇铃。万：舞名。 ㉖习戎备：演习战备。 ㉗寻：用。仇雠（chóu）：仇敌。 ㉘未亡人：古代寡

妇自称。㉙异：奇怪。㉚御人：侍者。㉛桔(jié)柣(dié)：郑都远郊城门。㉜斗御强、斗梧、耿之不比：均为楚大夫。旆(pèi)：前军，先锋。㉝斗班、王孙游、王孙喜：均为楚大夫。㉞纯门：郑都外郭门。㉟逵市：大路上的市场。㊱县门：即闸门。县，通"悬"。不发：不放下。㊲楚言：用楚国方言说话。㊳人：人才。㊴桐丘：郑地，在今河南省扶沟县西。㊵谍：间谍。㊶幕：帐篷。㊷籴(dí)：购买粮食。㊸郿：鲁地，在今山东省阳谷县寿张镇。

[译文]

二十八年春季，齐桓公讨伐卫国。双方交战，卫军战败。桓公以天子名义谴责他们，收取了财物后回国。

晋献公从贾国娶了妻子，没生儿子。他和齐姜通奸，生了秦穆夫人和太子申生。又从戎国娶了两个女子，大戎狐姬生了重耳，小戎子生了夷吾。晋国攻打骊戎，骊戎男把骊姬献给晋献公。回国后生了奚齐。骊姬的妹妹生了卓子。骊姬受到宠爱，想立自己的儿子为太子，贿赂受宠的梁五和东关嬖五，让他们对献公说："曲沃是国君宗庙所在之地。蒲地和北屈、南屈是国君的边疆，不能无人掌管。宗庙所在之地没人掌管，百姓就没有畏惧；边疆无人掌管，就会使戎狄产生侵犯之心。如今戎狄有侵犯我国的企图，百姓轻视政令，这是国家的隐患。如果让太子主管曲沃，让重耳、夷吾主管蒲地和屈地，就能使百姓有所畏惧，使戎狄害怕，并能宣扬国君的功德。"又让两人对献公说："狄人广大无边的土地，可以成为晋国的城邑。晋国不断开辟疆土，不也是应该的吗？"献公非常高兴。夏季，让太子住在曲沃，重耳住在蒲城，夷吾住在屈地。其他公子都分别住到边境，只有骊姬和她妹妹的儿子住在绛城。梁五和东关嬖五最后终于和骊姬诬陷了群公子，立了奚齐为太子，晋国人称这两人为"二五耦"。

楚国令尹子元想引诱文王夫人息妫。在她的宫室旁边建造房子，摇动大铃跳起了万舞。文王夫人听到后，哭泣道："过去先君以这种舞用于演习战备。如今令尹不用于对付仇敌，却在我这寡妇的身边演奏，不是太奇怪了嘛！"仆人把这话告诉了子元。子元感叹道："女人还没有忘记攻袭敌人，我反而忘记了！"

秋季，子元率领六百辆战车讨伐郑国，攻入了郑都的桔柣之门。子元、斗御强、斗梧、耿之不比为先锋，斗班、王孙游、王孙喜为后队。车队进入郑都外城的纯门，到达内城大路上的市场。内城的闸门没有放下，楚国人用方言议论了一阵就后退了。子元说："郑国有人才。"诸侯前来救援郑国，楚军在夜里悄悄撤走了。郑国人准备逃到桐丘，探子报告说："楚军帐篷上有乌鸦。"于是停止不逃。

冬季，鲁国发生饥荒。鲁大夫臧孙辰向齐国购买粮食，是合乎礼的。

鲁国在郿邑筑城，郿城不是都城。凡是城邑，有宗庙和先君灵位的叫"都"，没有的叫"邑"。修建邑的城墙称"筑"，修建都的城墙称"城"。

庄公二十九年

经 二十九年春，新延厩。夏，郑人侵许。秋，有蜚。冬十有二月，纪叔姬卒。城诸及防。

传 二十九年春，新作延厩①。书，不时也。凡马日中而出②，日中而入③。

夏，郑人侵许。凡师有钟鼓曰伐，无曰侵，轻曰袭。

秋，有蜚④，为灾也。凡物不为灾不书。

冬十二月，城诸及防⑤。书，时也。凡土功，龙见而毕务⑥，戒事也⑦。火见而致用⑧，水昏正而栽⑨，日至而毕⑩。

樊皮叛王⑪。

[注释]

①延厩：马圈名。　②日中：春分，秋分。春分与秋分两时节白天和黑夜一样长，所以称为日中。出：春分时节，百草生长，出外牧马。　③入：秋分后，水寒草枯，马匹开始入圈。　④蜚：蜚盘虫。详见隐公元年注。　⑤诸、防：鲁国二邑名。诸，在今山东省诸城市西南。　⑥龙：苍龙星，东方七宿的总称。苍龙星出现在夏历九月。毕务：农事完毕。　⑦戒事：土功的准备工作。　⑧火：星名，即心宿。夏历十月初，早晨出现在东方。致用：将工具放在场地上。　⑨水：星名，即定星，又叫营室。昏正：黄昏正现于南方。栽：筑墙立板。　⑩日至：冬至。　⑪樊皮：周大夫。

[译文]

二十九年春季，鲁国新建了延厩。《春秋》记载此事，是因其不合农时。凡是马，春分时节放牧，秋分时节入厩。

夏季，郑国人入侵许国。凡是军队出动，敲钟打鼓称"伐"，没有钟鼓称"侵"，以轻装部队进攻称"袭"。

秋季，鲁国发现了蜚盘虫，造成了灾害。凡是事物没有造成灾害，《春秋》就不予记载。

冬季十二月，鲁国在诸地和防地筑城。《春秋》记载此事，是因其合于农时。凡是土木工程，苍龙星出现，农事结束，就要做好准备。心宿星出现，把工具放到场地上，黄昏正南方见到营室星时动工，到了冬至则停止施工。

周大夫樊皮背叛了周天子。

庄公三十年

经　三十年春，王正月。夏，次于成。秋七月，齐人降鄀。八月癸亥，葬纪叔姬。九月庚午朔，日有食之。鼓，用牲于社。冬，公及齐侯遇于鲁济。齐人伐山戎。

传 三十年春，王命虢公讨樊皮。夏四月丙辰①，虢公入樊，执樊仲皮②，归于京师。

楚公子元归自伐郑，而处王宫。斗射师谏③，则执而梏之④。秋，申公斗班杀子元⑤，斗榖於菟为令尹⑥，自毁其家以纾楚国之难⑦。

冬，遇于鲁济⑧，谋山戎也⑨，以其病燕故也⑩。

[注释]
①丙辰：十四日。 ②樊仲皮：即樊皮。 ③斗射师：楚国大夫。 ④梏（gù）：木制手铐。此处用作动词。 ⑤申公：楚国申县地方长官。楚国君自称王，县尹称公。 ⑥斗榖（gòu）於（wū）菟（tú）：即令尹子文。 ⑦纾（shū）：缓解，解除。 ⑧鲁济：鲁国济水。 ⑨山戎：少数民族部落名，散处于今河北省迁安市、卢龙县、滦县一带。 ⑩病燕：危害燕国。燕，北燕，召公奭之后，国都建于蓟。

[译文]
三十年春季，周天子命令虢公攻打樊皮。夏季四月十四日，虢公进入樊国，抓住了樊皮，将其带回京城。

楚国公子元攻打郑国回来后，就住在王宫。斗射师劝阻，公子元把他抓起来戴上手铐。秋季，申县县尹斗班杀了子元，斗榖於菟做了令尹，他捐出了自己的家财以缓和楚国面临的危难。

冬季，庄公和齐桓公在鲁济水非正式会见，谋划攻打山戎，因为山戎使燕国受到危害。

庄公三十一年

经 三十有一年春,筑台于郎。夏四月,薛伯卒。筑台于薛。六月,齐侯来献戎捷。秋,筑台于秦。冬,不雨。

传 三十一年夏六月,齐侯来献戎捷①,非礼也。凡诸侯有四夷之功②,则献于王,王以警于夷。中国则否③。诸侯不相遗俘④。

[注释]

①献戎捷:奉献俘获的戎人。战胜有所获,献其所获称献捷,又叫献功。 ②四夷:泛指四方边境的少数民族部落。 ③中国:中原。 ④遗(wèi):赠送。

[译文]

三十一年夏季六月,齐桓公来鲁国奉献俘获的戎人,是不合礼的。凡是诸侯攻打四方夷狄取得胜利,要把俘虏献给天子,天子以此警戒四方夷狄。中原诸侯国则不必如此。诸侯之间不能互相赠送俘虏。

庄公三十二年

经 三十有二年春,城小谷。夏,宋公、齐侯遇于梁丘。秋七月癸巳,公子牙卒。八月癸亥,公薨于路寝。冬十月己未,子般卒。公子庆父如齐。狄伐邢。

传 三十二年春,城小谷①,为管仲也。
齐侯为楚伐郑之故,请会于诸侯。宋公请先见于齐侯。

夏，遇于梁丘②。

秋七月，有神降于莘③。

惠王问诸内史过曰④："是何故也？"对曰："国之将兴，明神降之，监其德也⑤；将亡，神又降之，观其恶也。故有得神以兴，亦有以亡。虞、夏、商、周皆有之。"王曰："若之何？"对曰："以其物享焉⑥，其至之日，亦其物也⑦。"王从之。内史过往，闻虢请命⑧，反曰："虢必亡矣，虐而听于神⑨。"

神居莘六月。虢公使祝应、宗区、史嚚享焉⑩。神赐之土田。史嚚曰："虢其亡乎！吾闻之，国将兴，听于民；将亡，听于神。神，聪明正直而壹者也⑪，依人而行。虢多凉德⑫，其何土之能得？"

初，公筑台，临党氏⑬，见孟任，从之。閟⑭，而以夫人言，许之，割臂盟公，生子般焉。雩⑮，讲于梁氏⑯，女公子观之⑰。圉人荦自墙外与之戏⑱。子般怒，使鞭之。公曰："不如杀之，是不可鞭。荦有力焉，能投盖于稷门⑲。"

公疾，问后于叔牙⑳。对曰："庆父材㉑。"问于季友，对曰："臣以死奉般㉒。"公曰："乡者牙曰庆父材㉓。"成季使以君命命僖叔待于鍼巫氏㉔，使鍼季酖之㉕，曰："饮此则有后于鲁国㉖，不然，死且无后。"饮之，归及逵泉而卒㉗，立叔孙氏㉘。

八月癸亥㉙，公薨于路寝㉚。子般即位，次于党氏㉛。冬十月己未㉜，共仲使圉人荦贼子般于党氏㉝。成季奔陈。立闵公㉞。

[注释]

①小谷：即谷，齐邑，在今山东省东阿县。　②梁丘：宋邑，在今山东省成武县东北。　③莘：虢地，在今河南省三门峡市西。　④内史过：周王大夫。内史，官名。过，人名。　⑤监：视。　⑥以其物享：用与他相应的祭品去祭祀。其，他，指神灵。物，祭品、祭服等。享，祭享。　⑦其至之日，亦其物：指神灵降临之日，即用与此日相当的祭品去祭祀。　⑧请命：求神赐予。　⑨虐：暴虐。　⑩祝应：人名。祝，太祝。宗区：人名。宗，宗人。史嚚（yín）：人名。史，太史。　⑪壹：一心一意。　⑫凉：薄，少。　⑬党氏：鲁国大夫。　⑭闷（bì）：闭门。　⑮雩（yú）：一种求雨的祭祀活动。　⑯讲：演习。梁氏：鲁国大夫。　⑰女公子：庄公女，子般妹。　⑱圉人荦：养马人，名荦。戏：调戏。　⑲盖：门扇。稷门：鲁城正南门。　⑳后：继承人。叔牙：鲁庄公的弟弟。庄公有三弟，长曰庆父，次曰叔牙，次曰季友。　㉑材：有才能。　㉒般：即子般。　㉓乡：过去。　㉔成季：即季友。僖叔：即叔牙。针（qián）巫氏：即针季，鲁大夫。针，姓。巫，职或名。　㉕鸩（zhèn）：鸟名，羽毛有毒，古人用来制毒酒杀人。用毒酒杀人也称鸩。　㉖后：后代的禄位。　㉗逵泉：鲁地，在今山东省曲阜市东南。　㉘叔孙氏：指僖叔的儿子。　㉙癸亥：五日。　㉚路寝：正寝。寝，寝室。古代天子有六寝，正寝一，燕寝五；诸侯有三寝，正寝一，燕寝二。正寝又叫路寝，燕寝又叫小寝。平日居燕寝，斋戒及疾病则居路寝。　㉛次：居住。　㉜己未：初二日。　㉝共仲：即庆父。贼：刺杀。　㉞闵公：鲁庄公子，名开。

[译文]

三十二年春季，齐国在小谷筑城，这是为管仲建造。

齐桓公因为楚国讨伐郑国一事，请求和诸侯会见。宋桓公请求先和齐桓公会见。夏季，二人在梁丘非正式会见。

秋季七月，有神灵在莘地降临。

周惠王问大夫内史过："这是什么原因？"内史过回答说："一个国家将要兴盛时，神灵就要降临，以观察这个国家的德行；将要灭亡时，神灵也会降临，以观察它的邪恶。因此有的国家因神灵而兴盛，有的因神灵而灭亡。虞、夏、商、周都有过这种情况。"周惠王说："应该怎么办呢？"内史过回答："用相应的物品来祭祀，他哪天来到，就用哪天的祭品祭祀。"周惠王听从了。内史过前去祭祀，听到虢国请求神灵赐予土地，回来说："虢国一定要灭亡了，虢君对百姓暴虐却还要求神灵保佑。"

神灵在莘地住了六个月。虢公派祝应、宗区、史嚚前往祭祀。神灵答应赐给他疆土田地。史嚚说："虢国大概要灭亡了吧！我听说，一个国家将要兴起，就要听命于百姓；将要灭亡，则听命于神灵。神灵聪明正直而专一，针对不同的人赐福降祸。虢国做的缺德之事太多，怎么能得到土地呢？"

当初，庄公建造高台，可以看到党家，见到孟任，就跟着她走。孟任闭门拒绝，庄公答应立她为夫人，她才同意，并割破手臂和庄公盟誓，后来生了子般。鲁国举行雩祭，在梁家演习，庄公的女公子观看演习。养马人荦从墙外调戏她。子般恼怒，让人鞭打荦。庄公说："不如杀了他，对这个人靠鞭打不行。他很有力气，能够举起稷门的城门扔出去。"

庄公患了病，向叔牙询问继承人的事。叔牙回答说："庆父有才能。"向季友询问，季友回答说："我决心誓死事奉子般。"庄公说："刚才叔牙说庆父有才能。"季友派人以国君的名义让叔牙在鲁大夫针巫家里等候，让针巫在酒里下毒，说："喝了这酒，你的后代就可以在鲁国享有禄位，否则，即使死了后代也没有禄位。"叔牙喝了毒酒，回去时走到逵泉就死了，鲁国立他的后人为叔孙氏。

八月五日，庄公寿终正寝。子般继位，住在党氏家里。冬季十月二日，共仲派养马人荦在党家杀死子般。季友逃亡陈国。庆父立闵公为国君。

闵　公

闵公元年

经　元年春，王正月。齐人救邢。夏六月辛酉，葬我君庄公。秋八月，公及齐侯盟于落姑。季子来归。冬，齐仲孙来。

传　元年春①，不书即位，乱故也。

狄人伐邢②。管敬仲言于齐侯曰③："戎狄豺狼，不可厌也。诸夏亲昵④，不可弃也。宴安鸩毒⑤，不可怀也⑥。《诗》云：'岂不怀归，畏此简书⑦。'简书，同恶相恤之谓也⑧。请救邢以从简书。"齐人救邢。

夏六月，葬庄公。乱故，是以缓。

秋八月，公及齐侯盟于落姑⑨，请复季友也。齐侯许之，使召诸陈，公次于郎以待之。"季子来归"⑩，嘉之也。

冬，齐仲孙湫来省难⑪。书曰"仲孙"，亦嘉之也。

仲孙归曰："不去庆父，鲁难未已⑫。"公曰⑬："若之何而去之？"对曰："难不已，将自毙，君其待之！"公曰："鲁可取乎？"对曰："不可，犹秉周礼⑭。周礼，所以本也。臣闻之：国将亡，本必先颠，而后枝叶从之。鲁不弃周礼，未可动也。君其务宁鲁难而亲之⑮。亲有礼，因重固⑯，间携贰⑰，覆昏乱⑱，霸王之器也⑲。"

晋侯作二军⑳，公将上军，大子申生将下军。赵夙御戎㉑，毕万为右㉒，以灭耿、灭霍、灭魏㉓。还，为大子城曲沃，赐赵夙耿，赐毕万魏，以为大夫。

士蒍曰："大子不得立矣，分之都城而位以卿，先为之极㉔，又焉得立？不如逃之，无使罪至。为吴大伯㉕，不亦可乎？犹有令名㉖，与其及也。且谚曰：'心苟无瑕㉗，何恤乎无家㉘？'天若祚大子㉙，其无晋乎㉚！"

卜偃曰㉛："毕万之后必大。万，盈数也；魏，大名也㉜。以是始赏，天启之矣。天子曰兆民㉝，诸侯曰万民。今名之大，以从盈数，其必有众。"

初，毕万筮仕于晋㉞，遇《屯》䷂之《比》䷇㉟。辛廖占之㊱，曰："吉。《屯》固《比》入㊲，吉孰大焉？其必蕃昌㊳。《震》为土㊴，车从马㊵，足居之㊶，兄长之㊷，母覆之㊸，众归之㊹，六体不易㊺，合而能固，安而能杀㊻，公侯之卦也。公侯之子孙，必复其始㊼。"

[注释]

①元年：公元前661年。周惠王十六年。　②狄：赤狄，北方少数民族部落。邢：姬姓诸侯国，周公之子所封，在今河北省邢台市西南。　③管敬仲：即管仲。　④诸夏：中原诸侯各国。　⑤宴安：安逸。　⑥怀：怀恋。　⑦简书：书写在一片竹简上的文字。此指告急文书。　⑧同恶相恤：同仇敌忾。恤，忧、救。　⑨落姑：齐地，在

今山东省平阴县。一说在今山东省博兴县。 ⑩季子：即季友。 ⑪仲孙湫：齐国大夫。省难：一国发生灾难，他国派人视察、慰问。 ⑫未已：不止。 ⑬公：指齐桓公。 ⑭秉：执掌。 ⑮宁：安定。 ⑯因重固：依靠稳定坚固的国家。因，依靠。 ⑰间：离间。携贰：怀有二心。 ⑱覆：颠覆。 ⑲霸王：称霸称王。器：气度，度量。 ⑳作二军：建立两个军。 ㉑赵夙：晋臣。 ㉒毕万：晋臣。右：车右。 ㉓耿：姬姓诸侯国，在今山西省河津市东南。霍：姬姓诸侯国，在今山西省霍州市西南。魏：国名，在今山西省芮城县东北。 ㉔极：顶点。 ㉕吴大伯：即吴太伯，周王季历之兄。周太王欲立季历，太伯奔荆蛮，文身断发，以避季历，后立为吴太伯。 ㉖令名：美名。 ㉗瑕：瑕疵，污点。 ㉘恤：忧虑。 ㉙祚（zuò）：赐福。 ㉚无晋：不要留在晋国。 ㉛卜偃：即郭偃，晋国掌占卜的大夫。 ㉜大名：高大的名称。因魏、巍同音，巍即高大。 ㉝兆：数词，古代以百万为兆，表示极多。 ㉞筮仕：占筮仕途。筮，以蓍草占卜吉凶。 ㉟《屯》：六十四卦之一，卦象为坎上震下。《比》：六十四卦之一，卦象为坎上坤下。 ㊱辛廖：周王室大夫。 ㊲《屯》固：《屯》卦为坎上震下，象征险难，故为坚固。《比》入：《比》卦为坎上坤下，是水流在地上之象，相亲无间，故为进入。 ㊳蕃昌：繁衍昌盛。 ㊴《震》为土：指《屯》卦初九爻变，使震变成坤，坤象征土，故言震为土。 ㊵车从马：震变为坤，因震象征车，坤象征马，所以说车从马。 ㊶足居之：两足踏地。因震又象征足。 ㊷兄长之：哥哥抚育他。长，有兄长之德。因震又象征长男。 ㊸母覆之：母亲保护他。因坤为母。覆，覆盖。 ㊹众归之：民众归附他。因坎象征众。 ㊺六体：指土、车、马、足、母、众六象。《屯》《比》二卦含有坎、震、坤三个单卦，坎为众，震为长男、为车、为足，坤为土、为母、为马，均依卦象解释。不易：不变动。 ㊻杀：杀戮。 ㊼复其始：回复到他开始的地位。

闵 公

[译文]

元年春季,《春秋》没有记载闵公即位,是因为鲁国发生了动乱。

狄人攻打邢国。管仲对齐桓公说:"戎狄犹如豺狼,贪得无厌。中原各国要互相亲近,彼此不能抛弃。安逸享乐犹如毒药,不可贪恋。《诗经》说:'难道不想回去,害怕这告急文书。'竹简上的告急文书,说的就是要同仇敌忾,患难与共。请国君答应告急文书的请求救援邢国。"齐国出兵救援邢国。

夏季六月,鲁国安葬庄公。因为发生动乱,所以推迟了。

秋季八月,闵公和齐桓公在落姑结盟,请求让季友回国。齐桓公答应了,派人从陈国召回季友,闵公住在郎地等候。《春秋》记载"季子来归",表示对季友的赞许。

冬季,齐国仲孙湫来鲁国对祸难进行慰问。《春秋》称他为"仲孙",也是表示赞许他。

仲孙回国后说:"不除掉庆父,鲁国的祸难不会停止。"桓公说:"怎样才能除掉他呢?"仲孙回答:"不断制造祸乱,必将自取灭亡,您就等着瞧吧!"桓公说:"可以趁机夺取鲁国吗?"仲孙说:"不行,鲁国还遵行周礼。周礼是立国的根本。据我所知:一个国家将要灭亡,就像大树,一定是躯干先倒,而后枝叶随之落下。鲁国没有丢弃周礼,不能对它轻举妄动。国君还是尽力消除鲁国的祸患并亲近它。亲近有礼的国家,依靠政权稳固的国家,离间内部涣散的国家,消灭昏庸动乱的国家,是称王称霸的策略。"

晋献公建立了两个军,国君亲率上军,太子申生率领下军。赵夙为献公驾车,毕万为车右,出兵灭掉耿国、霍国和魏国。回国后,在曲沃为太子建造城墙,把耿地赐给赵夙,把魏地赐给毕万,封他们为大夫。

晋国士芬说:"看来太子不能继续做储君了,把都城分给他,又给他以卿的地位,先把他推到顶峰,还怎么能立为储君呢?不如尽早逃走,以免罪祸到来。做一个吴太伯这样的人,不也可以吗?这样还能有好的名声,胜过留下获罪。而且俗话说:'如果内心没有过失,又何患无家可归?'上天如果保佑太子,太子就一定离开晋国!"

卜偃说:"毕万的后代一定能兴盛起来。万,是个满数;魏,是高大的意思。用这个地方开始赏赐,说明上天已经有预兆了。天子统治天下称为'兆民',诸侯统治一国称为'万民'。如今毕万名号高大,又随着满数,他一定会得到民众。"

当初,毕万为在晋国做官而占卜,得到屯卦变成比卦。辛廖预测说:"吉利。屯表示坚固,比表示进入,还有比这更大的吉利吗?他一定能繁衍昌盛。震卦变为土,车跟随马,脚踏实地,兄长抚养,母亲保护,众人归属,这六条不变,就能集合民众稳固根基,安定百姓杀戮敌人,这是公侯的卦象。作为公侯的子孙,一定能像他的祖先一样。"

闵公二年

经 二年春,王正月,齐人迁阳。夏五月乙酉,吉禘于庄公。秋八月辛丑,公薨。九月,夫人姜氏孙于邾。公子庆父出奔莒。冬,齐高子来盟。十有二月,狄入卫。郑弃其师。

传 二年春,虢公败犬戎于渭汭[①]。舟之侨曰[②]:"无德而禄,殃也。殃将至矣。"遂奔晋。

夏,吉禘于庄公[③],速也。

初,公傅夺卜齮田[④],公不禁。秋八月辛丑[⑤],共仲使卜齮贼公于武闱[⑥]。成季以僖公适邾[⑦]。共仲奔莒,乃入,立之。以赂求共仲于莒,莒人归之。及密[⑧],使公子鱼请⑨，不许。哭而往，共仲曰："奚斯之声也。"乃缢。

闵公，哀姜之娣叔姜之子也，故齐人立之。共仲通于哀姜，哀姜欲立之。闵公之死也，哀姜与知之⑩，故孙于邾⑪。齐人取而杀之于夷⑫，以其尸归，僖公请而葬之。

成季之将生也，桓公使卜楚丘之父卜之⑬。曰："男也，其名曰友，在公之右⑭。间于两社⑮，为公室辅⑯。季氏亡⑰，则鲁不昌。"又筮之，遇《大有》☲之《乾》☰⑱，曰："同复于父⑲，敬如君所⑳。"及生，有文在其手曰"友"㉑，遂以命之㉒。

冬十二月，狄人伐卫。卫懿公好鹤㉓，鹤有乘轩者㉔。将战，国人受甲者皆曰㉕："使鹤，鹤实有禄位，余焉能战？"公与石祁子玦㉖，与宁庄子矢㉗，使守，曰："以此赞国㉘，择利而为之。"与夫人绣衣，曰："听于二子㉙。"渠孔御戎，子伯为右，黄夷前驱，孔婴齐殿㉚。及狄人战于荧泽㉛，卫师败绩，遂灭卫。卫侯不去其旗，是以甚败。狄人囚史华龙滑与礼孔以逐卫人㉜。二人曰："我，大史也，实掌其祭。不先㉝，国不可得也。"乃先之。至则告守曰㉞："不可待也㉟。"夜与国人出。狄入卫，遂从之㊱，又败诸河㊲。

初，惠公之即位也少㊳，齐人使昭伯烝于宣姜㊴。不可，强之㊵。生齐子、戴公、文公、宋桓夫人、许穆夫人。文公为卫之多患也，先适齐。及败，宋桓公逆诸河，宵济㊶。卫之遗民男女七百有三十人，益之以共、滕之民为五千人㊷，立戴公以庐于曹㊸。许穆夫人赋《载驰》㊹。齐侯使公子无亏帅车三百乘㊺、甲士三千人以戍曹。归公乘马㊻，祭服五称㊼，牛羊豕鸡狗皆三百，与门材㊽。归夫人鱼轩㊾，重锦三十两㊿。

郑人恶高克㊿¹，使帅师次于河上，久而弗召，师溃而归，高克奔陈。郑人为之赋《清人》㊿²。

晋侯使大子申生伐东山皋落氏㊿³。里克谏曰㊿⁴："大子奉冢祀、社稷之粢盛㊿⁵，以朝夕视君膳者也㊿⁶，故曰冢子㊿⁷。君行则守㊿⁸，有守则从㊿⁹。从曰抚军，守曰监国，古之制也。夫帅师，专行谋⑥⁰，誓军旅⑥¹，君与国政之所图也⑥²，非大子之事也。师在制命而已⑥³。禀命则不威⑥⁴，专命则不孝⑥⁵。故君之嗣适不可以帅师⑥⁶。君失其官⑥⁷，帅师不威，将焉用之？且臣闻皋落氏将战，君其舍之！"公曰："寡人有子，未知其谁立焉！"不对而退。

见大子，大子曰："吾其废乎？"对曰："告之以临民⑥⁸，教之以军旅，不共是惧⑥⁹，何故废乎？且子惧不孝，无惧弗得立，修己而不责人，则免于难。"

大子帅师，公衣之偏衣⑦⁰，佩之金玦⑦¹。狐突御戎⑦²，先友为右⑦³。梁余子养御罕夷⑦⁴，先丹木为右⑦⁵，羊舌大夫为尉⑦⁶。先友曰："衣身之偏，握兵之要⑦⁷，在此行也，子其勉之！偏躬无慝⑦⁸，兵要远灾⑦⁹，亲以无灾，又何患焉？"狐突叹曰："时⑧⁰，事之征也。衣，身之章也⑧¹。佩，衷之旗也⑧²。故敬其事，则命以始⑧³；服其身，则衣之纯⑧⁴；用其衷，则佩之度⑧⁵。今命以时卒⑧⁶，闵其事也⑧⁷；衣之尨服⑧⁸，远其躬也；佩以金玦，弃其衷也。服以远之，时以闵之，尨凉冬杀⑧⁹，金寒玦离⑨⁰，胡可恃也⑨¹？虽欲勉之，狄可尽乎？"梁余子养曰："帅师者受命于庙，受脤于社⑨²，有常服矣㊉。不获而龙㊣,命可知也。死而不孝,不如逃之。"罕夷曰:"尨奇无常,金玦不复。虽复何为,君有心矣。"先丹木曰:"是服也,狂夫阻之㊣。曰'尽敌而反'。敌可尽乎?虽尽敌,犹有内谗,不如违之㊣。"狐突欲行。羊舌大夫曰:"不可。违命不孝,弃事不忠。虽知其寒,恶不可取。子其死之!"

大子将战,狐突谏曰:"不可。昔辛伯谂周桓公云㊣:'内宠并后,外宠二政,嬖子配适,大都耦国,乱之本也。'周公弗从,故及于难。今乱本成矣,立可必乎?孝而安民,子其图之,与其危身以速罪也!"

成风闻成季之繇㊣,乃事之㊣,而属僖公焉㊣,故成季立之。

僖之元年,齐桓公迁邢于夷仪㊣。二年,封卫于楚丘㊣。邢迁如归,卫国忘亡。

卫文公大布之衣㊣、大帛之冠㊣,务材训农㊣,通商惠工㊣,敬教劝学㊣,授方任能㊣。元年革车三十乘㊣。季年乃三百乘㊣。

[注释]

①犬戎:北方少数民族部落。商周时称鬼方、昆夷,战国以后称胡、匈奴。渭汭:渭水入河处。 ②舟之侨:虢国大夫。 ③吉禘(dì):丧后二十五月举行大祭,将死者神主移于宗庙,称吉禘。禘,大祭。 ④傅:教导辅佐君主的人。卜齮(yǐ):鲁国大夫。 ⑤辛丑:二十四日。 ⑥共仲:即庆父。武闱:路寝的旁门。闱,宫门。 ⑦僖公:名申,鲁庄公的小儿子,闵公的弟弟。适:到,往。

⑧密：鲁地，在今山东省费县北。　⑨公子鱼：字奚斯，鲁国宗室。请：请求赦罪。　⑩与：通"预"，预先。　⑪孙：通"逊"，逃。　⑫夷：国名，后归为齐，在今山东省即墨市西。　⑬桓公：鲁桓公。卜楚丘：鲁国掌卜筮的大夫。　⑭右：在右，指用事、执政。　⑮间于两社：指将来是朝内大臣。两社，鲁国有两社，一为周社，一为亳社，在宫内中门（雉门）左右两侧，是朝内治事大臣的处所。　⑯辅：辅弼。　⑰季氏：指季友。亡：逃亡。　⑱《大有》：六十四卦之一，乾下离上。之《乾》：变为《乾》卦。之，变。　⑲同复于父：和父亲走同样的道路。复，走老路。意即地位与其父同样尊贵。　⑳敬如君所：敬重如同国君的位置。所，处所。　㉑文：字。㉒命：命名。　㉓卫懿公：卫国国君，名赤，惠公之子。　㉔轩：四面有遮蔽的车子，为大夫所乘用。　㉕受甲者：披甲的战士。　㉖石祁子：卫臣。玦（jué）：环形有缺口的佩玉。　㉗宁庄子：卫臣，又名宁速。矢：箭。　㉘赞：助。　㉙二子：指石祁子与宁庄子。㉚渠孔、子伯、黄夷、孔婴齐：四人均为卫臣。　㉛荥（yíng）泽：地名，当在黄河北岸，今已不能确知何地。　㉜史：史官。华龙滑、礼孔：卫国史官。　㉝不先：不先回国。　㉞守：守卫者。　㉟待：抵御。　㊱从：追逐。　㊲河：黄河。　㊳惠公：即卫惠公，卫宣公之子，名朔。　㊴齐人：指齐僖公。昭伯：卫宣公之子公子顽，卫惠公庶兄，急子之弟。宣姜：卫宣公夫人，齐女，卫惠公之母。　㊵强之：逼着他。　㊶宵济：夜间渡河。　㊷益：加上。共：卫邑，在今河南省辉县市。滕：卫邑，所在不详。　㊸庐：寄居。曹：卫邑，在今河南省滑县西南白马故城。一说疑指曹国。　㊹赋：朗诵，创作。《载驰》：见《诗经·鄘风》。　㊺公子无亏：即公子武孟，齐桓公之子，其母为卫姬。　㊻归：同"馈"，赠送。乘马：驾车的马匹。㊼五称：五套。称，上衣、下裳合之为一称。　㊽门材：做门户用的材料。　㊾鱼轩：装饰有鱼皮的车子。　㊿重锦：指精美的丝织品。锦，各种颜色的丝织品。两：即匹，长四丈。　㉛郑人：指郑文公。

高克：郑国大夫。 ㉒《清人》：见《诗经·郑风》。 ㉓东山皋落氏：赤狄的一支。皋落，氏族名。故地在今山西省垣曲县东南皋落镇。 ㉔里克：晋国大夫里季。 ㉕冢祀：大祀，即宗庙祭祀。 ㉖膳：膳食。 ㉗冢子：即大子，太子。 ㉘守：守护国家。 ㉙从：跟从。 ㉚专行谋：专断谋略。 ㉛誓军旅：号令军队。誓，誓师。 ㉜国政：国家的正卿。 ㉝制命：即握兵权。古代作战，主帅制命，即所谓"将在外君命有所不受"。 ㉞禀命：禀承君主命令。 ㉟专命：专制命之权，不受君命。 ㊱嗣适：指法定继承人太子。适，同"嫡"。 ㊲失其官：失去用官之道。指太子率军不宜。 ㊳告：命令。临民：治理（曲沃）百姓。 ㊴不共：不能完成任务。共，通"供"。 ㊵衣：用作动词，穿。偏衣：左右颜色不同的上衣。 ㊶金玦：用青铜制成的玦。 ㊷狐突：晋臣，字伯行，狐偃之父，重耳外祖父。 ㊸先友：晋臣。 ㊹梁余子养：晋臣。梁，姓；余子，字；养，名。罕夷：晋臣，下军将帅。 ㊺先丹木：晋臣。 ㊻羊舌大夫：名突，为羊舌职父，叔向祖父。尉：军尉，位在军帅之下，众官之上。 ㊼要：机要，指兵权。 ㊽偏躬：即偏衣。躬，身。慝：恶。 ㊾远：远离，用作动词。 ㊿时：指用兵的时间。 (81)章：表象，标志。 (82)衷：中心。 (83)敬：重。始：开头，指春夏之时。 (84)纯：纯色衣服。古代戎服，尤贵纯色，称为均服。 (85)度：礼制，礼度。古人以佩玉为常度。 (86)时卒：岁终，年终。 (87)闷：闭门，意即不通。 (88)尨（máng）服：杂色衣服。 (89)凉：凉薄。杀：肃杀。冬日肃杀，故以杀解释冬。 (90)寒：寒冷。古人认为玉性温，金性寒，故以寒解释金。离：离别。古人以玦表示决绝与离别。玦、诀音同。 (91)胡：疑问代词，怎么。 (92)受脤（shèn）：古代出兵祭社，祭毕，以社肉颁赐诸人，称为受脤。脤，祭祀所用的生肉。 (93)常服：规定的服饰。 (94)不获：即得不到常服。 (95)狂夫：癫狂的人。阻：拒。 (96)违：离开。 (97)辛伯：周大夫。谂（shěn）：劝告。周桓公：即周公黑肩。 (98)成风：鲁庄公妾，僖公之母。繇（zhòu）：卦兆的占辞。 (99)事：结交。 (100)属：

通"嘱",嘱托。僖公:鲁庄公少子,名申,闵公之弟。 ⑩夷仪:地名,在今山东省聊城市东昌府区。 ⑩楚丘:卫地,在今河南省滑县东。 ⑩大布:粗布。 ⑩大帛:粗帛。 ⑩务材:努力从事生产。训农:勉励农耕。 ⑩通商:发展商品流通。惠工:对百工施加恩惠。 ⑩敬教:敬重教化。劝学:勉励读书。 ⑩授方:授予百官为政方略。任能:任用有才能的人。 ⑩革车:兵车。 ⑩季年:末年。

[译文]

二年春季,虢公在渭水流入黄河处打败犬戎。舟之侨说:"无德而受禄,是祸害。祸害将要到来。"于是逃亡到晋国。

夏季,鲁国为庄公举行大祭,时间提前了。

当初,闵公的公傅夺取卜齮的田地,闵公不加禁止。秋季八月二十四日,共仲让卜齮在武闱杀了闵公。季友带着僖公到了邾国。共仲逃亡莒国后,季友回国,立僖公为国君。用财物向莒国换取共仲,莒国人送回共仲。共仲到达密地,让公子鱼请求赦免罪过,没有得到允许。公子鱼哭着回去,共仲说:"这是公子鱼的哭声啊。"便自缢而死。

闵公是哀姜妹妹叔姜的儿子,因此齐国人立他为君。共仲和哀姜私通,哀姜想立他为君。闵公被害时,哀姜事先知道,因此逃到了邾国。齐国人从邾国抓回哀姜,在夷地杀了她,把尸首带回国,僖公请求归还尸首将其安葬。

季友快要出生时,桓公让卜楚丘的父亲占卜。他说:"这是男孩,他名叫友,在国君身边做事。位居两社之间,成为公室的辅弼。如果季氏灭亡,鲁国就不能昌盛。"又占筮,得到《大有》卦变成《乾》卦,说:"尊贵如同父亲,受人敬重如同国君。"等到生下来,手上有纹好像"友"字,就以"友"命名。

冬季十二月,狄人讨伐卫国。卫懿公喜欢鹤,有的鹤乘坐大夫才能享受的轩车。卫国准备与狄人作战,国都接受甲胄的人都说:"让鹤去作战,鹤享有禄位,我们哪里能够作战呢?"懿公把玉玦交给石祁

闵 公

149

子，把令箭交给宁庄子，让他们防守，说："用这个帮助国家，怎样有利怎样做。"把绣衣交给夫人，说："你听这两个人的。"由渠孔驾车，子伯为车右，黄夷为前卫，孔婴齐殿后。和狄人在荥泽交战，卫军大败，随后狄人灭亡了卫国。作战时懿公不肯去掉自己的旗帜，所以败得很惨。狄人囚禁了太史华龙滑和礼孔，并追赶卫国人。两个人说："我们是太史，掌握着国家的祭祀。如果不先回去，你们是得不到卫国的。"狄人就先让他们回去。他们到达国都后，告诉守城的人："不要抵抗了。"就在夜里和国都的人一起逃走。狄人进入卫都，追了上去，又在黄河边上打败卫国人。

当初，卫惠公即位时年龄很小，齐国人让昭伯和宣姜通奸。昭伯不愿意，齐国人就强迫他。生了齐子、戴公、文公、宋桓公夫人和许穆公夫人。因为卫国祸患太多，文公先到了齐国。等卫国打了败仗，宋桓公在黄河边上迎接打败的卫国人，夜里渡过黄河。卫国的遗民男女有七百三十人，加上共地、滕地的百姓共有五千人，立戴公为国君，寄住在曹邑。许穆公夫人为此做了《载驰》一诗。齐桓公派公子无亏率领战车三百辆、甲士三千人守卫曹邑。赠给戴公驾车的马匹，祭服五套，牛、羊、猪、鸡、狗各三百头（只），以及做门户用的材料。赠给夫人用鱼皮装饰的车子和上等锦缎三十匹。

郑国人讨厌高克，让他领兵住在黄河边上，很久不召他回去，军队溃散逃回，高克逃亡到陈国。郑国人为他做了《清人》一诗。

晋献公派太子申生攻打东山皋落氏。里克劝阻说："太子是掌管宗庙祭祀、社稷大祭和国君早晚饮食的人，因此称为'冢子'。国君出行太子就受命守国，有人守国太子则跟随国君前往。随君在外叫'抚军'，守国在内叫'监国'，这是古代的制度。至于领兵作战，谋划决断，号令将士，是国君和正卿应该考虑的，并非太子之事。领兵就要发布命令。凡事都要禀报就会失去威严，自行决断发号施令则是不孝。所以国君的嫡子不能领兵作战。国君失去了任命官吏的准则，太子率军也没有威严，哪里还能用兵打仗呢？而且我听说皋落氏正准备迎战，国君还是放弃让太子领兵吧!"献公说:"我有这么多儿子,还不知道要立谁为嗣君呢!"里克没再说话就退了下来。

里克见到太子,太子说:"我要被废黜了吧?"里克回答:"国君让您治理百姓,又教您掌管军队,您应该害怕不恭敬,为什么会废您呢?而且作为儿子,应该担心不孝,不应担心不能做嗣君,自己修身而不责备别人,就能免于祸难。"

太子率军出征,献公让他穿上左右两色的衣服,佩带金玦。狐突驾车,先友为车右。梁余子养为罕夷驾车,先丹木为车右,羊舌大夫为军尉。先友说:"身穿国君衣服的一半,掌管着军事大权,成败在此一举,您要努力啊!国君分出一半衣服给您并没有恶意,兵权在握又可以远离灾祸,既得国君亲近又远离灾祸,还担心什么呢?"狐突叹了口气说:"时令是事物的征兆,衣服是身份的标志,佩饰是内心的旗帜。因此如果重视这件事,就应该在春夏时节发布命令;赐予衣服,颜色应该纯正单一;让人忠心为己所用,就要让他佩带合乎礼度的饰物。如今在年底发布命令,就是故意使事情不能顺利进行;赐给他杂色衣服,是有意疏远他;让他佩带玉玦,表明要舍弃他的衷心。通过衣服疏远他,利用时令阻碍他,杂色表明冷漠,冬天意味肃杀,金表示寒冷,玦暗示决绝,怎么能靠得住呢?即使要尽力而为,狄人能消灭干净吗?"梁余子养说:"率领军队的人要在太庙接受命令,在土地庙接受祭肉,还有规定的衣服。如今得到的不是常服而是杂色衣服,国君命令的意图可想而知。即使死了还要落个不孝的罪名,不如逃跑。"罕夷说:"杂色衣服不合常规,金玦表示决绝不归。即使回来还有什么用,国君已经别有用心了。"先丹木说:"这样的衣服,疯子也会怀疑。说'消灭完了敌人再回来'。敌人难道能消灭完吗?即使敌人被消灭完了,也还有内部小人的谗言,不如趁早离开这里。"狐突想走。羊舌大夫说:"不行。违背君命就是不孝,放弃职守就是不忠。虽然我们已经感受到了国君的寒冷之心,邪恶的念头也不可取。您还是为此而死吧!"

太子准备作战，狐突劝阻说："不行。过去辛伯曾劝告周桓公说：'姬妾与王后并列，宠臣与正卿并重，庶子与嫡子等同，大城和国都一样，都是祸乱的根源。'周公不听，因此遭到祸患。如今祸乱的根源已经形成，您还肯定会被立为嗣君吗？与其危害自身而加速祸患的到来，还不如竭尽孝道、不战以安定百姓。您好好考虑吧！"

成风听说成季出生时占卜的卦辞后，就要和他结交，并把僖公托付给他，所以成季立僖公为国君。

僖公元年，齐桓公把邢国迁到夷仪。二年，把卫国封在楚丘。邢国人好像回到了自己国家，卫国人也忘记了亡国之痛。

卫文公穿着粗布衣服，戴着粗帛帽子，致力于生产，教导百姓务农，出台政策便利商贩，帮助百工，重视教化，劝勉求学，传授为官之道，任用有才能之人。鲁僖公元年，只有战车三十辆。到鲁僖公末年，就有了三百辆。

僖 公

僖公元年

经 元年春,王正月。齐师、宋师、曹师次于聂北,救邢。夏六月,邢迁于夷仪。齐师、宋师、曹师城邢。秋七月戊辰,夫人姜氏薨于夷,齐人以归。楚人伐郑。八月,公会齐侯、宋公、郑伯、曹伯、邾人于柽。九月,公败邾师于偃。冬十月壬午,公子友帅师败莒师于郦,获莒挐。十有二月丁巳,夫人氏之丧至自齐。

传 元年春①,不称即位,公出故也。公出复入,不书,讳之也。讳国恶②,礼也。

诸侯救邢③,邢人溃,出奔师④。师遂逐狄人,具邢器用而迁之,师无私焉⑤。

夏,邢迁于夷仪,诸侯城之,救患也。凡侯伯,救患、分灾、讨罪,礼也。

秋,楚人伐郑,郑即齐故也⑥。盟于荦⑦,谋救郑也。

九月,公败邾师于偃⑧,虚丘之戍将归者也⑨。

冬,莒人来求赂。公子友败诸郦⑩,获莒子之弟挐⑪。

非卿也，嘉获之也⑫。公赐季友汶阳之田及费⑬。

夫人氏之丧至自齐⑭。君子以齐人之杀哀姜也为已甚矣。女子，从人者也⑮。

[注释]

①元年：公元前659年。周惠王十八年。 ②国恶：国乱。 ③诸侯：指齐桓公、宋桓公、曹昭公。 ④出奔师：逃奔到诸侯的军队里。 ⑤无私：无所私取。 ⑥即：就，亲附。 ⑦荦（luò）：即经文中的"柽（chēng）"，宋地，在今河南省淮阳县西北。 ⑧偃：郑地，在今山东省费县南。 ⑨虚丘：郑地，在今山东省费县境内。 ⑩郿：鲁地。 ⑪挐（rú）：莒国国君的弟弟。 ⑫获：大夫被俘，无论生死都称为获。 ⑬汶阳：汶水的北面。费（bì）：鲁地，在今山东省费县西北。 ⑭夫人氏：即哀姜，原文脱一"姜"字。丧：指尸体。 ⑮从人：古人认为女子既嫁从夫，哀姜在夫家有罪，应由鲁国处理。

[译文]

元年春季，《春秋》没有记载僖公即位，是因为僖公出奔在外。僖公出奔又回国，《春秋》均不记载，是出于避讳。隐讳国家的丑事，是合乎礼的。

诸侯们救援邢国，邢国人溃散，逃入诸侯军中。诸侯军队于是赶走了狄人，收拾了邢国的器物财货让他们迁走，军队没有私取财物。

夏季，邢国迁到夷仪，诸侯帮助筑城，以解救患难。凡是诸侯霸主，出面解救患难，分担灾祸，讨伐罪人，都是合乎礼的。

秋季，楚国人讨伐郑国，是因为郑国亲近齐国。诸侯在荦地结盟，谋划救援郑国。

九月，僖公在偃地打败郑国军队，郑军是戍守虚丘准备撤回的军队。

冬季，莒国前来求取财货。公子友在郦地打败他们，俘获了莒子的弟弟挐。莒挐不是卿，《春秋》加以记载，是为了赞扬公子友的功劳。僖公把汶阳的田地和费地赐给了公子友。

庄公夫人哀姜的灵柩从齐国运回。君子认为齐国人杀死哀姜太过分了。女子出嫁后，就要跟从夫家的。

僖公二年

经 二年春，王正月，城楚丘。夏五月辛巳，葬我小君哀姜。虞师、晋师灭下阳。秋九月，齐侯、宋公、江人、黄人盟于贯。冬十月，不雨，楚人侵郑。

传 二年春，诸侯城楚丘而封卫焉[1]。不书所会，后也[2]。

晋荀息请以屈产之乘与垂棘之璧[3]，假道于虞以伐虢[4]。公曰[5]："是吾宝也[6]。"对曰："若得道于虞，犹外府也[7]。"公曰："宫之奇存焉[8]。"对曰："宫之奇之为人也，懦而不能强谏，且少长于君，君昵之[9]，虽谏，将不听。"乃使荀息假道于虞，曰："冀为不道[10]，入自颠軨[11]，伐鄍三门[12]。冀之既病[13]，则亦唯君故[14]。今虢为不道，保于逆旅[15]，以侵敝邑之南鄙[16]。敢请假道以请罪于虢[17]。"虞公许之，且请先伐虢。宫之奇谏，不听，遂起师。夏，晋里克、荀息帅师会虞师伐虢，灭下阳[18]。先书虞，贿故也。

秋，盟于贯[19]，服江、黄也[20]。

齐寺人貂始漏师于多鱼[21]。

虢公败戎于桑田[22]。晋卜偃曰："虢必亡矣！亡下阳不惧,而又有功,是天夺之鉴[23],而益其疾也[24]。必易晋而不抚其民矣[25]。不可以五稔[26]。"

冬,楚人伐郑,斗章囚郑聃伯[27]。

[注释]

①封:封疆。古代天子建诸侯国,必分给土地,立其疆界,聚土为封以作标记,称为封国。因卫国君死国灭,重新封建,故称为封。 ②后:指鲁国后到,工程已完。 ③荀息:即荀叔,晋国大臣。屈:北屈。乘:马四匹。垂棘:晋地,在今山西省潞城市北。 ④假道:借路通过。虞:国名,又名北虢,故城在今山西省平陆县东北。晋伐虢,必须经过虞境。 ⑤公:指晋献公。 ⑥宝:指马与璧。 ⑦外府:外库。 ⑧宫之奇:虞国贤臣。 ⑨昵:亲昵。 ⑩冀:国名,在今山西省河津市东北。不道:无道。 ⑪颠軨(líng):虞地,即今之虞坂,在今山西省平陆县东北。 ⑫鄍(míng):虞地,在今山西省平陆县东北。 ⑬病:衰弱。 ⑭唯:因为。 ⑮保:同"堡",小城,即今之堡垒,用作动词,指筑碉堡。逆旅:客舍。 ⑯敝邑:敝国。敝,谦辞。南鄙:南部边境。 ⑰请罪:问罪。 ⑱下阳:虢邑,在今山西省平陆县东北。 ⑲贯:宋地,在今山东省曹县南。 ⑳服:归服,指江、黄二国归服齐国。江:嬴姓,在今河南省息县西南。黄:详见桓公八年注。 ㉑寺人貂:即竖貂,又作竖刁。寺人,宫中侍御的宦官。貂,人名。漏师:泄露军事机密。多鱼:地名,具体不详。 ㉒桑田:虢地,在今河南省灵宝市境。 ㉓鉴:镜子。 ㉔疾:罪恶。 ㉕易:轻视。 ㉖五稔(rěn):五年。稔,谷物一年一熟。 ㉗斗章:楚国大夫。聃(dān)伯:郑国大臣。

[译文]

二年春季,诸侯在楚丘筑城并把卫国封在那里。《春秋》没有记载诸侯会见,是因为鲁僖公迟到了。

晋国的荀息请求以屈地的马匹和垂棘的玉璧为礼物，向虞国借道以讨伐虢国。晋献公说："这些都是我的宝贝。"荀息回答说："如果能借得虞国的道路，就等于把这些宝贝放在自己的外库里。"献公说："有宫之奇在那里啊。"荀息回答说："宫之奇的为人，一向懦弱而不能力谏，而且从小和虞君在一起长大，虞君对他亲近，即使进谏，也不会听。"就派荀息向虞国借道，说："昔日冀国不讲道义，从颠𫐄入侵，围攻贵国鄍邑的三面城门。我国使冀国受到重创，完全是为了虞君。现在虢国无道，在旅馆客舍里筑起了碉堡，攻打我国南部边境。特请求贵国能够借道向虢国兴师问罪。"虞公答应了，并且请求作为攻打虢国的先锋。宫之奇劝阻，虞公不听，随后发兵。夏季，晋国的里克、荀息领兵会同虞军攻打虢国，灭了下阳。《春秋》把虞国写在前面，是因为虞国接受了贿赂。

秋季，齐桓公、宋桓公和江国、黄国的国君在贯地结盟，因为江、黄两国归附了齐国。

齐国的寺人貂开始在多鱼泄漏军事机密。

虢公在桑地打败戎人。晋国的卜偃说："虢国定将灭亡！被灭了下阳还不害怕，反而又出兵征战，这是上天故意夺去它的镜子，从而加重它的罪恶。它必定会轻视晋国而不安抚百姓。不会超过五年的。"

冬季，楚国人讨伐郑国，楚大夫斗章囚禁了郑国的聃伯。

僖公三年

经 三年春，王正月，不雨。夏四月，不雨。徐人取舒。六月，雨。秋，齐侯、宋公、江人、黄人会于阳谷。冬，公子友如齐莅盟。楚人伐郑。

传 三年春，不雨。夏六月，雨。自十月不雨至于五月。不曰旱，不为灾也。

秋，会于阳谷①，谋伐楚也。

齐侯为阳谷之会，来寻盟。冬，公子友如齐莅盟。

楚人伐郑，郑伯欲成，孔叔不可②，曰："齐方勤我③，弃德不祥。"

齐侯与蔡姬乘舟于囿④，荡公⑤。公惧，变色。禁之，不可。公怒，归之，未之绝也⑥。蔡人嫁之。

[注释]

①阳谷：齐地，在今山东省阳谷县北。 ②孔叔：郑国大夫。③勤我：即帮助我。勤，劳。 ④蔡姬：蔡女，齐桓公夫人。囿：苑，即园林。 ⑤荡：摇荡。 ⑥未之绝：尚未断绝关系。

[译文]

三年春季，鲁国无雨。夏季六月，下雨。从去年十月无雨一直到今年五月。《春秋》记载没说旱，是因为没有造成灾害。

秋季，齐桓公、宋桓公、江国国君、黄国国君在阳谷会见，谋划攻打楚国。

齐桓公为了阳谷的会见，派人来重温旧好。冬季，公子友到齐国参加盟会。

楚军讨伐郑国，郑文公打算讲和，孔叔不同意，说："齐国正要来救我，抛弃恩德不吉祥。"

齐桓公和夫人蔡姬在园林中乘船游玩，蔡姬摇动船身使桓公晃动。桓公非常害怕，脸色都变了。桓公让她停下，蔡姬不听。桓公恼火，把她送回蔡国，但没有完全断绝关系。蔡国人却把她嫁给了别国。

僖公四年

经 四年春，王正月，公会齐侯、宋公、陈侯、卫侯、郑伯、许男、曹伯侵蔡。蔡溃，遂伐楚，次于陉。夏，许男新臣卒。楚屈完来盟于师，盟于召陵。齐人执陈辕涛涂。秋，及江人、黄人伐陈。八月，公至自伐楚。葬许穆公。冬十有二月，公孙兹帅师会齐人、宋人、卫人、郑人、许人、曹人侵陈。

传 四年春，齐侯以诸侯之师侵蔡①。蔡溃，遂伐楚。楚子使与师言曰："君处北海②，寡人处南海，唯是风马牛不相及也③。不虞君之涉吾地也④，何故？"管仲对曰："昔召康公命我先君大公曰⑤：'五侯九伯⑥，女实征之⑦，以夹辅周室⑧。'赐我先君履⑨，东至于海⑩，西至于河⑪，南至于穆陵⑫，北至于无棣⑬。尔贡包茅不入⑭，王祭不共，无以缩酒⑮，寡人是征⑯。昭王⑰南征而不复，寡人是问。"对曰："贡之不入，寡君之罪也，敢不共给？昭王之不复，君其问诸水滨！"师进，次于陉⑱。

夏，楚子使屈完如师⑲。师退，次于召陵⑳。

齐侯陈诸侯之师㉑，与屈完乘而观之㉒。齐侯曰："岂不穀是为㉓？先君之好是继。与不穀同好，如何？"对曰："君惠徼福于敝邑之社稷㉔，辱收寡君㉕，寡君之愿也！"齐侯曰："以此众战，谁能御之？以此攻城，何城不克？"对曰："君若以德绥诸侯㉖，谁敢不服？君若以力，楚国方城以为城㉗，汉水以为池㉘，虽众，无所用之。"

屈完及诸侯盟。

陈辕涛涂谓郑申侯曰㉙："师出于陈、郑之间，国必甚病㉚。若出于东方，观兵于东夷㉛，循海而归，其可也。"

申侯曰：“善。”涛涂以告，齐侯许之。申侯见，曰：“师老矣㉜，若出于东方而遇敌，惧不可用也。若出于陈、郑之间，共其资粮屝屦㉝，其可也。”齐侯说，与之虎牢㉞，执辕涛涂。

秋，伐陈，讨不忠也。许穆公卒于师，葬之以侯㉟，礼也。凡诸侯薨于朝会，加一等；死王事㊱，加二等。于是有以衮敛㊲。

冬，叔孙戴伯帅师㊳，会诸侯之师侵陈。陈成。归辕涛涂。

初，晋献公欲以骊姬为夫人，卜之，不吉；筮之，吉。公曰：“从筮。”卜人曰：“筮短龟长㊴，不如从长。且其繇曰：‘专之渝㊵，攘公之羭㊶。一薰一莸㊷，十年尚犹有臭。’必不可。”弗听，立之，生奚齐，其娣生卓子。

及将立奚齐，既与中大夫成谋㊸。姬谓大子曰：“君梦齐姜㊹，必速祭之。”大子祭于曲沃，归胙于公㊺。公田㊻，姬置诸宫。六日，公至，毒而献之。公祭之地，地坟㊼；与犬，犬毙；与小臣㊽，小臣亦毙。姬泣曰：“贼由大子㊾。”大子奔新城㊿。公杀其傅杜原款。

或谓大子(51)：“子辞(52)，君必辩焉(53)。”大子曰：“君非姬氏，居不安，食不饱。我辞，姬必有罪。君老矣，吾又不乐！”曰：“子其行乎(54)？”大子曰：“君实不察其罪，被此名也以出(55)，人谁纳我？”

十二月戊申(56)，缢于新城。

姬遂谮二公子曰：“皆知之。”重耳奔蒲，夷吾奔屈。

[注释]

①以：率领。　②北海：泛指北方。海，指荒远的地方。下文"南海"同此。　③风：牛马雄雌相诱。兽类之牝者发情期常散发出特殊的气味传达到远处诱其牡者前来求合，古人称此现象为风。　④虞：料想。　⑤召（shào）康公：即召公奭（shì），周王室太保。大公：即太公望姜尚。　⑥五侯九伯：泛指天下诸侯。　⑦女：汝。　⑧夹辅：辅助。　⑨履：践踏。意为所到之处，此指征伐范围。　⑩海：大海，指东海。　⑪河：黄河。　⑫穆陵：楚地，在今湖北省麻城市一带穆陵关。　⑬无棣：齐地，在今河北省卢龙县。　⑭贡：贡品。包茅：即菁茅，古人用此滤酒。　⑮缩酒：以菁茅滤除酒中糟粕。　⑯寡人：管仲自称。征：问。　⑰昭王：周成王之孙，到南方巡守，渡汉水，船坏溺死。　⑱陉（xíng）：楚地。　⑲屈完：楚臣。　⑳召（shào）陵：楚地，在今河南省漯河市召陵区。　㉑陈：列阵。　㉒乘：共乘一车。　㉓不穀：古代天子、诸侯自谦的称谓。穀，善。　㉔惠：副词，表示敬意。徼福：求福。徼，求，取。　㉕辱：副词，表示恭敬。收：接纳。　㉖绥：安抚。　㉗方城：方城山，指今桐柏山、大别山等山脉。　㉘池：护城河。　㉙辕涛涂：陈国大夫。申侯：郑国大夫。　㉚病：困乏。　㉛观兵：显示兵力。　㉜师老：军队长久在外。　㉝扉（fèi）屦：泛指鞋子。扉，草鞋。屦，麻鞋。　㉞虎牢：即虎牢关，郑地。　㉟葬之以侯：以侯礼殡葬。　㊱王事：指征战。　㊲衮敛：用衮衣入殓。衮衣，为古代天子、上公所穿的礼服。　㊳叔孙戴伯：即公孙兹，鲁国公族。　㊴筮短龟长：古人占卜用龟，占筮用蓍草，二者相比较，占卜较灵，且以卜为先，故称为"筮短龟长"。　㊵专之渝：专心宠幸则生变化。专，专宠。渝，变化。　㊶攘：盗窃。瑜（yú）：美好。　㊷薰：香草。莸（yóu）：臭草。　㊸中大夫：宫中大臣。成谋：预谋，定下计谋。　㊹齐姜：太子申

生之母。 ㊺胙（zuò）：祭祀的酒肉。 ㊻田：打猎。 ㊼地坟：地上突起如坟。 ㊽小臣：指宦官。 ㊾贼：毒害。 ㊿新城：即曲沃。 ㉛或：有人。 ㉜辞：申辩。 ㉝辩：明辨。 ㉞行：逃跑。 ㉟被此名：蒙受此恶名。 ㊱戊申：二十七日。

[译文]

　　四年春季，齐桓公率领诸侯军队侵入蔡国。蔡军溃败，于是攻打楚国。楚成王派使臣到诸侯军中说："国君住在北海，寡人住在南海，任凭发情的牛马互相追逐，也不会相遇。岂料国君竟来到我国土地上，为什么呢？"管仲回答说："从前召康公命令我们的先君太公说：'五等诸侯九州之长，你都可以讨伐，以辅佐周室。'他还赐给我们先君征伐的范围，东到大海，西至黄河，南到穆陵，北至无棣。你们应该进贡的包茅不按时送来，王室祭祀的物品供应不上，没有东西可以滤酒，寡人特意为此向贵国问个原因。当年昭王南巡没有回去，也要请贵国解释。"楚国使者回答说："贡品没能及时进献，这是寡君的罪过，怎么敢不供给呢？至于昭王南巡未归，您还是到水边去问吧！"诸侯军队向前开进，驻扎在陉地。

　　夏季，楚成王派屈完前往诸侯军中交涉。诸侯军队向后撤退，驻扎在召陵。

　　齐桓公让诸侯的军队摆成战阵，和屈完同乘一辆车检阅。桓公说："难道是为了我个人吗？不过是为了继承我们先君建立的友好关系罢了。贵国和我们建立友好关系，怎么样？"屈完回答说："承蒙国君惠临为敝国的社稷求福，又不顾蒙受耻辱接纳我们，这也是寡君的愿望！"桓公说："用这么多的军队去作战，有谁能抵挡得住呢？用这么多的军队去攻城，哪个城攻克不了呢？"屈完回答说："国君如果用恩德安抚诸侯，谁敢不服从呢？如果依仗武力，楚国将以方城山作为城墙，以汉水作为护城河，军队虽然众多，只怕也没有用处。"

　　屈完和诸侯结盟。

陈国的辕涛涂对郑国大夫申侯说："军队取道陈国和郑国之间，两国必定非常困乏。如果取道东方，向东夷炫耀武力，沿海路回国，也是可以的。"申侯说："好。"辕涛涂告诉了齐桓公，桓公同意。申侯进见桓公，说："军队已经疲乏了，如果往东走遇到敌人，恐怕难以取胜。如果取道陈国和郑国之间，由两国供应粮食和鞋子，是完全可以的。"桓公非常高兴，把虎牢一地赏给了他，把辕涛涂抓了起来。

秋季，齐国和江、黄二国攻打陈国，以讨伐辕涛涂的不忠。许穆公死在军中，以侯爵的礼节安葬他，是合于礼的。凡是诸侯在朝会期间去世，葬礼提高一等；为天子征伐而死，葬礼提高两等。在这种情况下可以用天子的衮衣入殓。

冬季，叔孙戴伯率领军队，会同诸侯军队攻打陈国。陈国请求讲和。齐国放回辕涛涂。

当初，晋献公打算立骊姬为夫人，占卜，不吉利；占筮，吉利。献公说："遵从占筮的结果。"卜人说："占筮不如占卜灵验，不如按照灵验的办。而且占卜的繇辞说：'专宠过分就会心生邪念，偷走您美好的东西。香草杂草混放一起，十年之后臭气也难消除。'一定不能这么办。"献公不听，立了骊姬，骊姬生了奚齐，她的妹妹生了卓子。

等到准备立奚齐为太子，骊姬已经和中大夫有了预谋。骊姬对太子申生说："国君梦见你母亲齐姜，一定尽快去祭祀她。"申生赶到曲沃祭祀，把祭酒祭肉带回献给献公。献公外出打猎，骊姬把酒肉放在宫里。六天后，献公回来，骊姬在酒肉里下了毒药后献上去。献公把酒洒在地上，地上隆起一个土包；把肉给狗吃，狗马上死掉；给宦官吃，宦官也死掉了。骊姬哭着说："这是太子要谋害您啊。"于是太子申生逃到了曲沃。献公杀了他的保傅杜原款。

有人对太子说："您为自己辩解，国君一定能明辨是非。"太子说："国君没有骊姬，坐不能安，食不能饱。如果我辩解清楚，骊姬一定获罪。国君已老，我怎能再让他不高兴！"别人又劝他："你要逃走吗？"太子说："国君还没查清我的罪过，背着杀父的恶名出逃，谁会接纳我呢?"

十二月二十七日,太子在曲沃自缢而死。

骊姬又诬陷两位公子说:"他们都参与了这件事。"于是重耳逃到蒲城,夷吾逃到屈地。

僖公五年

经 五年春,晋侯杀其世子申生。杞伯姬来朝其子。夏,公孙兹如牟。公及齐侯、宋公、陈侯、卫侯、郑伯、许男、曹伯会王世子于首止。秋八月,诸侯盟于首止。郑伯逃归,不盟。楚子灭弦,弦子奔黄。九月戊申朔,日有食之。冬,晋人执虞公。

传 五年春,王正月辛亥朔①,日南至②。公既视朔③,遂登观台以望④。而书,礼也。凡分⑤、至⑥、启⑦、闭⑧,必书云物⑨,为备故也⑩。

晋侯使以杀大子申生之故来告。

初,晋侯使士蒍为二公子筑蒲与屈⑪,不慎,置薪焉⑫,夷吾诉之,公使让之⑬。士蒍稽首而对曰⑭:"臣闻之:无丧而戚⑮,忧必雠焉⑯。无戎而城⑰,雠必保焉⑱。寇雠之保⑲,又何慎焉?守官废命⑳,不敬;固雠之保,不忠。失忠与敬,何以事君?《诗》云:'怀德惟宁,宗子惟城㉑。'君其修德而固宗子,何城如之?三年将寻师焉㉒,焉用慎?"退而赋曰:"狐裘龙茸㉓,一国三公,吾谁适从㉔?"

及难,公使寺人披伐蒲。重耳曰:"君父之命不校㉕。"

乃徇曰㉖："校者，吾雠也。"逾垣而走㉗，披斩其祛㉘。遂出奔翟㉙。

夏，公孙兹如牟㉚，娶焉。

会于首止㉛，会王大子郑，谋宁周也。

陈辕宣仲怨郑申侯之反己于召陵㉜，故劝之城其赐邑，曰："美城之㉝，大名也㉞，子孙不忘。吾助子请。"乃为之请于诸侯而城之，美。遂谮诸郑伯曰："美城其赐邑，将以叛也。"申侯由是得罪。

秋，诸侯盟。王使周公召郑伯㉟，曰："吾抚女以从楚，辅之以晋，可以少安。"郑伯喜于王命而惧其不朝于齐也，故逃归不盟。孔叔止之曰㊱："国君不可以轻㊲，轻则失亲。失亲患必至，病而乞盟，所丧多矣㊳。君必悔之。"弗听，逃其师而归㊴。

楚斗穀於菟灭弦㊵，弦子奔黄。

于是江、黄、道、柏方睦于齐㊶，皆弦姻也㊷。弦子恃之而不事楚，又不设备，故亡。

晋侯复假道于虞以伐虢。宫之奇谏曰："虢，虞之表也㊸。虢亡，虞必从之。晋不可启，寇不可玩㊹。一之谓甚，其可再乎？谚所谓'辅车相依㊺，唇亡齿寒'者，其虞、虢之谓也。"公曰："晋，吾宗也㊻，岂害我哉？"对曰："大伯、虞仲㊼，大王之昭也㊽。大伯不从㊾，是以不嗣㊿，虢仲、虢叔㉑，王季之穆也㉒，为文王卿士，勋在王室，藏于盟府㉓。将虢是灭，何爱于虞？且虞能亲于桓、庄乎㉔，其爱之也？桓、庄之族何罪？而以为戮，不唯逼乎㉕？亲以宠逼，犹尚害之，况以国乎？"公曰："吾享祀丰洁㊶，神必据我㊷。"对曰："臣闻之，鬼神非人实亲㊸，惟德是依。故《周书》曰㊹：'皇天无亲，惟德是辅。'又曰：'黍稷非馨㊺，明德惟馨㊻。'又曰：'民不易物㊼，惟德繄物㊽。'如是，则非德，民不和，神不享矣。神所冯依㊾，将在德矣。若晋取虞而明德以荐馨香㊿，神其吐之乎？"弗听，许晋使。宫之奇以其族行㊋，曰："虞不腊矣㊌！在此行也，晋不更举矣㊍。"

八月甲午，晋侯围上阳㊎。问于卜偃曰㊏："吾其济乎㊐？"对曰："克之。"公曰："何时？"对曰："童谣云：'丙之晨㊑，龙尾伏辰㊒，均服振振㊓，取虢之旂。鹑之贲贲㊔，天策焞焞㊕，火中成军㊖，虢公其奔。'其九月、十月之交乎！丙子旦，日在尾㊗，月在策㊘，鹑火中，必是时也。"

冬十二月丙子，朔，晋灭虢，虢公丑奔京师。师还，馆于虞，遂袭虞，灭之。执虞公及其大夫井伯，以媵秦穆姬㊙。而修虞祀，且归其职贡于王㊚。

故书曰："晋人执虞公。"罪虞，且言易也。

[注释]

①王正月辛亥朔：指周历正月初一日，即夏历十一月初一日。②日南至：冬至。 ③视朔：天子诸侯每月朔日祭告于祖庙，然后治理政事。以特羊告于庙，称告朔。告朔之后，仍在太庙听治一个月政事，称视朔，也称听朔。 ④望：观望云气。 ⑤分：春分，秋分。⑥至：夏至，冬至。 ⑦启：立春，立夏。 ⑧闭：立秋，立冬。⑨云物：云色，即五云之色，指青、白、赤、黑、黄五色。古礼，

国君在二分（春分、秋分）、二至（夏至、冬至）及四立（立春、立夏、立秋、立冬）之日，必登台以望天象，占卜吉凶并记载下来。⑩备：准备，防备。⑪蒲、屈：均为晋地。⑫置薪：城墙里放进了木柴。⑬让：责备。⑭稽首：古代拜礼中最恭敬的礼仪，手、头同时向下至于地，一般通行于尊卑之间。⑮戚：悲伤。⑯雠：相应。⑰戎：战事。⑱雠：仇敌。保：守卫。⑲寇雠：泛指敌人。⑳守官：居官任职。废命：拒绝命令。㉑“怀德惟宁”二句：见《诗经·大雅·板》。宗子：群宗之子，即诸公子。㉒寻师：用兵。㉓狐裘：大夫的服装。尨茸：杂乱。㉔适（dí）：主，专主。㉕不校：不违抗。校，违抗。㉖徇：通告，通令。㉗逾垣：跳墙。㉘袪（qū）：袖口。㉙翟：同“狄”。㉚公孙兹：即叔孙戴伯。牟：国名，在今山东省莱芜市东。㉛首止：卫地。㉜辕宣仲：即辕涛涂。反己：背约，出卖。㉝美城：将城邑筑得美观。㉞大名：即扩大名声。㉟王：周惠王。周公：名宰孔。郑伯：指郑文公。㊱孔叔：郑国大夫。㊲轻：轻举妄动。㊳丧：失。㊴逃其师：离开军队只身逃跑。㊵斗穀於菟：楚臣。弦：姬姓国，在今河南省潢川县西北。㊶江、黄、道、柏：四国名，地处楚国附近。㊷姻：姻亲。㊸表：外部屏障。㊹玩：玩忽，轻侮。㊺辅：车厢两边的夹板。一说辅为面颊，即腮帮。车为牙床骨。㊻宗：同宗。晋、虞、虢均为姬姓国，同一祖先。㊼大伯：即太伯，周太王长子。虞仲：太伯之弟，太王次子。㊽大王：即周太王，周朝先王，名古公亶父。昭：古代庙次及墓次。始祖居中，其后第一、三、五代逢奇数者位在左，为昭；第二、四、六代逢偶数者位在右，为穆。㊾不从：不跟随身边。㊿不嗣：太伯为太王长子，与其弟虞仲远去吴国，未能继承父位，由其幼弟王季继位。(51)虢仲、虢叔：王季（季历）之子。(52)穆：周代以后稷为始祖，太王为后稷第十二代孙，为穆；其于太伯、虞仲、季历皆为昭，而虢仲、虢叔为季历之子，故为穆。(53)盟府：掌管功勋盟约的官府。(54)桓、庄：指曲沃桓叔和曲沃庄伯。

详见桓公二年注。　㊺逼：逼近，压力。　㊻享祀：祭品。丰洁：丰盛而洁净。　㊼据：依附，即保佑。　㊽非人实亲："非亲人"的倒装句。　㊾《周书》：此《周书》秦以后失传，即所谓《逸书》。　㊿黍稷：古代祭祀常用的谷物。馨：芳香。　㉛明德：光明之德。　㉜易物：改变祭物。　㉝繄（yī）：语气词。　㉞冯：同"凭"。　㉟荐：进献。　㊱以：率领。族：家族。　㊲腊：年终的大祭。　㊳更举：再次用兵。举，出兵。　㊴上阳：虢国都，在今河南省三门峡市陕州区。　㊵卜偃：晋国卜官。偃，人名。　㊶济：成功。　㊷丙之晨：丙子日的早晨。　㊸龙尾：星名，即尾宿，为苍龙七宿的第六宿。伏辰：伏于辰。辰，日月相会。此时龙尾星为日光所蔽，伏而不见。　㊹均服：即戎服，军装。振振：威武美好的样子。　㊺鹑：鹑火星，又名柳宿星，为朱鸟七宿的第三宿，属长蛇星座。贲贲：如鸟状。　㊻天策：即傅说星。　㊼火中：鹑火星出现于正南方。　㊽尾：即龙尾星。　㊾策：天策星。　㊿以媵秦穆姬：即将井伯作为秦穆姬的陪嫁臣。秦穆姬，晋献公女，秦穆公夫人。　㉛职贡：贡赋。

[译文]

五年春季，周历正月初一日，冬至。僖公在太庙听政后，就登上观台观望云气。《春秋》记载此事，是合乎礼的。凡是春分秋分、夏至冬至、立春立夏、立秋立冬，一定要记载云气变化，为的是及时做好准备。

晋献公派使者来报告杀害太子申生的原因。

当初，晋献公派士蒍为两位公子在蒲地和屈地筑城，士蒍不小心，把木柴放到了城墙中，夷吾报告给献公，献公派人责备士蒍。士蒍叩首回答说："为臣听说：没有丧事而悲伤，忧愁一定相应而至。没有战患而筑城，仇敌一定据以抵抗。既然要成为敌人的保障，建造时又何必认真？身为此官不服从命令，就是对君不敬；为仇敌修筑坚固的城堡，就是对国不忠。失去了忠和敬，怎么事奉国君呢？《诗经》说：

'修德安民，众公子就是你的城墙。'国君只要注重修养德行并巩固公子们的地位，什么样的城能比得上呢？三年以后就会发生战乱，现在筑城哪里还用得着谨慎？"退出来又吟诗道："皮袍乱蓬蓬，一国有三公，我把谁跟从？"

等到发生了祸难，献公派寺人披攻打蒲城。重耳说："父亲的命令不能抵抗。"就通令说："谁抵抗，就是我的敌人。"跳墙而走，披砍掉了他的袖口。重耳逃亡到了翟国。

夏季，公孙兹到牟国娶亲。

诸侯在首止相会，会见了周太子郑，谋划使王室安定。

陈国的辕涛涂因郑国申侯在召陵出卖自己而怀恨在心，因此怂恿申侯在所赐的封地筑城，说："把城建得漂亮一些，能扩大名声，子孙也不会忘记你。我可以为你请求。"就向诸侯请求，把城建造得很美观。又在郑文公面前诬陷申侯说："把赐封的城邑建得那么漂亮，是准备叛乱了。"申侯因此得罪了郑文公。

秋季，诸侯举行会盟。周天子派周公召见郑文公，说："我希望你跟随楚国，让晋国辅助，使各国稍稍安定。"郑文公对天子的命令很高兴，又害怕还没有朝见齐国，因而要逃回国内不去参加盟会。孔叔阻止他说："国君不能轻率从事，轻率就会失去亲近的人。失去亲近的人，祸患必然到来，等国家遇到困难时再去乞求结盟，失去的就太多了。您一定会后悔的。"文公不听，丢下军队逃回国内。

楚国的斗穀於菟灭了弦国，弦子逃亡到黄国。

此时江、黄、道、柏四国正和齐国交好，都和弦国有婚姻关系。弦子依仗这一点不去事奉楚国，又不设防，因此被楚所灭。

晋献公再次向虞国借道攻打虢国。宫之奇劝谏说："虢国是虞国的屏障。虢国灭亡了，虞国一定跟着灭亡。对晋国的野心不可助长，对外敌不能放松警惕。上次允许晋国借道已经很过分了，怎么可以再有第二次呢？俗话说：'辅车相依，唇亡齿寒。'说的就是虞国和虢国的关系吧。"虞公说："晋国是我国的同宗，难道它能害我吗？"宫之奇回答说:"当年太伯和虞仲就是周太王的儿子。太伯没有跟随父亲,所以没有继承王位。虢仲、虢叔都是王季的儿子,做过周文王的卿士,对王室有功,记载他们功勋的典策至今藏在盟府。晋国连虢国都要灭掉,对虞国又有什么可爱惜的呢?再说,它对虞国还能比对桓、庄的后代更亲近吗?桓、庄的后代有什么罪?成为杀戮的对象,还不是因为对晋侯构成了威胁吗?亲族之间受宠而产生威胁,尚且加以杀害,何况一个国家的威胁呢?"虞公说:"我祭祀的供品丰盛而又洁净,神灵一定保佑我。"宫之奇回答说:"我听说,神灵并不亲近哪一个人,只是保佑有德行的人。因此《周书》说:'上天不分亲疏,只保佑有德之人。'又说:'黍稷的味道并不能芳香远扬,只有光明的美德才能芳香远播。'又说:'百姓的祭品并无不同,有德人的祭品才是祭品。'如此说来,没有德行,百姓就不会和睦,神灵也不会享用。神灵所保佑的,就是有德行的人。如果晋国吞并了虞国,又崇尚德行并进献它的祭品,神灵还会吐出来吗?"虞公不听,答应了晋国使者的请求。宫之奇领着他的家族离开了虞国,他说:"虞国举行不了腊祭了!虞国会在这次行动中灭亡,晋国不必再次发兵了。"

八月甲午日,晋献公围攻上阳。他向卜偃问道:"我能成功吗?"卜偃回答说:"能。"献公说:"在什么时候?"卜偃说:"有童谣说:'丙子之日天破晓,龙尾星宿见不到,军服威武多漂亮,虢国旗帜已夺到。鹑火星像只鸟,天策星无光耀,鹑火星出现军队到,吓得虢公要逃跑。'大概在九月底十月初吧!这一天是丙子日清晨,太阳在尾星之上,月亮在策星之上,鹑火星出现于南方,一定是在这个时候。"

冬季十二月丙子日,晋国灭了虢国,虢公丑逃亡到了京城。晋军返回途中,驻扎在虞国,趁机袭击虞国,将它灭掉。抓住了虞公和他的大夫井伯,把井伯作为秦穆姬的陪嫁人员送到了秦国。没有废弃虞国的祭祀,而且把虞国应该承担的贡赋送给周天子。

因此《春秋》记载说:"晋人执虞公。"表示归罪于虞公,而且说明晋国很容易就灭掉了虞国。

僖公六年

经 六年春，王正月。夏，公会齐侯、宋公、陈侯、卫侯、曹伯伐郑，围新城。秋，楚人围许，诸侯遂救许。冬，公至自伐郑。

传 六年春，晋侯使贾华伐屈①。夷吾不能守，盟而行。将奔狄，郤芮曰②："后出同走③，罪也。不如之梁④。梁近秦而幸焉⑤。"乃之梁。

夏，诸侯伐郑，以其逃首止之盟故也。围新密⑥，郑所以不时城也⑦。

秋，楚子围许以救郑。诸侯救许，乃还。

冬，蔡穆侯将许僖公以见楚子于武城⑧。许男面缚衔璧⑨，大夫衰绖⑩，士舆榇⑪。楚子问诸逢伯⑫，对曰："昔武王克殷，微子启如是⑬。武王亲释其缚，受其璧而祓之⑭。焚其榇，礼而命之⑮，使复其所⑯。"楚子从之。

[注释]

①贾华：晋国大夫。　②郤（xì）芮（ruì）：一名冀芮，晋臣。③同走：指与重耳同到狄国。　④梁：嬴姓国，僖公十九年亡于秦。⑤幸：信任。　⑥新密：即新城，在今河南省新密市东南。　⑦不时：即非兴土功之时，指农忙时节。　⑧将：带着。武城：楚地，在今河南省南阳市北。　⑨许男：即许僖公。男，爵名。面缚：两手反绑。衔璧：口中含着璧玉。古人死后，口中含珠玉而葬，此表示愿服死罪。　⑩衰（cuī）绖（dié）：古代用麻布制成的孝服。　⑪舆榇（chèn）：抬着棺材。　⑫逢伯：楚大夫。　⑬微子启：殷帝乙的长

子，纣王的庶兄。 ⑭袯（fú）：古代除灾祈福的一种仪式。 ⑮礼：礼遇。 ⑯复其所：回到原地。

[译文]

六年春季，晋献公派贾华攻打屈地。夷吾坚守不住，和屈地人结盟后出逃。他准备逃亡到狄国，郤芮劝阻说："我们后逃却和先逃的重耳去往同一个地方，是有罪的。不如到梁国去。梁国紧靠秦国，关系又亲近。"就去了梁国。

夏季，诸侯讨伐郑国，因为郑文公逃避了首止之盟的缘故。诸侯军队包围了新密，这就是郑国在农时建造此城的原因。

秋季，楚成王围攻许国以解救郑国。诸侯军队去救援许国，楚军便回国了。

冬季，蔡穆侯带着许僖公到武城去见楚成王。许僖公双手反绑，嘴里衔着玉璧，大夫身穿孝服，士抬着棺材。成王向逢伯询问对他们如何处置，逢伯回答说："从前武王攻克殷朝后，微子启也是这样。武王亲自给他松绑，接受了玉璧，并举行了消灾祈福仪式。焚烧了他的棺材，加以礼遇并给以封号，恢复他的封地。"成王听从了逢伯的建议。

僖公七年

经 七年春，齐人伐郑。夏，小邾子来朝。郑杀其大夫申侯。秋七月，公会齐侯、宋公、陈世子款、郑世子华盟于宁母。曹伯班卒。公子友如齐。冬，葬曹昭公。

传 七年春，齐人伐郑。孔叔言于郑伯曰："谚有之曰：'心则不竞①，何惮于病②？'既不能强，又不能弱，所以毙也。国危矣，请下齐以救国③。"公曰："吾知其所由来矣，姑少待我。"对曰："朝不及夕④，何以待君？"

夏，郑杀申侯以说于齐⑤，且用陈辕涛涂之谮也。

初，申侯，申出也⑥，有宠于楚文王。文王将死，与之璧，使行，曰："唯我知女，女专利而不厌⑦。予取予求⑧，不女疵瑕也⑨。后之人将求多于女，女必不免。我死，女必速行。无适小国，将不女容焉。"既葬，出奔郑，又有宠于厉公⑩。子文闻其死也⑪，曰："古人有言曰：'知臣莫若君。'弗可改也已。"

秋，盟于宁母⑫，谋郑故也。

管仲言于齐侯曰："臣闻之：招携以礼⑬，怀远以德⑭，德礼不易⑮，无人不怀⑯。"齐侯修礼于诸侯，诸侯官受方物⑰。

郑伯使大子华听命于会。言于齐侯曰："泄氏、孔氏、子人氏三族⑱，实违君命。君若去之以为成，我以郑为内臣⑲，君亦无所不利焉。"齐侯将许之。管仲曰："君以礼与信属诸侯⑳，而以奸终之㉑，无乃不可乎？子父不奸之谓礼，守命共时之谓信㉒。违此二者，奸莫大焉。"公曰："诸侯有讨于郑，未捷。今苟有衅㉓，从之，不亦可乎？"对曰："君若绥之以德，加之以训㉔，辞㉕，而帅诸侯以讨郑，郑将覆亡之不暇㉖，岂敢不惧？若总其罪人以临之㉗，郑有辞矣㉘，何惧？且夫合诸侯以崇德也㉙，会而列奸㉚，何以示后嗣？夫诸侯之会，其德刑礼义，无国不记。记奸之位，君盟替矣㉛。作而不记，非盛德也㉜。君其勿许，郑必受盟。夫子华既为大子而求介于大国㉝，以弱其国，亦必不免。郑有叔詹、堵叔、师叔三良为政㉞，未可间也！"齐侯辞焉。子华由是得罪于郑。

冬，郑伯使请盟于齐。

闰月㉟，惠王崩。襄王恶大叔带之难㊱，惧不立，不发丧而告难于齐。

[注释]

①则：假设连词，如果。不竞：不坚强。　②惮：惧怕。病：屈辱。　③下齐：屈服于齐。　④朝不及夕：早晨到不了晚上，意为情况危急。　⑤说：同"悦"，即取悦、讨好。　⑥申出：申女所生。　⑦专利：垄断财货。　⑧予取予求：即取于我、求于我。　⑨疵瑕：毛病，此作动词用。　⑩厉公：指郑厉公。　⑪子文：即楚臣斗穀於菟。　⑫宁母：鲁地，在今山东省鱼台县境。　⑬招携：招抚有二心的国家。携，离心，携贰。　⑭怀远：怀柔远方的国家以归服自己。　⑮不易：不违背。　⑯怀：归服。　⑰受方物：接受赏赐。方物，职贡所用土产。　⑱泄氏、孔氏、子人氏：均为郑国大夫。泄氏，指泄驾氏族。孔氏，指孔叔。子人氏，指郑厉公弟，名语。　⑲内臣：臣服于齐，如封内之臣。　⑳属：会合。　㉑奸：邪僻，即违背礼与信。　㉒守命共时：见机行事以完成君命。　㉓衅：间隙，破绽。　㉔训：教训。　㉕辞：拒绝。　㉖覆亡：救亡。　㉗总：将领，带领。罪人：指太子华。　㉘辞：理。　㉙崇德：尊崇德行。　㉚列奸：以奸人位列国君。列，作动词用，位列，多指君位。　㉛替：废弃。　㉜盛德：崇高德行。　㉝介：因，凭借。　㉞叔詹、堵叔、师叔：郑国三大夫。良：贤良的人。　㉟闰月：指闰十二月。　㊱襄王：即周王太子郑。恶：畏惧，担忧。大叔带：惠王之子，太子郑之弟，有宠。

[译文]

七年春季，齐国人讨伐郑国。孔叔对郑文公说："谚语中有这样的话：'意志不坚，何怕屈辱？'既不能坚强，又不甘示弱，所以导致灭亡。我国面临危急，请向齐国屈服以挽救国家。"文公说："我知道他们来的原因，姑且等我一下。"孔叔说："情况紧急就像早晨的露水等不到晚上一样，怎么还能等您呢？"

夏季，郑国杀了申侯以取悦齐国，同时也是听信了陈国辕涛涂的诬陷。

当初，申侯是申女所生，受到楚文王的宠信。文王去世前，把玉璧交给他，让他逃走，说："只有我了解你，你一向贪取财货而不知满足。从我这里求取，我不怪罪你。但后来的人将会向你索取大量财物，你肯定难免获罪。我死了，你一定迅速逃走。不要到小国去，他们不敢收留你。"安葬文王后，申侯逃亡到郑国，又受到郑厉公的宠信。子文听到他的死讯后说："古人说过：'没有比国君更了解臣子的。'这话是不可改变的。"

秋季，诸侯在宁母结盟，谋划攻打郑国。

管仲向齐桓公说："据我所知：招抚存有二心的国家靠礼，怀柔地处远方的国家用德，只要不违背德与礼，没有人不归附的。"于是桓公以礼对待诸侯，各国官员接受了齐国的土产。

郑文公派太子华到盟会上听取命令。子华对齐桓公说："泄氏、孔氏、子人氏三族，实在是违背了您的命令。您如果除掉他们以和我国讲和，我国甘愿做你的藩属，这对您来说也是有利的。"桓公准备答应。管仲说："国君开始以礼和信会合诸侯，却以邪恶结束，恐怕不行吧？父子不相违背称为礼，随机应变完成君命叫作信。违背了这两点，没有比这更大的邪恶了。"桓公说："诸侯进攻郑国，未能取胜。现在如果有机可乘并利用它，不也可以吗？"管仲回答说："国君如以德安抚郑国，并加以训导，如果它不接受，再率领诸侯前去攻打，郑国挽救自己的危亡还来不及，难道能不害怕？如果带着他们的罪人去攻打，他们就有话说了，还怕什么？再说会合诸侯是为了尊崇德行，现在会合诸侯却要列入奸邪之人，怎么向后人交代呢？再说诸侯会见时，他们的德、刑、礼、义，每个国家都要加以记载。如果让奸邪之人列于

僖 公

君位也被记上,国君的盟约就难以实现了。事情做了又不记载,不是崇高的德行。国君不要同意,郑国一定会接受盟约的。子华身为太子,却求助大国来削弱自己的国家,必然难免祸患。郑国有叔詹、堵叔、师叔三位贤人执政,恐怕钻不成这个空子吧!"于是桓公谢绝了子华的请求。子华因此得罪了郑国。

冬季,郑文公派使者到齐国请求结盟。

闰十二月,周惠王去世。襄王畏惧太叔带乘机制造祸乱,担心自己不能被立为王,就秘不发丧,向齐国报告了面临的祸难。

僖公八年

经 八年春,王正月,公会王人、齐侯、宋公、卫侯、许男、曹伯、陈世子款盟于洮。郑伯乞盟。夏,狄伐晋。秋七月,禘于太庙,用致夫人。冬十有二月丁未,天王崩。

传 八年春,盟于洮①,谋王室也。郑伯乞盟②,请服也。襄王定位而后发丧③。

晋里克帅师,梁由靡御④,虢射为右⑤,以败狄于采桑⑥。梁由靡曰:"狄无耻⑦,从之必大克⑧。"里克曰:"拒之而已,无速众狄⑨。"虢射曰:"期年⑩,狄必至,示之弱矣。"

夏,狄伐晋,报采桑之役也。复期月⑪。

秋,禘而致哀姜焉⑫,非礼也。凡夫人不薧于寝⑬,不殡于庙,不赴于同⑭,不祔于姑⑮,则弗致也。

冬,王人来告丧⑯,难故也,是以缓。

宋公疾,大子兹父固请曰⑰:"目夷长⑱,且仁,君其立之。"公命子鱼⑲。子鱼辞,曰:"能以国让,仁孰大焉?

臣不及也,且又不顺⑳。"遂走而退。

[注释]

①洮:地名,当时属曹,僖公三十一年分为二,其北属鲁,其南属曹,在今山东省鄄城县西南。 ②乞盟:请求加入盟会。 ③定位:安定王位。 ④梁由靡:即梁余子养。 ⑤虢射:晋臣。 ⑥采桑:地名,在今山西省乡宁县西。 ⑦无耻:无羞耻之心。 ⑧从:追击。 ⑨速:招致。 ⑩期年:一年,周年。 ⑪复:应验。期月:即期年。 ⑫禘(dì):大祭。致哀姜:即将哀姜的神主按昭穆次序安放于太庙。 ⑬寝:正寝。 ⑭赴:讣告。同:同盟国家。 ⑮祔于姑:将神主安放于祖姑旁。 ⑯王人:指周王使者。 ⑰大子兹父:即太子兹父,宋襄公。 ⑱目夷:兹父庶兄。 ⑲子鱼:即目夷,字子鱼。 ⑳不顺:指舍嫡立庶。

[译文]

八年春季,诸侯在洮地结盟,谋划安定王室。郑文公请求参加盟会,表示顺服。襄王王位确定后才举行了惠王的丧礼。

晋国的里克率领军队,由梁由靡驾车,虢射为车右,在采桑打败了狄人。梁由靡说:"狄人没有羞耻,如果追赶,定能大胜。"里克说:"让他们害怕就行了,不要招惹更多的狄人。"虢射说:"一年之后,狄人必定来报复,因为不追赶就是向他们示弱。"

夏季,狄人攻打晋国,报采桑一战之仇。虢射一年必来的话应验了。

秋季,鲁国举行了大祭,把哀姜的灵位放进太庙,是不合礼的。凡是夫人,不死在正房里,不停棺于祖庙,不向盟国发讣告,其神位不陪祀祖姑,就不能把她的神位放入太庙。

冬季,周天子的使者来鲁国报告惠王的丧事,因为发生祸难,所以报得晚了。

宋桓公患病，太子兹父再三请求："目夷年长而且仁爱，应该立他为国君。"桓公就下令立目夷为国君。目夷推辞说："能把一个国家让给别人，还有比这更大的仁爱吗？臣不如他，而且立我也不合礼。"就快步退了出来。

僖公九年

经 九年春，三月丁丑，宋公御说卒。夏，公会宰周公、齐侯、宋子、卫侯、郑伯、许男、曹伯于葵丘。秋七月乙酉，伯姬卒。九月戊辰，诸侯盟于葵丘。甲子，晋侯佹诸卒。冬，晋里克杀其君之子奚齐。

传 九年春，宋桓公卒，未葬而襄公会诸侯，故曰子。凡在丧，王曰小童，公侯曰子。

夏，会于葵丘，寻盟，且修好，礼也。

王使宰孔赐齐侯胙，曰："天子有事于文武①，使孔赐伯舅胙②。"齐侯将下拜③，孔曰："且有后命。天子使孔曰：'以伯舅耋老，加劳，赐一级，无下拜。'"对曰："天威不违颜咫尺④，小白余敢贪天子之命无下拜⑤？恐陨越于下⑥，以遗天子羞。敢不下拜？"下，拜，登⑦，受。

秋，齐侯盟诸侯于葵丘，曰："凡我同盟之人，既盟之后，言归于好⑧。"

宰孔先归，遇晋侯曰："可无会也。齐侯不务德而勤远略⑨，故北伐山戎，南伐楚，西为此会也。东略之不知，西则否矣⑩。其在乱乎。君务靖乱，无勤于行。"晋侯乃还。

九月，晋献公卒。里克、㔻郑欲纳文公⑪，故以三公子之徒作乱⑫。

初,献公使荀息傅奚齐。公疾,召之,曰:"以是藐诸孤⑬,辱在大夫⑭,其若之何?"稽首而对曰:"臣竭其股肱之力⑮,加之以忠贞。其济,君之灵也⑯;不济,则以死继之。"公曰:"何谓忠贞?"对曰:"公家之利,知无不为,忠也;送往事居⑰,耦俱无猜⑱,贞也。"

及里克将杀奚齐,先告荀息曰:"三怨将作⑲,秦、晋辅之,子将何如?"荀息曰:"将死之。"里克曰:"无益也。"荀叔曰:"吾与先君言矣,不可以贰⑳。能欲复言而爱身乎㉑?虽无益也,将焉辟之?且人之欲善,谁不如我?我欲无贰,而能谓人已乎㉒?"

冬十月,里克杀奚齐于次㉓。书曰:"杀其君之子。"未葬也。荀息将死之,人曰:"不如立卓子而辅之。"荀息立公子卓以葬。十一月,里克杀公子卓于朝,荀息死之。

君子曰:"《诗》所谓'白圭之玷㉔,尚可磨也;斯言之玷,不可为也',荀息有焉。"

齐侯以诸侯之师伐晋,及高梁而还㉕,讨晋乱也。令不及鲁,故不书。

晋郤芮使夷吾重赂秦以求入㉖,曰:"人实有国,我何爱焉?入而能民㉗,土于何有㉘。"从之。

齐隰朋帅师会秦师㉙,纳晋惠公。

秦伯谓郤芮曰:"公子谁恃?"对曰:"臣闻亡人无党㉚,有党必有雠。夷吾弱不好弄㉛,能斗不过㉜,长亦不改,不识其他㉝。"公谓公孙枝曰㉞:"夷吾其定乎?"对曰:"臣闻之:唯则定国㉟。《诗》曰:'不识不知,顺帝之则㊱。'文王之谓也。又曰:'不僭不贼,鲜不为则㊲。'无好无恶、不忌不克之谓也㊳。今其言多忌克,难哉!"公曰:"忌则多怨,又焉能克?是吾利也。"

宋襄公即位,以公子目夷为仁,使为左师以听政㊴。于是宋治。故鱼氏世为左师㊵。

[注释]

①有事:有祭事,即祭祀大事。文武:指周文王、周武王。 ②伯舅:天子称同姓诸侯为伯父或叔父,称异姓诸侯为伯舅。 ③下拜:走下台阶,再拜稽首。 ④天威:天子的威严。咫尺:言其很近。咫,古代以八寸为咫。 ⑤小白:齐桓公名。贪:受。 ⑥陨越:颠坠,即跌跤。 ⑦登:升,即拜后升阶登堂。 ⑧言:句首助词。 ⑨勤远略:忙于远征。 ⑩否:不知道。 ⑪丕郑:晋大夫。文公:指重耳。 ⑫三公子之徒:指申生、重耳、夷吾的党羽。 ⑬以是:以此。藐诸孤:弱小的孤儿。藐,弱小。诸,助词,相当于"的"。 ⑭辱在大夫:即托付于大夫(您)。 ⑮股肱(gōng):比喻辅助君主的大臣。 ⑯灵:威灵,福气。 ⑰送往事居:送走过去的,事奉活着的。 ⑱耦:指已故国君和新立国君。 ⑲三怨:指三公子之徒。 ⑳贰:二心,不忠实的念头。 ㉑复言:实践诺言。爱:怜惜。 ㉒已:止。 ㉓次:居丧的茅屋。 ㉔白圭:白玉。玷:玉石上的瑕疵。 ㉕高粱:晋邑,在今山西省临汾市东北。 ㉖郤芮:晋臣。入:入国为君。 ㉗能民:得民。 ㉘土于何有:倒装句,即"何有于土"。意为不患无土。 ㉙隰朋:齐国大夫。 ㉚亡人:逃亡在外的人。 ㉛弱不好弄:小时候不爱玩耍。弱,年少。弄,玩耍,游戏。 ㉜能斗不过:能争斗而不过分。 ㉝不识:不知。 ㉞公:指秦伯。公孙枝:秦国大夫,字子桑。 ㉟唯:通"维",法度。 ㊱"不识不知"二句:出自《诗经·大雅·皇矣》,意为不知道就

不要卖弄聪明，顺从天帝的法则。 ㊲“不僭（jiàn）不贼”二句：出自《诗经·大雅·抑》。僭：过分。贼：伤害。鲜：少。则：典范。㊳好：爱好。恶：厌恶。不忌：不猜忌。不克：不好胜。 ㊴左师：宋国官名。听政：执政。 ㊵鱼氏：公子目夷字子鱼，其后代以鱼为氏。

［译文］

九年春季，宋桓公去世，还没有下葬，宋襄公就会见了诸侯，因此《春秋》称其为“子”。凡丧事期间，天子称“小童”，公侯称“子”。

夏季，诸侯在葵丘会见，重温过去的盟约，并继续友好下去，是合乎礼的。

天子派宰孔赐给齐桓公祭肉，说：“天子祭祀文王、武王，派我把祭肉赐给伯舅。”桓公准备下阶拜谢，宰孔说：“后面还有命令。天子让我说：‘由于伯舅年老，加上有功劳，特赐爵一级，不必下阶跪拜。’”桓公回答说：“上天的威严距我不过咫尺之远，小白我岂敢贪受天子之命，而不下阶拜谢？否则恐怕将来要栽跟头，使天子蒙羞。怎么敢不下拜呢？”于是下阶跪拜，再登上台阶领受赏赐。

秋季，齐桓公在葵丘和诸侯会盟，说：“凡是一同结盟之国，盟誓之后，都要言归于好。”

宰孔先行回国，遇到晋献公，说：“可以不参加盟会。齐侯不努力修德而忙于远征，所以北攻山戎，南伐楚国，又在西边举行这次盟会。向东是否征伐还不知道，向西进攻晋国是不可能了。晋国很可能将有祸乱。国君应致力于安定内乱，不应忙于出行。”晋献公便回国了。

九月，晋献公去世。里克、丕郑准备接纳文公重耳回国，所以带领申生、重耳、夷吾三位公子的党羽起来作乱。

当初，献公曾让荀息辅助奚齐。献公患病后，召见荀息说：“我把奚齐这个弱小的孤儿托付给你，你将怎么办？”荀息叩头回答说：“我愿竭尽全力辅佐他，对他忠贞不贰。倘若成功，是国君在天之灵的保佑；不能成功，我将以死报答。"献公说："什么是忠贞？"荀息回答说："为了国家利益，只要知道了就努力去做，是忠；送走先君事奉新君，使双方均无猜疑，是贞。"

等到里克准备杀掉奚齐时，他先告诉荀息说："公子三方的怨恨将要发作，秦国和晋国人都将帮助他们，您准备怎么办？"荀息说："准备为他去死。"里克说："死也没有用。"荀息说："我已和先君说过，我不能有二心。哪能既想实践诺言又贪生怕死呢？尽管没有什么用，又能躲到哪里去呢？再说人们要做善事，谁不跟我一样？我不想改变自己以前不能有二心的诺言，难道能阻止别人停止不干吗？"

冬季十月，里克在守丧的茅屋中杀了奚齐。《春秋》记载为："杀其君之子。"是因为献公尚未被安葬。荀息准备为奚齐而死，有人说："不如立卓子为君并辅佐他。"荀息便立了公子卓为国君，并安葬了献公。十一月，里克又在朝廷上杀了公子卓，荀息自杀而死。

君子评论说："《诗经》所说的'白璧之瑕，尚可磨掉；言语有失，不可追回'，荀息就是这样的人啊。"

齐桓公率领诸侯的军队攻打晋国，行至高梁回国，是为了讨伐晋国的内乱。命令没有送达鲁国，《春秋》就没有记载。

晋国的郤芮让夷吾给秦国送以重礼请求帮他回国，说："国家已被别人占有，我们还爱惜什么？能回国就能得到百姓，土地就不难得到。"夷吾听从了郤芮的话。

齐国的隰朋率军会合秦军，护送晋惠公夷吾回国。

秦穆公问郤芮："公子夷吾将依靠谁？"郤芮回答说："据我所知，逃亡在外的人没有党羽，有党羽必有仇敌。夷吾幼年不喜玩耍，虽能争斗但不过分，长大了也没有改变，其他就不了解了。"穆公对公孙枝说："夷吾能安定他的国家吗？"公孙枝说："据我所知，只有行为合乎准则才能安定国家。《诗经》说：'不知不觉，自然遵循上帝的法则。'说的是文王。又说：'不诬陷不伤害，很少不能成为楷模。'是说一个人没有喜好没有厌恶，既不猜忌，也不好强。如今夷吾的话里既有猜忌又有好胜，要想安定国家很难啊！"穆公说："只要猜忌就会产生许多怨恨，又怎么能够取胜呢？这对我们有利。"

宋襄公即位，因为公子目夷仁爱，让他担任左师主持政事。宋国从此大治。所以其后代鱼氏世代担任左师一职。

僖公十年

经 十年春，王正月，公如齐。狄灭温，温子奔卫。晋里克弑其君卓及其大夫荀息。夏，齐侯、许男伐北戎。晋杀其大夫里克。秋七月。冬，大雨雪。

传 十年春，狄灭温，苏子无信也①。苏子叛王即狄②，又不能于狄③，狄人伐之，王不救，故灭。苏子奔卫。

夏四月，周公忌父、王子党会齐隰朋立晋侯④。晋侯杀里克以说⑤。将杀里克，公使谓之曰："微子则不及此⑥。虽然，子弑二君与一大夫，为子君者不亦难乎？"对曰："不有废也，君何以兴？欲加之罪，其无辞乎⑦？臣闻命矣。"伏剑而死。于是丕郑聘于秦，且谢缓赂⑧，故不及。

晋侯改葬共大子⑨。

秋，狐突适下国⑩，遇大子⑪，大子使登，仆⑫，而告之曰："夷吾无礼。余得请于帝矣⑬，将以晋畀秦⑭，秦将祀余。"对曰："臣闻之，神不歆非类⑮，民不祀非族。君祀无乃殄乎⑯！且民何罪？失刑乏祀⑰，君其图之⑱。"君曰："诺。吾将复请。七日新城西偏⑲，将有巫者而见我焉㉑。"许之，遂不见㉑。及期而往，告之曰："帝许我罚有罪矣㉒，敝于韩㉓。"

丕郑之如秦也，言于秦伯曰："吕甥、郤称、冀芮实为不从㉔，若重问以召之㉕，臣出晋君㉖，君纳重耳，蔑不济矣㉗。"

冬，秦伯使泠至报问㉘，且召三子。郤芮曰："币重而言甘，诱我也。"遂杀丕郑、祁举及七舆大夫㉙：左行共华、右行贾华、叔坚、骓歂、累虎、特宫、山祁，皆里、丕之党也。

丕豹奔秦㉚，言于秦伯曰："晋侯背大主而忌小怨㉛，民弗与也㉜。伐之必出。"公曰："失众，焉能杀？违祸㉝，谁能出君？"

[注释]

①苏子：即温子，也称苏氏。 ②即：投靠。 ③不能：不相得，即相处不和。 ④周公忌父：疑即宰孔，周王卿士。王子党：周大夫。晋侯：即晋惠公，夷吾。 ⑤以说：谓示讨恶之义。 ⑥微子：没有您。微，无。不及此：即做不了国君。 ⑦其：岂。 ⑧谢：致歉。缓赂：所许财货暂缓给予。 ⑨共大子：即太子申生。 ⑩下国：指曲沃新城。 ⑪大子：指申生。 ⑫仆：御车，驾车。 ⑬帝：天帝。 ⑭畀（bì）：给予。 ⑮歆：享用。非类：不同族。类，族。 ⑯殄（tiǎn）：灭绝。 ⑰失刑：刑罚不当。乏祀：断绝祭祀。 ⑱君：指太子申生。 ⑲西偏：偏西的地方。 ⑳巫者：巫人。 ㉑不见：指申生的形象消失。 ㉒有罪：有罪的人，此指夷吾。 ㉓敝：败。韩：韩原，晋地，在今山西省芮城县。 ㉔吕甥：又称瑕甥，也称瑕吕饴甥或阴饴甥。吕、瑕、阴均为其采邑。饴，人名。甥，晋侯的外甥。

郤称：晋臣。冀芮：即郤芮。不从：指不给秦国贿赂。 ㉕重问：丰厚的礼品。问，聘问或聘问的礼品。召：召请。 ㉖出：赶走。 ㉗蔑：无。 ㉘泠（líng）至：秦大夫。报问：回报聘问。 ㉙祁举：晋大夫。七舆大夫：指下军的七个统帅，即左行共华等七人。 ㉚丕豹：丕郑之子。 ㉛大主：指秦国。 ㉜弗与：不拥护。 ㉝违祸：逃避祸难。

[译文]

十年春季，狄人灭了温国，这是因为苏子不讲信义。苏子背叛天子投奔狄人，又不能和狄人相处，狄人攻打他，天子不去援救，因此灭亡。苏子逃亡到卫国。

夏季四月，周公忌父、王子党会合齐国的隰朋立了晋惠公为国君。惠公杀了里克以表示讨伐恶人。准备杀掉里克时，惠公派人对他说："如果没有您，我到不了这一步。即使如此，您杀了两个国君和一个大夫，做您的国君，不是很难吗？"里克回答说："没有前君被废，哪有您的兴起呢？想给一个人加罪，还怕没有理由吗？我明白您的意思了。"拔剑自杀。当时丕郑正在秦国访问，是为了推迟割地而去秦国致歉，因此躲过了这次祸患。

晋惠公改葬了太子申生。

秋季，狐突到曲沃时，遇到了太子申生的鬼魂，太子让他登车驾驭，并告诉他说："夷吾有无礼行为。我已请求天帝同意，准备把晋国送给秦国，将来秦国会祭祀我。"狐突回答："我听说，神灵不会享用其他族类的祭品，百姓也不会祭祀外族的神灵。您的香火恐怕会断绝吧！况且百姓有什么罪？处罚不当断绝祭祀，您还是再考虑一下吧！"太子申生说："好。我准备再次向天帝请求。七天之后，新城西部会有一个巫师传达我的意见。"狐突同意去见巫师，申生就不见了。狐突届时前往，巫师告诉他："天帝已同意我惩罚有罪之人，他将在韩地大败。"

丕郑去秦国时，对秦穆公说："吕甥、郤称、冀芮确实不同意贿赂秦国土地，如果以重礼聘问，并召请他们来访，我趁机赶走晋君，您帮助重耳回国即位，肯定能成功。"

冬季，秦穆公派泠至到晋国回访，并邀请吕甥三人。郤芮说："财礼厚重而且甜言蜜语，无疑是在诱骗我们。"于是杀了丕郑、祁举和七舆大夫：左行共华、右行贾华、叔坚、骓歂、累虎、特宫、山祁，这些人都是里克、丕郑的同党。

丕豹逃亡到秦国，对穆公说："晋侯背叛了帮助过他的大国，却对小怨记恨在心，百姓不会拥护他。如果讨伐他，一定会被赶走。"穆公说："失去百姓支持，怎么还能杀掉大臣？都像你一样逃离祸难，还有谁能赶走国君？"

僖公十一年

经 十有一年春，晋杀其大夫丕郑父。夏，公及夫人姜氏会齐侯于阳谷。秋八月，大雩。冬，楚人伐黄。

传 十一年春，晋侯使以丕郑之乱来告。

天王使召武公、内史过赐晋侯命①。受玉惰②。过归，告王曰："晋侯其无后乎。王赐之命而惰于受瑞③，先自弃也已，其何继之有④？礼，国之干也⑤；敬，礼之舆也⑥。不敬则礼不行，礼不行则上下昏⑦，何以长世⑧？"

夏，扬、拒、泉、皋、伊、洛之戎同伐京师⑨，入王城，焚东门。王子带召之也。秦、晋伐戎以救周。秋，晋侯平戎于王⑩。

黄人不归楚贡。冬，楚人伐黄。

[注释]

①天王：指周襄公。召（shào）武公：周卿士。内史过：周大夫。赐晋侯命：赐予晋侯荣宠一类的策命。 ②受玉：接受瑞玉。古代天子赐策命时同时赐玉以作为凭信。惰：懈怠，即不恭敬。 ③瑞：玉的通称。 ④继：继承人。 ⑤干：主干，躯干。 ⑥舆：车厢。 ⑦昏：乱。 ⑧长世：延长世代。 ⑨扬、拒、泉、皋：此为四个戎人城邑。伊、洛：指居住在伊水、洛水一带的戎人。 ⑩平戎于王：使戎人与周天子媾和。

[译文]

十一年春季，晋惠公派使者来鲁国报告丕郑之乱。

周天子派召武公、内史过赐给晋惠公爵命。惠公接受玉璧时无精打采。内史过回去告诉天子说："晋侯的后代恐怕难以享有禄位了。天子赐给他爵命，他无精打采地接受玉璧，这是先自弃啊，还能有什么后代？礼，犹如国家的躯干；恭敬，则是装载礼的车子。不恭敬，礼就无法施行，礼不能施行，上下就会昏乱，还怎么能够永世不衰呢？"

夏季，扬、拒、泉、皋、伊、洛的戎人一起攻打京城，侵入王城，烧了东门。这是王子带把他们引来的。秦、晋军队讨伐戎军以救援王室。秋季，晋惠公让戎人和天子讲和。

黄国人不向楚国进贡。冬季，楚国人攻打黄国。

僖公十二年

经 十有二年春，王三月庚午，日有食之。夏，楚人灭黄。秋七月。冬十有二月丁丑，陈侯杵臼卒。

传 十二年春，诸侯城卫楚丘之郛①，惧狄难也。

黄人恃诸侯之睦于齐也，不共楚职②，曰："自郢及我九百里③，焉能害我？"夏，楚灭黄。

王以戎难故，讨王子带。秋，王子带奔齐。

冬，齐侯使管夷吾平戎于王，使隰朋平戎于晋。

王以上卿之礼飨管仲，管仲辞曰："臣，贱有司也④，有天子之二守国、高在⑤。若节春秋来承王命⑥，何以礼焉？陪臣敢辞⑦。"王曰："舅氏⑧，余嘉乃勋⑨，应乃懿德⑩，谓督不忘⑪。往践乃职⑫，无逆朕命⑬！"管仲受下卿之礼而还。

君子曰："管氏之世祀也宜哉⑭！让不忘其上⑮。《诗》曰：'恺悌君子，神所劳矣⑯。'"

[注释]

①郛（fú）：即郭，外城。 ②共：通"供"。职：贡品。 ③郢（yǐng）：楚国都城，在今湖北省江陵县。 ④有司：官员。 ⑤二守：即国子、高子二守臣，为周天子所任命，均为上卿。国氏、高氏世代为齐上卿，管仲为齐桓公任命，为下卿。 ⑥节春秋：即春秋时节。古代以春秋两季为朝聘之节，来接受王室的命令。 ⑦陪臣：列国大夫入天子之国自称陪臣。 ⑧舅氏：周王称异姓诸侯。 ⑨乃：第二人称代词，你。 ⑩应：受。懿德：美德。 ⑪督：借为"笃"，厚重。 ⑫往践乃职：去执行你的职务。 ⑬朕：天子自称，第一人称代词，我。 ⑭世祀：世代受到祭祀。 ⑮让：谦让。 ⑯"恺悌君子"二句：见《诗经·大雅·旱麓》。恺悌：平易和乐。劳：保佑。

[译文]

十二年春季，诸侯修筑卫国楚丘的外城，因为害怕狄人入侵。

黄国人自恃诸侯和齐国交好，不向楚国进贡，说："从楚国郢都到我国有九百里，怎么能危害我们呢？"夏季，楚国灭亡了黄国。

天子因戎人进攻京师的缘故，讨伐王子带。秋季，王子带逃亡到齐国。

冬季，齐桓公派管仲让戎人和天子讲和，派隰朋让戎人和晋国讲和。

天子以上卿之礼设宴款待管仲，管仲推辞说："我只是一个低级官员，有天子所任命的上卿国氏、高氏在。如果他们在春秋两季前来接受天子的命令，您又用什么礼节对待他们呢？陪臣冒昧辞谢。"天子说："舅父，我赞美你的功勋，接受你的美德，并将牢记不忘。回去履行你的职责吧，不要违背我的命令！"管仲接受了下卿礼遇后回国。

君子评论说："管氏世代受到祭祀是理所应当的！他谦让而不忘爵位比自己高的人。《诗经》说：'平易近人的君子，神灵将会保佑你。'"

僖公十三年

经 十有三年春，狄侵卫。夏四月，葬陈宣公。公会齐侯、宋公、陈侯、卫侯、郑伯、许男、曹伯于咸。秋九月，大雩。冬，公子友如齐。

传 十三年春，齐侯使仲孙湫聘于周①，且言王子带。事毕，不与王言②。归，复命曰："未可。王怒未怠③，其十年乎？不十年，王弗召也。"

夏，会于咸④，淮夷病杞故⑤，且谋王室也。

秋，为戎难故，诸侯戍周，齐仲孙湫致之⑥。

冬，晋荐饥⑦，使乞籴于秦⑧。秦伯谓子桑⑨："与诸乎？"对曰："重施而报⑩，君将何求？重施而不报，其民必携⑪。携而讨焉，无众必败。"谓百里⑫："与诸乎？"对曰："天灾流行，国家代有⑬。救灾恤邻⑭，道也。行道有福。"丕郑之子豹在秦，请伐晋。秦伯曰："其君是恶⑮，其民何罪？"秦于是乎输粟于晋，自雍及绛相继⑯。命之曰"泛舟之役⑰"。

[注释]

①仲孙湫：齐国大夫。 ②不与王言：即不与周王说起王子带的事情。 ③未怠：未缓解。 ④咸：卫地，在今河南省濮阳市东南。 ⑤淮夷：淮水流域的夷人。一说淮夷为国名。 ⑥致之：带兵戍守。 ⑦荐饥：连年歉收。荐，再。饥，饥荒。 ⑧乞籴：请求购买粮食。 ⑨子桑：即公孙枝。 ⑩重施：再次施加恩惠。 ⑪携：离心。 ⑫百里：即百里奚，秦大夫。 ⑬国家代有：各国都会更替发生。 ⑭恤邻：抚恤邻国。 ⑮其君是恶：倒装句，即"恶其君"。 ⑯雍：秦国都。 ⑰泛：浮。

[译文]

十三年春季，齐桓公派仲孙湫到王室聘问，同时说起王子带的事情。直到最后，都没有和天子说起王子带。回国后，他向桓公复命说："还不能提。天子的愤怒还没有缓和，恐怕要等上十年吧？不到十年，天子不会召他回去。"

夏季，诸侯在咸地会见，因为淮夷威胁到了杞国，同时商量安定王室。

秋季，为防戎人入侵，诸侯派兵戍守成周，齐国的仲孙湫率军前往。

冬季，晋国再次发生饥荒，派人到秦国求购粮食。秦穆公对子桑说："卖给他们吗？"子桑回答说："再帮助他们一次，必将得到报答，国君还想要求什么呢？再帮助一次还不报答，百姓必然产生二心。等百姓有了二心再去攻打，失去众人支持必然失败。"穆公又问百里："给不给他们？"百里回答说："天灾流行，总会在各国交替发生的。援救受灾之人，救济相邻之国，是合乎道义的。按道义办事，必有福禄。"丕郑的儿子丕豹正在秦国，他请求攻打晋国。穆公说："讨厌他们的国君，他们的百姓有什么罪呢？"于是秦国就把米运送给了晋国，运粮的船从雍城一直连到绛城。此事被称为"泛舟之役"。

僖公十四年

经 十有四年春，诸侯城缘陵。夏六月，季姬及鄫子遇于防，使鄫子来朝。秋八月辛卯，沙鹿崩。狄侵郑。冬，蔡侯肸卒。

传 十四年春，诸侯城缘陵而迁杞焉①。不书其人，有阙也。

鄫季姬来宁②，公怒，止之③，以鄫子之不朝也。夏，遇于防，而使来朝。

秋八月辛卯④，沙鹿崩⑤。晋卜偃曰："期年将有大咎⑥，几亡国⑦。"

冬，秦饥，使乞籴于晋，晋人弗与。庆郑曰⑧："背施无亲⑨，幸灾不仁，贪爱不祥⑩，怒邻不义⑪。四德皆失，何以守国？"虢射曰⑫："皮之不存，毛将安傅⑬？"庆郑曰："弃信背邻，患孰恤之？无信患作，失援必毙，是则然矣。"虢射曰："无损于怨而厚于寇⑭，不如勿与。"庆郑曰："背施幸灾，民所弃也。近犹雠之⑮，况怨敌乎？"弗听。退曰："君其悔是哉！"

[注释]

①缘陵：杞邑，在今山东省昌乐县东南。　②鄫季姬：鄫子夫人，鲁僖公女。鄫，国名，姒姓，故城在今山东省枣庄市东。宁：归宁。　③止之：留住不让回去。　④辛卯：初五日。　⑤沙鹿：即沙鹿山，在今河北省大名县东。　⑥咎：灾难。　⑦几：几乎，接近。　⑧庆郑：晋大夫。　⑨背施：背弃恩惠。　⑩贪爱：贪图所爱的东西。　⑪怒邻：使邻国愤怒。怒，用作动词。　⑫虢射：晋大夫。　⑬傅：通"附"。　⑭厚于寇：增加敌寇的实力。　⑮近：亲爱的人。

[译文]

十四年春季，诸侯在缘陵筑城，把杞国迁了过去。《春秋》没有记载筑城的人，是由于疏漏。

鄫季姬回国探亲，僖公非常生气，留住季姬不让她回国，因为鄫子不来朝见。夏季，鄫季姬和鄫子在防地见面，让鄫子来朝见鲁国。

秋季八月初五日，沙鹿山发生了崩塌。晋国的卜偃预言说："一年内将有大灾难，几乎有亡国的危险。"

冬季，秦国年成不好，派人到晋国求购粮食，晋国人不给。庆郑说："背弃别人的恩惠会失去亲近之人，庆幸人家的灾害是不仁，贪图所爱惜的东西是不祥，使邻国发怒是不义。四种德行都丢失了，靠什么保护国家呢？"虢射说："皮已不存在，毛又将附着在哪里呢？"庆郑说："丢弃信用，背叛邻国，遇到祸患谁来救援？不讲信用就会发生祸患，失去援救必定会灭亡，这件事就是这个道理。"虢射说："给了秦国粮食也不会减少怨恨，反而增强了敌人实力，不如不给。"庆郑说："背弃恩德，幸灾乐祸，将会被百姓所唾弃。亲近的人尚且会因此而结仇，何况是冤家仇敌呢？"惠公不听。庆郑退下来说："国君将会对此后悔！"

僖公十五年

经 十有五年春，王正月，公如齐。楚人伐徐。三月，公会齐侯、宋公、陈侯、卫侯、郑伯、许男、曹伯盟于牡丘，遂次于匡。公孙敖帅师及诸侯之大夫救徐。夏五月，日有食之。秋七月，齐师、曹师伐厉。八月，螽。九月，公至自会。季姬归于鄫。己卯晦，震夷伯之庙。冬，宋人伐曹。楚人败徐于娄林。十有一月壬戌，晋侯及秦伯战于韩，获晋侯。

传 十五年春，楚人伐徐。徐即诸夏故也①。三月，盟于牡丘②，寻葵丘之盟，且救徐也。孟穆伯帅师及诸侯之师救徐③，诸侯次于匡以待之④。

夏五月，日有食之。不书朔与日，官失之也。

秋，伐厉⑤，以救徐也。

晋侯之入也，秦穆姬属贾君焉⑥，且曰："尽纳群公子⑦。"晋侯烝于贾君，又不纳群公子，是以穆姬怨之。晋侯许赂中大夫⑧，既而皆背之⑨。赂秦伯以河外列城五⑩，东尽虢略⑪，南及华山，内及解梁城⑫，既而不与。晋饥，秦输之粟；秦饥，晋闭之籴⑬，故秦伯伐晋。

卜徒父筮之⑭，吉。涉河，侯车败⑮。诘之，对曰："乃大吉也，三败必获晋君。其卦遇《蛊》䷑⑯，曰：'千乘三去，三去之余，获其雄狐⑰。'夫狐《蛊》⑱，必其君也。《蛊》之贞⑲，风也；其悔⑳，山也。岁云秋矣㉑，我落其实而取其材㉒，所以克也。实落材亡，不败何待？"

三败及韩㉓。晋侯谓庆郑曰："寇深矣㉔，若之何？"对曰："君实深之，可若何？"公曰："不孙㉕！"卜右㉖，庆郑吉，弗使㉗。步扬御戎㉘，家仆徒为右㉙，乘小驷㉚，郑入也㉛。庆郑曰："古者大事，必乘其产㉜，生其水土而知其人心，安其教训而服习其道㉝，唯所纳之㉞，无不如志㉟。今乘异产以从戎事㊱，及惧而变，将与人易㊲。乱气狡愤㊳，阴血周作㊴，张脉偾兴㊵，外强中干，进退不可，周旋不能，君必悔之。"弗听。

九月，晋侯逆秦师，使韩简视师㊶。复曰："师少于我，斗士倍我㊷。"公曰："何故？"对曰："出因其资㊸，入用其宠㊹，饥食其粟，三施而无报，是以来也。今又击之，我怠秦奋㊺，倍犹未也㊻。"公曰："一夫不可狃㊼，况国乎？"遂使请战，曰："寡人不佞㊽，能合其众而不能离也㊾，君若不还，无所逃命。"秦伯使公孙枝对曰："君之未入，寡人惧之，入而未定列㊿，犹吾忧也。苟列定矣，敢不承命㉛！"韩简退曰："吾幸而得囚㉒。"

壬戌㉓，战于韩原，晋戎马还泞而止㉔。公号庆郑㉕，庆郑曰："愎谏违卜㉖，固败是求㉗，又何逃焉？"遂去之。梁由靡御韩简㉘，虢射为右，辂秦伯㉙，将止之㉚。郑以救公误之，遂失秦伯。秦获晋侯以归。晋大夫反首拔舍从之㉛。秦伯使辞焉，曰："二三子何其戚也㉒？寡人之从君而西也，亦晋之妖梦是践㉓，岂敢以至㉔？"晋大夫三拜稽首曰："君履后土而戴皇天，皇天后土，实闻君之言，君臣敢在下风㉕。"

穆姬闻晋侯将至，以大子罃、弘与女简璧登台而履薪焉⁶⁶，使以免服衰绖逆⁶⁷，且告曰："上天降灾，使我两君匪以玉帛相见⁶⁸，而以兴戎。若晋君朝以入，则婢子夕以死；夕以入，则朝以死。唯君裁之。"乃舍诸灵台⁶⁹。

大夫请以入⁷⁰。公曰："获晋侯，以厚归也⁷¹。既而丧归⁷²，焉用之⁷³？大夫其何有焉？且晋人戚忧以重我⁷⁴，天地以要我⁷⁵。不图晋忧，重其怒也⁷⁶；我食吾言⁷⁷，背天地也。重怒难任⁷⁸，背天不祥，必归晋君。"公子縶曰⁷⁹："不如杀之，无聚慝焉⁸⁰。"子桑曰："归之而质其大子，必得大成⁸¹。晋未可灭而杀其君，只以成恶。且史佚有言曰⁸²：'无始祸⁸³，无怙乱⁸⁴，无重怒。'重怒难任，陵人不祥⁸⁵。"乃许晋平。

晋侯使郤乞告瑕吕饴甥，且召之。子金教之言曰⁸⁶："朝国人而以君命赏⁸⁷，且告之曰：'孤虽归，辱社稷矣。其卜贰圉也⁸⁸。'"众皆哭。晋于是乎作爰田⁸⁹。吕甥曰："君亡之不恤，而群臣是忧，惠之至也。将若君何？"众曰："何为而可？"对曰："征缮以辅孺子⁹⁰。诸侯闻之，丧君有君，群臣辑睦⁹¹，甲兵益多，好我者劝⁹²，恶我者惧⁹³。庶有益乎！"众说⁹⁴。晋于是乎作州兵⁹⁵。

初，晋献公筮嫁伯姬于秦，遇《归妹》☳☱之《睽》☲☱⁹⁶。史苏占之曰⁹⁷："不吉。其繇曰⁹⁸：'士刲羊⁹⁹，亦无衁也¹⁰⁰。女承筐，亦无贶也¹⁰¹。西邻责言¹⁰²，不可偿也。《归妹》之《睽》，犹无相也¹⁰³。'《震》之《离》，亦《离》之《震》。'为雷为火¹⁰⁴，为嬴败姬¹⁰⁵。车说其輹¹⁰⁶，火焚其旗。不利行师，败于宗丘¹⁰⁷。《归妹》《睽》孤¹⁰⁸，寇张之弧¹⁰⁹。侄其从姑¹¹⁰，六年其逋¹¹¹。逃归其国，而弃其家¹¹²。明年其死于高梁之虚⑬。'"及惠公在秦,曰:"先君若从史苏之占,吾不及此夫!"韩简侍,曰:"龟,象也⑭;筮,数也⑮。物生而后有象,象而后有滋⑯,滋而后有数。先君之败德,及可数乎⑰?史苏是占,勿从何益⑱?《诗》曰⑲:'下民之孽,匪降自天。僔沓背憎,职竞由人。'"

震夷伯之庙⑳,罪之也,于是展氏有隐慝焉㉑。

冬,宋人伐曹,讨旧怨也。

楚败徐于娄林㉒,徐恃救也。

十月,晋阴饴甥会秦伯,盟于王城㉓。

秦伯曰:"晋国和乎?"对曰:"不和。小人耻失其君而悼丧其亲,不惮征缮以立圉也㉔,曰:'必报仇,宁事戎狄。'君子爱其君而知其罪,不惮征缮以待秦命,曰:'必报德,有死无二。'以此不和。"秦伯曰:"国谓君何?"对曰:"小人戚,谓之不免㉕。君子恕,以为必归。小人曰:'我毒秦,秦岂归君?'君子曰:'我知罪矣,秦必归君。贰而执之,服而舍之,德莫厚焉,刑莫威焉。服者怀德,贰者畏刑。此一役也,秦可以霸。纳而不定,废而不立,以德为怨,秦不其然㉖。'"秦伯曰:"是吾心也。"改馆晋侯㉗,馈七牢焉㉘。

蛾析谓庆郑曰㉙:"盍行乎?"对曰:"陷君于败,败而不死,又使失刑,非人臣也。臣而不臣㉚,行将焉入?"十一月,晋侯归。丁丑㉛,杀庆郑而后入。

是岁,晋又饥,秦伯又饩之粟㉜,曰:"吾怨其君而矜其民㉝。且吾闻唐叔之封也,箕子曰㉞:'其后必大。'晋其庸可冀乎㉟!姑树德焉,以待能者。"

于是秦始征晋河东㉞，置官司焉。

[注释]

①即：接近，亲附。诸夏：中原诸侯国。　②牡丘：齐地，在今山东省聊城市东昌府区东北。　③孟穆伯：即公孙敖，庆父之子。④匡：宋地，在今河南省睢县西。一说卫地，在今河南省长垣县西南。⑤厉：国名，在今河南省鹿邑县境。　⑥秦穆姬：晋献公女，秦穆公夫人。属：通"嘱"，嘱托。贾君：当为申生之妃，晋惠公的嫡长嫂。　⑦群公子：晋献公有子九人，除申生、奚齐、卓子已死，夷吾立为国君外，还有重耳等五人，故称群公子。　⑧中大夫：指里克、丕郑。　⑨既而：不久。　⑩河外：指黄河以西、以南。黄河自龙门至华阴，自北而南，晋都于绛，故以河西与河南为外。　⑪东尽虢略：东到虢略。尽，极。虢略，即今河南省灵宝市虢略镇。　⑫内及解(xiě)梁城：包括黄河之内的解梁城。内，河内，即河东。解梁城，即今山西省永济市解城，不列在五城之内。　⑬闭之籴：拒绝秦国买粮。　⑭卜徒父：秦国占卜的人，名徒父。　⑮侯车：公侯的战车。败：毁坏。　⑯《蛊》：六十四卦之一，其卦为巽下艮上。　⑰"千乘三去"三句：为当时卜筮书杂辞，《周易》无此文。三去，即三驱，指晋军三败。　⑱狐《蛊》：占筮得到《蛊》卦，《蛊》之外卦为艮，艮象征狐。又，古人常以雄狐喻国君。　⑲贞：重卦的内卦（下卦）。《蛊》卦的内卦为巽，巽象征风。　⑳悔：重卦的外卦（上卦）。《蛊》卦的外卦为艮，艮象征山。　㉑岁云秋：时令到了秋天。　㉒我落其实而取其材：巽为内卦，代表秦国；艮为外卦，代表晋国。秦为风，晋为山，风吹山林，故附会为吹落果实，伐取木材。　㉓三败：指晋军三次战败。韩：韩原，晋地。　㉔深：深入，使动用法。　㉕不孙：不敬。孙，通"逊"。　㉖卜右：占卜车右的人选。　㉗弗使：即不用庆郑。　㉘步扬：晋国公族，姬姓。　㉙家仆徒：晋大夫。　㉚乘小

驷：用小驷马驾车。 ㉛郑人：郑国人所纳献的。 ㉜乘其产：乘坐本国所产之马。 ㉝服习：熟习。 ㉞唯所纳：听凭使唤。纳，接受。 ㉟如志：如意。 ㊱异产：异国所产之马。 ㊲与人易：与人的意志相违反。易，反。 ㊳乱气狡愤：指马的性情狡戾暴躁。 ㊴阴血周作：血液在全身奔流。阴血，血在身内故称阴血。周，全。 ㊵张脉偾（fèn）兴：血管膨胀突起。偾，奋起。 ㊶韩简：晋大夫韩万之孙。视师：侦察敌情。 ㊷斗士：请战兵士。 ㊸出因其资：指夷吾逃离晋国是凭借秦国的帮助。 ㊹入用其宠：夷吾回国也是由于秦人的宠信。 ㊺怠：怠惰。奋：振奋。 ㊻倍：指斗志相差一倍。 ㊼狃：轻侮。 ㊽不佞：即不才。 ㊾合其众：集合军队。 ㊿定列：定位，即君位安定。 (51)承命：指接受作战的命令。 (52)幸而得囚：即以被囚而庆幸。 (53)壬戌：十四日。 (54)还泞：盘旋于泥泞中。 (55)号：呼号求救。 (56)愎谏：不接受劝谏。违卜：违反占卜，指不用庆郑为车右。 (57)固败是求：本来就是自求失败。 (58)御韩简：即驾驭韩简的战车。 (59)辂（yà）：迎。 (60)止：俘获。 (61)晋大夫：指郤乞等。反首：披头散发。拔舍：拔起帐篷。 (62)戚：忧愁。 (63)妖梦是践：即实现其妖梦。妖梦，指狐突适下国遇太子一事。 (64)以至：太甚。 (65)下风：下面。 (66)大子罃（yīng）：即秦康公。弘：公子弘。履薪：踩着柴草，以示自焚。 (67)免（wèn）服：即“绕服”，去冠束发。 (68)匪：通“非”。玉帛：圭璋及束帛，为古代诸侯会盟朝聘的礼物。 (69)灵台：秦国之台，在都城之外。 (70)入：入国都。 (71)厚：收获大。 (72)丧归：归来将发生丧事。 (73)焉用：有什么用。焉，疑问代词，什么。 (74)重我：打动我。 (75)要：约束。 (76)重其怒：增加其愤怒。 (77)食吾言：说话不算数。 (78)难任：难以承当。 (79)公子絷：秦大夫。 (80)聚慝：积聚邪恶。 (81)大成：很大的媾和条件。 (82)史佚（yì）：周武王太史，名佚。 (83)始祸：为祸乱的首倡者。 (84)怙（hù）乱：恃人之乱以取利。 (85)陵人：欺凌人。 (86)子金：瑕吕饴甥，字子金。 (87)朝国人：使国人到朝堂前。

国人，都城里的人。　㊇卜贰：占卜立太子为君的日期。另据《国语·晋语》载："夫太子，君之贰也。"圉：即子圉，晋太子。　㊈作爰田：改易田制，以公田税收赏赐群臣。　⑨⓪征缮：征收赋税，修缮装备武器。孺子：指子圉。　⑨①辑睦：和睦。　⑨②好：喜好。劝：勉。　⑨③恶：厌恶。　⑨④说：通"悦"。　⑨⑤作州兵：指改革兵制，扩充军备。　⑨⑥《归妹》：六十四卦之一，卦象为兑下震上。《睽》：六十四卦之一，卦象为兑下离上。　⑨⑦史苏：晋卜筮官员。　⑨⑧繇：卦辞。　⑨⑨刲（kuī）：割。　⑩⓪衁（huāng）：血。　⑩①无贶（kuàng）：即无实。贶，赐。　⑩②西邻：指秦国，秦在晋西。责言：责备的言辞。　⑩③无相：无助。　⑩④为雷为火：指震为雷，离为火。　⑩⑤为嬴败姬：秦国嬴姓，晋国姬姓，即秦打败晋国。　⑩⑥车说其輹（fù）：车子脱落伏兔。"说"为"脱"之借。輹，固定车轴的东西，又名伏兔。　⑩⑦宗丘：韩原的别名。　⑩⑧归妹：即嫁女。睽：指睽违，睽离，故孤单。　⑩⑨弧：木弓。　⑪⓪侄其从姑：侄子跟着姑姑。指子圉到秦做人质，跟从在穆姬身边。　⑪①逋：逃亡。　⑪②弃其家：抛弃妻室。家，指其妻怀嬴。　⑪③高梁：地名。虚：通"墟"。　⑪④象：形象，象征。占卜用龟甲，烧灼后根据裂纹（兆象）而测吉凶。　⑪⑤数：数字。占筮用蓍草，通过揲蓍，根据束数推演成卦而占祸福。　⑪⑥滋：滋长，繁衍。　⑪⑦及可数乎：意为非筮数所生。　⑪⑧勿从：非否定句。勿，语首助词，无义。　⑪⑨《诗》曰：以下四句出自《诗经·小雅·十月之交》。僔（zūn）沓：语声杂沓。僔，同"噂"，意为当面奉承附和。背憎：背后怨恨。　⑫⓪震：雷击。夷伯：鲁臣，展氏之祖。　⑫①隐慝：人所不知的罪恶，或不可告人的罪恶。　⑫②娄林：徐地，在今安徽省泗县东北。　⑫③王城：秦地，当在今陕西省大荔县东。　⑫④征缮：征税整装。　⑫⑤不免：不被赦免。　⑫⑥不其然：不会这样。　⑫⑦馆：客馆，用作动词，安置在客馆。　⑫⑧七牢：诸侯之礼，牛、羊、豕各一头为一牢。详见《周礼·秋官·掌客》。　⑫⑨蛾析：晋大夫。　⑬⓪不臣：不合于臣道。　⑬①丁丑：二十九日。　⑬②饩（xì）：赠送。

⑬矜:哀怜。　⑭箕子:殷纣王的庶兄。一说为纣王的叔父。
⑮冀:希望。　⑯征:征赋税。

[译文]

十五年春季,楚国人攻打徐国。因为徐国亲近了中原诸国。三月,诸侯在牡丘结盟,重申葵丘盟约,同时救援徐国。孟穆伯率军和诸侯军队救援徐国,诸侯驻扎在匡地等候。

夏季五月,鲁国发生了日食。《春秋》没有记载朔日和日期,是史官的遗漏。

秋季,诸侯攻打厉国,以救援徐国。

晋惠公回国即位时,秦穆姬把贾君托付给他,并说:"你要把众公子接纳回国。"惠公和贾君通奸,又不接纳众公子,穆姬因此而怨恨他。惠公许诺给中大夫财礼,不久就违背了诺言。他答应送给秦穆公黄河以西和以南五座城,东到虢略镇,南至华山,还有黄河以东的解梁城,后来也不给了。晋国灾年歉收,秦国送给粮食;秦国遇到灾年,晋国却拒绝卖给粮食,所以秦穆公决定攻打晋国。

卜徒父为此占筮,得到吉卦。卦象显示秦军渡过黄河,晋侯的车子毁坏。穆公问为什么,卜徒父回答说:"这是大吉大利,三次打败晋军,必然抓获晋侯。此卦得到《蛊》,繇辞说:'千乘之国进攻三次,三次进军之后,就能俘获那条雄狐。'那条雄狐,指的就是其国君。蛊的内卦是风,外卦是山。时令已到秋天,我们吹落他们的果实并获取木材,因此可以战胜。果实坠地,木材丢失,不是失败是什么?"

晋国三次战败,撤退到韩地。晋惠公对庆郑说:"敌人已深入我国,怎么办?"庆郑回答说:"国君尽管让他们深入,能怎么样?"惠公说:"放肆!"占卜做车右的人,庆郑吉利,惠公不用他。让步扬驾车,家仆徒为车右,驾车的小驷马是郑国进献的。庆郑说:"古时作战,一定要用本国出产的马驾车,因为它出生在本国的水土上,了解主人的心意,甘心受主人的调教,熟悉本国的道路,任凭怎样使用,都能称心如意。现在国君乘坐外国出产的马驾车作战，一旦受到惊吓而失去常态，将违背人的意愿。这时它愤怒暴跳，呼吸急促，血管膨胀，表面强大，内心虚怯，进也不能，退也不可，转身都不行，国君肯定会后悔。"惠公不听。

九月，惠公迎战秦军，派韩简侦察敌情。韩简回来说："秦国军队比我们少，斗士却倍于我们。"惠公问："为什么？"韩简回答说："当年国君逃亡曾依靠他们的资助，回国即位也是受益于他们的宠信，遇到灾荒吃他们的粮食，三次恩德我们都不曾报答，他们是为此而来的。现在我们又准备迎击他们，因此我军懈怠，秦军振奋，两军斗志相差不止一倍。"惠公说："一个普通人尚且不能受人轻慢，何况是一个国家呢？"于是派韩简前去约战，说："我没有能力，集合了军队就无法解散，国君如果不退兵，我们无法逃避您进军的命令。"穆公派公孙枝回答说："国君没有回国时，我替您担心，回国后没有安定君位时，我还为您忧虑。假如您君位已经安定了，我怎敢不接受您的命令呢！"韩简退下去说："我能落个被俘的下场就是很幸运的了。"

十四日，两军在韩原交战，晋惠公的小驷马陷入泥潭之中，盘旋出不来。惠公向庆郑呼救，庆郑说："您刚愎自用，不纳谏言，违背占卜结果，本来就是自找失败，又为什么要逃走呢？"说完走开了。梁由靡驾驭韩简的战车，以虢射为车右，迎战秦穆公，准备俘获他。因为庆郑去救惠公，失去了机会，使秦穆公得以逃走。惠公被秦军俘获带回。晋国的大夫们披头散发，携带帐篷，一直跟随惠公。穆公派人辞谢说："你们几位为何如此忧伤？我随贵君西行，不过是应验了晋大夫狐突遇申生鬼魂的妖梦罢了，难道还敢做得太过分吗？"晋国的大夫们三拜叩首说："上有苍天，下有大地，皇天后土都听到了国君的话，我们也听到了，岂敢不在下面听从吩咐。"

秦穆姬听说晋惠公要被带回秦国，领着太子罃、儿子弘和女儿简璧，登上高台，站在柴草之上，让人身着丧服去迎接穆公，并说："上天降下灾祸，致使两国不是以赠送玉帛的友好礼节相见，而是大动干戈。如果您让晋君早上进入国都,我晚上就自焚;晚上进入国都,我早上就自焚。请国君考虑。"穆公只好安排惠公住在郊外的灵台。

秦大夫请求把惠公带回国都。穆公说:"俘获晋君,本是大胜而归。如果闹出丧事,那还有什么用呢?对大夫们又有什么益处呢?况且晋国人以忧伤来感动我,指着天地和我相约。不考虑他们的忧伤,就会加重对我的怨恨;我不履行诺言,就背叛了天地。增加怨恨难以承受,背叛天地则不吉祥,一定要放晋君回国。"公子絷说:"不如杀了他,以免使他积聚邪恶。"子桑说:"让他回国,把他的太子作为人质,一定对我们大大有利。现在还不能将晋国灭亡,如果杀掉了它的国君,只能导致更坏的恶果。并且史佚说过:'不要首先发动祸难,不要依靠动乱获利,不要增加相互间的怨怒。'增加怨怒使人难以承受,欺侮别人则不吉祥。"穆公同意和晋国讲和。

晋惠公派郤乞回国通知吕甥,并召他前来谈判。吕甥教他说:"你把都城的人召集到朝堂前,以国君名义给予赏赐,并且告诉他们:'我虽然回来,但已使国家蒙受耻辱。还是占卜日期立太子圉为君吧。'"群臣都失声痛哭。晋国从此开始以公田税收分赏群臣。吕甥说:"国君不为自己流亡在外而忧虑,反而替群臣担忧,真是莫大的恩惠。应该怎样报答国君呢?"大家问:"你说怎么办呢?"吕甥回答说:"征收赋税,修整军备,以辅佐太子。诸侯听说我们虽然失去了国君,又立了新君,群臣和睦团结,武器装备更多,友好国家会勉励我们,敌国会害怕我们。这样可能更有好处吧!"大家很高兴。从此晋国开始改革兵制。

当初,晋献公为把伯姬嫁给秦国而占筮,得到《归妹》卦变成《睽》卦。史苏解释说:"不吉利。卦辞说:'男子杀羊不见血淌。女子端筐无物可装。西邻责备无法补偿。《归妹》变《睽》无人相帮。'《震》卦变成了《离》卦,等于《离》卦变成了《震》卦。'雷电生,火燃起,胜者姓嬴败者姬。战车将脱落车轴,大火烧军旗。出兵很不利,宗丘将是战败之地。归妹嫁女陷孤独,敌人对我拉弓弩。侄子随姑为人质，六年之后又逃离。逃回本国去，却又舍其妻。到了第二年，死在高梁地。'"等惠公被抓回秦国，他说："如果先君听从了史苏的占卜，我也不会落到如此地步！"韩简在身边服侍，他说："龟甲以显现裂纹占卜吉凶，筮草是用数字来预测吉凶。必须先有事物，才有表示事物的形象，有了形象以后事物才能逐渐演变，演变才会产生一定的数字。先君做的坏事太多了，哪能数得完呢？听从了史苏的占卜，又能有什么用呢？《诗经》说：'百姓的灾祸，不是自天而降。当面奉承背后憎恨，终究还是人为的啊。'"

雷电击毁了夷伯的庙宇，这是上天怪罪他，由此看出展氏有人所不知的罪恶。

冬季，宋国人进攻曹国，讨伐两国结下的怨恨。

楚国在娄林打败徐国，因为徐国自恃有别国救援。

十月，晋国的吕甥会见秦穆公，在王城订立盟约。

秦穆公问吕甥："晋国内部和谐吗？"吕甥回答说："不和谐。小人对失去了国君感到羞耻，对丧失了亲人感到悲伤，不怕多征税赋整修甲兵，主张立太子圉为君，说：'宁可事奉戎狄也一定要报仇。'君子爱戴国君，也知道他的罪过，不惜多征税赋整修甲兵，为的是等待秦国的命令，说：'一定要报答秦国的恩德，即使死了也绝无二心。'因此意见不一致。"穆公又说："晋国对国君的命运有什么看法？"吕甥回答说："小人感到忧虑，认为他不会被赦免。君子则感到宽慰，认为他一定能回来。小人说：'我们对秦国太残酷无情了，秦国岂能让国君回来？'君子则说：'我们已经知罪了，秦国一定能让国君回来。当初国君对秦国有二心，秦国把他擒住，如今国君已认错服罪，就会释放他，没有比这更宽厚的德行，没有比这更威严的刑罚了。认错服罪者念其德行，存有二心者怕其刑罚。仅靠这一战役，秦国就可以成为霸主。当初贵国帮助其回国即位，又不能使君位安定，废除又不另立新君，就会把恩德变为怨恨，秦国不会这么做。'"穆公说："这正是我的想法。"于是让惠公改住宾馆，并赠送他牛、羊、猪各七头。

蛾析对庆郑说："你还不逃走吗？"庆郑回答说："使国君陷于失败，失败了又不以身殉国，逃亡又让国君失去用刑的威严，这不是人臣应该做的。为臣不行臣子之道，即使逃走，又能到哪里去呢？"十一月，惠公回国。二十九日，杀了庆郑后进入国都。

这一年，晋国又发生饥荒，秦穆公又送给他们粮食，说："我虽然怨恨晋君，却怜悯晋国的百姓。而且我听说晋国祖先唐叔受封的时候，箕子说：'晋国的后代必然强大起来。'晋国将来还是很有希望的吧！姑且对晋国树立一些恩德，以等待有能力的人出现。"

从此秦国开始在晋国黄河以东地区征收赋税，设置官吏负责管理。

僖公十六年

经 十有六年春，王正月戊申朔，陨石于宋五。是月，六鹢退飞，过宋都。三月壬申，公子季友卒。夏四月丙申，鄫季姬卒。秋七月甲子，公孙兹卒。冬十有二月，公会齐侯、宋公、陈侯、卫侯、郑伯、许男、邢侯、曹伯于淮。

传 十六年春，陨石于宋五，陨星也。六鹢退飞①，过宋都，风也。周内史叔兴聘于宋，宋襄公问焉，曰："是何祥也②？吉凶焉在？"对曰："今兹鲁多大丧③，明年齐有乱，君将得诸侯而不终。"退而告人曰："君失问④。是阴阳之事，非吉凶所在也。吉凶由人，吾不敢逆君故也⑤。"

夏，齐伐厉不克，救徐而还。

秋，狄侵晋，取狐、厨、受铎⑥，涉汾，及昆都，因晋败也。

王以戎难告于齐，齐征诸侯而戍周。

冬，十一月乙卯⑦，郑杀子华⑧。

十二月会于淮，谋鄫，且东略也。城鄫，役人病⑨。有夜登丘而呼曰："齐有乱。"不果城而还⑩。

[注释]

①鹢（yì）：水鸟名，能高飞。　②祥：吉凶的征兆。　③今兹：今年。　④失问：询问不当。　⑤逆：违背。　⑥狐、厨、受铎：晋国三邑。　⑦乙卯：十二日。　⑧子华：郑国太子。　⑨病：困乏。　⑩不果：未完成。

[译文]

十六年春季，天上掉下五块石头落在宋国，是陨落的星星。六只鹢鸟倒退着飞过宋都，是因为风大。王室内史叔兴到宋国聘问，宋襄公问起此事，说："这是什么预兆？凶吉将在哪里应验呢？"叔兴回答说："今年鲁国将有几次大的丧事，明年齐国将有动乱发生，国君能得到诸侯的拥护，却难以善终。"叔兴退出来后告诉别人："国君不该这样问。这两件事属于阴阳变化，与人事吉凶没有关系。吉凶由人决定，我不敢违背国君才回答的。"

夏季，齐国攻打厉国，未能攻克，解了徐国之围后回国。

秋季，狄人攻打晋国，夺取了狐、厨、受铎三地，渡过汾水，攻到昆都，这是因为晋国刚被打败。

天子把戎人侵扰之事告诉齐国，齐国调集诸侯军队戍守成周。

冬季十一月十二日，郑国人杀了子华。

十二月，诸侯在淮地会见，商量救援鄫国和攻打东方之事。在鄫国筑城时，服役的劳工困乏不堪。夜里有人登上土丘高喊："齐国发生动乱了。"诸侯没有筑完城就回国了。

僖公十七年

经　十有七年春，齐人、徐人伐英氏。夏，灭项。秋，夫人姜氏会齐侯于卞。九月，公至自会。冬十有二月乙亥，齐侯小白卒。

传 十七年春，齐人为徐伐英氏①，以报娄林之役也。

夏，晋大子圉为质于秦，秦归河东而妻之。

惠公之在梁也②，梁伯妻之。梁嬴孕，过期，卜招父与其子卜之③。其子曰："将生一男一女。"招曰："然。男为人臣，女为人妾。"故名男曰圉，女曰妾。及子圉西质，妾为宦女焉④。

师灭项⑤。淮之会，公有诸侯之事未归而取项。齐人以为讨，而止公⑥。

秋，声姜以公故⑦，会齐侯于卞⑧。九月，公至。书曰："至自会。"犹有诸侯之事焉，且讳之也。

齐侯之夫人三：王姬，徐嬴，蔡姬，皆无子。齐侯好内⑨，多内宠，内嬖如夫人者六人⑩：长卫姬，生武孟；少卫姬，生惠公；郑姬，生孝公；葛嬴，生昭公；密姬，生懿公；宋华子，生公子雍。公与管仲属孝公于宋襄公，以为大子。雍巫有宠于卫共姬⑪，因寺人貂以荐羞于公⑫，亦有宠，公许之立武孟。管仲卒，五公子皆求立。冬十月乙亥⑬，齐桓公卒。易牙入，与寺人貂因内宠以杀群吏⑭，而立公子无亏⑮。孝公奔宋。十二月乙亥赴⑯。辛巳夜殡⑰。

[注释]

①英氏：国名，偃姓，故城在今安徽省金寨县东南。 ②梁：国名，嬴姓，在今陕西省韩城市南少梁城遗址。 ③卜招父：梁国太卜。

④宫女：侍女。 ⑤项：国名，故城在今河南省项城市境。 ⑥止：留住不让回国，即拘留。 ⑦声姜：僖公夫人，齐女。 ⑧卞：鲁邑。 ⑨好内：喜爱女色。 ⑩如夫人：宠爱如同夫人。 ⑪雍巫：即易牙。 ⑫荐羞：进献美食。荐，进。羞，通"馐"。 ⑬乙亥：初七日。 ⑭内宠：指如夫人者六人。 ⑮公子无亏：即武孟。 ⑯乙亥：初八日。 ⑰辛巳：十四日。

[译文]

十七年春季，齐国人为徐国攻打英氏，以报娄林一战之仇。

夏季，晋国太子圉到秦国做了人质，秦国把黄河以东的土地归还晋国，穆公把女儿嫁给了太子圉。

当初晋惠公在梁国时，梁伯把女儿梁嬴嫁给他。梁嬴怀孕后，过了预产期还未生，卜招父和他的儿子为其占卜。他儿子说："将要生一男一女。"卜招父说："对。男的做奴仆，女的做奴婢。"因此把男孩叫圉，女孩叫妾。子圉到秦国做人质时，妾在秦国做了侍女。

鲁国军队灭亡了项国。淮地会盟时，僖公与诸侯商量国事，没有回国，鲁军占领了项国。齐国人认为是僖公下令讨伐的，因此扣留了僖公。

秋季，声姜因僖公被扣，在卞地会见了齐桓公。九月，僖公回国。《春秋》记载为："至自会。"这是因为诸侯会盟还没有结束，同时讳言被扣留。

齐桓公的夫人有三个：王姬，徐嬴，蔡姬，都没有儿子。桓公喜好女色，有很多内宠，受宠的女人中如同夫人的有六个：长卫姬，生了武孟；少卫姬，生了惠公；郑姬，生了孝公；葛嬴，生了昭公；密姬，生了懿公；宋华子，生了公子雍。桓公和管仲把孝公托付给宋襄公，立为太子。雍巫受到长卫姬的宠信，通过寺人貂献给桓公美味佳肴，受到宠信，桓公答应立武孟为继承人。管仲去世后，五个公子都想被立为继承人。冬季，十月初七日，桓公去世。易牙进入宫内，和

僖 公

寺人貂依靠那些受宠的女人杀了众大臣，立了公子无亏为君。孝公逃到宋国。十二月初八日，齐国发了讣告。十四日夜里，将桓公入殓。

僖公十八年

经 十有八年春，王正月，宋公、曹伯、卫人、邾人伐齐。夏，师救齐。五月戊寅，宋师及齐师战于甗，齐师败绩。狄救齐。秋八月丁亥，葬齐桓公。冬，邢人、狄人伐卫。

传 十八年春，宋襄公以诸侯伐齐。三月，齐人杀无亏。

郑伯始朝于楚。楚子赐之金①，既而悔之，与之盟曰："无以铸兵②。"故以铸三钟。

齐人将立孝公，不胜四公子之徒③，遂与宋人战。夏五月，宋败齐师于甗④，立孝公而还。

秋八月，葬齐桓公。

冬，邢人、狄人伐卫，围菟圃⑤。卫侯以国让父兄子弟及朝众曰："苟能治之，毁请从焉⑥。"众不可⑦，而后师于訾娄⑧。狄师还。

梁伯益其国而不能实也⑨，命曰新里⑩，秦取之。

[注释]

①金：铜。　②兵：兵器。　③四公子：指昭公潘、懿公商人、惠公元及公子雍。　④甗（yǎn）：齐地，在今山东省济南市附近。　⑤菟圃：卫地，在今河南省长垣县境。　⑥毁（huǐ）：卫文公名。

⑦不可：不同意。　⑧訾娄：卫邑，在今河南省滑县西南。　⑨益其国：筑造很多城邑。实：使百姓居住。　⑩新里：即秦国的新城，在今陕西省澄城县东北。

[译文]

十八年春季，宋襄公率领诸侯攻打齐国。三月，齐国人杀了无亏。

郑文公开始朝见楚国。楚成王赐给他铜，马上就后悔了，和文公盟誓说："不要用它制造武器。"因此郑文公用这些铜铸造了三座钟。

齐国人打算立孝公为君，但对付不了四个公子的党羽，于是四公子党羽和宋军作战。夏季五月，宋国在甗地打败齐军，立了孝公为君后回国。

秋季八月，安葬齐桓公。

冬季，邢人、狄人攻打卫国，包围了菟圃。卫文公把君位让给父兄子弟和朝中众人，说："谁能够治理这个国家，我就听他的。"众人不同意，并在訾娄布置军队准备迎战。狄人军队撤退。

梁伯开拓疆土，却没有把百姓迁过去居住，把那个地方命名为新里，但被秦国占领了。

僖公十九年

经　十有九年春，王三月，宋人执滕子婴齐。夏六月，宋公、曹人、邾人盟于曹南。鄫子会盟于邾。己酉，邾人执鄫子，用之。秋，宋人围曹。卫人伐邢。冬，会陈人、蔡人、楚人、郑人盟于齐。梁亡。

传　十九年春，遂城而居之。

宋人执滕宣公①。

夏，宋公使邾文公用鄫子于次睢之社②，欲以属东夷③。司马子鱼曰④："古者六畜不相为用,小事不用大牲,而况敢用人乎?祭祀以为人也。民,神之主也。用人,其谁飨之?齐桓公存三亡国以属诸侯⑤,义士犹曰薄德。今一会而虐二国之君⑥,又用诸淫昏之鬼⑦,将以求霸,不亦难乎?得死为幸⑧!"

秋,卫人伐邢,以报菟圃之役。于是卫大旱,卜有事于山川⑨,不吉。宁庄子曰:"昔周饥,克殷而年丰。今邢方无道,诸侯无伯⑩,天其或者欲使卫讨邢乎?"从之,师兴而雨。

宋人围曹,讨不服也。子鱼言于宋公曰:"文王闻崇德乱而伐之⑪,军三旬而不降,退修教而复伐之⑫,因垒而降⑬。《诗》曰:'刑于寡妻,至于兄弟,以御于家邦⑭。'今君德无乃犹有所阙⑮,而以伐人,若之何?盍姑内省德乎⑯,无阙而后动?"

陈穆公请修好于诸侯,以无忘齐桓之德。冬,盟于齐,修桓公之好也。

梁亡。不书其主,自取之也。初,梁伯好土功,亟城而弗处⑰,民罢而弗堪⑱,则曰:"某寇将至。"乃沟公宫⑲,曰:"秦将袭我。"民惧而溃⑳,秦遂取梁。

[注释]

①滕宣公:即滕子婴齐。 ②用鄫子:即杀死鄫子用来祭祀。次睢之社:次睢的土地神。次睢,地名,当在今江苏省徐州市铜山区一带。 ③属东夷:使东夷归附。属,使动用法。 ④司马子鱼:即目夷。司马,官名。 ⑤三亡国:指鲁、卫、邢三国。 ⑥虐:害。

⑦淫昏之鬼：指次睢之社。　⑧得死：即善终。　⑨有事：即祭祀。　⑩伯：首领，盟主。　⑪崇：指崇侯虎。　⑫修教：加强教化。　⑬因垒：凭靠以前所筑壁垒。　⑭"刑于寡妻"三句：语出《诗经·大雅·思齐》。刑：典范。寡妻：嫡妻。寡，大。御：治理。　⑮阙：通"缺"，缺误，疏失。　⑯姑：姑且，暂且。内省：自我反省。　⑰亟城：多次筑城。亟，屡次。弗处：不居住。　⑱罢：通"疲"，疲惫。弗堪：忍受不住。　⑲沟：挖沟，用作动词。　⑳溃：逃散。

[译文]

十九年春季，秦国人在新里筑城并居住下来。

宋国人拘捕了滕宣公。

夏季，宋襄公派邾文公杀死鄫子祭祀次睢的土地神，想以此使东夷各国归附。司马子鱼说："古代不用六畜相互祭祀，小的祭祀不用大牲畜，何况竟敢用人呢？祭祀本是为了人。百姓是神灵的主人。用人祭祀神灵，谁敢享用？当年齐桓公挽救了三个濒于灭亡的国家，使诸侯归附，义士还说他德行浅薄。现在一次盟会就侵害了滕、鄫两国之君，又用以祭祀邪恶昏乱的鬼神，以此成就霸业，不是很难吗？能够得以善终就很幸运了！"

秋季，卫国攻打邢国，以报菟圃一战之仇。此时卫国大旱，为了祭祀山川，让人占卜，卦象显示不吉利。宁庄子说："从前周室发生饥荒，打败了商朝，收成就好了。如今邢国无道，诸侯没有领袖，上天或者是想让卫国攻打邢国吧？"卫文公听从了他的话，军队刚集结就下雨了。

宋国人包围曹国，以讨伐曹国的不肯顺服。子鱼对宋襄公说："文王听说崇国德行昏乱去攻打，打了三十天，崇国也没有投降，便退兵修明教化后再次攻打，仍然凭借原来的营垒，而崇国人就投降了。《诗经》说：'先给正妻作出表率，再推及同宗兄弟，以此来治理家国。'现在国君的德行恐怕还有缺失，以此攻打别人，能把人家怎么样呢？

僖　公

何不姑且反省自己的德行，等没有欠缺时再去攻打呢？"

陈穆公请求和诸侯重修友好，以不忘齐桓公的德行。冬季，诸侯在齐国会盟，重修了桓公建立的友好关系。

梁国灭亡。《春秋》没有记载是谁灭亡了它，因为它是自取灭亡。当初，梁伯喜欢大兴土木，屡次筑城却无人居住，百姓困乏疲惫不堪忍受，就扬言："某某敌人要来了。"就在国君宫外挖了条沟，说："秦国将要袭击我国。"百姓因害怕而溃散，秦国随后占领了梁国。

僖公二十年

经 二十年春，新作南门。夏，郜子来朝。五月乙巳，西宫灾。郑人入滑。秋，齐人、狄人盟于邢。冬，楚人伐随。

传 二十年春，新作南门。书，不时也。凡启塞从时①。

滑人叛郑而服于卫②。夏，郑公子士、泄堵寇帅师入滑③。

秋，齐、狄盟于邢，为邢谋卫难也。于是卫方病邢。

随以汉东诸侯叛楚。冬，楚斗穀於菟帅师伐随，取成而还。

君子曰："随之见伐④，不量力也。量力而动，其过鲜矣。善败由己⑤，而由人乎哉？《诗》曰：'岂不夙夜，谓行多露⑥。'"

宋襄公欲合诸侯，臧文仲闻之⑦，曰："以欲从人则可⑧，以人从欲鲜济⑨。"

[注释]

①启塞：指修理城门。启，即开，指能打开的门扇。塞，即闭，指关闭的门闩。从时：随着时节，即不违农时。 ②滑：国名。 ③公子士：郑文公之子。泄堵寇：郑大夫。 ④见伐：被伐。 ⑤善败：成败。 ⑥"岂不夙夜"二句：出自《诗经·召南·行露》。夙夜：早晚。谓：奈何。行：道路。 ⑦臧文仲：鲁臣。 ⑧以欲从人：将自己的欲望服从别人。 ⑨以人从欲：让别人服从自己的欲望。鲜济：很少有成功。

[译文]

二十年春季，鲁国新建了国都南门。《春秋》记载此事，是因为违背了农时。修理城门，则不算违背农时。

滑国人背叛郑国而归服卫国。夏季，郑国的公子士、泄堵寇率军攻入滑国。

秋季，齐国人和狄人在邢国会盟，为的是帮助邢国对付卫国的入侵。这时，卫国才对邢国感到担心。

随国率领汉水以东的诸侯背叛了楚国。冬季，楚国的斗縠於菟率军攻打随国，讲和后楚军回国。

君子评论说："随国受到攻打，是因为不自量力。量力而行，过失就少了。成败在于自己，难道是由于别人吗？《诗经》说：'难道不想早晚奔波，怎奈路上露水太多。'"

宋襄公准备会合诸侯，臧文仲听说后，说："让自己的愿望服从别人是可以的，强迫别人服从自己的愿望很少能成功。"

僖公二十一年

经 二十有一年春，狄侵卫。宋人、齐人、楚人盟于鹿上。夏，大旱。秋，宋公、楚子、陈侯、蔡侯、郑伯、许男、曹伯会于盂。执宋公以伐宋。冬，公伐邾。楚人使宜申来献捷。十有二月癸丑，公会诸侯，盟于薄，释宋公。

传 二十一年春，宋人为鹿上之盟①，以求诸侯于楚②，楚人许之。公子目夷曰："小国争盟③，祸也。宋其亡乎，幸而后败④。"

夏，大旱。公欲焚巫尪⑤。臧文仲曰："非旱备也⑥。修城郭，贬食省用⑦，务穑劝分⑧，此其务也。巫尪何为？天欲杀之，则如勿生⑨，若能为旱，焚之滋甚⑩。"公从之。是岁也，饥而不害。

秋，诸侯会宋公于盂⑪。子鱼曰："祸其在此乎！君欲已甚⑫，其何以堪之？"于是楚执宋公以伐宋。

冬，会于薄以释之⑬。子鱼曰："祸犹未也，未足以惩君。"

任、宿、须句、颛臾⑭，风姓也。实司大皞与有济之祀⑮，以服事诸夏⑯。邾人灭须句，须句子来奔，因成风也⑰。成风为之言于公曰："崇明祀⑱，保小寡⑲，周礼也。蛮夷猾夏⑳，周祸也。若封须句，是崇皞、济而修祀纾祸也㉑。"

[注释]

①鹿上：宋地，在今安徽省阜阳市南。 ②求诸侯：即要求诸侯奉己为盟主。 ③争盟：争当盟主。 ④幸而后败：失败得晚一点就是幸运了。 ⑤巫尪（wāng）：女巫及突胸仰面的畸形人。 ⑥旱备：防备旱灾。 ⑦贬食：减食。 ⑧务穑：致力于农事。劝分：劝人施

舍。 ⑨如：应当。 ⑩滋甚：更厉害。 ⑪盂：宋地，在今河南省睢县境。 ⑫已甚：太过分。已，太。 ⑬薄：即亳，宋邑，在今河南省商丘市北。 ⑭任：国名，故城在今山东省济宁市。宿：国名，在今山东省东平县东南。须句（qú）：国名，在今山东省东平县东北。颛（zhuān）臾：国名，在今山东省费县西北。 ⑮司：主管。大皞（tài hào）：即太皞氏，传说中的古代帝王。有济：即济水。 ⑯诸夏：即周王室所分封的诸国。 ⑰成风：鲁庄公之妾，僖公之母。须句是成风的娘家。 ⑱明祀：指太皞与济水的祭祀。 ⑲小寡：小国寡民。 ⑳猾：乱。 ㉑纾祸：缓解祸患。

[译文]

二十一年春季，宋国人在鹿上举行盟会，要求归附楚国的中原诸侯奉自己为盟主，楚国人答应了。公子目夷说："小国争做盟主，是自取其祸。宋国怕要灭亡了，能够晚一点失败就算很幸运了。"

夏季，鲁国大旱。僖公想烧死巫师和仰面突胸的畸形人。臧文仲说："这不是预防旱灾的办法。修建城墙，缩减食物，节省开支，致力农事，劝人施舍，这才是应该尽力去做的。巫人和仰面突胸者能做什么？上天如果要杀他们，就不应该让他们出生，如果他们能导致旱灾，烧死了会使旱灾更加严重。"僖公听从了劝告。这一年，收成不好，但没有伤害百姓。

秋季，诸侯在盂地和宋襄公会盟。子鱼说："祸患就要在这次会盟中发生吧！国君的欲望太过分了，怎么能受得了呢？"在这次盟会上楚国人把襄公抓了起来，并攻打宋国。

冬季，诸侯在薄地会见，释放了宋襄公。子鱼说："祸患还没有结束，还不足以惩罚国君。"

任国、宿国、须句、颛臾，都是风姓。他们主持太皞和济水之神的祭祀，并服从中原各国。邾国人灭亡了须句，须句子逃奔到鲁国，因为须句是僖公母亲成风的娘家。成风对僖公说："尊崇对太皞与济水的祭祀，保护弱小的国家，是周朝之礼。蛮夷的邾国扰乱中原，是周朝祸患。如果能重封须句，就是尊崇太皞和济水之神并修明祭祀、缓解祸患。"

僖公二十二年

经 二十有二年春，公伐邾，取须句。夏，宋公、卫侯、许男、滕子伐郑。秋八月丁未，及邾人战于升陉。冬十有一月己巳朔，宋公及楚人战于泓，宋师败绩。

传 二十二年春，伐邾，取须句，反其君焉，礼也。

三月，郑伯如楚。

夏，宋公伐郑。子鱼曰："所谓祸在此矣。"

初，平王之东迁也，辛有适伊川①，见被发而祭于野者②，曰："不及百年，此其戎乎！其礼先亡矣。"秋，秦、晋迁陆浑之戎于伊川③。

晋大子圉为质于秦，将逃归，谓嬴氏曰④："与子归乎？"对曰："子，晋大子，而辱于秦，子之欲归，不亦宜乎？寡君之使婢子侍执巾栉⑤，以固子也⑥。从子而归，弃君命也。不敢从，亦不敢言。"遂逃归。

富辰言于王曰⑦："请召大叔⑧。《诗》曰：'协比其邻，昏姻孔云⑨。'吾兄弟之不协，焉能怨诸侯之不睦⑩？"王说。王子带自齐复归于京师，王召之也。

邾人以须句故出师。公卑邾⑪，不设备而御之。臧文仲曰："国无小，不可易也⑫。无备，虽众不可恃也。《诗》曰：'战战兢兢，如临深渊，如履薄冰⑬。'又曰：'敬之敬之，天惟显思，命不易哉[14]！'先王之明德，犹无不难也，无不惧也，况我小国乎？君其无谓邾小。蜂虿有毒[15]，而况国乎？"弗听。

八月丁未[16]，公及邾师战于升陉[17]，我师败绩。邾人获公胄[18]，县诸鱼门[19]。

楚人伐宋以救郑。宋公将战，大司马固谏曰[20]："天之弃商久矣[21]，君将兴之，弗可赦也已。"弗听。

冬十一月己巳朔，宋公及楚人战于泓[22]。宋人既成列，楚人未既济[23]。司马曰："彼众我寡，及其未既济也，请击之。"公曰："不可。"既济而未成列[24]，又以告。公曰："未可。"既陈而后击之，宋师败绩。公伤股，门官歼焉[25]。

国人皆咎公[26]。公曰："君子不重伤[27]，不禽二毛[28]。古之为军也，不以阻隘也[29]。寡人虽亡国之余[30]，不鼓不成列[31]。"子鱼曰："君未知战。勍敌之人隘而不列[32]，天赞我也[33]。阻而鼓之，不亦可乎？犹有惧焉[34]。且今之勍者，皆吾敌也。虽及胡耇[35]，获则取之，何有于二毛？明耻教战[36]，求杀敌也。伤未及死，如何勿重？若爱重伤[37]，则如勿伤；爱其二毛，则如服焉[38]。三军以利用也[39]，金鼓以声气也[40]。利而用之，阻隘可也；声盛致志[41]，鼓儳可也[42]。"

丙子晨[43]，郑文夫人芈氏、姜氏劳楚子于柯泽[44]。楚子使师缙示之俘馘[45]。君子曰："非礼也。妇人送迎不出门，见兄弟不逾阈[46]，戎事不迩女器[47]。"

丁丑，楚子入享于郑，九献[48]，庭实旅百[49]，加笾豆六品[50]。享毕，夜出，文芈送于军[51]，取郑二姬以归[52]。叔詹曰[53]："楚王其不没乎[54]！为礼卒于无别[55]，无别不可谓礼，将何以没?"诸侯是以知其不遂霸也㊽。

[注释]

①辛有:周大夫。伊川:伊河流经的地方,即今河南省嵩县及伊川县境。 ②被(pī)发:披散头发,此为当时夷、狄的风俗。 ③陆浑之戎:本为少数民族部落名,后迁今河南省伊、洛一带。 ④嬴氏:即怀嬴。 ⑤执巾栉(zhì):拿着手巾、梳子。 ⑥固子:使你安心。 ⑦富辰:周大夫。 ⑧大叔:即王子带,于僖公十二年奔齐。 ⑨"协比其邻"二句:出自《诗经·小雅·正月》。协比:协和亲附。昏姻孔云:姻亲关系更加友好。 ⑩不睦:不顺从。 ⑪卑:轻视。 ⑫易:轻。 ⑬"战战兢兢"三句:出自《诗经·小雅·小旻》。战战兢兢:恐惧谨慎的样子。 ⑭"敬之敬之"三句:出自《诗经·周颂·敬之》。敬:谨慎。显思:显明。思,语气词,无义。不易:不容易。 ⑮蜂虿(chài):黄蜂、蝎子一类的毒虫。 ⑯丁未:初八日。 ⑰升陉:鲁地,不详何处。 ⑱胄:头盔。 ⑲县:通"悬"。鱼门:邾国的城门。 ⑳固:即下文子鱼,又称公孙固、公子目夷,字子鱼,宋庄公之孙,宋襄公庶兄。 ㉑商:即宋。宋是商的后代。 ㉒泓:水名,在今河南省柘城县北。 ㉓未既济:尚未完全渡过河。既,尽。 ㉔未成列:未摆成阵势。 ㉕门官:守卫宫门的官,战时在国君左右护卫,即侍卫。 ㉖咎:责备,埋怨。 ㉗不重(chóng)伤:对已受伤的敌人不再伤害。 ㉘禽:同"擒"。二毛:头发花白的人。 ㉙以:靠。 ㉚亡国之余:宋为殷商亡国君主的后裔。 ㉛不鼓:不攻击。古时作战,击鼓为进军之号令。 ㉜勍(qíng)敌:强敌。 ㉝赞:助。 ㉞犹有惧:尚且害怕不能取胜。 ㉟胡耇(gǒu):老年人。 ㊱明耻教战:明白什么是耻辱,教之以战术。 ㊲爱重伤:怜惜伤兵。 ㊳如服:应当降服。 ㊴利用:有利而使用。 ㊵金鼓:两种乐器,古代作为行军进退的号令。

以声气:以声音激励士气。 ㊶声盛致志:鼓声大作致使士气高昂。 ㊷鼓儳(chán):击鼓攻击阵列不整之敌。儳,阵列不整。 ㊸丙子:十一月初八日。 ㊹芈(mǐ)氏:楚女。姜氏:齐女。劳:慰劳。柯泽:郑地。 ㊺师缙(jìn):楚国乐师。馘(guó):古代战争中割取所杀之敌左耳。 ㊻逾阈(yù):越过门槛。阈,门槛。 ㊼不迩女器:不接近女人的用具。迩,近。 ㊽九献:九次敬酒。 ㊾庭实:庭中的礼品。旅百:陈列数百种。旅,陈列。 ㊿笾(biān)豆:古代祭祀和宴会时盛食品的器具。笾,竹制器具。豆,木制器皿。六品:六件。 ㈤文芈:即郑文公夫人芈氏。 ㈥二姬:姬姓二女。 ㈦叔詹:郑臣。 ㈧不没:不得寿终。 ㈨无别:指男女无分别。 ㈩不遂霸:不能完成霸业。

[译文]

二十二年春季,鲁国讨伐邾国,夺取了须句,让须句国君回国,是合乎礼的。

三月,郑文公前往楚国。

夏季,宋襄公攻打郑国。子鱼说:"所说的祸患就是这一次了。"

当初,周平王东迁时,周大夫辛有去伊川,见到一个披散着头发在野外祭祀的人,那人说:"过不了一百年,这里就要被戎人占领!周朝之礼已经消亡了。"秋季,秦国和晋国把陆浑之戎迁到伊川。

晋国的太子圉在秦国做人质,准备逃回晋国,对嬴氏说:"我和你一起回去吧?"嬴氏说:"您是晋国的太子,屈辱地住在秦国,您想回去不是应该的吗?寡君让我伺候您,是使您安心居住。如果随您回去,就是背弃了国君的命令。我不敢跟您走,也不敢对别人说。"于是太子圉逃回晋国。

周大夫富辰对天子说:"请把太叔召回来。《诗经》说:'能与邻居和睦相处,姻亲关系才能更加友好。'连我们兄弟都不能融洽相处,还怎么能埋怨诸侯对王室不顺服呢?"天子很高兴。王子带从齐国回到京师,这是天子召回去的。

邾国人因鲁国攻取须句而出兵攻打鲁国。鲁僖公轻视邾人,没做准备去抵抗。臧文仲说:"国家无论大小,都不能轻视。不做防备,即使人多,也是靠不住的。《诗经》说:'战战兢兢,如临深渊,如履薄冰。'又说:'小心又谨慎,上天明察,天命不易常保不变啊!'以先王的美德,尚且还有困难,还有惧怕,何况我们小国呢?国君还是不要认为邾国弱小。黄蜂、蝎子尚且有毒,何况是一个国家呢?"僖公不听。

八月初八日,僖公和邾军在升陉作战,鲁军大败。邾军缴获了僖公的头盔,悬挂在国都的鱼门上。

楚国攻打宋国以救援郑国。宋襄公准备迎战,大司马固劝阻说:"上天抛弃商朝很久了,国君打算复兴它,是上天不可饶恕的。"襄公不听。

冬季十一月初一日,宋国人和楚国人在泓水交战。宋军已经摆好阵势,楚军还未完全渡河。司马说:"楚军人多,我军人少,趁他们还没有完全过河,请下令攻击他们。"襄公说:"不行。"当楚军已全部过河,还没有摆开阵势时,司马又请求下令进攻。襄公说:"不行。"等楚军摆开阵势后,宋军才发动攻击,宋军大败。襄公腿部受伤,侍卫全部战死。

国人都责备襄公。襄公说:"君子不伤害已经受伤的人,不抓那些头发花白的人。古代打仗,不依靠险阻狭隘攻击敌人。寡人虽是已经灭亡的商朝后裔,也不攻击还没有摆好阵势的敌人。"子鱼说:"国君不懂得作战的道理。强大的敌人因地形狭隘而不能列阵,正是上天在帮助我们。乘机阻截攻击他们,不是很好吗?即使这样还担心不能取胜。况且现在那些强大的国家,都是我们的敌人。即使是老兵,能俘获的也要把他们抓过来,还管他什么头发白不白?使将士知道失败是耻辱,教给他们怎样打仗,就是要多杀敌人。对受伤未死的敌人,为什么不可以再伤害他一次呢?如果怜悯受伤的敌人,开始就不应该伤害他们；怜悯头发花白的老兵，就应当向他们屈服。军队本来就是要选择有利时机作战的，金鼓本来就是用来鼓舞士气的。抓住有利战机，进攻处于险隘处的敌人是可以的；击鼓鸣金士气高昂，进攻还未摆好阵势的敌人也是可以的。"

十一月初八日早晨，郑文公的夫人芈氏、姜氏在郑国的柯泽慰劳楚成王。成王派师缙向她们展示俘虏和被杀死的敌人的左耳。君子评论说："这是不合礼的。女人送迎客人不出房门，和兄弟相见不出门槛，作战时不接近女人的用具。"

初九日，楚成王来到郑国接受宴享，主人敬酒九次，在院子里摆了上百种礼品，加上用笾豆装的食品六件。宴享结束，出来时已是夜间，文芈把成王送到军营，成王带了郑国的两个女子回去。叔詹说："楚王恐怕难以善终吧！为礼而来，最后竟然男女无别，男女无别就不能认为合于礼，他靠什么得以善终呢？"诸侯因此知道成王完不成霸业了。

僖公二十三年

经 二十有三年春，齐侯伐宋，围缗。夏五月庚寅，宋公慈父卒。秋，楚人伐陈。冬十有一月，杞子卒。

传 二十三年春，齐侯伐宋，围缗①，以讨其不与盟于齐也。

夏五月，宋襄公卒，伤于泓故也。

秋，楚成得臣帅师伐陈②，讨其贰于宋也。遂取焦、夷③，城顿而还④。子文以为之功，使为令尹⑤。叔伯曰⑥："子若国何？"对曰："吾以靖国也。夫有大功而无贵仕⑦，其人能靖者与有几？"

九月，晋惠公卒。怀公立，命无从亡人⑧。期⑨，期而不至，无赦。狐突之子毛及偃从重耳在秦，弗召。冬，怀公执狐突曰："子来则免⑩。"对曰："子之能仕，父教之忠，古之制也。策名委质⑪，贰乃辟也⑫。今臣之子，名在重耳，有年数矣。若又召之，教之贰也。父教子之贰，何以事君？刑之不滥，君之明也，臣之愿也。淫刑以逞⑬，谁则无罪？臣闻命矣。"乃杀之。

卜偃称疾不出，曰："《周书》有之：'乃大明服⑭。'己则不明而杀人以逞，不亦难乎？民不见德而唯戮是闻，其何后之有？"

十一月，杞成公卒。书曰"子"，杞，夷也。不书名，未同盟也。凡诸侯同盟，死则赴以名，礼也。赴以名，则亦书之，不然则否，辟不敏也⑮。

晋公子重耳之及于难也，晋人伐诸蒲城。蒲城人欲战，重耳不可，曰："保君父之命而享其生禄⑯，于是乎得人。有人而校⑰，罪莫大焉。吾其奔也。"遂奔狄。从者狐偃、赵衰、颠颉、魏武子、司空季子⑱。狄人伐廧咎如⑲，获其二女叔隗、季隗，纳诸公子。公子取季隗，生伯儵、叔刘。以叔隗妻赵衰，生盾。将适齐，谓季隗曰："待我二十五年，不来而后嫁。"对曰："我二十五年矣，又如是而嫁，则就木焉⑳。请待子。"处狄十二年而行。

过卫，卫文公不礼焉㉑。出于五鹿㉒，乞食于野人㉓，野人与之块㉔。公子怒，欲鞭之。子犯曰："天赐也！"稽首㉕，受而载之。

及齐，齐桓公妻之，有马二十乘㉖，公子安之。从者以为不可，将行，谋于桑下㉗。蚕妾在其上㉘，以告姜氏㉙。姜氏杀之，而谓公子曰："子有四方之志，其闻之者吾杀之矣。"公子曰："无之。"姜曰："行也，怀与安㉚，实败名。"公子不可，姜与子犯谋，醉而遣之。醒，以戈逐子犯。

及曹，曹共公闻其骈胁㉛，欲观其裸。浴，薄而观之㉜。僖负羁之妻曰㉝："吾观晋公子之从者，皆足以相国㉞。若以相，夫子必反其国。反其国，必得志于诸侯。得志于诸侯而诛无礼，曹其首也。子盍蚤自贰焉㉟！"乃馈盘飧㊱，置璧焉㊲。公子受飧反璧㊳。

及宋，宋襄公赠之以马二十乘。

及郑，郑文公亦不礼焉。叔詹谏曰："臣闻天之所启㊴，人弗及也。晋公子有三焉，天其或者将建诸㊵，君其礼焉。男女同姓，其生不蕃㊶。晋公子，姬出也㊷，而至于今，一也。离外之患㊸，而天不靖晋国，殆将启之，二也。有三士足以上人而从之㊹，三也。晋、郑同侪㊺，其过子弟㊻，固将礼焉，况天之所启乎？"弗听。

及楚，楚子飨之，曰："公子若反晋国，则何以报不穀㊼？"对曰："子女玉帛则君有之㊽。羽毛齿革则君地生焉㊾。其波及晋国者，君之余也㊿，其何以报君？"曰："虽然，何以报我？"对曰："若以君之灵㉛，得反晋国，晋、楚治兵，遇中于原，其辟君三舍㉜。若不获命㉝，其左执鞭弭㉞，右属櫜鞬㉟，以与君同旋。"子玉请杀之，楚子曰："晋公子广而俭㊱，文而有礼㊲。其从者肃而宽㊳，忠而能力㊴。晋侯无亲㊵，外内恶之。吾闻姬姓唐叔之后㊶，其后衰者也㉒，其将由晋公子乎！天将兴之，谁能废之？违天必有大咎。"乃送诸秦。

秦伯纳女五人，怀嬴与焉㉓。奉匜沃盥㉔，既而挥之㉕。怒曰："秦、晋匹也，何以卑我㉖？"公子惧，降服而囚㉗。

他日，公享之㉘。子犯曰："吾不如衰之文也㉙。请使衰从。"公子赋《河水》㉚，公赋《六月》㉛。赵衰曰："重耳拜赐㉜。"公子降㉝，拜，稽首，公降一级而辞焉㉞。衰曰："君称所以佐天子者命重耳，重耳敢不拜？"

[注释]

①缗：宋邑，在今山东省金乡县东北。 ②成得臣：楚臣，字子玉，即令尹子玉。 ③焦、夷：均为陈邑，在今安徽省亳州市。 ④顿：国名，姬姓，在今河南省项城市南顿故城。 ⑤令尹：楚国最高军政长官。 ⑥叔伯：即吕臣。 ⑦贵仕：位居高位。 ⑧亡人：流亡之人，指公子重耳。 ⑨期：约定期限。 ⑩子：即狐突之子狐毛和狐偃。 ⑪策名：把名字写在简策上。委质：送给尊者的进见礼物。质，同"贽"。 ⑫辟：罪。 ⑬淫刑：滥用刑罚。逞：快意，称心。 ⑭大明：伟大贤明。服：臣服。 ⑮辟：同"避"，避免。不敏：不清楚。 ⑯保：依靠。生禄：养生之禄。 ⑰校：同"较"，即较量、抵抗。 ⑱狐偃：狐突之子，重耳舅父，又称子犯、舅犯。赵衰（cuī）：赵夙之子，后为晋国执政大臣。颠颉：重耳亲信。魏武子：又名魏犨（chōu），重耳亲信。司空季子：又名胥臣、白季。 ⑲廧（qiáng）咎（gāo）如：狄人的一支，隗姓，在今河南省安阳市西南。一说在今山西省太原市一带。 ⑳就木：进入棺材。木，棺材。 ㉑不礼：不加礼遇。 ㉒出：经过。五鹿：卫地，当在今河南省濮阳县南。 ㉓野人：乡下人。 ㉔块：土块。 ㉕稽首：叩头。

㉖乘：马四匹为一乘。　㉗桑下：桑树之下。　㉘蚕妾：养蚕的侍妾。　㉙姜氏：重耳妻子。　㉚怀与安：怀恋妻室及贪图安逸。　㉛骈胁：肋骨排列紧密，并为一体。　㉜薄：逼近。　㉝僖负羁：曹国大夫。　㉞相国：辅助国家。　㉟蚤：同"早"。贰：二心，指讨好重耳。　㊱盘飧（sūn）：一盘熟食。　㊲置璧：飧中藏着璧玉。　㊳反：归还。　㊴启：开，此作赞助。　㊵建：立。　㊶不蕃：不昌盛。　㊷姬出：重耳母是狐姬，晋为姬姓国，所以是"男女同姓"。　㊸离：同"罹"，遭受。　㊹三士：指狐偃、赵衰、贾佗。上人：言才智谋略超出他人之上。　㊺同侪（chái）：同等、同辈。　㊻其过子弟：指晋国公族子弟路过郑国。　㊼不穀：楚成王自称的谦辞。　㊽子女：指男女奴隶。　㊾羽毛齿革：泛指各种珍宝。羽，翡翠、孔雀之类的羽毛。毛，毛皮。齿，象牙。革，犀牛皮。　㊿余：剩余。　㊀灵：威灵，福。　㊁舍：古代行军一宿为一舍，一日行军三十里，故三十里也称为一舍。　㊃不获命：即未获准退兵之命。　㊄弭（mǐ）：泛指弓。　㊅属：带着。櫜（gāo）：箭囊。鞬（jiān）：弓套。　㊆广而俭：志向广大而生活俭约。　㊇文：言辞华美。　㊈肃而宽：严肃而宽宏。　㊉忠而能力：忠诚且有才能、勇力。　㊊晋侯：指晋惠公。　㊋唐叔：晋始封君。　㊌后衰：最后衰亡。　㊍怀嬴：秦穆公女，晋怀公（子圉）之妻。嫁晋文公后为辰嬴。与：在其中。　㊎奉：双手捧着。匜（yí）：古代洗手时盛水的器具。沃盥（guàn）：浇水洗手。　㊏挥之：挥去手上的水。　㊐卑：轻视。　㊑降服：脱换上衣。囚：指囚拘自己。　㊒公：指秦穆公。　㊓衰：即赵衰。文：有文采。　㊔《河水》：此为逸诗，义取河水流向大海，海喻秦国。一说即《诗经·小雅·沔水》。　㊕《六月》：见《诗经·小雅·六月》，叙述尹吉甫辅佐周宣王讨伐玁狁的武功。　㊖拜赐：拜谢恩赐。　㊗降：退到阶下。　㊘一级：一个台阶。

[译文]

　　二十三年春季，齐孝公攻打宋国，包围缗地，为的是讨伐宋国不到齐国参加会盟。

夏季五月，宋襄公去世，是因在泓水之战受伤的缘故。

秋季，楚国的成得臣率军攻打陈国，讨伐陈国背叛楚国亲近宋国。楚军占领焦、夷两地，在顿地筑城后回国。子文认为这是成得臣的功劳，任命他做令尹。叔伯说："你想把国家怎么样呢？"子文说："我想以此安定国家。有了大功而不居高位，这样的人中有几个能使国家安定呢？"

九月，晋惠公去世。怀公即位，下令不准追随逃亡在外的人。规定了期限，到期不回来的，决不赦免。狐突的儿子毛和偃正追随重耳在秦国，狐突没有召他们回国。冬季，怀公把狐突抓了起来，说："你儿子回来，就赦免你。"狐突回答说："儿子能够做官时，父亲就教导他要忠诚不二，这是自古以来的规矩。名字写在书简上，给主子送了进见的礼物后，再有二心，就是罪过。如今我儿子的名字在重耳那里已经有几个年头了。如果召他回来，就是教他另有二心。父亲教儿子不忠，还怎么来事奉国君呢？不滥用刑罚，是国君的圣明，也是我的愿望。如果滥用刑罚以逞淫威，那么谁没有罪过呢？我明白您的意思了。"怀公于是杀了狐突。

卜偃推说有病不出家门，说："《周书》有这样的话：'国君伟大圣明，臣民才能顺服。'自己不贤能，却借杀人以逞淫威，不也很难长久吗？百姓看不到国君的德行，只听到杀戮之事，他的后代怎么能长享禄位呢？"

十一月，杞成公去世。《春秋》称其为"子"，因为杞是夷人。不记载其名字，是因为没有和鲁国结盟。凡是结盟的诸侯，死后在讣告上写上名字，是合乎礼的。讣告上写上名字，《春秋》就加以记载，否则就不记，避免弄不清楚而误记。

晋国的公子重耳遭受骊姬祸难时，晋国人攻打蒲城。蒲城人准备迎战，重耳不让，他说："我依靠君父的命令，才享受到优越的禄位，得到百姓的拥护。因为有了拥护者而与君父抵抗，没有比这更大的罪过了。我还是逃亡吧。"就逃到狄人那里去了。跟随他的有狐偃、赵衰、颠颉、魏武子、司空季子。狄子攻打廧咎如,俘获了他的两个女儿叔隗、季隗,把她们送给晋公子。重耳娶了季隗,生了伯儵、叔刘。把叔隗送给赵衰为妻,生了赵盾。重耳准备到齐国去,对季隗说:"你等我二十五年,不回来你再嫁人。"季隗回答说:"我已二十五岁,再过这些年改嫁,就该进棺材了。我等着您。"重耳在狄人那里住了十二年后离开。

路过卫国时,卫文公对他不加礼遇。离开五鹿向东行走时,向乡下人要饭,那人给了他一个土块。重耳非常愤怒,想要鞭打他。子犯说:"这是上天的恩赐啊!"叩头致谢,收下土块并把它装到车上。

到了齐国后,齐桓公为他娶了妻,送给他八十匹马,重耳因此安于齐国的生活。随从的人认为这样不行,准备离他而去,就聚在桑树下商量。有一婢女在树上采摘桑叶,把这件事告诉了姜氏。姜氏把婢女杀了,对重耳说:"您有远大的志向,我已把听到的人杀了。"重耳说:"没有这事。"姜氏说:"你走吧,眷恋享受,安于现状,会败坏一个人的名声。"重耳不肯走,姜氏和子犯商量,把他灌醉后送走。重耳酒醒后,气得持戈追赶子犯。

到了曹国,曹共公听说重耳的肋骨相连如一骨,想看他裸体时的样子。重耳沐浴时,走近偷看。僖负羁的妻子说:"我看晋公子的随从,都能做国家的辅佐之臣。如果能用他们做辅臣,公子一定能回到晋国为君。回国后,也一定能在诸侯中称霸。称霸以后要惩罚对他无礼的国家,曹国便会首当其冲。你何不早一点对他有所表示呢!"僖负羁就送给重耳一盘饭,并在饭中藏了一块璧玉。重耳接受了食物,把玉璧退了回来。

到了宋国,宋襄公送给重耳八十匹马。

到了郑国,郑文公也对他不加礼遇。叔詹劝谏说:"我听说上天所赞助的人,谁也比不了。晋公子有三点优势,或许是上天要立他为君吧,国君还是要以礼相待。同姓结婚,其子孙必不昌盛。晋公子是姬姓父母所生，却一直活到今天，这是其一。遭受逃亡的灾难，上天又不让晋国安定，大概是要赞助他吧，这是其二。有三位才智过人的贤士甘心追随他，这是其三。晋国和郑国地位相当，他们的子弟经过郑国，本来就应该以礼相待，更何况是上天赞助的人呢？"文公不听。

到了楚国，楚成王设酒宴款待，说："公子如能回到晋国，用什么报答我呢？"重耳回答说："男女奴仆和玉帛，国君已经有了。鸟羽、皮毛、象牙、皮革，是国君土地上出产的。晋国的那些东西，都是国君所剩余的，我还能用什么报答国君呢？"成王说："尽管如此，你用什么报答我呢？"重耳回答说："如果托国君的福，能回到晋国，一旦晋楚两国交战，在中原相遇，我让军队后退九十里。如果还不能获得国君的谅解而退兵，就只能左手拿着马鞭和弓，右边挂着箭袋和弓套，与国君较量一下了。"子玉请求杀掉他，成王说："晋公子志向远大，且生活俭朴，言语得体且合乎礼仪。跟从他的人都态度严肃、待人宽厚，赤胆忠心且尽心竭力。晋侯没有亲近之人，国内外都讨厌他。我听说姬姓中唐叔的后代，在诸侯中将最后衰亡，恐怕是因为晋公子吧！上天将使他兴盛起来，谁能把他废掉呢？违背了上天的旨意，必遭大灾。"就把他送到了秦国。

秦穆公送给重耳五个女子，其中包括怀嬴。怀嬴手捧水盆伺候重耳洗手，重耳洗后随手把水甩掉。怀嬴生气地说："秦、晋两国地位平等，为什么这样看不起我？"重耳害怕了，脱去上衣，自囚谢罪。

某日，秦穆公设酒宴招待重耳。狐偃说："我不如赵衰善于辞令。请让他跟着去吧。"重耳吟诵了《河水》一诗，穆公吟诵了《六月》一诗。赵衰说："请重耳拜谢国君赐予的美言。"重耳走到台阶下拜谢，而后叩头，穆公走下一级台阶辞谢。赵衰说："国君对重耳寄予辅佐天子的厚望，重耳怎能不拜谢呢？"

僖公二十四年

经　二十有四年春，王正月。夏，狄伐郑。秋七月。

冬，天王出居于郑，晋侯夷吾卒。

传 二十四年春，王正月，秦伯纳之。不书，不告入也。

及河，子犯以璧授公子，曰："臣负羁绁从君巡于天下①，臣之罪甚多矣。臣犹知之，而况君乎？请由此亡②。"公子曰："所不与舅氏同心者③，有如白水④！"投其璧于河。

济河，围令狐⑤，入桑泉⑥，取臼衰⑦。二月甲午⑧，晋师军于庐柳⑨。秦伯使公子絷如晋师⑩，师退，军于郇⑪。辛丑，狐偃及秦、晋之大夫盟于郇。壬寅，公子入于晋师。丙午，入于曲沃。丁未，朝于武宫⑫。戊申，使杀怀公于高梁⑬。不书，亦不告也。

吕、郤畏逼⑭，将焚公宫而弑晋侯⑮。寺人披请见⑯，公使让之⑰，且辞焉，曰："蒲城之役⑱，君命一宿，女即至。其后余从狄君以田渭滨⑲，女为惠公来求杀余，命女三宿，女中宿至⑳。虽有君命，何其速也？夫袪犹在㉑，女其行乎。"对曰："臣谓君之入也，其知之矣。若犹未也，又将及难。君命无二㉒，古之制也。除君之恶，唯力是视㉓。蒲人、狄人、余何有焉？今君即位，其无蒲、狄乎？齐桓公置射钩而使管仲相㉔，君若易之，何辱命焉㉕？行者甚众，岂唯刑臣㉖？"公见之，以难告。三月，晋侯潜会秦伯于王城㉗。己丑晦㉘，公宫火。瑕甥、郤芮不获公，乃如河上，秦伯诱而杀之。晋侯逆夫人嬴氏以归㉙。秦伯送卫于晋三千人㉚，实纪纲之仆㉛。

初，晋侯之竖头须③，守藏者也③。其出也，窃藏以逃，尽用以求纳之④。及入，求见，公辞焉以沐⑤。谓仆人曰："沐则心覆⑥，心覆则图反⑰，宜吾不得见也。居者为社稷之守⑱，行者为羁绁之仆，其亦可也，何必罪居者⑲？国君而仇匹夫，惧者甚众矣。"仆人以告，公遽见之⑳。

狄人归季隗于晋而请其二子㊶。文公妻赵衰，生原同、屏括、楼婴。赵姬请逆盾与其母㊷，子余辞㊸。姬曰："得宠而忘旧，何以使人？必逆之。"固请，许之。来，以盾为才，固请于公以为嫡子，而使其三子下之，以叔隗为内子而己下之㊹。

晋侯赏从亡者，介之推不言禄㊺，禄亦弗及。推曰："献公之子九人，唯君在矣。惠、怀无亲，外内弃之。天未绝晋，必将有主。主晋祀者，非君而谁？天实置之，而二三子以为己力，不亦诬乎㊻？窃人之财，犹谓之盗，况贪天之功以为己力乎？下义其罪㊼，上赏其奸，上下相蒙㊽，难与处矣。"其母曰："盍亦求之㊾，以死谁怼㊿？"对曰："尤而效之㊶，罪又甚焉！且出怨言，不食其食㊷。"其母曰："亦使知之若何？"对曰："言，身之文也㊸。身将隐，焉用文之？是求显也。"其母曰："能如是乎？与女偕隐。"遂隐而死。晋侯求之，不获，以绵上为之田㊹，曰："以志吾过㊺，且旌善人㊻。"

郑之入滑也，滑人听命。师还，又即卫㊼。郑公子士、泄堵俞弥帅师伐滑㊽。王使伯服、游孙伯如郑请滑㊾。郑伯怨惠王之入而不与厉公爵也㊿，又怨襄王之与卫、滑也㊶，故不听王命而执二子㊷。王怒，将以狄伐郑。富辰谏曰㊸：

"不可。臣闻之：大上以德抚民[64]，其次亲亲以相及也[65]。昔周公吊二叔之不咸[66]，故封建亲戚以蕃屏周[67]。管、蔡、郕、霍、鲁、卫、毛、聃、郜、雍、曹、滕、毕、原、酆、郇[68]，文之昭也[69]。邗、晋、应、韩[70]，武之穆也。凡、蒋、邢、茅、胙、祭，周公之胤也[71]。召穆公思周德之不类[72]，故纠合宗族于成周而作诗[73]，曰：'常棣之华，鄂不韡韡[74]，凡今之人，莫如兄弟。'其四章曰：'兄弟阋于墙[75]，外御其侮。'如是，则兄弟虽有小忿，不废懿亲[76]。今天子不忍小忿以弃郑亲，其若之何？庸勋亲亲[77]，昵近尊贤[78]，德之大者也。即聋从昧[79]，与顽用嚚[80]，奸之大者也。弃德崇奸，祸之大者也。郑有平、惠之勋[81]，又有厉、宣之亲[82]，弃嬖宠而用三良[83]，于诸姬为近[84]，四德具矣。耳不听五声之和为聋，目不别五色之章为昧，心不则德义之经为顽[85]，口不道忠信之言为嚚。狄皆则之，四奸具矣。周之有懿德也，犹曰：'莫如兄弟。'故封建之。其怀柔天下也[86]，犹惧有外侮。扞御侮者莫如亲亲[87]，故以亲屏周。召穆公亦云。今周德既衰，于是乎又渝周、召以从诸奸[88]，无乃不可乎！民未忘祸[89]，王又兴之，其若文、武何[90]？"王弗听，使颓叔、桃子出狄师[91]。

夏，狄伐郑，取栎。

王德狄人[92]，将以其女为后。富辰谏曰："不可。臣闻之曰：'报者倦矣，施者未厌。'狄固贪婪，王又启之[93]，女德无极，妇怨无终，狄必为患。"王又弗听。

初，甘昭公有宠于惠后[94]，惠后将立之，未及而卒。昭公奔齐，王复之，又通于隗氏[95]。王替隗氏[96]。颓叔、桃子曰:"我实使狄,狄其怨我。"遂奉大叔,以狄师攻王。王御士将御之,王曰:"先后其谓我何⁹⁷?宁使诸侯图之。"王遂出,及坎欿⁹⁸,国人纳之。

秋,颓叔、桃子奉大叔以狄师伐周,大败周师,获周公忌父、原伯、毛伯、富辰。王出适郑,处于氾⁹⁹。大叔以隗氏居于温。

郑子华之弟子臧出奔宋,好聚鹬冠¹⁰⁰。郑伯闻而恶之,使盗诱之。八月,盗杀之于陈、宋之间。

君子曰:"服之不衷¹⁰¹,身之灾也。《诗》曰:'彼己之子,不称其服¹⁰²。'子臧之服,不称也夫。《诗》曰:'自诒伊戚¹⁰³。'其子臧之谓矣。《夏书》曰:'地平天成¹⁰⁴,'称也。"

宋及楚平。宋成公如楚,还入于郑。郑伯将享之,问礼于皇武子¹⁰⁵。对曰:"宋,先代之后也,于周为客。天子有事,膰焉¹⁰⁶,有丧,拜焉。丰厚可也。"郑伯从之,享宋公有加¹⁰⁷,礼也。

冬,王使来告难曰:"不穀不德,得罪于母弟之宠子带,鄙在郑地氾¹⁰⁸,敢告叔父¹⁰⁹。"臧文仲对曰:"天子蒙尘于外¹¹⁰,敢不奔问官守¹¹¹?"王使简师父告于晋¹¹²,使左鄢父告于秦。

天子无出。书曰:"天王出居于郑。"辟母弟之难也。天子凶服降名¹¹³,礼也。

郑伯与孔将钼、石甲父、侯宣多省视官具于氾¹¹⁴,而后听其私政¹¹⁵,礼也。

卫人将伐邢,礼至曰¹¹⁶:"不得其守¹¹⁷,国不可得也。

我请昆弟仕焉⑱。"乃往，得仕。

[注释]

①负羁绁（xiè）：背着马笼头和马缰绳。 ②亡：离开。 ③舅氏：子犯为重耳舅父。 ④有如白水：意为河神为证。 ⑤令狐：晋地，在今山西省临猗县西。 ⑥桑泉：晋地，在今山西省临猗县西。 ⑦臼衰（cuī）：晋地，在今山西省运城市盐湖区解州镇西、临猗县南。 ⑧甲午：二月无甲午日，恐有误。 ⑨庐柳：晋地，在今山西省临猗县北。 ⑩公子絷：见僖公十五年注。 ⑪郇（xún）：晋地，在今山西省临猗县西南。 ⑫武宫：重耳祖父晋武公之庙。 ⑬高梁：见僖公九年注。 ⑭吕、郤（xì）：指吕甥、郤芮，二人均为晋惠公的亲信。 ⑮晋侯：指晋文公。 ⑯寺人披：见僖公五年注。 ⑰让：责备。 ⑱蒲城之役：指晋献公命寺人披攻蒲，搜捕重耳。见僖公五年注。 ⑲田：打猎。 ⑳中宿：过了第二个晚上。 ㉑袪：袖口。见僖公五年注。 ㉒无二：无二心。 ㉓唯力是视：即"唯视力"，言竭尽其力。 ㉔置射钩：把射钩一事放置一边。 ㉕何辱命：何劳君主下令，意为我会自己走开。 ㉖刑臣：受过宫刑的小臣。 ㉗潜：偷偷地。王城：秦地。 ㉘己丑晦：三十日。晦，每月最后一天。 ㉙嬴氏：秦穆公女文嬴。 ㉚卫：卫士。 ㉛纪纲之仆：得力的仆从。 ㉜竖：未成年的童仆。头须：人名。 ㉝守藏（zàng）：看守库藏的人。 ㉞求纳之：设法接纳文公回国。 ㉟沐：洗头。 ㊱覆：反。 ㊲图反：意图颠倒。 ㊳居者：留在国内的人。 ㊴罪：归罪，用作动词。 ㊵遽：马上。 ㊶请其二子：请留下两个儿子。二子，即伯儵、叔刘。 ㊷赵姬：晋文公之女，赵衰之妻。盾：赵盾，其母为叔隗。 ㊸子馀：赵衰字。 ㊹内子：嫡妻。 ㊺介之推：晋文公臣，又作介子推。禄：俸禄，禄位。 ㊻诬：欺骗。 ㊼下义其罪：下属把罪过当作义。 ㊽蒙：欺骗。 ㊾求之：求赏。 ㊿怼（duì）：怨

恨。 (51)尤：罪。 (52)不食其食：不吃其俸禄。 (53)身之文：身体的装饰。 (54)绵上：晋地，在今山西省介休市东南。田：封田。 (55)志：记。 (56)旌：表彰。 (57)即：亲近。 (58)公子士：郑国宗室。泄堵俞弥：郑大夫。 (59)伯服、游孙伯：均为周大夫。 (60)厉公：郑文公之父。不与厉公爵：事见庄公二十一年传。 (61)与：偏袒。 (62)二子：指伯服和游孙伯。 (63)富辰：周臣。 (64)大（tài）上：地位最高的人。 (65)亲亲：亲近亲属。相及：由近及远。 (66)吊：伤感。二叔：指管叔、蔡叔。不咸：没有善终。 (67)封建：分封建制。蕃屏周：为周作藩篱屏障。 (68)管、蔡、郕（chéng）……：为十六诸侯国。(69)文之昭：周文王之子。古代宗庙墓地排列次序，始祖居中，左昭右穆。周以后稷为始祖，其子为昭，其孙为穆。文王为后稷十四世孙，为穆，故其子为昭。 (70)邘、晋、应、韩：四诸侯国名。 (71)凡、蒋、邢……：六诸侯国名。胤：后嗣。 (72)召穆公：即召虎，又称召伯虎，周厉王、宣王时大臣。不类：不善，衰微。 (73)诗：以下诗句见《诗经·小雅·常棣》。 (74)鄂：同“萼”。铧（wěi）铧：艳丽的样子。 (75)阋（xì）：争讼。墙：墙内，即家庭内部。 (76)懿：美。 (77)庸勋：酬答有功者。 (78)昵近：亲昵近亲。 (79)即聋：接近耳聋者。从昧：跟从昏聩者。 (80)与顽：交结冥顽者。用嚚（yín）：信用奸诈者。 (81)平、惠之勋：指周平王东迁，依靠郑而立国。周惠王因王子颓之乱出奔，也由郑返回。 (82)厉、宣之亲：指郑始封之祖桓公友是周厉王的儿子，周宣王的弟弟。 (83)弃嬖宠：指郑文公杀掉嬖臣申侯和宠子太子华。用三良：指信用叔詹、堵叔、师叔。 (84)诸姬：姬姓诸国。 (85)不则：不遵循，不效法。 (86)怀柔：安抚，笼络。 (87)扞（hàn）御：抵御。 (88)渝周、召：改变周公、召公的做法。 (89)民未忘祸：周室前有王子颓之乱，后王子带勾结狄人入侵，人民尚未忘记。 (90)其若文、武何：言将废弃文王、武王的功业。 (91)颓叔、桃子：二人皆为周大夫。 (92)德：感谢。 (93)启：诱导。 (94)甘昭公：即王子带，周惠王子，周襄王之弟，封于甘，昭为其谥号。惠后：襄王、王子带之母。　㊽隗（wěi）氏：周襄王所娶狄女，立为王后。　㊾替：废掉。　㊿先后：其母惠后。　○98坎欿（kǎn）：周地，在今河南省巩义市东南。　○99氾（fàn）：郑地，在今河南省襄城县南，因周襄王曾出居于此，故名襄城。　○100鹬（yù）冠：用鹬羽毛作冠。鹬，水鸟名。　○101不衷：不合适。　○102"彼己之子"二句：出自《诗经·曹风·候人》。　○103自诒伊戚：出自《诗经·小雅·小明》。诒：通"遗"。戚：忧伤。　○104地平天成：大地平静，上天成全。　○105皇武子：郑卿。　○106膰（fán）：宗庙祭肉，此用作动词，即致胙于宋。　○107有加：比常礼有所增加。　○108鄙：野居，天子离王都，故称鄙居。　○109叔父：天子对同姓诸侯称叔父或伯父。　○110蒙尘：蒙受污垢。　○111官守：指周王的群臣。　○112简师父：与下句中"左鄢父"均为周大夫。　○113降名：指自称"不穀"。　○114孔将鉏（chú）、石甲父、侯宣多：均为郑大夫。官具：官员和器用。　○115私政：郑国的政事。　○116礼至：卫大夫。　○117守：官守。　○118昆弟：兄弟。仕：做官。

[译文]

二十四年春季，周历正月，秦穆公把重耳送回晋国。《春秋》没有记载此事，是因为晋国没有把重耳回国的事通知鲁国。

重耳到了黄河，狐偃把玉璧还给他，说："为臣鞍前马后随您巡行各地，我的罪过太多了。这一点我自己都知道，何况您呢？请允许我从此离开您。"重耳说："我如果不和舅父一条心，有河神为证！"并把玉璧扔到河里。

渡过黄河，包围令狐，进入桑泉，夺取臼衰。二月某日，晋怀公的军队驻扎在庐柳。秦穆公派公子絷到晋军劝说，晋军后退，驻扎在郇地。辛丑日，狐偃和秦国、晋国的大夫在郇地结盟。壬寅日，重耳进入晋军。丙午日，进入曲沃。丁未日，在晋武公庙内朝拜。戊申日，派人在高梁杀死怀公。《春秋》没有记载此事，也是因为晋国没来报告。

吕甥、郤芮害怕受到重耳的迫害，准备焚烧宫室并杀害他。寺人披请求进见，文公派人责备他，并且拒绝接见，说："蒲城之战，献公命令你一个晚上到达蒲城，可你立刻就到了。后来我随狄君在渭水边上打猎，你替惠公来杀我，命令你三个晚上到达，你过了两晚就赶到了。虽然有国君的命令，为什么执行那么快呢？被你砍断的那只袖子我还保存着，你还是走开吧。"寺人披回答说："我本以为您回国以后，就知道为君的道理了。如果还不懂，恐怕还将遇到灾难。执行国君的命令不能有二心，是自古以来的制度。为国君除去他所厌恶的人，自然要尽最大的力量。那时您就和蒲人、狄人一样，和我有什么关系呢？如今您即位之后，难道就没有蒲、狄这样的人吗？齐桓公不追究管仲射钩责任而重用他为相，您如果改变桓公的做法，我自然会走开，又何必劳您下令驱逐呢？这样畏罪出奔的人会很多，岂止我一人？"文公这才接见了他，寺人披把吕、郤焚宫杀君的阴谋告诉了文公。三月，文公和秦穆公在王城秘密会见。三十日，晋国的宫室起火。吕甥和郤芮没有找到文公，来到黄河边上，秦穆公诱骗他们，将其杀掉。文公迎接夫人嬴氏回国。穆公送给晋国三千卫士，都是能干的仆人。

当初，文公的童仆头须负责管理库藏。文公出逃在外时，头须偷了库中的财物逃走，把这些财物都用到争取文公回国的活动上了。等文公回国，头须求见，文公以正在洗头为理由推辞不见。头须对仆人说："洗头时，心的位置就倒了过来，心倒过来想法也自然倒了过来，难怪我不被接见。留在国内的人，是替他在看守国家，随从出逃的人，是鞍前马后为他奔走服役，都是有功的，何必一定认为留在国内的人就是有罪呢？作为国君，如果仇视普通人，害怕他的人就多了。"仆人告诉了文公，文公立即接见了他。

狄人把季隗送到晋国，请求留下他的两个儿子。文公把女儿嫁给了赵衰，生了原同、屏括、楼婴。赵姬请求把赵盾和他的母亲接回来，赵衰不同意。赵姬说："得到新欢却忘了旧人，以后怎么用人？一定要接他们回来。"一再请求，赵衰同意了。赵盾和母亲回来后，赵姬认为赵盾有才，坚持请求文公把赵盾作为嫡子，让她的三个儿子居于赵盾之下，让叔隗为正妻，自己在她之下。

文公赏赐随他一起出亡的人，介之推没有要求俸禄，也就没有得到。介之推说："献公有九个儿子，只剩下主公一人了。惠公、怀公都没有亲近之人，国内国外都抛弃了他们。上天不使晋国灭绝，晋国还会有君主出现。主持晋国祭祀的人，除了主公还有谁呢？这是上天立他为君，那些人都认为是自己的功劳，不是太荒谬了吗？偷窃别人的财物，尚且叫作盗，何况贪天功据为己有呢？下面的人把罪恶当作正义，上面的人又对奸诈加以赏赐，上下互相欺骗，很难与他们相处。"他母亲说："何不也去请求封赏呢？就这样死去又能抱怨谁呢？"介之推回答说："明知不对又去效法他们，罪过岂不更大了吗？况且我已口出怨言，不再吃他的俸禄。"他母亲说："还是要让他知道你的想法，怎么样？"介之推回答说："言语是自身的文饰。我本身准备隐居，还用得着用言语来文饰吗？这么做是企求显达。"他母亲说："你能这样做吗？我和你一起去。"于是隐居直到去世。文公到处找他，也没有找到，就把绵上封作介之推的祭田，说："以此记下我的过错，并表扬好人。"

郑国人进入滑国时，滑国人表示听从命令。郑军回去后，滑国又亲近卫国。于是郑国的公子士、泄堵俞弥率军攻打滑国。天子派伯服、游孙伯到郑国为滑国求情。郑文公怨恨惠王回到成周后不赐给厉公爵位，又怨恨襄王亲近卫国和滑国，因此不理睬天子的命令，把伯服和游孙伯抓了起来。天子很生气，准备率领狄人攻打郑国。富辰劝阻说："不行。据我所知：地位最高的人用德行安抚百姓，其次是亲近亲属，然后由近及远依次施恩。从前周公悲伤管叔、蔡叔没能善终，因此给亲戚分封土地建立国家，以作为王室屏障。管、蔡、郕、霍、鲁、卫、毛、聃、郜、雍、曹、滕、毕、原、酆、郇各国，都是文王的儿子。邗、晋、应、韩各国，都是武王的儿子。凡、蒋、邢、茅、胙、祭各国，都是周公的后代。召穆公担心周朝德行衰微，因此把宗族集合在成周，并赋诗道：'常棣花啊真漂亮，花朵艳丽相得益彰，如今人与人的关系，总不能和兄弟一样。'诗的第四章又说：'兄弟在家争斗不休，遇有外敌也会共同抵抗。'如果是这样，兄弟之间虽然小有怨恨，也不会断绝亲近关系。现在天子对小怨不能忍受，要抛弃郑国这个亲戚，能将它怎么样呢？奖励有功，亲近亲属，接近近臣，尊崇贤人，是德行中的大德。接近耳聋之人，跟从昏庸之人，结交浅陋之人，使用狡诈之人，是邪恶中的大恶。离弃德行，崇尚邪恶，是祸患中的大祸。郑国有过辅助平王东迁、惠王定位的功劳，与厉王、宣王有亲戚关系，郑君能舍弃宠臣而任用三良，在姬姓诸国中属于近亲，四种德行都具备了。耳朵听不到五声唱和的是聋子，眼睛辨不清五色文饰的是瞎子，内心不以德义为准则是浅陋，口中不讲忠信之言是狡诈。狄人效法这些，四种邪恶都具备了。王室尚有美德时，还说：'没有比兄弟之间更为亲近的了。'所以就分封土地建立了各个国家。当它想安抚稳定天下的时候，尚且担心外敌的侵犯。抵御外敌的侵犯，没有比依靠亲属更有效的了，因此以亲属作为王室的外围屏障。召穆公也是这样说的。如今周室德行已经衰微，这时又要改变周公、召公的做法，效仿各种邪恶，恐怕不行吧！百姓还没有忘记祸乱的危害，大王又要把它挑起，怎么对文王、武王交代呢？"天子不听，派颓叔、桃子率领狄军出征。

夏季，狄军攻打郑国，夺取了栎地。

天子感激狄人，准备娶狄君的女儿为王后。富辰劝阻说："不行。我听说：'受惠报恩的人已经厌倦了，施恩望报的人还没有满足。'狄人本性贪婪，大王又进一步助长他们的欲望，女子的德行没有极限，妇人的怨恨没有终了，狄人一定会成为祸患。"天子又不听。

当初，甘昭公王子带受到惠后的宠爱，惠后准备立他为太子，没有等到就死了。王子带逃亡到齐国，天子让他回来，他又和隗氏私通。天子废了隗氏。颓叔和桃子说："是我们使狄女成为王后的，狄人将会怨恨我们。"就事奉王子带攻打天子。天子的卫士准备抵抗，天子说：

"如果杀了他惠后将会怎么说呢？宁可让诸侯收拾他。"于是天子离开京城，到了坎欿，京城的人又把他接回去。

秋季，颓叔、桃子事奉王子带率领狄军攻打成周，大败王室军队，抓获了周公忌父、原伯、毛伯、富辰。天子逃奔到郑国，住在氾地。王子带和隗氏住在温地。

郑国子华的弟弟子臧逃亡到了宋国，他喜欢收集鹬毛冠。郑文公知道后很厌恶他，派刺客前去诱杀他。八月，刺客在陈、宋两国交界处将子臧杀害。

君子评论说："服饰不合身，是身体的灾祸。《诗经》说：'那个人啊，他的服饰很不相称。'子臧的服饰就不相称。《诗经》说：'自寻烦恼。'说的就是子臧。《夏书》说：'大地平静，上天成全。'说的就是上下相称。"

宋国与楚国讲和。宋成公到楚国访问，回国时路过郑国。郑文公准备设酒宴款待他，问皇武子使用什么礼仪。皇武子回答说："宋国是商朝的后裔，对周朝来说是客人。天子祭祀时，要送给他们祭肉，遇有丧事吊唁时，天子还要答拜。可以丰盛一些。"郑文公听从了他的意见，酒宴比常礼有所增加，是合乎礼的。

冬季，天子派人来报告发生的祸难，说："我缺乏德行，得罪了母亲宠爱的儿子王子带，以致野居在郑国的氾地，特此告诉叔父。"臧文仲回答说："天子流落在外，我们哪里敢不前去问候？"天子派简师父到晋国通报，派左鄢父到秦国通报。

天子没有出国之说。《春秋》记载说："天王出居于郑。"表明是躲避同母弟弟造成的灾难。天子身穿凶服，自称"不穀"降低身份，是合乎礼的。

郑文公和孔将鉏、石甲父、侯宣多到氾地去慰问天子的随行官员并检查供应的器具，然后听取了郑国的政事，是合乎礼的。

卫国人打算攻打邢国，礼至说："如果做不到邢国的正卿，是得不到邢国的。请让我们兄弟去邢国做官。"就到邢国做了官。

僖公二十五年

经 二十有五年春，王正月，丙午，卫侯毁灭邢。夏四月癸酉，卫侯毁卒。宋荡伯姬来逆妇。宋杀其大夫。秋，楚人围陈，纳顿子于顿。葬卫文公。冬十有二月癸亥，公会卫子、莒庆，盟于洮。

传 二十五年春，卫人伐邢，二礼从国子巡城①。掖以赴外②，杀之。正月丙午③，卫侯毁灭邢，同姓也，故名。礼至为铭曰④："余掖杀国子，莫余敢止。"

秦伯师于河上，将纳王。狐偃言于晋侯曰："求诸侯，莫如勤王⑤。诸侯信之，且大义也。继文之业而信宣于诸侯⑥，今为可矣。"

使卜偃卜之，曰："吉。遇黄帝战于阪泉之兆⑦。"公曰："吾不堪也⑧。"对曰："周礼未改。今之王，古之帝也。"公曰："筮之。"遇《大有》䷍之《睽》䷥⑨，曰："吉。遇'公用享于天子⑩'之卦。战克而王飨，吉孰大焉？且是卦也，天为泽以当日⑪，天子降心以逆公⑫，不亦可乎？《大有》去《睽》而复⑬，亦其所也。"

晋侯辞秦师而下。三月甲辰⑭，次于阳樊⑮。右师围温，左师逆王。夏四月丁巳⑯，王入于王城，取大叔于温⑰，杀之于隰城⑱。

戊午，晋侯朝王，王享醴，命之宥⑲。请隧⑳，弗许，曰："王章也㉑。未有代德而有二王㉒，亦叔父之所恶也。"与之阳樊、温、原、欑茅之田㉓。晋于是始启南阳㉔。

阳樊不服，围之。苍葛呼曰㉕："德以柔中国，刑以威四夷，宜吾不敢服也。此谁非王之亲姻㉖，其俘之也？"乃出其民㉗。

秋，秦、晋伐鄀㉘。楚斗克、屈御寇以申、息之师戍商密㉙。秦人过析隈㉚，入而系舆人以围商密㉛，昏而傅焉㉜。宵，坎血加书㉝，伪与子仪、子边盟者。商密人惧曰："秦取析矣，戍人反矣！"乃降秦师。秦师囚申公子仪、息公子边以归。楚令尹子玉追秦师，弗及。遂围陈，纳顿子于顿。

冬，晋侯围原，命三日之粮。原不降，命去之。谍出㉞，曰："原将降矣。"军吏曰："请待之。"公曰："信，国之宝也，民之所庇也㉟。得原失信，何以庇之？所亡滋多㊱。"退一舍而原降。迁原伯贯于冀㊲。赵衰为原大夫㊳，狐溱为温大夫㊴。

卫人平莒于我。十二月，盟于洮，修卫文公之好，且及莒平也。

晋侯问原守于寺人勃鞮㊵，对曰："昔赵衰以壶飧从，径㊶，馁而弗食㊷。"故使处原㊸。

[注释]

①二礼：指礼至兄弟二人。国子：邢国大臣。 ②掖以赴外：挟持到城外。 ③丙午：二十日。 ④为铭：作铭文。 ⑤勤王：为天子的事效劳。 ⑥文：指晋文侯仇，曾助平王东迁，匡扶周室。 ⑦阪泉：在今河北省涿鹿县东。据古书记载，黄帝与蚩尤战于阪泉之野，三战而胜。 ⑧不堪：即不敢当。 ⑨《大有》：六十四卦之一，卦象为乾下离上。《睽》：六十四卦之一，卦象为兑下离上。 ⑩公用

享于天子：为《周易》《大有》卦的九三爻辞。　⑪天为泽以当日：指《大有》卦下卦为乾，乾为天；变为《兑》卦，兑为泽。而《大有》卦上卦为离，离为日；《离》卦未变，于《大有》卦，居乾之上，于《睽》卦，居兑之上，故称当日。　⑫降心：降格，乾为天而在离日之下，故云天子降心。　⑬《大有》去《睽》而复：指《大有》变为《睽》而终将回到《大有》。因天子"富有四海"，才能称为《大有》，意为天子将复位。　⑭甲辰：十九日。　⑮阳樊：在今河南省济源市东南。　⑯丁巳：初三日。　⑰大叔：即王子带。　⑱隰城：地名。在今河南省武陟县境。　⑲宥：详见庄公十八年注。　⑳请隧：请求死后用隧葬。隧葬为古代天子葬礼。　㉑王章：天子的典章。㉒代德：取代周室之德。二王：两个天子，指诸侯用天子的葬礼。㉓欑(cuán)茅：地名，详见隐公十一年注。　㉔启：开辟。南阳：卫地，指黄河以北，太行山以南，相当于今河南省新乡市一带，晋称为南阳。　㉕苍葛：阳樊人。　㉖此：指阳樊，即在阳樊的人。㉗出：放出。　㉘鄀(ruò)：秦、楚界上小国，建都商密，在今河南省淅川县。一说在今河南省内乡县。　㉙斗克：字子仪，时为楚地方长官申公。屈御寇：字子边，时为楚地方长官息公。　㉚析：地名。隈：河水弯曲处。　㉛舆人：众人。或为士兵，或为役卒。　㉜昏：黄昏。傅：逼近城下。　㉝坎：掘地为坎。血：杀牲取血以告神，即歃血。加书：将盟书放在上面。　㉞谍：间谍。　㉟庇：庇护。㊱滋：益，更加。　㊲冀：国名，在今山西省河津市东北。　㊳原大夫：即原守，晋称县宰为大夫。　㊴狐溱：狐毛之子。　㊵原守：镇守原的长官。勃鞮(dī)：即寺人披。　㊶径：小路。　㊷馁：饿。㊸此段二十八字为错简，当移至"卫人平莒于我"之前。

[译文]

　　二十五年春季，卫国人攻打邢国，礼至兄弟随国子在城上巡视。两人挟持国子到城外，把他杀害。正月二十日，卫文公毁灭了邢国，卫国和邢国同姓，因此《春秋》直书卫文公的名字"毁"。礼至作铭文说："我挟持杀死了国子，没有人敢阻止我。"

秦穆公军队驻扎在黄河边，准备护送天子回朝。狐偃对晋文公说："要取得诸侯的拥护，最好的办法是为天子效劳。这样可以得到诸侯的信任，而且符合大义。能继续晋文侯的事业，而且能在诸侯中提高声誉，现在机会来了。"

文公让卜偃占卜，卜偃说："吉利。得到了黄帝在阪泉作战的征兆。"文公说："我不敢当。"卜偃回答说："周朝的礼制还没有改变。现在的王，就是古代的帝。"文公说："占筮一下。"得到《大有》卦变成《睽》卦，卜偃说："吉利。得到'公被天子招待'一卦。说明在战胜之后，天子将设酒宴款待您，还有比这更大的吉利吗？而且这一卦，天变为水泽以承受太阳的照射，象征天子将屈尊来迎接您，不是很好吗？《大有》变成《睽》，又回到本卦，说明天子就要回朝。"

晋文公辞退秦军，顺黄河而下。三月十九日，驻扎在阳樊。右军包围温地，左军迎接天子。夏季四月三日，天子进入王城，在温地抓住太叔，在隰城将其杀害。

四日，文公朝见天子，天子用甜酒招待他，让他向自己敬酒。文公请求死后用隧葬之礼，天子没有答应，说："这是天子的典章。还没有具备取代周朝的德行却有了两个天子，这也是叔父所不喜欢的。"把阳樊、温、原、櫕茅等地赐给了文公。晋国从此开始开辟南阳的疆土。

阳樊人不服从，晋军包围了它。苍葛大声喊道："安抚中原各国只能使用德行，对四方夷狄才使用刑罚，我们肯定不会降服。这里的人谁不是天子的亲戚，难道能俘虏他们吗？"晋军便放阳樊的百姓逃出城外。

秋季，秦国和晋国攻打鄀国。楚国的斗克、屈御寇率领申地、息地军队守卫商密。秦军经过析地，将士兵捆起来假装俘虏，包围了商密，黄昏时逼近城下。夜里掘地杀牲，把盟书放在上面，伪装和斗克、屈御寇歃血盟誓的样子。商密人害怕了，说："秦国人已占领析地了，戍守的楚人背叛了我们!"于是投降了秦军。秦军囚禁了申公斗克、息公屈御寇回国。楚国令尹子玉追赶秦军,未能赶上。就包围了陈国,把顿子送回了顿国。

冬季,晋文公包围原邑,下令准备三天的军粮。三天后原邑还不投降,文公下令撤兵。间谍从城里出来说:"原邑打算投降了。"军官说:"稍等一下吧。"文公说:"信用是国家之宝,百姓也要靠它来庇护。得到原邑却失去了信用,用什么来庇护百姓?这样失去的东西就更多。"于是退兵三十里,原邑也投降了。晋人把原伯贯迁到冀地。任命赵衰为原大夫,狐溱为温大夫。

卫国人调停莒国和鲁国的关系。十二月,在洮地结盟,重修了卫文公时期的友好,同时和莒国讲和。

晋文公向寺人披问起镇守原邑的人选,寺人披说:"从前赵衰提着壶携带食物跟随您,他走小道与您失散,饿了也不吃您的食物。"文公就任命赵衰为原大夫。

僖公二十六年

经 二十有六年春,王正月己未,公会莒子、卫宁速盟于向。齐人侵我西鄙。公追齐师,至酅,弗及。夏,齐人伐我北鄙。卫人伐齐,公子遂如楚乞师。秋,楚人灭夔,以夔子归。冬,楚人伐宋,围缗。公以楚师伐宋,取谷。公至自伐齐。

传 二十六年春,王正月,公会莒兹㔻公、宁庄子盟于向[①],寻洮之盟也。

齐师侵我西鄙[②],讨是二盟也[③]。

夏,齐孝公伐我北鄙。卫人伐齐,洮之盟故也。

公使展喜犒师④,使受命于展禽⑤。齐侯未入竟⑥,展喜从之,曰:"寡君闻君亲举玉趾⑦,将辱于敝邑⑧,使下臣犒执事⑨。"齐侯曰:"鲁人恐乎?"对曰:"小人恐矣,君子则否。"齐侯曰:"室如县罄⑩,野无青草,何恃而不恐?"对曰:"恃先王之命。昔周公、大公股肱周室,夹辅成王。成王劳之而赐之盟,曰:'世世子孙,无相害也。'载在盟府⑪,大师职之⑫。桓公是以纠合诸侯而谋其不协,弥缝其阙而匡救其灾⑬,昭旧职也。及君即位,诸侯之望曰:'其率桓之功⑭!'我敝邑用不敢保聚⑮,曰:'岂其嗣世九年而弃命废职⑯?其若先君何?君必不然。'恃此以不恐。"齐侯乃还。

东门襄仲、臧文仲如楚乞师⑰。臧孙见子玉而道之伐齐、宋⑱,以其不臣也。

夔子不祀祝融与鬻熊⑲,楚人让之。对曰:"我先王熊挚有疾,鬼神弗赦而自窜于夔⑳,吾是以失楚,又何祀焉?"秋,楚成得臣、斗宜申帅师灭夔㉑,以夔子归。

宋以其善于晋侯也,叛楚即晋。冬,楚令尹子玉、司马子西帅师伐宋,围缗。

公以楚师伐齐,取谷㉒。凡师,能左右之曰"以"㉓。置桓公子雍于谷,易牙奉之以为鲁援㉔。楚申公叔侯戍之㉕。桓公之子七人,为七大夫于楚。

[注释]

①兹丕:莒公之号,莒君无谥有号。向:莒地,在今山东省莒县。
②西鄙:西部边境。 ③二盟:即洮、向盟会。 ④展喜:鲁臣。

犒师:犒劳军队。　⑤展禽:名获,字禽,食邑于柳下,私谥为"惠",故又称柳下惠,是当时有名的贤人。　⑥竟:同"境"。　⑦玉趾:犹言"贵足"。意即大驾光临。　⑧辱于敝邑:谦辞,即光临敝国。　⑨执事:本指左右侍从,古代用作对对方的敬称,意即不敢直接与对方说话,请他手下的执事传达。　⑩室如县罄:即一无所有。县,同"悬"。　⑪载:盟。　⑫大师:太史。职:主管。　⑬弥缝:弥补。阙:缺失。　⑭率桓之功:遵循桓公的功业。率,循。　⑮用:因。保聚:保城聚众。　⑯嗣世:继承君位。　⑰东门襄仲:即公子遂。臧文仲:即臧孙辰。　⑱子玉:楚令尹成得臣。道:引导。　⑲夔子:夔君。夔,楚同姓诸侯国,故城在今湖北省秭归县东。祝融、鬻熊:均为楚国的先祖。　⑳鬼神弗赦:言曾祈祷于鬼神而疾病不愈。窜:流放。　㉑斗宜申:即司马子西。　㉒谷:齐地,在今山东省东阿县旧治。　㉓左右:指挥调动自如。　㉔易牙:齐臣。　㉕申公叔侯:楚臣,又名申叔。

[译文]

　　二十六年春季,周历正月,僖公会见莒君兹丕公、卫大夫宁庄子,在向地结盟,重温了洮地盟会的友好。

　　齐国军队侵入鲁国西部边境,以讨伐鲁国参加洮、向两次盟会。

　　夏季,齐孝公攻打鲁国北部边境。卫国人讨伐齐国,因为鲁、卫在洮地结盟。

　　僖公派展喜犒劳齐国军队,让他向展禽请教。齐孝公还没有进入鲁国境内,展喜就出境跟随上去,说:"寡君听说您要亲移贵步,屈尊光临我国,特派我来犒劳您的左右侍从。"孝公说:"鲁国人害怕了吗?"展喜回答说:"小人害怕了,君子则没有。"孝公说:"你们的百姓家家空虚,地里青草不长,依仗什么不害怕呢?"展喜回答说:"依仗先王的命令。从前周公、太公作为王室的大臣,共同辅佐成王。成王慰劳并赐给他们盟约,说:'世世代代、子子孙孙都不要互相残害。'这一盟约至今藏在盟府，由太史掌管。桓公因此联合诸侯，解决了他们的纠纷，弥补了他们的裂痕，把他们从灾难中挽救出来，这都是在履行太公的职责。等到您即位之后，诸侯们都仰望着说：'但愿他能继承桓公的事业！'我国也就没有调集军队防守边境，说：'难道他即位刚刚九年，就丢弃先王的遗命，忘记了自己的职责吗？这怎能对得起先君呢？他一定不会这么做。'因此不害怕。"齐孝公便撤兵回国了。

东门襄仲、臧文仲到楚国请求出兵。臧文仲见了子玉并劝他发兵攻打齐国和宋国，因为齐、宋两国不肯事奉楚国。

夔子不肯祭祀祝融和鬻熊，楚国人责难他。夔子回答说："从前我们先王熊挚有病，向鬼神祈祷，没有得到赦免，便移居到夔地。我国因此失去了楚国的救助，又祭祀什么呢？"秋季，楚国的成得臣、斗宜申率军灭亡了夔国，把夔子抓了回去。

宋国因为对晋文公表示过友好，就背叛了楚国而亲近晋国。冬季，楚国的令尹子玉、司马子西领兵攻打宋国，包围了缗地。

僖公率领楚国军队攻打齐国，夺取了谷地。凡是出兵，能够任意指挥别国军队称"以"。僖公把齐桓公的儿子雍安置在谷地，由易牙事奉，以作为鲁国的后援。楚国的申叔成守谷地。齐桓公有七个儿子，都在楚国做了大夫。

僖公二十七年

经 二十有七年春，杞子来朝。夏六月庚寅，齐侯昭卒。秋八月乙未，葬齐孝公。乙巳，公子遂帅师入杞。冬，楚人、陈侯、蔡侯、郑伯、许男围宋。十有二月甲戌，公会诸侯，盟于宋。

传 二十七年春，杞桓公来朝，用夷礼，故曰子。公卑杞，杞不共也①。

夏，齐孝公卒。有齐怨②，不废丧纪③，礼也。

秋，入杞，责无礼也。

楚子将围宋，使子文治兵于睽④，终朝而毕⑤，不戮一人。子玉复治兵于蒍⑥，终日而毕，鞭七人，贯三人耳⑦。国老皆贺子文⑧，子文饮之酒。蒍贾尚幼⑨，后至，不贺。子文问之，对曰："不知所贺。子之传政于子玉，曰以靖国也。靖诸内而败诸外，所获几何？子玉之败，子之举也⑩。举以败国，将何贺焉？子玉刚而无礼，不可以治民。过三百乘⑪，其不能以入矣⑫。苟入而贺，何后之有？"

冬，楚子及诸侯围宋，宋公孙固如晋告急⑬。先轸曰⑭："报施救患⑮，取威定霸，于是乎在矣。"狐偃曰："楚始得曹而新昏于卫⑯，若伐曹、卫，楚必救之，则齐、宋免矣。"于是乎蒐于被庐⑰，作三军，谋元帅。赵衰曰："郤縠可⑱。臣亟闻其言矣⑲，说礼乐而敦诗书⑳。诗书，义之府也㉑。礼乐，德之则也。德义，利之本也。《夏书》曰：'赋纳以言，明试以功，车服以庸㉒。'君其试之。"乃使郤縠将中军，郤溱佐之㉓；使狐偃将上军，让于狐毛，而佐之；使赵衰为卿，让于栾枝、先轸；使栾枝将下军，先轸佐之。荀林父御戎，魏犨为右。

晋侯始入而教其民，二年，欲用之。子犯曰："民未知义，未安其居。"于是乎出定襄王，入务利民，民怀生矣㉔，将用之。子犯曰："民未知信，未宣其用㉕。"于是乎伐原以示之信。民易资者不求丰焉㉖，明征其辞㉗。公曰："可矣乎？"子犯曰："民未知礼，未生其共㉘。"于是乎大蒐以示之礼，作执秩以正其官㉙，民听不惑而后用之㉚。出谷戍㉛，释宋围，一战而霸㉜，文之教也。

[注释]

①共：同"恭"。　②有齐怨：与齐有怨。　③丧纪：丧事的总称。　④子文：前令尹。睽：楚邑，地址不详。　⑤终朝：一个早上，即从旦至食时。　⑥蔿（wěi）：楚邑，地址不详。　⑦贯：用箭穿耳。　⑧国老：国家的卿大夫等官员。　⑨蔿贾：字伯嬴，孙叔敖之父。　⑩举：荐举。　⑪过：超过。　⑫入：率全军回国。　⑬公孙固：宋庄公之孙。　⑭先轸：即原轸，晋臣。　⑮报施：报答施舍，指宋襄公曾赠送晋文公马匹。　⑯始：刚刚。　⑰蒐（sōu）：检阅军队。被庐：晋地名，具体不详。　⑱郤（xì）縠（hú）：晋臣。　⑲亟：多次。　⑳说：同"悦"。敦：治。　㉑府：府库。　㉒"赋纳以言"三句：出自《尚书·益稷》。赋：通"敷"，普遍。明试以功：根据功绩考察其能力。车服以庸：用车马、衣服酬劳其功绩的大小。　㉓郤溱：晋大夫。　㉔怀生：安于生计。　㉕宣：明白。　㉖易资：买卖。不求丰：不谋求暴利。　㉗明征其辞：意为明码实价。　㉘未生其共：尚未产生恭敬之心。共，同"恭"。　㉙执秩：掌管爵禄等级的官员。一说为治理官府的法令。　㉚民听不惑：百姓明白道理，不致迷惑。　㉛出谷戍：赶走谷地的戍卒。　㉜一战：指第二年的城濮之战，晋胜楚，解除楚对齐、宋的威胁。

[译文]

二十七年春季，杞桓公来鲁国朝见，行的是夷人之礼，所以《春秋》称他为"子"。僖公瞧不起杞桓公，因为他不够恭敬。

夏季，齐孝公去世。鲁国对齐国虽有怨恨，但没有废弃对齐国的丧礼，是合乎礼的。

秋季，鲁国攻入杞国，责难杞桓公的无礼。

楚成王准备围攻宋国，派子文在睽地操练兵马，子文一个早上就操练完毕了，没有惩罚一个人。子玉在蒍地操练，练了一天才结束，鞭打了七人，用箭穿耳三人。楚国老臣都去祝贺子文举荐得人，子文请大家饮酒。蒍贾年纪还小，最后才到，也不向子文祝贺。子文问他原因，他回答说："我不知道要祝贺什么。您把大权传给子玉，说是为了安定国家。国内得到安定，对外作战却要失败，岂不是得不偿失？子玉作战失败，是由于您的举荐。举荐一个使国家失败的人，还值得祝贺吗？子玉刚愎而无礼，不能让他治理百姓。他统帅超过三百乘的军队，恐怕就不能安全回国了。如果能安全回国，再来祝贺也不算晚吧？"

冬季，楚成王和诸侯发兵包围宋国，宋国的公孙固到晋国告急。先轸说："报答宋公赠马之恩，解救宋国被围之患，在诸侯中树立威望，成就霸业，就在此一举了。"狐偃说："楚国刚刚得到曹国，又与卫国新近缔结了婚姻。如果攻打曹、卫，楚国必然援救，这样齐国、宋国也都能解围了。"于是晋国在被庐检阅了军队，把部队编成三个军，并商量谁做元帅。赵衰说："郤縠可以。我几次听他谈话，知道他爱好礼乐而崇尚诗书。诗书是义理之所在，礼乐是德行的准则。德行与义理，是利民的根本。《夏书》说：'使用一个人就要听取他的意见，交给他一项任务尝试一下，有了功绩就赐以车马服饰作为酬劳。'国君不妨试一试。"晋文公就委任郤縠率领中军，郤溱为副帅；委任狐偃率领上军，狐偃让给狐毛，自己为副帅；委任赵衰为卿，赵衰让给栾枝和先轸；栾枝率领下军，先轸为副帅。荀林父驾车，魏犨为车右。

当初晋文公回国后就训练百姓，两年后，就想使用他们。子犯说："百姓还不懂道义，不能够安居乐业。"于是文公在外帮助周襄王安定王位，回国后致力于为百姓谋求福利，百姓逐渐安于生计，文公又打算使用他们。子犯说："百姓还不知道信用，不了解信用的作用。"于是文公攻打原邑让百姓明白什么是信用。从此百姓做买卖不贪暴利，明码标价。文公说："现在行了吧？"子犯说："百姓还不知道礼，没有产生恭敬之心。"于是文公又举行阅兵使百姓知道什么是礼仪，设置执秩一官负责掌握爵禄等级，使官员各归其位。百姓才听从命令不再迷惑，然后使用他们。赶走了驻扎在谷地的楚军，解了宋国之围，一次战争就称霸于诸侯，这是文公注重教化的结果。

僖公二十八年

经 二十有八年春，晋侯侵曹。晋侯伐卫。公子买戍卫，不卒戍，刺之。楚人救卫。三月丙午，晋侯入曹，执曹伯，畀宋人。夏四月己巳，晋侯、齐师、宋师、秦师及楚人战于城濮，楚师败绩。楚杀其大夫得臣。卫侯出奔楚。五月癸丑，公会晋侯、齐侯、宋公、蔡侯、郑伯、卫子、莒子，盟于践土。陈侯如会。公朝于王所。六月，卫侯郑自楚复归于卫。卫元咺出奔晋。陈侯款卒。秋，杞伯姬来。公子遂如齐。冬，公会晋侯、齐侯、宋公、蔡侯、郑伯、陈子、莒子、邾子、秦人于温。天王狩于河阳。壬申，公朝于王所。晋人执卫侯，归之于京师。卫元咺自晋复归于卫。诸侯遂围许。曹伯襄复归于曹，遂会诸侯围许。

传 二十八年春，晋侯将伐曹，假道于卫，卫人弗许。还，自南河济①，侵曹伐卫。正月戊申②，取五鹿③。二月，晋郤縠卒。原轸将中军，胥臣佐下军④，上德也⑤。晋侯、齐侯盟于敛盂⑥。卫侯请盟，晋人弗许。卫侯欲与楚，国人不欲，故出其君以说于晋⑦。卫侯出居于襄牛⑧。

公子买戍卫⑨，楚人救卫，不克。公惧于晋，杀子丛以说焉。谓楚人曰："不卒戍也⑩。"

晋侯围曹，门焉⑪，多死。曹人尸诸城上⑫，晋侯患之，听舆人之谋，称："舍于墓⑬。"师迁焉，曹人凶惧⑭，为其所得者棺而出之。因其凶也而攻之。三月丙午⑮，入曹。数之⑯，以其不用僖负羁而乘轩者三百人也⑰，且曰献状⑱。令无入僖负羁之宫而免其族⑲，报施也。魏犫、颠颉怒曰："劳之不图⑳，报于何有？"爇僖负羁氏㉑。魏犫伤于胸，公欲杀之而爱其材，使问㉒，且视之㉓，病㉔，将杀之。魏犫束胸见使者曰："以君之灵㉕，不有宁也㉖？"距跃三百㉗，曲踊三百㉘。乃舍之㉙。杀颠颉以徇于师㉚。立舟之侨以为戎右㉛。

宋人使门尹般如晋师告急㉜。公曰："宋人告急，舍之则绝，告楚不许。我欲战矣，齐、秦未可，若之何？"先轸曰："使宋舍我而赂齐、秦，藉之告楚㉝。我执曹君而分曹、卫之田以赐宋人。楚爱曹、卫，必不许也。喜赂怒顽㉞，能无战乎？"公说，执曹伯，分曹、卫之田以畀宋人㉟。

楚子入居于申，使申叔去谷，使子玉去宋，曰："无从晋师㊱。晋侯在外十九年矣，而果得晋国。险阻艰难，备尝之矣。民之情伪㊲，尽知之矣。天假之年㊳，而除其害㊴。天之所置，其可废乎？《军志》曰㊵：'允当则归㊶。'又曰：'知难而退㊷。'又曰：'有德不可敌。'此三志者㊸，晋之谓矣。"

子玉使伯棼请战㊹，曰："非敢必有功也，愿以间执谗慝之口㊺。"王怒㊻，少与之师，唯西广、东宫与若敖之六卒实从之㊼。

子玉使宛春告于晋师曰[48]:"请复卫侯而封曹,臣亦释宋之围。"子犯曰:"子玉无礼哉!君取一,臣取二[49],不可失矣[50]。"先轸曰:"子与之。定人之谓礼[51],楚一言而定三国,我一言而亡之。我则无礼,何以战乎?不许楚言,是弃宋也,救而弃之,谓诸侯何?楚有三施,我有三怨,怨仇已多[52],将何以战?不如私许复曹、卫以携之[53],执宛春以怒楚,既战而后图之。"公说,乃拘宛春于卫,且私许复曹、卫。曹、卫告绝于楚。

子玉怒,从晋师,晋师退。军吏曰:"以君辟臣[54],辱也。且楚师老矣[55],何故退?"子犯曰:"师直为壮[56],曲为老[57]。岂在久乎[58]?微楚之惠不及此[59],退三舍辟之,所以报也。背惠食言,以亢其仇[60],我曲楚直。其众素饱[61],不可谓老。我退而楚还,我将何求?若其不还,君退臣犯,曲在彼矣。"退三舍,楚众欲止,子玉不可。

夏四月戊辰[62],晋侯、宋公、齐国归父、崔夭、秦小子憖次于城濮[63]。楚师背酅而舍[64],晋侯患之,听舆人之诵曰:"原田每每[65],舍其旧而新是谋。"公疑焉。子犯曰:"战也!战而捷,必得诸侯。若其不捷,表里山河[66],必无害也。"公曰:"若楚惠何?"栾贞子曰[67]:"汉阳诸姬[68],楚实尽之[69]。思小惠而忘大耻,不如战也。"晋侯梦与楚子搏[70],楚子伏己而盬其脑[71],是以惧。子犯曰:"吉。我得天[72],楚伏其罪[73],吾且柔之矣[74]。"

子玉使斗勃请战[75],曰:"请与君之士戏[76],君冯轼而观之[77],得臣与寓目焉[78]。"晋侯使栾枝对曰:"寡君闻命矣。楚君之惠未之敢忘,是以在此。为大夫退[79],其敢当君乎⑧⁰？既不获命矣，敢烦大夫谓二三子⑧¹：'戒尔车乘，敬尔君事，诘朝将见⑧²。'"

晋车七百乘，韅、靷、鞅、靽⑧³。晋侯登有莘之虚以观师⑧⁴，曰："少长有礼，其可用也。"遂伐其木以益其兵⑧⁵。

己巳⑧⁶，晋师陈于莘北⑧⁷，胥臣以下军之佐当陈、蔡⑧⁸。子玉以若敖之六卒将中军，曰："今日必无晋矣。"子西将左⑧⁹，子上将右⑨⁰。胥臣蒙马以虎皮，先犯陈、蔡。陈、蔡奔，楚右师溃。狐毛设二旆而退之⑨¹，栾枝使舆曳柴而伪遁⑨²，楚师驰之。原轸、郤溱以中军公族横击之⑨³。狐毛、狐偃以上军夹攻子西，楚左师溃。楚师败绩。子玉收其卒而止，故不败。

晋师三日馆谷⑨⁴，及癸酉而还⑨⁵。甲午⑨⁶，至于衡雍⑨⁷。作王宫于践土⑨⁸。

乡役之三月⑨⁹，郑伯如楚致其师⑩⁰，为楚师既败而惧，使子人九行成于晋⑩¹。晋栾枝入盟郑伯。五月丙午⑩²，晋侯及郑伯盟于衡雍。

丁未⑩³，献楚俘于王，驷介百乘⑩⁴，徒兵千⑩⁵。郑伯傅王⑩⁶，用平礼也⑩⁷。己酉⑩⁸，王享醴，命晋侯宥。王命尹氏及王子虎、内史叔兴父策命晋侯为侯伯⑩⁹，赐之大辂之服⑪⁰，戎辂之服⑪¹，彤弓一⑪²，彤矢百，玈弓矢千⑪³，秬鬯一卣⑪⁴，虎贲三百人⑪⁵。曰："王谓叔父⑪⁶：'敬服王命，以绥四国，纠逖王慝⑪⁷。'"晋侯三辞，从命。曰："重耳敢再拜稽首，奉扬天子之丕显休命⑪⁸。"受策以出⑪⁹，出入三觐⑫⁰。

卫侯闻楚师败，惧，出奔楚，遂适陈，使元咺奉叔武以受盟㉑。癸亥㉒，王子虎盟诸侯于王庭，要言曰㉓："皆奖王室㉔，无相害也。有渝此盟㉕，明神殛之㉖：俾队其师㉗，无克祚国㉘，及而玄孙，无有老幼。"君子谓是盟也信，谓晋于是役也能以德攻。

初，楚子玉自为琼弁玉缨㉙，未之服也。先战㉚，梦河神谓己曰㉛："畀余，余赐女孟诸之麋㉜。"弗致也。大心与子西使荣黄谏㉝，弗听。荣季曰："死而利国，犹或为之，况琼玉乎？是粪土也，而可以济师，将何爱焉？"弗听。出，告二子曰㉞："非神败令尹，令尹其不勤民㉟，实自败也。"既败，王使谓之曰㊱："大夫若入，其若申、息之老何㊲？"子西、孙伯曰㊳："得臣将死㊴，二臣止之曰：'君其将以为戮。'"及连谷而死㊵。

晋侯闻之而后喜可知也，曰："莫余毒也已㊶！芳吕臣实为令尹㊷，奉己而已㊸，不在民矣。"

或诉元咺于卫侯曰㊹："立叔武矣。"其子角从公㊺，公使杀之。咺不废命，奉夷叔以入守㊻。

六月，晋人复卫侯。宁武子与卫人盟于宛濮㊼，曰："天祸卫国，君臣不协㊽，以及此忧也。今天诱其衷㊾，使皆降心以相从也㊿。不有居者，谁守社稷？不有行者，谁扞牧圉？不协之故，用昭乞盟于尔大神以诱天衷。自今日以往，既盟之后，行者无保其力，居者无惧其罪。有渝此盟，以相及也。明神先君，是纠是殛。"国人闻此盟也，而后不贰。

卫侯先期入，宁子先，长牂守门，以为使也，与之乘而入。公子歂犬、华仲前驱。叔武将沐，闻君至，喜，捉发走出㊊,前驱射而杀之。公知其无罪也,枕之股而哭之。獒犬走出,公使杀之,元咺出奔晋。

城濮之战,晋中军风于泽㊋,亡大旆之左旃㊌。祁瞒奸命㊍,司马杀之,以徇于诸侯,使茅茷代之㊎。师还,壬午㊏,济河。舟之侨先归,士会摄右㊐。秋七月丙申㊑,振旅㊒,恺以入于晋㊓。献俘授馘㊔,饮至大赏㊕,征会讨贰㊖。杀舟之侨以徇于国,民于是大服。

君子谓:"文公其能刑矣㊗,三罪而民服㊘。《诗》云:'惠此中国,以绥四方㊙。'不失赏刑之谓也。"

冬,会于温,讨不服也。

卫侯与元咺讼㉑,宁武子为辅㉒,铖庄子为坐㉓,士荣为大士㉔。卫侯不胜,杀士荣,刖铖庄子,谓宁俞忠而免之,执卫侯,归之于京师,置诸深室㉕。宁子职纳橐饘焉㉖。元咺归之于卫,立公子瑕。

是会也,晋侯召王,以诸侯见,且使王狩。仲尼曰㉗:"以臣召君,不可以训。"故书曰:"天王狩于河阳。"言非其地也,且明德也。

壬申㉘,公朝于王所。

丁丑㉙,诸侯围许。

晋侯有疾,曹伯之竖侯獳货筮史㉚,使曰:"以曹为解。齐桓公为会而封异姓,今君为会而灭同姓。曹叔振铎㉛,文之昭也;先君唐叔,武之穆也。且合诸侯而灭兄弟㉜,非礼也。与卫偕命㉝,而不与偕复,非信也。同罪异罚㉞,非刑也。礼以行义,信以守礼,刑以正邪,舍此三者,君将若之何?"公说,复曹伯,遂会诸侯于许。

晋侯作三行以御狄⑱⁵，荀林父将中行，屠击将右行，先蔑将左行。

[注释]
①南河：即南津，又称棘津、济津、石济津，在今河南省淇县之南，延津县之北。　②戊申：初九日。　③五鹿：卫地，在今河南省濮阳县南。　④胥臣：即司空季子。　⑤上德：即尚德，崇尚德行。　⑥敛盂：卫地，在今河南省濮阳县东南。　⑦出：赶走。说：同"悦"。　⑧襄牛：卫地，在今河南省范县境内。　⑨公子买：鲁国宗室，字子丛。　⑩不卒戍：驻守不满期。　⑪门：即攻打城门，用作动词。　⑫尸：即陈尸，用作动词。　⑬舍于墓：在曹人墓地宿营。　⑭凶惧：恐惧。　⑮丙午：初八日。　⑯数：责备，即罗列罪状。　⑰僖负羁：详见僖公二十三年注。乘轩者：指坐车子的官员。　⑱献状：观状。指观晋文公骈胁的罪状。　⑲免其族：免其族人之罪。　⑳劳之不图：指对有功劳的人尚不考虑行赏，魏犨、颠颉均有从亡之劳。　㉑爇（ruò）：烧。　㉒问：馈送东西。　㉓视之：探视病情。　㉔病：指伤势重。　㉕灵：威灵。　㉖不有宁：不敢自图安定。　㉗距跃三百：向上跳跃多次。三百，虚数，并非实指。　㉘曲踊：向前跳跃，似今之跳远。一说曲踊为回旋起伏，即作战时的动作。　㉙舍：放过而不杀。　㉚徇：示众。　㉛舟之侨：本虢臣，于闵公二年奔晋。　㉜门尹般：宋大夫。　㉝藉之告楚：指通过齐、秦出面干预以停止楚国攻宋。　㉞怒顽：即恼怒楚国的顽固。　㉟畀（bì）：给予。　㊱从：追逐。　㊲情伪：真情与假象。　㊳年：年寿。　㊴除其害：剪除他的政敌，指晋惠公、怀公、吕甥、郤芮等。　㊵《军志》：古代兵书，已失传。　㊶允当则归：指敌我相当，有适当收获就应收兵，即适可而止。　㊷知难而退：指敌强我弱，不能取胜就应退兵。　㊸三志：三条记载。志，记。　㊹伯棼（fén）：楚

大夫斗椒，字子越，斗伯比之孙。㊺间执：塞住，堵住。谗慝之口：指说别人坏话的嘴。㊻王：指楚成王。㊼西广：楚国右军的兵车。东宫：楚太子所属部队。若敖：子玉的祖父。六卒：子玉同族子弟所组成的亲兵。一卒为一百人。一说一卒为兵车三十乘。㊽宛春：楚大夫。㊾君取一，臣取二：晋文公为国君，只取一个释宋之围的好处；子玉为楚臣，却取得复卫和封曹两个好处。㊿不可失：指不可失去这个兴师问罪的机会。(51)定人：使人安定。(52)已：甚。(53)携之：指拉拢曹、卫。一说指离间曹、卫与楚的关系。(54)辟：同“避”。(55)老：疲惫。(56)师直：指师出有名，理直。(57)曲：理屈。(58)久：长久在外。(59)微：无。(60)亢：通“抗”。一作庇护解。(61)饱：指士气饱满。(62)戊辰：朔日，每月初一。(63)国归父、崔夭：齐国二大夫。小子慭（yìn）：秦穆公之子。城濮：卫地，在今河南省范县西南。(64)酅（xī）：险要的丘陵地带。(65)原田：高而平坦的田地。每每：草盛。一说为肥美。(66)表里山河：指晋国外有黄河，内有太行山，面河背山，地势优越，足以固守。(67)栾贞子：即栾枝。(68)汉阳诸姬：指汉水以北姬姓诸国。(69)尽：灭尽。(70)搏：格斗。(71)伏己：即伏在晋文公身上。盬（gǔ）：吸食。(72)得天：指晋侯仰卧向上，象征得天。(73)伏其罪：指楚子俯卧向下，象征服罪。(74)柔：柔服，即以柔克刚。(75)斗勃：楚大夫。(76)戏：角力。(77)冯轼：靠着车前横木。冯，通“凭”。(78)得臣：子玉名。寓目：观看，过目。(79)大夫：指子玉。(80)其敢：岂敢。(81)二三子：指楚国诸将领。(82)诘朝：明日早晨。(83)韅（xiǎn）、靷（yǐn）、鞅、靽（bàn）：均为战马装备的各种皮件，意为装备齐全。(84)有莘（shēn）之虚：莘国旧城遗址。虚，同“墟”。(85)兵：兵器。(86)己巳：初二日。(87)莘北：即城濮。(88)胥臣：即司空季子。(89)子西：楚大夫，又称斗宜申。(90)子上：即斗勃。(91)二旆（pèi）：饰有飘带的军旗。古代只有中军才设二旆，上军统帅狐毛设二旆伪装中军撤退，意在诱敌深入。(92)曳柴：拖着柴草。(93)公族：指晋文公直辖的军队，由公族子弟组成。横击：拦腰截击。 ㉔馆：住。谷：吃楚军的粮食。均用作动词。 ㉕癸酉：初六日。 ㉖甲午：二十七日。 ㉗衡雍：郑地，在今河南省原阳县西南。 ㉘践土：郑地，在今河南省原阳县西。 ㉙乡役：城濮战役之前。乡，通"向"。 ⑩致其师：即出兵助战。 ⑪子人九：郑大夫。行成：求和。 ⑫丙午：初九日。 ⑬丁未：初十日。 ⑭驷介：四马披甲的战车。 ⑮徒兵：步兵。 ⑯傅：相。 ⑰平礼：用从前周平王接待晋文侯的礼仪。 ⑱己酉：十二日。 ⑲尹氏及王子虎：周王室二卿士。内史：官名。叔兴父：人名，掌管策命的官员。侯伯：诸侯之长，即霸主。 ⑾大辂（lù）：祭祀所用的礼车。服：与车子相应的服装。 ⑿戎辂：兵车。 ⑿彤弓：涂朱漆之弓。赐弓表示授予征伐之权。 ⒀玈（lú）：黑色。 ⒁秬（jù）鬯（chàng）：古代宗庙祭祀用的香酒，用黑黍和香草酿成。秬，黑黍。鬯，香酒。卣（yǒu）：酒器。 ⒂虎贲：勇士。 ⒃叔父：指晋文公。 ⒄纠逖（tì）：惩治剔除。逖，远离，剔除。王慝：危害周王的坏人。 ⒅丕显休命：伟大光明的赐命。丕，大。显，明。休，美。 ⒆受策：接受策书。 ⒇出入：从来到去，先后。 ㉑元咺（xuān）：卫臣。叔武：卫成侯之弟。 ㉒癸亥：二十六日。 ㉓要：约。 ㉔奖：助，成。 ㉕渝：变，背。 ㉖殄：诛。 ㉗俾：使。队：通"坠"，颠覆。 ㉘无克祚国：不能享有国家。克，能。祚，福，享有。 ㉙琼弁：装饰玉石的马冠。玉缨：装饰玉石的马鞅。 ⒀先战：即战前。 ⒀河神：黄河之神。 ⒀孟诸：即孟诸泽，在宋国境内。麇：同"湄"，水边草地。 ⒀大心：子玉之子。荣黄：即荣季，楚臣。 ⒀二子：指大心、子西。 ⒀勤民：以民事为重。 ⒀王：指楚成王。 ⒀申、息之老：申、息二邑的父老。 ⒀孙伯：即大心。 ⒀得臣：即子玉。 ⒀连谷：楚地，其址不详。 ⒀莫余毒：即"莫毒余"，意为没有人害我。 ⒀苏吕臣：楚臣，即僖公二十三年中之叔伯。 ⒀奉己：奉行一己私利，保全自己。 ⒀诉：诬告。 ⒀角：元咺之子元角。 ⒀夷叔：即叔武。入守：回国

僖 公

摄政。 ⑭宁武子：卫臣，一名宁俞。 宛濮：卫地，在今河南省长垣县西南。 ⑭不协：不和。 ⑭天诱其衷：即天意在我。 ⑮降心：放弃成见。 ⑮扞：保卫。牧圉：牧牛养马的人。引申为外出国君所带财产。 ⑮乞盟：乞求宣誓。 ⑮保其力：仗恃其功劳。 ⑭长牂（zāng）：卫臣。 ⑮捉发：握着头发。 ⑯风于泽：于泽中遇大风。 ⑰大斾：旗名。左旃（zhān）：前军左边赤色大旗。 ⑱祁瞒：晋臣。奸命：违犯军令。 ⑲茅茷（fá）：晋臣。 ⑯壬午：十六日。 ⑯士会：随武子，士蒍之孙。摄右：代理车右。 ⑯丙申：疑为初二日。 ⑯振旅：胜利归来。 ⑯恺（kǎi）：凯旋的乐曲。 ⑯献俘：献上生俘。授馘（guó）：呈报杀敌数字。馘，战争中割取的敌人左耳，用以记功。 ⑯大赏：遍赏有功者。 ⑯征会讨贰：征召诸侯会盟，讨伐有二心的国家。 ⑯能刑：能严明刑罚。 ⑯三罪：杀掉三个罪人，即颠颉、祁瞒、舟之侨。 ⑰"惠此中国"二句：出自《诗经·大雅·民劳》。 ⑰讼：争讼。 ⑰辅：即诉讼人。 ⑰坐：即代理人。 ⑰大士：即答辩人。 ⑰深室：幽深之囚室。 ⑰纳橐（tuó）：送衣食。橐，古代盛东西的器具。饘（zhān）：稠粥。 ⑰仲尼：孔子。 ⑰壬申：初七日。 ⑰丁丑：十二日。 ⑱竖：未成年的仆从。侯獳（nòu）：人名。货：贿赂。筮史：晋国掌管卜筮的官员。 ⑱叔振铎：曹国始封君，周文王之子。 ⑱灭兄弟：灭兄弟之国。 ⑱偕命：共同受复国之命。 ⑱异罚：指卫已复国，而曹未复国。 ⑱三行：三个步兵军。

[译文]

　　二十八年春季，晋文公准备攻打曹国，向卫国借道，卫国人不同意。晋军回师从南河渡过黄河，袭击曹国，攻打卫国。正月初九日，夺取了五鹿。二月，晋国的郤縠去世。原轸率领中军，胥臣任下军副帅，表示崇尚德行。晋文公和齐昭公在敛盂结盟。卫成公请求参加结盟，晋国不同意。卫成公想亲近楚国，国人不愿意，因此赶走了成公以取悦晋国。卫成公离开国都住在襄牛。

公子买戍守卫国，楚国人救援卫国，未能得胜。鲁僖公害怕晋国，杀了公子买讨好晋国。对楚国人说："他没有等驻守期满就想回去。"

晋文公包围曹国，攻打城门时，死伤很多。曹国人把尸体陈列在城上，文公非常担忧，听从了役卒的建议，扬言："要把军队驻扎在曹国人的墓地上。"让军队迁至墓地，曹国人害怕了，急忙把他们得到的晋军尸首装入棺材运了出来。晋国人趁曹国人害怕攻打城门。三月初八日，进入曹都。文公指责曹共公任用三百多名大夫，却不用僖负羁，并且指责过去偷看自己的肋骨。下令不准进入僖负羁的住宅，赦免他的族人，以报其馈赠之恩。魏犨、颠颉很恼火，说："对有功劳的人都不考虑，还谈什么报答？"就放火烧了僖负羁的住宅。魏犨胸部受伤，文公想杀了他，又爱惜他的才干，派人前去慰问，同时观察病情，如果受伤过重，就杀了他。魏犨包住胸部，会见使者，说："托国君的福，这不是很好吗？"说完向上跳跃多次，又向前跳跃多次。晋文公就放弃了杀他的念头。杀了颠颉以通报全军。让舟之侨做了车右。

宋国人派大夫门尹般到晋国军中告急。文公说："宋国人向我们求救，如果不理，就会断绝两国关系，请求楚国退兵，楚国又不肯。我们想作战，齐国和秦国不同意，怎么办？"先轸说："让宋国放弃我们而去给齐、秦两国送礼，让他们请求楚国退兵。我们抓住曹君，把曹国、卫国的土地分给宋国。楚国不愿失去曹、卫，肯定不会同意齐国、秦国的请求。齐、秦两国得到了贿赂，自然恼怒楚国的顽固，还能不参战吗？"文公很高兴，就抓住了曹共公，把曹、卫的田地分给了宋国。

楚成王退至申地住下，让申叔离开谷地，让子玉离开宋国，说："不要追赶晋军。晋侯在外十九年，最终得到了晋国。一切艰难险阻，他都体验过了。民情的真伪虚实，也都了如指掌。上天赐予他高寿，又帮他除掉了祸害。既然上天这样安排，难道还能废掉他吗？《军志》说：'适可而止。'又说：'知难而退。'又说：'有德人不可与之为敌。'这三句话说的就是晋国啊。"

子玉让伯棼请求作战，说："不敢说一定能立功，希望以我的行动堵住谗佞小人的嘴。"成王很生气，给了他少量军队，只派西广、东宫和若敖的六百人跟随他去。

子玉派宛春告诉晋军说："请恢复卫侯的君位，把土地还给曹国，我们也解除对宋国的包围。"子犯说："子玉真是无礼！国君得到一桩好处，他作为臣子却要得到两桩好处，不要失去进攻楚国的机会。"先轸说："应该答应他的请求。安定别人的国家叫作有礼，楚国一句话能安定三国，我们一句话却使三国灭亡。这样我们就无礼了，又靠什么来作战呢？不同意楚国的请求，是抛弃宋国，本来打算救宋，却又将其抛弃，对各国诸侯怎么交代呢？楚国对三国有恩，我们对三国有怨，怨仇多了，靠什么作战？不如暗中答应恢复曹、卫二国，以笼络他们，同时抓住宛春以激怒楚国，等打起仗来再作考虑。"文公非常高兴，就把宛春抓起来囚禁在卫国，同时私下同意恢复曹国土地和卫国君位。曹、卫两国和楚国断绝了关系。

子玉非常愤怒，追赶晋军，晋军后退了。晋军军官说："作为国君却躲避臣子，真是耻辱。而且楚军已经疲惫不堪，我们为何后退？"子犯说："领兵作战，理直一方气壮，理屈一方疲弱。难道在于时间长短吗？国君如果没有楚国的恩惠，就不会到今天这一步，现在后退三舍，就是要报答他们。背弃恩德违背诺言，又去保护他们的仇敌，这样我们就理屈楚国就理直了。楚军一向士气饱满，不能说他疲弱。如果我们退兵，楚国也回去，我们还要求什么呢？如果他们不回去，那么国君撤退，臣下进犯，理屈的一方就是他们了。"晋军后退九十里，楚军士兵想要停下，子玉不同意。

夏季四月初一日，晋文公、宋成公、齐国的归父和崔夭、秦国的小子慭驻扎在城濮。楚军背靠险要的丘陵地带扎营，文公很担心，又听士兵唱道："田野里草茂盛，赶紧除掉播新种。"文公迟疑不决。子犯说："打吧！作战而取得胜利，就一定能得到诸侯的拥戴。即使不胜，我们外有高山，内有大河，一定也没有什么害处。"文公说："对昔日楚国的恩惠怎么办？"栾枝说："汉水以北的姬姓国家都被楚国灭亡了。不要总想着小恩小惠，却忘了奇耻大辱，不如打吧。"文公做梦和楚成王搏斗，成王伏在文公身上咬他的脑袋，文公因此害怕。子犯说："这是吉兆。国君面朝天，说明得到了上天的帮助，楚王面朝下，说明已俯首认罪，我们就要使楚国顺服了。"

子玉派斗勃请战，说："我请求和您的军队做一次角力游戏，您可以靠在车前横木上观看，我也陪您一起观看。"文公派栾枝回答说："寡君明白您的意思了。楚王的恩惠不敢忘记，所以才退到这里。对大夫您我们尚且退避，怎么敢抵抗你们国君呢？既然不能得到你们停战的命令，那么就烦请转告诸位将领：'准备好你们的战车，为你们的国君战斗吧，明天早晨再见。'"

晋军出动战车七百辆，车马装备一应俱全。文公登上有莘旧城的废墟检阅军容，说："士兵长幼排列合乎礼，可以使用了。"于是下令砍伐山上的树木以增加作战兵器。

初二日，晋军在莘北摆开战阵，胥臣作为下军副帅率部抵挡陈、蔡军队。子玉用若敖的一百八十辆战车率领中军，说："今日一定要灭亡晋国。"子西率领左军，子上率领右军。胥臣用虎皮蒙住马身，首先攻打陈、蔡。陈、蔡两军逃散，楚军右师随之溃散。狐毛在上军竖起两面大旗假装败退，栾枝让战车拖着树枝假装逃走，楚军狂奔追了上去。原轸、郤溱率领中军的公族子弟拦腰攻击。狐毛、狐偃率领上军夹攻子西，楚国左军溃散。楚军大败。子玉及时收兵停战，所以他的中军得以不败。

晋军驻扎三天，食用楚军留下的粮食，到六日才班师回国。二十七日，到达衡雍。在践土为天子建造了一座行宫。

城濮之战前的三月，郑文公派军队到楚国协助作战，楚军失败，郑文公害怕了，派子人九去向晋国求和。晋国的栾枝到郑国和郑文公订立盟约。五月初九日，晋文公和郑文公在衡雍结盟。

初十日，晋国把俘获楚国的战利品献给天子，有驷马披甲的战车一百辆，步兵一千人。郑文公给天子担任相礼，使用周平王接待晋文侯的礼节接待文公。十二日，天子用甜酒设宴招待晋文公，允许他向自己敬酒。天子让尹氏、王子虎和内史叔兴父用策书任命晋文公为诸侯领袖，赐给他大辂车、戎辂车及其配套服饰，红色的弓一张，红色的箭一百支，黑色的弓十张，黑色的箭一千支，用黑黍和香草酿造的酒一卣，勇士三百。说："天子让我们对叔父说：'要服从天子的命令，安抚四方诸侯，为天子惩治邪恶。'"文公辞谢三次，才接受命令。说："重耳谨此叩头再拜，一定宣扬天子的伟大命令。"接受策书后便离开了王室，前后朝见了天子三次。

卫成公听说楚军战败，非常害怕，逃亡到楚国，又到了陈国，派元咺辅佐叔武到王室接受盟约。二十六日，王子虎和诸侯在天子住处订立盟约，盟约说："要共同辅佐王室，不要互相残害。谁要违背此盟，神灵将其惩罚：使其失去军队，不能长期享有国家，直到你的玄孙，不分老幼。"君子说这次结盟是守信用的，认为晋国在这次战役中是以德取胜的。

当初，楚国的子玉自己制作了马冠和马鞅，但没有使用。城濮一战之前，他梦见黄河的河神对自己说："你送给我，我把宋国孟诸的沼泽地送给你。"子玉不给。大心和子西让荣黄劝他，不听。荣黄说："只要对国家有利，就是去死也可以，何况是献出美玉呢？美玉不过是粪土，能使军队得胜，有什么可惜的？"子玉不听。荣黄出来告诉大心和子西说："并非神灵让令尹失败，令尹不为百姓着想，实际是自找失败。"子玉失败以后，成王派人对他说："大夫如果回到国内，如何对申、息两地的父老乡亲交代呢？"子西和大心说："子玉打算自杀，是我们两人阻拦他，说：'国君会惩罚你的。'"子玉到连谷自杀。

晋文公听说后喜形于色，说："再没有人能害我了！蒍吕臣做令尹，只知道保全自己，是不会为百姓着想的。"

有人在卫成公面前诬陷元咺说："他立了叔武做国君。"元咺的儿子元角正跟随成公，成公让人杀了他。元咺并没有废弃成公的命令，仍然侍奉叔武回国摄政。

六月，晋国人让卫成公恢复了君位。宁武子和卫国人在宛濮结盟，说："上天降祸给卫国，使得君臣不和，因此遭到这样的祸患。现在上天又保佑我国，使大家捐弃前嫌互相听从。没有留下来的人，谁来守卫国家呢？没有人跟随国君出行，谁来保护国君携带的财产呢？因为君臣不和，才乞求在神灵面前盟誓，以得到上天的保佑。从今天开始，订立盟约之后，随国君出外的人不要居功自傲，留守国内的人不要担心有罪。谁要违背此盟，灾祸将降临到他头上。有神灵和先君在上，将加以惩罚和诛杀。"国人听说了这一盟约，才没有了二心。

卫成公提前回到卫都，宁武子走在他前面，长牂守卫城门，以为他是国君的使者，就和他一同乘车入城。公子歂犬、华仲作为前驱。叔武正要洗头，听说国君来到，非常高兴，手握着头发跑出来迎接，被前驱一箭射死。成公知道他没有罪，就伏在叔武的大腿上哭起来。歂犬吓得跑了，成公派人把他杀了，元咺逃到了晋国。

在城濮之战中，晋国的中军曾在沼泽地遇到大风，丢失了前军左边的大旗。祁瞒触犯军令，司马把他杀了，并通报诸侯，让茅茷接替他。军队回国，六月十六日，渡过黄河。舟之侨提前回国，由士会代理车右。秋季，七月某日，军队胜利归来，奏着凯歌进入晋都。在太庙汇报俘虏和杀死敌兵的人数，设酒宴犒赏，召集诸侯会盟，攻打存有二心的国家。杀了舟之侨向全国通报，百姓因此大为顺服。

君子认为："晋文公能正确地使用刑罚，杀了颠颉、祁瞒和舟之侨三个罪人使百姓顺服。《诗经》说：'施惠于中原各国，以安抚四方诸侯。'说的就是不要失去公正的赏赐和刑罚。"

冬季，诸侯在温地会见，为的是攻打不肯顺服的国家。

卫成公和元咺向晋国提起诉讼，宁武子作为卫成公的诉讼人，针庄子作为代理人，士荣作为辩护人。卫成公败诉，晋国杀了士荣，砍了针庄子的双脚，认为宁武子忠诚而赦免了他，逮捕了卫成公，把他押送到京城，囚禁在牢房里。宁武子负责给成公送衣送食。元咺回到卫国，立了公子瑕为君。

这次温地会见，晋文公召请天子前来，带领诸侯朝见，并安排天子打猎。孔子说："作为臣子召请天子，不能作为法则。"因此《春秋》记载为："天子狩于河阳。"表明这里并非天子之地，并表明晋国的功德而为文公避讳。

十月初七日，僖公到天子的住处朝见。

十一月十二日，诸侯包围了许国。

晋文公患了病，曹共公的童仆侯獳贿赂晋国的筮史，让他说："这是因为灭了曹国。从前齐桓公主持盟会，封了异姓国家，如今国君主持盟会却灭了同姓国家。曹国先祖叔振铎是文王的儿子，先君唐叔是武王的儿子。并且会合诸侯灭掉兄弟国家，是不合礼的。答应曹国和卫国，却不能同时使其复国，是不讲信用的。罪过相同而处罚不同，是用刑不当。礼是用来推行道义的，信用是用来维护礼的，刑罚是用来纠正邪恶的，丢弃了这三项，国君准备怎么办呢？"文公很高兴，恢复了曹共公的君位，在许地和诸侯相会。

晋文公组建了三个步兵军抵御狄人，由荀林父率领中军，屠击率领右军，先蔑率领左军。

僖公二十九年

经 二十有九年春，介葛卢来。公至自围许。夏六月，会王人、晋人、宋人、齐人、陈人、蔡人、秦人盟于翟泉。秋，大雨雹。冬，介葛卢来。

传 二十九年春，介葛卢来朝①，舍于昌衍之上②。公在会，馈之刍米③，礼也。

夏，公会王子虎、晋狐偃、宋公孙固、齐国归父、陈辕涛涂、秦小子憖,盟于翟泉④,寻践土之盟,且谋伐郑也。卿不书,罪之也。在礼,卿不会公、侯,会伯、子、男可也。

秋,大雨雹,为灾也。

冬,介葛卢来,以未见公,故复来朝。礼之加燕好⑤。介葛卢闻牛鸣,曰:"是生三牺⑥,皆用之矣⑦。其音云。"问之而信⑧。

[注释]

①介葛卢:介君。介,东夷国名。　②昌衍:即昌平山,在今山东省曲阜市东南。　③刍:干草。　④翟泉:地名,在今河南省洛阳市内大仓附近。　⑤燕好:以宴享之礼招待并馈赠上等财货。　⑥是生三牺:这头牛生下的三头牛,用作祭品。　⑦用之:用来祭祀。⑧信:真实。

[译文]

二十九年春季,介国国君葛卢来鲁国朝见,让他住在昌衍山上。僖公正在会合诸侯,给他送了草料粮食,是合乎礼的。

夏季,僖公和王子虎、晋国的狐偃、宋国的公孙固、齐国的国归父、陈国的辕涛涂、秦国的小子憖在翟泉会盟,重温了践土之盟,并谋划攻打郑国。《春秋》没有记载各国卿的名字,是表示谴责他们。依礼,卿不能和公、侯会见,参加伯、子、男的会见是可以的。

秋季,鲁国下了大冰雹,造成了灾害。

冬季,介君葛卢来到鲁国,因为上次没有见到僖公,所以再来朝见。僖公以礼相待,宴享并馈赠上等财礼。葛卢听到牛叫,说:"这头牛生了三头小牛,都被用于祭祀了。从其叫声可以听出来。"一问,果然如此。

僖公三十年

经 三十年春，王正月。夏，狄侵齐。秋，卫杀其大夫元咺及公子瑕。卫侯郑归于卫。晋人、秦人围郑。介人侵萧。冬，天王使宰周公来聘。公子遂如京师，遂如晋。

传 三十年春，晋人侵郑，以观其可攻与否。狄间晋之有郑虞也①，夏，狄侵齐。

晋侯使医衍鸩卫侯②。宁俞货医③，使薄其鸩④，不死。公为之请⑤，纳玉于王与晋侯，皆十珏⑥。王许之。秋，乃释卫侯。

卫侯使赂周歂、冶廑⑦，曰："苟能纳我，吾使尔为卿。"周、冶杀元咺及子适、子仪⑧。公入祀先君。周、冶既服将命⑨，周歂先入，及门，遇疾而死。冶廑辞卿。

九月甲午⑩，晋侯、秦伯围郑，以其无礼于晋，且贰于楚也。晋军函陵⑪，秦军氾南⑫。

佚之狐言于郑伯曰⑬："国危矣！若使烛之武见秦君⑭，师必退。"公从之。辞曰："臣之壮也，犹不如人；今老矣，无能为也已。"公曰："吾不能早用子，今急而求子，是寡人之过也。然郑亡，子亦有不利焉。"许之。

夜缒而出⑮。见秦伯，曰："秦、晋围郑，郑既知亡矣。若亡郑而有益于君，敢以烦执事⑯。越国以鄙远⑰，君知其难也，焉用亡郑以陪邻⑱？邻之厚，君之薄也。若舍郑以为东道主⑲，行李之往来⑳，共其乏困㉑，君亦无所害。且君尝为晋君赐矣㉒，许君焦、瑕㉓，朝济而夕设版焉㉔，君之所知也。夫晋何厌之有？既东封郑㉕，又欲肆其西封㉖，若不阙秦㉗，将焉取之？阙秦以利晋，唯君图之㉘。"秦伯说，与郑人盟，使杞子、逢孙、扬孙戍之，乃还。

子犯请击之，公曰："不可。微夫人之力不及此㉙。因人之力而敝之㉚，不仁。失其所与，不知㉛。以乱易整㉜，不武㉝。吾其还也。"亦去之。

初，郑公子兰出奔晋，从于晋侯伐郑，请无与围郑。许之，使待命于东㉞。郑石甲父、侯宣多逆以为大子㉟，以求成于晋，晋人许之。

冬，王使周公阅来聘，飨有昌歜、白黑、形盐㊱。辞曰："国君，文足昭也㊲，武可畏也，则有备物之飨，以象其德。荐五味㊳，羞嘉谷㊴，盐虎形，以献其功㊵。吾何以堪之㊶？"

东门襄仲将聘于周，遂初聘于晋。

[注释]

①间：乘隙，钻空子。郑虞：担忧郑国。 ②医衍：医生，名衍。鸩（zhèn）：用鸩酒毒杀。 ③货：贿赂。 ④薄：少。 ⑤公：指鲁僖公。 ⑥十珏（jué）：十对白玉。双玉为珏。 ⑦周歂（chuǎn）、冶廑（jǐn）：二人均为卫臣。 ⑧子适：即公子瑕。子仪：公子瑕的弟弟。 ⑨既服：穿戴好礼服。将命：将接受任命。 ⑩甲午：初十日。 ⑪函陵：郑地，在河南省新郑市北。 ⑫氾南：郑地，在今河南省中牟县南。 ⑬佚之狐：郑大夫。 ⑭烛之武：郑大夫。 ⑮缒：以绳悬而下。 ⑯烦：劳烦。 ⑰越国：越过别国。鄙远：以远方之地为边境。 ⑱陪邻：增加邻国（指晋国）的土地。陪，通"倍"。 ⑲东道主：东路的主人。 ⑳行李：外交官员。

㉑共:通"供"。乏困:缺少的东西。　㉒为晋君赐:即有赐予晋君,指援助晋惠公。　㉓焦、瑕:晋国二地。晋惠公曾答应归秦。㉔朝济:早晨渡过黄河回国。设版:筑城。版,筑城用的夹板。㉕东封郑:向东在郑国土地上封疆,即扩张领土。　㉖肆:任意,恣意。　㉗阙:损害。　㉘唯:希望。　㉙夫人:那个人,指秦穆公。㉚因:凭借。敝:败坏。　㉛知:同"智"。　㉜以乱易整:秦、晋本结盟,内部完全一致。如攻秦则是以乱易整。　㉝不武:不具武德。㉞东:指晋东部边界。　㉟石甲父:郑臣。一名石癸。侯宣多:郑臣。大子:太子。　㊱昌歜(zàn):用菖蒲根腌制而成的菜,又称菖蒲菹。白黑:白米糕和黑黍糕。形盐:虎形的盐块。　㊲昭:显扬。㊳五味:昌歜有五味之和。　㊴嘉谷:指稻、黍。　㊵献:与"象"字同义,象征。　㊶堪:承受。

[译文]

三十年春季,晋国人入侵郑国,以此试探郑国能否攻打。狄人趁晋国担心郑国的机会,于夏季攻打齐国。

晋文公派医生衍用毒酒害死卫成公。宁武子贿赂医生,让他减少毒药的量,成公没有被毒死。又为成公求情,送给天子和晋文公每人十对玉。天子同意了。秋季,释放了卫成公。

卫成公派人给周歂、冶廑送礼,说:"如果接纳我回国复位,我封你们为卿。"周歂、冶廑杀了元咺和公子瑕、子仪。成公回国在宗庙祭祀先君。周、冶二人穿好礼服,准备受命为卿,周歂先到宗庙,到了门口,发病而死。冶廑拒绝了卿位。

九月初十日,晋文公和秦穆公围攻郑国,因为郑国对晋文公无礼,而且怀有二心亲近楚国。晋军驻扎在函陵,秦军驻扎在汜水以南。

佚之狐对郑文公说:"国家很危险啊!如果派烛之武去见秦君,他们的军队肯定撤退。"文公听了他的话。烛之武推辞说:"我在壮年时,尚且赶不上别人;如今老了,什么也做不成了。"文公说:"我不能及早重用您，到现在危急时才来求您，这是寡人的过错。然而一旦郑国灭亡了，对您也不利啊。"烛之武答应了。

夜里，郑人用绳子绑住烛之武的身体，把他从城上吊下去。见到秦穆公，说："秦晋两军围攻郑国，郑国人已经知道就要灭亡了。假如灭亡了郑国对国君有好处，就麻烦您进攻吧。越过一个国家使远方的土地成为本国的边邑，您知道这是很难办到的，又何必为了增加邻国的地盘而灭掉郑国呢？邻国的实力增强了，就等于您的力量削弱了。假如饶了郑国，它可以作为东路上招待您的主人，贵国的使者来往经过这里，能供应他们缺乏的一切物品，对您也没有什么害处。再说您曾对晋惠公施以恩惠，他答应把晋国的焦、瑕二地许给您，但早上刚刚渡河回国，晚上就修筑工事与您对抗，这也是您所知道的。晋国哪里会满足呢？等它把国土向东扩展到郑国后，就又会向西扩展，那时除了侵占秦国的土地，还能到哪里去取得土地呢？损害秦国以有利于晋国，请国君认真考虑。"秦穆公很高兴，和郑国人结盟，派杞子、逢孙、扬孙留在郑国戍守，自己率军回国。

子犯请求袭击秦军，文公说："不行。如果没有那个人的力量，我到不了今天。得到别人的帮助，又反过来去伤害他，这是不仁。失掉了自己的盟国，这是不智。以关系破裂代替齐心协力，这是不武。我们还是撤军吧。"于是撤出了郑国。

当初，郑国的公子兰逃亡到晋国，这次跟随晋文公攻打郑国，他请求不参加对郑国的围攻。文公答应了，让他在晋国东部边境等待命令。郑国的石甲父、侯宣多迎接他回国做太子，以此和晋国讲和，晋国答应了。

冬季，天子派周公阅前来聘问，宴请他的食物有菖蒲菹、白米糕、黑黍糕和虎形盐。周公阅推辞说："国家的君主，文治显耀四方，武治令人畏惧，才准备这些物品宴请他，以象征他的德行。进美味，献美食，盐状如虎，以象征他的功业。我怎么担当得起呢？"

东门襄仲准备到王室聘问，顺便对晋国做了首次聘问。

僖公三十一年

经 三十有一年春，取济西田。公子遂如晋。夏四月，四卜郊，不从，乃免牲。犹三望。秋七月。冬，杞伯姬来求妇。狄围卫。十有二月，卫迁于帝丘。

传 三十一年春，取济西田，分曹地也。使臧文仲往，宿于重馆①。重馆人告曰："晋新得诸侯，必亲其共②，不速行，将无及也。"从之。分曹地，自洮以南③，东傅于济④，尽曹地也。

襄仲如晋，拜曹田也。

夏四月，四卜郊⑤，不从⑥，乃免牲⑦，非礼也。犹三望⑧，亦非礼也。礼不卜常祀⑨，而卜其牲、日⑩，牛卜日曰牲⑪。牲成而卜郊，上怠慢也⑫。望，郊之细也⑬。不郊，亦无望可也。

秋，晋蒐于清原⑭，作五军以御狄。赵衰为卿。

冬，狄围卫，卫迁于帝丘⑮。卜曰三百年。

卫成公梦康叔曰⑯："相夺予享⑰。"公命祀相，宁武子不可，曰："鬼神非其族类，不歆其祀⑱。杞、鄫何事⑲？相之不享于此久矣，非卫之罪也，不可以间成王、周公之命祀⑳。请改祀命。"

郑泄驾恶公子瑕㉑，郑伯亦恶之，故公子瑕出奔楚。

[注释]

①重：鲁地，在今山东省鱼台县西。　②共：同"恭"。　③洮：

地名。　④傅：近。　⑤卜郊：占卜郊祭的吉凶。郊祭，指在郊外祭祀天地。　⑥不从：即不吉利。　⑦免牲：不杀牲。　⑧三望：望祭各国名山大川之神。一说望祭东海、泰山及淮水。　⑨常祀：常规的祭祀。　⑩牲：牺牲。日：日期。　⑪卜日：占卜得吉日。　⑫怠慢：怠于吉庆的典礼，亵渎龟策。　⑬细：细节。　⑭清原：晋地，在今山西省稷山县东南。　⑮帝丘：卫地，在今河南省濮阳县西南。　⑯康叔：卫国的始祖。　⑰相：夏代帝启之孙，帝中康之子。　⑱歆：享。　⑲杞、鄫何事：即杞、鄫为何不祭祀。　⑳间：违犯。　㉑泄驾：郑大夫。

[译文]

　　三十一年春季，鲁国取得了济水以西的土地，这是分割到的曹国土地。僖公派臧文仲前去接受，臧文仲住在重地的旅馆里。旅馆里的人告诉他："晋国新近得到诸侯的拥护，一定亲近恭顺他的国家，再不快点去，恐怕赶不上了。"臧文仲听从了他们的话。分到的曹国土地，从洮水以南，东边紧靠济水，这都是曹国的土地。

　　襄仲就分得曹国土地，前往晋国拜谢。

　　夏季四月，鲁国为举行郊祭占卜四次，都不吉利，就不再宰杀牛羊，是不合礼的。仍然举行了三次望祭，也是不合礼的。依礼，对常规祭祀不用占卜，只占卜所用的牛和日期，牛在占卜的吉日后就改称为牲。已经成为牲又占卜郊祭的吉凶，这是处在上位的人对大典和龟甲的不恭和亵渎。望祭是郊祭的一个环节。不举行郊祭，也可以不再举行望祭。

　　秋季，晋国在清原检阅军队，组建了五个军以抵御狄人。赵衰被任命为卿。

　　冬季，狄人围攻卫国，卫国迁都帝丘。占卜的结果是国运还有三百年。

　　卫成公梦见康叔说："相夺走了我的祭品。"成公命令祭祀相，宁武子不同意,说:"鬼神和祭祀者不是同族,不会享用他的祭品。杞国和鄫国为什么不祭祀相呢?相在这里没有得到祭祀已经很久了,这不是卫国的罪过,不能违犯成王、周公的祭祀规定。请改变祭祀相的命令。"

郑国的泄驾很厌恶公子瑕,郑文公也讨厌他,因此公子瑕逃亡到了楚国。

僖公三十二年

经 三十有二年春,王正月。夏四月己丑,郑伯捷卒。卫人侵狄。秋,卫人及狄盟。冬十有二月己卯,晋侯重耳卒。

传 三十二年春,楚斗章请平于晋,晋阳处父报之①。晋、楚始通②。

夏,狄有乱。卫人侵狄,狄请平焉。秋,卫人及狄盟。

冬,晋文公卒。庚辰③,将殡于曲沃④,出绛⑤,柩有声如牛。卜偃使大夫拜,曰:"君命大事:将有西师过轶我⑥。击之,必大捷焉。"

杞子自郑使告于秦,曰:"郑人使我掌其北门之管⑦,若潜师以来⑧,国可得也。"穆公访诸蹇叔⑨,蹇叔曰:"劳师以袭远,非所闻也。师劳力竭,远主备之⑩,无乃不可乎!师之所为,郑必知之。勤而无所⑪,必有悖心⑫。且行千里,其谁不知?"公辞焉⑬。召孟明、西乞、白乙⑭,使出师于东门之外。蹇叔哭之,曰:"孟子⑮,吾见师之出,而不见其入也。"公使谓之曰:"尔何知?中寿⑯,尔墓之木拱矣⑰。"蹇叔之子与师⑱,哭而送之,曰:"晋人御师必于殽⑲。殽有二陵焉⑳:其南陵,夏后皋之墓也㉑;其北陵,文王之所辟风雨也㉒。必死是间㉓,余收尔骨焉。"秦师遂东。

[注释]

①阳处父:晋大夫。 ②通:交通,来往。 ③庚辰:初十日。 ④殡:停柩待葬。曲沃:晋宗庙所在地,在今山西省闻喜县东。 ⑤绛(jiàng):晋都,在今山西省翼城县东南。 ⑥西师:西方的军队。过轶:越境而过。轶,后车超过前车。 ⑦管:锁钥。 ⑧潜师:秘密派兵。 ⑨蹇(jiǎn)叔:秦大夫。 ⑩远主:指郑国。 ⑪勤而无所:疲劳而无所得。 ⑫悖心:违逆之心,即怨恨情绪。 ⑬辞:不听从。 ⑭孟明、西乞、白乙:即秦国将领百里孟明视、西乞术、白乙丙。 ⑮孟子:指孟明视。 ⑯中寿:中等寿命,约指六十岁以上,八十岁以下,说法不一。 ⑰拱:拱手合围,即合抱。 ⑱与师:在军队之中。 ⑲殽(xiáo):或作"崤",即殽山,在今河南省洛宁县西北。 ⑳二陵:指殽之二峰,即东殽山和西殽山。二陵之间,山高路窄,下临深涧,为绝险之地。 ㉑夏后皋:夏代君主,名皋,为夏桀之祖父。后,君主。 ㉒辟:同"避"。 ㉓是间:指二陵之间。

[译文]

三十二年春季,楚国的斗章到晋国请求讲和,晋国的阳处父到楚国回访。晋国和楚国开始往来。

夏季,狄国发生了动乱。卫国人入侵狄人,狄人请求讲和。秋季,卫国人和狄人结盟。

冬季,晋文公去世。十二月初十日,准备将灵柩送往曲沃停放,离开绛都时,棺材发出牛叫的声音。卜偃让大夫们跪拜,说:"国君发布军事命令:将有西边的军队途经我国。如果攻击他们,定能大获全胜。"

杞子从郑国派人告诉秦国,说:"郑国人让我掌管国都北门的钥匙,如果秘密派军队前来,就可以取得郑国。"秦穆公征求蹇叔的意见,蹇叔说:"调动军队去袭击远方的国家,我从来没有听说过。军队疲劳,气力衰竭,远方的国家却已有了准备,这样恐怕不行吧!况且军队的一举一动,郑国人一定知道。辛劳一趟却毫无所得,士兵必然产生怨恨情绪。再说沿途要走上一千里,谁能不知道呢?"穆公不听劝告。召见孟明、西乞、白乙,让他们率军从东门外出发。蹇叔哭着为军队送行,说:"孟明啊,我恐怕只能看到军队出发,却看不到他们回来了。"穆公派人训斥蹇叔说:"你知道什么?如果你活到六七十岁就死了,你坟上的树恐怕都有一抱粗了。"蹇叔的儿子也在军队里,蹇叔哭着送他说:"晋国人肯定要在殽山抵抗秦军。殽山有两个山峰:南面的山峰是夏朝天子皋的坟墓,北面的山峰是周文王躲避风雨的地方。你肯定要死在两山之间,我就在那里收拾你的尸骨。"随后秦军向东出发。

僖公三十三年

经 三十有三年春,王正月,秦人入滑。齐侯使国归父来聘。夏四月辛巳,晋人及姜戎败秦师于殽。癸巳,葬晋文公。狄侵齐。公伐邾,取訾娄。秋,公子遂帅师伐邾。晋人败狄于箕。冬十月,公如齐。十有二月,公至自齐。乙巳,公薨于小寝。陨霜不杀草,李梅实。晋人、陈人、郑人伐许。

传 三十三年春,秦师过周北门,左右免胄而下①,超乘者三百乘②。王孙满尚幼③,观之,言于王曰:"秦师轻而无礼④,必败。轻则寡谋,无礼则脱⑤。入险而脱,又不能谋,能无败乎?"

及滑⑥,郑商人弦高将市于周⑦,遇之。以乘韦先⑧,牛十二,犒师,曰:"寡君闻吾子将步师出于敝邑⑨,敢犒从者。不腆敝邑⑩,为从者之淹⑪,居则具一日之积⑫,行则备一夕之卫。"且使遽告于郑⑬。

郑穆公使视客馆⑭,则束载、厉兵、秣马矣⑮。使皇武子辞焉⑯,曰:"吾子淹久于敝邑,唯是脯资饩牵竭矣⑰。为吾子之将行也,郑之有原圃⑱,犹秦之有具囿也⑲。吾子取其麋鹿以闲敝邑⑳,若何?"杞子奔齐,逢孙、扬孙奔宋。

孟明曰:"郑有备矣,不可冀也㉑。攻之不克,围之不继㉒,吾其还也。"灭滑而还。

齐国庄子来聘㉓,自郊劳至于赠贿㉔,礼成而加之以敏㉕。臧文仲言于公曰:"国子为政㉖,齐犹有礼,君其朝焉!臣闻之:服于有礼㉗,社稷之卫也㉘。"

晋原轸曰:"秦违蹇叔,而以贪勤民㉙,天奉我也。奉不可失,敌不可纵㉚。纵敌患生,违天不祥。必伐秦师。"栾枝曰:"未报秦施而伐其师㉛,其为死君乎㉜?"先轸曰:"秦不哀吾丧而伐吾同姓㉝,秦则无礼,何施之为?吾闻之:一日纵敌,数世之患也。谋及子孙,可谓死君乎?"遂发命,遽兴姜戎㉞。子墨衰绖㉟,梁弘御戎㊱,莱驹为右。

夏四月辛巳㊲,败秦师于殽,获百里孟明视、西乞术、白乙丙以归。遂墨以葬文公。晋于是始墨㊳。

文嬴请三帅㊴,曰:"彼实构吾二君㊵,寡君若得而食之㊶，不厌，君何辱讨焉㊷？使归就戮于秦，以逞寡君之志㊸，若何？”公许之㊹。先轸朝，问秦囚。公曰：“夫人请之，吾舍之矣㊺。”先轸怒曰：“武夫力而拘诸原㊻，妇人暂而免诸国㊼。堕军实而长寇仇㊽，亡无日矣。”不顾而唾㊾。公使阳处父追之㊿，及诸河，则在舟中矣。释左骖(51)，以公命赠孟明。孟明稽首曰：“君之惠，不以累臣衅鼓(52)，使归就戮于秦，寡君之以为戮，死且不朽。若从君惠而免之，三年将拜君赐(53)。”

秦伯素服郊次(54)，乡师而哭曰(55)：“孤违蹇叔以辱二三子，孤之罪也。”不替孟明(56)，曰：“孤之过也，大夫何罪？且吾不以一眚掩大德(57)。”

狄侵齐，因晋丧也。

公伐邾，取訾娄(58)，以报升陉之役。邾人不设备。秋，襄仲复伐邾。

狄伐晋，及箕(59)。八月戊子(60)，晋侯败狄于箕。郤缺获白狄子(61)。

先轸曰：“匹夫逞志于君而无讨(62)，敢不自讨乎？”免胄入狄师，死焉。狄人归其元(63)，面如生。

初，臼季使(64)，过冀，见冀缺耨(65)，其妻馌之(66)。敬，相待如宾(67)。与之归，言诸文公曰：“敬，德之聚也(68)。能敬必有德，德以治民，君请用之。臣闻之：出门如宾，承事如祭(69)，仁之则也。”公曰：“其父有罪(70)，可乎？”对曰：“舜之罪也殛鲧(71)，其举也兴禹(72)。管敬仲，桓之贼也(73)，实以相济(74)。《康诰》曰(75)：‘父不慈，子不祗(76)，兄不友，弟不共，不相及也。’《诗》曰：‘采葑采菲，无以下体(77)。’

君取节焉可也⑱。"文公以为下军大夫。反自箕，襄公以三命命先且居将中军⑲，以再命命先茅之县赏胥臣曰⑳："举郤缺，子之功也。"以一命命郤缺为卿，复与之冀，亦未有军行㉑。

冬，公如齐朝，且吊有狄师也㉒。反，薨于小寝㉓，即安也㉔。

晋、陈、郑伐许，讨其贰于楚也。

楚令尹子上侵陈、蔡。陈、蔡成，遂伐郑，将纳公子瑕，门于桔柣之门㉕。瑕覆于周氏之汪㉖。外仆髡屯禽之以献㉗。文夫人敛而葬之郐城之下㉘。

晋阳处父侵蔡，楚子上救之㉙，与晋师夹泜而军㉚。阳子患之，使谓子上曰："吾闻之：文不犯顺㉛，武不违敌㉜。子若欲战，则吾退舍㉝，子济而陈㉞，迟速违命。不然纾我㉟。老师费财㊱，亦无益也。"乃驾以待。子上欲涉，大孙伯曰㊲："不可。晋人无信，半涉而薄我㊳，悔败何及？不如纾之。"乃退舍，阳子宣言曰："楚师遁矣。"遂归。楚师亦归。

大子商臣谮子上曰："受晋赂而辟之，楚之耻也，罪莫大焉。"王杀子上。

葬僖公，缓作主㊴，非礼也。凡君薨，卒哭而祔㊵，祔而作主，特祀于主㊶，烝、尝、禘于庙㊷。

[注释]

① 左右：指战车上左右两边的武士。免胄：脱下头盔。这是表示向周天子致敬。　② 超乘：跳上车。指秦军武士刚下车又立即跳上去，

僖　公

279

这是对天子的无礼。 ③王孙满：周襄王之孙，名满。一说为襄王时一位大夫。 ④轻：轻狂。 ⑤脱：疏忽。 ⑥滑：姬姓小国，故址在今河南省偃师市南。 ⑦市：做买卖。 ⑧以乘韦先：以四张熟牛皮作为先行礼物。乘，四。古代一车四马，故借乘为四。韦，熟牛皮。 ⑨步师：行军。敝邑：敝国。 ⑩不腆（tiǎn）：不富裕。 ⑪淹：留。 ⑫积：指粮草等给养。 ⑬遽（jù）：古代传递公文的快车，即驿车。 ⑭客馆：指杞子、逢孙、扬孙所住的馆舍。 ⑮束载：捆束行装。厉兵：磨砺兵器。秣马：喂饱马匹。 ⑯皇武子：郑大夫。 ⑰脯资饩（xì）牵：指肉食和粮食。脯，干肉。资，粮食。饩牵，未宰杀的牲畜。 ⑱原圃：郑国养兽打猎的苑囿，在今河南省中牟县西北。 ⑲具囿：秦国养兽打猎的苑囿，在今陕西省凤翔县境内。 ⑳间：用作动词。 ㉑冀：希望。 ㉒不继：无后援。 ㉓国庄子：即国归父。 ㉔郊劳：郊外迎接。赠贿：赠送送行礼物。 ㉕敏：仪容举止大方得当。 ㉖国子：指国庄子。为政：执政。 ㉗服：顺服。 ㉘卫：保障。 ㉙勤民：劳民。 ㉚纵：放走。 ㉛秦施：秦国的恩惠。施，恩惠。 ㉜死君：死去的国君，指晋文公。 ㉝同姓：指郑、滑与晋同为姬姓国。 ㉞遽兴姜戎：急速调动姜戎的军队。姜戎，秦晋之间的一个部族，与晋国关系密切。 ㉟子：指晋文公之子晋襄公。因文公未葬，襄公尚未即位，故称子。墨衰（cuī）绖（dié）：染黑丧服。衰，麻制丧服。绖，麻制腰带。衰、绖均为白色。因行军穿白色孝服不吉利，故用墨染黑。 ㊱梁弘：与下句中“莱驹”均为晋大夫。 ㊲辛巳：十三日。 ㊳始墨：开始用黑色作丧服颜色。 ㊴文嬴：晋文公夫人，襄公嫡母。请：请求。 ㊵构：离间。 ㊶寡君：指秦穆公。 ㊷辱：委屈，谦辞。 ㊸逞：满足。 ㊹公：指晋襄公。 ㊺舍：放走。 ㊻力：拼命。原：指战场。 ㊼暂：突然，一下子。一说为诈欺。免：赦免，释放。 ㊽堕军实：毁伤战果。堕，通“隳”（huī）。长寇仇：长敌人气焰。 ㊾不顾而唾：不回头就在襄公面前吐唾沫，言其气愤至极。 ㊿阳处父：晋大夫。 (51)释左骖：解开左边驾车的马。古代一车四马，在两旁的称骖。 ㊷累臣：囚臣。衅鼓：即杀戮，古代有以囚俘祭鼓的现象。 ㊸拜君赐：拜谢君王的恩赐，言外之意即复仇。 ㊴素服：凶服。郊次：在郊外等候。 ㊺乡：同"向"。 ㊻替：废，撤职。 ㊼眚（shěng）：过失。 ㊽訾娄：邾地。 ㊾箕：晋地，在今山西省蒲县东北。 ㊿戊子：二十二日。 ㊱郤缺：晋臣，又名郤成子。白狄子：白狄的首领。 ㊲逞志于君：指"不顾而唾"一事。 ㊳元：首级。 ㊴臼季：即胥臣，又称臼衰。 ㊵冀缺：即郤缺。耨（nòu）：锄草。 ㊶馌（yè）：给耕者送饭。 ㊷如宾：如会见宾客。 ㊸聚：集中体现。 ㊹承事：承担事情。如祭：像参加祭祀。 ㊺其父有罪：冀缺之父为惠公之党，欲害文公，为秦穆公所诱杀。 ㊻罪：治罪。殛（jí）鲧：把鲧流放到荒远的地方。殛，杀死。鲧，禹的父亲。 ㊼举：选拔。 ㊽贼：仇敌。 ㊾济：成功。 ㊿《康诰》：《尚书》篇名。 ㊱祗（zhī）：恭敬。 ㊲"采葑采菲"二句：出自《诗经·邶风·谷风》。葑（fēng），蔓菁。菲，萝卜。无以下体，不要以为是下体而抛弃。 ㊳取节：节取其长处。 ㊴三命：诸侯任命大臣有"一命""再命""三命"的区别。以命数多为贵，车服的规制也与此相应。三命为最高等级。先且居：先轸之子。 ㊵先茅：晋大夫，因绝后，故取其县赏赐胥臣。 ㊶军行：军列，即军职。 ㊷吊：慰问。 ㊸小寝：燕寝，诸侯平日所居。 ㊹即安：小寝为诸侯燕安之所，鲁僖公病，未移居路寝（正寝），就小寝而死，故云。 ㊺门：攻打城门。桔（jié）柣（dié）之门：郑都远郊之门。 ㊻覆：车子颠覆。周氏之汪：郑国池名。汪，池塘。 ㊼髡屯：人名。禽：同"擒"。 ㊽文夫人：郑文公夫人。鄶（kuài）城：本为国，妘姓，为郑所灭，其地在今河南省新密市东南。 ㊾子上：即斗勃，楚令尹。 ㊿泜（zhì）：即滍水，今名沙河，在今河南省叶县东北。 ㊱顺：恭顺。或指顺理成章之言。 ㊲违敌：躲避仇敌之军。 ㊳退舍：后撤三十里。 ㊴子济而陈：你们渡过河再列阵。 ㊵纾我：使我纾缓，即济河而列阵。 ㊶老师：

军队久驻在外，疲劳不堪。 ⑨⑦大孙伯：子玉之子，又名大心，成大心。 ⑨⑧薄：迫近。 ⑨⑨作主：制作神主。 ⑩⑩卒哭：终止号哭。古礼，父母之丧，自初死至于卒哭，朝夕之间，哀至则哭，其哭无定时。以诸侯论，五月而葬，葬后第十四日行卒哭礼，自此以后，唯朝夕哭，他时不哭，故曰卒哭。祔（fù）：将新死者之主立于宗庙。 ⑩①特祀：单向新死者祭祀。 ⑩②烝：冬祭。尝：秋祭。禘（dì）：死后三年的大祭。

[译文]

三十三年春季，秦军途经成周北门，车左和车右都摘下头盔下车致敬，有三百辆车上的士兵刚一下车就又跳了上去。王孙满年纪尚小，看到这种情况，对天子说："秦军轻佻无礼，肯定会失败。轻佻则缺少谋略，无礼则粗心大意。进入险要之地而粗心大意，又没有谋略，能不失败吗？"

到了滑国，郑国的商人弦高正准备到京城去做买卖，遇到秦军。他先给秦军送了四张熟牛皮，又送去十二头牛以犒劳秦军，说："寡君听说贵军将要行军到我国，特派我前来慰劳贵军将士。我国虽不富裕，为了您的部下长久滞留，住一天就供应一天的给养，离开也要为你们守卫最后一夜。"同时派人迅速向郑国报告。

郑穆公派人到旅馆打探，发现他们已经装束完毕，磨砺兵器，喂饱战马，准备行动了。就派皇武子辞谢说："你们在我国滞留太久了，肉类和粮食快被用完了。现在你们要离开这里了，郑国有一个打猎的地方叫原圃，和秦国的具圃一样。请你们到那里猎取麋鹿，以减轻我们的负担，怎么样？"杞子逃亡到了齐国，逢孙、扬孙逃亡到了宋国。

孟明说："郑国已经有所准备，这次征战没有希望了。攻打不能取胜，包围又没有后援，我们还是回去吧。"就灭亡了滑国后回国。

齐国的国庄子来鲁国聘问，从郊外欢迎到赠物告别，遵礼而行且审慎恰当。臧文仲对僖公说："现在国子执政，齐国还是讲究礼的，国君去朝见吧！我听说：顺服有礼之国，是国家的保障。"

晋国的先轸说："秦君不听蹇叔的劝告，因为贪婪而兴师动众，这是上天帮助我们。上天赐予的机会不能失去，敌人不能让它逃走。放走了敌人必生祸患，违背天意则不吉祥。一定要攻打秦军。"栾枝说："还没有报答秦国的恩惠而攻打他们的军队，心目中还有去世的国君吗？"先轸说："秦国不来吊唁我们的丧事，却攻打我们的同姓国家，秦国的行为是无礼的，有什么恩惠可讲？据我所知：放走敌人一天，将是几代人的祸患。为了子孙后代而战，总可以向死去的国君交代了吧！"便发布命令，迅速动员了姜戎的军队参加。晋襄公把丧服染成黑色，梁弘为他驾车，莱驹为车右。

夏季四月十三日，晋军在殽山打败秦军，俘虏了百里孟明视、西乞术、白乙丙回国。又穿着黑色丧服安葬了文公。晋国从此以黑色丧服为俗。

文嬴请求释放秦国三位主帅，说："他们挑拨两国国君，秦君如果能得到他们，食其肉也不能解恨，又何必有劳您去惩治呢？让他们回到秦国受刑，以满足秦君的愿望，怎么样？"襄公同意了。先轸朝见襄公，问起秦国的俘虏。襄公说："夫人为他们请求，我把他们放回去了。"先轸恼怒地说："将士们在战场上费尽力气才把他们抓获，一个女人几句骗人的话就把他们放走了。糟蹋军队的战果而助长敌人的力量，晋国距亡国没有多久了。"头也不回往地上吐了唾沫。襄公派阳处父追赶孟明，追到黄河边上，他们已经上船了。阳处父解下左边的骖马，以襄公的名义要送给孟明。孟明在船上叩谢说："承蒙国君开恩，不把我们这些俘虏处死，而让我们回国受刑，即使寡君杀了我们，也是死而不朽。如果托国君的福而得到赦免，三年以后我们再来拜谢国君的恩赐。"

秦穆公身穿素服在郊外等候，面对归来的军队哭着说："我没有听从蹇叔的忠告，使你们几位蒙受耻辱，这是我的罪过。"也没有解除孟明的职务，说："这是我的过错，大夫有什么罪？再说我也不能因为一次过失而抹杀他的大功啊。"

狄人入侵齐国，是趁着晋国有丧事。

僖公攻打邾国，夺取訾娄，报了升陉一战之仇。邾国没有防备。秋季，襄仲又一次攻打邾国。

狄人攻打晋国，到了箕地。八月二十二日，晋襄公在箕地打败狄人。郤缺俘获了白狄子。

先轸说："一个普通人在国君面前无礼却没有受到惩罚，自己还敢不惩罚自己吗？"就摘下头盔冲进狄军，结果战死。狄人送回他的脑袋时，面容还和生前一样。

当初，臼季出使外国，途经冀国，看到冀缺正在田间锄草，妻子给他送饭。二人相敬如宾。臼季和冀缺一起回到晋国，对文公说："恭敬是德行的集中表现。对人恭敬就一定有德行，德行用来治理百姓，请国君重用冀缺。据我所知：出门恭敬如同对待宾客，办事庄重犹如参加祭祀，这是仁爱的法则。"文公说："他的父亲冀芮有罪，能重用他吗？"臼季回答说："从前舜为了惩罚罪犯而流放了鲧，为了选拔人才起用了鲧的儿子禹。管仲曾是齐桓公的敌人，被任命为相并取得了成功。《尚书·康诰》说：'父亲不仁慈，儿子不孝顺，哥哥不友爱，弟弟不恭敬，彼此之间没有关系。'《诗经》说：'采蔓青，采萝卜，不要舍弃它的根部。'国君使用他的长处就行了。"文公让冀缺担任下军大夫。箕地一战回来，襄公以三命的规格任命先且居率领中军，以再命的规格把先茅的县赏给胥臣，说："举荐郤缺，是你的功劳。"用一命的规格任命郤缺为卿，重新把冀地封给他，但不担任军职。

冬季，僖公到齐国朝见，同时就狄人攻打齐国表示慰问。回国后，在小寝中去世，他为了安逸没有移居到正寝。

晋国、陈国、郑国攻打许国，是讨伐它亲近楚国。

楚国令尹子上攻打陈国、蔡国。陈、蔡和楚国讲和，随后楚军攻打郑国，准备送公子瑕回国，攻打郑都城门桔柣之门。公子瑕的车子翻在周氏的池塘中。仆人髡屯把他抓住后献给了郑穆公。文夫人为他殡敛安葬在郐城之下。

晋国的阳处父攻打蔡国,楚国的子上前去救援,和晋军隔着泜水对峙。阳处父很担心,派人对子上说:"我听说:使用文的方法不能侵犯恭顺,使用武的方法不能躲避敌人。您如果想打,我后退三十里,让您渡过河摆好阵势,至于早打还是晚打,我听您的。否则,你退后让我渡河。军队在外日久疲劳,浪费钱财,也没有什么好处。"就套上战车等待楚国表态。子上想渡河,大孙伯说:"不行。晋国人不讲信用,我们渡过一半时,他们就会袭击,到时候战败后悔,还来得及吗?不如让他们渡河。"于是楚军后退三十里,阳处父向军队宣布:"楚军逃跑了。"就率军回国了。楚军也只好回国。

太子商臣诬告子上说:"子上接受了晋国的贿赂,才逃避和晋军打仗,这是楚国的耻辱,没有比这更大的罪过了。"成王便杀了子上。

鲁国安葬鲁僖公,没有及时制作神主,这是不合礼的。凡国君去世,葬后十四天停止不定时的号哭后,把死者神主祔祭祖庙,祔祭时就要制作神主,以单独向死者祭祀,烝祭、尝祭、禘祭,就在祖庙内举行。

文　公

文公元年

经　元年春，王正月，公即位。二月癸亥，日有食之。天王使叔服来会葬。夏四月丁巳，葬我君僖公。天王使毛伯来锡公命。晋侯伐卫。叔孙得臣如京师。卫人伐晋。秋，公孙敖会晋侯于戚。冬十月丁未，楚世子商臣弑其君頵。公孙敖如齐。

传　元年春①，王使内史叔服来会葬。公孙敖闻其能相人也②，见其二子焉。叔服曰："谷也食子③，难也收子④。谷也丰下⑤，必有后于鲁国。"

于是闰三月，非礼也。先王之正时也⑥，履端于始⑦，举正于中⑧，归余于终⑨。履端于始，序则不愆⑩。举正于中，民则不惑。归余于终，事则不悖⑪。

夏四月丁巳⑫，葬僖公。

王使毛伯卫来锡公命⑬，叔孙得臣如周拜⑭。

晋文公之季年⑮，诸侯朝晋。卫成公不朝，使孔达侵郑⑯，伐绵、訾⑰，及匡⑱。晋襄公既祥⑲，使告于诸侯而伐卫，及南阳⑳。先且居曰：“效尤，祸也。请君朝王，臣从师。”晋侯朝王于温，先且居、胥臣伐卫。五月辛酉朔㉑，晋师围戚㉒。六月戊戌㉓，取之，获孙昭子㉔。

卫人使告于陈。陈共公曰：“更伐之㉕，我辞之㉖。”卫孔达帅师伐晋，君子以为古㉗。古者越国而谋。

秋，晋侯疆戚田㉘。故公孙敖会之。

初，楚子将以商臣为大子，访诸令尹子上㉙。子上曰：“君之齿未也㉚，而又多爱㉛。黜乃乱也。楚国之举㉜，恒在少者㉝。且是人也，蜂目而豺声㉞，忍人也㉟，不可立也。”弗听。既又欲立王子职而黜大子商臣㊱。商臣闻之而未察㊲，告其师潘崇曰：“若之何而察之？”潘崇曰：“享江芈而勿敬也㊳。”从之。江芈怒曰：“呼，役夫㊴！宜君王之欲杀女而立职也㊵。”告潘崇曰：“信矣。”潘崇曰：“能事诸乎㊶？”曰：“不能。”“能行乎㊷？”曰：“不能。”“能行大事乎㊸？”曰：“能。”

冬十月，以宫甲围成王㊹。王请食熊蹯而死㊺。弗听。丁未㊻，王缢。谥之曰灵，不瞑；曰成，乃瞑。

穆王立㊼，以其为大子之室与潘崇，使为大师，且掌环列之尹㊽。

穆伯如齐㊾，始聘焉，礼也。凡君即位，卿出并聘㊿，践修旧好(51)，要结外援(52)，好事邻国，以卫社稷，忠信卑让之道也。忠，德之正也；信，德之固也；卑让(53)，德之基也。

殽之役，晋人既归秦帅，秦大夫及左右皆言于秦伯曰：“是败也，孟明之罪也，必杀之。”秦伯曰：“是孤之罪也。

周芮良夫之诗曰㊾:'大风有隧,贪人败类。听言则对,诵言如醉。匪用其良,覆俾我悖㊿。'是贪故也,孤之谓矣。孤实贪以祸夫子㊱,夫子何罪?"复使为政。

[注释]

①元年:公元前626年。周襄王二十七年。 ②公孙敖:鲁大夫庆父之子。相人:给人相面。 ③谷:字文伯,公孙敖长子。食子:奉养您。 ④难:字惠叔,公孙敖次子。收子:安葬您。 ⑤丰下:颐颔丰满。 ⑥正时:端正时令。 ⑦履端于始:推算年历以冬至为始。 ⑧举正于中:以正朔之月为正月。一说按天象之正,把冬至、夏至、春分、秋分的月份作为四季的中月。 ⑨归余于终:置闰月于岁终。 ⑩愆(qiān):过错。 ⑪悖:谬误。 ⑫丁巳:二十六日。 ⑬毛伯卫:周王使者。 ⑭叔孙得臣:鲁臣,又称叔孙庄叔、庄叔。拜:拜谢赐命。 ⑮季年:末年。 ⑯孔达:卫臣。 ⑰绵:不详何地,当与匡邑相近。訾:訾娄,本为卫邑,后属郑。 ⑱匡:本为卫邑,在今河南省长垣县西南,后为郑国夺去。 ⑲既祥:即小祥祭祀以后。祥,古丧礼名。 ⑳南阳:地名。详见僖公二十五年注。 ㉑辛酉朔:初一日。 ㉒戚:卫邑,在今河南省濮阳市区。 ㉓戊戌:初八日。 ㉔孙昭子:卫大夫。 ㉕更伐之:转过去攻打他们。 ㉖辞:言辞。 ㉗古:粗略,固陋。 ㉘疆:划疆正界。 ㉙访:询问。 ㉚齿未:年岁不大。 ㉛多爱:内宠多。 ㉜举:立。 ㉝恒:常。 ㉞蜂目:眼睛像蜂。豺声:声音如豺。 ㉟忍人:残忍的人。 ㊱既:立了以后。王子职:商臣的庶弟。 ㊲未察:未明察。 ㊳江芈(mǐ):楚成王之妹。 ㊴役夫:贱者的称呼。 ㊵杀女:即废掉你。女,同"汝"。 ㊶事:事奉。 ㊷行:逃亡。 ㊸大事:指弑君。一说指政变。 ㊹宫甲:东宫甲士。 ㊺熊蹯(fán):熊掌。 ㊻丁未:十八日。 ㊼穆王:即商臣。 ㊽环列之尹:统领宫廷警

卫的长官。 ㊾穆伯：即公孙敖。 ㊿并聘：普遍向诸侯聘问。 (51)践：继续。 (52)要：束，集。 (53)卑让：谦让。 (54)芮良夫：周厉王卿士。 (55)“大风有隧”六句：出自《诗经·大雅·桑柔》。隧：迅疾。败类：败坏良善。听言则对：听到道听途说的话就喜欢答对。诵言如醉：听到劝谏的话就昏昏欲睡。诵言，指《诗》《书》中讽谏之言。匪，通“非”。覆俾我悖：反使我做悖逆之行。覆，反。 (56)夫子：指孟明。

[译文]

元年春季，天子派内史叔服前来参加僖公的葬礼。公孙敖听说叔服会相面，让自己的两个儿子见他。叔服说：“谷能供养您，难可以安葬您。谷的下巴丰满，其后代必然在鲁国昌盛。”

这一年闰三月，不符合礼制。先王为了端正时令，推算年历以冬至作为开始，以正朔之月为中，剩余的时间则归在年终。以冬至为开始，四季的顺序就不会混乱。以正朔之月为中，百姓就不会糊涂。将剩余的时间归在年终，做事就不会有谬误。

夏季四月二十六日，安葬鲁僖公。

天子派毛伯卫前来赐命鲁文公，叔孙得臣前往王室拜谢。

晋文公末年，诸侯朝见晋国。卫成公没去朝见，派孔达入侵郑国，攻打绵、訾，到达匡地。晋襄公在举行了小祥祭祀以后，派人通告诸侯前往攻打卫国，到达南阳。先且居说：“效法错误的行为，是祸害。请国君朝见天子，我领着军队去。”襄公到温地朝见天子，先且居、胥臣攻打卫国。五月初一日，晋军围攻戚地。六月初八日，夺取戚地，抓获孙昭子。

卫国派人向陈国告急。陈共公说：“再去攻打他们，我去请求讲和。”卫国的孔达率军进攻晋国，君子认为卫国这样做过于固陋。固陋是指让其他国家为自己出主意。

秋季，晋襄公划定戚地的疆界。因此公孙敖去戚地和他相会。

当初，楚成王准备把商臣立为太子，向令尹子上征求意见。子上说："国君还很年轻，又有这么多爱妃。立了太子以后再废黜，就会导致祸乱。楚国立太子，通常立最年轻的。再说商臣这个人，有着蜂一样的眼睛，豺狼一样的声音，是个残忍的人，不能立他。"成王不听。立了商臣后，又想立王子职，要废黜太子商臣。商臣有所风闻，但没有证实，就告诉他的老师潘崇说："怎样才能搞清楚呢？"潘崇说："你设宴招待江芈，故意对她不尊重。"商臣听了他的话。果然江芈生气地说："好啊，下贱的东西！难怪国君想杀掉你而立职，真是活该。"商臣告诉潘崇说："果有此事。"潘崇说："你能事奉公子职吗？"说："不能。""能逃到国外吗？"说："不能。""能把国君杀掉吗？"说："能。"

冬季十月，商臣带领宫中侍卫包围了成王。成王请求吃了熊掌后再死。商臣不同意。十八日，成王自缢而死。给他定谥号为"灵"，死不瞑目；换成谥号"成"，才闭上眼睛。

楚穆王商臣即位，把他做太子时的宫室送给潘崇，任命他为太师，并担任禁卫军长官。

穆伯到齐国开始聘问，这是合乎礼的。凡国君即位，卿都要到各国聘问，继续重温过去的友好关系，团结外部力量，与邻国友好相处，以保卫自己的国家，这是合乎忠、信、谦让之道的。忠，使德行更为纯正；信，使德行得以巩固；谦让，则是德行的基础。

殽地之战后，晋国释放了秦国主帅，秦国的大夫和左右侍从都对秦穆公说："这次失败，是孟明的罪过，一定要杀了他。"穆公说："这是我的罪过。周朝芮良夫有诗说：'大风迅疾刮过，贪婪使人弃善从恶。听到什么就轻率回答，听到讽谏之言则假装喝多。不能重用有才之人，反而听信邪恶之说。'这是贪婪的缘故，说的正是我啊。我因为贪婪而害了孟明，孟明有什么罪？"重新让孟明执政。

文公二年

经 二年春，王二月甲子，晋侯及秦师战于彭衙，秦师败绩。丁丑，作僖公主。三月乙巳，及晋处父盟。夏六月，公孙敖会宋公、陈侯、郑伯、晋士縠盟于垂陇。自十有二月不雨，至于秋七月。八月丁卯，大事于大庙，跻僖公。冬，晋人、宋人、陈人、郑人伐秦。公子遂如齐纳币。

传 二年春，秦孟明视帅师伐晋，以报殽之役。二月，晋侯御之。先且居将中军，赵衰佐之。王官无地御戎①，狐鞫居为右②。甲子③，及秦师战于彭衙④，秦师败绩。晋人谓秦"拜赐之师"。

战于殽也，晋梁弘御戎，莱驹为右。战之明日，晋襄公缚秦囚，使莱驹以戈斩之。囚呼，莱驹失戈，狼瞫取戈以斩囚⑤，禽之以从公乘⑥，遂以为右。箕之役，先轸黜之而立续简伯⑦。狼瞫怒。其友曰："盍死之?"瞫曰："吾未获死所。"其友曰："吾与女为难⑧。"瞫曰："《周志》有之⑨：勇则害上⑩，不登于明堂⑪。死而不义，非勇也。共用之谓勇⑫。吾以勇求右，无勇而黜，亦其所也。谓上不我知⑬，黜而宜，乃知我矣。子姑待之。"及彭衙，既陈，以其属驰秦师，死焉。晋师从之，大败秦师。

君子谓："狼瞫于是乎君子。《诗》曰：'君子如怒，乱庶遄沮⑭。'又曰：'王赫斯怒，爰整其旅⑮。'怒不作乱而以从师，可谓君子矣。"

秦伯犹用孟明。孟明增修国政，重施于民。赵成子言于诸大夫曰⑯:"秦师又至,将必辟之⑰,惧而增德,不可当也。《诗》曰:'毋念尔祖,聿修厥德⑱。'孟明念之矣。念德不怠,其可敌乎?"

丁丑⑲,作僖公主,书,不时也。

晋人以公不朝来讨。公如晋。夏四月己巳⑳,晋人使阳处父盟公以耻之。书曰"及晋处父盟",以厌之也。适晋不书,讳之也。

公未至,六月,穆伯会诸侯及晋司空士縠盟于垂陇㉑,晋讨卫故也。书士縠,堪其事也㉒。

陈侯为卫请成于晋,执孔达以说㉓。

秋八月丁卯㉔,大事于大庙㉕,跻僖公㉖,逆祀也㉗。于是夏父弗忌为宗伯㉘,尊僖公,且明见曰㉙:"吾见新鬼大㉚,故鬼小㉛。先大后小,顺也。跻圣贤,明也。明、顺,礼也。"

君子以为失礼:"礼无不顺。祀,国之大事也,而逆之,可谓礼乎?子虽齐圣㉜,不先父食久矣㉝。故禹不先鲧㉞,汤不先契㉟,文、武不先不窋㊱。宋祖帝乙,郑祖厉王,犹上祖也㊲。是以《鲁颂》曰:'春秋匪解,享祀不忒,皇皇后帝,皇祖后稷㊳。'君子曰礼,谓其后稷亲而先帝也。《诗》曰:'问我诸姑,遂及伯姊㊴。'君子曰礼,谓其姊亲而先姑也。"

仲尼曰:"臧文仲,其不仁者三,不知者三㊵。下展禽㊶,废六关㊷,妾织蒲㊸,三不仁也。作虚器㊹,纵逆祀㊺,祀爰居㊻,三不知也。"

冬,晋先且居、宋公子成、陈辕选、郑公子归生伐秦,取汪及彭衙而还，以报彭衙之役。卿不书，为穆公故，尊秦也，谓之崇德。

襄仲如齐纳币，礼也。凡君即位，好舅甥㊼，修昏姻，娶元妃以奉粢盛㊽，孝也。孝，礼之始也。

[注释]

①王官无地：晋臣。　②狐鞫（jū）居：晋臣，又称续鞫居。　③甲子：初七日。　④彭衙：秦地，在今陕西省白水县东北。　⑤狼瞫（shěn）：晋臣。　⑥禽之：擒莱驹。　⑦续简伯：即续鞫居。　⑧为难：发难，即共杀先轸。　⑨《周志》：即《周书》。　⑩则：如果。　⑪明堂：祖庙。　⑫共用：为国效命。　⑬上：指先轸。　⑭"君子如怒"二句：出自《诗经·小雅·巧言》。乱庶遄（chuán）沮（jǔ）：动乱差不多能迅速制止。遄，疾，速。沮，阻止。　⑮"王赫斯怒"二句：出自《诗经·大雅·皇矣》。赫斯，赫然发怒的样子。爰，于是。　⑯赵成子：赵衰。　⑰辟：通"避"。　⑱"毋念尔祖"二句：出自《诗经·大雅·文王》。毋，同"无"。念，怀念。聿，语助词，无义。厥，代词，他的，那个。　⑲丁丑：二十日。　⑳己巳：十三日。　㉑士縠（hú）：士蒍之子。垂陇：郑地，在今河南省荥阳市东北。　㉒堪其事：能胜任结盟之事。　㉓说：解说。　㉔丁卯：十三日。　㉕大事：指祭祀。　㉖跻僖公：升僖公的神位。跻（jī），升，登。僖公与闵公为兄弟，僖公继闵公为君，依当时礼制，闵公当在僖公之上。此升僖公之位于闵公之上，故称跻。　㉗逆祀：不按先后次序祭祀。　㉘于是：当时。夏父弗忌：鲁臣。宗伯：古代掌礼之官。　㉙明见：明言其所见。　㉚新鬼：指僖公。　㉛故鬼：指闵公，其死已久。　㉜齐圣：聪明圣哲。　㉝不先父食：此句为比喻，即后立国君不能在先立国君之前享受祭品。　㉞鲧（gǔn）：禹的父亲。　㉟契：汤的十三世祖。　㊱不窋（zhú）：周始

祖后稷之子。 ㊲上祖：尊尚父祖。 ㊳“春秋匪解”四句：出自《诗经·鲁颂·閟宫》，言郊祭上天与后稷。匪解，不懈怠。忒（tè），差误。皇皇后帝，指天。后稷，相传尧舜时的农官，周之先祖。 ㊴“问我诸姑”二句：出自《诗经·邶风·泉水》。姑，父之姊妹。伯姊，长姊。 ㊵不知：不智。 ㊶下展禽：使展禽屈居下位。展禽，即柳下惠。 ㊷废六关：即设置六关以纳税。 ㊸妾织蒲：小老婆织蒲席贩卖。言其与民争利。 ㊹作虚器：指臧文仲畜养大蔡之龟的事。 ㊺纵逆祀：指纵容夏父弗忌跻僖公的主张。 ㊻祀爰居：祭祀海鸟爰居。爰居，海鸟名。 ㊼好舅甥：鲁与齐世通婚姻，为舅甥之国，遣使申好，故称好舅甥。 ㊽娶元妃：鲁文公为初娶，故称娶元妃。奉粢盛：举行祭祀。粢盛，祭品。

［译文］

二年春季，秦国的孟明视率军攻打晋国，以报殽地一战之仇。二月，晋襄公领兵抵抗。先且居率领中军，赵衰为副帅。王官无地驾驭战车，狐鞫居为车右。二月初七日，在彭衙和秦军交战，秦军大败。晋国人把秦军称为“前来拜谢恩赐的军队”。

在殽地之战中，晋国的梁弘为晋襄公驾车，莱驹为车右。交战的第二天，襄公让人捆绑了秦国的俘虏，让莱驹用戈杀死他们。俘虏大声喊叫起来，莱驹受惊，戈掉在地上，狼瞫迅速拾起戈斩了俘虏，把莱驹抓起追上了襄公的战车，于是襄公让他当了车右。箕地一战中，先轸废黜了狼瞫，让续简伯代替他。狼瞫非常恼怒。他的朋友说：“你何不去死？”狼瞫说：“我还没有找到死的地方。”朋友说：“我和你一起发难杀掉。”狼瞫说：“《周志》上说：虽勇猛但杀害上司，死后不能进入庙堂。如果不义而死，不是勇敢。为国而死才叫勇敢。我因为勇敢而做了车右，因为不勇敢而被废黜，也是应该的。如果说上司不了解我，废黜得当，就是了解我了。您等着瞧吧。”等到彭衙一战，军队摆开阵势以后，狼瞫率领他的部下冲入秦军，死在那里。晋军紧随而上,大败秦军。

君子评论说:"狼瞫在这件事上算是个君子。《诗经》说:'君子如果发怒,动乱差不多可以迅速终止。'又说:'文王勃然大怒,于是就整顿队伍。'愤怒而不作乱,反而跟着军队打仗,可以说是君子了。"

秦穆公仍然任用孟明。孟明努力修明政事,给百姓以更多的好处。赵衰对大夫们说:"秦军再来攻打,一定要躲开,因为害怕而进一步修明德行,这样的人是不能抵抗的。《诗经》说:'怀念你的祖先,修明你的德行。'孟明知道这个道理。致力修德并坚持不懈,难道能抵抗吗?"

二十日,鲁国制作了僖公的神主,《春秋》记载此事,是因为制作不及时。

晋国人因为文公不去朝见而来问罪。文公便去了晋国。夏季四月十三日,晋国派阳处父和文公结盟,以此来羞辱他。《春秋》记载为"及晋处父盟",表示对晋国的憎恶。对前往晋国一事不加记载,是为了避讳。

文公还未回到鲁国,六月,穆伯和诸侯以及晋国司空士縠在垂陇结盟,这是因为晋国要攻打卫国。《春秋》直书"士縠"的名字,是认为他能胜任此事。

陈共公替卫国向晋国请求和好,抓了孔达以讨好晋国。

秋季八月十三日,鲁国在太庙祭祀,把僖公的神位升到闵公之上,这是违背正常顺序的祭祀。当时夏父弗忌担任宗伯,他尊崇僖公,并且宣称他所见到的情况:"我看到新鬼大,旧鬼小。先大后小,是合乎顺序的。使圣贤升位,是明智的。明智并且合乎顺序,是合乎礼的。"

君子认为这样做是失礼的:"礼没有不合顺序的。祭祀是国家的大事,不依照正常的顺序,能说是合乎礼吗?即使儿子再聪明圣哲,也不能在父亲之前享受祭品,这规矩由来已久。因此禹不能在鲧前面,汤不能在契前面,文王、武王不能在不窋前面。宋国以帝乙为祖宗,郑国以厉王为祖宗,都是对祖宗的尊崇。所以《鲁颂》说:'四时不怠惰，祭祀无差错，祭我伟大的天帝，祭我伟大的祖先后稷。'君子认为这是合乎礼的，虽然和后稷亲近，却要先称天帝。《诗经》说：'问候我的姑姑，再问候我的姐姐。'君子认为这合乎礼，虽然和姐姐亲近，却要先问候姑姑。"

孔子说："臧文仲有三件事做得不仁爱，有三件事做得不明智。使展禽屈居下位，设置六个关口收税，让小妾织席贩卖，这三件事不仁爱。建造房屋蓄养大龟，纵容不合顺序的祭祀，祭祀海鸟爰居，这三件事不明智。"

冬季，晋国的先且居、宋国的公子成、陈国的辕选、郑国的公子归生攻打秦国，夺取了汪地，到达彭衙后回国，报了彭衙一战之仇。《春秋》不写卿的名字，是因为秦穆公的缘故，其尊重秦国，这叫作崇尚德行。

襄仲到齐国送去聘礼，这是合乎礼的。凡国君即位，发展甥舅国家之间的友好关系，两国联姻，娶原配夫人以主持祭祀，就是孝。孝道，是礼的开始。

文公三年

经 三年春，王正月，叔孙得臣会晋人、宋人、陈人、卫人、郑人伐沈，沈溃。夏五月，王子虎卒。秦人伐晋。秋，楚人围江。雨螽于宋。冬，公如晋。十有二月己巳，公及晋侯盟。晋阳处父帅师伐楚以救江。

传 三年春，庄叔会诸侯之师伐沈①，以其服于楚也。沈溃。凡民逃其上曰溃②，在上曰逃。

卫侯如陈，拜晋成也。

夏四月乙亥③，王叔文公卒④，来赴，吊如同盟，礼也。

秦伯伐晋,济河焚舟,取王官⑤,及郊⑥。晋人不出,遂自茅津济⑦,封殽尸而还。遂霸西戎,用孟明也。

君子是以知秦穆公之为君也,举人之周也⑧,与人之壹也⑨。孟明之臣也,其不解也⑩,能惧思也。子桑之忠也⑪,其知人也,能举善也。《诗》曰:"于以采蘩?于沼于沚。于以用之?公侯之事⑫。"秦穆有焉。"夙夜匪解,以事一人⑬。"孟明有焉。"诒厥孙谋,以燕翼子⑭。"子桑有焉。

秋,雨螽于宋⑮,队而死也⑯。

楚师围江,晋先仆伐楚以救江⑰。

冬,晋以江故告于周。王叔桓公、晋阳处父伐楚以救江⑱,门于方城⑲,遇息公子朱而还⑳。

晋人惧其无礼于公也,请改盟。公如晋,及晋侯盟。晋侯飨公,赋《菁菁者莪》㉑。庄叔以公降、拜㉒,曰:"小国受命于大国,敢不慎仪㉓?君贶之以大礼㉔,何乐如之?抑小国之乐㉕,大国之惠也。"晋侯降,辞。登,成拜。公赋《嘉乐》㉖。

[注释]

①庄叔:即叔孙得臣。沈:国名,姬姓,在今河南省沈丘旧县治一带。一说在今安徽省阜阳市西北。 ②溃:百姓逃避他们的上司,因人数众多,故称溃。③乙亥:二十四日。 ④王叔文公:即王子虎。 ⑤王官:晋地,在今山西省闻喜县西。 ⑥郊:晋地,在王官附近。 ⑦茅津:地名,即今山西省平陆县境内茅津渡。 ⑧周:全面,周密。 ⑨与人:信任、任用人。壹:专一无二。 ⑩解:同

"懈"。 ⑪子桑：即公孙枝。 ⑫"于以采蘩"四句：出自《诗经·召南·采蘩》。于以，于何。蘩，白蒿。沚（zhǐ），沙渚。引此诗句喻秦穆公能以忠信待人，故人能为其尽力。 ⑬"夙夜匪解"二句：出自《诗经·大雅·烝民》。一人，本意指周宣王，此则借以指秦穆公。 ⑭"诒厥孙谋"二句：出自《诗经·大雅·文王有声》。诒，遗留。孙，子孙后代。谋，谋略。燕，安定。翼，辅助。子，子孙。引此诗句指子桑能荐举百里奚父子为秦穆公辅佐，成就霸业。 ⑮雨螽：螽斯像下雨一样。 ⑯队：同"坠"。 ⑰先仆：晋臣。 ⑱王叔桓公：周卿士，王叔文公之子。 ⑲门：攻打城门，此为攻击。方城：方城山的关口。 ⑳息公子朱：楚大夫。息公，息县之尹，名子朱。 ㉑《菁菁者莪》：《诗经·小雅》篇名。取"既见君子，乐且有仪"句。 ㉒庄叔：即叔孙得臣，时为文公相礼。降、拜：降阶再拜。 ㉓慎仪：谨慎地恪守礼仪。 ㉔贶（kuàng）：赏赐。大礼：享礼。 ㉕抑：语首助词，无义。 ㉖《嘉乐》：《诗经·大雅》篇名。文公赋此诗，取"显显令德，宜民宜人，受禄于天"以赞颂晋侯。

[译文]

　　三年春季，庄叔会合诸侯军队攻打沈国，因为沈国顺服了楚国。沈国百姓溃散。凡是百姓逃离他们的国君叫作"溃"，国君逃走则叫作"逃"。

　　卫成公前往陈国，就和晋国讲和一事答谢。

　　夏季四月二十四日，王叔文公去世，王室送来讣告，鲁国以同盟诸侯的礼节吊唁，是合乎礼的。

　　秦穆公讨伐晋国，渡过黄河烧毁渡船，夺取了王官，到达郊地。晋国人不出城迎战，秦军就从茅津渡过黄河，为殽山之役战死的将士堆土作坟树立标记，然后回国。秦穆公从此称霸西戎，其原因就是重用了孟明。

　　君子因此知道秦穆公作为国君，选拔人才考虑周到，起用人才果断专一。孟明作为臣子，坚持不懈，能因畏惧而深思。子桑忠心耿耿，了解别人，举荐贤良。《诗经》说："何处去采蒿？在池塘里，在小洲中。哪里去用它？在公侯的祭典上。"秦穆公就是这样的人。"起早贪黑努力干，一心事奉一个人。"孟明就是这样的人。"留给子孙谋略，将其安定辅佐。"子桑就是这样的人。

秋季，宋国发现螽斯像下雨一般落下来，掉下来就死了。

楚军围攻江国，晋国的先仆攻打楚国，以救援江国。

冬季，晋国把江国被围一事报告天子。王叔桓公、晋国的阳处父攻打楚国以救援江国，攻打方城山关口时，遇到了楚国的息公子朱，就回国了。

晋国人因对鲁文公无礼而害怕，请求改订盟约。文公前往晋国和晋襄公结盟。襄公设宴招待文公，吟诵了《菁菁者莪》一诗。庄叔让文公走下台阶再拜，说："小国在大国接受命令，岂敢对礼仪不慎重？国君赐我们以大礼，有什么比这更快乐的呢？小国的快乐是大国的恩赐啊。"晋襄公也走下台阶辞让。二人登上台阶至堂上，完成了拜礼。文公吟诵了《嘉乐》一诗。

文公四年

经 四年春，公至自晋。夏，逆妇姜于齐。狄侵齐。秋，楚人灭江。晋侯伐秦。卫侯使宁俞来聘。冬十有一月壬寅，夫人风氏薨。

传 四年春，晋人归孔达于卫，以为卫之良也[①]，故免之。

夏，卫侯如晋拜。

曹伯如晋，会正[②]。

逆妇姜于齐，卿不行，非礼也。君子是以知出姜之不允于鲁也③。曰："贵聘而贱逆之，君而卑之④，立而废之，弃信而坏其主⑤，在国必乱，在家必亡。不允宜哉！《诗》曰：'畏天之威，于时保之⑥。'敬主之谓也⑦。"

秋，晋侯伐秦，围祁、新城⑧，以报王官之役。

楚人灭江，秦伯为之降服⑨，出次⑩，不举⑪，过数⑫。大夫谏，公曰："同盟灭，虽不能救，敢不矜乎⑬？吾自惧也。"君子曰："《诗》云：'惟彼二国，其政不获；惟此四国，爰究爰度⑭。'其秦穆之谓矣。"

卫宁武子来聘，公与之宴，为赋《湛露》及《彤弓》⑮。不辞⑯，又不答赋。使行人私焉⑰。对曰："臣以为肄业及之也⑱。昔诸侯朝正于王⑲，王宴乐之，于是乎赋《湛露》，则天子当阳⑳，诸侯用命也㉑。诸侯敌王所忾而献其功㉒，王于是乎赐之彤弓一，彤矢百，玈弓矢千，以觉报宴㉓。今陪臣来继旧好，君辱贶之，其敢干大礼以自取戾㉔？"

冬，成风薨㉕。

[注释]

①良：贤良之才。　②会正：与会交纳贡赋。正，同"政"，即交纳贡赋。当时小国诸侯有向霸主纳贡赋的义务，与会以定其数额。③出姜：即哀姜，鲁文公夫人。不允：不终。　④君：小君，国君之妻的称谓。　⑤弃信：指贵聘贱逆，不依所聘时之礼行事。坏其主：指夫人为公宫内之主，却卑之，废之。　⑥"畏天之威"二句：出自《诗经·周颂·我将》。威，威灵。保之，保有福禄。　⑦敬主：敬重

内主。 ⑧郩（yuán）：秦邑，在今陕西省澄城县南。新城：秦邑，在澄城县东北。 ⑨降服：素服。 ⑩出次：离开正寝，居住于别室。 ⑪不举：减膳撤乐。 ⑫过数：超过了应有的礼数。 ⑬矜：哀怜。 ⑭"惟彼二国"四句：出自《诗经·大雅·皇矣》。二国，指夏、商。不获，不得人心。四国，四方国家。爰究爰度，于是探讨、谋虑。爰，于是。 ⑮《湛露》、《彤弓》：均为《诗经·小雅》篇名。 ⑯不辞：不辞谢。 ⑰行人：外交人员。私：以私人身份探问。 ⑱肄业：练习赋诗。 ⑲朝正：正月朝贺京师。 ⑳当阳：面对太阳而坐。 ㉑用命：效劳听命。 ㉒敌王所忾：抗击天子所痛恨的人。忾，痛恨。 ㉓以觉报宴：比较功劳的大小以宴乐报答。觉，通"校"，量。 ㉔干：违犯。戾：罪过。 ㉕成风：鲁僖公之母。

[译文]

四年春季，晋国人释放孔达回卫国，认为孔达是卫国的贤良人才，所以赦免他。

夏季，卫成公前往晋国致谢。

曹共公到晋国商谈纳贡一事。

鲁国派人到齐国迎娶姜氏，卿没有去，是不合礼的。君子因此知道出姜不会在鲁国善终。他们说："用高贵的人去纳聘，却用低贱的人迎亲，身为国君夫人却又轻视她，立为夫人却又废弃她，抛弃信用而贬损内主，一个国家发生了这种事情，必然会造成祸乱，一个家族发生了这种事情，必然会导致灭亡。她在鲁国不能善终是理所应当的了！《诗经》说：'敬畏上天的神威，因此而保有福禄。'说的就是要敬重内主。"

秋季，晋襄公攻打秦国，包围了郩地、新城，报了王官一战之仇。

楚国人灭了江国，秦穆公身着素服，移居侧室，减少膳食，撤除音乐，超过了应有的礼数。大夫劝谏他，他说："同盟国家被灭亡，即使未能援救，能不哀悼吗？我是警戒自己啊。"君子认为："《诗经》

文 公

说：'夏、商两国为政不得人心，四方诸侯探其原因。'说的就是秦穆公啊。"

卫国的宁武子来鲁国聘问，文公为他举行饮宴，演奏了《湛露》和《彤弓》二诗。宁武子既没有辞谢，也没有吟诗作答。文公派外交官私下探问原因。宁武子回答说："我以为是为练习而演奏呢。过去诸侯在正月里到王室朝见，天子设宴奏乐款待，这时才演奏《湛露》一诗，表示天子犹如太阳，诸侯俯首听命。诸侯以天子所痛恨的人作为自己的敌人，献上攻打四夷的功劳，天子因此赐给红色的弓一把，红色的箭一百支，黑色的弓十把，黑色的箭一千支，以宴乐报答功劳。如今我本是前来继续发展过去友好关系的，承蒙国君赐宴，哪里敢冒犯大礼而自取罪过啊？"

冬季，成风去世。

文公五年

经 五年春，王正月，王使荣叔归含且赗。三月辛亥，葬我小君成风。王使召伯来会葬。夏，公孙敖如晋。秦人入鄀。秋，楚人灭六。冬十月甲申，许男业卒。

传 五年春，王使荣叔来含且赗①，召昭公来会葬②，礼也。

初，鄀叛楚即秦③，又贰于楚。夏，秦人入鄀。

六人叛楚即东夷④。秋，楚成大心、仲归帅师灭六⑤。

冬，楚公子燮灭蓼⑥。臧文仲闻六与蓼灭，曰："皋陶、庭坚不祀忽诸⑦。德之不建，民之无援，哀哉！"

晋阳处父聘于卫，反过宁⑧，宁嬴从之⑨。及温而还，其妻问之，嬴曰："以刚⑩。《商书》曰：'沈渐刚克，高明柔克⑪。'夫子壹之⑫，其不没乎⑬！天为刚德，犹不干时⑭，况在人乎？且华而不实⑮，怨之所聚也。犯而聚怨⑯，不可以定身⑰。余惧不获其利而离其难⑱，是以去之。"

晋赵成子、栾贞子、霍伯、臼季皆卒⑲。

[注释]

①荣叔：周臣。来含：即致送死者所含的珠玉等物。含，以珠玉等物置于死者口中。赗（fèng）：助丧的礼物。 ②召昭公：周王卿士，即召伯。 ③鄀（ruò）：秦、楚界上小国。详见僖公二十五年注。 ④六：国名，皋陶之后，故城在今安徽省六安市区。 ⑤成大心、仲归：均为楚臣。 ⑥子燮：楚公子。蓼（liǎo）：国名，在今河南省固始县东北。 ⑦忽诸：突然，一下子。 ⑧宁：晋邑，当在今河南省获嘉县西北、修武县东。 ⑨宁嬴：掌逆旅（客舍）大夫。 ⑩以刚：太刚强。 ⑪"沈渐刚克"二句：出自《尚书·洪范》。沈渐，深沉。刚克，以刚强去克制。高明，爽朗。 ⑫壹之：只具其一。 ⑬不没：不得善终。 ⑭不干时：不违背寒暑四时的次序。 ⑮华而不实：指言过其实。 ⑯犯：触犯别人。 ⑰定身：安身。 ⑱离：同"罹"。 ⑲赵成子：即赵衰。栾贞子：即栾枝。霍伯：即先且居，霍为其采邑。臼季：即胥臣。

[译文]

五年春季，天子派荣叔送来含玉和丧仪，派召昭公前来参加葬礼，这是合乎礼的。

当初，鄀国背叛楚国亲近秦国，又亲附楚国。夏季，秦军攻入鄀国。

六国人背叛了楚国，亲近东夷。秋季，楚国的成大心和仲归领兵灭掉了六国。

冬季，楚国的公子燮灭亡了蓼国。臧文仲听说六国和蓼国灭亡，说："皋陶和庭坚突然之间就没有人祭祀了。不建立德行，百姓就没有救了，可悲啊！"

晋国的阳处父到卫国聘问，回来路过宁地，宁嬴跟着他离开。走到温地就回去了，妻子问他缘故，他说："这个人太刚强了。《商书》说：'优柔的人应以刚强来克服，豪爽的人应以柔弱来克服。'阳处父只具其一，恐怕难以善终！上天的德行属于刚强，尚且不去触犯四时的顺序，何况人呢？再说华而不实，就会招致怨恨。触犯别人招来怨恨，就难以使自身安定。我担心得不到他的好处，反而遭到祸患，所以离开他。"

晋国的赵成子、栾贞子、霍伯、臼季都去世了。

文公六年

经 六年春，葬许僖公。夏，季孙行父如陈。秋，季孙行父如晋。八月乙亥，晋侯骧卒。冬十月，公子遂如晋，葬晋襄公。晋杀其大夫阳处父。晋狐射姑出奔狄。闰月，不告月，犹朝于庙。

传 六年春，晋蒐于夷，舍二军①。使狐射姑将中军②，赵盾佐之③。阳处父至自温，改蒐于董④，易中军。阳子⑤，成季之属也⑥，故党于赵氏⑦，且谓赵盾能⑧，曰："使能，国之利也。"是以上之⑨。宣子于是乎始为国政，制事典⑩，正法罪⑪，辟狱刑⑫，董逋逃⑬，由质要⑭，治旧洿⑮，本秩礼⑯，续常职⑰，出滞淹⑱。既成，以授大傅阳子与大师贾佗，使行诸晋国，以为常法。

臧文仲以陈、卫之睦也，欲求好于陈。夏，季文子聘于陈⑲，且娶焉。

秦伯任好卒[20]。以子车氏之三子奄息、仲行、铖虎为殉[21]，皆秦之良也。国人哀之，为之赋《黄鸟》[22]。

君子曰："秦穆之不为盟主也，宜哉！死而弃民。先王违世[23]，犹诒之法[24]，而况夺之善人乎？《诗》曰：'人之云亡，邦国殄瘁[25]。'无善人之谓。若之何夺之？古之王者知命之不长，是以并建圣哲[26]，树之风声[27]，分之采物[28]，著之话言[29]，为之律度[30]，陈之艺极[31]，引之表仪[32]，予之法制，告之训典[33]，教之防利[34]，委之常秩[35]，道之礼则[36]，使毋失其土宜[37]，众隶赖之，而后即命[38]。圣王同之[39]。今纵无法以遗后嗣[40]，而又收其良以死，难以在上矣。"君子是以知秦之不复东征也。

秋，季文子将聘于晋，使求遭丧之礼以行。其人曰："将焉用之？"文子曰："备豫不虞[41]，古之善教也[42]。求而无之，实难[43]。过求何害[44]？"

八月乙亥[45]，晋襄公卒。灵公少[46]，晋人以难故，欲立长君[47]。赵孟曰[48]："立公子雍[49]。好善而长，先君爱之，且近于秦[50]。秦，旧好也。置善则固，事长则顺[51]，立爱则孝，结旧则安。为难故，故欲立长君。有此四德者[52]，难必抒矣[53]。"贾季曰[54]："不如立公子乐[55]。辰嬴嬖于二君[56]，立其子，民必安之。"赵孟曰："辰嬴贱，班在九人[57]，其子何震之有[58]？且为二嬖，淫也。为先君子，不能求大而出在小国，辟也[59]。母淫子辟，无威。陈小而远[60]，无援。将何安焉？杜祁以君故[61]，让偪姞而上之[62]，以狄故，让季隗而已次之[63]，故班在四。先君是以爱其子而仕诸秦，为亚卿焉[64]。秦大而近，足以为援，母义子爱，足以威民，立之不亦可乎？"使先蔑、士会如秦⑥，逆公子雍。贾季亦使召公子乐于陈。赵孟使杀诸郫⑥。

贾季怨阳子之易其班也⑥，而知其无援于晋也。九月，贾季使续鞫居杀阳处父⑥。书曰"晋杀其大夫"，侵官也。

冬十月，襄仲如晋，葬襄公。

十一月丙寅，晋杀续简伯。贾季奔狄。宣子使臾骈送其帑⑥。

夷之蒐，贾季戮臾骈⑦，臾骈之人欲尽杀贾氏以报焉。臾骈曰："不可。吾闻《前志》有之曰⑦：'敌惠敌怨⑦，不在后嗣。'忠之道也。夫子礼于贾季⑦。我以其宠报私怨⑦，无乃不可乎？介人之宠⑦，非勇也。损怨益仇，非知也。以私害公，非忠也。释此三者⑦，何以事夫子？"尽具其帑，与其器用财贿，亲帅扞之⑦，送致诸竟⑦。

闰月不告朔⑦，非礼也。闰以正时⑧，时以作事⑧，事以厚生⑧，生民之道，于是乎在矣。不告闰朔，弃时政也，何以为民？

[注释]

①舍：撤销。　②狐射姑：狐偃之子。　③赵盾：晋臣，又称赵宣子。　④董：晋地，在今山西省万荣县。　⑤阳子：即阳处父。　⑥成季：即赵衰。　⑦党：偏袒。　⑧能：才能。　⑨上之：居于上位。　⑩制事典：制订办事章程、条例。　⑪正法罪：制订刑罚律令。　⑫辟狱刑：清理诉讼积案。　⑬董逋逃：督察追捕逃犯。　⑭由质要：使用契约、账目作为凭据。　⑮治旧洿（wū）：治理清除政治污垢。洿，污秽。　⑯本秩礼：恢复被破坏的等级次序。　⑰续常职：重建被废弃的官职。　⑱出滞淹：推举被埋没的贤能。　⑲季文子：

鲁桓公之子季友的孙子，又称季孙行父。 ⑳任好：秦穆公之名。
㉑殉：殉葬。 ㉒《黄鸟》：《诗经·秦风》篇名。 ㉓违世：离开人世。 ㉔诒：同"遗"。 ㉕"人之云亡"二句：出自《诗经·大雅·瞻卬》。云，语气助词。殄（tiǎn）瘁，病伤。 ㉖圣哲：泛指贤能。 ㉗风声：风化声教。 ㉘采物：指旌旗、衣服之类。 ㉙话言：善言。 ㉚律度：法度。 ㉛艺极：准则。 ㉜引之表仪：引导其效仿表率。 ㉝训典：前代的典章制度。 ㉞防利：防止贪利。 ㉟常秩：一定的职务及俸禄。 ㊱道：教导。 ㊲土宜：即因地制宜。 ㊳即命：天命已终，即死去。 ㊴圣王：圣人和先王。 ㊵纵：纵然，即使。无法：没有法度。 ㊶备豫不虞：准备着预料不到的事情。 ㊷善教：好的教训。 ㊸实难：将会处于困境。 ㊹过求：求之过早。 ㊺乙亥：十四日。 ㊻灵公：名夷皋，襄公子。 ㊼长君：年长的国君。 ㊽赵孟：即赵盾。自赵盾以后，赵氏世称孟。 ㊾公子雍：晋文公之子，襄公庶弟。 ㊿近：亲近。 ㉛事长：立长。 ㉜四德：即固、顺、孝、安。 ㉝抒：即"纾"，缓解。 ㉞贾季：即狐射姑。 ㉟公子乐：公子雍之弟。 ㊱辰嬴：即子圉之妻怀嬴，后嫁晋文公，改称辰嬴。二君：指怀公、文公。 ㊲班：位次。 ㊳震：威。 ㊴辟：同"僻"，鄙陋。 ㊵陈：陈国，公子乐出居于陈。 ㊶杜祁：公子雍之母。杜，国名。祁，姓。 ㊷偪姞（bī jí）：晋襄公之母。偪，国名。姞，姓。 ㊸季隗：见僖公二十八年注。 ㊹亚卿：次卿。 ㊺先蔑、士会：见僖公二十八年注。 ㊻郫：晋邑，在今河南省济源市西一百余里。 ㊼易其班：改变其地位。贾季本为中军主帅，后改为中军副帅。 ㊽续鞫居：即狐鞫居，又称续简伯。 ㊾宣子：赵盾。臾骈：赵盾的下属。帑：妻子儿女。 ㊿戮：侮辱。 ㉛《前志》：古书名。 ㉜敌惠敌怨：有惠于人或有怨于人。敌，对。 ㉝夫子：指赵盾。 ㉞以其宠：借助他（赵盾）的宠信。 ㉟介：因。 ㊱释：舍弃。 ㊲扞：保卫。 ㊳竟：同"境"。 ㊴告朔：告月。即每月于朔日告神，又称为月祭。 ㊵闰以正时：闰月是用来补正四时的差错。

㉛作事：农耕之事。　㉜厚生：生活富裕。

[译文]

　　六年春季，晋国在夷地检阅军队，撤销两个军。派狐射姑率领中军，赵盾为副帅。阳处父从温地回来，又改在董地检阅，调换了中军主帅。阳处父是成季的部下，所以偏袒赵氏，并且认为赵盾确有才能，说："任用有才能的人对国家是有利的。"因此让赵盾居于狐射姑之上。赵盾从此开始掌管国家政权，制定规章制度，修订法律条令，清理诉讼积案，督察追捕逃犯，运用契约账簿作为凭据，铲除旧政弊端，恢复被破坏的等级，重建已经废弃的官职，起用屈居下位的贤能之人。章法条令制定出来后，交给太傅阳处父和太师贾佗，让他们在全国推行，以作为晋国的基本法规。

　　臧文仲因为陈国和卫国关系较好，想和陈国结好。夏季，季文子前往陈国聘问，并在陈国娶了妻。

　　秦穆公任好去世。用子车氏的三个儿子奄息、仲行、鍼虎殉葬，他们都是秦国的贤良人才。秦国人哀悼他们，为他们作了《黄鸟》一诗。

　　君子评论说："秦穆公未能成为盟主，也是理所应当的了！死后还要遗弃百姓。前代国君死后，都给后人留下法度，怎么能夺去好人的生命呢？《诗经》说：'如果贤能之人死亡，国家也就病入膏肓。'是说已经没有好人了。为什么还要把好人的生命夺去呢？古代国君自知不能长生不老，因此就广泛地选用贤能之人，给他们树立风俗教化的典范，使他们的旗帜服饰显示出尊卑上下，为他们撰写了许多治国良言，制定了无数法律制度，宣布了应该遵循的准则，引导他们遵守法纪，教给他们使用法律，讲解先王的典章遗训，教导他们不可过分谋求私利，任命他们担当一定的职务，教给他们各种礼仪和规范，使他们对各种问题因地制宜灵活处置，百姓因此而信赖他们，上述事情都做完了才放心地死去。圣明的君王都是这样做的。如今不但没有给后人留下法则,反而夺走贤良之才为他殉葬,就难以在国君的位置上了。"君子因此知道秦国不可能再向东扩展了。

秋季,季文子准备到晋国聘问,派人求取丧事必需的物品后才动身。随从问他:"有这个必要吗?"文子说:"有备无患,这是自古以来的教训。一旦需要却没有,就会很被动。早做准备,有什么害处呢?"

八月十四日,晋襄公去世。晋灵公年幼,晋国人因为国家有难,想立年长者为国君。赵盾说:"就立公子雍吧。他好做善事且年长,先君喜欢他,又和秦国亲近。秦国是我国的旧友。拥立一个善良的国君,国家就能巩固,事奉年长的人名正言顺,立先君喜爱的儿子合乎孝道,结交昔日的友邦能使国家安定。为了避免祸难,所以要立年长者为国君。具备了固、顺、孝、安四种德行,祸难必然能够缓解。"狐射姑说:"不如立公子乐。他的母亲辰嬴曾经受到怀公、文公两位先君的宠爱,拥立她的儿子为君,百姓必然安定。"赵盾说:"辰嬴身份低贱,位居第九,她的儿子有什么威信呢?再说受到两位国君的宠幸,是一个淫乱的女人。公子乐作为先君的儿子,不争取到大国,却愿去小陈国,是一个鄙陋之人。母亲淫荡,儿子鄙陋,自然没有威严。陈国弱小而且遥远,不能援助我们。国家靠什么安定?杜祁为了国君,才让偪姞位居自己之上;为了安抚狄人,又甘愿屈居季隗之下,因此她排名第四。先君因此喜欢她的儿子,让他到秦国做官,官至亚卿。秦国强大离我国又近,能够及时援救我们,母亲仁义儿子备受喜爱,足以威服百姓,立他不可以吗?"派先蔑、士会到秦国迎接公子雍。狐射姑也派人到陈国召请公子乐。赵盾派人在郫地杀了公子乐。

狐射姑怨恨阳处父贬了他的官职,也知道自己在晋国孤立无援。九月,狐射姑派续鞫居杀了阳处父。《春秋》记载为"晋杀其大夫",是因为阳处父侵夺了狐射姑中军主帅的职务。

冬季十月,襄仲到晋国参加晋襄公的葬礼。

十一月丙寅日,晋国人杀了续鞫居。狐射姑逃亡到了狄国。赵盾派臾骈把他的家小送了过去。

在夷地阅兵时,狐射姑曾经侮辱过臾骈,臾骈的部下打算把狐射姑全家杀死来为臾骈报仇。臾骈说:"不能这样做。据我所知,《前志》上有句话说:'无论和人有恩有怨,都和他的子孙没有关系。'这是忠恕之道。赵盾对狐射姑待之以礼。我利用他的宠信而报私仇,恐怕不行吧?利用别人的宠信报复,不算勇敢。为宣泄怨气而增加仇恨,不明智。因为私事而损害公事,这是不忠。抛弃了这三条,又靠什么去事奉赵盾呢?"于是集中了狐射姑所有的家眷和器用财货,亲自率领士兵护送到边境上。

这一年闰月,没有举行告朔仪式,这是不合礼的。闰用来修正四时误差,根据四时安排农事,农事合乎时令百姓就能生活富足,使百姓生存的道理就在这里。如果不举行闰月告朔典礼,等于放弃了施政的时令,又靠什么来治理百姓呢?

文公七年

经 七年春,公伐邾。三月甲戌,取须句。遂城郚。夏四月,宋公王臣卒。宋人杀其大夫。戊子,晋人及秦人战于令狐。晋先蔑奔秦。狄侵我西鄙。秋八月,公会诸侯,晋大夫盟于扈。冬,徐伐莒。公孙敖如莒莅盟。

传 七年春,公伐邾,间晋难也①。

三月甲戌②,取须句③,置文公子焉④,非礼也。

夏四月,宋成公卒。于是公子成为右师⑤,公孙友为左师,乐豫为司马,鳞矔为司徒,公子荡为司城,华御事为司寇。昭公将去群公子⑥,乐豫曰:"不可。公族,公室之枝叶也,若去之则本根无所庇荫矣⑦。葛藟犹能庇其本根⑧,故君子以为比⑨,况国君乎?此谚所谓'庇焉而纵寻斧焉'者也⑩。必不可,君其图之!亲之以德,皆股肱也,谁敢携贰?若之何去之?"不听。穆、襄之族率国人以攻公⑪,杀公孙固、公孙郑于公宫。六卿和公室⑫,乐豫舍司马以让公子卬⑬。昭公即位而葬。书曰"宋人杀其大夫",不称名,众也,且言非其罪也。

秦康公送公子雍于晋⑭,曰:"文公之入也无卫,故有吕、郤之难⑮。"乃多与之徒卫⑯。

穆嬴日抱大子以啼于朝,曰:"先君何罪?其嗣亦何罪?舍适嗣不立而外求君,将焉置此?"出朝,则抱以适赵氏,顿首于宣子曰:"先君奉此子也而属诸子⑰,曰:'此子也才,吾受子之赐;不才,吾唯子之怨。'今君虽终,言犹在耳,而弃之,若何?"宣子与诸大夫皆患穆嬴,且畏逼⑱,乃背先蔑而立灵公⑲,以御秦师。箕郑居守,赵盾将中军,先克佐之。荀林父佐上军。先蔑将下军,先都佐之。步招御戎,戎津为右。及堇阴⑳,宣子曰:"我若受秦㉑,秦则宾也;不受,寇也。既不受矣,而复缓师㉒,秦将生心㉓。先人有夺人之心㉔,军之善谋也。逐寇如追逃,军之善政也。"训卒利兵㉕,秣马蓐食㉖,潜师夜起㉗。戊子㉘,败秦师于令狐㉙,至于刳首㉚。

己丑㉛,先蔑奔秦,士会从之。

先蔑之使也,荀林父止之,曰:"夫人、大子犹在,而外求君,此必不行。子以疾辞,若何?不然将及。摄卿以往可也㉜,何必子?同官为寮㉝,吾尝同寮,敢不尽心乎?"弗听。为赋《板》之三章㉞,又弗听。及亡,荀伯尽送其帑及其器用财贿于秦㉟,曰:"为同寮故也。"

士会在秦三年,不见士伯㊱。其人曰:"能亡人于国㊲,不能见于此,焉用之㊳?"士季曰:"吾与之同罪,非义之也,将何见焉?"及归,遂不见。

狄侵我西鄙,公使告于晋。赵宣子使因贾季问酆舒㊴,且让之。酆舒问贾季曰:"赵衰、赵盾孰贤?"对曰:"赵衰,冬日之日也。赵盾,夏日之日也。"

秋八月,齐侯、宋公、卫侯、郑伯、许男、曹伯会晋赵盾盟于扈㊵,晋侯立故也。公后至,故不书所会。凡会诸侯,不书所会,后也。后至,不书其国,辟不敏也㊶。

穆伯娶于莒㊷,曰戴己,生文伯,其娣声己生惠叔。戴己卒,又聘于莒,莒人以声己辞,则为襄仲聘焉㊸。

冬,徐伐莒。莒人来请盟。穆伯如莒莅盟,且为仲逆。及鄢陵㊹,登城见之,美,自为娶之。仲请攻之,公将许之。叔仲惠伯谏曰㊺:"臣闻之:兵作于内为乱,于外为寇。寇犹及人,乱自及也㊻。今臣作乱而君不禁,以启寇仇㊼,若之何?"公止之,惠伯成之:使仲舍之㊽,公孙敖反之㊾,复为兄弟如初。从之。

晋郤缺言于赵宣子曰:"日卫不睦㊿,故取其地。今已睦矣,可以归之。叛而不讨,何以示威?服而不柔[51],何以示怀[52]?非威非怀,何以示德?无德,何以主盟?子为正卿,以主诸侯,而不务德,将若之何?《夏书》曰:'戒之用休[53],董之用威[54],劝之以《九歌》[55],勿使坏。'九功之德皆可歌也,谓之九歌。六府、三事,谓之九功。水、火、金、木、土、谷,谓之六府。正德、利用、厚生,谓之三事。义而行之，谓之德、礼。无礼不乐，所由叛也。若吾子之德，莫可歌也，其谁来之？盍使睦者歌吾子乎？"宣子说之。

[注释]

①间：乘隙。　②甲戌：十七日。　③须句：鲁国封内所属国。　④文公：指邾文公。　⑤右师：官名。宋国右师、左师、司马、司徒、司城（司空）、司寇为六卿。　⑥昭公：名杵臼，宋成公之子。去：除掉。　⑦庇荫：树荫遮护。　⑧葛藟（lěi）：一种野生植物，属葡萄科。　⑨以为比：以葛藟作比喻，见《诗经·王风·葛藟》。　⑩寻斧：使用斧头。　⑪穆、襄之族：即宋穆公、宋襄公的子孙。　⑫和公室：与公室讲和。　⑬公子卬：宋昭公之弟。　⑭秦康公：名罃，秦穆公之子。　⑮吕、郤之难：见僖公二十四年注。　⑯徒卫：步兵卫士。　⑰属：托付。　⑱逼：威胁，强迫。　⑲灵公：即太子夷皋。　⑳堇阴：晋地，在今山西省临猗县东。　㉑受秦：即接受秦国送公子雍回国。　㉒缓师：慢腾腾地出兵。　㉓生心：产生别的念头。　㉔先人：在别人之前行动。　㉕利兵：使兵器锋利。　㉖蓐（rù）食：饱餐。蓐，厚。　㉗潜师夜起：使军队隐蔽起来于夜间行军。　㉘戊子：初一日。　㉙令狐：晋地。详见僖公二十四年注。　㉚刳（kū）首：晋地，在今山西省临猗县西。　㉛己丑：初二日。　㉜摄卿：指以大夫代理卿职。摄，代理。　㉝寮：同"僚"。　㉞《板》：《诗经·大雅》篇名。　㉟荀伯：即荀林父。　㊱士伯：即先蔑。　㊲能亡人于国：即能与人俱逃亡到晋国。　㊳焉用之：即何用如此。　㊴酆（fēng）舒：狄相。　㊵扈：郑地，在今河南省原阳县西。　㊶不敏：不清楚。　㊷穆伯：即公孙敖。　㊸襄仲：即公子遂。　㊹鄢陵：莒邑，在今山东省临沭县境。　㊺叔仲惠伯：鲁桓公子僖叔牙的孙子。　㊻自及：自取祸患。　㊼启寇仇：招致外敌的

进攻。 ㊽舍之：放弃莒女不娶。 ㊾反之：将莒女送回莒国。 ㊿日：指往日。 (51)柔：怀柔。 (52)示怀：示恩，示惠。 (53)戒之用休：用喜庆的事情告诫他。戒，同“诫”。休，喜庆。 (54)董：督察。 (55)劝：勉励。

［译文］

七年春季，文公攻打邾国，这是乘晋国有祸难的机会。

三月十七日，鲁国夺取须句，把邾文公儿子安置在那里，这是不合礼的。

夏季四月，宋成公去世。此时公子成任右师，公孙友任左师，乐豫任司马，鳞矔任司徒，公子荡任司城，华御事任司寇。宋昭公打算杀掉众公子，乐豫说：“不行。公族犹如公室的枝叶，假如铲除了它，树干和树根就失去了庇护。连葛藤都知道保护自己的躯干和根部，所以君子们以它作比喻说明这个道理，何况作为一个国君呢？这正如俗话所说‘树荫遮盖庇护你，你却对它用斧子’。绝对不能这么做，请国君慎重考虑！如果以德行亲近他们，他们都能成为您的左右辅弼之臣，谁还敢三心二意呢？为什么要除掉他们呢？”昭公不听。穆公和襄公的族人率领国人攻打昭公，在宫里杀了公孙固和公孙郑。六卿出面为公室调和，乐豫把司马的位置让给公子卬。昭公即位后才安葬了宋成公。《春秋》只写“宋人杀其大夫”，没有记载大夫的名字，是因为被杀的人太多，而且表明他们没有罪。

秦康公送公子雍回到晋国，说：“当年文公回国时没有卫士保护，所以发生了吕、郤之乱。”于是给他派了很多步兵卫士。

穆嬴每天抱着太子在朝廷上哭闹，说：“先君有什么罪？他的继承人又有什么罪？放弃嫡子不立而到国外去求国君，准备把这个孩子怎么安置？”从朝廷上出来，又抱着太子来到赵盾家，向赵盾叩头，说：“先君把这个孩子托付给您，说：‘这孩子如果成才，我就受到了您的恩德；如果不能成才，我将怨恨您。’如今先君虽已去世，话还在耳边,您却要放弃他,您看怎么办?"赵盾和大夫们都对穆嬴的哭闹感到头痛,也害怕受到威逼,就背叛了先蔑,立太子灵公为君,并抵抗秦国军队。由箕郑留守国内,赵盾率领中军,先克为副帅。荀林父为上军副帅。先蔑率领下军,先都为副帅。步招驾车,戎津任车右。军队行至堇阴,赵盾说:"如果我们接受秦国护送的公子雍,秦军就是宾客;如果不接受,秦军就是敌寇。既然决定不接受了,又迟迟不肯出兵进攻,秦军必生疑心。先发制人可以夺取敌人的军心,是用兵的好计谋。追赶敌人犹如追击逃犯,这是作战的好方案。"于是操练士兵,磨砺武器,喂饱战马,让部队饱餐一顿,夜里悄悄出发。四月初一日,在令狐一地打败秦军,一直追到刳首。

四月初二日,先蔑逃亡到秦国,士会也跟着去了。

先蔑出使秦国时,荀林父曾阻止他,说:"夫人和太子都还在,却要到国外寻求国君,这样做肯定不行。你借口患病不去行不行?不然的话,将招致灾祸。派人代理卿位前去就可以了,何必你亲自前往?在一起做官就是同僚,我们曾是同僚,怎敢不尽我的心意呢?"先蔑不听。荀林父吟诵了《板》这首诗的第三章劝他,先蔑还是不听。等他逃亡,荀林父把他的家人和财物全部送到秦国,说:"因为我们曾经是同僚。"

士会在秦国三年,都不和先蔑见面。他的随从说:"能和他一起从晋国逃亡,又不愿在此见面,有什么意思呢?"士会说:"我和他犯了同样的罪,并不认为他有道义,又怎么去见他呢?"士会一直到回国,都没有与先蔑见面。

狄人入侵鲁国西部边境,文公派使者到晋国报告。赵盾派人通过狐射姑去问酆舒,并责备他。酆舒问狐射姑:"赵衰和赵盾,哪一个更为贤明?"狐射姑回答说:"赵衰犹如冬天的太阳,赵盾则像夏天的太阳。"

秋季八月,齐昭公、宋成公、卫成公、郑穆公、许男、曹共公和晋国的赵盾在扈地结盟,这是晋灵公即位的缘故。由于鲁文公迟到,

《春秋》没有记载与会的国家。凡是诸侯会盟，如果《春秋》不记载与会的国家，便是自己迟到了。由于迟到而不记载与会国家，是为了避免出差错。

穆伯从莒国娶了妻子，叫戴己，生了文伯，她的妹妹声己生了惠叔。戴己去世后，穆伯又到莒国娶妻，莒国人以已有声己而谢绝，穆伯便为弟弟襄仲行聘。

冬季，徐国攻打莒国。莒国人来鲁国请求结盟。穆伯到莒国参加盟会，并为襄仲迎娶。到达鄢陵，登上城楼见到那个女子非常漂亮，便自己娶了过来。襄仲请求攻打穆伯，文公准备答应。叔仲惠伯劝阻说："据我所知：内部发生了战争叫作乱，外部发生了战争叫作寇。在外部作战还能使敌人造成一定伤亡，而内部战乱死伤的都是自己人。现在臣子作乱国君却不加禁止，势必引来外敌入侵，到那时怎么办呢？"于是文公阻止了襄仲，惠伯为穆伯和襄仲调解：让襄仲放弃莒女不娶，穆伯把莒女送回莒国，二人像兄弟一样和好如初。襄仲和穆伯听从了。

晋国的郤缺对赵盾说："从前卫国和我国不和，所以我国才夺取了卫国的土地。如今两国已经和好，应该把土地还给卫国了。背叛了不加讨伐，怎么显示威严？顺从了却不安抚，又怎能表示关怀？没有威严，没有关怀，怎么能显示德行？没有德行，又怎么能主持盟会呢？您作为正卿，主持诸侯之间事务，如果不致力德行，怎么行呢？《夏书》中说：'以好话告诫，以威严监督，用《九歌》规劝，使其不要变坏。'九功德行都可以歌唱，叫作九歌。六府三事叫作九功。水、火、金、木、土、谷，叫作六府。端正德行、利于使用、富裕百姓，叫作三事。合乎道义就推行天下，叫作德和礼。没有礼就不快乐，叛乱也会由此而生。如果您的德行没有值得歌颂的地方，谁肯来归顺您呢？为什么不让友好邻邦歌颂您呢？"赵盾非常高兴。

文公八年

经 八年春，王正月。夏四月。秋八月戊申，天王崩。冬十月壬午，公子遂会晋赵盾盟于衡雍。乙酉，公子遂会雒戎盟于暴。公孙敖如京师，不至而复。丙戌，奔莒。螽。宋人杀其大夫司马。宋司城来奔。

传 八年春，晋侯使解扬归匡、戚之田于卫①，且复致公婿池之封②，自申至于虎牢之竟③。

夏，秦人伐晋，取武城④，以报令狐之役。

秋，襄王崩。

晋人以扈之盟来讨。冬，襄仲会晋赵孟，盟于衡雍⑤，报扈之盟也，遂会伊雒之戎。书曰"公子遂"，珍之也⑥。

穆伯如周吊丧，不至，以币奔莒⑦，从己氏焉⑧。

宋襄夫人⑨，襄王之姊也，昭公不礼焉。夫人因戴氏之族⑩，以杀襄公之孙孔叔、公孙钟离及大司马公子卬，皆昭公之党也。司马握节以死⑪，故书以官。司城荡意诸来奔⑫，效节于府人而出⑬。公以其官逆之，皆复之⑭，亦书以官，皆贵之也。

夷之蒐，晋侯将登箕郑父、先都⑮，而使士縠、梁益耳将中军。先克曰："狐、赵之勋⑯，不可废也。"从之。先克夺蒯得田于堇阴。故箕郑父、先都、士縠、梁益耳、蒯得作乱⑰。

[注释]

①解扬：晋臣，字子虎，后又称霍虎。　②复致：重新归还。至

于归还给谁，杜预认为归还卫国，服虔认为归还郑国。今从服虔说。公婿池：人名，不详。　③申：郑地，在今河南省巩义市东。　④武城：晋邑，在今陕西省渭南市华州区东北。　⑤衡雍：地名。见僖公二十八年注。　⑥珍：尊重。　⑦币：指馈送吊丧的礼品。　⑧己氏：指莒女。　⑨宋襄夫人：宋襄公为昭公的祖父，夫人为昭公祖母。　⑩戴氏之族：宋国华、乐、皇三氏均为戴公之后，为戴族。　⑪节：符节，古人用以表信。　⑫荡意诸：公子荡之孙。　⑬效节：将符节交还。　⑭复之：恢复官职。　⑮登：提升。　⑯狐、赵之勋：指狐偃、赵衰有从晋文公流亡的功勋。　⑰蒯得：晋臣。

[译文]

八年春季，晋灵公派解扬把匡、戚两处的土地归还卫国，并重新把公婿池划定的疆界还给郑国，从申地到虎牢边境。

夏季，秦军攻打晋国，夺取武城，以报令狐一战之仇。

秋季，周襄王去世。

晋国人借口扈地盟会文公迟到前来讨伐。冬季，襄仲和晋国的赵盾会见，在衡雍结盟，这是对扈地之盟的补偿，又会见了伊雒两地的戎人。《春秋》记载为"公子遂"，表示对他的尊重。

穆伯前往周王室吊唁丧事，没有走到周都，就带着丧礼逃到莒国，追随那个莒国女子己氏去了。

宋襄公夫人是周襄王的姐姐，宋昭公对她不礼貌。夫人借戴氏族人之手杀了襄公的孙子孔叔、公孙钟离以及大司马公子卬，他们都是昭公的党羽。大司马死时手里还拿着符节，因此《春秋》记载了他的官职。司城荡意诸逃亡鲁国，把符节交给府人后出走。鲁文公以司城的礼仪接待，对其下属各官也都这样，《春秋》也记载他的官职，都是表示对他的尊重。

夷地阅兵时，晋襄公准备提拔箕郑父和先都，而让士縠和梁益耳率领中军。先克说："狐、赵的功劳不可磨灭。"襄公听从了他的话。

先克在堇阴夺取了蒯得的土地。因此箕郑父、先都、士縠、梁益耳和蒯得发动了叛乱。

文公九年

经 九年春，毛伯来求金。夫人姜氏如齐。二月，叔孙得臣如京师。辛丑，葬襄王。晋人杀其大夫先都。三月，夫人姜氏至自齐。晋人杀其大夫士縠及箕郑父。楚人伐郑。公子遂会晋人、宋人、卫人、许人救郑。夏，狄侵齐。秋八月，曹伯襄卒。九月癸酉，地震。冬，楚子使椒来聘。秦人来归僖公、成风之襚。葬曹共公。

传 九年春，王正月己酉①，使贼杀先克。乙丑②，晋人杀先都、梁益耳。

毛伯卫来求金③，非礼也。不书王命，未葬也。

二月，庄叔如周④。葬襄王。

三月甲戌⑤，晋人杀箕郑父、士縠、蒯得。

范山言于楚子曰⑥："晋君少，不在诸侯⑦，北方可图也。"楚子师于狼渊以伐郑⑧。囚公子坚、公子龙及乐耳⑨。郑及楚平。

公子遂会晋赵盾、宋华耦、卫孔达、许大夫救郑，不及楚师。卿不书，缓也，以惩不恪⑩。

夏，楚侵陈，克壶丘⑪，以其服于晋也。

秋，楚公子朱自东夷伐陈⑫，陈人败之，获公子茷⑬。陈惧，乃及楚平。

冬，楚子越椒来聘⑭，执币傲⑮。叔仲惠伯曰："是必灭若敖氏之宗⑯。傲其先君,神弗福也。"

秦人来归僖公、成风之襚⑰,礼也。诸侯相吊贺也,虽不当事⑱,苟有礼焉,书也,以无忘旧好。

[注释]

①己酉:初二日。 ②乙丑:十八日。 ③毛伯卫:周臣。求金:即求赗,求取丧葬财物。 ④庄叔:即叔孙得臣。 ⑤甲戌:二十八日。 ⑥范山:楚大夫。 ⑦不在诸侯:即无意称霸诸侯。 ⑧狼渊:郑地,在今河南省许昌市西。 ⑨公子坚、公子龙、乐耳:三人均为郑大夫。 ⑩不恪:不敬。 ⑪壶丘:陈邑,在今河南省新蔡县东南。 ⑫公子朱:即息公子朱。 ⑬公子茷:楚公子。 ⑭子越椒:即斗椒,字子越,又字伯棼。 ⑮执币:拿着礼物。 ⑯若敖:斗椒之曾祖。 ⑰襚(suì):为死者赠送的衣衾。 ⑱不当事:不及时。

[译文]

九年春季,周历正月初二日,晋国派人杀了先克。十八日,又杀了先都和梁益耳。

毛伯卫来鲁国索取丧仪,这是不合礼的。《春秋》没有记载是天子的命令,是因为周襄王还没有安葬。

二月,庄叔前往王室。安葬周襄王。

三月二十八日,晋国人杀了箕郑父、士縠和蒯得。

范山对楚穆王说:"晋君年纪还小,无意在诸侯中称霸,可以考虑向北方扩张。"穆王发兵到狼渊讨伐郑国。囚禁了公子坚、公子龙和乐耳。郑国人和楚国讲和。

襄仲会同晋国赵盾、宋国华耦、卫国孔达以及许国大夫救援郑国,没有赶上楚国军队。《春秋》不写卿的名字,是因为出兵迟缓,以惩戒他们办事不力。

夏季,楚国入侵陈国,攻克壶丘,因为陈国归顺了晋国。

秋季，楚国的公子朱从东夷攻打陈国，陈国人打败了他，俘获了公子茷。陈国惧怕，就和楚国讲和。

冬季，楚国的子越椒来鲁国聘问，手执礼物时态度傲慢。叔仲惠伯说："此人一定使若敖氏的宗族灭亡。对他的先君傲慢，神灵不会赐福给他。"

秦国派人给僖公和成风送来丧衣，这是合乎礼的。诸侯之间互相吊唁贺喜，即使不够及时，假如合乎礼，《春秋》都要记载，以表示不忘昔日的友好。

文公十年

经 十年春，王三月辛卯，臧孙辰卒。夏，秦伐晋。楚杀其大夫宜申。自正月不雨，至于秋七月。及苏子盟于女栗。冬，狄侵宋。楚子、蔡侯次于厥貉。

传 十年春，晋人伐秦，取少梁①。

夏，秦伯伐晋，取北征②。

初，楚范巫矞似谓成王与子玉、子西曰："三君皆将强死③。"城濮之役，王思之，故使止子玉曰："毋死。"不及。止子西，子西缢而县绝④，王使适至⑤，遂止之，使为商公⑥。沿汉溯江⑦，将入郢⑧。王在渚宫⑨，下，见之。惧而辞曰："臣免于死，又有谗言，谓臣将逃，臣归死于司败也⑩。"王使为工尹⑪，又与子家谋弑穆王⑫。穆王闻之，五月，杀斗宜申及仲归⑬。

秋七月，及苏子盟于女栗⑭，顷王立故也。

陈侯、郑伯会楚子于息。冬，遂及蔡侯次于厥貉⑮，将以伐宋。

宋华御事曰:"楚欲弱我也⑯。先为之弱乎,何必使诱我⑰?我实不能,民何罪?"乃逆楚子,劳⑱,且听命。遂道以田孟诸⑲。宋公为右盂⑳,郑伯为左盂。期思公复遂为右司马㉑,子朱及文之无畏为左司马㉒。命夙驾载燧㉓。宋公违命,无畏抶其仆以徇㉔。

或谓子舟曰㉕:"国君不可戮也㉖。"子舟曰:"当官而行㉗,何强之有?《诗》曰:'刚亦不吐,柔亦不茹㉘。''毋纵诡随,以谨罔极㉙。'是亦非辟强也㉚,敢爱死以乱官乎㉛?"

厥貉之会,麇子逃归㉜。

[注释]

①少梁:古梁国,僖公十九年亡于秦。 ②北征:晋邑。 ③强死:无病而死。强,健。 ④县绝:绳子断开。县,同"悬"。 ⑤适:刚刚,恰巧。 ⑥商:即商密,楚地,在今河南省淅川县西南。 ⑦沿汉溯江:沿汉水顺流而下,入长江后再逆水向长江上游而行。 ⑧郢:楚都,在今湖北省江陵县北。 ⑨渚宫:楚王别宫。 ⑩司败:楚官名,即司寇,执法官。 ⑪工尹:官名,掌百工,亦可临时统兵。 ⑫子家:即仲归,楚臣。 ⑬斗宜申:即子西。 ⑭苏子:周卿士。女栗:不详何地。 ⑮厥貉:地名,在今河南省项城市。 ⑯弱:降服,归附。 ⑰诱:诱迫。 ⑱劳:慰劳。 ⑲道:引导。孟诸:地名。见僖公二十八年注。 ⑳盂:田猎阵名,即圆阵。 ㉑期思:楚邑。复遂:人名,期思县尹。 ㉒文之无畏:楚臣。 ㉓夙驾:早上驾车。燧:木燧,取火的工具。 ㉔抶(chì):鞭打。仆:宋公的仆人。 ㉕子舟:即文之无畏。 ㉖戮:辱。 ㉗当官而行:当其官守,行其职责。 ㉘"刚亦不吐"二句:出自《诗经·大

雅·烝民》。 ㉙"毋纵诡随"二句：出自《诗经·大雅·民劳》。纵，放纵。诡随，狡诈的人。罔极，无准则，即行为放荡。 ㉚非辟强：不避强悍。 ㉛爱死：惜死。乱官：即放弃职守。 ㉜麇（jūn）：国名，故城在今湖北省十堰市郧阳区。

[译文]

十年春季，晋国人攻打秦国，夺取少梁。

夏季，秦康公讨伐晋国，夺取北征。

当初，楚国范地的巫人矞似对楚成王和子玉、子西预言说："这三人都将不得好死。"城濮之战时，成王想起了这句话，所以派人劝阻子玉说："不要自杀。"没有来得及。去阻止子西，子西准备上吊而绳子断了，使者赶到，阻止了子西自杀，并任命他为商公。子西顺汉水而下，溯长江而上，准备进入郢都。成王正在渚宫，下来接见他。子西非常害怕，急忙辩解说："臣虽然幸免一死，又有人诬陷说我准备逃走，臣特来请求让司败把臣处死。"成王让他做了工尹，他又和仲归勾结谋杀楚穆王。穆王听说后，在五月，杀了子西和仲归。

秋季七月，文公和苏子在女栗结盟，这是周顷王即位的缘故。

陈共公、郑穆公和楚穆王在息地会见。冬季，和蔡庄公驻扎在厥貉，准备攻打宋国。

宋国的华御事说："楚国想让我们降服。我们先主动表示降服，何必等他们诱迫呢？我们确实没有能耐，百姓有什么罪呢？"就去迎接楚穆王，慰劳楚军并表示降服。然后给穆王带路在孟诸打猎。宋昭公率领右边圆阵，郑穆公率领左边圆阵。期思公复遂担任右司马，子朱和文之无畏担任左司马。命令一大早驾车载上取火工具出发。宋昭公违背了命令，文之无畏鞭打他的仆人并在全军示众。

有人对文之无畏说："国君不能随便侮辱。"文之无畏说："当这个官就要履行职责，怎么能算强暴？《诗经》说：'硬的不吐出来，软的不吞下去。''不能放纵狡诈之人，谨防行事无准则。'说的就是不畏强权，我怎么敢为了保全性命而放弃职守呢？"

在厥貉会见时，麇子逃了回去。

文公十一年

经 十有一年春，楚子伐麇。夏，叔彭生会晋郤缺于承匡。秋，曹伯来朝。公子遂如宋。狄侵齐。冬十月甲午，叔孙得臣败狄于咸。

传 十一年春，楚子伐麇，成大心败麇师于防渚①。潘崇复伐麇，至于钖穴②。

夏，叔仲惠伯会晋郤缺于承匡③，谋诸侯之从于楚者。

秋，曹文公来朝，即位而来见也。

襄仲聘于宋，且言司城荡意诸而复之，因贺楚师之不害也。

鄋瞒侵齐④，遂伐我。公卜使叔孙得臣追之，吉。侯叔夏御庄叔⑤，绵房甥为右，富父终甥驷乘⑥。冬十月甲午⑦，败狄于咸⑧，获长狄侨如⑨。富父终甥摏其喉⑩，以戈杀之。埋其首于子驹之门⑪，以命宣伯⑫。

初，宋武公之世，鄋瞒伐宋，司徒皇父帅师御之⑬，耏班御皇父充石，公子谷甥为右，司寇牛父驷乘，以败狄于长丘⑭，获长狄缘斯⑮，皇父之二子死焉。宋公于是以门赏耏班⑯，使食其征⑰，谓之耏门。

晋之灭潞也⑱，获侨如之弟焚如。齐襄公之二年，鄋瞒伐齐，齐王子成父获其弟荣如，埋其首于周首之北门⑲。卫人获其季弟简如⑳，鄋瞒由是遂亡。

鄋大子朱儒自安于夫钟㉑，国人弗徇㉒。

[注释]

①成大心：成得臣之子，字孙伯。防渚：麇地，在今湖北省房县。 ②钖（yáng）穴：麇地，在今陕西省白河县东。一说在今湖北省十堰市郧阳区。钖，一作"钖"。 ③叔仲惠伯：即经文之叔彭生，鲁宗族。承匡：宋地，在今河南省睢县西。 ④鄋（sōu）瞒：国名，即北方长狄部落。 ⑤御庄叔：即驾驭庄叔的战车。庄叔，即得臣。 ⑥驷乘：四人共乘一车。 ⑦甲午：初三日。 ⑧咸：鲁地，在今山东省巨野县南。 ⑨长狄侨如：鄋瞒国君。 ⑩㨁（chōng）：抵，撞。 ⑪子驹之门：鲁国西郭门。 ⑫命宣伯：即将宣伯命名为侨如。宣伯，即叔孙得臣之子叔孙侨如。 ⑬皇父：宋戴公之子，字皇父，名充石。 ⑭长丘：宋邑，在今河南省封丘县南。 ⑮缘斯：侨如的先祖。 ⑯门：指城门。 ⑰食其征：享有城门的征税。 ⑱潞：长狄部落名。 ⑲周首：齐邑，在今山东省东阿县东。 ⑳季弟：小弟弟。 ㉑夫钟：鄋邑，在今山东省汶上县东北。 ㉒徇：顺服。

[译文]

十一年春季，楚穆王攻打麇国，成大心在防渚打败了麇军。潘崇再次攻打麇国，一直攻至麇国的钖穴。

夏季，鲁国的叔仲惠伯在承匡会见晋国的郤缺，谋划如何对付顺从楚国的诸侯。

秋季，曹文公来鲁国朝见，这是他即位之后的朝见。

鲁国的襄仲前往宋国聘问，并为司城荡意诸求情让他回国，顺便就宋国没有遭受楚国危害表示祝贺。

狄人鄋瞒入侵齐国，随后攻打鲁国。文公占卜让叔孙得臣追击，得吉卦。侯叔夏为叔孙得臣驾车，绵房甥为车右，富父终甥为驷乘。冬季十月初三日，在咸地打败狄人，俘虏了长狄侨如。富父终甥以戈

文　公

顶住他的喉咙将其杀死。把他的脑袋埋在鲁国的子驹之门，用他的名字命名宣伯。

当初，宋武公在世时，鄋瞒进攻宋国，司徒皇父率领军队抵抗，耏班为皇父驾车，公子谷甥为车右，司寇牛父为驷乘，在长丘打败了狄人，俘虏了长狄缘斯，皇父的两个儿子都战死了。宋武公因此把城门赏给了耏班，让他以征收城门税作为俸禄，这座城门被称为耏门。

晋国灭亡潞国时，俘虏了侨如的弟弟焚如。齐襄公二年，鄋瞒攻打齐国，齐国的王子成父俘虏了侨如的弟弟荣如，把他的脑袋埋到周首的北门。卫国又俘虏了焚如的小弟弟简如，鄋瞒从此灭亡。

鄀国的太子朱儒独自居住在夫钟，因为国人都不肯顺服他。

文公十二年

经 十有二年春，王正月，郕伯来奔。杞伯来朝。二月庚子，子叔姬卒。夏，楚人围巢。秋，滕子来朝。秦伯使术来聘。冬十有二月戊午，晋人、秦人战于河曲。季孙行父帅师城诸及郓。

传 十二年春，郕伯卒，郕人立君。大子以夫钟与郕邽来奔①。公以诸侯逆之，非礼也。故书曰："郕伯来奔。"不书地，尊诸侯也。

杞桓公来朝，始朝公也。且请绝叔姬而无绝昏②，公许之。

二月，叔姬卒，不言杞，绝也。书叔姬，言非女也③。

楚令尹大孙伯卒④，成嘉为令尹⑤。群舒叛楚⑥。夏，子孔执舒子平及宗子⑦，遂围巢⑧。

秋，滕昭公来朝，亦始朝公也。

秦伯使西乞术来聘，且言将伐晋。襄仲辞玉曰："君不忘先君之好，照临鲁国⑨，镇抚其社稷，重之以大器⑩，寡君敢辞玉。"对曰："不腆敝器，不足辞也。"主人三辞⑪。宾答曰："寡君愿徼福于周公、鲁公以事君⑫，不腆先君之敝器，使下臣致诸执事以为瑞节⑬，要结好命⑭，所以藉寡君之命⑮，结二国之好，是以敢致之。"襄仲曰："不有君子，其能国乎？国无陋矣⑯！"厚贿之。

秦为令狐之役故，冬，秦伯伐晋，取羁马⑰。晋人御之。赵盾将中军，荀林父佐之。郤缺将上军，臾骈佐之。栾盾将下军⑱，胥甲佐之⑲。范无恤御戎⑳，以从秦师于河曲㉑。

臾骈曰："秦不能久，请深垒固军以待之㉒。"从之。

秦人欲战。秦伯谓士会曰："若何而战？"对曰："赵氏新出其属曰臾骈㉓，必实为此谋，将以老我师也。赵有侧室曰穿㉔，晋君之婿也，有宠而弱㉕，不在军事，好勇而狂㉖，且恶臾骈之佐上军也。若使轻者肆焉㉗，其可。"秦伯以璧祈战于河。

十二月戊午㉘，秦军掩晋上军㉙，赵穿追之，不及。反，怒曰："裹粮坐甲㉚，固敌是求，敌至不击，将何俟焉？"军吏曰："将有待也。"穿曰："我不知谋，将独出。"乃以其属出。宣子曰㉛："秦获穿也，获一卿矣。秦以胜归，我何以报㉜？"乃皆出战，交绥㉝。

秦行人夜戒晋师曰："两君之士皆未憖也㉞，明日请相见也。"臾骈曰："使者目动而言肆㉟，惧我也，将遁矣。薄诸河㊱，必败之。"胥甲、赵穿当军门呼曰："死伤未收而弃之，不惠也。不待期而薄人于险，无勇也。"乃止。秦师夜遁。复侵晋，入瑕。

城诸及郓㊲，书，时也。

[注释]

①郕邽（guī）：即郕国之宝。邽，即圭，玉器。 ②绝叔姬：与叔姬断绝夫妻关系。无绝昏：与鲁国不断绝婚姻关系。 ③非女：并非未嫁的女子。 ④大孙伯：即成大心。 ⑤成嘉：若敖曾孙，字子孔。 ⑥舒：国名，偃姓。有舒庸、舒蓼、舒鸠、舒龙、舒鲍、舒龚六名，均为同宗异国，称为群舒。宗国大致在今安徽省舒城县，而散居于舒城县、庐江县至巢湖市一带。 ⑦舒子平：舒君名平。宗子：舒同宗国之君。 ⑧巢：群舒国名，在今安徽省巢湖市东北。 ⑨照临：光临。 ⑩大器：圭、璋之类。 ⑪主人：指襄仲。 ⑫徼（yāo）福：求福。 ⑬瑞节：吉祥的信物。节，信。 ⑭要：约。好命：友好之命。 ⑮藉寡君之命：凭借此物（指玉）以传达寡君的命令。 ⑯无陋：不鄙陋。 ⑰羁马：晋邑，在今山西省永济市南。 ⑱栾盾：栾枝之子。 ⑲胥甲：胥臣之子。 ⑳范无恤：晋臣。 ㉑从：迎战。 ㉒深垒：加高壁垒。 ㉓出其属：提拔其下属。 ㉔侧室：氏族的旁支。 ㉕弱：年少。 ㉖狂：狂妄。 ㉗轻者：指勇而无刚的人。肆：突然袭击而后撤退。 ㉘戊午：初四日。 ㉙掩：袭击。 ㉚裹粮坐甲：装着粮食，披着甲胄。 ㉛宣子：即赵盾。 ㉜报：回报国人。 ㉝交绥：交相退兵。 ㉞未慭：不痛快。慭（yìn），情愿。 ㉟言肆：声音失常。 ㊱薄：迫近。 ㊲诸、郓：鲁二邑。

[译文]

十二年春季，郕伯去世，郕国人另立了国君。太子朱儒带着夫钟和郕国宝圭逃奔来到鲁国。文公以诸侯之礼接待，是不合礼的。因此

《春秋》记载为:"郕伯来奔。"没写献地一事,是把他作为诸侯来尊重。

杞桓公来鲁国朝见,这是他首次朝见文公。同时提出休弃叔姬但不断绝两国的婚姻关系,文公答应了他。

二月,叔姬去世,《春秋》没写"杞"字,表明她已与杞桓公断绝了关系。写"叔姬",说明她已不是未嫁女子。

楚国的令尹大孙伯去世,成嘉做了令尹。群舒背叛了楚国。夏季,成嘉抓住了舒子平和宗子,并包围了巢国。

秋季,滕昭公来鲁国朝见,他也是首次朝见文公。

秦康公派西乞术来鲁国聘问,并说打算攻打晋国。襄仲辞谢玉器,说:"承蒙贵君没有忘记两国先君结下的友谊,光临鲁国,稳定安抚我国,赠给我们贵重的玉器,寡君不敢接受玉器。"西乞术回答说:"区区薄礼,不值得辞谢。"襄仲辞让三次。西乞术说:"寡君希望能得到周公和鲁公的保佑,以事奉贵君,派我将这并不丰厚的玉器送给执事,以作为信物,求得两国之间的友好,我借此表达寡君的命令,缔结两国的友好,所以才敢献上它。"襄仲说:"没有这样的君子,还能治理好国家吗?秦国人并不鄙陋啊!"厚赠了西乞术。

秦国因为令狐之役战败,冬季,秦康公攻打晋国,夺取了羁马。晋国人抵抗。赵盾率领中军,荀林父为副帅。郤缺率领上军,臾骈为副帅。栾盾率领下军,胥甲为副帅。由范无恤驾车,追击秦军,直到河曲。

臾骈说:"秦军不能久战,请高筑营垒巩固防线等待他们。"赵盾采纳了他的建议。

秦军准备攻击。秦康公问士会:"采取什么方法作战呢?"士会回答说:"赵盾最近提拔了一位下属名叫臾骈,一定是他出的主意,准备拖住我军使其疲劳。赵盾有个旁支子弟名叫赵穿,是晋君的女婿,很受赵盾宠信,他年轻,不懂得打仗,生性勇猛且狂妄自大,并且对臾骈出任上军副帅非常不满。如果派出一些勇猛但不刚强的人袭击他,大概能够激他出战。"秦康公把玉璧投入黄河,祈求河神保佑取得胜利。

十二月初四日,秦军袭击晋国的上军,赵穿追出城外,没有追上。回来后发怒说:"带着粮食,披着盔甲,就是为了追击敌人,敌人来到跟前却不去追,还等什么呢?"军吏说:"准备等待好时机。"赵穿说:"我不懂得什么谋略,我准备自己出去。"就率领他的部下冲出城外。赵盾说:"假如秦军俘虏了赵穿,就是俘虏了我国一个卿。秦军带着他大胜而归,我拿什么回报国人呢?"于是全部出战,两军刚一交锋就退兵了。

秦军使者夜里告诉晋军说:"双方的将士还没有尽兴,请求明天再打。"臾骈说:"秦军使者眼珠乱转声音失常,表明已经害怕我们,准备逃走了。只要把他们逼到黄河边上,就一定能打败。"胥甲、赵穿挡住营门大声喊道:"死伤的将士还没有收拾就丢弃他们,是不仁慈。不到约定的时间就出击而把秦军逼到险处,是没有勇气。"于是晋军停止了追击。秦军连夜逃走。又进攻晋国,进入瑕地。

鲁国在诸地和郓地筑城,《春秋》记载此事,是因为合乎时令。

文公十三年

经 十有三年春,王正月。夏五月壬午,陈侯朔卒。邾子蘧蒢卒。自正月不雨,至于秋七月。大室屋坏。冬,公如晋。卫侯会公于沓。狄侵卫。十有二月己丑,公及晋侯盟。公还自晋,郑伯会公于棐。

传 十三年春,晋侯使詹嘉处瑕①,以守桃林之塞②。
晋人患秦之用士会也,夏,六卿相见于诸浮③。赵宣子曰:"随会在秦④,贾季在狄,难日至矣,若之何?"中行桓子曰⑤:"请复贾季,能外事⑥,且由旧勋⑦。"郤成子曰⑧:"贾季乱,且罪大,不如随会。能贱而有耻⑨,柔而不犯⑩,其知足使也,且无罪。"

乃使魏寿余伪以魏叛者以诱士会⑪,执其帑于晋,使夜逸。请自归于秦,秦伯许之。履士会之足于朝⑫。秦伯师于河西,魏人在东。寿余曰:"请东人之能与夫二三有司言者⑬,吾与之先。"使士会。士会辞曰:"晋人,虎狼也,若背其言,臣死,妻子为戮,无益于君,不可悔也。"秦伯曰:"若背其言,所不归尔帑者,有如河。"乃行。绕朝赠之以策⑭,曰:"子无谓秦无人,吾谋适不用也。"既济,魏人噪而还⑮。秦人归其帑。其处者为刘氏。

邾文公卜迁于绎⑯。史曰:"利于民而不利于君。"邾子曰:"苟利于民,孤之利也。天生民而树之君,以利之也。民既利矣,孤必与焉。"左右曰:"命可长也⑰,君何弗为?"邾子曰:"命在养民。死之短长,时也⑱。民苟利矣,迁也,吉莫如之。"遂迁于绎。

五月,邾文公卒。君子曰:"知命⑲。"

秋七月,大室之屋坏⑳,书,不共也。

冬,公如晋朝,且寻盟。卫侯会公于沓㉑,请平于晋。公还,郑伯会公于棐㉒,亦请平于晋。公皆成之。

郑伯与公宴于棐。子家赋《鸿雁》㉓。季文子曰㉔:"寡君未免于此。"文子赋《四月》㉕。子家赋《载驰》之四章㉖,文子赋《采薇》之四章㉗。郑伯拜,公答拜。

[注释]

①詹嘉:晋大夫。瑕:晋邑,在今山西省芮城县南。 ②桃林:

地名，在今河南省灵宝市西，接陕西省潼关县界。塞：要塞。瑕与桃林隔河相对。　③诸浮：城外某地。　④随会：即士会。　⑤中行桓子：即荀林父。　⑥能外事：知道境外的事情。　⑦由旧勋：因过去有功。　⑧郤成子：郤缺。　⑨能贱而有耻：处卑贱而知耻。　⑩柔而不犯：性情柔弱但不容侵犯。　⑪魏寿余：晋臣，毕万之后。　⑫履：踩。　⑬东人：指晋国人。二三有司：指魏邑的几位臣吏。　⑭绕朝：秦大夫。策：马鞭。一说为策书。　⑮噪：吵嚷。　⑯绛：邴邑。　⑰命可长：生命能延长。　⑱时：运命。　⑲知命：知道天命。　⑳大室：太庙当中之室。　㉑沓：卫地，不详何处。　㉒棐(fěi)：郑地，在今河南省新郑市东。　㉓子家：郑大夫公子归生。《鸿雁》：《诗经·小雅》篇名。其首章有"鸿雁于飞，肃肃其羽。之子于征，劬劳于野。爰及矜人，哀此鳏寡"句。子家赋此诗句，将郑国以鳏寡自比，欲使鲁文公为之奔波适晋而请和。　㉔季文子：鲁臣，又称季孙行父。　㉕《四月》：《诗经·小雅》篇名。此诗为大夫行役逾时刺怨而作。　㉖《载驰》：《诗经·鄘风》篇名，许穆夫人所作。子家赋此诗，取义"控于大邦，谁因谁极"句，欲通过鲁国而求援于晋国。　㉗《采薇》：《诗经·小雅》篇名。第四章有"戎车既驾，四牡业业。岂敢定居？一月三捷"句，表示答应郑伯到晋国为之谋和。

[译文]

十三年春季，晋灵公派詹嘉驻扎在瑕地，以防守桃林这个要塞。

晋国人担心秦国重用士会，夏季，晋国六卿在诸浮会见。赵盾说："士会在秦国，狐射姑在狄人那里，灾难每天都可能发生，怎么办呢？"荀林父说："请让狐射姑回来，他善于处理外交事务，再说他父亲过去有功。"郤缺说："狐射姑贯于作乱，而且罪行严重，不如让士会回来。士会甘于卑贱而有羞耻之心，性格虽柔弱但不容冒犯，他足智多谋可以重用，而且也没有罪过。"

于是派魏寿余假装率领魏地的人叛变，以引诱士会，把魏寿余及其妻子儿女抓到晋国,又让他们夜里逃走。魏寿余请求把魏地归属秦国,秦康公同意了。魏寿余在朝廷上踩了一下士会的脚。秦军驻扎在河西,魏地人在河东。魏寿余说:"请派一个能与魏地几个官员谈判的河东人,我和他先过去。"秦康公派士会去。士会推辞说:"晋国人犹如虎狼凶狠,如果他们违背了诺言,我就要被杀死,妻子儿女也会被害,对国君也没有什么好处,后悔也来不及。"秦康公说:"如果晋国食言,我如果不把你的妻子儿女送回去,以河神为证。"士会这才动身。绕朝赠送他一条马鞭,说:"你不要以为秦国没有人,我的意见正好不被采纳罢了。"士会过了河,魏地人大呼小叫地回去了。秦国送还了士会的妻子儿女。士会留在秦国的子孙,改姓为刘氏。

邾文公为迁都到绎地之事占卜。史官说:"对百姓有利,对国君不利。"邾文公说:"假若对百姓有利,就是对我有利。上天生育了百姓并为他们设立了国君,就是要为他们谋取福利。既然百姓获得了利益,我也一定得利了。"他的左右官员说:"可以延长寿命的事,国君为什么不做呢?"邾文公说:"国君活着就是为了养育百姓。个人寿命长短,那是时运。只要对百姓有利,就坚决迁都,这是再吉利不过的了。"于是把国都迁到绎地。

五月,邾文公去世。君子认为:"邾文公能知天命。"

秋季七月,鲁国太庙的屋顶坏了,《春秋》记载此事,是责备鲁国君臣对祖先不够恭敬。

冬季,文公前往晋国朝见,同时重温从前的盟约。卫成公在沓地会见了文公,请求文公调解与晋国讲和。文公返回途中,在棐地会见了郑穆公,郑穆公也请求文公调解与晋国讲和。文公都帮助他们和晋国达成和议。

郑穆公在棐地宴请文公。子家吟诵了《鸿雁》一诗。季文子说:"寡君也未能免除这种情况。"文子吟诵了《四月》一诗。子家吟诵了《载驰》第四章,季文子吟诵了《采薇》第四章。郑穆公向文公拜谢,文公也予以答拜。

文公十四年

经 十有四年春，王正月，公至自晋。邾人伐我南鄙，叔彭生帅师伐邾。夏五月乙亥，齐侯潘卒。六月，公会宋公、陈侯、卫侯、郑伯、许男、曹伯、晋赵盾。癸酉，同盟于新城。秋七月，有星孛入于北斗。公至自会。晋人纳捷菑于邾，弗克纳。九月甲申，公孙敖卒于齐。齐公子商人弑其君舍。宋子哀来奔。冬，单伯如齐。齐人执单伯。齐人执子叔姬。

传 十四年春，顷王崩。周公阅与王孙苏争政，故不赴。凡崩、薨，不赴则不书。祸、福，不告亦不书。惩不敬也。

邾文公之卒也，公使吊焉，不敬。邾人来讨，伐我南鄙，故惠伯伐邾。

子叔姬妃齐昭公①，生舍。叔姬无宠，舍无威。公子商人骤施于国②，而多聚士，尽其家，贷于公有司以继之③。夏五月，昭公卒，舍即位。

邾文公元妃齐姜生定公，二妃晋姬生捷菑。文公卒，邾人立定公，捷菑奔晋。

六月，同盟于新城，从于楚者服，且谋邾也。

秋七月乙卯夜，齐商人弑舍而让元④。元曰："尔求之久矣。我能事尔，尔不可使多蓄憾⑤。将免我乎？尔为之。"

有星孛入于北斗⑥，周内史叔服曰："不出七年，宋、齐、晋之君皆将死乱⑦。"

晋赵盾以诸侯之师八百乘纳捷菑于邾。邾人辞曰:"齐出貜且长⑧。"宣子曰:"辞顺而弗从,不祥。"乃还。

周公将与王孙苏讼于晋,王叛王孙苏,而使尹氏与聃启讼周公于晋⑨。赵宣子平王室而复之。

楚庄王立,子孔、潘崇将袭群舒,使公子燮与子仪守,而伐舒蓼。二子作乱⑩,城郢而使贼杀子孔,不克而还。八月,二子以楚子出⑪,将如商密⑫。庐戢犁及叔麇诱之⑬,遂杀斗克及公子燮⑭。

初,斗克囚于秦,秦有殽之败,而使归求成。成而不得志,公子燮求令尹而不得,故二子作乱。

穆伯之从己氏也⑮,鲁人立文伯⑯。穆伯生二子于莒而求复,文伯以为请。襄仲使无朝听命。复而不出,三年而尽室以复适莒⑰。文伯疾而请曰:"谷之子弱⑱,请立难也⑲。"许之。文伯卒,立惠叔。穆伯请重赂以求复,惠叔以为请,许之。将来,九月卒于齐。告丧,请葬,弗许。

宋高哀为萧封人⑳,以为卿,不义宋公而出,遂来奔。书曰"宋子哀来奔",贵之也。

齐人定懿公,使来告难,故书以"九月"。

齐公子元不顺懿公之为政也,终不曰"公",曰"夫己氏㉑"。

襄仲使告于王,请以王宠求昭姬于齐㉒。曰:"杀其子,焉用其母?请受而罪之。"冬,单伯如齐㉓,请子叔姬,齐人执之。又执子叔姬。

[注释]

①妃：同"配"。 ②公子商人：齐桓公夫人密姬之子。骤施于国：多次在国内施舍财物。骤，屡。 ③公有司：指掌管公室财物的官员。 ④元：即惠公，为齐桓公少卫姬所生，商人之兄。 ⑤蓄憾：积蓄怨恨。 ⑥孛：即彗星，俗称扫帚星。北斗：在北天排列成斗形的七颗亮星，其名称是一天枢，二天璇，三天玑，四天权，五玉衡，六开阳，七瑶光。 ⑦死乱：死于祸乱。 ⑧齐出：齐女所生。玃且(jué jū)：即定公。长：年长。 ⑨尹氏：周卿士。聃启：周大夫。讼周公：为周公诉冤求理。 ⑩二子：指公子燮与子仪。 ⑪以：挟持。 ⑫商密：楚地，在今河南省淅川县西。 ⑬庐戢（jí）犁：庐大夫。叔麋：戢犁副手。 ⑭斗克：即子仪。 ⑮穆伯：即公孙敖。 ⑯文伯：穆公之子，名谷。详见文公七年注。 ⑰尽室：尽其家室。 ⑱弱：幼弱。 ⑲难：穆伯之子，文伯之弟。 ⑳萧：宋邑。详见庄公十二年注。 ㉑夫己氏：即那个人。己，读如"其"。 ㉒昭姬：即子叔姬。 ㉓单伯：周卿士。

[译文]

十四年春季，周顷王去世。周公阅和王孙苏争夺政权，因此没有给鲁国发讣告。凡是天子"驾崩"、诸侯"薨"，不给鲁国发讣告，《春秋》也不予记载。遇到灾祸或喜庆之事，不通知鲁国，《春秋》也不加记载。这是对不尊重鲁国的惩罚。

邾文公去世时，鲁文公派人前去吊唁，礼仪不够恭敬。邾国人就攻打鲁国南部边境，因此惠伯攻打邾国。

子叔姬嫁给齐昭公，生了儿子舍。叔姬不受宠爱，公子舍就没有威望。公子商人多次在国内施舍钱财，还养了很多门客，把家产都用尽了，又向掌管公室财物的官员借贷继续施舍。夏季五月，昭公去世，公子舍即位。

邾文公的原配齐姜生了定公，第二个夫人晋姬生了捷菑。文公去世，邾国人立了定公，捷菑逃亡到了晋国。

六月，鲁文公在新城和诸侯一起结盟，因为跟随楚国的国家又顺服了，同时商量邾国之事。

秋季七月乙卯日夜里，齐国的公子商人杀了舍，让位给元。元说："你谋求君位已经很久了。我可以事奉你，你不能过多地积聚怨恨。你能赦免我吗？你做国君吧。"

有彗星进入北斗星附近，周朝内史叔服预测说："不用七年时间，宋、齐、晋三国国君都将死于动乱。"

晋国的赵盾率领诸侯联军的八百辆战车护送捷菑回到邾国。邾国人辞谢说："齐女所生的貜且年长。"赵盾说："有道理，如果不听，就不吉祥。"于是率军回国。

周公准备和王孙苏到晋国争讼，周匡王违背了帮助王孙苏的诺言，派尹氏和聘启到晋国为周公辩护。赵盾调解了王室的纠纷，使他们各复其位。

楚庄王即位，子孔、潘崇准备袭击群舒，派公子燮和子仪留守国内，自己攻打舒蓼。公子燮和子仪在国内作乱，加筑郢都的城墙，并派人刺杀子孔，没有成功而回。八月，二人挟持楚庄王离开国都，准备到商密去。庐戢犁和叔麇设计引诱他们，于是杀了子仪和公子燮。

当初，子仪被囚禁在秦国，恰遇秦国在殽地之战中失败，秦国派他回国求和。两国讲和之后，子仪的要求没有得到满足，公子燮想当令尹也没能如愿，因此二人发动了叛乱。

穆伯跟随己氏走后，鲁国人立了文伯为继承人。穆伯在莒国生了两个儿子，又要求返回鲁国，让文伯代为请求。襄仲让他回国后不得参与朝政。穆伯回国后再也没有出来，三年后又举家迁往莒国。文伯患病，请求说："儿子尚且年幼，请立弟弟难吧。"鲁国人同意了。文伯死后，就立了惠叔。穆伯送了重礼又想回到鲁国，让惠叔替他请求，得到了允许。准备动身时，九月死在齐国。报告了丧事，并请求归葬鲁国,没有得到允许。

宋国的高哀担任萧地的封人,被任命为卿,他认为宋昭公不讲道义而离开宋国,逃亡到鲁国。《春秋》记载为"宋子哀来奔",是表示对他的尊重。

齐国人安定了齐懿公的君位,才派人来通报杀掉公子舍的祸难,所以《春秋》记载为"九月"。

齐国的公子元对懿公执政很不服气,始终不称他为"公",而是称"那个人"。

襄仲派人向天子报告,请求以天子的宠命向齐国求取子叔姬。说:"既然杀了她的儿子舍,又哪里用得着母亲?请把她送回鲁国惩治。"冬季,单伯到齐国请求接回子叔姬,齐国人把他抓了起来。又把子叔姬抓了起来。

文公十五年

经 十有五年春,季孙行父如晋。三月,宋司马华孙来盟。夏,曹伯来朝。齐人归公孙敖之丧。六月辛丑朔,日有食之。鼓,用牲于社。单伯至自齐。晋郤缺帅师伐蔡。戊申,入蔡。秋,齐人侵我西鄙。季孙行父如晋。冬十有一月,诸侯盟于扈。十有二月,齐人来归子叔姬。齐侯侵我西鄙。遂伐曹,入其郛。

传 十五年春,季文子如晋,为单伯与子叔姬故也。

三月,宋华耦来盟,其官皆从之。书曰"宋司马华孙",贵之也。

公与之宴,辞曰:"君之先臣督①,得罪于宋殇公,名在诸侯之策。臣承其祀,其敢辱君?请承命于亚旅②。"鲁人以为敏。

夏,曹伯来朝,礼也。诸侯五年再相朝,以修王命,古之制也。

齐人或为孟氏谋③,曰:"鲁,尔亲也。饰棺置诸堂阜④,鲁必取之。"从之。卞人以告⑤。惠叔犹毁以为请⑥,立于朝以待命。许之,取而殡之。齐人送之。书曰"齐人归公孙敖之丧"。为孟氏,且国故也。葬视共仲⑦。声己不视⑧,帷堂而哭⑨。襄仲欲勿哭,惠伯曰⑩:"丧,亲之终也。虽不能始,善终可也。史佚有言曰⑪:'兄弟致美⑫。救乏、贺善、吊灾、祭敬、丧哀,情虽不同,毋绝其爱,亲之道也。'子无失道,何怨于人?"襄仲说,帅兄弟以哭之。

他年,其二子来⑬,孟献子爱之⑭,闻于国。或谮之曰:"将杀子。"献子以告季文子。二子曰:"夫子以爱我闻⑮,我以将杀子闻,不亦远于礼乎?远礼不如死。"一人门于句鼆⑯,一人门于戾丘,皆死。

六月辛丑朔,日有食之,鼓、用牲于社,非礼也。日有食之,天子不举⑰,伐鼓于社;诸侯用币于社,伐鼓于朝,以昭事神、训民、事君,示有等威⑱,古之道也。

齐人许单伯请而赦之,使来致命。书曰"单伯至自齐",贵之也。

新城之盟,蔡人不与。晋郤缺以上军、下军伐蔡,曰:"君弱,不可以怠。"戊申⑲,入蔡,以城下之盟而还。凡胜国,曰"灭之";获大城焉,曰"入之"。

秋,齐人侵我西鄙,故季文子告于晋。

冬十一月，晋侯、宋公、卫侯、蔡侯、陈侯、郑伯、许男、曹伯盟于扈，寻新城之盟，且谋伐齐也。齐人赂晋侯，故不克而还。于是有齐难，是以公不会。书曰"诸侯盟于扈"，无能为故也。凡诸侯会，公不与，不书，讳君恶也。与而不书，后也。

齐人来归子叔姬，王故也。

齐侯侵我西鄙，谓诸侯不能也⑳。遂伐曹，入其郛，讨其来朝也。

季文子曰："齐侯其不免乎？己则无礼，而讨于有礼者，曰：'女何故行礼？'礼以顺天，天之道也。己则反天㉑，而又以讨人，难以免矣。《诗》曰：'胡不相畏，不畏于天㉒。'君子之不虐幼贱，畏于天也。在《周颂》曰：'畏天之威，于时保之㉓。'不畏于天，将何能保？以乱取国，奉礼以守，犹惧不终，多行无礼，弗能在矣㉔！"

[注释]

①督：即华督，华耦的曾祖。　②亚旅：官名，上大夫。　③孟氏：鲁公孙敖的家族。　④饰棺：古代对于死人的棺木，依爵位、等级的不同，而有不同的装饰。堂阜：见庄公九年注。　⑤卞人：鲁卞邑大夫。　⑥毁：因悲哀而毁颜销骨。　⑦葬视共仲：葬礼如同共仲的一样。共仲，即庆父。⑧声己：公孙敖次妻，惠叔之母。不视：不视灵柩。　⑨帷堂：古时候，人死后尸体放置堂中小敛，四周会围上帷幕。　⑩惠伯：即叔彭生。　⑪史佚：古人名。详见僖公十五年注。　⑫致美：各尽其美。　⑬二子：指穆伯在莒国所生的两个儿子。　⑭孟献子：公孙敖长孙、文伯之子仲孙蔑。　⑮夫子：指孟献子。　⑯句鼆（gōu měng）：与下文"戾丘"均为鲁邑。　⑰不举：即减

膳撤乐,不享用盛馔。　⑱等威:威仪之等差。　⑲戊申:初八日。　⑳不能:即不能相互救援。　㉑反天:反礼。　㉒"胡不相畏"二句:出自《诗经·小雅·雨无正》。　㉓"畏天之威"二句:出自《诗经·周颂·我将》。于时,于是。保之,保其福禄或保其天命。　㉔弗能在:不能善终。

[译文]

十五年春季,季文子前往晋国,是为了单伯和子叔姬被抓去的。

三月,宋国的华耦来鲁国结盟,他的下属也一同前来。《春秋》称其为"宋司马华孙",是表示尊重他。

文公设宴招待他,他推辞说:"我们国君的先臣华督得罪了宋殇公,名字记在诸侯的简册上。小臣承继他的祭祀,哪里敢使国君蒙受耻辱呢?请让我向上大夫承受命令。"鲁国人认为他对答机敏。

夏季,曹文公来鲁国朝见,这是合乎礼的。诸侯之间每五年再次互相朝见,以重温天子的命令,这是自古以来的制度。

齐国有人为孟氏策划,说:"鲁国是你的亲属之国。你把穆伯的棺材放到堂阜,鲁国必定派人把它运走。"孟氏听从了这一建议。卞邑的大夫报告了此事。惠叔仍然因悲哀过度而面容消瘦,并向朝廷请求运回棺材,并站在朝廷上等候答复。鲁国同意了,把棺材取回停放起来。齐国派人护送。《春秋》记载为"齐人归公孙敖之丧"。这是为了孟氏,并且也是为了国家。鲁国比照庆父的葬礼安葬了穆伯。声己不肯去看棺材,只在灵堂帐幔外哭泣。襄仲也打算不去哭丧,惠伯劝他说:"丧事是对待亲人的最后一次表示。虽然不能有一个好的开始,有一个好的结束也是可以的。史佚有这样的话:'兄弟之间要各自做到尽善尽美。救济贫困,祝贺喜事,吊唁灾祸,祭祀恭敬,丧事悲哀,虽然感情不同,都是为了不断绝彼此之间的友爱,是对待亲人的道理。'你不要失去为人之道,何必对他人怨恨呢?"襄仲很高兴,就领着他的兄弟前去哭丧。

几年以后,穆伯的两个儿子从莒国回来,孟献子很喜欢他们,全国都知道这件事。有人诬陷这两个人说:"这两个人准备杀了你。"孟献子告诉了季文子。这两个人说:"他以爱我们而闻名,我们却以打算杀死他而闻名,这样不是太有悖于礼了吗?有悖于礼还不如死了的好。"于是一人在句鼆守卫城门,一人在戾丘守卫城门,后来都战死了。

六月初一日,鲁国发生了日食,击鼓,用牺牲祭祀社神,这是不合礼的。发生日食,天子要减少膳食,撤去音乐,在社庙里击鼓;诸侯则用玉帛在社庙里祭祀,在朝廷击鼓,以表示敬奉神灵、训导百姓、事奉国君,表示不同等级的威仪,这是自古以来的制度。

齐国人同意单伯要子叔姬回国的请求,并赦免了他,让他来鲁国通报。《春秋》记载为"单伯至自齐",表示尊重他。

举行新城盟会时,蔡国人没有参加。晋国的郤缺率领上军、下军攻打蔡国,说:"国君虽然年少,但不能使国事懈怠。"六月初八日,攻入蔡国,在蔡都城下订立了盟约后回国。凡是战胜一个国家叫"灭之",攻下一座大城叫"入之"。

秋季,齐军入侵鲁国西部边境,因此季文子向晋国告急。

冬季十一月,晋灵公、宋昭公、卫成公、蔡庄侯、陈灵公、郑穆公、许男、曹文公在扈地结盟,以重温新城之盟,同时商量攻打齐国。齐国人贿赂了晋灵公,因此诸侯没等战胜就撤兵了。当时鲁国有齐国侵犯的祸难,因此鲁文公没去参加盟会。《春秋》记载为"诸侯盟于扈",表示诸侯无所作为。凡是诸侯会盟,鲁国国君不参加,《春秋》就不加记载,是隐讳国君的过失。参加了盟会而不予记载,则是因为国君迟到了。

齐国人把子叔姬送回鲁国,这是执行天子的命令。

齐懿公进攻鲁国西部边境,认为诸侯不会救援鲁国。又攻打曹国,进入曹都的外城,这是为了讨伐曹国对鲁国的朝见。

季文子说:"齐侯恐怕难免祸难吧?自己行事无礼却讨伐有礼之

国，还说：'你们为什么要依礼行事啊？'礼是用来顺乎天意的，这是上天的常道。自己违背天意，又以此讨伐别国，必然难免灾祸。《诗经》说：'为何不互相畏惧，因为不畏惧上天。'君子之所以不虐待弱小和卑贱之人，是因为敬畏上天。《周颂》里说：'惧怕上天的威严，因此而保有福禄。'如果对上天都不敬畏，能保住什么呢？依靠动乱取得国家，即使尊奉礼仪以保守君位，尚且担心没有好结果，多做无礼之事，就不能善终了！"

文公十六年

经 十有六年春，季孙行父会齐侯于阳谷，齐侯弗及盟。夏五月，公四不视朔。六月戊辰，公子遂及齐侯盟于郪丘。秋八月辛未，夫人姜氏薨。毁泉台。楚人、秦人、巴人灭庸。冬十有一月，宋人弑其君杵臼。

传 十六年春，王正月，及齐平。公有疾，使季文子会齐侯于阳谷。请盟，齐侯不肯，曰："请俟君间①。"

夏五月，公四不视朔②，疾也。公使襄仲纳赂于齐侯，故盟于郪丘③。

有蛇自泉宫出④，入于国，如先君之数⑤。

秋八月辛未⑥，声姜薨⑦，毁泉台⑧。

楚大饥，戎伐其西南，至于阜山⑨，师于大林⑩。又伐其东南，至于阳丘⑪，以侵訾枝⑫。

庸人帅群蛮以叛楚⑬。麇人率百濮聚于选⑭，将伐楚。于是申、息之北门不启。

楚人谋徙于阪高⑮。蒍贾曰⑯："不可。我能往，寇亦能往。不如伐庸。夫麇与百濮，谓我饥不能师，故伐我也。若我出师，必惧而归。百濮离居，将各走其邑，谁暇谋人？"乃出师。旬有五日，百濮乃罢。

自庐以往⑰，振廪同食⑱。次于句澨⑲。使庐戢犁侵庸，及庸方城。庸人逐之，囚子扬窗⑳。三宿而逸，曰："庸师众，群蛮聚焉，不如复大师㉑，且起王卒，合而后进。"师叔曰㉒："不可。姑又与之遇以骄之。彼骄我怒，而后可克，先君蚡冒所以服陉隰也㉓。"又与之遇，七遇皆北㉔，唯裨、鯈、鱼人实逐之㉕。

庸人曰："楚不足与战矣。"遂不设备㉖。楚子乘驲㉗，会师于临品㉘，分为二队：子越自石溪㉙，子贝自仞㉚，以伐庸。秦人、巴人从楚师，群蛮从楚子盟。遂灭庸。

宋公子鲍礼于国人㉛，宋饥，竭其粟而贷之㉜。年自七十以上，无不馈诒也，时加羞珍异㉝。无日不数于六卿之门㉞，国之材人㉟，无不事也，亲自桓以下㊱，无不恤也㊲。公子鲍美而艳，襄夫人欲通之㊳，而不可，乃助之施。昭公无道，国人奉公子鲍以因夫人㊴。

于是，华元为右师，公孙友为左师，华耦为司马，鳞鱹为司徒，荡意诸为司城，公子朝为司寇。初，司城荡卒㊵，公孙寿辞司城㊶，请使意诸为之㊷。既而告人曰："君无道，吾官近，惧及焉。弃官则族无所庇。子，身之贰也㊸，姑纾死焉㊹。虽亡子，犹不亡族。"

既，夫人将使公田孟诸而杀之㊺。公知之，尽以宝行。荡诸曰："盍适诸侯？"公曰："不能其大夫至于君祖母以及国人㊻，诸侯谁纳我？且既为人君，而又为人臣，不如死。"尽以其宝赐左右而使行。

夫人使谓司城去公,对曰:"臣之而逃其难,若后君何?"

冬十一月甲寅㊼,宋昭公将田孟诸,未至,夫人王姬使帅甸攻而杀之㊽。荡意诸死之。书曰"宋人弑其君杵臼㊾",君无道也。

文公即位㊿,使母弟须为司城。华耦卒,而使荡虺为司马㉛。

[注释]

①间:病愈。 ②视朔:古礼,诸侯每月初一以特羊告庙,称为告朔。告朔毕,即听治此月之政,称为视朔,也称听朔。 ③郪(qī)丘:齐地。 ④泉宫:鲁都近郊邑名。 ⑤如先君之数:鲁国自伯禽至僖公共十七位君主。 ⑥辛未:初八日。 ⑦声姜:鲁僖公夫人,文公之母。 ⑧泉台:泉宫之台。 ⑨阜山:楚邑,在今湖北省房县南。 ⑩大林:楚邑,在今湖北省荆门市境。 ⑪阳丘:楚地,不详何处。 ⑫訾枝:楚邑,在今湖北省枝江市境。 ⑬群蛮:指散居在今湖北省境内的少数民族部落。 ⑭百濮:散居在今湖北省石首市一带的少数民族部落。濮,种族名。选:楚地,在今湖北省枝江市境。 ⑮阪高:楚地,在今湖北省当阳市东北。 ⑯芬贾:见僖公二十七年注。 ⑰庐:楚邑,在今湖北省南漳县东。 ⑱振廪:打开粮仓。 ⑲句澨(gōu shì):楚地,在今湖北省丹江口市旧均县城境。 ⑳子扬窗:庐戢犁的下属官员。 ㉑复大师:再次发动大兵。 ㉒师叔:楚大夫潘尪(wāng)。 ㉓蚡(fén)冒:楚国先君。陉隰:国名。 ㉔北:败北。 ㉕䲹(pí)、鯈、鱼:均为群蛮部落名。 ㉖设备:设防。 ㉗驲(rì):驿站传车。 ㉘临品:楚地,在今湖

北省丹江口市旧均县境。　㉙子越：又称子越椒、斗椒，楚宗族。石溪：地名，与下文"仞"皆地名，在今湖北省丹江口市旧均县境。　㉚子贝：楚臣。　㉛公子鲍：宋昭公庶弟，即宋文公。　㉜贷：施舍。　㉝时：按时令。加羞珍异：加进珍贵食品。羞，进献。　㉞数：密，此指参请不断。　㉟材人：有才能的人。　㊱桓：指宋桓公，公子鲍的曾祖。　㊲恤：赈济。　㊳襄夫人：宋襄公夫人，周襄王之姊。　㊴因：依附。　㊵司城荡：即公子荡。司城，官名。　㊶公孙寿：公子荡之子，父死，寿承其位。　㊷意诸：即荡意诸，公孙寿之子。寿辞位，使其子继承。　㊸身之贰：即我的替身。　㊹纾死：缓死。　㊺孟诸：地名。详见僖公二十八年注。　㊻不能：不能取得信赖。能，用作动词。君祖母：古人称母为君母，祖母为君祖母。宋昭公为成公之子，襄公之孙，故襄夫人为其祖母。　㊼甲寅：二十二日。　㊽王姬：即襄夫人。帅甸：官名，即《周礼》中所谓"甸师"，有徒三百人。　㊾杵臼：宋昭公名。　㊿文公：即公子鲍，宋昭公庶弟。　㊿荡虺（huī）：荡意诸之弟。

[译文]

十六年春季，周历正月，鲁国和齐国讲和。因为文公患病，派季文子在阳谷和齐懿公会见。季文子请求结盟，齐懿公不肯，说："等贵君病好了再说。"

夏季五月，文公四次不上朝听政，是因为生病。文公派襄仲给齐懿公送了财礼，所以在郪丘结盟。

有蛇从泉宫爬出来，进入国都，和鲁国先君的数量相同。

秋季八月初八日，声姜去世，拆毁泉台。

楚国发生了大饥荒，戎人攻打楚国西南边境，到达阜山，驻扎在大林。又进攻楚国东南，逼至阳丘，并侵入訾枝。

庸国人率领群蛮背叛了楚国。麇国人率领百濮人聚集在选地，准备攻打楚国。楚国申、息两城的北门不再开放。

楚国人商量把国都迁往阪高。苋贾说:"不行。我们能迁过去,敌人也能追过去。不如攻打庸国。至于麇国和百濮,认为我们遭受灾荒不能出兵,才乘机攻打我们。如果我们出兵,一定害怕而回去。百濮人散居各地,必然各自逃回自己的地方,谁还有时间打别人的主意?"于是出兵抵抗。十五天以后,百濮人撤兵回去。

楚军从庐地出发,沿途打开粮仓让大家一起食用。军队驻扎在句澨。派庐戢犁攻打庸国,攻至庸国的方城。庸人追赶他们,子扬窗被俘。过了三晚,子扬窗逃回来说:"庸军人多,蛮人都聚集在那里,不如再派大军,同时出动国君的卫队,会合后再行进攻。"师叔说:"不行。姑且再和他们交战,使其产生骄傲情绪。等敌人骄傲,我军斗志高昂时,就可以一战而胜,先君蚡冒就是用这种方法征服陉隰的。"楚军又和庸军交战,交战七次都伪装败走,只有裨、鯈、鱼人追击楚军。

庸国人说:"楚军已经不堪一击了。"就不再设防。楚庄王乘坐驿站的传车,在临品与军队会合,然后兵分两路:子越从石溪出发,子贝从仞地出发,进攻庸军。秦军、巴军跟随楚军,蛮人各部都和楚庄王结盟。随后灭亡了庸国。

宋国的公子鲍对国人以礼相待,宋国发生饥荒时,他把粮食全部拿出来施舍给百姓。对年纪在七十岁以上的人,没有不赠送的,还不时增加一些美味食物。他没有一天不多次进出六卿的家门,对国内有才干的人没有不事奉的,对桓公子孙以下的亲属没有不救济的。公子鲍漂亮而艳丽,宋襄公夫人想和他私通,公子鲍不肯,襄公夫人就帮助他施舍。宋昭公无道,国人都愿意事奉公子鲍,以依附襄公夫人。

此时华元担任右师,公孙友任左师,华耦任司马,鳞鱹任司徒,荡意诸任司城,公子朝任司寇。当初,司城荡去世后,公孙寿辞掉了司城的职务,请求让荡意诸担任。不久又对别人说:"国君无道,我的官职又接近国君,我害怕祸及自身。如果放弃这个职务不干,族人又无人保护。儿子是我的替身,由他接替我可以死得晚一些。即使失去了儿子,不至于家族灭亡。"

不久，襄公夫人准备让宋昭公到孟诸打猎而杀了他。昭公得知此事后，带上全部珍宝准备逃亡。荡意诸说："何不逃到诸侯那里去？"昭公说："我连宋国的大夫甚至祖母襄公夫人和国人的信任都得不到，又有哪个诸侯肯接纳我呢？再说我作为国君，却到别国成为臣子，还不如死了的好。"就把他的财宝全部赐给左右侍从，让他们逃走。

襄公夫人派人告诉荡意诸，让他离开昭公，荡意诸回答说："身为臣子却要逃避国君的灾难，还怎么事奉以后的国君呢？"

冬季十一月二十二日，宋昭公打算在孟诸打猎，还没有走到，襄公夫人就派帅甸进攻并杀了他。荡意诸也被杀死。《春秋》记载为"宋人弑其君杵臼"，表示昭公无道。

宋文公即位，任命同母弟弟须为司城。华耦去世后，任命荡虺为司马。

文公十七年

经 十有七年春，晋人、卫人、陈人、郑人伐宋。夏四月癸亥，葬我小君声姜。齐侯伐我西鄙。六月癸未，公及齐侯盟于谷。诸侯会于扈。秋，公至自谷。冬，公子遂如齐。

传 十七年春，晋荀林父、卫孔达、陈公孙宁、郑石楚伐宋，讨曰："何故弑君？"犹立文公而还。卿不书，失其所也①。

夏四月癸亥②，葬声姜。有齐难，是以缓。

齐侯伐我北鄙。襄仲请盟。六月，盟于谷。

晋侯蒐于黄父③，遂复合诸侯于扈，平宋也。公不与会，齐难故也。书曰"诸侯"，无功也④。

于是,晋侯不见郑伯,以为贰于楚也。郑子家使执讯而与之书⑤,以告赵宣子,曰:

"寡君即位三年,召蔡侯而与之事君。九月,蔡侯入于敝邑以行。敝邑以侯宣多之难⑥,寡君是以不得与蔡侯偕⑦。十一月,克减侯宣多而随蔡侯以朝于执事⑧。十二年六月⑨,归生佐寡君之嫡夷⑩,以请陈侯于楚而朝诸君。十四年七月,寡君又朝,以蒇陈事⑪。十五年五月,陈侯自敝邑往朝于君。往年正月,烛之武往朝夷也⑫。八月,寡君又往朝。以陈、蔡之密迩于楚而不敢贰焉⑬,则敝邑之故也。虽敝邑之事君,何以不免?在位之中,一朝于襄⑭,而再见于君⑮。夷与孤之二三臣相及于绛⑯。虽我小国,则蔑以过之矣⑰。今大国曰:'尔未逞吾志。'敝邑有亡⑱,无以加焉。

"古人有言曰:'畏首畏尾,身其余几⑲?'又曰:'鹿死不择音⑳。'小国之事大国也,德,则其人也;不德,则其鹿也,铤而走险,急何能择?命之罔极㉑,亦知亡矣。将悉敝赋以待于鯈㉒,唯执事命之。

"文公二年六月壬申㉓,朝于齐。四年二月壬戌,为齐侵蔡,亦获成于楚。居大国之间而从于强令㉔,岂其罪也?大国若弗图㉕,无所逃命。"

晋巩朔行成于郑㉖,赵穿、公婿池为质焉㉗。

秋,周甘歜败戎于邧垂㉘,乘其饮酒也。

冬十月,郑大子夷、石楚为质于晋㉙。

襄仲如齐,拜谷之盟。复曰:"臣闻齐人将食鲁之麦。以臣观之,将不能。齐君之语偷㉚。臧文仲有言曰:'民主偷必死㉛。'"

[注释]

①失其所：丧失其立场。　②癸亥：初四日。　③黄父：晋地，在今山西省翼城县东北。　④无功：无成效。　⑤执讯：通讯官。　⑥侯宣多之难：事见僖公三十年传。　⑦偕：同行。　⑧克减：灭绝。　⑨十二年：指郑穆公十二年，即鲁文公十一年。　⑩归生：子家名。夷：太子名，即郑穆公之子郑灵公。　⑪蒇（chǎn）陈事：完成陈国的事情。　⑫朝夷：使夷朝见晋。朝，使动用法。　⑬密迩：紧密连接。　⑭襄：指晋襄公。　⑮君：指晋灵公。　⑯孤：小国之君。相及：一个接一个。　⑰蔑：无。　⑱有亡：只有被灭亡掉。　⑲身其余几：身体剩余多少。　⑳音：鸣叫声。　㉑命之罔极：命令没有准则，即反复无常。　㉒敝赋：敝国的军备。儵：地名，在晋、郑边境处。　㉓壬申：二十日。　㉔从：屈服。强令：强加的命令。　㉕弗图：不考虑我们的处境。　㉖巩朔：晋大夫，即巩伯，又称士庄伯。　㉗公壻池：见文公八年注。　㉘甘歜（chù）：周大夫。邥（shěn）垂：周地，在今河南省洛阳市南。　㉙石楚：郑大夫。　㉚偷：苟且。　㉛民主：百姓的主人。

[译文]

十七年春季，晋国的荀林父、卫国的孔达、陈国的公孙宁、郑国的石楚攻打宋国，声讨宋国人说："为什么杀了你们的国君？"还是立了宋文公才回国。《春秋》没有记载卿的名字，是因为他们处置不当。

夏季四月初四日，鲁国安葬了声姜。因为齐国的入侵之难，葬礼才推迟了。

齐懿公攻打鲁国北部边境。襄仲请求结盟。六月，双方在谷地结盟。

晋灵公在黄父阅兵，又召集诸侯在扈地会合，是为了和宋国讲和。

文公没有参加会议，因为当时齐国正攻打鲁国。《春秋》只写"诸侯"而不列举，是讽刺没有成效。

当时，晋灵公不肯会见郑穆公，认为郑国亲近楚国。郑国子家派一位信使官送给赵盾一封信，信中说：

"寡君即位三年，就召请蔡侯一起事奉贵君。九月，蔡侯到我国并前往贵国。当时我国发生了侯宣多的叛乱，因此寡君未能与蔡侯同往。十一月，平定了侯宣多之乱后，便同蔡侯一同朝见了阁下。十二年六月，公子归生辅佐太子夷，到楚国请求允许陈侯同去朝见贵君。十四年七月，寡君又到贵国朝见，促成陈国顺服贵国。十五年五月，陈侯又从我国前往朝见贵君。去年正月，烛之武去贵国使太子夷朝见贵君。八月，寡君又前去朝见。陈、蔡两国虽然紧邻楚国却不敢对贵国存有二心，这都是我国努力的结果。我国如此事奉贵国，为什么还不能免于灾祸呢？寡君在位期间，曾朝见贵国先君襄公一次、现任国君两次。太子夷和我国臣子们不停地到达绛城。作为一个小国，如此事奉大国，没有再过分的了。而如今大国却说：'你们还没有使我们满足。'我国只有等待灭亡，再不能做得更好了。

"古人有句话说：'怕头怕尾，剩下的身子还有多少？'又说：'当鹿快要死亡的时候，就顾不上选择庇护的地方了。'小国事奉大国，大国以恩德相待，小国就会像人一样恭顺；不以恩德相待，小国就会像将死的鹿一样铤而走险，危急时刻还能选择什么呢？既然贵国的要求反复无常，我们也知道亡国在即了。只好动员全部兵力，在儵地严阵以待，听候你们的命令了。

"文公于二年六月二十日曾到齐国朝见。四年二月某日，为齐国攻打蔡国，也和楚国讲和。处在大国之间而屈从于压力，难道是我们的罪过吗？假若大国不体谅小国的苦衷，我们也就别无逃路了。"

晋国的巩朔到郑国讲和，赵穿和公婿池到郑国作为人质。

秋季，周王室的甘歜在邥垂打败了戎人，是乘戎人喝醉酒时袭击的。

冬季十月，郑国的太子夷、石楚到晋国做了人质。

襄仲到了齐国，就谷地结盟拜谢。回来后对文公说："我听说齐国人准备吃鲁国的麦子。依我看来，恐怕不能。齐君的话缺乏远虑。臧文仲有句话说：'百姓的君主缺乏远虑，必死无疑。'"

文公十八年

经 十有八年春，王二月丁丑，公薨于台下。秦伯罃卒。夏五月戊戌，齐人弑其君商人。六月癸酉，葬我君文公。秋，公子遂、叔孙得臣如齐。冬十月，子卒。夫人姜氏归于齐。季孙行父如齐。莒弑其君庶其。

传 十八年春，齐侯戒师期①，而有疾。医曰："不及秋，将死。"公闻之②，卜曰："尚无及期③。"惠伯令龟④，卜楚丘占之曰："齐侯不及期，非疾也。君亦不闻。令龟有咎。"二月丁丑⑤，公薨。

齐懿公之为公子也，与邴歜之父争田⑥，弗胜。及即位，乃掘而刖之⑦，而使歜仆⑧。纳阎职之妻⑨，而使职骖乘⑩。

夏五月，公游于申池⑪。二人浴于池，歜以扑抶职⑫。职怒。歜曰："人夺女妻而不怒，一抶女庸何伤⑬？"职曰："与刖其父而弗能病者何如⑭？"乃谋弑懿公，纳诸竹中。归，舍爵而行⑮。齐人立公子元。

六月，葬文公。

秋，襄仲、庄叔如齐，惠公立故，且拜葬也。

文公二妃敬嬴生宣公。敬嬴嬖而私事襄仲⑯。宣公长而属诸襄仲,襄仲欲立之,叔仲不可⑰。仲见于齐侯而请之。齐侯新立而欲亲鲁,许之。

冬十月,仲杀恶及视而立宣公⑱。书曰"子卒",讳之也。

仲以君命召惠伯⑲。其宰公冉务人止之⑳,曰:"入必死。"叔仲曰:"死君命可也。"公冉务人曰:"若君命可死,非君命何听?"弗听,乃入,杀而埋之马矢之中㉑。公冉务人奉其帑以奔蔡,既而复叔仲氏㉒。

夫人姜氏归于齐,大归也㉓。将行,哭而过市曰:"天乎,仲为不道,杀嫡立庶。"市人皆哭,鲁人谓之哀姜。

莒纪公生大子仆㉔,又生季佗,爱季佗而黜仆,且多行无礼于国。仆因国人以弑纪公,以其宝玉来奔,纳诸宣公。公命与之邑,曰:"今日必授。"季文子使司寇出诸竟㉕,曰:"今日必达㉖。"公问其故。季文子使大史克对曰:

"先大夫臧文仲教行父事君之礼,行父奉以周旋㉗,弗敢失队㉘。曰:'见有礼于其君者,事之如孝子之养父母也。见无礼于其君者,诛之如鹰鹯之逐鸟雀也㉙。'先君周公制《周礼》曰㉚:'则以观德㉛,德以处事㉜,事以度功㉝,功以食民㉞。'作《誓命》曰㉟:'毁则为贼㊱,掩贼为藏㊲,窃贿为盗㊳,盗器为奸㊴。主藏之名㊵,赖奸之用㊶,为大凶德,有常无赦㊷,在九刑不忘㊸。'行父还观莒仆㊹,莫可则也㊺。孝敬忠信为吉德,盗贼藏奸为凶德。夫莒仆,则其孝敬,则弑君父矣;则其忠信,则窃宝玉矣。其人,则盗贼也;其器,则奸兆也㊻。保而利之,则主藏也。以训则昏㊼,民无则焉。不度于善,而皆在于凶德,是以去之。

"昔高阳氏有才子八人[48]：苍舒、隤敳、梼戭、大临、尨降、庭坚、仲容、叔达[49]，齐圣广渊[50]，明允笃诚[51]，天下之民谓之'八恺'[52]。高辛氏有才子八人[53]：伯奋、仲堪、叔献、季仲、伯虎、仲熊、叔豹、季狸[54]，忠肃共懿[55]，宣慈惠和[56]，天下之民谓之'八元'[57]。此十六族也，世济其美[58]，不陨其名，以至于尧，尧不能举。舜臣尧，举八恺，使主后土[59]，以揆百事[60]，莫不时序[61]，地平天成[62]；举八元，使布五教于四方[63]，父义、母慈、兄友、弟共、子孝，内平外成[64]。

"昔帝鸿氏有不才子[65]，掩义隐贼，好行凶德，丑类恶物[66]，顽嚚不友[67]，是与比周[68]，天下之民谓之浑敦[69]。少皞氏有不才子[70]，毁信废忠，崇饰恶言[71]，靖谮庸回[72]，服谗蒐慝[73]，以诬盛德[74]，天下之民谓之穷奇[75]。颛顼氏有不才子，不可教训，不知话言[76]，告之则顽[77]，舍之则嚚，傲很明德[78]，以乱天常，天下之民谓之梼杌[79]。此三族也，世济其凶，增其恶名，以至于尧，尧不能去。缙云氏有不才子[80]，贪于饮食，冒于货贿[81]，侵欲崇侈[82]，不可盈厌[83]，聚敛积实[84]，不知纪极[85]，不分孤寡[86]，不恤穷匮，天下之民以比三凶[87]，谓之饕餮[88]。舜臣尧，宾于四门[89]，流四凶族[90]，浑敦、穷奇、梼杌、饕餮，投诸四裔[91]，以御魑魅[92]。是以尧崩而天下如一，同心戴舜以为天子[93]，以其举十六相[94]，去四凶也。故《虞书》数舜之功曰'慎徽五典，五典克从'[95]，无违教也；曰'纳于百揆，百揆时序'[96]，无废事也；曰'宾于四门，四门穆穆'[97]，无凶人也。

"舜有大功二十而为天子⑱。今行父虽未获一吉人，去一凶矣，于舜之功，二十之一也，庶几免于戾乎⑲！"

宋武氏之族道昭公子⑩，将奉司城须以作乱⑩。十二月，宋公杀母弟须及昭公子，使戴、庄、桓之族攻武氏于司马子伯之馆⑩。遂出武、穆之族⑩，使公孙师为司城，公子朝卒，使乐吕为司寇，以靖国人⑩。

[注释]

①戒师期：下达出兵伐鲁日期的命令。 ②公：指鲁文公。 ③尚：希望。 ④令龟：即命龟。据《周礼·春官》载：临卜，以所卜之事告龟。 ⑤丁丑：二十三日。 ⑥邴（bǐng）歜：齐臣。 ⑦掘而刖：掘其尸而断其足。 ⑧仆：驾车。 ⑨阎职：齐臣。 ⑩骖乘：即车右，古时候乘车站于车右边陪乘的人。 ⑪公：指齐懿公。申池：齐都城外的水池名。 ⑫扑抶：用马鞭击打。扑，击马的竹鞭。抶，鞭打。 ⑬庸何：庸、何为同义词连用。 ⑭病：忧虑，怨忿。 ⑮舍爵：详见桓公二年注。 ⑯私事：暗中勾结。 ⑰叔仲惠伯，即叔彭生。 ⑱恶、视：鲁文公二公子，其母为出姜，齐女。 ⑲仲：襄仲。君命：文公死，太子恶当立，此"君"当指太子恶。 ⑳宰：春秋时卿大夫的家臣之长。公冉务人：惠伯的家臣之长。 ㉑马矢：马粪。矢，通"屎"。 ㉒复叔仲氏：复立叔仲氏。 ㉓大归：古时妇女既嫁以后，回娘家省亲叫归宁，归而不返称大归。姜氏夫死子亡，不得不大归。 ㉔莒纪公：莒君，名庶其。 ㉕出诸竟：逐出国境。 ㉖达：彻底执行。 ㉗行父：季孙行父，即季文子。周旋：应酬。 ㉘失队：失落。队，同"坠"。 ㉙鹯（zhān）：鹰类猛禽。 ㉚《周礼》：此《周礼》当是姬旦所作书名或篇名，今亡佚。 ㉛则：礼制。 ㉜处事：办事。 ㉝度功：衡量功劳。 ㉞食民：取食于民。 ㉟《誓命》：似为姬旦所作篇名，今亡佚。 ㊱毁则：

毁弃礼制。㊲掩：隐匿。藏：窝藏，包庇。㊳窃贿：盗窃财物。㊴盗器：偷盗宝器。器，宝物。㊵主藏：窝藏。㊶赖奸之用：以奸人所盗之大器为利也。㊷常：常刑，常法。㊸九刑：九种刑罚，即墨、劓、刖、宫、大辟、流、赎、鞭以及扑。不忒：依罪量刑，罚当其罪。㊹还观：全面仔细观察。还，通"旋"。㊺则：取法，效法。㊻奸兆：偷窃的赃物。兆，即"佻"，偷、窃取。㊼训：教育百姓。昏：迷乱。㊽高阳氏：传说中五帝之一，名颛顼（zhuān xū），黄帝的孙子。才子：有才能的后代子孙。㊾苍舒等：此八人已无据可考。隤读 tuí，敳读 ái，戭读 yǎn（一读 yǐn），尨读 páng。

㊿齐:行为中正。圣：世事通达。广：度量宽宏。渊：谋略深远。51明：明察事务。允：守信不二。笃：笃厚善良。诚：诚实纯正。52恺：和乐。53高辛氏：传说中五帝之一，名喾，黄帝的曾孙。54伯奋等：此八人诸说多异，未可深考。55忠：忠心奉上。肃：恭敬严肃。共：勤谨治事。懿：行为端美。56宣：知思周密。慈：内心慈爱。惠：怜贫恤穷。和：宽和大方。57元：善。58济其美：继承其美德。59后土：地官。60揆：管理。61时序：循四时之序，即顺当。62地平天成：天地平静和顺。63布五教：宣扬传布五种教化。五教，即父义、母慈、兄友、弟共、子孝。64内平外成：内外都平静和顺。65帝鸿氏：一说为黄帝，一说帝俊或帝舜、帝喾，诸说不一。66丑类恶物：即以恶物为同类。丑、类为同义词，作动词用。67顽嚚（yín）不友：即愚顽奸诈的恶人。68比周：关系密切。69浑敦：愚昧，不开通。70少皞氏：金天氏之号，黄帝之子。71崇饰：尽力粉饰。72靖谮：安于谗谮。庸回：即庸违，听信奸邪。73服谗：造谣中伤。蒐慝：掩盖罪恶。74盛德：盛德之人。75穷奇：歪门邪道。一说即共工。76话言：善言。77顽：冥顽不化。78傲很：无视。79梼（táo）杌（wù）：凶顽无比。80缙云氏：黄帝时官名，即夏官，姜姓，炎帝的苗裔。81冒：贪。82崇侈：奢侈。83盈厌：满足。84积实：财谷。85纪极：限

度。纪、极为同义词连用。 ⑯不分：不分散财物。 ⑰三凶：指浑敦、穷奇、梼杌。 ⑱饕餮（tāo tiè）：传说中一种贪食的恶兽，比喻贪婪凶恶的人。 ⑲宾于四门：开辟四方之门。 ⑳流：流放。 ㉑四裔：四方边远的地方。 ㉒魑魅（chī mèi）：古人幻想中害人的怪物。 ㉓戴：拥戴。 ㉔十六相：指八恺、八元。 ㉕数：列举。徽：美好。五典：即五常，指父义、母慈、兄友、弟恭、子孝。 ㉖百揆：百事。 ㉗四门穆穆：指来自四方的宾客都敬穆而有美德。 ㉘大功二十：指举拔十六相及去除四凶。 ㉙戾：罪。 ㉚道：引导。 ㉛司城须：宋文公母弟。 ㉜子伯：即华耦。 ㉝出：逐出。 ㉞靖：安定。

[译文]

十八年春季，齐懿公下达了出兵的日期，却患了病。御医说："等不到秋天就会死去。"文公听说后，让人占卜，说："希望他等不到那个日期就死去。"惠伯把要占卜的事情刻于龟甲，卜楚丘占卜后说："齐侯等不到出兵日期，但并非死于疾病。国君也听不到他死的消息了。连告诉龟甲的人也将有灾祸。"二月二十三日，文公去世。

齐懿公还是公子的时候，和邴歜的父亲争夺田地，没有争到。等到即位之后，他便挖出了邴歜父亲的尸体砍去其双脚，又让邴歜为自己驾车。他还夺走了阎职的妻子，又让阎职做骖乘。

夏季五月，懿公到申池游泳。邴歜和阎职在池水里洗澡，邴歜用鞭子抽打阎职。阎职非常生气。邴歜说："别人夺走了你的妻子，你都不生气，我打你一下，有什么大不了的？"阎职说："我和那个被人砍了父亲双脚都不生气的人相比怎么样？"于是二人密谋杀了懿公，把尸体隐藏到竹林中。二人回去后，在宗庙里祭告祖先后逃亡。齐国人立了公子元为君。

六月，鲁国安葬了文公。

秋季，襄仲、庄叔前往齐国，因为齐惠公即位，同时拜谢齐国参加文公葬礼。

文公的次妃敬嬴生了宣公。敬嬴受到文公的宠爱，又和襄仲私通。宣公年长，敬嬴把他托付给襄仲，襄仲打算立他为君，叔仲不同意。襄仲见到齐惠公请求立宣公为君。齐惠公刚被立为国君，想和鲁国亲近，就答应了。

冬季十月，襄仲杀了太子恶和公子视，立宣公为国君。《春秋》记为"子卒"，是为了隐讳此事。

襄仲以国君的名义召请惠伯。惠伯的总管家公冉务人劝阻他说："你去了肯定会死。"惠伯说："死于国君的命令是可以的。"公冉务人说："如果是国君的命令可以去死，不是国君的命令为什么要听从呢？"惠伯不听，进宫后，被杀死并埋在马粪中。公冉务人事奉惠伯的家人逃亡到蔡国，不久鲁国又立了叔仲氏。

文公夫人姜氏回到齐国就不再回来了。她临走时哭着穿过集市，说："天啊，襄仲无道，杀了嫡子立庶子。"集市上的人也都哭泣，因此鲁国人就称她为"哀姜"。

莒纪公生了太子仆，又生了季佗，他宠爱季佗，想废黜太子仆，并且在国内又做了很多违背礼仪的事情。太子仆借助国人的力量杀了纪公，带着他的宝玉逃亡到鲁国，献给了宣公。宣公下令送给他一个城邑，说："今天就要给他。"季文子让司寇把他驱逐出境，说："今天就要执行。"宣公问他为什么要这样做，季文子派太史克回答说：

"先大夫臧文仲曾教导我事奉国君的礼仪，我是据此来处理有关事宜的，不敢有所违背。臧文仲说：'见到对国君有礼的人，就事奉他，如同孝子奉养父母一样。见到对国君无礼的人，就诛杀他，犹如老鹰追逐鸟雀一样。'先君周公制订《周礼》说：'礼制用以观察人的德行，德行用以处理各种事情，处理事情要考虑功劳的大小，功劳用以养育百姓。'又作《誓命》说：'破坏礼制就是奸贼，隐匿奸贼就是窝藏，窃取财物就是强盗，盗取宝器就是奸臣。有着窝藏的罪名，以所盗之大器为利，都是极大的凶德，按照规定的刑罚，不能赦免，这些九刑都有记载，不能忘记。'我观察了莒国太子仆，感觉这个人没有一条可取之处。孝敬、忠信为吉德，盗贼、藏奸是凶德。那个太子仆，从孝敬父母看，他杀了自己的君父；从忠信来看，他盗取了国家的宝玉。这个人就是盗贼，他带的财宝就是赃证。保护他并收下财宝，就是窝赃。以此教育百姓，百姓就会迷乱而无所取法。以上这些都不属于善行，反而是凶德，所以我才把他赶走。

"从前高阳氏有八个有才干的子孙：苍舒、隤敳、梼戭、大临、尨降、庭坚、仲容、叔达，他们公正、通达、宽宏、深远、明察、守信、厚道、诚实，天下的百姓称其为'八恺'。高辛氏也有八个有才干的子孙：伯奋、仲堪、叔献、季仲、伯虎、仲熊、叔豹、季狸，他们忠诚、恭敬、勤勉、美好、周到、慈祥、仁爱、宽和，天下的百姓称其为'八元'。这十六个家族，世世代代继承先人的美好品德，始终没有丧失祖宗的美好名声，直到尧的时代，但尧没有重用他们。当舜做了尧的臣子后，才重用了八恺，让他们负责管理土地，处理各种事务，都很顺利，地上无事，天上平安；又重用了八元，让他们到各地推行宣扬五种教化，父有道义，母亲慈祥，哥哥友爱，弟弟恭敬，子孙孝顺，因此国内平安，国外和平。

"从前帝鸿氏有一个不成材的儿子，他掩弃正义，包庇奸贼，作恶多端，勾结坏人，和那些不讲道义、无忠无信之徒狼狈为奸，天下的百姓称之为浑敦。少皞氏有一个不成材的儿子，他败坏信用，废弃忠诚，喜欢花言巧语，惯于诬陷他人，重用奸邪之辈，喜听谗言，包庇恶人，诬陷好人，天下的百姓称其为穷奇。颛顼氏有一个不成材的儿子，他不可救药，不知好歹，管教他不听，不管他又学坏，鄙视美德，违背上天的伦理纲常，天下的百姓称其为梼杌。这三个人的家族，世世代代都继承了祖先的奸邪，增加了祖先的恶名，以至尧的时代，都没有能把他们除掉。缙云氏有个不成材的儿子，只知吃喝，贪图财物，穷奢极欲，不知满足，聚财囤粮，不计其数，从不周济孤寡，也不救助穷苦百姓，天下的百姓把他比成上述三凶，称为饕餮。舜做了尧的臣子之后，打开四方城门，把这四大凶人的部族流放出去，把浑敦、穷奇、梼杌、饕餮驱逐到四方蛮荒之地，用他们去抵御各种妖魔鬼怪。因此在尧去世后，天下人就万众一心地拥戴舜为天子，就是因为舜起用了十六相并驱逐了四大凶人。因此《虞书》记载了舜的功业，说他'认真发扬五常教化，五常教化就能推行'，是说他没有错误的教导；又说'让他处理各种事情，各种事情都能有条不紊'，是说他没有荒废政务；又说'打开四方城门，来宾都恭敬有礼'，是说他没有招来坏人。

"舜做了二十件大功后才做了天子。如今我虽然没有得到一个好人，却赶走了一个坏人，和舜的功业相比，是二十分之一，差不多可以免除罪过了吧！"

宋国武氏的族人领着宋昭公的儿子，准备事奉司城须发动叛乱。十二月，宋文公杀了同母弟弟须和昭公的儿子，又派戴公、庄公、桓公的族人到司马子伯的旅馆攻打武氏。把武公和穆公的族人都驱逐出境，任命公孙师为司城，公子朝去世后，任命乐吕为司寇，以安定国人。

宣 公

宣公元年

经 元年春,王正月,公即位。公子遂如齐逆女。三月,遂以夫人妇姜至自齐。夏,季孙行父如齐。晋放其大夫胥甲父于卫。公会齐侯于平州。公子遂如齐。

六月,齐人取济西田。秋,邾子来朝。楚子、郑人侵陈,遂侵宋。晋赵盾率师救陈。宋公、陈侯、卫侯、曹伯会晋师于棐林,伐郑。冬,晋赵穿帅师侵崇。晋人、宋人伐郑。

传 元年春①,王正月,公子遂如齐逆女,尊君命也。

三月,遂以夫人妇姜至自齐,尊夫人也。

夏,季文子如齐,纳赂以请会。

晋人讨不用命者,放胥甲父于卫,而立胥克②。先辛奔齐③。

会于平州④,以定公位。

东门襄仲如齐拜成。

六月,齐人取济西之田,为立公故,以赂齐也。

宋人之弑昭公也，晋荀林父以诸侯之师伐宋，宋及晋平。宋文公受盟于晋，又会诸侯于扈，将为鲁讨齐，皆取赂而还。郑穆公曰："晋不足与也。"遂受盟于楚。陈共公之卒，楚人不礼焉。陈灵公受盟于晋。

秋，楚子侵陈，遂侵宋。晋赵盾帅师救陈、宋。会于棐林⑤，以伐郑也。楚蒍贾救郑，遇于北林⑥。囚晋解扬⑦，晋人乃还。

晋欲求成于秦，赵穿曰："我侵崇⑧，秦急崇，必救之。吾以求成焉。"冬，赵穿侵崇，秦弗与成。

晋人伐郑，以报北林之役。于是，晋侯侈⑨，赵宣子为政，骤谏而不入⑩，故不竞于楚⑪。

[注释]

①元年：公元前608年。周匡王五年。　②胥克：胥甲父之子。　③先辛：胥甲父的下属。　④平州：齐地，在今山东省莱芜市西。　⑤棐林：郑地，在今河南省新郑市东。　⑥北林：郑地，在今河南省郑州市东南。　⑦解扬：晋大夫。　⑧崇：国名，在今陕西省户县东。　⑨侈：奢侈。　⑩骤谏：屡谏。不入：听不进去。　⑪竞：争。

[译文]

元年春季，周历正月，公子遂到齐国迎娶齐女，《春秋》称"公子遂"，是因为尊重国君的命令。

三月，公子遂带着夫人妇姜从齐国回到鲁国，《春秋》称"遂"，表示对夫人的尊重。

夏季，季文子前往齐国，进献财礼请求两国国君会见。

晋国惩罚不肯效命的人，把胥甲父放逐到了卫国，立了胥克为继承人。先辛逃亡到了齐国。

宣公和齐惠公在平州会见，为的是稳定宣公的君位。

东门襄仲到齐国去拜谢，让宣公参加盟会。

六月，齐国取得了鲁国济水以西的田地，这是为感谢齐国帮助宣公即位而送去的礼物。

宋国人杀死宋昭公的时候，晋国的荀林父率领诸侯的军队攻打宋国，宋国和晋国讲和。宋文公在晋国接受了盟约，又在扈地会见诸侯，准备为鲁国攻打齐国，晋国两次都接受了贿赂后撤兵。郑穆公说："晋国不值得亲近。"于是接受了楚国的盟约。陈共公去世时，楚国人未行丧礼。陈灵公接受了晋国的盟约。

秋季，楚庄王入侵陈国，又攻打宋国。晋国的赵盾率军救援陈、宋。和诸侯在棐林会师，以攻打郑国。楚国的𫇭贾救援郑国，双方在北林遭遇。楚军俘虏了晋国的解扬，晋军才撤退回国。

晋国想和秦国讲和，赵穿说："我们入侵崇国，秦国为崇国着急，一定救援崇国。这样我们可以提出讲和。"冬季，赵穿入侵崇国，秦国不肯和晋国讲和。

晋军攻打郑国，以报北林一战之仇。此时晋灵公奢侈无度，赵盾执政，他多次进谏，灵公不听，因此晋国不能与楚国相争。

宣公二年

经 二年春，王二月壬子，宋华元帅师及郑公子归生帅师，战于大棘。宋师败绩，获宋华元。秦师伐晋。夏，晋人、宋人、卫人、陈人侵郑。秋九月乙丑，晋赵盾弑其君夷皋。冬十月乙亥，天王崩。

传 二年春，郑公子归生受命于楚①，伐宋。宋华元、乐吕御之②。二月壬子③，战于大棘④，宋师败绩，囚华元，获乐吕，及甲车四百六十乘，俘二百五十人，馘百人。

狂狡辂郑人⑤,郑人入于井,倒戟而出之⑥,获狂狡。君子曰:"失礼违命,宜其为禽也。戎⑦,昭果毅以听之之谓礼⑧。杀敌为果,致果为毅。易之,戮也。"

　　将战,华元杀羊食士,其御羊斟不与⑨。及战,曰:"畴昔之羊⑩,子为政,今日之事,我为政。"与入郑师,故败。君子谓:"羊斟非人也,以其私憾⑪,败国殄民⑫。于是刑孰大焉。《诗》所谓'人之无良'者⑬,其羊斟之谓乎!残民以逞。"

　　宋人以兵车百乘、文马百驷以赎华元于郑⑭。半入⑮,华元逃归。立于门外,告而入。见叔牂⑯,曰:"子之马然也。"对曰:"非马也,其人也。"既合而来奔⑰。

　　宋城,华元为植⑱,巡功⑲,城者讴曰⑳:"睅其目㉑,皤其腹㉒,弃甲而复㉓。于思于思㉔,弃甲复来。"使其骖乘谓之曰:"牛则有皮,犀兕尚多㉕,弃甲则那㉖?"役人曰:"从其有皮㉗,丹漆若何?"华元曰:"去之!夫其口众我寡。"

　　秦师伐晋,以报崇也,遂围焦㉘。夏,晋赵盾救焦,遂自阴地㉙,及诸侯之师侵郑,以报大棘之役。

　　楚斗椒救郑,曰:"能欲诸侯而恶其难乎㉚?"遂次于郑以待晋师。赵盾曰:"彼宗竞于楚㉛,殆将毙矣。姑益其疾㉜。"乃去之。

　　晋灵公不君㉝:厚敛以雕墙㉞;从台上弹人而观其辟丸也㉟;宰夫胹熊蹯不熟㊱,杀之,置诸畚㊲,使妇人载以过朝。赵盾、士季见其手,问其故,而患之。将谏。士季曰:"谏而不入,则莫之继也。会请先,不入则子继之㊳。"三进㊴，及溜㊵，而后视之。曰："吾知所过矣，将改之。"稽首而对曰："人谁无过？过而能改，善莫大焉。《诗》曰：'靡不有初，鲜克有终㊶。'夫如是，则能补过者鲜矣。君能有终，则社稷之固也，岂唯群臣赖之。又曰：'衮职有阙㊷，惟仲山甫补之㊸。'能补过也。君能补过，衮不废矣。"

犹不改。宣子骤谏㊹，公患之㊺，使鉏麑贼之㊻。晨往，寝门辟矣。盛服将朝，尚早，坐而假寐㊼。麑退，叹而言曰："不忘恭敬，民之主也。贼民之主，不忠。弃君之命，不信。有一于此，不如死也。"触槐而死。

秋九月，晋侯饮赵盾酒，伏甲将攻之。其右提弥明知之㊽，趋登曰㊾："臣侍君宴，过三爵，非礼也。"遂扶以下。公嗾夫獒焉㊿，明搏而杀之。盾曰："弃人用犬，虽猛何为？"斗且出，提弥明死之。

初，宣子田于首山(51)，舍于翳桑(52)。见灵辄饿，问其病。曰："不食三日矣。"食之，舍其半。问之，曰："宦三年矣(53)，未知母之存否。今近焉，请以遗之。"使尽之，而为之箪食与肉，置诸橐以与之(54)。既而与为公介(55)，倒戟以御公徒(56)，而免之。问何故，对曰："翳桑之饿人也。"问其名居(57)，不告而退，遂自亡也。

乙丑(58)，赵穿攻灵公于桃园(59)。宣子未出山而复(60)。太史书曰："赵盾弑其君。"以示于朝。宣子曰："不然。"对曰："子为正卿，亡不越竟，反不讨贼，非子而谁？"宣子曰："呜呼！'我之怀矣(61)，自诒伊戚(62)'，其我之谓矣！"孔子曰："董狐(63)，古之良史也，书法不隐(64)。赵宣子，古之良大夫也，为法受恶⑥。惜也！越竟乃免。"

宣子使赵穿逆公子黑臀于周而立之⑥⑥。壬申⑥⑦，朝于武宫⑥⑧。

初，丽姬之乱，诅无畜群公子⑥⑨，自是晋无公族⑦⑩。及成公即位，乃宦卿之适而为之田⑦⑪，以为公族。又宦其余子，亦为余子⑦⑫，其庶子为公行⑦⑬。晋于是有公族、余子、公行。

赵盾请以括为公族⑦⑭，曰："君姬氏之爱子也⑦⑮。微君姬氏⑦⑯，则臣狄人也。"公许之。冬，赵盾为旄车之族⑦⑰，使屏季以其故族为公族大夫。

[注释]

①命于楚：受楚之命。 ②华元：时为宋右师，当政。乐吕：时为宋司寇。 ③壬子：二月无壬子，恐有误。 ④大棘：宋地，在今河南省睢县南。 ⑤狂狡：宋大夫。辂（yà）：通"迓"，迎战。 ⑥倒戟：即狂狡将戟柄授予人。 ⑦戎：战争。 ⑧昭果毅以听之：明白果敢坚毅的精神，并听从命令。 ⑨羊斟：给华元驾驭战车的人。不与：未参与吃羊肉。 ⑩畴昔：前天。 ⑪私憾：私仇。 ⑫殄民：残害人民。 ⑬人之无良：出自《诗经·小雅·角弓》。 ⑭文马百驷：毛色有文彩的马四百匹。 ⑮半入：指所赎的兵车、文马仅送去一半。 ⑯叔牂（zāng）：即羊斟。 ⑰合：答。 ⑱植：主持者。 ⑲巡功：巡行检查工程。 ⑳讴：唱歌。 ㉑睅（hàn）：眼睛瞪大突出。 ㉒皤（pó）：肚子大。 ㉓复：指战败逃归。 ㉔于思：胡须多的样子。于，语助词。 ㉕犀兕（sì）：犀牛。兕，雌性犀牛。 ㉖那（nuó）：奈何。 ㉗从：同"纵"。 ㉘焦：晋邑，在今河南省三门峡市陕州区南。 ㉙阴地：晋地，在今河南省卢氏县东北。

㉚欲诸侯：想得到诸侯拥护。恶：厌恶。 ㉛彼宗：他那个宗族。斗椒为若敖氏族，自子文以来，世为令尹。竞于楚：在楚国争强斗胜。 ㉜益其疾：扩大他的毛病。 ㉝不君：不行君道。 ㉞厚敛：加重赋税。雕：画，绘饰。 ㉟弹人：用弹弓打人。辟丸：躲避弹丸。 ㊱宰夫：厨师。胹（ér）：烧煮。熊蹯（fán）：熊掌。 ㊲畚：筐篓之类的盛物器具。 ㊳不入：不纳。 ㊴三进：始进入门，再进入庭，三进升阶。 ㊵溜：屋檐下滴水处。 ㊶"靡不有初"二句：出自《诗经·大雅·荡》。意为事情往往有好的开始，但很少能够坚持到底。鲜，少。克，能。 ㊷衮：天子的礼服。阙：破损。 ㊸仲山甫：周宣王时的贤臣樊侯，也称樊仲甫。 ㊹宣子：即赵盾。 ㊺患：厌恶。 ㊻鉏麑（chú ní）：晋国力士。贼：刺杀。 ㊼假寐：打瞌睡。 ㊽提弥明：赵盾的车右。 ㊾趋登：快步登堂。 ㊿嗾（sǒu）：用嘴发出声音驱使狗。獒（áo）：猛犬。 ㈤首山：即首阳山，在今山西省永济市东南。 ㈥翳桑：首山一带地名。 ㈦宦：为人臣隶。一说为游学。 ㈧橐（tuó）：口袋。 ㈨公介：晋灵公的甲士。 ㈩倒戟：即倒戈。 57名居：姓名和住处。 58乙丑：二十六日。 59赵穿：晋臣，赵盾的从父兄弟之子。 60未出山：未逃出晋境。 61怀：怀恋。 62诒：通"遗"。伊：此，指示代词。 63董狐：晋太史名。 64书法不隐：据法直书而不加隐讳。 65为法受恶：因法度而蒙受恶名。 66公子黑臀：晋文公少子，立为成公。 67壬申：初三日。 68武宫：曲沃武公之庙。 69诅：诅咒。古有盟诅之法，盟大诅小，皆杀牲歃血，告誓明神，若有违背，神加其祸。畜：容留，收容。 70公族：官名，掌管教训同族子弟，使同姓者担任。 71宦卿之适：授予卿之嫡子以官职。宦，仕，用作动词。适，同"嫡"。 72余子：嫡子的同母弟，也为官名。 73庶子：妾生的儿子。公行（xíng）：官名。 74括：赵括，也称屏括、屏季，赵盾异母弟，其母为晋文公女赵姬。 75君姬氏：即赵姬，晋成公之姊。 76微：无。 77旄（máo）车之族：即余子或公行。旄车，诸侯所乘坐的戎路，也叫戎

车。因戎车有旌，故名旎车。

[译文]

二年春季，郑国的公子归生接受楚国的命令攻打宋国。宋国的华元、乐吕领兵抵抗。二月某日，双方在大棘交战，宋军大败，郑国俘虏了华元，得到了乐吕的尸首，缴获战车四百六十辆、俘虏二百五十人，割了敌人的耳朵一百只。

宋大夫狂狡迎战一个郑国人，郑国人跳到井中躲避，他把戟柄探到井里把那人拉出来，那人出来后反把狂狡抓获。君子说："背弃作战的规律，违反杀敌的命令，狂狡被俘是活该。所谓用兵之道，是要发扬果敢刚毅的精神，并听从命令，叫作礼。杀死敌人就是果敢，做到果敢就是刚毅。反之，就会被杀。"

准备作战时，宋将华元下令杀羊犒劳士兵，却不给他的御者羊斟吃。等到作战时，羊斟说："前天吃羊由你做主，今天的战斗由我做主。"战车和他驶入郑国军中，因此宋国战败。君子认为："羊斟真不是人，因为个人怨恨，而使国家战败百姓遭殃。没有比这更大的罪行了。《诗经》所说的'丧尽天良'的人，大概说的就是羊斟吧！他以残害百姓发泄自己的私愤。"

宋国人用百辆兵车和四百匹毛色漂亮的马向郑国赎取华元。才送去一半，华元就逃回来了。他站在都城门外，向守门人说明身份后就进城了。他见到羊斟后说："是你的马不听指挥才让我落到这一步。"羊斟说："与马无关，是人的缘故。"说完就逃到鲁国来了。

宋国筑城，由华元主持，巡视工程进展情况时，听到筑城的人唱道："瞪着大眼睛，挺着大肚皮，丢盔弃甲跑回来。满脸长着大胡子，丢盔弃甲跑回来。"华元派他的骖乘告诉筑城的人们："有牛就有皮，犀牛、兕牛多的是，丢盔弃甲有什么？"筑城的人又说："纵然有牛皮，又到哪里找丹漆？"华元恼怒地说："快走吧！他们人多我们人少。"

秦军攻打晋国，以报崇地一战之仇，包围了晋国的焦地。夏季，晋国赵盾援救焦地，并从阴地会合诸侯的军队入侵郑国，以报大棘一战之仇。

楚国的斗椒救援郑国，说："想要得到诸侯的拥护，能对他们的祸难置之不理吗？"随后驻扎在郑国，以等待晋军。赵盾说："斗椒的家族在楚国太强盛，大概要灭亡了。姑且加速他的灭亡吧。"就率军离开了郑国。

晋灵公丧失了为君之道：横征暴敛，用以装潢宫室；从台上用弹弓打人以观看他们躲避而从中取乐；厨师没有把熊掌煮熟，就把他杀了放在畚箕中，让宫女抬着从朝廷上走过。赵盾、士会看到了一只手，问清原因后非常担心。准备进谏。士会说："如果我们一同进谏，国君不采纳，就没有人继续进谏了。请让我先进去，国君不听，你再继续劝谏。"士会前进三次，走到屋檐下，灵公才正眼看他。说："我知道自己所犯的过错了，准备改正。"士会叩头回答说："一个人谁没有犯过错误呢？错了只要能改，那就再好不过了。《诗经》说：'凡事无不有个好开头，但很少有人能坚持到底。'如果都像《诗经》说的这样，能改正错误的人就少了。国君能够坚持到底，国家就有保障了，哪里仅仅是我们群臣的依靠。《诗经》又说：'天子有了过失，只有仲山甫能够弥补。'这是说过错是能够弥补的。国君如能弥补过失，君位就不会失去了。"

晋灵公仍不悔改。赵盾又多次劝谏，灵公很厌恶，便派钼麑去刺杀他。钼麑早晨去时，赵盾家的门已经开了。赵盾已穿戴整齐准备上朝，由于时间还早，就坐在那里打盹。钼麑退了出来，感叹地说："如此恭敬勤奋之人，是百姓的主人。杀了百姓的主人，是不忠。违背国君的命令，是不信。具备了其中一条，就不如死了的好。"于是撞到槐树上死去。

秋季九月，晋灵公设酒宴招待赵盾，埋伏了甲士，准备杀死他。赵盾的车右提弥明有所察觉，快步进入殿堂说："臣子事奉君主饮宴，酒过三杯就算失礼了。"就扶着赵盾走出宫殿。灵公唆使一只猛狗扑向赵盾,提弥明与狗搏斗并将狗打死。赵盾说:"不用人却用狗,狗虽然凶猛,又有什么用呢?"边斗边退出来,提弥明死去。

当初,赵盾在首山打猎,住在翳桑。看到灵辄饿得很厉害,问他有什么病。灵辄说:"已经有三天没有吃饭了。"赵盾送给他食物吃,灵辄把食物留起来一半。问他原因,说:"我在外做了三年奴仆,不知道母亲是否健在。现在快到家了,请允许我把这一半留给她。"赵盾让灵辄把食物吃完,又为他准备了一篮饭和肉,放在口袋里让他带回去。不久灵辄进宫做了晋灵公的甲士,这次他将兵器调转过来,以抵抗灵公手下的伏兵,使赵盾免于祸难。赵盾问他为什么要保护自己,他说:"我就是翳桑那个挨饿的人。"问他的姓名和住址,他没有回答就退下去,随后自己也逃亡了。

九月二十六日,赵穿在桃园杀死了晋灵公。此时赵盾还未逃出国境就又回来了。晋国太史记载为:"赵盾弑其君。"拿到朝廷上让众人看。赵盾反驳说:"不是这样。"太史回答说:"你是正卿,逃亡却没有走出国境,回来后又不惩罚凶手,凶手不是你又是谁呢?"赵盾说:"天啊!《诗经》说'因为我眷恋祖国,反而给自己带来灾祸',大概说的就是我吧!"孔子评论说:"董狐是古代的优秀史官,依法直书而不隐讳。赵盾是古代的优秀大夫,因为法度而蒙受恶名。可惜啊!如果当时他走出国境,就可以避免弑君之名了。"

赵盾派赵穿从王室迎接公子黑臀回来,并立他为国君。十月三日,在晋武公的庙中朝祭。

当初,丽姬制造祸乱时,在宗庙诅咒,不许收容诸公子,从此晋国就废除了公族大夫。等晋成公即位,才把这一官职授给了卿的嫡子,并分给他们田地,让他们担任公族大夫。还把官职授给卿的其他儿子,让他们担任余子大夫,让卿的庶子担任公行大夫。晋国从此有了公族、余子、公行三种官职。

赵盾请求让赵括担任公族大夫,说:"他是君姬氏的爱子。如果没有君姬氏,臣下就是狄人了。"成公答应了。冬季,赵盾担任掌管旌车的余子,让赵括作为公族大夫统率他的旧族。

宣公三年

经 三年春,王正月,郊牛之口伤,改卜牛。牛死,乃不郊。犹三望。葬匡王。楚子伐陆浑之戎。夏,楚人侵郑。秋,赤狄侵齐。宋师围曹。冬十月丙戌,郑伯兰卒。葬郑穆公。

传 三年春,不郊而望①,皆非礼也。望,郊之属也。不郊亦无望,可也。

晋侯伐郑,及郔②,郑及晋平,士会入盟。

楚子伐陆浑之戎③,遂至于雒④,观兵于周疆⑤。定王使王孙满劳楚子。楚子问鼎之大小轻重焉⑥。对曰:"在德不在鼎。昔夏之方有德也⑦,远方图物⑧,贡金九牧⑨,铸鼎象物⑩,百物而为之备,使民知神、奸。故民入川泽山林,不逢不若⑪。螭魅罔两⑫,莫能逢之,用能协于上下,以承天休⑬。桀有昏德,鼎迁于商,载祀六百⑭。商纣暴虐,鼎迁于周。德之休明⑮,虽小,重也。其奸回昏乱,虽大,轻也。天祚明德⑯,有所厎止⑰。成王定鼎于郏鄏⑱,卜世三十⑲,卜年七百⑳,天所命也。周德虽衰,天命未改,鼎之轻重,未可问也。"

夏,楚人侵郑,郑即晋故也。

宋文公即位三年,杀母弟须及昭公子,武氏之谋也。使戴、桓之族攻武氏于司马子伯之馆。尽逐武、穆之族。

武、穆之族以曹师伐宋。秋，宋师围曹，报武氏之乱也。

冬，郑穆公卒。

初，郑文公有贱妾曰燕姞，梦天使与己兰，曰："余为伯鯈。余，而祖也，以是为而子。以兰有国香，人服媚之如是㉑。"既而文公见之，与之兰而御之㉒。辞曰："妾不才，幸而有子，将不信㉓，敢征兰乎㉔？"公曰："诺。"生穆公，名之曰兰。

文公报郑子之妃㉕，曰陈妫，生子华、子臧。子臧得罪而出。诱子华而杀之南里㉖，使盗杀子臧于陈、宋之间。又娶于江，生公子士。朝于楚，楚人鸩之，及叶而死㉗。又娶于苏㉘，生子瑕、子俞弥。俞弥早卒。泄驾恶瑕，文公亦恶之，故不立也。公逐群公子，公子兰奔晋，从晋文公伐郑。石癸曰㉙："吾闻姬、姞耦㉚，其子孙必蕃。姞，吉人也，后稷之元妃也㉛。今公子兰，姞甥也。天或启之，必将为君，其后必蕃，先纳之可以亢宠㉜。"与孔将鉏、侯宣多纳之，盟于大宫而立之，以与晋平。

穆公有疾，曰："兰死，吾其死乎！吾所以生也。"刈兰而卒㉝。

[注释]

①郊、望：均为祭礼。在郊外祭祀天地为郊祭，在郊外遥祭山川为望祭。 ②郔（yán）：郑国北方边境地名，即今河南省滑县。 ③陆浑之戎：古代戎人的一支，在今河南省嵩县及伊川县境。 ④雒：即洛水。 ⑤观兵：即今之"阅兵"。周疆：周王室境内。 ⑥鼎：周人以鼎为王权的象征。楚王问鼎，有取代周王的意图。

⑦方：正当。 ⑧图物：描绘各种事物。图，用作动词，即描绘。 ⑨贡金九牧：为"九牧贡金"的倒装句。贡金，进贡青铜。九牧，九州之长。牧，即地方长官。 ⑩铸鼎象物：铸造九鼎，并将所画事物铸在鼎上。 ⑪不若：不顺，即不利于自己的事物。 ⑫罔两：古代传说中的精怪名。 ⑬天休：天赐的福佑。 ⑭载祀：年数。古人或称载，或称祀，或称年，或称岁。 ⑮休明：美好光明。 ⑯祚：福。 ⑰厎（zhǐ）止：固定。 ⑱郏鄏（jiá rǔ）：周都王城所在地名，在今河南省洛阳市。 ⑲卜世三十：占卜预测将传三十代。 ⑳卜年七百：占卜预测将享国七百年。㉑服媚：佩而爱之。 ㉒御：妃妾侍寝。 ㉓将：假若。 ㉔征兰：以兰为信物。 ㉕报：淫乱。郑子：即子仪，郑文公的叔父。 ㉖南里：郑地，在今河南省新郑市南。 ㉗叶：楚地，在今河南省叶县南。 ㉘苏：即温。详见隐公十一年注。 ㉙石癸：即石甲父，见僖公二十四年注。 ㉚姬、姞耦：姬、姞二姓宜于婚配。 ㉛后稷：周的先祖，其正妻为姞姓。 ㉜亢宠：保持宠幸不衰。 ㉝刈（yì）：割。

[译文]

三年春季，没有举行郊祭却举行了望祭，这是不合礼的。望祭是郊祭的一种。不举行郊祭，也不举行望祭，是可以的。

晋成公攻打郑国，行至郑国郇地，郑国和晋国讲和，士会进入郑都结盟。

楚庄王攻打陆浑戎人，军队行至洛水，在王室境内陈兵示威。周定王派王孙满前去慰劳庄王。庄王问起鼎的大小和轻重。王孙满回答说："这取决于有德无德，不在于鼎之大小轻重。从前夏朝实行德政的时候，远方各国把当地的风物绘制成图，九州的长官把青铜贡献出来，夏王铸造了九座鼎，鼎上铸出了各种风物，万物都被铸在上面，使百姓能够认识各种鬼神与邪恶的东西。因此百姓进入川泽山林，不会遇到不顺利的事情。各种鬼怪妖魔也不会碰到，因此能够上下一心，承受上天的恩赐。夏桀昏庸无道，九鼎被商朝夺去，保存了六百年。商纣又暴虐无道，九鼎又落入周朝。如果德政美好，鼎虽然很小，也是很重的。如果昏庸残暴，即使鼎再大，也是轻的。上天赐给有德行君主的享国年限，是有固定年数的。成王把九鼎安置在郏鄏时，占卜的预言是可以传世三十代，历经七百年，这是上天的旨意。周朝的德行虽已衰微，但是天意还没有改变，鼎的轻重大小，您就不必过问了。"

夏季，楚国人攻打郑国，因为郑国又亲近了晋国。

宋文公即位第三年，杀了同母弟弟公子须和昭公的儿子，这是武氏策划的。文公让戴公、桓公的族人到司马子伯的旅馆攻打武氏。把武公和穆公的族人全部赶出了宋国。武公、穆公的族人领着曹国军队攻打宋国。秋季，为了报复武氏的叛乱，宋军包围了曹国。

冬季，郑穆公去世。

当初，郑文公有个地位低下的小妾名叫燕姞，曾梦见天使送给她一把兰草，并说："我是伯鯈。是你的祖先，你可把这兰草作为你的儿子。因为兰草是国之香草，你带上它，人们就会因它而喜爱你。"不久文公见到燕姞，送给她一把兰草，并让她事奉自己。燕姞对文公说："贱妾没有才能，如果侥幸怀了孩子，别人也不会相信，您能否以兰草作为信物呢？"文公说："可以。"燕姞生下穆公后，就取名为"兰"。

文公奸污了叔父子仪的妃子陈妫，生下子华、子臧二人。子臧因犯罪而逃出郑国。文公在南里诱杀了子华，并派凶手在陈、宋两国交界处杀了子臧。又从江国娶了妻，生下公子士。公子士到楚国朝见，楚国人让他喝了毒酒，他走到叶地便死了。文公又从苏国娶了妻，生下子瑕、子俞弥。俞弥死得早。泄驾厌恶子瑕，文公也讨厌他，因此没有立他为太子。文公把公子们都赶出了郑国，公子兰逃亡到了晋国，曾跟随晋文公攻打郑国。石癸说："我听说姬、姞两姓通婚，其子孙必然繁荣昌盛。因为姞姓吉祥，后稷的第一个妻子就是姞姓。如今公子兰是姞姓的外甥。上天或许要帮助他，他一定会成为国君，其后代也必然兴隆昌盛，先把他接回来立为国君，可以永远得到他的宠信。"于是石癸就和孔将鉏、侯宣多把公子兰接回去,在宗庙中结盟后立为国君,并以此和晋国讲和。

郑穆公生了病,说:"兰草死了,我也就要死了!我是兰草托生的。"兰草被割掉时,穆公就去世了。

宣公四年

经 四年春,王正月,公及齐侯平莒及郯。莒人不肯。公伐莒,取向。秦伯稻卒。夏六月乙酉,郑公子归生弑其君夷。赤狄侵齐。秋,公如齐。公至自齐。冬,楚子伐郑。

传 四年春,公及齐侯平莒及郯,莒人不肯。公伐莒,取向,非礼也。平国以礼,不以乱①。伐而不治,乱也。以乱平乱,何治之有?无治,何以行礼?

楚人献鼋于郑灵公②。公子宋与子家将见③。子公之食指动,以示子家,曰:"他日我如此,必尝异味。"及入,宰夫将解鼋,相视而笑。公问之,子家以告。及食大夫鼋④,召子公而弗与也。子公怒,染指于鼎⑤,尝之而出。公怒,欲杀子公。子公与子家谋先⑥。子家曰:"畜老,犹惮杀之,而况君乎?"反谮子家,子家惧而从之。夏,弑灵公。

书曰"郑公子归生弑其君夷",权不足也。君子曰:"仁而不武,无能达也⑦。"凡弑君,称君,君无道也;称臣,臣之罪也。

郑人立子良⑧,辞曰:"以贤则去疾不足,以顺则公子坚长⑨。"乃立襄公⑩。

襄公将去穆氏⑪,而舍子良⑫。子良不可,曰:"穆氏宜存,则固愿也⑬。若将亡之⑭,则亦皆亡,去疾何为⑮?"乃舍之,皆为大夫。

初,楚司马子良生子越椒⑯。子文曰:"必杀之。是子也,熊虎之状,而豺狼之声,弗杀,必灭若敖氏矣。谚曰:'狼子野心。'是乃狼也,其可畜乎?"子良不可。子文以为大戚⑰,及将死,聚其族,曰:"椒也知政⑱,乃速行矣,无及于难。"且泣曰"鬼犹求食,若敖氏之鬼⑲,不其馁而!"

及令尹子文卒,斗般为令尹⑳,子越为司马,蒍贾为工正㉑。谮子扬而杀之㉒。子越为令尹,己为司马。子越又恶之,乃以若敖氏之族圉伯嬴于轑阳而杀之㉓,遂处烝野㉔,将攻王。王以三王之子为质焉㉕,弗受,师于漳澨㉖。秋七月戊戌㉗,楚子与若敖氏战于皋浒㉘。伯棼射王㉙,汰辀㉚,及鼓跗㉛,著于丁宁㉜。又射,汰辀,以贯笠毂㉝。师惧,退。王使巡师曰㉞:"吾先君文王克息㉟,获三矢焉,伯棼窃其二,尽于是矣。"鼓而进之,遂灭若敖氏。

初,若敖娶于䢵㊱,生斗伯比。若敖卒,从其母畜于䢵,淫于䢵子之女㊲,生子文焉。䢵夫人使弃诸梦中㊳,虎乳之㊴。䢵子田,见之,惧而归,夫人以告,遂使收之。楚人谓乳穀㊵,谓虎於菟,故命之曰斗穀於菟。以其女妻伯比,实为令尹子文。

其孙箴尹克黄使于齐㊶,还,及宋,闻乱。其人曰:"不可以入矣。"箴尹曰:"弃君之命,独谁受之㊷?君,天也,天可逃乎?"遂归,复命,而自拘于司败㊸。王思子文之治楚国也,曰:"子文无后,何以劝善?"使复其所㊹,改命曰生。

冬,楚子伐郑,郑未服也。

[注释]

①乱:指用兵。 ②鼋(yuán):大鳖。 ③公子宋:郑国宗室,即子公。子家:即公子归生。 ④食(sì)大夫鼋:将鼋赐给大夫们吃。 ⑤染指于鼎:将手指蘸在鼎里。 ⑥谋先:预谋先下手。 ⑦无能达:即行不通。达,通。 ⑧子良:即公子去疾,郑穆公庶子。 ⑨顺:指长幼顺序。 ⑩襄公:即公子坚,公子去疾之兄。 ⑪去:逐。穆氏:郑穆公的儿子们,襄公的兄弟。 ⑫舍:赦免。 ⑬固愿:本来的愿望。 ⑭亡:逃亡。 ⑮何为:即"为何"。 ⑯司马子良:斗伯比之子,令尹子文之弟,司马为其官名。子越椒:即斗椒。 ⑰大戚:很大的心事。戚,忧。 ⑱知政:执掌政事。 ⑲若敖氏之鬼:若敖家族的祖先。 ⑳斗般:令尹子文之子。 ㉑工正:官名。 ㉒子扬:即斗般。 ㉓圉(yǔ):囚禁。伯嬴:即芳贾。 ㉔烝野:楚邑,在今河南省新野县。一说在今湖北省江陵县境。 ㉕三王之子:指楚文王、成王、穆王的子孙。 ㉖漳澨(shì):漳水边,在今湖北省荆门市区西,漳水东岸。 ㉗戊戌:初九日。 ㉘皋浒:楚地,在今湖北省襄阳市襄州区。 ㉙伯棼(fén):斗椒字。 ㉚汏(tài):过。辀(zhōu):车辕。 ㉛及鼓跗(fū):穿过鼓架。 ㉜著于丁宁:射在铜钲上。丁宁,即铜钲,军中用作号令的乐器,似铃而不同。 ㉝贯:射穿。笠毂:支撑车盖的圆木。 ㉞巡师:巡视军队。 ㉟克息:战胜息国。事见庄公十四年传。 ㊱䣄(yún):即郧,国名。详见桓公十一年注。 ㊲䣄子:䣄君。 ㊳梦:即楚国云梦泽。 ㊴虎乳之:老虎给他喂奶。 ㊵谓乳穀:称乳为"穀"。 ㊶箴尹:楚官名。 ㊷独:语气词,无义,常用于疑问句。 ㊸司

败：楚执法官名。　㊹复其所：复任箴尹的官职。

[译文]

　　四年春季，宣公和齐惠公让莒国和郯国讲和，莒国不肯。宣公攻打莒国，夺取向地，是不合礼的。调停两国之间的关系，应依礼而不应使用武力。兴兵讨伐就会失去安定，就是动乱。以动乱平定动乱，还有什么安定？没有了安定，又靠什么去推行礼呢？

　　楚国人献给郑灵公一只鼋。公子宋和子家正准备求见。公子宋的食指忽然动弹起来，他让子家看，说："以往遇到这种情况时，一定能够品尝美味佳肴。"进去后看到厨师正在用刀切鼋，便相视而笑。灵公问他们为什么发笑，子家告诉了他。等到让大夫们吃鼋的时候，灵公偏不让公子宋吃。公子宋非常愤怒，把手指伸到鼎里蘸了蘸，尝了尝味道便出去了。灵公很恼火，要杀公子宋。公子宋和子家密谋要先下手。子家说："牲畜老了，杀它尚且不忍心，何况是国君呢？"公子宋反过来在灵公面前诬陷子家，子家害怕了，同意跟着他干。夏季，杀了灵公。

　　《春秋》记载"郑公子归生弑其君夷"，这是子家权小位低的缘故。君子认为："只有仁爱而没有勇气，也是行不通的。"凡国君被害，只写国君的名字，说明国君无道；只写臣子的名字，说明是臣子的罪过。

　　郑国人立子良为君，他推辞道："若论贤能，我是不够的；若论长幼顺序，公子坚比我年长。"便立了公子坚，即襄公。

　　襄公准备把兄弟们都清除掉，只留下公子良。子良不同意，说："作为穆公的后代，都应该留下来，这才是我本来的愿望。如果逼迫他们逃亡，就干脆都逃亡好了，留下我有什么用呢？"襄公便不再赶走他们，都让做了大夫。

　　当初，楚国的司马子良生了子越椒。子文说："一定要把他杀掉。这个孩子的长相犹如熊虎一般，发出的声音就像豺狼一样，如果不杀掉，他一定会使若敖氏灭亡。俗话说：'豺狼的孩子必有野兽之心。'这孩子就是一条狼，还能养着他吗？"子良不同意。子文认为是个大隐患，临死时，他把族人召集起来说："一旦子越椒执政，你们就尽快逃走，以免遭到灾难。"又哭着说："鬼神也还要求取食物，若敖氏的鬼神今后是要挨饿的呀！"

等令尹子文去世，斗般做了令尹，子越椒做了司马，蒍贾任工正。蒍贾诬陷斗般，把斗般杀了。子越椒任令尹，蒍贾任司马。子越椒又开始讨厌蒍贾，就带领若敖氏的族人把蒍贾囚禁在辕阳，杀了他，随后住在烝野，准备攻打庄王。庄王把楚文王、楚成王、楚穆王的儿子送给子越椒做人质，子越椒不接受，庄王在漳澨陈兵以待。秋季七月初九日，庄王和若敖氏在皋浒交战。子越椒用箭射庄王，箭头飞过车辕穿过鼓架，射到了铜钲上。又射一箭，箭头飞过车辕，贯穿了车盖。士兵害怕了，纷纷后退。庄王派人在军中宣扬说："我们的先君文王攻克息国时曾获得三支箭，被子越椒偷去两支，这两支箭已经被他用完了。"于是击鼓前进，灭亡了若敖氏。

当初，若敖从鄀国娶妻后生了斗伯比。若敖去世后，斗伯比跟着母亲在鄀国生活，和鄀子的女儿私通，生了子文。鄀夫人派人把子文扔到云梦泽，老虎喂他奶吃。鄀子打猎时看到了这情景，吓得跑回来，夫人告诉了他，鄀子就让人收养了子文。楚国人把"奶"称作"榖"，把老虎称作"於菟"，因此就给子文起名叫"斗榖於菟"。鄀子把女儿嫁给了斗伯比，这个斗榖於菟就是令尹子文。

子文的孙子箴尹克黄出使齐国，返回途中经过宋国，听到了子越椒作乱的消息。随从说："不能回国了。"克黄说："背弃国君的命令，还有谁肯接纳我呢？国君就等于天，天命能逃脱吗？"于是回国复命，让人把自己捆起来送给司败请求处置。庄王考虑到子文治理楚国的功绩，说："像子文这样的人没有后代，又怎能劝人行善呢？"就使克黄仍任原职，并给他改名为"生"。

冬季，庄王攻打郑国，因为郑国还没有顺服。

宣公五年

经 五年春,公如齐。夏,公至自齐。秋九月,齐高固来逆叔姬。叔孙得臣卒。冬,齐高固及子叔姬来。楚人伐郑。

传 五年春,公如齐,高固使齐侯止公①,请叔姬焉②。

夏,公至自齐。书,过也③。

秋九月,齐高固来逆女,自为也④。故书曰:"逆叔姬。"卿自逆也。

冬,来,反马也⑤。

楚子伐郑。陈及楚平。晋荀林父救郑,伐陈。

[注释]

①高固:齐臣,又名高宣子。止:留住。 ②请叔姬:强娶叔姬为妻。 ③过:过错。 ④自为:为自己。 ⑤反马:古代一种礼仪。古时士人娶妻,乘夫家之车,驾夫家之马。大夫以上娶妻,则乘母家之车,驾母家之马。成婚三月之后,夫家留其车而归还其马。

[译文]

五年春季,宣公前往齐国,高固让齐惠公留住宣公,请求娶叔姬为妻。

夏季,宣公从齐国回来。《春秋》记载此事,表示宣公有过错。

秋季九月,齐国的高固前来迎娶叔姬,是为自己迎娶。因此《春秋》记载为"逆叔姬",说明是卿大夫为自己迎娶。

冬季,高固和子叔姬回到鲁国,这是来归还马匹。

楚庄王攻打郑国。陈国和楚国讲和。晋国的荀林父救援郑国,攻打陈国。

宣公六年

经 六年春,晋赵盾、卫孙免侵陈。夏四月。秋八月,螽。冬十月。

传 六年春,晋、卫侵陈,陈即楚故也。

夏,定王使子服求后于齐①。

秋,赤狄伐晋,围怀②,及邢丘③。晋侯欲伐之。中行桓子曰④:"使疾其民⑤,以盈其贯⑥,将可殪也⑦。《周书》曰:'殪戎殷⑧。'此类之谓也。"

冬,召桓公逆王后于齐⑨。

楚人伐郑,取成而还。

郑公子曼满与王子伯廖语⑩,欲为卿。伯廖告人曰:"无德而贪,其在《周易》《丰》☲之《离》☲⑪,弗过之矣⑫。"间一岁⑬,郑人杀之。

[注释]

①子服:周大夫。后:王后。 ②怀:晋地,在今河南省武陟县西南。 ③邢丘:晋地,在今河南省温县东。 ④中行桓子:即荀林父。 ⑤疾:病,害。 ⑥盈其贯:使其满贯。意为积敛钱币,增加民疾。 ⑦殪(yì):绝灭。 ⑧殪戎殷:出自《尚书·康诰》。即灭绝大国殷。戎,大国。 ⑨召桓公:周王卿士。 ⑩公子曼满、王子伯廖:均为郑大夫。 ⑪《丰》:六十四卦之一,其卦象为离下震上。《离》:六十四卦之一,其卦象为离下离上。 ⑫弗过之:不超过三

年。因《丰》卦第六爻由阴变阳而成为《离》卦。《丰》卦第六爻辞为"丰其屋，蔀其家，窥其户，阒其无人，三岁不觌，凶"。 ⑬间：间隔。

[译文]

六年春季，晋国和卫国攻打陈国，因为陈国又亲近了楚国。

夏季，周定王派子服到齐国求娶齐女为王后。

秋季，赤狄攻打晋国，包围了怀地，到达邢丘。晋成公准备攻打。荀林父说："让他继续危害他的百姓，等他恶贯满盈的时候，可以一举将其消灭。《周书》说：'把大国殷商一举消灭。'就是这个意思。"

冬季，召桓公到齐国为天子迎娶王后。

楚军攻打郑国，直到郑国求和才回国。

郑国的公子曼满对王子伯廖说起他想做卿。伯廖告诉了别人，说："一个人毫无德行而又贪婪，应在《周易》由《丰》卦变成《离》卦这一卦象上，他超不过三年就会死去。"果然，只隔一年，郑国人就把他杀了。

宣公七年

经 七年春，卫侯使孙良夫来盟。夏，公会齐侯伐莱。秋，公至自伐莱。大旱。冬，公会晋侯、宋公、卫侯、郑伯、曹伯于黑壤。

传 七年春，卫孙桓子来盟①，始通，且谋会晋也。

夏，公会齐侯伐莱②，不与谋也③。凡师出，与谋曰及，不与谋曰会。

赤狄侵晋，取向阴之禾④。

郑及晋平，公子宋之谋也，故相郑伯以会。冬，盟于黑壤⑤，王叔桓公临之⑥，以谋不睦。

晋侯之立也，公不朝焉，又不使大夫聘，晋人止公于会⑦。盟于黄父。公不与盟，以赂免⑧。故黑壤之盟不书，讳之也。

[注释]

①孙桓子：即孙良夫。　②莱：国名，在今山东省昌邑市东南。　③与谋：事前参与谋划。　④向阴：晋地，未详何处。　⑤黑壤：即黄父。详见文公十七年注。　⑥王叔桓公：周卿士。临：监临。　⑦止：拘留。　⑧以赂免：鲁赂晋，故宣公获归。

[译文]

七年春季，卫国的孙桓子来鲁国结盟，两国开始通好，同时谋划和晋国会盟。

夏季，宣公会合齐惠公攻打莱国，鲁国事先没有参与谋划。凡是出兵征伐，事先参与谋划叫"及"，没有叫"会"。

赤狄进攻晋国，抢收了向阴的谷子。

郑国和晋国讲和，这是公子宋的主意，因此公子宋作为郑襄公的相礼参加盟会。冬季，诸侯在黑壤会盟，王叔桓公到会监临，以商量对付不顺服晋国的国家。

晋成公即位时，宣公没去朝见，也没有派大夫前去聘问，晋国人便在盟会时拘留了宣公。诸侯在黄父结盟。宣公没有参加，向晋国送了贿赂后才得以回国。因此《春秋》没有记载黑壤之盟，是出于避讳。

宣公八年

经　八年春，公至自会。夏六月，公子遂如齐，至黄乃复。辛巳，有事于大庙，仲遂卒于垂。壬午，犹绎。万入,去籥。戊子,夫人嬴氏薨。晋师、白狄伐秦。楚人灭舒蓼。秋七月甲子,日有食之,既。冬十月己丑,葬我小君敬嬴。雨,不克葬。庚寅,日中而克葬。城平阳。楚师伐陈。

传 八年春,白狄及晋平。夏,会晋伐秦。晋人获秦谍①,杀诸绛市,六日而苏②。

有事于大庙,襄仲卒而绎③,非礼也。

楚为众舒叛故,伐舒蓼,灭之。楚子疆之④,及滑汭⑤。盟吴、越而还。

晋胥克有蛊疾⑥,郤缺为政。秋,废胥克。使赵朔佐下军。

冬,葬敬嬴⑦。旱,无麻,始用葛茀⑧。雨,不克葬,礼也。礼,卜葬,先远日⑨,辟不怀也⑩。

城平阳,书,时也。

陈及晋平。楚师伐陈,取成而还。

[注释]

①谍:间谍。 ②苏:死而复生。 ③襄仲:即公子遂,又称仲遂。绎:连续两天举行祭祀。 ④疆之:划定疆界。 ⑤滑汭:滑水转弯处。滑水在今安徽省合肥市、庐江县以东,巢湖市、无为县之间。 ⑥蛊疾:一种神经错乱疾病。 ⑦敬嬴:鲁文公次妃,宣公母。 ⑧茀(fú):牵引棺材的绳索。亦作绋。 ⑨先远日:古时占卜葬期,先占卜较远的日子,即此月下旬先卜来月下旬,不吉则卜中旬,又不吉则卜上旬,由远及近,表示不急于求葬,以表孝心。 ⑩辟不怀:避免不怀念死者的嫌疑。

[译文]

八年春季，白狄和晋国讲和。夏季，白狄会合晋国攻打秦国。晋国人抓获了秦国的一个间谍，在绛城的街市上将其处死，六天后他又复活了。

鲁国在太庙举行了祭祀，襄仲去世后连续两天祭祀，是不合礼的。

楚国因为舒姓诸国背叛而发兵攻打舒蓼，将其灭亡。楚庄王划定疆界，直到滑水附近。和吴、越结盟后回国。

晋国的胥克神经错乱，由郤缺代为执政。秋季，废了胥克。由赵朔出任下军副帅。

冬季，鲁国安葬了敬嬴。由于天旱，没有麻绳，开始使用葛作为牵引棺材的绳索。因为下雨，没能安葬，是合乎礼的。依礼，占卜安葬的日期，先选较远的日子，以免被认为对死者没有感情。

鲁国在平阳筑城，《春秋》记载此事，是因其合乎时令。

陈国和晋国讲和。楚国军队攻打陈国，迫使陈国求和后回国。

宣公九年

经 九年春，王正月，公如齐。公至自齐。夏，仲孙蔑如京师。齐侯伐莱。秋，取根牟。八月，滕子卒。九月，晋侯、宋公、卫侯、郑伯、曹伯会于扈。晋荀林父帅师伐陈。辛酉，晋侯黑臀卒于扈。冬十月癸酉，卫侯郑卒。宋人围滕。楚子伐郑。晋郤缺帅师救郑。陈杀其大夫泄冶。

传 九年春，王使来征聘①。夏，孟献子聘于周，王以为有礼，厚贿之。

秋，取根牟②。言易也。

滕昭公卒。

会于扈③,讨不睦也④。

陈侯不会。晋荀林父以诸侯之师伐陈。晋侯卒于扈,乃还。

冬,宋人围滕,因其丧也。

陈灵公与孔宁、仪行父通于夏姬⑤,皆衷其衵服以戏于朝⑥。泄冶谏曰⑦:"公卿宣淫⑧,民无效焉⑨,且闻不令⑩,君其纳之⑪。"公曰:"吾能改矣。"公告二子,二子请杀之,公弗禁,遂杀泄冶。

孔子曰:"《诗》云:'民之多辟,无自立辟⑫。'其泄冶之谓乎。"

楚子为厉之役故,伐郑。

晋郤缺救郑,郑伯败楚师于柳棼⑬。国人皆喜,唯子良忧曰⑭:"是国之灾也,吾死无日矣。"

[注释]

①征聘:示意鲁派使者往周聘问。 ②根牟:国名,在今山东省沂水县南。 ③扈:郑地,在今河南省原阳县西。 ④不睦:指不服从晋国。 ⑤孔宁:陈卿,又名公孙宁。仪行父:陈卿。夏姬:郑穆公之女,陈大夫御叔之妻,夏征舒之母。 ⑥衷:贴身的内衣,此用作动词,指穿在里面。衵(rì)服:妇女的汗衣。戏于朝:在朝廷上开玩笑。 ⑦泄冶:陈大夫。 ⑧宣淫:宣扬淫乱。 ⑨无效:无所效法。 ⑩闻:名声。不令:不美。 ⑪纳:藏。 ⑫"民之多辟"二句:出自《诗经·大雅·板》。辟,邪恶。无自立辟,不要自立法度。辟,法度。 ⑬柳棼:郑地,今已不详。 ⑭子良:即公子去疾。

[译文]

九年春季,天子派使臣来鲁国要求派人到王室聘问。夏季,孟献子到王室聘问,天子认为孟献子有礼,便重赏了他。

秋季,鲁国夺取了根牟。《春秋》记为"取",表明轻而易举。

滕昭公去世。

诸侯在扈地会见,为的是讨伐不顺服晋国的国家。

陈灵公没来参会。晋国的荀林父率领诸侯联军攻打陈国。晋成公在扈地去世,军队回国。

冬季,宋国人包围了滕国,因为滕国有丧事。

陈灵公与孔宁、仪行父和夏姬通奸,三人都穿着夏姬的内衣在朝廷上取乐。泄冶劝谏道:"国君和卿公开宣扬淫乱,百姓就无所效法,而且名声很不好,请把那内衣藏起来。"灵公说:"我能够改正错误。"灵公告诉了孔宁和仪行父,两人请求把泄冶杀掉,灵公不加禁止,于是杀了泄冶。

孔子说:"《诗经》说:'百姓多行邪恶,不必再自立法度。'大概说的就是泄冶吧!"

楚庄王因为厉地之战而攻打郑国。

晋国的郤缺援救郑国,郑襄公在柳棼打败了楚军。郑国人都很高兴,只有子良深感忧虑,说:"这是国家的灾难,我们灭亡的时间不远了。"

宣公十年

经 十年春,公如齐。公至自齐。齐人归我济西田。夏四月丙辰,日有食之。己巳,齐侯元卒。齐崔氏出奔卫。公如齐。五月,公至自齐。癸巳,陈夏征舒弑其君平国。六月,宋师伐滕。公孙归父如齐。葬齐惠公。晋人、宋人、卫人、曹人伐郑。秋,天王使王季子来聘。公孙归父帅师伐邾,取绎。大水。季孙行父如齐。冬,公孙归父如齐。齐侯使国佐来聘。饥,楚子伐郑。

传 十年春，公如齐。齐侯以我服故，归济西之田。

夏，齐惠公卒。崔杼有宠于惠公①，高、国畏其逼也②，公卒而逐之，奔卫。

书曰"崔氏"，非其罪也，且告以族，不以名。凡诸侯之大夫违③，告于诸侯曰："某氏之守臣某，失守宗庙，敢告。"所有玉帛之使者④，则告，不然，则否。

公如齐奔丧。

陈灵公与孔宁、仪行父饮酒于夏氏⑤。公谓行父曰："征舒似女。"对曰："亦似君。"征舒病之⑥。公出，自其厩射而杀之⑦。二子奔楚。

滕人恃晋而不事宋。六月，宋师伐滕。

郑及楚平。诸侯之师伐郑，取成而还。

秋，刘康公来报聘⑧。

师伐邾，取绎⑨。

季文子初聘于齐。

冬，子家如齐，伐邾故也。

国武子来报聘⑩。

楚子伐郑。晋士会救郑，逐楚师于颍北⑪。诸侯之师戍郑。

郑子家卒。郑人讨幽公之乱⑫，斫子家之棺而逐其族⑬。改葬幽公，谥之曰灵。

[注释]

①崔杼：齐大夫。　②高、国：即高氏和国氏两族，此二氏世代

为齐国上卿。 ③违：离开国家。 ④玉帛之使者：指诸侯国之间有友好往来者。 ⑤夏氏：即陈大夫夏征舒家。 ⑥病：愤。 ⑦厩：马房。 ⑧刘康公：周臣，即王季子。报聘：回报聘问。 ⑨绎：邾邑。 ⑩国武子：即国佐，齐卿，国归父之子。 ⑪颍北：颍水以北，其地在今河南省禹州市北。 ⑫幽公之乱：事见宣公四年，指郑公子归生弑其君夷一事。幽公，即郑灵公。 ⑬斫：砍，削。

[译文]

十年春季，宣公前往齐国。齐惠公因为鲁国顺服，归还了济水以西的田地。

夏季，齐惠公去世。崔杼受惠公宠信，高、国两族害怕崔杼的逼迫，惠公死后就将其驱逐，崔杼逃亡到了卫国。

《春秋》记为"崔氏"，表明不是他的罪过，而且通告时只称其族不称其名。凡是诸侯的大夫离开本国，通告诸侯时就说："某氏守臣某人，不能继续奉守宗庙，特此通告。"这种通告只发给有友好往来的国家，否则就不通告。

宣公前往齐国奔丧。

陈灵公和孔宁、仪行父在夏姬家里饮酒。灵公对仪行父说："征舒长得像你。"仪行父说："也很像你。"征舒对此非常恼火。灵公出来时，征舒从马棚内用箭射死了他。孔宁和仪行父逃亡到了楚国。

滕国人依仗晋国而不事奉宋国。六月，宋军攻打滕国。

郑国和楚国讲和。诸侯联军攻打郑国，郑国求和才撤军。

秋季，刘康公来鲁国回聘。

鲁国攻打邾国，夺取了绎地。

季文子首次到齐国聘问。

冬季，子家为攻打邾国一事到齐国访问。

国武子来鲁国回聘。

楚庄王攻打郑国。晋国的士会救援郑国，在颍水以北赶走了楚军。

诸侯军队留在郑国戍守。

郑国的子家去世。郑国人为了报复子家杀害幽公的那次暴乱,砍开了子家的棺材,把他的族人赶出了郑国。改葬幽公,并改谥号为"灵"。

宣公十一年

经 十有一年春,王正月。夏,楚子、陈侯、郑伯盟于辰陵。公孙归父会齐人伐莒。秋,晋侯会狄于攒函。冬十月,楚人杀陈夏征舒。丁亥,楚子入陈,纳公孙宁、仪行父于陈。

传 十一年春,楚子伐郑,及栎①。子良曰:"晋、楚不务德而兵争,与其来者可也②。晋、楚无信,我焉得有信?"乃从楚。夏,楚盟于辰陵③,陈、郑服也。

楚左尹子重侵宋④,王待诸郔⑤。

令尹蒍艾猎城沂⑥,使封人虑事⑦,以授司徒⑧。量功命日⑨,分财用⑩,平板干⑪,称畚筑⑫,程土物⑬,议远迩⑭,略基趾⑮,具餱粮⑯,度有司⑰,事三旬而成,不愆于素⑱。

晋郤成子求成于众狄⑲。众狄疾赤狄之役⑳,遂服于晋。秋,会于攒函㉑,众狄服也。

是行也,诸大夫欲召狄。郤成子曰:"吾闻之,非德,莫如勤㉒,非勤,何以求人?能勤有继㉓,其从之也。《诗》曰:'文王既勤止㉔。'文王犹勤,况寡德乎㉕?"

冬,楚子为陈夏氏乱故,伐陈。谓陈人无动㉖,将讨于少西氏㉗。遂入陈，杀夏征舒，轘诸栗门㉘，因县陈㉙。陈侯在晋㉚。

申叔时使于齐，反，复命而退。王使让之曰："夏征舒为不道，弑其君。寡人以诸侯讨而戮之，诸侯、县公皆庆寡人，女独不庆寡人，何故？"对曰："犹可辞乎㉛？"王曰："可哉！"曰："夏征舒弑其君，其罪大矣。讨而戮之，君之义也。抑人亦有言曰㉜：'牵牛以蹊人之田㉝，而夺之牛。'牵牛以蹊者，信有罪矣㉞；而夺之牛，罚已重矣㉟。诸侯之从也㊱，曰讨有罪也。今县陈，贪其富也。以讨召诸侯，而以贪归之㊲，无乃不可乎？"王曰："善哉！吾未之闻也。反之，可乎？"对曰："可哉！吾侪小人所谓'取诸其怀而与之'也㊳。"乃复封陈，乡取一人焉以归㊴，谓之夏州㊵。故书曰："楚子入陈，纳公孙宁、仪行父于陈。"书有礼也。

厉之役，郑伯逃归，自是楚未得志焉。郑既受盟于辰陵，又徼事于晋㊶。

[注释]

①栎：郑地，即今河南省禹州市。　②与：顺服。　③辰陵：陈地，在今河南省淮阳县西。　④左尹：官名。子重：即公子婴齐，又称令尹子重，楚庄王之弟。　⑤郔（yán）：楚地，当在今河南省项城市。　⑥蒍艾猎：即孙叔敖。一说为孙叔敖之兄。沂：楚邑，在今河南省正阳县境。　⑦封人：主管筑城的官员。虑事：筹划工程设计等事宜。　⑧授：呈报。　⑨量功命日：计算工程大小，预计完工日期。　⑩分财用：分配材料用具。财，通"材"。　⑪平板干：取平夹板和支柱。　⑫称畚筑：使运土与筑土速度同步。畚，运土的工具。筑，

筑土的杵。 ⑬程土物：计算土方和材木。 ⑭议远迩：合议取材用料的远近。 ⑮略基趾：巡视城墙基址。略，巡视。 ⑯具餱（hóu）粮：准备粮食。餱，干粮。 ⑰度有司：审度各方面的主持人。 ⑱不愆于素：不超过原来的计划。愆，过。素，本来。 ⑲郤成子：即郤缺、冀缺。 ⑳役：役使。 ㉑欑（cuán）函：狄地，不详何处。 ㉒勤：勤劳。 ㉓继：结果。 ㉔文王既勤止：出自《诗经·周颂·赉》。止，语气词。 ㉕寡德：指寡德之人。 ㉖无动：不要惊恐。 ㉗少西氏：即夏征舒。征舒之祖字子夏，名少西。 ㉘轘（huàn）：车裂之刑。栗门：陈国城门。 ㉙县陈：以陈为楚县。县，用作动词。 ㉚陈侯：即陈灵公太子午，陈成公。 ㉛辞：理由，辩解。 ㉜抑：不过，转折连词。 ㉝蹊：径。用作动词，践踏。 ㉞信:实。 ㉟已：太。 ㊱从：服从。 ㊲归：终结。 ㊳吾侪（chái）：当时习惯语，犹如今"我们这些"。 ㊴乡取一人：每乡带走一人。 ㊵夏州：楚庄王在陈国每乡带走一人，集中住在一起，称为夏州。该夏州在今湖北省武汉市汉阳区北。 ㊶徼（jiǎo）：求。

[译文]

十一年春季，楚庄王攻打郑国，行至栎地。子良说："晋、楚两国不致力于德行，而靠武力争强，谁来攻打我们就和谁亲近好了。晋、楚两国不讲信用，我们还讲什么信用呢？"就表示顺从楚国。夏季，楚国在辰陵举行盟会，因为陈、郑两国都已顺服。

楚国的左尹子重入侵宋国，楚庄王在郔地等候。

楚国的令尹芋艾猎在沂地筑城，派封人考虑工程计划，然后报告司徒。计算工程量和所需日期，分配建筑材料，所需的夹板和支柱，测量所需土方，讨论何处取用水土，巡视城池的基础，准备粮食，选拔监工人员，用了三十天时间就完成了，没有超过预定的计划。

晋国的郤缺向各部族狄人谋求和好。各部族狄人都痛恨赤狄对他们的奴役，就顺服了晋国。秋季，晋国和狄人在欑函会谈，因为狄人顺服了晋国。

在欑函之行以前，大夫们都主张让狄人前来。郤缺说："我听说，没有德行，就以勤劳来弥补，连勤劳也没有，怎么要求别人呢？只要做到勤劳，就会取得好结果，还是到狄人那里去吧。《诗经》说：'文王是很勤劳的。'文王尚且勤劳，何况我们这些缺少德行的人呢？"

冬季，楚庄王因为陈国的夏氏之乱而攻打陈国。告诉陈国人不要害怕，只讨伐夏征舒。攻入陈国后，杀夏征舒，在栗门外将其车裂，趁机把陈国设为楚国的一个县。此时陈成公正在晋国。

楚国的申叔时出使齐国，回国复命后，就退下去了。庄王派人指责他说："夏征舒大逆不道，杀了自己的国君。寡人领着诸侯前去讨伐并将他杀掉，各诸侯及县公都向我祝贺，唯独你不道贺，是什么意思？"申叔时说："我可以申辩吗？"庄王说："可以啊！"申叔时说："夏征舒杀害他的国君，确实罪大恶极。国君讨伐并将其杀戮，也是伸张正义。但是人们也有话说：'牵牛践踏了别人的田地，就把他的牛夺过来。'牵牛践踏别人的田地诚然不对，但因此而夺走那人的牛，惩罚又未免太重了吧。诸侯跟随国君攻打陈国，说是讨伐有罪之人。如今把陈国划为楚国的一个县，就是贪图陈国的财富了。以讨伐为名召集诸侯，却以贪婪而结束，恐怕不行吧？"庄王说："好！你这话我倒还没有听说过。那么现在归还他们，可以不可以呢？"申叔时回答说："可以啊！这就是我辈所说的'从别人怀中取走，再重新还给别人'。"于是庄王重新封立了陈国，从每一乡挑选一个人集中住在一个地区，称为夏州。因此《春秋》中记载："楚子入陈，纳公孙宁、仪行父于陈。"表明庄王的做法是合于礼的。

厉地一战，郑襄公逃回国内，从此楚国再没有能让郑国归顺。郑国在辰陵接受了楚国的盟约，又转而请求事奉晋国。

宣公十二年

经 十有二年春，葬陈灵公。楚子围郑。夏六月乙卯，

宣　公

晋荀林父帅师及楚子战于邲,晋师败绩。秋七月。冬十有二月戊寅,楚子灭萧。晋人、宋人、卫人、曹人同盟于清丘。宋师伐陈。卫人救陈。

传 十二年春,楚子围郑。旬有七日,郑人卜行成,不吉。卜临于大宫①,且巷出车②,吉。国人大临③,守陴者皆哭④。楚子退师,郑人修城。进复围之三月,克之。入自皇门⑤,至于逵路⑥。郑伯肉袒牵羊以逆⑦,曰:"孤不天⑧,不能事君,使君怀怒以及敝邑,孤之罪也。敢不唯命是听?其俘诸江南以实海滨⑨,亦唯命。其翦以赐诸侯⑩,使臣妾之⑪,亦唯命。若惠顾前好,徼福于厉、宣、桓、武⑫,不泯其社稷⑬,使改事君,夷于九县⑭,君之惠也,孤之愿也,非所敢望也。敢布腹心⑮,君实图之。"左右曰:"不可许也,得国无赦。"王曰:"其君能下人⑯,必能信用其民矣,庸可几乎⑰?"退三十里而许之平。潘尪入盟⑱,子良出质⑲。

夏六月,晋师救郑。荀林父将中军,先縠佐之。士会将上军,郤克佐之。赵朔将下军,栾书佐之。赵括、赵婴齐为中军大夫。巩朔、韩穿为上军大夫。荀首、赵同为下军大夫。韩厥为司马。

及河,闻郑既及楚平,桓子欲还⑳,曰:"无及于郑而剿民㉑,焉用之?楚归而动㉒,不后㉓。"随武子曰㉔:"善!会闻用师,观衅而动㉕。德刑政事典礼不易㉖,不可敌也,不为是征㉗。楚军讨郑,怒其贰而哀其卑,叛而伐之,服而舍之,德刑成矣。伐叛,刑也;柔服,德也。二者立矣。

昔岁入陈，今兹入郑㉘，民不罢劳㉙，君无怨讟㉚，政有经矣㉛。荆尸而举㉜，商农工贾不败其业㉝，而卒乘辑睦㉞，事不奸矣㉟。蒍敖为宰㊱，择楚国之令典㊲，军行㊳，右辕㊴，左追蓐㊵，前茅虑无㊶，中权㊷，后劲㊸，百官象物而动㊹，军政不戒而备㊺，能用典矣。其君之举也，内姓选于亲㊻，外姓选于旧㊼。举不失德，赏不失劳。老有加惠，旅有施舍㊽。君子小人，物有服章㊾。贵有常尊㊿，贱有等威(51)，礼不逆矣。德立，刑行，政成，事时(52)，典从(53)，礼顺，若之何敌之？见可而进，知难而退，军之善政也。兼弱攻昧(54)，武之善经也。子姑整军而经武乎！犹有弱而昧者，何必楚？仲虺有言曰(55)：'取乱侮亡(56)。'兼弱也。《汋》曰(57)：'於铄王师(58)，遵养时晦(59)。'耆昧也(60)。《武》曰(61)：'无竞惟烈(62)。'抚弱耆昧以务烈所(63)，可也。"彘子曰(64)："不可。晋所以霸，师武臣力也(65)。今失诸侯，不可谓力。有敌而不从，不可谓武。由我失霸，不如死。且成师以出，闻敌强而退，非夫也(66)。命为军帅(67)，而卒以非夫(68)，唯群子能(69)，我弗为也。"以中军佐济(70)。

知庄子曰(71)："此师殆哉(72)。《周易》有之，在《师》䷆之《临》䷒(73)，曰：'师出以律，否臧，凶(74)。'执事顺成为臧(75)，逆为否(76)。众散为弱(77)，川壅为泽(78)，有律以如己也(79)，故曰律。否臧，且律竭也(80)。盈而以竭(81)，夭且不整(82)，所以凶也。不行之谓《临》(83)，有帅而不从，临孰甚焉？此之谓矣。果遇，必败，彘子尸之(84)。虽免而归，必有大咎。"韩献子谓桓子曰(85)："彘子以偏师陷，子罪大矣。子为元帅，师不用命，谁之罪也？失属亡师(86)，为罪已重，不如进也。事之不捷，恶有所分⁸⁷。与其专罪，六人同之，不犹愈乎？"师遂济。

楚子北，师次于郔。沈尹将中军⁸⁸，子重将左⁸⁹，子反将右⁹⁰，将饮马于河而归。闻晋师既济，王欲还。嬖人伍参欲战⁹¹。令尹孙叔敖弗欲，曰："昔岁入陈，今兹入郑，不无事矣。战而不捷，参之肉其足食乎！"参曰："若事之捷，孙叔为无谋矣。不捷，参之肉将在晋军，可得食乎？"令尹南辕反旆⁹²。伍参言于王曰："晋之从政者新⁹³，未能行令。其佐先縠刚愎不仁，未肯用命。其三帅者专行不获⁹⁴，听而无上⁹⁵，众谁适从？此行也，晋师必败。且君而逃臣⁹⁶，若社稷何？"王病之，告令尹，改乘辕而北之，次于管以待之⁹⁷。

晋师在敖、鄗之间⁹⁸。郑皇戌使如晋师⁹⁹，曰："郑之从楚，社稷之故也，未有贰心。楚师骤胜而骄，其师老矣，而不设备，子击之，郑师为承¹⁰⁰，楚师必败。"彘子曰："败楚服郑，于此在矣，必许之。"栾武子曰¹⁰¹："楚自克庸以来，其君无日不讨国人而训之于民生之不易¹⁰²，祸至之无日，戒惧之不可以怠¹⁰³。在军，无日不讨军实而申儆之于胜之不可保¹⁰⁴，纣之百克，而卒无后。训之以若敖、蚡冒¹⁰⁵，筚路蓝缕¹⁰⁶，以启山林¹⁰⁷，箴之曰：'民生在勤，勤则不匮¹⁰⁹。'不可谓骄。先大夫子犯有言曰：'师直为壮，曲为老。'我则不德，而徼怨于楚，我曲楚直，不可谓老。其君之戎，分为二广¹¹¹，广有一卒¹¹¹，卒偏之两¹¹²。右广初驾¹¹³，数及日中¹¹⁴，左则受之，以至于昏¹¹⁵。内官序当其夜¹¹⁶，以待不虞¹¹⁷，不可谓无备。子良，郑之良也。师叔，楚之崇也⑱。师叔入盟，子良在楚，楚、郑亲矣！来劝我战，我克则来，不克遂往，以我卜也⑲。郑不可从。"赵括、赵同曰："率师以来，唯敌是求。克敌得属，又何俟？必从彘子。"知季曰⑳："原、屏㉑，咎之徒也㉒。"赵庄子曰㉓："栾伯善哉㉔！实其言㉕，必长晋国㉖。"

楚少宰如晋师㉗，曰："寡君少遭闵凶㉘，不能文㉙。闻二先君之出入此行也㉚，将郑是训定㉛，岂敢求罪于晋㉜？二三子无淹久㉝！"随季对曰㉞："昔平王命我先君文侯曰：'与郑夹辅周室㉟，毋废王命。'今郑不率㊱，寡君使群臣问诸郑㊲，岂敢辱候人㊳？敢拜君命之辱！"彘子以为谄，使赵括从而更之，曰："行人失辞㊴。寡君使群臣迁大国之迹于郑㊵，曰：'无辟敌㊶。'群臣无所逃命。"

楚子又使求成于晋，晋人许之，盟有日矣㊷。楚许伯御乐伯，摄叔为右，以致晋师㊸。许伯曰："吾闻致师者，御靡旌摩垒而还㊹。"乐伯曰："吾闻致师者，左射以菆㊺，代御执辔，御下两马㊻，掉鞅而还㊼。"摄叔曰："吾闻致师者，右入垒㊽，折馘㊾，执俘而还。"皆行其所闻而复㊿。晋人逐之，左右角之[151]。乐伯左射马而右射人，角不能进，矢一而已。麋兴于前，射麋丽龟[152]。晋鲍癸当其后，使摄叔奉麋献焉，曰："以岁之非时，献禽之未至[153]，敢膳诸从者[154]。"鲍癸止之，曰："其左善射，其右有辞，君子也。"既免[155]。

晋魏锜求公族未得[156]，而怒，欲败晋师。请致师，弗许。请使，许之。遂往，请战而还。楚潘党逐之[157]，及荧泽[158]，见六麋，射一麋以顾献曰[159]："子有军事，兽人无乃不给于鲜⁽¹⁶⁰⁾，敢献于从者。"叔党命去之⁽¹⁶¹⁾。赵旃求卿未得⁽¹⁶²⁾，且怒于失楚之致师者。请挑战，弗许。请召盟，许之。与魏锜皆命而往。郤献子曰⁽¹⁶³⁾："二憾往矣⁽¹⁶⁴⁾，弗备必败。"彘子曰："郑人劝战，弗敢从也。楚人求成，弗能好也。师无成命，多备何为？"士季曰："备之善。若二子怒楚，楚人乘我⁽¹⁶⁵⁾，丧师无日矣，不如备之。楚之无恶，除备而盟，何损于好？若以恶来，有备不败。且虽诸侯相见，军卫不彻，警也。"彘子不可。

士季使巩朔、韩穿帅七覆于敖前⁽¹⁶⁶⁾，故上军不败。赵婴齐使其徒先具舟于河，故败而先济。

潘党既逐魏锜，赵旃夜至于楚军，席于军门之外，使其徒入之。楚子为乘广三十乘，分为左右。右广鸡鸣而驾，日中而说。左则受之，日入而说。许偃御右广，养由基为右。彭名御左广，屈荡为右。乙卯⁽¹⁶⁷⁾，王乘左广以逐赵旃。赵旃弃车而走林⁽¹⁶⁸⁾，屈荡搏之，得其甲裳。晋人惧二子之怒楚师也，使軘车逆之⁽¹⁶⁹⁾。潘党望其尘，使骋而告曰："晋师至矣！"楚人亦惧王之入晋军也，遂出陈。孙叔曰："进之！宁我薄人⁽¹⁷⁰⁾，无人薄我。《诗》云：'元戎十乘，以先启行⁽¹⁷¹⁾。'先人也⁽¹⁷²⁾。《军志》曰：'先人有夺人之心⁽¹⁷³⁾。'薄之也。"遂疾进师，车驰卒奔，乘晋军。桓子不知所为，鼓于军中曰："先济者有赏。"中军、下军争舟，舟中之指可掬也⁽¹⁷⁴⁾。

晋师右移，上军未动。工尹齐将右拒卒以逐下军⁽¹⁷⁵⁾。楚子使唐狡与蔡鸠居告唐惠侯曰⁽¹⁷⁶⁾："不穀不德而贪，以遇大敌，不穀之罪也。然楚不克，君之羞也，敢借君灵以济楚师⑰。"使潘党率游阙四十乘⑱,从唐侯以为左拒,以从上军。驹伯曰⑲:"待诸乎⑳?"随季曰:"楚师方壮,若萃于我㉑,吾师必尽。不如收而去之。分谤生民㉒,不亦可乎?"殿其卒而退,不败。

王见右广,将从之乘。屈荡户之㉓,曰:"君以此始,亦必以终。"自是楚之乘广先左。

晋人或以广队不能进㉔,楚人惎之脱扃㉕,少进,马还㉖,又惎之拔旆投衡㉗,乃出。顾曰:"吾不如大国之数奔也㉘。"

赵旃以其良马二,济其兄与叔父,以他马反,遇敌不能去,弃车而走林。逢大夫与其二子乘,谓其二子无顾㉙。顾曰:"赵傁在后㉚。"怒之,使下,指木曰:"尸女于是㉛。"授赵旃绥㉜,以免。明日以表尸之㉝,皆重获在木下。

楚熊负羁囚知䓨㉞。知庄子以其族反之。厨武子御,下军之士多从之。每射,抽矢,菆,纳诸厨子之房㉟。厨子怒曰:"非子之求而蒲之爱㊱,董泽之蒲㊲,可胜既乎㊳?"知季曰:"不以人子,吾子其可得乎?吾不可以苟射故也㊴。"射连尹襄老㊵,获之,遂载其尸。射公子谷臣㊶,囚之。以二者还。

及昏,楚师军于邲㊷,晋之余师不能军,宵济,亦终夜有声。

丙辰㊸,楚重至于邲,遂次于衡雍㊹。潘党曰:"君盍筑武军㊺,而收晋尸以为京观㊻?臣闻克敌必示子孙,以无忘武功。"楚子曰:"非尔所知也。夫文㊼,止戈为武。武

宣　公

王克商，作《颂》曰⑱：'载戢干戈⑲，载橐弓矢⑳。我求懿德，肆于时夏㉑，允王保之㉒。'又作《武》㉓，其卒章曰㉔：'耆定尔功㉕。'其三曰㉖：'铺时绎思㉗，我徂维求定㉘。'其六曰：'绥万邦，屡丰年。'夫武，禁暴、戢兵、保大㉙、定功、安民、和众、丰财者也。故使子孙无忘其章㉚。今我使二国暴骨㉛，暴矣；观兵以威诸侯，兵不戢矣。暴而不戢，安能保大？犹有晋在，焉得定功？所违民欲犹多㉒，民何安焉？无德而强争诸侯，何以和众？利人之几㉓，而安人之乱㉔，以为己荣，何以丰财？武有七德，我无一焉，何以示子孙？其为先君宫㉕，告成事而已㉖。武非吾功也。古者明王伐不敬，取其鲸鲵而封之㉗，以为大戮，于是乎有京观，以惩淫慝㉘。今罪无所㉙，而民皆尽忠以死君命㉚，又何以为京观乎？"祀于河，作先君宫，告成事而还。

是役也，郑石制实入楚师㉛，将以分郑而立公子鱼臣。辛未㉜，郑杀仆叔及子服㉝。君子曰："史佚所谓毋怙乱者，谓是类也。《诗》曰：'乱离瘼矣，爰其适归㉞？'归于怙乱者也夫！"

郑伯、许男如楚。

秋，晋师归，桓子请死㉟，晋侯欲许之。士贞子谏曰㊱："不可。城濮之役，晋师三日谷，文公犹有忧色。左右曰：'有喜而忧，如有忧而喜乎？'公曰：'得臣犹在，忧未歇也㊲。困兽犹斗，况国相乎？'及楚杀子玉㊳，公喜而后可知也，曰：'莫余毒也已㊴'。是晋再克而楚再败也。楚是以再世不竞㊵。今天或者大警晋也，而又杀林父以重楚胜，其无乃久不竞乎？林父之事君也，进思尽忠，退思补过，社稷之卫也㉛，若之何杀之？夫其败也，如日月之食焉，何损于明？"晋侯使复其位。

冬，楚子伐萧，宋华椒以蔡人救萧。萧人囚熊相宜僚及公子丙。王曰："勿杀，吾退。"萧人杀之。王怒，遂围萧。萧溃。

申公巫臣曰㉜："师人多寒。"王巡三军，拊而勉之㉝。三军之士，皆如挟纩㉞。遂傅于萧㉟。

还无社与司马卯言㊱，号申叔展㊲。叔展曰："有麦曲乎㊳？"曰："无。""有山鞠穷乎㊴？"曰："无。""河鱼腹疾奈何㊵？"曰："目于眢井而拯之㊶。""若为茅绖㊷，哭井则己。"明日萧溃，申叔视其井，则茅绖存焉，号而出之。

晋原縠、宋华椒、卫孔达、曹人同盟于清丘㊸，曰："恤病讨贰㊹。"于是卿不书，不实其言也。

宋以盟故，伐陈，卫人救之。孔达曰："先君有约言焉㊺，若大国讨，我则死之。"

[注释]

①临：号哭。大宫：太宫，太庙。　②巷出车：出车于街巷，表示虽困不降。　③国人大临：城中人皆哭。　④陴（pí）：城上女墙，可以窥外。　⑤皇门：郑都城门。　⑥逵路：城中宽阔而又四通的道路。　⑦郑伯：指郑襄公。肉袒：袒露上体，以示臣服。　⑧不天：不能承奉天意。　⑨实：置放。　⑩翦：除掉，消灭。　⑪臣妾：奴婢。　⑫徼福：求福。厉、宣、桓、武：指周厉王、周宣王、郑桓公、郑武公。郑桓公为郑国始封君，周厉王之子，周宣王之弟，郑武公之父。　⑬泯：灭。　⑭夷：平，等同。九县：诸县。九，虚数。

⑮布腹心：披露心里话。　⑯下人：居于他人之下。　⑰几：同"冀"，希望。　⑱潘尪（wāng）：字师叔，楚臣。　⑲子良：即公子去疾，郑臣。　⑳桓子：即荀林父。　㉑无及于郑：救郑已来不及。剿民：劳民。　㉒动：动兵伐郑。　㉓不后：不算不及时。　㉔随武子：即士会。　㉕观衅：瞅空子。　㉖不易：不违背常道。　㉗不为是征：即"不征是"。　㉘今兹：今年。　㉙罢：通"疲"。　㉚谮（dú）：怨言。　㉛经：常法。　㉜荆尸而举：即列阵出兵。荆尸，楚武王创立的阵法。　㉝贾（gǔ）：囤积营利叫"贾"，运货贩卖为"商"，所以古时有"行商坐贾"之说。　㉞卒乘：步兵称卒，车兵叫乘。辑睦：团结和睦。　㉟奸：犯。　㊱芳敖：即孙叔敖。宰：令尹。　㊲令典：好法典。　㊳军行：军队出征　㊴右辕：右军夹辕，保护兵车前进。　㊵左追蓐：左军搜寻粮草。　㊶前茅虑无：前锋持茅旌探路，侦察情况。茅，即旌。　㊷中权：主将居中权衡谋划。　㊸后劲：以精兵劲旅殿后。　㊹百官：各级军官。象物而动：根据象征自己的各种旗号的指挥而行动。物，旌旗上的各种标志。　㊺不戒而备：不待戒令而完备。　㊻内姓：同姓。　㊼旧：世代旧臣。　㊽旅：旅客。施舍：赐予。　㊾物有服章：衣物有等级色彩的区别。　㊿常尊：尊贵的常礼。　51等威：威仪的等级差别。　52事时：兴作合时，不误农耕。　53典从：按政令法典执行。　54兼弱攻昧：兼并衰弱，进攻昏暗。　55仲虺（huī）：商汤的左相。　56取乱侮亡：攻取动乱的国家，欺侮将灭亡的国家。　57《汋（zhuó）》：《诗经·周颂》篇名。　58於（wū）铄（shuò）王师：周王的军队阵容壮观。於，叹词。铄，美。　59遵养时晦：率领军队攻取昏昧的国家。遵，率。养，取。时，同"是"。　60耆昧：致昧，使之至于昏乱。　61《武》：《诗经·周颂》篇名。　62无竞惟烈：周武王克商的功业无比强大。竞，强。烈，业。　63以务烈所：以致力于功业所在。　64彘子：即先縠，晋中军佐。　65师武臣力：军队勇武，臣下尽力。　66夫：大丈夫。　67命：奉命。　68卒：终。　69群子：即你们几

位。 ⑦济：渡河。 ⑦知庄子：即荀首，又称智季，晋臣。 ⑦殆：危险。 ⑦《师》、《临》：六十四卦之第七卦和第十九卦。《师》卦卦象为坎下坤上，《临》卦卦象为兑下坤上。 ⑦师出以律，否臧，凶：此为《师》卦初六爻辞。言军队出征要有纪律约束，不善则凶。 ⑦执事顺成：办事情顺从规律且有成效。 ⑦否：恶，不顺。 ⑦众散为弱：此句解释卦象，即从《师》卦变为《临》卦，指《师》卦初六爻由阴变阳（由坎变为兑）。坎为水，代表众多；兑为少女，代表柔弱。所以坎变为兑，象征众散力弱。 ⑦川壅为泽：因坎为水为川，兑为泽，坎变为兑，故象征流水壅塞淤积而成沼泽。 ⑦如己：如指挥自己。 ⑧律竭：法令穷尽而无用。 ⑧盈而以竭：流水壅塞易盈满，泽水干涸易枯竭。 ⑧夭且不整：夭阏阻塞而且众散不齐。 ⑧不行：不流通。 ⑧尸：主，即祸首。 ⑧韩献子：即韩厥。 ⑧失属：失掉属国（指郑国）。 ⑧恶有所分：失败的恶果可由大家分担。 ⑧沈尹：人名，具体不详。 ⑧子重：即公子婴齐。 ⑨子反：公子侧。 ⑨嬖人：宠臣。 ⑨南辕：回车向南。反斾：倒转军中大旗。斾，军前大旗。 ⑨从政者：执政者，指荀林父。 ⑨专行不获：想专行而不得。 ⑨听而无上：想听从命令又没有上司。 ⑨君而逃臣：国君逃避臣下。楚庄王为君，晋荀林父为臣。 ⑨管：地名，今河南省郑州市管城区。 ⑨敖、鄗（qiāo）：二山名，俱在今河南省荥阳市北。 ⑨皇戌：郑卿。 ⑩承：后继。 ⑩栾武子：即栾书。 ⑩讨：治理。 ⑩戒惧：戒备警惕。 ⑩军实：军中将士。申儆：再三告诫。 ⑩若敖、蚡冒：二人均为楚国先君。 ⑩筚（bì）路：柴车。蓝缕：破敝的衣服。 ⑩启：开辟。 ⑩箴：规劝。 ⑩匮：乏。 ⑩二广：两部。 ⑪广有一卒：每部有战车三十辆。楚以三十辆战车为一卒。 ⑪卒偏之两：每卒又分为两偏，即每偏有战车十五辆。 ⑪初驾：先驾车。 ⑪数：计算时间。 ⑪昏：黄昏。 ⑪内官：国王左右亲近大臣。序当其夜：按照次序值夜当班。 ⑪不虞：意外。 ⑪崇：尊崇者。 ⑪以我卜：用我们的胜负来作占卜。即晋胜则服晋，晋败则服楚。 (120)知季：即知庄子荀首。 (121)原：即赵同。屏：即赵括。 (122)咎之徒：取祸之道。徒，借为“途”。 (123)赵庄子：赵朔，赵括之侄。 (124)栾伯：即栾书。 (125)实其言：听从其言。实，实践。 (126)长：长久。 (127)少宰：官名。 (128)闵凶：忧患。 (129)不能文：不善于辞令。 (130)此行：这条道路，指从楚至郑的道路。 (131)将郑是训定：即“将训定郑”的倒装。训定，教导、安定。 (132)求罪：得罪。即并非与晋为敌。 (133)二三子：指晋诸将。无淹久：不必久留。 (134)随季：即随武子、士会。 (135)夹辅：共同辅佐。 (136)不率：不遵循。率，循。 (137)问：质问，问罪。 (138)候人：本为官名，为道路迎送宾客的官吏。此指楚少宰。 (139)失辞：说话不恰当。 (140)迁大国之迹于郑：即将大国（指楚）赶出郑境。 (141)辟：同“避”。 (142)盟有日：已约定盟期。 (143)致晋师：向晋军挑战。 (144)御靡旌摩垒而还：驾车者疾速行驶，使旌旗偃倒，迫近敌人营垒而返回。 (145)菆（zōu）：利箭。 (146)两：整理。 (147)掉鞅：整理马颈上的皮带。掉，整理。 (148)右：车右。 (149)折馘（guó）：杀死敌人，割取左耳。 (150)行其所闻：按其所听到的去实行。 (151)左右角之：从左右两角夹攻。 (152)射麋丽龟：射中了麋的背部。丽，正中。龟，禽兽的背部。 (153)献禽：即献兽。 (154)膳诸从者：进献给从者充当膳食。 (155)既免：全都免于被俘获。 (156)魏锜：又名厨武子、吕锜。公族：公族大夫。详见宣公二年注。 (157)潘党：潘尪之子。 (158)荧泽：即荥泽，在今河南省荥阳市东。 (159)顾献：回车献给潘党。 (160)兽人：官名，掌猎获禽兽。 (161)叔党：即潘党。 (162)赵旃：赵穿之子。 (163)郤献子：郤克。 (164)二憾：指魏锜与赵旃。憾，恨，即心怀不满。 (165)乘：乘机掩杀。 (166)七覆：七队伏兵。敖前：敖山之前。 (167)乙卯：十四日。 (168)走林：跑入林中。 (169)軘（tún）车：兵车的一种，用作屯守。 (170)薄：迫近。 (171)“元戎十乘”二句：出自《诗经·小雅·六月》。元戎，冲锋的战车。启行，开道。 (172)先人：抢在敌人之先。 (173)夺人之心：夺去敌人的斗志。 (174)舟中之指可掬：船中的断指可以用手捧起来。即晋军争相上船，先上者或恐舟沉，或恐敌兵追至，以兵器砍断后上者的手指。掬，捧。 ⑰⑤工尹齐：楚大夫。工尹，官名。拒：方形战阵。 ⑰⑥唐狡、蔡鸠居：二人均为楚大夫。唐惠侯：唐君。唐，国名，姬姓，故城在今湖北省随县西北唐县镇。 ⑰⑦借君灵：借助君王的福灵。 ⑰⑧游阙：游动补阙的战车。 ⑰⑨驹伯：即郤克之子郤锜。 ⑱⑩待：抵御。 ⑱①萃：集中。 ⑱②分谤生民：分担战败的指责，保全士兵的生命。 ⑱③户：阻止。 ⑱④广队：兵车陷入坑中。广，兵车。队，同"坠"。 ⑱⑤綦（jì）：教。脱扃（jiōng）：卸去车前横木。 ⑱⑥还：盘旋。 ⑱⑦拔斾投衡：拔掉大旗，扔掉车轭。 ⑱⑧大国：指楚国。数奔：屡次奔逃。 ⑱⑨无顾：不要回头看。 ⑲⑩赵傁：即赵旃。傁，同"叟"，老人。 ⑲①尸女于是：在这里收你们的尸首。女，同"汝"。 ⑲②绥：登车的绳索。 ⑲③以表尸之：按标记收其尸骨。表，标记。 ⑲④熊负羁：楚大夫。知罃：知庄子之子。 ⑲⑤厨子：厨武子魏锜。房：箭袋。 ⑲⑥非子之求："非求子"的倒装。即不去救儿子。而蒲之爱：反而爱惜蒲柳。蒲柳常用于制作箭杆。 ⑲⑦董泽：地名，在今山西省闻喜县东北。 ⑲⑧胜既：取完。胜，尽。既，取。 ⑲⑨苟射：随便乱射。 ⑳⑩连尹襄老：楚臣。连尹，官名。 ㉑①公子谷臣：楚王之子。 ㉑②邲：地名，在今河南省郑州市西北。 ㉑③丙辰：六月无丙辰日，此处记载应有误。 ㉑④衡雍：郑地，在今河南省原阳县西。 ㉑⑤武军：收集晋军尸体掩埋封土。 ㉑⑥京观：树立标志，以彰武功。京，大丘。 ㉑⑦文：文字。 ㉑⑧《颂》：即《诗经·周颂》。 ㉑⑨载戢（jí）干戈：收藏干戈。载，句首助词。戢，止、敛。 ㉑⑩载櫜（gāo）弓矢：装裹起弓箭。櫜，箭袋。 ㉑①肆于时夏：陈于夏乐之中。肆，陈。时，是。夏，乐歌名。 ㉑②允王保之：成就王业保有天下。允，句首助词。 ㉑③《武》：《诗经·周颂》篇名。 ㉑④卒章：最末一章。 ㉑⑤耆：致。 ㉑⑥其三：第三章。 ㉑⑦铺时绎思：铺陈。绎，陈。思，句末助词。 ㉑⑧徂（cú）：往。求定：求得安定。 ㉑⑨保大：保持强大。 ㉒⑳无忘其章：不要忘记他的大功。

宣　公

章，大功。 ㉑暴骨：暴露尸骨。 ㉒违民欲：违背百姓愿望。 ㉓几:危难。 ㉔安：安于。 ㉕为先君宫：修建先君祖庙。 ㉖告成事：报告战争胜利。 ㉗鲸鲵：海中大鱼，此指罪魁。 ㉘淫慝：罪恶，此指不敬。 ㉙罪无所：无所归罪。 ㉚死君命：为执行君命而死。 ㉛石制：郑大夫。入：引入。 ㉜辛未：二十九日。 ㉝仆叔：即公子鱼臣。子服：石制。 ㉞"乱离瘼矣"二句：出自《诗经·小雅·四月》。瘼（mò），疾苦。爰其适归，将要归到何处。爰，用作"焉"。 ㉟请死：请处以死罪。 ㊱士贞子：即士渥浊。 ㊲歇：止，尽。 ㊳子玉：即得臣。 ㊴莫余毒：无人危害我。 ㊵再世不竞：两世不强大。 ㊶社稷之卫：国家的捍卫者。 ㊷申公巫臣：楚申县之尹，名巫臣，字子灵，又称屈巫。 ㊸拊：抚慰，安抚。 ㊹纩（kuàng）：丝绵。 ㊺傅：逼近。 ㊻还（xuān）无社：萧国大夫。司马卯：楚大夫。 ㊼号：呼喊。申叔展：楚大夫。 ㊽麦曲（qū）：小麦做成的酒母。 ㊾山鞠穷：即今之川芎，其根可入药。 ㊿河鱼腹疾：古时习语，即风湿之疾。此句示意还无社逃到低下处。 ㉛㈠眢（yuān）井：枯井。 ㉛㈡茅绖：草绳。 ㉛㈢清丘：卫地，在今河南省濮阳市东南。 ㉛㈣恤病：抚恤有灾难的国家。 ㉛㈤约言：约定。

[译文]

十二年春季，楚庄王包围郑国。十七天后，郑国人为求和占卜，结果是不吉利。又占卜在祖庙号哭，并把兵车陈列在巷里以示决战到底，结果吉利。于是国都的人都到祖庙中大哭，守城的将士也都大哭起来。楚庄王下令退兵，郑国人趁机修复城墙。楚军再次推进包围郑都，三个月后将其攻克。楚军从皇门入城，来到城内大道上。郑襄公裸露着上身手牵着羊出来迎接，说："我没有秉承上天的旨意，不能事奉国君，使国君满怀愤怒来到敝国，这是我的罪过。怎么敢不听从国君的命令呢？即使把我俘虏到江南，发配到海滨，也听凭国君吩咐。即使把土地瓜分给诸侯，使郑国的男女成为别国的臣妾，也任凭国君摆布。如果承蒙国君念及两国从前的友好，并托周厉王、周宣王、郑桓公、郑武公的福，使郑国不致灭亡的话，那么让敝国改正错误事奉国君，并将郑国等同于楚国各县，就是国君莫大的恩惠了，也是我的心愿，但又不敢对此有所指望。这是我的真心话，请国君定夺。"庄王的左右说："不能答应他，得到了一个国家就不能再赦免它。"庄王说："郑国的国君谦恭卑下，一定能够取信并使用他的百姓，这个国家还是有希望的吧？"下令退兵三十里，同意郑国讲和。潘尪进城结盟，子良到楚国做人质。

夏季六月，晋国军队救援郑国。荀林父率领中军，先縠任副帅。士会率领上军，郤克任副帅。赵朔率领下军，栾书为副帅。赵括、赵婴齐任中军大夫。巩朔、韩穿任上军大夫。荀首、赵同任下军大夫。韩厥任司马。

到达黄河时，听说郑国已经和楚国讲和，荀林父想班师回国，他说："救郑为时已晚，再劳师动众还有什么用？楚军撤走以后，再攻打郑国也不晚。"士会说："好！我听说用兵就在于抓住战机而后行动。如果一个国家的德行、刑罚、政治、事务、典章、礼仪没有背离常规，就不能与之为敌，也不宜征伐。楚国讨伐郑国，是恼恨他的三心二意，又怜悯他的低三下四，背叛了就讨伐，顺服了则宽恕，这样德行和刑罚就都具备了。讨伐叛逆，是刑罚；安抚顺从，是德行。二者可以说都树立起来了。楚国去年攻打陈国，今年又讨伐郑国，百姓并不疲劳，国君也没有遭到怨恨，这样的政令是合乎常道的。列阵出兵，商人、农民、工匠、店主都没有受到影响，而步兵和车兵和睦相处，各司其职互不侵犯。蒍敖担任令尹，选择推行楚国好的法典，军队出发时，右军紧跟主帅的车辕，左军寻找干草以备宿营之用，前军高举旄旌侦察情况，中军制定作战策略，后军则以精兵压阵，百官根据自己的职权而行动，军中政事无须等待上级命令就已准备就绪，这是善于运用法典的结果。他们的国君选择人才，在同姓中选拔亲近的人，异姓中选拔旧臣后裔。选拔不失有德之人，赏赐不漏有功之人。对年老者另有增加，对行旅之人也有施舍。君子和小人各有规定的服饰和色彩。对高贵者保持其不变的尊贵地位，对低贱者也划分了等级以示威严，在礼仪方面没有违背的。树立了德行，施行了刑罚，修明了政治，顺时做事，遵循典章，礼仪完善，怎么能够与之为敌呢？见机而进，知难而退，是治军的最佳战术。兼并弱小攻打昏庸之国，是用兵的最好战略。您尽管整顿军队充实装备吧！还有弱小而昏庸的国家，何必一定要攻打楚国呢？仲虺有句话说：'夺取动乱之国，欺凌将亡之国。'说的是兼并弱者。《汋》说：'天子的军队真是威风，率领他们夺取昏庸的国家。'说的是进攻昏庸之国。《武》又说：'武王功绩卓著，无与伦比。'说明安抚弱国进攻昏庸之国，建功立业，是可以的。"先縠说："不行。晋国之所以能称霸诸侯，是靠军队勇猛，臣下尽力。现在失去了郑国，不能说是尽力。面对敌人不去迎战，不能说是勇猛。从我们手上丧失霸主的地位，还不如死了的好。况且兴师动众来到这里，听说敌人强大而退却，不是大丈夫的做法。受命担任军队统帅，却以有辱大丈夫的结果而告终，只有你们愿意这样，我是不干的。"于是率领中军副帅所属军队渡过了黄河。

荀首说："这支军队太危险了。《周易》中有这样的卦象，从《师》卦变为《临》卦，爻辞说：'军队出动要听从命令，否则就是凶。'做事顺从主帅完成使命就是善，反之就是不善。士兵纷纷离散就是弱，河道堵塞便成沼泽，有了律令，指挥三军如同指挥自己，所以叫作'律'。不能做到令行禁止，律令就形同虚设。从充实到枯竭，堵塞而不整齐，这是凶象。水不流动即为《临》，有帅而不服从，还有比这更严重的临吗？说的就是这个道理。如果和楚军遭遇，肯定失败，先縠要负全部责任。即使他侥幸回来，也必然难免灾祸。"韩厥对荀林父说："先縠率领部分军队陷入敌军，您的罪过可就大了。您作为元帅，军队不听从命令，是谁的罪呢？失去了属国，又损失了军队，这罪过可就大了，倒不如进军攻打。即使战败，也由大家来分担责任。与其由您一个人承担罪过，不如六个人共同承担，这样不是更好吗？"

于是晋军渡过了黄河。

楚庄王率军北上,驻扎在郔地。沈尹率领中军,子重率领左军,子反率领右军,打算到黄河饮马后回师。听说晋军已经渡过黄河,庄王打算班师回国。宠臣伍参却主张作战。令尹孙叔敖也不想打,说:"去年我们进入陈国,今年又攻打郑国,不能说没有战争。作战而不能取胜,你伍参的肉恐怕也不够让人吃的吧!"伍参则反驳说:"作战如能取胜,说明你孙叔敖缺少谋略。如果不能得胜,我伍参的肉也必将落入晋人手中,你怎么能吃得到呢?"孙叔敖下令回车向南,军旗也指向南方。伍参又对庄王说:"晋国执政的是新人,其军令还不能通行无阻。他的中军副帅先縠刚愎自用,残暴不仁,不肯听从他的命令。三个主帅,想专权又办不到,军队想听从又无有权威的上司,大家听谁的呢?这次行动,晋军必然失败。再说国君逃避臣子,又怎能使国家蒙受这一耻辱呢?"庄王也很担心,就命令令尹调转车辕,向北进军,他驻扎在管地等待。

晋军驻扎在敖、鄗两山之间。郑国的皇戌出使来到晋国军队说:"郑国屈从楚国,是为了挽救国家不致灭亡,不是对晋国存有二心。楚国军队屡次胜利,产生了骄傲情绪,军队也已疲劳,又没设防,你们如果攻打,我国的军队随后跟上,楚军必然失败。"先縠说:"看来打败楚国,降服郑国,在此一举了,一定要同意他的请求。"栾书说:"楚国自从战胜庸国以来,其国君每天都这样管理和训诫国内的百姓,百姓生活还很艰苦,战祸随时会降临,一定要提高警惕常备不懈。在军队中则每天都这样管理和告诫将士,我们并不可能永远胜利,商纣王曾经百战百胜,最终却没有好结果。还用楚国先君若敖、蚡冒曾经乘柴车、穿破衣开辟山林的事迹来规劝他们,说:'百姓的生存完全在于勤劳,只要勤劳就受用无穷。'不能说他们骄傲自满。先大夫子犯说过:'出师有名则理直气壮,无名则理屈气衰。'我们的行为不合德行,又和楚国结怨,这是我们理屈而楚国理直,不能说楚军士气衰落。楚君的卫队分为左右两广,每广以兵车三十乘,是为一卒,每卒又分左右两偏。右广先行驾车守卫，直到中午，再由左广接替，一直到晚上。国君的左右近臣轮流值夜，以防意外，不能说他们没有防备。子良是郑国的杰出人才。潘尫又为楚国人所推崇。潘尫前往郑国结盟，子良到楚国做人质，可见楚、郑两国关系之密切！郑国派人来劝我们出战，如果战胜，就来归服，一旦战败，就投奔楚国，这是在以我们的胜负来占卜自己的立场啊。郑国的话不能听从。"赵括、赵同说："率师前来，就是要寻找敌人。如果能战胜敌人，得到属国，还等待什么呢？一定要同意先縠的建议。"荀首说："赵同和赵括的想法，是取祸之道。"赵朔说："栾书说得好啊！如果照他的话去做，必能使晋国国运长久。"

楚国的少宰来到晋军说："寡君自幼遭遇忧患，不善辞令。听说从前楚国两位先君曾来往于此道，都是为了教导和安定郑国，怎么敢得罪晋国呢？你们诸位不要在此久留！"士会回答说："从前周平王命令我先君晋文侯说：'你要和郑国共同辅佐周王室，不要背弃天子的命令。'如今郑国不遵循天子命令，寡君派我们群臣前来质问郑国，又怎么敢劳驾您前来呢？谨此拜谢国君的命令！"先縠认为这话有点讨好楚国，又派赵括跟去，改变了口气说："刚才使者的话不够恰当。寡君派我们群臣前来，是要把大国的军队赶出郑国，他说：'不要躲避敌人。'我们群臣无法逃避这一命令。"

楚庄王又派人向晋国求和，晋国人答应了，确定了结盟的日期。楚国的许伯为乐伯驾车，摄叔为车右，向晋军挑战。许伯说："我听说向敌人挑战，驾车人要快速驾车，使车上的旌旗倾斜，迫近敌阵后再回来。"乐伯说："我听说向敌人挑战，车左使用利箭射击敌人，代替御者执掌马缰，让御者下车整理马匹，掉转方向，然后回来。"摄叔说："我听说向敌人挑战，车右要攻入敌人阵营，杀死敌人割掉耳朵，并生擒俘虏而还。"三个人都按照他们说的去做，然后回来。晋国人追赶他们，从左右夹攻。乐伯从左边射马，右边射人，使两边的晋国人不能靠近，最后只剩下了一支箭。有一只麋鹿跑在前面，乐伯用箭射中麋鹿的背部。晋国的鲍癸正在后面追赶，乐伯让摄叔把麋鹿献给他，说："因为还不到时令，应当奉献的禽兽还没有出现，暂且献上这只麋鹿，权作您随从的膳食吧。"鲍癸让部下停止追击，说："他们的车左擅长射箭，车右善于辞令，都是君子啊。"不再追赶。

晋国的魏锜请求当公族大夫，没有如愿，非常恼怒，想让晋军失败。请求前去挑战，未被批准。又请求出使楚军，得到了允许。于是他去到楚军，请战后返回。楚国的潘党追击他，来到荥泽，看到六只麋鹿，魏锜射死一只，回头献给潘党，说："您正在作战，恐怕没有人献给您新鲜野味，我把这只麋鹿献给您的随从。"潘党下令不再追赶。赵旃想当卿而没有成功，并且对放走楚军前来挑战的人很恼火。请求前去挑战，没有得到允许。请求去召请楚军前来结盟，得到了批准。他和魏锜一同受命前往。郤克说："这两个心怀不满的人去了，如果不加以防备，肯定会失败。"先縠说："郑国人劝我们出兵作战，不敢听从。楚国人向我们求和，又不能与他们结好。军队没有一定的主见，即使多加防备又有什么用？"士会说："还是有所防备为好。如果他们两人激怒了楚国，楚军就会乘机袭击，我们很快就会丧失军队，不如做好防备。如果楚国没有恶意，再解除战备缔结盟约，对两国交好有什么损害？如果楚军怀有恶意而来，有所防备，就不会失败。再说即使是诸侯会见，军中的守卫也不用撤除，这就是警惕戒备。"先縠不同意。

士会派巩朔、韩穿在敖山前面埋伏了七处伏兵，因此上军才没有失败。赵婴齐派他的部下事先在黄河边准备了船只，因此才能在战败后率先渡过黄河。

潘党赶走魏锜后，赵旃在夜里来到楚军，铺块席子坐在营门之外，派他的部下先进去。楚庄王的战车每广三十乘，分左右两广。早晨鸡叫时右广套车值勤，中午卸车休息。左广中午接班，太阳落山才休息。许偃驾驭右广的指挥车，养由基为车右。彭名驾驭左广的指挥车，屈荡为车右。六月十四日，楚庄王乘坐左广的指挥车追赶赵旃。赵旃弃车逃到树林中，屈荡和他搏斗，扯下了他的下衣。晋国人担心这两个人会惹恼楚军，派一辆兵车前去接应。潘党望见扬起的尘土，派人驾车驰报楚军说："晋军到了！"楚国人也害怕楚庄王落入晋军之手，便急忙列阵迎战。孙叔说："前进！宁可我们逼近敌人，不可让敌人逼近我们。《诗经》说：'十辆战车，冲在前面开道。'意思就是要先行一步。《军志》说：'抢在敌人前面就可以夺去敌人的斗志。'意思是逼近敌人。"于是快速前进，战车奔驰，士兵奔跑，袭击晋军。荀林父不知所措，在军中击鼓喊道："先渡过黄河的有赏。"中军和下军争着上船，船中被砍下的断指多到可以捧起来。

晋军向右转移，上军没有动。工尹齐率领右边方阵的士兵追击晋国的下军。楚庄王派唐狡和蔡鸠居向唐惠侯说："我无德而有贪心，以致遭遇强大的敌人，这是我的罪过。但如果楚国不能取胜，也是您的耻辱，因此想借助您的威灵，帮助楚军战胜敌人。"派潘党率领机动战车四十乘，跟随唐侯作为左边的方阵，追击晋国的上军。驹伯说："要抗击敌人吗？"士会说："楚军士气正旺，如果集中兵力对付我们，我军必然全军覆没。不如收兵撤退。这样既可分担战败的罪责，又可使士兵免于死亡，不也可以吗？"就走在上军的最后撤退下来，这样才没有打败仗。

楚庄王见到右广的指挥车，就准备坐上去。屈荡阻止说："国君是乘坐左广开始作战的，也应该乘坐左广来结束战斗。"从此，楚国以左广为先。

晋国有兵车陷到坑里不能前进，楚国人让他们抽去车前横木，车子出坑前进几步，马又盘旋不走了，楚国人又让他们扔掉大旗和车轭，晋国人才逃了出去。晋军却回头讥讽楚国人说："我们可不像大国有多次逃跑的经验。"

赵旃把他的两匹好马送给哥哥和叔父，自己则用其他的马驾车返回，遇到敌人不能逃脱，只好弃车逃入树林。逢大夫和他的两个儿子乘车经过，逢大夫让两个儿子不要回头。两个儿子回头说："赵旃那老头在后面。"逢大夫很生气,让两个儿子下去,指着一棵树说:"就在这里为你们收尸。"把登车用的缰绳交给赵旃,赵旃得以逃脱。第二天,逢大夫按照标记去收尸,果然看到两个儿子叠压在树下的尸体。

楚国的熊负羁俘虏了知䓨。荀首率领他的部属返回战场。魏锜驾驭战车,下军的士兵多半都跟着回来。荀首每次射箭,抽出箭来,一看是利箭,就放到魏锜的箭袋里。魏锜生气地说:"你根本不想救你的儿子,而是爱惜蒲柳做的箭,董泽的蒲柳多得很,能用得完吗?"荀首说:"假如抓不住别人的儿子,能得到我的儿子吗?这就是我不随便使用利箭的原因。"射死了楚国的连尹襄老,把他的尸首用车载回。又射中了公子谷臣,把他囚禁起来。带着这两个人回去。

到了黄昏,楚军在邲地驻扎下来。晋国剩下的士兵已经溃不成军,连夜渡过河去,整夜都能听到喧闹声。

六月某日,楚军的辎重运抵邲地,军队驻扎到衡雍。潘党说:"国君何不在这里修筑武军,将晋军尸体收集起来建一个京观呢?我听说战胜敌人以后一定要把战果展示给后代子孙,使他们不忘记祖先的武功。"楚庄王说:"这你就不懂了。从文字上解释,'止戈'合起来为'武'。从前周武王消灭商朝后,曾作《周颂》说:'收起干戈,藏起弓箭。我将追求美德,并把此心体现在夏乐之中,以求得永久保有天下。'又写了《武》这首诗,诗的最后一章说:'我将把这一功绩巩固下来。'诗的第三章说:'我继承并发扬文王的美德,前去征讨是为了安定天下。'诗的第六章说:'安定万邦,常有丰年。'所谓武功,就是要清除残暴,消灭战争,保有天下,巩固功业,安定百姓,调和诸国,积聚财富。因此要使后代子孙不能忘记显赫的功业。现在我使两国将士的尸骨暴露荒野,这是残暴不仁;夸耀武力使诸侯畏惧,就是没有消灭战争。既没有消除残暴,又没有停止战争,怎么能保有天下?再说晋国仍然存在,怎么能够巩固功业?违背百姓愿望的事情还有很多,百姓怎么能够安定?缺少德行勉强和诸侯争霸,怎么使各国和谐?乘人之危为自己谋利,以别国的动乱求得自己的安定,还要以此为荣,怎么能增加财富？武王有七种德行，我一种也不具备，又拿什么向子孙展示？只在这里为先君建造一座神庙，报告胜利就行了。因为这一武功还不能算是我的功业。古代圣明的君王出兵攻打不听王命的国家，杀死首恶元凶堆土示众，作为大的惩罚，才建造京观以警戒罪恶之人。现在不能确定晋国的罪恶在哪里，而士兵又都是为了尽忠而死于君命，怎么能建造京观呢？"在黄河岸边祭祀了河神，修建了先君的神庙，报告了胜利后就回国了。

这次战役实际上是郑国的石制把楚军引进来的，他打算分裂郑国，立公子鱼臣为国君。七月二十九日，郑国人杀了公子鱼臣和石制。君子评论说："史佚所说的不要乘人之乱以利己，指的就是这一类人。《诗经》说：'动乱频仍百姓苦，何处是归宿？'是将罪过归于那些乘机作乱的人啊！"

郑襄公和许昭公到了楚国。

秋季，晋军回国，荀林父请求将自己处死，晋景公准备同意。士贞子劝阻说："不能这样做。当年城濮之战，晋军吃了三天楚国的粮食，文公还面带忧虑。左右近臣问：'现在有了喜事您却忧愁，难道等有了忧虑才高兴吗？'文公说：'只要楚国有得臣这个人存在，我的忧愁就不会结束。被围困的野兽尚且要挣扎一下，何况是得臣这个一国之相呢？'等到楚国把得臣杀了，文公才喜形于色，说：'这下再没有人来害我了。'这犹如晋国再次胜利，楚国再次失败。从那以后，楚国历经两代都没能强盛起来。今天的失败也许是上天要大大地警告晋国一次，如果再杀了荀林父，等于又让楚国战胜一次，这样做恐怕晋国也要从此一蹶不振了吗？荀林父事奉国君，进见时想着如何竭尽忠诚，退下时想着怎样弥补过失，是捍卫国家的重臣，怎么能杀了他呢？他这次的失败，如同日食、月食一样，何损于日月的光明？"于是晋景公让荀林父仍任原职。

冬季，楚庄王攻打萧国，宋国的华椒领着蔡军救援萧国。萧国人囚禁了熊相宜僚和公子丙。楚庄王说："不要杀他们，我退兵。"萧人却还是杀了他们。庄王大怒，于是包围了萧国。萧国人溃散。

申公巫臣说："士兵们都很冷。"庄王巡视三军，亲自抚慰并勉励士兵。三军将士温暖得如同披上了丝绵。楚国军队逼近萧都。

萧大夫还无社让司马卯把申叔展喊出来。叔展说："你有麦曲吗？"还无社说："没有。""有山鞠穷吗？"还无社说："没有。""如果得了风湿病怎么办？"还无社说："你如果看到枯井，就可以从那里面把我救出来。"申叔展说："你在井边放上一根绳子，在上面哭的人就是我自己。"第二天，萧军崩溃，申叔展看到一口井边放着一根绳子，就号哭着把还无社救了上来。

晋国的原縠、宋国的华椒、卫国的孔达以及曹国人在清丘会盟，说："要帮助有困难的国家，讨伐有二心的国家。"《春秋》没有记载各国卿的名字，是因他们没能履行盟约。

宋国为了履行盟约讨伐陈国，卫国救援陈国。孔达说："先君和陈国有过约定，如果大国前来讨伐，我愿为此而死。"

宣公十三年

经 十有三年春，齐师伐莒。夏，楚子伐宋。秋，螽。冬，晋杀其大夫先縠。

传 十三年春，齐师伐莒，莒恃晋而不事齐故也。

夏，楚子伐宋，以其救萧也。君子曰："清丘之盟，唯宋可以免焉。"

秋，赤狄伐晋，及清①，先縠召之也。

冬，晋人讨邲之败②，与清之师，归罪于先縠而杀之，尽灭其族。君子曰："恶之来也③，己则取之。其先縠之谓乎！"

清丘之盟,晋以卫之救陈也讨焉。使人弗去,曰:"罪无所归,将加而师④。"孔达曰:"苟利社稷,请以我说,罪我之由⑤。我则为政而亢大国之讨⑥,将以谁任?我则死之。"

[注释]

①清:地名,一名清原。详见僖公三十一年注。　②讨:追究其责。　③恶:指刑戮。　④而:同"尔"。　⑤罪我之由:即"罪由我"。　⑥亢:当。

[译文]

十三年春季,齐军攻打莒国,因为莒国依仗晋国而不事奉齐国。

夏季,楚庄王攻打宋国,因为宋国曾救援萧国。君子认为:"清丘之盟,只有宋国可以不被指责。"

秋季,赤狄攻打晋国,到达清地,这是晋国大夫先縠把他们招来的。

冬季,晋国人追究邲地战败和清地之战的责任,都归罪于先縠,就把他杀了,并全都杀掉了他的族人。君子认为:"祸患的到来,是他自己招致的。大概说的就是先縠吧!"

根据清丘之盟,晋国就卫国救援陈国一事予以谴责。晋国使者不肯离去,说:"如果不交出罪魁祸首,将发兵攻打你们。"孔达说:"如果对国家有利,把我推出去吧,因为罪过在于我。我是执政大臣,面对大国的谴责,能把罪责推给谁呢?我甘愿为此而死。"

宣公十四年

经　十有四年春,卫杀其大夫孔达。夏五月壬申,曹伯寿卒。晋侯伐郑。秋九月,楚子围宋。葬曹文公。冬,公孙归父会齐侯于穀。

传 十四年春，孔达缢而死。卫人以说于晋而免。遂告于诸侯曰："寡君有不令之臣达，构我敝邑于大国①，既伏其罪矣。敢告。"卫人以为成劳②，复室其子③，使复其位④。

夏，晋侯伐郑，为邲故也。告于诸侯，蒐焉而还。中行桓子之谋也。曰："示之以整，使谋而来⑤。"郑人惧，使子张代子良于楚⑥。郑伯如楚，谋晋故也。郑以子良为有礼，故召之。

楚子使申舟聘于齐⑦，曰："无假道于宋。"亦使公子冯聘于晋，不假道于郑。申舟以孟诸之役恶宋，曰："郑昭宋聋⑧，晋使不害⑨，我则必死。"王曰："杀女，我伐之。"见犀而行⑩。及宋，宋人止之。华元曰："过我而不假道，鄙我也⑪。鄙我，亡也。杀其使者必伐我，伐我亦亡也。亡一也⑫。"乃杀之。楚子闻之，投袂而起⑬，屦及于窒皇⑭，剑及于寝门之外⑮，车及于蒲胥之市⑯。秋九月，楚子围宋。

冬，公孙归父会齐侯于穀。见晏桓子⑰，与之言鲁，乐。桓子告高宣子曰⑱："子家其亡乎⑲！怀于鲁矣⑳。怀必贪，贪必谋人。谋人，人亦谋己。一国谋之，何以不亡？"

孟献子言于公曰㉑："臣闻小国之免于大国也，聘而献物，于是有庭实旅百㉒。朝而献功㉓，于是有容貌采章㉔，嘉淑而有加货㉕。谋其不免也。诛而荐贿㉖，则无及也㉗。今楚在宋，君其图之。"公说。

[注释]

①构：制造祸端。 ②成劳：旧勋。 ③室：娶妻，用作动词。 ④复其位：承袭其父禄位。 ⑤使谋而来：使郑自谋而来归附晋国。 ⑥子张：即公孙黑肱，郑穆公之孙。 ⑦申舟：楚臣，又名文之无畏。 ⑧昭：眼明。聋：耳不聪。 ⑨不害：无害。 ⑩见犀而行：将犀引见给楚王然后出行。犀，申犀，申舟之子。 ⑪鄙我：以我国为边鄙之地。 ⑫亡一：一样是亡。 ⑬投袂：奋袂，挥动衣袖。袂，衣袖。 ⑭屦及于窒皇：随从追到路寝前庭才送上鞋子。窒皇，路寝前庭。 ⑮寝门：寝宫之门。 ⑯蒲胥：地名，为楚都之市。 ⑰晏桓子：晏婴之父。 ⑱高宣子：即高固。 ⑲子家：公孙归父之字。 ⑳怀于鲁：怀恋鲁国的宠信。 ㉑孟献子：即仲孙蔑。 ㉒庭实旅百：详见庄公二十二年注。 ㉓献功：献其治国或征伐之功。 ㉔容貌采章：泛指华美、珍贵之物。 ㉕加货：额外附加的礼物。 ㉖诛而荐贿：当被责罚时再进献财物。 ㉗无及：来不及。

[译文]

十四年春季，孔达自缢而死。卫国人以此向晋国交代而免于被攻打。随后卫国通告诸侯说："寡君有一不良臣子孔达，在敝国和大国之间制造不和，已经服罪。谨此通告。"卫国人认为孔达有辅佐成公复国的功劳，便为他的儿子娶妻，让他承袭父亲的官位。

夏季，晋景公讨伐郑国，是因为邲地之战。晋国通告各国，举行了阅兵就回国了。这是荀林父的计谋。他说："我们展示了严整的军容，让他们自己谋划是否前来归附我们。"郑国人害怕了，派子张到楚国代替子良做人质。郑襄公又到楚国，谋划如何对付晋国。郑国认为子良有礼，所以召他回国。

楚庄王派申舟到齐国聘问，说："不要向宋国借道。"又派公子冯到晋国聘问，也不向郑国借道。申舟曾在孟诸那次战役中得罪了宋国，说："郑国人通情达理，宋国人昏聩不清，派往晋国的人没有危险，我一定被宋国杀害。"庄王说："他们杀了你，我就攻打他们。"申舟将儿子申犀引见给庄王后就出发了。到了宋国，宋国人拦住了他。华元说："路过我国却又不借道，这是把我国当成了他们的边邑。把我们当成边邑，就等于我们亡了国。杀了使者，楚国必然讨伐我们，讨伐我们也不过就是亡国。反正都是亡国。"就杀了申舟。庄王听说后，一甩袖子站了起来，侍从追到院子里才把鞋子送上，追到门口才把佩剑送上，追到蒲胥街市上才让他坐上车子。秋季九月，庄王围攻宋国。

冬季，公孙归父在穀地和齐顷公会见。见到晏桓子，和他谈起鲁国，非常高兴。桓子告诉高固说："子家可能会逃跑！因为他怀念鲁国。一旦怀念必然产生贪心，一有贪心必然会算计别人。他算计别人，别人也会算计他。一国之人都算计他，怎么能不逃跑呢？"

孟献子对鲁宣公说："我听说，小国要想免于被大国问罪，就要去聘问并献上财物，于是就有庭院中陈列的上百件礼品。去朝见并进献功劳，于是就有各种色彩斑斓的装饰品，美好的礼物之外再加上额外的财币。以此谋求免除难以赦免的罪过。等大国责难问罪时再去行贿送礼，就来不及了。现在楚王正在宋国，国君还是要考虑送礼过去。"宣公很高兴。

宣公十五年

经 十有五年春，公孙归父会楚子于宋。夏五月，宋人及楚人平。六月癸卯，晋师灭赤狄潞氏，以潞子婴儿归。秦人伐晋。王札子杀召伯、毛伯。秋，螽。仲孙蔑会齐高固于无娄。初税亩。冬，蝝生。饥。

传 十五年春，公孙归父会楚子于宋。
宋人使乐婴齐告急于晋①。晋侯欲救之。伯宗曰②：

"不可。古人有言曰：'虽鞭之长，不及马腹。'天方授楚，未可与争。虽晋之强，能违天乎？谚曰：'高下在心。'川泽纳污，山薮藏疾，瑾瑜匿瑕，国君含垢，天之道也。君其待之。"乃止。

使解扬如宋③，使无降楚，曰："晋师悉起，将至矣。"郑人囚而献诸楚，楚子厚赂之，使反其言，不许，三而许之。登诸楼车④，使呼宋人而告之。遂致其君命。楚子将杀之，使与之言曰："尔既许不穀而反之，何故？非我无信，女则弃之，速即尔刑⑤！"对曰："臣闻之，君能制命为义⑥，臣能承命为信⑦，信载义而行之为利⑧。谋不失利，以卫社稷，民之主也⑨。义无二信，信无二命。君之赂臣，不知命也。受命以出，有死无霣⑩，又可赂乎？臣之许君，以成命也。死而成命，臣之禄也⑪。寡君有信臣，下臣获考死⑫，又何求？"楚子舍之以归。

夏五月，楚师将去宋。申犀稽首于王之马前，曰："毋畏知死而不敢废王命⑬，王弃言焉⑭。"王不能答。申叔时仆⑮，曰："筑室反耕者⑯，宋必听命。"从之。宋人惧，使华元夜入楚师，登子反之床⑰，起之曰："寡君使元以病告，曰：敝邑易子而食⑱，析骸以爨⑲。虽然，城下之盟，有以国毙⑳，不能从也。去我三十里，唯命是听。"子反惧，与之盟而告王。退三十里。宋及楚平，华元为质。盟曰："我无尔诈㉑，尔无我虞㉒。"

潞子婴儿之夫人㉓，晋景公之姊也。酆舒为政而杀之，又伤潞子之目。晋侯将伐之，诸大夫皆曰："不可。酆舒有三俊才，不如待后之人。"伯宗曰："必伐之。狄有五罪，俊才虽多，何补焉？不祀，一也；耆酒㉔，二也；弃仲章而夺黎氏地㉕，三也；虐我伯姬㉖，四也；伤其君目，五也。怙其俊才，而不以茂德㉗，滋益罪也㉘。后之人或者将敬奉德义以事神人，而申固其命㉙，若之何待之？不讨有罪，曰'将待后'，后有辞而讨焉，毋乃不可乎？夫恃才与众，亡之道也。商纣由之，故灭。天反时为灾㉚，地反物为妖㉛，民反德为乱㉜，乱则妖灾生。故文反正为乏㉝，尽在狄矣。"晋侯从之。六月癸卯㉞，晋荀林父败赤狄于曲梁㉟。辛亥，灭潞。酆舒奔卫，卫人归诸晋，晋人杀之。

王孙苏与召氏、毛氏争政㊱，使王子捷杀召戴公及毛伯卫㊲。卒立召襄㊳。

秋七月，秦桓公伐晋，次于辅氏㊴。壬午㊵，晋侯治兵于稷以略狄土㊶，立黎侯而还。及雒㊷，魏颗败秦师于辅氏㊸。获杜回，秦之力人也㊹。

初，魏武子有嬖妾㊺，无子。武子疾，命颗曰："必嫁是。"疾病㊻，则曰："必以为殉㊼。"及卒，颗嫁之，曰："疾病则乱㊽，吾从其治也㊾。"及辅氏之役，颗见老人结草以亢杜回㊿，杜回踬而颠(51)，故获之。夜梦之曰："余，而所嫁妇人之父也(52)。尔用先人之治命，余是以报。"

晋侯赏桓子狄臣千室(53)，亦赏士伯以瓜衍之县(54)。曰："吾获狄土，子之功也。微子，吾丧伯氏矣(55)。"羊舌职说是赏也(56)，曰："《周书》所谓'庸庸祗祗'者(57)，谓此物也夫(58)。士伯庸中行伯，君信之，亦庸士伯，此之谓明德矣。文王所以造周(59)，不是过也。故《诗》曰：'陈锡哉周(60)。'能施也。率是道也(61)，其何不济？"

晋侯使赵同献狄俘于周,不敬。刘康公曰㉒:"不及十年,原叔必有大咎㉓,天夺之魄矣㉔。"

初税亩㉕,非礼也。谷出不过藉㉖,以丰财也。

冬,蝝生㉗,饥。幸之也。

[注释]

①乐婴齐:宋臣。　②伯宗:晋臣,孙伯起之子。　③解扬:晋大夫。　④楼车:用来眺望敌人的兵车。　⑤即尔刑:接受你的刑罚。即刑,就刑。　⑥制命为义:制定、发布命令合于道义。　⑦承命为信:接受、贯彻命令叫作信守。　⑧信载义而行:信用通过贯彻道义去执行。　⑨民之主:百姓的主人。指卿大夫而言。　⑩贾:同"陨",落,废弃。　⑪禄:福,职责。　⑫考死:死得其所。　⑬毋畏:即申舟。　⑭弃言:丢掉自己的话,即说话不算数。　⑮仆:驾车。　⑯筑室反耕:使军队建造房子,让种田人回去。此为持久之计。　⑰子反:楚军主将公子侧。　⑱易子而食:交换儿子,然后吃掉。　⑲析骸以爨(cuàn):劈开尸骨烧火做饭。　⑳以国毙:与国俱亡。　㉑诈:骗。　㉒虞:欺。　㉓潞子婴儿:赤狄潞国君主。　㉔耆:同"嗜"。　㉕仲章:潞国贤人。黎:本殷商古国名,在今山西省长治市西南。　㉖虐:杀。　㉗茂德:美德。　㉘滋益:更加。　㉙申固其命:强固其国家的命运。　㉚反时:违反时令。　㉛反物:违反物性。　㉜反德:违反为人做事的准则。　㉝反正为乏:"正"字的小篆反过来是"乏"。　㉞癸卯:十八日。　㉟曲梁:地名。　㊱王孙苏、召氏、毛氏:三人均为周王卿士。　㊲王子捷:即王札子。　㊳召襄:召戴公之子。　㊴辅氏:晋地,在今陕西省大荔县东。　㊵壬午:二十七日。　㊶稷:晋地,在今山西省稷山县南。略:强行占取。　㊷雒:晋地,在今陕西省大荔县东南。　㊸魏颗:魏犨之子。　㊹力人:大力士。　㊺魏武子:即魏犨。　㊻疾病:病危。

㊼殉：殉葬。 ㊽乱：神志不清。 ㊾治：与“乱”相对，即神志清醒。 ㊿亢：遮挡。 (51)踬（zhì）而颠：足遇障碍而跌倒。 (52)而：同“尔”。 (53)狄臣：做奴隶的狄人。千室：千家。 (54)士伯：即士渥浊。瓜衍：晋地，在今山西省孝义市北。 (55)伯氏：即荀林父。 (56)羊舌职：叔向之父。说：通“悦”。 (57)庸庸祗祗：用其可用，敬其可敬。庸，同“用”。祗，敬。 (58)物：类。 (59)造周：创立周朝。 (60)陈锡哉周：句见《诗经·大雅·文王》。陈，布施。锡，赐。哉，同“载”。 (61)率：循。 (62)刘康公：王季子。 (63)原叔：即赵同。 (64)魄：魂魄。 (65)税亩：按田亩征税。 (66)藉：商周以来，实行井田制，井田制有私田、公田，农奴有在公田进行无偿劳动的义务，即所谓“藉法”。藉，借。 (67)蝝（yuán）：飞蝗的幼虫。

［译文］

十五年春季，公孙归父在宋国会见楚庄王。

宋国人派乐婴齐到晋国告急。晋景公准备救援宋国。伯宗说：“不行。古人有句话说：‘马鞭虽长，也打不到马的腹部。’上天正保佑楚国日益强大，不能与它争强。晋国虽然也很强大，但怎么能违背天意呢？俗话说：‘处事是屈是伸，必须心中有数。’江河湖泊容纳污泥浊水，山林草莽隐藏蛇蝎毒虫，美玉掩盖瑕疵，国君忍受耻辱，这是上天的常道。还是等待一下吧！”于是景公停止了出兵。

晋国派解扬前往宋国，劝告他们不要向楚国投降，说：“晋国军队已全部出发，马上就要到了。”郑国人把解扬抓住送给了楚国人，楚庄王送给他很多钱财，让他按相反的意思去说，解扬不答应，劝说三次他才同意。解扬登上楼车，楚国人让他大声告诉宋国人说晋兵不来。解扬趁机传达了晋景公的命令。庄王准备杀掉解扬，派人告诉他：“你既然答应了我，却又反悔，这是为什么？不是我不讲信用，是你背弃了诺言，快去受刑吧！”解扬回答说：“我听说，国君能制订正确的命令为义，臣子能接受君命为信，以信用承载道义并推行下去是利益。

谋划不失利益，以此保卫国家，才是百姓的主人。奉行道义便不能有两种信用，讲究信用也不能受两种命令。国君贿赂我，说明您不明白命令的道理。接受了国君的命令出使国外，宁可去死也不能背弃，怎么能被贿赂收买呢？我假装答应您，是为了完成寡君交给我的使命。死了但能完成君命，也是我的福分。寡君有我这样守信的臣子，我能完成使命而死，还有什么要求呢？"庄王就放他回国了。

夏季五月，楚军准备离开宋国。申犀跪在庄王的马前叩头说："父亲毋畏，虽知必死无疑也没有废弃国君的命令，国君现在却说话不算数了。"庄王无言以对。此时申叔时为庄王驾车，说："如果在此建造营房，让种田人回来，宋国人必然会俯首听命。"庄王听了他的话。宋国人果然害怕了，派华元夜间来到楚军，登上子反的床，把他拉起来，说："寡君派我来把我们的困境告诉你，说：现在都城内的人们都在交换儿子杀了吃，劈碎尸骨做柴烧。即使如此，也不能接受城下之盟，纵使国家灭亡，也不屈从。只要贵军后退三十里，我国就一切听从贵国。"子反害怕了，就和他订立盟约，并报告了庄王。于是楚军后退三十里。宋国和楚国讲和，华元到楚国作为人质。两国盟誓说："我不骗你，你不欺我。"

潞子婴儿的妻子是晋景公的姐姐。酆舒执政时把她杀了，并弄伤了潞子的眼睛。景公准备攻打酆舒，大夫们都说："不行。因为酆舒有三种突出的才干，不如等待他的后任。"伯宗说："一定要讨伐他。狄人有五大罪状，即使才干再多，有什么用呢？不祭祖先，是第一罪；嗜酒过度，是第二罪；废弃贤人仲章并侵占了黎氏的土地，是第三罪；杀害我国的伯姬，是第四罪；损坏了他国君的眼睛，是第五罪。依仗自己的才干而不行美德，就更加重了他的罪过。将来他的后任也许敬奉德行道义，事奉神灵百姓，而使国运更加巩固，到那时候怎么再对付它？现在不讨伐有罪之人，却说'等其后任'，等以后有了理由再去讨伐，恐怕不行吧？依仗才干和人多，恰是亡国之路。商纣这样做了，所以灭亡了。上天违反了时令就会形成灾害，大地违反了万物的规律就会产生妖怪,百姓违背了道德伦理就会发生动乱,动乱一旦发生,则灾害和妖怪随之而出现。因此,在文字上,'正'字反过来写就是'乏'字,这些现象在狄人那里都出现了。"景公听从了他的话。六月十八日,晋国的荀林父在曲梁打败了赤狄。六月二十六日,灭掉了潞国。酆舒逃亡到了卫国,卫国人把他送给晋国,晋国人杀了他。

王孙苏和召戴公、毛伯公争夺政权,王孙苏让王子捷杀了召戴公和毛伯卫。最终立了召襄。

秋季七月,秦桓公攻打晋国,军队驻扎在辅氏。二十七日,晋景公在稷地操练兵马,夺取了狄人的土地,立了黎侯后回来。到达雒地时,魏颗在辅氏打败了秦军。俘虏了杜回,杜回是秦国的大力士。

当初,魏犨有一个爱妾,没有生儿子。魏犨患病时对魏颗说:"我死后一定让她改嫁。"病危时又说:"一定让她为我殉葬。"魏犨死后,魏颗就让她改嫁了,说:"人病重时神志不清,我按照父亲清醒时说的话去办。"等到辅氏一战,魏颗看到一个老人在把草打成结以阻挡杜回,杜回被绊倒在地,因此被俘虏。夜里魏颗梦见那个老人说:"我就是你让改嫁的那个女人的父亲。你遵照了先人清醒时的命令,我以此作为报答。"

晋景公将狄人的奴隶一千户赏给荀林父,把瓜衍县邑赏给士伯。说:"我得到狄人的土地,这是你的功劳。没有你的劝谏,我就会失去荀林父了。"羊舌职对景公的做法非常赞赏,他说:"《周书》中说的'用可用之人,敬可敬之人',就是这个道理吧。士伯认为荀林父可以重用,国君相信了他,也认为士伯可用,这可以说是昭明德行了。文王缔建了周朝,也不过如此。因此《诗经》说:'利益赐给天下而创立周朝。'是说文王能施恩于天下。遵循此道而行,还有什么不能成功?"

晋景公派赵同向王室进献俘获的狄人,赵同表现得不够恭敬。刘康公说:"不出十年,赵同必遭大祸,因为上天已经夺去了他的魂魄。"

鲁国开始按田亩的多少征税,这是不合礼的。所征粮食不应超过

宣 公

藉法的规定，是为了增加财富。

冬季，鲁国境内蜂虫成灾，造成了饥荒。《春秋》记载此事，是庆幸灾害不大。

宣公十六年

经 十有六年春，王正月，晋人灭赤狄甲氏及留吁。夏，成周宣榭火。秋，郯伯姬来归。冬，大有年。

传 十六年春，晋士会帅师灭赤狄甲氏及留吁、铎辰①。

三月，献狄俘。晋侯请于王，戊申②，以黻冕命士会将中军③，且为大傅④。于是晋国之盗逃奔于秦。羊舌职曰："吾闻之：'禹称善人⑤，不善人远。'此之谓也夫。《诗》曰：'战战兢兢，如临深渊，如履薄冰⑥。'善人在上也。善人在上，则国无幸民⑦。谚曰：'民之多幸，国之不幸也。'是无善人之谓也。"

夏，成周宣榭火⑧，人火之也⑨。凡火，人火曰火，天火曰灾。

秋，郯伯姬来归，出也⑩。

为毛、召之难故，王室复乱。王孙苏奔晋，晋人复之。

冬，晋侯使士会平王室，定王享之，原襄公相礼⑪。殽烝⑫。武子私问其故⑬。王闻之，召武子曰："季氏，而弗闻乎？王享有体荐⑭，宴有折俎。公当享⑮，卿当宴，王室之礼也。"武子归而讲求典礼，以修晋国之法。

[注释]

①甲氏、留吁、铎辰：均为赤狄所属氏族部落名。　②戊申：二十七日。　③黻（fú）冕：古代礼服的一种。　④大傅：官名。大，通"太"。　⑤称：举拔。　⑥"战战兢兢"三句：出自《诗经·小雅·小旻》，形容恐惧谨慎的样子。　⑦幸民：心怀侥幸的人。　⑧宣榭：土台上厅堂式的建筑物，用于习射讲武。　⑨人火：人为的火灾。　⑩出：遗弃。　⑪原襄公：周大夫。　⑫殽烝：古代祭祀、宴会，杀牲以置于俎叫烝。若将整个牲体置于俎上，并不煮熟，叫全烝，只是用作祭天。若将半个牲体置于俎上，叫房烝。若节解牲体，连肉带骨置于俎上，叫殽烝，也称折俎。殽烝，宾主可食。全烝、房烝则是虚设，不能食。　⑬武子：即士会。武，其谥号。季，其字。　⑭体荐：即房烝。　⑮公：指诸侯。

[译文]

十六年春季，晋国的士会领兵灭亡了赤狄的甲氏、留吁和铎辰三个部落。

三月，晋国向王室进献赤狄俘虏。晋景公请求天子批准，二十七日，赐给士会卿大夫的礼服，任命他为中军将领，并兼任太傅。于是晋国的盗贼纷纷逃奔到秦国。羊舌职说："据我所知：'禹王重用贤人，恶人纷纷远离。'说的就是这种情况吧。《诗经》说：'战战兢兢，如同面临深渊，又像脚踩薄冰。'这是因为有贤人在位。贤人执政，国内就没有抱有侥幸心理的人。俗话说：'百姓多存侥幸，国家则有不幸。'说的是没有贤人的情况。"

夏季，王室的宣榭失火，这是人为放的火。凡有火灾，人为放火称"火"，天然起火称"灾"。

秋季，郯伯姬回到鲁国，她是被休弃赶回娘家的。

由于毛伯卫、召戴公发动的祸难，王室又一次发生了暴乱。王孙苏逃亡到了晋国，晋国人让他回朝复位。

冬季，晋景公派士会前去平定王室之乱，周定王以享礼招待他，原襄公为相礼。席中上了殽烝。士会悄悄问是什么。天子听到后，召见士会说："士会，你没有听说过吗？天子设享礼招待，要把半个牲体放到器具上；设宴礼招待，要连肉带骨放到器具上。对诸侯要设享礼招待，对卿则要设宴礼招待，这是王室礼仪。"士会回国后，就开始讲究礼仪，以修明晋国的法度。

宣公十七年

经 十有七年春，王正月庚子，许男锡我卒。丁未，蔡侯申卒。夏，葬许昭公。葬蔡文公。六月癸卯，日有食之。己未，公会晋侯、卫侯、曹伯、邾子同盟于断道。秋，公至自会。冬十有一月壬午，公弟叔肸卒。

传 十七年春，晋侯使郤克征会于齐①。齐顷公帷妇人②，使观之。郤子登③，妇人笑于房④。献子怒⑤，出而誓曰："所不此报⑥，无能涉河！"献子先归，使栾京庐待命于齐⑦，曰："不得齐事⑧，无复命矣。"

郤子至，请伐齐，晋侯弗许。请以其私属⑨，又弗许。

齐侯使高固、晏弱、蔡朝、南郭偃会⑩。及敛盂⑪，高固逃归。夏，会于断道⑫，讨贰也。盟于卷楚⑬，辞齐人。晋人执晏弱于野王⑭，执蔡朝于原，执南郭偃于温。苗贲皇使⑮，见晏桓子，归，言于晋侯曰："夫晏子何罪？昔者诸侯事吾先君，皆如不逮⑯。举言群臣不信⑰，诸侯皆有贰志。齐君恐不得礼⑱，故不出，而使四子来。左右或沮之⑲，曰：'君不出，必执吾使。'故高子及敛盂而逃。夫三子者曰：'若绝君好，宁归死焉。'为是犯难而来⑳，吾若善逆彼，以怀来者。吾又执之，以信齐沮㉑，吾不既过矣乎㉒？过而不改，而又久之㉓，以成其悔，何利之有焉？使反者得辞㉔，而害来者，以惧诸侯，将焉用之？"晋人缓之㉕，逸㉖。

秋八月，晋师还。

范武子将老㉗，召文子曰㉘："燮乎！吾闻之，喜怒以类者鲜㉙，易者实多㉚。《诗》曰：'君子如怒，乱庶遄沮；君子如祉，乱庶遄已㉛。'君子之喜怒，以已乱也。弗已者，必益之。郤子其或者欲已乱于齐乎？不然，余惧其益之也。余将老，使郤子逞其志，庶有豸乎㉜。尔从二三子唯敬。"乃请老，郤献子为政。

冬，公弟叔肸卒。公母弟也㉝。凡大子之母弟，公在曰公子，不在曰弟。凡称弟，皆母弟也。

[注释]

①征：召。　②帷：张帷使藏于后，用作动词。妇人：即齐顷公之母萧同叔子。　③郤子：即郤克。登：登上台阶。　④笑于房：郤克是跛子，故当其登阶，妇人笑之。房，正室左右的厢房。　⑤献子：即郤克。　⑥所不此报：若不报复这次耻辱。所，假设连词，多用于盟誓。　⑦栾京庐：郤克的副手。　⑧不得齐事：不能完成来齐的使命。　⑨私属：宗族家兵。　⑩高固：即高宣子。晏弱：即晏桓子。蔡朝、南郭偃：皆为齐臣。　⑪敛盂：卫地，在今河南省濮阳市东南。　⑫断道：晋地，当在今河南省济源市西南。　⑬卷楚：晋地，一说即断道。一说距断道不远处。　⑭野王：地名，在今河南省沁阳市。

⑮苗贲皇：晋大夫。　⑯不逮：赶不上。　⑰举：皆。不信：不讲信用。　⑱不得礼：不被礼遇。　⑲沮：阻止。　⑳犯难：冒着危险。㉑信：证实。　㉒既过：已经做错。　㉓久：久执不放。　㉔反者得辞：回去的人找到理由。反者，指高固。　㉕缓：放松看管。㉖逸：逃跑。　㉗范武子：即晋国军帅士会，初封于随，称随武子，后改封于范，又称范武子。以后其子孙均称范。老：告老退休。㉘文子：士燮，范武子之子。　㉙喜怒以类：喜怒合于礼法。㉚易：反。　㉛"君子如怒"四句：出自《诗经·小雅·巧言》。乱庶遄（chuán）沮，祸乱庶几很快阻止。庶，庶几。遄，速。沮，止。祉（zhǐ），喜悦。已，止。　㉜疐（zhì）：解，解决。　㉝母弟：同母弟。

[译文]

十七年春季，晋景公派郤克到齐国召请齐侯参加盟会。齐顷公设置帐幔让妇人在后面窥视。郤克走上台阶时，妇人在房内笑出声来。郤克大为恼火，出来后发誓说："假如不雪此耻，绝不再东渡黄河！"郤克先行回国，留下栾京庐在齐国等候答复，说："得不到齐国同意，你就不要回国。"

郤克回到晋国，请求攻打齐国，晋景公不同意。又请求带领自己的家族攻打，也没有被允许。

齐顷公派高固、晏弱、蔡朝、南郭偃参加盟会。走到敛盂，高固逃了回去。夏季，诸侯在断道会见，商议讨伐怀有二心的国家。又在卷楚结盟，拒绝齐国人参加。晋国在野王抓住了晏弱，在原地抓住了蔡朝，在温地抓住了南郭偃。晋国的苗贲皇出使国外，见到晏弱，回国后对晋景公说："晏弱有什么罪？从前诸侯事奉我们先君时，都争先恐后。如今都说是我国群臣不讲信用，诸侯才都有了二心。齐君怕得不到礼遇，才不出来，而派四个臣子代替。他的左右近臣有人阻止说：'国君如果不去，晋国肯定会抓住我们的使者。'因此高固走到敛盂就逃回去了。这三个人说：'不能断绝国君与诸侯的友好关系，宁可回国被处死。'他们这是冒险而来，如果对他们热情款待，就能怀柔天下诸侯纷纷前来。把他们抓起来，就证明齐国人阻拦齐君的话是对的，我们不是已经犯错误了吗？有了过错又不纠正，还要把他们长期关押不肯释放，使其感到后悔莫及，对我们又有什么用呢？反而使先逃回去的人有了借口，又伤害了来参加会见的人，使诸侯惧怕，这有什么用呢？"于是晋国人故意放松了看管，让晏弱逃走。

秋季八月，晋军班师回国。

士会准备告老退休，把儿子文子喊来说："士燮啊！我听说，喜怒合于礼的人是很少的，相反的人则很多。《诗经》说：'君子如果发怒，祸乱也许被遏阻；君子如果高兴，祸乱也许要结束。'说明君子的一喜一怒，应该是为了阻止祸乱。如果不能阻止，就一定会加剧祸乱。郤克也许是要阻止齐国的祸乱吧！如果不是这样，我担心他会加剧齐国的祸乱。我准备告老辞官，以便让郤克满足心愿，也许祸乱可以消除。你能跟随这几位大夫，一定要恭敬从事。"随后就辞官退休，由郤克接管政权。

冬季，宣公的弟弟叔肸去世。他是宣公的同母弟弟。凡是太子的同母弟弟，国君在世称为"公子"，不在世称为"弟"。凡称为弟的，都是同母弟。

宣公十八年

经 十有八年春，晋侯、卫世子臧伐齐。公伐杞。夏四月。秋七月，邾人戕鄫子于鄫。甲戌，楚子旅卒。公孙归父如晋。冬十月壬戌，公薨于路寝。归父还自晋，至笙。遂奔齐。

传 十八年春，晋侯、卫大子臧伐齐，至于阳谷。齐侯会晋侯盟于缯①，以公子强为质于晋。晋师还，蔡朝、南郭偃逃归。

夏，公使如楚乞师，欲以伐齐。

秋，邾人戕鄫子于鄫。凡自内虐其君曰弑②，自外曰戕③。

楚庄王卒。楚师不出，既而用晋师，楚于是乎有蜀之役④。

公孙归父以襄仲之立公也，有宠。欲去三桓以张公室⑤。与公谋而聘于晋，欲以晋人去之。冬，公薨。季文子言于朝曰⑥："使我杀適立庶以失大援者，仲也夫⑦！"臧宣叔怒曰⑧："当其时不能治也，后之人何罪？子欲去之，许请去之。"遂逐东门氏⑨。

子家还⑩，及笙⑪，坛帷⑫，复命于介⑬。既复命，袒，括发⑭，即位哭⑮，三踊而出⑯。遂奔齐。书曰"归父还自晋"，善之也。

[注释]

①缯（zēng）：地名，已不可考。　②虐：杀。　③戕（qiāng）：杀害。　④蜀之役：指成公二年冬之役。蜀，鲁地，在今山东省泰安市区。　⑤三桓：指鲁国季孙氏、孟孙氏、叔孙氏，皆出自桓公，久在鲁执政。　⑥季文子：即季孙行父。　⑦仲：即襄仲，公孙归父之父。　⑧臧宣叔：即臧孙许，臧文仲之子。　⑨东门氏：襄仲之族号。　⑩子家：即公孙归父。　⑪笙：地名，无考。　⑫坛帷：以帷幕遮住土坛。　⑬介：子家的副手。　⑭括发：用麻束发。　⑮即位哭：依礼走到自己的位子上号哭。　⑯踊：顿足，表示哀痛已极。

[译文]

十八年春季,晋景公和卫国太子臧攻打齐国,到达阳谷。齐顷公在缯地会见晋景公并结盟,齐国派公子强到晋国做人质。晋军撤退回国,齐国的蔡朝、南郭偃逃回国内。

夏季,宣公派使者到楚国请求出兵,打算攻打齐国。

秋季,邾国人在鄫国杀了鄫子。凡是本国人杀了国君称为"弑",外国人杀了国君则称为"戕"。

楚庄王去世。楚国没有出兵,不久鲁国又请求晋国出兵,楚国因此发动了蜀地之战。

公孙归父由于其父襄仲拥立了宣公,而倍受宣公的宠信。他想铲除三桓,以扩张公室的权势。和宣公谋划后,到晋国聘问,准备借助晋国人的力量铲除三桓。冬季,宣公去世。季文子在朝廷上说:"当年主张杀死嫡子拥立庶子因而失去大国援助的,就是襄仲啊!"臧宣叔生气地说:"当时没有追究襄仲的罪责,他的后代有什么罪?如果您想把他铲除,我就请求除掉他。"于是把东门氏全族驱逐出了鲁国。

公孙归父回国,到达笙地,筑土为坛,用帷幕围住,向他的副手举行了复命仪式。复命之后,脱去左臂的衣服,以麻绳束发,在丧礼自己的位置上痛哭宣公,顿足三次后出来。随后逃亡到了齐国。《春秋》记载为"归父还自晋",表示对他的赞赏。

成　公

成公元年

经　元年春，王正月，公即位。二月辛酉，葬我君宣公。无冰。三月，作丘甲。夏，臧孙许及晋侯盟于赤棘。秋，王师败绩于茅戎。冬十月。

传　元年春①，晋侯使瑕嘉平戎于王，单襄公如晋拜成②。刘康公徼戎③，将遂伐之。叔服曰④："背盟而欺大国⑤，此必败。背盟不祥，欺大国不义，神人弗助，将何以胜？"不听，遂伐茅戎。三月癸未⑥，败绩于徐吾氏⑦。

为齐难故，作丘甲⑧。

闻齐将出楚师⑨，夏，盟于赤棘⑩。

秋，王人来告败。

冬，臧宣叔令修赋、缮完、具守备⑪，曰："齐、楚结好，我新与晋盟，晋、楚争盟，齐师必至。虽晋人伐齐，楚必救之，是齐、楚同我也⑫。知难而有备，乃可以逞⑬。"

[注释]

①元年：公元前590年。周定王十七年。　②单襄公：即单朝，周卿士。　③徼戎：对戎心存侥幸。　④叔服：周王内史。　⑤大国：指晋国。　⑥癸未：十九日。　⑦徐吾氏：茅戎部落名，即交战处。　⑧作丘甲：实行丘甲制度，即每丘出一定数量的军赋，丘中人各按所耕田数分摊。丘，地方基层组织名称。　⑨出楚师：率同楚师。　⑩赤棘：晋地，不详何处。　⑪修赋：治理军赋，即实施丘甲制。缮完：修治城郭。具守备：准备好防御设施。　⑫齐、楚同我：即齐、楚两国共同以我国为敌。　⑬逭：解开，缓解。

[译文]

元年春季，晋景公派瑕嘉调解王室和戎人的冲突，单襄公到晋国拜谢调解成功。刘康公想乘戎人不备侥幸取胜，准备攻伐他们。叔服说："背弃盟约，欺骗大国，必然失败。背弃盟约是不祥，欺骗大国是不义，神明和百姓都不会帮助，又靠什么打胜仗呢？"刘康公不听，于是攻打茅戎。三月十九日，在徐吾氏被打得大败。

鲁国为了预防齐国入侵，建立了丘甲制度。

鲁国听说齐国准备联合楚军前来进攻，夏季，和晋国在赤棘结盟。

秋季，周天子派人来通报王室军队战败的消息。

冬季，臧宣叔下令整顿军赋、修治城郭、完成防御设施，说："齐、楚两国结为友好关系，我国最近与晋国结盟，晋、楚两国争夺盟主，齐国军队必然前来。虽然晋国攻打齐国，楚国一定救援，这样就成了齐、楚两国共同以我国为敌。估计到有祸难并做好准备，祸难就可以缓解。"

成公二年

经　二年春，齐侯伐我北鄙。夏四月丙戌，卫孙良夫帅师及齐师战于新筑，卫师败绩。六月癸酉，季孙行父、臧孙许、叔孙侨如、公孙婴齐帅师会晋郤克、卫孙良夫、曹公子首及齐侯战于鞌，齐师败绩。秋七月，齐侯使国佐如师。己酉，及国佐盟于袁娄。八月壬午，宋公鲍卒。庚寅，卫侯速卒。取汶阳田。冬，楚师、郑师侵卫。十有一月，公会楚公子婴齐于蜀。丙申，公及楚人、秦人、宋人、陈人、卫人、郑人、齐人、曹人、邾人、薛人、鄫人盟于蜀。

传 二年春，齐侯伐我北鄙，围龙①。顷公之嬖人卢蒲就魁门焉②，龙人囚之。齐侯曰："勿杀，吾与而盟，无入而封③。"弗听，杀而膊诸城上④。齐侯亲鼓，士陵城，三日，取龙，遂南侵及巢丘⑤。

卫侯使孙良夫、石稷、宁相、向禽将侵齐⑥，与齐师遇。石子欲还，孙子曰："不可。以师伐人，遇其师而还，将谓君何？若知不能，则如无出。今既遇矣，不如战也。"

夏，有……⑦

石成子曰⑧："师败矣。子不少须⑨，众惧尽⑩。子丧师徒，何以复命？"皆不对。又曰："子，国卿也。陨子⑪，辱矣。子以众退，我此乃止。"且告车来甚众，齐师乃止，次于鞫居⑫。新筑人仲叔于奚救孙桓子⑬，桓子是以免。

既，卫人赏之以邑，辞。请曲县、繁缨以朝⑭，许之。

仲尼闻之曰："惜也！不如多与之邑。唯器与名⑮，不可以假人，君之所司也⑯。名以出信，信以守器⑰，器以藏礼⑱，礼以行义，义以生利，利以平民⑲，政之大节也。若以假人，与人政也。政亡，则国家从之，弗可止也已。"

孙桓子还于新筑，不入，遂如晋乞师。臧宣叔亦如晋乞师。皆主郤献子。晋侯许之七百乘。郤子曰："此城濮之赋也⑳。有先君之明与大夫之肃㉑，故捷。克于先大夫，无能为役㉒。"请八百乘，许之。郤克将中军，士燮佐上军，栾书将下军，韩厥为司马，以救鲁、卫。臧宣叔逆晋师，且道之㉓。季文子帅师会之。

及卫地，韩献子将斩人㉔，郤献子驰，将救之，至则既斩之矣。郤子使速以徇，告其仆曰："吾以分谤也。"

师从齐师于莘。六月壬申㉕，师至于靡笄之下㉖。齐侯使请战，曰："子以君师，辱于敝邑，不腆敝赋㉗，诘朝请见㉘。"对曰："晋与鲁、卫，兄弟也。来告曰：'大国朝夕释憾于敝邑之地㉙。'寡君不忍，使群臣请于大国，无令舆师淹于君地㉚。能进不能退，君无所辱命㉛。"齐侯曰："大夫之许，寡人之愿也；若其不许，亦将见也。"齐高固入晋师，桀石以投人㉜，禽之而乘其车㉝，系桑本焉㉞，以徇齐垒，曰："欲勇者贾余余勇㉟！"

癸酉㊱，师陈于鞌㊲。邴夏御齐侯，逢丑父为右。晋解张御郤克，郑丘缓为右。齐侯曰："余姑翦灭此而朝食㊳。"不介马而驰之㊴。郤克伤于矢，流血及屦，未绝鼓音㊵，曰："余病矣㊶！"张侯曰㊷："自始合㊸，而矢贯余手及肘，余折以御㊹，左轮朱殷㊺，岂敢言病？吾子忍之！"缓曰㊻："自始合，苟有险，余必下推车，子岂识之？然子病矣！"张侯曰："师之耳目，在吾旗鼓，进退从之。此车一人殿之㊼，可以集事㊽，若之何其以病败君之大事也？擐甲执兵(49)，固即死也(50)。病未及死，吾子勉之！”左并辔，右援枹而鼓(51)，马逸不能止(52)，师从之。齐师败绩。逐之，三周华不注(53)。

韩厥梦子舆谓己曰(54)：“且辟左右(55)。”故中御而从齐侯(56)。邴夏曰：“射其御者，君子也。”公曰：“谓之君子而射之，非礼也。”射其左，越于车下(57)。射其右，毙于车中。綦毋张丧车(58)，从韩厥，曰：“请寓乘(59)。”从左右(60)，皆肘之(61)，使位于后。韩厥俯(62)，定其右(63)。逢丑父与公易位(64)。将及华泉，骖絓于木而止(65)。丑父寝于辗中(66)，蛇出于其下，以肱击之，伤而匿之(67)，故不能推车而及。韩厥执絷马前(68)，再拜稽首，奉觞加璧以进(69)，曰：“寡君使群臣为鲁、卫请曰：‘无令舆师陷入君地。’下臣不幸，属当戎行(70)，无所逃隐。且惧奔辟而忝两君(71)。臣辱戎士，敢告不敏(72)，摄官承乏(73)。”丑父使公下，如华泉取饮(74)。郑周父御佐车(75)，宛茷为右，载齐侯以免。韩厥献丑父，郤献子将戮之。呼曰：“自今无有代其君任患者，有一于此，将为戮乎！”郤子曰：“人不难以死免其君，我戮之不祥，赦之以劝事君者(76)。”乃免之。

齐侯免，求丑父(77)，三入三出。每出，齐师以帅退。入于狄卒(78)，狄卒皆抽戈楯冒之(79)。以入于卫师，卫师免之。遂自徐关入(80)。齐侯见保者(81)，曰：“勉之！齐师败矣。”辟女子(82)，女子曰：“君免乎？”曰：“免矣。”曰：“锐司徒免乎(83)？”曰：“免矣。”曰：“苟君与吾父免矣，可若何？”乃奔。齐侯以为有礼，既而问之，辟司徒之妻也(84)。予之石窌(85)。

晋师从齐师，入自丘舆[86]，击马陉[87]。

齐侯使宾媚人赂以纪甗、玉磬与地[88]。不可，则听客之所为。宾媚人致赂，晋人不可，曰："必以萧同叔子为质，而使齐之封内尽东其亩[89]。"对曰："萧同叔子非他，寡君之母也。若以匹敌，则亦晋君之母也。吾子布大命于诸侯，而曰：必质其母以为信。其若王命何？且是以不孝令也。《诗》曰：'孝子不匮，永锡尔类'[90]。若以不孝令于诸侯，其无乃非德类也乎[91]？先王疆理天下物土之宜[92]，而布其利。故《诗》曰："我疆我理，南东其亩[93]。'今吾子疆理诸侯，而曰'尽东其亩'而已，唯吾子戎车是利，无顾土宜，其无乃非先王之命也乎！反先王则不义，何以为盟主？其晋实有阙[94]。四王之王也[95]，树德而济同欲焉[96]。五伯之霸也[97]，勤而抚之，以役王命[98]。今吾子求合诸侯，以逞无疆之欲[99]。《诗》曰：'布政优优，百禄是遒[100]。'子实不优[101]，而弃百禄，诸侯何害焉？不然，寡君之命使臣则有辞矣，曰：'子以君师，辱于敝邑，不腆敝赋，以犒从者。畏君之震[102]，师徒桡败[103]，吾子惠徼齐国之福，不泯其社稷，使继旧好，唯是先君之敝器、土地不敢爱[104]。子又不许。请收合余烬[105]，背城借一[106]。敝邑之幸，亦云从也。况其不幸，敢不唯命是听。'"鲁、卫谏曰："齐疾我矣。其死亡者，皆亲昵也。子若不许，仇我必甚。唯子则又何求？子得其国宝，我亦得地，而纾于难，其荣多矣！齐、晋亦唯天所授，岂必晋？"晋人许之，对曰："群臣帅赋舆以为鲁、卫请[107]，若苟有以借口而复于寡君[108]，君之惠也。敢不唯命是听？"

禽郑自师逆公⑩。

秋七月,晋师及齐国佐盟于爰娄⑩,使齐人归我汶阳之田。公会晋师于上鄍⑪,赐三帅先路三命之服⑫。司马、司空、舆帅、候正、亚旅⑬,皆受一命之服。

八月,宋文公卒。始厚葬,用蜃炭⑭,益车马,始用殉⑮。重器备⑯,椁有四阿⑰,棺有翰桧⑱。

君子谓:"华元、乐举⑲,于是乎不臣⑳。臣治烦去惑者也㉑,是以伏死而争㉒。今二子者,君生则纵其惑,死又益其侈,是弃君于恶也。何臣之为?"

九月,卫穆公卒,晋三子自役吊焉㉓,哭于大门之外。卫人逆之,妇人哭于门内,送亦如之。遂常以葬㉔。

楚之讨陈夏氏也㉕,庄王欲纳夏姬,申公巫臣曰:"不可。君召诸侯,以讨罪也。今纳夏姬,贪其色也。贪色为淫,淫为大罚。《周书》曰:'明德慎罚㉖。'文王所以造周也。明德,务崇之之谓也㉗。慎罚,务去之之谓也㉘。若兴诸侯,以取大罚,非慎之也。君其图之!"王乃止。子反欲取之㉙,巫臣曰:"是不祥人也。是夭子蛮㉚,杀御叔㉛,弑灵侯㉜,戮夏南㉝,出孔、仪㉞,丧陈国,何不祥如是?人生实难,其有不获死乎㉟?天下多美妇人,何必是?"子反乃止。王以予连尹襄老㊱。襄老死于邲,不获其尸。其子黑要烝焉㊲。巫臣使道焉㊳,曰:"归,吾聘女。"又使自郑召之,曰:"尸可得也,必来逆之。"姬以告王,王问诸屈巫㊴。对曰:"其信!知䓨之父㊵,成公之嬖也,而中行伯之季弟也㊶,新佐中军,而善郑皇戌㊷,甚爱此子㊸。其必因郑而归王子与襄老之尸以求之㊹。郑人惧于邲之役而欲求媚于晋，其必许之。"王遣夏姬归。将行，谓送者曰："不得尸，吾不反矣。"巫臣聘诸郑，郑伯许之。

及共王即位，将为阳桥之役⑭，使屈巫聘于齐，且告师期。巫臣尽室以行⑯。申叔跪从其父将适郢⑰，遇之，曰："异哉！夫子有三军之惧⑱，而又有《桑中》之喜⑲，宜将窃妻以逃者也⑳！"及郑，使介反币㉑，而以夏姬行。将奔齐，齐师新败，曰："吾不处不胜之国。"遂奔晋，而因郤至㉒，以臣于晋。晋人使为邢大夫㉓。子反请以重币锢之㉔，王曰："止！其自为谋也，则过矣。其为吾先君谋也，则忠。忠，社稷之固也，所盖多矣㉕。且彼若能利国家，虽重币，晋将可乎？若无益于晋，晋将弃之，何劳锢焉？"

晋师归，范文子后入㉖。武子曰㉗："无为吾望尔也乎？"对曰："师有功，国人喜以逆之，先入，必属耳目焉㉘，是代帅受名也，故不敢。"武子曰："吾知免矣。"

郤伯见㉙，公曰："子之力也夫㉚！"对曰："君之训也，二三子之力也，臣何力之有焉？"范叔见㉛，劳之如郤伯㉜，对曰："庚所命也㉝，克之制也㉞，燮何力之有焉？"栾伯见㉟，公亦如之，对曰："燮之诏也㊱，士用命也，书何力之有焉？"

宣公使求好于楚，庄王卒，宣公薨，不克作好。公即位，受盟于晋，会晋伐齐。卫人不行使于楚，而亦受盟于晋，从于伐齐。故楚令尹子重为阳桥之役以救齐。将起师，子重曰："君弱，群臣不如先大夫，师众而后可。《诗》曰：'济济多士，文王以宁㊲。'夫文王犹用众，况吾侪乎？且先君庄王属之曰：'无德以及远方，莫如惠恤其民，而善用之。'"乃大户⁶⁸,已责⁶⁹,逮鳏⁷⁰,救乏⁷¹,赦罪,悉师。王卒尽行,彭名御戎,蔡景公为左,许灵公为右。二君弱,皆强冠之⁷²。

冬,楚师侵卫,遂侵我,师于蜀。使臧孙往⁷³,辞曰:"楚远而久,固将退矣。无功而受名,臣不敢。"楚侵及阳桥,孟孙请往⁷⁴,赂之以执斫、执针、织纴⁷⁵,皆百人。公衡为质⁷⁶,以请盟,楚人许平。

十一月,公及楚公子婴齐、蔡侯、许男、秦右大夫说、宋华元、陈公孙宁、卫孙良夫、郑公子去疾及齐国之大夫盟于蜀。卿不书,匮盟也⁷⁷。于是乎畏晋而窃与楚盟,故曰匮盟。蔡侯、许男不书,乘楚车也,谓之失位。

君子曰:"位其不可不慎也乎!蔡、许之君,一失其位,不得列于诸侯,况其下乎?《诗》曰:'不解于位,民之攸塈⁷⁸。'其是之谓矣。"

楚师及宋,公衡逃归。臧宣叔曰:"衡父不忍数年之不宴⁷⁹,以弃鲁国,国将若之何?谁居⁸⁰?后之人必有任是夫⁸¹!国弃矣。"

是行也,晋辟楚,畏其众也。君子曰:"众之不可以已也。大夫为政⁸²,犹以众克,况明君而善用其众乎?《大誓》所谓'商兆民离,周十人同'者⁸³,众也。"

晋侯使巩朔献齐捷于周⁸⁴,王弗见,使单襄公辞焉,曰:"蛮夷戎狄,不式王命⁸⁵,淫湎毁常⁸⁶,王命伐之,则有献捷,王亲受而劳之,所以惩不敬、劝有功也。兄弟甥舅⁸⁷,侵败王略⁸⁸,王命伐之,告事而已,不献其功,所以敬亲昵、禁淫慝也。今叔父克遂⁸⁹,有功于齐,而不使命卿镇扶王室⑩,所使来扶余一人⑪,而巩伯实来,未有职司于王室,又奸先王之礼。余虽欲于巩伯⑫,其敢废旧典以忝叔父⑬?夫齐,甥舅之国也,而大师之后也⑭,宁不亦淫从其欲以怒叔父⑮,抑岂不可谏诲⑯?"士庄伯不能对⑰。王使委于三吏⑱,礼之如侯伯克敌使大夫告庆之礼,降于卿礼一等。王以巩伯宴,而私贿之。使相告之曰⑲:"非礼也,勿籍⑳。"

[注释]

①龙:鲁地,在今山东省泰安市东南。 ②门:攻打城门。 ③而封:你们的边境。而,同"尔"。 ④脯:暴尸。 ⑤巢丘:鲁地,当距龙不远。 ⑥孙良夫等:四人均为卫臣。 ⑦夏,有……:此处有缺文,当是叙述新筑战事。 ⑧石成子:即石稷。 ⑨少须:稍稍等待。 ⑩惧尽:恐怕要全军覆没。 ⑪陨子:损失了你。 ⑫鞫(jū)居:卫地,在今河南省封丘县。 ⑬新筑:卫地,在今河北省魏县南。仲叔于奚:新筑大夫。孙桓子:即孙良夫。 ⑭曲县:古礼,天子乐器,四面悬挂,称为"宫悬"。诸侯去其南面乐器,三面悬挂,称为"轩悬",又叫"曲悬"。大夫仅用左右两面悬挂,称为"判悬"。士仅于东面或阶间悬挂,称为"特悬"。此指仲叔于奚僭用诸侯之礼。县,"悬"之本字。繁缨:马身上的装饰物,也属诸侯之礼。 ⑮器:指曲县、繁缨等器物。名:爵号。 ⑯司:主管,掌握。 ⑰信:威信。守器:保持器物。 ⑱藏礼:体现礼法。 ⑲平民:治民。 ⑳赋:军赋,此指战车。 ㉑肃:敏捷。 ㉒无能为役:不足以为其仆人。 ㉓道:同"导",向导。 ㉔韩献子:即韩厥,时为司马,掌军法。 ㉕壬申:十六日。 ㉖靡笄(jī):即历山,又称千佛山,在今山东省济南市南。 ㉗不腆敝赋:敝国军力不强。赋,军赋。 ㉘诘朝:明日早晨。 ㉙释憾:发泄怨恨。敝邑之地:此指鲁、

卫二国。 ㉚舆师：众军。淹于君地：久停在齐国，意欲速战。 ㉛君无所辱命：即不至于辱君命，此为许战之辞。 ㉜桀石：举起石块。 ㉝禽：通“擒”。 ㉞系桑本：将桑树根系在车上。 ㉟贾余余勇：买我的剩余勇气。 ㊱癸酉：十七日。 ㊲鞌（ān）：齐地，在今山东省济南市西。 ㊳朝食：吃早饭。 ㊴不介马：马不披甲。 ㊵未绝鼓音：指郤克忍痛击鼓，指挥晋军。 ㊶病：负伤。 ㊷张侯：即解张。 ㊸合：交战。 ㊹折：折断箭杆。 ㊺左轮朱殷：血流在左边车轮上，染成黑红色。 ㊻缓：即郑丘缓。 ㊼殿：镇守。 ㊽集事：成功。 ㊾擐（huàn）甲：穿着盔甲。 ㊿固即死：本来就是赴死。 (51)援枹（fú）：拿起鼓槌。 (52)逸：奔跑。 (53)三周华不注：绕着华不注山追了三圈。华不注，山名，在今山东省济南市东北。 (54)子舆：韩厥之父。 (55)辟左右：避开车左和车右。 (56)中御：代御者居中执辔。 (57)越：坠下。 (58)綦（qí）毋张：晋大夫。 (59)寓乘：搭乘。 (60)从左右：即立于车左车右。 (61)肘之：即用肘推他。肘，用作动词。 (62)俯：弯下身子。 (63)定其右：安置好车右的尸体。 (64)与公易位：与齐顷公交换位置。 (65)绌（guà）：绊住。 (66)轏（zhàn）：有栈棚的车子。 (67)伤而匿之：受了伤而隐瞒下来。 (68)执絷：古礼。 (69)进：献。 (70)属当戎行：适逢在军旅服役。戎行，即军旅。 (71)忝（tiǎn）：辱。两君：指晋君与齐君。 (72)不敏：谦辞，即不才。 (73)摄：代替。承乏：因缺乏人手，故由自己担当。即代御者为顷公驾车，实为俘虏齐顷公。 (74)华泉：华不注山下之泉。取饮：取水。 (75)佐车：副车。 (76)劝：劝勉。 (77)求：寻找。 (78)狄卒：狄人组成的徒兵，时为晋国友军。 (79)楯：同“盾”。冒：拥蔽，护卫。 (80)徐关：齐地，在今山东省淄博市淄川区西。 (81)保者：守城者。 (82)辟女子：有女子挡住齐君道路，令其避开。 (83)锐司徒：主管锐利兵器（如戈、矛之类）的官吏。 (84)辟司徒：主管军中营垒的官吏。辟，通“壁”。 (85)石窌（liù）：齐地，在今山东省济南市长清区东南。 (86)丘舆：齐邑，当在今山东益都县西南，或云在今淄博市南。 ⑧⑦马陉：在丘舆之北。 ⑧⑧宾媚人：即国佐。纪甗（yǎn）、玉磬：齐灭纪国时得到的珍宝。甗，炊器。磬，乐器。 ⑧⑨东其亩：使田垄变为东西方向，便于晋军进攻齐国。 ⑨⑩"孝子不匮"二句：见隐公元年注。 ⑨①德类：道德法则。 ⑨②疆理：划分疆界，分其土地。物土之宜：因地制宜。 ⑨③"我疆我理"二句：出自《诗经·小雅·信南山》。 ⑨④阙：过失。 ⑨⑤四王：指舜、禹、汤、武。王：统一天下。 ⑨⑥济同欲：满足共同愿望。 ⑨⑦五伯：指齐桓公、晋文公、宋襄公、秦穆公、楚庄王。霸：霸主。 ⑨⑧役王命：为王命服役、效劳。 ⑨⑨无疆之欲：无止境的欲望。 ⑩⑩"布政优优"二句：出自《诗经·商颂·长发》。布政，施政。优优，宽舒和缓貌。百禄，各种福禄。遒，聚。 ⑩①不优：不宽和。 ⑩②震：威。 ⑩③桡（náo）败：失败。 ⑩④爱：怜惜。 ⑩⑤余烬：比喻残兵败将。 ⑩⑥背城借一：背城而列，以借一战。 ⑩⑦赋舆：兵车。 ⑩⑧复于寡君：即有言辞以答复寡君之命。 ⑩⑨禽郑：鲁大夫。 ⑩⑩爱娄：齐地，在今山东省淄博市临淄区西。 ⑪⑪上鄍（míng）：齐卫交界地，在今山东省阳谷县境。 ⑪⑫三帅：指郤克、士燮、栾书。先路：诸侯赐予卿大夫的礼车。三命之服：卿大夫最高规格的礼服。古代卿大夫有三命、再命、一命之别，命多则尊贵，车服也随之华丽。 ⑪⑬司马等：均为官名。 ⑪⑭蜃（shèn）炭：蜃烧成的灰及木炭。蜃，大蚌蛤。 ⑪⑮殉：用活人殉葬。 ⑪⑯器备：器物。 ⑪⑰椁：外棺。四阿：四面呈坡形，如房屋的建筑形式。 ⑪⑱翰桧：棺木上的装饰。 ⑪⑲华元、乐举：时为宋国执政大臣。 ⑫⑳不臣：失去为臣之道。 ⑫㉑治烦去惑：治理烦乱，解除昏惑。 ⑫㉒伏死：冒死。 ⑫㉓自役：领兵回国途中。 ⑫㉔常：吊于门外行礼。 ⑫㉕讨陈夏氏：事见宣公十一年传。 ⑫㉖明德慎罚：见《尚书·康诰》。明德，宣扬道德。慎罚，谨慎处罚。 ⑫㉗崇：提高。 ⑫㉘去：去除。 ⑫㉙子反：楚公子侧。取：同"娶"。 ⑬㉚子蛮：当为夏姬前夫。 ⑬㉛御叔：夏姬丈夫，夏征舒之父。 ⑬㉜灵侯：即陈灵公，因夏姬而被杀。 ⑬㉝夏南：即夏征舒，夏姬之子。 ⑬㉞出孔、仪：使孔宁、仪行父出逃在外。 ⑬不获死：不得善终。 ⑯连尹襄老：见宣公十二年注。 ⑰黑要：连尹襄老之子。 ⑱使道焉：使人示意于夏姬。道，同"导"。 ⑲屈巫：即巫臣。 ⑭知䓨之父：指荀首。邲地之役，知䓨被楚俘获。 ⑭中行伯：即荀林父。 ⑭皇戌：郑臣。 ⑭此子：指知䓨。 ⑭王子：即公子谷臣，为荀首所获。 ⑭阳桥：鲁地，在今山东省泰安市西北。 ⑭尽室以行：把全部家产带走。 ⑭申叔跪：申叔时之子。 ⑭三军之惧：肩负军事使命的警惧之心。 ⑭《桑中》：《诗经·鄘风》篇名。桑中，为男女幽会之地。此借用"桑中"一词，暗指巫臣与夏姬私约。 ⑭宜：殆，大概。 ⑮介：副使。反币：带回财礼。 ⑮因：通过。 ⑮邢：晋邑。 ⑮锢：禁锢，即永不录用。 ⑮盖：覆，护卫。 ⑮范文子：即士燮。 ⑮武子：士会，士燮之父。 ⑮属耳目：使众人耳目集中于我。属，聚。 ⑮郤伯：郤克。 ⑯力：功劳。 ⑯范叔：即范文子。 ⑯劳：慰劳。 ⑯庚：荀庚，荀林父之子，此时将上军，士燮为上军佐。 ⑯克：郤克，为中军帅。 ⑯栾伯：即栾书。 ⑯诏：指示。 ⑯"济济多士"二句：出自《诗经·大雅·文王》。济济，众多。 ⑯大户：清理户口。 ⑯已责：免除百姓对国家的债务。已，止。责，同"债"。 ⑰逮鳏：施舍至老年鳏夫。 ⑰救乏：救济贫困。 ⑰强冠之：勉强行了加冠礼。 ⑰臧孙：即臧孙许。 ⑰孟孙：即孟献子，又称仲孙蔑。 ⑰执斫（zhuó）：指木工。执针：指裁缝。织纴（rèn）：指织工。 ⑰公衡：确切身份不详。或许为宣公之子、成公之弟。另一说为成公子。 ⑰匮盟：缺乏诚意之盟。 ⑰"不解于位"二句：出自《诗经·大雅·假乐》。解，通"懈"。民之攸墍（jì），即百姓得以休息。墍，休息。 ⑰衡父：即公衡。不宴：不安宁。 ⑱居：语末助词。 ⑱任是：承担此祸。 ⑱大夫：指楚国主帅子重。 ⑱《大誓》：即《泰誓》，《尚书》篇名。商兆民离：商朝亿万人离心离德。 ⑱献齐捷：进献齐国俘虏。 ⑱不式：不用，不执行。 ⑱淫湎毁常：沉湎于酒色，败坏法度。 ⑱兄弟甥舅：兄弟指同姓诸侯，甥舅指异姓诸侯。因异姓诸侯间多有婚姻关系,故称甥舅。 ⑱侵败王略:侵犯败坏天子的法度。 ⑲叔父:指晋景公。克遂:能成功。 ⑲命卿:经天子任命的执政大臣。 ⑲余一人:周王自称。 ⑲欲:好。 ⑲忝:辱。 ⑲大师:齐始祖吕尚。 ⑲宁:反诘副词,难道。淫从其欲:放纵其欲望。从,同"纵"。 ⑲抑:或者。谏诲:劝谏教诲。 ⑲士庄伯:即巩朔。 ⑲三吏:三公。 ⑲相:赞礼者,即司仪。 ⑳勿籍:不要记载于史册。

[译文]

二年春季,齐顷公攻打鲁国北部边境,包围了龙地。顷公的宠臣卢蒲就魁攻打城门,龙地人把他擒获。齐顷公说:"不要杀他,我和你们结盟,不进入你们境内。"龙地人不听,杀了卢蒲就魁并陈尸城上。齐顷公亲自击鼓,士兵登上城墙,三天内就夺取了龙地,随后又向南入侵,直到巢丘。

卫穆公派孙良夫、石稷、宁相、向禽准备侵袭齐国,和齐军相遇。石稷想撤军,孙良夫说:"不行。率军去攻打敌人,现在遇到敌人却想撤退,怎么向国君交代?如果知道不能作战,就不如不出兵。现在既然已经和敌军遭遇,不如一战。"

夏季,有……

石稷说:"军队要战败了。如果你不稍微等待抵挡一下,恐怕要全军覆没。你丧失了军队,怎么向国君复命?"众人都不回答。石稷又说:"你是国家的卿。如果损失了您,将是国家的耻辱。你带着军队撤退,我在这里抵抗。"并且通告援军的大批战车已到,齐军才停止进攻,驻扎在鞫居。新筑大夫仲叔于奚前来救援,使孙良夫免遭被俘。

不久,卫国人要赏给仲叔于奚一座城邑,被他谢绝。他请求以诸侯使用的乐器和马饰朝见国君,卫穆公同意了。

孔子听说此事后说:"可惜啊!还不如多赏他几座城邑。只有器物和名号不能借给他人,这是国君应该掌握的。名号用来赋予威信,威信用来保有器物，器物用来体现礼法，礼法用来推行道义，道义用来产生利益，利益用来治理百姓，这是治国理政的关键。如果借给别人，就是把政权交给别人。一旦政权丧失，国家也就随之灭亡，到那时就无可挽回了。"

孙良夫回到新筑，没有进城就前往晋国请求出兵。鲁国的臧宣叔也来到晋国请求出兵。两人都通过郤克请求。晋景公答应派出七百辆战车。郤克说："这是城濮之战我军的兵车数。那次战役依仗先君的明德和诸位先大夫的才能，才取得胜利。我和先大夫相比，连做他们的仆役都不够。"请求派出八百辆战车，晋景公同意了。于是郤克率领中军，士燮为上军副帅，栾书率领下军，韩厥为司马，前往救援鲁、卫二国。臧宣叔迎接晋军的同时，作为向导带路。鲁国的季文子率军和晋军会合。

军队到达卫国时，韩厥准备杀人，郤克飞车前往营救，到达时人已经被杀掉了。郤克派人迅速在全军示众，他对御者说："我这是为了分担别人对韩厥的指责。"

联军在莘地追上齐军。六月十六日，军队到达靡笄山下。齐顷公派人请战，说："你率领你们国君的军队来到敝国，敝国将以不够强大的军队，请明天早晨和贵军一会。"郤克回答说："晋国和鲁、卫二国是兄弟国家。他们来告诉我们说：'大国从早到晚到我们国家发泄愤怒。'寡君不忍心，派群臣前来大国请求收敛一些，不要让我们长期滞留贵国。我们只有前进，不能后退，不必再有劳国君下令。"齐顷公说："大夫的应允，正是我的愿望；如果您不同意，也一定会兵戎相见。"齐国的高固闯入晋军，举起一块巨石砸向晋国士兵，把那士兵擒获又坐上他的战车，还连根拔起一棵桑树系在车后，行遍齐军营垒，说："谁需要勇气，我有多余的可以卖给他！"

十七日，两军在齐国鞌地摆开阵势。邴夏为齐顷公驾车，逢丑父为车右。晋国的解张为郤克驾车，郑丘缓为车右。齐顷公说："我们姑且把这些人消灭了再吃早饭。"没有给马披甲，就向晋军奔去。郤克被箭所伤，鲜血一直流到鞋上，但还是不停地擂打战鼓，他说："我受伤了！"解张说："从一开始，我的手和肘就被箭射伤了，我把箭杆折断继续驾车，左边的车轮都被血染红了，我哪里敢说受伤呢？您还是忍一下吧！"郑丘缓说："从开始交战，只要遇到危险，我就下去推车，您哪里知道这些呢？不过您确实受伤了。"解张说："我手中的旗子和战鼓就是军队的耳目，是进是退都要听从它们。这辆战车上只要有一个人镇守，就可以完成任务，怎么能因为个人受伤而破坏了国君的大事呢？身披铠甲，手持兵器，本来就抱定了去死的决心。虽然受伤了，但还没有死，您还是奋力作战吧！"说完他用左手抓住缰绳，右手拿起鼓槌击鼓，战马控制不住地飞奔起来，军队也跟着冲了上去。齐军大败。晋军追赶齐军，绕着华不注山跑了三圈。

韩厥梦见父亲子舆对自己说："明天交战不要站在车的左右两侧。"因此韩厥就站在中间驾车追击齐顷公。邴夏说："快射后面那个驾车者，他是个君子。"顷公说："认为他是个君子又要射他，这不合礼。"于是便射车左，车左坠到车下。又射车右，车右也死在车中。晋国大夫綦毋张丢了战车，追着韩厥喊道："请让我搭乘您的车。"上车后准备站在车左或车右，都被韩厥用肘推开，让他站在自己身后。韩厥弯下身子，把车右的尸体放稳。逢丑父和齐顷公互换了位置。快到华泉时，骖马被树木挂住，车子走不动了。前一天，逢丑父在车中睡觉，有一条蛇从车下爬上来，他用胳膊击打蛇，被蛇咬伤，他没有声张，因此现在不能用臂推车，被韩厥追上。韩厥手持马缰走到马前，下拜磕头，捧着酒杯，又献上玉璧，说："寡君派我们众位臣子前来为鲁、卫二国求情说：'不要让军队久留于齐国土地。'下臣不幸，正好在军中服役，无法逃避。再说我也害怕逃避会给两国国君带来耻辱。作为一个战士，仅向国君禀告我的无能，但因为人手缺乏，我不得不承担这一职位。"逢丑父让顷公下车到华泉去取水。郑周父驾着副车，宛茷为车右，载上顷公跑了，从而免于被俘。韩厥献上逢丑父，郤克准备杀掉他。逢丑父喊道："迄今为止还没有像我这样代替国君受难的

成 公

人，现在有一个在这里，你们还要杀了他！"郤克说："一个人为了使其国君免于祸难，宁可自己去死，我杀了他是不吉利的，赦免他以劝勉事奉国君的人吧。"于是免逢丑父一死。

齐顷公免于被俘以后，为了营救逢丑父，三次冲入晋军，又三次杀出重围。每次杀出重围时，齐军都紧紧护卫着他。冲进狄人军中时，狄人士兵都拿戈和盾保护他。冲入卫军，卫军也没有加害于他。于是顷公就从徐关进入齐都。他对守城的人说："你们努力吧！齐军战败了！"前卫叫一个女子让道，女子问："国君幸免了吗？"前卫说："幸免了。"女子又问："锐司徒幸免了吗？"前卫说："幸免了。"女子说："如果国君和我父亲幸免于难了，我还想怎么样呢？"说完就走开了。顷公认为这个女子很懂礼，事后查问，知道他是辟司徒的妻子。就把石窌封给了她。

晋军追击齐军，从丘舆进入齐国，攻打马陉。

齐顷公派宾媚人把纪国的甗、玉磬以及土地献给晋军求和。如果晋国人不接受，就只好随他们的便。宾媚人献上礼物，晋国人不同意，说："必须让萧同叔子作为人质，把齐国境内的田垄都改成东西走向。"宾媚人说："萧同叔子不是别人，是寡君的母亲。如果从对等地位来说，她也就是晋君的母亲。您向诸侯发布重大命令，说：必须让他的母亲做人质才能取信。这样您又怎么对待天子的命令呢？并且这是用不孝来号令诸侯啊。《诗经》说：'孝子之孝无穷尽，永远赐给你同类。'如果您以不孝来号令诸侯，恐怕不符合道德准则吧！先王划分疆界，治理土地，因地制宜，获取应得的利益。因此《诗经》说：'划分疆界治理土地，田垄或者向南，或者向东。'现在您划分和治理诸侯的土地，却说'一律改成向东'，只考虑方便自己兵车通行，不顾及对土地是否适宜，恐怕不符合先王的命令吧！违背了先王的命令就是不义，又怎么能成为天下盟主呢？这样晋国就确实有过错了。四王安定天下，靠的是树立德行，满足诸侯的共同愿望。五伯成就霸业，靠的是勤勤恳恳，安抚诸侯，共同为天子效命。如今您联合诸侯，却要满足自己无穷的欲望。《诗经》说:'政令宽松缓和,各种福禄必将集于一身。'您施行的政令不够宽松,将失去各种福禄,对诸侯又有什么害处呢?如果不同意讲和,寡君还让我有话对您说:'您率领贵君的军队光临我国,我们以不够强的兵力和你们交锋。因为慑于贵国国君的威力,我军战败,如果您赐福于我国,使我们不致灭亡,从而继续两国之间的友好关系,那么先君留下的宝器和我国的土地任您挑选,我们毫不可惜。但您又不同意。这样,我们只有收集残兵败将,背靠着我们的城墙决一死战了。即使侥幸战胜,仍然听从贵国的命令。如果不幸战败,就更不敢不服从了。'"鲁国和卫国都劝郤克说:"齐国已经非常恨我们了。在这次战役中死亡的,都是齐侯的宗族亲戚。您如果不答应,他们必然更加仇恨我们。即使是您,还有什么要求呢?您得到他们的国宝,我们得到土地,又使祸难得到缓解,荣耀也够多的了!再说齐、晋两国都是上天保佑的国家,难道一定只能晋国胜利吗?"晋国人同意了,答复说:"我们大家驾车远征,就是为鲁、卫两国请命,假如有理由回去向寡国复命,也是国君的恩惠了。怎么能不听从您的命令呢?"

鲁国的禽郑到军中去迎接成公。

秋季七月,晋军和齐国的宾媚人在爰娄结盟,让齐国把汶阳的土地归还鲁国。成公在上鄍会见了晋军,赐给晋军三位主帅先路车和三命之服。司马、司空、舆帅、候正、亚旅也都接受了一命车服。

八月,宋文公去世。开始使用厚葬,用生石灰和木炭置于墓穴,增加了随葬的车马,开始用活人殉葬。陪葬的物品也都增加了很多,外椁做成四面坡,棺木用翰和桧做装饰。

君子认为:"华元和乐举在这个问题上失去了为臣之道。作为臣子,就是为国君解除烦恼和消除惑乱,因此要冒死谏诤。而这两个人,国君生前,他们放纵他作恶多端;国君去世,他们又奢侈无度。这是把国君推向邪恶。这算是什么臣子?"

九月,卫穆公去世,晋国三位主帅在作战回国途中前往吊唁,在大门外哭泣。卫国人迎接他们，妇女们在大门里面哭，送他们出来时也是这样。此后别国官员前来吊唁，也都依此例直到下葬。

楚国在攻打陈国夏氏时，庄王想纳夏姬为妃，申公巫臣说："不行。国君召集诸侯，是为了讨伐罪人。现在收纳夏姬，是贪恋她的美色。贪恋美色就是淫乱，淫乱就要受到重罚。《周书》说：'要宣扬德行，谨慎使用刑罚。'文王因此而创立周朝。宣扬德行，是说要努力提倡德行；谨慎使用刑罚，是说要尽量不用刑罚。如果联合诸侯兴师动众，却得到重大惩罚，就不是谨慎避免了。国君要考虑一下！"庄王打消了这一念头。子反想娶夏姬，巫臣说："这个女人不吉利。她使子蛮早亡，使御叔被杀，又使陈灵公被害，使夏征舒被诛，使孔宁、仪行父逃亡国外，陈国因她而灭亡，还有什么人能这么不吉利呢？人生在世实在不易，如果娶了夏姬，岂不是也将不得善终？天下有那么多美人，何必一定要娶她呢？"子反也改变了主意。庄王把夏姬送给了连尹襄老。襄老在邲之战中死去，尸首也没有找到。襄老的儿子黑要和夏姬私通。巫臣派人向夏姬暗示说："你回郑国去，我要娶你。"又派人从郑国召她，说："襄老的尸首可以得到，你必须亲自来接。"夏姬告诉了庄王，庄王征求巫臣的意见。巫臣说："这话可信！知䓨的父亲荀首是成公的宠臣，又是荀林父的弟弟，新近做了中军副帅，和郑国的皇戌关系很好，又非常喜欢这个儿子。他一定会通过郑国归还王子和襄老的尸首以换取知䓨。郑国人害怕邲地一战得罪了晋国，想要讨好晋国，他们一定会答应。"庄王就让夏姬回去。夏姬将要动身时，对送行的人们说："如果得不到襄老的尸体，我就不回来了。"巫臣向郑国聘夏姬为妻，郑襄公同意了。

等到楚共王即位，准备发动阳桥之战，派巫臣前往齐国聘问，并且告诉他们出兵的日期。巫臣动身时带走了全部家财。申叔跪跟随他父亲准备到郢都去，路上遇到巫臣，说："奇怪！这个人既有肩负军事重任的戒惧之心，又有《桑中》约会的喜悦之色，大概是要带着妻子逃跑吧！"到达郑国后，巫臣派副手带回财礼，自己则带着夏姬走了。

准备逃亡到齐国，齐军刚刚战败，他说："我不到战败之国居住。"就又逃往晋国，通过郤至的关系做了晋国的臣子。晋国委任他为邢地大夫。子反请求送重礼，以求晋国不重用巫臣，楚共王说："不用！他为自己考虑，无疑是错误的。但他曾为先君谋划过，却是忠诚的。忠诚，使国家赖以巩固，所能保护的东西就多了。并且如果他能有利于晋国，即使送去重礼，晋国能同意我们的要求吗？如果无益于晋国，晋国将会废弃他，又哪里用得着我们阻止呢？"

晋军回到国内，士燮最后进城。他的父亲士会说："你不知道我盼望你早点回来吗？"士燮说："军队胜利归来，国内的人们必然热情欢迎，如果先回来，一定会特别引人注意，这是代替主帅接受荣誉，因此我不敢先回来。"士会说："我知道这样能免于祸患了。"

郤克求见，景公说："这是你的功劳啊！"郤克回答说："这是国君的教导，诸位将帅的功劳，我有什么功劳呢？"士燮进见景公，景公用同样的话慰问他，士燮回答说："这是听从荀庚命令，接受郤克节制的结果，我有什么功劳呢？"栾书进见景公，景公也这样慰问他，他回答说："这是士燮指挥和将士效命的结果，我有什么功劳呢？"

当初鲁宣公派使者到楚国请求结好，恰遇楚庄王去世，鲁宣公也去世了，两国没能建立友好关系。鲁成公即位后，接受了晋国的盟约，会合晋国攻打齐国。卫国人不去楚国聘问，也接受了晋国的盟约，跟随晋国攻打齐国。因此楚国令尹子重发动了阳桥之战以救援齐国。准备发兵时，子重说："国君年幼，大臣们又比不上先大夫，拥有众多的军队才能出兵。《诗经》说：'拥有众多的人才，文王赖以平定天下。'文王尚且使用众多人才，何况我们这些人呢？再说先君庄王把国君托付给我们时说：'假如没有德行推及远方，不如关怀体恤百姓并好好地使用他们。'"于是楚国就下令清理户口，免除百姓债务，关怀孤寡老人，救济贫穷百姓，赦免有罪之人，发动全国军队。楚共王的侍卫军也全部出动，由彭名驾车，蔡景公为车左，许灵公为车右。蔡、许二君还没有成年，也都勉强为他们举行了冠礼。

冬季，楚军入侵卫国，随后又入侵鲁国，军队驻扎在蜀地。鲁国派臧孙许前去求和，臧孙许推辞说："楚军远离楚国且长久在外，本来就要退兵了。没有退兵的功劳却接受这份荣誉，我不敢这样。"楚军攻至阳桥，孟孙请求前往，送给楚军木工、裁缝、织工各一百人。让公衡作为人质，请求结盟，楚国人同意讲和。

十一月，成公和楚国的公子婴齐、蔡景公、许灵公、秦国右大夫说、宋国的华元、陈国的公孙宁、卫国的孙良夫、郑国的公子去疾以及齐国的大夫在蜀地结盟。《春秋》没有记载卿的名字，表示此次结盟缺乏诚意。此时他们害怕晋国而偷偷和楚国结盟，所以说结盟缺乏诚意。至于对蔡景公和许灵公也没有记载，是由于他们乘坐楚国的战车，这叫作丧失了国君的身份。

君子评论说："身份不能不谨慎对待啊！蔡、许两国国君，一旦失去身份，就不能与诸侯并列，更何况在他们之下的人呢？《诗经》说：'在上位者不懈怠，百姓就能得以休息。'说的就是这个道理。"

楚军到达宋国时，公衡逃了回来。臧宣叔说："公衡不愿忍受几年的不安宁生活，从而抛弃了鲁国，国家将怎么办？谁来承担这一祸患呢？他的后代一定有人承受这一后果！他抛弃了国家。"

在这次军事行动中，晋军避开了楚军，是因为害怕楚军人数众多。君子认为："大众是不能不用的。大夫执政尚且利用众人战胜敌人，何况是贤明的君主又善于使用大众呢？《大誓》所说的'商朝万民离心离德，周朝十人团结一心'，就是指要依靠众人。"

晋景公派巩朔把齐国俘虏献给周王室，天子不肯接见，派单襄公推辞，说："蛮夷戎狄不服从天子命令，沉溺酒色，败坏伦常，天子命令讨伐他们，才有了进献俘虏的仪式，天子亲自接受并加以慰劳，目的是惩罚叛逆、褒奖有功。同姓诸侯或异姓诸侯侵犯破坏天子的法度，天子命令讨伐他们，只是派人报告一下就行了，不必进献俘虏，以此尊敬亲近、禁止邪恶。现在叔父能够成功，战胜了齐国，却没有派天子任命的卿来安抚王室，派来安抚我的却是巩朔这个人，他在王室没有担任职务，也违背了先王之礼。我虽然喜欢巩朔，但又怎敢无视先王的典章制度以羞辱叔父呢？齐国和王室是甥舅关系，又是姜太公的后代，难道是齐国放纵私欲激怒了叔父，或者是齐国已经不可劝谏和教诲了吗？"巩朔无言以对。天子把接待巩朔的任务交给三公，让他们使用诸侯战胜敌国派大夫向王室告捷的礼节接待巩朔，比接待卿的礼节低了一等。天子设宴招待巩朔，私下送给他礼物。让赞礼者告诉他："这是不合礼的，不要记在史册上。"

成公三年

经 三年春，王正月，公会晋侯、宋公、卫侯、曹伯伐郑。辛亥，葬卫穆公。二月，公至自伐郑。甲子，新宫灾。乙亥，葬宋文公。夏，公如晋。郑公子去疾帅师伐许。公至自晋。秋，叔孙侨如帅师围棘。大雩。晋郤克、卫孙良夫伐廧咎如。冬十有一月，晋侯使荀庚来聘。卫侯使孙良夫来聘。丙午，及荀庚盟。丁未，及孙良夫盟。郑伐许。

传 三年春，诸侯伐郑，次于伯牛①，讨邲之役也，遂东侵郑。郑公子偃帅师御之，使东鄙覆诸鄤②，败诸丘舆③。皇戌如楚献捷。

夏，公如晋，拜汶阳之田④。

许恃楚而不事郑，郑子良伐许。

晋人归楚公子谷臣与连尹襄老之尸于楚，以求知罃。于是荀首佐中军矣，故楚人许之。王送知罃，曰："子其怨我乎？"对曰："二国治戎⑤，臣不才，不胜其任，以为俘馘。执事不以衅鼓，使归即戮，君之惠也。臣实不才，又谁敢怨?"王曰:"然则德我乎⑥?"对曰:"二国图其社稷,而求纾其民,各惩其忿以相宥也⑦,两释累囚以成其好。二国有好,臣不与及,其谁敢德?"王曰:"子归,何以报我?"对曰:"臣不任受怨,君亦不任受德,无怨无德,不知所报。"王曰:"虽然,必告不穀。"对曰:"以君之灵,累臣得归骨于晋,寡君之以为戮,死且不朽。若从君之惠而免之,以赐君之外臣首⑧,首其请于寡君而以戮于宗⑨,亦死且不朽。若不获命,而使嗣宗职⑩,次及于事⑪,而帅偏师以修封疆,虽遇执事,其弗敢违。其竭力致死,无有二心,以尽臣礼。所以报也。"王曰:"晋未可与争。"重为之礼而归之。

秋,叔孙侨如围棘⑫,取汶阳之田。棘不服,故围之。

晋郤克、卫孙良夫伐廧咎如⑬,讨赤狄之余焉。廧咎如溃,上失民也。

冬十一月,晋侯使荀庚来聘,且寻盟。卫侯使孙良夫来聘,且寻盟。公问诸臧宣叔曰:"中行伯之于晋也⑭,其位在三⑮。孙子之于卫也,位为上卿,将谁先?"对曰:"次国之上卿当大国之中,中当其下,下当其上大夫。小国之上卿当大国之下卿,中当其上大夫,下当其下大夫。上下如是,古之制也。卫在晋,不得为次国。晋为盟主,其将先之。"丙午⑯,盟晋。丁未⑰,盟卫,礼也。

十二月甲戌⑱,晋作六军。韩厥、赵括、巩朔、韩穿、荀骓、赵旃皆为卿,赏鞌之功也。

齐侯朝于晋,将授玉。郤克趋进曰:"此行也,君为妇人之笑辱也,寡君未之敢任。"

晋侯享齐侯。齐侯视韩厥，韩厥曰："君知厥也乎⑲？"齐侯曰："服改矣。"韩厥登，举爵曰："臣之不敢爱死，为两君之在此堂也。"

荀䓖之在楚也⑳，郑贾人有将置诸褚中以出㉑。既谋之，未行，而楚人归之。贾人如晋，荀䓖善视之㉒，如实出己㉓。贾人曰："吾无其功，敢有其实乎？吾小人，不可以厚诬君子㉔。"遂适齐。

[注释]

①伯牛：郑国西部地名。　②鄤（màn）：郑国东部地名。　③丘舆：地名，当在郑国东部。　④拜：拜谢。　⑤治戎：交战。　⑥德：感激，用作动词。　⑦惩其忿：戒怒。相宥：互相原谅。　⑧外臣：外邦之臣。臣子对别国国君自称外臣。首：荀首，知䓖之父。　⑨宗：宗庙。　⑩嗣宗职：继承祖上世袭之职。　⑪次及于事：按次序承担政事。　⑫棘：地名，在今山东省肥城市南。一说在山东省泰安市区西南。　⑬廧咎如：赤狄部落名。详见僖公二十三年注。　⑭中行伯：即荀庚。　⑮其位在三：当时晋以郤克为中军帅，位第一；荀首为中军佐，位第二；荀庚为上军帅，位第三，荀庚当为下卿。　⑯丙午：二十八日。　⑰丁未：二十九日。　⑱甲戌：二十六日。　⑲知：认识。　⑳荀䓖：即知䓖。　㉑褚（zhǔ）：盛衣物的口袋。　㉒善视：善待。　㉓如实出己：好像真的把自己救出来了一样。　㉔厚诬：大加欺骗。

[译文]

三年春季，诸侯攻打郑国，驻扎在伯牛，这是为了报复郑国在邲之战中对晋国的不忠，于是从东边入侵郑国。郑国的公子偃率军抵抗，命令东部边境的军队在鄤地设下伏兵，在丘舆击败了诸侯的军队。郑大夫皇戌前往楚国进献俘虏。

夏季,成公前往晋国,就晋国让齐国归还汶阳的田地一事答谢。

许国依仗楚国而不事奉郑国,郑国的子良发兵攻打许国。

晋国人把楚国的公子谷臣和连尹襄老的尸体归还楚国,以求换回知罃。此时知罃的父亲荀首任晋国中军副帅,因此楚国人同意了。楚共王送知罃回国时说:"你怨恨我吗?"知罃回答说:"两国交战,我没有才能,未能胜任自己的职务,成了俘虏。国君的手下没有杀我,让我回国受刑,这是您的恩惠。我实在无能,又敢怨恨谁呢?"共王又说:"那么你感激我吗?"知罃回答说:"两国都为了国家利益,解除百姓的苦难,现在又克制自己的愤怒,互相达成谅解,双方释放战俘,以重修友好关系。两国友好,和我个人并没有什么关系,我又感激谁呢?"共王说:"你回国后,怎么报答我呢?"知罃回答说:"我承担不起受人怨恨,国君也承担不起受人感激,没有怨恨没有感激,我不知道应该报答什么。"共王说:"即使如此,也一定要把你的想法告诉我。"知罃回答说:"托国君的福,被俘之臣的这把骨头得以回到晋国,即使寡君将我杀掉,我也认为死而不朽。如果承蒙您的恩惠,寡君免我一死,把我交给您的外臣荀首,荀首请求寡君同意在宗庙内将我杀死,我也认为死而不朽。如果寡君不同意将我处死,又让我继承祖上的官位,并依次轮到我执掌军务,率领一部分军队保卫边境,即使遇到您的手下,我也不敢违背命令。我将竭尽全力作战,即使战死,也不敢有二心,以此来尽我作为臣子的责任。这就是我对您的报答。"共王感叹说:"看来不能和晋国争衡啊。"于是,对知罃重加礼遇后送他回国。

秋季,鲁国的叔孙侨如围攻棘地,占领了汶阳的田地。这是因为棘地人不肯顺服,所以才围攻他们。

晋国的郤克和卫国的孙良夫攻打廧咎如,讨伐赤狄的残余。廧咎如溃败,这是因为他们的首领失去了百姓的拥护。

冬季十一月,晋景公派遣荀庚来鲁国聘问,同时重温旧盟。卫国也派遣孙良夫来鲁国聘问,并重温旧盟。成公问臧宣叔:"荀庚在晋国位列第三。孙良夫在卫国是上卿,应该先让谁行礼呢?"臧宣叔回答说:"次等国家的上卿相当于大国的中卿,中卿相当于大国的下卿,下卿相当于大国的上大夫。小国的上卿相当于大国的下卿,中卿相当于大国的上大夫,下卿相当于大国的下大夫。位次上下如此,是自古以来的制度。卫国对晋国来说称不上次等国家。晋国为诸侯盟主,应该先让晋国行礼。"二十八日,和晋国结盟。二十九日,和卫国结盟,这是合于礼的。

十二月二十六日,晋国建立六个军。韩厥、赵括、巩朔、韩穿、荀骓、赵旃都做了卿,这是奖赏他们在鞌之战中的功劳。

齐顷公到晋国朝见,将要举行授玉仪式。郤克快步上前说:"这次来访,国君是为了妇人嘲笑小臣来道歉的吧,寡君可担当不起。"

晋景公设宴款待齐顷公。齐顷公盯着韩厥看,韩厥说:"国君您认识我吗?"齐顷公说:"服装改了。"韩厥登上台阶,举起酒杯说:"下臣不敢吝惜一死,就是为了两位国君能在这里欢宴啊。"

知罃在楚国时,有个郑国的商人准备把他藏到装东西的大口袋里带出楚国。已经商量好了,还没有动身,楚国人就送知罃回国了。这个商人到晋国,知罃待他很好,就像他真的救了自己一样。商人说:"我没有那样的功劳,怎么敢接受这样的实惠呢?我是小人,不能这样来欺骗君子。"于是到齐国去了。

成公四年

经 四年春,宋公使华元来聘。三月壬申,郑伯坚卒。杞伯来朝。夏四月甲寅,臧孙许卒。公如晋。葬郑襄公。秋,公至自晋。冬,城郓。郑伯伐许。

传 四年春,宋华元来聘,通嗣君也①。

杞伯来朝，归叔姬故也②。

夏，公如晋，晋侯见公，不敬。季文子曰："晋侯必不免。《诗》曰：'敬之敬之！天惟显思，命不易哉③！'夫晋侯之命在诸侯矣，可不敬乎？"

秋，公至自晋，欲求成于楚而叛晋。季文子曰："不可。晋虽无道，未可叛也。国大臣睦，而迩于我，诸侯听焉，未可以贰。史佚之《志》有之④，曰：'非我族类⑤，其心必异。'楚虽大，非吾族也，其肯字我乎⑥？"公乃止。

冬十一月，郑公孙申帅师疆许田⑦，许人败诸展陂⑧。郑伯伐许，取钼任、泠敦之田⑨。

晋栾书将中军，荀首佐之，士燮佐上军，以救许伐郑。取汜、祭⑩。

楚子反救郑，郑伯与许男讼焉。皇戌摄郑伯之辞⑪，子反不能决也。曰："君若辱在寡君⑫，寡君与其二三臣，共听两君之所欲，成其可知也⑬。不然，侧不足以知二国之成⑭。"

晋赵婴通于赵庄姬⑮。

[注释]

①通嗣君：与继位的国君通好。　②归叔姬：休弃叔姬。叔姬当为鲁女，杞伯夫人。　③"敬之敬之"三句：出自《诗经·周颂·敬之》。详见僖公二十二年注。　④史佚：见僖公十五年注。　⑤族类：指种族。　⑥字：爱。　⑦疆许田：在许国田地上划定疆界。疆，用作动词。　⑧展陂：地名，在今河南省许昌市西北。　⑨钼任、泠敦：地名，在今河南省许昌市建安区。　⑩汜、祭：地名。汜，在今河南

省荥阳市西北。祭，在今郑州市郑东新区。 ⑪摄：代。 ⑫辱在寡君：当时外交辞令，意欲使两君同去朝楚。 ⑬成：判明是非。 ⑭侧：子反名。 ⑮赵婴：即楼婴，又称赵婴齐。赵庄姬：赵朔之妻。赵婴与赵庄姬为夫叔与侄媳通奸。

[译文]

四年春季，宋国的华元前来聘问，是为与新继位的国君通好。

杞伯前来鲁国朝见，因为他准备休弃叔姬。

夏季，成公前往晋国，晋景公会见成公，不够恭敬。季文子说："晋侯一定难免灾祸。《诗经》说：'小心又谨慎！天理昭彰不可欺，常保天命不容易！'晋侯的命运决定于诸侯，怎么能不恭敬呢？"

秋季，成公从晋国回来，准备和楚国结好而背叛晋国。季文子说："不行。晋国虽然无道，但不能背叛。晋国国土广大，群臣和睦，又靠近我国，诸侯听从他的命令，不能有二心。史佚在《志》书中有这样的话：'不是我同一种族的，必然不能同心同德。'楚国虽然是大国，但不是我们的同族，它能够爱护我们吗？"成公改变了主意。

冬季十一月，郑国的公孙申领兵划定所占许国田地的疆界，在展陂被许国人打败。郑悼公讨伐许国。夺取了钜任、泠敦的田地。

晋国的栾书率领中军，荀首为副帅，士燮为上军副帅，前去救援许国讨伐郑国，夺取了郑国的氾、祭二地。

楚国的子反领兵救援郑国，郑悼公和许灵公互相指责。皇戌代表郑悼公发言，子反无法判定谁是谁非。他说："如果二位国君肯屈驾问候寡君，寡君和几个大臣共同听取两位国君的要求，是非曲直就可以判明了。否则，我不足以确定两国谁是谁非。"

晋国的赵婴和赵庄姬私通。

成公五年

经 五年春，王正月，杞叔姬来归。仲孙蔑如宋。夏，叔孙侨如会晋荀首于穀。梁山崩。秋，大水。冬十有一月己酉，天王崩。十有二月己丑，公会晋侯、齐侯、宋公、卫侯、郑伯、曹伯、邾子、杞伯同盟于虫牢。

传 五年春，原、屏放诸齐①。婴曰："我在，故栾氏不作②。我亡，吾二昆其忧哉③。且人各有能有不能，舍我何害④？"弗听。

婴梦天使谓己："祭余，余福女⑤。"使问诸士贞伯⑥，贞伯曰："不识也。"既而告其人曰⑦："神福仁而祸淫。淫而无罚，福也。祭，其得亡乎⑧！"祭之，之明日而亡。

孟献子如宋⑨，报华元也。

夏，晋荀首如齐逆女，故宣伯饩诸穀⑩。

梁山崩⑪，晋侯以传召伯宗⑫。伯宗辟重⑬，曰："辟传⑭！"重人曰⑮："待我，不如捷之速也。"问其所，曰："绛人也。"问绛事焉，曰："梁山崩，将召伯宗谋之。"问："将若之何？"曰："山有朽壤而崩，可若何？国主山川⑯，故山崩川竭，君为之不举⑰，降服⑱，乘缦⑲，彻乐，出次⑳，祝币㉑，史辞以礼焉㉒。其如此而已，虽伯宗若之何？"伯宗请见之㉓，不可。遂以告，而从之。

许灵公诉郑伯于楚。六月，郑悼公如楚，讼，不胜。楚人执皇戌及子国㉔。故郑伯归，使公子偃请成于晋。秋八月，郑伯及晋赵同盟于垂棘㉕。

宋公子围龟为质于楚而还㉖，华元享之。请鼓噪以出，鼓噪以复入，曰："习攻华氏㉗。"宋公杀之。

冬，同盟于虫牢㉘，郑服也。

诸侯谋复会,宋公使向为人辞以子灵之难㉙。

十一月己酉㉚,定王崩。

[注释]

①原、屏:原即赵同,屏即赵括,二人为赵婴之兄。放诸齐:指将赵婴放逐到齐国。 ②栾氏:指栾书等人。不作:不敢作乱。 ③昆:兄。 ④舍:赦免。 ⑤福:用作动词,降福,保佑。 ⑥士贞伯:即士贞子、士渥浊。 ⑦其人:指赵婴所派遣的人。 ⑧其得亡乎:难道能无祸吗?亡,通"无"。 ⑨孟献子:即仲孙蔑。 ⑩宣伯:即叔孙侨如。饩(yùn):馈送食物。 ⑪梁山:梁山有数处,此梁山当在今陕西省韩城市,距黄河不远处。 ⑫传:传车。伯宗:晋大夫。 ⑬辟重:令重车让路。 ⑭辟传:令人躲开传车。 ⑮重人:押送重车的人。 ⑯主山川:以山川为主。 ⑰不举:即食不杀牲、菜肴不丰盛、不用音乐助食。 ⑱降服:不穿华丽衣服。 ⑲乘缦:乘坐无彩饰的车子。一说王乘卿车,自我贬责。 ⑳出次:离开寝宫,居住他处。 ㉑祝币:陈列献神的礼物。 ㉒史辞以礼:太史宣读祭文以礼祭神。 ㉓请见:请求引见给晋侯。 ㉔子国:郑穆公之子公子发。 ㉕垂棘:晋地,在今山西省潞城市北。 ㉖公子围龟:宋文公之子,字子灵。 ㉗习:演习。 ㉘虫牢:郑地,在今河南省封丘县北。 ㉙向为人:宋臣。 ㉚己酉:十二日。

[译文]

五年春季,赵同、赵括准备将赵婴驱逐到齐国。赵婴说:"晋国有我在,所以栾氏就不敢作乱。把我赶走,我的两位兄长将有忧患。再说人各有所能有所不能,赦免我又有什么坏处呢?"赵同和赵括不听。

赵婴梦见天使告诉自己:"祭祀我,我将降福于你。"派人向士贞伯询问,贞伯说:"我不知道。"不久又告诉身边的人:"神灵降福给仁爱之人,降祸于淫乱之人。淫乱而没有受到惩罚,就是福了。祭祀神灵恐怕也得逃亡吧!"赵婴祭祀了神灵,第二天就逃亡了。

鲁国的孟献子前往宋国,对去年华元的聘问进行回访。

夏季,晋国的荀首到齐国迎亲,因此鲁国的叔孙侨如在穀地给他们送去食物。

梁山发生山崩,晋景公用传车召见伯宗。伯宗让一辆载重车让路,说:"快给传车让路!"押送重车的人说:"与其等我让道,不如走捷径更快。"伯宗问他是哪里人,他说:"绛城人。"又问他绛城的情况,他说:"因为发生山崩,国君打算召见伯宗商议此事。"伯宗问:"应该怎么办?"他说:"山因为土质腐朽而崩塌,又能怎么办?国家以山川为主,发生山崩河枯,国君就应减膳撤乐,身着常服,乘坐没有彩饰的车子,不奏音乐,离开寝宫外出居住,给神灵献上礼品,由祝史宣读祭文以祭祀山川之神。也只能这样了,即使让伯宗去办,又能怎么样呢?"伯宗邀他去见国君,他不肯去。伯宗把他的话告诉了晋景公,景公照他的话去做了。

许灵公到楚国控告郑悼公。六月,郑悼公到楚国争讼,结果败诉。楚国人拘留了皇戌和子国。因此郑悼公回国之后,派公子偃到晋国求和。秋季八月,郑悼公和晋国的赵同在垂棘结盟。

宋国的公子围龟在楚当人质,回到宋国,华元设宴招待他。围龟请求击鼓呼叫着从华元家出来,又击鼓呼叫着进去,说:"这是演习攻打华氏。"宋共公把他杀了。

冬季,诸侯在虫牢结盟,因为郑国归顺了晋国。

诸侯商议再次会盟,宋共公派向为人以发生了公子围龟事件为由辞谢。

十一月十二日,周定王去世。

成公六年

经 六年春,王正月,公至自会。二月辛巳,立武宫。

取鄫。卫孙良夫帅师侵宋。夏六月，邾子来朝。公孙婴齐如晋。壬申，郑伯费卒。秋，仲孙蔑、叔孙侨如帅师侵宋。楚公子婴齐帅师伐郑。冬，季孙行父如晋。晋栾书帅师救郑。

传 六年春，郑伯如晋拜成，子游相①，授玉于东楹之东②。士贞伯曰："郑伯其死乎！自弃也已③，视流而行速④，不安其位，宜不能久⑤。"

二月，季文子以鞌之功立武宫⑥，非礼也。听于人以救其难⑦，不可以立武。立武由己，非由人也。

取鄫⑧，言易也。

三月，晋伯宗、夏阳说⑨，卫孙良夫、宁相，郑人，伊、洛之戎，陆浑、蛮氏⑩，侵宋，以其辞会也⑪。师于鍼⑫，卫人不保⑬。说欲袭卫⑭，曰："虽不可入，多俘而归，有罪不及死。"伯宗曰："不可。卫唯信晋，故师在其郊而不设备。若袭之，是弃信也。虽多卫俘，而晋无信，何以求诸侯？"乃止。师还，卫人登陴。

晋人谋去故绛⑮。诸大夫皆曰："必居郇、瑕氏之地⑯，沃饶而近盬⑰，国利君乐，不可失也。"韩献子将新中军，且为仆大夫⑱。公揖而入，献子从。公立于寝庭⑲，谓献子曰："何如？"对曰："不可。郇、瑕氏土薄水浅，其恶易觏⑳。易觏则民愁，民愁则垫隘㉑，于是乎有沉溺重腿之疾㉒。不如新田㉓，土厚水深，居之不疾，有汾、浍以流其恶㉔，且民从教，十世之利也。夫山、泽、林、盬，国之宝也。国饶则民骄佚，近宝，公室乃贫，不可谓乐。"公说，从之。夏四月丁丑㉕，晋迁于新田。

六月，郑悼公卒。

子叔声伯如晋㉖。命伐宋。

秋，孟献子、叔孙宣伯侵宋，晋命也。

楚子重伐郑，郑从晋故也。

冬，季文子如晋，贺迁也。

晋栾书救郑，与楚师遇于绕角㉗。楚师还，晋师遂侵蔡。楚公子申、公子成以申、息之师救蔡，御诸桑隧㉘。赵同、赵括欲战，请于武子㉙，武子将许之。知庄子、范文子、韩献子谏曰："不可。吾来救郑，楚师去我，吾遂至于此，是迁戮也㉚。戮而不已，又怒楚师，战必不克。虽克，不令㉛。成师以出，而败楚之二县，何荣之有焉？若不能败，为辱已甚，不如还也。"乃遂还。

于是，军帅之欲战者众㉜，或谓栾武子曰："圣人与众同欲㉝，是以济事。子盍从众？子为大政㉞，将酌于民者也㉟。子之佐十一人㊱，其不欲战者，三人而已。欲战者可谓众矣。《商书》曰：'三人占，从二人。'众故也。"武子曰："善钧㊲，从众。夫善，众之主也㊳。三卿为主，可谓众矣。从之，不亦可乎？"

[注释]

①子游：即公子偃。　②楹（yíng）：古代堂前东西两大立柱，称东楹、西楹。　③自弃：不尊重自己。　④视流：目光流动。行速：走路慌张。　⑤宜：大概。　⑥武宫：宣扬武功的纪念建筑物。　⑦听于人：听从别人指挥。鞌之战是鲁向晋请求出兵救己难，故军

事上均听从晋人。　⑧鄟（zhuān）：诸侯小国，在今山东省郯城市东北。一说鄟邑。　⑨夏阳说：晋国大夫。　⑩蛮氏：即昭公十六年戎蛮。　⑪辞会：指宋拒绝会见。　⑫鍼：卫邑，在今河南省濮阳市附近。　⑬不保：不加守备。　⑭说：即夏阳说。　⑮故绛：绛为晋都，在今山西省翼城县东南，晋穆侯自曲沃迁都于此。后晋景公迁都新田，也称新田为绛，晋人称故都绛为故绛。　⑯郇（xún）、瑕氏：二地名，郇在解池西北，瑕在解池南。此云择其一。　⑰盬（gǔ）：即盐池，今称解池，在今山西省运城市东南。　⑱仆大夫：即太仆，掌管宫中之事。　⑲寝庭：路寝外的庭院。　⑳恶：指污秽肮脏之物。觏（gòu）：结成，构成。　㉑垫隘：瘦弱。　㉒沉溺：即风湿病。重腿（zhuì）：即足肿。　㉓新田：即今山西省侯马市，距故绛约五十里。　㉔汾、浍（huì）：二水名，汾水流经新田西北，浍水流经新田注入汾水。　㉕丁丑：十三日。　㉖子叔声伯：即公孙婴齐。　㉗绕角：蔡地，在今河南省鲁山县东南。　㉘桑隧：蔡地，在今河南省确山县东。　㉙武子：栾书。　㉚迁戮：即侵蔡。　㉛不令：不好。　㉜军帅：军官。　㉝与众同欲：与众人的愿望相同。　㉞大政：即执政大臣。　㉟酌：斟酌。　㊱佐：辅佐者。　㊲善钧：同样是善。钧，同"均"。　㊳众之主：大众的主张。

[译文]

六年春季，郑悼公去晋国拜谢同意讲和一事，子游担任相礼，在东楹的东边行授玉之礼。士贞伯说："郑伯恐怕要死了吧！因为他不尊重自己，目光游移，走路又快，说明他在君位上不会安定，大概活不久了。"

二月，季文子因为鞌地之战的功勋建立武宫，这是不合礼的。听从别人的话来解救鲁国的灾难，不能标榜武功。建立武宫要靠自己取胜才行，不是靠别人的功劳。

夺取了鄟国，《春秋》记载为"取"，说明非常容易。

三月，晋国的伯宗、夏阳说，卫国的孙良夫、宁相，郑国人，伊、洛的戎人，陆浑、蛮氏，他们联合进攻宋国，因为宋国拒绝参加虫牢会见。联军驻扎在卫国的鍼地，卫国人没有设防。夏阳说准备偷袭卫国，说："即使不能攻进卫都，也可多抓一些俘虏回去，就是有罪也还不至于被处死。"伯宗说："不能这么做。卫国因为信赖晋国，因此尽管我军驻扎在郊外，他们也不防备。如果趁机偷袭，是不讲信用。虽然多抓一些俘虏，但晋国因此而丧失了信用，又怎么能得到诸侯的拥戴呢？"就没有行动。晋军回国，卫国人才登上城墙。

晋国人计划离开故都绛城。大夫们都说："一定要住到郇氏或瑕氏那样的地方，那里肥沃富饶又靠近盐池，对国家有利，又使国君快乐，不能放弃这种好地方。"此时韩献子担任新中军主帅，同时兼任仆大夫。晋景公待群臣朝见礼毕，退入路门，韩献子跟在后面。景公站在寝宫外的庭院里对韩献子说："怎么办呢？"韩献子回答说："不行。郇氏、瑕氏这种地方土地贫瘠，又缺少水源，容易积聚污秽肮脏之物。有了污秽肮脏之物，百姓就会愁苦不堪；百姓愁苦不堪，身体就会羸弱，因此就会滋生风湿和脚肿等疾病。不如迁往新田，那里土厚水深，居住不会生病，又有汾水和浍水冲走各种污秽肮脏之物，而且百姓服从教导，您的子孙十代可以安享其利。大山、沼泽、森林、盐池，是国家的宝藏。国家富裕，百姓就会骄傲放纵，靠近宝藏之地，公室就会贫困，不能说是快乐。"景公很高兴，听从了他的意见。夏季四月十三日，晋国迁都到新田。

六月，郑悼公去世。

鲁国的子叔声伯前往晋国。晋国命令鲁国攻打宋国。

秋季，孟献子、叔孙宣伯入侵宋国，这是执行晋国的命令。

楚国的子重攻打郑国，原因是郑国又归顺了晋国。

冬季，季文子前往晋国，祝贺晋国迁都。

晋国的栾书救援郑国，与楚军在绕角相遇。楚军撤退，晋军随后攻打蔡国。楚国的公子申、公子成率领申地、息地的军队救援蔡国，在桑隧抵抗晋军。赵同、赵括准备出战,向栾书请示,栾书准备同意。荀首、士燮、韩厥劝阻说:"不行。我们本是来救郑国,因为楚军避开我们,我们才到了这里,这是转移杀戮的对象。杀戮没有停止,又激怒了楚军,作战肯定不能取胜。即使战胜,也不是好事。出动大军,仅仅打败楚国两个县的军队,有什么好光荣呢?如果不能打败他们,蒙受的耻辱就更大了,不如回去吧。"于是晋军就退兵回国了。

此时军中将领有很多人主张作战,有人对栾书说:"圣人与大众的愿望相同,所以能够成功。您怎么不听从大家的意见呢?您是执政大臣,应该斟酌百姓的意见。在您的十一位副帅之中,只有三个人不想作战。主张作战的可以说是多数了。《商书》说:'如果有三个人占卜,就听从两个人的。'因为是多数。"栾书说:"如果大家的意见都是善,就听从多数人的意见。善是大家的主张。现在有三位卿持有同一主张,也可以说是'大家'了吧。听从他们的,不也可以吗?"

成公七年

经 七年春,王正月,鼷鼠食郊牛角,改卜牛。鼷鼠又食其角,乃免牛。吴伐郯。夏五月,曹伯来朝。不郊,犹三望。秋,楚公子婴齐帅师伐郑。公会晋侯、齐侯、宋公、卫侯、曹伯、莒子、邾子、杞伯救郑。八月戊辰,同盟于马陵。公至自会。吴入州来。冬,大雩。卫孙林父出奔晋。

传 七年春,吴伐郯,郯成。

季文子曰:"中国不振旅①,蛮夷入伐,而莫之或恤,无吊者也夫②!《诗》曰:'不吊昊天,乱靡有定③。'其此之谓乎!有上不吊④,其谁不受乱?吾亡无日矣!"君子曰："知惧如是，斯不亡矣。"

郑子良相成公以如晋，见，且拜师⑤。

夏，曹宣公来朝。

秋，楚子重伐郑，师于氾⑥。诸侯救郑。郑共仲、侯羽军楚师⑦，囚郧公钟仪，献诸晋。

八月，同盟于马陵⑧，寻虫牢之盟，且莒服故也。

晋人以钟仪归，囚诸军府⑨。

楚围宋之役，师还，子重请取于申、吕以为赏田⑩，王许之。申公巫臣曰："不可。此申、吕所以邑也，是以为赋，以御北方。若取之，是无申、吕也。晋、郑必至于汉⑪。"王乃止。子重是以怨巫臣。子反欲取夏姬，巫臣止之，遂取以行，子反亦怨之。及共王即位，子重、子反杀巫臣之族子阎、子荡及清尹弗忌及襄老之子黑要，而分其室。子重取子阎之室，使沈尹与王子罢分子荡之室，子反取黑要与清尹之室。巫臣自晋遗二子书，曰："尔以谗慝贪婪事君，而多杀不辜。余必使尔罢于奔命以死⑫。"

巫臣请使于吴，晋侯许之。吴子寿梦说之。乃通吴于晋⑬。以两之一卒适吴⑭，舍偏两之一焉⑮。与其射御⑯，教吴乘车，教之战陈，教之叛楚。置其子狐庸焉⑰，使为行人于吴⑱。吴始伐楚、伐巢、伐徐⑲，子重奔命。马陵之会，吴入州来⑳，子重自郑奔命㉑。子重、子反于是乎一岁七奔命。蛮夷属于楚者，吴尽取之。是以始大㉒，通吴于上国㉓。

卫定公恶孙林父㉔。冬，孙林父出奔晋。卫侯如晋，晋反戚焉㉕。

[注释]

①中国：当时华夏各国的总称。振旅：整顿军备。　②无吊者：即无善君。吊，在甲骨文及金文中"叔""吊"是同一字。叔，同"淑"，善。　③"不吊昊天"二句：出自《诗经·小雅·节南山》。昊天，苍天。靡，无。　④上：指霸主。　⑤拜师：拜谢去年出兵救郑。　⑥氾：此地为南氾，在今河南省襄城县。　⑦军：包围。　⑧马陵：卫地，在今河北省大名县东南。　⑨军府：军用仓库。　⑩吕：古国名，姜姓，为楚所灭，故城在今河南省南阳市西。　⑪汉：汉水。　⑫罢：通"疲"。　⑬通：通好。　⑭两之一卒：合两偏为一卒的战车，即兵车三十辆。　⑮舍偏两之一：留下卒中一偏，即兵车十五辆。　⑯射御：射手和驭手。　⑰置其子：留下其子。　⑱行人：外交人员。　⑲巢、徐：均为楚之属国。巢在今安徽省巢湖市东北；徐在今安徽省泗县西北。　⑳州来：楚属国，在今安徽省凤台县境。㉑奔命：奉命奔驰以御吴军。　㉒大：强大。　㉓上国：指中原诸国。　㉔孙林父：孙良夫之子，又称孙文子。　㉕戚：本孙氏采邑，孙林父奔晋，戚邑随孙氏归晋。戚，在今河南省濮阳市区。

[译文]

七年春季，吴国攻打郯国，郯国求和。

季文子说："中原各国不整顿军队，遭到蛮夷的入侵，竟然没有人对此感到忧虑，这是缺乏善良君主的缘故啊！《诗经》说：'上天不仁，祸乱不停。'说的就是这种情况吧！即使有了霸主，但他不仁不善，又有谁能避免遭受祸乱呢？我们离灭亡不远了！"君子说："能像这样知道戒惧就不至于灭亡了。"

郑国的子良作为郑成公的相礼前往晋国，朝见晋景公，见面后，同时拜谢去年晋国出兵救郑。

夏季，曹宣公来鲁国朝见。

秋季，楚国的令尹子重攻打郑国，进军至氾地。诸侯救援郑国。郑国的共仲、侯羽包围了楚军，将郧公钟仪抓获，献给了晋国。

八月，诸侯在马陵会盟，重温虫牢的盟约，同时也是因为莒国归顺了晋国。

晋国人带着钟仪回国，囚禁在军用仓库中。

楚国围攻宋国那次战役，楚军回国后，令尹子重请求将申、吕两地赏给他，楚庄王同意了。申公巫臣说："不能这么做。申、吕两地所以成为城邑，是因为这里能征收兵赋，以抵御北方的入侵。如果赏给私人，就等于丧失了申、吕两邑。晋、郑两国一定会进逼到汉水。"于是庄王取消了这一决定。子重因此而怨恨巫臣。子反想娶夏姬，巫臣阻拦他，结果自己娶了夏姬逃到晋国，子反也恨他。等到楚共王即位，子重、子反杀了巫臣的族人子阎、子荡、清尹弗忌和襄老的儿子黑要，并且瓜分了他们的家产。子重取得了子阎的家产，让沈尹和王子罢分了子荡的家产，子反取得了黑要和清尹的家产。巫臣从晋国写信给子重、子反说："你们靠邪恶和贪婪事奉国君，杀了很多无罪之人。我一定要让你们疲于奔命直至死亡。"

巫臣请求出使吴国，晋景公同意了。吴子寿梦很喜欢他。巫臣使吴、晋两国建立了友好关系。他去吴国时带了三十辆兵车，留下十五辆。送给吴国射手和御者，教吴国人驾驶战车，教他们使用战阵，教他们背叛楚国。把自己的儿子狐庸送到吴国做了外交官。吴国开始攻打楚国、巢国和徐国，子重奉命奔驰救援。诸侯在马陵会盟时，吴国攻入州来，子重从郑国赶去救援。就这样子重、子反在一年内奉命七次奔波救援。从前属于楚国的蛮夷，都被吴国夺走了。吴国因此开始强大起来，并和中原各国来往。

卫定公讨厌孙林父。冬季，孙林父逃亡到了晋国。卫定公到晋国，晋国把戚邑还给了卫国。

成公八年

经 八年春，晋侯使韩穿来言汶阳之田，归之于齐。晋栾书帅师侵蔡。公孙婴齐如莒。宋公使华元来聘。夏，宋公使公孙寿来纳币。晋杀其大夫赵同、赵括。秋七月，天子使召伯来赐公命。冬十月癸卯，杞叔姬卒。晋侯使士燮来聘。叔孙侨如会晋士燮、齐人、邾人伐郯。卫人来媵。

传 八年春，晋侯使韩穿来言汶阳之田，归之于齐。季文子饯之①，私焉②，曰："大国制义以为盟主③，是以诸侯怀德畏讨，无有贰心。谓汶阳之田，敝邑之旧也，而用师于齐④，使归诸敝邑。今有二命曰⑤：'归诸齐。'信以行义，义以成命，小国所望而怀也。信不可知，义无所立，四方诸侯，其谁不解体⑥？《诗》曰：'女也不爽，士贰其行。士也罔极，二三其德⑦。'七年之中，一与一夺，二三孰甚焉？士之二三，犹丧妃耦⑧，而况霸主？霸主将德是以，而二三之，其何以长有诸侯乎？《诗》曰：'犹之未远，是用大简⑨。'行父惧晋之不远犹而失诸侯也⑩，是以敢私言之。"

晋栾书侵蔡，遂侵楚，获申骊⑪。

楚师之还也，晋侵沈，获沈子揖初，从知、范、韩也⑫。君子曰："从善如流，宜哉！《诗》曰：'恺悌君子，遐不作人⑬？'求善也夫！作人，斯有功绩矣。"

是行也，郑伯将会晋师，门于许东门，大获焉。

声伯如莒，逆也。

宋华元来聘,聘共姬也。

夏,宋公使公孙寿来纳币⑭,礼也。

晋赵庄姬为赵婴之亡故,谮之于晋侯,曰:"原、屏将为乱。"栾、郤为征⑮。六月,晋讨赵同、赵括。武从姬氏畜于公宫⑯。以其田与祁奚⑰。韩厥言于晋侯曰:"成季之勋⑱,宣孟之忠⑲,而无后,为善者其惧矣。三代之令王⑳,皆数百年保天之禄。夫岂无辟王㉑?赖前哲以免也㉒。《周书》曰:'不敢侮鳏寡。'所以明德也。"及立武,而反其田焉。

秋,召桓公来赐公命。

晋侯使申公巫臣如吴,假道于莒。与渠丘公立于池上㉓,曰:"城已恶㉔!"莒子曰:"辟陋在夷㉕,其孰以我为虞㉖?"对曰:"夫狡焉思启封疆以利社稷者㉗,何国蔑有㉘?唯然,故多大国矣,唯或思或纵也㉙。勇夫重闭㉚,况国乎?"

冬,杞叔姬卒。来归自杞,故书。

晋士燮来聘,言伐郯也,以其事吴故。公赂之,请缓师。文子不可㉛,曰:"君命无贰,失信不立㉜。礼无加货㉝,事无二成㉞。君后诸侯,是寡君不得事君也。燮将复之。"季孙惧,使宣伯帅师会伐郯。

卫人来媵共姬,礼也。凡诸侯嫁女,同姓媵之,异姓则否。

[注释]

①饯:设酒食送行。 ②私:私人交谈。 ③制义:处理事务适宜。

④用师：指成公二年齐、晋鞌之战。 ⑤二命：不同的命令。 ⑥解体：瓦解，涣散。 ⑦"女也不爽"四句：出自《诗经·卫风·氓》。爽，差错。士贰其行，男人的行为有过错。贰，当为"忒"之误字。爽、忒同义互文。罔极，无标准。二三其德，三心二意。 ⑧妃耦：配偶。妃，同"配"。 ⑨"犹之未远"二句：出自《诗经·大雅·板》。意为谋略无远见。犹，同"猷"，谋。大简，极力规劝。简，谏。 ⑩行父：即季文子。 ⑪申骊：楚大夫。 ⑫知、范、韩：指知庄子、范文子、韩献子。 ⑬"恺悌君子"二句：见《诗经·大雅·旱麓》。恺悌，平易近人。遐不作人，何不起用人才。 ⑭纳币：古代婚礼"六礼"之一。也称"纳徵"。男女两方缔婚之后，男家把聘礼送给女家。 ⑮栾、郤为征：栾氏、郤氏作证。 ⑯武：赵武。 ⑰祁奚：晋臣，又称祁大夫。 ⑱成季：赵衰，辅佐晋文公有功。 ⑲宣孟：即赵盾。 ⑳令王：贤明君王。 ㉑辟王：邪僻的君王。 ㉒前哲：即先代令王。 ㉓渠丘公：莒君。池：护城河。 ㉔已：太、甚。 ㉕辟陋在夷：偏僻狭小而又处在蛮夷之地。 ㉖以我为虞：把我国作为觊觎的对象。虞，企望。此处指觊觎。 ㉗狡：狡猾的人。 ㉘蔑：无。 ㉙或思或纵：有的思虑做好准备，有的放纵而不设防。 ㉚重闭：内外门户层层关闭。 ㉛文子：即士燮。 ㉜失信不立：完不成使命难以自立。 ㉝礼无加货：依礼不应增加财币。此为拒绝受贿。 ㉞事无二成：即出师与缓师，二者只能择其一。此为拒绝缓师。

[译文]

八年春季，晋景公派韩穿来鲁国商谈汶阳田地之事，要求把田地还给齐国。季文子给韩穿饯行时，和他私下交谈，说："大国处理事务合乎道义而成为诸侯盟主，因此诸侯感怀它的德行，害怕受到攻伐，不敢有三心二意。说起汶阳之田，本是我国领土，对齐国用兵之后，才迫使齐国归还我国。现在又有了不同的命令：'再归还齐国。'道义要靠信用推行，命令要靠道义执行，这是小国所期望和感怀的。信用不能得知，道义无所树立，四方诸侯能不离心涣散吗？《诗经》说：'女人并无过错，是男人的行为不对。男人心中没有主意，他的行为变化无常。'七年之内，给予一次又夺回一次，还有比这更三心二意的吗？男人变化无常，尚且会失去恋人，更何况是诸侯盟主呢？作为霸主必须依靠德行，如果朝令夕改，怎么能长期得到诸侯的拥戴呢？《诗经》说：'您的谋略无远见，我就极力来劝谏。'我担心晋国不能深谋远虑而失去诸侯，所以才敢私下对您说这些话。"

晋国的栾书领兵入侵蔡国，随后又侵入楚国，俘虏了楚国大夫申骊。

楚军回国时，晋国入侵沈国，俘虏了沈子揖初，这是听从了荀首、士燮、韩厥意见的结果。君子认为："采纳善言像流水一样爽快，这是很恰当的啊！《诗经》说：'平易近人的君子，怎么不起用人才？'说的就是求取善人吧。起用人才，才能建立功绩。"

在这次行动中，郑成公准备会合晋军，攻打许都的东门，俘获很多。

鲁国的声伯前往莒国，是为自己迎亲。

宋国的华元来鲁国聘问，为宋共公聘共姬为夫人。

夏季，宋共公派公孙寿来鲁国致送聘礼，这是合乎礼的。

晋国的赵庄姬因为赵婴逃亡一事，在晋景公面前诬陷赵同和赵括，说："赵同和赵括准备叛乱。"栾氏和郤氏为她作证。六月，晋国人讨伐赵同、赵括。赵武跟着庄姬住在晋景公的宫内。晋景公把赵氏的田地赐给祁奚。韩厥对晋景公说："以赵衰的功勋，赵盾的忠诚，却没有后代，做好事的人就要害怕了。夏、商、周三代贤明的君王都能够几百年享有上天的福禄。难道其间就没有昏君吗？都是依靠贤明的祖先得以免除灾祸。《周书》说：'不要欺侮鳏夫寡妇。'就是为了宣扬德行。"于是晋景公把赵武立为赵氏继承人，把赵氏的田地还给了他。

秋季，召桓公来鲁国传达天子对成公的赐命。

晋景公派申公巫臣到吴国，向莒国借道。巫臣和渠丘公站在护城河边说："城墙太破旧了！"渠丘公说："我国地处偏远，身处夷蛮之地，谁还会打我们的主意呢？"巫臣说："想扩展疆土以有利于自己国家的狡诈的人，哪个国家没有？正因为如此，才出现了很多大国，只是有的小国警惕性高，有的则疏于提防。一个勇敢的人在睡觉时都要关闭门窗，更何况是一个国家呢？"

冬季，杞叔姬去世。因为她是被杞君休弃回国的，所以《春秋》加以记载。

晋国的士燮来鲁国聘问，说要攻打郯国，因为郯国事奉吴国。成公送给士燮财礼，请求让鲁国暂缓出兵。士燮不同意，说："国君的命令说一不二，失去信义就难以自立。规定的礼物之外不能任意增加，事情不能两全其美。如果国君出兵晚于其他诸侯，那么寡君就不能再事奉国君了。我将向寡君汇报。"季孙害怕了，让宣伯领兵会同晋军讨伐郯国。

卫国人送来女子作为共姬的陪嫁，这是合乎礼的。凡是诸侯女儿出嫁，同姓国家就要送女作为陪嫁，异姓国家不送。

成公九年

经 九年春，王正月，杞伯来逆叔姬之丧以归。公会晋侯、齐侯、宋公、卫侯、郑伯、曹伯、莒子、杞伯，同盟于蒲。公至自会。二月，伯姬归于宋。夏，季孙行父如宋致女。晋人来媵。秋七月丙子，齐侯无野卒。晋人执郑伯。晋栾书帅师伐郑。冬十有一月，葬齐顷公。楚公子婴齐帅师伐莒。庚申，莒溃。楚人入郓。秦人、白狄伐晋。郑人围许。城中城。

传 九年春，杞桓公来逆叔姬之丧①，请之也。杞叔姬卒，为杞故也。逆叔姬，为我也。

为归汶阳之田故，诸侯贰于晋。晋人惧，会于蒲②，以寻马陵之盟。季文子谓范文子曰："德则不竞，寻盟何为？"范文子曰："勤以抚之③，宽以待之，坚强以御之，明神以要之④，柔服而伐贰，德之次也。"

是行也，将始会吴，吴人不至。

二月，伯姬归于宋。

楚人以重赂求郑，郑伯会楚公子成于邓⑤。

夏，季文子如宋致女⑥，复命，公享之。赋《韩奕》之五章⑦。穆姜出于房⑧，再拜，曰："大夫勤辱，不忘先君以及嗣君⑨，施及未亡人⑩。先君犹有望也。敢拜大夫之重勤⑪。"又赋《绿衣》之卒章而入⑫。

晋人来媵，礼也。

秋，郑伯如晋。晋人讨其贰于楚也，执诸铜鞮⑬。

栾书伐郑，郑人使伯蠲行成⑭，晋人杀之，非礼也。兵交，使在其间可也。

楚子重侵陈以救郑。

晋侯观于军府，见钟仪，问之曰："南冠而絷者⑮，谁也？"有司对曰："郑人所献楚囚也。"使税之⑯，召而吊之⑰。再拜稽首。问其族⑱，对曰："泠人也⑲。"公曰："能乐乎？"对曰："先人之职官也，敢有二事？"使与之琴，操南音⑳。公曰："君王何如？"对曰："非小人之所得知也。"固问之㉑，对曰："其为大子也，师保奉之，以朝于婴齐而夕于侧也㉒。不知其他。"公语范文子，文子曰："楚囚，君子也。言称先职，不背本也。乐操土风㉓，不忘旧也。称大子，抑无私也㉔。名其二卿㉕，尊君也。不背本，仁也。不忘旧，信也。无私，忠也。尊君，敏也。仁以接事㉖，信以守之，忠以成之，敏以行之。事虽大，必济。君盍归之，使合晋、楚之成㉗？"公从之，重为之礼，使归求成。

冬十一月，楚子重自陈伐莒，围渠丘㉘。渠丘城恶㉙，众溃，奔莒。戊申㉚，楚入渠丘。莒人囚楚公子平，楚人曰："勿杀！吾归而俘。"莒人杀之。楚师围莒。莒城亦恶，庚申㉛，莒溃。楚遂入郓。莒无备故也。

君子曰："恃陋而不备㉜，罪之大者也。备豫不虞㉝，善之大者也。莒恃其陋，而不修城郭，浃辰之间㉞，而楚克其三都，无备也夫！《诗》曰㉟：'虽有丝麻，无弃菅蒯。虽有姬姜，无弃蕉萃。凡百君子，莫不代匮。'言备之不可以已也。"

秦人、白狄伐晋，诸侯贰故也。

郑人围许，示晋不急君也㊱。是则公孙申谋之，曰："我出师以围许，伪将改立君者，而纾晋使㊲，晋必归君。"

城中城㊳，书，时也。

十二月，楚子使公子辰如晋㊴，报钟仪之使，请修好结成。

[注释]

①丧：尸体。　②蒲：卫地，在今河南省长垣县东。下句"马陵之盟"在成公七年。　③勤以抚之：即"抚之以勤"的倒装，下列三个句子用法同此。　④明神：指会盟。要：约束。　⑤邓：国名，鲁

庄公十六年为楚所灭。 ⑥致女：古代女子出嫁，使大夫随行聘问。 ⑦奕：《诗经·大雅》篇名。 ⑧穆姜：伯姬之母。 ⑨先君：指鲁宣公，即穆姜之夫，伯姬之父。嗣君：指鲁成公，伯姬之兄。 ⑩施：延续。未亡人：当时寡妇自称。 ⑪重勤：倍加辛勤。 ⑫《绿衣》：《诗经·邶风》篇名。 ⑬铜鞮（dī）：晋侯的别宫，在今山西省沁县南。 ⑭伯蠲：郑臣。 ⑮南冠：楚人的帽子。絷（zhí）：拘禁，束缚。 ⑯税：同"脱"，解脱。 ⑰吊：慰问。 ⑱族：世官。 ⑲泠人：乐官，亦作"伶人"。 ⑳南音：南方各地乐调。 ㉑固问之：一再问他。 ㉒朝于婴齐：早晨向令尹子重请教。夕于侧：晚上向司马子反请教。侧，即司马子反。 ㉓土风：乡土乐调，即南音。 ㉔抑：语气助词。 ㉕名其二卿：直呼二卿的名字。 ㉖接事：处理事务。 ㉗合晋、楚之成：洽商晋、楚媾和的事情。 ㉘渠丘：莒地，在今山东省莒县东南。 ㉙城恶：城墙毁坏。 ㉚戊申：初五日。 ㉛庚申：十七日。 ㉜陋：简陋。 ㉝备豫不虞：预先防备意料之外的事情。豫，预先有防备。不虞，预料之外。 ㉞浃（jiā）辰：十二日。浃，遍。辰，即从子到亥十二辰。 ㉟《诗》曰：以下诗句或出自《逸诗》，今《诗经》无此文。菅（jiān）蒯（kuǎi），两种多年生草本植物，古人用以编织席、鞋、绳索等。姬、姜，指代美女。蕉萃，即憔悴，指代面黄肌瘦的丑女。代匮，缺此少彼。 ㊱不急君：不急于救出国君。 ㊲纾晋使：暂不派使者去晋国。 ㊳城中城：在城中筑内城。 ㊴公子辰：字子商，楚太宰。

[译文]

九年春季，杞桓公前来接回叔姬的灵柩，这是应鲁国请求而来。杞叔姬去世，是因为被杞国遗弃。杞国迎回叔姬的尸体，是因为鲁国的请求。

因为让鲁国把汶阳田地归还齐国一事，诸侯对晋国都有了二心。晋国人非常担心，和诸侯在蒲地会盟，以重温马陵的盟约。季文子对士燮说:"德行已趋衰落,重温旧盟有什么用呢?"士燮说:"以勤勉安抚诸侯,以宽厚对待诸侯,以坚强驾驭诸侯,以盟誓约束诸侯,怀柔顺服者,讨伐三心二意者,这是次一等的德行。"

这次会盟,准备开始和吴国会见,但吴国人没有来。

二月,伯姬嫁到宋国。

楚国送重礼给郑国,要求郑国归服,郑成公在邓地和楚国的公子成会见。

夏季,季文子到宋国聘问伯姬,回国复命,成公设宴招待他。季文子吟诵《韩奕》一诗的第五章。穆姜从里屋走出来,两次下拜,说:"大夫辛苦了,不忘先君和国君,还延及我这个未亡人。先君也是这样期望您的。再次拜谢大夫的加倍辛劳。"又吟诵《绿衣》一诗的最后一章后才进去。

晋国人送来女子作为陪嫁,这是合乎礼的。

秋季,郑成公前往晋国。晋国人为了惩罚他又投靠楚国,在铜鞮把他抓了起来。

栾书攻打郑国,郑国派伯蠲求和,晋国人把他杀了,这是不合礼的。两国交兵,使者可以在其间往来。

楚国的子重入侵陈国以救援郑国。

晋景公视察军用仓库,看到被囚禁的钟仪,问看管的人:"那个头戴南方帽子的是谁呢?"主管官吏回答说:"是郑国人献来的楚国俘虏。"景公让他给钟仪松绑,并召见安慰了他一番。钟仪两次叩头表示感谢。景公问起他的世系职业,他回答说:"是乐官。"景公又问:"你能演奏音乐吗?"回答说:"先人就是主管这个的,我还能从事别的职业吗?"让人给他琴,他弹奏的是南方乐曲。景公又问:"你们国君怎么样?"钟仪回答说:"这不是小人所能知道的。"再三问他,他才回答说:"他做太子时有师保事奉,每天早晨请教令尹子重,晚上又请教司马子反。其他情况我就不知道了。"景公把这话告诉了士燮,士燮说:"钟仪真是个君子。说话时先提到先人的官职,说明他没有忘本。奏乐时弹奏家乡乐曲，说明他没有忘旧。说起国君做太子时的事情，说明他没有私心。直呼本国两位卿的名字，表示对国君您的尊重。不忘本就是仁，不忘旧就是信，没有私心就是忠，尊重国君就是敏。依靠仁来做事，依靠信来保持，依靠忠来完成，依靠敏来推行。即使再大的事也能成功。国君何不放他回去，让他成就晋、楚两国的友好关系呢？"景公听从了士燮的建议，对钟仪多加礼遇，让他回国为晋国求和。

冬季十一月，楚国的子重从陈国出发攻打莒国，包围了渠丘。渠丘城墙破旧，民众溃散，逃到了莒国都城。五日，楚军开进渠丘。莒国人俘虏了楚国的公子平，楚国人说："别杀他！我们放回你们的俘虏。"莒国人把公子平杀了。楚军包围了莒城。莒都的城墙也很破旧，十七日，莒军溃散。楚军进入郓城。这是莒国没有设防的缘故。

君子评论说："凭借地处偏僻而不加防备，这是罪中之大罪。提防意外，则是善中之大善。莒国依仗其地处偏僻而不修治城郭，在十二天之内，楚国攻克了它的三个城邑，这完全是没有防备的结果啊！《诗经》说：'虽然有了丝麻，也不要丢掉杂草。虽然有了美人，也不要遗弃老妻。即使是君子，也难保缺此少彼。'说的就是防备不能停止啊！"

秦国人和白狄攻打晋国，这是因为诸侯对晋国有了二心。

郑国人包围了许国，向晋国表示他们并不急于救出国君。这是公孙申的主意，他说："我们出兵围攻许国，假装打算另立国君，暂时不派使者到晋国，晋国一定会把国君送回来。"

鲁国在都城内修筑内城，《春秋》记载此事，是因为合乎时令。

十二月，楚共王派公子辰前往晋国，回报钟仪的使命，请求重修旧好，订立和约。

成公十年

经 十年春，卫侯之弟黑背帅师侵郑。夏四月，五卜郊，不从，乃不郊。五月，公会晋侯、齐侯、宋公、卫侯、曹伯伐郑。齐人来媵。丙午，晋侯獳卒。秋七月，公如晋。冬十月。

传 十年春，晋侯使籴茷如楚①，报大宰子商之使也②。

卫子叔黑背侵郑③，晋命也。

郑公子班闻叔申之谋④。三月，子如立公子繻⑤。夏四月，郑人杀繻，立髡顽⑥。子如奔许。栾武子曰："郑人立君，我执一人焉，何益？不如伐郑而归其君，以求成焉。"晋侯有疾。五月，晋立大子州蒲以为君，而会诸侯伐郑。郑子罕赂以襄钟⑦，子然盟于修泽⑧，子驷为质⑨。辛巳⑩，郑伯归。

晋侯梦大厉⑪，被发及地⑫，搏膺而踊⑬，曰："杀余孙⑭，不义。余得请于帝矣！"坏大门及寝门而入。公惧，入于室。又坏户⑮。公觉⑯，召桑田巫⑰。巫言如梦。公曰："何如？"曰："不食新矣⑱。"公疾病⑲，求医于秦。秦伯使医缓为之⑳。未至，公梦疾为二竖子㉑，曰："彼，良医也。惧伤我㉒，焉逃之？"其一曰："居肓之上、膏之下㉓，若我何？"医至，曰："疾不可为也。在肓之上、膏之下，攻之不可㉔，达之不及㉕，药不至焉，不可为也。"公曰："良医也。"厚为之礼而归之。六月丙午㉖，晋侯欲麦㉗，使甸人献麦㉘。馈人为之㉙。召桑田巫，示而杀之㉚。将食，张㉛，如厕，陷而卒㉜。小臣有晨梦负公以登天㉝，及日中，负晋侯出诸厕。遂以为殉。

郑伯讨立君者,戊申㉞,杀叔申、叔禽㉟。君子曰:"忠为令德,非其人犹不可㊱,况不令乎?"

秋,公如晋。晋人止公,使送葬。于是籴茷未反。

冬,葬晋景公。公送葬,诸侯莫在。鲁人辱之,故不书,讳之也。

[注释]

①籴茷(fá):晋大夫。 ②子商:即公子辰。 ③子叔黑背:卫穆公之子。 ④叔申:即公孙申。 ⑤子如:即公子班。公子繻(xū):郑襄公之子,郑成公庶兄。 ⑥髠(kūn)顽:郑成公太子,即郑僖公。 ⑦子罕:郑臣,即公子喜。襄钟:郑襄公宗庙内的钟。 ⑧子然:郑臣,郑穆公之子。修泽:郑地,在今河南省原阳县西南。 ⑨子驷:郑臣,郑穆公之子,又称公子騑。 ⑩辛巳:十一日。 ⑪大厉:恶鬼。 ⑫被发:披发。 ⑬搏膺:捶胸。踊:跳。 ⑭杀余孙:当指晋侯杀赵同、赵括之事。 ⑮户:内室之门。 ⑯觉:醒。 ⑰桑田巫:桑田的巫人。桑田,晋邑。 ⑱不食新:吃不到新麦。即死在尝新之前。 ⑲疾病:病重。 ⑳医缓:医生,名缓。为:诊治。 ㉑竖子:儿童。 ㉒惧伤我:恐怕要伤害我们。 ㉓居肓(huāng)之上、膏之下:待在肓的上面,膏的下面。古代医学上把心尖脂肪叫膏,心脏与膈膜之间叫肓,肓上膏下为药与针灸所不能达到的地方。 ㉔攻:指灸。 ㉕达:指针。 ㉖丙午:初六日。 ㉗欲麦:即尝新。 ㉘甸人:官名。据《礼记·祭义》载,诸侯有藉田百亩,甸人主管藉田,并供给野物。 ㉙馈人:为诸侯主持饮食之官。 ㉚示:即拿新麦给他看。 ㉛张:今作"胀",肚子发胀。 ㉜陷而卒:跌入粪坑而死。 ㉝小臣:宦官。 ㉞戊申:初八日。 ㉟叔申、叔禽:叔申即公孙申,叔禽为叔申之弟。 ㊱非其人:不是那种人。

[译文]

十年春季,晋景公派大夫籴茷到楚国,回报太宰公子商出使晋国。

卫国的子叔黑背入侵郑国,这是晋国的命令。

郑国的公子班听从了公孙申的计谋。三月,公子班立公子繻为国君。夏季四月,郑国人杀了公子繻,立髡顽为国君。公子班逃亡许国。晋国的栾书说:"郑国人又立了新君,我们囚禁一个普通人,有什么好处呢?不如攻打郑国把他们的国君送回去,以此求和。"晋景公患了病。五月,晋国人立太子州蒲为新君,会合诸侯攻打郑国。郑国的子罕把郑襄公庙里的钟送给晋国,子然和诸侯在修泽结盟,子驷到晋国做人质。十一日,郑成公回到国内。

晋景公夜里梦见一个大鬼,头发披散到地上,捶胸跳跃,对景公说:"你杀了我的子孙,这是不义。我已经得到上帝允许要为子孙报仇了。"捣毁宫门和屋门走了进来。景公非常害怕,躲到内室。又捣毁内室的门。景公惊醒后,召请桑田的巫师。巫师的叙述和景公梦中所见一样。景公问:"这是什么意思呢?"巫师说:"国君吃不到新收的麦子了。"景公病情越来越重,派人到秦国求医。秦桓公派医缓来给景公治疗。医缓还未来到,景公又梦见疾病变成两个小孩,一个说:"他是个名医,恐怕要伤害我们,逃到哪里好呢?"另一个说:"我们躲到肓的上面、膏的下面,他能把我们怎么样?"医缓到晋国诊断后说:"国君的病已经不能治了。它在肓之上、膏之下,艾灸烧不到,针刺够不着,药力达不到,不能治了。"景公说:"真是个好医生。"就赏给他很多礼物,送他回国了。六月六日,景公想吃新麦子,让管理土地的人献上麦子。厨师做好后端了上来。景公把桑田的那个巫师招来,把做好的新麦让他看,然后把他杀了。景公正要进食,忽然肚子发胀,就到厕所去,跌进粪坑里淹死了。一个宦官早晨做梦梦见背着景公上了天,等到中午,果然把景公从厕所背了出来。晋国就让他为景公殉葬。

郑成公要惩治另立新君的人，六月八日，杀了叔申和叔禽。君子认为："忠诚是美德，但效忠的对象不合适也不行，何况他本身就不善良呢？"

秋季，成公到晋国访问。晋国人强留成公，让他为景公送葬。这时籴茷还没有回来。

冬季，安葬了晋景公。成公为景公送葬，诸侯都没有参加。鲁国人以此为耻辱，所以《春秋》没有记载，是故意避讳。

成公十一年

经 十有一年春，王三月，公至自晋。晋侯使郤犫来聘。己丑，及郤犫盟。夏，季孙行父如晋。秋，叔孙侨如如齐。冬十月。

传 十一年春，王三月，公至自晋。晋人以公为贰于楚，故止公。公请受盟，而后使归。

郤犫来聘①，且莅盟。

声伯之母不聘②，穆姜曰："吾不以妾为姒。"③生声伯而出之，嫁于齐管于奚。生二子而寡④，以归声伯。声伯以其外弟为大夫⑤，而嫁其外妹于施孝叔⑥。郤犫来聘，求妇于声伯，声伯夺施氏妇以与之⑦。妇人曰："鸟兽犹不失俪⑧，子将若何？"曰："吾不能死亡⑨。"妇人遂行，生二子于郤氏。郤氏亡，晋人归之施氏，施氏逆诸河，沉其二子⑩。妇人怒曰："己不能庇其伉俪而亡之，又不能字人之孤而杀之⑪，将何以终？"遂誓施氏⑫。

夏，季文子如晋报聘，且莅盟也。

周公楚恶惠、襄之逼也⑬,且与伯舆争政,不胜,怒而出。及阳樊⑭,王使刘子复之⑮,盟于鄩而入⑯。三日,复出奔晋。

秋,宣伯聘于齐,以修前好。

晋郤至与周争鄇田⑰,王命刘康公、单襄公讼诸晋。郤至曰:"温,吾故也,故不敢失。"刘子、单子曰:"昔周克商,使诸侯抚封⑱。苏忿生以温为司寇,与檀伯达封于河。苏氏即狄,又不能于狄而奔卫。襄王劳文公而赐之温,狐氏、阳氏先处之⑲,而后及子。若治其故,则王官之邑也⑳,子安得之?"晋侯使郤至勿敢争。

宋华元善于令尹子重,又善于栾武子。闻楚人既许晋籴茷成,而使归复命矣。冬,华元如楚,遂如晋,合晋、楚之成。

秦、晋为成,将会于令狐㉑。晋侯先至焉,秦伯不肯涉河,次于王城,使史颗盟晋侯于河东㉒,晋郤犨盟秦伯于河西。范文子曰:"是盟也何益?齐盟㉓,所以质信也㉔。会所㉕,信之始也。始之不从,其可质乎?"秦伯归而背晋成。

[注释]

①郤犨(chōu):晋大夫,郤克从祖兄弟。 ②声伯:即公孙婴齐。不聘:不行媒聘之礼。 ③穆姜:鲁宣公夫人。声伯之父叔肸与鲁宣公为同胞兄弟,故穆姜与声伯之母为妯娌。妯娌之间,年长者为姒(sì),年幼者为娣。姒,今称嫂。 ④二子:实为一男一女。 ⑤外弟:指声伯的异父同母弟。 ⑥外妹:即声伯异父同母妹。

⑦施氏:即施孝叔。 ⑧俪:配偶。 ⑨死亡:死去或逃亡。亡,灭。 ⑩沉其二子:即将其二子投进黄河。 ⑪字:爱。 ⑫誓施氏:发誓不做施氏之妻。 ⑬惠、襄:指周惠王、周襄王的后裔族人。 ⑭阳樊:地名,在今河南省济源市东南。 ⑮刘子:即刘康公。 ⑯鄬:周邑,不详何地。 ⑰隰(hóu):温之别邑,在今河南省武陟县西南。 ⑱抚封:据有封地。 ⑲狐氏、阳氏:狐氏指狐溱,曾为温大夫。阳氏指阳处父,温地曾为阳氏采邑。 ⑳王官:周王室官员。 ㉑令狐:地名,详见僖公二十四年注。 ㉒史颗:秦大夫。 ㉓齐:通"斋"。 ㉔质信:保证信用。 ㉕会所:会盟的处所。

[译文]

十一年春季,周历三月,成公从晋国回国。晋国人认为成公又暗中勾结楚国,就扣留了他。直到成公接受盟约,才让他回国。

郤犫来鲁国聘问,同时参加结盟。

声伯的母亲未行聘礼就嫁给了声伯的父亲,穆姜说:"我不能容忍一个妾做我的嫂子。"声伯的母亲生了声伯后被遗弃,嫁给了齐国的管于奚。生了两个孩子后守寡,又回到声伯身边。声伯让他的异父弟弟做了大夫,把异父妹妹嫁给施孝叔。郤犫来聘问时,向声伯求鲁女为妻。声伯把异父妹妹从施孝叔手里夺走给了郤犫。那个女人对施孝叔说:"鸟兽都不愿失去配偶,你怎么办呢?"施孝叔说:"我不能为你死去或逃亡。"女人就跟郤犫走了,为郤氏生了两个孩子。郤氏灭亡后,晋国人又把她还给了施孝叔,施孝叔在黄河边迎接,却把她的两个孩子丢进河里。女人气愤地说:"自己不能保护配偶让她离开,又不能爱护别人的孤儿而杀死他们,这样的人靠什么得到善终?"于是发誓不再做施氏的妻子。

夏季,季文子到晋国回报聘问,并参加结盟。

周公楚对周惠王和周襄王族人的逼迫非常厌烦,同时又与伯舆争夺政权,没有取胜,就发怒离开。到达阳樊,天子让刘康公请他回来,在郹地结盟后回到国都。过了三天，又逃亡到了晋国。

秋季，宣伯到齐国聘问，以重修两国以前的友好关系。

晋国的郤至和周王室争夺鄇田，天子令刘康公、单襄公到晋国争讼。郤至说："温地过去就是我的封地，因此我才不敢丢失。"刘康公和单襄公回答说："从前周朝战胜商朝后，让诸侯有了封地。苏忿生据有温地，做了司寇，和檀伯达被封在黄河边上。苏氏族人投靠了狄人，和狄人合不来，又逃到卫国。周襄王为了慰劳晋文公把温地赐给他，狐氏和阳氏两族族人都先后住在这里，最后才轮到你。如果要探根寻源，温地是周天子属官的封邑，您又怎么能得到它呢？"晋厉公让郤至不要再争。

宋国的华元和楚国的令尹子重关系很好，和晋国的栾书也很好。听说楚国接受了晋国籴茷的和议，并让他回国复命。冬季，华元到楚国，又到晋国，促成了晋、楚两国的和好。

秦、晋两国达成和议，准备在令狐会谈。晋厉公先行到达，秦桓公不肯渡过黄河，驻扎在王城，派史颗到河东和厉公结盟。晋国的郤犨则到河西和桓公结盟。士燮说："这种结盟有何用处呢？本来斋戒结盟就是为了保证信用。约定结盟地点是信用的开始。开始连接盟地点都不遵从，盟约还有保证吗？"秦桓公回国后就背叛了和晋国的和议。

成公十二年

经 十有二年春，周公出奔晋。夏，公会晋侯、卫侯于琐泽。秋，晋人败狄于交刚。冬十月。

传 十二年春，王使以周公之难来告。书曰："周公出奔晋。"凡自周无出，周公自出故也。

宋华元克合晋、楚之成。夏五月，晋士燮会楚公子罢、许偃。癸亥[①]，盟于宋西门之外，曰："凡晋、楚无相加戎②，好恶同之，同恤灾危③，备救凶患。若有害楚，则晋伐之。在晋，楚亦如之。交贽往来④，道路无壅，谋其不协，而讨不庭⑤。有渝此盟，明神殛之，俾队其师⑥，无克胙国⑦。"郑伯如晋听成⑧，会于琐泽⑨，成故也。

狄人间宋之盟以侵晋，而不设备。秋，晋人败狄于交刚⑩。

晋郤至如楚聘，且莅盟。楚子享之，子反相，为地室而县焉⑪。郤至将登，金奏作于下⑫，惊而走出。子反曰："日云莫矣⑬，寡君须矣⑭，吾子其入也！"宾曰⑮："君不忘先君之好，施及下臣，贶之以大礼，重之以备乐⑯。如天之福，两君相见，何以代此？下臣不敢。"子反曰："如天之福，两君相见，无亦唯是一矢以相加遗⑰，焉用乐？寡君须矣，吾子其入也！"宾曰："若让之以一矢，祸之大者，其何福之为？世之治也，诸侯间于天子之事⑱，则相朝也，于是乎有享、宴之礼。享以训共俭，宴以示慈惠。共俭以行礼，而慈惠以布政。政以礼成，民是以息。百官承事，朝而不夕⑲，此公侯之所以扞城其民也⑳。故《诗》曰：'赳赳武夫，公侯干城㉑。'及其乱也，诸侯贪冒㉒，侵欲不忌㉓，争寻常以尽其民㉔，略其武夫，以为己腹心股肱爪牙。故《诗》曰：'赳赳武夫，公侯腹心㉕。'天下有道，则公侯能为民干城，而制其腹心。乱则反之。今吾子之言，乱之道也，不可以为法。然吾子，主也㉖，至敢不从？"遂入，卒事。归，以语范文子。文子曰："无礼必食言㉗。吾死无日矣夫！"

冬，楚公子罢如晋聘，且莅盟。十二月，晋侯及楚公子罢盟于赤棘。

[注释]

①癸亥：初四日。　②加戎：以武力相加。　③灾危：灾难危险。　④交贽往来：使者往来。贽，使者往来所携带的聘礼。　⑤不庭：不朝，此指背盟者。　⑥队：同"坠"，即颠覆。　⑦无克胙国：不能保佑国家。胙，通"祚"，福佑。　⑧听：受。　⑨琐泽：晋地，在今河北省涉县。　⑩交刚：地名，具体不详。　⑪为地室而县：在地下室悬挂钟鼓。县，通"悬"。　⑫金奏：指钟镈（bó，大钟）奏九种夏乐，先击钟镈，后击鼓磬。春秋时诸侯相见常用此乐曲。　⑬日云莫：日将正中，即时间不早。莫，同"暮"。　⑭须：等待。　⑮宾：指郤至。　⑯备乐：指金奏。　⑰一矢以相加遗：用一支箭相款待，馈赠。暗指战争。　⑱间：闲暇。　⑲朝：白天谒见。夕：晚上谒见。　⑳扞城：即干城。干、城为同义词连用，此作动词，保护，捍卫。　㉑"赳赳武夫"二句：出自《诗经·周南·兔罝》。　㉒贪冒：贪婪。贪、冒为同义词连用。　㉓不忌：无所顾忌。　㉔争寻常以尽其民：争夺尺寸之地，竭尽民力。古时以八尺为寻，一丈六尺为常。尽其民，意为驱使百姓在战场卖命。　㉕公侯腹心：句亦见《兔罝》。腹心，即心腹。　㉖主：当时国君宴享卿大夫，因地位不等，故国君自己不做主人。在此子反为相，代楚共王做主人。　㉗食言：说话不算数。

[译文]

十二年春季，周天子派人来通报周公楚的祸难。《春秋》记载说："周公出奔晋。"凡是从王室外逃不称"出"，周公楚是自己出逃，因此才使用"出"字。

宋国的华元促成了晋、楚两国的和好。夏季五月，晋国的士燮和楚国的公子罢、许偃举行会谈。四日，在宋国的西门外结盟，双方盟誓：“凡晋、楚两国不再以兵戎相见，要好恶相同，共同挽救危难，援助灾荒。如果有人危害楚国，晋国将出兵讨伐。楚国对晋国也是这样。两国使者往来，道路不设障碍，有不同意见互相协商，有背叛两国者共同讨伐。谁若背叛盟誓，神灵将他诛杀，使他的军队毁灭，让他失去国家。”郑成公到晋国接受和约，和诸侯在琐泽会见，这都是晋、楚和好的缘故。

狄人趁晋、楚在宋国结盟入侵晋国，自己又不加防备。秋季，晋国人在交刚将狄人打败。

晋国的郤至到楚国聘问，同时参加结盟。楚共王设宴款待他，由子反任相礼，在地下室悬挂乐器。郤至正要登堂，下面击金奏乐，他吃了一惊退出来。子反说：“天快黑了，寡君正在等您，您还是进去吧！”郤至回答说：“贵君没有忘记和我们先君的友谊，善待下臣，又以隆重的礼仪和全套音乐来欢迎我。如果上天赐福给我们，让两国君主相见，那么贵国还能使用什么礼节代替这个呢？下臣不敢接受。”子反说：“如果上天降福让两国君主相见，也只能用一支箭相赠，又哪里用得着音乐？寡君正在等候，您还是进去吧！”郤至说：“如果以箭相赠，这是祸中之大祸，还说什么上天降福？在天下大治的时代，诸侯完成天子使命之余，还要互相朝见，于是就有了享、宴这种礼仪。享礼用以倡导恭敬节俭，宴礼用以表示慈爱恩惠。恭敬节俭用以推行礼仪，慈爱恩惠用以布施政事。政事通过礼仪完成，百姓因此休养生息。百官处理政事，都是在早晨而不是晚上，这是公侯用以保护他们百姓的办法。因此《诗经》说：‘雄健的武夫，是公侯的卫士。’在动乱不安的时代，诸侯都贪婪冒功，四处入侵无所顾忌，往往为争夺尺寸之地而使百姓生灵涂炭，搜罗他国的武夫作为自己的心腹、帮凶和爪牙。因此《诗经》又说：‘雄健的武夫，是公侯的心腹。’天下有道，公侯就能成为百姓的保护者，制约他的心腹。天下动乱，情况刚好相反。现在您说的话，是乱世之语，不能作为行动的法则。但您是主人，我又怎能不服从呢？”于是进去，把事情办完。回去后把情况告诉了士燮。士燮说："无礼的国家，说话肯定不会算数。我们离死的日子不远了。"

冬季，楚国的公子罢到晋国聘问，同时参加盟会。十二月，晋厉公和楚国的公子罢在赤棘结盟。

成公十三年

经 十有三年春，晋侯使郤锜来乞师。三月，公如京师。夏五月，公自京师，遂会晋侯、齐侯、宋公、卫侯、郑伯、曹伯、邾人、滕人伐秦。曹伯卢卒于师。秋七月，公至自伐秦。冬，葬曹宣公。

传 十三年春，晋侯使郤锜来乞师，将事不敬。孟献子曰："郤氏其亡乎！礼，身之干也。敬，身之基也。郤子无基。且先君之嗣卿也①，受命以求师，将社稷是卫，而惰，弃君命也，不亡何为？"

三月，公如京师。宣伯欲赐②，请先使，王以行人之礼礼焉。孟献子从③，王以为介，而重贿之。

公及诸侯朝王，遂从刘康公、成肃公会晋侯伐秦。成子受脤于社④，不敬。刘子曰："吾闻之：民受天地之中以生⑤，所谓命也。是以有动作礼仪威仪之则，以定命也。能者养之以福，不能者败以取祸。是故君子勤礼，小人尽力。勤礼莫如致敬，尽力莫如敦笃⑥。敬在养神⑦，笃在守业⑧。国之大事，在祀与戎。祀有执膰⑨，戎有受脤⑩，神之大节也。今成子惰，弃其命矣，其不反乎？"

夏四月戊午⑪，晋侯使吕相绝秦⑫，曰：

"昔逮我献公及穆公相好,戮力同心⑬,申之以盟誓,重之以昏姻。天祸晋国,文公如齐,惠公如秦。无禄⑭,献公即世。穆公不忘旧德,俾我惠公用能奉祀于晋。又不能成大勋,而为韩之师⑮。亦悔于厥心,用集我文公⑯,是穆之成也。文公躬擐甲胄,跋履山川,逾越险阻,征东之诸侯,虞、夏、商、周之胤⑰,而朝诸秦,则亦既报旧德矣。郑人怒君之疆场,我文公帅诸侯及秦围郑。秦大夫不询于我寡君⑱,擅及郑盟。诸侯疾之,将致命于秦⑲。文公恐惧,绥静诸侯,秦师克还无害,则是我有大造于西也⑳。无禄,文公即世,穆为不吊㉑,蔑死我君㉒,寡我襄公㉓,迭我殽地㉔,奸绝我好㉕,伐我保城㉖,殄灭我费滑㉗,散离我兄弟㉘,挠乱我同盟,倾覆我国家。我襄公未忘君之旧勋,而惧社稷之陨,是以有殽之师。犹愿赦罪于穆公㉙,穆公弗听,而即楚谋我。天诱其衷㉚,成王殒命,穆公是以不克逞志于我。穆、襄即世,康、灵即位㉛。康公,我之自出㉜,又欲阙翦我公室㉝,倾覆我社稷,帅我蟊贼㉞,以来荡摇我边疆。我是以有令狐之役。康犹不悛㉟,入我河曲,伐我涑川㊱,俘我王官㊲,翦我羁马。我是以有河曲之战。东道之不通,则是康公绝我好也。

"及君之嗣也,我君景公引领西望曰:'庶抚我乎!'君亦不惠称盟㊳,利吾有狄难,入我河县㊴,焚我箕、郜㊵,芟夷我农功㊶,虔刘我边陲㊷。我是以有辅氏之聚㊸。君亦悔祸之延㊹,而欲徼福于先君献、穆,使伯车来㊺,命我景公曰:'吾与女同好弃恶,复修旧德,以追念前勋。'言誓未就,景公即世。我寡君是以有令狐之会。君又不祥㊻,背弃盟誓。白狄及君同州㊼，君之仇雠，而我之昏姻也。君来赐命曰：'吾与女伐狄！'寡君不敢顾昏姻，畏君之威，而受命于吏。君有二心于狄，曰：'晋将伐女。'狄应且憎㊽，是用告我。楚人恶君之二三其德也，亦来告我曰：'秦背令狐之盟，而来求盟于我，昭告昊天上帝、秦三公、楚三王㊾，曰："余虽与晋出入㊿，余唯利是视。"不榖恶其无成德㉑，是用宣之，以惩不壹㉒。'诸侯备闻此言，斯是用痛心疾首，昵就寡人㉓。寡人帅以听命，唯好是求。君若惠顾诸侯，矜哀寡人，而赐之盟，则寡人之愿也。其承宁诸侯以退㉔，岂敢徼乱？君若不施大惠，寡人不佞㉕，其不能以诸侯退矣。敢尽布之执事，俾执事实图利之㉖！"

秦桓公既与晋厉公为令狐之盟，而又召狄与楚，欲道以伐晋，诸侯是以睦于晋。晋栾书将中军，荀庚佐之。士燮将上军，郤锜佐之。韩厥将下军，荀䓨佐之。赵旃将新军，郤至佐之。郤毅御戎㉗，栾鍼为右㉘。孟献子曰："晋帅乘和，师必有大功。"五月丁亥㉙，晋师以诸侯之师及秦师战于麻隧㉚。秦师败绩，获秦成差及不更女父㉛。曹宣公卒于师。师遂济泾㉜，及侯丽而还㉝。迓晋侯于新楚㉞。

成肃公卒于瑕㉟。

六月丁卯夜㊱，郑公子班自訾求入于大宫，不能，杀子印、子羽㊲，反军于市。己巳㊳，子驷帅国人盟于大宫，遂从而尽焚之，杀子如、子駹、孙叔、孙知㊴。

曹人使公子负刍守㊵，使公子欣时逆曹伯之丧。秋，负刍杀其大子而自立也。诸侯乃请讨之，晋人以其役之劳㊶，请俟他年。冬，葬曹宣公。既葬，子臧将亡㊷，国人皆将从之。成公乃惧㊟,告罪,且请焉。乃反,而致其邑。

[注释]

①嗣卿:继承其父的卿位。 ②宣伯:叔孙侨如。欲赐:欲得周王赏赐。 ③孟献子:即仲孙蔑。 ④成子:指成肃公。 ⑤天地之中:指天地的中和之气。 ⑥敦笃:敦厚笃实。 ⑦养神:供奉鬼神。 ⑧守业:安守本分。 ⑨执膰(fán):一种祭礼。即祭祀完毕后,将祭肉分给有关人员。 ⑩受脤(shèn):详见闵公二年注。 ⑪戊午:初五日。 ⑫吕相:即魏锜之子魏相。 ⑬戮力:并力。 ⑭无禄:不幸。 ⑮韩之师:指秦晋韩原之战。 ⑯集:成全,成就。 ⑰胤:后代。 ⑱秦大夫:实指秦穆公,此为委婉的说法。 ⑲致命:拼命。 ⑳有大造于西:对秦国有大功。西,指秦国。 ㉑穆为不吊:秦穆公做事不善。 ㉒蔑死我君:蔑视我故去的国君。 ㉓寡:弱小,用作动词。 ㉔迭:借为"轶",侵犯。 ㉕奸绝:断绝。 ㉖保城:城邑。保,通"堡",小城。 ㉗费滑:滑国。费为滑国都城。 ㉘兄弟:指姬姓兄弟国家。 ㉙赦罪:释罪,即和解。 ㉚天诱其衷:详见僖公二十八年注。 ㉛康、灵即位:指秦康公、晋灵公做国君。 ㉜我之自出:康公母为晋女,因而秦康公是晋之外甥。 ㉝阙翦:损害。 ㉞蟊(máo)贼:害虫。指秦送公子雍回晋国争位。 ㉟不悛:不改。 ㊱涑(sù)川:地名,在今山西省永济市东北。 ㊲王官:见文公三年注。 ㊳不惠称盟:不愿施恩会盟。 ㊴河县:疑为"河曲"之变文。 ㊵箕、郜:二地名。 ㊶芟(shān)夷:割除。农功:庄稼。 ㊷虔刘:骚扰杀掠。 ㊸辅氏之聚:即辅氏之战,见宣公十五年传。聚,战。 ㊹延:蔓延。 ㊺伯车:秦桓公之子,名鍼。 ㊻不祥:与"不吊"同义。 ㊼同州:即同在雍州境。 ㊽狄应且憎:狄人接受却又厌恶。应,受。 ㊾秦三公:指秦穆公、康公、共公。楚三王:指楚成王、穆王、庄王。 ㊿出入:往来。 ㉛无成德:

即反复无常。　㊼不壹：指言行不一。　㊽昵就：亲近。　㊾承宁：止息，安定。　㊿不佞：不才，不敏。　㉚图利：权衡利害。　㉛郤毅：郤至之弟。　㉜栾针：栾书之子。　㉝丁亥：四日。　㉞麻隧：秦地，在今陕西省咸阳市区北。　㉟成差：秦臣。不更：即车右。女父：人名。　㊱泾：泾水，流经陕西省泾阳县南，然后入渭水。　㊲侯丽：地名，当在泾水南岸。　㊳新楚：秦地，当在今陕西省大荔县境。　㊴瑕：晋地，详见僖公三十年注。　㊵丁卯：十五日。　㊶子印、子羽：均为郑穆公之子。　㊷己巳：十七日。　㊸子如：即公子班。子骈（páng）：子如之弟。孙叔：子如之子。孙知：子骈之子。　㊹公子负刍：与下句中的公子欣时皆为曹宣公庶子。　㊺劳：功劳。　㊻子臧：公子欣时之字。　㊼成公：即负刍。

[译文]

　　十三年春季，晋厉公派郤锜来鲁国请求出兵，态度不够恭敬。孟献子说："郤氏恐怕要灭亡了！礼是身体的躯干。恭敬是身体的基础。郤子没有了基础。而且他作为先君的嗣卿，受命前来请求出兵以保卫国家，却如此怠惰无礼，这是弃君命于不顾，他怎能不灭亡呢？"

　　三月，成公到京师。宣伯想得到赏赐，请求先行出使，天子只用对待外交人员的礼节接待他。孟献子跟随成公，天子把他作为副使并重加赏赐。

　　成公和诸侯朝见天子后，便跟随刘康公、成肃公会同晋厉公攻打秦国。在社庙祭祀分发社肉时，成肃公不够恭敬。刘康公说："我听说：百姓依靠天地中和之气而生存，这就是命。因此就有了规范动作、礼仪、威仪的法则，用来定命。有能力的人保持法则得到福禄，无能的人败坏法则招致灾祸。因此君子勤于礼法，小人则竭尽力气。勤于礼法莫过于恭敬，竭尽力气莫过于朴实宽厚。恭敬在于供奉神明，宽厚朴实在于安守本分。国家的大事就是祭祀和战争。祭祀有分享祭肉之礼，作战有分发社肉之礼，这都是事奉神明的重大礼节。现在成子怠惰无礼,这是要丢弃他的命了,还能活着回去吗?"

夏季四月五日,晋厉公派吕相和秦国绝交,绝交书说:

"自从我国献公和秦穆公相互友好以来,两国同心协力,用盟誓加以申明,用婚姻予以加深。天降灾祸给晋国,文公到了齐国,惠公到了秦国。不幸的是献公去世。穆公不忘两国旧日恩德,使惠公回国主持祭祀。但没能成就更大功勋,而发动了韩地之战。后来穆公心中懊悔,又支持文公登上君位,这都是穆公的功劳。文公身披甲胄,跋山涉水,历尽艰难险阻,征服东方诸侯,使虞、夏、商、周的后代都来朝见秦国,可以说是报答了秦国的往日恩德。郑国人侵犯贵国边境,是我们文公率领诸侯和秦军攻打郑国。秦国大夫没有征求寡君意见,擅自和郑国订立了和约。诸侯对此义愤填膺,决心和秦国拼死一战。是文公为贵国分忧,安抚诸侯,使秦军得以平安回国而没有受到伤害,这是我国对贵国的大功劳。文公不幸去世,穆公不但不来吊唁,蔑视我已故的国君,还欺凌我们襄公,侵犯我国殽地,断绝和我国的友好关系,攻打我边境城堡,灭亡我盟友滑国,离间我兄弟之邦,破坏我同盟之国,企图颠覆我国。我襄公不曾忘记秦君昔日功劳,又怕国家遭到灭亡,因而才向殽地发兵。但仍然希望穆公能赦免我们的罪过,穆公却一意孤行,而且和楚国勾结起来对付我们。所幸上帝有灵,楚成王被害,因此穆公侵犯我国的阴谋未能得逞。穆公、襄公去世后,秦康公和晋灵公即位。康公是我晋国的外甥,也想损害我国宫室,颠覆我们国家,还率领我国的败类骚扰我国的边境。为此我国发动了令狐之战。秦康公仍不思悔改,继续侵我河曲,攻我涑川,劫我王官,灭我羁马。因此我国又发动了河曲之战。往东的道路不通,完全是秦康公拒绝和我们友好的结果。

"等到国君您继位,我君景公翘首西望说:'大概秦国会安抚我们了吧!'可是国君仍然不肯加恩结盟,反而利用我们遭到狄人作乱的机会侵入我国河县,焚烧我箕、郜二地,抢收我国庄稼,杀害我国边疆百姓。因此我们才有了辅氏一战。国君您也应对灾祸的蔓延深感后悔,想求福于先君献公、穆公,请派伯车对我君景公说:'我和你要捐弃前嫌,同修旧好,以追念前人的功业。'盟约还没有订立,景公去世。因此寡君和贵国举行了令狐会盟。但国君您不怀好意,又背弃了盟约。白狄和您同处一州,是您的仇人,却是我国的姻亲。您派人传令说:'我和你们一起攻打白狄!'寡君不敢顾及亲戚关系,迫于您的威严,接受了命令。可是您却又改变了主意,讨好白狄说:'晋国人要来攻打你们。'白狄虽然表面应付,内心却非常憎恶,因此把此事告诉了我们。楚国人也很讨厌你们的反复无常,也来告诉我们:'秦国背叛了令狐之盟,而来和我们结盟,对着皇天上帝、秦国三公、楚国三王发誓说:"我们虽然与晋国往来,但纯粹是唯利是图。"我们楚王讨厌他们这样出尔反尔,所以才把它公之于众,以惩罚其言行不一。'诸侯听了这些话,都为秦国痛心疾首,更加亲近寡君。寡君率领诸侯前来听候国君的吩咐,目的是谋求友好。国君如果为诸侯着想,怜悯寡君,肯与我们结盟,将是寡君的愿望。这样将可以安抚诸侯退兵回去,哪里还敢自求战乱呢?但如果国君不肯施予恩惠,寡君就没有本事能让诸侯退兵了。我们把详情全部陈述完毕,请国君权衡利弊!"

秦桓公和晋厉公订立了令狐之盟后,又联络狄人和楚国,要引导他们一起攻打晋国,诸侯因此与晋国更加团结。晋国的栾书率领中军,荀庚为副帅。士燮率领上军,郤锜为副帅。韩厥率领下军,荀䓨为副帅。赵旃率领新军,郤至为副帅。郤毅驾驭战车,栾鍼为车右。孟献子说:"晋国的将士上下齐心,军队定能建立大功。"五月四日,晋军率领诸侯的军队在麻隧和秦军作战。秦军大败,晋军俘获了秦国的大夫成差和车右女父。曹宣公死于军中。晋军渡过泾水,到达侯丽后回去。军队在新楚迎接晋厉公。

成肃公在瑕地去世。

六月十五日夜间,郑国的公子班请求从訾地进入祖庙,没获得同意,就杀了子印和子羽,返回市内驻扎。十七日,子驷率领国人在神庙内结盟,随后烧毁军营,杀了公子班、子駹、孙叔、孙知。

曹国人派公子负刍留守国内，派公子欣时迎接曹宣公的灵柩。秋季，负刍杀了太子而自立为君。诸侯请求讨伐他，晋国人以对秦作战疲劳为由，请求等以后再说。冬季，安葬了曹宣公。安葬以后，欣时准备逃往国外，国人都要跟着他走。成公害怕了，承认罪过，并请求欣时留下。欣时返回曹都，把自己的封邑还给了成公。

成公十四年

经 十有四年春，王正月，莒子朱卒。夏，卫孙林父自晋归于卫。秋，叔孙侨如如齐逆女。郑公子喜帅师伐许。九月，侨如以夫人妇姜氏至自齐。冬十月庚寅，卫侯臧卒。秦伯卒。

传 十四年春，卫侯如晋，晋侯强见孙林父焉①，定公不可②。夏，卫侯既归，晋侯使郤犨送孙林父而见之。卫侯欲辞，定姜曰③："不可。是先君宗卿之嗣也④，大国又以为请，不许，将亡。虽恶之，不犹愈于亡乎？君其忍之。安民而宥宗卿，不亦可乎？"卫侯见而复之。

卫侯飨苦成叔⑤，宁惠子相⑥。苦成叔傲。宁子曰："苦成家其亡乎！古之为享食也，以观威仪、省祸福也⑦。故《诗》曰：'兕觥其觩，旨酒思柔。彼交匪傲，万福来求⑧。'今夫子傲，取祸之道也。"

秋，宣伯如齐逆女。称族⑨，尊君命也。

八月，郑子罕伐许，败焉。戊戌⑩，郑伯复伐许。庚子⑪，入其郛。许人平以叔申之封⑫。

九月，侨如以夫人妇姜氏至自齐。舍族⑬，尊夫人也。

故君子曰:"《春秋》之称,微而显⑭,志而晦⑮,婉而成章⑯,尽而不污⑰,惩恶而劝善。非圣人谁能修之?"

卫侯有疾,使孔成子、宁惠子立敬姒之子衎以为大子⑱。冬十月,卫定公卒。夫人姜氏既哭而息,见大子之不哀也,不内酳饮⑲。叹曰:"是夫也,将不唯卫国之败,其必始于未亡人!呜呼!天祸卫国也夫!吾不获鱄也使主社稷⑳。"大夫闻之,无不耸惧。孙文子自是不敢舍其重器于卫㉑,尽置诸戚㉒,而甚善晋大夫㉓。

[注释]

①强见孙林父:即晋侯勉强卫侯接见孙林父。 ②定公:即卫侯。 ③定姜:定公夫人。 ④先君:指定公之父卫穆公。宗卿:指孙林父之父孙良夫。孙氏与卫君同宗,孙良夫曾为卫执政大臣。 ⑤飨苦成叔:设享礼招待苦成叔。苦成叔,即郤犨。 ⑥宁惠子:卫臣,即宁殖。 ⑦省祸福:省察祸福。 ⑧"兕(sì)觥(gōng)其觩(qiú)"四句:出自《诗经·小雅·桑扈》。兕觥,古代用犀牛角制成的酒器。觩,兽角弯曲的样子。旨酒思柔,美酒柔和。思,语助词。彼交匪傲,不骄不傲。彼,通"匪"。交,借为"骄",骄傲。求,聚集。 ⑨称族:称呼其族名,指称叔孙。 ⑩戊戌:二十三日。 ⑪庚子:二十五日。 ⑫叔申之封:见成公四年传。叔申,即公孙申。 ⑬舍族:指不称其族名叔孙。 ⑭微而显:言精而意明。 ⑮志而晦:记载史实含蓄深远。 ⑯婉而成章:表达婉转而顺理成章。 ⑰尽而不污:直言其事而不歪曲。污,不正。 ⑱孔成子:即孔烝鉏(chú),孔达之子。敬姒:当是卫定公妾。衎(kàn):即卫献公。 ⑲不内酳饮:不饮水。内,通"纳"。据《礼记·丧大记》载,死者殡后,夫人世妇诸妻皆疏食水饮。酳饮,即指疏食水饮。 ⑳鱄

(zhuān)：卫献公的母弟。　㉑重器：贵重之器。　㉒戚：孙氏采邑。　㉓善：交好。

[译文]

十四年春季，卫定公到晋国，晋厉公坚持让他接见孙林父，定公不肯。夏季，卫定公回到国内，晋厉公派郤犨送孙林父回国见他。卫定公准备拒绝，夫人定姜说："不能这么做。孙林父是先君同宗卿的后人，又有大国请求，如果不同意，势必要亡国。即使讨厌他，总比亡国好一些吧？国君应该忍耐一下。既安定百姓，又赦免宗卿，不也可以吗？"于是卫定公接见了孙林父，并恢复了他的职位和封地。

卫定公设享礼款待郤犨，由宁惠子为相礼。郤犨表现出傲慢的神态。宁惠子说："郤犨家族将要灭亡了！古时举行享礼，是为了观察一个人的威仪，了解他的祸福。因此《诗经》说：'角杯弯弯，酒性柔和。不骄不傲，万福全到。'现在那个人傲慢无礼，是自取灾祸啊。"

秋季，宣伯到齐国迎亲。《春秋》称呼他的族名"叔孙"，是尊重国君的命令。

八月，郑国的子罕讨伐许国，被打败。二十三日，郑成公再次攻打许国。二十五日，攻入许都外城。许国人以承认叔申划定的疆界和郑国讲和。

九月，宣伯领着夫人姜氏从齐国回来。《春秋》不称他的族名"叔孙"，是为了尊重夫人。因此君子们认为："《春秋》的记载，文辞细密但含义显明，记载史实又意义深远，委婉含蓄但顺理成章，记述全面又无所歪曲，惩戒邪恶而劝化善行。如果不是圣人，谁能编撰呢？"

卫定公患病，让孔成子、宁惠子拥立敬姒的儿子衎为太子。冬季十月，卫定公去世。夫人定姜哭丧后休息，看到太子并不悲哀，气得连水也喝不下去。叹息道："这个人啊，不但会使卫国败坏，而且一定会从我这个未亡人身上开始动手！天啊！这是上天降祸给卫国吧！让我得不到鲋做国君的机会。"大夫们听到后，都十分害怕。从此孙林父不敢把他的宝器放在卫都，全都放在了戚邑，同时也特别注意和晋国的大夫们交好。

成公十五年

经 十有五年春，王二月，葬卫定公。三月乙巳，仲婴齐卒。癸丑，公会晋侯、卫侯、郑伯、曹伯、宋世子成、齐国佐、邾人同盟于戚。晋侯执曹伯归于京师。公至自会。夏六月，宋公固卒。楚子伐郑。秋八月庚辰，葬宋共公。宋华元出奔晋。宋华元自晋归于宋。宋杀其大夫山。宋鱼石出奔楚。冬十有一月，叔孙侨如会晋士燮、齐高无咎、宋华元、卫孙林父、郑公子鰌、邾人会吴于钟离。许迁于叶。

传 十五年春，会于戚，讨曹成公也。执而归诸京师。书曰："晋侯执曹伯。"不及其民也①。凡君不道于其民，诸侯讨而执之，则曰"某人执某侯"。不然，则否。

诸侯将见子臧于王而立之②，子臧辞曰："《前志》有之③，曰：'圣达节④，次守节⑤，下失节⑥。'为君，非吾节也。虽不能圣，敢失守乎⑦？"遂逃，奔宋。

夏六月，宋共公卒。

楚将北师⑧。子囊曰⑨："新与晋盟而背之，无乃不可乎？"子反曰："敌利则进，何盟之有！"申叔时老矣，在申，闻之，曰："子反必不免。信以守礼，礼以庇身⑩，信礼之亡，欲免得乎？"

楚子侵郑,及暴隧⑪,遂侵卫,及首止⑫。郑子罕侵楚,取新石⑬。

栾武子欲报楚⑭,韩献子曰:"无庸。使重其罪⑮,民将叛之。无民,孰战?"

秋八月,葬宋共公。于是华元为右师,鱼石为左师⑯,荡泽为司马⑰,华喜为司徒,公孙师为司城,向为人为大司寇,鳞朱为少司寇,向带为大宰,鱼府为少宰。荡泽弱公室⑱,杀公子肥。华元曰:"我为右师,君臣之训,师所司也。今公室卑而不能正,吾罪大矣。不能治官⑲,敢赖宠乎?"乃出奔晋。

二华⑳,戴族也㉑。司城,庄族也。六官者㉒,皆桓族也。鱼石将止华元,鱼府曰:"右师反㉓,必讨,是无桓氏也。"鱼石曰:"右师苟获反,虽许之讨,必不敢。且多大功,国人与之,不反,惧桓氏之无祀于宋也㉔。右师讨,犹有戌在㉕,桓氏虽亡,必偏㉖。"鱼石自止华元于河上。请讨,许之,乃反。使华喜、公孙师帅国人攻荡氏,杀子山。书曰:"宋杀其大夫山。"言背其族也。

鱼石、向为人、鳞朱、向带、鱼府出舍于睢上㉗。华元使止之,不可。冬十月,华元自止之,不可。乃反。鱼府曰:"今不从,不得入矣。右师视速而言疾㉘,有异志焉㉙。若不我纳,今将驰矣。"登丘而望之,则驰。骋而从之,则决睢澨㉚,闭门登陴矣。左师、二司寇、二宰遂出奔楚。华元使向戌为左师,老佐为司马㉛,乐裔为司寇,以靖国人。

晋三郤害伯宗㉜,谮而杀之,及栾弗忌㉝。伯州犁奔楚㉞。韩献子曰:"郤氏其不免乎!善人,天地之纪也,而骤绝之㉟，不亡何待？"

初，伯宗每朝，其妻必戒之曰："盗憎主人，民恶其上。子好直言，必及于难。"

十一月，会吴于钟离㊱，始通吴也。

许灵公畏逼于郑，请迁于楚。辛丑㊲，楚公子申迁许于叶。

[注释]

①不及其民：即其罪祸未延及百姓。　②子臧：即公子欣时。详见成公十三年注。　③《前志》：古书名。　④圣达节：圣人于进退、上下皆合节操。　⑤次守节：次者仅能保守节操。　⑥下失节：下等者失去节操。　⑦失守：即失节。　⑧北师：出兵北方。　⑨子囊：楚庄王子，楚共王弟，又称公子贞。　⑩庇身：保护生存。　⑪暴隧：本为周室暴辛公采地，后属郑，当在今河南省原阳县西。　⑫首止：卫地，在今河南省睢县东南。　⑬新石：楚邑，当在今河南省叶县境内。　⑭报楚：报复楚国。　⑮重其罪：加重其罪过。　⑯鱼石：公子目夷的曾孙。　⑰荡泽：名山，公孙寿之孙。　⑱弱公室：削弱公室。　⑲治官：尽职责。　⑳二华：指华元、华喜。　㉑戴族：宋戴公之后。　㉒六官：指鱼石、荡泽、向为人、鳞朱、向带、鱼府。　㉓反：通"返"。　㉔无祀于宋：即在宋被灭掉。　㉕戌：向戌，出自桓族，或是华元党羽。　㉖偏：一部分。　㉗睢上：睢水岸边，距宋都不远。睢水今已湮塞。　㉘视速而言疾：目光快速，言语急迫。　㉙异志：别的想法，意即非真心挽留。　㉚决睢澨：掘开睢水堤防。澨，堤防。　㉛老佐：宋戴公五世孙。　㉜三郤：指郤锜、郤犨与郤至。伯宗：晋大夫，见宣公十五年注。　㉝栾弗忌：伯宗党羽。　㉞伯州犁：伯宗之子。　㉟骤绝之：屡次灭绝我们。　㊱钟离：吴邑，在今安徽省凤阳县东。　㊲辛丑：三日。

[译文]

十五年春季,诸侯在戚地结盟,是为了讨伐曹成公。把曹成公抓起来送到京城。《春秋》记载:"晋侯执曹伯。"表示没有连累曹国百姓。凡是国君对百姓无道,诸侯讨伐将其抓住,称为"某人执某侯"。否则就不这样写。

诸侯准备让子臧进见天子立他为曹君,子臧推辞说:"《前志》有句话说:'圣人是通达节操,其次是保守节操,下等是失去节操。'做国君不合乎我的节操。即使不能成为圣人,又怎么敢失去节操呢?"就逃亡到宋国。

夏季六月,宋共公去世。

楚国准备向北方出兵。子囊说:"刚刚和晋国结盟,就转而背叛它,恐怕不行吧?"子反说:"敌情对我有利就前进,管它结盟不结盟!"申叔时已告老退休,住在申地,听说这一消息后,说:"子反将难免灾祸。信用是用来保护礼仪的,礼仪是用来保护自身的,如果信用和礼仪都没有了,还想免于灾祸吗?"

楚共王入侵郑国,攻至暴隧,又入侵卫国,进至首止。郑国的子罕攻打楚国,攻占了新石。

栾书想要报复楚国,韩厥说:"不用这么做。让他们加重罪过,百姓将会背叛他们。失去了百姓,还靠什么作战?"

秋季八月,安葬了宋共公。此时华元任右师,鱼石任左师,荡泽任司马,华喜任司徒,公孙师任司城,向为人任大司寇,鳞朱任少司寇,向带任太宰,鱼府任少宰。荡泽打算削弱公室,就杀了公子肥。华元说:"我担任右师,君臣之礼是右师所职掌的。如今公室衰弱却不能拨正,我的罪过可就大了。不能尽职尽责,还怎么得到宠信呢?"便逃亡到了晋国。

二华即华元、华喜,是宋戴公的族人。司城公孙师是宋庄公的族人。其余六个大臣都是宋桓公的族人。鱼石准备劝阻华元,鱼府说:

"右师回来，一定会讨伐荡泽，这样就没有我们桓氏一族了。"鱼石说："假如右师回来，即使准许他讨伐，他也肯定不敢。而且他功劳卓著，国人亲近他，他不回来，怕桓氏一族在宋国得不到祭祀啊。右师讨伐荡泽，还有向戌存在，即使桓氏一族灭亡，也一定是一部分。"鱼石亲自在黄河边阻止华元出国。华元提出讨伐荡泽，鱼石同意，华元才回来。派华喜、公孙师率领国人攻打荡氏，杀了荡泽。《春秋》记载为："宋杀其大夫山。"是说荡泽背弃了他的族人。

鱼石、向为人、鳞朱、向带、鱼府都离开国都住到睢水边上。华元派人阻止他们，他们不听。冬季十月，华元亲自去劝他们，没有同意。华元就回来了。鱼府说："现在不听从，以后再不能回国都了。华元眼睛转动很快且说话很急，一定是另有打算。他不想接纳我们，现在肯定驱车回去了。"登上土丘远眺，华元已飞车远去。五人驱车跟了上去，华元已掘开睢水大堤，关闭城门登城设防了。左师、二司寇、二宰就逃亡到了楚国。华元委任向戌为左师，老佐为司马，乐裔为司寇，以安定国都百姓。

晋国的郤锜、郤至、郤犨陷害伯宗，诬陷并把他杀害，还杀了栾弗忌。伯州犁逃亡到楚国。韩厥说："郤氏大概不能免于灾祸！好人是维系天地的纲纪，却屡次杀害他们，还能不灭亡吗？"

当初，伯宗每次朝见国君，他的妻子必定告诫他："盗贼憎恨主人，百姓讨厌大官。你一向直言相谏，肯定要遇到灾祸。"

十一月，诸侯大夫在钟离和吴国会见，开始和吴国往来。

许灵公害怕郑国逼迫，请求把国家迁到楚国。三日，楚国的公子申把许国迁到叶城。

成公十六年

经 十有六年春，王正月，雨，木冰。夏四月辛未，滕子卒。郑公子喜帅师侵宋。六月，丙寅朔，日有食之。

晋侯使栾黡来乞师。甲午晦，晋侯及楚子、郑伯战于鄢陵。楚子、郑师败绩。楚杀其大夫公子侧。秋，公会晋侯、齐侯、卫侯、宋华元、邾人于沙随，不见公。公至自会。公会尹子、晋侯、齐国佐、邾人伐郑。曹伯归自京师。九月，晋人执季孙行父，舍之于苕丘。冬十月乙亥，叔孙侨如出奔齐。十有二月乙丑，季孙行父及晋郤犨盟于扈。公至自会。乙酉，刺公子偃。

传 十六年春，楚子自武城使公子成以汝阴之田求成于郑①。郑叛晋，子驷从楚子盟于武城②。

夏四月，滕文公卒。

郑子罕伐宋。宋将鉏、乐惧败诸汋陂③。退舍于夫渠④，不儆⑤，郑人覆之，败诸汋陵⑥，获将鉏、乐惧。宋恃胜也。

卫侯伐郑，至于鸣雁⑦，为晋故也。

晋侯将伐郑，范文子曰："若逞吾愿，诸侯皆叛，晋可以逞⑧。若唯郑叛，晋国之忧，可立俟也。"栾武子曰："不可以当吾世而失诸侯，必伐郑。"乃兴师。栾书将中军，士燮佐之。郤锜将上军，荀偃佐之。韩厥将下军，郤至佐新军，荀䓨居守。郤犨如卫，遂如齐，皆乞师焉。栾黡来乞师，孟献子曰："有胜矣。"戊寅⑨，晋师起。

郑人闻有晋师，使告于楚，姚句耳与往⑩。楚子救郑，司马将中军，令尹将左，右尹子辛将右。过申，子反入见申叔时，曰："师其何如？"对曰："德、刑、详、义、礼、信⑪，战之器也。德以施惠，刑以正邪，详以事神，义以建利，礼以顺时，信以守物。民生厚而德正，用利而事节⑫，时顺而物成⑬。上下和睦，周旋不逆，求无不具，各知其极⑭。故《诗》曰：'立我烝民，莫匪尔极⑮。'是以神降之福，时无灾害，民生敦庞⑯，和同以听，莫不尽力以从上命，致死以补其阙⑰。此战之所由克也。今楚内弃其民，而外绝其好，渎齐盟⑱，而食话言，奸时以动⑲，而疲民以逞⑳。民不知信，进退罪也㉑。人恤所底㉒，其谁致死？子其勉之！吾不复见子矣。"姚句耳先归，子驷问焉，对曰："其行速，过险而不整。速则失志㉓，不整丧列㉔，志失列丧，将何以战？楚惧不可用也。"

五月，晋师济河。闻楚师将至，范文子欲反，曰："我伪逃楚，可以纾忧。夫合诸侯，非吾所能也，以遗能者。我若群臣辑睦以事君，多矣㉕。"武子曰："不可。"

六月，晋、楚遇于鄢陵。范文子不欲战，郤至曰："韩之战，惠公不振旅㉖。箕之役，先轸不反命㉗。邲之师，荀伯不复从㉘。皆晋之耻也。子亦见先君之事矣。今我辟楚，又益耻也。"文子曰："吾先君之亟战也㉙，有故。秦、狄、齐、楚皆强，不尽力，子孙将弱。今三强服矣，敌楚而已。唯圣人能外内无患，自非圣人㉚，外宁必有内忧。盍释楚以为外惧乎？"

甲午晦㉛，楚晨压晋军而陈，军吏患之。范匄趋进㉜，曰："塞井夷灶，陈于军中，而疏行首㉝。晋、楚唯天所授，何患焉？"文子执戈逐之㉞，曰："国之存亡，天也。童子何知焉？"栾书曰："楚师轻窕㉟，固垒而待之，三日必退。退而击之，必获胜焉。"郤至曰："楚有六间㊱，不可失也：其二卿相恶㊲，王卒以旧㊳，郑陈而不整，蛮军而不陈，陈不违晦㊴，在陈而嚣㊵，合而加嚣㊶。各顾其后，莫有斗心。旧不必良㊷，以犯天忌㊸。我必克之。”

楚子登巢车以望晋军㊹，子重使大宰伯州犁侍于王后㊺。王曰：“骋而左右㊻，何也？”曰：“召军吏也。”“皆聚于军中矣。”曰：“合谋也。”“张幕矣。”曰：“虔卜于先君也。”“彻幕矣。”曰：“将发命也。”“甚嚣且尘上矣㊼。”曰：“将塞井夷灶而为行也。”“皆乘矣，左右执兵而下矣。”曰：“听誓也㊽。”“战乎？”曰：“未可知也。”“乘而左右皆下矣。”曰：“战祷也㊾。”伯州犁以公卒告王㊿。苗贲皇在晋侯之侧(51)，亦以王卒告。皆曰：“国士在(52)，且厚，不可当也。”苗贲皇言于晋侯曰：“楚之良，在其中军王族而已。请分良以击其左右，而三军萃于王卒(53)，必大败之。”公筮之，史曰(54)：“吉。其卦遇《复》䷗(55)，曰：‘南国蹙(56)，射其元王(57)，中厥目。’国蹙王伤，不败何待？”公从之。

有淖于前，乃皆左右相违于淖。步毅御晋厉公(58)，栾鍼为右。彭名御楚共王，潘党为右。石首御郑成公，唐苟为右。栾、范以其族夹公行(59)，陷于淖。栾书将载晋侯，鍼曰：“书退！国有大任(60)，焉得专之？且侵官(61)，冒也；失官，慢也；离局奸也(62)。有三罪焉，不可犯也。”乃掀公以出于淖(63)。

癸巳(64)，潘尪之党与养由基蹲甲而射之(65)，彻七札焉(66)。以示王，曰：“君有二臣如此，何忧于战？”王怒曰：“大辱国(67)。诘朝，尔射，死艺(68)。”吕锜梦射月(69)，中之，退入于泥。占之，曰："姬姓日也，异姓月也，必楚王也。射而中之，退入于泥，亦必死矣。"及战，射共王，中目。王召养由基，与之两矢，使射吕锜，中项，伏弢⑦。以一矢复命。

郤至三遇楚子之卒，见楚子，必下，免胄而趋风⑦。楚子使工尹襄问之以弓⑦，曰："方事之殷也⑦，有韎韦之跗注⑦，君子也。识见不穀而趋⑦，无乃伤乎？"郤至见客⑦，免胄承命，曰："君之外臣至，从寡君之戎事，以君之灵，间蒙甲胄⑦，不敢拜命⑦。敢告不宁君命之辱⑦，为事之故，敢肃使者⑧。"三肃使者而退。

晋韩厥从郑伯，其御杜溷罗曰："速从之！其御屡顾，不在马，可及也。"韩厥曰："不可以再辱国君。"乃止。郤至从郑伯，其右茀翰胡曰："谍辂之⑧，余从之乘而俘以下。"郤至曰："伤国君有刑。"亦止。石首曰："卫懿公唯不去其旗，是以败于荧。"乃内旌于弢中。唐苟谓石首曰："子在君侧，败者壹大⑧。我不如子，子以君免，我请止。"乃死。

楚师薄于险⑧，叔山冉谓养由基曰："虽君有命，为国故，子必射。"乃射。再发，尽殪。叔山冉搏人以投⑧，中车，折轼。晋师乃止。囚楚公子茷。

栾鍼见子重之旌，请曰："楚人谓夫旌，子重之麾也⑧。彼其子重也。日臣之使于楚也⑧，子重问晋国之勇。臣对曰：'好以众整⑧。'曰：'又何如？'臣对曰：'好以暇⑧。'今两国治戎，行人不使，不可谓整。临事而食言，不可谓暇。请摄饮焉⑧。"公许之。使行人执榼承饮⑨，造于子重⑨,曰:"寡君乏使⑫,使铖御持矛⑬。是以不得犒从者,使某摄饮。"子重曰:"夫子尝与吾言于楚⑭,必是故也,不亦识乎⑮!"受而饮之。免使者而复鼓⑯。旦而战,见星未已。

子反命军吏察夷伤⑰,补卒乘,缮甲兵,展车马⑱,鸡鸣而食,唯命是听。晋人患之。苗贲皇徇曰:"蒐乘补卒,秣马利兵,修陈固列,蓐食申祷⑲,明日复战。"乃逸楚囚。王闻之,召子反谋。谷阳竖献饮于子反⑩,子反醉而不能见。王曰:"天败楚也夫!余不可以待。"乃宵遁。

晋入楚军,三日谷。范文子立于戎马之前⑩,曰:"君幼,诸臣不佞,何以及此?君其戒之!《周书》曰:'惟命不于常⑩。'有德之谓。"

楚师还,及瑕,王使谓子反曰:"先大夫之覆师徒者,君不在。子无以为过,不穀之罪也。"子反再拜稽首曰:"君赐臣死,死且不朽。臣之卒实奔,臣之罪也。"子重使谓子反曰:"初陨师徒者,而亦闻之矣,盍图之?"对曰:"虽微先大夫有之固⑩,大夫命侧,侧敢不义?侧亡君师,敢忘其死?"王使止之,弗及而卒。

战之日,齐国佐、高无咎至于师。卫侯出于卫,公出于坏隤⑩。宣伯通于穆姜⑩,欲去季、孟⑩,而取其室。将行,穆姜送公,而使逐二子。公以晋告难,曰:"请反而听命。"姜怒,公子偃、公子鉏趋过⑩,指之曰:"女不可,是皆君也。"公待于坏隤,申宫儆备⑩,设守而后行,是以后。使孟献子守于公宫。

秋,会于沙随⑩,谋伐郑也。宣伯使告郤犨曰:"鲁侯待于坏隤以待胜者。"郤犨将新军,且为公族大夫,以主东诸侯⑩。取货于宣伯而诉公于晋侯⑪,晋侯不见公。

曹人请于晋曰:"自我先君宣公即世,国人曰:'若之何忧犹未弭?'而又讨我寡君,以亡曹国社稷之镇公子,是大泯曹也。先君无乃有罪乎?若有罪,则君列诸会矣。君唯不遗德刑,以伯诸侯。岂独遗诸敝邑?敢私布之。"

七月,公会尹武公及诸侯伐郑⑫。将行,姜又命公如初。公又申守而行。诸侯之师次于郑西。我师次于督扬⑬,不敢过郑。子叔声伯使叔孙豹请逆于晋师⑭,为食于郑郊。师逆以至,声伯四日不食以待之,食使者而后食。

诸侯迁于制田⑮。知武子佐下军,以诸侯之师侵陈,至于鸣鹿⑯。遂侵蔡。未反,诸侯迁于颍上⑰。戊午⑱,郑子罕宵军之⑲,宋、齐、卫皆失军⑳。

曹人复请于晋,晋侯谓子臧:"反,吾归而君。"子臧反,曹伯归。子臧尽致其邑与卿而不出㉑。

宣伯使告郤犨曰:"鲁之有季、孟,犹晋之有栾、范也,政令于是乎成。今其谋曰:'晋政多门,不可从也。宁事齐、楚,有亡而已,蔑从晋矣。'若欲得志于鲁,请止行父而杀之㉒,我毙蔑也而事晋㉓,蔑有贰矣。鲁不贰,小国必睦。不然,归必叛矣。"九月,晋人执季文子于苕丘。公还,待于郓。使子叔声伯请季孙于晋,郤犨曰:"苟去仲孙蔑而止季孙行父,吾与子国,亲于公室。"对曰:"侨如之情,子必闻之矣。若去蔑与行父,是大弃鲁国而罪寡君也。若犹不弃,而惠徼周公之福,使寡君得事晋君,则夫二人者,鲁国社稷之臣也。若朝亡之,鲁必夕亡。以鲁之密迩仇雠[124]，亡而为雠，治之何及。"郤犨曰："吾为子请邑。"对曰："婴齐，鲁之常隶也[125]，敢介大国以求厚焉[126]？承寡君之命以请，若得所请，吾子之赐多矣。又何求？"范文子谓栾武子曰："季孙于鲁，相二君矣。妾不衣帛，马不食粟，可不谓忠乎？信谗慝而弃忠良，若诸侯何？子叔婴齐奉君命无私，谋国家不贰，图其身不忘其君。若虚其请，是弃善人也。子其图之！"乃许鲁平，赦季孙。

冬十月，出叔孙侨如而盟之，侨如奔齐。十二月，季孙及郤犨盟于扈。归，刺公子偃[127]，召叔孙豹于齐而立之。

齐声孟子通侨如[128]，使立于高、国之间[129]。侨如曰："不可以再罪。"奔卫，亦间于卿[130]。

晋侯使郤至献楚捷于周，与单襄公语，骤称其伐[131]。单子语诸大夫曰："温季其亡乎[132]！位于七人之下，而求掩其上[133]。怨之所聚，乱之本也。多怨而阶乱，何以在位？《夏书》曰：'怨岂在明？不见是图[134]。'将慎其细也[135]。今而明之，其可乎？"

[注释]

①武城：见僖公六年注。汝阴：汝水之南，在今河南省郏县与叶县之间。　②子驷：即公子騑，见成公十年注。　③将鉏、乐惧：均为宋臣。汋（zhuó）陂：宋地，当在今河南省商丘市区与宁陵县之间。　④夫渠：地名，当离汋陂不远。　⑤不儆：不加警戒。　⑥汋陵：在今河南省宁陵县南。　⑦鸣雁：在今河南省杞县北。　⑧逞：缓。　⑨戊寅：十二日。　⑩姚句（gōu）耳：非正式使者。　⑪详：同"祥"，敬顺，和善。　⑫用利：举动有利于国而行。事节：事情合于节度。　⑬时顺：时令和顺。物成：物产有成就。　⑭各知其极：

人人皆知其行为准则。 ⑮“立我烝民”二句：出自《诗经·周颂·思文》。立，安置。烝，众。 ⑯敦厖（máng）：厚丰。 ⑰阙：空缺，指战死者。 ⑱渎齐盟：亵渎盟约。齐，同“斋”。 ⑲奸时以动：违反时令而兴兵。 ⑳疲民以逞：劳民而图快意。 ㉑进退罪也：进退都是罪过。 ㉒人恤所底（zhǐ）：人们为结局担忧。底，至。 ㉓失志：考虑不周。 ㉔丧列：失去阵列。 ㉕多矣：足够了。 ㉖不振旅：即不能取胜。 ㉗不反命：指战死。 ㉘不复从：指失败。 ㉙亟战：屡战。 ㉚自非圣人：若不是圣人。自，假设连词。 ㉛甲午晦：二十九日。 ㉜范匄（gài）：士燮之子士匄。 ㉝疏行首：将行列间道路隔宽。行首，行道。 ㉞文子：即范文子士燮。 ㉟轻窕：即轻佻。 ㊱六间：六个空子。 ㊲二卿：指子反、子重。 ㊳以旧：任用旧贵族。 ㊴不违晦：不避晦日。古人迷信，认为月末不宜布阵作战。 ㊵嚣：吵闹，喧哗。 ㊶合：交战。 ㊷旧不必良：旧族子弟，未必精良。 ㊸犯天忌：指晦日用兵。 ㊹巢车：兵车的一种，高如鸟巢，以眺望敌军。 ㊺伯州犁：晋伯宗之子，后奔楚，为楚太宰。以下为楚共王与伯州犁的对话。 ㊻骋而左右：即左右驰骋。 ㊼甚嚣且尘上矣：喧哗得厉害，且尘土扬起。 ㊽听誓：听从号令。 ㊾战祷：战前祈祷。 ㊿公卒：指晋侯之卒。 (51)苗贲皇：楚斗椒之子，后奔晋。见宣公十七年注。 (52)国士：国家的杰出人物。 (53)萃于王卒：集中攻击王族。 (54)史：太史。 (55)《复》：六十四卦之一，其卦象为下震上坤。 (56)南国：即楚国。蹙（cù）：局迫。 (57)元王：即国王。 (58)步毅：即郤毅。 (59)夹公行：护卫晋厉公前进。 (60)大任：大事。 (61)侵官：侵犯他人职权。 (62)离局：离开自己的部属。奸：乱。 (63)掀公：即掀起厉公的战车。 (64)癸巳：为甲午日前一天，此补叙前事。 (65)潘尪之党：即潘尪之子潘党，与养由基俱见宣公十二年注。蹲甲：将甲置放一起。 (66)彻七札：穿透七层。 (67)大辱国：当时口头骂人的话。 (68)死艺：死于自身技艺。 (69)吕锜：即晋国的魏锜。 (70)伏弢（tāo）：伏于弓套而死。弢，弓套。 ⑦免胄而趋风：脱下头盔，快步前进。 ⑦工尹襄：工尹，官名。襄，其名。问之以弓：赠弓问好。 ⑦方事之殷：战事正激烈。 ⑦韎（mèi）：茜草染成的赤黄色。跗（fū）注：当时军服，长至脚背。跗，脚背。注，连属。 ⑦识：同"适"，时间副词。 ⑦客：即工尹襄。 ⑦间：参与。 ⑦不敢拜命：据《礼记·曲礼上》载："介者不拜。"即穿甲的人不下拜。 ⑦不宁：未受伤。 ⑧肃：揖拜。 ⑧谍辂之：即令轻兵从小道迎击。 ⑧败者壹大：战败者应专一保护国君。壹，专一。大，指郑君。 ⑧薄于险：被压迫在险阻之地。 ⑧搏人以投：抓住晋人投掷过去。 ⑧麾：指挥作战的旗子。 ⑧日：昔日。 ⑧好以众整：爱好军队整肃一致。 ⑧好以暇：喜好从容不迫。 ⑧摄饮：派人代为进酒。 ⑨执榼（kē）承饮：端着酒器献酒。榼，酒器。 ⑨造：前往。 ⑨乏使：缺乏有才能的使者。 ⑨持矛：即车右。古者车右持矛。 ⑨夫子：指栾针。 ⑨识（zhì）：记。言记忆力强。 ⑨免：放走。 ⑨夷伤：创伤。 ⑨展：排列。 ⑨蓐食申祷：饱餐一顿，再次祝祷。 ⑩谷阳竖：子反的仆臣。 ⑩戎马：晋厉公的车马。 ⑩惟命不于常：句出《尚书·康诰》，意为天命不会固定不变。 ⑩微：无。 ⑩坏隤（tuí）：鲁地，在今山东省曲阜市境内。 ⑩宣伯：即叔孙侨如。穆姜：成公之母。 ⑩季、孟：指季文子和孟献子。 ⑩公子偃、公子鉏：二人为成公庶弟。 ⑩申宫：即司宫，守宫。 ⑩沙随：宋地，在今河南省宁陵县北。 ⑩主东诸侯：主持东方诸侯事务。 ⑪诉：毁谤。 ⑪尹武公：即尹子。 ⑪督扬：郑地，当在今河南省新郑市东。 ⑪子叔声伯：即公孙婴齐。叔孙豹：叔孙侨如之弟。 ⑪制田：地名，在今河南省新郑市东北。 ⑪鸣鹿：在今河南省鹿邑县西。 ⑪颍上：颍水之旁，当在今河南省禹州市境。 ⑪戊午：二十四日。 ⑪宵军：夜间突袭。 ⑫失军：溃败。 ⑫不出：不出仕。 ⑫行父：季孙行父，季文子。 ⑫蔑：即仲孙蔑，孟献子。 ⑫密迩：紧靠着。 ⑫常隶：寻常的小臣。 ⑫介：仗恃。求厚：求取厚禄。 ⑫刺：暗杀。

⑱声孟子：齐灵公之母，宋国女。　⑲立：同"位"。　⑳间于卿：在卿位之间。　㉑骤称其伐：屡夸其功。　㉒温季：即郤至。　㉓掩：盖。　㉔"怨岂在明"二句：本为逸书，作伪者编入伪古文《五子之歌》。意为防止怨恨不仅限于明显之处。不见是图，应图谋那不易见到的地方。　㉕慎其细：在细微之处谨慎从事。

[译文]

十六年春季，楚共王从武城派公子成以汝水以南的田地向郑国求和。郑国背叛了晋国，子驷到武城和楚共王结盟。

夏季四月，滕文公去世。

郑国的子罕攻打宋国。宋国的将鉏、乐惧在汋陂将其打败。宋军撤退驻扎在夫渠，没有加强戒备，郑人设下伏兵，在汋陵将宋军击败，抓获了将鉏和乐惧。这是宋军凭借打了胜仗而不加防备的结果。

卫献公攻打郑国，到达鸣雁，这是为了晋国而出兵。

晋厉公准备征讨郑国，士燮劝阻道："如果要满足我们的愿望，诸侯全都背叛晋国，晋国的患难可以得到缓解。如果只是一个郑国背叛就出兵，晋国的忧患就会马上到来。"栾书说："绝不能在我们这一代失去诸侯，一定要攻打郑国。"于是下令出兵。由栾书率领中军，士燮为副帅。郤锜率领上军，荀偃为副帅。韩厥率领下军，郤至为新军副帅，荀䓖留守国内。郤犨先到卫国，又到齐国，都是为了请求出兵。栾黡来鲁国求兵，孟献子说："晋国定能取胜。"十二日，晋军出动。

郑国人听说晋军出动，派人告诉楚国，姚句耳一同前往。楚共王发兵救郑，由司马子反率领中军，令尹子重率领左军，右尹子辛率领右军。途经申地，子反入城拜见申叔时，说："这次出兵结果会怎样？"申叔时回答说："道德、刑法、祥和、道义、礼法、信用，是作战的必备条件。道德用以布施恩惠，刑法用以匡正邪恶，祥和用以事奉神灵，道义用以建树利益，礼法用以顺应时势，信用用以保守事物。百姓生活富足，道德就会端正；为百姓谋利，事情就合于法度；顺时应势，万物就能有所成就。上下和睦，一切行动顺利无阻，任何需求都能满足，每人都能知道行动的准则。因此《诗经》说：'安置我的百姓，人人都合准则。'因此，神灵就会降福，四季无灾，百姓富裕，万众一心听从政令，人人竭尽全力服从君命，不惜献出自己的生命前赴后继。这才是作战能够取胜的原因。现在楚国对内抛弃了百姓，对外断绝了友好邻国，亵渎神圣的盟约，言而无信，违背农时兴兵作战，使百姓疲于奔命以满足自己的野心。百姓不知道什么是信用，前进或后退都是犯罪。人们都为自己的命运而担心，还有谁肯拼死作战呢？您尽力去做吧！我再也看不到您了。"姚句耳先回到郑国，子驷问他情况，他回答说："楚军行军迅速，经过险要地带军容不整。动作太快就容易考虑不周，军容不整就会使队列混乱，考虑不周队列就会混乱，又怎么能作战？恐怕楚军靠不住了。"

五月，晋军渡过黄河。听说楚军将要来到，士燮想要退兵，他说："我们假装逃避楚军，就可以缓解晋国的忧患。会合诸侯，不是我们所能做到的，还是留给有能力的人吧。只要群臣团结一致事奉国君就足够了。"栾书说："不行。"

六月，晋、楚两军在鄢陵遭遇。士燮不想作战，郤至说："当初韩地之战，惠公未能战胜归来。箕地之战，先轸战死疆场。邲地之战，荀伯一战即溃。这都是晋国的耻辱。您也看到过先君时期的这些事件。现在再躲避楚国，更增加了我们的耻辱。"士燮说："先君这几次作战都是有原因的。秦、狄、齐、楚都是强国，如果不尽力抗争，子孙就会被削弱。现在齐、秦、狄三强都已顺服，和我们相匹敌的只有一个楚国了。只有圣人才能做到既无外忧又无内患，我们不是圣人，消除了外患，一定会出现内忧。何不放过楚国作为外忧而使我国有所戒惧呢？"

六月二十九日，楚军清晨逼近晋军摆开阵势，晋国军官对此担心。范匄快步向前，说："填井平灶，列开阵势，放宽队列之间的距离。晋、楚两国都是上天所保佑的，害怕什么呢？"他父亲士燮拿起戈追打他,说:"国家的存亡在于天意。你小孩子知道什么?"栾书说:"楚军轻浮急躁,只要坚守阵地,三天之后他们必定撤军。他们撤退时再追击,一定大获全胜。"郤至说:"楚军有六个空子可乘,不能失去机会:两个卿互相仇视,楚王的亲兵都是旧家子弟,郑国军队阵容不整,蛮人军队未列阵势,列阵作战没有避开晦日,士兵在阵中喧闹,交战后更加喧闹。各军互相观望依赖,毫无斗志。旧家子弟未必是强兵良将,晦日出兵犯了大忌。我军一定能战胜他们。"

楚共王登上巢车眺望晋军,子重让太宰伯州犁侍立在楚王身后。共王说:"晋军兵车左右驰骋是什么意思呢?"伯州犁回答说:"这是在召集军官。"共王又说:"都集中到中军了。"伯州犁说:"这是在一起商议。"共王又说:"拉开了帐幕。"伯州犁说:"这是在虔诚地向先君问卜。"共王说:"又把帐幕拆除了。"伯州犁说:"准备发布命令。"共王说:"非常喧闹,而且尘土飞扬。"伯州犁说:"这是在填井平灶准备列阵了。"共王又说:"他们都上车了,但将帅和车右又拿着武器下来了。"伯州犁说:"这是要听取军令。"共王问:"就要作战了吗?"伯州犁说:"还不知道。"共王说:"他们上了战车,但将帅和车右又都下来了。"伯州犁说:"这是在做战前祈祷。"伯州犁把晋厉公亲兵的情况报告共王。苗贲皇站在晋厉公旁边,也把楚王亲兵的情况报告晋厉公。厉公左右的人都说:"楚国有伯州犁这样的杰出人才,而且阵容强大,不可抵挡。"苗贲皇对厉公说:"楚军的精兵强将都集中在他们的中军王族了。请把精兵分别去攻击他们的左右两军,并集中三军攻击他们中军的王族,一定能大败楚军。"厉公让太史占筮,太史说:"吉利。得到复卦,卦辞说:'南方之国正日益削弱,用箭射它的国君,能射中他的眼睛。'国家衰弱,国君受伤,还能不败吗?"厉公听从了他们的建议。

前面有一片泥沼,于是就左右避开泥沼绕行。步毅为厉公驾车,栾铖为车右。彭名为共王驾车,潘党为车右。石首为郑成公驾车,唐苟为车右。栾书、士燮带着他们的族人护卫在厉公两侧,厉公的战车陷到了泥沼里。栾书准备让厉公乘坐自己的战车,他儿子栾𫇭说:"栾书您退下!您身负国家重任,怎能独揽一切?再说您侵犯别人的职权,是冒犯;放弃自己的职守,是怠慢;离开自己的部属,是犯罪。这三个罪名,都是不能触犯的。"说完下去把厉公的车从泥沼中掀了出来。

六月二十八日,楚国潘尪的儿子潘党和养由基把铠甲叠放起来比赛射箭,都穿透了七层铠甲。拿给楚共王看,说:"国君有两个这样的臣子,还怕作战吗?"共王大怒:"真不知羞耻。明天早晨你们射箭,就会死到这箭术上。"晋国的吕锜梦见用箭射月,射中了,后退时掉到了泥坑里。让人占卜,占卜的人说:"姬姓为日,异姓为月,月亮一定是楚王。虽然射中了他,你后退掉入泥坑,也必死无疑。"战争开始,他一箭射中共王的眼睛。共王叫来养由基,给他两支箭,让他射吕锜,射中了脖子,吕锜倒在弓袋上死了。养由基拿着剩下的那支箭向共王复命。

郤至三次遇到共王的亲兵,每次见到共王一定下车,摘下头盔,向前快步而进。共王派工尹襄送给他一张弓,说:"战斗正在激烈进行,这位身着红色军服的人是个君子。见到寡人就快步向前,可能是受伤了吧。"郤至见到客人,摘下头盔接受了问候,说:"外臣郤至跟随寡君作战,托国君的威灵,得以披甲入列,不敢拜受国君的问候。冒昧报告我没有受伤,承蒙国君关心,实在担当不起,由于军务在身,谨向使者肃拜。"对着使者作了三次揖才退下去。

晋国的韩厥追赶郑成公,他的御者说:"赶快追上去!他的御者屡屡回头,不专心驾驶,可以追上。"韩厥说:"不可以再羞辱国君了。"下令停车。郤至追击郑成公,他的车右茀翰胡说:"快派轻兵抄到前面拦阻,我从后面登上车把他抓获。"郤至说:"伤害国君是要受到刑罚的。"也停下不追了。石首说:"从前卫懿公就因为没有丢掉旗子,才在荥泽被打败。"便把旗子收起来放到弓袋里。唐苟对石首说:"您在国君旁边,遇到失败应一心保护国君。我不如您,请您保护国君逃走,我下车抵挡一阵。"结果唐苟战死。

楚军被逼至险要地带,叔山冉对养由基说:"虽然国君有命令,但为了国家,您一定要射箭。"养由基就射箭。连射两箭,所射尽死。叔山冉抓住一个晋兵扔了出去,掷中晋军的战车,砸断了车前横木。晋军才停止追击。俘虏了楚国的公子茷。

栾鍼看到子重的旗子后,请求说:"楚国俘虏说那是子重的旗子。那个人肯定就是子重了。以前我出使楚国时,子重问我晋国的勇武表现在哪里。我回答说:'最喜欢军容整肃。'他又问:'还有什么呢?'我回答说:'喜欢从容不迫。'现在两国交兵,不派使者往来,不能说是军容整肃。临到事情却自食其言,不能说是从容不迫。请派人替我给子重敬酒。"厉公同意了。派使者拿着酒器和酒,到子重那儿,说:"寡君缺少人手,让栾鍼担任车右。所以他不能亲自来犒劳阁下,特派我来向您敬酒。"子重说:"那位先生在楚国曾和我说起过,一定是这个缘故,他的记性真好!"接过酒来一饮而尽。送走使者又重新击鼓作战。从早晨开战,直到星星出来还没有停止。

子反让军吏了解伤亡情况,补充步兵和车兵,修理盔甲武器,摆列战车马匹,鸡叫时就吃饭,要绝对服从命令。晋国人非常忧虑。苗贲皇通告全军说:"检阅战车,补充兵员,喂饱战马,磨砺武器,整顿军阵,巩固行列,饱餐一顿,再次祷告,准备明天再战。"故意放跑了楚国俘虏。楚共王得知后,召子反商量对策。子反的侍从谷阳竖给子反酒喝,子反喝醉了,不能前去进见。共王感叹说:"看来是上天要让楚国失败啊!我不能坐以待毙。"就连夜逃走了。

晋军进入楚军阵地,把楚军的粮食吃了三天。士燮站在晋厉公的车马前说:"国君年幼,群臣无能,为什么却取得了胜利呢?国君要以此为戒啊!《周书》中说:'天命不会一成不变。'是说有德人才能享有天命。"

楚军撤到瑕地,共王派人对子反说:"城濮之战先大夫子玉使楚军全军覆没,当时国君不在军中。这次战败你没有过错,是我的罪过。"子反连续叩首两次说:"即使国君赐我一死,我也死而不朽。我的部下确实失败了，是我的罪过。"子重派人对子反说："当初那个使军队失败的人，想必你也听说了，何不考虑一下呢？"子反说："即使没有先大夫的例子，您让大夫来教导我，我怎敢不义而偷生啊？我使国君的军队遭到失败，哪里敢忘记以死谢罪呢？"共王派人去阻拦，没有赶到他就自杀了。

作战那一天，齐国的国佐、高无咎来到军中。卫献公从卫国出发，鲁成公从坏隤出发。宣伯和穆姜私通，打算杀掉季文子和孟献子，侵吞他们的财产。成公准备动身时，穆姜送他，让他驱逐季文子和孟献子。成公把晋国的危难告诉她，说："请等我回来再听从您的吩咐。"穆姜非常生气，这时公子偃、公子鉏快步走过，穆姜指着他们说："你不答应，这两个人都可以成为国君。"成公在坏隤等待，防护宫室，加强戒备，设置守卫，然后动身，因此去晚了。让孟献子留守宫中。

秋季，诸侯在沙随相会，商议攻打郑国。宣伯派人告诉郤犨说："鲁侯在坏隤等待，是在观望谁能胜利。"郤犨率领新军，担任公族大夫，主管东方诸侯的有关事宜。他从宣伯那里接受了贿赂，在晋厉公面前毁谤成公，晋厉公因此拒绝会见成公。

曹国人向晋国人请求说："自从我们先君宣公去世，国人都说：'为什么忧患没完没了？'去年贵国又讨伐寡君，使我国主持国政的公子臧逃亡国外，这是要大举灭亡曹国啊。是我们先君有罪吗？如果他有罪，却又让他参加盟会。国君正因为没有丢失德行和刑罚，因此才称霸诸侯。难道唯独要对我国丢失德行和刑罚吗？冒昧私下向您申述。"

七月，成公会合尹武公和诸侯攻打郑国。准备出发时，穆姜又向成公提出上次的要求。成公又布置了宫中的守卫警备后才离开。诸侯军队驻扎在郑都西部。鲁军驻扎在督扬，不敢经过郑都。子叔声伯派叔孙豹请求晋军前来迎接鲁军，在郑郊为晋军准备了饭食。晋军为迎接鲁军而到来，声伯为等待晋军四天没有吃饭，直到让晋国的使者吃了饭才进食。

诸侯的军队转移到制田。荀䓨任下军副帅,率领诸侯的军队入侵陈国,到达鸣鹿。随后侵入蔡国。没有返回,诸侯军队又转移到颍上。二十四日,郑国的子罕在夜里偷袭,宋、齐、卫都受到重创。

曹国人再次请求晋国,晋厉公对子臧说:"你回去吧,我让你们国君回国。"子臧回国,曹成公也回国了。子臧把自己的封地和卿位还给曹成公,不再做官。

宣伯派人告诉郤犨说:"鲁国有季氏和孟氏,就像晋国有栾氏、范氏一样,政令都是由他们制定的。现在他们商量说:'晋国政出多门,不能服从。宁可去事奉齐、楚两国,即使是亡国,也不去跟随晋国了。'如果想得到鲁国的拥护,就请拘留季孙行父并把他杀死,我杀掉仲孙蔑,事奉晋国,就不会三心二意了。鲁国没有了二心,其他小国也必然顺服晋国。不然的话,季孙行父回国后一定背叛晋国。"九月,晋国人在苕丘抓住了季文子。成公回到国内,在郓地等候。派子叔声伯到晋国请求把季孙行父放掉,郤犨说:"如能铲除仲孙蔑扣留季孙行父,我把鲁国的政权交给您,对您比对公室还要亲近。"声伯回答说:"宣伯的情况,想必您也了解。如果铲除了仲孙蔑和季孙行父,是彻底抛弃鲁国而惩罚寡君。如果还不抛弃鲁国,托周公的福气,让寡君继续事奉晋君的话,这两个人就是鲁国的重臣。如果早晨杀掉他们,鲁国晚上一定灭亡。鲁国距你们敌国很近,灭亡鲁国便帮助了仇敌,到时候挽救也来不及了。"郤犨说:"我为您请求封邑。"声伯说:"我婴齐是鲁国的一个普通官员,怎么敢依仗大国求取丰厚的官禄呢?我奉寡君之命前来请求,如果能被获准,就是您对我的丰厚赏赐了。我还敢要求别的什么呢?"士燮对栾书说:"季孙行父在鲁国,辅佐过两个国君。他的妾不穿丝绸,马不吃粮食,能说他不忠心耿耿吗?听信奸邪而丢弃忠良,怎么向诸侯交代?声伯奉行国君的命令没有任何私心,为国家着想忠心不二,为自己考虑而不忘国君。如果拒绝他的请求,就是丢弃善人。您还是考虑一下!"于是同意和鲁国讲和,赦免了季文子。

成 公

冬季十月，放逐宣伯并和大夫们盟誓，宣伯逃亡到齐国。十二月，季文子和郤犨在扈地结盟。回国后暗杀了公子偃，把叔孙豹从齐国召回立为叔孙氏的继承人。

齐灵公的母亲声孟子和宣伯私通，让他位居高氏和国氏之间。宣伯说："不能再犯罪了。"便逃亡到卫国，也位列各卿之间。

晋厉公派郤至到周王室献上对楚作战的俘虏，郤至和单襄公说话，多次夸耀自己的战功。单襄公对大夫们说："郤至难以避免杀身之祸吧！他的官位在七人之下，却追求盖过他的上司。聚集怨恨，是祸乱的根本。怨恨太多就成为祸乱的阶梯，又怎么能保持自己的官位呢？《夏书》中说：'怨恨哪里都在明处？看不到的更应多加小心。'对一些细微之处也要谨慎从事。现在郤至把怨恨公开了，能行吗？"

成公十七年

经 十有七年春，卫北宫括帅师侵郑。夏，公会尹子、单子、晋侯、齐侯、宋公、卫侯、曹伯、邾人伐郑。六月乙酉，同盟于柯陵。秋，公至自会。齐高无咎出奔莒。九月辛丑，用郊。晋侯使荀䓨来乞师。冬，公会单子、晋侯、宋公、卫侯、曹伯、齐人、邾人伐郑。十有一月，公至自伐郑。壬申，公孙婴齐卒于狸脤。十有二月丁巳朔，日有食之。邾子䝿且卒。晋杀其大夫郤锜、郤犨、郤至。楚人灭舒庸。

传 十七年春，王正月，郑子驷侵晋虚、滑①。卫北宫括救晋，侵郑，至于高氏②。夏五月，郑大子髡顽、侯獳为质于楚③，楚公子成、公子寅戍郑。

公会尹武公、单襄公及诸侯伐郑，自戏童至于曲洧④。

晋范文子反自鄢陵，使其祝宗祈死⑤，曰："君骄侈而克敌，是天益其疾也。难将作矣！爱我者惟祝我⑥，使我速死，无及于难，范氏之福也。"六月戊辰⑦，士燮卒。

乙酉⑧，同盟于柯陵⑨，寻戚之盟也。

楚子重救郑，师于首止。诸侯还。

齐庆克通于声孟子，与妇人蒙衣乘辇而入于闳⑩。鲍牵见之⑪，以告国武子⑫，武子召庆克而谓之。庆克久不出，而告夫人曰："国子谪我⑬！"夫人怒。国子相灵公以会，高、鲍处守。及还，将至，闭门而索客⑭。孟子诉之曰："高、鲍将不纳君，而立公子角。国子知之⑮。"秋七月壬寅⑯，刖鲍牵而逐高无咎。无咎奔莒，高弱以卢叛⑰。齐人来召鲍国而立之⑱。

初，鲍国去鲍氏而来，为施孝叔臣。施氏卜宰⑲，匡句须吉。施氏之宰，有百室之邑。与匡句须邑，使为宰。以让鲍国，而致邑焉。施孝叔曰："子实吉。"对曰："能与忠良，吉孰大焉！"鲍国相施氏忠，故齐人取以为鲍氏后。

仲尼曰："鲍庄子之知不如葵⑳，葵犹能卫其足。"

冬，诸侯伐郑。十月庚午㉑，围郑。楚公子申救郑，师于汝上㉒。十一月，诸侯还。

初，声伯梦涉洹㉓，或与己琼瑰㉔，食之，泣而为琼瑰，盈其怀。从而歌之曰："济洹之水，赠我以琼瑰。归乎！归乎！琼瑰盈吾怀乎！"惧不敢占也。还自郑，壬申，至于狸脤而占之㉕，曰："余恐死，故不敢占也。今众繁而从余三年矣，无伤也。"言之，之莫而卒㉖。

齐侯使崔杼为大夫，使庆克佐之，帅师围卢。国佐从诸侯围郑，以难请而归。遂如卢师，杀庆克，以榖叛。齐侯与之盟于徐关而复之㉗。十二月，卢降，使国胜告难于晋㉘，待命于清㉙。

晋厉公侈，多外嬖㉚。反自鄢陵，欲尽去群大夫，而立其左右㉛。胥童以胥克之废也㉜，怨郤氏，而嬖于厉公。郤锜夺夷阳五田㉝，五亦嬖于厉公。郤犨与长鱼矫争田，执而梏之，与其父母妻子同一辕㉞。既，矫亦嬖于厉公。栾书怨郤至，以其不从己而败楚师也，欲废之。使楚公子茷告公曰："此战也，郤至实召寡君。以东师之未至也㉟，与军帅之不具也，曰：'此必败，吾因奉孙周以事君㊱。'"公告栾书，书曰："其有焉。不然，岂其死之不恤㊲，而受敌使乎㊳？君盍尝使诸周而察之㊴？"郤至聘于周，栾书使孙周见之。公使觇之㊵，信。遂怨郤至。

厉公田，与妇人先杀而饮酒㊶，后使大夫杀。郤至奉豕，寺人孟张夺之㊷，郤至射而杀之。公曰："季子欺余。"

厉公将作难，胥童曰："必先三郤，族大多怨。去大族不逼，敌多怨有庸㊸。"公曰："然。"郤氏闻之，郤锜欲攻公，曰："虽死，君必危。"郤至曰："人所以立，信、知、勇也。信不叛君，知不害民，勇不作乱。失兹三者，其谁与我？死而多怨㊹，将安用之？君实有臣而杀之，其谓君何？我之有罪，吾死后矣。若杀不辜，将失其民，欲安，得乎？待命而已！受君之禄，是以聚党。有党而争命㊺，罪孰大焉！"壬午㊻，胥童、夷羊五帅甲八百，将攻郤氏。长鱼矫请无用众㊼，公使清沸魋助之㊽，抽戈结衽㊾，而伪讼者㊿。三郤将谋于榭㉛，矫以戈杀驹伯、苦成叔于其位㉜。

温季曰㊸:"逃威也㊹!"遂趋。矫及诸其车以戈杀之,皆尸诸朝。

胥童以甲劫栾书、中行偃于朝㊺。矫曰:"不杀二子,忧必及君。"公曰:"一朝而尸三卿,余不忍益也。"对曰:"人将忍君。臣闻乱在外为奸,在内为轨㊻。御奸以德,御轨以刑。不施而杀,不可谓德。臣逼而不讨,不可谓刑。德刑不立,奸轨并至。臣请行。"遂出奔狄。公使辞于二子,曰:"寡人有讨于郤氏,郤氏既伏其辜矣。大夫无辱,其复职位。"皆再拜稽首曰:"君讨有罪,而免臣于死,君之惠也。二臣虽死,敢忘君德?"乃皆归,公使胥童为卿。

公游于匠丽氏㊼,栾书、中行偃遂执公焉。召士匄,士匄辞。召韩厥,韩厥辞,曰:"昔吾畜于赵氏㊽,孟姬之谗㊾,吾能违兵㊿。古人有言曰:'杀老牛莫之敢尸○,'而况君乎?二三子不能事君,焉用厥也?"

舒庸人以楚师之败也,道吴人围巢,伐驾,围厘、虺○,遂恃吴而不设备。楚公子橐师袭舒庸,灭之。

闰月乙卯晦○,栾书、中行偃杀胥童。民不与郤氏,胥童道君为乱,故皆书曰:"晋杀其大夫。"

[注释]

①虚、滑:二地名,晋邑。 ②高氏:地名,在今河南省禹州市西南。 ③侯獳:郑大夫。 ④戏童:地名,即戏,在今河南省巩义市东南。曲洧(wěi):即今河南省尉氏县洧川镇。 ⑤祝宗:古时卿大夫家有祝史、祝宗,祝宗为主持家庙祷祝的家臣。 ⑥祝我:诅咒我。 ⑦戊辰:初九日。 ⑧乙酉:二十六日。 ⑨柯陵:即嘉陵,

成 公 527

在今河南省许昌市南。　⑩闳（hóng）：宫中巷门。　⑪鲍牵：鲍叔牙曾孙。　⑫国武子：即国佐，齐卿。　⑬谪：谴责。　⑭索客：检查旅客。　⑮知：参与。　⑯壬寅：十三日。　⑰高弱：高无咎之子。卢：高氏采邑，在今山东省济南市长清区西南。　⑱鲍国：鲍牵之弟。　⑲卜宰：占卜家宰人选。家宰为当时卿大夫家总管。　⑳鲍庄子：即鲍牵。葵：一种蔬菜。　㉑庚午：十二日。　㉒汝上：汝水岸边。　㉓洹：洹水，即今安阳河。　㉔琼瑰：玉珠。　㉕狸脤：不详何地。　㉖之莫：至暮。　㉗徐关：详见成公二年注。　㉘国胜：国佐之子。　㉙清：齐邑，在今山东省聊城市东昌府区西。　㉚外嬖：宠幸的大夫。　㉛左右：即外嬖。　㉜胥童：胥克之子。　㉝夷阳五：亦作夷羊五，晋大夫。　㉞同一辕：同拴在一个车辕上。　㉟东师：指齐、鲁、卫三国之军。　㊱奉孙周：拥立孙周。孙周，即晋悼公。　㊲不恤：不顾虑。　㊳受敌使：指鄢陵之战，楚子曾赠弓问候。　㊴使诸周：出使周王室。　㊵觇（chān）：侦察，窥探。　㊶杀：射猎。　㊷寺人孟张：晋厉公宦官名。　㊸敌多怨有庸：以多怨之人为敌，容易成功。　㊹死而多怨：叛乱败死招致更多怨恨。　㊺争命：抗命。　㊻壬午：二十六日。　㊼无用众：不必用兵。　㊽清沸魋（tuí）：嬖人。　㊾结衽：连接衣襟。　㊿伪讼：伪装争讼。　㉑谋于榭：在公堂听讼。　㉒驹伯：即郤锜。苦成叔：即郤犫。　㉓温季：即郤至。　㉔逃威：逃避无罪被杀。威，读为"畏"。　㉕中行偃：即荀偃。　㉖轨：借为"宄（guǐ）"。　㉗匠丽氏：厉公嬖臣，主工匠者。　㉘畜于赵氏：韩厥为赵盾所提拔。畜，养。　㉙孟姬之谗：孟姬谗杀赵同、赵括，事见成公八年传。　㉚违兵：不肯用兵。　㉛尸：主。　㉜驾、厘、虺：均为地名。驾、厘在今安徽省无为县境。虺在今安徽省庐江县境。　㉝乙卯：二十九日。

[译文]

　　十七年春季，周历正月，郑国的子驷入侵晋国的虚、滑二地。卫国的北宫括救援晋国，进攻郑国，到达高氏。夏季五月，郑国的太子髡顽、侯獳到楚国做人质，楚国的公子成、公子寅到郑国戍守。

成公会合尹武公、单襄公和诸侯讨伐郑国，从戏童出发，到达曲洧。

晋国的士燮从鄢陵战场回国后，让他的祝宗向上天祈求，能让他早点死去，说："国君骄横奢侈却战胜了敌人，这是上天在加重其罪过。大难就要临头了！希望爱我的人诅咒我，让我早点死去，不要遭受祸患，就是范氏的福气了。"六月九日，士燮去世。

六月二十六日，诸侯一起在柯陵举行盟会，重温了戚地的盟约。

楚国的子重救援郑国，军队驻扎在首止。诸侯退兵回国。

齐国的庆克和声孟子私通，与妇女同穿女衣一起乘车进入宫中巷门。鲍牵看见后，告诉了国武子，国武子把庆克找来告诉他这件事。庆克很久不敢出门，告诉声孟子说："国子责备了我！"声孟子非常恼火。国武子作为齐灵公的相礼参加诸侯会盟，由高无咎和鲍牵留守国内。齐灵公回国，行至国都时，关闭城门，检查行人。声孟子诬陷说："高、鲍二人不想接纳国君，准备立公子角为君。国子也知道这一阴谋。"秋季七月十三日，灵公下令砍去鲍牵的双脚，驱逐高无咎。高无咎逃亡到莒国，高弱率领卢地人叛乱。齐国人把鲍国从鲁国召回，将他立为鲍氏继承人。

当初，鲍国离开鲍氏来到鲁国做了施孝叔的家臣。施家要占卜挑选一位总管家，匡句须吉利。施家总管家有一百户人家的封邑。施家给了匡句须封邑，让他做总管。他要让给鲍国，把封邑也给了他。施孝叔说："占卜你是最吉利的。"匡句须说："能够给忠诚善良之人，还有比这更大的吉利吗？"鲍国辅佐施家忠心耿耿，因此齐国召请他回去作为鲍氏的继承人。

孔子认为："鲍牵的智慧不如葵菜，葵菜尚能保护自己的脚。"

冬季，诸侯讨伐郑国。十月十二日，包围了郑都。楚国的公子申救援郑国，军队驻扎到汝水岸边。十一月，诸侯回国。

当初，声伯梦见自己趟过洹水，有人送给他琼瑰，吃下去后，哭出来的泪水都成了琼瑰，落满了怀抱。他跟着那人唱道："我渡过洹水，赠给我琼瑰。回去吧！回去吧！琼瑰装满我的怀抱！"醒来后害怕，不敢占卜。从郑国回来，壬申日，走到狸脤占卜，说："我因为怕死，才不敢占卜。现在这么多人跟随我已三年了，没有妨碍了。"说了这话，到晚上就死了。

齐灵公任命崔杼为大夫，让庆克辅佐他，率领军队围攻卢地。当时国佐正随诸侯围攻郑国，以国内发生了祸难为由请求回国。于是到包围卢地的军队中，杀了庆克，领着榖地人叛乱。齐灵公和他在徐关结盟，恢复了他的官位。十二月，卢地宣布投降，齐国派国胜到晋国报告，让他在清地等候命令。

晋厉公非常奢侈，有很多宠信的大夫。从鄢陵回来后，想罢免所有大夫，而立他的左右宠臣。胥童因为胥克被郤缺罢免而怨恨郤氏，却很受厉公宠信。郤锜夺去了夷阳五的田地，夷阳五也受到厉公的宠信。郤犨和长鱼矫争夺田地，郤犨把长鱼矫抓起来戴上镣铐，把他和他的父母妻子捆在一根车辕上。不久，长鱼矫也受宠于晋厉公。栾书怨恨郤至，是因为他不听自己的主张打败了楚军，打算罢黜他。他让楚国的公子茷告诉晋厉公说："这次战役实际上是郤至请寡君来的。因为当时东方诸侯军队还没有到，晋军各个将帅也没有到齐，他说：'这次战役晋国肯定失败，我趁机拥立孙周以事奉国君。'"厉公把这话告诉栾书，栾书说："有这回事。不然的话，他怎么敢不怕死而去接受敌国使者的问候呢？国君何不把他派往王室以进一步考察呢？"郤至到王室聘问，栾书让孙周和他见面。厉公派人监视郤至、孙周相见，真有此事。从此怨恨郤至。

厉公外出打猎，和女人先射猎又饮酒，然后让大夫们射猎。郤至献给厉公一头野猪，寺人孟张上来抢夺，郤至一箭把他杀死了。厉公说："郤至你欺负我。"

厉公准备发难，胥童说："一定要先从三郤下手，他们家族大，招致的怨仇多。铲除这一大族，公室就不会受到逼迫，讨伐怨恨多的人容易成功。"厉公说："对。"郤氏一族听说后，郤锜要攻打厉公，说："即使死了，国君也一定面临危险。"郤至说："人所以能立身于世，就在于有信用、明智、勇气。讲究信用就不能背叛国君，明智就不能残害百姓，勇敢就不能发动内乱。失去这三点，谁还能亲近我们？死了又增加许多怨恨，还有什么用？臣子归国君所有，国君要杀臣子，能把他怎么样？我如果有罪，那就死得太晚了。国君如果滥杀无辜，将失去百姓，想要安于君位，能行吗？还是听候命令吧！享受了国君俸禄，才能聚集亲族。有了亲族却和国君抗争，还有比这更大的罪过吗？"二十六日，胥童、夷羊五率领甲士八百人准备攻打郤氏。长鱼矫请求不要兴师动众，厉公派清沸魋协助他，二人各自抽戈在手，系上衣襟，伪装成打架的样子。三郤准备在台榭上为他们调解，长鱼矫抽出戈来把郤锜和郤犨杀死在座位上。郤至说："与其冤枉被杀不如赶快逃走！"就逃了出去。长鱼矫追上他的车子，用戈杀死了他，将三郤陈尸朝廷示众。

胥童领着甲士在朝廷上劫持了栾书和荀偃。长鱼矫说："不杀了这两个人，国君一定大祸临头。"厉公说："一个早晨就有三位卿陈尸朝廷，我不忍心再增加了。"长鱼矫回答说："别人对国君会忍心的。我听说外面发生了祸乱是奸，内部发生了祸乱是轨。防奸要用德行，防轨要用刑罚。不施恩惠而杀人，不能叫德行。遇到臣子逼迫而不加讨伐，也不能叫刑罚。德行和刑罚不树立，内忧外患就会同时到来。请允许我离开。"然后逃亡到了狄人那里。厉公派人对栾书和荀偃二人说："寡人讨伐郤氏，郤氏已经伏法。大夫不要感到羞辱，我让你们官复原职。"二人两次叩头拜谢说："国君讨伐有罪之人，赦免了我们的死罪，这是国君的恩惠。我们二人即使死了，也不敢忘记国君的大德。"就都回去了，厉公任命胥童为卿。

晋厉公到匠丽氏家里游玩，栾书和荀偃伺机把他抓了起来。他们去请士匄，士匄推辞不来。又去请韩厥，韩厥也推辞不来，说："从前我在赵家长大，孟姬陷害赵氏，我都没有出兵。古人有句话说：'宰杀老牛，无人做主。'何况对待国君呢？你们几个人不愿意事奉国君，又哪里用得着我呢？"

舒庸人利用楚军战败的机会，引导吴国人包围巢地，攻打驾地，包围厘、虺二地，依仗有吴国支持而不加强防备。楚国的公子囊师偷袭舒庸，将它灭亡。

闰十二月二十九日，栾书、荀偃杀了胥童。百姓不亲近郤氏，胥童引导国君制造动乱，因此《春秋》记载为"晋杀其大夫"。

成公十八年

经 十有八年春，王正月，晋杀其大夫胥童。庚申，晋弑其君州蒲。齐杀其大夫国佐。公如晋。夏，楚子、郑伯伐宋。宋鱼石复入于彭城。公至自晋。晋侯使士匄来聘。秋，杞伯来朝。八月，邾子来朝。筑鹿囿。己丑，公薨于路寝。冬，楚人、郑人侵宋。晋侯使士鲂来乞师。十有二月，仲孙蔑会晋侯、宋公、卫侯、邾子、齐崔杼同盟于虚朾。丁未，葬我君成公。

传 十八年春，王正月庚申①，晋栾书、中行偃使程滑弑厉公，葬之于翼东门之外②，以车一乘。使荀䓨、士鲂逆周子于京师而立之③，生十四年矣。大夫逆于清原，周子曰："孤始愿不及此。虽及此，岂非天乎！抑人之求君，使出命也④。立而不从，将安用君？二三子用我今日，否亦今日。共而从君⑤，神之所福也。"对曰："群臣之愿也，敢不唯命是听？"庚午⑥，盟而入，馆于伯子同氏⑦。辛巳⑧，朝于武宫，逐不臣者七人。周子有兄而无慧，不能辨菽麦，故不可立。

齐为庆氏之难故，甲申晦⑨，齐侯使士华免以戈杀国佐于内宫之朝⑩。师逃于夫人之宫⑪。书曰："齐杀其大夫国佐。"弃命⑫，专杀，以榖叛故也。使清人杀国胜。国弱来奔⑬，王湫奔莱⑭。庆封为大夫，庆佐为司寇。既，齐侯反国弱，使嗣国氏，礼也。

二月乙酉朔⑮，晋悼公即位于朝。始命百官，施舍，已责⑯，逮鳏寡，振废滞⑰，匡乏困，救灾患，禁淫慝，薄赋敛，宥罪戾，节器用，时用民⑱，欲无犯时⑲。使魏相、士鲂、魏颉、赵武为卿，荀家、荀会、栾黡、韩无忌为公族大夫，使训卿之子弟共俭孝弟。使士渥浊为大傅，使修范武子之法。右行辛为司空，使修士蒍之法。弁纠御戎，校正属焉⑳，使训诸御知义㉑。荀宾为右，司士属焉㉒，使训勇力之士时使㉓。卿无共御，立军尉以摄之。祁奚为中军尉，羊舌职佐之，魏绛为司马，张老为候奄㉔，铎遏寇为上军尉。籍偃为之司马，使训卒乘，亲以听命㉕。程郑为乘马御㉖，六驺属焉㉗，使训群驺知礼。凡六官之长，皆民誉也。举不失职，官不易方㉘，爵不逾德，师不陵正㉙，旅不逼师，民无谤言，所以复霸也。

公如晋，朝嗣君也。

夏六月，郑伯侵宋，及曹门外㉚。遂会楚子伐宋，取朝郏㉛。楚子辛、郑皇辰侵城郜，取幽丘㉜。同伐彭城，纳宋鱼石、向为人、鳞朱、向带、鱼府焉，以三百乘戍之而还。书曰："复入。"凡去其国，国逆而立之曰入，复其位曰复归，诸侯纳之曰归，以恶曰复入㉝。宋人患之。西鉏吾曰㉞:"何也?若楚人与吾同恶,以德于我,吾固事之也,不敢贰矣。大国无厌,鄙我犹憾㉟。不然,而收吾憎,使赞其政,以间吾衅,亦吾患也。今将崇诸侯之奸,而披其地㊱,以塞夷庚㊲。逞奸而携服㊳,毒诸侯而惧吴、晋。吾庸多矣,非吾忧也。且事晋何为?晋必恤之。"

公至自晋。晋范宣子来聘,且拜朝也。君子谓:"晋于是乎有礼。"

秋,杞桓公来朝,劳公,且问晋故。公以晋君语之。杞伯于是骤朝于晋而请为昏。

七月,宋老佐、华喜围彭城,老佐卒焉。

八月,邾宣公来朝,即位而来见也。

筑鹿囿,书,不时也。

己丑㊴,公薨于路寝,言道也。

冬十一月,楚子重救彭城,伐宋。宋华元如晋告急。韩献子为政,曰:"欲求得人㊵,必先勤之㊶,成霸安疆,自宋始矣。"晋侯师于台谷以救宋㊷。遇楚师于靡角之谷㊸。楚师还。

晋士鲂来乞师。季文子问师数于臧武仲㊹,对曰:"伐郑之役,知伯实来㊺,下军之佐也。今瘛季亦佐下军,如伐郑可也。事大国,无失班爵而加敬焉,礼也。"从之。

十二月,孟献子会于虚朾㊻,谋救宋也。宋人辞诸侯而请师以围彭城。孟献子请于诸侯,而先归会葬。

丁未,葬我君成公,书,顺也。

[注释]

①庚申:初五日。 ②翼:晋国旧都。 ③周子:即孙周。 ④出

命:发布命令。 ⑤共:同"恭"。 ⑥庚午:十五日。 ⑦伯子同:当是晋大夫。 ⑧辛巳:二十六日。 ⑨甲申:二十九日。 ⑩士:掌刑之官。华免:人名。 ⑪师:众。 ⑫弃命:背弃君命。 ⑬国弱:国胜之弟。 ⑭王湫:国佐党羽。 ⑮乙酉朔:初一日。 ⑯已责:免除百姓对国家的欠债。责,同"债"。 ⑰振废滞:起用被废黜或长居下位的旧贵族。 ⑱时用民:用民有一定的时限。 ⑲欲无犯时:不因私欲侵占农时。 ⑳校正:掌马之官。 ㉑诸御:兵车驾驭者。 ㉒司士:官名,即司右。 ㉓时使:待时选用。 ㉔候奄:官名。又名元候、候正。 ㉕亲以听命:协调一致,服从命令。 ㉖乘马御:国君乘车的仆御。 ㉗六驺:主六厩。驺,养马的官员。 ㉘易方:改变常规。 ㉙正:正大于师,师大于旅。正、师、旅为一般官吏名位。 ㉚曹门:宋城门。 ㉛朝郏:宋地,当今河南省夏邑县。 ㉜幽丘:与前句中"城郜"均在今安徽省萧县。 ㉝恶:不正当手段,指武力强制。 ㉞西鉏吾:宋臣。 ㉟鄙我犹憾:把我国当作边鄙尚感到遗憾。 ㊱披:分。 ㊲夷庚:车马往来的平道。 ㊳逞奸而携服:使乱臣满意,使服从之国离心。携,离。 ㊴己丑:初七日。 ㊵得人:得到诸侯拥护。 ㊶勤之:为之勤劳。 ㊷台谷:不详何地。 ㊸靡角之谷:地名,当在彭城附近。 ㊹臧武仲:即臧孙纥,臧孙许之子。 ㊺知伯:即荀罃。 ㊻虚打(chēng):宋地,确址不详。

[译文]

十八年春季,周历正月五日,晋国的栾书和荀偃派程滑杀了晋厉公,葬在翼地的东门之外,只用了一辆车送葬。派荀罃、士鲂到京城迎接孙周回国,并将其立为新君,此时孙周十四岁。晋国大夫在清原迎接,孙周说:"我没有想过要做国君。既然到了这一地步,难道不是天意的安排吗?人们要求拥立国君,是为了让他发号施令。立他为君又不听从,要他有什么用?你们几位今天可以立我,也可以不立我。恭敬而听君命,就是神灵所赐的福气了。"群臣都说:"这正是群臣的愿望，怎敢不唯命是听？"十五日，孙周和群臣盟誓后进入国都，住在伯子同家里。二十六日，朝见了武宫庙，放逐了不肯称臣的七个大夫。孙周有个哥哥是个白痴，连豆子和麦子都分辨不清，因此不能立为国君。

齐国因为发生了国佐杀死庆克的事件，正月二十九日，齐灵公派士华免在内宫朝堂上用戈杀了国佐。众人都逃到了夫人的宫里。《春秋》记载说："齐杀其大夫国佐。"是因为他背弃君命，专权杀人，率领穀地人发动叛乱。齐灵公让清地人杀了国胜。国弱逃亡到鲁国，王湫逃亡到莱地。庆封做了大夫，庆佐做了司寇。不久，齐灵公让国弱回国，让他继承国氏的宗嗣，这是合乎礼的。

二月一日，晋悼公在朝廷上即位。开始任命百官，施予恩惠，免除债务，遍及鳏夫寡妇，起用被废黜或屈居下位的贤人，救济贫困，援助灾患，严禁邪恶，减收税赋，赦免罪人，节省开支，适时使用百姓，不因私欲违背农时。任命魏相、士鲂、魏颉、赵武为卿，荀家、荀会、栾黡、韩无忌为公族大夫，让他们教育卿的子弟知道恭敬、节俭、孝顺、友爱。任命士渥浊为太傅，负责研习士会制定的法度。任命右行辛为司空，负责研习士芳制定的法度。由弁纠驾驭战车，掌马之官也归他管辖，让他教育御者要懂得礼仪。荀宾担任车右，所有的车右都归他管辖，让他教育勇士们要及时效力。各卿没有固定的御者，设立军尉统管此事。任命祁奚为中军尉，羊舌职为副职，魏绛为司马，张老为候奄，铎遏寇为上军尉。籍偃为司马，让他训练步兵和车兵，做到步调一致听从命令。任命程郑为乘马御，六种马官归他管辖，让他教育马官懂得礼仪。凡是各部门的长官都是深受百姓赞誉的人。被选拔的人都不失职，每个官员都不改变常规，授予的爵位不超出他们的德行，师不欺陵正，旅不侵犯师，百姓没有怨言，因此晋国再次称霸诸侯。

成公前往晋国，朝见新立的晋悼公。

夏季六月，郑成公入侵宋国，攻到宋都曹门之外。又会合楚共王攻打宋国，夺取了宋国的朝郏。楚国的子辛、郑国的皇辰侵袭宋国的城郜，夺取了幽丘。一起攻打彭城，把宋国的鱼石、向为人、鳞朱、向带、鱼府送回宋国，留下三百辆战车帮助戍守，然后回国。《春秋》记为"复入"。凡是离开自己的国家，本国迎接他回来并拥立之叫"入"，恢复他的职位叫"复归"，诸侯送他回国叫"归"，以武力让他回国叫"复入"。宋国人很担心这件事。西鉏吾说："担心什么？如果楚国人和我们同仇敌忾，施恩给我们，我们本来就应该事奉他们，不敢再有二心了。大国贪得无厌，把我国作为他们的边邑还感到不满足。不这样做，反而收留我们憎恶的人，让他们辅佐政事，伺机钻我们的空子，也是我们的祸患。现在他们尊崇诸侯的奸邪之人，分给他们土地，阻塞各国之间的通道。使得奸人称心如愿，顺服者离心离德，损害诸侯而使吴、晋畏惧。对我们的好处就大了，不是我们的忧患。再说我们事奉晋国是为了什么？晋国肯定会来救援我们。"

成公从晋国回来。晋国的范宣子来鲁国聘问，同时答谢成公对晋悼公的朝见。君子认为："晋国在这件事上是有礼的。"

秋季，杞桓公来鲁国朝见，慰劳成公，同时询问晋国发生的事件。成公把晋悼公的德政告诉了他。杞桓公立即到晋国朝见并请求通婚。

七月，宋国的老佐、华喜包围彭城，老佐死于这次战役。

八月，邾宣公来鲁国朝见，这是他即位后的例行朝见。

鲁国修筑养鹿园林的围墙，《春秋》记载此事，表明不合时令。

七日，成公在寝宫内去世，这是合乎常规的。

冬季十一月，楚国的子重救援彭城，攻打宋国。宋国的华元派人到晋国告急。此时韩厥执政，说："如果想得到诸侯的拥护，一定要先为他们付出辛劳，成就霸业，安定疆土，从宋国开始。"于是悼公发兵到台谷以救援宋国。在靡角之谷遇到楚军。楚军撤退回国。

晋国的士鲂来鲁国请求出兵。季文子向臧武仲询问出兵的数量，臧武仲说："上次攻打郑国时，荀䓨来请求出兵，他是下军副帅。现在士鲂也是下军副帅，和攻打郑国出兵的数量一样就可以了。事奉大国，

成　公

不要弄乱使者的爵位次序,而且要更加恭敬,这是合乎礼的。"季文子听从了他的建议。

十二月,孟献子和诸侯在虚打会见,谋划救援宋国。宋国人谢绝了诸侯,请求出兵包围彭城。孟献子向诸侯请求,先行回国参加成公葬礼。

十二月二十六日,"葬我君成公",《春秋》这样记载,表示诸事顺利。

图书在版编目(CIP)数据

春秋左传 / 管曙光注译. —郑州:中州古籍出版社,2018.9
(国学经典典藏版)
ISBN 978-7-5348-6445-2

Ⅰ.①春… Ⅱ.①管… Ⅲ.①中国历史-春秋时代-编年体②《左传》-注释③《左传》-译文 Ⅳ.①K225.04

中国版本图书馆 CIP 数据核字(2016)第 147693 号

出版社:中州古籍出版社
（地址:郑州市经五路 66 号　邮政编码:450002）
发行单位:新华书店
承印单位:河南瑞之光印刷股份有限公司
开本:640mm×960mm　　1/16　　印张:79.5
字数:1100 千字　　　　　　　　印数:1—2 000 册
版次:2018 年 9 月第 1 版　　　　印次:2018 年 9 月第 1 次印刷

定价:198.00 元(全二册)
本书如有印装质量问题,由承印厂负责调换。

国学经典 | 典藏版

春秋左传
下

管曙光　注译

中州古籍出版社
·郑州·

襄　公

襄公元年

经　元年春，王正月，公即位。仲孙蔑会晋栾黡、宋华元、卫宁殖、曹人、莒人、邾人、滕人、薛人围宋彭城。夏，晋韩厥帅师伐郑，仲孙蔑会齐崔杼、曹人、邾人、杞人次于鄫。秋，楚公子壬夫帅师侵宋。九月辛酉，天子崩。邾子来朝。冬，卫侯使公孙剽来聘。晋侯使荀䓨来聘。

传　元年春己亥①，围宋彭城。非宋地，追书也。于是为宋讨鱼石，故称宋，且不登叛人也②。为之宋志。

彭城降晋，晋人以宋五大夫在彭城者归③，置诸瓠丘④。

齐人不会彭城，晋人以为讨。二月，齐大子光为质于晋。

夏五月，晋韩厥、荀偃帅诸侯之师伐郑，入其郛，败其徒兵于洧上。于是东诸侯之师次于鄫⑤，以待晋师。晋师自郑以鄫之师侵楚焦、夷及陈⑥，晋侯、卫侯次于戚⑦，以为之援。

秋，楚子辛救郑⑧，侵宋吕、留⑨。郑子然侵宋⑩，取犬丘⑪。

九月，邾子来朝，礼也。

冬，卫子叔、晋知武子来聘⑫，礼也。凡诸侯即位，小国朝之，大国聘焉，以继好结信，谋事补阙⑬，礼之大者也。

[注释]

①元年：公元前572年。周简王十四年。己亥：正月无己亥，疑为"乙亥"之误，乙亥为二十五日。　②叛人：指鱼石等。　③宋五大夫：指鱼石、向为人、鳞朱、向带、鱼府。　④瓠丘：即壶丘，在今山西省垣曲县东南。　⑤鄫：郑地，在今河南省睢县东南。　⑥焦、夷：二邑本陈地，详见僖公二十三年注。　⑦戚：卫地。　⑧子辛：即公子壬夫。　⑨吕、留：宋邑，吕在今江苏省徐州市东南，留在今江苏省沛县东南。　⑩子然：郑穆公子。　⑪犬丘：宋地，在今河南省永城市西北。　⑫子叔：即公孙剽。　⑬补阙：补正过失。

[译文]

元年春季，正月二十五日，诸侯包围了宋国的彭城。彭城已经不是宋国之地，《春秋》仍记为"宋彭城"，是追记。此时诸侯是为宋国讨伐鱼石，所以称"宋"，并且不记录叛乱者的名字。这是宋国人的愿望。

彭城投降晋国，晋国人把在彭城的宋国五个大夫带回晋国，安置在瓠丘。

齐国人没有到彭城会合，晋国以此问罪。二月，齐国的太子光到晋国做了人质。

夏季五月，晋国的韩厥、荀偃率领诸侯的军队攻打郑国，攻入郑都外城，在洧水边将郑国的步兵击败。此时东部诸侯的军队驻扎在鄫地等候晋军。晋军从郑国带领驻扎在鄾地的军队侵入楚国的焦地、夷地和陈国,晋悼公、卫献公驻在戚地,作为后援。

秋季,楚国的子辛救援郑国,侵入宋国的吕地和留地。郑国的子然也入侵宋国,夺取了犬丘。

九月,邾子来鲁国朝见,这是合乎礼的。

冬季,卫国的子叔、晋国的荀䓨来鲁国聘问,也合乎礼。凡是诸侯即位,小国来朝见,大国来聘问,以继续友好关系,取得相互信任,商议两国大事,弥补从前过失,这是礼中最重要的内容。

襄公二年

经 二年春,王正月,葬简王。郑师伐宋。夏五月庚寅,夫人姜氏薨。六月庚辰,郑伯睔卒。晋师、宋师、卫宁殖侵郑。秋七月,仲孙蔑会晋荀䓨、宋华元、卫孙林父、曹人、邾人于戚。己丑,葬我小君齐姜。叔孙豹如宋。冬,仲孙蔑会晋荀䓨、齐崔杼、宋华元、卫孙林父、曹人、邾人、滕人、薛人、小邾人于戚,遂城虎牢。楚杀其大夫公子申。

传 二年春,郑师侵宋,楚令也。

齐侯伐莱。莱人使正舆子赂夙沙卫以索马牛①,皆百匹,齐师乃还。君子是以知齐灵公之为"灵"也。

夏,齐姜薨。初,穆姜使择美檟②,以自为榇与颂琴③。季文子取以葬。

君子曰:"非礼也。礼无所逆。妇④,养姑者也⑤,亏姑以成妇,逆莫大焉。《诗》曰⑥:'其惟哲人,告之话言,顺德之行。'季孙于是为不哲矣。且姜氏,君之妣也⑦。

《诗》曰⑧:'为酒为醴,烝畀祖妣,以洽百礼,降福孔偕。'"

齐侯使诸姜宗妇来送葬⑨。召莱子,莱子不会,故晏弱城东阳以逼之⑩。

郑成公疾,子驷请息肩于晋⑪。公曰:"楚君以郑故,亲集矢于其目⑫,非异人任⑬,寡人也。若背之,是弃力与言⑭,其谁昵我?免寡人⑮,唯二三子。"

秋七月庚辰,郑伯睔卒。于是子罕当国⑯,子驷为政,子国为司马。晋师侵郑,诸大夫欲从晋。子驷曰:"官命未改⑰。"

会于戚,谋郑故也。孟献子曰⑱:"请城虎牢以逼郑⑲。"知武子曰:"善。鄫之会,吾子闻崔子之言,今不来矣。滕、薛、小邾之不至,皆齐故也。寡君之忧不唯郑。罃将复于寡君而请于齐。得请而告,吾子之功也。若不得请,事将在齐⑳。吾子之请,诸侯之福也,岂唯寡君赖之?"

穆叔聘于宋,通嗣君也。

冬,复会于戚,齐崔武子及滕、薛、小邾之大夫皆会,知武子之言故也。遂城虎牢,郑人乃成。

楚公子申为右司马,多受小国之赂,以逼子重、子辛,楚人杀之。故书曰:"楚杀其大夫公子申。"

[注释]

①正舆子:莱国贤臣。莱,国名,姜姓,在今山东省。夙沙卫:齐灵公幸臣。索马牛:精选的马和牛。索,选择。 ②美槚(jiǎ):上

等檟木。檟，即楸（qiū），落叶乔木，木材细密，古人常作器具及棺椁。　③榇（chèn）：内棺。颂琴：琴名，长七尺二寸，宽一尺八寸，弦二十五根。穆姜制此作为殉葬品。　④妇：媳妇，即儿媳。　⑤姑：婆母。　⑥《诗》曰：下列诗句出自《诗经·大雅·抑》。哲人，明智的人。话言，善言。　⑦妣：祖母。　⑧《诗》曰：下列诗句出自《诗经·周颂·丰年》。烝畀，献与。洽，和睦。孔，甚。偕，遍。⑨诸姜：与齐同姓之女嫁于齐之大夫者。宗妇：同姓大夫之妻。　⑩东阳：齐国边邑。　⑪息肩：即今之谓放包袱。　⑫集矢于其目：指成公十六年鄢陵之战，楚共王被射中眼睛之事。　⑬非异人任：并非保护其他人。任，保。　⑭弃力与言：背弃其功劳与誓言。力，功。　⑮免：免于过错，使动用法。　⑯当国：秉政。　⑰官命：指郑成公之令。　⑱孟献子：鲁卿仲孙蔑。　⑲虎牢：即北制，详见隐公元年注。　⑳事将在齐：意为将伐齐。事，指军事。

[译文]

　　二年春季，郑国的军队入侵宋国，这是楚国的命令。

　　齐灵公讨伐莱国。莱国派正舆子精选马、牛各一百头送给夙沙卫，齐军才撤退。君子由此知道齐灵公被封谥号为"灵"的原因。

　　夏季，齐姜去世。当初，穆姜派人选择上等檟木，为自己做好了内棺和颂琴。季文子把它拿来安葬了齐姜。

　　君子认为："这是不合礼的。礼不能前后颠倒。媳妇是供养婆婆的人，亏待婆婆成全媳妇，没有比这更大的不合适了。《诗经》说：'只有明智的人，告诉他善言之后，才能顺应道德而行动。'季孙在这个问题上是很不明智的。再说穆姜又是国君的祖母啊。《诗经》说：'酿造美酒甜酒，献给祖父祖母，合乎所有礼仪，神灵普降福禄。'"

　　齐灵公派嫁给大夫的宗女和同姓大夫的妻子来鲁国为齐姜送葬。召见莱子，莱子不来，因此晏弱就在东阳筑城，以逼迫莱国。

　　郑成公患了病，子驷请求和晋国结好以解除负担。郑成公说："楚君因为郑国，眼睛被箭射伤，他并非为了别人，完全是为了我啊。如果背叛他，则是背弃了别人的功劳和自己的诺言，谁还会亲近我呢？你们几个人不要让我犯下过错。"

秋季七月某日，郑成公睔去世。此时郑国由子罕主持国事，子驷处理政务，子国任司马。晋国军队入侵郑国，大夫们都主张顺从晋国。子驷说："国君的命令还没有改变。"

诸侯大夫在戚地会见，谋划征服郑国之事。孟献子说："请在虎牢筑城以威逼郑国。"晋国的荀䓨说："好。在鄬地会盟时，您也听到了齐国崔杼说的话，现在他们不来了。滕国、薛国和小邾国不来，完全是齐国的缘故。寡君忧虑的不仅仅是郑国。我将向国君汇报，请求齐国参加盟会。如果齐国同意并通知诸侯，这是您的功劳。如果齐国不同意，战事将在齐国发生。您的请求，是诸侯的福气，岂止寡君依靠它？"

穆叔到宋国聘问，通报鲁襄公即位的消息。

冬季，诸侯大夫再次在戚地会见，齐国的崔杼和滕、薛、小邾等国的大夫都参加了会见，这是荀䓨一番话的结果。于是在虎牢筑城，郑国人这才求和。

楚国的公子申担任右司马，接受了小国的很多贿赂，又企图逼夺子重、子辛的权力，楚国人把他杀了。因此《春秋》记载为"楚杀其大夫公子申"。

襄公三年

经 三年春，楚公子婴齐帅师伐吴。公如晋。夏四月壬戌，公及晋侯盟于长樗。公至自晋。六月，公会单子、晋侯、宋公、卫侯、郑伯、莒子、邾子、齐世子光。己未，同盟于鸡泽。陈侯使袁侨如会。戊寅，叔孙豹及诸侯之大夫及陈袁侨盟。秋，公至自会。冬，晋荀䓨帅师伐许。

传 三年春，楚子重伐吴，为简之师①。克鸠兹②，至于衡山③。使邓廖帅组甲三百、被练三千以侵吴。吴人要而击之④，获邓廖。其能免者，组甲八十、被练三百而已。

子重归，既饮至三日⑥，吴人伐楚，取驾⑦。驾，良邑也。邓廖，亦楚之良也。君子谓："子重于是役也，所获不如所亡。"楚人以是咎子重。子重病之，遂遇心疾而卒⑧。

公如晋，始朝也。夏，盟于长樗⑨。孟献子相，公稽首。知武子曰："天子在，而君辱稽首，寡君惧矣。"孟献子曰："以敝邑介在东表⑩，密迩仇雠，寡君将君是望，敢不稽首？"

晋为郑服故，且欲修吴好，将合诸侯。使士匄告于齐曰："寡君使匄，以岁之不易⑪，不虞之不戒。寡君愿与一二兄弟相见，以谋不协。请君临之，使匄乞盟。"齐侯欲勿许，而难为不协，乃盟于耏外⑫。

祁奚请老，晋侯问嗣焉⑬。称解狐，其仇也。将立之而卒。又问焉，对曰："午也可⑭。"于是羊舌职死矣⑮。晋侯曰："孰可以代之？"对曰："赤也可⑯。"于是使祁午为中军尉，羊舌赤佐之。

君子谓："祁奚于是能举善矣。称其仇，不为谄。立其子，不为比⑰。举其偏⑱，不为党⑲。《商书》曰：'无偏无党，王道荡荡。'其祁奚之谓矣。解狐得举，祁午得位，伯华得官⑳，建一官而三物成㉑，能举善也。夫唯善，故能举其类。《诗》云：'惟其有之，是以似之㉒。'祁奚有焉。"

六月，公会单顷公及诸侯。己未㉓，同盟于鸡泽㉔。

晋侯使荀会逆吴子于淮上㉕，吴子不至。

楚子辛为令尹，侵欲于小国。陈成公使袁侨如会求成。晋侯使和组父告于诸侯㉖。秋，叔孙豹及诸侯之大夫及陈袁侨盟，陈请服也。

晋侯之弟扬干乱行于曲梁㉗，魏绛戮其仆。晋侯怒，谓羊舌赤曰："合诸侯以为荣也，扬干为戮，何辱如之？必杀魏绛，无失也！"对曰："绛无贰志，事君不辟难，有罪不逃刑，其将来辞，何辱命焉？"言终，魏绛至，授仆人书，将伏剑㉘。士鲂、张老止之。公读其书曰："日君乏使，使臣斯司马㉙。臣闻师众以顺为武，军事有死无犯为敬㉚。君合诸侯，臣敢不敬？君师不武，执事不敬，罪莫大焉。臣惧其死，以及扬干，无所逃罪。不能致训，至于用钺㉛。臣之罪重，敢有不从，以怒君心？请归死于司寇㉜。"公跣而出㉝，曰："寡人之言，亲爱也。吾子之讨，军礼也。寡人有弟，弗能教训，使干大命㉞，寡人之过也。子无重寡人之过㉟，敢以为请。"

晋侯以魏绛为能以刑佐民矣。反役㊱，与之礼食㊲，使佐新军。张老为中军司马，士富为候奄。

楚司马公子何忌侵陈，陈叛故也。

许灵公事楚，不会于鸡泽。冬，晋知武子帅师伐许。

[注释]

①简：选拔。　②鸠兹：吴邑，当在今安徽省芜湖市东南。　③衡山：吴地，即今安徽省当涂县东北的横山。　④组甲：车兵之服，此指车士。被练：徒兵之服，指徒兵。　⑤要而击之：拦腰攻击

楚军。 ⑥饮至：见隐公五年注。 ⑦驾：楚邑，见成公十七年注。 ⑧心疾：精神病。 ⑨长樗（chū）：疑是晋都郊外地名。 ⑩介在东表：疆域处于东方偏远的地方。 ⑪岁之不易：近年多有纠纷。不易，不平。 ⑫洢（ér）：水名，即时水。 ⑬嗣：继位人。 ⑭午：即祁午，祁奚之子。 ⑮羊舌职：此时为晋中军佐。 ⑯赤：羊舌职之子。 ⑰比：偏私。 ⑱偏：副手。 ⑲党：勾结。 ⑳伯华：即羊舌赤。 ㉑三物：即三事，指得举、得位、得官。 ㉒"惟其有之"二句：句出《诗经·小雅·裳裳者华》。意为唯善人有此德，故能举拔出似己者。 ㉓己未：二十三日。 ㉔鸡泽：地名，在今河北省邯郸市东北。 ㉕淮上：淮水之北，疑在今安徽省凤台县境。 ㉖和组父：人名，官爵不详。 ㉗乱行于曲梁：在曲梁扰乱军队行列。曲梁，在鸡泽附近。 ㉘伏剑：抽剑自杀。 ㉙斯司马：任司马之职。斯，同"司"。 ㉚无犯：不违犯军纪。 ㉛钺（yuè）：行刑所用的大斧。 ㉜司寇：司法官。 ㉝跣（xiǎn）：赤足。 ㉞干大命：违犯军令。 ㉟重：加重。 ㊱反役：事后返国。 ㊲礼食：公食大夫之礼，即在太庙设礼食招待。

[译文]

三年春季，楚国的子重攻打吴国，组建了一支经过精选的军队。攻下鸠兹，逼至衡山。派邓廖率领三百身穿组甲的车兵和三千身穿被练的步兵进攻吴国。吴国人拦腰截击，抓获邓廖。只有八十车兵和三百步兵幸免被俘。

子重回国后，在太庙庆祝胜利，三天后，吴国人进攻楚国，夺取了驾地。驾地是楚国的上等城邑。邓廖是楚国的一个杰出将领。君子认为："子重在这次战役中得到的没有失去的多。"楚国人因此怪罪子重。子重为此烦恼，随后患精神病而死。

襄公前往晋国，这是他首次朝见晋君。夏季，两国在长樗结盟。孟献子为相礼，襄公向晋悼公叩头。荀䓨说："有天子在上，国君屈尊行此大礼，寡君会感到害怕。"孟献子说："敝国地处东海，紧靠仇敌，寡君要指望贵君，怎能不叩头？"

晋国因为郑国顺服，并且想和吴国修好，准备会合诸侯。派士匄到齐国说："寡君派我前来，是因为近年来各国之间纠纷不断，对意外情况又没有戒备。寡君希望几位兄弟国家相见，商议对付不和睦的国家。请国君光临，特此派我前来请求结盟。"齐灵公本来不想答应，又难于表示不和睦，就在耏水之外结盟。

祁奚请求告老退休，晋悼公问谁能接替他的职位。祁奚推荐了解狐，解狐是他的仇人。正要任命解狐，解狐死了。悼公又问祁奚谁能担任此职，祁奚回答说："祁午可以。"正在这时羊舌职死了。悼公问祁奚："谁能接替他？"祁奚说："羊舌赤可以。"于是任命祁午为中军尉，羊舌赤为辅佐。

君子认为："祁奚在这件事上能够推举贤人。推举他的仇人不是谄媚，推举他的儿子不是营私，推举他的下属之子不是结党。《商书》说：'既不结党又不营私，君王之道光明磊落。'大概说的就是祁奚。解狐被举荐，祁午被重用，羊舌赤得官位，任命一个官员却成全了三件好事，这是能举贤人的典范。只有贤能之人才能举荐和自己一样的人。《诗经》说：'因为他有美德，所以被举荐者像他。'祁奚就有这种美德啊！"

六月，襄公会见单顷公和诸侯。二十三日，在鸡泽会盟。

晋悼公派荀会到淮水边迎接吴王寿梦，吴王没来。

楚国的子辛出任令尹，准备侵略小国以满足其野心。陈成公派袁侨到鸡泽盟会上请求修好。晋悼公派和组父把此事告诉诸侯。秋季，叔孙豹和诸侯的大夫与陈国的袁侨结盟，这是陈国请求归顺的缘故。

晋悼公的弟弟扬干在曲梁扰乱了军队的行列，魏绛杀了扬干的御者。晋悼公大为恼火，对羊舌赤说："会合诸侯本是一种荣耀，扬干却受到了惩罚，这是多么大的耻辱啊！一定要杀掉魏绛，不要让他跑掉！"羊舌赤回答说："魏绛忠心不二，事奉国君不避危难，有了罪过也不逃避刑罚,他肯定会前来解释,又何必劳国君下令呢?"话刚说完,魏绛来到,把一封信交给仆人,就想拔剑自杀。士鲂和张老劝阻了他。悼公打开他的信,信中说:"当初国君缺乏人手,让臣下担任司马。我听说军人服从命令叫'武',在军中任职宁死不违军纪叫'敬'。国君会合诸侯,我怎敢不恭敬从命?国君的部队不守军纪,军中官吏不执军法,没有比这更大的罪过了。我害怕犯下死罪,所以连累了扬干,这罪过难以逃避。我对军队没能教育训导,以至于动用了斧钺。我罪过很重,怎敢不服罪以激怒国君呢?请把我交给司寇处死。"悼公光着脚跑出来,说:"我的话是出于对兄弟的友爱。您杀了扬干的御者,是执行军法。我对弟弟没有能够教育好,使他触犯了军令,这是我的过错。您不要再以死加重我的过错了,拜托了。"

晋悼公认为魏绛能运用刑罚治理百姓。从盟会回国,在太庙设宴款待他,晋升他为新军副帅。任命张老为中军司马,士富为候奄。

楚国的司马公子何忌入侵陈国,因为陈国背叛了楚国。

许灵公事奉楚国,没来参加鸡泽盟会。冬季,晋国的荀䓨领兵攻打许国。

襄公四年

经 四年春,王三月己酉,陈侯午卒。夏,叔孙豹如晋。秋七月戊子,夫人姒氏薨。葬陈成公。八月辛亥,葬我小君定姒。冬,公如晋。陈人围顿。

传 四年春,楚师为陈叛故,犹在繁阳①。韩献子患之,言于朝曰:"文王帅殷之叛国以事纣,唯知时也②。今我易之,难哉!"

三月,陈成公卒。楚人将伐陈,闻丧乃止。陈人不听命。臧武仲闻之，曰："陈不服于楚，必亡。大国行礼焉而不服，在大犹有咎，而况小乎？"

夏，楚彭名侵陈，陈无礼故也。

穆叔如晋③，报知武子之聘也，晋侯享之。金奏《肆夏》之三④，不拜。工歌《文王》之三⑤，又不拜。歌《鹿鸣》之三⑥，三拜。

韩献子使行人子员问之，曰："子以君命，辱于敝邑。先君之礼，藉之以乐⑦，以辱吾子。吾子舍其大⑧，而重拜其细⑨，敢问何礼也？"对曰："三《夏》，天子所以享元侯也⑩，使臣弗敢与闻。《文王》，两君相见之乐也，使臣不敢及。《鹿鸣》，君所以嘉寡君也，敢不拜嘉？《四牡》，君所以劳使臣也，敢不重拜？《皇皇者华》，君教使臣曰：'必咨于周⑪。'臣闻之：'访问于善为咨，咨亲为询，咨礼为度，咨事为诹，咨难为谋。'臣获五善，敢不重拜？"

秋，定姒薨。不殡于庙，无榇，不虞⑫。

匠庆谓季文子曰⑬："子为正卿，而小君之丧不成，不终君也⑭。君长，谁受其咎？"

初，季孙为己树六槚于蒲圃东门之外⑮。匠庆请木⑯，季孙曰："略。"匠庆用蒲圃之槚，季孙不御⑰。

君子曰："《志》所谓⑱：'多行无礼，必自及也。'其是之谓乎！"

冬，公如晋听政⑲，晋侯享公。公请属鄫⑳，晋侯不许。孟献子曰："以寡君之密迩于仇雠，而愿固事君，无失官命。鄫无赋于司马㉑，为执事朝夕之命敝邑。敝邑褊小，阙而为罪。寡君是以愿借助焉！"晋侯许之。

楚人使顿间陈而侵伐之㉒，故陈人围顿。

无终子嘉父使孟乐如晋㉓，因魏庄子纳虎豹之皮㉔，以请和诸戎。晋侯曰："戎狄无亲而贪，不如伐之。"魏绛曰："诸侯新服，陈新来和，将观于我，我德则睦，否则携贰㉕。劳师于戎，而楚伐陈，必弗能救，是弃陈也，诸华必叛㉕。戎，禽兽也㉖，获戎失华，无乃不可乎？《夏训》有之曰㉗：'有穷后羿……㉘'"公曰："后羿何如？"对曰："昔有夏之方衰也，后羿自鉏迁于穷石㉙，因夏民以代夏政。恃其射也，不修民事而淫于原兽㉚。弃武罗、伯因、熊髡、龙圉而用寒浞㉛。寒浞，伯明氏之谗子弟也。伯明后寒弃之㉜，夷羿收之㉝，信而使之，以为己相。浞行媚于内㉞，而施赂于外，愚弄其民，而虞羿于田㉟，树之诈慝以取其国家㊱，外内咸服。羿犹不悛，将归自田，家众杀而亨之㊲，以食其子㊳。其子不忍食诸，死于穷门㊴。靡奔有鬲氏㊵。浞因羿室㊶，生浇及豷㊷，恃其谗慝诈伪而不德于民。使浇用师，灭斟灌及斟寻氏㊸。处浇于过，处豷于戈㊹。靡自有鬲氏，收二国之烬㊺，以灭浞而立少康㊻。少康灭浇于过，后杼灭豷于戈㊼。有穷由是遂亡，失人故也。昔周辛甲之为大史也㊽，命百官，官箴王阙㊾。于《虞人之箴》曰㊿：'芒芒禹迹㉛，画为九州㉜，经启九道㉝，民有寝庙，兽有茂草，各有攸处，德用不扰㉞。在帝夷羿，冒于原兽㉟，忘其国恤㊱，而思其麀牡㊲。武不可重㊳，用不恢于夏家㊴。兽臣司原㊵，敢告仆夫㊶。'《虞箴》如是，可不惩乎㊷？"于是晋侯好田，故魏绛及之。

公曰："然则莫如和戎乎？"对曰："和戎有五利焉：

戎狄荐居⑥³，贵货易土⑥⁴，土可贾焉⑥⁵，一也。边鄙不耸⑥⁶，民狎其野⑥⁷，穑人成功⑥⁸，二也。戎狄事晋，四邻振动，诸侯威怀⑥⁹，三也。以德绥戎，师徒不勤，甲兵不顿⑦⁰，四也。鉴于后羿⑦¹，而用德度⑦²，远至迩安⑦³，五也。君其图之。"

公说，使魏绛盟诸戎，修民事，田以时。

冬十月，邾人、莒人伐鄫。臧纥救鄫⑦⁴，侵邾，败于狐骀⑦⁵。国人逆丧者皆髽⑦⁶。鲁于是乎始髽，国人诵之曰⑦⁷："臧之狐裘⑦⁸，败我于狐骀。我君小子⑦⁹，朱儒是使⑧⁰。朱儒！朱儒！使我败于邾。"

[注释]

①繁阳：楚地，在今河南省新蔡县北。 ②知时：知道时机不成熟。 ③穆叔：即叔孙豹。 ④《肆夏》之三：《肆夏》中的三个乐曲。其辞今已亡。 ⑤工：乐人。《文王》之三：指《诗经·大雅》中《文王》《大明》《绵》三篇。 ⑥《鹿鸣》之三：即《诗经·小雅》中《鹿鸣》《四牡》《皇皇者华》三篇。 ⑦藉：进献。 ⑧舍其大：指放弃重大的《肆夏》之三与《文王》之三。 ⑨细：指《鹿鸣》之三。 ⑩元侯：诸侯之长。 ⑪咨于周：《皇皇者华》中有"周爰咨诹"等句，意为咨询于所谓忠信之人。 ⑫虞：祭礼。死者葬后，生者返殡宫祭祀而安死者之灵，称虞礼。 ⑬匠庆：鲁国著名工匠，名庆。 ⑭不终君：意为使襄公未能为生母送终。 ⑮蒲圃：种植树木的园圃。 ⑯请木：请求为定姒做棺材的木料。 ⑰御：止。 ⑱《志》：古书名。 ⑲听政：听从别人的要求。 ⑳属鄫：使鄫归属鲁国。 ㉑司马：晋司马主管诸侯的贡赋。 ㉒顿：近陈小国，姬姓，在今湖北省荆门市偏西南顿故城。 ㉓无终：山戎国名。

㉔魏庄子：即魏绛。　㉕诸华：指中原诸国。　㉖戎，禽兽也：当时中原诸国文化发达，而落后国家尚处于原始状态，故视为禽兽。　㉗《夏训》：即《夏书》。　㉘有穷：部落名。后：君，即当时酋长。　㉙鉏：地名，在今河南省滑县东。穷石：即穷谷，在今河南省洛阳市南。　㉚淫于原兽：沉溺于田猎。　㉛弃武罗、伯因、熊髡、龙圉：抛弃武罗等四人。此四人均为后羿的贤臣。龙，与"龙"通用。寒浞（zhuó）：杀羿而代其位。　㉜伯明后寒：即寒后伯明，寒国之君。　㉝夷羿：即后羿。夷，种族名。　㉞行媚于内：在宫内献媚。即与羿的妻妾通奸。　㉟虞羿于田：使羿以田猎为娱乐。虞，同"娱"。　㊱树之诈慝：扶植奸诈邪恶。　㊲亨：今作"烹"。　㊳以食其子：让羿的儿子吃。　㊴穷门：穷国之门。　㊵靡：后羿的遗臣。有鬲氏：部落名，其地当在山东省德州市东南。　㊶因羿室：占有羿的妻妾。㊷浇（ào）、豷（yì）：二人名。　㊸斟灌、斟寻氏：皆部落名。㊹戈：与前句中"过"皆部落名。过在今山东省莱州市西北。戈在宋、郑之间，当在今河南省杞县、尉氏县附近。　㊺烬：遗民。㊻少康：夏代君主。　㊼后杼：少康之子。　㊽辛甲：本殷臣，事纣，屡谏不听，后奔周，为周公卿。　㊾官箴王阙：官员须劝谏天子的过失。箴，劝谏，用作动词。　㊿《虞人之箴》：篇名。虞人，主田猎的官员。　㉛芒芒禹迹：夏禹足迹所至，苍茫辽远。　㉜画：分。㉝经启九道：开辟无数大道。九，泛指很多。　㉞德用不扰：人与兽互不干扰。此箴言意为田猎不能过滥。　㉟冒：贪。　㊱国恤：国忧。　㊲麀（yōu）牡：泛指禽兽。麀，母鹿。牡，公鹿。　㊳武：指田猎。　㊴恢于夏家：扩大夏国。　㊵司原：主管田猎。　㊶仆夫：左右，侍者。　㊷惩：警戒。　㊸荐居：逐水草而居。荐，草。㊹贵货易土：重视财货，轻视土地。　㊺贾：买。　㊻不聋：不惧怕。　㊼狎其野：习惯于田野耕作。　㊽稼人：农人，或疑为农官。㊾威怀：因威严而慑服。　㊿顿：坏。　㋁鉴：借鉴。　㋂德度：道德法度。　㋃远至迩安：远国来朝，邻国怀安。　㋄臧纥：即臧孙

纥、武仲。 ⑦⑤狐骀（tái）：邾地，在今山东省滕州市东南。 ⑦⑥髽（zhuā）：妇人丧髻，以麻束发，去簪。 ⑦⑦诵：讽。怨辞。 ⑦⑧臧之狐裘：臧纥身上的狐皮袄。 ⑦⑨我君小子：当时襄公有生母定姒之丧在身，古人可称君为小子。 ⑧⑩朱儒是使：委派给一个朱儒。朱儒，即侏儒。臧纥矮小，故被称为侏儒。

[译文]

四年春季，楚军因陈国叛变，还驻扎在繁阳。韩厥深为忧虑，在朝廷上说："文王率领背叛商朝的国家事奉纣王，是因为他知道时机未到。现在我们与文王相反，想要成功很难啊！"

三月，陈成公去世。楚国准备攻打陈国，听到陈国有丧事便停止了行动。陈国不听从楚国命令。臧武仲听说后说："陈国不顺服楚国，必然灭亡。大国依礼行事，小国却不顺服，对大国来说尚且难免灾祸，何况是小国呢？"

夏季，楚国的彭名攻打陈国，因为陈国无礼。

叔孙豹前往晋国，对荀罃的聘问进行回访，晋悼公设宴招待他。以钟鼓演奏了《肆夏》三章，叔孙豹没有拜谢。乐工又唱了《文王》三首，又没有答谢。再唱《鹿鸣》三首时，他才三次拜谢。

韩厥派外交官子员问他："大夫奉国君之命光临我国。我们根据先君之礼用音乐招待您。您舍弃重大的音乐，却再三拜谢细小的音乐，请问这是什么礼仪？"叔孙豹回答说："《肆夏》三曲是天子用来招待诸侯领袖的，我不敢听。《文王》是两君相见时演奏的，我也不敢听。《鹿鸣》是国君用来嘉奖寡君的，怎敢不拜谢？《四牡》是国君慰劳我的，怎敢不再次拜谢？《皇皇者华》是国君教导小臣'一定要请教忠信之人'。我听说：'向善人请教是咨，向亲戚访问是询，询问礼法是度，询问政事是诹，询问祸难是谋。'我得到这五种善事，怎敢不起身三拜呢？"

秋季，定姒去世。没有在祖庙停放棺材，没有使用内棺，没有举行虞祭。

匠庆对季文子说:"您作为国家正卿,夫人的丧礼不完备,等于不让国君为他母亲送终。将来国君长大后,谁来承担这一责任呢?"

当初,季文子为自己在蒲圃的东门之外种了六棵槚树。匠庆请示制造棺木的木料,季文子说:"简单一点儿吧!"匠庆使用了蒲圃的槚树,季文子也没有加以阻拦。

君子说:"《志》书中说:'自己多做无礼之事,总有一天要自食恶果。'说的就是季文子吧!"

冬季,襄公前往晋国听取晋国的要求,悼公设宴招待襄公。襄公请求把鄫国作为鲁国的属国,悼公不同意。孟献子说:"寡君紧靠敌国,但愿意一心一意事奉国君,从没有违背贵国的命令。鄫国从来不向晋国交纳贡赋,而国君的左右官员却不断对我国提出要求。我国地域狭小,不满足贵国要求就是罪过。寡君希望能得到鄫国作为帮助!"悼公同意了。

楚国人让顿国乘陈国不备进攻它,为此陈国人包围了顿国。

无终国国君嘉父派孟乐到晋国,通过魏绛献上虎豹皮,请求晋国和戎人各部落讲和。悼公说:"戎狄不认亲情而且贪婪,不如攻打他们。"魏绛说:"诸侯新近归服,陈国刚来讲和,正在观察我们,如果我们有德,就亲近我们,否则就背叛我们。兴师动众去征伐戎狄,如果楚国攻打陈国,肯定不能救援,这是抛弃陈国,中原诸国必然会背叛我们。戎狄犹如禽兽,获得戎狄却失去中原,恐怕不行吧!《夏训》有句话说:'有穷的后羿……'"悼公说:"后羿怎么样?"魏绛说:"从前夏朝正日趋衰落时,后羿自鉏地迁徙到穷石,依靠夏朝的百姓取代了夏朝政权。后羿依仗自己善于射箭,不修政事治理百姓,却沉溺于打猎之中。抛弃了武罗、伯因、熊髡、龙圉,而起用了寒浞。寒浞是伯明氏的奸邪子弟。寒国国君伯明抛弃了他,后羿却收养了他,相信并且重用他,让他担任了自己的辅相。寒浞在宫内对女人献媚,在外面又遍施钱财,愚弄百姓,使后羿沉迷于打猎,又扶植奸诈邪恶的人夺取了国家的政权，朝廷内外都归顺了他。后羿仍然不思悔改，从打猎的地方回来，被他的家臣杀了煮熟，让他儿子吃。他儿子不忍心吃，被杀死在穷门。后羿的臣子靡逃到了有鬲氏。寒浞霸占了后羿的妻妾，生了浇和豷，又仗着他的奸诈邪恶，对百姓不施德行。派浇发兵灭了斟灌和斟寻氏。让浇镇守过地，让豷镇守戈地。靡在有鬲氏聚集了斟灌和斟寻两国的遗民，灭了寒浞，立了少康。少康在过地消灭了浇，后杼在戈地消灭了豷。有穷因此而灭亡，这就是失去贤人的结果。从前周朝的辛甲做太史的时候，下令百官都要劝谏天子的过错。《虞人之箴》中说：'大禹统治的辽阔土地，划分为九个州。开辟了无数道路，百姓活着有房屋，死后有庙宇，禽兽有茂盛的野草，人兽各有所处，互不干扰。后羿身为君主，贪恋野兽，忘记国家的忧患，终日所思都是飞禽走兽。田猎不可过分，否则不利于扩大夏朝国土。兽臣是管理田猎之官。特此告诉国君的左右。'《虞箴》是这么说的，能不引以为戒吗？"此时晋悼公正热衷于打猎，所以魏绛才讲了后羿的故事。

晋悼公说："那么没有比跟戎狄讲和更好的办法了吗？"魏绛回答说："与戎狄讲和有五点好处：戎狄逐水草而居，看重财物而轻视土地，可以收买他们的土地，这是第一点。边境不再恐惧，百姓安心耕种，农夫可获收成，这是第二点。戎狄事奉晋国，四周邻国震动，诸侯慑于晋国的威严更加顺服，这是第三点。以德行安抚戎狄，能免去将士远征之苦，武器也不会被损坏，这是第四点。吸取后羿的亡国教训，推行德政和法度，使远方的国家来朝，邻近的国家安定，这是第五点。国君认真考虑一下吧。"

悼公非常高兴，派魏绛和戎狄各部落结盟，致力于百姓事务，打猎也不违背农时。

冬季十月，邾人、莒人攻打鄫国。臧纥救援鄫国，侵入邾国，在狐骀被打败。国人迎接阵亡将士灵柩回国时，都以麻结发。鲁国从此开始流行以麻束发的丧葬习俗，国人都讽刺说："臧孙身穿狐皮袄，狐驷一战被打败。我们国君太年幼，竟然派此侏儒人。侏儒人啊侏儒人！使我败给邾国人！"

襄公五年

经 五年春，公至自晋。夏，郑伯使公子发来聘。叔孙豹、鄫世子巫如晋。仲孙蔑、卫孙林父会吴于善道。秋，大雩。楚杀其大夫公子壬夫。公会晋侯、宋公、陈侯、卫侯、郑伯、曹伯、莒子、邾子、滕子、薛伯、齐世子光、吴人、鄫人于戚。公至自会。冬，戍陈。楚公子贞帅师伐陈。公会晋侯、宋人、卫侯、郑伯、曹伯、莒子、邾子、滕子、薛伯、齐世子光救陈。十月二日，公至自救陈。辛未，季孙行父卒。

传 五年春，公至自晋。

王使王叔陈生诉戎于晋①，晋人执之。士鲂如京师，言王叔之贰于戎也。

夏，郑子国来聘②，通嗣君也。

穆叔觌鄫大子于晋③，以成属鄫。书曰："叔孙豹、鄫大子巫如晋。"言比诸鲁大夫也。

吴子使寿越如晋④，辞不会于鸡泽之故，且请听诸侯之好。晋人将为之合诸侯，使鲁、卫先会吴，且告会期。故孟献子、孙文子会吴于善道⑤。

秋，大雩，旱也。

楚人讨陈叛故，曰："由令尹子辛实侵欲焉。"乃杀之。书曰："楚杀其大夫公子壬夫。"贪也。

君子谓："楚共王于是不刑⑥。《诗》曰⑦：'周道挺挺，我心扃扃，讲事不令，集人来定。'己则无信，而杀之以逞，不亦难乎？《夏书》曰：'成允成功⑧。'"

九月丙午⑨，盟于戚，会吴，且命戍陈也。

穆叔以属鄫为不利，使鄫大夫听命于会。

楚子囊为令尹⑩。范宣子曰："我丧陈矣。楚人讨贰而立子囊，必改行而疾讨陈⑪。陈近于楚，民朝夕急，能无往乎⑫？有陈，非吾事也，无之而后可。"

冬，诸侯戍陈。子囊伐陈。十一月甲午⑬，会于城棣以救之⑭。

季文子卒。大夫入敛，公在位。宰庀家器为葬备⑮，无衣帛之妾，无食粟之马，无藏金玉，无重器备。君子是以知季文子之忠于公室也。相三君矣，而无私积，可不谓忠乎？

[注释]

①王叔陈生：周卿士。　②子国：即公子发。　③觌（dí）：相见。　④寿越：吴大夫。　⑤善道：吴地，在今江苏省盱眙县北。　⑥不刑：处刑不当。　⑦《诗》曰：下列诗句或为逸诗，不在今《诗经》中。周道挺挺，大道笔直。扃（jiǒng）扃，明察。讲事不令，谋事不善。集人来定，聚集人才商定。⑧成允成功：有了信用才能成功。允，信。　⑨丙午：二十三日。　⑩子囊：公子贞之字。　⑪改行：改变子辛的行为。　⑫往：归向楚国。　⑬甲午：十二日。　⑭城棣：地名，在今河南省原阳县北。　⑮宰：家臣之首。庀（pǐ）：准备，收拾。葬备：葬具。

[译文]

五年春季,襄公从晋国回国。

天子派王叔陈生向晋国控告戎人,晋国人把他抓了起来。士鲂到京城,说王叔暗中勾结戎人。

夏季,郑国的子国来鲁国聘问,为新即位的郑僖公通好。

穆叔在晋国和鄫国太子相见,以完成鄫国归属鲁国的手续。《春秋》记载为:"叔孙豹、鄫太子巫如晋。"是把鄫国太子比作鲁国大夫。

吴王派寿越到晋国,对未能参加鸡泽盟会进行解释,并请求听从命令和诸侯交好。晋国人为此准备会合诸侯,派鲁、卫两国先和吴国会谈,并通告了会谈日期。因此孟献子和孙文子在善道和吴国人会见。

秋季,鲁国举行大雩祭,这是因天旱而求雨。

楚国人质问陈国为何背叛楚国,陈国人说:"是因为令尹子辛侵害小国满足个人私欲。"楚国就把子辛杀了。《春秋》中说:"楚杀其大夫公子壬夫。"是由于他贪婪。

君子认为:"楚共王在这件事上用刑不当。《诗经》说:'大道平坦笔直,我心明察秋毫,遇事处理不当,集合贤人商定。'自己不讲信用,却以杀人来立威,不也很难吗?《夏书》说:'有了信用,才能成功。'"

九月二十三日,诸侯在戚地会盟,是为了和吴国会谈,同时要求诸侯戍守陈国。

穆叔认为把鄫国作为属国对鲁国不利,让鄫国大夫参加盟会直接听取盟主的命令。

楚国的子囊做了令尹。晋大夫范宣子说:"我们将要失去陈国。楚国人讨伐生有二心的陈国又立了子囊,一定会改变以往的做法而很快讨伐陈国。陈国距楚国很近,百姓时刻处于恐惧危机之中,能不归服楚国吗?保留陈国,不是我们能办到的事情,只有放弃它才可以。"

冬季，诸侯派兵戍守陈国。子囊讨伐陈国。十一月十二日，诸侯在城棣会合以救援陈国。

鲁国的季文子去世。根据大夫入殓礼仪，襄公亲临看视。季文子的家臣收集家里的器物作为葬具，季氏家中姬妾不穿丝绸，马匹不吃粮食，没有收藏金银玉器，没有双份的用具。君子因此知道季文子对公室的忠心。他辅佐三代国君，却没有私人积蓄，能不说是忠心耿耿吗？

襄公六年

经 六年春，王三月壬午，杞伯姑容卒。夏，宋华弱来奔。秋，葬杞桓公。滕子来朝。莒人灭鄫。冬，叔孙豹如邾。季孙宿如晋。十有二月，齐侯灭莱。

传 六年春，杞桓公卒，始赴以名，同盟故也。

宋华弱与乐辔少相狎①，长相优②，又相谤也。子荡怒③，以弓梏华弱于朝④。平公见之，曰："司武而梏于朝⑤，难以胜矣。"遂逐之。夏，宋华弱来奔。

司城子罕曰："同罪异罚，非刑也。专戮于朝⑥，罪孰大焉？"亦逐子荡。子荡射子罕之门，曰："几日而不我从。"子罕善之如初。

秋，滕成公来朝，始朝公也。

莒人灭鄫，鄫恃赂也。

冬，穆叔如邾，聘，且修平。

晋人以鄫故来讨，曰："何故亡鄫？"季武子如晋见，且听命。

十一月，齐侯灭莱，莱恃谋也⑦。

于郑子国之来聘也，四月，晏弱城东阳，而遂围莱。甲寅⑧，堙之环城⑨，傅于堞⑩。及杞桓公卒之月，乙未⑪，王湫帅师及正舆子、棠人军齐师⑫，齐师大败之。丁未⑬，入莱。莱共公浮柔奔棠。正舆子、王湫奔莒，莒人杀之。四月，陈无宇献莱宗器于襄宫⑭。晏弱围棠，十一月丙辰⑮，而灭之。迁莱于郳⑯。高厚、崔杼定其田。

[注释]

①华弱、乐辔：华、乐两代俱为宋戴公后裔，世代为宋国卿大夫。少相狎：小时候互相亲昵。　②长相优：长大了互相戏谑。优，调戏。　③子荡：即乐辔。　④梏：套住。　⑤司武：即司马。宋国司马职掌军事。　⑥专戮：专横而侮辱他人。　⑦恃谋：指贿赂夙沙卫之谋，事见襄公二年。　⑧甲寅：四月无甲寅，或有误。　⑨堙（yīn）之环城：围绕莱城四周筑成土山。堙，小土山。　⑩傅于堞（dié）：接近女墙。堞，城上女墙。　⑪乙未：十五日。　⑫王湫：齐国佐党羽，国佐被杀，王湫奔莱。正舆子：见襄公二年注。棠：莱邑，疑在今山东省平度市附近。军：抵御。　⑬丁未：二十七日。　⑭陈无宇：即陈桓子，陈完玄孙。襄宫：齐襄公宗庙。一说襄为"惠"字之误。　⑮十一月丙辰：当为十二月十日。　⑯郳（ní）：齐地，疑在今山东省滕州市。

[译文]

六年春季，杞桓公去世，开始在讣告上写他的名字，是因为同盟国的缘故。

宋国的华弱和乐辔从小关系亲近，长大之后就互相取笑，也彼此攻击。有一次乐辔发火了，在朝堂上用弓套住华弱的脖子。平公看到后说:"身为司马居然在朝堂上被戴上枷锁,将来打仗也难以取胜。"就把华弱驱逐出境。夏季,华弱逃亡到了鲁国。

司城子罕说:"犯了同样的罪,处罚却不一样,这是不合刑法的。在朝堂上侮辱别人,还有比这更大的罪过吗?"也要把乐辔驱逐出国。乐辔气得一箭射在子罕的门上,说:"过不了几天,你也会落得和我一样的下场。"子罕吓得待他像过去一样好。

秋季,滕成公来鲁国朝见,这是他首次朝见襄公。

莒国人灭了鄫国,这是因为鄫国仗着给鲁国送礼而放松了戒备。

冬季,穆叔到邾国聘问,并重修友好关系。

晋国人因为鄫国的灭亡而责问鲁国:"为什么让鄫国灭亡?"季武子到晋国朝见,并听候处置。

十一月,齐灵公灭了莱国,这是因为莱国依仗计谋不加防备的结果。

郑国的子国来鲁国聘问那一年,四月,齐国的晏弱在东阳筑城,然后包围了莱国。某日,在莱都四周堆起土山,接近了女墙。到今年杞桓公去世的三月十五日,王湫领兵和正舆子、棠人攻击齐军,被齐军打得大败。二十七日,齐军进入莱城。莱共公浮柔逃亡棠地。正舆子和王湫逃亡莒国,莒国人把他们杀了。四月,陈无宇将莱国宗庙中的宝器进献到齐襄公的庙里。晏弱包围了棠地,十二月十日将其灭掉。把莱地百姓迁到郳地。高厚、崔杼划定莱国田地的疆界。

襄公七年

经 七年春,郯子来朝。夏四月,三卜郊,不从,乃免牲。小邾子来朝。城费。秋,季孙宿如卫。八月,螽。冬十月,卫侯使孙林父来聘。壬戌,及孙林父盟。楚公子贞帅师围陈。十有二月,公会晋侯、宋公、陈侯、卫侯、曹伯、莒子、邾子于鄬。郑伯髡顽如会,未见诸侯。丙戌,卒于鄙。陈侯逃归。

传 七年春，郯子来朝，始朝公也。

夏四月，三卜郊，不从①，乃免牲。

孟献子曰："吾乃今而后知有卜筮②。夫郊，祀后稷以祈农事也。是故启蛰而郊③，郊而后耕。今既耕而卜郊，宜其不从也。"

南遗为费宰④。叔仲昭伯为隧正⑤。欲善季氏而求媚于南遗，谓遗："请城费，吾多与而役。"故季氏城费。

小邾穆公来朝，亦始朝公也。

秋，季武子如卫，报子叔之聘，且辞缓报，非贰也。

冬十月，晋韩献子告老。公族穆子有废疾⑥，将立之。辞曰："《诗》曰：'岂不夙夜？谓行多露⑦。'又曰：'弗躬弗亲，庶民弗信⑧。'无忌不才，让，其可乎？请立起也⑨。与田苏游⑩，而曰好仁。《诗》曰⑪：'靖共尔位，好是正直。神之听之，介尔景福。'恤民为德，正直为正，正曲为直，参和为仁⑫。如是，则神听之，介福降之⑬。立之，不亦可乎？"

庚戌，使宣子朝，遂老。晋侯谓韩无忌仁，使掌公族大夫。

卫孙文子来聘，且拜武子之言，而寻孙桓子之盟⑭。公登亦登。叔孙穆子相，趋进曰："诸侯之会，寡君未尝后卫君。今吾子不后寡君，寡君未知所过。吾子其少安⑮！"孙子无辞，亦无悛容⑯。

穆叔曰："孙子必亡。为臣而君⑰，过而不悛，亡之本也。《诗》曰⑱:'退食自公,委蛇委蛇。'谓从者也。衡而委蛇必折⑲。"

楚子囊围陈,会于郏以救之⑳。

郑僖公之为大子也,于成之十六年,与子罕适晋,不礼焉。又与子丰适楚,亦不礼焉。及其元年㉑,朝于晋。子丰欲诉诸晋而废之,子罕止之。及将会于郏,子驷相,又不礼焉。侍者谏,不听,又谏,杀之。及鄵㉒,子驷使贼夜弑僖公,而以疟疾赴于诸侯㉓。简公生五年㉔,奉而立之。

陈人患楚。庆虎、庆寅谓楚人曰㉕:"吾使公子黄往而执之㉖。"楚人从之。二庆使告陈侯于会,曰:"楚人执公子黄矣。君若不来,群臣不忍社稷宗庙,惧有二图㉗。"陈侯逃归。

[注释]

①不从:不吉利。 ②卜筮:二者有别,卜用龟甲,筮用蓍草,方法不同。 ③启蛰:古节气名,与今惊蛰相当。 ④费(bì)宰:费邑县宰。自此,费为季氏私邑。费在今山东省费县西北。 ⑤叔仲昭伯:惠伯之孙,名带。隧正:掌管徒役之官。 ⑥穆子:韩厥长子。废疾:残废之病。一说为久治不愈之症。 ⑦"岂不夙夜"二句:句出《诗经·召南·行露》。本意为:"难道不想早晚都去?无奈路上露水太重。" ⑧"弗躬弗亲"二句:句出《诗经·小雅·节南山》。意为不能躬亲办事,则不能取信于民众。 ⑨起:穆子之弟。 ⑩田苏:晋贤人。 ⑪《诗》曰:以下诗句出自《诗经·小雅·小明》。意为忠实谨慎于本职,喜好这正直之人。神灵听到了,赐予你大福。 ⑫参和:即德、正、直三者和为一体。 ⑬介福:大福。 ⑭孙桓子:即孙良夫,文子之父。 ⑮少安:稍停,即使孙林父稍后。

⑯无悛（quān）容：无悔改的样子。　⑰为臣而君：做臣子的架势如同国君一样。指与鲁君并行。　⑱《诗》曰：以下两句出自《诗经·召南·羔羊》。退食自公：即"自公退食"，从朝上回家吃饭。委蛇（yí）：从容自得貌。　⑲衡：即横。强横，专横。折：毁折，挫折。　⑳郥（wéi）：郑邑，在今河南省鲁山县境。　㉑元年：指郑僖公元年，当为鲁襄公三年。　㉒鄵（cào）：郑地，在今河南省新郑市、鲁山县之间。　㉓疟疾：暴疾。　㉔简公：僖公之子。　㉕庆虎、庆寅：二庆为陈执政大夫。　㉖公子黄：陈哀公之弟。　㉗二图：别的打算。

[译文]

七年春季，郳子来鲁国朝见，他是首次朝见襄公。

夏季四月，鲁国为举行郊祭占卜三次，都不吉利，决定不用牺牲。

孟献子说："我从今以后才知道占卜和占筮的作用了。郊祭祭祀后稷，是为了祈求农业丰收。因此在启蛰这一节气举行郊祭，郊祭之后开始耕种。如今已经耕种，再占卜郊祭，当然神明就不答应了。"

南遗担任费邑县宰。叔仲昭伯担任隧正。他想巴结季氏，就先向南遗讨好，对南遗说："请季氏在费邑筑城，我多派给您劳役。"因此季氏在费邑筑城。

小邾国的穆公来鲁国朝见，也是首次朝见襄公。

秋季，季武子到卫国回报子叔对鲁国的聘问，同时解释晚来回报并非是有了二心。

冬季十月，晋国的韩厥告老退休。公族大夫穆子患有残疾，准备立他为卿。穆子推辞说："《诗经》说：'难道是我不想早晚都来？只因途中露水太多。'又说：'如果不能亲躬政事，百姓就不会信服。'我韩无忌没有才干，让别人来干，不也可以吗？请求立弟弟韩起吧。韩起和田苏交往，田苏说他好行仁义。《诗经》说：'忠于你的职守，起用正直的人。神灵听说之后，将会赐你福祥。'体恤百姓是为德，循直而行是为正,纠人之曲是为直,三者合一是为仁。如此则神灵听从,降给福禄。立他为卿不也可以吗?"

九日,让韩起朝见悼公,随后韩厥退休。悼公认为韩无忌有仁德,让他担任公族大夫之长。

卫国的孙文子来鲁国聘问,同时对季武子的解释进行答谢,又重温了孙桓子聘问鲁国时的盟约。襄公每登一级台阶,孙文子也并肩而登。叔孙穆子作为相礼,快步上前说:"诸侯会见,寡君没有走在贵君后面过。现在您不走在寡君后面,寡君不明白有什么过错。您还是稍停一下吧!"孙文子没有解释,也没有悔改的样子。

穆叔说:"孙文子必然会灭亡。本为臣子却摆出国君的架势,有了过错又不知悔改,这就是灭亡的根本原因。《诗经》说:'办完公务回家吃饭,神态从容谦恭和蔼。'说的是小心顺从的人。专横且满不在乎,肯定会遭受挫折。"

楚国的子囊包围了陈国,诸侯在鄬地会合,救援陈国。

郑僖公还是太子时,在鲁成公十六年和郑国的子罕前往晋国,对子罕无礼。又和子丰到楚国,对子丰也很无礼。在他即位第一年,去晋国朝见。子丰打算向晋国控告把僖公废掉,被子罕制止。这次在鄬地会见,子驷作为相礼,僖公又对子驷无礼。侍者劝谏,不听,再次劝谏,把侍者杀了。到了鄵地,子驷派人在夜里杀了僖公,以死于疟疾讣告诸侯。简公当时五岁,被立为国君。

陈国人对楚国的围攻深感忧虑。庆虎、庆寅对楚国人说:"我们派公子黄前往贵国,请把他抓起来。"楚国人听从了。二庆通知参会的陈哀公:"楚国把公子黄抓了起来。国君如果再不回来,群臣不忍心看到国家灭亡,恐怕会有别的图谋。"陈哀公逃回陈国。

襄公八年

经 八年春,王正月,公如晋。夏,葬郑僖公。郑人侵蔡，获蔡公子燮。季孙宿会晋侯、郑伯、齐人、宋人、卫人、邾人于邢丘。公至自晋。莒人伐我东鄙。秋九月，大雩。冬，楚公子贞帅师伐郑。晋侯使士匄来聘。

传 八年春，公如晋朝，且听朝聘之数①。

郑群公子以僖公之死也，谋子驷。子驷先之②。夏四月庚辰③，辟杀子狐、子熙、子侯、子丁④。孙击、孙恶出奔卫⑤。

庚寅⑥，郑子国、子耳侵蔡，获蔡司马公子燮。郑人皆喜，唯子产不顺⑦。曰："小国无文德，而有武功，祸莫大焉。楚人来讨，能勿从乎⑧？从之，晋师必至。晋、楚伐郑，自今郑国，不四五年，弗得宁矣。"子国怒之曰："尔何知？国有大命，而有正卿。童子言焉，将为戮矣。"

五月甲辰⑨，会于邢丘⑩，以命朝聘之数，使诸侯之大夫听命。季孙宿、齐高厚、宋向戌、卫宁殖、邾大夫会之。郑伯献捷于会，故亲听命。大夫不书，尊晋侯也。

莒人伐我东鄙，以疆鄫田。

秋九月，大雩，旱也。

冬，楚子囊伐郑，讨其侵蔡也。

子驷、子国、子耳欲从楚，子孔、子蟜、子展欲待晋。子驷曰："《周诗》有之曰⑪：'俟河之清，人寿几何？兆云询多，职竞作罗。'谋之多族⑫，民之多违，事滋无成⑬。民急矣，姑从楚以纾吾民。晋师至，吾又从之。敬其币帛，以待来者，小国之道也。牺牲玉帛，待于二竟⑭，以待强者而庇民焉。寇不为害，民不罢病，不亦可乎？"

子展曰："小所以事大，信也。小国无信，兵乱日至，亡无日矣。五会之信⑮，今将背之，虽楚救我，将安用之？亲我无成⑯，鄙我是欲⑰，不可从也。不如待晋。晋君方明，四军无阙，八卿和睦，必不弃郑。楚师辽远，粮食将尽，必将速归，何患焉？舍之闻之⑱：'杖莫如信⑲。'完守以老楚⑳，杖信以待晋，不亦可乎？"

子驷曰："《诗》云㉑：'谋夫孔多，是用不集。发言盈庭，谁敢执其咎？如匪行迈谋，是用不得于道。'请从楚，騑也受其咎㉒。"

乃及楚平，使王子伯骈告于晋㉓，曰："君命敝邑：'修而车赋㉔，儆而师徒，以讨乱略㉕。'蔡人不从，敝邑之人，不敢宁处，悉索敝赋㉖，以讨于蔡，获司马燮，献于邢丘。今楚来讨曰：'女何故称兵于蔡？'焚我郊保㉗，冯陵我城郭。敝邑之众，夫妇男女，不遑启处㉘，以相救也。翦焉倾覆㉙，无所控告。民死亡者，非其父兄，即其子弟，夫人愁痛㉚，不知所庇。民知穷困，而受盟于楚，孤也与其二三臣不能禁止。不敢不告。"

知武子使行人子员对之曰："君有楚命，亦不使一介行李告于寡君㉛，而即安于楚，君之所欲也，谁敢违君？寡君将帅诸侯以见于城下㉜，唯君图之！"

晋范宣子来聘，且拜公之辱，告将用师于郑。

公享之，宣子赋《摽有梅》㉝。季武子曰："谁敢哉？今譬于草木，寡君在君，君之臭味也㉞。欢以承命，何时之有？"武子赋《角弓》㉟。宾将出，武子赋《彤弓》㊱。宣子曰："城濮之役，我先君文公献功于衡雍，受彤弓于襄王，以为子孙藏㊲。匄也,先君守官之嗣也,敢不承命?"君子以为知礼。

[注释]

①数:贡献财币的数目。 ②先之:先于群公子下手。 ③庚辰:十二日。 ④辟:罪。 ⑤孙击、孙恶:疑为子狐之子。 ⑥庚寅:二十二日。 ⑦子产:公孙侨,子国之子。顺:顺从附和。 ⑧从:顺从。 ⑨甲辰:七日。 ⑩邢丘:详见宣公六年注。 ⑪《周诗》:以下四句为逸诗。俟河之清,等待黄河澄清。兆云询多,占卜实在太多。兆,卜。云,语中助词。询,信,实。职竟作罗,当作罗网。职,当是"自"。竟,语气词。 ⑫多族:多人。 ⑬滋:益,更加。 ⑭二竟:即郑与楚的边境和郑与晋的边境。 ⑮五会:五次会盟,即会于鸡泽、戚、城棣、邿及邢丘。 ⑯无成:无终,即无好结果。 ⑰鄙我是欲:其欲望是把我国作为边鄙。 ⑱舍之:子展名。 ⑲杖:依仗,凭靠。 ⑳完守:坚固守备。 ㉑《诗》云:以下诗句见《诗经·小雅·小旻》。孔,甚,太。集,成就。盈庭,充满院子。执其咎,负其罪责。匪行迈谋,意为一边走路一边和人商量。不得于道,路上一无所得。 ㉒骓(fěi):即子骓。 ㉓王子伯骈:郑大夫。 ㉔车赋:车乘。 ㉕乱略:扰乱疆界者。 ㉖悉索敝赋:收尽兵力。 ㉗保:城堡。 ㉘不遑启处:无暇安居。 ㉙蔑焉:将被歼灭。 ㉚夫人:人人。 ㉛一介:一个。行李:使臣。 ㉜见于城下:言将伐郑。 ㉝《摽(biào)有梅》:见《诗经·召南》。诗本意为男女婚姻应及时。范宣子赋此诗,欲使鲁及时出兵。 ㉞臭味:气味。 ㉟《角弓》:《诗经·小雅》篇名。 ㊱《彤弓》:《诗经·小雅》篇名。 ㊲藏:宝藏。

[译文]

八年春季,襄公到晋国朝见,同时听取晋国要求朝贡财币的数目。

郑国的公子们以僖公之死为由，谋划杀掉子驷。子驷抢先动手。夏季四月十二日，捏造罪名杀了子狐、子熙、子侯、子丁。孙击和孙恶逃到卫国。

二十二日，郑国的子国、子耳入侵蔡国，抓获了蔡国的司马公子燮。郑国人都很高兴，只有子产不随声附和。他说："小国没有文治德行，却有武功，没有比这更大的祸患了。如果楚国前来讨伐，能不顺从吗？顺从了楚国，晋军也必然来攻。晋、楚两国轮番攻打郑国，从此以后郑国至少四五年内不得安宁。"子国生气地说："你知道什么？国家的重大命令都由正卿发布。小孩子乱说，是要杀头的。"

五月七日，诸侯在邢丘会见，晋国颁布了朝聘进贡的财币数字，让诸侯的大夫们听取命令。季武子、齐国的高厚、宋国的向戌、卫国的宁殖以及邾国大夫参加了会见。郑简公要在会上进献俘虏，也亲自前来听命。《春秋》不记载各国大夫的名字，是表示对晋悼公的尊重。

莒国人攻打鲁国东部边境，是为了划定鄫国田地的疆界。

秋季九月，鲁国因为干旱举行了求雨的祭祀。

冬季，楚国的子囊攻打郑国，以讨伐它对蔡国的入侵。

子驷、子国、子耳准备顺服楚国，子孔、子蟜、子展要等待晋军的救援。子驷说："《周诗》中说：'等到黄河水清见底，人的寿命能有多久？占卜次数太多，反而作茧自缚。'越是和大家商量，百姓多数不能听从，事情就越发难以办成。百姓已万分危急，暂且顺从楚国以缓解百姓的灾难。等到晋军来到，再顺从他们。恭敬地备好财礼等待大国，是小国的生存之道。把牺牲和玉帛摆到两国边境上，等待强国以保护百姓。这样敌寇不残害百姓，百姓也免于疲惫作战，不也可以吗？"

子展说："小国用来事奉大国的，是信用。小国不讲信用，战乱随时都会降临，亡国之日也就为期不远了。五次盟会树立的信用，如今却要背弃，即使楚国能来救援，又有什么用呢？楚国亲近没有好结果，要使我们成为他们的一个边邑，绝不能听从。不如等候晋军的到来。

晋侯正直贤明，四军配备齐全，八卿团结一心，肯定不会抛弃郑国。楚军远道而来，粮食将要吃完，肯定要很快回国，担心什么呢？我听说：'依靠任何东西都不如依靠信用。'我们加强防守使楚军日久疲惫，依靠信用等候晋军的到来，不也可以吗？"

子驷说："《诗经》说：'商量者太多就难以集中决断。满院子的人都要发言，谁来承担责任？如同边走边问路人，结果无所适从。'请同意顺从楚国，我来承担责任。"

于是就和楚国讲和，派王子伯骈到晋国报告："国君曾命令我国：'修好你们的兵车，让军队保持戒备，准备讨伐叛乱。'蔡国人不肯顺从，敝国人不敢安居，集中全部兵力征伐蔡国，俘虏了蔡国的司马燮，献到了邢丘盟会上。现在楚国来讨伐我们说：'你们为何攻打蔡国？'焚毁我郊外城堡，围攻我都城城郭。敝国百姓不论夫妻男女，顾不上休息互相救援。国家即将倾覆，又无处控告。百姓中死去的，不是他们的父兄，便是他们的子弟，人人悲痛欲绝，不知何处能得以藏身。百姓感到已经山穷水尽，只好接受了楚国的盟约，我和臣子们也无法制止。不敢不报告贵国。"

荀䓨派外交官子员回答说："贵君受到楚国讨伐，也不派一名使节告诉寡君，就立即向楚国屈服，这是贵君所希望的，谁还能违抗呢？寡君将率领诸侯到贵国城下相见，希望贵君能慎重考虑！"

晋国的士匄来鲁国聘问，答谢襄公对晋国的朝见，通报准备攻打郑国。

襄公设享礼招待士匄，士匄吟诵了《摽有梅》一诗。季武子说："怎敢不及时出兵呢？现在以草木作比，贵君是草木，寡君则是草木散发出来的香味。只有高高兴兴地接受命令，哪里会拖延时间呢？"季武子吟诵了《角弓》一诗。士匄离席时，季武子又吟诵了《彤弓》一诗。士匄说："当年城濮之战，我先君晋文公在衡雍奉献俘虏，从周襄王那里接受了彤弓，作为子孙的传家之宝。我士匄是先君大臣的后代，怎么敢不接受您的命令呢？"君子由此知道士匄懂得礼。

襄　公

襄公九年

经 九年春，宋灾。夏，季孙宿如晋。五月辛酉，夫人姜氏薨。秋八月癸未，葬我小君穆姜。冬，公会晋侯、宋公、卫侯、曹伯、莒子、邾子、滕子、薛伯、杞伯、小邾子、齐世子光伐郑。十有二月己亥，同盟于戏。楚子伐郑。

传 九年春，宋灾。乐喜为司城以为政。使伯氏司里①，火所未至，彻小屋，涂大屋②；陈畚挶③，具绠缶④，备水器；量轻重，蓄水潦⑤，积土涂⑥；巡丈城，缮守备，表火道⑦。使华臣具正徒⑧，令隧正纳郊保⑨，奔火所。使华阅讨右官⑩，官庀其司⑪。向戌讨左，亦如之。使乐遄庀刑器⑫，亦如之。使皇郧命校正出马⑬，工正出车⑭，备甲兵，庀武守⑮。使西鉏吾庀府守⑯。令司宫、巷伯儆宫⑰。二师令四乡正敬享⑱，祝宗用马于四墉⑲，祀盘庚于西门之外⑳。

晋侯问于士弱曰："吾闻之，宋灾，于是乎知有天道。何故？"对曰："古之火正㉑，或食于心㉒，或食于咮㉓，以出内火㉔。是故咮为鹑火，心为大火。陶唐氏之火正阏伯居商丘㉕，祀大火㉖，而火纪时焉㉗。相土因之㉘，故商主大火㉙。商人阅其祸败之衅㉚，必始于火㉛，是以日知其有天道也㉜。"公曰："可必乎？"对曰："在道㉝。国乱无象㉞，不可知也。"

夏，季武子如晋，报宣子之聘也。

穆姜薨于东宫㉟。始往而筮之，遇《艮》䷳之八㊱。史曰：“是谓《艮》之《随》䷐㊲。《随》，其出也㊳。君必速出。”姜曰：“亡。是于《周易》曰：‘《随》，元亨利贞㊴，无咎。’元，体之长也㊵。亨，嘉之会也㊶。利，义之和也㊷。贞，事之干也㊸。体仁足以长人㊹，嘉德足以合礼㊺，利物足以和义㊻，贞固足以干事。然，故不可诬也㊼，是以虽《随》无咎。今我妇人而与于乱㊽。固在下位而有不仁，不可谓元。不靖国家，不可谓亨。作而害身，不可谓利。弃位而姣㊾，不可谓贞。有四德者，《随》而无咎。我皆无之，岂《随》也哉㊿？我则取恶，能无咎乎？必死于此，弗得出矣。”

秦景公使士雅乞师于楚(51)，将以伐晋，楚子许之。子囊曰：“不可。当今吾不能与晋争。晋君类能而使之(52)，举不失选(53)，官不易方(54)。其卿让于善，其大夫不失守(55)，其士竞于教(56)，其庶人力于农穑。商工皂隶(57)，不知迁业(58)。韩厥老矣，知罃禀焉以为政。范匄少于中行偃而上之，使佐中军。韩起少于栾黡，而栾黡、士鲂上之，使佐上军。魏绛多功，以赵武为贤而为之佐。君明臣忠，上让下竞。当是时也，晋不可敌，事之而后可。君其图之！”王曰：“吾既许之矣，虽不及晋，必将出师。”

秋，楚子师于武城以为秦援(59)。

秦人侵晋，晋饥，弗能报也(60)。

冬十月，诸侯伐郑。庚午(61)，季武子、齐崔杼、宋皇郧从荀罃、士匄门于鄟门(62)。卫北宫括、曹人、邾人从荀偃、韩起门于师之梁(63)。滕人、薛人从栾黡、士鲂门于北门。杞人、郳人从赵武、魏绛斩行栗㉞。甲戌㉟,师于氾㊱,令于诸侯曰:"修器备,盛候粮㊲,归老幼㊳,居疾于虎牢㊴,肆眚㊵,围郑。"

郑人恐,乃行成。中行献子曰:"遂围之,以待楚人之救也而与之战。不然,无成。"知武子曰:"许之盟而还师,以敝楚人。吾三分四军㊶,与诸侯之锐以逆来者㊷。于我未病㊸,楚不能矣,犹愈于战㊹。暴骨以逞,不可以争。大劳未艾㊺。君子劳心,小人劳力,先王之制也㊻。"诸侯皆不欲战,乃许郑成。十一月己亥㊼,同盟于戏,郑服也。

将盟,郑六卿公子騑、公子发、公子嘉、公孙辄、公孙虿、公孙舍之及其大夫、门子皆从郑伯㊽。晋士庄子为载书㊾,曰:"自今日既盟之后,郑国而不唯晋命是听,而或有异志者,有如此盟。"公子騑趋进曰:"天祸郑国,使介居二大国之间。大国不加德音而乱以要之㊿,使其鬼神不获歆其禋祀,其民人不获享其土利,夫妇辛苦垫隘,无所厎告。自今日既盟之后,郑国而不唯有礼与强可以庇民者是从,而敢有异志者,亦如之。"荀偃曰:"改载书。"公孙舍之曰:"昭大神,要言焉,若可改也,大国亦可叛也。"知武子谓献子曰:"我实不德,而要人以盟,岂礼也哉?非礼,何以主盟?姑盟而退,修德息师而来,终必获郑,何必今日?我之不德,民将弃我,岂唯郑?若能休和,远人将至,何恃于郑?"乃盟而还。

晋人不得志于郑,以诸侯复伐之。十二月癸亥,门其三门。闰月戊寅,济于阴阪,侵郑,次于阴口而还。子孔曰:"晋师可击也,师老而劳,且有归志,必大克之。"子展曰："不可。"

公送晋侯。晋侯以公宴于河上，问公年，季武子对曰："会于沙随之岁，寡君以生。"晋侯曰："十二年矣，是谓一终，一星终也⑩。国君十五而生子。冠而生子⑪，礼也，君可以冠矣。大夫盍为冠具⑫？"武子对曰："君冠，必以祼享之礼行之⑬，以金石之乐节之⑭，以先君之祧处之⑮。今寡君在行⑯，未可具也。请及兄弟之国而假备焉！"晋侯曰："诺。"公还，及卫，冠于成公之庙⑰，假钟磬焉，礼也。

楚子伐郑，子驷将及楚平。子孔、子蟜曰："与大国盟，口血未干而背之⑱，可乎？"子驷、子展曰："吾盟固云：'唯强是从。'今楚师至，晋不我救，则楚强矣。盟誓之言，岂敢背之？且要盟无质⑲，神弗临也，所临唯信。信者，言之瑞也⑳，善之主也，是故临之。明神不蠲要盟㉑，背之可也。"乃及楚平。公子罢戎入盟。同盟于中分㉒。

楚庄夫人卒，王未能定郑而归。

晋侯归，谋所以息民㉓。魏绛请施舍㉔，输积聚以贷㉕。自公以下，苟有积者，尽出之。国无滞积㉖，亦无困人㉗。公无禁利㉘，亦无贪民。祈以币更㉙，宾以特牲㉚，器用不作㉛，车服从给㉜。行之期年㉝，国乃有节㉞。三驾而楚不能与争㉟。

[注释]

①司里：管辖城内街巷。　②涂：以泥涂封。　③陈畚挶：陈列盛土的器具。畚（běn）挶（jú），器具，可以盛土，也可以盛粮。

襄　公

④绠（gěng）：绳索。缶（fǒu）：盛水容器。二者为汲水器具。 ⑤蓄水潦：池塘蓄满水。 ⑥土涂：泥土。 ⑦表：标志。 ⑧具正徒：按规定征调徒役。 ⑨纳郊保：把郊外徒卒调赴国都。 ⑩讨：治，主管。 ⑪官庀其司：作为官长以督促下属各尽其责。 ⑫庀刑器：准备刑具。 ⑬校正：司马属官。 ⑭工正：也是司马属官。 ⑮庀武守：守护武器库。 ⑯庀府守：主管国库的守卫。 ⑰司宫：为宫内宦官之长。巷伯：主管宫内巷寝门户。 ⑱二师：左师、右师。乡正：宋都有四乡，乡有乡正，即乡大夫。 ⑲用马于四墉：杀马祭祀四门城隍。 ⑳盘庚：宋国远祖。 ㉑火正：官名，职掌祭火星。 ㉒食于心：以心宿配食。 ㉓食于咮（zhòu）：以柳宿配食。咮，星名，即柳宿。 ㉔以出内火：据《周礼·夏官·司爟》载："季春出火，民咸从之。季秋内火，民亦如之。"出、内，即见、伏。一说出、内为用火与禁火。 ㉕阏（è）伯：相传为高辛氏的苗裔。今河南省商丘市区有阏伯台。 ㉖大火：即大火星。 ㉗纪时：确定时节。 ㉘相土：殷商先祖。 ㉙主大火：以大火为祭祀主星。 ㉚阅：考察。衅：预兆。 ㉛始于火：从火灾开始。 ㉜日：往日。天道：自然规律。 ㉝道：治乱之道。 ㉞象：征兆。 ㉟东宫：别宫名，非太子之宫。 ㊱遇《艮》䷳之八：占筮得到《艮》卦，变为八。《周易》以"九""六"为变爻，并以此占断，此言"遇《艮》之八"，并非依据《周易》。晋杜预认为此是用《连山易》或《归藏易》，然而此二易内容今已不可知。 ㊲《艮》之《随》：《艮》变为《随》。《艮》，六十四卦之一，卦象为下艮上艮。《随》，六十四卦之一，卦象为下震上兑。《艮》卦六爻中初、三、四、五、六爻变化而成《随》卦。 ㊳《随》，其出也：《随》卦有随人出走之象。 ㊴元亨利贞：《随》卦卦辞。 ㊵元，体之长也：首为身体最高处。元，首。 ㊶亨，嘉之会也：凡嘉礼必有享礼，享礼有主宾，故称会。亨，即享。 ㊷利，义之和也：利是道义的总体表现。古人以行公利为义。 ㊸干：本。 ㊹体仁：以仁爱为本体。长人：高于常人。 ㊺嘉德：

嘉会。 ㊻利物：即利人。物，人。 ㊼诬：欺。 ㊽与于乱：参与动乱。 ㊾弃位而姣：丢弃未亡人的本位而打扮得娇美。 ㊿岂《随》也哉：难道能符合《随》的卦辞吗？ (51)士雃（qiān）：秦大夫。 (52)类能而使：量才适用。 (53)举不失选：举拔人才，各得其所。 (54)官不易方：任命官员不改变政策。 (55)不失守：不失职守。 (56)竞于教：致力于教育。 (57)皂隶：贱役。 (58)不知迁业：不愿改变职业。 (59)武城：楚地，在今河南省南阳市北。 (60)报：回报，报复。 (61)庚午：十一日。 (62)鄟（zhuān）门：郑都东门。 (63)师之梁：郑都西门。 (64)行栗：道路旁的栗树。 (65)甲戌：十五日。 (66)汜：即东汜水，在今河南省中牟县西南。 (67)餱（hóu）粮：干粮。 (68)归老幼：送回老幼兵卒。 (69)居疾于虎牢：使患病的人住在虎牢。 (70)肆眚（shěng）：宽恕过错。眚，过。 (71)三分四军：即将四个军分为三部分。 (72)锐：精锐军队。 (73)未病：不疲敝。 (74)愈于战：比决战好。 (75)未艾：未止息。 (76)制：训示。 (77)己亥：初十日。 (78)门子：卿的嫡子。 (79)载书：盟书，盟辞。 (80)乱以要之：发动战乱以强行结盟。 (81)垫隘：困乏瘦弱。 (82)底（zhǐ）告：致告，诉说。 (83)要言：约言，即盟约。 (84)要：要挟。 (85)休和：休民和平。 (86)癸亥：五日。 (87)闰月：此年无闰月，疑为“门五日”之误。戊寅：二十日。 (88)阴阪：洧水渡口。在今河南省新郑市西北。 (89)阴口：当在阴阪对岸处。 (90)一星终：古人认为木星（又称岁星）一年运行一次，十二年满一周天（即一圈），故十二年为一星终，而以此纪年。 (91)冠：古代由童子至成人举行冠礼。国君举行冠礼的年龄，其说不一。晋悼公认为十二岁可以冠，十五岁可以生子。 (92)冠具：举行冠礼的用具。 (93)祼（guàn）享：即用配上香料煮成的酒倒在地上，使受祭者或宾客闻到香气。以此作为举行隆重礼节的序幕。 (94)节之：有节度。 (95)祧（tiāo）：先祖之庙。 (96)行（háng）：道路。 (97)成公：指卫成公。 (98)口血未干：盟誓必歃血，意即不久。 (99)要盟无质：强加的盟约没有诚信。 (100)瑞：玉石，古人以此作凭证。　⑩明神不蠲要盟：明察的神灵以为强制的盟约不洁净。蠲（juān），清洁。　⑩中分：郑都城之里名。　⑩谋所以息民：商量休养生息的办法。　⑩施舍：赐予恩惠。　⑩输积聚以贷：将积聚的财物运出来借贷给百姓。　⑩滞积：积压的财货。　⑩困人：困乏的人。　⑩公无禁利：官方不禁止牟利。　⑩祈以币更：祭祀、祈祷用币代替。币，指缯帛、圭璧等财货。　⑩宾以特牲：招待宾客只用一头雄性牲畜。　⑪器用不作：不制作新的器具。　⑫车服从给：车马、服饰够用即可。　⑬期年：一周年。　⑭节：法度。　⑮三驾：三次兴师。

[译文]

　　九年春季，宋国发生火灾。乐喜以司城之职主持国政。他派伯氏管理城内街巷，凡是火没有烧到之处，拆除小屋，大屋涂上泥巴；准备运土的器具，备好打水的绳、罐，准备贮水的容器；估量任务的轻重，把水塘蓄满水，堆积泥土；派兵巡视城郭，修缮防守设备，标明大火的燃烧方向。派司徒华臣组织大批徒役，让隧正调集远郊的徒卒奔赴起火场所。让华阅督促所率右师属官各尽其职。让向戌督促所率左师属官各负其责。让乐遄准备刑具，属官也各守其职。让皇郧带领校正备好马匹，工正备好战车和武器，保护武器仓库。让西钼吾保护国库。让司宫、巷伯加强宫中戒备。左右二师命令四乡乡正祭祀神灵，让祝宗杀马祭祀四方城池之神，在西门外祭祀盘庚。

　　晋悼公问士弱："我听说，宋国因火灾而明白了上天之道。这是怎么回事呢？"士弱回答说："古代的火正在祭祀火星时，或以心宿陪祭，或以柳宿陪祭，因为火星是在这两个星宿之间运行。因此柳宿就是鹑火星，心宿就是大火星。陶唐氏的火正阏伯住在商丘，祭祀大火星时，根据火星移动来确定时节。相土沿袭了这种方法，因此商朝就以大火星作为祭祀的主星。商朝人观察他们祸乱失败的征兆，一定是从火灾开始，因此过去就以为掌握了天道。"晋悼公说："能肯定吗？"

士弱回答说:"在于有道无道。国家动乱上天不显预兆,就无法知道了。"

夏季,季武子到晋国答谢士匄对鲁国的聘问。

穆姜在东宫去世。开始搬到东宫时,曾做了占筮,得到艮卦变为八。太史说:"这叫作艮卦变为随卦。随表示出走。您一定要尽快出去。"穆姜说:"不必了。这卦象在《周易》中的卦辞是:'随,元、亨、利、贞,无灾无祸。'元是身体的最高处。亨表示主宾相会。利是道义的总和。贞是事物的本体。自身行为体现了仁就能够领导别人,美好的德行足以协调礼仪,有利于万物就可以和谐道义,本体坚固就能够成就事业。这样就不算欺妄,因此即使遇到随卦也没有灾祸。现在我身为女人却参与了动乱。本来地位低下又没有仁德,不能说是元。使国家动荡不安,不能说是亨。作乱而害及自身,不能说是利。不守妇德而打扮娇艳,不能说是贞。具备了这四种德行,遇到随卦也没有灾祸。我没有这四种德行,怎能符合随卦的卦辞呢?我自取邪恶,能没有灾祸吗?肯定要死在这里,出不去了。"

秦景公派士雃到楚国请求出兵,准备攻打晋国,楚共王答应了。子囊说:"不行。现在我们不能与晋国争雄。晋侯量才使用,选拔的人都能胜任其职,任命官员而不改变原则。他的卿甘愿把职位让给贤人,大夫恪尽职守,士能致力于教化,百姓致力于农事。商工皂隶安于本业。韩厥已告老退休,荀䓨代替他掌管政权。士匄比中行偃年轻,中行偃却让他位居自己之上,担任中军副帅。韩起比栾黡年轻,栾黡和士鲂却让他位居自己之上,担任上军副帅。魏绛屡建奇功,却认为赵武贤能而甘愿做他的副手。国君贤明,臣子忠诚,上面谦让,下面努力。在这种情况下,是不能与晋国为敌的,只有事奉他们才可以。国君还是认真考虑一下!"共王说:"我已经答应出兵了,即使比不上晋国,也一定要出兵。"

秋季,楚共王驻军武城,作为秦国的后援。

秦国人入侵晋国,晋国正发生饥荒,没能反击。

襄　公

冬季十月，诸侯攻打郑国。十一日，季武子、齐国的崔杼、宋国的皇郧随同荀䓨、士匄进攻郑都东门鄟门。卫国的北宫括、曹国人、邾国人随同荀偃、韩起攻打郑都西门师之梁。滕国人、薛国人随同栾黡、士鲂进攻郑都北门。杞国人、郳人随同赵武、魏绛砍伐路边的栗树。十五日，联军驻扎在氾水之滨，晋悼公传令诸侯："整治武器，准备干粮，把老人小孩送回去，让有病的人留在虎牢，赦免犯错的人，准备围攻郑国。"

郑国人害怕了，派人求和。荀偃说："要完成对郑国的包围，等候楚军来救援时再和他们作战。不这样，就不可能真正讲和。"知䓨说："可以同意与郑国结盟然后撤兵，让楚军攻打郑国从而困乏。我们把四军分成三个部分，会同诸侯精锐部队，轮番迎击楚军。我军并不困乏，但楚军就不能持久了，这比和楚军决战更好。暴露尸骨以图一时痛快，不能以这种方法和敌人争胜。更大的劳苦还在后面。君子以智慧取胜，小人靠力气取胜，这是前代君王的遗训。"诸侯都不想作战，就同意和郑国讲和。十一月十日，诸侯在戏地结盟，这是因为郑国已经顺服。

将要结盟时，郑国的六位卿公子騑、公子发、公子嘉、公孙辄、公孙虿、公孙舍之及其大夫、卿的嫡子都跟随郑简公来了。晋国的士弱起草了盟书，内容是："从今天盟誓后，郑国如果不对晋国绝对服从或有二心，要据此盟约处罚。"公子騑快步上前说："上天降祸给郑国，使我国夹在两个大国之间。大国不施恩德，而以战乱相要挟，使我们的神灵得不到祭祀，百姓享受不到土地的利益，男人女人辛苦劳作却瘦弱不堪，无处诉说。从今日盟誓之后，郑国如果不对有礼且能保护我国百姓的国家绝对服从，并有其他念头的话，甘愿受此盟约处罚。"荀偃说："要再修改一下盟书。"公孙舍之说："已经对着神灵宣读过了，如果还能修改的话，就是说大国也可以背叛了。"荀䓨对荀偃说："我们自己缺少德行，却又以盟约要挟人家，难道合乎礼吗？不合礼，凭什么主持盟会呢？姑且结盟后退兵，待修养德行，休整军队后再来，最终必能得到郑国，又何必要今天得到呢？假如我们没有德行，百姓都将弃我们而去，哪里仅仅是郑国呢？如果能够休养生息和睦民心，远方的人将自动来归，又何必指望郑国呢？"于是结盟后回国。

晋国人在郑国那里没有达到目的，便率领诸侯再次攻打郑国。十二月五日，进攻郑都的三个城门。十二月二十日，在阴阪渡过洧水，侵袭郑国，驻扎在阴口然后撤兵。子孔说："可以攻击晋军，他们长期在外已经疲惫，而且士兵归心似箭，一定能大获全胜。"子展说："不行。"

襄公送别晋悼公。悼公在黄河岸边设宴招待襄公，问起襄公的年龄，季武子回答说："寡君出生于沙随盟会那一年。"悼公说："十二年了，这叫作一终，就是岁星运行一周的时间。国君十五岁生孩子。举行冠礼之后生孩子是合乎礼的，国君可以举行冠礼了。大夫为什么不给准备举行冠礼的用具呢？"季武子回答说："国君举行冠礼，一定要先行祼享之礼，伴以钟磬之乐表示有节度，还要到先君宗庙中举行。现在寡君正在途中，无法准备用具。等到达兄弟国家后再准备吧！"悼公说："可以。"襄公回来经过卫国时，在卫成公庙里举行了冠礼，借用了钟磬，这是合乎礼的。

楚共王讨伐郑国，子驷准备和楚国讲和。子孔、子蟜说："与大国结盟，嘴上的血还没有干就背弃，怎么可以呢？"子驷、子展说："吾盟约中本来就说：'只服从强国。'现在楚军来到，晋国不来救援，那么楚国就是强国了。盟誓中的话，怎么敢违背呢？再说在要挟情况下订立的盟约也没有什么信用可言，神灵也未必亲临听取，只有真诚的盟会神灵才亲临。信用是语言的凭证，善良的根本，所以神灵才降临。圣明的神灵不会理睬被强迫订立的盟约，背叛它是可以的。"于是就和楚国讲和。公子罢戎进入郑都结盟。又在中分盟誓。

楚庄王的夫人去世，共王没能安定郑国就回国了。

晋悼公回国后，商议如何使百姓休养生息。魏绛请求施予恩惠，把国家储存的财物借给百姓。自国君以下所有官员，如果有积蓄的全都贡献出来。国内货物流通，没有贫困之人。公家不禁止百姓牟利，也没有贪婪的百姓。祈祷时以财币代替牛羊，宴请宾客只用一种牲畜，不再制造新的器具，车马、服装只求够用。实行一年，国家便有了法度。晋国三次出兵，楚国都没能与之争胜。

襄公十年

经　十年春，公会晋侯、宋公、卫侯、曹伯、莒子、邾子、滕子、薛伯、杞伯、小邾子、齐世子光会吴于柤。夏，五月甲午，遂灭偪阳。公至自会。楚公子贞、郑公孙辄帅师伐宋。晋师伐秦。秋，莒人伐我东鄙。公会晋侯、宋公、卫侯、曹伯、莒子、邾子、齐世子光、滕子、薛伯、杞伯、小邾子伐郑。冬，盗杀郑公子騑、公子发、公孙辄。戍郑虎牢。楚公子贞帅师救郑。公至自伐郑。

传　十年春，会于柤①，会吴子寿梦也。

三月癸丑②，齐高厚相大子光，以先会诸侯于钟离，不敬。士庄子曰："高子相大子以会诸侯，将社稷是卫，而皆不敬，弃社稷也，其将不免乎！"

夏四月戊午③，会于柤。

晋荀偃、士匄请伐偪阳④，而封宋向戌焉。荀䓣曰："城小而固，胜之不武，弗胜为笑。"固请。丙寅⑤，围之，弗克。孟氏之臣秦堇父辇重如役⑥。偪阳人启门，诸侯之士门焉。县门发⑦，郰人纥抉之以出门者⑧。狄虒弥建大车之轮而蒙之以甲以为橹⑨，左执之，右拔戟，以成一队。孟献子曰："《诗》所谓'有力如虎'者也⑩。"主人县布⑪，堇父登之，及堞而绝。队则又县之⑫，苏而复上者三⑬。主人辞焉，乃退。带其断以徇于军三日⑭。

诸侯之师久于偪阳，荀偃、士匄请于荀罃曰："水潦将降⑮，惧不能归，请班师⑯。"知伯怒⑰，投之以机⑱，出于其间，曰："女成二事而后告余。余恐乱命⑲，以不女违⑳。女既勤君而兴诸侯，牵帅老夫以至于此㉑，既无武守㉒，而又欲易余罪㉓，曰：'是实班师，不然克矣。'余赢老也，可重任乎㉔？七日不克，必尔乎取之㉕。"五月庚寅㉖，荀偃、士匄帅卒攻偪阳，亲受矢石。甲午㉗，灭之。书曰"遂灭偪阳"，言自会也。

以与向戌。向戌辞曰："君若犹辱镇抚宋国，而以偪阳光启寡君㉘，群臣安矣。其何贶如之？若专赐臣，是臣兴诸侯以自封也。其何罪大焉？敢以死请。"乃予宋公。

宋公享晋侯于楚丘，请以《桑林》㉙。荀罃辞。荀偃、士匄曰："诸侯宋、鲁，于是观礼。鲁有禘乐，宾祭用之。宋以《桑林》享君，不亦可乎？"舞。师题以旌夏㉚，晋侯惧而退入于房。去旌，卒享而还。及著雍㉛，疾。卜，《桑林》见㉜。荀偃、士匄欲奔请祷焉。荀罃不可，曰："我辞礼矣，彼则以之。犹有鬼神㉝，于彼加之。"晋侯有间㉞，以偪阳子归，献于武宫，谓之夷俘。偪阳，妘姓也。使周内史选其族嗣，纳诸霍人㉟，礼也。

师归，孟献子以秦堇父为右。生秦丕兹，事仲尼㊱。

六月，楚子囊、郑子耳伐宋，师于訾毋㊲。庚午㊳，围宋，门于桐门㊴。

晋荀罃伐秦，报其侵也。

卫侯救宋，师于襄牛㊵。郑子展曰："必伐卫，不然，是不与楚也。得罪于晋,又得罪于楚,国将若之何?"子驷曰:"国病矣。"子展曰:"得罪于二大国,必亡。病不犹愈于亡乎?"诸大夫皆以为然。故郑皇耳帅师侵卫,楚令也。

孙文子卜追之㊶,献兆于定姜㊷。姜氏问《繇》㊸。曰:"兆如山陵,有夫出征,而丧其雄。"姜氏曰:"征者丧雄,御寇之利也。大夫图之!"卫人追之,孙蒯获郑皇耳于犬丘㊹。

秋七月,楚子囊、郑子耳伐我西鄙。还,围萧。八月丙寅㊺,克之。九月,子耳侵宋北鄙。

孟献子曰:"郑其有灾乎!师竞已甚㊻。周犹不堪竞,况郑乎?有灾,其执政之三士乎㊼!"

莒人间诸侯之有事也,故伐我东鄙。

诸侯伐郑。齐崔杼使大子光先至于师,故长于滕。己酉㊽,师于牛首㊾。

初,子驷与尉止有争㊿,将御诸侯之师而黜其车㉛。尉止获㉜,又与之争。子驷抑尉止曰:"尔车,非礼也。"遂弗使献㉝。初,子驷为田洫㉞,司氏、堵氏、侯氏、子师氏皆丧田焉。故五族聚群不逞之人㉟,因公子之徒以作乱㊱。

于是子驷当国,子国为司马,子耳为司空,子孔为司徒。冬十月戊辰㊲,尉止、司臣、侯晋、堵女父、子师仆帅贼以入,晨攻执政于西宫之朝,杀子驷、子国、子耳,劫郑伯以如北宫。子孔知之,故不死。书曰"盗",言无大夫焉。

子西闻盗㊳,不儆而出,尸而追盗㊴,盗入于北宫,乃归授甲。臣妾多逃，器用多丧。子产闻盗，为门者⁶⁰，庀群司⁶¹，闭府库，慎闭藏，完守备，成列而后出，兵车十七乘，尸而攻盗于北宫。子蟜帅国人助之，杀尉止、子师仆，盗众尽死。侯晋奔晋。堵女父、司臣、尉翩、司齐奔宋。

子孔当国，为载书，以位序⁶²，听政辟⁶³。大夫、诸司、门子弗顺，将诛之。子产止之，请为之焚书⁶⁴。子孔不可，曰："为书以定国，众怒而焚之，是众为政也，国不亦难乎？"子产曰："众怒难犯，专欲难成，合二难以安国，危之道也。不如焚书以安众，子得所欲，众亦得安，不亦可乎？专欲无成⁶⁵，犯众兴祸，子必从之。"乃焚书于仓门外⁶⁶，众而后定。

诸侯之师城虎牢而戍之。晋师城梧及制⁶⁷，士鲂、魏绛戍之。书曰："戍郑虎牢。"非郑地也，言将归焉。郑及晋平。

楚子囊救郑。十一月，诸侯之师还郑而南⁶⁸，至于阳陵⁶⁹，楚师不退。知武子欲退，曰："今我逃楚，楚必骄，骄则可与战矣。"栾黡曰："逃楚，晋之耻也。合诸侯以益耻，不如死。我将独进。"师遂进。己亥⁷⁰，与楚师夹颍而军⁷¹。子蟜曰："诸侯既有成行⁷²，必不战矣。从之将退，不从亦退。退，楚必围我。犹将退也⁷³，不如从楚，亦以退之。"宵涉颍，与楚人盟。栾黡欲伐郑师，荀罃不可，曰："我实不能御楚，又不能庇郑，郑何罪？不如致怨焉而还⁷⁴。今伐其师，楚必救之，战而不克，为诸侯笑。克不可命⁷⁵，不如还也。"丁未⁷⁶，诸侯之师还，侵郑北鄙而归。楚人亦还。

王叔陈生与伯舆争政㊅。王右伯舆㊆，王叔陈生怒而出奔。及河，王复之，杀史狡以说焉。不入，遂处之。晋侯使士匄平王室，王叔与伯舆讼焉。王叔之宰与伯舆之大夫瑕禽坐狱于王庭㊆，士匄听之。王叔之宰曰："筚门闺窦之人而皆陵其上㊇，其难为上矣。"瑕禽曰："昔平王东迁，吾七姓从王，牲用备具㊈。王赖之，而赐之骍旄之盟㊉，曰：'世世无失职。'若筚门闺窦，其能来东厎乎㊊？且王何赖焉？今自王叔之相也，政以贿成㊋，而刑放于宠㊌，官之师旅㊍，不胜其富。吾能无筚门闺窦乎？唯大国图之！下而无直㊎，则何谓正矣？"范宣子曰："天子所右，寡君亦右之。所左㊏，亦左之。"使王叔氏与伯舆合要㊐。王叔氏不能举其契㊑，王叔奔晋。不书，不告也。单靖公为卿士，以相王室。

[注释]

①柤（zū）：楚地，在今江苏省邳州市西北。吴子在柤，晋以诸侯往会之，故曰会吴。 ②癸丑：二十六日。 ③戊午：初一日。 ④偪阳：妘姓小国，在今江苏省邳州市西北。 ⑤丙寅：初九日。 ⑥孟氏之臣：鲁孟孙氏的家奴。辇重如役：挽着辎重车到了战场。 ⑦县门发：悬吊的闸门放下来。 ⑧郰（zōu）人：郰邑大夫，即郰宰。郰，鲁邑，在今山东省曲阜市东南。纥：即叔梁纥，孔丘之父。抉：举起。 ⑨狄虒（sī）弥：鲁国力士。橹：大盾牌。 ⑩有力如虎：句见《诗经·邶风·简兮》。 ⑪主人县布：指偪阳守城从城上将布悬下。 ⑫队：同"坠"。 ⑬苏而复上：苏醒过来再上。 ⑭带其断：以其断布为带。 ⑮水潦：雨水。 ⑯班师：还师。 ⑰知伯：即荀罃，中军帅。 ⑱机：弩机。古代大弓叫弩，发箭的器

具叫机。弩机,亦称弩牙。一说机即几,矮桌。 ⑲乱命:扰乱军令。 ⑳不女违:没有违背你们。 ㉑老夫:知䓨自称。 ㉒武守:坚守武攻。 ㉓易余罪:即"易罪于余"。易罪,归罪。 ㉔重任:任此重罪。 ㉕必尔乎取之:一定取你们的首级。尔乎取,即"取乎尔"的倒装。 ㉖庚寅:初四日。 ㉗甲午:初八日。 ㉘光启寡君:使寡君扩大疆土。光启,即广启。 ㉙《桑林》:乐舞名。 ㉚师题以旌夏:乐师举着旌夏旗帜带着乐队进来。题,额,领先。旌夏,旌旗的一种,用雉羽缀于杆首,羽又染成五色。 ㉛著雍:晋地。 ㉜《桑林》见:龟卜疾病,从兆象中见到桑林之神。 ㉝犹:若。 ㉞有间:不祈祷而愈。 ㉟霍人:晋邑,在今山西省繁峙县东郊。 ㊱事仲尼:拜仲尼为师。 ㊲訾毋:宋地,在今河南省鹿邑县南。 ㊳庚午:十四日。 ㊴桐门:宋都北门。 ㊵襄牛:卫地。 ㊶卜追之:为追逐郑国占卜。 ㊷定姜:卫定公妻,献公之母。 ㊸《繇(zhòu)》:卜辞。下句中"兆"为兆象,即烧灼龟壳的裂纹,兆又另有繇辞。下述三句即为繇辞。 ㊹孙蒯:孙林父子。犬丘:见襄公元年注。 ㊺丙寅:十一日。 ㊻竞:相争。 ㊼执政之三士:指子驷、子国、子耳秉政。 ㊽己酉:二十五日。 ㊾牛首:郑地,在今河南省通许县北。 ㊿尉止:郑大夫。 ㉛黜其车:减少尉止的兵车。 ㉜获:俘获敌人。 ㉝弗使献:不使尉止献俘。 ㉞田洫:田间水沟。 ㉟不逞之人:对子驷心怀不满的人。 ㊱公子之徒:指襄公八年子驷所辟杀子狐、子熙、子侯、子丁的族党。 ㊲戊辰:十四日。 ㊳子西:公孙夏,子驷之子。 ㊴尸:收敛尸体。 ㊵为门者:设置守门卫士。 ㊶庀群司:配备官员。 ㊷以位序:安排官员序位。 ㊸听政辟:发布政令法规。 ㊹焚书:烧掉盟书。 ㊺专欲:专权的欲望。 ㊻仓门:郑都东南门。 ㊼梧:地名,当在虎牢附近。制:即虎牢。 ㊽还郑而南:环绕郑国而后向南进军。 ㊾阳陵:郑地,在今河南省许昌市西北。 ㊿己亥:十六日。 ㉛颍:颍水。 ㉜成行:预定的退兵计划。 ㉝犹将退:同样准备退兵。 ㉞致怨焉:使郑怨楚。　㉕克不可命：胜利并无信心。　㉖丁未：二十四日。　㉗王叔陈生、伯舆：两人均为周王卿士。　㉘右：助。　㉙坐狱：两相对讼。　㉚荜门闺窦：言伯舆出身微贱。荜门，柴门。闺窦，小户。　㉛牲用：牺牲。　㉜骍（xīng）旄之盟：赤牛的盟约。骍旄，赤色牛。隆重的盟约才以赤牛为牺牲。　㉝来东厎（zhǐ）：来到东方安居。厎，止，安。　㉞政以贿成：用贿赂来从政。　㉟刑放于宠：任凭宠臣执行刑罚。　㊱师旅：官员名。　㊲下而无直：地位低下就无理。　㊳左：右之反，即不助。　㊴合要：对证讼辞。　㊵契：文书，即要辞。

[译文]

十年春季，诸侯在柤地相会，为的是和吴王寿梦会谈。

三月二十六日，齐国的高厚作为太子光的相礼，和诸侯在钟离先行会谈，态度不够恭敬。士庄子说："高厚作为太子的相礼会见诸侯，是为了保卫自己的国家，但都不恭敬，这是在抛弃国家，恐怕灾祸难免吧！"

夏季四月一日，诸侯在柤地会见。

晋国的荀偃、士匄请求攻打偪阳，把它封给宋国的向戌。荀罃说："偪阳城小而坚固，即使攻克也算不上勇武，攻不下则被人嘲笑。"二人坚决请求攻打。四月九日，晋军围攻偪阳，没有攻下。鲁国孟氏的家臣秦堇父拉着一辆辎重车前来参战。偪阳人打开城门，诸侯的军队乘机攻打。偪阳人突然把闸门放下，郰邑大夫叔梁纥双手托起闸门，把攻进城内的士兵放了出来。狄虒弥把大车轮子立起来，蒙上皮甲作为大盾牌，左手持盾，右手拔戟，率领一队步兵。孟献子说："这就是《诗经》中所说的'力大如虎'的人啊。"偪阳人把布从城墙上放下来，堇父拉着布登城，快爬到墙垛时，城上的人把布剪断，堇父就坠了下来。城上的人又把布放下来，堇父苏醒后又往上爬，连续三次。直到城上的人表示钦佩，便不再挂布，这才退下城去。堇父把断布做成带子在军中炫耀了三天。

诸侯军队围攻偪阳很久了，荀偃、士匄请求荀䓨说："快到雨季了，恐怕到时回不去，请下令撤退吧。"荀䓨非常恼怒，抓起弩机扔向他们，弩机从两人中间飞了过去，他说："你们把两件事办成了再跟我说话。我深恐意见不一致而乱了军令，才没有违背你们的请求。你们鼓动国君并集合了诸侯的军队，又把老夫我引到这里，既不坚持进攻，又想把责任推给我，说：'实在是荀䓨下令退兵的，不然早就攻克了。'我已经老了，还能担得起这份责任吗？七天之内攻不下城，一定要你们的脑袋。"五月四日，荀偃、士匄率兵攻打偪阳，亲自冒着箭、石的攻击。八日，灭了偪阳。《春秋》中记载为"遂灭偪阳"，是说柤地会盟后就马上攻打偪阳了。

晋国把偪阳封给向戌。向戌推辞说："如果国君打算安抚宋国，就应该将偪阳送给寡君扩展疆土，群臣也就安心。还有比这更好的赠礼吗？如果专门赐给小臣，就是小臣发动诸侯军队为自己求得封地。还有比这更大的罪过吗？小臣冒死请求。"于是把偪阳送给了宋平公。

宋平公在楚丘设宴款待晋悼公，请求表演《桑林》之舞。荀䓨谢绝了。荀偃、士匄说："诸侯中只能在宋国、鲁国看到这种礼仪。鲁国有禘乐，在宴请贵宾和举行大祭时使用。宋国用《桑林》之舞招待国君，不也可以吗？"乐舞开始。乐师举着旌夏之旗率领乐队入场，悼公吓得躲进了里屋。宋国人去掉了旌夏之旗，悼公才顺利参加宴会然后回国。到达著雍，悼公患病。让人占卜，卜兆中看到了桑林之神。荀偃、士匄想奔回宋国祈祷。荀䓨不让，说："我们已经辞谢这一礼仪了，宋国非要演奏。如果有鬼神的话，也应该降祸给宋国。"悼公痊愈，带了偪阳子回国，奉献于武宫，称他为夷人俘虏。偪阳是妘姓。悼公让周朝内史从妘姓宗族中挑选后人，让他们居住在霍人地方，这是合乎礼的。

军队回国，孟献子任命秦堇父为车右。秦堇父生了秦丕兹，跟随孔子读书。

六月，楚国的子囊、郑国的子耳讨伐宋国，军队驻扎在訾毋。十四日，围攻宋都，攻打国都桐门。

晋国的荀罃攻打秦国，报复秦国对晋国的入侵。

卫献公发兵救宋，军队驻扎在襄牛。郑国的子展说："一定要讨伐卫国，否则就是对楚国不亲近。已经得罪了晋国，如果再得罪楚国，国家将怎么办呢？"子驷说："国家太困乏了。"子展说："得罪两个大国，肯定要灭亡。困乏不比亡国强吗？"大夫们认为子展的话有道理。所以郑国的皇耳领兵入侵卫国，是奉了楚国的命令。

孙文子占卜是否追击郑军，把占卜的征兆送给定姜。姜氏问繇辞怎么说。孙文子说："卜兆犹如山陵，有人出兵远征，失去了他们的英雄。"姜氏说："出征者丧失了英雄，说明对抵抗者有利。大夫考虑一下吧！"卫国人追击郑军，孙蒯在犬丘俘虏了郑国的皇耳。

秋季七月，楚国的子囊、郑国的子耳入侵鲁国西部边境。回国途中包围了宋国的萧地。八月十一日，攻克萧地。九月，子耳入侵宋国北部边境。

孟献子说："郑国将有灾祸了吧！军队征战太频繁了。周王室尚且经不起连连出战，何况郑国呢？若有灾祸，恐怕也要降到执政的三位大夫身上吧！"

莒国人钻了诸侯有战事的空子，所以攻打鲁国东部边境。

诸侯攻打郑国。齐国的崔杼派太子光率先来到军中，因此《春秋》把太子光排在了滕子的前面。二十五日，军队驻扎在牛首。

当初，子驷和尉止发生争执，在将要抵抗诸侯军队时，子驷减少了尉止的兵车。尉止俘虏了敌人，子驷又和他争功。子驷压制尉止说："你的兵车太多不合礼制。"于是，不准他进献俘虏。当初子驷开挖田沟，司氏、堵氏、侯氏、子师氏都损失了田地。因此这五族纠集一批不得志的人，依靠公子的族党发动了叛乱。

此时子驷掌管郑国政权，子国任司马，子耳任司空，子孔任司徒。冬季十月十四日，尉止、司臣、侯晋、堵女父、子师仆率领叛贼闯入宫中，早晨在西宫的朝堂围攻执政，杀了子驷、子国、子耳，把郑简公劫持到北宫。子孔事先听说了这件事，才没有被杀死。《春秋》记载为"盗"，是说没有大夫参加叛乱。

子西听说发生了叛乱，没有防备就出门，收敛了父亲的尸首就去追击叛贼，叛贼逃入北宫，子西回去分发皮甲组织攻打。结果家里的家臣妾婢多已逃走，器具也大多丢失。子产听说发生了叛乱，派人守住大门，召集官员，关闭府库，谨慎收藏，完善守备，把甲兵排列成队后出发，共出动兵车十七辆，先收敛了父亲的尸骨，然后到北宫攻打叛贼。子蟜率领国都的人从旁助阵，杀了尉止、子师仆，其他叛贼全被杀死。侯晋逃亡到了晋国。堵女父、司空、尉翩、司齐逃亡到了宋国。

子孔执政，制作了盟书，要求官员各守其位，听取命令。大夫、各部门官员以及卿的嫡子都不肯顺从，子孔准备把他们杀死。子产劝阻他，请求把盟书烧掉。子孔不同意，说："制作盟书就是为了安定国家，如果大家发怒就烧了它，等于让大家来执政，国家不就很难治理了吗？"子产说："众人的愤怒不敢触犯，专权的目的很难达到，把这两件难办的事情放在一起来安定国家，是危险之道。不如焚毁盟书以求安抚众人，您得到您所想要的，大家也能安定下来，不也可以吗？专权的愿望无法实现，触犯了众怒会导致祸乱，您一定要听从他们。"在郑都仓门之外焚毁了盟书，众人这才安定下来。

诸侯的军队在虎牢筑城并留下戍守。晋国军队在梧地和制地筑城，由士鲂和魏绛戍守。《春秋》记载说："戍郑虎牢。"是说虎牢被晋国占领，不是郑国领土，但就要归还给郑国了。郑国和晋国讲和。

楚国的子囊救援郑国。十一月，诸侯军队绕过郑国向南开进，到达阳陵，楚军不退。荀䓨打算退兵，说："现在我们避让楚军，楚军必然骄傲轻敌，一旦骄傲就可以交战了。"栾黡说："避让楚军是晋国的耻辱。联合诸侯却增加了耻辱，还不如死了的好。我准备独自进攻。"军队只好前进。十六日，和楚军隔着颖水驻扎下来。郑国的子蟜说：

"诸侯军队已经准备好了要退兵,肯定不会和楚军作战了。我们顺从,他们要撤兵;不顺从,也要撤兵。他们撤退了,楚军必定要围攻我们。同样都要退兵,不如顺从楚国,使楚国也退兵。"在夜里渡过颍水,和楚国人订立了盟约。栾黡想攻打郑军,荀罃不让,他说:"是我们不能抵抗楚军,又不能保护郑国,郑国有什么罪过?不如把怨恨送给楚国然后回去。现在攻打郑国军队,楚军必然救援,攻打而不能取胜,就会被诸侯嘲笑。既然没有取胜的把握,不如回去吧。"二十四日,诸侯军队撤退,侵袭了郑国的北部边境后回国。楚国人也回国了。

王叔陈生和伯舆争夺政权。天子支持伯舆,王叔陈生发怒而逃亡。来到黄河岸边,天子请他回去复位,并杀了史狡以取悦他。王叔不肯回去,就在河边住了下来。晋悼公派士匄去调解王室的争端,王叔和伯舆互相指控。王叔的总管家和伯舆的大夫瑕禽在天子的朝堂上申述理由,士匄听取他们的申诉。王叔的总管家说:"蓬门小户的卑贱之人却要凌驾他上面的人,在上者就很难办了。"瑕禽说:"过去平王东迁时,我们七姓大臣跟随平王,天子祭祀用的牲畜全部准备停当。天子依靠他们,赐给他们以赤牛为牺牲的盟约,说:'世世代代不失职守。'如果是蓬门小户,能来到东方安居吗?天子能依靠他们吗?现在自从王叔辅佐天子,处理政事靠贿赂达成,把刑罚大权交给他的宠臣,各级官员全都暴富。我们怎能不变成蓬门小户呢?请大国明察!如果地位低下就不能有理,还有公正可言吗?"士匄说:"天子所赞同的,也就是寡君要赞同的。天子所反对的,也是寡君要反对的。"让王叔和伯舆相互举证。王叔举不出证据,逃亡到了晋国。《春秋》没有记载,是因为没有通报鲁国。单靖公做了卿士,辅佐王室。

襄公十一年

经 十有一年春,王正月,作三军。夏四月,四卜郊,不从,乃不郊。郑公孙舍之帅师侵宋。公会晋侯、宋公、卫侯、曹伯、齐世子光、莒子、邾子、滕子、薛伯、杞伯、小邾子伐郑。秋七月己未，同盟于亳城北。公至自伐郑。楚子、郑伯伐宋。公会晋侯、宋公、卫侯、曹伯、齐世子光、莒子、邾子、滕子、薛伯、杞伯、小邾子伐郑，会于萧鱼。公至自会。楚人执郑行人良霄。冬，秦人伐晋。

传 十一年春，季武子将作三军①，告叔孙穆子曰："请为三军，各征其军②。"穆子曰："政将及子，子必不能。"武子固请之，穆子曰："然则盟诸？"乃盟诸僖闳③，诅诸五父之衢④。

正月，作三军，三分公室而各有其一⑤。三子各毁其乘⑥。季氏使其乘之人，以其役邑入者无征⑦，不入者倍征。孟氏使半为臣⑧，若子若弟⑨。叔孙氏使尽为臣。不然，不舍⑩。

郑人患晋、楚之故，诸大夫曰："不从晋，国几亡。楚弱于晋，晋不吾疾也⑪。晋疾，楚将辟之。何为而使晋师致死于我，楚弗敢敌，而后可固与也⑫。"子展曰："与宋为恶，诸侯必至，吾从之盟。楚师至，吾又从之，则晋怒甚矣。晋能骤来，楚将不能，吾乃固与晋。"大夫说之，便疆场之司恶于宋⑬。宋向戌侵郑，大获。子展曰："师而伐宋可矣。若我伐宋，诸侯之伐我必疾，吾乃听命焉，且告于楚。楚师至，吾乃与之盟，而重赂晋师，乃免矣。"夏，郑子展侵宋。

四月，诸侯伐郑。己亥⑭，齐大子光、宋向戌先至于郑，门于东门。其莫⑮，晋荀䓨至于西郊，东侵旧许⑯。卫孙林父侵其北鄙。六月，诸侯会于北林⑰，师于向⑱，右还⑲，次于琐⑳，围郑。观兵于南门㉑，西济于济隧㉒。郑人惧，乃行成。

秋七月，同盟于亳。范宣子曰："不慎㉓，必失诸侯。诸侯道敝而无成㉔，能无贰乎？"乃盟。载书曰："凡我同盟，毋蕴年㉕，毋壅利㉖，毋保奸㉗，毋留慝㉘，救灾患，恤祸乱，同好恶，奖王室㉙。或间兹命㉚，司慎司盟㉛，名山名川㉜，群神群祀㉝，先王先公，七姓十二国之祖㉞，明神殛之，俾失其民，队命亡氏㉟，踣其国家㊱。"

楚子囊乞旅于秦，秦右大夫詹帅师从楚子，将以伐郑。郑伯逆之。丙子㊲，伐宋。

九月，诸侯悉师以复伐郑。郑人使良霄、大宰石㚟如楚㊳，告将服于晋，曰："孤以社稷之故，不能怀君。君若能以玉帛绥晋，不然则武震以摄威之㊴，孤之愿也。"楚人执之。书曰："行人。"言使人也。

诸侯之师观兵于郑东门，郑人使王子伯骈行成。甲戌㊵，晋赵武入盟郑伯。冬十月丁亥㊶，郑子展出盟晋侯。十二月戊寅㊷，会于萧鱼㊸。庚辰㊹，赦郑囚，皆礼而归之。纳斥侯㊺，禁侵掠。晋侯使叔肸告于诸侯㊻。公使臧孙纥对曰："凡我同盟，小国有罪，大国致讨。苟有以藉手㊼，鲜不赦宥。寡君闻命矣。"

郑人赂晋侯以师悝、师触、师蠲㊽，广车、軘车淳十五乘㊾，甲兵备。凡兵车百乘㊿，歌钟二肆㉛，及其镈磬㉜，女乐二八㉝。

晋侯以乐之半赐魏绛㊴，曰："子教寡人和诸戎狄，以正诸华㊄。八年之中，九合诸侯㊅，如乐之和㊆，无所不谐㊇。请与子乐之。"辞曰："夫和戎狄，国之福也。八年之中，九合诸侯，诸侯无慝㊈，君之灵也㊉，二三子之劳也，臣何力之有焉？抑臣愿君安其乐而思其终也！《诗》曰㉑：'乐只君子，殿天子之邦。乐只君子，福禄攸同。便蕃左右，亦是帅从。'夫乐以安德㉒，义以处之㉓，礼以行之，信以守之，仁以厉之㉔，而后可以殿邦国，同福禄，来远人，所谓乐也。《书》曰㉕：'居安思危。'思则有备，有备无患，敢以此规。"公曰："子之教，敢不承命！抑微子，寡人无以待戎㉖，不能济河。夫赏，国之典也，藏在盟府，不可废也，子其受之！"魏绛于是乎始有金石之乐，礼也。

秦庶长鲍、庶长武帅师伐晋以救郑㉗。鲍先入晋地，士鲂御之，少秦师而弗设备㉘。壬午㉙，武济自辅氏㉚，与鲍交伐晋师㉛。己丑㉜，秦、晋战于栎㉝，晋师败绩，易秦故也㉞。

[注释]

①作三军：编制三个军。　②各征其军：三家各有一军。　③僖闳（hóng）：鲁僖公之庙门。　④诅：诅咒，即祭神使嫁祸于不守盟誓者。五父之衢：地名，在山东省曲阜市东南约五里处。　⑤三分公室：指季孙、叔孙、孟孙三家将公室军队分而为三。　⑥毁其乘：取消原私家车兵。　⑦役邑：提供兵役的乡邑。入者无征：从军服役者，不征收赋税。　⑧半为臣：私邑战士的一半做臣仆（奴隶兵）。⑨若子若弟：或自由民之子，或自由民之弟，均为年轻力壮者。⑩不舍：不改编制。　⑪疾：同"急"。指以郑为急务。　⑫固与：指与晋牢固结好。　⑬疆场（yì）之司：边境官吏。　⑭己亥：十九日。

⑮莫：同"暮"。　⑯旧许：许国旧地，在今河南省许昌市东。　⑰北林：郑地，在今河南省新郑市北。　⑱向：郑地，在今河南省尉氏县西南。　⑲右还：转向西北。　⑳琐：郑地，在河南省新郑市北十余里。　㉑观兵：显示军威。　㉒济隧：水名，旧为黄河支流。　㉓不慎：指盟辞不慎。　㉔道敝而无成：往来奔走疲敝且无功。　㉕毋蕴年：不囤积粮食。年，五谷成熟。　㉖壅利：专断山川之利。　㉗保奸：保护他国罪犯。　㉘留慝：收留坏人。　㉙奖：助。　㉚或间兹命：有人违犯这些命令。间，犯。　㉛司慎司盟：天神。司慎主察不敬。司盟主察盟誓。　㉜名山名川：大山大川之神。　㉝群祀：在群神之外凡列入祀典之中者。　㉞七姓十二国：指姬姓五国，晋、鲁、卫、曹、滕；曹姓二国，邾、小邾；子姓，宋；姜姓，齐；己姓，莒；姒姓，杞；任姓，薛。此时郑尚未与盟，故不在其列。　㉟队命亡氏：死其君主。队，同"坠"。亡氏，灭亡其族氏。　㊱踣（bó）：灭，破。　㊲丙子：二十七日。　㊳石㮯（chuò）：郑国大夫。　㊴武震以摄威之：用武力使之慑服。　㊵甲戌：二十六日。　㊶丁亥：初九日。　㊷戊寅：初一日。　㊸萧鱼：当在今河南省许昌市。　㊹庚辰：初三日。　㊺纳斥侯：撤回侦察兵、巡逻兵。　㊻叔肸（xī）：即羊舌肸，字叔向，晋大夫。　㊼藉手：少有所得。　㊽师悝（kuī）、师触、师蠲（juān）：均为乐师。　㊾广车：兵车，为攻敌之车。轮（tún）车：兵车，为屯守之车。淳：同"纯"，即偶。广车与轮车相配为一淳，共三十辆。　㊿凡：总共。　㉛二肆：二套。　㉜镈（bó）磬：两种乐器。镈形似钟而大，与钟磬配合使用。磬以玉石制成，形如矩。　㉝二八：即二佾（yì）。古乐舞八人为一列，称为佾。二八即十六人。　㉞乐之半：乐器、乐女的一半。　㉟正诸华：整顿中原诸国。　㉞九合：九次会合。　㉟如乐之和：如同音乐般和谐。　㉟谐：协调。　㊴无慝：不违背。　㊵灵：威。　㊶《诗》曰：以下诗句出自《诗经·小雅·采菽》。只，句中助词。殿，镇抚。攸，所。便蕃，《毛诗》作"平平"，《韩诗》作"便便"，均为治理之意。

帅从，帅而从之。 ⑫乐以安德：音乐用以安定德行。 ⑬处：对待，处理。 ⑭厉：勉励。 ⑮《书》：以下为逸书文。 ⑯待戎：对待戎人。 ⑰庶长：秦爵位名称。 ⑱少秦师：认为秦军人少。少，用作动词。 ⑲壬午：初五日。 ⑳济自辅氏：从辅氏渡河。辅氏，晋地，在今陕西省大荔县东。 ㉑交伐：夹击。 ㉒己丑：十二日。 ㉓栎(yuè)：晋地，未详何处。 ㉔易秦：轻秦。

[译文]

十一年春季，季武子准备组建三军，对叔孙豹说："请编成三个军，各家统率一个军。"叔孙豹说："国家政权将要由你掌管，你一定难以管好。"季武子坚决请求，叔孙豹说："那么为此盟誓如何？"就在僖公庙门口盟誓，在五父之衢诅咒。

正月，编定三个军，把公室的军队一分为三，每家各领一军。三家把自己的私家车兵撤销。季氏让原为私兵而服兵役者免除征税，不服兵役者则加倍征税。孟氏把私兵中半数作为奴隶兵编入军队，有的是儿子，有的是弟弟。叔孙氏把全部私兵作为奴隶兵编入军队。不这样就不让他编入。

郑国人对晋、楚两国很担心，大夫们说："不顺从晋国，国家几乎灭亡。楚国比晋国要弱，晋国人又不急于需要我们。晋国态度积极，楚国肯定会退让。想办法让晋国拼死攻打我们，楚国不敢抵抗，然后和晋国的关系就牢固了。"子展说："向宋国挑衅，诸侯必定来救，就与他们结盟。楚国来到，再顺从他们，晋国就会被激怒。晋国能够经常前来，楚国则做不到，这样就能巩固和晋国的同盟。"大夫们表示赞赏，便授意守边官员向宋国挑衅。宋国的向戌入侵郑国，俘获很多。子展说："可以出兵伐宋了。如果我们攻打宋国，诸侯必然会奋力攻打我们，我们就俯首听命，并报告楚国。楚军来到，再和他们结盟，并重重地贿赂晋军，就可以免除祸患了。"夏季，郑国的子展攻打宋国。

四月，诸侯军队攻打郑国。十九日，齐国的太子光和宋国的向戌率先到达郑国，攻打郑都东门。当天晚上，晋国的荀䓨到达郑都西郊，向东侵入旧许国地区。卫国的孙林父入侵郑国的北部边境。六月，诸侯在北林会见，驻扎在向地，又挥师西北，驻扎在琐地，包围了郑都。在南门外举行了阅兵演习，向西渡过济隧。郑国人害怕了，于是求和。

秋季七月，郑国和诸侯在亳地结盟。士匄说："如果不谨慎，一定失去诸侯。让诸侯在路上疲于奔命却一事无成，能不产生二心吗？"于是结盟。盟书说："凡我同盟国家，不要囤积粮食，不要独占山川之利，不要庇护他国罪人，不要收留奸邪之辈，救济灾荒，消除祸乱，同仇敌忾，辅佐王室。如果违犯上述规定，司慎、司盟两位天神，名山大川的神灵，各种天神和名列祀典者，先王、先公、七姓十二国的祖先，圣明的神灵都要诛杀他，让他失去百姓，丧失国君，全族灭亡，亡国败家。"

楚国的子囊到秦国求援，秦国的右大夫詹率军跟随楚王准备攻打郑国。郑简公前往迎接。二十七日，郑国攻打宋国。

九月，诸侯全部出动再次攻打郑国。郑国人让良霄、太宰石㚟到楚国，报告准备顺服晋国，说："我为了国家，不能再效忠国君了。如果国君能用玉帛安抚晋国，或者以武力慑服他们，则是我所希望的。"楚国人把良霄和石㚟抓了起来。《春秋》称他们为"行人"，表示他们是使者，不应被抓起来。

诸侯军队在郑都东门炫耀武力，郑国人派王子伯骈求和。二十六日，晋国的赵武入城和郑简公结盟。冬季十月九日，郑国的子展出城和晋悼公结盟。十二月一日，双方在萧鱼会见。三日，赦免了郑国的俘虏，全都以礼相待释放回国。撤去侦察巡逻人员，严禁抢掠。晋悼公派叔肸通报诸侯。襄公派臧孙纥答复："凡我同盟国家，小国犯了罪，大国予以讨伐。只要稍有收获，很少不赦免的。寡君服从国君的命令。"

郑国人把师悝、师触、师蠲三位乐师送给晋悼公，还有广车、軘车各十五辆，车上盔甲武器配备齐全。共送兵车一百辆，歌钟两架，以及配套的小钟和磬，女乐两队十六人。

晋悼公把乐器和乐人送给魏绛一半，说："是你让我与戎狄各部讲和以整顿中原诸国。八年之中，九次会合诸侯，如音乐一般和谐，没有不协调之处。请你和我一起享用它们。"魏绛辞谢说："与戎狄讲和是国家的福气。八年中九次会合诸侯，诸侯都欣然听命，是国君的威信，也是各位大臣的功劳，我哪里出什么力了？但我希望国君既能安享这种快乐，又能善始善终！《诗经》说：'快乐的君子，镇抚天子的家邦。快乐的君子，福禄和别人同享。治理好邻近的小国，让他们相率顺从。'音乐是用以巩固德行的，用道义对待它，用礼仪推行它，用信用保守它，用仁爱勉励它，然后才能镇抚邦国，同享福禄，怀柔远方的人，这才是所谓的快乐。《书》中说：'生活在安定之中，要提防危险的到来。'想到了危险就有所提防，有所提防就没有了祸患，谨此规劝国君。"悼公说："您的劝教我怎敢不听！要是没有您，我就不能安抚戎狄，不能渡过黄河。奖赏，是国家的典章制度，在盟府中保存着，是不能废除的，您一定要接受！"魏绛从此开始享有了金石音乐，这是合乎礼的。

秦国的庶长鲍和庶长武领兵攻打晋国以救援郑国。鲍先侵入晋国土地，士鲂领兵抵抗，以为秦军人少而未加防备。五日，武从辅氏渡过黄河，和鲍夹击晋军。十二日，秦、晋两军在栎地交战，晋军大败，这是轻视秦军的结果。

襄公十二年

经 十有二年春，王二月，莒人伐我东鄙，围台。季孙宿帅师救台，遂入郓。夏，晋侯使士鲂来聘。秋九月，吴子乘卒。冬，楚公子贞帅师侵宋。公如晋。

传 十二年春，莒人伐我东鄙，围台①。季武子救台，遂入郓②,取其钟以为公盘③。

夏,晋士鲂来聘,且拜师。

秋,吴子寿梦卒。临于周庙④,礼也。凡诸侯之丧,异姓临于外⑤,同姓于宗庙⑥,同宗于祖庙⑦,同族于祢庙⑧。是故鲁为诸姬,临于周庙。为邢、凡、蒋、茅、胙、祭临于周公之庙⑨。

冬,楚子囊、秦庶长无地伐宋,师于杨梁⑩,以报晋之取郑也。

灵王求后于齐⑪。齐侯问对于晏桓子⑫,桓子对曰:"先王之礼辞有之,天子求后于诸侯,诸侯对曰:'夫妇所生若而人⑬,妾妇之子若而人。'无女而有姊妹及姑姊妹⑭,则曰:'先守某公之遗女若而人⑮。'"齐侯许昏,王使阴里结之⑯。

公如晋,朝,且拜士鲂之辱,礼也。

秦嬴归于楚⑰。楚司马子庚聘于秦,为夫人宁⑱,礼也。

[注释]

①台:鲁邑,在今山东省费县东南。 ②郓:本为鲁邑,莒取之,在今山东省沂水县东北。 ③盘:食器,亦可作浴器。 ④临:哭丧。 ⑤外:城外。 ⑥宗庙:周文王庙,即周庙。 ⑦祖庙:始封君之庙。 ⑧祢(nǐ)庙:父庙。 ⑨邢、凡等:此六国皆为周公支子。 ⑩杨梁:宋地,在今河南省商丘市区东南。 ⑪灵王:即周灵王。 ⑫晏桓子:即晏弱。 ⑬若而人:若干人。 ⑭姑姊妹:即今之谓大姑、小姑。 ⑮先守:先君。 ⑯阴里:周大夫。 ⑰秦嬴:秦景公妹,楚共王夫人。 ⑱宁:归宁,即妇女回娘家省亲。

[译文]

十二年春季，莒国人攻打鲁国东部边境，包围了台地。季武子为救台地，攻入莒国的郓地，取了他们的铜钟改铸为襄公的盘子。

夏季，晋国的士鲂来鲁国聘问，同时对鲁国出兵助战表示感谢。

秋季，吴王寿梦去世。襄公到周文王庙中吊唁，这是合乎礼的。凡诸侯有了丧事，异姓在城外吊唁，同姓在宗庙吊唁，同宗在祖庙吊唁，同族在父庙吊唁。因此，鲁国为了姬姓国家就到文王庙吊唁。遇到邢、凡、蒋、茅、胙、祭等国有了丧事，就到周公庙吊唁。

冬季，楚国的子囊、秦国庶长无地攻打宋国，军队驻扎在杨梁，这是对晋国夺取郑国的报复。

周灵王向齐国求娶王后。齐灵公请教晏弱怎样答复，晏弱回答说："先王的礼仪辞令中有这样的话，天子向诸侯求娶王后，诸侯回答说：'有夫人所生的女儿若干人，有姬妾所生的女儿若干人'。如果没有女儿而有姐妹和姑姑时，就可以说：'有先君某公的遗女若干人。'"齐灵公同意了婚事，天子派大夫阴里先做了口头约定。

襄公到晋国朝见，同时拜谢士鲂对鲁国的聘问，这是合乎礼的。

秦嬴嫁到楚国。楚国的司马子庚到秦国聘问，是为了夫人回娘家探亲，这是合乎礼的。

襄公十三年

经 十有三年春，公至自晋。夏，取邿。秋九月庚辰，楚子审卒。冬，城防。

传 十三年春，公至自晋，孟献子书劳于庙①，礼也。

夏，邿乱②，分为三。师救邿，遂取之。凡书"取"，言易也。用大师焉曰"灭"。弗地曰"入"③。

荀䓨、士鲂卒。晋侯蒐于绵上以治兵④，使士匄将中军，辞曰："伯游长⑤。昔臣习于知伯，是以佐之，非能贤也。请从伯游。"荀偃将中军，士匄佐之。使韩起将上军，辞以赵武。又使栾黡，辞曰："臣不如韩起。韩起愿上赵武⑥，君其听之！"使赵武将上军，韩起佐之。栾黡将下军，魏绛佐之。新军无帅，晋侯难其人⑦，使其什吏⑧，率其卒乘官属，以从于下军，礼也。晋国之民，是以大和，诸侯遂睦。

君子曰："让，礼之主也。范宣子让⑨，其下皆让。栾黡为汏⑩，弗敢违也。晋国以平，数世赖之。刑善也夫⑪！一人刑善，百姓休和，可不务乎？《书》曰⑫：'一人有庆⑬，兆民赖之，其宁惟永。'其是之谓乎？周之兴也，其《诗》曰：'仪刑文王，万邦作孚⑭。'言刑善也。及其衰也，其《诗》曰⑮：'大夫不均，我从事独贤⑯。'言不让也。世之治也，君子尚能而让其下⑰，小人农力以事其上⑱，是以上下有礼，而谗慝黜远，由不争也，谓之懿德。及其乱也，君子称其功以加小人⑲，小人伐其技以冯君子⑳，是以上下无礼，乱虐并生，由争善也，谓之昏德。国家之敝，恒必由之㉑。"

楚子疾，告大夫曰："不穀不德，少主社稷，生十年而丧先君，未及习师保之教训㉒，而应受多福㉓。是以不德，而亡师于鄢，以辱社稷，为大夫忧，其弘多矣㉔。若以大夫之灵，获保首领以殁于地，唯是春秋窀穸之事㉕，所以从先君于祢庙者，请为'灵'若'厉'㉖。大夫择焉！"莫对。及五命乃许。

秋,楚共王卒。子囊谋谥。大夫曰:"君有命矣。"子囊曰:"君命以共,若之何毁之?赫赫楚国,而君临之,抚有蛮夷,奄征南海㉗,以属诸夏㉘,而知其过,可不谓共乎㉙?请谥之'共'。"大夫从之。

吴侵楚,养由基奔命㉚,子庚以师继之㉛。养叔曰㉜:"吴乘我丧,谓我不能师也,必易我而不戒。子为三覆以待我㉝,我请诱之。"子庚从之。战于庸浦㉞,大败吴师,获公子党。

君子以吴为不吊。《诗》曰:"不吊昊天,乱靡有定㉟。"

冬,城防,书事,时也。于是将早城,臧武仲请俟毕农事,礼也。

郑良霄、大宰石㚟犹在楚。石㚟言于子囊曰:"先王卜征五年㊱,而岁习其祥㊲,祥习则行,不习则增修德而改卜㊳。今楚实不竞㊴,行人何罪?止郑一卿㊵,以除其逼㊶,使睦而疾楚,以固于晋,焉用之?使归而废其使㊷,怨其君以疾其大夫,而相牵引也㊸,不犹愈乎?"楚人归之。

[注释]

①劳:功勋。 ②邿(shī):鲁附庸国,在今山东省济宁市南。 ③弗地:不占有其地。 ④绵上:晋地,在今山西省翼城县西。 ⑤伯游:荀偃字。 ⑥愿上赵武:愿使赵武在上位。 ⑦难其人:难有合适的新军人选。 ⑧什吏:十个官吏。即新军所属之军尉、司马、司空、舆尉、候奄及其副手。 ⑨范宣子:即士匄。 ⑩汏(tài):骄横。 ⑪刑善:取法于善。 ⑫《书》曰:以下出自《尚书·吕

刑》。　⑬庆：善。　⑭"仪刑文王"二句：句出《诗经·大雅·文王》。仪刑，效法。孚，信。　⑮《诗》曰：以下诗句出自《诗经·小雅·北山》。　⑯贤：多。　⑰尚能：崇尚贤能。　⑱农力：即努力。　⑲加：凌驾。　⑳伐其技：夸耀其技能。冯（píng）：凭，凌驾。　㉑恒：常。　㉒师保：指君王做太子时的师与傅。　㉓多福：指君王之位。　㉔弘多：太多。　㉕春秋窀（zhūn）穸（xī）之事：指祭祀安葬的事情。诸侯死后，有月祭、四时之祭等。春秋，即指祭祀。窀穸，墓穴，此指安葬。　㉖为"灵"若"厉"：请谥为"灵"或"厉"。"灵""厉"于当时均为恶谥。据杜预注，"乱而不损曰灵，戮杀不辜曰厉"。　㉗奄：大。　㉘属诸夏：归属于中原。　㉙共：同"恭"。　㉚奔命：在急行军中任前锋。　㉛子庚：公子午，时为司马。　㉜养叔：养由基。　㉝三覆：三处伏兵。　㉞庸浦：楚地，在今安徽省无为县南。　㉟"不吊昊天"二句：句出《诗经·小雅·节南山》。不吊，不善。　㊱卜征五年：为征伐连续占卜五年。　㊲岁习其祥：年年占卜均为吉祥。习，重复。　㊳增修德：加强道德修养。　㊴不竞：不强。　㊵止：留止，拘留。　㊶除其逼：除去对郑君的威逼。　㊷废其使：废弃出使楚国的使命。　㊸牵引：牵制。

[译文]

　　十三年春季，襄公从晋国回来，孟献子在宗庙中记载功勋，这是合乎礼的。

　　夏季，邿国发生了动乱，分裂为三部分。鲁国救援邿国，将其占领。凡是《春秋》称"取"的，说明是轻易取得。动用了大军称"灭"。攻入但不占领土地称"入"。

　　荀䓨、士鲂去世。晋悼公在绵上打猎并检阅军队，任命士匄率领中军，士匄辞谢说："荀偃比我年长。从前我熟悉知䓨，所以才辅佐他，并不是我多么贤能。请任命荀偃。"任命荀偃率领中军，士匄为副帅。任命韩起率领上军，但他推辞给赵武。赵武又推荐栾黡，栾黡推辞说："我比不上韩起。既然韩起愿意让赵武为主帅，就请国君听他的！"于是任命赵武率领上军，韩起为副帅。栾黡率领下军，魏绛为副帅。新军没有主帅，悼公对此人选难以决定，便让新军的十个主要官吏率领步兵、车兵和所属官员，附属于下军，这是合乎礼的。晋国百姓因此极为和睦，诸侯之间也很友好。

君子认为："谦让是礼的主体。士匄谦让，其下属也都谦让。栾黡即使专横，也不敢违背。晋国因此而团结安定，连续几代人受益。这是取法于善的结果啊！一人取法于善，百姓都高兴和睦，能不尽力这样做吗？《尚书》中说：'一人行善，万民受益，国家长治久安。'说的就是这个意思吧！当周朝兴盛时，反映它的《诗经》说：'效法文王，万邦信赖。'说的就是取法于善。等到周朝衰落时，反映它的《诗经》又说：'大夫不公平，我做的事最多。'说的就是不知谦让。在天下大治的时代，君子崇尚贤能，对下面做到礼让，小人则努力事奉他的上级，所以上下有礼，奸诈邪恶就会销声匿迹，这是因为大家不去争夺，称之为美德。到了乱世，君子炫耀自己的功劳而凌驾于小人之上，小人也夸耀自己的技能企图凌驾君子之上，所以上下都不讲礼，动乱残暴同时发生，这是因为大家争相自以为是，称之为昏德。一个国家的衰败往往都是由此开始。"

楚共王患病，告诉大夫说："我缺乏德行，幼年就掌管国家，十岁失去先君，没有来得及学习师保的训教却承受了过多的福分。因而缺乏德行，在鄢陵打了败仗，给国家带来了耻辱，给大夫们增添了忧愁，罪责很大。如果能托诸位大夫的福气，使我得以保全尸首于地下，那么在祭祀和安葬时，只希望能在祢庙中追随先君的神灵，给我一个'灵'或'厉'的谥号就可以了。请大夫们决定吧！"大夫们都不回答。一连命令五次，众人才答应。

秋季，楚共王去世。子囊和大家商议谥号。大夫们说："国君已经有命令了。"子囊说："国君命令是取'共'字，我们怎能毁弃它呢？我楚国威武强大，国君治理有方，安抚了蛮夷，征服了南海，征服了中原各国，国君又自知其过，能说不是'共'吗？请谥为'共王'吧。"大夫们都同意。

吴国入侵楚国，养由基迅速迎了上去，子庚领兵随后赶到。养由基说："吴国乘我国国丧，以为我们不能出兵，肯定轻视我们而不加戒备。你设下三批伏兵等候我，我去引诱他们。"子庚听从了他的话。双方在庸浦交战，大败吴军，俘获了公子党。

君子认为吴国不善。《诗经》说："上天认为你不善，动乱就不会平定。"

冬季，鲁国在防地筑城，《春秋》记载此事，是因为合乎时令。当时本来要提前动工，但臧武仲请求等农事完毕后再动工，这是合乎礼的。

郑国的良霄、太宰石㚟还扣留在楚国。石㚟对子囊说："先王为征伐连续占卜五年，每年都是吉祥，连续是吉祥才出兵，有一年不吉祥，就努力修补德行并重新占卜。如今楚国不能与人争强，外交使节有什么罪呢？扣留郑国一个卿，等于消除了对郑国君臣的威逼，使他们和睦团结怨恨楚国，和晋国的友好关系更加牢固，这对楚国有什么好处呢？如果让他回去使他完不成使命，从而怨恨其国君并恼恨大夫，君臣之间就会互相牵制，不是更好吗？"楚国人放良霄回国。

襄公十四年

经 十有四年春，王正月，季孙宿、叔老会晋士匄、齐人、宋人、卫人、郑公孙虿、曹人、莒人、邾人、滕人、薛人、杞人、小邾人，会吴于向。二月乙未朔，日有食之。夏四月，叔孙豹会晋荀偃、齐人、宋人、卫北宫括、郑公孙虿、曹人、莒人、邾人、滕人、薛人、杞人、小邾人伐秦。己未，卫侯出奔齐。莒人侵我东鄙。秋，楚公子贞帅师伐吴。冬，季孙宿会晋士匄、宋华阅、卫孙林父、郑公孙虿、莒人、邾人于戚。

传 十四年春，吴告败于晋。会于向，为吴谋楚故也。范宣子数吴之不德也①，以退吴人②。

执莒公子务娄，以其通楚使也。

将执戎子驹支③。范宣子亲数诸朝，曰："来，姜戎氏！昔秦人迫逐乃祖吾离于瓜州④，乃祖吾离被苫盖⑤，蒙荆棘⑥，以来归我先君。我先君惠公有不腆之田⑦，与女剖分而食之。今诸侯之事我寡君不如昔者，盖言语漏泄，则职女之由⑧。诘朝之事，尔无与焉，与将执女！"对曰："昔秦人负恃其众，贪于土地，逐我诸戎。惠公蠲其大德⑨，谓我诸戎是四岳之裔胄也⑩，毋是翦弃⑪。赐我南鄙之田，狐狸所居，豺狼所嗥。我诸戎除翦其荆棘，驱其狐狸豺狼，以为先君不侵不叛之臣，至于今不贰。昔文公与秦伐郑，秦人窃与郑盟而舍戍焉，于是乎有殽之师。晋御其上，戎亢其下，秦师不复⑫，我诸戎实然。譬如捕鹿，晋人角之⑬，诸戎掎之⑭，与晋踣之⑮，戎何以不免？自是以来，晋之百役⑯，与我诸戎相继于时⑰，以从执政，犹殽志也，岂敢离逖⑱？今官之师旅⑲，无乃实有所阙，以携诸侯⑳，而罪我诸戎。我诸戎饮食衣服，不与华同，贽币不通㉑，言语不达，何恶之能为？不与于会，亦无瞢焉㉒！"赋《青蝇》而退㉓。宣子辞焉，使即事于会，成恺悌也㉔。

于是，子叔齐子为季武子介以会㉕，自是晋人轻鲁币㉖，而益敬其使。

吴子诸樊既除丧㉗，将立季札。季札辞曰："曹宣公之卒也，诸侯与曹人不义曹君，将立子臧。子臧去之，遂弗为也，以成曹君。君子曰：'能守节。'君，义嗣也㉘，谁敢奸君？有国，非吾节也。札虽不才，愿附于子臧㉙，以无失节。"固立之，弃其室而耕。乃舍之。

夏，诸侯之大夫从晋侯伐秦，以报栎之役也。晋侯待于竟，使六卿帅诸侯之师以进。及泾，不济。叔向见叔孙穆子㉚，穆子赋《匏有苦叶》㉛。叔向退而具舟，鲁人、莒人先济。郑子蟜见卫北宫懿子曰㉜："与人而不固，取恶莫甚焉！若社稷何？"懿子说。二子见诸侯之师而劝之济，济泾而次。秦人毒泾上流㉝，师人多死。郑司马子蟜帅郑师以进，师皆从之，至于棫林㉞，不获成焉㉟。荀偃令曰："鸡鸣而驾，塞井夷灶，唯余马首是瞻㊱！"栾黡曰："晋国之命，未是有也。余马首欲东！"乃归。下军从之。左史谓魏庄子曰㊲："不待中行伯乎㊳？"庄子曰："夫子命从帅。栾伯，吾帅也，吾将从之。从帅，所以待夫子也。"伯游曰㊴："吾令实过，悔之何及，多遗秦禽㊵。"乃命大还㊶。晋人谓之迁延之役㊷。

栾鍼曰："此役也，报栎之败也。役又无功，晋之耻也。吾有二位于戎路㊸，敢不耻乎？"与士鞅驰秦师㊹，死焉。士鞅反，栾黡谓士匄曰："余弟不欲往，而子召之㊺。余弟死，而子来，是而子杀余之弟也。弗逐，余亦将杀之。"士鞅奔秦。

于是，齐崔杼、宋华阅、仲江会伐秦。不书，惰也。向之会亦如之。卫北宫括不书于向，书于伐秦，摄也㊻。

秦伯问于士鞅曰："晋大夫其谁先亡？"对曰："其栾

氏乎！”秦伯曰：“以其汰乎？”对曰：“然。栾黡汰虐已甚，犹可以免。其在盈乎(47)！”秦伯曰：“何故？”对曰：“武子之德在民(48)，如周人之思召公焉，爱其甘棠(49)，况其子乎？栾黡死，盈之善未能及人，武子所施没矣，而黡之怨实章(50)，将于是乎在。”秦伯以为知言(51)，为之请于晋而复之。

卫献公戒孙文子、宁惠子食(52)，皆服而朝。日旰不召(53)，而射鸿于囿。二子从之，不释皮冠而与之言(54)。二子怒。孙文子如戚(55)，孙蒯入使(56)。公饮之酒，使大师歌《巧言》之卒章(57)。大师辞，师曹请为之(58)。初，公有嬖妾，使师曹诲之琴，师曹鞭之。公怒，鞭师曹三百。故师曹欲歌之以怒孙子(59)，以报公。公使歌之，遂诵之(60)。蒯惧，告文子。文子曰：“君忌我矣，弗先，必死。”

并帑于戚而入(61)，见蘧伯玉曰(62)：“君之暴虐，子所知也。大惧社稷之倾覆，将若之何？”对曰：“君制其国，臣敢奸之？虽奸之，庸知愈乎？”遂行，从近关出。

公使子蟜、子伯、子皮与孙子盟于丘宫(63)，孙子皆杀之。四月己未(64)，子展奔齐(65)。公如鄄，使子行请于孙子，孙子又杀之。公出奔齐，孙氏追之，败公徒于阿泽(66)。鄄人执之(67)。

初，尹公佗学射于庾公差，庾公差学射于公孙丁。二子追公(68)，公孙丁御公。子鱼曰：“射为背师，不射为戮，射为礼乎！”射两軥而还(69)。尹公佗曰：“子为师，我则远矣。”乃反之。公孙丁授公辔而射之，贯臂。

子鲜从公(70)，及竟，公使祝宗告亡(71)，且告无罪。定姜曰㊆㊁："无神何告？若有，不可诬也。有罪，若何告无？舍大臣而与小臣谋，一罪也。先君有冢卿以为师保㊆㊂，而蔑之㊆㊃，二罪也。余以巾栉事先君㊆㊄，而暴妾使余㊆㊅，三罪也。告亡而已，无告无罪。"

公使厚成叔吊于卫，曰："寡君使瘠㊆㊆，闻君不抚社稷㊆㊇，而越在他竟㊆㊈，若之何不吊？以同盟之故，使瘠敢私于执事曰㊇⓪：'有君不吊㊇①，有臣不敏㊇②，君不赦宥，臣亦不帅职㊇③，增淫发泄㊇④，其若之何？'"卫人使大叔仪对曰："群臣不佞，得罪于寡君。寡君不以即刑而悼弃之㊇⑤，以为君忧。君不忘先君之好，辱吊群臣，又重恤之。敢拜君命之辱，重拜大贶㊇⑥。"厚孙归，复命，语臧武仲曰："卫君其必归乎！有大叔仪以守，有母弟鱄以出㊇⑦。或抚其内，或营其外，能无归乎？"

齐人以郲寄卫侯㊇⑧。及其复也，以郲粮归。

右宰谷从而逃归㊇⑨，卫人将杀之。辞曰㊈⓪："余不说初矣㊈①，余狐裘而羔袖㊈②。"乃赦之。

卫人立公孙剽，孙林父、宁殖相之，以听命于诸侯。

卫侯在郲。臧纥如齐，唁卫侯㊈③。卫侯与之言，虐㊈④。退而告其人曰㊈⑤："卫侯其不得入矣！其言粪土也㊈⑥，亡而不变，何以复国？"子展、子鲜闻之，见臧纥，与之言，道㊈⑦。臧孙说，谓其人曰："卫君必入。夫二子者，或挽之㊈⑧，或推之，欲无入，得乎？"

师归自伐秦，晋侯舍新军㊈⑨，礼也。成国不过半天子之军⑩⓪，周为六军，诸侯之大者，三军可也。

于是知朔生盈而死⑩①，盈生六年而武子卒，彘裘亦幼[102]，皆未可立也。新军无帅，故舍之。

师旷侍于晋侯[103]。晋侯曰："卫人出其君，不亦甚乎？"对曰："或者其君实甚。良君将赏善而刑淫，养民如子，盖之如天，容之如地。民奉其君，爱之如父母，仰之如日月，敬之如神明，畏之如雷霆，其可出乎？夫君，神之主而民之望也[104]。若困民之主[105]，匮神乏祀[106]，百姓绝望，社稷无主，将安用之？弗去何为？天生民而立之君，使司牧之[107]，勿使失性[108]。有君而为之贰[109]，使师保之[110]，勿使过度。是故天子有公，诸侯有卿，卿置侧室[111]，大夫有贰宗，士有朋友，庶人、工、商、皂、隶、牧、圉皆有亲昵，以相辅佐也。善则赏之，过则匡之[112]，患则救之，失则革之[113]。自王以下，各有父兄子弟，以补察其政。史为书[114]，瞽为诗[115]，工诵箴谏[116]，大夫规诲[117]，士传言，庶人谤[118]，商旅于市[119]，百工献艺[120]。故《夏书》曰：'遒人以木铎徇于路[121]。官师相规[122]，工执艺事以谏。'正月孟春，于是乎有之[123]，谏失常也。天之爱民甚矣，岂其使一人肆于民上，以从其淫，而弃天地之性？必不然矣。"

秋，楚子为庸浦之役故，子囊师于棠以伐吴[124]。吴不出而还。子囊殿，以吴为不能而弗儆。吴人自皋舟之隘要而击之[125]，楚人不能相救。吴人败之，获楚公子宜谷。

王使刘定公赐齐侯命，曰："昔伯舅大公[126]，右我先王，股肱周室，师保万民，世胙大师，以表东海[127]。王室之不坏，繄伯舅是赖。今余命女环[128]，兹率舅氏之典[129]，纂乃祖考[130]，无忝乃旧[131]。敬之哉，无废朕命！"

晋侯问卫故于中行献子[132]，对曰："不如因而定之。卫有君矣，伐之，未可以得志而勤诸侯。史佚有言曰：'因重而抚之㉝。'仲虺有言曰㉞：'亡者侮之，乱者取之，推亡固存，国之道也。'君其定卫以待时乎？"

冬，会于戚，谋定卫也。

范宣子假羽毛于齐而弗归㉟，齐人始贰。

楚子囊还自伐吴，卒。将死，遗言谓子庚㊱："必城郢。"君子谓："子囊忠。君薨不忘增其名㊲，将死不忘卫社稷，可不谓忠乎？忠，民之望也。《诗》曰：'行归于周，万民所望㊳。'忠也。"

[注释]

①数：指责。不德：指吴不应乘楚丧而侵楚，此为不道德行为。　②退：拒绝。　③驹支：戎子名。　④乃祖：你的祖父。瓜州：即今甘肃省敦煌市。一说在今秦岭高峰的南北两坡。　⑤被苫（shān）盖：披着草编的遮身物，如今之蓑衣。　⑥蒙：冒。　⑦腆（tiǎn）：多，丰厚。　⑧职女之由：主要由于你。　⑨蠲（juān）：显明。　⑩四岳之裔胄：四岳的后代。四岳，尧时方伯，姜姓。　⑪毋是翦弃：倒装句，即"毋翦弃是"。翦弃，除去。　⑫不复：回不去，意为覆没。　⑬角之：抓住鹿角。　⑭掎（jǐ）之：拉住后腿。　⑮踣（bó）之：使之跌倒。　⑯百役：泛指所有战役。　⑰相继于时：未尝间断。　⑱离逖（tì）：远离。　⑲官之师旅：外交辞令，即晋执政者。　⑳携诸侯：使诸侯携贰。　㉑贽币不通：财货不相往来。　㉒萌（méng）：惭愧。　㉓《青蝇》：《诗经·小雅》篇名。　㉔成恺悌：不信谗言。　㉕子叔齐子：即叔老。　㉖轻鲁币：减轻鲁国财礼。　㉗除丧：服丧终结。　㉘义嗣：合法继承人。诸樊为死君嫡长子，理当是继承人，故曰义嗣。　㉙附：追随，效仿。　㉚叔孙穆子：

鲁大夫叔孙豹。　㉛《匏有苦叶》：《诗经·邶风》篇名。　㉜北宫懿子：即北宫括。　㉝毒泾上流：在泾水上游投放毒物。　㉞棫（yù）林：秦地，在今陕西省泾阳县泾水西南。　㉟不获成焉：不能使秦媾和。　㊱唯余马首是瞻：只看我的马头行事。　㊲魏庄子：魏绛。　㊳中行伯：即荀偃。　㊴伯游：荀偃字。　㊵多遗秦禽：多留下人马只能为秦所擒获。　㊶大还：全部撤军。　㊷迁延之役：拖拉无功的战役。　㊸戎路：将帅所乘的兵车，栾黡时为戎右，居第二位。　㊹士鞅：士匄之子。　㊺而子：你的儿子。　㊻摄：积极参与。　㊼盈：栾黡之子。　㊽武子：栾书，黡之父。　㊾爱其甘棠：召公听讼，舍于甘棠之下，周人思之，不害其树，而作勿伐之诗。见《诗经·召南》。　㊿章：同"彰"，明显。　㊿知言：明智的话。　㊿戒……食：即邀请……吃饭。　㊿日旰（gàn）：天色已晚。　㊿皮冠：用白鹿皮制成的帽子，田猎时戴上，君见臣时，臣若穿朝服，依当时礼节，应脱去皮冠。　㊿戚：孙林父采邑。　㊿孙蒯：林父之子。入使：入朝请命。　㊿《巧言》：《诗经·小雅》篇名。其卒章云"彼何人斯，居河之麋。无拳无勇，职为乱阶"。卫献公以此比喻孙文子居河上将作乱。　㊿师曹：太师所属乐人。　㊿歌：依照乐谱歌唱。　㊿诵：朗诵。　㊿并帑：合并家兵臣仆。　㊿蘧伯玉：卫臣，名瑗，谥成子。　㊿丘宫：卫都宫名。　㊿己未：二十六日。　㊿子展：卫献公弟。　㊿阿泽：卫地，在今山东省阳谷县东北。又作河泽、柯泽。　㊿执之：指抓获卫献公的败兵。　㊿二子：指尹公佗与庾公差。　㊿𬘡（gōu，又读 qú）：车辕两端的曲木。　㊿子鲜：卫献公母弟。　㊿祝宗：掌祭祀的官员。　㊿定姜：卫定公夫人，献公嫡母。　㊿冢卿：指孙林父、宁殖等卿。　㊿蔑：轻视。　㊿巾栉：梳洗的工具。　㊿暴妾使余：对待我像对待婢妾一样残暴。　㊿瘠：厚成叔名。　㊿抚：有。　㊿越：播越，流亡。　㊿执事：指卫国诸大夫。　㊿不吊：不善。　㊿敏：明达。　㊿帅职：尽职。　㊿增淫：积蓄已久。　㊿悼弃之：远弃群臣，意即流亡。　㊿重拜大贶（kuàng）：再拜哀怜群臣。　⑧䱹（zhuān）：即子鲜。　⑧以郲寄卫侯：把郲邑让卫侯寄居。郲，即莱。　⑧右宰谷：卫大夫。　⑨辞：辩解。　⑨不说初：指最初跟随献公并不乐意。说，同"悦"。　⑨狐裘而羔袖：此为比喻句。狐皮贵重以喻善，羊皮轻贱以喻恶。意为一身尽善而仅有小恶。喻虽从君出，其罪不多。一说，狐裘羔袖本末不同，喻虽从君出，与君异心。　⑨唁：吊生，慰问。　⑨虐：粗暴。　⑨其人：当为臧纥下属。　⑨粪土：比喻粗暴。　⑨道：和顺。　⑨挽：前牵为挽。　⑨舍：撤销。　⑩成国不过半天子之军：大国不超过天子军队的一半。成国，一说为"成千乘之国"。　⑩知朔：知䓨之子，知盈之父。　⑩彪裘：士鲂之子。　⑩师旷：晋乐太师，字子野。　⑩神之主：神灵的祭主。　⑩困民之主：使百姓生计困乏。主当为"生"字之误。　⑩匮神之祀：对鬼神缺乏祭祀。　⑩司牧：治理。　⑩性：天性，本性。　⑩贰：辅佐。　⑩师保：即教育保护，用作动词。　⑪侧室：与下句中"贰宗"均详见桓公二年注。　⑫匡：纠正。　⑬革：更改。　⑭史：太史。　⑮瞽（gǔ）：盲人。古代以盲人为乐师，所以乐师也称瞽。　⑯工：乐工。　⑰规诲：教导。　⑱谤：公开指责过失。　⑲商旅于市：即"商旅议于市"，承上省略一动词。　⑳百工献艺：即"百工献艺以谏"的省略。　㉑遒人：宣达命令的官员。木铎：木舌铜铃，金铎用于武事，木铎用于文教。　㉒官师相规：官师规劝。官师，一官之长，地位不高。　㉓有之：有遒人徇于路。　㉔棠：楚地，在今江苏省南京市六合区西。　㉕皋舟：吴国的险隘之道。　㉖伯舅大公：即姜太公吕尚。　㉗表：显扬。　㉘环：齐灵公名。　㉙兹率：孜孜不倦地遵循。　㉚纂乃祖考：继承你的祖先。纂，继。乃，你的。　㉛无忝乃旧：不要玷辱你的祖先。忝，辱。旧，即祖考。　㉜故：事。　㉝因重而抚：因为不可移，就安定之。意为卫殇公已经即位。　㉞仲虺（huǐ）：商汤的左相。　㉟羽毛：用作旗杆或仪仗的装饰。羽，鸟羽。毛，又作旄，即旄牛尾。　㊱子庚：即公子午，继子囊为令尹。　㊲增其名：指楚共王死时谥其号为

"共"。 ⑬"行归于周"二句：见《诗经·小雅·都人士》。周，忠信。

[译文]

十四年春季，吴国向晋国报告战败的消息。诸侯大夫在向地和吴国人会见，为吴国谋划对付楚国。士匄指责吴国人乘人之丧发动进攻不道德，以此拒绝了吴国人的出兵要求。

会上抓住了莒国的公子务娄，因为他派使者和楚国往来。

准备把戎子驹支抓起来。士匄在朝堂上指责他说："你过来，姜戎氏！从前秦国人把你的祖先吾离从瓜州赶出来时，他身披蓑衣，头戴草帽来投奔我们先君。先君惠公虽然田地不多，却和他平分让其生存下去。如今诸侯事奉寡君不如以前，大概是什么话被泄露了出去，主要就是你们的缘故。明天早晨开会时你不要参加了，不然就把你抓起来！"戎子驹支回答说："过去秦国依仗人多，贪图我们的土地，驱赶我们戎人各部。惠公表现了他的崇高德行，认为我们戎人也是四岳的后代，不能把我们抛弃。把晋国南部边疆的土地赐给了我们，那里狐狸出没，豺狼嗥叫。我们戎人披荆斩棘，驱逐了野兽，准备做一个永不侵犯、不背叛先君的忠臣，直到现在也没有二心。从前晋文公和秦国攻打郑国，秦国人私下和郑国讲和，增派军队戍守郑国，因此发生了殽地之战。晋国从上面进攻，戎人在下面抵抗，秦军全军覆没，实在是因为有戎人各部奋力助战。就比如捕鹿，晋国人抓住了鹿角，戎人从后面抓住了鹿腿，一同把它摔倒，为什么戎人还要受到责备呢？自殽战以来，晋国发动的数次战争，我们戎人都按时参加，追随执行，和殽战一样尽心尽力，岂敢违背？现在恐怕是贵国官员有了过失，使诸侯离心离德，却反过来指责我们戎人。我们戎人的饮食、服装都和中原各国不同，财货不相往来，言语不通，能做什么坏事呢？即使不让参加会议，我们也问心无愧！"说完吟诵着《青蝇》一诗退了下去。士匄急忙道歉，让他参加会议，表现了不听谗言的君子风度。

当时子叔齐子作为季武子的副手参加会见，从此晋国减轻了鲁国的贡礼，并更加敬重鲁国的使者。

吴王诸樊服丧期满，准备立季札为国君。季札推辞说："曹宣公去世时，诸侯和曹国人不赞成立曹君，要立子臧。子臧逃离了曹国，曹国人改变计划，成全了曹成公。君子称赞子臧：'能够保守节操。'您是合法继承人，谁敢冒犯您呢？当国君不是我的志向。我虽然没有才干，但愿意效仿子臧不失操守。"诸樊坚持要立他，季札放弃了家室去种地。诸樊才不再勉强他。

夏季，诸侯的大夫们随同晋悼公攻打秦国，以报栎地一战之仇。悼公停在边境等候，派六卿率领诸侯军队前进。行至泾水，军队不肯渡河。叔肸进见叔孙豹，叔孙豹吟诵了《匏有苦叶》一诗。叔肸便退出去准备船只了，鲁国人、莒国人率先渡河。郑国的子蟜求见卫国的北宫懿子说："亲近别人又不坚决，没有比这更令人讨厌的了！这样国家将怎么办？"懿子很高兴。两人去见诸侯各军，劝他们渡河，随后军队渡过泾水，驻扎下来。秦国人在泾水上游下了毒，军队中很多人中毒而死。郑国的司马子蟜率领郑国军队出发，各国军队随后跟上，行至棫林，没能使秦国屈服求和。荀偃下令说："明天鸡叫时驾好战车，填井平灶，只看着我的马头方向前进！"栾黡说："晋国从来没有下过这样的命令。我的马可是要往东啊！"便往回走。下军也随他回去。左史对魏绛说："不等荀偃吗？"魏绛说："是他命令我们要服从主帅。栾黡是我的主帅，我只能跟从他。服从主帅，也就是服从荀偃。"荀偃说："我的命令确实有失误，后悔也来不及了，多留人马只会让秦国俘虏。"于是下令全部撤退。晋国人称这次战役为"拖拉无功的战役"。

栾鍼说："这次战役，本是为报栎地战败之仇的。发动了战役却没有成功，这是晋国的耻辱。我们家有两人出任将帅，怎能不感到耻辱呢？"于是和士鞅一同冲入秦军，结果战死。士鞅逃了回来，栾黡对士匄说："我弟弟并不想去，是你儿子怂恿他去的。我弟弟死了，你儿子却逃了回来，这是你儿子杀了我的弟弟。你不把他赶走，我就杀了他。"士鞅逃亡到了秦国。

当时齐国的崔杼、宋国的华阅、仲江也参加了讨秦之战,《春秋》没有记载,是因为他们临阵怠惰。对向地会盟的记载也是这样。卫国的北宫括在向地会盟时没有记载,在伐秦战役中有记载,是由于他积极参与的缘故。

秦景公问士鞅:"晋国的大夫哪一个会先灭亡呢?"士鞅回答说:"恐怕是栾氏吧!"景公说:"是因为他骄横吗?"士鞅回答说:"是的。栾黡极为骄横残暴,但他还有可能幸免。灾祸要落到栾盈身上吧!"景公说:"这是什么原因呢?"士鞅回答说:"栾书的恩德留在百姓中,犹如周朝人怀念召公,连他停留过的甘棠树都爱护,更何况对栾书的儿子呢?栾黡死后,栾盈的善行百姓体会不到,而栾书的恩德人们逐渐遗忘,对栾黡的怨恨却日益明显,栾氏的灭亡将在栾盈身上发生。"景公认为这话很有见识,便向晋国请求,让他回国复位。

卫献公邀请孙文子、宁惠子一起用餐,两人穿上朝服在朝堂上等候。太阳落山了也没召请,还在园林里射雁。两人来到园林,献公和他们说话没有摘掉帽子。两人非常生气。孙文子去了戚地,派他的儿子孙蒯到朝中听命。献公请孙蒯喝酒,让太师演奏《巧言》的最后一章。太师拒绝,师曹请求演唱。当初献公有一个宠妾,让师曹教她弹琴,师曹鞭打了她。献公大怒,打了师曹三百鞭子。因此师曹想通过演唱激怒孙蒯,让他报复献公。献公让他演唱,师曹便吟诵了这首诗。孙蒯非常害怕,告诉了孙文子。文子说:"国君已经忌恨我了,如果不先下手,非死不可。"

孙文子把家人送到戚地,进入卫都,途中遇到蘧伯玉,他说:"国君暴虐无道,你也知道。我很担心国家因此而灭亡,你看该怎么办?"伯玉回答说:"国君统治着国家,臣子怎敢冒犯?即使敢冒犯,怎知新君能不能比他强呢?"随后离开国都,从最近的边关出境。

卫献公派子蟜、子伯、子皮在丘宫和孙文子结盟,文子把他们都杀了。四月二十六日,子展逃亡到齐国。献公到鄄地,派子行向孙文子请求，文子又把子行杀了。献公逃往齐国，文子追上去，在阿泽打败了献公的亲兵。鄄地人把败兵抓了起来。

当初，尹公佗向庾公差学习射箭，庾公差的箭术是从公孙丁那里学的。尹公佗和庾公差追赶献公，公孙丁为献公驾车。庾公差说："射他是背叛恩师，不射又要被杀，还是射了更合乎礼吧！"两箭射中车子两旁的曲木而回。尹公佗说："您为了老师，我和他的关系就远了。"于是回车再追。公孙丁把马缰交给献公，取弓射箭，射穿了尹公佗的胳臂。

子鲜随同献公出逃，到边境时，献公让祝宗设坛向祖先报告逃亡一事，并说明自己无罪。献公的母亲定姜说："如果没有神灵，向谁报告？如果有，就不能欺骗。您确实有罪，为什么要说没有？排斥大臣而和小臣谋划，这是第一条罪状。先君让正卿为您做师保，您却轻视他们，这是第二条罪状。我曾用手巾梳子事奉先君，您却对我像婢妾一样残暴，这是第三条罪状。您只报告逃亡就行了，不要再说没有罪。"

襄公派厚成叔到卫国慰问，说："寡君派我前来，是听说贵君失去国家，逃亡到了别国境内，怎么能不来慰问呢？因为是同盟之国，所以寡君派我对诸位大夫说：'国君不善良，臣子不通达，国君不能宽大为怀，臣子也不尽职尽责，积怨已久一旦爆发，怎么办？'"卫国人派太叔仪答复，说："群臣没有才能，得罪了寡君。寡君没有严惩我们，反而远远抛弃了臣子，给贵君带来了忧虑。贵君不忘先君的友好，派您前来慰问，又非常怜悯我们。感谢贵君的命令，感谢对我们群臣的哀怜。"厚成叔回国复命，告诉臧武仲说："卫君肯定能回国复位！有太叔仪留守国内，又有子鲜随同出奔。有人在国内镇抚，有人在国外斡旋，能回不去吗？"

齐国人把卫献公安排在郲地居住。到他复位回国的时候，把郲地的粮食也带走了。

卫国大夫右宰谷随同献公出奔又逃回卫国，卫国人准备把他杀掉。

他辩解说:"我本来就不想跟国君出逃,我只有小的过错。"卫国人就赦免了他。

卫国人拥立公孙剽为君,孙林父、宁殖辅佐他,听取诸侯的命令。

卫献公住在郲地。臧武仲到齐国慰问卫献公。献公和他说话时态度粗暴。臧武仲出来后对下属说:"卫侯恐怕不能回国了!他说的话简直如粪土,逃亡在外又不知悔改,怎么能回国复位呢?"子展、子鲜听说后,去见臧武仲,与他交谈,通情达理。臧武仲很高兴,又对下属说:"看来卫侯一定能回去。有这样两个人,一个前面拉,一个后面推,即使不想回国,也不行吧!"

军队讨伐秦国回来之后,晋悼公撤销了新军,这是合乎礼的。大国军队不超过天子的一半,天子拥有六个军,诸侯大国有三个军就可以了。

此时荀朔生了荀盈后就死了,荀盈长到六岁时,荀䓖去世,彘裘也还年幼,都不能做继承人。新军没有主帅,就把其撤销了。

师旷在晋悼公身边伺候。悼公说:"卫国人把自己的国君赶走,不是太过分了吗?"师旷回答说:"也许是他们的国君太过分了。贤明的国君奖励好人而惩罚恶人,像对待子女一样养育他的百姓,像上天一样覆盖他们,像大地一样容纳他们。百姓对待国君,像对父母一样爱戴,像对日月一样仰望,像对神明一样尊敬,像对雷霆一样畏惧,还能把他赶出去吗?国君是神灵的祭主,百姓的希望。如果使百姓困乏,使神灵失去祭祀,百姓就会绝望,国家将会失去主人,国君还有什么用呢?不赶走他又怎么办呢?上天生了百姓并给他们设立一个国君,就是让国君治理他们,不让他们失去天性。有了国君,就再安排辅佐他的人,让他们教导保护他,使他不致失去分寸。因此天子有公,诸侯有卿,卿有侧室,大夫有贰宗,士有志同道合之人,平民、工匠、商人、奴仆、牛倌和马倌都有亲近的人互相帮助。行善就奖赏,有错就纠正,有难就救援,有错就改正。从天子以下,都有父兄子弟帮助他们,发现和弥补他们的过失。太史加以记载,乐师写成讽谏的诗歌,乐人吟诵规谏的文辞，大夫规劝开导，士人传达意见，百姓公开批评，商人在市场上议论，各种工匠通过献艺委婉规劝。因此《夏书》说：'宣令官摇着铃，大路上来巡行，官员们来规劝，工匠献艺以讽谏。'初春的正月，宣令官便出动了，就是使大众规谏反常的行为。上天非常爱护他的百姓，怎能容忍一个人骑在百姓头上作威作福、任意胡为，从而失去天地爱民的本性呢？肯定不会这样。"

秋季，楚康王因为庸浦一战，让子囊从棠地发兵，攻打吴国。吴国人不敢迎战，楚军便回去了。子囊走在最后，以为吴国无力应战，就放松了警戒。吴国人从皋舟的险要处对楚军拦腰截击，楚国人彼此不能相救。吴军大败楚军，俘获了公子宜谷。

天子派刘定公赐给齐灵公爵命，说："从前伯舅太公辅佐先王，堪称周室的得力助手，百姓的师长，世代酬谢太师，在东方显扬光大。王室没有衰微，依靠的就是伯舅。现在我命令你，孜孜不倦地遵循伯舅的典法，继承你祖先的精神，不要玷辱你的先祖。要谨慎小心，不要废弃我的命令！"

晋悼公向荀偃问起卫国的情况，荀偃回答说："不如趁此机会使卫国安定下来。卫国已经有了新君，如果讨伐它，不一定能如愿，反而烦劳诸侯。史佚有句话说：'趁其稳定，快去安抚。'仲虺有句话说：'灭亡的可以欺侮，动乱的可以占领，推翻灭亡的，巩固存在的，才是治国之道。'国君何不安抚卫国以等待时机呢？"

冬季，诸侯大夫在戚地会见，商讨安定卫国。

士匄向齐国借了羽毛而不归还，齐国人开始有了二心。

楚国的子囊征伐吴国回来后就去世了。临死时他对子庚说："一定要修筑郢城。"君子因此认为："子囊忠诚。国君死后不忘谥他为'共'，自己将死不忘保卫国家，能说不忠诚吗？忠诚是百姓的希望。《诗经》说：'行为归于忠信，就是万民所望。'就是忠诚的意义。"

襄公十五年

经 十有五年春，宋公使向戌来聘。二月己亥，及向戌盟于刘。刘夏逆王后于齐。夏，齐侯伐我北鄙，围成。公救成，至遇。季孙宿、叔孙豹帅师城成郛。秋八月丁巳，日有食之。邾人伐我南鄙。冬十有一月癸亥，晋侯周卒。

传 十五年春，宋向戌来聘，且寻盟。见孟献子，尤其室①，曰："子有令闻②，而美其室，非所望也。"对曰："我在晋，吾兄为之。毁之重劳③，且不敢间④。"

官师从单靖公逆王后于齐。卿不行，非礼也。

楚公子午为令尹，公子罢戎为右尹，蒍子冯为大司马，公子橐师为右司马，公子成为左司马，屈到为莫敖，公子追舒为箴尹⑤，屈荡为连尹，养由基为宫厩尹，以靖国人。

君子谓："楚于是乎能官人⑥。官人，国之急也。能官人，则民无觎心⑦。《诗》曰⑧：'嗟我怀人，置彼周行。'能官人也。王及公、侯、伯、子、男，甸、采、卫、大夫，各居其列，所谓周行也。"

郑尉氏、司氏之乱，其余盗在宋。郑人以子西、伯有、子产之故，纳赂于宋，以马四十乘与师茷、师慧⑨。三月，公孙黑为质焉⑩。司城子罕以堵女父、尉翩、司齐与之。良司臣而逸之⑪，托诸季武子⑫，武子置诸卞⑬。郑人醢之⑭，三人也。

师慧过宋朝，将私焉⑮。其相曰⑯："朝也。"慧曰："无人焉。"相曰："朝也，何故无人？"慧曰："必无人焉。

若犹有人，岂其以千乘之相易淫乐之矇⑰？必无人焉故也。"子罕闻之，固请而归之。

夏，齐侯围成，贰于晋故也。于是乎城成郛。

秋，莒人伐我南鄙。使告于晋，晋将为会以讨邾、莒。晋侯有疾，乃止。冬，晋悼公卒，遂不克会。

郑公孙夏如晋奔丧，子蟜送葬。

宋人或得玉，献诸子罕。子罕弗受。献玉者曰："以示玉人⑱，玉人以为宝也，故敢献之。"子罕曰："我以不贪为宝，尔以玉为宝，若以与我，皆丧宝也。不若人有其宝⑲。"稽首而告曰："小人怀璧，不可以越乡⑳。纳此以请死也㉑。"子罕置诸其里㉒，使玉人为之攻之㉓，富而后使复其所㉔。

十二月，郑人夺堵狗之妻㉕，而归诸范氏。

[注释]

①尤其室：指责他的房子。 ②令闻：好名声。 ③重劳：重视修建的劳苦。 ④不敢间：不敢以兄长的所作所为为非。间，非。 ⑤箴尹：谏官。 ⑥能官人：能因才能授官。 ⑦觎（yú）心：非分之心。 ⑧《诗》曰：以下二句出自《诗经·周南·卷耳》。诗句本意为妇女思念丈夫远行。《左传》作者以己意解此诗，谓"思君子，官贤人，置周之列位"。 ⑨师茷、师慧：二乐师名。 ⑩公孙黑：子驷之子，字子晰。 ⑪良司臣而逸之：认为司臣有才能而放跑了他。良，用作动词。 ⑫季武子：鲁正卿季孙宿。 ⑬卞：鲁地，在今山东省泗水县东。 ⑭醢（hǎi）：古代一种酷刑，杀死后剁成肉酱。 ⑮私：小便。 ⑯相：盲人的扶持者。 ⑰矇（méng）：盲人。 ⑱玉人：玉匠。 ⑲人有其宝：各人有各人之宝。 ⑳越乡：穿越

乡里。 ㉑请死：请求免于一死。 ㉒其里：子罕所居的乡里。 ㉓攻：雕琢。 ㉔使复其所：使献玉者返回乡里。 ㉕堵狗：堵女父之族人。

[译文]

十五年春季，宋国的向戌来鲁国聘问，并重温过去的盟约。进见孟献子，对他的房屋不满，说："您有很好的名声，却把房子修得这么漂亮，这不是人们所希望的。"孟献子回答说："这是我在晋国时，我哥哥修建的。毁了它又要浪费人力，再说也不敢肯定哥哥就是错的。"

官师刘夏随单靖公到齐国迎娶王后。卿没有去，这是不合礼的。

楚国的公子午任令尹，公子罢任右尹，蒍子冯任大司马，公子橐任右司马，公子成任左司马，屈到任莫敖，公子追舒任箴尹，屈荡任连尹，养由基任宫厩尹，以安定国人。

君子认为："楚国在这一时期能合理地任用官员。任用官员是国家的当务之急。合理任用官员，百姓就没有非分之想。《诗经》说：'我深切怀念贤能的人，要把他安排到合适的位置。'说的就是知人善任。天子和公、侯、伯、子、男，甸服、采服、卫服的各级大夫，各居其位，就是所谓的'周行'。"

郑国的尉氏、司氏叛乱之后，残余的叛乱分子都逃到了宋国。郑国人因为子西、伯有和子产，把一百六十匹马和乐师师茷、师慧作为礼物送给宋国。三月，又派公孙黑到宋国做了人质。宋国的司城子罕把堵女父、尉翩、司齐交给了郑国。认为司臣有才能，把他放走了，托付给鲁国的季武子，季武子把他安置在卞地。郑国人把堵女父等三人剁成了肉酱。

师慧经过宋国朝堂打算小便。搀扶他的人说："这里是朝堂。"师慧说："不要紧，没有人。"搀扶他的人说："朝堂上怎么没有人呢？"师慧说："肯定是没有人。如果有人，怎么还会用拥有千乘之尊的相国来换取我这只会演奏淫乐的盲人呢？肯定是宋国没有人才的原因。"子

襄 公

罕听说后，坚持请求把师慧送回了郑国。

夏季，齐灵公包围了成地，因为齐国对晋国有了二心。于是在成邑修筑了外城。

秋季，邾国人攻打鲁国南部边境。鲁国派使者向晋国报告，晋国准备会合诸侯攻打邾、莒二国。因为晋悼公患病，就停止了。冬季，晋悼公去世，没能举行会盟。

郑国的公孙夏到晋国吊唁，并派子蟜前去送葬。

宋国有个人得到一块美玉，献给了子罕。子罕不肯接受。献玉的人说："我让玉工看过，玉工认为这是一块宝玉，所以才献给您。"子罕说："我把不贪作为宝物，你把美玉作为宝物，如果给了我，我们两个人都失去了宝物。不如各人保有各人的宝物吧。"献玉人叩头回答说："小人怀藏璧玉，不可能走出乡里。献给您是为了请求免于一死。"子罕把献玉人安置在自己居住的巷里，请玉工把玉雕琢，献玉人卖出玉璧富有后让他回家去了。

十二月，郑国人抢去了堵狗的妻子，把她送回晋国的范氏娘家。

襄公十六年

经 十有六年春，王正月，葬晋悼公。三月，公会晋侯、宋公、卫侯、郑伯、曹伯、莒子、邾子、薛伯、杞伯、小邾子于溴梁。戊寅，大夫盟。晋人执莒子、邾子以归。齐侯伐我北鄙。夏，公至自会。五月甲子，地震。叔老会郑伯、晋荀偃、卫宁殖、宋人伐许。秋，齐侯伐我北鄙，围郕。大雩。冬，叔孙豹如晋。

传 十六年春，葬晋悼公。平公即位。羊舌肸为傅①，张君臣为中军司马，祁奚、韩襄、栾盈、士鞅为公族大夫，虞丘书为乘马御。改服修官②,烝于曲沃。警守而下③,会于溴梁④。命归侵田。以我故,执邾宣公、莒犁比公,且曰:"通齐、楚之使。"

晋侯与诸侯宴于温,使诸大夫舞,曰:"歌诗必类⑤。"齐高厚之诗不类。荀偃怒,且曰:"诸侯有异志矣!"使诸大夫盟高厚,高厚逃归。于是,叔孙豹、晋荀偃、宋向戌、卫宁殖、郑公孙虿、小邾之大夫盟曰:"同讨不庭⑥。"

许男请迁于晋。诸侯遂迁许,许大夫不可。晋人归诸侯。

郑子蟜闻将伐许,遂相郑伯以从诸侯之师。穆叔从公。齐子帅师会晋荀偃。书曰:"会郑伯。"为夷故也⑦。

夏六月,次于棫林。庚寅⑧,伐许,次于函氏⑨。

晋荀偃、栾黡帅师伐楚,以报宋杨梁之役。楚公子格帅师及晋师战于湛阪⑩,楚师败绩。晋师遂侵方城之外⑪,复伐许而还。

秋,齐侯围郲,孟孺子速徼之⑫。齐侯曰:"是好勇⑬,去之以为之名⑭。"速遂塞海陉而还⑮。

冬,穆叔如晋聘,且言齐故。晋人曰:"以寡君之未禘祀,与民之未息。不然,不敢忘。"穆叔曰:"以齐人之朝夕释憾于敝邑之地⑯,是以大请。敝邑之急,朝不及夕,引领西望曰:'庶几乎!'比执事之间⑰,恐无及也。"见中行献子,赋《圻父》⑱。献子曰:"偃知罪矣。敢不从执事以同恤社稷,而使鲁及此!"见范宣子,赋《鸿雁》之卒章⑲。宣子曰:"匄在此⑳,敢使鲁无鸠乎㉑?"

[注释]

①傅：太傅，官名。　②改服：脱去丧服，必穿吉服。修官：选拔贤能。一说修理馆舍。官，通"馆"。　③警守而下：布置警备，沿黄河而下。　④溴（jú）梁：溴水大堤。溴水源出河南省济源市西，东流入黄河。　⑤歌诗必类：诵诗一定要与舞蹈相配。　⑥不庭：此指不忠于盟主晋国的人。　⑦夷：平。　⑧庚寅：初九日。　⑨函氏：许地，在今河南省叶县北。　⑩湛阪：地名，在今河南省平顶山市北。　⑪方城：详见僖公四年注。　⑫徼：拦击。　⑬是好勇：此人喜好勇敢。　⑭为之名：使他成名。　⑮海陉：鲁、齐之间的险道。　⑯释憾：发泄怨愤。　⑰比：等待。　⑱《圻父》：今作《祈父》，《诗经·小雅》篇名。　⑲《鸿雁》：《诗经·小雅》篇名。　⑳匄：范宣子名。　㉑鸠：安。

[译文]

十六年春季，晋国安葬了晋悼公。晋平公即位。羊舌肸任太傅，张君臣任中军司马，祁奚、韩襄、栾盈、士鞅任公族大夫，虞丘书任乘马御。换上吉服，选贤任能，在曲沃举行烝祭。平公在国都布置警备后顺黄河而下，和诸侯在溴梁会见。命令诸侯把侵占的田地还给别人。因为鲁国的请求，把邾宣公、莒犁比公抓了起来，并说："他们还派使者来往于齐、楚之间。"

晋平公和诸侯在温地举行宴会，让大夫们跳舞，说："唱诗一定要和舞蹈相配。"齐国高厚吟诵的诗不合舞步。荀偃很恼火，并说："诸侯们有叛逆之心了！"让大夫们和高厚盟誓，高厚逃回国内。于是叔孙豹、晋国的荀偃、宋国的向戌、卫国的宁殖、郑国的公孙虿、小邾国的大夫盟誓说："共同讨伐不忠于盟主的国家。"

许灵公请求迁到晋国去。诸侯准备帮助许国迁移，许国大夫不同意。晋国让诸侯回国。

郑国的子蟜听说要讨伐许国，就辅佐郑简公跟随诸侯军队。穆叔跟随襄公。齐灵公率领军队和晋国的荀偃会合。《春秋》记载"会郑伯"，是为了把次序摆平。

夏季六月，军队驻扎在械林。九日，攻打许国，驻扎在函氏。

晋国的荀偃、栾黡率军攻打楚国，以报宋国杨梁一战之仇。楚国的公子格领兵在湛阪和晋军交战，楚军大败。晋军随后攻到方城之外，再次攻打许国后才回去。

秋季，齐灵公包围了郕地，孟孺子拦击齐军。齐灵公说："这个人喜欢逞勇，不如离开这里以成全他的名声。"孟孺子封锁了海陉险道后回国。

冬季，叔孙豹到晋国聘问，同时报告了齐国攻打郕地的情况。晋国人说："由于寡君还没有举行禘祭，百姓还没有得到休息，因此不能救援。如果不是这个原因，是不敢忘记盟誓的。"穆叔说："齐国人早晚在我国的土地上发泄愤恨，因此才郑重请求。我们国家面临的危急是朝不保夕，百姓天天翘首西望：'差不多该来了吧！'等到贵国有时间发兵恐怕也来不及了。"见到荀偃时，吟诵了《圻父》一诗。荀偃说："我知道错了。怎敢不和您一起为贵国分忧，而使贵国到这一步呢！"见到士匄时，吟诵了《鸿雁》一诗的最后一章。士匄说："有我士匄在此，怎能让鲁国不得安宁呢？"

襄公十七年

经 十有七年春，王二月庚午，邾子牼卒。宋人伐陈。夏，卫石买帅师伐曹。秋，齐侯伐我北鄙，围桃。高厚帅师伐我北鄙，围防。九月，大雩。宋华臣出奔陈。冬，邾人伐我南鄙。

传 十七年春，宋庄朝伐陈，获司徒卬①，卑宋也。

卫孙蒯田于曹隧②，饮马于重丘③，毁其瓶④。重丘人闭门而诟之⑤，曰："亲逐而君，尔父为厉⑥。是之不忧，而何以田为？"

夏，卫石买、孙蒯伐曹，取重丘。曹人诉于晋。

齐人以其未得志于我故，秋，齐侯伐我北鄙，围桃。高厚围臧纥于防⑦。师自阳关逆臧孙⑧，至于旅松⑨。郰叔纥、臧畴、臧贾帅甲三百，宵犯齐师，送之而复。齐师去之。

齐人获臧坚。齐侯使夙沙卫唁之，且曰："无死！"坚稽首曰："拜命之辱！抑君赐不终⑩，姑又使其刑臣礼于士⑪。"以杙抉其伤而死⑫。

冬，邾人伐我南鄙，为齐故也。

宋华阅卒。华臣弱皋比之室⑬，使贼杀其宰华吴。贼六人以铍杀诸卢门合左师之后⑭。左师惧曰："老夫无罪！"贼曰："皋比私有讨于吴⑮。"遂幽其妻⑯，曰："畀余而大璧！"宋公闻之，曰："臣也，不唯其宗室是暴，大乱宋国之政，必逐之！"左师曰："臣也，亦卿也。大臣不顺，国之耻也。不如盖之⑰。"乃舍之。左师为己短策⑱，苟过华臣之门，必骋⑲。

十一月甲午⑳，国人逐瘈狗㉑，瘈狗入于华臣氏，国人从之。华臣惧，遂奔陈。

宋皇国父为大宰，为平公筑台，妨于农功。子罕请俟农功之毕，公弗许。筑者讴曰："泽门之皙㉒，实兴我役。邑中之黔㉓，实慰我心。"子罕闻之，亲执扑㉔，以行筑者㉕，而抶其不勉者㉖，曰："吾侪小人，皆有阖庐以辟燥湿寒暑㉗。今君为一台而不速成，何以为役？"讴者乃止。或问其故，子罕曰："宋国区区㉘，而有讴有祝㉙，祸之本也。"

齐晏桓子卒㉚。晏婴粗缞斩㉛，苴绖、带、杖㉜，菅屦㉝，食鬻，居倚庐㉞，寝苫㉟，枕草。其老曰㊱："非大夫之礼也。"曰："唯卿为大夫。"

[注释]

①司徒印：陈大夫。　②曹隧：曹地。　③重丘：曹邑，在今山东省茌平县西南。　④瓶：汲水器。　⑤诟：骂。　⑥厉：恶。　⑦防：鲁地，臧氏采邑，在今山东省费县东北。　⑧阳关：鲁地，在今山东省境内。　⑨旅松：地名，距防不远。　⑩抑：转折连词，但，然而。不终：不死。　⑪姑：借为"故"，故意。刑臣：指宦官凤沙卫。士：臧坚自谓。　⑫杙（yì）：木橛，一端尖锐。抉（jué）其伤：刺进伤口。　⑬华臣：华阅之弟。皋比：华阅之子。　⑭铍（pī）：兵器，形如刀而两边有刃。卢门：宋城门。合左师：即向戌，其官为左师，其采邑在合乡，故称合左师。后：屋后。　⑮吴：华吴。　⑯其妻：华吴之妻。　⑰盖：掩盖。　⑱为己短策：为自己准备一根短马鞭。　⑲骋：快跑。　⑳甲午：二十二日。　㉑瘈（zhì）狗：狂犬。　㉒泽门之晳：住在泽门的白脸皮。泽门，宋东城南门。晳，面目白皙，代指皇国父。　㉓邑中之黔：邑中住的黑面孔。邑中，城内，子罕住处。黔，黑色，代指子罕。　㉔扑：竹鞭。　㉕行：巡视。　㉖不勉者：不卖力气的人。　㉗阖庐：房子。　㉘区区：微小。　㉙有讴有祝：有咒骂，有歌颂。　㉚晏桓子：即晏弱，晏婴之父。　㉛粗缞（cuī）斩：粗麻丧服。斩，不缝边。　㉜苴绖（jū dié）、带、杖：即用麻布做裹头，用麻布做腰带，拄着竹杖。　㉝屦（jù）：草鞋。　㉞倚庐：草棚。　㉟苫（shān）：草席。　㊱老：家臣宰。

[译文]

十七年春季,宋国的庄朝攻打陈国,俘虏了司徒卬,这是陈国轻视宋国的结果。

卫国的孙蒯在曹隧打猎,在重丘饮马,打破了汲水的瓶子。重丘人关起门来辱骂他,说:"你亲自赶走了你的国君,你的父亲又作恶多端。这些事你不担忧,还来打什么猎?"

夏季,卫国的石买、孙蒯攻打曹国,夺取了重丘。曹国人向晋国告状。

齐国因为没有在侵略鲁国中满足愿望,秋季,齐灵公攻打鲁国北部边境,包围了桃地。高厚在防地包围了臧纥。鲁军从阳关出发接应臧纥,行至旅松。耶叔纥、臧畴、臧贾率领甲士三百人,趁夜里偷袭齐军,把臧纥送到旅松后回到防地。齐军离开鲁国。

齐国人抓获了臧坚。齐灵公派夙沙卫去安慰他,并说:"不要寻死。"臧坚叩头说:"拜谢国君的命令!国君不让我死,却让一个受过刑的宦官慰问我。"抓起一根木棍刺进伤口而死。

冬季,邾国人攻打鲁国南部边境,这是为了齐国。

宋国的华阅去世。华臣认为皋比家族软弱可欺,派刺客去杀皋比家的总管华吴。六个刺客用铍把华吴杀死在卢门向戌家的屋后。向戌非常害怕,说:"老夫没有罪啊!"刺客说:"这是皋比私下讨伐华吴的。"把华吴的妻子关起来,说:"把你们家的大宝玉交出来!"宋平公听说后,说:"华臣不仅对他的宗室如此残暴,还会使宋国的国政大乱,一定要把他驱逐出去!"左师向戌说:"华臣也是一个卿。大臣不够和睦,是国家的耻辱。不如把此事掩盖起来。"平公不再追究此事。向戌为自己做了一根短马鞭,只要经过华臣家门口,必定打马快跑。

十一月二十二日,国人追赶疯狗,疯狗逃到华臣家中,人们追了进去。华臣非常害怕,就逃亡到了陈国。

宋国的皇国父做了太宰,为了给平公修建一座台子而妨碍了收割粮食。子罕请求等农忙结束后再修建，平公不答应。修台的民工唱道："住在泽门的白脸皮，征发我们来服役。住在城里的黑面孔，体贴我心暖融融。"子罕听到后，亲自拿着鞭子监督施工，并鞭打那些不肯出力的人，说："我们这些小人都有房子躲避干湿热冷。现在国君要建一个台子，你们却不赶快完成，还能再干什么呢？"唱歌的人才停止不唱。有人问子罕为什么这么做，子罕说："宋国这么一个小国家，却有人被咒骂，有人被歌颂，这是祸乱的根源。"

齐国的晏桓子去世。晏婴身穿粗布丧服，头上和腰间束着麻带，拄着竹杖，脚穿草鞋，每天只喝稀粥，住草棚，睡草垫子，枕头用草捆成。他的总管说："这不是大夫之礼啊。"晏婴说："只有卿才能行大夫之礼。"

襄公十八年

经 十有八年春，白狄来。夏，晋人执卫行人石买。秋，齐师伐我北鄙。冬十月，公会晋侯。宋公、卫侯、郑伯、曹伯、莒子、邾子、滕子、薛伯、杞伯、小邾子，同围齐。曹伯负刍卒于师。楚公子午帅师伐郑。

传 十八年春，白狄始来。

夏，晋人执卫行人石买于长子①，执孙蒯于纯留②，为曹故也。

秋，齐侯伐我北鄙。中行献子将伐齐③，梦与厉公讼，弗胜。公以戈击之，首队于前，跪而戴之，奉之以走④，见梗阳之巫皋⑤。他日，见诸道⑥，与之言，同⑦。巫曰："今兹主必死⑧。若有事于东方，则可以逞。"献子许诺。

晋侯伐齐，将济河。献子以朱丝系玉二珏⑨，而祷曰：

"齐环怙恃其险⑩，负其众庶，弃好背盟，陵虐神主⑪。曾臣彪将率诸侯以讨焉⑫，其官臣偃实先后之⑬。苟捷有功，无作神羞⑭，官臣偃无敢复济⑮。唯尔有神裁之⑯！"沉玉而济⑰。

冬十月，会于鲁济⑱，寻溴梁之言，同伐齐。

齐侯御诸平阴⑲，堑防门而守之⑳，广里㉑。夙沙卫曰："不能战，莫如守险。"弗听。诸侯之士门焉，齐人多死。范宣子告析文子曰㉒："吾知子，敢匿情乎㉓？鲁人、莒人皆请以车千乘自其乡入㉔，既许之矣。若入，君必失国。子盍图之？"子家以告公，公恐。晏婴闻之曰："君固无勇，而又闻是，弗能久矣。"

齐侯登巫山以望晋师㉕。晋人使司马斥山泽之险㉖，虽所不至，必旆而疏陈之㉗。使乘车者左实右伪㉘，以旆先㉙，舆曳柴而从之㉚。齐侯见之，畏其众也，乃脱归㉛。丙寅晦㉜，齐师夜遁。师旷告晋侯曰："鸟乌之声乐㉝，齐师其遁。"邢伯告中行伯曰㉞："有班马之声㉟，齐师其遁。"叔向告晋侯曰："城上有乌，齐师其遁。"

十一月，丁卯朔，入平阴，遂从齐师。夙沙卫连大车以塞隧而殿㊱。殖绰、郭最曰："子殿国师，齐之辱也。子姑先乎！"乃代之殿。卫杀马于隘以塞道。晋州绰及之，射殖绰，中肩，两矢夹脰㊲，曰："止，将为三军获。不止，将取其衷㊳。"顾曰："为私誓㊴。"州绰曰："有如日！"乃弛弓而自后缚之㊵。其右具丙亦舍兵而缚郭最。皆衿甲面缚㊶，坐于中军之鼓下。

晋人欲逐归者㊷，鲁、卫请攻险。己卯㊸，荀偃、士匄以中军克京兹(44)。乙酉(45)，魏绛、栾盈以下军克邿(46)。赵武、韩起以上军围卢(47)，弗克。十二月戊戌(48)，及秦周(49)，伐雍门之萩(50)。范鞅门于雍门，其御追喜以戈杀犬于门中(51)。孟庄子斩其橁以为公琴(52)。己亥(53)，焚雍门及西郭、南郭。刘难、士弱率诸侯之师焚申池之竹木。壬寅(54)，焚东郭、北郭。范鞅门于扬门(55)。州绰门于东闾(56)，左骖迫(57)，还于门中(58)，以枚数阖(59)。

齐侯驾，将走邮棠(60)。大子与郭荣扣马(61)，曰："师速而疾，略也(62)。将退矣，君何惧焉？且社稷之主，不可以轻(63)，轻则失众。君必待之。"将犯之(64)，大子抽剑断鞅，乃止。甲辰(65)，东侵及潍(66)，南及沂(67)。

郑子孔欲去诸大夫，将叛晋而起楚师以去之(68)。使告子庚(69)，子庚弗许。楚子闻之，使杨豚尹宜告子庚曰(70)："国人谓不穀主社稷，而不出师，死不从礼。不穀即位，于今五年，师徒不出，人其以不穀为自逸，而忘先君之业矣。大夫图之，其若之何？"子庚叹曰："君王其谓午怀安乎(71)？吾以利社稷也。"见使者，稽首而对曰："诸侯方睦于晋，臣请尝之(72)。若可，君而继之。不可，收师而退，可以无害，君亦无辱。"

子庚帅师治兵于汾(73)。于是子蟜、伯有、子张从郑伯伐齐。子孔、子展、子西守。二子知子孔之谋，完守入保(74)。子孔不敢会楚师。

楚师伐郑，次于鱼陵(75)。右师城上棘(76)，遂涉颍，次于旃然(77)。蒍子冯、公子格率锐师侵费滑、胥靡、献于、雍梁(78)，右回梅山(79)，侵郑东北，至于虫牢而反(80)。子庚门于纯门[81]，信于城下而还[82]。涉于鱼齿之下[83]，甚雨及之[84]，楚师多冻，役徒几尽[85]。

晋人闻有楚师，师旷曰："不害。吾骤歌北风[86]，又歌南风。南风不竞，多死声[87]。楚必无功。"董叔曰："天道多在西北[88]，南师不时[89]，必无功。"叔向曰："在其君之德也。"

[注释]

①长子：晋邑，在今山西省长子县西郊。 ②纯留：本留吁国，为晋所灭。在今山西省屯留县南。 ③中行献子：荀偃。 ④奉之以走：两手捧着头跑掉。 ⑤梗阳：晋邑，在今山西省清徐县。巫皋：巫人名。 ⑥见诸道：在路上见到巫皋。 ⑦同：巫皋同时有此梦。 ⑧今兹主必死：今年你一定要死。兹，年。主，对荀偃的称呼。 ⑨二珪：二对。 ⑩齐环：齐侯名环。 ⑪神主：百姓。 ⑫曾臣：陪臣。天子称臣于神，诸侯称臣于天子，故诸侯于神称曾臣。彪：晋平公名。 ⑬先后：辅佐。 ⑭无作神羞：不给神灵带来羞耻。 ⑮复济：再次渡河。 ⑯有神裁之：神灵制裁。有，名词词头，无义。 ⑰沉玉：将玉沉入水中。 ⑱鲁济：济水在鲁境内称鲁济。 ⑲平阴：齐地，在今山东省平阴县东北。 ⑳堑防门：在防门挖掘沟壕。防门，齐地，在今山东省平阴县东北。 ㉑广里：宽有一里。 ㉒析文子：齐大夫子家。 ㉓匿情：隐瞒情况。 ㉔乡：向，方向。 ㉕巫山：一名孝堂山，在今山东省平阴县东北。 ㉖斥：开拓，排除。 ㉗斾而疏陈：插上旗帜，稀疏地排列军阵。 ㉘左实右伪：战车上左边是真人，右边是假人。 ㉙以斾先：以大旗作前导。 ㉚舆曳柴而从：战车后面拖着树枝。晋以此使尘土飞扬，如大军奔驰，为疑兵之计。 ㉛脱归：离开军队脱身而归。 ㉜丙寅晦：十月二十九日。 ㉝乌乌之声乐：乌鸦的叫声快乐。乌乌，指乌鸦。 ㉞邢伯：

晋大夫邢侯。 ㉟班马之声：战马盘旋的声音。 ㊱塞隧而殿：堵塞山中小道而殿后。 ㊲夹脰（dòu）：即一箭中左肩，一箭中右肩。脰，颈项。 ㊳将取其衷：将射你中心。衷，同“中”。 ㊴私誓：私人间盟誓。 ㊵弛弓：解下弓。 ㊶衿（jīn）甲：不脱衣甲。面缚：双手背后而缚。 ㊷归者：逃归者。 ㊸己卯：十三日。 ㊹京兹：齐地，在今山东省平阴县东南。 ㊺乙酉：十九日。 ㊻邿：即邿山，在山东省平阴县西。 ㊼卢：齐地，在今山东省济南市长清区西南。 ㊽戊戌：初二日。 ㊾秦周：齐地，接近雍门。 ㊿雍门：齐都西门。萩（qiū）：即楸树。 (51)追喜：人名。 (52)橁（xún）：树木名，可制作琴和车辕。公琴：颂琴。 (53)己亥：初三日。 (54)壬寅：初六日。 (55)扬门：齐都西北门。 (56)东闾：齐都东门。 (57)左骖迫：车左边的战马因拥挤而不前进。 (58)还：盘旋。 (59)以枚数阖：即数阖之枚。阖，门扇。枚，门上的乳钉，有如钟乳。 (60)邮棠：即棠地，齐邑，疑在今山东省平度市东南。 (61)扣马：拦住马头。 (62)略：掠取财物。 (63)轻：轻动，逃走。 (64)犯：突犯，冲出。 (65)甲辰：初八日。 (66)潍：潍水。 (67)沂：沂水。 (68)起楚师：发动楚军。 (69)子庚：楚令尹公子午。 (70)杨豚尹宜：楚国使者。杨，其氏。豚尹，官名，即使者。宜，其名。 (71)怀安：即自逸，贪图安逸。 (72)尝:试探。 (73)汾：楚地，在今河南省许昌市西南。 (74)完守入保：进入城堡，加强守备。 (75)鱼陵：地名，不详。 (76)上棘：郑地，在今河南省禹州市南。 (77)旃然：即索水。 (78)费滑等：均为地名。费滑在今河南省偃师市南，胥靡在偃师市东，献于不详何处，雍梁在今河南省禹州市东北。 (79)右回梅山：向右绕过梅山。梅山，在今河南省新郑市西南。 (80)虫牢：郑地，在今河南省封丘县北。 (81)纯门：郑都外郭门。 (82)信：住宿二夜。 (83)鱼齿：鱼齿山，在今河南省平顶山市西北。山下有水，名滍水，今名沙河。 (84)甚雨：大雨。 (85)几尽：几乎死尽。 (86)北风：北方曲调。 (87)多死声：多有象征死亡的声音。古人迷信，多以乐律占卜出兵的吉凶，师旷歌风亦类此。

㊸天道：岁星所行之道。　㊹不时：不合天时。

[译文]

十八年春季，白狄首次来到鲁国。

夏季，晋国人在长子抓住了卫国使节石买，在纯留抓住了孙蒯，这是因为攻打曹国的缘故。

秋季，齐灵公攻打鲁国北部边境。荀偃准备攻打齐国，梦见和晋厉公打官司，结果败诉。厉公用戈打他，脑袋掉下来坠到前面，他跪着把头安到脖子上，两手扶着向前走，见到梗阳的巫皋。过了几天，荀偃果然在路上遇到巫皋，说起梦中所见，巫皋也做了同样的梦。巫皋说："今年您一定死去。如果东边发生了战争，就可以如愿。"荀偃答应了。

晋平公攻打齐国，准备渡过黄河。荀偃用红线绑住两对玉，祈祷说："齐侯环依仗地势险要和人口众多，背弃盟约，欺陵百姓。陪臣彪将率领诸侯军队前往讨伐，陪臣下属荀偃在前后辅佐。假如此战成功，不使神灵蒙受耻辱，那么荀偃将不再渡河。请神灵制裁。"把玉沉入水中渡过黄河。

冬季十月，诸侯在鲁国济水岸边会见，重温了溴梁的盟约，一同攻打齐国。

齐灵公在平阴抵抗，在防门之外挖了沟壕坚守，沟壕宽有一里。夙沙卫说："不能出战，不如固守险要。"齐灵公不听。诸侯的军队攻打城门，齐军战死无数。士匄对齐国大夫子家说："我和你熟悉，怎敢隐瞒实情？鲁国人、莒国人都请求带一千辆战车从各自国家进攻齐国，我们已经同意了。等他们打来了，贵君一定会失去国家。你为什么不认真考虑一下呢？"子家转告了齐灵公，灵公害怕了。晏婴听到后，说："国君本来就没有勇气，听了这消息，坚持不了多久。"

齐灵公登上巫山眺望晋军。晋国人正派司马领人排除山泽之中的险阻，即使是大军不到的地方，也一定插上大旗并稀疏地布上战阵。

在战车的左边坐上真人，右边则放上假人，用大旗作为前导，车子后面拖上树枝跟随着。齐灵公见了，害怕晋军人多，就离开军队脱身回去了。二十九日，齐军在夜间逃跑。师旷对晋平公说："乌鸦发出了快乐的叫声，齐军就要逃走了。"邢伯对荀偃说："有马盘旋的声音，齐军就要逃走了。"叔向对平公说："城上有乌鸦，齐军恐怕逃跑了。"

十一月一日，晋军进入平阴，随后追击齐军。夙沙卫把战车连起来堵住山中小道并断后。殖绰、郭最说："你为国家军队殿后，是齐国的耻辱。你还是先走吧！"便代替他殿后。夙沙卫又杀了马堵住狭窄小道。晋国的州绰追上来，射殖绰，射中肩膀，两箭夹住脖子，州绰说："你停下来，将被我们抓获。不停下来，将射中你的后心。"殖绰回头说："你要发誓。"州绰说："有太阳为证！"州绰放下弓箭从后面把殖绰捆了起来。他的车右具丙也放下武器捆住了郭最。两人都穿着盔甲被反绑，坐到中军战车的鼓下。

晋国人要追赶逃兵，鲁、卫两军请求攻打险要之处。十三日，荀偃、士匄率领中军攻克京兹。十九日，魏绛、栾盈率领下军攻克邿地。赵武、韩起率领上军围攻卢地，没有攻下。十二月二日，军队到达秦周，砍伐了雍门之外的荻树。范鞅攻打雍门，他的御者追喜用戈在门里杀死一条狗。孟庄子砍了橁树为襄公制作颂琴。三日，晋军焚烧了雍门和西边、南边的外城。刘难、士弱率领诸侯军队焚烧了申池的竹林。六日，焚烧了齐都东边和北边的外城。范鞅攻打齐都扬门。州绰攻打东闾门，左边骖马因为路窄在门中盘旋不前，他把城门上的乳钉都数了一遍。

齐灵公驾车准备逃往邮棠。太子和大夫郭荣拉住他的马，说："敌军攻势迅猛，是为了掠夺财物。他们马上就会撤退的，您还怕什么？再说作为一国之君不能轻举妄动，不然就会失去民众。国君一定要等待。"齐灵公准备冲过去，太子抽剑砍断了马鞅，灵公才停下来。八日，军队又向东攻到潍水，向南攻到沂水。

郑国的子孔打算罢免众大夫，准备背叛晋国而利用楚国军队除掉他们。他派人告诉子庚,子庚不答应。楚康王听说后,派杨豚尹宜告诉子庚说:"国人认为我主持国家却按兵不动,将来死后享受不了规定的祭祀礼仪。我即位到现在,已经五年了,军队没有出动过,别人会认为我只顾贪图安逸却忘记了先君的霸业。大夫考虑一下,应该怎么办?"子庚叹道:"国君难道认为我是怀恋安逸吗?我这样做是为了有利于国家。"去见康王派去的人,叩头回答说:"诸侯正和晋国和睦,请让我先试探一下。如果可以,国君随后发兵。如果不行,就班师回国,这样既没有什么害处,又不会给国君带来耻辱。"

子庚率领军队在汾地练兵。此时郑国的子蟜、伯有、子张正随郑简公攻打齐国。子孔、子展、子西在国内留守。子展和子西察觉了子孔的阴谋,就加强守备,入城坚守。子孔不敢和楚军会合。

楚军攻打郑国,驻扎在鱼陵。右军在上棘筑城,随后徒步渡过颍水,驻扎在旃然。芳子冯、公子格率领精锐部队入侵费滑、胥靡、献于、雍梁,向右绕过梅山,侵入郑国东北,攻至虫牢后返回。子庚攻打郑都的纯门,在城下住了两天后回师。在鱼齿山下涉水渡河,遇到大雨,楚军冻死很多人,军中服杂役的人几乎全被冻死。

晋国人听说楚军出动,师旷说:"没关系。我多次演唱北方的乐曲,也演唱过南方的乐曲。南方的乐曲不够强劲,多死亡之声。楚军一定不会成功。"董叔说:"今年岁星多在西北,南方的军队不合天时,肯定无功而返。"叔向说:"胜败取决于国君的德行。"

襄公十九年

经 十有九年春,王正月,诸侯盟于祝柯。晋人执邾子。公至自伐齐。取邾田,自漷水。季孙宿如晋。葬曹成公。夏,卫孙林父帅师伐齐。秋七月辛卯,齐侯环卒。晋士匄帅师侵齐,至谷,闻齐侯卒,乃还。八月丙辰,仲孙蔑卒。齐杀其大夫高厚。郑杀其大夫公子嘉。冬,葬齐灵公。城西郛。叔孙豹会晋士匄于柯。城武城。

传 十九年春，诸侯还自沂上，盟于督扬①，曰："大毋侵小。"

执邾悼公，以其伐我故。遂次于泗上②，疆我田。取邾田，自漷水归之于我。

晋侯先归。公享晋六卿于蒲圃，赐之三命之服③。军尉、司马、司空、舆尉、候奄，皆受一命之服。贿荀偃束锦④，加璧⑤，乘马，先吴寿梦之鼎⑥。

荀偃瘅疽⑦，生疡于头⑧。济河，及著雍⑨，病，目出⑩。大夫先归者皆反。士匄请见，弗内。请后⑪，曰："郑甥可⑫。"二月甲寅⑬，卒，而视⑭，不可含⑮。宣子盥而抚之，曰："事吴⑯，敢不如事主！"犹视。栾怀子曰⑰："其为未卒事于齐故也乎⑱？"乃复抚之曰："主苟终⑲，所不嗣事于齐者⑳，有如河！"乃瞑，受含。宣子出，曰："吾浅之为丈夫也㉑。"

晋栾鲂帅师从卫孙文子伐齐。

季武子如晋拜师，晋侯享之。范宣子为政，赋《黍苗》㉒。季武子兴㉓，再拜稽首曰："小国之仰大国也，如百谷之仰膏雨焉㉔。若常膏之，其天下辑睦，岂唯敝邑？"赋《六月》㉕。

季武子以所得于齐之兵，作林钟而铭鲁功焉。臧武仲谓季孙曰："非礼也。夫铭，天子令德㉖，诸侯言时计功㉗，大夫称伐。今称伐则下等也，计功则借人也㉘，言时则妨民多矣，何以为铭？且夫大伐小，取其所得以作彝器㉙，铭其功烈以示子孙㉚，昭明德而惩无礼也。今将借人之力以救其死，若之何铭之？小国幸于大国㉛，而昭所获焉以怒之，亡之道也。”

齐侯娶于鲁，曰颜懿姬，无子。其侄鬷声姬，生光，以为大子。诸子仲子、戎子㉜，戎子嬖。仲子生牙，属诸戎子。戎子请以为大子，许之。仲子曰：“不可。废常㉝，不祥，间诸侯㉞，难。光之立也，列于诸侯矣，今无故而废之，是专黜诸侯㉟。而以难犯不祥也，君必悔之。”公曰：“在我而已。”遂东大子光㊱，使高厚傅牙以为大子，夙沙卫为少傅。

齐侯疾，崔杼微逆光㊲。疾病，而立之。光杀戎子，尸诸朝，非礼也。妇人无刑㊳。虽有刑，不在朝市㊴。

夏五月壬辰晦㊵，齐灵公卒。庄公即位，执公子牙于句渎之丘。以夙沙卫易己，卫奔高唐以叛㊶。

晋士匄侵齐及谷㊷，闻丧而还，礼也。

于四月丁未㊸，郑公孙虿卒，赴于晋大夫。范宣子言于晋侯，以其善于伐秦也。六月，晋侯请于王，王追赐之大路㊹，使以行㊺，礼也。

秋八月，齐崔杼杀高厚于洒蓝㊻，而兼其室。书曰“齐杀其大夫”，从君于昏也㊼。

郑子孔之为政也专。国人患之，乃讨西宫之难，与纯门之师。子孔当罪㊽，以其甲及子革、子良氏之甲守㊾。甲辰㊿，子展、子西率国人伐之，杀子孔而分其室。书曰“郑杀其大夫”，专也。

子然、子孔，宋子之子也(51)。士子孔，圭妫之子也(52)。

圭妫之班，亚宋子而相亲也㊃。士子孔亦相亲也。僖之四年㊄，子然卒。简之元年㊅，士子孔卒。司徒孔实相子革、子良之室㊆。三室如一，故及于难。子革、子良出奔楚，子革为右尹㊇。郑人使子展当国，子西听政，立子产为卿。

齐庆封围高唐，弗克。冬十一月，齐侯围之，见卫在城上㊈，号之，乃下。问守备焉，以无备告。揖之，乃登。闻师将傅，食高唐人㊉。殖绰、工偻会夜缒纳师，醢卫于军。

城西郛，惧齐也。

齐及晋平，盟于大隧㊊。故穆叔会范宣子于柯㊋。

穆叔见叔向，赋《载驰》之四章㊌。叔向曰："肸敢不承命㊍！"穆叔归曰："齐犹未也，不可以不惧。"乃城武城。

卫石共子卒㊎，悼子不哀㊏。孔成子曰㊐："是谓蹶其本，必不有其宗㊑。"

[注释]

①督扬：即祝柯，齐地，在今山东省济南市长清区东北。　②泗上：泗水之滨，在今山东省曲阜市东北。　③三命之服：详见成公二年注。　④束锦：锦五匹。一束十端，二端一匹。　⑤加璧：另加玉璧。　⑥先：先于。即以束锦等为先。　⑦瘅（dàn）疽（jū）：一种恶疾，或为脑后疽。　⑧疡：脑痈疽。　⑨著雍：见襄公十年注。　⑩目出：眼球突出。　⑪请后：请指定继承人。　⑫郑甥：即荀吴。荀吴之母为郑国女，故呼荀吴为郑甥。　⑬甲寅：十九日。　⑭视：不闭眼。　⑮不可含：口紧闭，不能含珠玉。　⑯吴：荀吴。　⑰栾怀子：栾盈。　⑱未卒事于齐：指伐齐之事未完成。　⑲主荀终：你

死后。 ⑳嗣事：继续从事。 ㉑浅之：浅薄，小视。 ㉒《黍苗》：《诗经·小雅》篇名。 ㉓兴：从座位上站起。 ㉔膏：泽，润。 ㉕《六月》：《诗经·小雅》篇名。 ㉖令德：铭德。 ㉗言时计功：举得时，动有功，则可铭。 ㉘借人：借助他人的力量。 ㉙彝器：宗庙中的常器。 ㉚功烈：同义词连用。 ㉛幸：侥幸战胜。 ㉜诸子：众姬妾。 ㉝废常：废弃常规。 ㉞间：触犯。 ㉟专黜：专擅而卑视。 ㊱东：迁移到东部边境。 ㊲微逆：暗中迎接。 ㊳无刑：无专门刑罚。 ㊴不在朝市：不能暴尸于朝市。 ㊵壬辰：二十九日。 ㊶高唐：齐邑，在今山东省高唐县东。 ㊷谷：齐邑，在今山东省东阿县南。一说在今山东省平阴县东阿镇。 ㊸丁未：十三日。 ㊹大路：天子赐给的车子。 ㊺使以行：使大路车跟随送葬的行列。 ㊻洒蓝：地名，在今山东省淄博市临淄区。 ㊼从君于昏：顺从国君的昏庸。 ㊽当罪：判罪，抵罪。 ㊾以：率领。甲：甲士，兵丁。 ㊿甲辰：十一日。 51宋子：郑穆公妾。 52圭妫：亦为郑穆公妾。 53亚：次于。 54僖：郑僖公。 55简：指郑简公。 56司徒孔：即子孔。 57右尹：楚国右尹。 58卫：凤沙卫。 59食：饱餐。 60大隧：地名，在今山东省高唐县境。 61柯：卫地，在今河南省内黄县东北。 62《载驰》：《诗经·鄘风》篇名。 63肸：叔向名。 64石共子：石买。 65悼子：石买之子石恶。 66孔成子：卫卿孔烝鉏。 67有：保有。

[译文]

十九年春季，诸侯从沂水边回来，在督扬结盟，说："大国不得侵犯小国。"

会上把邾悼公抓了起来，因为他入侵鲁国。随后军队驻扎在泗水边，划定鲁国的疆界。取得邾国的土地，从漷水开始都划归鲁国。

晋平公先行回国。襄公在蒲圃设宴招待晋国六卿，赐给他们三命车服。军尉、司马、司空、舆尉、候奄都接受了一命车服。送给荀偃五匹锦缎，加上玉璧、四匹马，最后送给他吴王寿梦的铜鼎。

荀偃头上长了恶疮。渡过黄河到达著雍时，病又加重，眼睛都鼓了出来。先回去的大夫们又都折了回来。士匄想见荀偃，荀偃不见。让人问荀偃谁可以做继承人，荀偃说："郑国的外甥荀吴可以。"二月十九日，荀偃去世，眼睛仍然圆睁，嘴巴紧闭无法放入珠玉。士匄擦洗后抚摸着尸体说："像事奉您一样事奉荀吴！"还是不肯闭上。栾盈说："是因为没有完成对齐国的事情吗？"就抚摸着荀偃的尸体说："在您死后，如果不继续征伐齐国，有河神为证！"荀偃这才闭上眼睛，并张开嘴让人把珠玉放了进去。士匄出来说："我太小看这个大丈夫了。"

晋国的栾鲂率领军队跟随卫国的孙文子攻打齐国。

季武子到晋国拜谢出兵，晋平公设宴招待他。士匄主持国政，他吟诵了《黍苗》一诗。季武子起身叩头拜谢说："小国仰望大国，如同百谷仰望滋润的雨水。如果能经常滋润，天下将和平安定，难道仅仅是我国的福气？"吟诵了《六月》一诗。

季武子把从齐国缴获的武器铸成了林钟，刻上记载鲁国战功的铭文。臧武仲对他说："这是不合礼的。铭文，天子用以记载德行，诸侯用以记载合乎时令的举动和建立的功劳，大夫用以记载征伐。现在记载征伐，那是自动降了一等；记载功劳，那是借助别人的力量，记载合乎时令的行动。这次行动恰恰妨碍了农时，用什么来记入铭文？再说大国攻打小国，用缴获的东西制成宗庙祭器，铭刻建树的战功，留给子孙们看，是为了宣扬圣明的德行而惩戒无礼的行为。现在却是借他人之力来挽救自己的死亡，还有什么值得铭刻？小国侥幸战胜大国，又大肆宣扬所获得的战利品来激怒对方，这是亡国之道。"

齐灵公从鲁国娶的妻子叫颜懿姬，没生儿子。她的陪嫁侄女鬷声姬生了公子光，被立为太子。齐灵公的姬妾有仲子、戎子，戎子受到宠爱。仲子生了公子牙，托付给戎子抚育。戎子请求立公子牙为太子，灵公同意。仲子说："不能这么做。废弃常规不吉祥，触怒诸侯很难成功。公子光被立为太子，已经多次参与诸侯盟会的行列，如今无缘无故废掉他，这是专横而蔑视诸侯。用难以成功的事情去触犯不吉祥，国君肯定要后悔的。"齐灵公说："一切由我做主。"把太子光流放到东部边境，派高厚做牙的太傅，立牙为太子，夙沙卫为少傅。

齐灵公患了病，崔杼暗中把公子光接回来。趁灵公病危，立光为太子。太子光杀了戎子，把尸体放到朝堂示众，这是不合礼的。国家对妇女没有专门的刑罚。即使用刑，也不能暴尸朝堂或市场上。

夏季五月二十九日，齐灵公去世。齐庄公即位，在句渎之丘抓住了公子牙。庄公以为是夙沙卫主张把自己废掉的，夙沙卫逃到高唐发动了叛乱。

晋国的士匄入侵齐国，到达谷地，听说齐国有丧事便回国了，这是合乎礼的。

四月十三日，郑国的公孙虿去世，向晋国大夫发了讣告。士匄告诉了晋平公，因为公孙虿在诸侯攻打秦国时表现很好。六月，平公请求天子允许，天子追赐公孙虿大路车，让它跟随柩车出葬，这是合乎礼的。

秋季八月，齐国的崔杼在洒蓝杀了高厚，兼并了他的家产和封地。《春秋》中记载"齐杀其大夫"，意思是高厚听从了齐灵公昏庸的命令。

郑国的子孔主持国政很专制。郑国人都很担忧，就开始追究西宫叛乱和楚军攻打纯门的责任。子孔应当承担罪责，但子孔带着他的甲兵和子革、子良的甲兵保卫自己。十一日，子展、子西率领国人攻打他，杀了子孔，瓜分了他的家产和封地。《春秋》记载为"郑杀其大夫"，这是子孔专权的结果。

子然、子孔是宋子的儿子。士子孔是圭妫的儿子。圭妫的地位在宋子之下，但两人非常亲近。两个子孔关系也很好。郑僖公四年，子然去世。郑简公元年，士子孔去世。司徒子孔辅佐子革、子良两家。三家亲密如同一家，所以另外两家也受到株连。子革、子良逃亡到楚国,子革担任了楚国右尹。郑国人让子展主持国政,子西处理政事,立子产为卿。

齐国的庆封围攻高唐,未能攻下。冬季十一月,齐庄公包围高唐,看到夙沙卫站在城墙上,大声喊他,夙沙卫走下城来。庄公问他守卫情况,夙沙卫说没有防备。两人互相作揖后,夙沙卫又登上城墙。夙沙卫听说齐军将要逼近城墙攻城,便让高唐人饱餐一顿。殖绰和工偻会夜里垂下绳索让齐军入城,在军中把夙沙卫剁成肉酱。

鲁国在国都西边的外城修筑城墙,这是害怕齐国入侵。

齐国和晋国讲和,在大隧结盟。为此穆叔在柯地会见了士匄。

穆叔见到叔向,吟诵了《载驰》一诗的第四章。叔向说:"我怎敢不听从您的命令呢!"穆叔回到鲁国说:"齐国还不会停止入侵,不能放松警惕。"随后便修筑武城。

卫国的石买去世,他的儿子悼子并不悲伤。孔成子说:"这叫作丧失了他的根本,肯定不能保有他的宗族。"

襄公二十年

经 二十年春,王正月辛亥,仲孙速会莒人,盟于向。夏六月庚申,公会晋侯、齐侯、宋公、卫侯、郑伯、曹伯、莒子、邾子、滕子、薛伯、杞伯、小邾子,盟于澶渊。秋,公至自会。仲孙速帅师伐邾。蔡杀其大夫公子燮。蔡公子履出奔楚。陈侯之弟黄出奔楚。叔老如齐。冬十月丙辰朔,日有食之。季孙宿如宋。

传 二十年春,及莒平。孟庄子会莒人①,盟于向,督扬之盟故也。

夏,盟于澶渊②,齐成故也。

邾人骤至③，以诸侯之事，弗能报也。秋，孟庄子伐邾以报之。

蔡公子燮欲以蔡之晋④，蔡人杀之。公子履，其母弟也。故出奔楚。

陈庆虎、庆寅畏公子黄之逼，诉诸楚曰："与蔡司马同谋⑤。"楚人以为讨，公子黄出奔楚。

初，蔡文侯欲事晋，曰："先君与于践土之盟⑥，晋不可弃，且兄弟也。"畏楚，不能行而卒。楚人使蔡无常⑦，公子燮求从先君以利蔡⑧，不能而死。书曰"蔡杀其大夫公子燮"，言不与民同欲也。"陈侯之弟黄出奔楚"，言非其罪也。公子黄将出奔，呼于国曰："庆氏无道，求专陈国，暴蔑其君⑨，而去其亲，五年不灭，是无天也。"

齐子初聘于齐⑩，礼也。

冬，季武子如宋，报向戌之聘也。褚师段逆之以受享，赋《常棣》之七章以卒⑪。宋人重贿之。归，复命，公享之。赋《鱼丽》之卒章⑫。公赋《南山有台》⑬。武子去所⑭，曰："臣不堪也⑮。"

卫宁惠子疾，召悼子曰⑯："吾得罪于君，悔而无及也。名藏在诸侯之策，曰：'孙林父、宁殖出其君。'君入则掩之。若能掩之，则吾子也。若不能，犹有鬼神，吾有馁而已，不来食矣⑰。"悼子许诺，惠子遂卒。

[注释]

①孟庄子：即仲孙速。　②澶（chán）渊：卫地，在今河南省濮阳市西。　③骤至：屡次侵犯。　④以蔡之晋：使蔡顺服晋国。

⑤蔡司马：即公子燮。司马，官名。　⑥践土之盟：见僖公二十八年传。　⑦使蔡无常：役使、征发蔡国无一定限额、标准、时间、次数。　⑧从先君：遵从先君遗志。　⑨暴蔑：轻慢。　⑩齐子：即叔老。　⑪《常棣》：《诗经·小雅》篇名。其第七章云："妻子好合，如鼓瑟琴。兄弟既翕，和乐且湛。"其卒章云："宜尔家室，乐尔妻帑。是究是图，亶其然乎？"季武子赋此诗二章，意为鲁、宋以婚姻之国，宜和睦相处，使各乐家室。　⑫《鱼丽》之卒章：《鱼丽》为《诗经·小雅》篇名。其卒章云："物其有矣，维其时矣。"比喻公命聘宋得时。　⑬《南山有台》：《诗经·小雅》篇名。义取"乐只君子，邦家之基"等句，比喻季子奉使能为国争光。　⑭去所：避席。　⑮不堪：不敢承当。　⑯悼子：即宁喜。　⑰不来食：不来受祭。即不认其为儿子。

[译文]

二十年春季，鲁国和莒国讲和。孟庄子会见莒国人，在向地结盟，这是因为两国有督扬之盟的缘故。

夏季，诸侯在澶渊结盟，因为和齐国讲和。

邾国人多次入侵鲁国，鲁国因为忙于参加诸侯盟会征伐，没能报复。秋季，孟庄子攻打邾国予以报复。

蔡国的公子燮想让蔡国顺服晋国，蔡国人杀了他。公子履是他的同母弟弟。因此逃亡到了楚国。

陈国的庆虎、庆寅害怕公子黄的迫害，向楚国告状说："公子黄和蔡国的公子燮密谋背叛楚国。"楚国为此讨伐，公子黄逃到楚国去解释。

当初，蔡文侯准备事奉晋国，说："先君曾参加了践土盟会，晋国不能丢弃我国，而且也是兄弟国家。"因为畏惧楚国，没有行动就去世了。楚国人役使蔡国没有常规法度，公子燮请求继承先君遗志以有利于蔡国，没有完成就死了。《春秋》记载"蔡杀其大夫公子燮"，是说公子燮和蔡国人的愿望不一样。"陈侯之弟黄出奔楚",是说公子黄并没有罪。公子黄逃亡之前,在都城对国人喊道:"庆氏兄弟无道,企图在陈国专权,侮辱蔑视国君,除掉国君的亲属,五年内不灭亡,就是没有天理了。"

叔老首次到齐国聘问,这是合乎礼的。

冬季,季武子到宋国,答谢向戌对鲁国的聘问。褚师段迎接并让他接受享礼,季武子吟诵了《常棣》一诗的第七章和最后一章。宋国人送给他一份厚礼。季武子回国复命,襄公宴请他。他吟诵了《鱼丽》一诗的最后一章。襄公吟诵了《南山有台》一诗。季武子离开座席说:"下臣不敢当。"

卫国的宁殖患了病,招来儿子悼子说:"我得罪了国君,后悔也已来不及。我的恶名已被记录在诸侯的简册上,说是'孙林父、宁殖驱逐了他们的国君'。只有国君回国才能掩饰这一恶名。你如果能掩盖这件事,就是我的好儿子。如果做不到,假如有鬼神的话,我宁可挨饿,也不吃你的祭品。"悼子答应后,宁殖就死了。

襄公二十一年

经　二十有一年春,王正月,公如晋。邾庶其以漆、闾丘来奔。夏,公至自晋。秋,晋栾盈出奔楚。九月庚戌朔,日有食之。冬十月庚辰朔,日有食之。曹伯来朝。公会晋侯、齐侯、宋公、卫侯、郑伯、曹伯、莒子、邾子于商任。

传　二十一年春,公如晋,拜师及取邾田也。

邾庶其以漆、闾丘来奔①。季武子以公姑姊妻之②,皆有赐于其从者。于是鲁多盗。季孙谓臧武仲曰:"子盍诘盗③?"武仲曰:"不可诘也,纥又不能。"季孙曰:"我有四封④,而诘其盗,何故不可?子为司寇,将盗是务去⑤,若之何不能?"武仲曰:"子召外盗而大礼焉,何以止吾盗?子为正卿而来外盗,使纥去之,将何以能?庶其窃邑于邾以来,子以姬氏妻之,而与之邑,其从者皆有赐焉。若大盗,礼焉以君之姑姊与其大邑,其次皂牧舆马⑥,其小者衣裳剑带,是赏盗也。赏而去之,其或难焉。纥也闻之:在上位者,洒濯其心⑦,壹以待人⑧,轨度其信⑨,可明征也⑩,而后可以治人。夫上之所为,民之归也⑪。上所不为而民或为之,是以加刑罚焉,而莫敢不惩。若上之所为而民亦为之,乃其所也⑫,又可禁乎?《夏书》曰:'念兹在兹,释兹在兹,名言兹在兹,允出兹在兹,惟帝念功。'⑬将谓由己壹也。信由己壹⑭,而后功可念也。"

庶其非卿也,以地来,虽贱必书,重地也。

齐侯使庆佐为大夫,复讨公子牙之党,执公子买于句渎之丘。公子钽来奔。叔孙还奔燕。

夏,楚子庚卒,楚子使蒍子冯为令尹。访于申叔豫⑮,叔豫曰:"国多宠而王弱,国不可为也。"遂以疾辞。方暑,阙地⑯,下冰而床焉⑰,重茧衣裘⑱,鲜食而寝⑲。楚子使医视之,复曰:"瘠则甚矣⑳,而血气未动㉑。"乃使子南为令尹㉒。

栾桓子娶于范宣子㉓,生怀子㉔。范鞅以其亡也㉕,怨栾氏,故与栾盈为公族大夫而不相能㉖。桓子卒,栾祁与其老州宾通㉗,几亡室矣㉘。怀子患之。祁惧其讨也,诉诸宣子曰:"盈将为乱,以范氏为死桓主而专政矣㉙,曰:'吾父逐鞅也，不怒而以宠报之，又与吾同官而专之，吾父死而益富㉚。死吾父而专于国，有死而已，吾蔑从之矣㉛！'其谋如是，惧害于主㉜，吾不敢不言。"范鞅为之征㉝。怀子好施，士多归之。宣子畏其多士也，信之。怀子为下卿，宣子使城著而遂逐之㉞。秋，栾盈出奔楚。宣子杀箕遗、黄渊、嘉父、司空靖、邴豫、董叔、邴师、申书、羊舌虎、叔罴㉟，囚伯华、叔向、籍偃。

人谓叔向曰："子离于罪㊱，其为不知乎㊲？"叔向曰："与其死亡若何㊳？《诗》曰：'优哉游哉，聊以卒岁㊴。'知也。"

乐王鲋见叔向曰㊵："吾为子请！"叔向弗应。出，不拜。其人皆咎叔向㊶。叔向曰："必祁大夫㊷。"室老闻之，曰："乐王鲋言于君无不行，求赦吾子，吾子不许。祁大夫所不能也，而曰必由之。何也？"叔向曰："乐王鲋，从君者也㊸，何能行？祁大夫外举不弃雠，内举不失亲，其独遗我乎？《诗》曰：'有觉德行，四国顺之㊹。'夫子，觉者也。"

晋侯问叔向之罪于乐王鲋，对曰："不弃其亲㊺，其有焉。"于是祁奚老矣，闻之，乘驲而见宣子㊻，曰："《诗》曰：'惠我无疆，子孙保之㊼。'《书》曰：'圣有谟勋，明征定保㊽。'夫谋而鲜过、惠训不倦者，叔向有焉，社稷之固也。犹将十世宥之㊾，以劝能者㊿。今壹不免其身(51)，以弃社稷，不亦惑乎？鲧殛而禹兴。伊尹放大甲而相之(52)，卒无怨色。管、蔡为戮(53)，周公右王。若之何其以虎也弃社稷(54)？子为善，谁敢不勉？多杀何为？"宣子说，与之乘(55)，以言诸公而免之。不见叔向而归。叔向亦不告免焉而朝。

初，叔向之母妒叔虎之母美而不使㊄，其子皆谏其母。其母曰："深山大泽，实生龙蛇。彼美，余惧其生龙蛇以祸女㊄。女，敝族也㊄。国多大宠㊄，不仁人间之㊅，不亦难乎？余何爱焉㊅！"使往视寝，生叔虎。美而有勇力，栾怀子嬖之，故羊舌氏之族及于难。

栾盈过于周，周西鄙掠之㊅。辞于行人㊅，曰："天子陪臣盈㊅，得罪于王之守臣㊅。将逃罪，罪重于郊甸㊅，无所伏窜㊅，敢布其死㊅。昔陪臣书能输力于王室㊅，王施惠焉。其子黡，不能保任其父之劳㊆。大君若不弃书之力㊆，亡臣犹有所逃。若弃书之力，而思黡之罪，臣，戮余也㊆，将归死于尉氏㊆，不敢还矣。敢布四体㊆，唯大君命焉！"王曰："尤而效之㊆，其又甚焉㊆！"使司徒禁掠栾氏者，归所取焉。使候出诸轘辕㊆。

冬，曹武公来朝，始见也。

会于商任㊆，锢栾氏也㊆。

齐侯、卫侯不敬。叔向曰："二君者必不免。会朝，礼之经也㊇。礼，政之舆也㊇。政，身之守也㊇。怠礼失政，失政不立㊇，是以乱也。"

知起、中行喜、州绰、邢蒯出奔齐㊇，皆栾氏之党也。乐王鲋谓范宣子曰："盍反州绰、邢蒯，勇士也！"宣子曰："彼栾氏之勇也，余何获焉？"王鲋曰："子为彼栾氏㊇，乃亦子之勇也。"

齐庄公朝，指殖绰、郭最曰："是寡人之雄也㊇。"州绰曰："君以为雄，谁敢不雄？然臣不敏，平阴之役，先二

襄公

子鸣。"庄公为勇爵⑧。殖绰、郭最欲与焉。州绰曰："东闾之役，臣左骖迫，还于门中，识其枚数。其可以与于此乎？"公曰："子为晋君也。"对曰："臣为隶新⑱。然二子者，譬于禽兽，臣食其肉而寝处其皮矣⑲。"

[注释]

①邾庶其：邾国大夫。漆、闾丘：均为邾邑，在今山东省邹城市东北，或为邾庶其的采邑。　②姑姊：姑母。　③诘：治，禁。　④四封：四方边境。　⑤将盗是务去："将务去是盗"的倒装。即当致力于去除盗贼。　⑥皂牧舆马：贱役车马。　⑦洒濯（zhuó）：洗。　⑧壹：专诚。　⑨轨度：纳入规范法度。　⑩明征：明验。　⑪归：依从。　⑫乃其所：是势所必然。　⑬《夏书》曰：以下引文为逸书。念兹在兹，想要做的在于此。兹，同"此"。释，舍弃。名言，号令。允出，诚信所在。念功，记录此功劳。　⑭信由己壹：诚信由于自己言行一致。　⑮访：商议。　⑯阙：同"掘"，挖。　⑰下冰而床：地下放冰，冰上置床。　⑱重茧：两层绵袍。　⑲鲜食：少食。　⑳瘠：瘦。　㉑血气未动：血脉正常。　㉒子南：即公子追舒。　㉓栾桓子：即栾黡。娶于范宣子：娶范宣子之女为妻。范宣子，即士匄。　㉔怀子：栾盈。　㉕范鞅：即士鞅，为栾黡所迫奔秦。　㉖不相能：不相得，不和睦。　㉗栾祁：栾黡之妻，士匄之女，栾盈之母。老：室老，大夫的家臣之长。　㉘亡室：指栾氏的家财为州宾所占有。　㉙死桓主：害死桓主。桓主，指栾桓子。　㉚益富：更加富有。此指范氏。　㉛蔑从：不从。　㉜主：栾祁称其父士匄为主。　㉝征：证，作证。　㉞著：地名，即著雍。　㉟箕遗等：十人均为晋大夫，栾盈之党。　㊱离：同"罹"，遭遇。　㊲知：同"智"。　㊳死亡：死，逃亡。　㊴"优哉游哉"二句：逸诗。　㊵乐王鲋：晋大夫，又称乐桓子。　㊶其人：叔向的下属。　㊷祁大夫：祁奚。

㊸从君者也：是顺从国君的人。 ㊹"有觉德行"两句：出自《诗经·大雅·抑》。有觉，正直之貌。顺，归顺。 ㊺亲：指羊舌虎，叔向之弟。 ㊻驲（rì）：传车。 ㊼"惠我无疆"二句：见《诗经·周颂·烈文》。惠我，施恩惠于我。 ㊽"圣有谟勋"二句：逸书文。意为圣哲的人有谋略，有训诲，当相信保护。谟，谋略。勋，借为训。 ㊾宥：宽恕。 ㊿劝：勉励。 ㈤壹：一经。 ㈥伊尹：商汤之相。大甲，即太甲，商汤之孙。 ㈦管、蔡：即管叔、蔡叔，二人为周公兄弟，因助殷叛乱，被周公所杀。 ㈧虎：即羊舌虎。弃社稷：死，即被杀。 ㈨与之乘：与之同乘一车。 ㈩不使：不使侍寝。 ㈤祸女：祸害你们。 ㈤敝族：衰败的家族。 ㈤大宠：极受宠信的人。 ㈥间之：从中挑拨。 ㈥爱：惜。 ㈥掠之：劫掠栾盈的财物。 ㈥辞：申诉。 ㈥陪臣：诸侯之臣在天子面前称陪臣。 ㈥守臣：王室守土之臣，指晋侯。 ㈥罪重于郊甸：又一次在天子郊外得罪。指被劫掠。 ㈥伏窜：躲藏逃窜。 ㈥布其死：冒死。 ㈥书：指栾书，栾盈之祖。输力：效力，尽力。 ㈦保任：同义词连用，即保守，保全。 ㉑大君：指天王。 ㉒戮余：幸免于被杀戮者，即死里逃生之人。 ㉓尉氏：古代狱官，晋有军尉，掌刑戮。 ㉔布四体：直言不讳。一说愿受斧钺。 ㉕尤而效之：栾盈本来就错了，再去效仿它。 ㉖其又甚焉：过错就更大。 ㉗候：候人，道路迎送宾客的官吏。出诸辕（huán）辕：护送出辕辕山。辕辕，山名，在河南省登封市西北。 ㉘商任：地名，当在河南省安阳市一带。 ㉙锢：禁锢。 ㉚经：常规。 ㉛舆：车子，即载体。 ㉜守：守护，依靠。 ㉝不立：不能立身。 ㉞知起等：四人均为晋大夫。 ㉟为彼栾氏：像栾氏一样对待他们。 ㊱雄：雄鸡。春秋时喜以斗鸡博胜负，胜者先鸣。 ㊲为勇爵：为勇士专设酒器。一说设爵位以命勇士。 ㊳隶新：隶仆中的新人。新，不久。 ㊴食其肉而寝处其皮：古者杀牲，食其肉，坐其皮。此句意为殖绰、郭最是我打败过的人，不足为雄。

襄 公

[译文]

二十一年春季,襄公前往晋国,对晋国出兵和取得邾国田地表示感谢。

邾国的庶其带着漆地和闾丘前来投奔鲁国。季武子把襄公的姑姑嫁给他,对他的随从也都有赏赐。此时鲁国盗贼很多。季武子对臧武仲说:"您怎么不捕治盗贼呢?"臧武仲说:"盗捕无法禁治,我也捕治不了。"季武子说:"我国有四方边境捕治盗贼,有什么治不了的?您作为司寇,理应致力于惩治盗贼,为什么说不能呢?"臧武仲说:"您把国外的盗贼请来给予隆重的礼遇,还怎么禁止国内的盗贼呢?您作为正卿,引来国外的强盗,却让我铲除国内的盗贼,怎么能做到呢?庶其从邾国把两座城邑偷来,您把姬氏送给他做妻子,又送给他城邑,跟他来的人都有赏赐。对大盗,用国君的姑姑和大的城邑表示尊重,其次给予奴隶车马,最差的也给予衣服剑带,这是奖赏盗贼。一方面要奖赏,一方面又要铲除,这恐怕有难度。我听说:身居上位的人洗涤其心,专一待人,诚信合法,可以明确验证,然后才可以治理别人。上面的所作所为,是百姓效法的榜样。上面的人没有干坏事而百姓有人干了,因此而加以惩罚,就没有人敢不引以为戒。如果上面的人做了坏事百姓也做了坏事,这是理所当然的,又怎么禁得住呢?《夏书》中说:'干什么是这个标准,不干什么也是这个标准,发号施令是这个标准,讲究信用是这个标准。只有帝王才能建立如此功德。'是说自己要保持言行一致。诚信来自言行一致,然后才能建立功劳。"

庶其不是卿,他带着土地前来,虽然地位卑贱,《春秋》也要加以记载,是因为重视土地。

齐庄公让庆佐担任大夫,再次讨伐公子牙的党徒,在句渎之丘抓住了公子买。公子鉏逃亡来到鲁国。叔孙还逃亡到燕国。

夏季,楚国的子庚去世,楚康王任命䓕子冯为令尹。䓕子冯征求申叔豫的意见,叔豫说:"国家宠臣太多而国君年轻,国家不好治理。"蔿子冯便以有病为由拒绝担任令尹。此时正值天气炎热，他挖了个洞，放上冰块，架上床，穿上两层绵衣，又穿上皮袍，只吃一点饭就睡觉了。康王派医生探视，医生回去报告说："他身体非常瘦弱，但血气正常。"康王任命子南做令尹。

栾黡娶士匄的女儿为妻，生了怀子。士鞅因为被逼逃亡而对栾氏怀恨在心，因此和栾盈虽然同为公族大夫，却不能友好相处。栾黡去世后，他的妻子栾祁和总管家州宾私通，州宾几乎把栾氏家产全部侵吞。栾盈很担心。栾祁怕他惩罚自己，便向士匄诬告说："栾盈准备叛乱，他认为是范氏家族弄死了栾黡从而把持国政，说：'我父亲赶走士鞅，他不生气反以宠信报答，又和我同任公族大夫而专横跋扈，我父亲死后范氏更加富有。将我父亲弄死而独揽国政，我宁可一死，再也不能听从他们了！'这就是他的阴谋，我生怕伤害您，因此不敢不告诉。"士鞅也为栾祁作证。栾盈喜好施舍，很多士人都愿意跟随他。士匄害怕栾盈笼络了这么多人，就相信了他们的话。栾盈是下卿，士匄派他去著地筑城，把他赶走。秋季，栾盈逃亡到了楚国。士匄杀了他的党羽箕遗、黄渊、嘉父、司空靖、邴豫、董叔、邴师、申书、羊舌虎、叔罴，把伯华、叔向、籍偃三人囚禁起来。

有人对叔向说："您遭了这样的罪，是不明智的结果吧？"叔向说："和那些死去和逃亡的相比，又怎么样呢？《诗经》中说：'逍遥自在，终此一生。'这就是智啊！"

乐王鲋去见叔向说："我去为您求情吧！"叔向没吭声。乐王鲋走时，也没有拜谢。他的家人都埋怨他。叔向说："一定要让祁大夫救我。"他的家臣听到后说："乐王鲋在国君面前说的话，没有不被采纳的，他去请求赦免您，您不同意。祁奚做不到，您却说一定要让他，这是为什么？"叔向说："乐王鲋是个顺从国君的人，怎么能救我？祁奚外举不避仇，内举不避亲，难道唯独遗弃我吗？《诗经》说：'有正直德行的人，天下人都会听从他。'祁奚就是一个正直的人。"

晋平公向乐王鲋问起叔向的罪过，乐王鲋回答说："他不抛弃自己的亲人，很可能参与了叛乱。"此时祁奚已告老退休，听知此事后，乘坐驿车去见士匄，他说："《诗经》说：'赐给我们无穷的恩惠，子孙应当永远保持。'《书经》说：'圣明的人有谋略有训诲，子孙应当永远保护。'参与谋划而很少犯错、教育别人而不知疲倦者，只有叔向是这样的人，这样的人是国家的柱石。即使他的十代子孙犯了罪也应该赦免，以鼓励那些有能力的人。现在他偶尔获罪连本人也不赦免，置国家利益于不顾，不是很糊涂的做法吗？从前鲧被处死，他的儿子禹得到重用。伊尹曾放逐太甲，后来又辅佐他，太甲始终面无怨色。管叔、蔡叔被杀，周公却能继续辅佐天子。怎么可以因为一个羊舌虎就置国家于不顾呢？您如果推行善政，谁能不更加勤勉呢？何必多杀人呢？"士匄非常高兴，和他一起乘车劝说平公，平公就赦免了叔向。祁奚没有去见叔向就回家了，叔向也没有拜谢祁奚就上朝了。

当初，叔向的母亲嫉妒羊舌虎的母亲美丽而不让她事奉丈夫，她的儿子都劝她不要这样。她说："深山大泽会生龙生蛇。她那么漂亮，我担心她生出龙蛇一样的人祸害你们。你们是衰败的家族。国家宠臣又多，一旦坏人挑拨是非，你们的处境不很难吗？我自己有什么可爱惜的？"就让她陪丈夫睡觉，生下羊舌虎。羊舌虎漂亮且勇猛有力，栾盈很喜欢，因此羊舌氏家族遭受祸难。

栾盈途经周王室境内，王室西部边境的百姓抢劫了他的财物。栾盈向王室的使者申诉说："我作为天子的陪臣得罪了天子的守臣。准备逃脱罪责时，却在天子的郊外遭到抢劫，我无处逃避，冒死前来申诉。从前陪臣栾书曾效力王室，天子也曾施与恩惠。他的儿子栾黡没能保守父亲创建的功业。天子如果还没有忘记栾书的贡献，我这个亡命之臣还可以有地方逃避。如果不念栾书的贡献，只想到栾黡的罪过，该杀的漏网之人，就要回国死在刑官手中，不敢再回来了。谨此直陈，悉听天子定夺。"天子说："别人有过错又去效仿他，过错岂不更大！"便让司徒制止抢劫栾盈的人，把被抢的财物还给他。并派礼宾官员送出辗辕山。

冬季，曹武公来鲁国朝见，这是他首次朝见襄公。

诸侯在商任会见，为的是禁锢栾盈。

齐庄公和卫殇公表现不恭敬。叔向说："这两位国君一定难免灾祸。会盟和朝见是礼的典范。礼是政治的载体。政治是立身的依托。轻慢礼仪政治就会失误，政治失误就难以立身，因此就会招致动乱。"

知起、中行喜、州绰、邢蒯逃亡到了齐国，他们都是栾氏的党羽。乐王鲋对士匄说："怎么不让州绰和邢蒯回来，他们是勇士啊！"士匄说："他们都是栾氏的勇士，我能得到什么？"王鲋说："如果您成为他们的栾氏，他们就是您的勇士。"

齐庄公上朝，指着殖绰和郭最说："这两个人是我的雄鸡。"州绰说："国君认为他们是雄鸡，谁能说不是呢？不过下臣不才，在平阴之战中，比他们两人先打鸣。"庄公设置了勇士爵位。殖绰和郭最都想获得。州绰说："在东闾之战中，我的马被挤得来回转圈，我把城门上的钉子都数遍了。我可不可以得到这一爵位呢？"庄公说："你是为晋君而战。"州绰回答说："我刚刚成为您的臣子。而这两个人，如果比作禽兽，我早已吃他们的肉、剥他们的皮来睡觉了。"

襄公二十二年

经 二十有二年春，王正月，公至自会。夏四月。秋七月辛酉，叔老卒。冬，公会晋侯、齐侯、宋公、卫侯、郑伯、曹伯、莒子、邾子、薛伯、杞伯、小邾子于沙随。公至自会。楚杀其大夫公子追舒。

传 二十二年春，臧武仲如晋，雨，过御叔^①。御叔在其邑，将饮酒，曰："焉用圣人^②！我将饮酒，而已雨行，何以圣为？"穆叔闻之曰："不可使也，而傲使人^③，国之蠹也④。"令倍其赋。

夏，晋人征朝于郑⑤。郑人使少正公孙侨对曰⑥：

"在晋先君悼公九年，我寡君于是即位。即位八月，而我先大夫子驷从寡君以朝于执事。执事不礼于寡君，寡君惧。因是行也，我二年六月朝于楚，晋是以有戏之役⑦。楚人犹竟，而申礼于敝邑⑧。敝邑欲从执事而惧为大尤⑨，曰晋其谓我不共有礼⑩，是以不敢携贰于楚。我四年三月，先大夫子蟜又从寡君以观衅于楚⑪，晋于是乎有萧鱼之役⑫。谓我敝邑，迩在晋国，譬诸草木，吾臭味也，而何敢差池⑬？楚亦不竞，寡君尽其土实⑭，重之以宗器⑮，以受齐盟⑯。遂帅群臣随于执事以会岁终。贰于楚者，子侯、石盂，归而讨之。湨梁之明年⑰，子蟜老矣，公孙夏从寡君以朝于君，见于尝酎⑱，与执燔焉⑲。间二年，闻君将靖东夏⑳，四月又朝，以听事期㉑。不朝之间，无岁不聘，无役不从。以大国政令之无常，国家罢病，不虞荐至㉒，无日不惕。岂敢忘职㉓？

"大国若安定之，其朝夕在庭，何辱命焉？若不恤其患，而以为口实㉔，其无乃不堪任命㉕，而翦为仇雠㉖，敝邑是惧。其敢忘君命？委诸执事，执事实重图之㉗。"

秋，栾盈自楚适齐。晏平仲言于齐侯曰："商任之会，受命于晋㉘。今纳栾氏，将安用之？小所以事大，信也。失信不立㉙。君其图之。"弗听。退告陈文子曰："君人执信㉚，臣人执共㉛，忠信笃敬，上下同之，天之道也。君自弃也，弗能久矣！"

九月，郑公孙黑肱有疾，归邑于公。召室老、宗人立段㉜，而使黜官㉝，薄祭㉞。祭以特羊㉟，殷以少牢㊱。足以共祀，尽归其余邑。曰："吾闻之：生于乱世，贵而能贫，民无求焉㊲，可以后亡。敬共事君，与二三子㊳。生在敬戒㊴，不在富也。"己巳㊵，伯张卒㊶。君子曰："善戒。《诗》曰：'慎尔侯度，用戒不虞㊷。'郑子张其有焉。"

冬，会于沙随，复锢栾氏也。

栾盈犹在齐，晏子曰："祸将作矣。齐将伐晋，不可以不惧。"

楚观起有宠于令尹子南，未益禄㊸，而有马数十乘。楚人患之，王将讨焉。子南之子弃疾为王御士㊹，王每见之，必泣。弃疾曰："君三泣臣矣㊺，敢问谁之罪也？"王曰："令尹之不能㊻，尔所知也。国将讨焉，尔其居乎？"对曰："父戮子居，君焉用之？泄命重刑㊼，臣亦不为。"王遂杀子南于朝，轘观起于四竟㊽。

子南之臣谓弃疾："请徙子尸于朝㊾。"曰："君臣有礼，唯二三子㊿。"三日，弃疾请尸(51)，王许之。既葬，其徒曰："行乎！"曰："吾与杀吾父(52)，行将焉入？"曰："然则臣王乎？"曰："弃父事雠，吾弗忍也。"遂缢而死。

复使薳子冯为令尹，公子齮为司马，屈建为莫敖。有宠于薳子者八人，皆无禄而多马。他日朝，与申叔豫言。弗应而退。从之，入于人中。又从之，遂归。退朝，见之，曰："子三困我于朝(53)，吾惧，不敢不见。吾过，子姑告我，何疾我也？"对曰："吾不免是惧(54)，何敢告子？"曰："何故？"对曰："昔观起有宠于子南，子南得罪，观起车裂。何故不惧？"自御而归，不能当道(55)。至，谓八人者曰："吾见申叔，夫子所谓生死而肉骨也㊽。知我者，如夫子则可㊾。不然，请止㊿。"辞八人者，而后王安之。

十二月，郑游眅将归晋㊿，未出竟，遭逆妻者⑥⁰，夺之，以馆于邑⑥¹。丁巳，其夫攻子明，杀之，以其妻行。子展废良而立大叔⑥²，曰："国卿，君之贰也，民之主也，不可以苟⑥³。请舍子明之类⑥⁴。"求亡妻者⑥⁵，使复其所。使游氏勿怨⑥⁶，曰："无昭恶也⑥⁷。"

[注释]

①过御叔：看望御叔。御叔，鲁国御邑大夫。 ②圣人：明哲的人。 ③傲使人：傲视出使的人。 ④蠹：蛀虫。 ⑤征朝于郑：征召郑人朝见。 ⑥少正：官名，即亚卿。公孙侨：即子产。 ⑦戏之役：见襄公九年传。 ⑧申礼：申明礼仪。 ⑨大尤：大罪。 ⑩不共有礼：不恭敬于有礼者。 ⑪观衅：观察是否有隙。 ⑫萧鱼之役：见襄公十一年传。 ⑬差池：不一致。 ⑭土实：土地所产。 ⑮重之：加上。 ⑯齐盟：即斋盟。 ⑰溴（jú）梁之明年：即襄公十七年。十六年，诸侯盟于溴梁。 ⑱尝酎（zhòu）：祭名，即在尝祭时用酎祭宗庙。酎，连酿三次的醇酒。 ⑲与执燔（fán）：参与分得膰肉。燔，同"膰"，祭肉。 ⑳东夏：指齐国。 ㉑事期：会期。 ㉒不虞荐至：意外的事情经常发生。荐，屡。 ㉓职：指朝于晋。 ㉔口实：借口，话柄。一说为口中的食物。 ㉕任命：承命。 ㉖蕲：弃。 ㉗重图：深思。 ㉘受命于晋：指接受晋国禁锢栾氏的命令。 ㉙失信不立：失去信用，不能立身立国。 ㉚君人执信：做人君要保持信用。 ㉛臣人执共：做人臣要保持恭敬。 ㉜段：公孙黑肱之子。 ㉝黜官：减少家臣。 ㉞薄祭：祭祀从简。 ㉟祭以特羊：四时的常祭只用一只羊。 ㊱殷以少牢：殷祭用羊和猪。殷，盛祭，本应用太牢，减省为少牢。 ㊲民无求焉：即无求于民。求，索

取。㊳二三子：指诸大臣。㊴敬戒：即警戒。㊵己巳：二十五日。㊶伯张：即黑肱，字子张。㊷“慎尔侯度”二句：句出《诗经·大雅·抑》篇。侯度，公侯的法度。㊸益禄：增加俸禄。㊹御士：侍御之人。㊺三泣臣：三次对臣哭泣。㊻不能：不善。㊼泄命重刑：泄露君主的命令而加重处罚。㊽轘（huàn）：车裂。㊾子尸：子南之尸。㊿二三子：指诸大臣。(51)请尸：请求收尸。(52)与：与闻。(53)困：困窘，难堪。(54)不免是惧：害怕不免于罪。(55)当道：车行正道。(56)生死而肉骨：使死者复生，让白骨长肉。(57)夫子：指申叔豫。(58)止：休，绝交之辞。(59)游眅（pān）：公孙虿之子，字子明。(60)遭：遇到。(61)馆于邑：在其邑住下。(62)良：游眅之子。大叔：即游吉，游眅之弟。(63)苟：苟且。(64)舍：抛弃。(65)求：寻找。(66)怨：怨恨，报复。(67)昭恶：宣扬邪恶。

[译文]

二十二年春季，臧武仲前往晋国，遇到下雨，就去看望御叔。御叔在他的封地准备饮酒，说：“要这个圣人有什么用？我准备喝酒，他却冒雨出行，要聪明有什么用？”穆叔听说后，说：“他不配做使节，却对使节傲慢无礼，真是国家的蛀虫。”就加倍征收御叔的赋税。

夏季，晋国人让郑国人前去朝见。郑国人派少正公孙侨答复说：“在晋国先君悼公九年，寡君即位。即位八个月，先大夫子驷便随同寡君前来朝见执事。但执事对寡君很不尊重，寡君很是害怕。因为这次出行，我君在二年六月朝见了楚国，晋国因此发动了戏地之战。楚国还很强大，却对我国很有礼貌。我国本想顺从执事，却又担心犯下大错，心想晋国会不会认为我们不尊重讲究礼仪的国家呢，因此不敢对楚国再有二心。我君四年三月，先大夫子蟜又随同寡君到楚国观察是否有空子可钻，于是晋国又发动了萧鱼之战。我们认为，我国靠近晋国，比如晋国是草木，我们就是散发出来的香味，哪里敢不保持一致呢？楚国日趋衰弱，寡君献出了土地上的全部出产，又加上祖庙的礼器，接受了盟约。又率领群臣随执事参加了年终朝会。当时我国亲附楚国的，只有大夫子侯和石盂，寡君回去后就把他们治罪了。溴梁之盟的第二年，子蟜告老退休，公孙夏又随同寡君前来朝见，在举行尝祭时拜见了国君，参加了祭祀。隔了两年，听说国君准备安定东方，四月，又来贵国朝见听取会盟日期。在不来朝见期间，没有一年不来聘问，没有一次战役不派兵助战。大国政令反复无常，我国疲惫不堪，意外的事情屡有发生，没有一天不警惕。怎么敢忘记应尽的职责呢？

"如果大国能够安定我国，我们每天都会前来朝见，何劳贵国下令呢？但如果不体谅我们的忧患，却以此作为借口，恐怕就无法忍受大国的命令，而被大国丢弃成为仇敌了。我国非常害怕。哪里敢忘记国君的命令呢？一切听从执事，请执事认真考虑。"

秋季，栾盈从楚国到了齐国。晏平仲对齐庄公说："在商任盟会上，我们接受了晋国的命令。如今接纳栾盈，打算怎么任用他？小国事奉大国，靠的是信用。失去信用，便不能生存。希望国君慎重考虑。"庄公不听。晏平仲出来告诉陈文子说："国君守信，臣子恭敬。忠诚、信用、诚笃、恭敬，上下一致，才是上天之道。国君自己要抛弃这些，不能长久了！"

九月，郑国的公孙黑肱患了病，把封邑还给郑简公。把室老和宗人叫来，立了段为继承人，让他裁减家臣，祭祀从简。一般的祭祀只用一只羊，殷祭时只用羊和猪。留下足够供给祭祀的土地，其余封邑全都还给国君。他说："我听说：生在动乱时代，地位尊贵而安于清贫，对百姓没有要求，就可以在别人之后灭亡。你要恭敬地事奉国君和几位大臣。生存在于自我警戒，不在于富有。"二十五日，公孙黑肱去世。君子说："公孙黑肱善于自戒。《诗经》说：'谨慎你的法度，以防不测。'郑国的公孙黑肱做到了这一点。"

冬季，诸侯在沙随会见，是为了再次禁锢栾盈。

栾盈还在齐国，晏子说："祸乱就要发生。齐国将要攻打晋国，不能不使人害怕。"

楚国的观起受到令尹子南的宠信，官禄没有增加，却有了能驾驭几十辆车子的马。楚国人非常担心，楚康王准备讨伐他。子南的儿子弃疾是康王的御士，康王每次见到他，必定流泪。弃疾问："国君在臣面前已经哭了三次了，请问这是谁的罪过呢？"康王说："令尹不善，这你知道。国家准备讨伐他，你还能留下来吗？"弃疾回答说："父亲被杀，儿子留下来，国君还能重用他吗？泄露机密也将受到重刑，我不会这么做。"康王便在朝堂上杀了子南，将观起车裂，在四方边境示众。

子南的家臣对弃疾说："请允许把主人的尸体从朝堂上运走。"弃疾说："君臣之间有一定的礼仪，听凭几位大臣处理吧。"三天后弃疾请求收敛尸首，康王同意了。安葬子南后，弃疾手下的人说："要不要出走呢？"弃疾说："我参与了杀害我父亲，出走又能去哪里呢？"手下人又问："那么继续事奉国君吗？"弃疾说："抛弃父亲事奉仇人，我不忍心这么做。"就自缢而死。

康王又让薳子冯做令尹，公子齮为司马，屈建为莫敖。受到薳子冯宠信的八个人都没有俸禄却拥有很多匹马。有一天薳子冯上朝，和申叔豫说话。申叔豫不理他就走了。薳子冯追了上去，申叔豫躲到人群中。薳子冯再次追过去，申叔豫便回家了。退朝之后，薳子冯去见申叔豫，说："你在朝廷上三次给我难堪，我很担心，不敢不来求见。我有过错，你可以告诉我，为何这么讨厌我呢？"申叔豫回答说："我害怕不能免于罪过，还怎么敢告诉你？"薳子冯问："为什么？"申叔豫回答说："从前观起受到子南宠信，子南因此获罪，观起被五马分尸。怎么能不害怕呢？"薳子冯亲自驾车回去时，车子总是偏离正道。到家见到那八个人说："我见了申叔，这个人是那种让死者复生使白骨长肉的人啊。你们谁能像这个人了解我，谁就留下。不然，请就此罢休。"把那八个人赶走，康王才对他放心。

襄 公

十二月，郑国的游贩准备回到晋国，还没有走出国境，遇到迎亲的人，他夺了新娘并在那个城邑住下。十二月某日，新娘的丈夫攻打游贩，杀了他，带着妻子走了。子展把游贩的儿子游良废掉，立了游吉，说："国家的卿，就是国君的副手，百姓的主人，不能任意胡为。请舍弃游贩这类人。"又找到那个妻子被夺的人，让他回到家乡生活。让游氏不得怨恨报复，说："不要再宣扬游贩的恶名。"

襄公二十三年

经 二十有三年春，王二月癸酉朔，日有食之。三月己巳，杞伯匄卒。夏。邾畀我来奔。葬杞孝公。陈杀其大夫庆虎及庆寅。陈侯之弟黄自楚归于陈。晋栾盈复入于晋，入于曲沃。秋，齐侯伐卫，遂伐晋。八月，叔孙豹帅师救晋，次于雍榆。己卯，仲孙速卒。冬十月乙亥，臧孙纥出奔邾。晋人杀栾盈。齐侯袭莒。

传 二十三年春，杞孝公卒，晋悼夫人丧之①。平公不彻乐，非礼也。礼为邻国阙②。

陈侯如楚。公子黄诉二庆于楚，楚人召之。使庆乐往，杀之。庆氏以陈叛。夏，屈建从陈侯围陈。陈人城，板队而杀人③。役人相命④，各杀其长⑤。遂杀庆虎、庆寅。楚人纳公子黄。君子谓："庆氏不义，不可肆也⑥。故《书》曰：'惟命不于常⑦。'"

晋将嫁女于吴，齐侯使析归父媵之⑧，以藩载栾盈及其士⑨，纳诸曲沃。栾盈夜见胥午而告之⑩，对曰："不可。天之所废，谁能兴之？子必不免。吾非爱死也，知不集也⑪。"盈曰："虽然，因子而死⑫，吾无悔矣。我实不天⑬，子无咎焉。"许诺。伏之⑭，而觞曲沃人⑮。乐作，午言曰："今也得栾孺子⑯，何如？"对曰："得主而为之死，犹不死也。"皆叹，有泣者。爵行⑰，又言。皆曰："得主，何贰之有？"盈出，遍拜之⑱。

四月，栾盈帅曲沃之甲，因魏献子⑲，以昼入绛。初，栾盈佐魏庄子于下军⑳，献子私焉㉑，故因之。赵氏以原、屏之难怨栾氏，韩、赵方睦㉒。中行氏以伐秦之役怨栾氏㉓，而固与范氏和亲㉔。知悼子少㉕，而听于中行氏。程郑嬖于公。唯魏氏及七舆大夫与之。

乐王鲋侍坐于范宣子。或告曰："栾氏至矣。"宣子惧。桓子曰："奉君以走固宫㉖，必无害也。且栾氏多怨，子为政。栾氏自外，子在位，其利多矣。既有利权㉗，又执民柄㉘，将何惧焉？栾氏所得，其唯魏氏乎！而可强取也㉙。夫克乱在权，子无懈矣。"

公有姻丧㉚，王鲋使宣子墨缞冒绖㉛，二妇人辇以如公㉜，奉公以如固宫。范鞅逆魏舒，则成列既乘㉝，将逆栾氏矣。趋进，曰："栾氏帅贼以入，鞅之父与二三子在君所矣。使鞅逆吾子。鞅请骖乘持带。"遂超乘㉞，右抚剑，左援带，命驱之出。仆请㉟，鞅曰："之公㊱。"宣子逆诸阶，执其手，赂之以曲沃。

初，斐豹，隶也，著于丹书㊲。栾氏之力臣曰督戎，国人惧之。斐豹谓宣子曰："苟焚丹书，我杀督戎。"宣子喜，曰："而杀之，所不请于君焚丹书者，有如日！"乃出豹而闭之㊳。督戎从之，逾隐而待之㊴，督戎逾入，豹自后击而杀之。

范氏之徒在台后，栾氏乘公门[40]。宣子谓鞅曰："矢及君屋，死之！"鞅用剑以帅卒，栾氏退。摄车从之[41]，遇栾乐，曰："乐免之[42]，死将讼女于天。"乐射之，不中。又注[43]，则乘槐本而覆[44]。或以戟钩之，断肘而死。栾鲂伤。栾盈奔曲沃，晋人围之。

秋，齐侯伐卫。先驱[45]，谷荣御王孙挥，召扬为右。申驱[46]，成秩御莒恒，申鲜虞之傅挚为右。曹开御戎，晏父戎为右。贰广[47]，上之登御邢公，卢蒲癸为右。启[48]，牢成御襄罢师，狼蘧疏为右。胠[49]，商子车御侯朝，桓跳为右。大殿[50]，商子游御夏之御寇，崔如为右，烛庸之越驷乘[51]。自卫将遂伐晋。

晏平仲曰："君恃勇力以伐盟主[52]，若不济，国之福也。不德而有功，忧必及君。"崔杼谏曰："不可。臣闻之：小国间大国之败而毁焉，必受其咎。君其图之。"弗听。陈文子见崔武子，曰："将如君何？"武子曰："吾言于君，君弗听也。以为盟主，而利其难。群臣若急，君于何有？子姑止之。"文子退，告其人曰："崔子将死乎！谓君甚[53]，而又过之，不得其死。过君以义[54]，犹自抑也[55]，况以恶乎？"

齐侯遂伐晋，取朝歌[56]。为二队，入孟门[57]，登大行[58]，张武军于荧庭[59]。戍郫邵[60]，封少水[61]，以报平阴之役[62]，乃还。赵胜帅东阳之师以追之[63]，获晏氂[64]。八月，叔孙豹帅师救晋，次于雍榆，礼也。

季武子无适子，公弥长[65]，而爱悼子[66]，欲立之。访于申丰⁶⁷，曰："弥与纥，吾皆爱之，欲择才焉而立之。"申丰趋退，归，尽室将行。他日，又访焉，对曰："其然，将具敝车而行⁶⁸。"乃止。

访于臧纥，臧纥曰："饮我酒，吾为子立之。"季氏饮大夫酒，臧纥为客⁶⁹。既献，臧孙命北面重席⁷⁰，新尊絜之⁷¹。召悼子，降，逆之。大夫皆起。及旅⁷²，而召公鉏，使与之齿⁷³，季孙失色。

季氏以公鉏为马正⁷⁴，愠而不出⁷⁵。闵子马见之⁷⁶，曰："子无然。祸福无门，唯人所召。为人子者，患不孝，不患无所⁷⁷。敬共父命，何常之有？若能孝敬，富倍季氏可也。奸回不轨⁷⁸，祸倍下民可也。"公鉏然之。敬共朝夕，恪居官次⁷⁹。季孙喜，使饮己酒，而以具往⁸⁰，尽舍旃⁸¹。故公鉏氏富，又出为公左宰⁸²。

孟孙恶臧孙，季孙爱之。孟氏之御驺丰点好羯也⁸³，曰："从余言，必为孟孙。"再三云，羯从之。孟庄子疾，丰点谓公鉏："苟立羯，请仇臧氏。"公鉏谓季孙曰："孺子秩，固其所也⁸⁴。若羯立，则季氏信有力于臧氏矣⁸⁵。"弗应。己卯⁸⁶，孟孙卒⁸⁷，公鉏奉羯立于户侧。季孙至，入，哭，而出，曰："秩焉在？"公鉏曰："羯在此矣。"季孙曰："孺子长。"公鉏曰："何长之有？唯其才也。且夫子之命也⁸⁸。"遂立羯。秩奔邾。

臧孙入哭，甚哀，多涕。出，其御曰："孟孙之恶子也，而哀如是。季孙若死，其若之何？"臧孙曰："季孙之爱我，疾疢也⁸⁹；孟孙之恶我，药石也⁹⁰。美疢不如恶石⁹¹。夫石犹生我⁹²，疢之美，其毒滋多⁹³。孟孙死，吾亡无日矣。"孟氏闭门，告于季孙曰："臧氏将为乱，不使我葬。"季孙不信。臧孙闻之，戒。冬十月，孟氏将辟⑭，藉除于臧氏⑮。臧孙使正夫助之⑯，除于东门，甲从己而视之⑰。孟氏又告季孙。季孙怒，命攻臧氏。乙亥⑱，臧纥斩鹿门之关以出⑲，奔邾。

初，臧宣叔娶于铸⑩，生贾及为而死。继室以其侄，穆姜之姨子也⑩。生纥，长于公宫，姜氏爱之，故立之。臧贾、臧为出在铸。臧武仲自邾使告臧贾，且致大蔡焉⑩，曰："纥不佞，失守宗祧⑩，敢告不吊。纥之罪，不及不祀。子以大蔡纳请，其可。"贾曰："是家之祸也，非子之过也。贾闻命矣。"再拜受龟。使为以纳请，遂自为也⑩。臧孙如防，使来告曰："纥非能害也⑩，知不足也。非敢私请，苟守先祀，无废二勋⑩，敢不辟邑⑩？"乃立臧为。臧纥致防而奔齐⑩。其人曰："其盟我乎？"臧孙曰："无辞。"将盟臧氏，季孙召外史掌恶臣⑩，而问盟首焉，对曰："盟东门氏也⑩，曰：'毋或如东门遂，不听公命，杀适立庶。'盟叔孙氏也，曰：'毋或如叔孙侨如，欲废国常，荡覆公室。'"季孙曰："臧孙之罪，皆不及此。"孟椒曰⑪："盍以其犯门斩关？"季孙用之。乃盟臧氏曰："毋或如臧孙纥干国之纪⑫，犯门斩关！"臧孙闻之，曰："国有人焉！谁居⑬？其孟椒乎？"

晋人克栾盈于曲沃，尽杀栾氏之族党。栾鲂出奔宋。书曰："晋人杀栾盈。"不言大夫，言自外也。

齐侯还自晋，不入，遂袭莒，门于且于⑭，伤股而退。明日将复战，期于寿舒⑮。杞殖、华还载甲，夜入且于之隧⑯，宿于莒郊。明日，先遇莒子于蒲侯氏⑰。莒子重赂之，使无死，曰："请有盟。"华周对曰⑱："贪货弃命，亦君所恶也。昏而受命⑲，日未中而弃之，何以事君？"莒子亲鼓之，从而伐之，获杞梁⑳。莒人行成。

齐侯归，遇杞梁之妻于郊，使吊之。辞曰："殖之有罪，何辱命焉？若免于罪，犹有先人之敝庐在，下妾不得与郊吊㉑。"齐侯吊诸其室。

齐侯将为臧纥田，臧孙闻之，见齐侯。与之言伐晋，对曰："多则多矣㉒，抑君似鼠。夫鼠昼伏夜动，不穴于寝庙㉓，畏人故也。今君闻晋之乱而后作焉㉔。宁将事之，非鼠如何？"乃弗与田。

仲尼曰："知之难也㉕。有臧武仲之知，而不容于鲁国，抑有由也。作不顺而施不恕也㉖。《夏书》曰：'念兹在兹㉗。'顺事、恕施也。"

[注释]

①晋悼夫人丧之：晋悼公夫人为他服丧。晋悼夫人，杞孝公之妹，晋平公之母。　②阕：撤乐。　③板队而杀人：夹板掉下，就杀死筑城的人。板，筑城的夹板。队，同"坠"。　④相命：互相传令。　⑤长：役夫之长。　⑥肆：放肆。作"赦"解亦通。　⑦惟命不于常：句出《尚书·康诰》，意即天命不常在。　⑧媵之：送媵妾。　⑨藩：有车厢的车。　⑩胥午：曲沃大夫。　⑪不集：不成。　⑫因子：依靠您。　⑬不天：不为天所佑。　⑭伏：藏匿。　⑮觞：请喝酒。　⑯栾孺子：指栾盈。　⑰爵行：互相举杯。　⑱遍拜：一一拜谢。　⑲魏献子：即魏舒。　⑳魏庄子：魏绛，献子之父。　㉑私：要好。　㉒韩、赵：指韩起、赵武。　㉓中行氏：荀氏的一支。

襄公

㉔范氏：指范宣子。 ㉕知悼子：即知盈。 ㉖固宫：晋侯的别宫。 ㉗有利权：有利有权。 ㉘民柄：对百姓的赏罚。 ㉙强取：强力争取。 ㉚姻丧：即晋悼夫人丧其兄杞孝公。 ㉛墨缞（cuī）：黑色丧服。缞，粗麻布缝制的丧服。冒绖（dié）：头上系着麻带。绖，古代丧期结在头上或腰间的麻带。 ㉜二妇人辇以如公：和两个女人乘坐辇车到晋侯那里。 ㉝成列既乘：军队已排好，兵车准备完毕。 ㉞超乘：跳上车子。 ㉟仆请：御者问到哪里。 ㊱之公：到国君那里。之，动词，到，往。 ㊲著于丹书：用红字记载在竹简上。 ㊳出豹而闭之：让斐豹出宫门然后关上宫门。 ㊴逾隐：跳过短墙。隐，短墙。 ㊵乘：登。 ㊶摄车：驱车。 ㊷免之：免战。 ㊸注：搭上箭。 ㊹乘槐本：车子碰着槐树根。 ㊺先驱：先锋部队。 ㊻申驱：次前锋。 ㊼贰广：齐侯副车。 ㊽启：左翼。 ㊾胠：右翼。 ㊿大殿：后军。 (51)驷乘：四人共乘一车殿后。 (52)盟主：指晋国。 (53)甚：过分。 (54)过君以义：用道义超过国君。 (55)自抑：抑制自己。 (56)朝歌：晋邑，在今河南省淇县东北之朝歌城。 (57)孟门：在今河南省辉县市西，为太行隘道。 (58)大行：即太行陉，在今河南省沁阳市西北。 (59)张武军：详见宣公十二年注。荧庭：即陉庭，见桓公二年传。 (60)郫（pí）邵：晋地，在今河南省济源市西。 (61)封少水：在少水收尸封土。少水，即沁水，黄河支流。 (62)平阴之役：事见襄公十八年传。 (63)东阳：泛指晋属太行山以东的地方。 (64)晏氂（mào）：齐大夫，晏婴之子。 (65)公弥：即公钼。 (66)悼子：名纥。 (67)申丰：季氏家臣。 (68)具敝车：套上我的车子。 (69)客：上宾。 (70)北面重席：面向北铺两层席子。 (71)新尊絜之：用新酒杯并洗涤干净。絜，同"洁"。 (72)旅：旅酬，即宾主按尊卑长幼次序互相敬酒。 (73)使与之齿：使之与别人按年龄大小排列顺序。齿，年龄。 (74)马正：大夫家司马，主管土地的军赋。 (75)愠：怒。 (76)闵子马：即闵马父，人名。 (77)无所：无地位。 (78)奸回：奸邪。 (79)恪居官次：谨慎地履行职责。 (80)具：宴享的器具。 (81)旃："之

焉"合音字。　㉒出：出仕。　㉓御驺：养马兼驾车的官员。丰点：人名。羯：孟庄子之庶子，孺子秩之弟，又称孝伯。　㉔固其所：本来是继承人。　㉕信：确实。　㉖己卯：八月初十日。　㉗孟孙：即仲孙速。　㉘夫子：指孟庄子。　㉙疾疢（chèn）：疾病。　㉚药：中草药。石：砭石，古以石为针，可以治病。　㉛美疢不如恶石：好的疾病不如坏的药石。　㉜生我：使我活下去。　㉝滋多：更多。　㉞辟：开掘墓道。　㉟藉除：借用役夫。　㊱正夫：即正卒，正徒，适合服役的男子。　㊲甲从己：甲士跟着自己。　㊳乙亥：十月初七日。　㊴斩鹿门之关：斩断鹿门上的门闩。鹿门，鲁都南城东门。　㊵铸：古国名，在今山东省肥城市南。　㊶穆姜之姨子：穆姜妹妹的女儿。　㊷大蔡：大龟。　㊸失守宗祧（tiāo）：不能祭祀宗庙。宗祧，宗庙，祖庙。远祖为祧。　㊹自为：请求立自己为继承人。　㊺非能害：不能伤害别人。　㊻二勋：二人的功勋。二人指先人文仲、宣叔。　㊼辟邑：离开封邑。　㊽致防：献出防地。　㊾外史：官名。恶臣：逃亡在外之臣。　㊿东门氏：即东门襄仲，杀嫡子恶立宣公。见文公十八年传。　⑪孟椒：孟献子之孙子服惠伯。　⑫干国之纪：违犯国家的法纪。　⑬居：疑问助词，同"欤"。　⑭且于：莒邑，当在山东省莒县境内。　⑮寿舒：莒地，在今山东省莒县。　⑯隧：狭路，隘道。　⑰蒲侯氏：近莒之邑。　⑱华周：即华还，齐大夫。　⑲昏：黄昏。　⑳获：死获，即战死。杞梁：杞殖之字。　㉑不得与郊吊：不能接受在郊外吊唁。　㉒多则多矣：第一个"多"字指战功。　㉓寝庙：宗庙。　㉔作：发兵。　㉕知：同"智"。　㉖作不顺而施不恕：所作不顺事理，所为不合恕道。　㉗念兹在兹：想到这，一心在这。

[译文]

　　二十三年春季，杞孝公去世，晋悼公夫人为他服丧。晋平公没有撤除音乐，这是不合礼的。按照礼仪，邻国有了丧事应该撤除奏乐。

陈哀公到楚国朝见。公子黄在楚国对庆虎、庆寅提出控告，楚国人召见二庆。二庆派庆乐前去，楚国人把庆乐杀了。庆氏率领陈国背叛了楚国。夏季，屈建跟随陈哀公围攻陈国。陈国人筑城，夹板掉了下来，就把这个役人杀了。役人互相转告，各自杀了他们的监工。并杀了庆虎、庆寅。楚国人把公子黄送回陈国。君子认为："庆氏行为不合道义，不能赦免。因此《书经》说：'天命不能常保不变。'"

晋平公准备把女儿嫁到吴国，齐庄公派析归父给晋国送去陪嫁女子，用带车厢的车子载上栾盈和他的门客，安置在曲沃。栾盈夜里拜见胥午，把情况告诉他，胥午说："不能这么做。上天要废掉的人，谁还能使他兴起？你一定难逃一死。我并不怕死，只是知道事情难于成功。"栾盈说："即使如此，依靠您而死，我绝不后悔。我实在不为上天所保佑，您没有过错啊。"胥午答应了。先把他藏起来，再请曲沃人喝酒。演奏音乐时，胥午说："如果现在找到了栾盈，大家怎么办？"众人回答："找到了主人，为他而死也虽死犹生。"大家都唏嘘而叹，有人哭了起来。举杯痛饮之后，胥午又说起此事。大家都说："找到了主人，还能有二心吗？"栾盈出来，对众人一一拜谢。

四月，栾盈率领曲沃的甲兵，依靠魏舒，白天攻入绛城。当初，栾盈在下军辅佐魏绛时，和魏舒交情很好，因此依靠他。赵氏由于赵同、赵括的被杀而怨恨栾氏，此时韩氏和赵氏关系正好。中行氏因为伐秦之战怨恨栾氏，本来就和范氏友好。荀盈还很年轻，自然听从中行氏。程郑深受平公宠信。只有魏氏和七舆大夫帮助栾盈。

乐王鲋陪坐在士匄一旁。有人报告："栾氏打进来了。"士匄非常害怕。乐王鲋说："快保护国君躲到固宫，肯定没有危险。再说栾氏仇人很多，你握有大权。栾氏刚从国外回来，您身在要位，有利条件很多。有利有权，又掌握着对百姓的赏罚，还怕什么？能帮助栾氏的，只有魏氏一家吧！并且魏氏也可以用强力争取过来。镇压叛乱关键在于权力，您不能懈怠。"

晋平公亲戚有丧事，乐王鲋让士匄身穿黑色丧服，戴上麻巾，系上麻带，和两个妇女坐车到平公那里，保护着平公到了固宫。范鞅去迎接魏舒，魏舒的军队已经排列成行登上战车，准备去迎接栾氏了。范鞅快步向前说：“栾氏率领叛贼攻入都城，我父亲和几位大臣都在国君那里。特派我来迎接您去。请让我上车陪乘，拉着挽带。”说完跳上魏舒的战车，右手拿着宝剑，左手抓紧带子，下令驱车前进。驾车人问到哪里去，范鞅回答说：“到国君那里。”士匄走下台阶迎接魏舒，拉住他的手，答应把曲沃送给他。

当初，斐豹是一个奴隶，罪行用红笔刻在竹简上。栾氏有个力士叫督戎，国人都很怕他。斐豹对士匄说："如果您把红字竹简烧掉，我就杀死督戎。"士匄很高兴，说："你如果杀了他，我一定请求国君焚毁竹简，有太阳作证！"放斐豹出了宫门又关上。督戎跟在斐豹后面，斐豹跳过一道矮墙等他，待督戎也跳进墙，斐豹从后面把他杀死。

范氏的手下人隐藏在宫台后面，栾氏已经登上了宫门。士匄对范鞅说："如果箭射到国君屋子，你就去死！"范鞅挥剑率领士兵冲上去，栾氏后退。范鞅又跳上战车追赶，遇到栾乐，说："栾乐不要打了，不然我死了，要向上天控告你。"栾乐射他，没有射中。又搭箭再射，战车被槐树根绊翻。有人上去用戟钩他，把他的胳膊砍断，他就死了。栾鲂受了重伤。栾盈逃亡到曲沃，晋国人又包围了上去。

秋季，齐庄公攻打卫国。前锋部队由谷荣为王孙挥驾车，召扬为车右。次前锋由成秩为莒恒驾车，申鲜虞的儿子傅挚为车右。曹开为庄公驾车，晏父戎为车右。庄公的副车，由上之登为邢公驾车，卢蒲癸为车右。左翼部队由牢成为襄罢师驾车，狼蓬疏为车右。右翼部队由商子车为侯朝驾车，桓跳为车右。后卫部队由商子游为夏之御寇驾车，崔如为车右。烛庸之越等四人乘坐一辆战车殿后。准备从卫国出发攻打晋国。

晏平仲说："国君依仗勇猛和武力攻打盟主，如果不成功，是国家的福气。没有德行却取得成功，灾祸必将降到国君身上。"崔杼劝阻说："不能这么做。我听说：小国乘大国动乱出兵攻打，一定要受到灾祸。请国君慎重考虑！"庄公不听。陈文子去见崔杼说："你准备把国君怎么办？"崔杼说："我已劝说国君了，国君不听。拥戴晋国为盟主，却又乘人之危谋取利益。群臣如果有了急难，又哪里顾得上国君呢？您姑且别管这事。"文子出来，对他的手下人说："崔杼难逃一死！指责国君做事过分，自己却又超过了国君，不得好死。即使在道义上超过了国君，尚且要自我抑制，何况是做坏事呢？"

齐庄公随后攻打晋国，占领了朝歌。又兵分两路，一路攻入孟门，一路登上太行山，在荧庭建筑了武军。又派兵戍守郫邵，在少水收集晋军尸体堆成坟丘，报了平阴一战之仇，然后撤回。赵胜率领东阳的军队追击齐军，俘虏了齐将晏氂。八月，叔孙豹率军救援晋国，驻扎在雍榆，这是合乎礼的。

季武子没有嫡子，公弥年长，但季武子喜欢悼子，打算立他为继承人。征求家臣申丰的意见说："公弥和悼子，我都喜欢，我想挑有才干的立为继承人。"申丰连忙退出来，回到家打算带领全家离开。他日，季武子又问他，他回答说："这样的话，我将驾车离开。"季武子才停止不立。

季武子又去问臧纥，臧纥说："您请我喝酒，我帮您立他。"季武子请大夫喝酒，臧纥为上宾。献酒之后，臧纥命令朝北铺上两层席子，洗一个新的酒杯摆上。然后召见悼子，走下台阶迎接他。大夫们也都起身离席。等主宾酬答完毕，才召见公弥，让他和其他人按年龄大小坐在一起，季武子脸色都变了。

季武子让公弥做了马正，公弥生气不干。闵子马见到他，说："你不要这样。祸福无常，都是人们自己招来的。作为儿子，担心的应是不孝，不要担心失去地位。只要恭敬地尊重父亲的命令，怎么能保证事情不会发生变化呢？你如果能孝敬父母，比季氏富裕一倍也是可能的。如果奸邪不守规矩，祸患比百姓增加一倍也是可能的。"公弥听从了他的劝告。对父亲早晚恭敬问候，恪守职责。季武子非常满意，让公弥请自己喝酒，并带着饮宴器具前往，酒后全部留给了公弥。公弥因此富有起来，又担任了鲁襄公的左宰。

孟庄子讨厌臧纥，季武子却喜欢他。孟氏的车马官丰点喜欢孟庄子的庶子孝伯，他说："你听我的，一定能成为孟氏的继承人。"再三这样说，孝伯听了他的话。孟庄子得了病，丰点对公弥说："如果立了孝伯，就让他仇恨臧氏。"公弥对季武子说："孺子秩本应是孟氏继承人。如果改立孝伯，季氏就更有力量对付臧氏了。"季武子没有答应。八月十日，孟庄子去世，公弥事奉孝伯立在门口接受宾客的吊唁。季武子前来吊唁，进去哭了一阵出来问："孺子秩哪里去了?"公弥说："孝伯在这里。"季武子说："孺子秩年长。"公弥说："年长不年长有什么? 只要有才干就行。再说这是他父亲的遗命。"便立了孝伯为继承人。孺子秩逃到了邾国。

臧纥前来吊唁，非常悲痛，眼泪很多。出门后，他的御者说："孟孙讨厌您，您却如此悲伤。如果季孙死了，您又能怎样呢?"臧纥说："季孙爱我，有如疾病；孟孙恨我，就像良药。好看的疾病不如丑陋的良药。良药能救我一命，疾病越好看，毒害越大。孟孙死了，我马上就要灭亡了。"孟氏关起大门对季武子说："臧氏准备叛乱，不让我们下葬。"季武子不相信。臧纥听说后，加强了戒备。冬季十月，孟氏准备挖掘墓穴，向臧氏家借用劳工。臧纥派正夫前去帮忙，在东门外挖掘，自己带着甲兵前去视察。孟氏又告诉季武子。季武子非常恼怒，下令攻打臧氏。十月七日，臧纥砍断了鲁都南门鹿门的门闩出城，逃到了邾国。

当初，臧宣叔从铸国娶了妻子，生下贾和为之后，妻子就死了。臧宣叔又以她的侄女为继室，就是穆姜妹妹的女儿。她生了臧纥，臧纥在宫中长大，很受穆姜宠爱，因此被立为臧宣叔的继承人。臧贾、臧为离开鲁国住在铸国。臧纥从邾国派人告诉臧贾，并送上一只大龟说："我愚蠢无能，不能继续守护宗庙，特此向您报告。我的罪行还没有重到应该断子绝孙。您用这个大龟请求作为臧氏的继承人，大概是可以的。"臧贾说："这是家族的不幸，不是你一人的过错。我一定遵命。"两次拜谢后接受了大龟。他让臧为进献代请立为继承人,臧为却请求立了自己。臧纥到防地后,派人来报告说:"我不能伤害别人,只是不够聪明罢了。我不敢为一己之私提出请求,只要保证祖先继续受到祭祀,不致废弃两位先人的功劳,岂敢不献出封邑?"便把臧为立为继承人。臧纥把防邑献出后逃到齐国。他的随从说:"他们会为我们盟誓吗?"臧纥说:"找不出我的罪状来。"准备为臧氏盟誓,季武子召见掌管逃亡之臣的外史询问怎样盟誓,外史回答说:"像东门氏那样,说:'绝不能像东门遂不听国君命令,杀嫡立庶。'或者像叔孙氏那样,说:'绝不能像叔孙侨如要废弃国家制度,颠覆公室。'"季武子说:"臧纥的罪过都没有达到这种程度。"孟椒说:"何不以他砍坏城门门闩为理由写成盟辞呢?"季武子采纳了这一建议。便和官员们盟誓说:"绝不能像臧纥那样触犯国家的法纪,砍坏城门门闩!"臧纥听说后,说:"国内还是有人才啊!是谁呢?难道是孟椒吗?"

晋国人在曲沃打败了栾盈,把栾氏一族人都杀死了。栾鲂逃亡到宋国。《春秋》记载为"晋人杀栾盈"。不说他是大夫,表明栾盈是从国外回来发动叛乱的。

齐庄公从晋国回来,没有进入齐都,就去袭击莒国,攻打莒国且于城的大门,因腿部受伤而退兵。第二天,准备再战,下令在寿舒集合出发。齐国大夫杞殖、华还用战车载着甲士,趁夜进入且于的一条狭窄小道,露宿在莒都郊外。第二天,先在蒲侯氏遇到莒子。莒子送给他们很多财物,让他们不要拼死作战,说:"我愿和你们结盟。"华周回答说:"贪图财物而抛弃君命,也是您所厌恶的。昨晚才接受了国君的命令,不到中午就背弃,还怎么事奉国君?"莒子亲自擂鼓追击齐军,将杞殖杀死。莒国和齐国讲和。

齐庄公回国时,在齐都郊外遇到杞殖的妻子,派人前去吊唁。她辞谢说:"如果杞殖有罪,哪里还敢有劳国君吊唁?如果他没有罪,还有先人留下的破旧房屋,贱妾不能接受郊外的吊唁。"齐庄公便到她家中吊唁。

齐庄公准备封给臧纥田地，臧纥听说后，求见庄公。庄公和他说起攻打晋国的情况，他回答说："战功虽然很多，但国君有点像老鼠。那老鼠白天隐藏，晚上出动，不敢在宗庙中打洞居住，是因为害怕人。如今国君听说晋国发生了内乱就趁机兴兵讨伐。等它安定又去事奉，不像老鼠又像什么？"庄公就没给他封地。

孔子评论说："聪明很难做到啊。像臧纥那样聪明的人，竟然不能为鲁国所容纳，是有原因的。他的所作所为不合事理，又不能宽恕别人。《夏书》中说：'干什么都要依据这个标准。'说的就是要顺乎事理，合于恕道。"

襄公二十四年

经 二十有四年春，叔孙豹如晋。仲孙羯帅师侵齐。夏，楚子伐吴。秋七月甲子朔，日有食之，既。齐崔杼帅师伐莒。大水。八月癸巳朔，日有食之。公会晋侯、宋公、卫侯、郑伯、曹伯、莒子、邾子、滕子、薛伯、杞伯、小邾子于夷仪。冬，楚子、蔡侯、陈侯、许男伐郑。公至自会。陈铖宜咎出奔楚。叔孙豹如京师。大饥。

传 二十四年春，穆叔如晋。范宣子逆之，问焉，曰："古人有言曰：'死而不朽。'何谓也？"穆叔未对。宣子曰："昔匄之祖，自虞以上，为陶唐氏，在夏为御龙氏，在商为豕韦氏，在周为唐杜氏，晋主夏盟为范氏，其是之谓乎？"穆叔曰："以豹所闻，此之谓世禄，非不朽也。鲁有先大夫曰臧文仲，既没，其言立①。其是之谓乎豹闻之：'大上有立德②，其次有立功③，其次有立言④。'虽久不废，此之谓不朽。若夫保姓受氏⑤，以守宗祊⑥，世不绝祀，无国无之。禄之大者⑦,不可谓不朽。"

范宣子为政,诸侯之币重。郑人病之。二月,郑伯如晋。子产寓书于子西以告宣子⑧,曰:"子为晋国⑨,四邻诸侯,不闻令德,而闻重币,侨也惑之⑩。侨闻君子长国家者⑪,非无贿之患⑫,而无令名之难⑬。夫诸侯之贿聚于公室,则诸侯贰⑭。若吾子赖之⑮,则晋国贰。诸侯贰,则晋国坏⑯。晋国贰,则子之家坏。何没没也⑰!将焉用贿?夫令名,德之舆也。德,国家之基也。有基无坏,无亦是务乎⑱!有德则乐,乐则能久。《诗》云⑲:'乐只君子,邦家之基。'有令德也夫!'上帝临女,无贰尔心⑳。'有令名也夫!恕思以明德㉑,则令名载而行之,是以远至迩安。毋宁使人谓子㉒:'子实生我。'而谓:'子浚我以生乎㉓?'象有齿以焚其身㉔,贿也。"

宣子说,乃轻币。

是行也,郑伯朝晋,为重币故,且请伐陈也。郑伯稽首,宣子辞。子西相,曰:"以陈国之介恃大国而陵虐于敝邑㉕,寡君是以请请罪焉㉖。敢不稽首?"

孟孝伯侵齐,晋故也。

夏,楚子为舟师以伐吴㉗,不为军政㉘,无功而还。

齐侯既伐晋而惧,将欲见楚子。楚子使薳启强如齐聘,且请期。齐社㉙,蒐军实㉚,使客观之。陈文子曰:"齐将有寇㉛。吾闻之,兵不戢㉜,必取其族㉝。"

秋,齐侯闻将有晋师,使陈无宇从薳启强如楚,辞,且乞师。崔杼帅师送之,遂伐莒,侵介根㉞。

会于夷仪㉟,将以伐齐,水,不克。

冬，楚子伐郑以救齐，门于东门，次于棘泽[36]。诸侯还救郑。晋侯使张骼、辅跞致楚师[37]，求御于郑。郑人卜宛射犬吉[38]。子大叔戒之曰："大国之人，不可与也[39]。"对曰："无有众寡，其上一也[40]。"大叔曰："不然，部娄无松柏[41]。"二子在幄[42]，坐射犬于外[43]，既食而后食之。使御广车而行[44]，己皆乘乘车[45]。将及楚师，而后从之乘[46]，皆踞转而鼓琴[47]。近，不告而驰之。皆取胄于橐而胄[48]，入垒，皆下，搏人以投[49]，收禽挟囚[50]。弗待而出[51]。皆超乘，抽弓而射。既免[52]，复踞转而鼓琴，曰："公孙[53]，同乘，兄弟也，胡再不谋[54]？"对曰："曩者志入而已[55]，今则怯也[56]。"皆笑，曰："公孙之亟也[57]！"

楚子自棘泽还，使薳启强帅师送陈无宇。

吴人为楚舟师之役故，召舒鸠人[58]，舒鸠人叛楚。楚子师于荒浦[59]，使沈尹寿与师祁犁让之[60]。舒鸠子敬逆二子，而告无之，且请受盟。二子复命，王欲伐之。薳子曰[61]："不可。彼告不叛，且请受盟，而又伐之，伐无罪也。姑归息民，以待其卒[62]。卒而不贰，吾又何求？若犹叛我，无辞，有庸[63]。"乃还。

陈人复讨庆氏之党，鍼宜咎出奔楚。

齐人城郏[64]。穆叔如周聘，且贺城。王嘉其有礼也，赐之大路。

晋侯嬖程郑，使佐下军。郑行人公孙挥如晋聘。程郑问焉，曰："敢问降阶何由[65]？"子羽不能对[66]。归以语然明，然明曰："是将死矣，不然将亡。贵而知惧，惧而思降，乃得其阶。下人而已，又何问焉？且夫既登而求降阶者，知人也，不在程郑。其有亡衅乎㊆！不然，其有惑疾㊇，将死而忧也。"

[注释]

①言立：言语流传不衰。　②大上：即太上。一说太上于人为至尊，于德为至美，于事为至当，于时为至古。立德：树立德行。　③立功：树立功业。　④立言：树立言论。　⑤保姓受氏：保守承袭姓氏。　⑥宗祊（bēng，古读páng）：宗庙。祊，宗庙之门。　⑦禄：官禄。　⑧寓书：寄书。　⑨为：治。　⑩侨：公孙侨，即子产。　⑪长国家：领导国和家。　⑫非无贿之患：即不患无贿。　⑬无令名之难：患没有美名。难，患。　⑭贰：不一致，分裂。　⑮赖：利。　⑯坏：祸害。　⑰没没：即昧昧，不明白，糊涂。　⑱无亦是务：即不亦是务。务，致力，努力。　⑲《诗》云：以下二句见《诗经·小雅·南山有台》。　⑳"上帝临女"二句：句出《诗经·大雅·大明》篇。临女，监临着你。　㉑恕思以明德：用宽恕来显明德行。　㉒毋宁：即无宁，宁可。毋，语首助词，无义。　㉓浚我以生：靠剥削我而生存。浚，剥削，榨取。　㉔焚：即偾（fèn），倒毙。　㉕介恃：杖恃。　㉖请请罪焉：请求请罪于陈，即请求伐郑。　㉗舟师：水军。　㉘军政：军中政事。指规定赏罚。　㉙社：祭祀社神。　㉚蒐军实：大检阅。　㉛寇：入侵者。　㉜载：藏兵。　㉝取其族：即危害自己。族，类。　㉞介根：本为莒旧都，在今山东省胶州市西南。　㉟夷仪：晋地，在今河北省邢台市西。　㊱棘泽：郑地，在今河南省新郑市东南。　㊲致楚师：向楚军挑战。　㊳宛射犬：人名。　㊴与：对抗。　㊵上：车上。　㊶部娄：小土山。　㊷幄：帐幕。　㊸坐射犬于外：让射犬坐于帐幕外面。　㊹广车：攻敌之车。　㊺己：指二子，即张骼、辅跞。乘车：平日所乘战车。　㊻而后从之乘：而后跳下自己的战车，登上射犬的广车。

㊼踞转：蹲在车后的横木上。转，即轸，车后横木。 ㊽櫜(gāo)：盛甲胄的袋子。胄：第二个“胄”字指戴上头盔，此用作动词。 ㊾搏人以投：与楚兵搏斗，抓住楚兵扔出去。 ㊿收禽挟囚：将俘虏绑住或夹在腋下。 (51)弗待：指射犬不等待二人。 (52)既免：已脱险。 (53)公孙：指射犬。 (54)胡再不谋：为何两次都不商量。(55)曩：以往。此指前一次，即不告而驰。志入：一心进入敌营。 (56)今：指后一次，即弗待而出。 (57)亟：急。言其性急。 (58)舒鸠：楚属国，在今安徽省舒城县。 (59)荒浦：舒鸠地名，即黄陂。 (60)沈尹寿、师祁犁：均为楚大夫。 (61)薳子：即令尹薳子冯。 (62)卒：结果。 (63)有庸：有功。 (64)郏：即郏鄏，详见宣公三年传。 (65)降阶何由：如何降级。 (66)子羽：即公孙挥。 (67)亡衅：逃亡的迹象。(68)惑疾：心神不安而多疑。

[译文]

二十四年春季，穆叔前往晋国。士匄出来迎接，问他说：“古人有句话说：‘死而不朽。’是什么意思？”穆叔没有回答。士匄又说：“从前我的祖先，在虞舜以前是陶唐氏，在夏朝是御龙氏，在商朝是豕韦氏，在周朝为唐杜氏，晋国称霸中原时是范氏，说的是这种情况吗？”穆叔说：“据我所知，这只能叫作‘世禄’，并非‘不朽’。鲁国有个先大夫叫臧文仲，他死后，其言论世代流传。所谓‘不朽’，说的是这个吧！我听说：‘最高的境界是树立德行，其次是建立功业，再次是留下言论。’这样，即使死了也久久不会被废弃，这叫作不朽。至于能保存祖先姓氏，守住宗庙，世代得到祭祀，没有一个国家不是如此。仅仅是爵禄大，不能说是不朽。”

士匄执政期间，诸侯的贡赋很重。郑国人不堪重负。二月，郑简公到了晋国。子产给子西一封书信，让他转交士匄。信上说：“阁下治理晋国，四邻的诸侯国家听不到您的美德，听到的是纳贡日益增加，我感到很困惑。我听说君子治理国家，不忧虑财货多少，忧虑的是没有一个美好的名声。诸侯的财货一旦都集中到贵国公室，诸侯就会产生二心。如果您也想利用这些财货，晋国内部就会离心离德。诸侯有了二心，晋国就会受到损害。晋国内部离心离德，您的家族也将受到损害。您是多么糊涂啊！怎么能这么看重财货呢？美好的名声是德行的载体，德行是国和家的基石。有了基石，国与家才不被毁坏，能不致力于此吗！有了德行就快乐，快乐便能长久。《诗经》说：'快乐的君子，国家的基石。'说的就是有美德！'上天在监视你，不要怀有二心。'说的就是有美名！宽恕别人宣扬德行，美名就不胫而走，因此远方的人归附，邻近的人安心。您是想让人说：'确实是您养活了我。'还是想让人说：'您榨取我们养活了自己呢？'大象因为象牙才遭到毁灭，就是因为象牙是珍贵的财宝啊。"

士匄很高兴，就减轻了诸侯的贡赋。

这次郑简公朝见晋国，除了因为贡赋太重，同时请求出兵讨伐陈国。郑简公叩头行礼，士匄不敢接受。子西作为相礼，说："陈国依仗大国而欺侮我国，寡君请求向陈国兴师问罪。怎敢不叩头呢？"

鲁国的孟孝伯入侵齐国，是为了报复齐国对晋国的侵略。

夏季，楚康王出动水军攻打吴国，因为没有明确赏罚，所以无功而返。

齐庄公攻打晋国之后便害怕了，准备去朝见楚康王。康王派蒍启强到齐国聘问，并商量朝见的日期。齐国在军中祭祀社神，并检阅了军队，让客人参观。陈文子说："齐国将要受到侵犯。我听说，不把武器收藏起来，必然伤及自己的族类。"

秋季，齐庄公听说晋军将要出动，便派陈无宇随同蒍启强到楚国，取消朝见，同时请求出兵救援。崔杼领兵护送他，趁机攻打莒国，侵入介根。

诸侯在夷仪会见，准备攻打齐国，因为发生水灾，没能成行。

冬季，楚康王进攻郑国以援救齐国，攻打郑都东门，驻扎在棘泽。诸侯回师救援郑国。晋平公派张骼、辅跞向楚军挑战，并要求郑国派一个人驾车。郑国人占卜派宛射犬吉利。子太叔告诫宛射犬说:"大国人是不能和他们争夺高下的。"宛射犬说:"军队不论多少,御者在车上位于车左车右之上,都是一样的。"太叔说:"不是这样,小土山上长不出松柏。"张骼、辅跞坐在帐篷内,却让宛射犬坐到帐篷外面,两人吃完饭,才让宛射犬吃。让宛射犬驾着广车前面走,自己则坐到战车上。快到楚军跟前了,两人才坐上广车,又都蹲在车后的横木上弹琴。靠近楚军时,宛射犬没有告诉他们就冲了过去。两人连忙从袋子里取出头盔戴上,进入敌营后,都跳下车,抓住楚国士兵就扔了出去,又把俘虏捆住或挟在腋下。宛射犬不等他们俩就驾车奔出。两人都迅速跳上车,抽弓射杀追赶的敌兵。脱险后,又蹲在车后横木上弹起琴来,说:"公孙,同坐一辆车,就是兄弟,为什么进出都不和我们商量呢?"宛射犬回答说:"开始是一心想着冲进去,后一次是害怕了。"两个人都笑道:"公孙真是急性子!"

楚康王从棘泽回来,派薳启强领兵送回陈无宇。

吴国人因为楚国水军进攻吴国而召集舒鸠人,舒鸠人背叛了楚国。楚康王从荒浦发兵,派沈尹寿和师祁犁前去指责他们。舒鸠子恭敬有礼地迎接两人,告诉他们没有这回事,并且请求结盟。两人回去复命,康王想攻打舒鸠人。薳子冯说:"不能这么做。他们说没有背叛,并且请求结盟,我们又攻打,这是在攻打无罪之国啊。暂且回去让百姓得到休息,以等待结果。如果最终没有二心,我们还有什么可说的?如果背叛了我们,他们无话可说,我们就能建立战功了。"楚军回国。

陈国人又一次讨伐二庆的党羽,铖宜咎逃亡到了楚国。

齐国人在郏地筑城。穆叔到王室聘问,同时祝贺筑城竣工。天子赞赏他言行有礼,赐他大路车。

晋平公宠信程郑,让他担任下军副帅。郑国外交使节公孙挥到晋国聘问。程郑问他:"请问怎样才能降级?"公孙挥回答不出来。回国后告诉然明,然明说:"这个人快要死了,不死也要逃亡。地位尊贵才想到害怕,害怕了才想到降级,是想得到适合自己的位置。甘居人下就行了，还问什么？再说已登上高位又要求降级的人，是有智慧的人，但程郑不是这种人。恐怕他有了逃亡的迹象了吧！不然就是疑神疑鬼，是忧虑自己快要死了吧。"

襄公二十五年

经 二十有五年春，齐崔杼帅师伐我北鄙。夏五月乙亥，齐崔杼弑其君光。公会晋侯、宋公、卫侯、郑伯、曹伯、莒子、邾子、滕子、薛伯、杞伯、小邾子于夷仪。六月壬子，郑公孙舍之帅师入陈。秋八月己巳，诸侯同盟于重丘。公至自会。卫侯入于夷仪。楚屈建帅师灭舒鸠。冬，郑公孙夏帅师伐陈。十有二月，吴子遏伐楚，门于巢，卒。

传 二十五年春，齐崔杼帅师伐我北鄙，以报孝伯之师也。公患之，使告于晋。孟公绰曰①："崔子将有大志，不在病我②，必速归，何患焉！其来也不寇③，使民不严④，异于他日。"齐师徒归⑤。

齐棠公之妻⑥，东郭偃之姊也。东郭偃臣崔武子。棠公死，偃御武子以吊焉。见棠姜而美之，使偃取之。偃曰："男女辨姓⑦。今君出自丁⑧，臣出自桓⑨，不可。"武子筮之，遇《困》☷之《大过》☰⑩。史皆曰："吉。"示陈文子，文子曰："夫从风，风陨妻⑪，不可娶也。且其繇曰：'困于石⑫，据于蒺藜⑬，入于其宫，不见其妻，凶。'困于石，往不济也⑭。据于蒺藜，所恃伤也。入于其宫，不见其妻，凶，无所归也⑮。"崔子曰："嫠也何害⑯？先夫当之矣。"遂取之。

庄公通焉，骤如崔氏。以崔子之冠赐人，侍者曰："不可。"公曰："不为崔子⑰，其无冠乎？"崔子因是⑱，又以其间伐晋也⑲，曰："晋必将报。"欲弑公以说于晋，而不获间。公鞭侍人贾举而又近之，乃为崔子间公⑳。

夏五月，莒为且于之役故，莒子朝于齐。甲戌㉑，飨诸北郭。崔子称疾不视事㉒。乙亥㉓，公问崔子，遂从姜氏㉔。姜入于室，与崔子自侧户出。公拊楹而歌㉕。侍人贾举止众从者而入㉖，闭门。甲兴㉗。公登台而请㉘，弗许。请盟，弗许。请自刃于庙，弗许。皆曰："君之臣杼疾病，不能听命。近于公宫，陪臣干掫有淫者㉙，不知二命㉚。"公逾墙。又射之㉛，中股，反队㉜。遂弑之。贾举、州绰、邴师、公孙敖、封具、铎父、襄伊、偻堙皆死㉝。祝佗父祭于高唐，至，复命。不说弁而死于崔氏㉞。申蒯，侍渔者㉟，退，谓其宰曰："尔以帑免㊱，我将死。"其宰曰："免，是反子之义也㊲。"与之皆死。崔氏杀鬷蔑于平阴。

晏子立于崔氏之门外，其人曰："死乎？"曰："独吾君也乎哉？吾死也？"曰："行乎？"曰："吾罪也乎哉？吾亡也？"曰："归乎？"曰："君死，安归？君民者㊳，岂以陵民？社稷是主。臣君者㊴，岂为其口实㊵？社稷是养㊶。故君为社稷死，则死之；为社稷亡，则亡之。若为己死而为己亡，非其私昵㊷，谁敢任之㊸？且人有君而弑之㊹，吾焉得死之？而焉得亡之？将庸何归㊺？"门启而入，枕尸股而哭。兴㊻，三踊而出㊼。人谓崔子："必杀之！"崔子曰："民之望也！舍之，得民。"

卢蒲癸奔晋，王何奔莒㊽。

襄　公

叔孙宣伯之在齐也㊾，叔孙还纳其女于灵公，嬖，生景公。丁丑㊿，崔杼立而相之，庆封为左相，盟国人于大宫，曰：“所不与崔、庆者——”晏子仰天叹曰：“婴所不唯忠于君、利社稷者是与，有如上帝！”乃歃。辛巳(51)，公与大夫及莒子盟。

大史书曰：“崔杼弑其君。”崔子杀之。其弟嗣书，而死者二人。其弟又书，乃舍之。南史氏闻大史尽死，执简以往。闻既书矣，乃还。

闾丘婴以帷缚其妻而载之(52)，与申鲜虞乘而出。鲜虞推而下之，曰：“君昏不能匡，危不能救，死不能死，而知匿其昵，其谁纳之？”行及弇中(53)，将舍，婴曰：“崔、庆其追我。”鲜虞曰：“一与一，谁能惧我？”遂舍，枕辔而寝，食马而食(54)。驾而行，出弇中，谓婴曰：“速驱之！崔、庆之众，不可当也。”遂来奔。

崔氏侧庄公于北郭(55)。丁亥(56)，葬诸士孙之里(57)，四翣(58)，不跸(59)，下车七乘(60)，不以兵甲。

晋侯济自泮(61)，会于夷仪，伐齐，以报朝歌之役。齐人以庄公说，使隰鉏请成。庆封如师，男女以班(62)。赂晋侯以宗器、乐器。自六正、五吏、三十帅、三军之大夫、百官之正长、师旅及处守者，皆有赂。晋侯许之，使叔向告于诸侯。公使子服惠伯对曰：“君舍有罪，以靖小国，君之惠也。寡君闻命矣！”

晋侯使魏舒、宛没逆卫侯，将使卫与之夷仪。崔子止其帑(63)，以求五鹿。

初，陈侯会楚子伐郑，当陈隧者(64)，井堙木刊(65)。郑人怨之。六月，郑子展、子产帅车七百乘伐陈，宵突陈城⁶⁶，遂入之。陈侯扶其大子偃师奔墓，遇司马桓子，曰："载余。"曰："将巡城。"遇贾获，载其母妻，下之，而授公车。公曰："舍而母⁶⁷！"辞曰："不祥。"与其妻扶其母以奔墓，亦免。

子展命师无入公宫，与子产亲御诸门。陈侯使司马桓子赂以宗器。陈侯免⁶⁸，拥社⁶⁹。使其众男女别而累⁷⁰，以待于朝。子展执絷而见⁷¹，再拜稽首，承饮而进献⁷²。子美入⁷³，数俘而出。祝祓社⁷⁴，司徒致民，司马致节⁷⁵，司空致地，乃还。

秋七月己巳⁷⁶，同盟于重丘⁷⁷，齐成故也。

赵文子为政⁷⁸，令薄诸侯之币而重其礼⁷⁹。穆叔见之。谓穆叔曰："自今以往，兵其少弭矣。齐崔、庆新得政，将求善于诸侯。武也知楚令尹⁸⁰。若敬行其礼，道之以文辞，以靖诸侯，兵可以弭。"

楚薳子冯卒，屈建为令尹，屈荡为莫敖。舒鸠人卒叛楚，令尹子木伐之⁸¹，及离城⁸²。吴人救之。子木遽以右师先，子强、息桓、子捷、子骈、子盂帅左师以退。吴人居其间七日。子强曰："久将垫隘⁸³，隘乃禽也。不如速战。请以其私卒诱之，简师陈以待我⁸⁴。我克则进，奔则亦视之，乃可以免。不然，必为吴禽。"从之。五人以其私卒先击吴师。吴师奔，登山以望，见楚师不继，复逐之，傅诸其军⁸⁵。简师会之，吴师大败。遂围舒鸠，舒鸠溃。八月，楚灭舒鸠。

卫献公入于夷仪。

郑子产献捷于晋，戎服将事[86]。晋人问陈之罪，对曰："昔虞阏父为周陶正[87]，以服事我先王。我先王赖其利器用也[88]，与其神明之后也[89]，庸以元女大姬配胡公[90]，而封诸陈，以备三恪[91]。则我周之自出[92]，至于今是赖。桓公之乱[93]，蔡人欲立其出。我先君庄公奉五父而立之，蔡人杀之。我又与蔡人奉戴厉公，至于庄、宣，皆我之自立。夏氏之乱[94]，成公播荡[95]，又我之自入，君所知也。今陈忘周之大德，蔑我大惠[96]，弃我姻亲，介恃楚众[97]，以冯陵我敝邑，不可亿逞[98]。我是以有往年之告。未获成命，则有我东门之役。当陈隧者，井堙木刊。敝邑大惧不竞，而耻大姬。天诱其衷[99]，启敝邑之心[100]。陈知其罪，授手于我[101]。用敢献功。"晋人曰："何故侵小？"对曰："先王之命，唯罪所在，各致其辟[102]。且昔天子之地一圻[103]，列国一同[104]，自是以衰[105]。今大国多数圻矣[106]。若无侵小，何以至焉？"晋人曰："何故戎服？"对曰："我先君武、庄，为平、桓卿士。城濮之役，文公布命，曰：'各复旧职！'命我文公戎服辅王，以授楚捷。不敢废王命故也。"士庄伯不能诘[107]，复于赵文子。文子曰："其辞顺，犯顺不祥。"乃受之。

冬十月，子展相郑伯如晋，拜陈之功。子西复伐陈，陈及郑平。

仲尼曰："《志》有之：'言以足志[108]，文以足言[109]。'不言谁知其志？言之无文，行而不远[110]。晋为伯，郑入陈，非文辞不为功。慎辞也。"

楚芋掩为司马，子木使庀赋[111]，数甲兵[112]。甲午，芋掩书土田[113]，度山林[114]，鸠薮泽[115]，辨京陵[116]，表淳卤[117]，数疆潦⑱，规偃猪⑲，町原防⑳，牧隰皋㉑，井衍沃㉒，量入修赋㉓，赋车籍马㉔，赋车兵、徒兵、甲楯之数㉕。既成，以授子木，礼也。

十二月，吴子诸樊伐楚，以报舟师之役。门于巢㉖，巢牛臣曰㉗："吴王勇而轻，若启之，将亲门。我获射之，必殪。是君也死，疆其少安。"从之。吴子门焉，牛臣隐于短墙以射之，卒。

楚子以灭舒鸠赏子木。辞曰："先大夫蒍子之功也。"以与蒍掩。

晋程郑卒。子产始知然明，问为政焉。对曰："视民如子。见不仁者诛之，如鹰鹯之逐鸟雀也。"子产喜，以语子大叔，且曰："他日吾见蔑之面而已㉘，今吾见其心矣。"

子大叔问政于子产。子产曰："政如农功，日夜思之，思其始而成其终，朝夕而行之。行无越思㉙，如农之有畔㉚。其过鲜矣。"

卫献公自夷仪使与宁喜言，宁喜许之。大叔文子闻之，曰："乌乎！《诗》所谓'我躬不说，皇恤我后'者㉛，宁子可谓不恤其后矣。将可乎哉？殆必不可。君子之行，思其终也，思其复也㉜。《书》曰：'慎始而敬终，终以不困㉝。'《诗》曰㉞：'夙夜匪解，以事一人。'今宁子视君不如弈棋㉟，其何以免乎？弈者举棋不定，不胜其耦㊱。而况置君而弗定乎？必不免矣。九世之卿族，一举而灭之。可哀也哉！"

会于夷仪之岁，齐人城郏。其五月，秦、晋为成。晋韩起如秦莅盟，秦伯车如晋莅盟，成而不结㊲。

[注释]

①孟公绰：鲁大夫。　②病：困扰，用作动词。　③不寇：不劫掠。　④使民不严：役使百姓不严厉。　⑤徒：空。　⑥齐棠公：齐棠邑大夫。　⑦男女辨姓：男女婚姻区别姓氏，即同姓不婚。　⑧丁：齐丁公，姜太公之子。　⑨桓：齐桓公。丁、桓同为姜姓。　⑩《困》：卦名，其卦象为下坎上兑。《大过》：卦名，其卦象为下巽上兑。　⑪"夫从风"二句：丈夫随从风，风吹落妻子。《困》卦的卦象是坎下兑上，坎为中男，故曰夫。三爻由阴变阳而为巽，巽为风，故曰"夫从风"。兑仍在上，故曰"风陨妻"。下句为《困》卦六三爻辞。　⑫困于石：为石头所困。　⑬据于蒺藜：站在蒺藜丛里。　⑭往不济：前往不成功。　⑮无所归：没有归宿。　⑯嫠（lí）：寡妇。　⑰不为崔子：即不用崔子之冠。　⑱因是：因此怀恨。　⑲间：晋国动乱的机会。　⑳间公：寻找杀齐庄公的机会。　㉑甲戌：十六日。　㉒称疾：推说有病。不视事：不参加，不办公事。　㉓乙亥：十七日。　㉔从姜氏：跟姜氏在一起。　㉕拊楹：轻轻拍打柱子。　㉖止：阻止。　㉗甲兴：崔子的甲士起而攻庄公。　㉘请：请求住手。　㉙干掫（zōu）：巡查搜捕。　㉚不知二命：其他命令一概不受。　㉛又射：有人射箭。又，同"有"。　㉜反队：跌于墙内。队，同"坠"。　㉝贾举、州绰等：八人均为齐庄公所宠爱的勇士。　㉞不说弁：不脱去帽。说（tuō），通"脱"。弁，古代贵族的一种帽子。　㉟侍渔：管理渔业的人。　㊱帑：家室。　㊲反子之义：违反您的道义。　㊳君民：作为民众的国君。　㊴臣君：作为国君的臣子。　㊵口实：指俸禄。　㊶养：保。　㊷私昵：个人所宠爱。　㊸任：承担。　㊹人有君：别人立君。人，指崔杼。有君，立君。　㊺庸何：同义词连用。　㊻兴：站起。　㊼三踊：顿跳三次。　㊽卢蒲癸、王何：二人为庄公亲信。　㊾叔孙宣伯：即叔孙侨如。　㊿丁丑：十九

日。(51)辛巳：二十三日。(52)闾丘婴：与申鲜虞均为庄公近臣。以帷缚：用帷幕包捆。(53)弇（yǎn）中：山谷名，在今山东省淄博市临淄区西南。(54)食马而食：先喂马后自食。(55)侧：烧土为砖，以砖围砌于棺木之外。(56)丁亥：二十九日。(57)士孙之里：里名。古代族人应葬于族墓，唯凶死者另葬，以示惩罚。(58)翣（shà）：一种长柄羽扇。安葬时放在墓坑中。据《礼记·礼器》载："天子八翣，诸侯六翣，大夫四翣。"此用四翣，表示庄公被贬而用大夫礼。(59)跸（bì）：清道、警戒。(60)下车：送葬的破车子。一说为陪葬的车子。

(61)泮：水名，在今山东省泰安市南。(62)男女以班：男女分开排列、捆绑。(63)止其帑：留下卫侯的妻子儿女。(64)当陈隧：陈军经过之地。(65)井堙木刊：井被填塞，树木被伐。刊，除。(66)宵突：夜里突袭。(67)舍：安置，即同乘一车。(68)免（wèn）：丧服。(69)拥社：抱着土地神主。(70)累：捆绑。(71)縶：绳子。(72)承饮：捧着酒杯。(73)子美：子产。(74)祝祓社：向土地神祷告除灾。(75)致节：归还符节。(76)己巳：十二日。(77)重丘：齐地，在今山东省聊城市东南。说法不一。(78)赵文子：赵武。(79)薄：轻。(80)知楚令尹：与楚令尹相知。(81)子木：即屈建。(82)离城：舒鸠邑。(83)垫隘：疲弱。(84)简师：挑选精兵。(85)傅：接近。(86)戎服：穿着军装。

(87)陶正：掌管制陶的官员。(88)先王：指周武王。赖：善，此作嘉奖。(89)神明之后：指虞舜的后代。(90)元女大姬：周武王长女。大，同"太"。胡公：阏父之子。(91)三恪：据《礼记·乐记》载："武王克殷，反商，未及下车，而封黄帝之后于蓟，封帝尧之后于祝，封帝舜之后于陈。"三恪当指此。恪，敬。(92)周之自出：周朝的后代，实为周的外甥。(93)桓公：指陈桓公。桓公之乱，事在鲁桓公五年。(94)夏氏之乱：指鲁宣公十年夏征舒杀陈灵公事。(95)播荡：流离失所。

(96)蔑：弃。(97)介恃：借恃，借仗。(98)亿逞：满足。(99)天诱其衷：上天厌恶他们。(100)启敝邑之心：开启我国伐陈之心。(101)授手：降服。(102)辟：刑。(103)一圻（qí）：四方各一千里。圻，又作畿。

《诗经·商颂·玄鸟》中有"邦畿千里"。 ⑭一同:方百里。 ⑮自是以衰:自此以下递减。衰,降。 ⑯多数圻:多至几千里。 ⑰士庄伯:士弱。 ⑱言以足志:言语用来满足(服务于)心愿。 ⑲文以足言:文采用来满足言语。 ⑳行而不远:不能传播远方。 ㉑庀(pǐ)赋:治理军赋。 ⑫数:检查计算。 ⑬书土田:统计土田。 ⑭度山林:度量山林木材。 ⑮鸠薮泽:聚集河湖渊泽的水产品。 ⑯辨京陵:区别山陵高地情况。 ⑰表淳卤:标出盐碱地。 ⑱数疆潦:计算水淹地。强潦,指土性刚硬,受水则潦。疆,当作"强"。 ⑲规偃猪:规划蓄水的池塘。偃,同"堰",堤岸。猪,亦作"潴",蓄水池。 ⑳町原防:划分小块耕地。原、防含义相同。 ㉑牧隰(xí)皋:在低洼草地上放牧。 ⑫井衍沃:在肥沃的土地上划定井田。 ⑬量入修赋:计算收入而修订赋税之法。 ⑭赋车籍马:征收车马。 ⑮车兵、徒兵:战车和步兵的武器。甲楯:盔甲,盾牌。 ⑯巢:楚邑,在今安徽省巢湖市东北。 ⑰巢牛臣:楚臣。 ⑱蔑:髶(zōng)蔑,即然明,庄公宠臣,平阴大夫。面:面貌。然明貌丑。 ⑲行无越思:所做不超越所思。 ⑳畔:田埂。 ㉛"我躬不说"二句:句出《诗经·邶风·谷风》及《小雅·小弁》。说,一作"阅",容纳。皇,暇。恤,忧,顾念。 ⑫复:再一次。 ⑬《书》曰:以下二句出自《逸书》。 ⑭《诗》曰:以下二句出自《大雅·烝民》篇。夙夜,即早晚、朝夕。解,同"懈",懈怠。 ⑮弈棋:下棋。 ⑯耦:弈棋的对手。 ⑰成而不结:媾和而不巩固。

[译文]

二十五年春季,齐国的崔杼率领军队攻打鲁国北部边境,以报复孟孝伯对齐国的进攻。襄公很担心,派人到晋国报告。孟公绰说:"崔杼将有大的志向,目的不在侵扰我国,肯定会尽快退兵,有什么可担心的呢!他来我国却不抢掠,役使百姓也不严厉,与往日不同。"齐军空手而归。

齐国棠公的妻子是东郭偃的姐姐。东郭偃是崔杼的家臣。棠公去世时，东郭偃为崔杼驾车前去吊唁。崔杼见棠姜很美丽，让东郭偃为自己娶过来。东郭偃说："男女结婚要辨明姓氏。您是齐丁公的后代，我们是齐桓公的后代，不能通婚。"崔杼让人占卜，遇到困卦变成大过卦。太史都说："吉利。"拿给陈文子看，文子说："丈夫从风，大风吹落妻子，不能娶。而且它的繇辞说：'为石块所困，靠着蒺藜丛，走进屋子中，不见妻子影，是为凶。'为石块所困，意味着即使去了也不能成功。靠着蒺藜丛，说明所依靠的东西会伤害人。进到屋子中，不见妻子踪影，是凶兆，意味着无家可归。"崔杼说："她是个寡妇，有什么可害怕的？她的前夫已经承担了这些凶兆。"就娶了棠姜。

齐庄公和棠姜私通，多次到崔杼家。把崔杼的帽子赐给别人，侍从劝阻说："不能这么做。"庄公说："不用崔杼的帽子，难道就没有别人的帽子吗？"崔杼对此怀恨在心，又因为庄公乘晋国内乱攻打晋国，说："晋国一定会来报仇。"企图杀了庄公以讨好晋国，一直没有找到机会。庄公鞭打侍从贾举，却又亲近他，于是贾举为崔杼寻找机会。

夏季五月，莒国因为且于之战，莒子前往齐国朝见。十六日，庄公在北城设宴招待。崔杼推说有病不理政事。十七日，庄公探望崔杼，又和姜氏鬼混。姜氏进入内室，和崔杼从侧门出来。庄公拍着柱子唱歌。侍从贾举阻拦庄公的随从不让入内，自己进去把门关上。崔杼的甲士一拥而出要杀庄公。庄公登上高台请求免死，众人不答应。庄公请求盟誓，也不答应。庄公请求在祖庙自杀，也不答应。众人都说："国君的臣子崔杼病重，不能前来听命。这里距公室很近，我们只知道搜捕淫乱之人，不知道还有其他命令。"庄公要跳墙逃走。甲士射他，射中了大腿，从墙上坠下来。众人上去把他杀了。贾举、州绰、邴师、公孙敖、封具、铎父、襄伊、偻堙也都被杀死。祝佗父在高唐祭祀，回到国都复命。还没脱掉弁，便被杀死在崔杼家中。申蒯是管理渔业的官员，他退出来对家臣说："你带着我的妻儿逃命，我准备去死。"

他的家臣说："我如果逃走，就违背了你的道义。"和申蒯一同死去。崔杼在平阴杀了㽽蔑。

晏子站在崔家大门外，他的手下人说："打算去死吗？"晏子说："他是我一个人的国君吗？我为什么要死呢？"手下人又说："逃走吗？"晏子说："我有罪吗？为什么要逃走？"手下人又说："回去吗？"晏子说："国君已死，能回到哪里去呢？作为百姓的国君，怎么能够凌驾到百姓头上呢？是让他主持国政的。作为国君的臣子，难道仅仅为了俸禄吗？应该保护国家。因此国君为国家而死，臣子就应该为他而死；国君为国家而逃亡，臣子就应该随他而逃亡。如果国君是为自己而死，为自己而逃亡，那么除了他所亲信的人，谁敢承担这一责任呢？再说崔杼立了国君又把他杀死，我为什么要为他而死？为什么要为他而逃亡呢？但我又能回到哪里去呢？"崔杼家的大门打开，晏子进去，头枕到庄公的大腿上号哭。然后站起来，跳了三次就出去了。有人对崔杼说："一定要把他也杀死！"崔杼说："他是百姓所仰望的人！放过他，能够得到民心。"

卢蒲癸逃亡到了晋国，王何逃亡到了莒国。

叔孙宣伯在齐国时，叔孙还把他的女儿嫁给齐灵公，受到宠爱，生了景公。五月十九日，崔杼把他立为国君，自己为宰相，庆封任左相，在大宫庙中和国人盟誓说："谁要不亲附崔氏、庆氏——"晏子仰天叹道："我晏婴如果不亲附忠君利国的人，有上帝作证！"于是歃血。二十三日，齐景公和大夫以及莒子结盟。

太史记载说："崔杼弑其君。"崔杼把他杀了。太史弟弟接着这么写，先后有两人被杀。太史另一个弟弟又这么写，崔杼把他放了。南史氏听说太史都死了，拿着竹简前往。听说已经如实记载，这才回去。

闾丘婴用车子的帐幔把妻子包起来放到车上，和申鲜虞乘坐一辆车逃走。申鲜虞把闾丘婴的妻子推下车，说："国君昏庸不能匡正，危难不能解救，死了不能殉难，只知道藏匿自己亲爱的人，有谁会接纳你呢？"来到畚中山谷准备住宿，闾丘婴说："崔杼、庆封恐怕正在追我们。"鲜虞说:"一个对一个,谁能让我们害怕?"便住了下来,枕住马缰而睡,先喂了马,自己才吃饭。然后又套车上路,走出夺中,鲜虞对闾丘婴说:"请快点赶马!崔、庆的人多,我们抵抗不住。"然后逃到鲁国。

崔杼把庄公的棺木用砖围砌在北面外城。二十九日,安葬在士孙之里,用了四把长柄羽扇,没有清道戒严,用了七辆破车送葬,没有出动兵甲保卫。

晋平公渡过泮水,和诸侯在夷仪会合,攻打齐国,以报朝歌一战之仇。齐国人以杀庄公这件事讨好晋国,并派隰钼请求讲和。庆封来到军中,把男女分列捆绑。又赠送晋平公宗庙的祭器和乐器。对六卿、五吏、三十个将领、三军大夫、各部门长官、师旅属官以及留守官员都送了东西。平公答应讲和,让叔向通知诸侯。襄公派子服惠伯答复说:"国君原谅有罪的国家,以安定小国,这是国君的恩惠。寡君听到命令了。"

晋平公派魏舒和宛没迎接卫献公,准备让卫国把夷仪一地送给献公居住。崔杼把献公的妻儿扣下,要求得到五鹿。

当初,陈哀公会合楚王攻打郑国,陈军所到之处,水井被填,树木被砍。郑国人对此怀恨在心。六月,郑国的子展、子产率领七百辆战车攻打陈国,夜里突袭陈都攻进城内。陈哀公扶着太子偃师逃到墓地,遇到司马桓子,哀公说:"让我坐上你的车。"司马桓子说:"我要去巡视城防。"遇到贾获,车上拉着母亲和妻子,贾获让她们下去,把车子送给哀公。哀公说:"让你母亲也坐上吧!"贾获说:"不够吉祥。"就和妻子扶着母亲逃到墓地,也躲过了灾难。

子展下令军队不要进入陈哀公的宫内,和子产亲自守在门口。哀公让司马桓子把宗庙的祭器送给他们。哀公身穿丧服怀抱社神的神主。让手下男女分列捆绑,在朝堂听候处理。子展拿着绳子进见哀公,两次叩头后向哀公敬酒。子产进来,清点了俘虏的人数就出去了。郑国人祭祀社神以消除灾邪,司徒把百姓还给陈国,司马把兵符还给陈国,司空把土地还给陈国，然后便回国了。

秋季七月十二日，诸侯一起在重丘结盟，这是因为已和齐国讲和。

赵武执政，下令减轻诸侯的贡赋，更加注重礼仪。穆叔见他。他对穆叔说："从今以后，战争大概可以稍稍停止了。齐国的崔杼、庆封刚刚取得政权，将会力求和诸侯改善关系。我和楚国的令尹交好。如果恭敬有礼，再以优美的外交辞令作为引导，以此安定诸侯，战争便可以停止。"

楚国的蔿子冯去世，屈建出任令尹，屈荡为莫敖。舒鸠人终于背叛了楚国。屈建发兵攻打，到达离城。吴国人前来救援。屈建连忙让右翼部队先上，让子强、息桓、子捷、子骈、子盂率领左翼部队撤退。吴国人在楚国左右两军之间停留了七天。子强说："时间太长将士就会疲弱，疲弱就容易被俘。不如速战速决。请允许我带领家兵引诱敌军，你们挑选精兵严阵以待。我能战胜就继续前进，如果失败了，就看情况采取行动，这样可以免于被俘。不然的话，一定被吴军俘虏。"大家听从了他的话。子强五人带领自己的家兵先袭击吴军。吴军逃亡，登上山眺望，见楚军没有后援，便折回来追赶，逼近楚军。楚国精兵和子强等人的家兵会合起来，吴军大败。楚军又围攻舒鸠，舒鸠溃散。八月，楚国灭亡了舒鸠国。

卫献公进入夷仪。

郑国的子产到晋国进献俘获的战利品，身穿军服处理事务。晋国人问他陈国犯了什么罪，他回答说："从前虞阏父担任周朝的陶正，服事我们先王。先王为奖励他能制造器具利于日用，而且是虞舜的后代，便把大女儿太姬嫁给他儿子胡公，封他在陈地，以表示对黄帝、尧、舜后代的诚敬。因此陈国是周朝的后代，它至今还依靠着周朝。陈桓公死后陈国动乱，蔡国人想立蔡女所生的人。我们先君庄公事奉五父，立他为君，蔡国人杀了五父。我们又和蔡国人拥立厉公，直到庄公和宣公，都是我们所立的。夏征舒之乱后，陈成公流离失所，又是我们让他回国即位的，这一点国君您也知道。如今陈国忘记了周朝大德，无视我国的恩惠，抛弃我们这个亲戚，依仗楚国人多，凌驾欺负我国，欲望没有止境。我国因此在去年请求贵国帮助攻打陈国。没有得到允许，后来又发生了陈国攻打我国东门的战役。陈军所到之处，填平井水，砍伐树木。我国很担心受到削弱而使太姬蒙受耻辱。也是上天助我，使我们萌发了攻打陈国的念头。陈国深知罪过，甘愿受到惩罚。因此我国才敢前来献功。"晋国人说："为什么要侵略小国？"子产回答说："先王曾下令，只要犯了罪，都要分别给予处罚。再说从前天子的土地方圆一千里，诸侯的土地方圆百里，依次递降。如今大国的土地方圆有几千里。如果不是侵略小国，怎么能有这么多？"晋国人说："你为什么穿着军服？"子产回答说："我们先君武公、庄公做过平王、桓王的卿士。城濮之战中，晋文公下令：'每个人都恢复原来的职位！'命令我们文公穿上军服辅佐天子，并接受楚国进献俘虏。我不敢废弃天子的命令。"士弱无法反驳，回去向赵武复命。赵武说："他的回答顺乎情理，违背情理是不吉祥的。"便接受了子产献上的战利品。

冬季十月，子展作为郑简公的相礼到晋国，拜谢晋国接受所献陈国战利品。子西又攻打陈国，陈国和郑国讲和。

孔子说："《志》书有句话说：'言语用来表达思想，文采用以修饰言语。'不会讲话，谁能了解他的志向呢？说话没有文采，不能流传远方。晋国成为盟主，郑国入侵陈国，不是子产善于辞令就不会成功。要谨慎地使用辞令啊！"

楚国的蒍掩担任司马，屈建让他管理税赋，清点武器数量。十月八日，蒍掩统计土田的数量，调查山林木材，聚集河湖沼泽中的出产，区别山陵高地的情况，标出盐碱地，计算水淹地，规划堤坝蓄水防灾，把土地分成若干小块，在低洼草地发展牧业，在肥沃的土地上实行井田制，根据收成确定赋税的数量，规定百姓缴纳的战车和马匹的数量，以及战车和步兵使用的武器、盔甲和盾牌等。任务完成之后，交给屈建，这是合乎礼的。

十二月，吴王诸樊攻打楚国，以报楚国水军入侵之仇。吴军攻打巢地城门，巢牛臣说："吴王勇敢但很轻率，如果打开城门，他必定亲自带头入城。我乘机用箭射他，定能把他射死。国君一死，边境就可以稍微安定一些。"楚国人同意。吴王进入城门时，牛臣隐藏在矮墙后射他，把他射死。

楚康王因为灭了舒鸠国而赏赐屈建。屈建推辞说："这是先大夫艿子冯的功劳。"把赏赐给了艿子冯的儿子艿掩。

晋国的程郑去世。子产开始了解然明，向他询问如何施政。然明回答说："视百姓如子女。发现不仁之人将他诛杀，就像老鹰捕捉麻雀一样。"子产非常高兴，告诉了子太叔，并且说："以前我见到的只是然明的外表，现在看到了他的内心。"

子太叔向子产问起为政的道理。子产回答说："为政就像农事，白天晚上都想着这件事，想到开始也想到结果，并且起早贪黑努力去干。所做的不要超过所想的，就像农田有田埂一样。这样他的过失就会很少。"

卫献公从夷仪派人和宁喜商议复位之事，宁喜答应了。太叔文子听说后说："哎呀！《诗经》中所说的'我自身尚且不被容纳，哪里还顾得上我的后代'，宁喜真可以说是不顾及他的后代了。能这样做吗？肯定不能。君子在行动之前一定要考虑到后果，要想到下次还能不能做。《尚书》说：'始终谨慎小心，最后才不会困惑。'《诗经》说：'早晚都不敢懈怠，目的是事奉一人。'如今宁喜对待国君还不如对待下棋，他怎么能免于祸患呢？下棋的人举棋不定，就不能战胜对方。更何况在安置国君这件事上犹豫不决呢？他肯定不能免于祸患。九代相传的卿族，一下子被毁灭，不是很可悲嘛！"

诸侯在夷仪会见那一年，齐国人在郏地筑城。当年五月，秦、晋讲和。晋国的韩起到秦国参加结盟，秦国的伯车到晋国参加结盟，两国虽然讲和但并不牢固。

襄公二十六年

经 二十有六年春，王二月辛卯，卫宁喜弑其君剽。卫孙林父入于戚以叛。甲午，卫侯衎复归于卫。夏，晋侯使荀吴来聘。公会晋人、郑良霄、宋人、曹人于澶渊。秋，宋公杀其世子痤。晋人执卫宁喜。八月壬午，许男宁卒于楚。冬，楚子、蔡侯、陈侯伐郑。葬许灵公。

传 二十六年春，秦伯之弟鍼如晋修成，叔向命召行人子员。行人子朱曰："朱也当御①。"三云，叔向不应。子朱怒，曰："班爵同②，何以黜朱于朝？"抚剑从之。叔向曰："秦、晋不和久矣。今日之事，幸而集③，晋国赖之。不集，三军暴骨。子员道二国之言无私④，子常易之。奸以事君者，吾所能御也⑤。"拂衣从之。人救之⑥。平公曰："晋其庶乎⑦。吾臣之所争者大⑧。"师旷曰："公室惧卑⑨，臣不心竞而力争，不务德而争善，私欲已侈⑩，能无卑乎？"

卫献公使子鲜为复⑪，辞。敬姒强命之⑫。对曰："君无信，臣惧不免。"敬姒曰："虽然，以吾故也。"许诺。初，献公使与宁喜言，宁喜曰："必子鲜在，不然必败。"故公使子鲜。子鲜不获命于敬姒，以公命与宁喜言，曰："苟反，政由宁氏，祭则寡人。"宁喜告蘧伯玉，伯玉曰："瑗不得闻君之出⑬，敢闻其入？"遂行，从近关出。告右宰谷⑭，右宰谷曰："不可。获罪于两君，天下谁畜之⑮？"悼子曰⑯："吾受命于先人，不可以贰。"谷曰："我请使焉而观之。"遂见公于夷仪。反曰："君淹恤在外十二年矣[17]，而无忧色，亦无宽言，犹夫人也[18]。若不已[19]，死无日矣。"悼子曰："子鲜在。"右宰谷曰："子鲜在，何益？多而能亡，于我何为？"悼子曰："虽然，不可以已。"

孙文子在戚，孙嘉聘于齐，孙襄居守[20]。二月庚寅[21]，宁喜、右宰谷伐孙氏，不克，伯国伤[22]。宁子出舍于郊。伯国死，孙氏夜哭。国人召宁子，宁子复攻孙氏，克之。辛卯[23]，杀子叔及大子角[24]。书曰："宁喜弑其君剽。"言罪之在宁氏也。孙林父以戚如晋。书曰："入于戚以叛。"罪孙氏也。臣之禄，君实有之。义则进，否则奉身而退[25]，专禄以周旋[26]，戮也[27]。

甲午[28]，卫侯入。书曰"复归"，国纳之也。大夫逆于竟者，执其手而与之言。道逆者，自车揖之。逆于门者，领之而已[29]。公至，使让大叔文子曰："寡人淹恤在外，二三子皆使寡人朝夕闻卫国之言[30]，吾子独不在寡人[31]。古人有言曰：'非所怨，勿怨。'寡人怨矣。"对曰："臣知罪矣。臣不佞，不能负羁绁，以从扦牧圉，臣之罪一也；有出者，有居者。臣不能贰，通外内之言以事君，臣之罪二也。有二罪，敢忘其死？"乃行，从近关出。公使止之。

卫人侵戚东鄙，孙氏诉于晋，晋戍茅氏。殖绰伐茅氏[32]，杀晋戍三百人。孙蒯追之，弗敢击。文子曰："厉之不如[33]！"遂从卫师，败之圉[34]。雍鉏获殖绰。复诉于晋。

郑伯赏入陈之功。三月甲寅朔[35]，享子展，赐之先路、三命之服，先八邑[36]。赐子产次路、再命之服，先六邑。子产辞邑，曰："自上以下，降杀以两[37]，礼也。臣之位在四，且子展之功也。臣不敢及赏礼，请辞邑。"公固予之㊳，乃受三邑。公孙挥曰："子产其将知政矣。让不失礼。"

晋人为孙氏故，召诸侯，将以讨卫也。夏，中行穆子来聘㊴，召公也。

楚子、秦人侵吴，及雩娄㊵，闻吴有备而还。遂侵郑，五月，至于城麇㊶。郑皇颉戍之。出，与楚师战，败。穿封戌囚皇颉，公子围与之争之，正于伯州犁㊷。伯州犁曰："请问于囚。"乃立囚。伯州犁曰："所争，君子也，其何不知㊸？"上其手㊹，曰："夫子为王子围㊺，寡君之贵介弟也㊻。"下其手㊼，曰："此子为穿封戌，方城外之县尹也。谁获子？"囚曰："颉遇王子，弱焉㊽。"戌怒，抽戈逐王子围，弗及。楚人以皇颉归。

印堇父与皇颉戍城麇。楚人囚之，以献于秦。郑人取货于印氏以请之，子大叔为令正㊾，以为请。子产曰："不获。受楚之功而取货于郑，不可谓国㊿。秦不其然。若曰：'拜君之勤郑国[51]，微君之惠，楚师其犹在敝邑之城下。'其可。"弗从，遂行。秦人不予。更币[52]，从子产而后获之。

六月，公会晋赵武、宋向戌、郑良霄、曹人于澶渊以讨卫，疆戚田。取卫西鄙懿氏六十以与孙氏[53]。

赵武不书，尊公也。向戌不书，后也。郑先宋，不失所也。

于是卫侯会之。晋人执宁喜、北宫遗，使女齐以先归[54]。卫侯如晋，晋人执而囚之于士弱氏。

秋七月，齐侯、郑伯为卫侯故，如晋，晋侯兼享之。晋侯赋《嘉乐》⑤。国景子相齐侯，赋《蓼萧》⑥。子展相郑伯，赋《缁衣》⑤。叔向命晋侯拜二君曰："寡君敢拜齐君之安我先君之宗祧也，敢拜郑君之不贰也。"国子使晏平仲私于叔向⑥，曰："晋君宣其明德于诸侯，恤其患而补其阙，正其违而治其烦⑥，所以为盟主也。今为臣执君，若之何？"叔向告赵文子，文子以告晋侯。晋侯言卫侯之罪，使叔向告二君。国子赋《辔之柔矣》⑥，子展赋《将仲子兮》⑥，晋侯乃许归卫侯。

叔向曰："郑七穆⑥，罕氏其后亡者也⑥。子展俭而壹⑥。"

初，宋芮司徒生女子⑥，赤而毛，弃诸堤下。共姬之妾取以入⑥，名之曰弃。长而美。平公入夕⑥，共姬与之食。公见弃也，而视之，尤⑥。姬纳诸御⑥，嬖，生佐。恶而婉⑥。大子痤美而很⑥，合左师畏而恶之⑥。寺人惠墙伊戾为大子内师而无宠⑥。秋，楚客聘于晋，过宋。大子知之⑥，请野享之⑥。公使往，伊戾请从之。公曰："夫不恶女乎？"对曰："小人之事君子也，恶之不敢远，好之不敢近。敬以待命，敢有贰心乎？纵有共其外，莫共其内。臣请往也。"遣之。至，则坎，用牲，加书，征之⑥，而骋告公曰："大子将为乱，既与楚客盟矣。"公曰："为我子，又何求？"对曰："欲速。"公使视之，则信有焉。问诸夫人与左师⑥，则皆曰："固闻之。"公囚大子。大子曰："唯佐也能免我。"召而使请，曰："日中不来，吾知死矣。"左师闻之，聒而与之语⑥。过期，乃缢而死。佐为大子。公徐闻其无罪也，乃亨伊戾㉗。

左师见夫人之步马者㉘，问之，对曰："君夫人氏也。"左师曰："谁为君夫人？余胡弗知？"圉人归，以告夫人。夫人使馈之锦与马，先之以玉，曰："君之妾弃使其献。"左师改命曰："君夫人。"而后再拜稽首受之。

郑伯归自晋，使子西如晋聘，辞曰："寡君来烦执事，惧不免于戾。使夏谢不敏㉛。"君子曰："善事大国。"

初，楚伍参与蔡大师子朝友，其子伍举与声子相善也㉜。伍举娶于王子牟，王子牟为申公而亡，楚人曰："伍举实送之㉝。"伍举奔郑，将遂奔晋。声子将如晋，遇之于郑郊，班荆相与食㉞，而言复故㉟。声子曰："子行也，吾必复子。"

及宋向戌将平晋、楚，声子通使于晋，还如楚。令尹子木与之语，问晋故焉。且曰："晋大夫与楚孰贤？"对曰："晋卿不如楚，其大夫则贤，皆卿材也。如杞、梓、皮革，自楚往也。虽楚有材，晋实用之。"子木曰："夫独无族姻乎㊱？"对曰："虽有，而用楚材实多。归生闻之㊲：'善为国者，赏不僭而刑不滥。'赏僭㊳，则惧及淫人；刑滥，则惧及善人。若不幸而过㊴，宁僭无滥。与其失善，宁其利淫。无善人，则国从之。《诗》曰㊵：'人之云亡，邦国殄瘁。'无善人之谓也。故《夏书》曰㊶：'与其杀不辜，宁失不经。'惧失善也。《商颂》有之曰：'不僭不滥，不敢怠皇。命于下国，封建厥福㊷。'此汤所以获天福也。古之治民者，劝赏而畏刑㊸，恤民不倦。赏以春夏，刑以秋冬。是以将赏，为之加膳，加膳则饫赐㊹，此以知其劝赏

襄公

也。将刑,为之不举⑮,不举则彻乐,此以知其畏刑也。夙兴夜寐,朝夕临政,此以知其恤民也。三者礼之大节也。有礼无败。今楚多淫刑,其大夫逃死于四方,而为之谋主⑯,以害楚国,不可救疗,所谓不能也⑰。子仪之乱,析公奔晋⑱,晋人置诸戎车之殿,以为谋主。绕角之役,晋将遁矣,析公曰:'楚师轻窕,易震荡也⑲。若多鼓钧声⑳,以夜军之,楚师必遁。'晋人从之,楚师宵溃。晋遂侵蔡,袭沈,获其君。败申、息之师于桑隧,获申丽而还。郑于是不敢南面。楚失华夏,则析公之为也。雍子之父兄谮雍子,君与大夫不善是也㉑。雍子奔晋。晋人与之鄐㉒,以为谋主。彭城之役,晋、楚遇于靡角之谷。晋将遁矣,雍子发命于军曰:'归老幼,反孤疾,二人役,归一人,简兵蒐乘,秣马蓐食,师陈焚次,明日将战。'行归者而逸楚囚,楚师宵溃。晋降彭城而归诸宋,以鱼石归。楚失东夷,子辛死之,则雍子之为也。子反与子灵争夏姬㉓,而雍害其事㉔,子灵奔晋。晋人与之邢,以为谋主。扞御北狄,通吴于晋,教吴叛楚,教之乘车、射御、驱侵,使其子狐庸为吴行人焉。吴于是伐巢,取驾,克棘,入州来。楚罢于奔命,至今为患,则子灵之为也。若敖之乱㉕,伯贲之子贲皇奔晋。晋人与之苗㉖,以为谋主。鄢陵之役,楚晨压晋军而陈,晋将遁矣。苗贲皇曰:'楚师之良,在其中军王族而已。若塞井夷灶,成陈以当之,栾、范易行以诱之㉗,中行、二郤必克二穆㉘。吾乃四萃于其王族㉙,必大败之。'晋人从之,楚师大败,王夷师熸㉚,子反死之。郑叛吴兴,楚失诸侯,则苗贲皇之为也。"子木曰:"是皆然矣。"声子曰:"今又有甚于此者。椒举娶于申公子牟⑪,子牟得戾而亡,君大夫谓椒举⑫:'女实遣之。'惧而奔郑,引领南望曰:'庶几赦余。'亦弗图也⑬。今在晋矣。晋人将与之县,以比叔向。彼若谋害楚国,岂不为患?"子木惧,言诸王,益其禄爵而复之。声子使椒鸣逆之⑭。

许灵公如楚,请伐郑,曰:"师不兴,孤不归矣。"八月,卒于楚。楚子曰:"不伐郑,何以求诸侯?"

冬十月,楚子伐郑。郑人将御之,子产曰:"晋、楚将平,诸侯将和,楚王是故昧于一来⑮。不如使逞而归,乃易成也。夫小人之性,衅于勇⑯,啬于祸⑰,以足其性而求名焉者,非国家之利也。若何从之?"子展说,不御寇。十二月乙酉⑱,入南里,堕其城。涉于乐氏⑲,门于师之梁⑳。县门发,获九人焉。涉于氾而归㉑,而后葬许灵公。

卫人归卫姬于晋,乃释卫侯。君子是以知平公之失政也。

晋韩宣子聘于周。王使请事㉒。对曰:"晋士起将归时事于宰旅㉓,无他事矣。"王闻之曰:"韩氏其昌阜于晋乎㉔!辞不失旧。"

齐人城郏之岁,其夏,齐乌余以廪丘奔晋㉕。袭卫羊角㉖,取之,遂袭我高鱼㉗。有大雨,自其窦入㉘,介于其库㉙,以登其城,克而取之。又取邑于宋。于是范宣子卒,诸侯弗能治也。及赵文子为政,乃卒治之。文子言于晋侯曰:"晋为盟主。诸侯或相侵也,则讨而使归其地。今乌余之邑,皆讨类也㉚,而贪之,是无以为盟主也。请归之。"公曰:"诺。孰可使也?"对曰:"胥梁带能无用师。"晋侯使往。

[注释]

①当御：奉职，当班。 ②班爵：位次。 ③集：成功。 ④道：同"导"，传达，沟通。 ⑤御：抵抗。 ⑥救：劝止。 ⑦晋其庶乎：晋国庶几要大治吧。 ⑧大：指大事。 ⑨公室惧卑：公室的地位恐怕要降低。 ⑩侈：多，大。 ⑪子鲜：卫献公同母弟鱄。 ⑫敬姒：献公之母。 ⑬瑗：伯玉名。 ⑭右宰谷：卫大夫。 ⑮畜：容留。 ⑯悼子：宁喜。 ⑰淹恤：淹留忧患，即避难。 ⑱犹夫人：还是那么一个人。夫，那。 ⑲已：止。 ⑳孙嘉、孙襄：孙林父之二子。 ㉑庚寅：初六日。 ㉒伯国：即孙襄。 ㉓辛卯：初七日。 ㉔子叔：即卫侯剽。 ㉕奉身而退：保全自身而引退。 ㉖专禄以周旋：把俸禄视为私人专有而与人周旋。 ㉗戮：罪当杀。 ㉘甲午：初十日。 ㉙颔：颔首，点头。 ㉚二三子：指卫国诸大夫。 ㉛在：存问。 ㉜茅氏：地名，戚邑东部边境。 ㉝厉：恶鬼。 ㉞圉：卫地，在今河南省濮阳市东。 ㉟甲寅朔：初一日。 ㊱先八邑：先于八邑。古代送礼，先轻后重。 ㊲降杀以两：以二数递减。 ㊳固予：坚持给予。予，同"与"。 ㊴中行穆子：即荀吴。 ㊵棻（yú）娄：吴地，在今河南省商城县东。 ㊶城麇（jūn）：郑地，未详何处。 ㊷正：判断。 ㊸其何不知：此为暗示语。知，同"智"。 ㊹上其手：高抬他的手。 ㊺夫子：那一位。 ㊻贵介：即地位高贵。 ㊼下其手：降下他的手。 ㊽弱：无力抵抗。 ㊾令正：官名，主管起草文件、命令。 ㊿不可谓国：不合国礼。 ㊀勤郑国：即勤于郑国。勤，劳，助。 ㊁更币：改用礼品。 ㊃懿氏：卫地，在今河南省濮阳市西北。六十：六十邑。 ㊄女齐：晋臣，又名女叔侯。 ㊅《嘉乐》：《诗经·大雅》篇名。取其"嘉乐君子，显显令德……"，以嘉乐齐、郑二君。 ㊆《蓼萧》：《诗经·小雅》篇名。取其"既见君子，孔燕岂弟，宜兄宜弟"诸句，

以喻晋、郑为兄弟之国。 ㊼《缁衣》：《诗经·郑风》篇名。取义于"适子之馆兮，还予授子之粲兮"，望晋能见齐侯、郑伯亲来，许其所求。 ㊽私：私语。 ㊾烦：乱。 ⓺⓪《箐之柔矣》：此为逸诗，见《周书》。取义宽政以安诸侯，若柔箐之御刚马。 ⓺①《将仲子兮》：《诗经·郑风》篇名。取义人言可畏。 ⓺②郑七穆：指郑穆公后代的七个家族。 ⓺③罕氏：即子展的家族。 ⓺④俭而壹：节俭而专一。 ⓺⑤芮司徒：宋大夫。 ⓺⑥共姬：宋伯姬，宋共公夫人。 ⓺⑦平公入夕：宋平公夕时入而问安。平公，共姬之子。 ⓺⑧尤：绝美。后来多以极美的妇女为尤物。 ⓺⑨御：御妾。 ⑦⓪恶而婉：面貌丑陋而性情和顺。 ⑦①美而很：貌美而心毒。很，今作"狠"。 ⑦②合左师：即向戌。 ⑦③内师：太子宫内宦官之长。 ⑦④知：相识。 ⑦⑤野享：野外宴享。 ⑦⑥"则坎"四句：此为伊戾伪造太子与楚客结盟之假象，以诬陷太子。 ⑦⑦夫人：即弃。 ⑦⑧聒：絮语不休。 ⑦⑨亨：同"烹"。 ⑧⓪步马：遛马。 ⑧①夏：子西名。 ⑧②声子：子朝之子。 ⑧③送：护送。 ⑧④班荆：以草铺地代席。班，布，铺。 ⑧⑤复故：返楚的事。故，事。 ⑧⑥族姻：宗族姻亲。 ⑧⑦归生：即声子。 ⑧⑧僭：僭越。 ⑧⑨过：不当。 ⑨⓪《诗》曰：以下二句出自《诗经·大雅·瞻卬》篇。殄，尽。瘁，病。 ⑨①《夏书》曰：《夏书》已失传，以下二句见于古文《尚书·大禹谟》。不经，不守常法的人。 ⑨②"不僭不滥"四句：句出《诗经·商颂·殷武》。怠，懈怠。皇，今《诗经》作"遑"，闲暇，指偷闲。封，大。 ⑨③劝：乐。 ⑨④饫（yù）赐：将剩余菜肴赐予下属。饫，饱。 ⑨⑤举：饮食丰盛且以乐助食。 ⑨⑥谋主：主要谋士。 ⑨⑦不能：即不能用其材。 ⑨⑧析公奔晋：事见文公十四年。 ⑨⑨震荡：震动。 ⑩⓪钧声：相同的声音。指同时击鼓，其声洪大。 ⑩①不善是：不能评判是非。 ⑩②郤（chù）：晋邑，在今河南省温县附近。 ⑩③争夏姬：事见成公二年传。 ⑩④雍害：阻碍，破坏。 ⑩⑤若敖之乱：事见宣公四年传。 ⑩⑥苗：晋邑，在今河南省济源市西。 ⑩⑦易行：指简易行阵，以诱惑楚军。 ⑩⑧二穆：指楚穆王二位后代子重、子辛。 ⑩⑨四萃：指晋上、中、下、新四军集中攻击。 ⑩王夷师熸（jiān）：楚王受伤，士气不振。夷，伤。熸，火熄灭。 ⑪椒举：即伍举。 ⑫君大夫：指君及诸大夫。 ⑬弗图：不考虑。 ⑭椒鸣：伍举之子，伍奢之弟。 ⑮昧：冒昧。 ⑯衅于勇：见有机会就凭血气之勇。 ⑰嗇于祸：见有祸乱则有所贪图。 ⑱乙酉：初五日。 ⑲乐氏：洧水渡口，在今河南省新郑市境。 ⑳师之梁：郑都城西门。 ㉑汜：即南汜，地名，在今河南省襄城县南。一说即南汜水，汝水。 ㉒请事：即问事。 ㉓士：韩起于晋为卿，于周则为士，以示位卑。起：韩起，即韩宣子。时事：四时贡职。宰旅：家宰之下士，表示尊敬。 ㉔昌阜：昌盛。 ㉕乌余：齐大夫。 ㉖羊角：卫地，在今山东省郓城县西北。 ㉗高鱼：鲁地，在今山东省郓城县北。 ㉘窦：亦作"渎"，城墙排水洞。 ㉙介于其库：从武器库中取出甲胄装备士兵。 ㉚讨类：在讨伐之列。

[译文]

　　二十六年春季，秦景公的弟弟鍼到晋国重修友好，叔向让人召唤外交官员。外交官子朱说："现在是我当班。"说了三次，叔向都不理他。子朱大怒，说："我的职务、地位和子员一样，为什么要在朝堂上贬损我。"拔出剑来威胁叔向。叔向说："秦、晋两国不和已经有很长时间了。今天的事情，如果幸而成功，晋国赖以安定。不成功，三军将士又要暴尸荒野。子员沟通两国的话没有私心，你却经常违背原意。对以邪恶来事奉国君的人，我是能抵抗得住的。"说完提起衣服迎了上去。旁边的人把他们劝住。平公说："看来晋国有希望大治了。我的臣子所争执的都是国家大事。"师旷却说："公室恐怕要衰弱了，臣子不在心智上竞争，却诉诸武力，不致力于德行而争执是非，个人的私心已经膨胀，公室能不衰弱吗？"

　　卫献公派子鲜为自己争取恢复君位，被子鲜拒绝。敬姒强迫他去。子鲜回答说："国君不讲信用，我担心不能免于祸害。"敬姒说："即使如此，为了我还是去吧。"子鲜答应了。当初，献公派人和宁喜商量这事，宁喜说："一定要子鲜参加，不然肯定失败。"因此献公才派子鲜去。子鲜没有得到敬姒的指示，便把献公的命令告诉宁喜说："假如能回到国内，政权由宁氏掌握，我只管祭祀之事。"宁喜告诉了蘧伯玉，伯玉说："我没有听说国君出走之事，怎么敢听到他的进入？"说完便走，从较近的关口出国了。宁喜告诉了右宰谷，右宰谷说："不能这么做。两个国君都得罪了，天下谁还敢收留你？"宁喜说："我接受了先人的遗命，不能有二心。"右宰谷说："请让我先去看看情况。"随后到夷仪进见献公。回来说："国君在外流亡十二年，却没有一丝忧虑，也没有一句宽容的话，还是老样子。如果不停止计划，就活不几天了。"宁喜说："有子鲜在。"右宰谷说："有子鲜在，又有什么用？他最多不过是自己逃亡，对我们有什么用呢？"宁喜说："即使如此，也不能停止。"

孙文子住在戚地，孙嘉到齐国聘问，孙襄留守在家里。二月六日，宁喜、右宰谷攻打孙氏，没有取胜，孙襄受了伤。宁喜躲到郊外去住。孙襄死了，夜里孙氏家里传出哭声。国都的人召唤宁喜，宁喜再次攻打孙氏，将其战胜。七日，杀了卫侯剽和太子角。《春秋》记载为"宁喜弑其君剽"，是说罪过在于宁氏。孙林父带着戚地投奔了晋国。《春秋》记载为"入于戚以叛"，是归罪于孙氏。臣子的俸禄是国君所有。合乎道义就进身出仕，否则就急流勇退，把俸禄视为私有而与人周旋，应该受到诛戮。

十日，卫献公进入卫都。《春秋》记为"复归"，意思是国人让他回来的。献公对来到边境迎接他的大夫拉着手说话。对路边迎接他的人，从车上向他们作揖。对站在城门口迎接他的人，只是点点头而已。献公来到宫中，派人责难太叔文子说："寡人长久在外，几个大臣每天都向寡人报告卫国的情况，只有你眼里没有寡人。古人有句话说：'不该怨恨的就不要怨恨。'现在我恨你。"太叔文子说："我知道自己的罪过，我没有才能，没有背着马笼头马缰绳随同国君出外保驾，这是第一条罪状；国内有君，国外也有君，我没有能够三心二意，传递内外信息以事奉国君,这是第二条罪状。有这两条罪状,怎能不去一死?"就动身出走,从最近的关口出国。献公派人劝阻了他。

卫国人攻打戚地东部边境,孙林父到晋国告状,晋国派兵去茅氏戍守。殖绰攻打茅氏,杀了晋国守兵三百人。孙蒯追赶殖绰,没敢袭击。孙林父骂他:"你连一个恶鬼都比不上!"于是孙蒯追击卫军,在圉地将其打败。雍鉏俘获了殖绰。孙林父又到晋国告状。

郑简公赏赐征伐陈国的有功人员。三月一日,设享礼招待子展,赐给他先路车和三命朝服,然后再赐给他八座城邑。赐给子产次路车和再命朝服,然后再赐给他六座城邑。子产辞掉了城邑,说:"自上而下应依次以二的数目递减,这才合乎礼。我位居第四,再说这是子展的功劳,我不敢接受这赏赐,请求辞去城邑。"郑简公坚持要给,子产接受了三座城邑。公孙挥说:"子产恐怕将来要执政。他谦让而不失礼。"

晋国人为了孙林父而召集诸侯,准备攻打卫国。夏季,荀吴来到鲁国聘问,为的是召请襄公赴会。

楚康王和秦国人入侵吴国,到达雩娄,听说吴国已经有了准备,便退兵了。又乘机进攻郑国,五月,攻至城麇。郑国的皇颉戍守城麇。出城与楚军作战,结果战败。穿封戌抓住了皇颉,公子围和他争夺这一功劳,请求伯州犁评判。伯州犁说:"让我问问被俘的人。"让皇颉来到跟前。伯州犁说:"他们争夺的是你,你是位君子,有什么不明白的?"手朝上说:"这个人是王子围,寡君尊贵的弟弟。"手朝下说:"这是穿封戌,方城外的一个县尹。是谁抓住了你呢?"皇颉说:"我遇到了王子,抵抗不住才被抓获的。"穿封戌大怒,抽出戈来要追打王子围,没能赶上。楚国人带着皇颉回国。

印堇父和皇颉一同戍守城麇。楚国人把他抓住献给了秦国。郑国从印氏那里取了财物请求赎取印堇父,子太叔作为令正,为他们提出请求。子产说:"你们得不到印堇父。接受楚国献给的俘虏,却从郑国那里取得财物,这不合国家体统。秦国不会这么干。如果说:'感谢国君帮助郑国,如果没有国君的恩惠,恐怕楚军还在我们城下呢。'这样才可以。"子太叔不听,就动身去秦国。果然秦国不答应。后来更换了礼物,按照子产的话去说,才把印堇父领了回来。

六月,襄公和晋国的赵武、宋国的向戌、郑国的良霄以及曹国人在澶渊会见,以讨伐卫国,划定戚地的疆界。夺取了卫国西部边境懿氏六十座城邑送给了孙林父。

《春秋》中没有写赵武,是表示尊重襄公。没有写向戌,是因为他迟到了。把郑国写在宋国前面,是因为郑国人准时到会了。

当时卫献公也参加了会见。晋国人把宁喜和北宫遗抓了起来,让女齐押着他们先回去。卫献公到晋国后,晋国人把他抓住囚禁在士弱氏家中。

秋季七月,齐景公、郑简公因为卫献公被抓到了晋国,晋平公设享礼一起招待他们。平公吟诵了《嘉乐》一诗。国景子作为齐景公的相礼,吟诵了《蓼萧》一诗。子展作为郑简公的相礼,吟诵了《缁衣》一诗。叔向让平公向两位国君拜谢,说:"寡君感谢齐君安定我国先君的宗庙,感谢郑君对我国忠心不二。"国景子派晏平仲私下对叔向说:"晋君向天下诸侯表现了他崇高的德行,体恤灾难,补救过失,纠正违礼行为,帮助平定动乱,因此成为诸侯的盟主。现在怎么能为了一个臣子而把国君抓起来呢?"叔向告诉了赵武,赵武又转告了平公。平公列举了卫献公的罪状,让叔向转告齐、郑两君。国景子吟诵了《辔之柔矣》,子展吟诵了《将仲子兮》,于是平公同意让卫献公回国。

叔向说:"郑穆公后代七个家族,大概罕氏是最后灭亡的。因为子展节俭而专一。"

当初,宋国的芮司徒生了一个女儿,皮肤很红且长着毛,就把她丢弃在河堤之下。宋共姬的侍妾捡了回来,取名为弃。弃长大后很漂亮。平公晚上向母亲共姬问安,共姬留他一同吃饭。平公见到弃,端详之后,认为她很漂亮。共姬就把弃送给他做了妾,弃深受宠爱,生了佐。佐相貌很丑但性情温顺。太子痤外貌英俊却性情凶暴，向戌对他又怕又讨厌。寺人惠墙伊戾是太子的内师但不受宠信。秋季，楚国的使者到晋国聘问，路过宋国。太子痤和使者相识，请求在野外设宴招待。平公同意他去，伊戾也请求跟随前往。平公说："他不是很讨厌你吗？"伊戾回答说："我事奉君子，即使被讨厌也不敢远离而去，即使被宠信也不敢过分亲近。恭敬地听候吩咐，哪里敢有二心呢？即使有人在外面伺候太子，里面却没有人伺候。请允许我前去。"平公让他去。伊戾到了野外，挖了一个坑，杀了牲口，把盟书放上去，又检查了一遍，驰马回来向平公报告说："太子准备叛乱了，已经和楚国客人盟誓了。"平公说："他已经是继承人，还想要求什么？"伊戾回答说："他想尽快即位。"平公派人前去查看，果真如此。平公又问夫人和向戌，都说："确实听说了这回事。"平公便囚禁了太子。太子说："只有佐才能使我免于祸难。"让人去找佐，说："如果到中午他还不来，我就知道自己该死了。"向戌听说后，就去和佐絮语闲聊。过了中午，太子自缢而死。佐被立为太子。平公慢慢听说太子痤无罪，就把伊戾烹杀了。

向戌见到为夫人遛马的人，问他是谁家的人，那人回答说："我是君夫人家的人。"向戌说："谁是君夫人？我怎么不知道？"那人回去之后，告诉了夫人。夫人派人给向戌送去锦缎和马匹，并先送去玉璧，说："国君的侍妾弃派我前来献上。"向戌连忙改口称"君夫人"，然后再拜叩头接受礼物。

简公从晋国回来，派子西到晋国聘问，致辞说："寡君给执事添了麻烦，担心有失敬之处犯下罪过。特派我前来致歉。"君子评论说："郑国善于事奉大国。"

当初，楚国的伍参和蔡国的太师子朝友好，伍参的儿子伍举和子朝的儿子声子也很要好。伍举娶了王子牟的女儿，王子牟做申地长官时获罪出奔，楚国人说："是伍举送他逃走的。"伍举就逃亡到了郑国，打算逃到晋国。声子也准备到晋国去，两人在郑都郊外相遇，铺了草坐到上面一边吃饭，一边商谈回国之事。声子说："你先去吧，我一定让你回国。"

等到宋国的向戌准备促使晋、楚两国和好时，声子出使晋国，回到楚国。令尹子木和他谈话时问起晋国之事。令尹说："晋、楚两国的大夫相比较，哪国更为贤明呢？"声子回答说："晋国的卿不如楚国的卿，但晋国的大夫则很贤明，都是担任卿的人才。就像杞木、梓木、皮革，都是从楚国运去的一样。楚国虽然有人才，却被晋国使用了。"子木说："难道晋国就没有同宗和亲戚做大夫吗？"声子说："即使有，但确实较多地重用了楚国的人才。我听说：'善于治理国家的人，既不要赏赐过分也不要滥用刑罚。'赏赐过分，就恐怕奖赏坏人；滥用刑法，就恐怕冤枉好人。即使不慎超过了限度，也宁可过分而不可滥用。与其失去好人，宁可成全坏人。失去了好人，国家就会跟着受害。《诗经》说：'贤人逃光，国家遭殃。'说的就是没有好人。因此《夏书》说：'与其杀害无罪之人，宁可使不法之人漏网。'就是怕失去善人。《商颂》有句话说：'不妄赏不滥罚，不懈怠不偷闲。上天命我下国，建立不朽福禄。'这是商汤能够获得上天保佑的原因。古代治理百姓的人都喜欢奖赏而害怕用刑，为百姓分忧解愁而不知疲倦。在春夏两季行赏，在秋冬两季用刑。准备奖赏时增加膳食，加膳以后把多余的饭菜赐给下面的人，以此告诉人们，他们乐于奖赏。准备用刑时，减少膳食，减少膳食就撤去音乐，以此告诉人们，他们不愿用刑。早起晚睡，朝夕忙于政事，以此告诉人们，他们体恤关怀百姓。这三个方面都是礼中的关键之处。有了礼就不会失败。如今楚国滥用刑罚，大夫们纷纷逃往四方国家，而且成了他们的主要谋士，反过来危害楚国，以至于这种局面不可挽救，这就是所说的不能滥用刑罚。子仪叛乱后，析公逃亡晋国。晋国人让他在晋侯战车的后面做谋士。绕角那次战役，晋国人准备逃走，析公说：'楚国轻率浮躁，很容易动摇。如果同时敲击战鼓发出震耳欲聋的声音，并在夜里攻打楚军，楚军肯定要逃走。'晋国人按他的话去做，楚军夜里溃散了。晋国随后入侵蔡国，袭击沈国,抓获了沈国国君。又在桑隧打败了申、息两地的军队,俘获申丽而归。郑国从此不敢再亲近楚国。楚国失去了中原各国,就是析公出谋划策的结果。雍子的父亲和哥哥诬陷雍子,楚王和大夫不能分辨是非曲直。雍子逃亡到了晋国。晋国人把鄐地封给他,让他做了谋士。彭城战役中,晋、楚两军在靡角之谷相遇。晋军准备逃跑,雍子向军队发布命令说:'把士兵中老的和小的送回去,把孤儿和患病的人送回去,有兄弟两人服役的回去一个,然后精选步兵,整治战车,喂饱战马,让士兵饱餐一顿,摆好军阵,烧掉帐篷,准备明日决一死战。'晋军让该回去的上路回去,故意放走楚军俘虏,结果楚军连夜溃逃了。晋军降服彭城后把它还给了宋国,带了鱼石回国。楚国失去东夷诸国,子辛为此而死,这都是雍子干的。子反和子灵争夺夏姬,阻挠破坏子灵的婚事,子灵逃亡到晋国。晋国人把邢地封给他,让他做了谋士。从此,他帮助晋国抵御北狄,南通吴国,唆使吴国背叛楚国,教会吴国怎样乘车、射箭、驾车和驱车进攻,让他的儿子狐庸做了吴国的外交官员。吴国因此讨伐巢国,夺取驾地,攻克棘地,侵入州来。楚军疲于奔命,时至今日吴国还是祸患,这都是子灵出的主意。若敖叛乱时,伯贲的儿子贲皇逃亡到了晋国。晋国人把苗地封给他,让他做了谋士。鄢陵之战时楚军在早晨迫近晋军摆开阵势,晋军准备逃跑。苗贲皇说:'楚军的精锐都集中在中军王族。如果填井平灶,摆开阵势抵挡,栾书和士燮再减缩行阵以引诱他们,荀偃和郤锜、郤至一定能战胜子重、子辛。我们再集中上、中、下、新四军攻击中军王族,肯定能大败楚军。'晋国人听了他的话,结果楚军大败,楚共王伤了一只眼睛,军队受到重创,子反为此自杀。郑国的背叛,吴国的强大,楚国的失去诸侯,都是苗贲皇干的。"子木说:"确实如此。"声子说:"现在还有比这更严重的。伍举娶了申公子牟的女儿,子牟获罪逃亡,国君和大夫们都说伍举:'是你帮助他逃走的。'伍举吓得逃到了郑国,但常常引颈南望说:'希望能够赦免我的罪过。'但楚国并未考虑这样做。现在他正在晋国。晋国准备封给他一个县,以和叔向并列。如果他谋划危害楚国,难道不是祸患?"子木也很害怕,转告了康王,提高了伍举的俸禄和爵位并让他回国。声子派椒鸣前往晋国迎接。

许灵公到楚国请求攻打郑国,他说:"贵国不发兵,我就不回去了。"八月,死在楚国。楚康王说:"再不讨伐郑国,怎么能得到诸侯的拥护?"

冬季十月,楚康王攻打郑国。郑国人准备抵抗,子产说:"晋、楚准备讲和,诸侯将要和平共处,楚王因此冒昧来犯。不如让他快意而归,和议就容易达成了。人的本性是凭着血气之勇,制造祸乱而有所贪图,以满足本性求得虚名,这样做并不利于国家。怎么能听从呢?"子展很高兴,便不再抵抗。十二月五日,楚军攻入南里,拆毁了城墙。又从乐氏渡过洧水,攻打郑都的师之梁门。郑国人将城门放下,楚军抓住九个人。楚军渡过氾水回国,然后安葬了许灵公。

卫国人把卫姬嫁给了晋平公,晋国才释放了卫献公。君子们从这件事知道晋平公已失去了为政之道。

晋国的韩起到王室聘问。天子派人问他此行的目的。韩起回答说:"晋国的士韩起前来准备向宰旅进献贡品,并无别的事情。"天子听到后说:"韩氏恐怕要在晋国兴旺发达了!他辞令中保持着传统的礼数。"

齐国人在郑地筑城的那一年夏季,齐国的乌余带着廪丘投奔晋国。偷袭了卫国的羊角,夺取后又入侵鲁国的高鱼。时逢大雨,乌余率众从下水道钻进城去,从武器库中取出甲胄武装士兵,又登上城墙,占领了高鱼。又占领了宋国的城邑。当时士匄已经去世,诸侯无力惩治乌余。等赵武执政,才终于将其惩治。赵武对晋平公说:"晋国是诸侯的盟主。诸侯如有互相侵犯,就应该攻打并归还强占的土地。现在乌余取得的这些城邑都属于讨伐之列,而我国却贪图它,就没有资格当盟主了。请求把它还给诸侯。"平公说:"好。派谁去办这件事呢?"赵武说:"胥梁带能够不用武力就把事情办好。"平公便派胥梁带前去。

襄公二十七年

经 二十有七年春，齐侯使庆封来聘。夏，叔孙豹会晋赵武、楚屈建、蔡公孙归生、卫石恶、陈孔奂、郑良霄、许人、曹人于宋。卫杀其大夫宁喜。卫侯之弟鱄出奔晋。秋七月辛巳，豹及诸侯之大夫盟于宋。冬十有二月乙亥朔，日有食之。

传 二十七年春，胥梁带使诸丧邑者具车徒以受地，必周①。使乌余具车徒以受封，乌余以其众出。使诸侯伪效乌余之封者，而遂执之，尽获之。皆取其邑而归诸侯，诸侯是以睦于晋。

齐庆封来聘，其车美。孟孙谓叔孙曰："庆季之车，不亦美乎？"叔孙曰："豹闻之：'服美不称②，必以恶终。'美车何为？"叔孙与庆封食，不敬。为赋《相鼠》③，亦不知也。

卫宁喜专，公患之。公孙免余请杀之④。公曰："微宁子不及此，吾与之言矣。事未可知，只成恶名，止也。"对曰："臣杀之⑤，君勿与知。"乃与公孙无地、公孙臣谋，使攻宁氏。弗克，皆死。公曰："臣也无罪，父子死余矣⑥。"夏，免余复攻宁氏，杀宁喜及右宰谷，尸诸朝。石恶将会宋之盟，受命而出。衣其尸，枕之股而哭之。欲敛以亡，惧不免，且曰："受命矣。"乃行。

子鲜曰："逐我者出，纳我者死，赏罚无章，何以沮劝⑦？君失其信，而国无刑⑧，不亦难乎？且鱄实使之⑨。"

遂出奔晋。公使止之，不可。及河，又使止之。止使者而盟于河，托于木门⑩，不乡卫国而坐。木门大夫劝之仕，不可，曰："仕而废其事⑪，罪也；从之，昭吾所以出也⑫。将谁诉乎？吾不可以立于人之朝矣。"终身不仕。公丧之，如税服⑬，终身。

公与免余邑六十，辞曰："唯卿备百邑，臣六十矣，下有上禄，乱也。臣弗敢闻。且宁子唯多邑，故死。臣惧死之速及也。"公固与之，受其半。以为少师。公使为卿，辞曰："大叔仪不贰，能赞大事⑭，君其命之。"乃使文子为卿。

宋向戌善于赵文子，又善于令尹子木，欲弭诸侯之兵以为名。如晋，告赵孟。赵孟谋于诸大夫，韩宣子曰："兵，民之残也，财用之蠹，小国之大灾也。将或弭之，虽曰不可⑮，必将许之。弗许，楚将许之，以召诸侯，则我失为盟主矣。"晋人许之。如楚，楚亦许之。如齐，齐人难之。陈文子曰："晋、楚许之，我焉得已？且人曰弭兵，而我弗许，则固携吾民矣⑯，将焉用之？"齐人许之。告于秦，秦亦许之。皆告于小国，为会于宋。

五月甲辰⑰，晋赵武至于宋。丙午⑱，郑良霄至。六月丁未朔⑲，宋人享赵文子，叔向为介。司马置折俎⑳，礼也。仲尼使举是礼也㉑，以为多文辞㉒。戊申㉓，叔孙豹、齐庆封、陈须无、卫石恶至。甲寅㉔，晋荀盈从赵武至。丙辰㉕，邾悼公至。壬戌㉖，楚公子黑肱先至，成言于晋㉗。丁卯㉘，宋向戌如陈，从子木成言于楚。戊辰㉙，滕成公至。子木谓向戌："请晋、楚之从交相见也㉚。"庚午㉛，向戌复于赵孟。赵孟曰:"晋、楚、齐、秦,匹也。晋之不能于齐③²,犹楚之不能于秦也。楚君若能使秦君辱于敝邑,寡君敢不固请于齐?"壬申³³,左师复言于子木。子木使驲谒诸王³⁴。王曰:"释齐、秦,他国请相见也。"秋七月戊寅³⁵,左师至。是夜也,赵孟及子晳盟³⁶,以齐言³⁷。庚辰³⁸,子木至自陈。陈孔奂、蔡公孙归生至。曹、许之大夫皆至。以藩为军³⁹。

晋、楚各处其偏。伯夙谓赵孟曰:"楚氛甚恶⁴⁰,惧难。"赵孟曰:"吾左还⁴¹,入于宋,若我何?"辛巳⁴²,将盟于宋西门之外,楚人衷甲⁴³。伯州犁曰:"合诸侯之师,以为不信,无乃不可乎?夫诸侯望信于楚,是以来服。若不信,是弃其所以服诸侯也。"固请释甲。子木曰:"晋、楚无信久矣,事利而已。苟得志焉,焉用有信?"大宰退⁴⁴,告人曰:"令尹将死矣,不及三年。求逞志而弃信,志将逞乎?志以发言,言以出信,信以立志,参以定之⁴⁵。信亡,何以及三⁴⁶?"赵孟患楚衷甲,以告叔向。叔向曰:"何害也?匹夫一为不信,犹不可,单毙其死⁴⁷。若合诸侯之卿,以为不信,必不捷矣。食言者不病⁴⁸,非子之患也。夫以信召人,而以僭济之⁴⁹,必莫之与也⁵⁰,安能害我?且吾因宋以守病⁵¹,则夫能致死⁵²,与宋致死⁵³,虽倍楚可也。子何惧焉?又不及是。曰'弭兵'以召诸侯,而称兵以害我⁵⁴,吾庸多矣⁵⁵,非所患也。"

季武子使谓叔孙以公命,曰:"视邾、滕⁵⁶。"既而齐人请邾,宋人请滕,皆不与盟。叔孙曰:"邾、滕,人之私也⁵⁷。我,列国也⁵⁸,何故视之?宋、卫,吾匹也。"乃盟。

故不书其族，言违命也。

晋、楚争先(59)。晋人曰："晋固为诸侯盟主，未有先晋者也。"楚人曰："子言晋、楚匹也，若晋常先，是楚弱也。且晋、楚狎主诸侯之盟也久矣(60)，岂专在晋？"叔向谓赵孟曰："诸侯归晋之德只(61)，非归其尸盟也(62)。子务德，无争先。且诸侯盟，小国固必有尸盟者。楚为晋细(63)，不亦可乎？"乃先楚人。书先晋，晋有信也。

壬午(64)，宋公兼享晋、楚之大夫，赵孟为客(65)。子木与之言，弗能对。使叔向侍言焉，子木亦不能对也。

乙酉(66)，宋公及诸侯之大夫盟于蒙门之外(67)。子木问于赵孟曰："范武子之德何如？"对曰："夫子之家事治，言于晋国无隐情。其祝史陈信于鬼神(68)，无愧辞(69)。"子木归，以语王。王曰："尚矣哉(70)！能歆神人(71)，宜其光辅五君以为盟主也(72)。"子木又语王曰："宜晋之伯也。有叔向以佐其卿，楚无以当之，不可与争。"

晋荀盈遂如楚莅盟。

郑伯享赵孟于垂陇(73)，子展、伯有、子西、子产、子大叔、二子石从(74)。赵孟曰："七子从君，以宠武也(75)。请皆赋以卒君贶(76)，武亦以观七子之志。"子展赋《草虫》(77)，赵孟曰："善哉！民之主也。抑武也不足以当之。"伯有赋《鹑之贲贲》(78)，赵孟曰："床笫之言不逾阈(79)，况在野乎？非使人之所得闻也。"子西赋《黍苗》之四章(80)，赵孟曰："寡君在，武何能焉？"子产赋《隰桑》(81)，赵孟曰："武请受其卒章(82)。"子大叔赋《野有蔓草》(83)，赵孟曰："吾子之惠也！"印段赋《蟋蟀》(84)，赵孟曰："善哉！保家之主也！

吾有望矣。"公孙段赋《桑扈》⑧⑤,赵孟曰:"'匪交匪敖⑧⑥',福将焉往?若保是言也,欲辞福禄,得乎?"

卒享,文子告叔向曰:"伯有将为戮矣。诗以言志,志诬其上⑧⑦,而公怨之⑧⑧,以为宾荣,其能久乎?幸而后亡⑧⑨。"叔向曰:"然。已侈⑨⑩。所谓不及五稔者⑨①,夫子之谓矣。"文子曰:"其余皆数世之主也。子展其后亡者也,在上不忘降⑨②。印氏其次也,乐而不荒⑨③。乐以安民,不淫以使之⑨④,后亡,不亦可乎!"

宋左师请赏,曰:"请免死之邑⑨⑤。"公与之邑六十。以示子罕,子罕曰:"凡诸侯小国,晋、楚所以兵威之。畏而后上下慈和,慈和而后能安靖其国家,以事大国,所以存也。无威则骄,骄则乱生,乱生必灭,所以亡也。天生五材⑨⑥,民并用之,废一不可,谁能去兵?兵之设久矣,所以威不轨而昭文德也。圣人以兴⑨⑦,乱人以废,废兴存亡昏明之术,皆兵之由也。而子求去之,不亦诬乎?以诬道蔽诸侯⑨⑧,罪莫大焉。纵无大讨,而又求赏,无厌之甚也!"削而投之⑨⑨。左师辞邑。

向氏欲攻司城⑩⑩,左师曰:"我将亡,夫子存我⑩①,德莫大焉,又可攻乎?"君子曰:"'彼己之子,邦之司直⑩②。'乐喜之谓乎⑩③!'何以恤我,我其收之⑩④。'向戌之谓乎!"

齐崔杼生成及强而寡⑩⑤。娶东郭姜,生明。东郭姜以孤入⑩⑥,曰棠无咎,与东郭偃相崔氏。崔成有疾,而废之,而立明。成请老于崔,崔子许之。偃与无咎弗予,曰:"崔⑩⑦,宗邑也,必在宗主⑩⑧。"成与强怒,将杀之。告庆封曰:"夫子之身亦子所知也,唯无咎与偃是从,父兄莫得进矣⑩。大恐害夫子，敢以告。"庆封曰："子姑退，吾图之。"告卢蒲嫳⑩。卢蒲嫳曰："彼⑪，君之雠也。天或者将弃彼矣。彼实家乱，子何病焉？崔之薄⑫，庆之厚也⑬。"他日又告。庆封曰："苟利夫子，必去之。难，吾助女。"

九月庚辰⑭，崔成、崔强杀东郭偃、棠无咎于崔氏之朝。崔子怒而出，其众皆逃，求人使驾，不得。使圉人驾，寺人御而出。且曰："崔氏有福，止余犹可。"遂见庆封。庆封曰："崔、庆一也。是何敢然？请为子讨之。"使卢蒲嫳帅甲以攻崔氏。崔氏堞其宫而守之⑮，弗克。使国人助之，遂灭崔氏，杀成与强，而尽俘其家，其妻缢。嫳复命于崔子，且御而归之。至，则无归矣，乃缢。崔明夜辟诸大墓。辛巳⑯，崔明来奔，庆封当国。

楚䓕罢如晋莅盟，晋侯享之。将出，赋《既醉》⑰。叔向曰："䓕氏之有后于楚国也，宜哉！承君命，不忘敏⑱。子荡将知政矣⑲。敏以事君，必能养民。政其焉往？"

崔氏之乱，申鲜虞来奔，仆赁于野⑳，以丧庄公㉑。冬，楚人召之，遂如楚，为右尹。

十一月乙亥朔㉒，日有食之。辰在申㉓，司历过也㉔，再失闰矣。

[注释]

①周：秘密。　②称：相称。　③《相鼠》：《诗经·鄘风》篇名。其意为诅咒无礼仪的人。　④公孙免余：卫大夫。　⑤臣：指公孙臣。　⑥死余：为我而死。　⑦沮劝：止恶劝善。　⑧无刑：刑罚无常。　⑨鱄：子鲜名。　⑩托于木门：寓居在木门。木门，晋邑，

襄　公　721

当在今河北省河间市西北。 ⑪废其事：不尽职责。 ⑫昭吾所以出：谓使自己出逃的罪彰明于世。 ⑬如税服：穿戴丧服。税服，即缌服，丧服的一种。 ⑭赞：助，佐。 ⑮不可：办不到。 ⑯携吾民：使我们的百姓携有二心。 ⑰甲辰：二十七日。 ⑱丙午：二十九日。 ⑲丁未：初一日。 ⑳折俎：即将煮熟的牲体解成一节一段，置于俎上。另见宣公十六年传。 ㉑举：记录。 ㉒多文辞：多有文饰之辞。 ㉓戊申：初二日。 ㉔甲寅：初八日。 ㉕丙辰：初十日。 ㉖壬戌：十六日。 ㉗成言：相约。 ㉘丁卯：二十一日。 ㉙戊辰：二十二日。 ㉚请晋、楚之从交相见：请跟从晋国与跟从楚国的国家互相朝见。 ㉛庚午：二十四日。 ㉜不能于齐：即不能指挥齐国。 ㉝壬申：二十六日。 ㉞谒诸王：向楚康王禀告。 ㉟戊寅：初二日。 ㊱子晰：楚公子黑肱。 ㊲齐言：统一盟辞。 ㊳庚辰：初四日。 ㊴以藩为军：用藩篱隔开各国军队。 ㊵楚氛：楚军气氛。 ㊶左还：左转。还，同“旋”。 ㊷辛巳：初五日。 ㊸衷甲：甲在衣中。 ㊹大宰：即伯州犁。 ㊺参以定之：有此三者（志、言、信）方能安定。参，同“叁”。 ㊻三：三年。 ㊼单毙其死：个人不得好死。 ㊽不病：不担忧。 ㊾僭：假。 ㊿与：赞同，帮助。 (51)守病：防卫对我们的祸害。 (52)夫：指晋军。 (53)致死：拼命。 (54)称兵：举兵，兴兵。 (55)庸：同“用”，用处，好处。 (56)视邾、滕：即比照邾、滕二国向晋、楚纳赋。 (57)私：私属国，非独立国。 (58)列国：诸侯国。 (59)争先：争执歃盟的先后。 (60)狎：更替。 (61)只：语气助词，无义。 (62)尸盟：主盟。 (63)细：小。 (64)壬午：初六日。 (65)客：上宾。 (66)乙酉：初九日。 (67)蒙门：宋都东北门。 (68)陈信：陈述忠诚。 (69)无愧辞：无虚饰的话。 (70)尚：崇高。 (71)歆：欣喜。 (72)五君：五代国君。即晋文、晋襄、晋灵、晋成、晋景。 (73)垂陇：郑地，在今河南省郑州市西北。 (74)二子石：即印段、公孙段。 (75)宠武：使我赵武感到荣耀。 (76)以卒君贶：用来完成郑君的恩赐。 (77)《草虫》：《诗经·召南》篇名。诗有“未见君子，忧心忡仲。亦既见止，亦既觏止，我心则降"句，此视赵孟为君子。　⑱《鹑之贲贲》：《诗经·鄘风》篇名。或以此诗为刺卫宣姜淫乱而作，故赵孟以为"床笫之言"。而伯有赋此诗之意，实在"人之无良，我以为君"两句。　⑲床笫（zǐ）之言：男女枕席上的情话。笫，竹席。阈（yù）：门槛。　⑳《黍苗》：《诗经·小雅》篇名。其四章有"肃肃谢功，召伯营之。列列征师，召伯成之"四句，以赵武比召伯。　㉑《隰桑》：《诗经·小雅》篇名。其义取其思见君子尽心以事之。　㉒卒章：《隰桑》卒章为："心乎爱矣，遐不谓矣。中心藏之，何日忘之？"即赵武愿意接受子产的规谏。　㉓《野有蔓草》：《诗经·郑风》篇名。取其"邂逅相遇，适我愿兮"，即子大叔与赵孟乃初次相见。　㉔《蟋蟀》：《诗经·唐风》篇名。诗勉励人们不要耽于淫乐，应及时努力。　㉕《桑扈》：《诗经·小雅》篇名。其义取君子有礼仪文采，故能受天之福。　㉖匪交匪敖：此为《桑扈》卒章句，意为不侮慢，不骄傲。　㉗志诬其上：从心里诬蔑其国君。　㉘公怨：公开怨恨。　㉙幸而后亡：即使侥幸免除一死，其后一定逃亡。　㉚已侈：骄奢过分。　㉛五稔：五年。　㉜不忘降：指所赋《草虫》的"我心则降"句。　㉝乐而不荒：印段赋《蟋蟀》，有"好乐无荒"句。荒，荒唐，废乱。　㉞不淫：不过分。　㉟免死：免于一死，谦言。　㊱五材：指金、木、火、水、土。　㊲圣人以兴：圣人由于兵（武力）而兴起。　㊳诬道：欺诈术。　㊴削而投之：将书简削去字迹扔了出去。古人书于竹简或木札，书写有误则以刀削去。　⑩司城：子罕为司城。　⑪夫子：指子罕。　⑫"彼己之子"二句：句出《诗经·郑风·羔裘》。己，今本作"其"，语气助词。司直，主持正义。　⑬乐喜：即子罕。　⑭"何以恤我"二句：句出《诗经·周颂·维天之命》中"假以溢我，我其收之"的变文。恤，赐。收，接受。　⑮寡：同"鳏"。　⑯孤：东郭姜前夫棠公之子。　⑰崔：崔氏食邑，在今山东省济阳县东北。　⑱宗主：指崔明。　⑲进：进言。　⑳卢蒲嫳（piè）：庆封所属大夫。　㉑彼：指崔杼。　㉒薄：削弱。

⑬厚：巩固。　⑭庚辰：初五日。　⑮堞其宫：加筑宫墙。　⑯辛巳：初六日。　⑰《既醉》：《诗经·大雅》篇名。其中有"既醉以酒，既饱以德。君子万年，介尔景福"句，既谢享礼，又赞美晋侯。　⑱不忘敏：不忘敏捷应对。　⑲子荡：即薳罢。　⑳仆赁于野：在郊外雇佣仆人。　㉑以丧庄公：为庄公服丧。　㉒乙亥朔：初一日。　㉓辰在申：斗柄指向申。　㉔司历：主管历法者。

[译文]

二十七年春季，胥梁带让失去城邑的诸侯准备好车兵、徒兵前来接收土地，行动必须隐秘。又让乌余准备车兵、徒兵前来接受封地，乌余带着他的部众出动。胥梁带让诸侯假装把土地献给乌余，乘机把乌余抓了起来，并一网打尽。把他侵占的城邑全都夺回来还给了诸侯，诸侯因此和晋国更加友好。

齐国的庆封来鲁国聘问，他的车子非常华美。孟孙对叔孙说："庆封的车子不是太漂亮了吗？"叔孙说："我听说：'一个人的车服和身份地位不相称，必将招致恶果。'车子漂亮有什么用呢？"叔孙请庆封吃饭，庆封不恭敬。叔孙吟诵了《相鼠》一诗讽刺他，他也浑然不知。

卫国的宁喜专权独断，卫献公很担心。公孙免余请求杀了他。献公说："没有宁喜，我不会到这一步，我答应过让他掌管政权。事情未必能成功，只会落一个恶名，不要这么干。"公孙免余说："我去杀他，国君全当不知道。"便和公孙无地、公孙臣一同谋划，让他们攻打宁氏。没有成功，两人都被杀死。献公说："公孙臣没有罪，他们父子都是为我而死。"夏季，公孙免余再次攻打宁氏，杀了宁喜和右宰谷，把他们的尸体放到朝堂上示众。石恶准备到宋国参加盟会，接受了命令后出来。给宁喜的尸体穿上衣服，枕着大腿号哭。他准备入殓后再逃亡，又害怕不能免于祸难，就说："已经接受了命令。"便动身走了。

子鲜说："赶走我们的人逃走了，接纳我们的人死去了，赏罚没有章程，怎么能劝恶扬善呢？国君不讲信用，国家没有正常的刑罚，不也很难吗？再说是我让宁喜接纳献公回来的。"就准备逃亡到晋国。献公派人劝阻他，没有成功。走到黄河岸边，献公又派人挽留他。他拒绝了使者，并对黄河发誓决不回去，然后寄居在木门，不肯面对卫国的方向坐。木门大夫动员他出来做官，他不答应，说："做官却不尽职，那是罪过；恪尽职守，等于向世人表明我逃亡的原因。我向谁去诉说这些呢？我不能立在别人的朝廷上了。"从此终身不仕。他去世后，献公为他服丧一直到死。

卫献公送给公孙免余六十座城邑，公孙免余推辞说："只有卿才能拥有一百座城邑，我已经有六十座了，居下位却享有上位的禄封，就是祸乱。我不敢听到这样的命令。而且宁喜也正因为城邑太多，所以被杀。我害怕会过早地死亡。"献公坚持要给他，只接受了一半。让他做了少师。献公要升他为卿，他推辞说："太叔仪忠心不二，能够赞助大事，国君还是任命他吧。"献公任命太叔仪为卿。

宋国的向戌和晋国的赵武关系很好，和楚国的令尹子木也很要好，他准备通过停止诸侯之间的战争博得名声。他到晋国告诉赵武。赵武和大夫们商量，韩起说："战争，是对百姓的残害，是消耗国家财力的蠹虫，是小国的大灾难。有人提出了停止战争，虽然不一定能做到，也一定要答应。我们不答应，楚国将会答应他，并以此号召诸侯，我们就会失去盟主的地位。"晋国人答应了向戌。向戌到楚国，楚国人也答应了。到了齐国，齐国人不答应。陈文子说："晋、楚两国已经答应，我们怎能阻挠？再说人家说的是要'停止战争'，我们不赞成，就会使百姓产生二心，还怎么使用他们呢？"齐国人便答应了。向戌又到秦国，秦国也答应了。又都通告小国，到宋国参加盟会。

五月二十七日，晋国的赵武到达宋国。二十九日，郑国的良霄到达。六月一日，宋国人设享礼招待赵武，叔向为副宾。司马把煮熟的肉拆碎摆到桌上，这是合乎礼的。后来孔子看到这次宴享的记载，认为多有文饰之辞。二日，鲁国的叔孙豹、齐国的庆封、陈国的须无、卫国的石恶到达。八日，晋国的荀盈随赵武到达。十日，邾悼公到达。

十六日，楚国的公子黑肱先到，和晋国达成了协议。二十一日，宋国的向戌到陈国，和楚国令尹子木商量有关楚国的条件。二十二日，滕成公到达。子木对向戌提出："让跟随晋、楚两国的国家互相朝见。"二十四日，向戌向赵武转达了这一提议。赵武说："晋、楚、齐、秦四国地位相当。晋国不能指挥齐国，就像楚国不能指挥秦国一样。如果楚君能让秦君屈尊朝见我国，寡君又怎能不让齐国去朝见楚国呢？"二十六日，向戌告诉了子木。子木派人乘传车去请示楚康王。康王说："放下齐国和秦国，先让其他国家互相朝见。"秋季七月二日，向戌回到宋国。当晚，赵武和公子黑肱研究会盟内容，统一了盟辞。四日，子木从陈国赶来。陈国的孔奂、蔡国的公孙归生也来到。曹国、许国的大夫也都会到。各国军队只用篱笆围起来作为屏障。

　　晋、楚两军分别驻扎在两边。荀盈对赵武说："楚国方面气氛很紧张，恐怕他们会发难。"赵武说："我们向左转入宋都，能把我们怎么样？"五日，诸侯准备在宋都西门之外结盟，楚国人在外衣里面穿上皮甲。伯州犁说："集合诸侯的军队却不讲信用，恐怕不行吧？诸侯希望楚国讲究信用，才前来顺服的。如果不讲信用，就是丢弃使诸侯信服的东西了。"坚持请求脱下皮甲。子木说："晋、楚之间互不信任由来已久，只要对我们有利就行了。只要能达到目的，哪里还用得着信用？"伯州犁退出去对人说："令尹快要死了，至多不出三年。只求满足志向而丢弃信用，志向能满足吗？有了志向才能形成语言，有了语言才能产生信用，有了信用才能实现志向，有此三者才能安定。如今令尹丧失了信用，怎能活到三年呢？"赵武对楚国人内穿皮甲深为担心，告诉了叔向。叔向说："这有什么害怕的？普通人背信弃义，尚且不行，不得好死。如果召集诸侯的卿却做出失信之事，肯定也不会取得成功。说话不算数的人并不可怕，这不是您的祸患。以信用号召大家，却用虚伪欺骗诸侯，必定没有人亲附他，又怎能危害我们呢？再说我们可以依靠宋国防范意外，晋军人人奋力作战，和宋军一同拼死抵抗，即使楚军再多一倍也可以抵抗得住。您又怕什么？况且事情还不至于到这一步。楚国以停止战争为名召集诸侯,却发动战争危害我国,这对我们的好处就多了,不是祸患。"

季武子派人向叔孙传达襄公的命令,说:"视邾、滕两国而定。"不久齐国人请求把邾国作为属国,宋国人请求把滕国作为属国,邾、滕二国都不参加结盟。叔孙说:"邾、滕二国是别人的附属国。我们是诸侯国,怎么能比照邾、滕二国呢?宋国、卫国才和我们的地位对等。"就参加了结盟。《春秋》没有写叔孙豹的族名,是说他违背了国君的命令。

晋、楚为歃血盟誓的先后顺序发生争执。晋国人说:"晋国本来就是诸侯盟主,没有谁能排在晋国前面。"楚国人说:"你们说过晋、楚两国地位平等,如果晋国总是在前面,就说明楚国弱小。再说晋、楚两国轮流主持诸侯盟会也由来已久,怎能一直由晋国主持呢?"叔向对赵武说:"诸侯归服晋国主要是德行,不是因为主持结盟。您尽管致力于修养德行,不必去争夺盟誓的先后。再说诸侯结盟,小国本来也一定有参与主持结盟事务的。就当楚国作为晋国的小国主持盟会,不也可以吗?"于是让楚国先行歃血。《春秋》把晋国写在前面,是因为晋国有信用。

六日,宋平公设享礼同时宴请晋、楚两国大夫,赵武作为主宾。子木和赵武谈话,赵武回答不上来。让叔向陪着谈话,子木也回答不上来。

九日,宋平公和诸侯的大夫们在宋都的蒙门之外结盟。子木问赵武:"范武子的德行怎么样?"赵武说:"他治家很有条理,对晋国来说毫无隐瞒。他的祝史以诚信祭祀鬼神,没有任何谎言。"子木回国后告诉了楚康王。康王说:"真是高尚啊!让人和神都喜爱,他能辅佐五代国君使晋国成为盟主,也是应该的。"子木又对康王说:"晋国成为诸侯领袖也是应当的。有叔向辅佐他们的卿,楚国就没有与之匹敌的人,不要再与晋国相争了。"

晋国的荀盈随后到楚国参加结盟。

郑简公在垂陇设享礼招待赵武，子展、伯有、子西、子产、子太叔以及印段、公孙段跟随。赵武说："七位大夫跟随国君，使我受宠若惊。请各位吟诗来完成国君的恩赐，我也以此了解各位的志向。"子展吟诵了《草虫》一诗，赵武说："好啊！您真是百姓的主人。不过我没有资格承受这种赞美。"伯有吟诵了《鹑之贲贲》一诗，赵武说："夫妻间的私话不能传出门槛，更何况是在野外呢？这不是应当让人听到的。"子西吟诵了《黍苗》的第四章，赵武说："有寡君在，我有什么能耐呢？"子产吟诵了《隰桑》一诗，赵武说："请允许我接受最后一章。"子太叔吟诵了《野有蔓草》一诗，赵武说："这是托您的福啊！"印段吟诵了《蟋蟀》一诗，赵武说："好啊！您是一位能保有家族的主人！我有希望了。"公孙段吟诵了《桑扈》一诗，赵武说："'不骄不傲'，福禄还能跑到哪里去呢？如果能保持这句话，想不要福禄，能行吗？"

宴会结束后，赵武对叔向说："伯有将遭杀身之祸。诗用以表达心志，他在心里诬蔑国君，而又公开怨恨，以此作为对宾客的荣宠，他还能长久吗？即使侥幸免除一死，也要逃亡国外。"叔向说："是这样，他太骄奢了。所谓等不到五年的，大概就是说他了。"赵武说："其他人都可以延续几代。子展可能是最后一个灭亡，他在上位却不忘谦虚自抑。印氏仅次于他，欢乐而有所节制。以欢乐安定百姓，不过分使用他们，最后灭亡不是应当的吗？"

宋国的向戌请求赏赐，说："请求赐给足以免死的城邑。"平公赐给他六十座城邑。向戌把简册拿给子罕看，子罕说："凡诸侯小国，常常受到晋、楚两国的武力相逼。小国害怕了就能上下团结和睦，团结和睦了国家得以安定，以此事奉大国，小国才能生存。没有威慑便会滋生骄傲，骄傲便会招致祸乱，祸乱产生了必然导致灭亡，这就是小国灭亡的原因。上天生出五种材料，百姓都要用到，想废弃哪一种都不行，又有谁能废弃武力呢？使用武力由来已久，是为了威慑越轨行为并宣扬文治德政。圣人因武力而兴起，叛乱的人也因武力被铲除。

兴衰、存亡、昏庸、贤明，都由武力决定。而您却要消除武力，这不是骗人吗？以欺骗来愚弄诸侯，没有比这更大的罪过了。不受到大的讨伐已是幸运，又要请求赏赐，真是太贪得无厌了！"用刀削去了简册上的字迹扔到地上。向戌这才推辞了城邑。

向氏一族准备攻打司城子罕，向戌说："我将要灭亡时，是子罕挽救了我，再没有比这更大的恩德了，怎能去攻打他呢？"君子评论说："'那个人是主持国家正义的人。'大概说的就是子罕吧！'你把什么赐给我，我都打算收下它。'说的就是向戌吧！"

齐国崔杼生了成和强后妻子就死了。崔杼又娶了东郭姜，生了明。东郭姜把与前夫所生的儿子也带来了，叫棠无咎，和东郭偃共同辅佐崔氏。崔成有病被废弃，明被立为继承人。崔成请求到崔邑终老，崔杼答应了。东郭偃和棠无咎不让，说："崔邑是宗庙所在地，一定要给崔氏继承人。"崔成和崔强大怒，准备杀了他们。对庆封说："我父亲这个人您也知道，只听棠无咎和东郭偃的，崔氏父老兄弟没有人能说得动他。我们担心将来会害了他老人家，所以才向您报告。"庆封说："你们先回去，让我考虑一下。"庆封告诉了卢蒲嫳。卢蒲嫳说："崔杼是国君的仇人。也许上天将要抛弃他了。这其实是他们家族的内乱，您担心什么？崔氏受到削弱，等于庆氏的加强。"几天后，崔成、崔强又说起此事。庆封说："如果对你们的父亲有利，就一定要将他们除掉。有什么危险，我帮助你们。"

九月五日，崔成、崔强在崔氏的朝堂上杀了东郭偃和棠无咎。崔杼大怒，准备出奔，他的手下人都逃走了，找人套车都找不到。让养马人套车，让寺人驾着车子出去。并说："如果崔氏还有福的话，希望祸患能到我这儿为止。"见到庆封。庆封说："崔、庆犹如一家。这些人怎么敢这么干？请允许我为您讨伐他们。"派卢蒲嫳率领甲兵攻打崔氏。崔氏族人加固宫墙据以抵抗，无法攻克。庆封又让国都的人前来助战，将崔氏灭亡，杀了崔成和崔强，夺取了他们的全部家产和人口，崔杼的妻子自缢身亡。卢蒲嫳向崔杼复命，并驾车送他回家。崔杼到

襄　公

家,已经无家可归,于是上吊自杀。崔明连夜躲入墓地。六日,崔明逃亡来到鲁国,庆封掌管了齐国政权。

楚国的蒍罢到晋国参加结盟,晋平公设享礼招待他。将要退席时,蒍罢吟诵了《既醉》一诗。叔向说:"蒍氏在楚国后继有人是应当的!他执行君命而又机智敏捷。他将要掌握政权了。以机智敏捷事奉国君,就一定能教养百姓。政权还能落到哪里去呢?"

崔氏叛乱时,申鲜虞逃亡来到鲁国,雇佣仆人住在郊外,为庄公服丧。冬季,楚国人召请他,于是他到楚国当了右尹。

十一月一日,鲁国发生了日食。当时斗柄指向申的方位,这是司历官的失误,两次应该设置闰月而没有设置。

襄公二十八年

经 二十有八年春,无冰。夏,卫石恶出奔晋。邾子来朝。秋八月,大雩。仲孙羯如晋。冬,齐庆封来奔。十有一月,公如楚。十有二月甲寅,天王崩。乙未,楚子昭卒。

传 二十八年春,无冰。梓慎曰①:"今兹宋、郑其饥乎②?岁在星纪③,而淫于玄枵④。以有时灾⑤,阴不堪阳⑥,蛇乘龙⑦。龙,宋、郑之星也⑧,宋、郑必饥。玄枵,虚中也⑨。枵⑩,耗名也。土虚而民耗,不饥何为?"

夏,齐侯、陈侯、蔡侯、北燕伯⑪、杞伯、胡子⑫、沈子、白狄朝于晋,宋之盟故也。

齐侯将行,庆封曰:"我不与盟,何为于晋⑬?"陈文子曰:"先事后贿⑭,礼也。小事大,未获事焉⑮,从之如志⑯,礼也。虽不与盟,敢叛晋乎?重丘之盟,未可忘也。

子其劝行！"

卫人讨宁氏之党，故石恶出奔晋。卫人立其从子圃⑰，以守石氏之祀，礼也。

郑悼公来朝，时事也⑱。

秋八月，大雩，旱也。

蔡侯归自晋，入于郑。郑伯享之，不敬。子产曰："蔡侯其不免乎！日其过此也⑲，君使子展迂劳于东门之外⑳，而傲。吾曰犹将更之。今还，受享而惰，乃其心也。君小国事大国㉑，而惰傲以为己心，将得死乎㉒？若不免，必由其子。其为君也，淫而不父㉓。侨闻之，如是者，恒有子祸㉔。"

孟孝伯如晋，告将为宋之盟故如楚也。

蔡侯之如晋也，郑伯使游吉如楚。及汉㉕，楚人还之㉖，曰："宋之盟，君实亲辱。今吾子来，寡君谓吾子姑还。吾将使驲奔问诸晋而以告。"子大叔曰："宋之盟，君命将利小国，而亦使安定其社稷，镇抚其民人，以礼承天之休㉗，此君之宪令㉘，而小国之望也。寡君是故使吉奉其皮币㉙，以岁之不易㉚，聘于下执事。今执事有命曰：女何与政令之有㉛？必使而君弃而封守㉜，跋涉山川，蒙犯霜露㉝，以逞君心。小国将君是望，敢不唯命是听？无乃非盟载之言，以阙君德，而执事有不利焉，小国是惧。不然，其何劳之敢惮㉞？"

子大叔归，复命，告子展曰："楚子将死矣！不修其政德，而贪昧于诸侯㉟，以逞其愿，欲久，得乎？《周易》有之，在《复》☷☳之《颐》☶☳㊱，曰：'迷复，凶㊲。'其楚子之谓乎！欲复其愿[38]，而弃其本[39]，复归无所，是谓迷复。能无凶乎？君其往也，送葬而归，以快楚心。楚不几十年[40]，未能恤诸侯也[41]。吾乃休吾民矣。"裨灶曰："今兹周王及楚子皆将死。岁弃其次[42]，而旅于明年之次[43]，以害鸟帑[44]。周、楚恶之[45]。"

九月，郑游吉如晋，告将朝于楚，以从宋之盟。子产相郑伯以如楚，舍不为坛[46]。外仆言曰[47]："昔先大夫相先君，适四国[48]，未尝不为坛。自是至今，亦皆循之[49]。今子草舍[50]，无乃不可乎？"子产曰："大适小，则为坛；小适大，苟舍而已，焉用坛？侨闻之，大适小有五美：宥其罪戾，赦其过失，救其灾患，赏其德刑，教其不及[51]。小国不困，怀服如归。是故作坛以昭其功，宣告后人，无怠于德。小适大有五恶：说其罪戾[52]，请其不足，行其政事，共其职贡，从其时命[53]。不然，则重其币帛，以贺其福而吊其凶，皆小国之祸也。焉用作坛以昭其祸！所以告子孙，无昭祸焉可也。"

齐庆封好田而耆酒[54]，与庆舍政[55]。则以其内实迁于卢蒲嫳氏[56]，易内而饮酒[57]。数日，国迁朝焉[58]。使诸亡人得贼者[59]，以告而反之。故反卢蒲癸。癸臣子之[60]，有宠，妻之。庆舍之士谓卢蒲癸曰[61]："男女辨姓。子不辟宗，何也？"曰："宗不余辟，余独焉辟之？赋诗断章[62]，余取所求焉，恶识宗[63]？"癸言王何而反之，二人皆嬖，使执寝戈[64]，而先后之。

公膳[65]，日双鸡[66]。饔人窃更之以鹜[67]。御者知之[68]，则去其肉而以其洎馈[69]。子雅、子尾怒[70]。庆封告卢蒲嫳。卢蒲嫛曰："譬之如禽兽，吾寝处之矣[71]。"使析归父告晏平仲。平仲曰："婴之众不足用也，知无能谋也。言弗敢出[72]，有盟可也[73]。"子家曰[74]："子之言云，又焉用盟？"告北郭子车。子车曰[75]："人各有以事君，非佐之所能也[76]。"陈文子谓桓子曰[77]："祸将作矣，吾其何得？"对曰："得庆氏之木百车于庄[78]。"文子曰："可慎守也已！"

卢蒲癸、王何卜攻庆氏，示子之兆[79]，曰："或卜攻雠，敢献其兆。"子之曰："克，见血。"冬十月，庆封田于莱，陈无宇从。丙辰[80]，文子使召之。请曰："无宇之母疾病，请归。"庆季卜之[81]，示之兆，曰："死。"奉龟而泣。乃使归。庆嗣闻之[82]，曰："祸将作矣！"谓子家[83]："速归！祸作必于尝[84]，归犹可及也。"子家弗听，亦无悛志[85]。子息曰[86]："亡矣！幸而获在吴、越。"陈无宇济水而戕舟发梁[87]。

卢蒲姜谓癸曰[88]："有事而不告我，必不捷矣。"癸告之。姜曰："夫子愎[89]，莫之止，将不出。我请止之。"癸曰："诺。"十一月乙亥[90]，尝于大公之庙，庆舍莅事。卢蒲姜告之，且止之。弗听，曰："谁敢者。"遂如公[91]。麻婴为尸[92]，庆奊为上献[93]。卢蒲癸、王何执寝戈。庆氏以其甲环公宫[94]。陈氏、鲍氏之圉人为优[95]。庆氏之马善惊，士皆释甲束马而饮酒，且观优，至于鱼里[96]。栾、高、陈、鲍之徒介庆氏之甲[97]。子尾抽桷击扉三[98]，卢蒲癸自后刺子之，王何以戈击之，解其左肩。犹援庙桷[99]，动于甍[100]，以俎壶投[101]，杀人而后死。遂杀庆奊、麻婴。公惧。鲍国曰："群臣为君故也。"陈须无以公归，税服而如内宫[102]。

襄 公

庆封归，遇告乱者。丁亥⑩，伐西门，弗克。还伐北门，克之。入，伐内宫，弗克。反，陈于岳⑩，请战，弗许，遂来奔。献车于季武子，美泽可以鉴⑩。展庄叔见之⑩，曰："车甚泽，人必瘁，宜其亡也。"叔孙穆子食庆封，庆封汜祭⑩。穆子不说，使工为之诵《茅鸱》⑩，亦不知。既而齐人来让，奔吴。吴句余予之朱方⑩，聚其族焉而居之，富于其旧。子服惠伯谓叔孙曰："天殆富淫人，庆封又富矣。"穆子曰："善人富谓之赏，淫人富谓之殃。天其殃之也，其将聚而歼旃！"

癸巳⑩，天王崩。未来赴，亦未书，礼也。

崔氏之乱，丧群公子。故鉏在鲁，叔孙还在燕，贾在句渎之丘。及庆氏亡，皆召之，具其器用而反其邑焉。与晏子邶殿其鄙六十⑪，弗受。子尾曰："富，人之所欲也，何独弗欲？"对曰："庆氏之邑足欲，故亡。吾邑不足欲也。益之以邶殿，乃足欲。足欲，亡无日矣。在外，不得宰吾一邑⑫。不受邶殿，非恶富也，恐失富也。且夫富如布帛之有幅焉⑬，为之制度，使无迁也⑭。夫民生厚而用利⑮，于是乎正德以幅之⑯，使无黜嫚⑰，谓之幅利⑱。利过则为败。吾不敢贪多，所谓幅也。"与北郭佐邑六十，受之。与子雅邑，辞多受少。与子尾邑，受而稍致之⑲。公以为忠，故有宠。释卢蒲嫳于北竟⑳。

求崔杼之尸，将戮之，不得。叔孙穆子曰："必得之。武王有乱臣十人㉑，崔杼其有乎？不十人，不足以葬。"既，崔氏之臣曰："与我其拱璧㉒，吾献其柩。"于是得之。十二月乙亥朔㉓，齐人迁庄公㉔，殡于大寝㉕。以其棺尸崔杼于市㉕。国人犹知之，皆曰："崔子也。"

为宋之盟故，公及宋公、陈侯、郑伯、许男如楚。公过郑，郑伯不在。伯有迋劳于黄崖㉗，不敬。穆叔曰："伯有无戾于郑㉘，郑必有大咎。敬，民之主也，而弃之，何以承守㉙？郑人不讨，必受其辜。济泽之阿㉚，行潦之苹藻㉛，置诸宗室㉜，季兰尸之㉝，敬也。敬可弃乎？"

及汉，楚康王卒。公欲反，叔仲昭伯曰："我楚国之为，岂为一人？行也。"子服惠伯曰："君子有远虑，小人从迩㉞。饥寒之不恤，谁遑其后？不如姑归也。"叔孙穆子曰："叔仲子专之矣㉟，子服子始学者也㊱。"荣成伯曰："远图者，忠也。"公遂行。宋向戌曰："我一人之为，非为楚也。饥寒之不恤，谁能恤楚？姑归而息民，待其立君而为之备。"宋公遂反。

楚屈建卒。赵文子丧之如同盟，礼也。

王人来告丧。问崩日，以甲寅告。故书之，以征过也。

[注释]

①梓慎：鲁大夫。 ②今兹：今年。 ③岁在星纪：岁星，即木星。木星公转周期为11.86年，古人误以为十二年，并以此纪年。古代天文学家以日月所会之处为次，日月一年十二会，故有十二次，与十二宫相当。十二次其名称为降娄、大梁、实沈、鹑首、鹑火、鹑尾、寿星、大火、析木、星纪、玄枵（xiāo）、娵（jū）訾。星纪，即此十二星次之一，在十二支中为丑，在二十八宿中为斗宿和牛宿。 ④淫：过，过了头。玄枵：十二星次之一，在十二支中为子，在二十八宿中为女、虚、危三宿。古人推算与客观天象不合，误差较大，故云"淫于玄枵"。 ⑤时灾：天时不正常之灾。 ⑥阴不堪阳：古人称寒冷为

阴，温暖为阳。应有冰而无冰，即应寒而暖，故曰阴不堪阳。 ⑦蛇乘龙：古人以岁星为木，木为青龙。而次于玄枵，玄枵相当女、虚、危三宿。虚、危古以为蛇。龙行疾而失位，出现在虚、危之下，龙在下而蛇在上，故曰蛇乘龙。 ⑧龙，宋、郑之星：此为古分野之说，以土地疆域配天上星宿。 ⑨虚中：玄枵有女、虚、危三宿，虚宿在中间。 ⑩枵：空虚。 ⑪北燕：即姬姓之燕，都于蓟。 ⑫胡：归姓国，故城在今安徽省阜阳市。 ⑬于晋：即朝于晋。 ⑭先事后贿：先事奉大国而后考虑财币。 ⑮未获事：事情未能办成。 ⑯从之如志：按照大国的意图而顺从它。 ⑰从子：兄弟之子。今称侄。 ⑱时事：四时朝聘。 ⑲日：往日。 ⑳迋（wàng）劳：前往慰劳。迋，同"往"。 ㉑君小国：为小国之君。 ㉒得死：善终。 ㉓淫而不父：指与儿媳通奸，非父所为。 ㉔恒有子祸：常有儿子发动的祸乱。 ㉕汉：汉水。 ㉖还之：使游吉返回。 ㉗承天之休：承受上天的福禄。休，福禄。 ㉘宪令：法令。 ㉙皮币：指财礼。 ㉚岁之不易：岁有饥荒灾难。 ㉛女：同"汝"，指游吉。 ㉜弃而封守：丢掉你们的疆土和守备。而，同"尔"。 ㉝蒙犯：冒着。 ㉞惮：畏。 ㉟贪昧：贪图进奉。 ㊱《复》：六十四卦之一，其卦象为震下坤上。《颐》：六十四卦之一，其卦象为震下艮上。 ㊲迷复，凶：即为《复》上六爻辞。意为迷了路，往回走，不吉利。 ㊳复其愿：实践自己的愿望。 ㊴弃其本：忘掉了原路。 ㊵几：近。 ㊶恤诸侯：争霸。恤，忧。 ㊷岁弃其次：岁星不在其位置。即岁不在星纪。 ㊸旅于明年之次：运行在明年的位置上。即岁在玄枵。 ㊹以害鸟帑：要危害鸟尾。据杜预注，"岁星所在，其国有福。失次于北，祸冲在南。南为朱鸟，鸟尾曰帑。鹑火、鹑尾，周、楚之分，故周王、楚子受其咎"。朱鸟即朱雀，为南方井、鬼、柳、星、张、翼、轸七宿的总称。鹑火在二十八宿中为柳、星、张三宿，鹑尾为翼、轸二宿。 ㊺周、楚恶之：即周、楚遭受灾祸。 ㊻舍不为坛：设置帷宫而不筑坛。古代国君至他国设坛以受郊劳，即先除野草，为一坛坪，然后积土为坛。 ㊼外仆：官名，主管筑坛置舍的人。 ㊽四国：四方各国。 ㊾循：因循沿袭。 ㊿草舍：不除草而为舍。 (51)教其不及：教导它做不到的地方。 (52)说：解释。 (53)时命：随时下达的命令。 (54)耆：同“嗜”。 (55)庆舍：庆封之子。 (56)内实：宝物妻妾。 (57)易内：交换妻妾。 (58)迁朝：庆封虽付政于舍，但仍当国。诸大夫则往卢蒲嫳之家而朝见。 (59)亡人：为避崔杼之乱而逃亡的人。贼：指崔氏党羽。 (60)癸臣子之：卢蒲癸做了子之的家臣。子之，庆舍字。 (61)士：家臣。卿大夫之家臣，其长称室老或宰，其余均泛称为士。 (62)断章：即断章取义。春秋时外交场合常赋诗表意，赋者与听者各取所需，不顾本义。 (63)恶：疑问代词，何。 (64)寝戈：兵器。 (65)公膳：办公用餐，由朝廷供给。 (66)日双鸡：每日两只鸡，此为大夫的膳食。 (67)饔（yōng）人：掌管割烹的官员。鹜：鸭子。 (68)御者：送饭的人。 (69)洎（jì）：肉汁。 (70)子雅、子尾：齐大夫，皆为惠公之孙。 (71)寝处之：即寝其皮。 (72)弗敢出：不敢泄露。 (73)有盟可也：即可以盟誓。 (74)子家：析归父。 (75)子车：齐大夫。 (76)佐：子车名。 (77)桓子：文子之子陈无宇。 (78)庄：临淄城大街名。 (79)兆：龟兆。 (80)丙辰：十七日。 (81)庆季：即庆封。 (82)庆嗣：庆封之族人。 (83)子家：指庆封，字子家。 (84)尝：秋祭。 (85)无悛志：无改悔之意。 (86)子息：庆嗣字。 (87)戕舟发梁：破坏船只，拆掉桥梁。 (88)卢蒲姜：卢蒲癸之妻，庆舍之女。 (89)夫子：指庆舍。愎：刚愎，倔强。 (90)乙亥：七日。 (91)如公：至公所，即太公庙。 (92)尸：古代祭祀，用活人代替受祭者。 (93)庆奊（xié）：庆封族人，即下文之庆绳。上献：上宾，宾长。 (94)环：围。 (95)圉人：养马者。优：即俳优，演戏者。 (96)鱼里：里名。 (97)介：穿着。 (98)桷（jué）：方形的椽子。一说指槌。 (99)援庙桷：攀住太庙的屋椽。 (100)甍（méng）：栋梁。 (101)俎壶：盛酒肉的器具。 (102)税服：脱去丧服。税，同“脱”。 (103)丁亥：十九日。 (104)岳：临淄城内大街名。 (105)美泽可以鉴：美丽而有光泽，能做镜子。 (106)展庄叔：鲁大夫。 ⑩氾祭：遍祭诸神。 ⑩工：乐师。《茅鸱》：逸诗，其意为讽刺不恭敬者。 ⑩朱方：吴邑，在今江苏省镇江市丹徒镇南。 ⑩癸巳：二十五日。 ⑪邺殿：齐国别都，在今山东省昌邑市西北郊。其鄙：郊鄙。其，之。 ⑫宰：主宰，用作动词。 ⑬幅：幅度，宽度。 ⑭迁：变。 ⑮生厚而用利：生活富裕而器用富饶。 ⑯正德以幅之：端正道德以限制他们。 ⑰使无黜嫚（màn）：使他们无不足也无过分。黜，退，下。嫚，借为漫，水过多为漫。 ⑱幅利：限制私利。 ⑲稍致之：全部退还国君。稍，尽。 ⑳释：放逐。 ㉑乱臣：治臣。乱，反训为治。 ㉒拱璧：大璧玉。 ㉓乙亥：初一日。 ㉔迁：迁葬。 ㉕大寝：即路寝，诸侯的正室。 ㉖棺尸崔杼于市：即将崔杼的棺材、尸体暴露在街市上。 ㉗黄崖：在今河南省新郑市北。 ㉘无庆：无罪，即不治罪。 ㉙承守：继承守护先祖家业。 ㉚济泽之阿：水边的薄土。济，渡口。泽，沼泽。阿，水崖。 ㉛行潦之苹藻：路旁积水中的浮萍水草。行，道路。潦，积水。苹，浮萍。藻，水草。 ㉜置诸宗室：用作祭品。宗室，宗庙。 ㉝季兰：即《诗经·召南·采苹》篇中之季女。一说为真实的人名。 ㉞从迩：只见眼前近处。 ㉟专之：足以专用。 ㊱始学者：刚学习的人。

[译文]

二十八年春季，鲁国没有结冰。鲁国大夫梓慎说："今年宋国和郑国大概要发生饥荒吧！岁星应在星纪，却走过了头到达玄枵。这是要发生天时不正的灾荒，阴气不敌阳气，龙在下而蛇在上。龙是宋国、郑国的星宿，宋国、郑国必然发生饥荒。玄枵有三宿，虚宿居中。枵表示虚耗。土地虚耗百姓就会受损，能不发生饥荒吗？"

夏季，齐景公、陈哀公、蔡景公、北燕伯、杞文公、胡子、沈子、白狄到晋国朝见，这是宋国结盟的缘故。

齐景公将要动身，庆封说："我国没有参加结盟，为什么要朝见晋国呢？"陈文子说："先考虑事奉大国再考虑财货，是合乎礼的。小国事奉大国,即使没有得到事奉的机会,但顺从大国的意愿,也是合乎礼的。我们虽然没有参加结盟,难道敢背叛晋国吗?重丘的盟约还不能忘记啊。您还是劝国君去吧!"

卫国人讨伐宁氏党羽,因此石恶逃亡到了晋国。卫国人立了他的侄子石圃为继承人,以保存石氏宗庙的祭祀,这是合乎礼的。

邾悼公来鲁国朝见,这是按时令来朝见。

秋季八月,鲁国举行大雩祭,这是因为天旱。

蔡景公从晋国回来,进入郑都。郑简公设享礼招待,景公不够恭敬。子产说:"蔡侯恐怕难逃灾祸!以前他经过这里,国君派子展到东门外慰劳他,他就很傲慢。我还以为他能改正。这次回来,接受宴请,还是那样怠惰无礼,就是他的本性如此。作为小国国君事奉大国,以傲慢无礼为本性,还能得到善终吗?如果不能免于祸难,也必然是他儿子引起。他作为国君,淫荡而不像父亲的样子。据我所知,这种乱伦之人,经常会招致儿子发动祸乱。"

孟孝伯到晋国报告,准备履行宋国盟约到楚国朝见。

蔡景公去晋国时,郑简公派游吉前往楚国。行至汉水,楚国人让游吉回去,说:"宋国的盟会,贵君亲自参加了。如今却派您来,寡君让您先回去。我们将派驿车到晋国询问以后再告诉你们。"游吉说:"宋国盟会上,贵君命令要有利于小国,使他们安定国家,镇抚百姓,依靠礼仪承受上天的福禄,这是贵君的命令,也是小国的希望。因为年成不好,寡君才派我来致送财礼,问候阁下。现在阁下又命令:你怎能代表你们国家?一定要让你们国君放弃封土,跋山涉水,披霜踏露,才能满足我们国君的愿望。小国还要依靠贵君,怎能不俯首听命呢?不过这样有违盟约的规定,会损害贵君的德行,也对阁下不利,小国对此深为忧虑。如果不是这样,寡君还怕奔波的劳苦吗?"

游吉回国复命,告诉子展说:"楚王快要死了!他不修明政事和德行,却贪图诸侯的进奉,以满足自己的欲望,还想活得长久,可能吗?《周易》有这样的卦象,《复》卦变为《颐》卦,就叫'迷路往回走,不吉利'。大概说的就是楚王吧。他想满足自己的欲望,却放弃了自己的根本,想回去却找不到地方,这就是'迷复'。怎能不发生凶事呢?还是让国君去吧,去为楚王送完葬回来,让楚国人痛快一下。楚国没有十年不能称霸诸侯。我们可以让百姓得到休息了。"裨灶说:"今年周天子和楚王都将死去。岁星失去它应有的位置,却运行到明年的地方,会危及鸟尾。王室和楚国都将遭到灾祸。"

九月,郑国的游吉到晋国,报告将朝见楚国,以履行宋国盟约。子产作为郑简公的相礼到了楚国,搭了帐篷没有设坛。随同的外仆说:"从前先大夫辅佐先君到四方各国,没有不筑土坛的。直到今天都沿用这种做法。现在您不除草就搭起帐篷,恐怕不行吧?"子产说:"大国到小国去,就要设坛;小国到大国朝见,简单搭一个帐篷就行了,哪里需要设坛?据我所知,大国到小国去有五种好处:赦免小国的罪过,原谅它的过失,救助它的灾难,奖励它的德行和法典,教导它不完善的地方。小国因此不至于困乏,归服大国就如回到自己的家中。因此才设坛以宣扬大国的功劳,告诫后人,要勤于修养德行。小国朝见大国有五种坏处:解释自己的罪过,索要缺乏的东西,执行大国的命令,进献贡品,听从大国随时下达的命令。如果不这样,就加重小国的贡赋,以祝贺喜事或吊唁丧事,这都是小国的祸患。哪里用得着设坛以宣扬自己的祸患呢!把这些告诉子孙,不要宣扬灾祸就行了。"

齐国的庆封喜欢打猎和喝酒,政务则交给庆舍处理。他带着妻妾财物迁到卢蒲嫳家居住,互换妻妾饮酒作乐。几天之后,官员们都到这里朝见庆封。庆封让逃亡在外而知道崔氏余党下落的人,只要告发就让他回来。因此就让卢蒲癸回来了。卢蒲癸做了庆舍的家臣,受到宠信,庆舍把女儿嫁给了他。庆舍的家臣对卢蒲癸说:"男女结婚要分清姓氏。您不避同宗女子,是为什么?"卢蒲癸说:"是同宗不避我,我怎么能避开同宗呢?就像吟诗时人们断章取义一样,我争取自己所需要的就行了,又何必顾忌同宗不同宗?"卢蒲癸又让王何也回到齐国,两人都受到宠信,庆舍让他俩手执寝戈护卫前后。

朝廷供应大夫的伙食，每天有两只鸡。主管宰杀的人暗中换成两只鸭子。送饭的人知道了，把肉拿走，只上肉汤。子雅、子尾大怒。庆封告诉了卢蒲嫳。卢蒲嫳说："我把他们当作禽兽，我要睡在他们的皮上了。"庆封派析归父告诉了晏婴。晏婴说："我的家臣不足以使用，我的智慧也不能参与谋划。但我决不会泄露此事，可以盟誓。"析归父说："您这样说了，哪里还用得着盟誓呢？"又告诉北郭子车。子车说："每个人都有事奉国君的方法，这不是我所能做到的。"陈文子对陈无宇说："祸乱就要发生，我们能得到什么？"陈无宇说："能在庄街上得到庆氏一百车木材。"文子说："你要谨慎地保守它。"

卢蒲癸、王何为攻打庆氏而占卜，把卦象拿给庆舍看，说："有人占卜要攻打仇人，请你看看征兆如何。"庆舍说："能够成功，但要流血。"冬季十月，庆封在莱地打猎，陈无宇随同。十七日，陈文子派人召陈无宇回去。陈无宇请求说："我母亲有病，请允许我回去。"庆封为他占卜，把卦象让他看，无宇说："母亲要死。"捧着龟甲哭起来。庆封便让他回去了。庆嗣听到此事后说："祸乱就要发生！"对庆封说："赶快回去！祸乱肯定在举行秋祭时发生，回去还能来得及制止。"庆封不听，也没有悔改的意思。庆嗣说："他要逃亡了！能逃到吴、越二国就是幸运了。"陈无宇渡过河，就破坏了船只，拆去了桥梁。

卢蒲姜对卢蒲癸说："有事情而不告诉我，肯定不能成功。"卢蒲癸把此事告诉了她。卢蒲姜说："我父亲刚愎自用，没有人能劝阻他，他不会出来。让我去劝阻他。"卢蒲癸说："好吧。"十一月七日，在太庙举行秋祭，庆舍准备亲临主持祭祀。卢蒲姜告诉他有人要发动叛乱，劝他别去。但他不听，说："谁敢作乱？"随后来到太公庙。祭祀时麻婴充当受祭者，庆奊为上宾。卢蒲癸、王何手持寝戈护卫左右。庆氏派甲兵在公宫四周警卫。陈氏、鲍氏的养马人演戏。庆氏的马容易受惊，士兵都脱下皮甲捆住马，一同饮酒，喝完酒又到鱼里看戏。子雅、子尾、陈文子、鲍国的徒众趁机穿上庆氏甲兵解下的皮甲。子尾抽出椽子在门上敲了三下，卢蒲癸从后面刺杀庆舍，王何用戈击他，砍下了他的左肩。庆舍仍能拔掉庙宇的椽子，房顶为之震动起来，他抓起盛肉的器具和酒器掷出去，杀人后才死去。众人又杀了庆奊、麻婴。齐景公害怕。鲍国说："群臣是为了国君才杀死他们的。"陈文子带着景公回去，脱下祭服回到宫内。

庆封回来，碰到有人报告动乱的消息。十九日，庆封攻打西门，没能攻下。转而攻打北门，攻克。进城后攻打内宫，没有攻下。折回去在岳街摆开战阵，请求决战，没有得到同意，便逃亡来到鲁国。献给季武子一辆车子，车子十分华美，光可耀人。展庄叔见到后说："车子如此漂亮，主人一定憔悴，难怪他逃亡国外。"叔孙穆子请庆封吃饭，庆封把各种神灵祭告了一遍。穆子不高兴，让乐师演奏了《茅鸱》一诗，庆封也听不懂。不久齐国人前来责备鲁国收留庆封，庆封又逃亡到吴国。吴王句余把朱方一地送给他，庆封集合了他的族众住到那里，比过去更加富有。子服惠伯对叔孙说："上天大概是要让恶人富有，所以庆封又富起来了。"穆子说："好人富有是奖赏，恶人富有是祸殃。恐怕上天要降灾给他，或许要把他们聚集起来全部消灭吧！"

十一月二十五日，周天子去世。没有发来讣告，《春秋》也没有记载，这是不合礼的。

崔氏之乱时，齐国的公子们四散奔逃。公子钼逃到鲁国，叔孙还逃到燕国，公子贾逃到句渎之丘。等到庆氏被灭亡，齐国把他们都召回，准备了家用器具，把封地还给他们。把邶殿边境的六十座城邑赐给晏婴，晏婴不接受。子尾说："富有是人人所希望的，为何只有您不要呢？"晏婴回答说："庆氏的城邑满足了欲望，因此逃亡国外。我的城邑还不能满足我的愿望。如果加上邶殿的六十座城邑，才能满足。但欲望满足了，离逃亡就没有几天了。如果逃亡在外，连一个城邑也不能主宰。我不要邶殿六十邑，不是讨厌富有，正是害怕失去富有。再说富有犹如布帛一样有一定的幅度，为它制定了幅度，就不要随便改变。百姓总是希望生活富足，财用充足，因此要端正道德标准来加以限制，使其既不缺乏也不过分，这就叫作限制私利。私利太多会招致败亡。我不敢贪多，就是要限制。"景公赐给北郭佐六十座城邑，他接受了。赐给子雅城邑，他辞掉的多，接受的少。赐给子尾城邑，开始接受了，后来又全部还给了景公。景公认为子尾忠诚，因此子尾受到宠信。把卢蒲嫳放逐到齐国北部边境。

齐国寻找崔杼的尸首，准备戮尸，但找不到。叔孙穆子说："一定要找到。周武王当年有十个忠臣，崔杼有这么多忠于他的人吗？只要没有十个人，他就不能够下葬。"不久，崔氏家臣说："把崔杼那块大玉璧送给我，我就献出他的棺材。"于是找到了崔杼的尸首。十二月一日，齐国迁葬庄公，棺材停放在正寝。又把崔杼的棺材和尸体暴露在街头示众。国人还能认出他，都说："确实是崔杼。"

为履行宋国盟约，襄公和宋平公、陈哀公、郑简公、许悼公前往楚国朝见。襄公路过郑都，郑简公不在。伯有来到黄崖慰劳襄公，态度不够恭敬。穆叔说："伯有如果不在郑国获罪，郑国一定会发生大的灾祸。恭敬是百姓的主宰，抛弃了它，靠什么承继祖先创下的家业？郑国人不讨伐他，必受其祸。即使水边的薄土，道路积水中的浮萍水草，只要作为祭品放到宗庙中，由季兰作为祭尸，也是恭敬。恭敬难道能丢弃吗？"

襄公行至汉水，楚康王去世。襄公打算回来，叔仲昭伯说："我们是为楚国而来，哪里是为了一个人？还是要去。"子服惠伯说："君子有长远眼光，小人才只顾眼前。饥寒都顾不上，谁还能顾及以后呢？不如暂且回去吧。"叔孙穆子说："叔仲昭伯可以委以专项重任了，而子服惠伯只是刚刚开始学习。"荣成伯说："能考虑长远的人，是忠诚的。"于是襄公继续前进。宋国的向戌说："我们是为一人而来，并非为楚国而来。饥寒都没有人关心，谁还能顾得上楚国呢？姑且回去休养百姓，等他们立了新君后再做防备。"宋平公便回国了。

楚国的令尹屈建去世。赵武前往吊唁如同对待盟国，这是合乎礼的。

王室使者来通报天子去世的消息。问周天子的死期，回答是十二月十六日。因此《春秋》就这样记载，以惩戒其过错。

襄公二十九年

经 二十有九年春，王正月，公在楚。夏五月，公至自楚。庚午，卫侯衎卒。阍弑吴子余祭。仲孙羯会晋荀盈、齐高止、宋华定、卫世叔仪、郑公孙段、曹人、莒人、滕人、薛人、小邾人城杞。晋侯使士鞅来聘。杞子来盟。吴子使札来聘。秋九月，葬卫献公。齐高止出奔北燕。冬，仲孙羯如晋。

传 二十九年春，王正月，公在楚，释不朝正于庙也①。

楚人使公亲禭②，公患之。穆叔曰："祓殡而禭③，则布币也④。"乃使巫以桃、茢先祓殡⑤。楚人弗禁，既而悔之。

二月癸卯⑥，齐人葬庄公于北郭。

夏四月，葬楚康王。公及陈侯、郑伯、许男送葬，至于西门之外。诸侯之大夫皆至于墓。楚郏敖即位。王子围为令尹。郑行人子羽曰："是谓不宜，必代之昌。松柏之下，其草不殖⑦。"

公还，及方城。季武子取卞⑧，使公冶问，玺书追而与之⑨，曰："闻守卞者将叛，臣帅徒以讨之，既得之矣，敢告⑩。"公冶致使而退，及舍而后闻取卞。公曰："欲之而言叛，只见疏也⑪。"

公谓公冶曰："吾可以入乎？"对曰："君实有国，谁敢违君？"公与公冶冕服⑫。固辞，强之而后受。公欲无入，荣成伯赋《式微》⑬，乃归。五月，公至自楚。

公冶致其邑于季氏，而终不入焉。曰："欺其君，何必使余？"季孙见之，则言季氏如他日。不见，则终不言季氏。及疾，聚其臣，曰："我死，必无以冕服敛，非德赏也⑭。且无使季氏葬我。"

葬灵王。郑上卿有事，子展使印段往。伯有曰："弱⑮，不可。"子展曰："与其莫往，弱不犹愈乎？《诗》云：'王事靡盬，不遑启处⑯。'东西南北，谁敢宁处？坚事晋、楚，以蕃王室也⑰。王事无旷⑱，何常之有？"遂使印段如周。

吴人伐越，获俘焉，以为阍⑲，使守舟。吴子余祭观舟，阍以刀弑之。

郑子展卒，子皮即位⑳。于是郑饥而未及麦，民病。子皮以子展之命，饩国人粟㉑，户一钟㉒，是以得郑国之民。故罕氏常掌国政，以为上卿。宋司城子罕闻之，曰："邻于善㉓，民之望也。"宋亦饥，请于平公，出公粟以贷㉔。使大夫皆贷。司城氏贷而不书㉕，为大夫之无者贷。宋无饥人。叔向闻之，曰："郑之罕㉖，宋之乐㉗，其后亡者也！二者其皆得国乎！民之归也。施而不德，乐氏加焉㉘。其以宋升降乎㉙？"

晋平公，杞出也，故治杞㉚。六月，知悼子合诸侯之大夫以城杞，孟孝伯会之。郑子大叔与伯石往。子大叔见大叔文子㉛，与之语。文子曰："甚乎㉜！其城杞也。"子大叔曰：“若之何哉？晋国不恤周宗之阙㉝，而夏肄是屏㉞。其弃诸姬，亦可知也已。诸姬是弃，其谁归之？吉也闻之㉟，弃同即异㊱，是谓离德。《诗》曰：‘协比其邻，昏姻孔云㊲。’晋不邻矣㊳，其谁云之？”

齐高子容与宋司徒见知伯㊴，女齐相礼㊵。宾出，司马侯言于知伯曰：“二子皆将不免。子容专，司徒侈，皆亡家之主也。”知伯曰：“何如？”对曰：“专则速及，侈将以其力毙，专则人实毙之，将及矣。”

范献子来聘，拜城杞也。公享之，展庄叔执币㊶。射者三耦㊷，公臣不足㊸，取于家臣。家臣，展瑕、展王父为一耦。公臣，公巫召伯、仲颜庄叔为一耦，鄫鼓父、党叔为一耦。

晋侯使司马女叔侯来治杞田㊹，弗尽归也。晋悼夫人愠曰㊺：“齐也取货㊻。先君若有知也，不尚取之㊼！”公告叔侯，叔侯曰：“虞、虢、焦、滑、霍、扬、韩、魏，皆姬姓也，晋是以大㊽。若非侵小，将何所取？武、献以下㊾，兼国多矣，谁得治之？杞，夏余也，而即东夷。鲁，周公之后也，而睦于晋。以杞封鲁犹可，而何有焉㊿？鲁之于晋也，职贡不乏，玩好时至(51)，公卿大夫相继于朝，史不绝书，府无虚月(52)。如是可矣，何必瘠鲁以肥杞？且先君而有知也，毋宁夫人(53)，而焉用老臣？”

杞文公来盟。书曰“子”，贱之也。

吴公子札来聘(54)，见叔孙穆子，说之。谓穆子曰：“子其不得死乎(55)！好善而不能择人(56)。吾闻君子务在择人。吾子为鲁宗卿，而任其大政，不慎举(57)，何以堪之？祸必及子！”

请观于周乐。使工为之歌《周南》《召南》(58)，曰：“美哉！始基之矣(59)，犹未也。然勤而不怨矣(60)。”为之歌《邶》《鄘》《卫》(61)，曰：“美哉，渊乎(62)！忧而不困者也(63)。吾闻卫康叔、武公之德如是(64)，是其《卫风》乎！”为之歌《王》，曰：“美哉！思而不惧(65)，其周之东乎(66)！”为之歌《郑》，曰：“美哉！其细已甚(67)，民弗堪也，是其先亡乎！”为之歌《齐》，曰：“美哉！泱泱乎(68)，大风也哉(69)！表东海者(70)，其大公乎！国未可量也。”为之歌《豳》，曰：“美哉！荡乎(71)，乐而不淫，其周公之东乎(72)？”为之歌《秦》，曰：“此之谓夏声(73)。夫能夏则大，大之至也，其周之旧乎(74)？”为之歌《魏》，曰：“美哉！沨沨乎(75)，大而婉(76)，险而易行，以德辅此，则明主也。”为之歌《唐》，曰：“思深哉！其有陶唐氏之遗民乎！不然，何其忧之远也？非令德之后，谁能若是？”为之歌《陈》，曰：“国无主，其能久乎？”自《郐》以下无讥焉(77)。为之歌《小雅》，曰：“美哉！思而不贰(78)，怨而不言(79)，其周德之衰乎！犹有先王之遗民焉。”为之歌《大雅》，曰：“广哉，熙熙乎(80)！曲而有直体(81)，其文王之德乎！”为之歌《颂》，曰：“至矣哉！直而不倨(82)，曲而不屈(83)，迩而不逼(84)，远而不携(85)，迁而不淫(86)，复而不厌(87)，哀而不愁，乐而不荒(88)，用而不匮，广而不宣(89)，施而不费(90)，取而不贪，处而不底(91)，行而不流(92)。五声和(93)，八风平(94)，节有度(95)，守有序(96)，盛德之所同也(97)。”

见舞《象箾》《南籥》者(98)，曰：“美哉！犹有憾。”

见舞《大武》者[99]，曰："美哉！周之盛也，其若此乎！"见舞《韶濩》者[100]，曰："圣人之弘也，而犹有惭德[101]，圣人之难也。"见舞《大夏》者[102]，曰："美哉！勤而不德[103]，非禹，其谁能修之！"见舞《韶箾》者[104]，曰："德至矣哉！大矣，如天之无不帱也[105]，如地之无不载也，虽甚盛德[106]，其蔑以加于此矣[107]。观止矣！若有他乐，吾不敢请已！"

其出聘也，通嗣君也。故遂聘于齐，说晏平仲[108]，谓之曰："子速纳邑与政[109]！无邑无政，乃免于难。齐国之政，将有所归，未获所归，难未歇也。"故晏子因陈桓子以纳政与邑，是以免于栾、高之难[110]。

聘于郑，见子产，如旧相识，与之缟带[111]，子产献纻衣焉[112]。谓子产曰："郑之执政侈，难将至矣！政必及子。子为政，慎之以礼。不然，郑国将败。"

适卫，说蘧瑗、史狗、史鳅、公子荆、公叔发、公子朝，曰："卫多君子，未有患也。"

自卫如晋，将宿于戚[113]。闻钟声焉，曰："异哉！吾闻之也：'辩而不德[114]，必加于戮。'夫子获罪于君以在此，惧犹不足，而又何乐？夫子之在此也，犹燕之巢于幕上[115]。君又在殡，而可以乐乎？"遂去之。文子闻之，终身不听琴瑟。

适晋，说赵文子、韩宣子、魏献子，曰："晋国其萃于三族乎！"说叔向，将行，谓叔向曰："吾子勉之！君侈而多良[116]，大夫皆富，政将在家[117]。吾子好直，必思自免于难。"

秋九月，齐公孙虿、公孙灶放其大夫高止于北燕[118]。乙未⑲,出。书曰:"出奔。"罪高止也。高止好以事自为功,且专,故难及之。

冬,孟孝伯如晋,报范叔也。

为高氏之难故,高竖以卢叛⑫。十月庚寅㉑,闾丘婴帅师围卢。高竖曰:"苟使高氏有后,请致邑。"齐人立敬仲之曾孙酀㉒,良敬仲也㉓。十一月乙卯㉔,高竖致卢而出奔晋,晋人城绵而置旃㉕。

郑伯有使公孙黑如楚㉖,辞曰:"楚、郑方恶,而使余往,是杀余也。"伯有曰:"世行也㉗。"子晳曰:"可则往,难则已,何世之有?"伯有将强使之。子晳怒,将伐伯有氏,大夫和之。十二月己巳㉘,郑大夫盟于伯有氏。裨谌曰:"是盟也,其与几何㉙?《诗》曰:'君子屡盟,乱是用长㉚。'今是长乱之道也。祸未歇也,必三年而后能纾。"然明曰:"政将焉往?"裨谌曰:"善之代不善,天命也,其焉辟子产?举不逾等㉛,则位班也㉜。择善而举,则世隆也㉝。天又除之㉞,夺伯有魄㉟,子西即世㊱,将焉辟之?天祸郑久矣,其必使子产息之㊲,乃犹可以庚㊳。不然,将亡矣。"

[注释]

①朝正:诸侯每月初一至祖庙,杀羊致祭,然后回朝听政。前者称之为告朔、视朔或听朔,后者称之为朝庙、朝享或朝正。 ②襚(suì):赠送给死者的衣服(置于灵柩一侧)。 ③祓(fú)殡:驱除棺尸上的凶邪之气。祓,除凶去灾。 ④布币:陈列皮币。 ⑤桃:桃枝。茢(liè):苕帚。桃茢祓殡为君临臣丧之礼。 ⑥癸卯:初六

日。⑦松柏之下，其草不殖：此句以松柏喻王子围，以草喻郑敖。⑧下：本为鲁公室邑，季武子取为己有。⑨玺书追而与之：用印泥封书追上公冶交给他。玺，印章。⑩“闻守卞者将叛”四句：此为玺书内容。⑪只见疏：仅是为了疏远我。⑫冕服：卿大夫的朝服。⑬《式微》：《诗经·邶风》篇名。中有“式微式微，胡不归”句，以劝公入国。式，语首助词。⑭非德赏：并非因德行而赏赐我。⑮弱：年少。⑯“王事靡盬（gǔ）”二句：句见《诗经·小雅·四牡》。⑰蕃：通“藩”，屏藩，保护。⑱旷：空缺。⑲阍（hūn）：守门人。⑳子皮：子展之子，代父为上卿。㉑饩（xì）：赠送。㉒户一钟：每户一钟。钟，合当时六石四斗。㉓邻：近。㉔贷：借。㉕不书：不书契约，即不求归还。㉖郑之罕：郑子展、子皮为罕氏。㉗宋之乐：宋子罕为乐氏。㉘加：高。㉙以宋升降：随宋国盛衰而升降。㉚治杞：修治杞国的土地、城墙。㉛大叔文子：卫大叔仪。㉜甚：过分。㉝周宗之阙：周室的衰微。㉞夏肄是屏：保护夏代的残余。肄，余。屏，藩屏。杞为夏的后代。㉟吉：游吉。㊱弃同即异：抛弃同姓国，亲近异姓国。㊲“协比其邻”二句：句出《诗经·小雅·正月》。协比，亲附。孔，甚。云，友好。㊳不邻：不以同姓国为亲近。㊴高子容：高止。宋司徒：华定。知伯：荀盈。㊵女齐：即司马侯。㊶执币：拿着束帛。在享礼中，主人劝宾饮酒，并赠送束帛，名为酬币。㊷射者三耦：参加射礼的人需要三对。古代天子与诸侯射六耦，诸侯与诸侯射四耦，此诸侯与卿大夫射，则三耦。依古礼，三耦先射，每射四箭，然后主人与宾射。㊸公臣不足：三耦有六人，此六人必须是习于礼仪且善射者。当时鲁公室衰微，才能之士多在私门，故公室不足备六人。㊹女叔侯：即女齐。治杞田：使鲁归还以往所取的杞田。㊺晋悼夫人：晋平公母，杞国之女。㊻取货：指收取贿赂。㊼不尚：不佑助。㊽大：扩大。㊾武、献：指晋武公、晋献公。㊿何有焉：即何有于杞。(51)玩好时至：玩物按时送到。(52)府无虚月：国库月月接收贡品。 ㊾毋宁夫人：宁可让夫人自己办理。 ㊾公子札：又名季札，吴王寿梦第四子。 ㊾不得死：不能寿终。 ㊾不能择人：不能选择善人。 ㊾不慎举：不能慎重选拔人才。 ㊾《周南》《召南》：《诗经》十五国风的前两种。以下所歌诗篇均见《诗经》，不再一一注明。 ㊾始基之：开始为教化奠定基础。 ㊾勤而不怨：百姓勤劳而不怨恨。 ㊾邶：读 bèi。鄘：读 yōng。 ㊾渊：深。 ㊾忧而不困：忧伤而不困窘。 ㊾康叔：周公弟。武公：康叔九世孙。 ㊾思而不惧：忧思而不恐惧。 ㊾周之东：指周东迁以后的乐诗。 ㊾细：琐碎。郑风多言男女间琐细之事。 ㊾泱泱：宏大。 ㊾大风：大国的音乐。 ㊾表东海：为东方各国的表率。 ㊾荡：坦荡平易。 ㊾周公之东：指周公东征。 ㊾夏声：西方的乐声。古指西方为夏。 ㊾周之旧：秦国为西周旧地。 ㊾沨沨（fēng）：悠扬飘逸。 ㊾大而婉：粗犷而婉转。 ㊾郐（kuài）：相传为祝融氏之后，在今河南省郑州市南，为郑武公所灭。自《郐》以下，尚有《曹风》。讥：批评，评论。 ㊾思而不贰：思文、武之德，无叛逆之心。 ㊾怨而不言：有怨恨而不表达出来。 ㊾熙熙：和乐。 ㊾曲而有直体：抑扬曲折而本体刚正。 ㊾直而不倨：正直而不倨傲。 ㊾曲而不屈：婉曲而不屈折。 ㊾迩而不逼：亲近而不侵迫。 ㊾远而不携：疏远而不离心。 ㊾迁而不淫：迁移而不淫乱。 ㊾复而不厌：反复而不厌倦。 ㊾乐而不荒：欢乐而不荒淫。 ㊾广而不宣：宽广而不显露。 ㊾施而不费：施舍而不耗损。 ㊾处而不底：安处而不停滞。 ㊾行而不流：运行而不流荡。 ㊾五声和：宫、商、角、徵、羽五声和谐。 ㊾八风平：八方之气协调。 ㊾节有度：节拍有法度。 ㊾守有序：音阶有规律。 ㊾盛德：指盛德之人，即文、武、成诸王。 ㊾《象箾（xiāo）》：奏箾而为象舞。箾，同"箫"。《南籥（yuè）》：奏南乐以配籥舞。籥，乐器，似笛。 ㊾《大武》：周武王乐舞。 ⑽《韶濩（huò）》：成汤的乐舞。 ⑾惭德：惭愧之德。季札或以商汤伐夏桀为犯上。 ⑿《大夏》：夏禹的乐舞。 ⒀勤而不德：勤劳而不自以为有德。　⑭《韶箾》：虞舜的乐舞。　⑮帱（dào）：覆盖。　⑯虽：同"唯"。　⑰蔑：无。　⑱说：同"悦"。　⑲纳邑与政：使封邑与政权归于公。　⑾栾、高之难：见昭公八年传。　⑿缟带：白色大带。　⑿纻（zhù）衣：纻麻所织的衣服。　⒀戚：孙文子采邑。　⒁辩而不德：既为变乱而又不修德行。　⒂幕：帐幕。　⒃良：良臣。　⒄政将在家：政权将归于大夫家。　⒅放：放逐。　⒆乙未：初二日。　⒇高竖：高止之子。　㉑庚寅：二十七日。　㉒敬仲：高偃。鄩：即高偃。鄩、偃音近可通。　㉓良敬仲：认为敬仲贤良。良，用作动词。　㉔乙卯：二十三日。　㉕绵：绵上，亦即介山。在今山西省介休市东南。　㉖公孙黑：即子晳。　㉗世行：世代为行人。行，行人，外交官员。　㉘己巳：初七日。　㉙其与几何：即"其几何欤"的变句，言不能久。　㉚"君子屡盟"二句：句出《诗经·小雅·巧言》。用，因此。　㉛逾等：越级。　㉜则位班也：若依班次，子产应执政。　㉝世隆：为世所重。　㉞除之：清除障碍。　㉟夺伯有魄：夺去伯有魂魄。此谓伯有不得善终。　㊱即世：去世。　㊲息：平息。　㊳戾：定。

[译文]

二十九年春季，周历正月，《春秋》记载"公在楚"，是解释襄公为什么不去祖庙朝正。

楚国人让襄公亲自把寿衣放在康王灵柩一侧，襄公很担心。穆叔说："先清除棺材的不祥之气，再把衣服放到那里，这就和陈列朝见的皮币一样了。"便让巫人用桃木棒和扫帚先在棺材上扫除邪气。楚国人没有阻止，但不久就后悔了。

二月六日，齐国人把齐庄公安葬到国都北面的外城。

夏季四月，安葬了楚康王。襄公和陈哀公、郑简公、许悼公送葬，只走到西门外。诸侯的大夫们则都送到墓地。楚国的郏敖即位。王子围为令尹。郑国的外交官员子羽说："这样不合适，令尹一定会取代国君而昌盛。松柏下面，草是长不起来的。"

襄公回国，到达方城。季武子夺取了卞地，派公冶问候襄公，又派人追上公冶交给他一封加盖了印封的书信，信中说："惊闻卞城守将阴谋叛乱，臣率领徒众前来讨伐，已经占领卞地，特此禀告。"公冶把信交给襄公后退出，回到住处才得知季武子夺取了卞地。襄公说："自己想要得到却借口别人叛乱，只能说明在有意疏远我。"

襄公问公冶："我能回国吗？"公冶回答说："国君拥有整个国家，谁敢违背您呢？"襄公要赐给公冶冕服。公冶坚决推辞，襄公坚持要给他才接受。襄公不打算回国，荣成伯吟诵了《式微》一诗后，才决定回去。五月，襄公从楚国回到国都。

公冶把他的封邑还给季氏，从此再也不到季孙家。他说："既然欺骗国君，又何必派我去呢？"季孙见他时，他像往常一样和季孙说话。不见时，就始终不谈及季氏。等他病了，把家臣召集起来说："我死后，一定不要把冕服放入棺材，这不是依靠德行而得到的赏赐。而且也不要让季氏安葬我。"

王室安葬周灵王。郑国的上卿子展忙于政事脱不开身，派印段前往。伯有说："印段太年轻，不行。"子展说："年轻也总比没有人去要强吧？《诗经》说：'王室之事做不完，没有时间去休息。'东西南北，谁敢安定地居住？要坚定地事奉晋、楚两国，以保护王室。只要王室的事情没有缺失，管它常例不常例呢？"就派印段去了王室。

吴国人攻打越国，抓到俘虏，让他当守门人，派他守护船只。吴王余祭观看船只时，守门人乘机杀了他。

郑国的子展去世，子皮继位做了上卿。此时郑国发生饥荒，麦子还没有成熟，百姓困苦不堪。子皮根据子展遗命，给国人分发粮食，每户一钟，因此得到了郑国百姓的拥戴。所以罕氏能够长久执掌国政，担任上卿。宋国的司城子罕听说后说："与善为邻，是百姓的希望。"宋国也发生了饥荒，子罕请求宋平公，拿出公室的粮食借给百姓。让大夫们也都把粮食借出去。司城氏家族借粮不写借据，还替缺粮的大夫借给百姓。因此，宋国没有人挨饿。叔向听说后说："郑国的罕氏、宋国的乐氏，大概是最后消亡的家族吧！两家都能得到国家的政权吧！民心已归向他们了。施恩而不求感激，乐氏更胜一筹。他大概会与宋国同兴衰吧！"

晋平公是杞国女子所生，因此帮助杞国整修城墙。六月，荀盈集合诸侯的大夫为杞国筑城，孟孝伯参加。郑国的子太叔和伯石也去了。子太叔见到太叔文子，和他说话。文子说："如此帮助杞国筑城，太过分了！"子太叔说："有什么办法呢？晋国不关心周王室的衰落，却要保护夏朝的后裔。由此可以知道，它将抛弃姬姓诸国。抛弃了姬姓诸侯，还有谁能归顺它呢？据我所知，抛弃同姓之国而亲近异姓之国，叫作远离德行。《诗经》说：'亲近同姓之国，姻亲友好相处。'晋国不亲近同姓之国，还有谁和它友好往来呢？"

齐国的高子容和宋国的司徒华定拜见荀盈，由女齐为相礼。客人走后，女齐对荀盈说："这两个人都难免灾祸。子容专横，司徒华定骄奢，都是导致家族灭亡的人。"荀盈说："为什么呢？"女齐说："专横则迅速招致灾祸，骄奢将因为过于强大而灭亡，专横则别人将置他于死地，他就要招来灾祸了。"

士鞅来鲁国聘问，对帮助修筑杞城表示感谢。襄公设享礼招待，由展庄叔捧着礼物。参加射礼的人需要三对，公臣选不够，就从家臣中选取。家臣由展瑕、展王父为一对。公臣由公巫召伯、仲颜庄叔为一对，鄑鼓父、党叔为一对。

晋平公派司马女齐来鲁国办理归还杞国田地一事，鲁国没有全部归还。晋悼公夫人生气地说："女齐一定得了鲁国的好处。如果先君有知，绝对不会同意这样做！"平公转告了女齐，女齐说："虞、虢、焦、滑、霍、扬、韩、魏，都是姬姓国家，晋国因此而强大。如果不是侵略小国，又能到哪里取得土地呢？从武公、献公以来，兼并的国家很多，谁退还了？杞国是夏朝的后代，亲近东夷。鲁国是周公的后代，和晋国友好。把杞国封给鲁国还可以，为何心中只有杞国呢？鲁国对待晋国，贡品从不缺乏，珍贵的玩物时有奉献，公卿大夫相继来朝，史官没有中断过记载，国库没有一个月不接受鲁国的贡品。这样就足够了，又何必削弱鲁国来养肥杞国呢？再说如果先君知道此事，也许宁可让夫人去办，哪里会用我这个老臣呢？"

杞文公前来结盟。《春秋》称其为"子"，表示对他的鄙视。

吴国的公子札来鲁国聘问，见到叔孙穆子，很高兴。他对穆子说："您将来难以善终吧！您虽然喜欢行善但不会选拔人才。我听说君子应致力于选拔人才。您作为鲁国宗卿，执掌国家政权，却不能谨慎地选用人才，国家怎么能受得了呢？灾祸肯定会降到您身上。"

公子札请求观赏周朝的乐舞。襄公让乐工为他演唱《周南》《召南》，他说："美妙极了！从中感到文王为教化奠定了基础，还没有完善。但百姓勤劳而没有怨言。"为他演唱《邶风》《鄘风》《卫风》，他说："真好听啊，音调深沉！反映了百姓虽然忧伤但并不困惑。我听说卫国的康叔、武公就具有这种品德，刚才演唱的大概是《卫风》吧！"为他演唱《王风》，他说："美极了！百姓忧思而不恐惧，大概是周王室东迁以后的乐曲吧！"为他演唱《诗经·郑风》，他说："好听！但内容多是男女琐事，百姓难以忍受，这大概预示郑国要首先灭亡吧！"为他演唱《齐风》，他说："好听！声音宏大，不愧是大国的音乐！象征可以做东海诸侯的表率，恐怕是姜太公的国家吧！其国运无法估量。"为他演唱《豳风》，他说："好听！坦荡无邪，欢快而有节制，恐怕是周公东征时的音乐吧！"为他演唱《秦风》，他说："这是西方的夏声。能有夏声，自然强大，而且非常强大，恐怕是周朝旧地的乐曲吧！"为他演唱《魏风》，他说："好听！轻盈飘逸，粗犷而又委婉，说明政令艰难但能够推行，如果再辅以德行，就能成为贤明的君主了。"为他演唱《唐风》，他说："思绪深沉！这里恐怕有陶唐氏的遗民吧！否则，为什么忧思如此深远呢？若不是继承唐尧美德的后代，谁能够这样呢？"为他演唱《陈风》，他说："这个国家没有主人，那么它能够长久吗？"对《郐风》以下的内容，不再加以评论。为他演唱《小雅》，他说："真美妙啊！思念文武之德而没有叛离之心，虽有怨恨但没尽情吐露，大概是周朝德行衰败时的乐曲吧！还有先王的遗民啊。"为他演唱《大雅》，他说："意境宽广，和谐动听！抑扬曲折本体刚劲有力，体现了文王的美好德行！"为他演唱《颂》，他说："真是好极了！刚直而不倨傲，委婉柔和而又不屈不挠，紧凑密集而不局促逼迫，稀疏悠远而不散漫游离，有变化而不过分，有反复而不令人厌倦，有哀思而不忧伤，有欢快而不过度，乐调丰富用之不竭，意境宽广含蓄不露，施舍而不浪费，求取而不贪婪，平静而不停滞，流动而不泛滥。因此五声和谐，八音协调，节奏有法度，音阶有规律，与圣贤的美德是一致的。"

公子札看到表演《象箾》《南籥》舞，说："真是优美！不过有点美中不足。"看到表演《大武》舞，他说："很优美！周朝强盛的时候，大概就是这个样子吧！"看到表演《韶濩》舞，他说："表现了圣人的宽宏大度，不过好像流露出惭愧的意思，可见圣人也有为难的时候。"看到表演《大夏》舞，他说："很优美！表现了勤奋而不居功自傲的精神，除了禹，还有谁能做到呢！"看到表演《韶箾》舞，他说："道德达到了顶峰！真伟大啊，如同上天一样覆盖一切，又像大地一样承载万物，即使再高尚的德行，也不会超过这种尽善尽美的境界了。真让我叹为观止了！即使还有其他乐舞，我也不敢再请求观赏了！"

公子札出国聘问，是为新的国君谋求友好。因此随后到齐国聘问，他很喜欢晏婴，对他说："你赶紧把封邑和政权还给国君！既没有封地又没有政权，才能免于祸患。齐国的政权将会另有归属，不得到归属，祸乱就不会停止。"因此晏婴通过陈桓子把政权和封邑还给了齐景公，这样才逃过栾氏和高氏发动的祸乱。

公子札到郑国聘问，见到子产，一见如故，他送给子产一匹白绢大带，子产送给他一件麻布衣服。他对子产说："郑国的执政者奢侈，一场祸乱迫在眉睫！政权必将落到您的手中。您一旦执政，要谨慎地依靠礼仪处理政事。否则，郑国将会败亡。"

到了卫国，很喜欢蘧瑗、史狗、史鰌、公子荆、公叔发、公子朝，他说："卫国有很多君子，不会有忧患发生。"

从卫国到了晋国，准备投宿戚地。听到钟声，他说："奇怪！据我所知：'发动叛乱而又没有德行，一定会遭到杀戮。'这个人得罪了国君而呆在这里，恐惧还来不及呢，又怎么如此快乐呢？他住在这里，就如同燕子在帐幕上筑巢。国君又正停棺待葬，怎么能击钟行乐呢？"于是离开了戚地。孙林父听说后，终身不听音乐。

到晋国后，公子札很喜欢赵武、韩起、魏舒，他说："晋国的政权将要落到这三大家族手中吧！"很喜欢叔向，临走时，对叔向说："您努力吧！国君虽然奢侈但良臣很多，大夫也都非常富有，晋国的政权将来要落到大夫手中。您为人耿直，一定要考虑使自己避免祸难。"

秋季九月，齐国的子尾、子雅把他们的大夫高止放逐到了北燕。二日，高止出境。《春秋》记载为"出奔"，意思是高止有罪。高止喜欢惹是生非且贪功自傲，又专横独断，因此招来灾难。

冬季，孟孝伯到晋国，对士鞅聘问鲁国进行回访。

因为高氏遭难，高竖率领卢地发动了叛乱。十月二十七日，闾丘婴率领军队包围了卢地。高竖说："如果让高氏有后代，我就交出卢地。"齐国人便立了敬仲的曾孙高酀为继承人，这是认为敬仲贤良。十一月二十三日，高竖交出卢地后逃亡到了晋国，晋国人在绵地筑城后把他安置在那里。

郑国的伯有派子晳去楚国，子晳推辞说："楚、郑关系恶化，让我前去，等于要杀我。"伯有说："你们家世代都是外交使官。"子晳说："可以去就去，有危难就不去，和世代为外交官有什么关系？"伯有强迫他去。子晳非常恼火，准备攻打伯有氏，大夫们为他们劝和。十二月七日，郑国的大夫们在伯有家里结盟。裨谌说："这次结盟能维持多长时间呢？《诗经》说：'君子频繁结盟，动乱反而滋生。'现在这样正是滋生动乱的做法。祸乱不会停止，一定在三年之后才能缓解。"然明说："政权将会落到谁的手中呢？"裨谌说："好人取代坏人，这是天命，政权还能不落到子产手里吗？如果选拔人才不越级，按班次也应该轮到他了。选择好人加以举荐，自然是为世人所敬重的人。上天又为他扫清了道路，让伯有不得善终，让子西死去，子产怎能推脱得了呢？上天降祸于郑国很久了，一定要等子产来整顿平息，国家才能得以安定。否则，郑国就要灭亡了。"

襄公三十年

经 三十年春，王正月，楚子使薳罢来聘。夏四月，蔡世子般弑其君固。五月甲午，宋灾，宋伯姬卒。天王杀其弟佞夫。王子瑕奔晋。秋七月，叔弓如宋，葬宋共姬。郑良霄出奔许，自许入于郑，郑人杀良霄。冬十月，葬蔡景公。晋人、齐人、宋人、卫人、郑人、曹人、莒人、邾人、滕人、薛人、杞人、小邾人会于澶渊，宋灾故。

传 三十年春，王正月，楚子使薳罢来聘，通嗣君也。穆叔问："王子之为政何如①？"对曰："吾侪小人，食而听事②，犹惧不给命而不免于戾③，焉与知政？"固问焉，不告。穆叔告大夫曰："楚令尹将有大事，子荡将与焉④，助之，匿其情矣。"

子产相郑伯以如晋，叔向问郑国之政焉。对曰："吾得见与否，在此岁也。驷、良方争⑤，未知所成⑥。若有所成，吾得见，乃可知也。"叔向曰："不既和矣乎？"对曰："伯有侈而愎，子晳好在人上，莫能相下也。虽其和也，犹相积恶也，恶至无日矣。"

二月癸未⑦，晋悼夫人食舆人之城杞者⑧。绛县人或年长矣，无子，而往与于食。有与疑年⑨，使之年⑩。曰："臣小人也，不知纪年。臣生之岁，正月甲子朔，四百有四十五甲子矣，其季于今三之一也⑪。"吏走问诸朝，师旷曰："鲁叔仲惠伯会郤成子于承匡之岁也。是岁也，狄伐鲁。叔孙庄叔于是乎败狄于咸，获长狄侨如及虺也、豹也，而皆以名其子。七十三年矣。"史赵曰："亥有二首六身⑫，下二如身⑬，是其日数也。"士文伯曰："然则二万六千六百有六旬也⑭。"赵孟问其县大夫，则其属也。召之，而谢过焉⑮，曰："武不才，任君之大事，以晋国之多虞，不能由吾子⑯，使吾子辱在泥涂久矣⑰，武之罪也。敢谢不才。"遂仕之，使助为政。辞以老。与之田，使为君复陶⑱，以为绛县师⑲，而废其舆尉⑳。

于是，鲁使者在晋，归以语诸大夫。季武子曰："晋未可婾也㉑。有赵孟以为大夫㉒，有伯瑕以为佐㉓，有史赵、师旷而咨度焉㉔，有叔向、女齐以师保其君。其朝多君子，其庸可婾乎？勉事之而后可。"

夏四月己亥，郑伯及其大夫盟。君子是以知郑难之不已也。

蔡景侯为大子般娶于楚，通焉。大子弑景侯。

初，王儋季卒㉕，其子括将见王，而叹。单公子愆期为灵王御士，过诸廷，闻其叹而言曰："乌乎！必有此夫㉖！"入以告王，且曰："必杀之！不戚而愿大㉗，视躁而足高㉘，心在他矣。不杀，必害。"王曰："童子何知？"及灵王崩，儋括欲立王子佞夫㉙，佞夫弗知。戊子㉚，儋括围蒍，逐成愆㉛。成愆奔平畦㉜。五月癸巳㉝，尹言多、刘毅、单蔑、甘过、巩成杀佞夫㉞。括、瑕、廖奔晋。书曰："天王杀其弟佞夫。"罪在王也。

或叫于宋大庙㉟，曰："谯谯！出出㊱！"鸟鸣于亳社，如曰"谯谯"。甲午㊲，宋大灾㊳。宋伯姬卒，待姆也㊴。君子谓"宋共姬，女而不妇㊵。女待人，妇义事也㊶"。

六月，郑子产如陈莅盟。归，复命。告大夫曰："陈，亡国也，不可与也。聚禾粟，缮城郭，恃此二者，而不抚其民。其君弱植㊷，公子侈，大子卑，大夫敖㊸，政多门，以介于大国㊹，能无亡乎？不过十年矣。"

秋七月，叔弓如宋，葬共姬也。

郑伯有耆酒，为窟室㊺，而夜饮酒，击钟焉㊻，朝至未已㊼。朝者曰："公焉在㊽？"其人曰："吾公在壑谷㊾。"皆自朝布路而罢㊿。既而朝，而又将使子晳如楚，归而饮酒。庚子㊾，子晳以驷氏之甲伐而焚之。伯有奔雍梁，醒而后知之，遂奔许。

大夫聚谋。子皮曰："《仲虺之志》云㊽：'乱者取之，亡者侮之。推亡固存，国之利也。'罕、驷、丰同生㊽。伯有汰侈，故不免。"人谓子产："就直助强㊽！"子产曰："岂为我徒㊽？国之祸难，谁知所敝㊽？或主强直㊽，难乃不生。姑成吾所㊽。"辛丑㊽，子产敛伯有氏之死者而殡之，不及谋而遂行㊽。印段从之。子皮止之。众曰："人不我顺，何止焉？"子皮曰："夫子礼于死者，况生者乎？"遂自止之。壬寅㊽，子产入。癸卯㊽，子石入㊽。皆受盟于子晳氏。乙巳㊽，郑伯及其大夫盟于大宫，盟国人于师之梁之外㊽。

伯有闻郑人之盟己也，怒，闻子皮之甲不与攻己也，喜，曰："子皮与我矣。"癸丑㊅，晨，自墓门之渎入㊆，因马师颉介于襄库㊇，以伐旧北门。驷带率国人以伐之㊈。皆召子产。子产曰："兄弟而及此，吾从天所与㊉。"伯有死于羊肆㊀，子产襚之㊁，枕之股而哭之，敛而殡诸伯有之臣在市侧者。既而葬诸斗城㊂。子驷氏欲攻子产，子皮怒之曰："礼，国之干也㊃。杀有礼，祸莫大焉。"乃止。

于是游吉如晋还，闻难不入，复命于介㊄。八月甲子㊅，奔晋。驷带追之，及酸枣㊆。与子上盟㊇，用两珪质于河㊈。使公孙黑入盟大夫㊉。己巳㊁，复归。

书曰："郑人杀良霄。"不称大夫，言自外入也。

于子蟜之卒也㊆，将葬，公孙挥与裨灶晨会事焉㊈。过伯有氏，其门上生莠㊃。子羽曰㊄："其莠犹在乎？"于是岁在降娄㊅，降娄中而旦㊆。裨灶指之曰："犹可以终岁㊇，岁不及此次也已。"及其亡也，岁在娵訾之口㊈，其明年，乃及降娄。

仆展从伯有，与之皆死。羽颉出奔晋㊉，为任大夫㊀。

鸡泽之会，郑乐成奔楚，遂适晋。羽颉因之，与之比㊁，而事赵文子，言伐郑之说焉。以宋之盟故，不可。子皮以公孙鉏为马师㊂。

楚公子围杀大司马蒍掩而取其室。申无宇曰："王子必不免。善人，国之主也。王子相楚国，将善是封殖㊃，而虐之，是祸国也。且司马，令尹之偏㊄，而王之四体也㊅。绝民之主㊆，去身之偏，艾王之体㊇，以祸其国，无不祥大焉㊈，何以得免？"

为宋灾故,诸侯之大夫会,以谋归宋财⑩。冬十月,叔孙豹会晋赵武、齐公孙虿、宋向戌、卫北宫佗、郑罕虎及小邾之大夫,会于澶渊。既而无归于宋,故不书其人。

君子曰:"信其不可不慎乎!澶渊之会,卿不书。不信也。夫诸侯之上卿,会而不信,宠名皆弃⑩。不信之不可也如是!《诗》曰:'文王陟降,在帝左右⑩。'信之谓也。又曰:'淑慎尔止,无载尔伪⑩。'不信之谓也。"书曰"某人某人会于澶渊,宋灾故",尤之也⑩。不书鲁大夫,讳之也。

郑子皮授子产政,辞曰:"国小而逼⑩,族大宠多,不可为也。"子皮曰:"虎帅以听⑩,谁敢犯子?子善相之,国无小,小能事大,国乃宽⑩。"

子产为政,有事伯石⑩,赂与之邑。子大叔曰:"国,皆其国也,奚独赂焉?"子产曰:"无欲实难。皆得其欲,以从其事,而要其成⑩,非我有成,其在人乎?何爱于邑,邑将焉往?"子大叔曰:"若四国何⑩?"子产曰:"非相违也,而相从也,四国何尤焉?《郑书》有之曰⑪:'安定国家,必大焉先⑫。'姑先安大,以待其所归。"既,伯石惧而归邑,卒与之。伯有既死,使大史命伯石为卿,辞。大史退,则请命焉,复命之,又辞。如是三,乃受策入拜。子产是以恶其为人也,使次己位。

子产使都鄙有章⑬,上下有服⑭,田有封洫⑮,庐井有伍⑯。大人之忠俭者⑰,从而与之⑱。泰侈者⑲,因而毙之⑳。

丰卷将祭,请田焉。弗许,曰:"唯君用鲜,众给而已㉑。"子张怒㉒，退而征役㉓。子产奔晋，子皮止之而逐丰卷。丰卷奔晋。子产请其田里㉔，三年而复之，反其田里及其入焉㉕。

从政一年，舆人诵之，曰："取我衣冠而褚之㉖，取我田畴而伍之㉗。孰杀之产，吾其与之！"及三年，又诵之，曰："我有子弟，子产诲之。我有田畴，子产殖之㉘。子产而死，谁其嗣之？"

[注释]
①王子：即王子围，时为令尹。 ②食而听事：吃了饭就办事。 ③不给命：不足完成使命。给，足。 ④子荡：薳罢之字。 ⑤驷：指驷氏，子晳。良：指良氏，伯有。 ⑥成：调停。 ⑦癸未：二十二日。 ⑧食：赐食。 ⑨疑年：怀疑其年龄。 ⑩使之年：使他说出年龄。 ⑪其季于今三之一：即其最后一个甲子到今日为三分之一周甲，亦即二十日。 ⑫亥有二首六身："亥"字是"二"字头，"六"字身。此或为小篆字体，或为晋国当时字体。 ⑬下二如身：将"二"字取下来做身子。 ⑭有六旬：又六十日。 ⑮谢过：道歉。 ⑯由：任用。 ⑰辱在泥涂：屈居下面。 ⑱复陶：主管免除徭役的事务。陶，通"繇"。 ⑲县师：县大夫属官。 ⑳舆尉：主持征役的官吏。 ㉑媮（tōu）：轻视。 ㉒大夫：指上卿。 ㉓伯瑕：士匄字，即士文伯。 ㉔咨度：顾问，咨询。 ㉕儋季：周灵王弟。 ㉖必有此：一定想占有此（朝廷）。 ㉗愿大：愿望甚大。 ㉘视躁而足高：眼光张皇不定而举趾又高。 ㉙佞夫：灵王之子。 ㉚戊子：二十八日。 ㉛成愆：苪邑大夫。一说即单公子愆期。 ㉜平畤：周邑，在今河南省孟津县东南，洛阳市东北。 ㉝癸巳：初四日。 ㉞尹言多等：此五人为周大夫。 ㉟叫：大呼。 ㊱䜩䜩、出出：象声词。 ㊲甲午：初五日。 ㊳大灾：大火灾。 ㊴待姆：等待保姆。

⑩宋共姬：即宋伯姬。女而不妇：行女道，非妇道。女，闺女。妇，媳妇。　㊶义事：据具体情况便宜从事。　㊷弱植：根基不固。㊸敖：同"傲"。　㊹介于大国：在大国之间。　㊺窟室：地下室。㊻击钟：指奏乐。　㊼朝至未已：朝见的人已经来到还不停止。㊽公：指伯有。　㊾壑谷：即窟室。　㊿布路：分散。　㊿庚子：十一日。　㊿《仲虺之志》：疑为记载仲虺言论的古书。仲虺，商汤左相。　㊿同生：同胞弟兄。　㊿就直助强：靠近正直的，帮助强大的。㊿徒：党。　㊿敝：借为"弊"，止，平息。　㊿或主强直：或言主政者，强大而正直。　㊿姑成吾所：姑且固定我的地位。　㊿辛丑：十二日。　㊿行：出走。　㊿壬寅：十三日。　㊿癸卯：十四日。㊿子石：印段。　㊿乙巳：十六日。　㊿师之梁：郑都西城门。㊿癸丑：二十四日。　㊿墓门之渎：郑都城门的排水沟。　㊿马师颉：人名，子羽孙。　㊿驷带：子西子。　㊿从天所与：服从上天所赞助的人。　㊿羊肆：卖羊之街。　㊿襚（suì）：给死者穿衣，小敛。㊿斗城：郑地，在今河南省通许县东北。　㊿干：骨干，支柱。㊿介：副手。　㊿甲子：初六日。　㊿酸枣：即廪延，郑邑，在今河南省延津县。　㊿子上：驷带。　㊿用两珪质于河：沉两珪于黄河为信。　㊿公孙肸：或为游吉副手。　㊿己巳：十一日。　㊿子蟜：公孙虿。　㊿会事：共商丧事。　㊿莠：狗尾草。　㊿子羽：即公孙挥。㊿岁：岁星。降娄：亦名奎娄，十二星次之一，与黄道十二宫的白羊宫相当。　㊿中而旦：降娄在中天而天亮。　㊿终岁：岁星绕太阳一周。　㊿岁在娵（jū）訾（zī）之口：岁星正在娵訾的口上。二十八年岁星在玄枵，二十九年在娵訾，三十年周正七月，伯有死，岁星正经过娵訾，而未及降娄。　㊿羽颉：即马师颉。　㊿任：晋邑，在今河北省任县东南。　㊿比：勾结。　㊿公孙鉏：子罕之子。马师：官名。　㊿封殖：培养。　㊿偏：辅佐。　㊿四体：手足。　㊿绝：断。　㊿艾（yì）：斩除。　㊿无：发声词，无义。不祥大焉：句与"不祥莫大焉"同。　㊿归：馈赠，即今之捐赠。　㊿宠：尊荣。名：

氏族与名字。　⑩②"文王陟降"二句：句出《诗经·大雅·文王》。陟降，升降。帝，天帝。　⑩③"淑慎尔止"二句：逸诗。淑，善。慎，谨慎。止，举止。载，行为。　⑩④尤：罪。　⑩⑤逼：逼近大国。　⑩⑥虎：子皮名。　⑩⑦宽：宽缓。　⑩⑧伯石：即公孙段。　⑩⑨要其成：取得成功。要，求，取。　⑩⑩四国：四方邻国。　⑪①《郑书》：郑国史籍。　⑪②大焉先："先大焉"的倒装句。大，大族。　⑪③都鄙有章：城乡有别。　⑪④有服：有职责。　⑪⑤封洫：田界，水沟。　⑪⑥庐井有伍：庐舍和耕地相适应以征收赋税。　⑪⑦大人：指卿大夫。　⑪⑧从而与之：亲近，听从。　⑪⑨泰侈：骄纵奢侈。　⑫⑩毙：惩办。　⑫①给：足够。　⑫②子张：丰卷之字。　⑫③征役：征兵役，欲攻子产。　⑫④请其田里：请求不要没收其田地、房屋。　⑫⑤入：田地的收入。　⑫⑥褚：即贮。　⑫⑦伍：赋。　⑫⑧殖：增加产量，释为"种植"亦通。

[译文]

　　三十年春季，周历正月，楚王郏敖派薳罢来鲁国聘问，为新君通好。穆叔问："王子围主持国政如何？"薳罢回答说："我们这些小人物只知道吃饭办事，就这样还害怕完不成使命，不能免于罪过，哪里有工夫过问国家大事呢？"再三问他，仍然不说。穆叔对大夫们说："楚国的令尹可能要有大动作，薳罢将会参与协助，所以帮他掩饰内情。"

　　子产作为相礼和郑简公前往晋国，叔向问起郑国的政务。子产回答说："我能否看清楚，就在今年了。子晳和伯有正在争权，不知道怎样调停。如果能和解，我能看到，才能知道结果。"叔向说："不是已经和好了吗？"子产说："伯有骄纵而刚愎，子晳喜欢凌驾别人之上，双方互不相让。虽然已经和好，但憎恶仍然在积聚，爆发的日子不远了。"

　　二月二十二日，晋悼公夫人赐给修建杞城的役卒饭吃。绛县有个老人，没有儿子，自己前往修城，也去吃饭。有人怀疑他的年龄，让

襄　公

他说出岁数。他说:"我是个小人,不知道记下年龄。只记得我出生那一年,是正月初一甲子,已经过了四百四十五个甲子,最末一个甲子到今天刚过三分之一。"官吏到朝廷上询问。师旷说:"他出生于鲁国叔仲惠伯在承匡会见郤成子那一年。那一年,狄人攻打鲁国。叔孙庄叔在咸地打败狄人,俘获了长狄侨如和虺、豹,用俘虏的名字给儿子取名。已经七十三年了。"史赵说:"'亥'字有两个头,六个身子,把两个头拿下当作身子,这就是他活的天数。"士文伯说:"那么就是二万六千六百六十天了。"赵武问老人的县大夫是谁,正是自己的下属。赵武把老人请来,向他道歉说:"我赵武无能,担任了国君重任,因为晋国忧患丛生,没能重用您,使您屈居下位这么多年,这是我的罪过。再次向您道歉。"让他做官,协助自己处理政务。老人借口年老推辞了。送给他田地,让他为国君处理免役之事,担任绛县的县师,罢免了绛县的舆尉。

这时,鲁国使者正在晋国,回国后告诉了大夫们。季武子说:"晋国不可轻视。有赵武为上卿,有士文伯辅佐,有史赵、师旷为咨政,有叔向和女齐担任国君的师保。他们的朝中有很多君子,能够小看他们吗?只有尽力事奉才行。"

夏季四月某日,郑简公和大夫们盟誓。君子因此知道郑国的祸乱还没有结束。

蔡景公从楚国为太子般娶妻,又和儿媳私通。太子般杀了景公。

当初,周灵王的弟弟儋季去世,他的儿子儋括将要进见灵王,却不断叹息。单国的公子愆期是灵王的侍卫,经过朝廷,听到叹息声便说:"哎呀!他一定是想拥有这里。"进去告诉灵王,并且说:"一定要把这个人杀掉!父亲刚死,没有悲哀却有了野心;东张西望,趾高气扬,说明已心怀不轨。不杀他,必然成为祸害。"灵王说:"你小孩子知道什么?"等到灵王去世后,儋括准备立王子佞夫为王,佞夫并不知道。二十八日,儋括包围了蒍地,赶走了蒍邑大夫成愆。成愆逃亡到了平畤。五月四日,尹言多、刘毅、单蔑、甘过、巩成杀了佞夫。

括、瑕、廖逃亡到了晋国。《春秋》记载为"天王杀其弟佞夫",意思是罪过在于周景王。

有人在宋国的太庙大声呼喊:"嘻嘻!快逃快逃!"鸟也在亳社鸣叫,声音如同"嘻嘻"。五月五日,宋国发生大火灾,宋伯姬被烧死,她是因为等保姆才被烧死的。君子认为:"宋伯姬像个小姐而不像媳妇。小姐要等保姆,媳妇就可以随机应变了。"

六月,郑国的子产到陈国参加结盟。回来后复命,对大夫们说:"陈国将要灭亡,不能再和它结好。他们积聚粮食,修治城郭,只知依仗这两点而不安抚百姓。国君地位不牢固,公子骄纵,太子卑微,大夫傲慢,政出多门,这样处在大国之间,能不灭亡吗?超不过十年了。"

秋季七月,叔弓到宋国参加宋共姬的葬礼。

郑国的伯有喜欢喝酒,修建了地下室,整夜饮酒,还击钟助兴,直到第二天早朝还不肯停杯。朝见的人都问:"主公在哪里?"伯有的家人说:"主公在沟壑里。"朝见的人便四散回去了。不久伯有朝见郑简公,提出让子晳出使楚国,又回去喝酒了。十一日,子晳率领本族的甲兵攻打伯有,放火烧了他的家。伯有逃亡到雍梁,酒醒之后才知道发生了什么,随后逃到了许国。

大夫们聚在一起商量。子皮说:"《仲虺之志》上说:'昏乱之人就攻取他,灭亡之人就欺侮他。推翻灭亡的,巩固存在的,符合国家的利益。'子皮、子晳、公孙段是同胞兄弟,伯有骄纵狂妄,因此他难免灾祸。"有人劝子产:"要亲近正直的,帮助强大的!"子产说:"难道他们是我的同伙?国家的祸难,谁知道怎样才能平息?如果执政的人强大而正直,祸乱就不会发生。我暂且保持自己的立场吧。"十二日,子产收殓了伯有家族死者的尸体,埋葬后没有和大夫们商量就出走了。印段也跟他去了。子皮阻止。众人说:"他不肯顺从我们,为什么不让他走呢?"子皮说:"子产对死去的人尚且有礼,何况对活着的人呢?"便亲自劝阻子产。十三日,子产回到郑都。十四日,印段也回

襄 公

来。大家都到子晳家里结盟。十六日，郑简公和大夫们在太庙中结盟，和国都的人在郑都师之梁门外结盟。

伯有听说郑国人为了对付自己而结盟，非常生气，又听说子皮的甲兵没有参与攻打他，很高兴，说："还是子皮和我好啊。"二十四日早晨，伯有从墓门的排水道潜入郑都，通过马师颉取了襄库中的皮甲，攻打郑都的旧北门。驷带率领国人攻打他。双方都去请子产帮助自己。子产说："兄弟之间已到了这一步，我顺从上天保佑的一方。"伯有死在卖羊的大街上。子产给伯有穿上衣服，枕到他的大腿上号哭，又把伯有入殓后停放在街市旁伯有家臣的家中，不久又把他葬到斗城。驷氏家族准备攻打子产，子皮生气地说："礼是一个国家的根本。杀了有礼的人，没有比这更大的祸患了。"驷氏才停止。

这时，游吉从晋国回来，听说发生了动乱，没敢入城，委托副手回来复命。八月六日，准备逃亡到晋国。驷带追赶他，到了酸枣才追上。两人盟誓，把两块玉珪沉入黄河作为见证。派公孙肸回到郑都和大夫们盟誓。十一日，回到郑都。

《春秋》记载为"郑人杀良霄"，不称伯有为大夫，表明他是从国外回来已丧失官位了。

当初子蟜去世后准备安葬，子羽和裨灶早晨商量丧事。路过伯有家，看到他的门上长出了狗尾草。子羽说："这个狗尾草还能长久吗？"当时岁星运行至降娄的位置，降娄星行至上天中部天就亮了。裨灶指着降娄星说："还可以让岁星绕行一周，不过活不到岁星再到这个星次的时候了。"伯有被杀时，岁星才运行到娵訾的口上，明年才能到达降娄的位置。

仆展跟随伯有，和他一起死去。羽颉逃亡到晋国，做了任邑的大夫。

鸡泽盟会上，郑国的乐成逃亡到楚国，又到了晋国。羽颉前去依靠他，两人勾结在一起事奉赵武，提议攻打郑国。由于宋国盟会的约束，赵武不肯答应。子皮派公孙鉏做了马师。

楚国的公子围杀了大司马芳掩并侵占了他的家产。申无宇说:"王子围必定难免灾祸。善人是一个国家的栋梁。王子围执掌楚国政权,理应培养扶植善人,却虐待他们,这是在危害国家。再说司马本是令尹的助手,国君的四肢。如今砍断国家的栋梁,铲除自己的助手,斩去国君的手足,给国家带来祸端,再没有比这更大的凶兆了,他怎么能免于祸患呢?"

因为宋国发生了火灾,诸侯的大夫们会见,商量资助宋国财物。冬季十月,叔孙豹和晋国的赵武、齐国的公孙虿、宋国的向戌、卫国的北宫佗、郑国的罕虎及小邾国的大夫在澶渊会见。会后并没有送给宋国财物,因此《春秋》没有记载与会者的姓名。

君子说:"对待信用不能不谨慎呀!澶渊盟会连卿大夫的名字都不记载,就是因为不讲信用。作为诸侯上卿,会见了又不守信用,连尊贵的姓名都丢弃了。不能这样不讲信用啊!《诗经》说:'文王或升或降,都不离天帝的左右。'说的就是要讲信用。又说:'小心你的言行,为人不要欺诈。'说的是不讲信用。"《春秋》记载为"某人某人会于澶渊,宋灾故",这是表示责备。没有记载鲁国大夫,是避讳。

郑国的子皮要把政权交给子产,子产推辞说:"国家小又受到大国逼迫,公族势力强大受到宠信的人又多,很难治理。"子皮说:"只要我率领大家听您的,有谁敢违抗您?您好好地治理,国家不在于大小,小国只要能事奉大国,国家就能宽舒缓和。"

子产开始执政,有事让公孙段去办,送给他一座城邑。子太叔说:"国家是大家的国家,为什么唯独要送给他城邑呢?"子产说:"一个人没有欲望是很难的。让他的欲望得到满足,以便为国办事,而且要他把事情办成功,这难道不是我的成功,而是别人的成功吗?对城邑有什么爱惜的,城邑还能跑到哪里去?"子太叔说:"四周邻国对这件事怎么看呢?"子产说:"这样做不是要互相违背,而是要互相顺从,周围国家又有什么可责怪的?《郑书》中有句话说:'要想使国家安定,必须使大族优先。'暂且先使大族安定下来,以观察结果。"不久公孙段害怕，要归还城邑，子产终究还是给了他。伯有死后，让太史下令任公孙段为卿，公孙段推辞。太史回去后，公孙段又请求重新下令，又一次推辞。如此反复三次，才接受任命入朝拜谢。子产因此而讨厌他的为人，但也没有办法，只好让他的地位仅次于自己。

子产让城市和乡村有所区别，上下尊卑各有一定的职责，田地中有疆界有沟渠，房舍和水井互相适应。卿大夫中忠诚俭朴的，听从并亲近他。骄傲放纵的就惩罚他。

丰卷准备举行家祭，请求打猎以获取祭品。子产不允许，他说："只有国君祭祀才用新杀的野兽，一般人只要祭品齐全就可以了。"丰卷大怒，回去招集兵卒。子产准备逃往晋国，子皮劝阻，并驱逐了丰卷。丰卷逃亡到了晋国。子产请求不要没收他的田地住宅，三年以后让丰卷回国，把田地住宅以及田地的收入都还给了他。

子产执政一年，众人都唱道："拿走我的衣冠藏起来，夺走我的田地重新安排。谁要杀死子产，我将助他一臂之力。"三年后，人们又唱道："我有子弟，子产帮助教育。我有土地，子产帮助种植。如果子产死了，谁能把他代替？"

襄公三十一年

经 三十有一年春，王正月。夏六月辛巳，公薨于楚宫。秋九月癸巳，子野卒。己亥，仲孙羯卒。冬十月，滕子来会葬。癸酉，葬我君襄公。十有一月，莒人弑其君密州。

传 三十一年春，王正月，穆叔至自会，见孟孝伯，语之曰："赵孟将死矣。其语偷①，不似民主。且年未盈五十，而谆谆焉如八九十者②，弗能久矣。若赵孟死，为政者其韩子乎！吾子盍与季孙言之，可以树善③，君子也。晋君将失政矣，若不树焉，使早备鲁，既而政在大夫，韩子懦弱，大夫多贪，求欲无厌，齐、楚未足与也，鲁其惧哉④！"孝伯曰："人生几何？谁能无偷？朝不及夕，将安用树？"穆叔出而告人曰："孟孙将死矣。吾语诸赵孟之偷也，而又甚焉。"又与季孙语晋故，季孙不从。及赵文子卒，晋公室卑⑤，政在侈家⑥。韩宣子为政，不能图诸侯⑦。鲁不堪晋求，诐慝弘多⑧，是以有平丘之会。

齐子尾害闾丘婴⑨，欲杀之，使帅师以伐阳州⑩。我问师故⑪。夏五月，子尾杀闾丘婴以说于我师⑫。工偻洒、渻灶、孔虺、贾寅出奔莒⑬。出群公子。

公作楚宫⑭。穆叔曰："《大誓》云⑮：'民之所欲，天必从之。'君欲楚也夫，故作其宫。若不复适楚，必死是宫也。"六月辛巳⑯，公薨于楚宫。

叔仲带窃其拱璧⑰，以与御人，纳诸其怀而从取之，由是得罪。

立胡女敬归之子子野⑱，次于季氏。秋九月癸巳，卒，毁也⑲。

己亥，孟孝伯卒。

立敬归之娣齐归之子公子裯，穆叔不欲，曰："大子死，有母弟则立之，无则立长。年钧择贤⑳，义钧则卜，古之道也。非适嗣㉑，何必娣之子？且是人也，居丧而不哀，在戚而有嘉容㉒，是谓不度㉓。不度之人，鲜不为患。若果立之，必为季氏忧。"武子不听，卒立之。比及葬，三易衰㉔，衰衽如故衰㉕。于是昭公十九年矣㉖，犹有童心，君子是以知其不能终也。

冬十月，滕成公来会葬，惰而多涕㉗。子服惠伯曰："滕君将死矣。怠于其位㉘，而哀已甚，兆于死所矣㉙。能无从乎㉚？"

癸酉㉛，葬襄公。

公薨之月，子产相郑伯以如晋，晋侯以我丧故，未之见也。子产使尽坏其馆之垣而纳车马焉㉜。士文伯让之㉝，曰："敝邑以政刑之不修，寇盗充斥㉞，无若诸侯之属辱在寡君者何㉟。是以令吏人完客所馆㊱，高其闬闳㊲，厚其墙垣，以无忧客使。今吾子坏之，虽从者能戒，其若异客何？以敝邑之为盟主，缮完葺墙㊳，以待宾客，若皆毁之，其何以共命㊴？寡君使匄请命。"对曰："以敝邑褊小，介于大国，诛求无时㊵，是以不敢宁居，悉索敝赋，以来会时事。逢执事之不闲㊶，而未得见，又不获闻命，未知见时㊷。不敢输币㊸，亦不敢暴露㊹。其输之，则君之府实也，非荐陈之㊺，不敢输也。其暴露之，则恐燥湿之不时而朽蠹㊻，以重敝邑之罪。侨闻文公之为盟主也，宫室卑庳㊼，无观台榭㊽，以崇大诸侯之馆㊾。馆如公寝，库厩缮修㊿，司空以时平易道路[51]，圬人以时塓馆宫室[52]。诸侯宾至，甸设庭燎[53]，仆人巡宫，车马有所，宾从有代[54]，巾车脂辖[55]，隶人牧圉[56]，各瞻其事[57]，百官之属，各展其物。公不留宾[58]，而亦无废事[59]，忧乐同之，事则巡之[60]，教其不知，而恤其不足。宾至如归，无宁灾患，不畏寇盗，而亦不患燥湿。今铜鞮之宫数里[61]，而诸侯舍于隶人[62]。门不容车，而不可逾越。盗贼公行，而天疠不戒[63]。宾见无时，命不可知。若又勿坏,是无所藏币,以重罪也。敢请执事,将何所命之?虽君之有鲁丧,亦敝邑之忧也。若获荐币,修垣而行,君之惠也,敢惮勤劳?"文伯复命,赵文子曰:"信。我实不德,而以隶人之垣以嬴诸侯[64],是吾罪也。"使士文伯谢不敏焉。

晋侯见郑伯,有加礼[65],厚其宴好而归之[66]。乃筑诸侯之馆。叔向曰:"辞之不可以已也如是夫!子产有辞[67],诸侯赖之[68],若之何其释辞也?《诗》曰[69]:'辞之辑矣,民之协矣。辞之绎矣,民之莫矣。'其知之矣。"

郑子皮使印段如楚,以适晋告,礼也。

莒犁比公生去疾及展舆。既立展舆,又废之。犁比公虐,国人患之。十一月,展舆因国人以攻莒子,弑之,乃立。去疾奔齐,齐出也。展舆,吴出也。书曰:"莒人弑其君买朱鉏。"言罪之在也。

吴子使屈狐庸聘于晋,通路也。赵文子问焉,曰:"延州来季子其果立乎[70]?巢陨诸樊[71],阍戕戴吴[72],天似启之[73],何如?"对曰:"不立。是二王之命也[74],非启季子也。若天所启,其在今嗣君乎!甚德而度[75],德不失民,度不失事,民亲而事有序,其天所启也。有吴国者,必此君之子孙实终之。季子,守节者也。虽有国,不立。"

十二月,北宫文子相卫襄公以如楚[76],宋之盟故也。过郑,印段迓劳于棐林[77],如聘礼而以劳辞[78]。文子入聘。子羽为行人,冯简子与子大叔逆客。事毕而出,言于卫侯曰:"郑有礼,其数世之福也。其无大国之讨乎!《诗》云[79]:'谁能执热,逝不以濯!'礼之于政,如热之有濯也。濯以救热⁸⁰，何患之有？"

子产之从政也，择能而使之。冯简子能断大事。子大叔美秀而文⁸¹。公孙挥能知四国之为⁸²，而辨于其大夫之族姓、班位、贵贱、能否⁸³，而又善为辞令。裨谌能谋，谋于野则获⁸⁴，谋于邑则否⁸⁵。郑国将有诸侯之事，子产乃问四国之为于子羽，且使多为辞令。与裨谌乘以适野，使谋可否。而告冯简子，使断之。事成，乃授子大叔使行之，以应对宾客。是以鲜有败事。北宫文子所谓有礼也。

郑人游于乡校⁸⁶，以论执政。然明谓子产曰："毁乡校，何如？"子产曰："何为？夫人朝夕退而游焉⁸⁷，以议执政之善否⁸⁸。其所善者，吾则行之；其所恶者，吾则改之。是吾师也。若之何毁之？我闻忠善以损怨⁸⁹，不闻作威以防怨。岂不遽止⁹⁰？然犹防川⁹¹，大决所犯，伤人必多，吾不克救也。不如小决使道⁹²，不如吾闻而药之也⁹³。"然明曰："蔑也今而后知吾子之信可事也。小人实不才。若果行此，其郑国实赖之。岂唯二三臣？"

仲尼闻是语也，曰："以是观之，人谓子产不仁，吾不信也。"

子皮欲使尹何为邑⁹⁴。子产曰："少，未知可否？"子皮曰："愿⁹⁵，吾爱之，不吾叛也。使夫往而学焉⁹⁶，夫亦愈知治矣。"子产曰："不可。人之爱人，求利之也。今吾子爱人则以政，犹未能操刀而使割也，其伤实多。子之爱人，伤之而已，其谁敢求爱于子？子于郑国，栋也，栋折榱崩⁹⁷，侨将厌焉⁹⁸，敢不尽言？子有美锦，不使人学制焉⁹⁹。大官、大邑，身之所庇也¹⁰⁰，而使学者制焉，其为美锦[101],不亦多乎?侨闻学而后入政,未闻以政学者也[102]。若果行此,必有所害。譬如田猎,射御贯则能获禽[103],若未尝登车射御,则败绩厌覆是惧[104],何暇思获?"子皮曰:"善哉!虎不敏。吾闻君子务知大者远者,小人务知小者近者。我,小人也。衣服附在吾身,我知而慎之。大官、大邑所以庇身也,我远而慢之[105]。微子之言,吾不知也。他日我曰:'子为郑国,我为吾家,以庇焉,其可也。'今而后知不足。自今请,虽吾家,听子而行。"子产曰:"人心之不同,如其面焉。吾岂敢谓子面如吾面乎?抑心所谓危[106],亦以告也。"子皮以为忠,故委政焉。子产是以能为郑国。

卫侯在楚,北宫文子见令尹围之威仪[107],言于卫侯曰:"令尹似君矣[108]!将有他志,虽获其志,不能终也。《诗》云[109]:'靡不有初,鲜克有终。'终之实难,令尹其将不免。"公曰:"子何以知之?"对曰:"《诗》云:'敬慎威仪,惟民之则[110]。'令尹无威仪,民无则焉。民所不则[111],以在民上,不可以终。"公曰:"善哉!何谓威仪?"对曰:"有威而可畏谓之威[112],有仪而可象谓之仪[113]。君有君之威仪,其臣畏而爱之,则而象之[114],故能有其国家,令闻长世[115]。臣有臣之威仪,其下畏而爱之,故能守其官职,保族宜家。顺是以下皆如是[116],是以上下能相固也[117]。《卫诗》曰:'威仪棣棣,不可选也[118]。'言君臣、上下、父子、兄弟、内外、大小皆有威仪也。《周诗》曰[119]:'朋友攸摄,摄以威仪。'言朋友之道,必相教训以威仪也。《周书》数文王之德[120],曰:'大国畏其力,小国怀其德。'言畏而爱之也。《诗》云[121]:'不识不知,顺帝之则。'言则而象之也。纣囚文王七年，诸侯皆从之囚。纣于是乎惧而归之，可谓爱之。文王伐崇⑫，再驾而降为臣⑬，蛮夷帅服⑭，可谓畏之。文王之功，天下诵而歌舞之，可谓则之。文王之行，至今为法，可谓象之。有威仪也。故君子在位可畏，施舍可爱，进退可度，周旋可则⑮，容止可观，作事可法，德行可象，声气可乐，动作有文，言语有章⑯，以临其下，谓之有威仪也。"

[注释]

①偷：苟且，无远虑。 ②谆谆焉：絮叨不休的样子。 ③树善：结好。 ④惧：陷入困境。 ⑤卑：下降。 ⑥侈家：指贪求无厌的大夫家族。 ⑦不能图诸侯：不能谋求为诸侯霸主。 ⑧弘多：很多。 ⑨害：患。 ⑩阳州：此时为鲁邑，在今山东省东平县北。 ⑪问师故：问齐何故伐我。 ⑫说：解释。 ⑬工偻洒等：四人为闾丘婴之党。 ⑭楚宫：楚式宫殿。 ⑮《大誓》：《尚书》篇名。今《大誓》无此语句。 ⑯辛巳：二十八日。 ⑰拱璧：襄公的大璧。 ⑱胡：归姓国。敬归：襄公妾。 ⑲毁：哀痛过度。 ⑳钧：同"均"，相同。 ㉑非适嗣：指子野。适，同"嫡"。 ㉒在戚：父母死称在戚。嘉容：喜色。 ㉓不度：不孝。 ㉔三易衰：三次更换丧服。 ㉕衰绖：丧服的衣襟。 ㉖十九年：十九岁。 ㉗惰：不恭敬。 ㉘怠于其位：在葬礼的位子上不恭敬。 ㉙兆于死所：在葬礼中已有了预兆。 ㉚从：随从。指随襄公而死。 ㉛癸酉：二十一日。 ㉜坏其馆之垣：拆毁其宾馆的围墙。 ㉝士文伯：即士匄。 ㉞充斥：充满。 ㉟辱在寡君：朝聘寡君。 ㊱完：修缮。 ㊲高其闬（hàn）闳（hóng）：加高大门。闬闳，皆指门。 ㊳完：借为"院"。 ㊴共命：供给所求。 ㊵诛求无时：索求贡品无一定时候。诛，责。 ㊶不闲：无暇。 ㊷见时：进见的时间。 ㊸输币：送交财礼。

㊹暴露：日晒夜露。 ㊺荐陈：进献并陈列。 ㊻朽蠹：腐朽败坏。 ㊼卑庳（bēi）：低矮。 ㊽无观台榭：没有可供观望的台榭。 ㊾崇大：又高又大，用作动词。 ㊿库厩：仓库马棚。 (51)以时：按时。平易：平整使之平坦。 (52)圬（wū）人：泥工。塓（mì）：涂抹墙壁。 (53)甸：即甸师，官名。庭燎：大火把。一说烧柴于庭以照明。 (54)宾从有代：宾客的随从有人代为值班。 (55)巾车：主管车子的官员。脂辖：为车轴上油。辖，安在车轴末端的挡铁，以不使车轮脱落。此指车轴。 (56)隶人：掌客馆洒扫。牧：养牛者。圉：养马者。 (57)各瞻其事：各尽其职。瞻，照看。 (58)公不留宾：文公不使宾客滞留，来到就接见。 (59)无废事：没有荒废其他事情。 (60)巡：安抚。 (61)铜鞮（dī）之宫：晋离宫，在今山西省沁县南。 (62)舍于隶人：居于隶人之舍。 (63)天疠不戒：疾疫不能防备。 (64)赢：接受，接待。 (65)加礼：增加礼仪。 (66)宴：即燕礼。好：好货，即在飨宴时馈送礼品。 (67)有辞：善辞令。 (68)赖：利。 (69)《诗》曰：以下诗句出自《诗经·大雅·板》。辑，辑睦。协，协同。绎，通“怿”，和悦。莫，安定。 (70)延州来季子：指季札。季札初封于延陵，后又加封州来，故称延州来季子。果立：最终能立为国君。 (71)巢陨诸樊：诸樊死于攻巢，见襄公二十五年传。 (72)阍戕戴吴：戴吴（即余祭）为阍人所杀。 (73)天似启之：上天好像为季札打开为君之门。 (74)二王之命：两位国王的命运。 (75)甚德而度：甚有德行，且合于法度。 (76)北宫文子：即北宫佗。 (77)棐（fěi）林：即北林，在今河南省新郑市北。 (78)如聘礼而以劳辞：仪节如聘问之礼，而用郊劳之辞。 (79)《诗》云：下二句见《诗经·大雅·桑柔》。执热，酷热。逝不以濯，不去洗浴。逝，语首助词，无义。 (80)救热：消除炎热。 (81)美秀而文：外貌举止秀美而有文采。 (82)四国之为：四方诸侯的政令。 (83)能否：才能大小。 (84)谋于野则获：在野外谋划就正确。 (85)谋于邑则否：在城内谋划就失当。 (86)乡校：乡间学校。 (87)夫人：那些人。夫，指示代词。退而游焉：做完事而在那里游玩。 (88)善否：

好坏。 ⑧损怨：减少怨言。 ⑨遄止：马上防止。 ⑨川：河流。 ⑨道：同"导"。 ⑨药：药石。用作动词，即治疗。 ⑨为邑：做邑宰。 ⑨愿：谨慎老实。 ⑨夫：指尹何。 ⑨榱（cuī）：屋椽。 ⑨厌：通"压"。 ⑨学制：学习裁剪。 ⑩身之所庇：自身的庇护。 ⑩其为美锦：它与美锦相比。 ⑩以政学：把做官作为学习。 ⑩射御贯：即熟习射箭驾车。贯，今作"惯"。 ⑩败绩厌覆是惧：老是担心翻车被压。 ⑩远而慢之：疏远而轻视它。 ⑩抑心所谓危：不过心里认为是危险的。抑，转折连词。 ⑩威仪：即仪表。 ⑩似君：像国君。 ⑩《诗》云：以下二句出自《诗经·大雅·荡》。 ⑩"敬慎威仪"二句：句出《诗经·大雅·抑》。敬慎，恭敬谨慎。则，准则。 ⑪不则：不效法。 ⑪有威而可畏：有威严而使人生畏。 ⑪有仪而可象：有仪表而使人仿效。 ⑪则而象之：以之为准则而且仿效。 ⑪令闻长世：好名声流传后世。 ⑪顺是：顺着这个次序。 ⑪相固：互相巩固。 ⑪"威仪棣棣"二句：句出《诗经·邶风·柏舟》。此言卫诗，因邶、鄘均并入卫。棣棣，安和的样子。选，计算。 ⑪《周诗》曰：下二句出《诗经·大雅·既醉》篇。摄，佐，辅助。 ⑫数：列举。 ⑫《诗》云：以下二句见《诗经·大雅·皇矣》。 ⑫文王伐崇：见僖公十九年传。 ⑫再驾：二次出兵。 ⑫帅服：相继归服。帅，通"率"。 ⑫周旋：应酬。 ⑫章：条理。

[译文]

三十一年春季，周历正月，穆叔从澶渊盟会回来，见到孟孝伯，对他说："赵武快死了。他说话毫无远虑，不像是百姓的主人。再说他年龄还不到五十，絮絮叨叨像个八九十岁的老人，活不久了。如果赵武死了，执政的人恐怕是韩起吧！您何不和季孙说说，可以早点与韩起结好，韩起是一位君子。晋君将要失去政权，如果不早点建立友好，提前为鲁国着想，不久政权落入大夫手中，韩起性格软弱，大夫又多贪婪，欲望难以满足，而齐国、楚国又难以依靠，鲁国不就很危险了！"孝伯说："人的一生能有多长时间？谁能做到不苟且偷安？早晨起来难以保证活到晚上，又哪里用得着提前结好呢？"穆叔出来告诉别人说："孟孙活不长了。我告诉他赵武苟且偷安，他比赵武更严重。"又和季孙说起晋国的事情，季孙也不听。等到赵武去世，晋国公室地位卑下，政权落到骄纵的大夫手中。韩起虽然执掌政权，但无力使诸侯都听从晋国。鲁国难以承受晋国的苛刻要求，奸邪小人又多，因此就有了平丘之会。

齐国的子尾担心闾丘婴成为祸害，打算杀了他，让他领兵攻打鲁国的阳州。鲁国质问为何出兵。夏季五月，子尾杀了闾丘婴向鲁国解释。工偻洒、渻灶、孔虺、贾寅逃亡到了莒国。子尾驱逐了公子们。

襄公建造了楚国式宫殿。穆叔说："《大誓》说：'百姓所希望的，上天一定满足他。'国君是想要成为楚国人吧，所以才修建了这座宫殿。如果不再去楚国，就一定死在这座宫殿里。"六月二十八日，襄公在楚宫去世。

叔仲带偷了襄公的大玉璧，交给车夫藏到怀中，出宫后又从车夫怀里取走，因此而得罪。

鲁国立胡国女人敬归的儿子子野为君，住在季氏家里。秋季九月十一日，子野因悲伤过度而死。

九月十七日，孟孝伯去世。

又立敬归妹妹齐归的儿子公子裯为君，穆叔不同意，说："太子死了，有同母弟就立同母弟，没有就立年长的公子。年龄相当就择贤而立，同样贤能就通过占卜决定，这是自古以来的规矩。死去的并不是嫡子，又何必立他母亲妹妹的儿子呢？再说这个人在服丧期间一点也不悲哀，父亲死了反而面呈喜色，这叫作不孝。不孝的人很少不惹祸端。如果立了他，肯定成为季氏的忧患。"季武子不听，最终还是立了他。等到安葬襄公，公子裯换了三次丧服，丧服的衣襟弄得和旧丧服一样脏。此时他已经十九岁了，仍然像个小孩子，君子因此而知道他不得善终。

冬季十月，滕成公来鲁国参加葬礼，不够恭敬且流泪过多。子服惠伯说："滕君快要死了。在吊丧的位置上懈怠无礼，又过度悲痛，葬礼上已有了将死的征兆。能不跟着而死吗？"

十月二十一日，安葬了襄公。

襄公去世的那个月，子产作为相礼和郑简公到晋国，晋平公以鲁国有丧事为由，没有接见。子产派人把宾馆周围的垣墙全部拆毁，把车马赶到里面。士匄指责子产说："我国因为政令刑罚不够完善，盗贼很多，无奈各国诸侯和卿大夫又经常屈尊来朝见寡君。因此我们让人修缮外宾下榻的宾馆，加高大门，增厚围墙，以使宾客高枕无忧。现在您把围墙拆毁，虽然您的随从加强戒备，但其他国家的宾客怎么办？因为我国是诸侯盟主，才修建了有高大垣墙的馆舍，以接待各国的宾客，如果把垣墙都拆毁了，又如何供应宾客的需求呢？寡君特地派我向您请教。"子产说："因为我国领土狭小，又夹在大国之间，大国索取贡品没有一定时间，因此我们不敢安居，搜尽了全部财富前来朝见。不料遇到阁下没有空闲，没能见到，又没有得到明示，不知什么时候才得以朝见。既不敢献纳贡品，又不敢日晒夜露。如果献纳，这些财物就成为贵国府库的财物了，但没有经过陈列庭院的仪式，不敢随便缴纳。如果暴露在外，又怕日晒雨淋造成腐烂或被虫蛀坏，以加重我国的罪过。据我所知，晋文公作为诸侯盟主的时候，他的公室又小又矮，没有观台楼阁，却建筑了高大的宾馆接待诸侯。宾馆就像现在国君的寝宫一样，仓库和马棚都修建得很好，司空按时平整道路，泥瓦匠按时粉刷墙壁。诸侯的宾客来了，负责接待的官员在庭院中点起火把，仆人巡视馆舍，车马有停放的地方，宾客的随从有专人替代，负责管理车辆的官员给车轴上油，隶人、牧人和圉人各司其职，百官各自陈列他们的礼品。文公不让宾客滞留，也不废弃相应的礼数。与宾客同忧乐，发生了意外亲自巡视安抚，教导宾客不知道的，关心宾客所缺少的。各国宾客犹如回到家里一样，不担心灾祸，不担心盗寇，不担心贡品日晒雨淋。如今铜鞮宫广阔数里，诸侯住在像奴隶居住的地方。大门进不去车子，又不能翻墙而过。盗贼公然横行，天灾又无法防止。宾客进见没有时间，国君的命令也不知道什么时候发出。如果不拆毁围墙，就没有地方存放贡品势必加重罪过。请问阁下对我们有何指教？虽然贵君遇到了鲁国的丧事，但也是我国忧戚的事啊。如果能早点献上贡品，我们愿意把垣墙修好再走，这就是贵君的莫大恩惠了，难道还怕这一点辛苦吗？"士匄回去复命，赵武说："子产说的对。实在是我们缺少德行，用容纳奴隶的住所去接待诸侯，这是我的过错啊。"又派士文伯就自己不明事理前去道歉。

晋平公接见郑简公时，加重了礼仪，宴会更加隆重，赠送的礼品也更为丰厚，然后送他们回去。修建了接待诸侯的宾馆。叔向说："辞令不能废弃就像这样啊！子产善于辞令，诸侯因此而受益，怎能忽视辞令的作用呢？《诗经》说：'辞令温和，百姓融洽。辞令动听，百姓安定。'子产懂得这个道理。"

郑国的子皮派印段到楚国，报告去晋国的事，这是合乎礼的。

莒国的犁比公生了去疾和展舆。已经立了展舆为太子，又废黜了他。犁比公为人暴虐，国人都很担心。十一月，展舆依靠国人攻打犁比公，杀了他自立为君。去疾逃亡到了齐国，他是齐国女子所生。展舆是吴国女子所生。《春秋》记载"莒人弑其君买朱钮"，是说罪责在于犁比公。

吴王派屈狐庸到晋国聘问，是为了沟通两国交往的道路。赵武问他："公子札最终能被立为国君吗？巢地战役诸樊被杀死，余祭又被守门人杀死，好像上天在为季札打开通向君位的大门，结果会怎么样？"屈狐庸回答说："他不会被立。这是二位国君的命运不好，并不是在为季札打开大门。如果是上天打开大门，恐怕也是为了现在继位的国君吧！他德行很好且行为合于法度，有了德行就不会失去百姓，合于法度就不会处置失当，百姓亲近而事情井然有序，他才是上天为之打开大门的人。保有吴国江山的，必然是这位国君的子孙。季札是一位保守节操的人。即使他应该享有国家，他也不会做国君。"

十二月，北宫文子作为相礼和卫襄公到楚国，是为了履行宋国的盟约。途经郑国，印段到棐林慰劳他们。行了聘问之礼，使用了慰劳的辞令。文子进入郑都聘问。郑国的子羽作为外交官员陪同前往，冯简子和子大叔出来迎接。事后出来，文子对卫襄公说："郑国有礼，这是他们今后几代人的福气。不会再有大国讨伐他们了！《诗经》说：'谁能忍受炎热，谁能不去洗澡！'对政事来说，礼就像天热了要去洗澡一样。洗澡可以消除酷热，还有什么可以担心的呢？"

子产执政，能够选拔贤能加以使用。冯简子能决断大事。子太叔外表英俊且文采斐然。子羽通晓四方诸侯政令，明辨各国大夫的家族姓氏、官职爵位、地位贵贱、才能高低，又善于辞令。裨谌善于谋划，在野外谋划就能获得成功，在城里谋划则不行。郑国遇到和诸侯交往的事情时，子产就向子羽询问四方诸侯的情况，让他起草外交辞令。和裨谌乘车到野外，让他谋划是否可行。把结果告诉冯简子让他决断。计划完成，便交给子太叔执行，和宾客应对谈判。因此很少有不成功的时候。这就是北宫文子所说的郑国有礼。

郑国人在乡间学堂游玩聚会，议论朝中执政得失。然明对子产说："把乡间学堂撤掉怎么样？"子产说："为什么？人们在早晚做完事情后到那里游玩散心，评议执政的得失好坏。他们认为好的，我们就推行；认为不好的，我们就改正。这是我们的老师啊。为什么要撤掉呢？我听说应该择善从而减少怨恨，没有听说利用权势来防止怨恨。难道不能马上制止这种议论吗？但这样做就像防水决口一样，河水决了大口子，必然有更多人遭到伤害，到那时我也救不了。不如决开一个小口作为疏导，不妨把听到的批评当作治病的良药。"然明说："今天我才真正明白，您确实值得事奉。我实在没有才能。如果照这样去做，郑国就大有希望了。岂止是对几个大臣有利呢？"

孔子听到这话后，说："由此看来，有人说子产不仁，我不相信。"

子皮打算让尹何担任邑宰。子产说："他还年轻，不知能否胜任？"子皮说："他谨慎忠厚，我喜欢他，不会背叛我的。让他去学习一下，就更懂得如何治理了。"子产说："不行。喜欢一个人，总是希望对他有利。现在您喜欢一个人，却要把政事交给他，就像让一个不会拿刀子的人去割东西，会让他受到更多伤害。您喜欢他，却让他受到伤害，还有谁敢让您喜欢呢？您是郑国的栋梁，如果栋梁折断，房屋就会倒塌，我就会被压在底下，怎敢不把话都直说出来呢？您有漂亮的绸缎，是不会让人用它练习裁剪的。大的官位和大的封邑，是身家性命之寄托，却让一个不会治理的人去学着治理，岂不是把美丽的绸缎看得比大官、大邑更重吗？我只听说学习以后才能从政，没有听说把从政作为学习手段的。如果这么做，一定会受到伤害。譬如打猎，只有对射箭和驾车非常熟悉，才能捕获猎物，如果从没有登过车射过箭，在车上只顾担心车翻人亡，哪里还顾得上捕获猎物呢？"子皮说："说得太好了！我实在糊涂。我听说，君子想到大事，看得长远，小人则只能想到小事，看到眼前。我是小人啊。衣服穿在我的身上，我知道爱护它。大官、大邑是身家性命之寄托，我却疏远忽视它。没有您这番话，我不会明白这个道理。从前我就说过：'你治理郑国，我治理我的家，使我有个托身之地就可以了。'现在看来还不够。从现在请您允许，即使治理我家，也要听从您的意见。"子产说："每个人的想法不一样，就好像人的面孔。我怎么敢说您的面孔就像我的面孔一样呢？不过只要我认为有危险，会以实相告。"子皮认为子产忠诚，把郑国的政权交给他。子产因此能够治理好郑国。

卫襄公在楚国时，北宫文子看到令尹公子围仪容威严，便对襄公说："令尹就像一位国君啊！他将有所企图，即使能实现野心，也难以善终。《诗经》说：'什么事都有一个好的开始，但很少能有一个好的结果。'好的结果实在太难，令尹恐怕难免灾祸。"襄公问："你怎么知道？"文子说："《诗经》说：'珍惜谨慎你的仪容威严，因为它是百姓的榜样。'令尹没有令尹的威仪，百姓就没有了效法的榜样。百姓不效法的人高居上位，他就不能善终。"襄公说："说得好！什么是威仪呢？"文子回答说："有威严使人敬畏叫威，有仪表令人效仿叫仪。国君有国君的威仪，臣子应该敬畏又爱戴，以他为榜样而效仿，因此才能保有国家，流芳百世。臣子有臣子的威仪，让他的下属敬畏而爱戴，因此才能保住他的官职，保护他的家族，使家庭和睦。依此类推都是这个道理，因此才能上下不乱互相巩固。《卫诗》说：'威仪很多，数不胜数。'是说君臣、上下、父子、兄弟、内外、大小之间都有威仪。《周诗》说：'朋友互相帮助，依赖的就是威仪。'说的是朋友相处必须通过威仪来互相规劝教训。《周书》历数文王的美德时说：'大国畏惧他的力量，小国怀念他的恩德。'说的就是敬畏并爱戴他。《诗经》说：'不要智慧不要知识，一切顺应上天的法则。'说的就是有了榜样而加以效仿。殷纣王囚禁周文王七年，诸侯都跟他一起去坐牢。纣王于是害怕而释放了文王，可见文王是深受人们爱戴的。文王攻打崇国，只发兵两次，崇国就俯首称臣，南方的蛮夷也先后归服，可见文王是受到人们敬畏的。文王的功业，受到天下人的传诵和赞美，可见人们是以文王为榜样的。文王的行为，至今仍然被奉为法则，可见人们仍然在效仿他。这就是有威仪的缘故。因此君子在位时要让人敬畏，施舍时要让人爱戴，进退可以作为法度，与人打交道可以作为准则，仪容举止可以供人观赏，做事可以让人学习，德行可以让人效仿，声音气度可以让人高兴，动作斯文优雅，说话条理清晰，以此对待下属，就叫作有威仪。"

昭　公

昭公元年

经　元年春，王正月，公即位。叔孙豹会晋赵武、楚公子围、齐国弱、宋向戌、卫齐恶、陈公子招、蔡公孙归生、郑罕虎、许人、曹人于虢。三月，取郓。夏，秦伯之弟鍼出奔晋。六月丁巳，邾子华卒。晋荀吴帅师败狄于大卤。秋，莒去疾自齐入于莒。莒展舆出奔吴。叔弓帅师疆郓田。葬邾悼公。冬十有一月己酉，楚子麇卒。楚公子比出奔晋。

传　元年春①，楚公子围聘于郑②，且娶于公孙段氏，伍举为介③。将入馆，郑人恶之，使行人子羽与之言，乃馆于外。既聘，将以众逆。子产患之。使子羽辞，曰："以敝邑褊小，不足以容从者，请墠听命④！"令尹命大宰伯州犁对曰："君辱贶寡大夫围，谓围将使丰氏抚有而室⑤。围布几筵⑥，告于庄、共之庙而来。若野赐之⑦，是委君贶于草莽也⑧，是寡大夫不得列于诸卿也。不宁唯是⑨，又使围蒙其先君⑩，将不得为寡君老⑪，其蔑以复矣⑫。唯大夫图之。"子羽曰:"小国无罪,恃实其罪[13]。将恃大国之安靖己,而无乃包藏祸心以图之。小国失恃而惩诸侯[14],使莫不憾者[15],距违君命[16],而有所壅塞不行是惧。不然,敝邑,馆人之属也,其敢爱丰氏之祧[17]?"伍举知其有备也,请垂櫜而入[18]。许之。

正月乙未[19],入,逆而出。遂会于虢,寻宋之盟也。祁午谓赵文子曰:"宋之盟,楚人得志于晋。今令尹之不信,诸侯之所闻也。子弗戒,惧又如宋。子木之信称于诸侯,犹诈晋而驾焉[20],况不信之尤者乎[21]?楚重得志于晋[22],晋之耻也。子相晋国以为盟主,于今七年矣。再合诸侯,三合大夫,服齐、狄,宁东夏,平秦乱,城淳于,师徒不顿,国家不罢,民无谤讟[23],诸侯无怨,天无大灾,子之力也。有令名矣,而终之以耻[24],午也是惧。吾子其不可以不戒。"文子曰:"武受赐矣[25]。然宋之盟,子木有祸人之心,武有仁人之心,是楚所以驾于晋也。今武犹是心也,楚又行僭[26],非所害也。武将信以为本,循而行之[27]。譬如农夫,是穮是蔉[28],虽有饥馑,必有丰年。且吾闻之:'能信不为人下。'吾未能也。《诗》曰:'不僭不贼,鲜不为则[29]。'信也。能为人则者,不为人下矣。吾不能是难[30],楚不为患。"楚令尹围请用牲,读旧书[31],加于牲上而已。晋人许之。

三月甲辰[32],盟,楚公子围设服离卫[33]。叔孙穆子曰:"楚公子美矣,君哉[34]!"郑子皮曰:"二执戈者前矣。"蔡子家曰:"蒲宫有前[35],不亦可乎?"楚伯州犁曰:"此行也,辞而假之寡君[36]。"郑行人挥曰:"假不反矣!"伯州犁曰："子姑忧子晰之欲背诞也㊲。"子羽曰："当璧犹在㊳，假而不反，子其无忧乎？"齐国子曰："吾代二子愍矣㊴。"陈公子招曰："不忧何成？二子乐矣。"卫齐子曰："苟或知之，虽忧何害？"宋合左师曰："大国令，小国共。吾知共而已。"晋乐王鲋曰："《小旻》之卒章善矣㊵，吾从之。"

退会，子羽谓子皮曰："叔孙绞而婉㊶，宋左师简而礼㊷，乐王鲋字而敬㊸，子与子家持之㊹，皆保世之主也㊺。齐、卫、陈大夫其不免乎！国子代人忧，子招乐忧，齐子虽忧弗害。夫弗及而忧，与可忧而乐，与忧而弗害，皆取忧之道也，忧必及之。《大誓》曰㊻：'民之所欲，天必从之。'三大夫兆忧㊼，忧能无至乎？言以知物㊽，其是之谓矣。"

季武子伐莒，取郓，莒人告于会。楚告于晋曰："寻盟未退㊾，而鲁伐莒，渎齐盟，请戮其使。"

乐桓子相赵文子，欲求货于叔孙而为之请。使请带焉㊿，弗与。梁其胫曰[51]："货以藩身，子何爱焉？"叔孙曰："诸侯之会，卫社稷也。我以货免，鲁必受师[52]。是祸之也，何卫之为？人之有墙，以蔽恶也。墙之隙坏，谁之咎也？卫而恶之[53]，吾又甚焉。虽怨季孙，鲁国何罪？叔出季处[54]，有自来矣[55]，吾又谁怨？然鲋也贿[56]，弗与，不已。"召使者，裂裳帛而与之[57]，曰："带其褊矣[58]。"赵孟闻之，曰："临患不忘国，忠也；思难不越官[59]，信也；图国忘死，贞也；谋主三者[60]，义也。有是四者，又可戮乎？"乃请诸楚曰："鲁虽有罪，其执事不辟难[61]，畏威而敬命矣。子若免之，以劝左右可也。若子之群吏，处不辟污㊅㊁,出不逃难,其何患之有?患之所生,污而不治,难而不守,所由来也。能是二者,又何患焉?不靖其能㊅㊂,其谁从之?鲁叔孙豹可谓能矣,请免之以靖能者。子会而赦有罪,又赏其贤,诸侯其谁不欣焉望楚而归之,视远如迩?疆埸之邑,一彼一此,何常之有?王伯之令也㊅㊃,引其封疆㊅㊄,而树之官,举之表旗㊅㊅,而著之制令㊅㊆。过则有刑㊅㊇,犹不可壹㊅㊈。于是乎虞有三苗㊆⓪,夏有观、扈,商有姺、邳,周有徐、奄。自无令王㊆①,诸侯逐进㊆②,狎主齐盟㊆③,其又可壹乎?恤大舍小㊆④,足以为盟主,又焉用之㊆⑤?封疆之削㊆⑥,何国蔑有?主齐盟者,谁能辩焉㊆⑦?吴、濮有衅㊆⑧,楚之执事,岂其顾盟㊆⑨?莒之疆事,楚勿与知㊇⓪,诸侯无烦㊇①,不亦可乎?莒、鲁争郓,为日久矣,苟无大害于其社稷,可无亢也㊇②。去烦宥善,莫不竞劝㊇③。子其图之!"固请诸楚,楚人许之,乃免叔孙。

令尹享赵孟,赋《大明》之首章㊇④。赵孟赋《小宛》之二章㊇⑤。事毕,赵孟谓叔向曰:"令尹自以为王矣,何如?"对曰:"王弱,令尹强,其可哉!虽可,不终。"赵孟曰:"何故?"对曰:"强以克弱而安之,强不义也。不义而强,其毙必速。《诗》曰:'赫赫宗周,褒姒灭之㊇⑥。'强不义也。令尹为王,必求诸侯。晋少懦矣㊇⑦,诸侯将往。若获诸侯,其虐滋甚㊇⑧。民弗堪也,将何以终㊇⑨?夫以强取,不义而克㊈⓪,必以为道㊈①。道以淫虐,弗可久已矣。"

夏四月,赵孟、叔孙豹、曹大夫入于郑,郑伯兼享之㊈②。子皮戒赵孟㊈③,礼终,赵孟赋《瓠叶》㊈④。子皮遂戒穆叔,且告之。穆叔曰:"赵孟欲一献㊈⑤,子其从之。"子皮曰:"敢乎?"穆叔曰:"夫人之所欲也⁹⁶,又何不敢?"及享,具五献之笾豆于幕下⁹⁷。赵孟辞,私于子产曰:"武请于冢宰矣⁹⁸。"乃用一献。赵孟为客,礼终乃宴⁹⁹。穆叔赋《鹊巢》¹⁰⁰。赵孟曰:"武不堪也¹⁰¹。"又赋《采蘩》¹⁰²,曰:"小国为蘩¹⁰³,大国省穑而用之¹⁰⁴,其何实非命¹⁰⁵!"子皮赋《野有死麕》之卒章¹⁰⁶。赵孟赋《常棣》¹⁰⁷,且曰:"吾兄弟比以安¹⁰⁸,尨也可使无吠¹⁰⁹。"穆叔、子皮及曹大夫兴¹¹⁰,拜,举兕爵¹¹¹,曰:"小国赖子,知免于戾矣。"饮酒乐。赵孟出,曰:"吾不复此矣¹¹²。"

天王使刘定公劳赵孟于颍¹¹³,馆于雒汭¹¹⁴。刘子曰:"美哉禹功,明德远矣。微禹,吾其鱼乎¹¹⁵!吾与子弁冕端委¹¹⁶,以治民、临诸侯,禹之力也。子盍亦远绩禹功¹¹⁷,而大庇民乎?"对曰:"老夫罪戾是惧,焉能恤远?吾侪偷食¹¹⁸,朝不谋夕,何其长也?"刘子归,以语王曰:"谚所谓老将知而耄及之者¹¹⁹,其赵孟之谓乎!为晋正卿,以主诸侯,而侪于隶人¹²⁰,朝不谋夕,弃神人矣¹²¹。神怒民叛,何以能久?赵孟不复年矣¹²²。神怒,不歆其祀;民叛,不即其事¹²³。祀事不从,又何以年¹²⁴?"

叔孙归,曾夭御季孙以劳之¹²⁵。旦及日中不出。曾夭谓曾阜¹²⁶,曰:"旦及日中,吾知罪矣。鲁以相忍为国也¹²⁷,忍其外不忍其内,焉用之?"阜曰:"数月于外,一旦于是¹²⁸,庸何伤?贾而欲赢¹²⁹,而恶嚣乎¹³⁰?"阜谓叔孙曰:"可以出矣。"叔孙指楹曰¹³¹:"虽恶是,其可去乎?"乃出见之。

郑徐吾犯之妹美¹³²,公孙楚聘之矣,公孙黑又使强委禽焉⑬。犯惧，告子产。子产曰："是国无政⑭，非子之患也。唯所欲与⑮。"犯请于二子，请使女择焉。皆许之。子晳盛饰入⑯，布币而出⑰。子南戎服入⑱，左右射，超乘而出。女自房观之，曰："子晳信美矣⑲，抑子南，夫也⑭。夫夫妇妇⑭，所谓顺也⑭。"适子南氏。子晳怒。既而橐甲以见子南⑭，欲杀之而取其妻。子南知之，执戈逐之。及冲⑭，击之以戈。子晳伤而归，告大夫曰："我好见之，不知其有异志也⑭，故伤。"

大夫皆谋之。子产曰："直钧⑭，幼贱有罪⑭，罪在楚也。"乃执子南而数之⑭，曰："国之大节有五，女皆奸之⑭。畏君之威，听其政，尊其贵，事其长，养其亲，五者所以为国也⑮。今君在国，女用兵焉，不畏威也；奸国之纪，不听政也；子晳上大夫，女嬖大夫⑮，而弗下之，不尊贵也；幼而不忌⑮，不事长也；兵其从兄⑮，不养亲也。君曰：'余不女忍杀⑭，宥女以远⑮。'勉，速行乎，无重而罪！"

五月庚辰⑯，郑放游楚于吴⑰。将行子南⑱，子产咨于大叔⑲。大叔曰："吉不能亢身⑯，焉能亢宗？彼，国政也，非私难也。子图郑国，利则行之，又何疑焉？周公杀管叔而蔡蔡叔⑯，夫岂不爱？王室故也。吉若获戾，子将行之，何有于诸游？"

秦后子有宠于桓⑯，如二君于景⑯。其母曰："弗去，惧选⑭。"癸卯⑯，鍼适晋，其车千乘。书曰："秦伯之弟鍼出奔晋。"罪秦伯也。

后子享晋侯，造舟于河⑯，十里舍车⑰，自雍及绛。归取酬币⑯⁸，终事八反⑯⁹。司马侯问焉，曰："子之车，尽于此而已乎？"对曰："此之谓多矣！若能少此，吾何以得见？"女叔齐以告公⑰⁰，且曰："秦公子必归。臣闻君子能知其过，必有令图⑰¹。令图，天所赞也。"

后子见赵孟。赵孟曰："吾子其曷归⑰²？"对曰："铖惧选于寡君，是以在此，将待嗣君。"赵孟曰："秦君何如？"对曰："无道。"赵孟曰："亡乎？"对曰："何为？一世无道，国未艾也⑰³。国于天地，有与立焉⑰⁴。不数世淫⑰⁵，弗能毙也。"赵孟曰："天乎⑰⁶？"对曰："有焉。"赵孟曰："其几何？"对曰："铖闻之，国无道而年谷和熟⑰⁷，天赞之也。鲜不五稔⑰⁸。"赵孟视荫⑰⁹，曰："朝夕不相及，谁能待五？"后子出，而告人曰："赵孟将死矣。主民，玩岁而愒日⑱⁰，其与几何⑱¹？"

郑为游楚乱故，六月丁巳⑱²，郑伯及其大夫盟于公孙段氏。罕虎、公孙侨、公孙段、印段、游吉、驷带私盟于闺门之外⑱³，实薰隧⑱⁴。公孙黑强与于盟，使大史书其名，且曰七子。子产弗讨。

晋中行穆子败无终及群狄于大原⑱⁵，崇卒也⑱⁶。将战，魏舒曰："彼徒我车，所遇又阸⑱⁷，以什共车必克⑱⁸。困诸阸，又克。请皆卒，自我始。"乃毁车以为行⑱⁹，五乘为三伍⑲⁰。荀吴之嬖人不肯即卒⑲¹，斩以徇。为五陈以相离⑲²：两于前，伍于后，专为右角，参为左角，偏为前拒，以诱之⑲³。翟人笑之⑲⁴。未陈而薄之⑲⁵，大败之。

莒展舆立，而夺群公子秩⑲⁶。公子召去疾于齐⑲⁷。秋，齐公子鉏纳去疾，展舆奔吴。

叔弓帅师疆郓田，因莒乱也。于是莒务娄、瞀胡及公子灭明以大庞与常仪靡奔齐[198]。

君子曰："莒展之不立，弃人也夫！人可弃乎？《诗》曰：'无竞维人[199]。'善矣。"

晋侯有疾，郑伯使公孙侨如晋聘，且问疾[200]。叔向问焉，曰："寡君之疾病，卜人曰：'实沈、台骀为祟。'史莫之知[201]，敢问此何神也？"子产曰："昔高辛氏有二子[202]，伯曰阏伯，季曰实沈。居于旷林[203]，不相能也[204]，日寻干戈[205]，以相征讨。后帝不臧[206]，迁阏伯于商丘，主辰[207]。商人是因[208]，故辰为商星。迁实沈于大夏[209]，主参[210]。唐人是因，以服事夏、商。其季世曰唐叔虞。当武王邑姜方震大叔[211]，梦帝谓己：'余命而子曰虞[212]，将与之唐[213]，属诸参[214]，而蕃育其子孙。'及生，有文在其手曰'虞'，遂以命之。及成王灭唐而封大叔焉[215]，故参为晋星。由是观之，则实沈，参神也。昔金天氏有裔子曰昧[216]，为玄冥师[217]，生允格、台骀。台骀能业其官[218]，宣汾、洮[219]，障大泽[220]，以处大原[221]。帝用嘉之[222]，封诸汾川[223]。沈、姒、蓐、黄[224]，实守其祀。今晋主汾而灭之矣。由是观之，则台骀，汾神也。抑此二者[225]，不及君身[226]。山川之神，则水旱疠疫之灾[227]，于是乎禜之[228]。日月星辰之神，则雪霜风雨之不时[229]，于是乎禜之。若君身，则亦出入饮食哀乐之事也[230]，山川星辰之神，又何为焉？侨闻之，君子有四时[231]：朝以听政，昼以访问，夕以修令[232]，夜以安身。于是乎节宣其气[233]，勿使有所壅闭湫底[234]，以露其体[235]。兹心不爽[236]，而昏乱百度[237]。今无乃壹之[238]，则生疾矣。侨又闻之，内官不及同姓[239]，其生不殖[240]。美先尽矣[241]，则相生疾，君子是以恶之。故《志》曰：‘买妾不知其姓，则卜之。’违此二者[242]，古之所慎也。男女辨姓，礼之大司也。今君内实有四姬焉[243]，其无乃是也乎！若由是二者，弗可为也已。四姬有省犹可[244]，无则必生疾矣。”叔向曰：“善哉！肸未之闻也。此皆然矣。”

叔向出，行人挥送之，叔向问郑故焉，且问子晰。对曰：“其与几何！无礼而好陵人，怙富而卑其上，弗能久矣。”

晋侯闻子产之言，曰：“博物君子也[245]。”重贿之。

晋侯求医于秦。秦伯使医和视之，曰：“疾不可为也。是谓近女室[246]，疾如蛊[247]。非鬼非食[248]，惑以丧志[249]。良臣将死，天命不佑。”公曰：“女不可近乎？”对曰：“节之[250]。先王之乐，所以节百事也，故有五节[251]。迟速本末以相及，中声以降[252]，五降之后，不容弹矣。于是有烦手淫声[253]，慆堙心耳[254]，乃忘平和，君子弗听也。物亦如之，至于烦[255]，乃舍也已，无以生疾。君子之近琴瑟[256]，以仪节也，非以慆心也。天有六气[257]，降生五味[258]，发为五色[259]，征为五声，淫生六疾[260]。六气曰阴、阳、风、雨、晦、明也。分为四时[261]，序为五节[262]。过则为灾，阴淫寒疾，阳淫热疾，风淫末疾[263]，雨淫腹疾，晦淫惑疾，明淫心疾。女，阳物而晦时[264]，淫则生内热惑蛊之疾。今君不节不时[265]，能无及此乎？”

出，告赵孟。赵孟曰：“谁当良臣？”对曰：“主是谓矣[266]。主相晋国，于今八年，晋国无乱，诸侯无阙，可谓良矣。和闻之，国之大臣，荣其宠禄，任其大节[267]，有灾祸兴而无改焉，必受其咎。今君至于淫以生疾，将不能图恤社稷，祸孰大焉？主不能御㉘，吾是以云也。"赵孟曰："何谓蛊？"对曰："淫溺惑乱之所生也。于文㉙，皿虫为蛊，谷之飞亦为蛊㉚。在《周易》，女惑男，风落山，谓之《蛊》䷑㉛。皆同物也。"赵孟曰："良医也。"厚其礼而归之。

楚公子围使公子黑肱、伯州犁城犨、栎、郏，郑人惧。子产曰："不害，令尹将行大事，而先除二子也。祸不及郑，何患焉？"

冬，楚公子围将聘于郑，伍举为介。未出竟，闻王有疾而还。伍举遂聘。十一月己酉㉜，公子围至㉝，入问王疾，缢而弑之。遂杀其二子幕及平夏㉞。右尹子干出奔晋㉟，宫厩尹子晰出奔郑。杀大宰伯州犁于郟。葬王于郏，谓之郏敖。使赴于郑，伍举问应为后之辞焉㊱。对曰："寡大夫围。"伍举更之曰："共王之子围为长。"

子干奔晋，从车五乘。叔向使与秦公子同食㊲，皆百人之饩㊳。赵文子曰："秦公子富。"叔向曰："底禄以德㊴，德钧以年㊵，年同以尊。公子以国㊶，不闻以富。且夫以千乘去其国，强御已甚㊷。《诗》曰㊸：'不侮鳏寡，不畏强御。'秦、楚，匹也。"使后子与子干齿㊹。辞曰："铖惧选，楚公子不获㊺，是以皆来，亦唯命。且臣与羁齿㊻，无乃不可乎？史佚有言曰：'非羁何忌㊼？'"

楚灵王即位㊽，薳罢为令尹，薳启强为大宰。郑游吉如楚，葬郏敖，且聘立君。归，谓子产曰："具行器矣㊾！楚王汏侈而自说其事㊿，必合诸侯。吾往无日矣[51]。"子产曰：

"不数年，未能也。"

十二月，晋既烝㉒，赵孟适南阳，将会孟子余㉓。甲辰朔，烝于温。庚戌㉔，卒。郑伯如晋吊，及雍乃复㉕。

[注释]

①元年：公元前541年，即周景王四年。 ②公子围：即王子围，时为楚令尹。 ③介：副手。 ④墠（shàn）：祭祀所用的平地。 ⑤丰氏：即公孙段。抚有：有。抚、有为同义词连用。 ⑥布：陈列。 ⑦野：野外。 ⑧委君贶（kuàng）于草莽：把国君的恩赐丢在草丛中。委，弃。 ⑨宁：语中助词，无义。 ⑩蒙：欺。 ⑪老：卿老，上卿。 ⑫复：返，或作复命。 ⑬恃实其罪：意为恃大国而无备则是罪。 ⑭惩诸侯：使诸侯戒惧。 ⑮憾：怨恨。 ⑯距：同"拒"。 ⑰祧（tiāo）：宗庙。 ⑱垂櫜（gāo）：把弓矢袋口朝下，以示内无兵器。 ⑲乙未：十五日。 ⑳驾：凌驾。 ㉑尤：特，甚。 ㉒重：再次。 ㉓谤讟（dú）：诽谤。 ㉔终之以耻：以蒙受耻辱而终结。 ㉕武：赵文子之名。 ㉖僭：不守信。 ㉗循：依旧。 ㉘是穮（biāo）是蓘（gǔn）：言辛勤耕作。穮，田间除草。蓘，培土。 ㉙"不僭不贼"二句：句出《诗经·大雅·抑》。详见僖公九年注。 ㉚不能是难：难于不能。 ㉛读旧书：宣读过去的盟辞。旧书，即宋之盟约。正本已埋于宋盟之坎，此所读者为各盟国所藏副本。 ㉜甲辰：二十五日。 ㉝设服离卫：摆设国君的服饰仪仗，两个卫士执戈侍立。离，通"俪"，一对。 ㉞君：像国君。 ㉟蒲宫：楚君离宫。有前：有执戈卫士立于前。 ㊱辞而假之：经请示而借来的。 ㊲子晳之欲背诞：指襄公三十年郑子晳杀伯有，背命放诞，将为国难。 ㊳当璧：面对玉璧。此指楚平王当璧事，详见昭公十三年传。 ㊴慗：同"闵"，忧。 ㊵《小旻》：《诗经·小雅》篇名。其卒章云："不敢暴虎，不敢冯河。人知其一，莫知其他，战战兢兢，如临深

渊，如履薄冰。” ㊶绞而婉：恰切而婉转。 ㊷简而礼：言简而合于礼。 ㊸字而敬：自爱而恭敬。 ㊹持：持平得体。 ㊺保世：保持世代禄位。 ㊻《大誓》：见襄公三十一年注。 ㊼兆忧：有忧虑的征兆。 ㊽言以知物：从言语来验证事情。 ㊾退：结束。 ㊿请带：索要带子。 (51)梁其胫：叔孙的家臣。 (52)受师：受伐。 (53)卫而恶之：本为保卫社稷反而受攻伐。 (54)叔出季处：叔孙出使，季孙守国。 (55)有自来矣：由来已久了。 (56)贿：好受贿。 (57)裂：撕裂。 (58)褊：狭小。 (59)不越官：不忘记职守。 (60)谋主三者：考虑事情以忠、信、贞三者为主。 (61)执事：指叔孙豹。 (62)处不辟污：在国内不避污浊。 (63)靖其能：安靖贤能。 (64)王伯：三王五霸。 (65)引：正。 (66)表旗：标志，即界碑。 (67)制令：即章程、条例。 (68)过则有刑：越过边境则处罚之。 (69)壹：一致不变。 (70)三苗：以下均为历代反抗当时王朝的诸侯。 (71)自无令王：自从没有英明的帝王。 (72)逐进：角逐竞争。 (73)狎主齐盟：交替主持结盟。狎，更，代。齐，通“斋”。 (74)恤大舍小：忧虑大祸患，赦免小过错。 (75)用之：治小事。 (76)削：削小。 (77)辩：治。 (78)濮：指百濮，详见文公十六年注。 (79)顾盟：顾及盟约。 (80)勿与知：不要参与过问。 (81)无烦：不劳军。 (82)亢：庇护。 (83)竞劝：尽力为善。 (84)《大明》：《诗经·大雅》篇名。其首章言文王明明照于下，故能赫赫盛于上。令尹取义首章，以光大自己。 (85)《小宛》：《诗经·小雅》篇名。赵孟赋《小宛》二章，取义天命一去，不可复返，以戒令尹。 (86)“赫赫宗周”二句：句出《诗经·小雅·正月》。赫赫，盛大貌。宗周，周都镐京。褒姒，周幽王之宠妃。 (87)少懦：稍衰弱。 (88)滋甚：更厉害。 (89)终：指善终。 (90)不义而克：行不义而成功。 (91)道：常道，方法，经验。 (92)兼享：同时享燕。 (93)戒：告。 (94)《瓠叶》：《诗经·小雅》篇名。此诗为叙述低级贵族举行饮酒礼的情况。赵孟赋此诗以告子皮，享燕之食当从菲薄。 (95)一献：士饮酒之礼，即主人向宾客进酒一次，则其他食品仪节亦相应减少、减轻。 (96)夫：指示代词,那。 ⑨具五献之笾(biān)豆于幕下:在东房准备了五献的食品用具。笾豆,盛食品的礼器。笾,以竹制成;豆,以木制成。幕下,东房。 ⑨冢宰:指子皮,为郑上卿。 ⑨宴:即燕,饮宴。古人享礼,享后必宴,宾主始能尽欢。 ⑩《鹊巢》:《诗经·召南》篇名。其有"维鹊有巢,维鸠居之。之子于归,百两御之"。穆叔意在比赵孟为鹊,以己为鸠。大国主盟,己得安居。 ⑩不堪:不敢当。 ⑩《采蘩》:《诗经·召南》篇名。 ⑩蘩:俗名白蒿,菊科植物。此言贡品菲薄。 ⑩省稿:减省爱惜。稿,通"吝",爱惜。 ⑩何实非命:何敢不从命。 ⑩《野有死麇》:《诗经·召南》篇名。其卒章有"舒而脱脱兮,无感我帨兮,无使尨也吠"句,子皮赋此,喻赵孟以义抚诸侯,勿以非礼相欺凌。 ⑩《常棣》:《诗经·小雅》篇名。取其凡今人莫如兄弟,言欲亲兄弟之国。 ⑩比:亲密。 ⑩尨(máng):狗。 ⑩兴:站起来。 ⑩兕爵:用犀牛角制成的酒杯。 ⑩不复此:不会再见到如此欢乐。 ⑬颍:邑名,郑地,在今河南省登封市东。 ⑭雒汭:洛水岸边,其地或在今河南省巩义市西。 ⑮吾其鱼乎:我们或许成了鱼吧。 ⑯弁冕:古时卿大夫的礼帽。端委:礼服。 ⑰远绩:远继。 ⑱偷食:苟且度日。 ⑲老将知:老了将聪明。知,同"智"。耄及之:糊涂接着来到。耄,昏乱,糊涂。 ⑳侪:等。 ㉑弃神人:丢弃神灵、百姓。 ㉒不复年:不能再过一年。 ㉓不即其事:不从事。即,就。 ㉔年:一年之内。 ㉕曾夭:季孙的家臣。 ㉖曾阜:叔孙的家臣。 ㉗相忍:相互忍让。 ㉘一旦于是:即"一旦劳于是"的省略。 ㉙贾而欲赢:商人做买卖是想赢利。 ㉚嚣:指市场上的喧嚣声。 ㉛楹:堂上大柱。 ㉜徐吾犯:郑大夫。 ㉝委禽:古代婚礼第一件事为纳采,纳采用雁,故称为委禽。 ㉞无政:政事混乱。 ㉟唯所欲与:即女子欲与谁则与谁,听其所欲。 ㊱子晳:即公孙黑。盛饰:装扮华丽。 ㊲布币:陈设财礼。 ㊳子南:即公孙楚。 ㊴信:诚,实。 ㊵夫:丈夫气象。 ㊶夫夫妇妇:夫有夫行,妻有妻德。此句法与"君君臣臣,父父子子"相同。前一字为名词做主语，后一字为谓语。 (142)顺：理。 (143)櫜甲：即衷甲，皮甲着衣内。 (144)冲：大道四通之处。 (145)异志：别的想法。 (146)直钧：各有理由。钧，同“均”。 (147)幼贱有罪：年幼且地位低下的有罪。 (148)数：列举罪状。 (149)奸：犯。 (150)为国：治国。 (151)嬖大夫：即下大夫。 (152)忌：敬。 (153)兵其从兄：用武器伤害堂兄。从兄，同祖或同伯叔之子年长于己者均称为从兄。 (154)不女忍杀："不忍杀女"的倒装句。女，同“汝”。 (155)宥女以远：赦免你的死罪逐于远方。 (156)庚辰：初二日。 (157)游楚：即子南。 (158)行子南：使子南行。 (159)大叔：即游吉，为游氏宗主。 (160)亢：庇护。 (161)蔡蔡叔：放逐蔡叔。前一“蔡”字用作动词，即放。 (162)后子：秦桓公子，景公母弟，名鍼。 (163)如二君于景：在景公时，秦国如同有两个国君。 (164)选：遣，即放逐。 (165)癸卯：二十五日。 (166)造舟：排列船只当作浮桥。 (167)十里舍车：每隔十里，停车若干辆。 (168)酬币：古代享礼，先由主人敬酒，曰献；次由宾客回敬，曰酢；再由主人先酌酒自饮，即劝宾客随饮，曰酬。献、酢、酬合称一献。酬必主人赠礼物于宾客以劝酒，称为酬币。 (169)终事八反：享礼结束，取币往返八次。后子享晋侯，用最隆重的九献之礼。九献则需用酬币九次。第一次酬币，后子先载于车，其余八次酬币，则需一次一次取于车，或后子欲藉酬币而多献贿于晋侯。 (170)女叔齐：即司马侯。 (171)令：善。 (172)曷:通“何”。 (173)艾：绝。 (174)与立：帮助扶持。 (175)数世淫：连续几代荒淫。 (176)夭：短命。 (177)和熟：丰收。 (178)鲜不五稔：少则不超过五年。 (179)荫：日影。 (180)玩岁而愒（kài）日：习厌岁月，荒废时日。愒，荒废。 (181)其与几何：即“其几何欤”的变句。 (182)丁巳：九日。 (183)闺门：郑都城门。 (184)实薰隧：盟地就在薰隧。薰隧，门外道路名。 (185)无终：详见襄公四年注。 (186)崇卒：重用徒兵。 (187)阨：险要之地。 (188)以什共车：十人共当一车。 (189)行：步卒行列。 (190)五乘为三伍：五辆战车的人员编为三个伍。伍，五人为伍，为战斗最小组织。 (191)即卒：编入步兵行列。 (192)为五陈以相离：

列成五种阵势以相互联系。 ⑲两、伍、专、参、偏：五种阵势名，此为步兵阵法。 ⑭翟：同"狄"。 ⑮薄：迫近。 ⑯秩：俸禄。 ⑰公子：指群公子。 ⑱大厖（máng）、常仪靡：莒国二邑，在今山东省莒县西北。 ⑲无竞维人：句出《诗经·周颂·烈文》。意为能强大者唯人才。 ⑳问疾：探视疾病。 ㉑史：太史。 ㉒高辛氏：帝喾（kù）。 ㉓旷林：旷野之林。 ㉔不相能：互相不和。 ㉕寻：用。 ㉖后帝：帝尧。不臧：不善，即不以为善。 ㉗主辰：以辰来定时节。辰，大火星，即心宿，亦名商星。 ㉘商人是因：商朝人沿袭下来。 ㉙大夏：即今山西省太原市。 ㉚主参：以参星定时节。参，参宿，有星七颗，即猎户星座。 ㉛邑姜：武王后，齐太公之女。震：怀孕。 ㉜命：取名。而：同"尔"，你。 ㉝与之唐：给他唐国。 ㉞属诸参：属于参星。 ㉟封大叔：大叔即叔虞，成王同母弟。叔虞封为唐侯，其子燮父改为晋侯。 ㊱金天氏：少昊，黄帝之子，名契。裔子：后代。 ㊲玄冥师：水官之长。玄冥，水官。 ㊳业其官：以其官为世业。 ㊴宣：疏通。 ㊵障：堤防。 ㊶大原：高平地带。 ㊷帝：或为颛顼。 ㊸汾川：汾水流域。 ㊹沈、姒、蓐、黄：四国名，均为台骀之后。 ㊺二者：指实沈、台骀。 ㊻不及君身：与晋君的疾病无关。 ㊼疠疫：传染病。 ㊽祟（yǒng）：祭名，即聚草木而束之，设为祭处，以祭名求神鬼，去祸祈福。 ㊾不时：不合时令。 ㊿出入：逸劳。 ㉛四时：四个时间。 ㉜修令：确定政令。 ㉝节宣其气：有节制地散发、畅通血液气脉，即调节气脉，使之畅通。 ㉞壅闭湫底：四字义近，即壅塞停滞。 ㉟露：同"羸"，弱。 ㊱不爽：不明朗。 ㊲百度：百事的节度。 ㊳壹：专一。指人的精气专用于某一处。 ㊴内官：国君之姬妾。 ㊵殖：繁盛。 ㊶美先尽矣：美丽早就全部占有。 ㊷二者：指昼夜昏乱及娶同姓之美女。 ㊸内实：宫内臣妾。四姬：姬姓者四人。 ㊹省：去掉，减去。 ㊺博物：知识渊博。 ㊻近女室：亲近女人。 ㊼蛊：蛊惑。 ㊽非鬼非食：非由于鬼神，也非由于饮食。 ㊾惑以丧志：

迷惑女色而丧失心志。 ㉕⓪节：节制。 ㉕①五节：五声的节奏。 ㉕②迟速本末以相及，中声以降：宫、商、角、徵、羽五声，有迟有速，有本有末，调和而得中和之声，然后降于无声。 ㉕③烦手淫声：繁复的手法和靡靡之音。淫，过度。 ㉕④慆（tāo）堙心耳：使心中不定，耳朵淤塞。慆，淫。堙，塞。 ㉕⑤烦：过度。 ㉕⑥琴瑟：《诗经·关雎》有"窈窕淑女，琴瑟友之"句，此以琴瑟比女色。 ㉕⑦六气：指阴、阳、风、雨、晦、明六种气象。 ㉕⑧五味：辛、酸、咸、苦、甘。 ㉕⑨发为五色：表现为五色。五色为白、青、黑、赤、黄。 ㉖⓪六疾：即下文的寒、热、末、腹、惑、心诸疾。 ㉖①四时：即上文的朝、昼、夕、夜。一说为春、夏、秋、冬四季。 ㉖②五节：五声之节。 ㉖③末疾：四肢之疾。 ㉖④阳物：女阴常随男阳，故云阳物。晦时：男女同寝常在夜间，故云晦时。 ㉖⑤不节不时：女色过度不分昼夜。 ㉖⑥主：指赵武。 ㉖⑦大节：大事。 ㉖⑧御：禁止。 ㉖⑨文：文字。 ㉗⓪谷之飞：谷物中的飞虫。 ㉗①《蛊》：六十四卦之一，其卦象为巽下艮上。巽为长女，为风；艮为少男，为山。少男配长女，不相匹，故曰女惑男。风又吹落山上林木，故又曰风落山。 ㉗②己酉：初四日。 ㉗③至：到楚都郢。 ㉗④幕、平夏：楚王二子名。 ㉗⑤子干：即王子比。 ㉗⑥为后之辞：嗣立继承人的措辞。 ㉗⑦同食：食禄相同。 ㉗⑧百人之饩（xì）：一百人的口粮。 ㉗⑨厎（zhǐ）禄以德：按照德行供给俸禄。厎，致。 ㉘⓪德钧以年：德行相同，则根据年龄。钧，同"均"。 ㉘①公子以国：谓若公子来奔，则根据国家的大小。 ㉘②强御：强梁，强暴。 ㉘③《诗》曰：下二句出自《大雅·烝民》。 ㉘④齿：并列。 ㉘⑤不获：不被信任。 ㉘⑥羁：羁旅之客。 ㉘⑦忌：恭敬。 ㉘⑧楚灵王：即公子围。 ㉘⑨具行器：准备行装。 ㉙⓪说：同"悦"。 ㉙①往：参加盟会。 ㉙②烝：冬祭。 ㉙③将会孟子余：准备祭祀孟子余。会，祭名。孟子余，赵衰，赵氏之祖。 ㉙④庚戌：初七日。 ㉙⑤雍：晋地，在今河南省修武县西。

[译文]

　　元年春季,楚国的王子围到郑国聘问,同时娶公孙段的女儿为妻,伍举作为副手。准备入驻宾馆,郑国人厌恶他们,让外交官员子羽转告,于是就住在城外。聘问结束后,楚国人要率领兵众进入郑都迎亲。子产很担心,派子羽辞谢说:"因为国都狭小,容纳不下您的随从,请在城外设埠听取您的命令!"令尹王子围派太宰伯州犁回答说:"承蒙贵君恩赐我国大夫子围,说将把公孙段的女儿嫁给他。子围陈列祭品,在庄王、共王庙中祭告后前来。如果在野外设埠行礼,等于把贵君的恩赐抛弃在草丛之中了,这样就是不把寡大夫子围作为卿来对待了。不仅如此,又使子围欺骗了他的先君,将不能再担任寡君的上卿,恐怕也无颜回国复命。请大夫考虑一下。"子羽说:"小国没有罪,依赖大国而毫无戒备就是罪。小国准备依靠大国安定自己,怎奈大国却包藏祸心借机图谋。小国失去了依靠,诸侯将以此为戒,全都怨恨大国,抗拒违背贵君的命令,使其难以施行,这是我们所担心的。否则,我国就等于贵国的宾馆,难道还舍不得丰氏的祖庙?"伍举知道郑国有了准备,请求倒悬着弓袋入城。子产答应了。

　　正月十五日,王子围进入郑都,迎娶新妇后出城。随后在郑国的虢地和诸侯大夫会见,重温宋国之盟。祁午对赵武说:"在宋国盟会上,楚国人满足了压倒晋国人的欲望。如今楚国令尹不讲信用,也是诸侯都清楚的。如果您不有所戒备,我担心又像在宋国一样。子木以信用为诸侯称道,尚且还欺骗晋国凌驾于晋国之上,何况是不讲信用出了名的人呢?如果楚国再次领先于晋国,是晋国的耻辱。您辅佐晋国作为盟主已经七年了。两次会合诸侯,三次会合大夫,征服齐国和狄人,安定东方诸侯,平定秦国动乱,修筑淳于城,军队不劳顿,国家不困乏,百姓没意见,诸侯无怨言,上天无大灾,这都是您的功劳。您有这样的好名声,最后得到耻辱,对此我很担心。您不能不提防。"赵武说:"我接受您的教诲。在宋国盟会上,子木有害人之心,我有仁爱之心，所以楚国能压在晋国上面占了便宜。现在我仍然怀着仁爱之心，楚国又不守信用，这就不是他能伤害的了。我将以信用为本，沿着这条道走下去。就像农夫，只要努力除草培土，即使有一时的饥馑，必然有丰收的年成。再说我听说：'只要坚守信用，就不会处于别人之下。'我还没有做到这一点啊。《诗经》说：'既不失信也不害人，很少不能成为典范。'这就是守信的作用。能够成为众人效仿的典范，就不会处于别人之下。我难在不能做到这一点，楚国不可能成为祸患。"楚国令尹王子围请求用牺牲，宣读过去的盟书，然后放到牺牲上面。晋国人同意这样做。

三月二十五日，举行结盟仪式，楚国的王子围使用国君的服饰仪仗，两名卫士持戈侍立。叔孙穆子说："楚国王子围的服饰仪仗华美，简直像国君！"郑国的子皮说："还有两个执戈的人站在前面。"蔡国的子家说："他住在蒲宫，有两名侍卫前导不也可以吗？"楚国的伯州犁说："这些东西是这次出来时向我们国君借来的"。郑国外交官子羽说："借了就不会再还了吧！"伯州犁说："您还是去操心你们的子晳会不会违命作乱吧。"子羽说："公子弃疾还在，如果借了不还，您难道不忧虑吗？"齐国的国弱说："我为这两人担心啊。"陈国的公子招说："没有忧患怎能取得成功呢？可是这两个人很高兴。"卫国的齐子说："如果事先知道了，即使有忧患又有什么危害呢？"宋国的向戌说："大国发号施令，小国俯首听命。我们只管恭敬听命就行了。"晋国的乐王鲋说："《小旻》的最后一章说得很好，我愿意照着它去做。"

散会后，子羽对子皮说："叔孙说话恰切而婉转，宋国向戌简洁而有礼，乐王鲋自爱而恭敬，您和子家不偏不倚，都能保持世代爵禄。齐、卫、陈三国的大夫恐怕难逃灾祸吧！国弱为他人忧虑，子招以忧为乐，齐子虽有忧虑却又不以为害。凡是不应忧而忧，应忧而不忧，以及虽忧而不以为害，都是招致忧患的途径，忧患一定会降临他们身上。《大誓》说：'百姓所希望的，上天必然答应。'这三位大夫已有了忧患的征兆，忧患还能不来到吗？通过言语预知事物的结局，说的就是这个意思。"

季武子攻打莒国，夺取了郓地，莒国人到盟会上控告。楚国人对晋国人说："重温盟约的会议还没有结束，鲁国就讨伐莒国，这是对盟誓的亵渎，请把鲁国使者杀掉。"

当时乐王鲋作为赵武的相礼参加会议，他想向叔孙索贿以向赵武求情。派人去索要叔孙的带子，叔孙不给。叔孙的家臣梁其胫说："财物是用以保护身体的，您为何舍不得呢？"叔孙说："诸侯举行会盟，为的是保卫国家。如果我通过贿赂幸免于祸，鲁国势必受到攻打。这是给国家带来祸害，又怎么能保卫呢？人们建造围墙，是为了阻挡坏人。墙有裂缝而毁坏，是谁的过错呢？为保护国家而来，却使国家受到攻击，我的罪过就更大了。虽然应当埋怨季孙，但鲁国有什么罪呢？叔孙出使，季孙留守，一向如此，我又去怨谁呢？不过乐王鲋贪财，不给他，他不会罢休。"把那使者叫来，把自己的裙子撕下一条帛给他，说："带子恐怕太狭窄了。"赵武听说此事后说："身临祸患而不忘国家，就是忠；想到了灾难而不放弃职守，就是信；为了国家利益而甘愿一死，就是贞；遇事以这三点为主，就是义。具备了这四点，又怎么能杀他呢？"便向楚国请求说："鲁国虽然有罪，但其大臣却不避祸难，惧怕贵国的威严而恭敬地遵命。如果能免其一死，就可以勉励您的左右。如果您的群臣在国内不逃避困难，到国外不害怕灾祸，还有什么可害怕的呢？忧患的产生在于遇到困难不去解决，遇到灾难而不坚守，祸患就是由此而来的。能做到这两点，又有什么可害怕呢？不安抚贤能之人，还有谁肯听从他呢？鲁国的叔孙豹可以说是一个贤能之人，请求赦免他，以安抚贤能的人。您召集会议而赦免有罪的人，奖赏贤能之人，诸侯还有谁不高兴地归服楚国呢？谁不把远方的楚国视为近亲呢？边境上的城邑，一会儿归属这个国家，一会儿归属那个国家，哪里有固定的主人呢？三王五伯下令划定边界，设置官员，树立标志，制定法令。谁要越境就要受到处罚，仍然不能一成不变。因此，虞舜时代有三苗之乱，夏朝有观、扈之乱，商朝有姺、邳之乱，周朝有徐、奄之乱。自从失去了圣明的天子,诸侯攻伐扩张,轮流做诸侯的盟主,又怎能使疆界一成不变呢?关心大的祸乱,赦免小的过失,足以成为盟主,又何必什么小事都过问呢?疆界遭到侵占,哪个国家没有遇到过呢?作为盟主,谁能治理得了?如果吴国和百濮有机可乘,难道楚国的大夫们还顾及盟约吗?莒国边境争端,楚国不必过问,诸侯也不必兴师动众,不也可以吗?莒国和鲁国争夺郓地由来已久,如果对莒国没有大的危害,可以不去保护他。免除诸侯的烦劳,赦免贤能的人士,就没有不争相努力向善的。请认真考虑一下!"坚决向楚国请求,楚国人答应,就赦免了叔孙豹。

令尹王子围设享礼宴请赵武,吟诵了《大明》的第一章。赵武吟诵了《小宛》的第二章。宴会后,赵武对叔向说:"令尹已自以为国君了,你认为怎么样?"叔向说:"国君弱小,令尹强大,大概能够成功吧!即使成功,最终也没有好结果。"赵武说:"为什么?"叔向回答说:"凭借强大欺凌弱小而又心安理得,这种强大是不合道义的。不合道义又很强大,他的灭亡必将很快到来。《诗经》说:'赫赫西周多昌盛,褒姒把它来灭亡。'就是虽然强大但不合道义的缘故。令尹做了国君,必然要争取诸侯的拥护。晋国稍微衰弱,诸侯就会投靠楚国。楚国得到诸侯的拥护,公子围就会更加暴虐。百姓不堪忍受,怎能得以善终?凭借强力夺取君位,不合道义却取得成功,必然认为就是常道。把荒淫暴虐视为常道,是不可能长久的。"

夏季四月,赵武、叔孙豹和曹国的大夫进入郑国,郑简公设享礼一起宴请他们。子皮前去通告赵武宴请的时间,仪式结束后,赵武吟诵了《瓠叶》一诗。子皮又去告诉叔孙豹,并说了赵武赋诗的情况。叔孙豹说:"赵武希望举行一献标准的宴会,您还是听他的吧。"子皮说:"敢这么做吗?"叔孙豹说:"这是他要求的,有什么不敢?"等享礼开始,郑国在东房准备了五献标准的东西。赵武谢绝了,私下对子产说:"我已经对子皮请求过了。"又改为一献的标准。赵武作为主宾,举行享礼仪式后开始饮宴。席间叔孙豹吟诵了《鹊巢》一诗。赵武说:"这我可不敢当。"叔孙豹又吟诵了《采蘩》一诗,说:"小国就像蘩草,只要大国爱护并使用它,它怎能不言听计从呢!"子皮吟诵了《野有死麇》一诗的最后一章。赵武吟诵了《常棣》一诗,并说:"只要我们兄弟国家亲密稳定,就可以制止狗的狂叫。"叔孙豹、子皮及曹国大夫离席下拜,举起杯子说:"小国依靠您,知道能免于灾祸了。"大家喝得很开心。赵武出来后说:"我不会再见到这样的快乐了。"

周天子派刘定公到颍地慰劳赵武,住在洛水岸边。刘定公说:"禹王的功业真是美好,他圣明的德行流芳百世。如果没有禹王,我们都要变成鱼了吧!现在我和您穿着朝服戴着礼帽,治理百姓,与诸侯往来,都是禹王的功劳。您为何不远继禹王的功业努力保护百姓呢?"赵武回答说:"我只害怕犯下罪过,哪能考虑这么长远?像我们这些人只是苟且度日,过了早晨不想晚上,怎能想那么远呢?"刘定公回去后告诉天子说:"俗话说越老越聪明,但糊涂也随之而来,大概说的是赵武吧!他身为晋国正卿,领导诸侯,却把自己等同于下贱的人,早晨不考虑晚上,抛弃了神灵和百姓。如果神灵发怒百姓反叛,他还怎能长久?赵武熬不过今年了。神灵发怒,不会享用他的祭祀;百姓背叛,不再为他做事。不能祭祀,不做事情,又怎能过得了年呢?"

叔孙豹回国,曾夭为季孙驾车前来慰问他。叔孙豹从早晨到中午都不出来。曾夭对曾阜说:"从早晨到中午,我们已经知罪了。鲁国是以相互忍让治国的,如果只能在国外忍让,却不能在国内忍让,又怎么能行呢?"曾阜说:"他在国外奔波了几个月,你们在这里等一早晨,又算得了什么?商贾想要赚钱,还能讨厌市场的喧嚣吗?"曾阜对叔孙豹说:"可以出去了。"叔孙豹指着房屋的大柱子说:"我虽然讨厌它,但能把它拆掉吗?"便出门会见季孙。

郑国徐吾犯的妹妹很漂亮,已被子南聘定为妻,子晰又派人强行送去聘礼。徐吾犯很害怕,告诉了子产。子产说:"这是因为国家政事混乱,不是你的忧患。让你妹妹选择好了。"徐吾犯向子南和子晰请求,让他妹妹挑选。两人都同意。子晳身着华丽的衣服来到徐家,陈设了礼品就走了。子南身穿戎装来到,左右开弓射了箭,便一跃登车走了。徐吾犯的妹妹从房里观察他们,说:"子晳确实很漂亮,不过子南才是真正的男子汉。丈夫要像丈夫,妻子要像妻子,这才是所谓的顺理成章。"便嫁给了子南。子晳非常恼火。不久便内穿皮甲去见子南,企图杀了他而娶其妻。子南知道后,拿起戈来追赶,一直追到大街上,用戈猛打。子晳受伤回来,对大夫们说:"我友好地去见他,没料到他有别的想法,所以我才受伤。"

大夫们商量怎样处理此事。子产说:"双方各有道理,不过年轻地位低的人有罪,罪过在子南。"便把子南抓了起来数落他的罪状:"国家有五项大节,你都违犯了。畏惧国君的威严,服从国君的命令,尊重地位高贵的人,事奉长辈,供养亲属,这五项是治理国家的基本原则。现在国君正在都城,你使用了武器,这是不怕国君的威严;违犯了国家法纪,就是不服从国君的命令;子晳是上大夫,你是下大夫,却不肯居于其下,这是不尊重高贵的人;年轻却无所顾忌,这是不事奉长者;用武器打你堂兄,这是不奉养亲属。国君说:'我不忍心杀你,免你一死,流放到远方。'你好自为之,快点走吧,不要再加重自己的罪过!"

五月二日,郑国把子南放逐到吴国。让子南动身之前,子产征求大叔的意见。大叔说:"我自身尚且难保,又怎能保护宗族呢?这件事属于国政,不是私人危难。您为郑国考虑,有利就去办,还犹豫什么呢?从前周公杀了管叔,放逐了蔡叔,难道是不爱他们吗?是为了王室的缘故。即使我犯了罪,您也要这么做,何必顾虑游氏族人呢?"

秦国的后子受到秦桓公的宠信,景公即位时秦国就像有两个国君一样。他母亲说:"你不离开,我担心会放逐你。"五月二十五日,后子前往晋国,带去的车辆有上千乘。《春秋》记载为"秦伯之弟鍼出奔晋",是归罪于景公。

后子设享礼招待晋平公,在黄河上用船只搭成浮桥,每十里停放一批车,从秦都雍城连到晋都绛城。回去求取奉献的礼物,直到享礼结束往返了八次。司马侯问后子:"您的车辆全都在这里了吗?"后子说:"这已经算是多的了!如果少于这些,我怎么能见到您呢?"司马侯把这话告诉平公,并说:"秦公子将来一定能回国。据我所知,君子能认识到自己的过失,就一定有好的计划。有了好计划便能得到上天的赞助。"

后子见到赵武,赵武说:"您大概什么时候回去呢?"后子回答说:"我害怕寡君流放我,所以逃亡在此,将等待继位的国君。"赵武问:"秦君现在怎么样?"后子说:"暴虐无道。"赵武又问:"国家会灭亡吗?"后子说:"怎么会灭亡呢?一代国君无道,国家不会灭绝。国家存在于天地之中,必然有辅佐的臣子出现。如果不是连续几代荒淫无道,国家就不会灭亡。"赵武问:"国君会短命而亡吗?"后子说:"有可能。"赵武问:"还能有几年?"后子说:"据我所知,国家无道而粮食丰收,是上天的帮助。少则不过五年。"赵武看着太阳的影子说:"早晨起来恐怕等不到晚上,谁能再等五年呢?"后子出来对别人说:"赵武快要死了。主持百姓事务,却玩忽岁月,荒废时日,他还能活多久呢?"

郑国因为子南作乱,六月九日,郑简公和大夫们在公孙段家盟誓。罕虎、公孙侨、公孙段、印段、游吉、驷带在闺门之外私下结盟,地点就是薰隧。子晳也强行要结盟,让太史记下他的名字,称为"七子"。子产没有讨伐他。

晋国的荀吴在大原打败了无终和狄人各部落,这是他重视步兵的结果。准备作战时,魏舒说:"他们是步兵,我们是车兵,两军相遇之处又地形险要,用十个步兵对付一辆战车,一定能取胜。把他们困到险要地带,又能战胜他们。请把车兵全部改为步兵,从我开始。"于是毁坏战车改成步兵的队列,五乘战车上的十五个人编为三个伍。荀吴的宠臣不肯编入步兵,荀吴把他杀了示众。编成五种战阵互相呼应:两阵在前,伍阵在后,专阵为右翼,参阵为左翼,偏阵为前锋,以引诱敌人。狄人看到后，还讥笑他们。狄人没有摆开阵势，晋兵就逼近了他们，结果狄人大败。

莒国的展舆继位，剥夺了公子们的俸禄。公子们把公子去疾从齐国召回来。秋季，齐国的公子钼送去疾回国，展舆逃到了吴国。

叔弓领兵划定郓地的疆界，这是利用莒国发生了动乱的机会。此时莒国的务娄、瞀胡和公子灭明带着大厖和常仪靡两座城邑投奔了齐国。

君子说："莒国的展舆不被立为国君，是因为失去了百姓吧！百姓能失去吗？《诗经》说：'强大唯有依靠民众。'说得太好了。"

晋平公有了病，郑简公派子产前去晋国聘问，并问候平公的病情。叔向问子产："寡君病情很重，占卜的人说：'是实沈、台骀在作怪。'太史不知道是什么，请问这是什么神啊？"子产说："从前高辛氏有两个儿子，大的叫阏伯，小的叫实沈。他们住在森林中，互不相容，每天都大动干戈，互相攻打。尧帝认为这样不好，便把阏伯迁到商丘，以心宿来确定时节。商朝沿用这种方法，因此心宿就成了商星。把实沈迁到大夏，用参宿来确定时节。唐国人沿用这种方法，以事奉夏、商两朝。唐国末代国君叫唐叔虞。当周武王夫人邑姜怀着太叔时，梦见上帝对自己说：'我为你的儿子起名为虞，准备把唐国送给他，属于参宿，他的子孙将繁衍不绝。'太叔生下后，手掌上有一个虞字花纹，便为他取名'虞'。到成王灭了唐国，把太叔封到那里，因此参宿成为晋国的星宿。由此看来，实沈是参宿之神。从前金天氏有一个后裔叫昧，担任水官之长，生了允格和台骀。台骀能继承父亲的官位，疏通了汾水和洮水，为大泽修筑了堤防，让百姓住在广阔的高原上。颛顼帝因此嘉奖他，把汾水流域封给了他。沈、姒、蓐、黄四国后代一直祭祀他。如今晋国主宰了汾水流域，灭掉了这些国家。由此看来，台骀是汾水之神。但这二位神灵都不会降祸到贵君身上。山川之神兴水旱和瘟疫之灾，可以通过祭祀禳除。日月星辰之神兴风霜雨雪之灾，可以通过祭祀禳除。至于贵君的疾病，乃是因为劳逸、饮食、哀乐之事所致，和山川、星辰之神有什么关系呢？据我所知，君子有四个时间：早晨用于处理政事，白天用于四处出访，晚上用于修订政令，夜里用于休养身体。这样就能有节制地散发气血，不让气血堵塞而损伤身体。心情不愉快，处理事情就会昏乱不堪。现在贵君莫非把精气集中到一处，因此导致生病。据我所知，不能以同姓女子为姬妾，否则子孙不能昌盛。美丽集中到一人身上，就会因此生病，君子最忌讳这一点。因此《志》书中说：'如果买妾不知道她的姓氏，就要通过占卜来弄清。'违背了这两条，是古人都很谨慎的。男女通婚要辨明姓氏，是礼仪中的大事。现在贵君宫内有四名姬姓女子，恐怕是因为这个缘故吧！若是因为这两点，他的病就无法医治了。把这四个姬姓女子去掉还来得及，否则一定会加重病情。"叔向说："太好了！我闻所未闻。这都是真的啊。"

叔向出来时，郑国的外交官员子羽送他，叔向问起郑国的情况，同时问起子晳。子羽回答说："他还能活多久啊！行为无礼又喜欢凌驾他人之上，仗着富有而看不起他的上级，他长久不了。"

晋平公听说了子产的话，说："他是个博学多闻的君子啊。"送给子产很多礼物。

晋平公向秦国求医治病。秦景公派医和前来诊治。医和说："您的病已经无法医治了。这就是所谓的亲近女色，病如蛊惑。不是鬼神作怪，也非饮食不当，而是沉溺女色，丧失心志。良臣将要死去，上天不能保佑。"平公说："女色不能接近吗？"医和说："应该有所节制。先王的音乐，就是用来节制各种事情的，因此有五声节奏。快慢终始互相调和，变成中和之声，再慢慢降下来，五声降下来以后就不能再弹了。再弹就有了繁复的手法和靡靡之音，使人心荡神摇，忘记平正中和的声音，君子是不听这种声音的。做其他事情也是这个道理，一旦过分，就要停止，不致因此得病。君子接近女色，是礼仪制度的需要，不是为了淫荡取乐。天有六种气象，降到地上形成五种味道，表现为五种颜色，显现为五种声音，一旦过分就会滋生出六种疾病。六气是阴、阳、风、雨、晦、明,又分为朝、夕、昼、夜四时,又按顺序形成五声节奏。过分了就要生灾,阴过度要生寒病,阳过度要生热病,风过度要生四肢病,雨过度要生肠胃病,晦过度要生迷乱病,明过度要生心病。男女之事属于阳性,又在夜里进行,过分了体内就会发热,产生蛊惑之病。现在国君不节制不分昼夜,能不生病吗?"

医和出来后告诉了赵武。赵武说:"您说的良臣是指谁呢?"医和说:"说的就是您啊。您辅佐晋国,至今已八年,晋国没有动乱,诸侯没有缺失,可以说是良臣了。我听说,作为大臣,享有爵禄,肩负重任,国家发生了灾祸,却不能改变,必将遭到灾祸。现在国君因沉湎女色而生病,将不能治理国家,还有比这更大的灾祸吗?您不能制止,所以我才这么说。"赵武说:"什么叫作蛊?"医和说:"这种病是对某一事物沉溺惑乱所导致的。从文字上说,器皿生虫为蛊,谷物中的飞虫也叫蛊。《周易》中,女人迷惑男人,大风吹落山木都叫蛊。这都是同样的东西。"赵武说:"您真是一位良医。"便馈赠给他许多东西,送他回国。

楚国的王子围派公子黑肱和伯州犁在犨、栎、郏三地筑城,郑国人害怕了。子产说:"不要害怕,令尹要干大事,要先除掉这两个人。祸患不会降给郑国,怕什么?"

冬季,楚国的王子围准备到郑国聘问,伍举为副手。还未走出国境,听说楚王有病便回去了。由伍举到郑国聘问。十一月四日,王子围回到郢都,进去探视楚王病情,把楚王勒死。又杀了楚王的两个儿子幕和平夏。右尹子干逃到了晋国,宫厩尹公子黑肱逃到了郑国。王子围在郏地杀了太宰伯州犁。把楚王安葬到郏地,称为郏敖。派人发讣告给郑国,伍举问使者关于继承人的措辞。使者说:"寡大夫围。"伍举纠正说:"共王的儿子围年长。"

子干逃到晋国,随从的车子有五辆。叔向让他和秦公子后子享有同样的食禄,都有一百人的口粮。赵武说:"秦公子富有。"叔向说:"确定俸禄是根据德行,德行相同就根据年龄,年龄相同就根据地位。

对逃亡来晋的公子要根据他的国家，没听说要根据富有程度。再说秦公子带着上千辆车离开他的国家，太强横了。《诗经》说：'不欺侮鳏寡，不畏惧强暴。'秦国和楚国是地位相等的国家。"便让后子和子干享受同等待遇。后子推辞说："我因为害怕受到流放，楚国公子是因为不被信任，所以我们都逃到这里，一切听从您的安排。再说将我和楚公子这样的羁旅之客并列，恐怕不行吧？史佚说过：'如果不是羁旅之人，为何要对他恭敬？'"

楚灵王即位，任命薳罢为令尹，薳启强为太宰。郑国的游吉到楚国为郑敖送葬，并聘问新君。回国后对子产说："趁早准备行装吧！楚王骄横放纵，又自以为是，一定会集合诸侯举行盟会。我们过不了几天就要前往楚国。"子产说："没有几年的时间他办不到。"

十二月，晋国举行冬祭，赵武前往南阳，准备祭祀他的祖先赵衰。某日，在温地家庙中举行冬祭。七日，赵武去世。郑简公到晋国吊唁，走到雍地就回去了。

昭公二年

经 二年春，晋侯使韩起来聘。夏，叔弓如晋。秋，郑杀其大夫公孙黑。冬，公如晋，至河乃复。季孙宿如晋。

传 二年春，晋侯使韩宣子来聘，且告为政而来见，礼也。观书于大史氏，见《易》《象》与《鲁春秋》①。曰："周礼尽在鲁矣。吾乃今知周公之德与周之所以王也。"公享之，季武子赋《绵》之卒章②。韩子赋《角弓》③。季武子拜，曰："敢拜子之弥缝敝邑④，寡君有望矣。"武子赋《节》之卒章⑤。既享，宴于季氏。有嘉树焉，宣子誉之。武子曰："宿敢不封殖此树，以无忘《角弓》。"遂赋《甘棠》⑥。宣子曰："起不堪也，无以及召公。"

宣子遂如齐纳币。见子雅。子雅召子旗⑦，使见宣子。宣子曰："非保家之主也，不臣。"见子尾。子尾见强⑧。宣子谓之如子旗。大夫多笑之。唯晏子信之，曰："夫子⑨，君子也。君子有信，其有以知之矣。"

自齐聘于卫。卫侯享之，北宫文子赋《淇澳》⑩。宣子赋《木瓜》⑪。

夏四月，韩须如齐逆女。齐陈无宇送女，致少姜⑫。少姜有宠于晋侯，晋侯谓之少齐。谓陈无宇非卿，执诸中都⑬。少姜为之请曰："送从逆班⑭，畏大国也，犹有所易⑮，是以乱作⑯。"

叔弓聘于晋，报宣子也。晋侯使郊劳。辞曰："寡君使弓来继旧好，固曰：'女无敢为宾。'彻命于执事⑰，敝邑弘矣⑱。敢辱郊使？请辞。"致馆，辞曰："寡君命下臣来继旧好，好合使成⑲，臣之禄也⑳。敢辱大馆？"叔向曰："子叔子知礼哉！吾闻之曰：'忠信礼之器也㉑，卑让礼之宗㉒也。'辞不忘国，忠信也；先国后己，卑让也。《诗》曰：'敬慎威仪，以近有德㉓。'夫子近德矣。"

秋，郑公孙黑将作乱，欲去游氏而代其位，伤疾作而不果㉔。驷氏与诸大夫欲杀之㉕。子产在鄙㉖，闻之，惧弗及，乘遽而至。使吏数之，曰："伯有之乱㉗，以大国之事㉘，而未尔讨也。尔有乱心，无厌，国不女堪㉙。专伐伯有㉚，而罪一也；昆弟争室，而罪二也；薰隧之盟，女矫君位㉛，而罪三也。有死罪三，何以堪之？不速死，大刑将至。"再拜稽首,辞曰:"死在朝夕,无助天为虐。"子产曰:"人谁不死?凶人不终,命也。作凶事,为凶人,不助天,其助凶人乎?"请以印为褚师㉜。子产曰:"印也若才,君将任之;不才,将朝夕从女。女罪之不恤,而又何请焉?不速死,司寇将至。"七月壬寅㉝,缢。尸诸周氏之衢㉞,加木焉㉟。

晋少姜卒。公如晋,及河。晋侯使士文伯来辞,曰:"非伉俪也㊱。请君无辱。"公还,季孙宿遂致服焉㊲。

叔向言陈无宇于晋侯曰:"彼何罪?君使公族逆之,齐使上大夫送之。犹曰不共,君求以贪㊳。国则不共,而执其使。君刑已颇㊴,何以为盟主?且少姜有辞。"冬十月,陈无宇归。

十一月,郑印段如晋吊。

[注释]

①《易》:即《易经》。《象》:应是鲁国历代的政令。《鲁春秋》:鲁史。 ②《绵》:《诗经·大雅》篇名。季武子赋其最后一章,义取文王有四臣,故能绵绵致兴盛。 ③《角弓》:《诗经·小雅》篇名。义取兄弟之国宜相亲附。 ④弥缝:补合。 ⑤《节》:《诗经·小雅》篇名。武子赋其卒章,以喻晋国之德可以安抚万邦。 ⑥《甘棠》:《诗经·召南》篇名。诗意为赞颂召公之德。武子赋此诗欲以宣子比召公。 ⑦子旗:子雅之子。 ⑧强:子尾之子。 ⑨夫子:指韩起。 ⑩《淇澳》:《诗经·卫风》篇名。诗意为赞美武公,言宣子有武公之德。 ⑪《木瓜》:亦出自《卫风》,义取厚报以为好。 ⑫致:送至夫家。 ⑬中都:晋邑,在山西省介休市。 ⑭送从逆班:送亲的人与迎亲的人地位相同。 ⑮易:改变。 ⑯乱作:乱子发生。指陈无宇被执。 ⑰彻命:达命。 ⑱弘:弘

昭 公 813

光，光大。　⑲成：完成使命。　⑳禄：福。　㉑器：容器。　㉒宗：主。　㉓"敬慎威仪"二句：句出《诗经·大雅·民劳》。近有德，亲近有德的人。　㉔不果：不成。　㉕驷氏：公孙黑之族。　㉖鄙：边境。　㉗伯有之乱：见襄公三十年传。　㉘以：因。　㉙国不女堪：国家不容忍你。　㉚专伐：专权而讨伐。　㉛矫：假托。　㉜印：公孙黑之子。褚师：市官。　㉝壬寅：初一日。　㉞周氏之衢：郑国的重要街道。　㉟加木：书其罪于木，放在尸体上。㊱伉俪：正妻。　㊲服：葬服。　㊳以贪：太过分。贪，奢。　㊴已颇：太偏颇。

[译文]

二年春季，晋平公派韩起来鲁国聘问，同时通报他将执掌晋国国政，这是合乎礼的。韩起到鲁国太史氏那儿参观藏书，看到了《易》《象》和《鲁春秋》。他说："周礼都保留在鲁国了。我现在才知道周公的德行和周朝为什么能统治天下了。"昭公设享礼宴请韩起，季武子吟诵了《绵》诗最后一章。韩起吟诵了《角弓》一诗。季武子连忙下拜，说："谨此拜谢您为敝国弥补缝合，寡君有希望了。"季武子吟诵了《节》诗最后一章。宴会结束后，季武子又在家里宴请。季武子家有一棵好树，韩起赞美了它。武子说："我怎敢不精心栽培它，以不忘《角弓》一诗。"然后吟诵了《甘棠》一诗。韩起说："实在不敢当，我赶不上召公。"

韩起又到齐国送去聘礼。见到子雅。子雅把子旗叫来，让他拜见韩起。韩起说："这不是保守家族的人，他不像个臣子。"见到子尾，子尾让子强拜见韩起。韩起认为子强和子旗一样。大夫们大多嘲笑韩起。只有晏婴相信，他说："韩起是个君子。君子有信用，他是有根据的。"

韩起从齐国到卫国聘问。卫襄公设享礼宴请他，北宫文子吟诵了《淇澳》一诗。韩起吟诵了《木瓜》一诗。

夏季四月，韩须到齐国迎娶齐女。齐国的陈无宇护送少姜到晋国。

少姜受到平公的宠爱，平公称她为少齐。晋平公认为陈无宇不是卿，在中都把他抓了起来。少姜为他求情说："送亲的人应和迎亲的人地位相当，齐国敬畏大国，做了一些变通，所以发生了误会。"

叔弓到晋国聘问，以答谢韩起的来访。晋平公派人在郊外慰劳。叔弓推辞说："寡君派我前来是为继续过去的友好，坚持说：'你不敢以宾客自居。'只要把寡君的命令上达给执事，我国就受恩多多了。哪里敢接受贵国的郊劳之礼呢？请允许我辞谢。"把他安置在宾馆，他推辞说："寡君派我前来重修旧好，关系得到巩固，使命得以完成，这就是我的福气了。我怎么敢住这么高大的宾馆呢？"叔向说："叔弓真懂得礼啊！我听说：'忠诚信用是礼的载体，谦虚逊让是礼的根本。'言语之中不忘国家，这是忠信；先国家后自己，这是卑让。《诗经》说：'恭敬谨慎端正仪容举止，以此亲近有德之人。'叔弓已经接近贤德了。"

秋季，郑国的子晳准备发动叛乱，以除掉游氏，取代他的地位，因为伤口复发未能实现。他的家族驷氏和大夫们想杀了他。子产正在边境，听说后，深恐来不及，乘驿车回到郑都。派官吏历数子晳的罪状说："伯有那次动乱，因为忙于处理大国的事情，没有讨伐你。你的祸乱之心没有满足的时候，国家已经不堪忍受了。你擅自攻打伯有，这是第一条罪状；兄弟之间争夺妻室，这是第二条罪状；薰隧之盟假托君命，这是第三条罪状。有这三条死罪，怎么能再容忍你呢？不快点去死，死刑就会落到你的头上。"子晳两次下拜解释说："我早晚要死，您不必再帮助上天来虐待我了。"子产说："哪一个人不会死呢？恶人不得好死，这是天命。你做了恶事，成为恶人，我不帮助上天，还能帮助你这个恶人吗？"子晳请求让儿子印担任市官。子产说："如果印有才能，国君将会任命他；他无能，早晚也会随你而死。你不关心自己的罪过，还有什么资格提出请求？如不赶快去死，司寇马上就到。"七月一日，子晳自缢而死。把他的尸首陈放在周氏大街上示众，尸体上放着写着罪状的木牌。

晋国的少姜去世。昭公前去吊唁，走到黄河。晋平公派士文伯辞谢说："少姜并非正室。国君不必屈尊了。"昭公回去，由季武子送去少姜下葬的衣服。

叔向对平公说起陈无宇的事情："他有什么罪呢？国君派公族大夫去迎亲，齐国派了上大夫送亲。还说不够恭敬，国君的要求也太过分了。自己国家不恭敬，反而把别国的使者抓起来。国君的刑罚有失公正，还怎么成为盟主？再说少姜也替他说过话。"冬季十月，陈无宇回国。

十一月，郑国的印段到晋国吊唁。

昭公三年

经 三年春，王正月丁未，滕子原卒。夏，叔弓如滕。五月，葬滕成公。秋，小邾子来朝。八月，大雩。冬，大雨雹。北燕伯款出奔齐。

传 三年春，王正月，郑游吉如晋，送少姜之葬。梁丙与张趯见之①。梁丙曰："甚矣哉！子之为此来也。"子大叔曰："将得已乎②？昔文、襄之霸也③，其务不烦诸侯④。令诸侯三岁而聘，五岁而朝，有事而会，不协而盟⑤。君薨，大夫吊，卿共葬事；夫人，士吊，大夫送葬。足以昭礼命事谋阙而已⑥，无加命矣。今嬖宠之丧，不敢择位⑦，而数于守适⑧，唯惧获戾，岂敢惮烦⑨？少姜有宠而死，齐必继室。今兹吾又将来贺，不唯此行也。"张趯曰："善哉！吾得闻此数也⑩。然自今，子其无事矣。譬如火焉⑪，火中，寒暑乃退⑫。此其极也⑬，能无退乎？晋将失诸侯，诸侯求烦不获⑭。"二大夫退。子大叔告人曰："张趯有知,其犹在君子之后乎!"

丁未,滕子原卒。同盟,故书名。

齐侯使晏婴请继室于晋,曰:"寡君使婴曰:'寡人愿事君,朝夕不倦,将奉质币⑮,以无失时,则国家多难,是以不获⑯。不腆先君之适,以备内官,焜耀寡人之望⑰,则又无禄,早世殒命,寡人失望。君若不忘先君之好,惠顾齐国,辱收寡人,徼福于大公、丁公,照临敝邑,镇抚其社稷,则犹有先君之适及遗姑姊妹若而人⑱。君若不弃敝邑,而辱使董振择之⑲,以备嫔嫱,寡人之望也。'"

韩宣子使叔向对曰:"寡君之愿也。寡君不能独任其社稷之事,未有伉俪。在缞绖之中,是以未敢请,君有辱命,惠莫大焉。若惠顾敝邑,抚有晋国,赐之内主,岂唯寡君,举群臣实受其贶。其自唐叔以下,实宠嘉之⑳。"

既成昏㉑,晏子受礼。叔向从之宴,相与语。叔向曰:"齐其何如?"晏子曰:"此季世也㉒,吾弗知㉓。齐其为陈氏矣。公弃其民,而归于陈氏。齐旧四量㉔,豆、区、釜、钟。四升为豆,各自其四㉕,以登于釜㉖。釜十则钟。陈氏三量皆登一焉㉗,钟乃大矣。以家量贷㉘,而以公量收之。山木如市,弗加于山㉙。鱼盐蜃蛤,弗加于海。民参其力㉚,二入于公,而衣食其一。公聚朽蠹㉛,而三老冻馁㉜。国之诸市,屦贱踊贵㉝。民人痛疾,而或燠休之㉞,其爱之如父母,而归之如流水,欲无获民㉟,将焉辟之?箕伯、直柄、虞遂、伯戏㊱,其相胡公、大姬㊲,已在齐矣。"

叔向曰:"然。虽吾公室,今亦季世也。戎马不驾,卿无军行㊳。公乘无人㊴,卒列无长㊵。庶民罢敝㊶,而宫室滋侈㊷。道殣相望㊸，而女富溢尤㊹。民闻公命，如逃寇仇。栾、郤、胥、原、狐、续、庆、伯㊺，降在皂隶。政在家门㊻，民无所依。君日不悛，以乐慆忧㊼。公室之卑，其何日之有？谗鼎之铭曰㊽：'昧旦丕显㊾，后世犹怠。'况日不悛㊿，其能久乎？"晏子曰："子将若何？"叔向曰："晋之公族尽矣。肸闻之，公室将卑，其宗族枝叶先落，则公室从之。肸之宗十一族，唯羊舌氏在而已㊼。肸又无子。公室无度㊼，幸而得死㊼，岂其获祀㊼？"

初，景公欲更晏子之宅㊼，曰："子之宅近市，湫隘嚣尘㊼，不可以居，请更诸爽垲者㊼。"辞曰："君之先臣容焉，臣不足以嗣之，于臣侈矣。且小人近市，朝夕得所求，小人之利也，敢烦里旅㊼？"公笑曰："子近市，识贵贱乎？"对曰："既利之，敢不识乎？"公曰："何贵何贱？"于是景公繁于刑㊼，有鬻踊者㊼。故对曰："踊贵屦贱。"既已告于君，故与叔向语而称之。景公为是省于刑。

君子曰："仁人之言，其利博哉！晏子一言而齐侯省刑。《诗》曰：'君子如祉，乱庶遄已㊼。'其是之谓乎！"

及晏子如晋，公更其宅，反，则成矣。既拜，乃毁之，而为里室，皆如其旧，则使宅人反之。曰："谚曰：'非宅是卜，唯邻是卜。'二三子先卜邻矣㊼，违卜不祥，君子不犯非礼，小人不犯不祥，古之制也。吾敢违诸乎？"卒复其旧宅。公弗许，因陈桓子以请，乃许之。

夏四月，郑伯如晋，公孙段相。甚敬而卑，礼无违者。晋侯嘉焉，授之以策㊼，曰："子丰有劳于晋国㊼，余闻而弗忘。赐女州田㊼，以胙乃旧勋㊼。"伯石再拜稽首㊼，受策以出。君子曰："礼，其人之急也乎㊨！伯石之汏也㊩，一为礼于晋，犹荷其禄⑩，况以礼终始乎？《诗》曰㊇：'人而无礼，胡不遄死？'其是之谓乎！"

初，州县，栾豹之邑也。及栾氏亡，范宣子、赵文子、韩宣子皆欲之。文子曰："温，吾县也。"二宣子曰："自郄称以别，三传矣㊆。晋之别县不唯州，谁获治之？"文子病之㊂，乃舍。二子曰："吾不可以正议而自与也㊃。"皆舍之。及文子为政，赵获曰㊄："可以取州矣。"文子曰："退！二子之言㊅，义也。违义，祸也。余不能治余县，又焉用州？其以徼祸也。君子曰：'弗知实难。'知而弗从，祸莫大焉。有言州必死。"

丰氏故主韩氏㊆，伯石之获州也，韩宣子为之请之，为其复取之之故。

五月，叔弓如滕，葬滕成公，子服椒为介。及郊，遇懿伯之忌㊈，敬子不入㊉。惠伯曰⑳："公事有公利，无私忌。椒请先入。"乃先受馆，敬子从之。

晋韩起如齐逆女。公孙虿为少姜之有宠也，以其子更公女而嫁公子㉑。人谓宣子："子尾欺晋，晋胡受之？"宣子曰："我欲得齐而远其宠㉒，宠将来乎？"

秋七月，郑罕虎如晋，贺夫人，且告曰："楚人日征敝邑㉓，以不朝立王之故。敝邑之往，则畏执事其谓寡君而固有外心。其不往，则宋之盟云。进退罪也，寡君使虎布之㉔。"宣子使叔向对曰："君若辱有寡君㉕，在楚何害？修宋盟也。君苟思盟，寡君乃知免于戾矣。君若不有寡君，虽朝夕辱于敝邑，寡君猜焉㉖。君实有心，何辱命焉？君其往也！苟有寡君，在楚犹在晋也。"

张趯使谓大叔曰："自子之归也，小人粪除先人之敝庐⑧⑦，曰：'子其将来！'今子皮实来，小人失望。"大叔曰："吉贱，不获来，畏大国，尊夫人也。且孟曰⑧⑧：'而将无事。'吉庶几焉。"

小邾穆公来朝。季武子欲卑之⑧⑨，穆叔曰："不可。曹、滕、二邾，实不忘我好。敬以逆之，犹惧其贰。又卑一睦，焉逆群好也？其如旧而加敬焉。《志》曰：'能敬无灾。'又曰："敬逆来者，天所福也。'"季孙从之。

八月，大雩，旱也。

齐侯田于莒，卢蒲嫳见，泣且请曰："余发如此种种，余奚能为？"公曰："诺，吾告二子。"归而告之。子尾欲复之，子雅不可，曰："彼其发短而心甚长，其或寝处我矣。"九月，子雅放卢蒲嫳于北燕。

燕简公多嬖宠。欲去诸大夫而立其宠人。冬，燕大夫比以杀公之外嬖⑨⓪。公惧，奔齐。书曰："北燕伯款出奔齐。"罪之也。

十月，郑伯如楚，子产相。楚子享之，赋《吉日》⑨①。既享，子产乃具田备⑨②。王以田江南之梦⑨③。

齐公孙灶卒⑨④。司马灶见晏子⑨⑤，曰："又丧子雅矣。"晏子曰："惜也，子旗不免，殆哉！姜族弱矣，而妫将始昌⑨⑥。二惠竞爽⑨⑦，犹可，又弱一个焉⑨⑧，姜其危哉！"

[注释]

①梁丙、张趯（tì）：皆晋大夫。　②得已：即不得不如此。已，

止。　③文、襄：晋文公、晋襄公。　④务：事务。　⑤不协：不和睦。　⑥昭礼命事谋阙：宣扬礼仪，发布命令，商议补救缺失。　⑦择位：选择适当职位的人送葬。　⑧数于守适：礼数超过正妻。守适，即国君嫡配，守内宫为长，故名守适。适，同"嫡"。　⑨烦：劳烦。　⑩数：礼数。　⑪火：大火，星名。　⑫火中，寒暑乃退：大火星夏末黄昏时在天空中，暑气渐消；冬末天明时在天空中，寒气渐退。　⑬极：极点。　⑭不获：不得。　⑮质币：财礼。　⑯不获：不能自来。　⑰焜（kūn）耀：照明，照亮。焜，明。　⑱先君之适：谓嫡配所生。遗姑姊妹：非嫡配所生。若而人：若干人。　⑲董振：同义词连用，即慎重。　⑳宠嘉：尊崇赞许。　㉑昏：同"婚"。　㉒季世：末代。　㉓弗知：不保证。　㉔四量：四种计量器。　㉕各自其四：即四豆为区（ōu），四区为釜，升至釜，各有四倍。　㉖登：升，进。　㉗三量皆登一：三种量器都加大四分之一。即以五升为豆，五豆为区，五区为釜。登一，升一。　㉘以家量贷：借出私家的量器。　㉙弗加于山：价格不高于山上。　㉚参其力：劳力收入分为三份。参，同"叁"。　㉛聚：聚敛的财富。　㉜三老：泛指高寿老人。一说三老指上寿、中寿、下寿，皆八十以上的老人。或以为三老指工老、商老、农老。　㉝屦贱踊贵：鞋子便宜，假肢很贵。屦，麻鞋。踊，假足，一说为扶持之杖。此言受刑者很多。　㉞燠（yù）：暖，热。休（xǔ）：同"煦"，温暖。　㉟获民：得民心。　㊱箕伯等：四人皆舜的后代，陈氏先祖。　㊲胡公：周始封陈氏之祖。大姬：胡公之妃。　㊳无军行：不率兵。　㊴公乘：诸侯的战车。　㊵长：官长。　㊶罢：通"疲"。　㊷滋侈：更加奢侈。　㊸道殣（jìn）：路上的饿死者。　㊹女富溢尤：嬖宠之家的财富多得容纳不下。　㊺栾、郤、胥等：晋国八大家族，即栾枝、郤缺、胥臣、原轸、狐偃、续简伯、庆郑、伯宗。　㊻家门：私家之门。　㊼以乐慆忧：以娱乐度过忧患。　㊽逸鼎：鼎名。　㊾昧旦：黎明，天尚未全亮。丕：大。显：明。　㊿日不悛：天天不改。　㉛羊舌：食邑名。叔向以叔为族，以羊舌为氏。 ㊾无度：无法度。 ㊿幸而得死：能寿老善终就是侥幸。 ㊿获祀：受到享祀。 ㊿更：更换。 ㊿湫（jiǎo）隘嚣尘：低湿狭小，喧闹多尘。 ㊿爽垲（kǎi）：明亮高爽。垲，高而干燥。 ㊿里旅：官名，掌卿大夫之家宅。 ㊿繁于刑：滥用刑罚。 ㊿鬻：卖。 ㊿"君子如祉"二句：句出《诗经·小雅·巧言》。祉，喜。遄（chuán），速。已，止。 ㊿二三子：指邻人。 ㊿策：策书。 ㊿子丰：公孙段之父。 ㊿州：晋地，在今河南省沁阳市东南，温县东北。 ㊿胙：酬报。 ㊿伯石：公孙段。 ㊿急：急需。 ㊿汏：骄奢。 ㊿荷其禄：接受它的福禄。 ㊿《诗》曰：下二句出自《诗经·鄘风·相鼠》。 ㊿郤称：晋大夫。别：划分为二。即将此地划分为州与温两县。三传：州地开始属郤称采邑，后传于赵氏，又传于栾豹。故云三传。 ㊿病：惭愧。 ㊿正议：公正的主张。 ㊿赵获：赵文子之子。 ㊿二子：指二宣子。 ㊿丰氏：即公孙段的氏族。主：住于其家。 ㊿懿伯：子服椒之父。忌：忌日，即逝世之日。 ㊿敬子：即叔弓。 ㊿惠伯：即子服椒。 ㊿其子：其女。嫁公子：即嫁公女于他人。 ㊿远其宠：疏远它的宠臣。宠，指子尾。 ㊿日征：每天质问。征，问。 ㊿布：告。 ㊿有寡君：即心有寡君。 ㊿猜：疑。 ㊿粪除：扫除。粪，除土。 ㊿孟：张趯。 ㊿卑之：以低于诸侯之礼接待。 ㊿外嬖：宠臣。 ㊿《吉日》：《诗经·小雅》篇名，为宣王田猎之诗。楚王赋此诗，欲与郑伯共田猎。 ㊿具田备：准备田猎用具。 ㊿江南之梦：长江之南的云梦泽。 ㊿公孙灶：即子雅。 ㊿司马灶：齐大夫。 ㊿妫：陈氏。 ㊿二惠：指子雅、子尾，皆齐惠公子孙。竞：强。爽：明。 ㊿弱：丧失，用作动词。

[译文]

　　三年春季，周历正月，郑国的游吉到晋国为少姜送葬。梁丙和张趯见他。梁丙说："您亲自前来，太过分了！"游吉说："能不来吗？从前文公、襄公称霸诸侯时，他们尽量不给诸侯带来麻烦。让诸侯每三年聘问一次，每五年朝见一次，有事才会见，有冲突才结盟。国君去世，派大夫吊唁，卿参加葬礼；夫人去世，派士吊唁，大夫参加葬礼。只要能够昭明礼节、颁布命令、商量补救缺失就行了，没有额外的命令。现在国君宠姬的丧礼，都不敢选派地位相当的人来，而是礼数超过正妻，只怕得罪贵国，怎能嫌麻烦呢？少姜得到宠爱而死去，齐国必将再送来一位女子。今年我还要来祝贺，不仅仅是这一次啊。"张趯说："好啊！我明白了这样的礼数。但从今以后你恐怕没事了。就比如大火星，运行到天空正中，寒暑将会消退。因为这是它运行的极限，能不消退吗？晋国将会失去诸侯的拥戴，诸侯想求麻烦都得不到了。"两个大夫回去。游吉对别人说："张趯聪明懂礼，可以进入君子的行列。"

正月九日，滕国国君原去世。因为是同盟国家，所以《春秋》写了他的名字。

齐景公派晏婴请求晋国继续娶齐国的女子，晏婴说："寡君派我前来说：'我愿意事奉国君，早晚不知疲倦，要奉献财礼，按时交纳，只因国家多灾多难，不能亲自前来。先君这位嫡女能够得以伺候国君，实现了我的愿望，可她没有福气，短命而死，使我失去了希望。国君如果还念及先君的旧好，看得起齐国，安抚寡人，托太公和丁公的洪福，继续蒙受恩惠，使国家得以安定的话，先君还有嫡女及姑姐妹等人。国君如不嫌弃，就请派使者谨慎挑选，以作为姬妾，这是我的愿望。'"

韩起派叔向回答说："这正是寡君的愿望。寡君不能独自承担国家重任，没有正妻。目前正处丧事期间，还不敢向贵国求婚，既然国君有这个命令，没有比这更大的恩惠了。如果贵国看得起我国，给我们以安抚，再赐给一位内主的话，岂止是寡君的荣幸，群臣都会受到恩惠。自唐叔以下列祖列宗都会表示赞许。"

订婚之后，晏婴接受了享礼。叔向陪他饮宴，互相交谈。叔向说："齐国怎么样？"晏婴说："已经到了末世，我不知道该怎么说。齐国恐怕落到陈氏手中了。国君丢弃他的百姓，甘愿拱手送给陈氏。齐国从前有四种量器：豆、区、釜、钟。四升为一豆，各自再翻四倍，以成为一釜，十釜为一钟。陈氏的量器只有三种，都比国家量器加大四分之一，钟的容量就更大了。他用自家的大量器借粮给百姓，而用公家的小量器收回。山里的木材运到市场上，价格不比山上的高。鱼、盐、蜃、蛤的价格也不比海边的贵。百姓的劳动收入分成三份，有两份交给了国家，只有一份维持生活。国君积聚的东西腐朽生虫了，贫穷的老人却仍然受到寒冷和饥饿的威胁。国都的市场上，鞋子很便宜，而假肢却非常昂贵。百姓痛苦或有病，陈氏就给他们温暖，百姓爱戴他有如父母，归附他如同流水，即使不想获得百姓拥护，又怎么避得开？箕伯、直柄、虞遂、伯戏，跟随胡公和太姬的神灵，已经来到齐国了。"

叔向说："确实如此。即使是我国公室，现在也到了末世。战马不再驾车出征，卿不再率军攻伐。公室的车乘无人驾驭，步兵军队中没有长官。百姓贫困不堪，公室却更加奢侈。路上饿死的人举目可见，受宠人家的财富多得容纳不下。百姓听到国君的命令，就像逃避强盗一样。栾、郤、胥、原、狐、续、庆、伯八个家族已沦为低贱的奴役。政权落到私人手里，百姓生活无依无靠。国君没有一天想到悔改，只知道沉溺欢乐，掩饰忧患。公室的衰落还能有几天呢？谗鼎之铭说：'即使天不亮就起来创建显赫的业绩，恐怕后代子孙还会懒惰懈怠。'更何况国君没有一天悔改过，他还能维持长久吗？"晏婴说："您打算怎么办呢？"叔向说："晋国的公族已经没有了。据我所知，公室即将衰微，其宗族就像树上的枝叶一样首先凋落，公室也将随之而凋落。我这一宗共有十一族，只有羊舌氏一族存在。我又没有儿子。公室没有法度，能得以善终就万幸了，难道还希望得到祭祀吗？"

当初，齐景公准备为晏婴更换住宅，说："你的房屋靠近市场，潮湿矮小，喧嚣多尘，无法居住，请您换到高处宽敞明亮的房子中。"晏婴辞谢说："国君先臣我的父辈就住在这里，我不足以继承父业，能住在这里已经很过分了。再说小人靠近市场,早晚能买到想要的东西,这是小人的利益,怎敢再麻烦里旅为我另建住房呢?"景公笑道:"您靠近市场,知道物品的贵贱吗?"晏婴说:"既然很方便,怎能不知道呢?"景公问:"什么东西贵?什么东西贱?"此时景公滥施刑罚,市场上有卖假肢的。晏婴说:"假肢贵,鞋子贱。"此前晏婴已经告诉景公,因此与叔向交谈时说起此事。景公为此减轻了刑罚。

君子评论说:"仁德之人说的话,产生的好处真是大啊!晏婴一句话,就使齐侯减轻了刑罚。《诗经》说:'君子高兴之时,祸乱结束之日。'说的就是这种情况吧!"

等晏婴去了晋国,景公为他更换住宅,回来时,新居已经建成。晏婴向景公拜谢之后,把新宅拆毁,并为邻居重修了住房,一切都恢复到原来的模样,然后让邻居搬回来。他说:"谚语说:'住宅不需要占卜,只有邻居才需要占卜。'这些邻居都是我占卜后选择的,违背了占卜的结果不吉利,君子不去做不合礼的事情,小人不去做不吉利的事情,这是自古以来的制度。我敢违背它吗?"最后还是恢复了旧宅的模样。景公不答应,晏婴托陈桓子代为请求,才被准许。

夏季四月,郑简公前往晋国,公孙段为相礼。公孙段非常恭敬而谦卑,没有违背礼仪之处。平公对他很赞赏,授给他策书,说:"子丰对晋国有功,我听说之后没有忘记。把州县的田地赐给你,作为对你们家从前功勋的酬劳。"公孙段两次叩头后接了策书出去。君子评论说:"礼仪是做人的当务之急啊!公孙段一向骄纵,偶尔在晋国有礼,尚且得到了福禄,何况那些始终讲究礼的人呢?《诗经》说:'如果为人而不知礼,何不快点死去?'说的就是这种情况吧!"

当初,州县是栾豹的封邑。等栾氏灭亡以后,士匄、赵武、韩起都想得到这块土地。赵武说:"温县是我的封邑。"士匄和韩起说:"自从郤称把州县从温县划出至今,已经三易其主了。晋国把一个县区分为二,不仅仅是州邑,谁又能按照划出前的情况去治理呢?"赵武感到惭愧,就放弃了。士匄和韩起说:"我们不能口头上要求公正却为自己争取好处。"就都放弃了。等到赵武执政,赵获说:"现在可以夺取州县了。"赵武说:"滚出去!那两个人的话是合乎道义的。违背道义,就会招致灾祸。我连自己的封邑都治理不好,还要州县做什么?那是自取祸害。君子说:'不知祸从何来就很难防止。'知道了又不去防止,就没有比这更大的祸患了。谁要再提起州县一定将他处死!"

丰氏族人到晋国时都住到韩氏家里,公孙段能获得州县,是韩起为他请求的,其实韩起此举是为了自己再次取得州县。

五月,叔弓到滕国,参加滕成公的葬礼,子服椒作为副手。来到滕都郊外那天,正是子服椒父亲懿伯的忌日,叔弓决定不进入滕都。子服椒说:"为国家办事只能考虑国家利益,不要考虑私人忌讳。请允许我先进去。"便率先住进了宾馆,叔弓这才跟了进去。

晋国的韩起到齐国迎娶齐女。子尾因少姜受到平公宠爱,将自己的女儿代替齐景公的女儿嫁给平公,而把景公的女儿嫁给他人。有人对韩起说:"子尾欺骗了晋国,晋国为什么接受呢?"韩起说:"我们要得到齐国的拥护,却疏远齐国的宠臣,宠臣会来我国吗?"

秋季七月,郑国的子皮到晋国,向平公新娶夫人表示祝贺,同时说:"楚国人每天都来质问我们为什么不去朝见他们的新君。假如我们去朝见,又害怕执事认为寡君本来就有二心。假如不去,就违背了宋国盟约。去和不去都是罪过,寡君派我前来陈述苦衷。"韩起派叔向答复说:"如果贵君心向寡君,去楚国又有什么害处?不过是为了重修宋国盟约的友好。贵君如果想到盟约,寡君就知道可以免于罪过了。如果贵君心中没有寡君,即使每天都来朝见,寡君也不相信。如果贵君心中确有寡君,又何必来告诉我们呢?贵君还是去吧!只要心中有寡君,朝见楚国就像朝见晋国一样。"

张趯派人对游吉说:"自从你回国之后,我每天都在打扫先人留下的破房子,说:'您大概就要来了!'现在来的却是子皮,实在让我失望。"游吉说:"我地位低下,没有资格前来,这是因为害怕大国,尊重夫人。再说您当初也说过:'您将要没事了。'我希望能这样。"

小邾穆公来鲁国朝见。季武子想降格接待，穆叔说："不能这么做。曹、滕和大小邾国从没有忘记和我国的友好。即使恭敬迎接，还怕他生有二心呢，如果降低一个友好国家的地位，怎么再迎接其他友好国家呢？还是像从前那样，而且要更加恭敬。《志》书说：'能做到恭敬就能免除灾祸。'又说：'恭敬地迎接来宾，上天就会赐福。'"季武子听从了。

八月，鲁国举行雩祭，是因为天旱。

齐景公在莒地打猎，卢蒲嫳求见，哭着请求说："我的头发都掉光了，还能做什么坏事呢？"景公说："好，我回去告诉他们两个人。"回来告诉了子尾和子雅。子尾同意让他回来，子雅不同意，说："他的头发很短但心计很多，或许他还想着要睡我的皮呢。"九月，子雅把卢蒲嫳放逐到北燕。

燕简公有很多宠臣。他想除掉大夫们而代之以宠臣。冬季，燕国的大夫们联合起来杀了简公的宠臣。简公吓得逃到了齐国。《春秋》记载为"北燕伯款出奔齐"，是归罪于他。

十月，郑简公前往楚国，子产为相礼。楚灵王设享礼宴请他们，席间吟诵了《吉日》一诗。宴会结束后，子产准备了打猎用具。楚灵王和郑简公在江南的云梦泽打猎。

齐国的子雅去世。司马灶见到晏婴时说："又丧失了子雅。"晏婴说："可惜呀，子旗也不能幸免，危险了！姜族将要衰落了，陈氏将要昌盛了。惠公的这两个子孙刚强明白，还可以维持，现在又失去一个，姜氏恐怕危险了！"

昭公四年

经 四年春，王正月，大雨雹。夏，楚子、蔡侯、陈侯、郑伯、许男、徐子、滕子、顿子、胡子、沈子、小邾子、宋世子佐、淮夷会于申。楚人执徐子。秋七月，楚子、蔡侯、陈侯、许男、顿子、胡子、沈子、淮夷伐吴，执齐庆封，杀之。遂灭赖。九月，取鄫。冬十有二月乙卯，叔孙豹卒。

传 四年春，王正月，许男如楚，楚子止之。遂止郑伯，复田江南，许男与焉。

使椒举如晋求诸侯，二君待之①。椒举致命曰②："寡君使举曰：日君有惠③，赐盟于宋，曰：'晋、楚之从，交相见也。'以岁之不易④，寡人愿结欢于二三君。使举请间⑤。君若苟无四方之虞，则愿假宠以请于诸侯⑥。"晋侯欲勿许。司马侯曰："不可。楚王方侈，天或者欲逞其心，以厚其毒而降之罚⑦，未可知也。其使能终，亦未可知也。晋、楚唯天所相⑧，不可与争。君其许之，而修德以待其归⑨。若归于德，吾犹将事之，况诸侯乎？若适淫虐，楚将弃之，吾又谁与争？"公曰："晋有三不殆⑩，其何敌之有？国险而多马，齐、楚多难。有是三者，何乡而不济⑪？"对曰："恃险与马，而虞邻国之难⑫，是三殆也。四岳、三涂、阳城、大室、荆山、中南⑬，九州之险也，是不一姓。冀之北土⑭，马之所生，无兴国焉。恃险与马，不可以为固也，从古以然。是以先王务修德音以亨神人⑮，不闻其务险与马也。邻国之难，不可虞也。或多难以固其国，启其疆土；或无难以丧其国，失其守宇⑯。若何虞难？齐有仲孙之难而获桓公⑰，至今赖之。晋有里、丕之难而获文公⑱，是以为盟主。卫、邢无难，敌亦丧之⑲。故人之难，不可虞也。恃此三者，而不修政德，亡于不暇⑳，又何能济？君其许之！纣作淫虐㉑，文王惠和㉒，殷是以陨，周是以兴，夫岂争诸侯？”乃许楚使。使叔向对曰：“寡君有社稷之事，是以不获春秋时见。诸侯，君实有之，何辱命焉？”椒举遂请昏㉓，晋侯许之。

楚子问于子产曰：“晋其许我诸侯乎？”对曰：“许君。晋君少安㉔，不在诸侯。其大夫多求，莫匡其君㉕。在宋之盟，又曰如一㉖。若不许君，将焉用之？”王曰：“诸侯其来乎？”对曰：“必来。从宋之盟，承君之欢，不畏大国㉗，何故不来？不来者，其鲁、卫、曹、邾乎！曹畏宋，邾畏鲁，鲁、卫逼于齐而亲于晋，唯是不来㉘。其余，君之所及也，谁敢不至？”王曰：“然则吾所求者，无不可乎？”对曰：“求逞于人㉙，不可。与人同欲，尽济。”

大雨雹。季武子问于申丰曰：“雹可御乎？”对曰：“圣人在上，无雹。虽有，不为灾。古者，日在北陆而藏冰㉚；西陆，朝觌而出之㉛。其藏冰也，深山穷谷，固阴冱寒㉜，于是乎取之。其出之也，朝之禄位㉝，宾食丧祭，于是乎用之。其藏之也，黑牡、秬黍㉞，以享司寒㉟。其出之也，桃弧、棘矢㊱，以除其灾。其出入也时㊲。食肉之禄㊳，冰皆与焉。大夫命妇㊴，丧浴用冰。祭寒而藏之㊵，献羔而启之㊶，公始用之。火出而毕赋㊷。自命夫、命妇，至于老疾㊸，无不受冰。山人取之㊹，县人传之㊺，舆人纳之，隶人藏之㊻。夫冰以风壮㊼，而以风出㊽。其藏之也周㊾，其用之也遍㊿。则冬无愆阳(51)，夏无伏阴(52)，春无凄风，秋无苦雨，雷出不震(53)，无灾霜雹(54)，疠疾不降，民不夭札(55)。今藏川池之冰，弃而不用。风不越而杀(56)，雷不发而震。雹之为灾，谁能御之？《七月》之卒章，藏冰之道也㊼。"

夏，诸侯如楚，鲁、卫、曹、邾不会。曹、邾辞以难，公辞以时祭，卫侯辞以疾。郑伯先待于申。六月丙午㊽，楚子合诸侯于申。椒举言于楚子曰："臣闻诸侯无归，礼以为归㊾。今君始得诸侯，其慎礼矣。霸之济否，在此会也。夏启有钧台之享㊿，商汤有景亳之命㉛，周武有孟津之誓㉜，成有岐阳之蒐㉝，康有酆宫之朝㉞，穆有涂山之会㉟，齐桓有召陵之师㊱，晋文有践土之盟㊲。君其何用？宋向戌、郑公孙侨在，诸侯之良也，君其选焉。"王曰："吾用齐桓。"王使问礼于左师与子产。左师曰："小国习之，大国用之，敢不荐闻㊳？"献公合诸侯之礼六。子产曰："小国共职，敢不荐守㊴？"献伯、子、男会公之礼六。君子谓合左师善守先代㊵，子产善相小国。

王使椒举侍于后，以规过㊶。卒事，不规。王问其故，对曰："礼，吾所未见者有六焉㊷，又何以规？"

宋大子佐后至，王田于武城㊸，久而弗见。椒举请辞焉㊹。王使往，曰："属有宗祧之事于武城㊺，寡君将堕币焉㊻，敢谢后见。"

徐子㊼，吴出也，以为贰焉，故执诸申。

楚子示诸侯侈㊽。椒举曰："夫六王二公之事㊾，皆所以示诸侯礼也，诸侯所由用命也。夏桀为仍之会㊿，有缗叛之㉛；商纣为黎之蒐㉜，东夷叛之；周幽为大室之盟㉝，戎狄叛之。皆所以示诸侯汰也，诸侯所由弃命也。今君以汰，无乃不济乎！"王弗听。子产见左师曰："吾不患楚矣。汰而愎谏㉞，不过十年。"左师曰："然。不十年侈，其恶不远。远恶而后弃㊄。善亦如之，德远而后兴。"

秋七月，楚子以诸侯伐吴。宋大子、郑伯先归。宋华费遂、郑大夫从。使屈申围朱方㊅。八月甲申㊆，克之，执齐庆封而尽灭其族。将戮庆封，椒举曰："臣闻无瑕者可以戮人。庆封唯逆命，是以在此，其肯从于戮乎？播于诸侯㊇，焉用之？"王弗听，负之斧钺，以徇于诸侯，使言曰："无或如齐庆封，弑其君，弱其孤㊈，以盟其大夫㊉。"庆封曰："无或如楚共王之庶子围，弑其君兄之子麇而代之㉑，以盟诸侯。"王使速杀之。

遂以诸侯灭赖㉒。赖子面缚衔璧，士袒，舆榇从之㉓，造于中军。王问诸椒举。对曰："成王克许，许僖公如是，王亲释其缚，受其璧，焚其榇。"王从之。迁赖于鄢㉔。

楚子欲迁许于赖，使斗韦龟与公子弃疾城之而还。

申无宇曰："楚祸之首㉕，将在此矣。召诸侯而来，伐国而克，城竟莫校㉖。王心不违㉗，民其居乎㉘？民之不处，其谁堪之？不堪王命，乃祸乱也。"

九月，取鄫，言易也。莒乱，著丘公立而不抚鄫，鄫叛而来，故曰取。凡克邑不用师徒曰取。

郑子产作丘赋㉙。国人谤之，曰："其父死于路㉚，己为虿尾㉛。以令于国，国将若之何？"子宽以告㉜。子产曰："何害？苟利社稷，死生以之㉝。且吾闻为善者不改其度，故能有济也。民不可逞㉞，度不可改。《诗》曰：'礼义不愆，何恤于人言？㉟'吾不迁矣㊱。"浑罕曰㊲："国氏其先亡乎㊳！君子作法于凉㊴，其敝犹贪㊵；作法于贪，敝将若之何？姬在列者㊶，蔡及曹、滕其先亡乎！逼而无礼㊷。郑先卫亡,逼而无法。政不率法⑬,而制于心⑭。民各有心,何上之有?"

冬,吴伐楚,入棘、栎、麻⑮,以报朱方之役。楚沈尹射奔命于夏汭⑯,箴尹宜咎城钟离,薳启强城巢,然丹城州来⑰。东国水⑱,不可以城,彭生罢赖之师⑲。

初,穆子去叔孙氏⑳,及庚宗㉑,遇妇人,使私为食而宿焉㉒。问其行,告之故,哭而送之。适齐,娶于国氏,生孟丙、仲壬。梦天压己,弗胜㉓。顾而见人,黑而上偻㉔,深目而豭喙㉕。号之曰:"牛,助余。"乃胜之。旦而皆召其徒,无之㉖。且曰:"志之㉗。"及宣伯奔齐㉘,馈之㉙。宣伯曰:"鲁以先子之故㉚,将存吾宗,必召女。召女,何如?"对曰:"愿之久矣。"

鲁人召之,不告而归。既立,所宿庚宗之妇人,献以雉㉛。问其姓㉜,对曰:"余子长矣,能奉雉而从我矣。"召而见之,则所梦也。未问其名,号之曰"牛",曰"唯"㉝。皆召其徒,使视之,遂使为竖㉞。有宠,长使为政㉟。公孙明知叔孙于齐㊱,归,未逆国姜㊲,子明取之。故怒,其子长而后使逆之。

田于丘蕕㊳,遂遇疾焉。竖牛欲乱其室而有之,强与孟盟㊴,不可。叔孙为孟钟㊵,曰:"尔未际㊶,飨大夫以落之㊷。"既具,使竖牛请日㊸。入,弗谒㊹。出,命之曰㊺:及宾至,闻钟声。牛曰:"孟有北妇人之客㊻。"怒,将往,牛止之。宾出,使拘而杀诸外㊼。牛又强与仲盟㊽,不可。仲与公御莱书观于公㊾,公与之环㊿,使牛入示之[151]。入,不示。出,命佩之[152]。牛谓叔孙:"见仲而何[153]?"叔孙曰:

"何为?"曰:"不见,既自见矣,公与之环而佩之矣。"遂逐之,奔齐。疾急⑮命召仲,牛许而不召。杜泄见⑮,告之饥渴,授之戈。对曰:"求之而至⑯,又何去焉?"竖牛曰:"夫子疾病,不欲见人。"使置馈于个而退⑰。牛弗进,则置虚命彻⑱。十二月癸丑⑲,叔孙不食。乙卯⑳,卒。牛立昭子而相之。

公使杜泄葬叔孙。竖牛赂叔仲昭子与南遗㉑,使恶杜泄于季孙而去之㉒。杜泄将以路葬㉓,且尽卿礼。南遗谓季孙曰:"叔孙未乘路,葬焉用之?且冢卿无路㉔,介卿以葬㉕,不亦左乎㉖?"季孙曰:"然。"使杜泄舍路。不可,曰:"夫子受命于朝,而聘于王,王思旧勋而赐之路,复命而致之君。君不敢逆王命而复赐之,使三官书之。吾子为司徒,实书名㉗。夫子为司马,与工正书服㉘。孟孙为司空,以书勋㉙。今死而弗以㉚,是弃君命也。书在公府而弗以㉛,是废三官也。若命服㉜,生弗敢服,死又不以,将焉用之?"乃使以葬。

季孙谋去中军。竖牛曰:"夫子固欲去之㉝。"

[注释]

①二君:指郑、许二君。 ②致命:传达命令。 ③日:昔日。 ④不易:多难。 ⑤请间:请于闲暇时听从寡人的请求。间,暇。 ⑥假宠:假借威宠,即借光。 ⑦厚其毒:加深其危害。 ⑧相:助。 ⑨归:归宿。 ⑩殆:危险。 ⑪乡:同"向"。 ⑫虞:乐。 ⑬四岳:指东岳泰山、西岳华山、南岳衡山、北岳恒山。三涂:即三涂山,俗名崖口,在今河南省嵩县西南伊水之北。阳城:山名,俗

名城山岭，在今河南省登封市东南。大室：即太室，指今河南省登封市嵩山。荆山：在今湖北省南漳县西八十里。中南：即今陕西省西安市南的终南山，又名秦山、秦岭。　⑭冀：冀州，在今山西省和陕西省间黄河以东、河南省和山西省间黄河以北、山东省西北、河北省东南部地区。　⑮亨：即"享"。　⑯守宇：疆土。　⑰仲孙之难：事见庄公八年、九年传。获：成就。　⑱里、丕之难：事见僖公九年传。里，里克。丕，丕郑。　⑲敌亦丧之：敌人灭了它。指闵公二年灭卫，僖公二十五年灭邢。　⑳亡于不暇：即"不暇于救亡"，意为挽救危亡还来不及。　㉑淫虐：荒淫暴虐。　㉒惠和：慈惠和善。　㉓请昏：求婚。　㉔少安：安于小事。少，小。　㉕匡：匡正，扶持。　㉖如一：如同一国。　㉗大国：指晋。　㉘唯是：因此。　㉙求逞于人：在别人那里求得快意。　㉚北陆：指虚宿和危宿。地球公转至此为小寒，这时为夏正十二月，当是极冷之时。　㉛西陆：指昴宿和毕宿。昴、毕诸星早晨出现，则取出藏冰，其时应是清明、谷雨，当是夏正四月。朝觌：早晨出现。　㉜固阴冱（hù）寒：凝滞阴寒之气。"固""冱"同义，即凝滞。　㉝朝之禄位：指卿、大夫、士等官员。　㉞黑牡：黑色公羊。秬（jù）黍：黑色黍子。　㉟司寒：为冬神玄冥。冬在北陆，故用黑色。　㊱桃弧、棘矢：用桃木弓、荆箭挂在冰室门口以禳灾。　㊲时：按照时令。　㊳食肉之禄：禄位足以食肉者，指能吃肉的官吏。　㊴命妇：大夫之妻。　㊵祭寒：即享司寒。　㊶献羔：即《诗经·豳风·七月》中"四之日其蚤，献羔祭韭"。古代每年夏历二月朔日举行祭祖仪式，献羔即指此。羔，小羊。　㊷火出而毕赋：大火星出现分配完毕。大火星若于黄昏时出现，则为夏历三月，此时食肉者皆可得冰。　㊸老疾：告老退休及生病的。　㊹山人：即山虞，小官。　㊺县人：即县正，官名。　㊻舆人、隶人：皆为贱官。　㊼冰以风壮：冰因风寒而坚。　㊽而以风出：由于春风而取出。　㊾周：周密。　㊿遍：普遍。　㉛愆阳：温暖过度。　㉜伏阴：阴寒。　㉝不震：不击伤。　㉞无灾霜雹：霜雹不成灾。　㉟夭：短命。札：

因流行病死亡。 ㊼风不越而杀：风不散而草木凋零。 ㊼藏冰之道：藏冰的道理。详见《诗经·豳风·七月》末章。 ㊼丙午：十六日。 ㊼礼以为归：归服于有礼者。 ⑥钧台：古地名，在今河南省禹州市境内。 ⑥景亳：地名，在今河南省商丘市北。 ⑥孟津：即盟津，在今河南省孟州市南。 ⑥岐阳：即岐山之阳，在今陕西省岐山县境。 ⑥酆宫：即丰宫，当为文王庙，在今陕西省户县东。 ⑥涂山：地名，在今安徽省怀远县东南。 ⑥召陵之师：见僖公四年。 ⑥践土之盟：见僖公二十八年。 ⑥荐闻：献其所闻。 ⑥荐守：献其所奉守的礼仪。 ⑦善守先代：善于奉守前代的礼仪。 ⑦规过：纠正过失。 ⑦六：指左师、子产所献六礼。 ⑦武城：楚地，当在今河南省南阳市北。 ⑦辞：辞谢，道歉。 ⑦属：适逢。 ⑦堕币：即输币，以财礼祭献于宗庙。 ⑦徐子：徐国国君，其母为吴国女。徐国在今安徽省泗县西北。 ⑦示诸侯侈：对诸侯表现骄侈。 ⑦六王：指启、汤、武、成、康、穆。二公：即齐桓、晋文。 ⑧仍：古国名，当在今山东省金乡县东北。 ⑧有缗：即缗国，在今山东省金乡县东北。 ⑧黎：见宣公十五年注。 ⑧大室：即嵩山。 ⑧愎谏：固执己见，拒谏。 ⑧远恶：邪恶流远。远，长久，远播。 ⑧朱方：吴邑，在今江苏省镇江市丹徒区南，吴将其赐予齐庆封。 ⑧甲申：八月无甲申，有误。 ⑧播：传播丑恶。 ⑧弱其孤：削弱国君的孤儿。孤，指齐景公。 ⑨盟其大夫：见襄公二十五传。 ⑨麇：即郑敖，楚君，公子围之兄，康王之子。 ⑨赖：国名，在今湖北省随县东。 ⑨舆榇（chèn）：抬着棺材。 ⑨鄀：楚地，在今湖北省宜城市南。 ⑨首：开端。 ⑨城竟莫校：在边境筑城无人抗争。 ⑨王心不违：国君随心所欲。 ⑨居：义同"处"，安居。 ⑨丘赋：即使丘中农夫按所耕田亩多少向公室交纳军赋若干。丘，为乡间基层组织，原隶属采邑主。 ⑩其父死于路：子产之父子国为尉氏所杀。详见襄公十年传。 ⑩虿（chài）：蝎类毒虫，尾有毒刺。 ⑩子宽：郑大夫。 ⑩以：由。 ⑩逞：快意，满足欲望。 ⑩"礼义不愆"二句：此二句为逸诗。　⑯迁：变更。　⑰浑罕：即子宽。　⑱国氏：即子产家族。郑国公族，其公孙一代常以父之字为氏。子产之父公子发，字子国，为郑穆公之子。本人公孙侨，故以"国"为氏。其他如子游之子称游楚，子罕之子子展称罕氏等。　⑲凉：凉薄，不足道。　⑩敝：终，后果。　⑪姬在列者：姬姓列国。　⑫逼：近，即邻近大国。　⑬率：循。　⑭制于心：由自己心意来制定。　⑮棘、栎、麻：均为楚地。　⑯沈尹射：沈之县尹名射。下文箴尹宜咎同此。夏汭（ruì）：汉水入江之处，在今湖北省武汉市。一说在今安徽省凤台县西南。　⑰然丹：郑穆公孙，于襄公十九年奔楚。　⑱东国：楚以东部地区为东国，钟离、巢、州来及赖均为东部地名。　⑲彭生：楚大夫。　⑳穆子：即叔孙豹。　㉑庚宗：鲁地，在今山东省泗水县东。　㉒宿：与妇人私通。　㉓弗胜：禁不住。　㉔上偻：上身佝偻。　㉕深目而豭喙：深眼窝，口像猪。　㉖无之：无所梦之人。　㉗志之：记下来。　㉘宣伯：即叔孙侨如，穆子之兄。　㉙馈：赠食物。　㉚先子：即宣伯先人。　㉛献雉：古礼仪，此妇人献雉，示其有子。雉，野鸡。　㉜姓：子。　㉝唯：应答之辞。　㉞竖：小臣。　㉟为政：主家政。　㊱公孙明：齐大夫，字子明。与叔孙相知。　㊲国姜：即孟丙、仲壬之母。　㊳丘莸：地名。　㊴孟：指孟丙。　㊵为孟钟：为孟丙造一钟。　㊶未际：未与人交际。　㊷落：古代凡器用，如钟、鼓之类，置于宗庙先以猪、羊或鸡之血祭之，称为衅。然后飨宴，称为落，如今之落成典礼。衅不必享，落则享客。　㊸请日：请穆子确定日期。　㊹谒：告。　㊺命之日：即假传穆子确定的日期。　㊻北妇人之客：北妇人，即国姜。客，指公孙明。　㊼杀诸外：杀孟丙于外。　㊽仲：即仲壬。　㊾莱书：昭公御者。观于公：在公宫游观。　㊿环：玉环。　(151)入示：入室以示穆子。　(152)命佩之：诈以穆子之命使仲壬佩带。　(153)见仲：使仲壬见昭公。　(154)疾急：病危。　(155)杜泄：叔孙氏宰。　(156)求：寻找。　(157)置馈于个：把食物放在厢房里。个，厢房。　(158)置虚命彻：将食物倒掉，命撤去食具。　(159)癸丑：二十六日。 ⑯乙卯：二十八日。 ⑯叔仲昭子：即叔仲带。南遗：季氏家臣。 ⑯恶：恶言，即说坏话。 ⑯路：周王赐予叔孙的车子。 ⑯家卿：正卿，季孙为冢卿。 ⑯介：次，副。 ⑯左：不正。 ⑯书名：书姓名，定位号。 ⑯书服：记载车服。 ⑯书勋：记录功勋。 ⑰以：用。 ⑰书在公府：记载藏在公府中。 ⑰命服：国君命令赐予的车服。 ⑰固：本来。

[译文]

　　四年春季，周历正月，许男到楚国朝见，楚灵王挽留他。随后挽留郑简公，再次到江南打猎，许男也参加了。

　　灵王派伍举到晋国请求诸侯会盟，让郑简公和许男在楚国等候。伍举传达楚灵王的话说："寡君派我前来说：往日承蒙贵君施恩，赐敝国在宋国参加盟会，说：'晋、楚的属国互相朝见。'由于今年多难，寡人愿意和几位诸侯结好。特派伍举前来请求。如果国君没有四方边境之忧，希望借您的威宠请诸侯到会。"晋平公不想答应。司马侯说："不能这样做。楚王正是骄纵狂妄的时候，也许是上天要满足他的愿望，以加深其危害再降下惩罚，也是说不定的。也许他能得以善终，也是说不定的。晋国和楚国只能靠上天的帮助，不能互相争夺。国君不妨答应，然后修明德行以等待他的结果。如果他能施行德政，晋国也要事奉他，何况其他诸侯呢？如果他走向荒淫暴虐，楚国自己就会抛弃他，又有谁能和我们相争呢？"平公说："晋国拥有三条可以免于危险，有谁能和我们匹敌呢？地势险要，马匹众多，齐、楚两国多灾多难。有了这三条，到哪儿不能成功？"司马侯回答说："依靠地势险要和马匹众多，对邻国的灾难幸灾乐祸，是三个危险的条件。四岳、三涂、阳城、太室、荆山、中南，都是九州中的险要地带，并没有一直为一姓所拥有。冀州的北部盛产马匹，并没有兴起强大的国家。依靠地势险要和马匹众多，并不能保证国家得以巩固，自古以来就是这个道理。因此先王致力于修明德行以赢得神灵和百姓的欢心，没有听说他致力于地势险要和马多。邻国的灾难，是不可以寄予希望的。有时多灾多难使国家得到巩固，扩大疆土；有时没有灾难反而丧失国家，失去疆土。为什么要希望别国发生灾难呢？齐国发生了仲孙之乱，却得到了齐桓公，至今还受益于桓公的余荫。晋国发生了里克、丕郑之乱，却得到了晋文公，因此成为盟主。卫国和邢国没有灾难，却被外敌灭亡了。因此别人的灾难是不可寄予希望的。仅依靠这三点，而不修明政治和德行，连挽救灭亡都来不及，又怎么能够取得成功？国君还是要答应他们！纣王荒淫暴虐，文王仁慈和蔼，商朝因此灭亡，周朝因此兴起，难道仅仅在于争夺诸侯吗？"于是答应了楚国使者。派叔向答复说："寡君忙于处理国家大事，所以不能在春秋两季按时朝见。诸侯本来就是归国君所有，又何劳您大驾前来赐命呢？"伍举为楚灵王求婚，平公答应了。

楚灵王问子产："晋国能答应让我召集诸侯吗？"子产回答说："会答应国君的。晋君追求安逸，志向不在诸侯。他们的大夫大多贪财，没有人能辅佐国君。宋国盟约又规定诸侯对晋、楚两国如同一国。如果不答应，宋国之盟有什么用呢？"灵王说："诸侯会来吗？"子产回答说："一定会来。服从宋国之盟，讨得国君欢心，又不用害怕晋国，为什么不来呢？不来的，大概只有鲁、卫、曹、邾四国吧！曹国害怕宋国，邾国害怕鲁国，鲁、卫受到齐国逼迫而亲近晋国，因此不会来。其余国家，是国君的威力所能达到的，谁敢不来呢？"灵王说："这样我想要求什么都能如愿以偿了？"子产说："要求别人满足自己的愿望是不行的。与别人的愿望相同，就能成功。"

鲁国下了大冰雹。季武子问申丰说："能够防止冰雹吗？"申丰说："圣人在上，就不会下冰雹。即使下了，也不会造成灾害。古时，当太阳行至虚宿和危宿的位置时将冰块藏起来，昂宿和毕宿出现在早晨时把冰块取出来。藏冰时，深山幽谷寒气凝固，就在这里凿取。取出冰块时，朝廷上有禄位的人在迎宾、用膳、丧礼、祭祀时，都可以使用。收藏时，要用黑色的公羊和黑色的黍子祭祀冬神。取出时，要用桃木弓和荆棘箭以消除灾难。收藏和取出都有规定的时间。凡是禄位足以食肉的人都具备用冰的资格。大夫和夫人去世后用冰块擦洗身体。祭祀冬神时藏冰,奉献羔羊祭祖后启用,国君首先使用。大火星出现时分配完毕。大夫、夫人以及年老有病的人都可以得到。冰块由山官凿取,县官传递,舆人交纳,隶人收藏。冰块因为寒风而坚固,也因为春风而取出。其收藏严密,使用普遍。这样冬天没有过暖,夏天没有阴寒,春天没有寒冷的风,秋天没有连绵的雨,雷鸣不会伤人,霜雹不会成灾,瘟疫不会流行,百姓不会夭亡。现在收藏着河池中的冰块又不使用。风不发散而草木凋零,雷不发声就人畜伤亡。冰雹造成了灾害,谁能防止呢?《七月》的最后一章说的就是藏冰的道理。"

　　夏季,诸侯前往楚国,鲁、卫、曹、邾四国没有到会。曹国、邾国借口国家不安定推辞,鲁昭公以祭祖为由推辞,卫襄公以有病为由推辞。郑简公先在申地等候。六月十六日,灵王和诸侯在申地相会。伍举对灵王说:"据我所知,诸侯不归服别的,只会归服有礼者。现在国君刚刚得到诸侯,对礼仪要慎重。霸业能否成功就在这次会见了。从前夏启有钧台之宴享,商汤有景亳之命令,周武王有孟津之盟誓,成王有岐阳之阅兵,康王有酆宫之朝觐,穆王有涂山之会见,齐桓公有召陵之师,晋文公有践土之盟。国君准备采取哪一种方式呢?宋国的向戌和郑国的子产都在,他们是诸侯大夫中的杰出人才,可以从中挑选。"灵王说:"我采用齐桓公的方式。"灵王派人向向戌和子产询问礼仪。向戌说:"小国学习礼,大国使用礼,我怎能不把听说的都献出来呢?"于是献上了公会合诸侯的六种礼仪。子产说:"小国的职责就是事奉大国,怎敢不把所奉守的都献出来呢?"于是献上了伯、子、男会见公的六种礼仪。君子认为向戌善于奉守前代礼仪,子产善于辅佐小国。

　　灵王让伍举站在身后以纠正过失。直到礼仪结束也没有纠正一次。灵王问他是什么原因,伍举说:"有六种礼仪是我没有见过的,我又怎么纠正呢?"

宋国的太子佐迟到了，灵王正在武城打猎，很久没接见他。伍举请求前去道歉。灵王派他前去说："适逢武城举行宗庙祭祀活动，寡君将要把财礼献给宗庙，谨为不能及时接见深表歉意。"

徐子的母亲是吴国人，楚国人怀疑徐子有二心，所以在申地抓了他。

灵王在诸侯面前表现得很骄纵。伍举说："六王、二公会合诸侯，都是向诸侯昭示礼仪，因此诸侯服从命令。夏桀举行仍地会见时，有缗背叛了他；商纣举行黎地阅兵时，东夷背叛了他；周幽王举行太室盟会时，戎狄背叛了他。这都是由于在诸侯面前表现骄纵，诸侯才背叛了他们。现在国君也显得骄纵了，恐怕不会成功吧！"灵王不听。子产见到向戌说："我不担心楚国了。骄纵又不听规劝，维持不了十年。"向戌说："对。没有十年的骄纵，他的恶名不会远播。恶名远播后就会被抛弃。善也是这个道理，德行远扬就会兴盛起来。"

秋季七月，灵王率领诸侯攻打吴国。宋国太子、郑简公先行回国。宋国华费遂、郑国大夫随同灵王。灵王派屈申包围了朱方。八月某日，将朱方攻克，抓住了齐国的庆封，把他的族人全部消灭。准备杀死庆封时，伍举说："我听说，没有缺点的人才可以杀戮人。庆封正因为违抗君命才逃到这里，他肯乖乖地被杀吗？如果他在诸侯中散播您的丑闻，怎么好呢？"灵王不听，让庆封背着斧钺，在诸侯军中游行示众，让他说："不要像齐国的庆封那样杀死国君，削弱幼主，并和大夫私下结盟。"庆封却喊："不要像楚共王的庶子围那样杀死国君兄长的儿子麋取而代之，来和诸侯结盟。"灵王立刻让人把庆封杀了。

随后灵王带领诸侯灭了赖国。赖子双手反绑，口衔玉璧，让士兵光着上身抬着棺材随他来到楚国中军。灵王问伍举应该怎么处置。伍举回答说："成王攻下许国时，许僖公就是这样，成王亲自为他松绑，接受了玉璧，焚烧了棺材。"灵王听从了伍举的建议。把赖国迁到鄢地。

灵王打算把许国迁到赖地，派斗韦龟和公子弃疾前去修筑赖城而回。

申无宇说:"楚国祸乱的开端将在这里了。召集诸侯,诸侯就前来,攻打赖国,就能攻克,在边境筑城也没有人提出异议。国君的愿望都能实现,百姓还能安居吗?百姓不能安居乐业,又怎能忍受得了?忍受不了国君的命令,就会产生祸乱。"

九月,鲁国夺取了鄫地,《春秋》记为"取鄫",说明非常容易。莒国发生了动乱,著丘公即位后没有安抚鄫地,鄫地背叛了他,前来投奔了鲁国,因此称为"取"。凡是不使用武力获得城邑就叫"取"。

郑国子产创制了丘赋制度。国人咒骂他,说:"他的父亲死在路上,他自己毒如蝎子尾巴。让他在国内发号施令,国家将怎么办呢?"子宽把这话转告了子产。子产说:"这有什么可怕的?假如对国家有利,我不在乎个人的生死。再说我曾听说,推行善政的人决不能改变他的法度,因此才能取得成功。百姓不能过于放纵,制度不能轻易改变。《诗经》说:'只要礼义没有过失,何必担心闲言碎语?'我不会改变。"子宽说:"国氏恐怕要先灭亡吧!君子制定的政策过于刻薄,其弊病是将产生贪婪;政策过于贪婪,其后果将怎么样呢?姬姓诸国中,蔡国和曹国、滕国将会首先灭亡吧!因为它们逼近大国而没有礼仪。郑国将在卫国之前灭亡,因为它也逼近大国而没有法度。制定政策不遵守先王法度,而根据自己的意志决定。百姓各有各的想法,就不会把上面的人放在眼里。"

冬季,吴国攻打楚国,侵入棘、栎、麻三地,以报复楚国对朱方的攻打。楚国的沈尹射受命奔赴夏汭,箴尹宜咎修筑钟离城,薳启强修筑巢城,然丹修筑州来城。楚国东部发生了水灾,无法筑城,彭生下令赖地的军队停止筑城。

当初,叔孙豹从叔孙家出走,行至庚宗,遇到一个女人,让她偷偷为自己弄点吃的,并且住在她家。女人问他到哪里去,叔孙豹告诉她原因,女人哭着送他上路。叔孙豹到齐国后,娶了国氏的女儿,生了孟丙和仲壬。叔孙豹梦见天塌下来压住自己,快要顶不住了。回头看见一个人,皮肤很黑,驼背,眼睛深陷,嘴巴像猪。他向这个人喊道:"牛,帮我。"这才顶住。第二天早晨他召集所有手下人,没有找到梦中那个人。就说:"记住这个人。"等叔孙侨如逃到齐国,叔孙豹送给他食物吃。侨如说:"鲁国因为我们的祖先有功,将要保存我们的宗族,一定会召你回国。如果召你,你怎么办?"叔孙豹说:"我盼望很久了。"

鲁国召叔孙豹回国,他没有告诉侨如就走了。被立为卿后,那个在庚宗留宿过的女人来献野鸡。问起他的儿子,女人说:"我儿子已经长大了,能拿着野鸡跟我一起来了。"把她儿子叫来,正是梦中见到的那个人。没有问他的名字就喊:"牛。"孩子答应:"哎。"叔孙豹把手下人都招来,让他们看这个孩子,让他做了小臣。牛受到宠信,长大以后又让他主管家政。叔孙豹在齐国时和齐大夫公孙明关系很好,回国后,没有接回国姜,公孙明就娶了她。叔孙豹非常生气,直到儿子长大之后,才派人将其接回鲁国。

叔孙豹在丘蓣打猎,生了病。竖牛打算破坏叔孙豹的家室后将其占有,强行要和孟丙盟誓,孟丙不同意。叔孙豹为孟丙铸了一口钟,说:"你还没有正式和人交际,我准备设享礼宴请大夫庆祝钟的落成。"孟丙准备好享礼后,让竖牛去请示具体日期。竖牛进去,没有请示。出来后诈称父亲决定了日期。等那天宾客来到,叔孙豹听到钟声。竖牛说:"孟丙正在招待北方那女人的客人。"叔孙豹大怒,准备前去,被竖牛劝住了。宾客走后,叔孙豹让人把孟丙抓住在郊外杀死。竖牛又强行和仲壬盟誓,仲壬不答应。仲壬和昭公御者莱书在公宫游玩,昭公赐给他一个玉环,仲壬让竖牛拿给叔孙豹看。竖牛进去后,并没有出示玉环。出来诈称叔孙豹让仲壬佩带。又对叔孙豹说:"让仲壬进见国君吧?"叔孙豹说:"为什么?"牛说:"你不让他进见,他自己已经进见了,国君赐给他玉环都佩带上了。"叔孙豹把仲壬放逐,仲壬逃到了齐国。叔孙豹病危,让竖牛召仲壬回来,竖牛答应了却不去召他。杜泄进见叔孙豹,叔孙豹告诉他自己又饥又渴,给杜泄戈让他杀了竖牛。杜泄回答说："是你把他找来的,又为什么除掉他呢?"竖牛说:"老人家病情很重,不想见人。"让人把送来的食物放到厢房就退出去了。竖牛不把食物送进去,而是倒掉后让人把食具撤走。十二月二十六日,叔孙豹没吃食物。二十八日去世。竖牛立了昭子为继承人并辅佐他。

昭公派杜泄安葬叔孙豹。竖牛贿赂叔仲带和季氏家臣南遗,让他们在季孙面前说杜泄的坏话以除掉他。杜泄准备用路车为叔孙豹送葬,并使用卿的礼仪。南遗对季孙说:"叔孙豹没有乘坐过路车,为什么要用它安葬?再说正卿都没有路车,副卿用路车安葬,这样做不恰当吧。"季孙说:"对。"让杜泄不要使用路车。杜泄不肯,他说:"他老人家接受朝廷命令去向天子聘问,天子念及他从前的功勋而赐给路车,他回来复命后献给国君。国君不敢违背天子的命令又把路车赐给他,并让三名官员记下此事。当时您作为司徒,记下姓名。他老人家作为司马,让工正记下车服。孟孙作为司空记下功勋。如今他死了却不让他用路车,这是背弃国君的命令。记载藏在公府而不让使用,就是废除了三官。如果国君命令使用的车服,生前不敢使用,死后又不让用,要它还有什么用呢?"季孙这才同意用路车送葬。

季孙打算撤销中军。竖牛说:"他老人家本来就想撤销它。"

昭公五年

经 五年春,王正月,舍中军。楚杀其大夫屈申。公如晋。夏,莒牟夷以牟娄及防、兹来奔。秋七月,公至自晋。戊辰,叔弓帅师败莒师于蚡泉。秦伯卒。冬,楚子、蔡侯、陈侯、许男、顿子、沈子、徐人、越人伐吴。

传 五年春,王正月,舍中军,卑公室也①。毁中军于施氏②,成诸臧氏③。初作中军,三分公室而各有其一。季氏尽征之④，叔孙氏臣其子弟⑤，孟氏取其半焉⑥。及其舍之也，四分公室，季氏择二，二子各一。皆尽征之，而贡于公⑦。

以书使杜泄告于殡⑧，曰："子固欲毁中军，既毁之矣，故告。"杜泄曰："夫子唯不欲毁也，故盟诸僖闳⑨，诅诸五父之衢⑩。"受其书而投之，帅士而哭之。

叔仲子谓季孙曰："带受命于子叔孙曰，葬鲜者自西门⑪。"季孙命杜泄。杜泄曰："卿丧自朝⑫，鲁礼也。吾子为国政，未改礼，而又迁之。群臣惧死，不敢自也。"既葬而行⑬。

仲至自齐⑭，季孙欲立之。南遗曰："叔孙氏厚则季氏薄⑮。彼实家乱，子勿与知，不亦可乎？"南遗使国人助竖牛以攻诸大库之庭。司宫射之⑯，中目而死。竖牛取东鄙三十邑，以与南遗。

昭子即位，朝其家众，曰："竖牛祸叔孙氏，使乱大从⑰，杀适立庶，又披其邑⑱，将以赦罪，罪莫大焉。必速杀之。"竖牛惧，奔齐。孟、仲之子杀诸塞关之外⑲，投其首于宁风之棘上⑳。仲尼曰："叔孙昭子之不劳㉑，不可能也㉒。周任有言曰：'为政者不赏私劳，不罚私怨。'《诗》云：'有觉德行，四国顺之㉓。'"

初，穆子之生也，庄叔以《周易》筮之㉔，遇《明夷》☷之《谦》☷㉕，以示卜楚丘。楚丘曰："是将行，而归为子祀㉖。以谗人入，其名曰牛。卒以馁死㉗。《明夷》，日也㉘。日之数十㉙，故有十时㉚，亦当十位。自王已下，其二为公，其三为卿。日上其中㉛，食日为二㉜，旦日为三㉝。

《明夷》之《谦》，明而未融㉞，其当旦乎，故曰为子祀。日之《谦》，当鸟㉟，故曰明夷于飞㊱。明而未融，故曰垂其翼。象日之动㊲，故曰君子于行。当三在旦㊳，故曰三日不食。《离》，火也，《艮》，山也。《离》为火，火焚山，山败。于人为言㊴，败言为谗㊵，故曰有攸往。主人有言，言必谗也。纯《离》为牛㊶，世乱谗胜，胜将适《离》㊷，故曰其名曰牛。《谦》不足㊸，飞不翔㊹，垂不峻㊺，翼不广㊻，故曰其为子后乎㊼。吾子，亚卿也，抑少不终㊽。"

楚子以屈申为贰于吴，乃杀之。以屈生为莫敖，使与令尹子荡如晋逆女。过郑，郑伯劳子荡于氾，劳屈生于菟氏㊾。晋侯送女于邢丘。子产相郑伯，会晋侯于邢丘。

公如晋，自郊劳至于赠贿，无失礼。晋侯谓女叔齐曰："鲁侯不亦善于礼乎？"对曰："鲁侯焉知礼？"公曰："何为？自郊劳至于赠贿，礼无违者，何故不知？"对曰："是仪也㊿，不可谓礼。礼所以守其国，行其政令，无失其民者也。今政令在家㈤，不能取也。有子家羁㉒，弗能用也。奸大国之盟，陵虐小国。利人之难，不知其私㉓。公室四分，民食于他㉔。思莫在公，不图其终。为国君，难将及身，不恤其所。礼之本末，将于此乎在㉕，而屑屑焉习仪以亟㉖。言善于礼，不亦远乎？"君子谓叔侯于是乎知礼。

晋韩宣子如楚送女，叔向为介。郑子皮、子大叔劳诸索氏㉗。大叔谓叔向曰："楚王汰侈已甚，子其戒之。"叔向曰："汰侈已甚，身之灾也，焉能及人？若奉吾币帛，慎吾威仪，守之以信，行之以礼，敬始而思终，终无不复㉘。从而不失仪，敬而不失威，道之以训辞㉙，奉之以旧法，考之以先王，度之以二国⑩，虽汰侈，若我何？"

及楚，楚子朝其大夫，曰："晋，吾仇敌也。苟得志焉㉑，无恤其他。今其来者，上卿、上大夫也。若吾以韩起为阍，以羊舌肸为司宫，足以辱晋，吾亦得志矣。可乎？"大夫莫对。薳启强曰："可。苟有其备，何故不可？耻匹夫不可以无备㉒，况耻国乎？是以圣王务行礼，不求耻人。朝聘有珪，享覜有璋㉓，小有述职，大有巡功㉔。设机而不倚㉕，爵盈而不饮，宴有好货，飧有陪鼎㉖，入有郊劳，出有赠贿，礼之至也。国家之败，失之道也，则祸乱兴。城濮之役，晋无楚备，以败于邲。邲之役，楚无晋备，以败于鄢。自鄢以来，晋不失备，而加之以礼，重之以睦，是以楚弗能报而求亲焉。既获姻亲，又欲耻之，以召寇仇，备之若何？谁其重此㉗？若有其人，耻之可也；若其未有，君亦图之。晋之事君，臣曰可矣：求诸侯而糜至㉘。求昏而荐女，君亲送之，上卿及上大夫致之。犹欲耻之，君其亦有备矣。不然，奈何？韩起之下，赵成、中行吴、魏舒、范鞅、知盈㉙；羊舌肸之下，祁午、张趯、籍谈、女齐、梁丙、张骼、辅跞、苗贲皇㉚，皆诸侯之选也㉛。韩襄为公族大夫，韩须受命而使矣。箕襄、邢带、叔禽、叔椒、子羽，皆大家也㉜。韩赋七邑㉝，皆成县也㉞。羊舌四族㉟，皆强家也。晋人若丧韩起、杨肸㊱，五卿八大夫辅韩须、杨石㊲，因其十家九县，长毂九百㊳，其余四十县，遗守四千㊴，奋其武怒，以报其大耻。伯华谋之，中行伯、魏舒帅之，其蔑不济矣。君将以亲易怨，实无礼以速寇，而未有其备，使群臣往遗之禽㊵，以逞君心，何不可之有？"王曰："不穀之过也，大夫无辱。"厚为韩子礼。王欲敖叔向以其所不知[81]，而不能，亦厚其礼。

韩起反，郑伯劳诸圉[82]。辞不敢见，礼也。

郑罕虎如齐，娶于子尾氏。晏子骤见之[83]。陈桓子问其故，对曰："能用善人，民之主也。"

夏，莒牟夷以牟娄及防、兹来奔[84]。牟夷非卿而书，尊地也[85]。

莒人诉于晋。晋侯欲止公。范献子曰："不可。人朝而执之，诱也[86]。讨不以师，而诱以成之，惰也。为盟主而犯此二者，无乃不可乎！请归之，间而以师讨焉[87]。"乃归公。

秋七月，公至自晋。

莒人来讨，不设备。戊辰[88]，叔弓败诸蚡泉[89]，莒未陈也。

冬十月，楚子以诸侯及东夷伐吴，以报棘、栎、麻之役。薳射以繁扬之师会于夏汭[90]。越大夫常寿过帅师会楚子于琐[91]。闻吴师出，薳启强帅师从之，遽不设备[92]，吴人败诸鹊岸[93]。楚子以驲至于罗汭[94]。

吴子使其弟蹶由犒师，楚人执之，将以衅鼓。王使问焉，曰："女卜来吉乎？"对曰："吉。寡君闻君将治兵于敝邑，卜之以守龟[95]，曰：余亟使人犒师[96]，请行以观王怒之疾徐，而为之备，尚克知之。龟兆告吉[97]，曰：克可知也。君若骧焉[98]，好逆使臣，滋敝邑休息[99]，而忘其死，亡无日矣。今君奋焉[100]，震电冯怒[101]，虐执使臣，将以衅鼓，则吴知所备矣。敝邑虽羸，若早修完，其可以息师[102]。难易有备⑩,可谓吉矣。且吴社稷是卜,岂为一人?使臣获钺军鼓,而敝邑知备,以御不虞,其为吉孰大焉?国之守龟,其何事不卜?一臧一否⑩,其谁能常之⑩?城濮之兆,其报在邲⑩。今此行也,其庸有报志⑩?"乃弗杀。

楚师济于罗汭,沈尹赤会楚子,次于莱山⑩,薳射帅繁扬之师,先入南怀,楚师从之,及汝清。吴不可入。楚子遂观兵于坻箕之山⑩。

是行也,吴早设备,楚无功而还,以蹶由归。楚子惧吴,使沈尹射待命于巢,薳启强待命于雩娄⑩,礼也。

秦后子复归于秦,景公卒故也。

[注释]

①卑:降低。 ②毁中军于施氏:在施氏家里谋划撤销中军。施氏,公子施父之族。 ③成诸臧氏:在臧氏家里达成协议。臧氏,公子子臧之族。 ④尽征:鲁国军队无论士卒车乘,皆出于国都近郊。三家的私兵,则出自其采邑。无论采邑或近郊之民,出卒乘者季氏免其田赋;不出卒乘者,加倍征其田赋。尽征即或征卒乘,或征田赋。 ⑤臣其子弟:即将青壮士卒作为奴隶兵,老弱者作为自由民。子弟,指青壮者。 ⑥取其半:一半为自由民,或出军赋,或出田赋;一半仍为奴隶或为奴隶兵,或为农业奴隶。 ⑦贡于公:向公室交纳贡赋。 ⑧书:策书。 ⑨僖闳(hóng):僖公宗庙门口。 ⑩诅诸五父之衢:见襄公十一年传。 ⑪鲜:不得寿终。 ⑫自朝:自朝门出。朝,朝门,为鲁国正门,即鲁南门。 ⑬行:出走。 ⑭仲:即仲壬。 ⑮厚:强。薄:弱。 ⑯司宫:阉臣。 ⑰大从:重大的条理、常规。 ⑱披:分。 ⑲塞关:齐、鲁边界关口。 ⑳宁风:齐地名。 ㉑不劳:不酬劳竖牛。 ㉒不可能:一般人做不到。 ㉓"有觉德行"二句:句出《诗经·大雅·

抑》。觉，正直。四国，四方之国。 ㉔庄叔：穆子之父叔孙得臣。 ㉕《明夷》：《周易》卦名，卦象为离下坤上。《谦》：《周易》卦名，卦象为艮下坤上。 ㉖归为子祀：回国为您祭祀。 ㉗卒以馁死：最终因饥饿而死。 ㉘《明夷》，日也：《明夷》卦象为离下坤上。离为火为日，坤为地为土。日在地下故曰《明夷》。 ㉙日之数十：古代传说尧时天有十日。一说从甲至癸十天干。 ㉚十时：古人分一昼夜为十时，即鸡鸣、昧旦、旦（日出）、大昕、日中、日昃、夕、昏（日旰、日入）、宵、夜中等。 ㉛日上其中：指日上升到天空之中，这时太阳的位置最高最明亮，故以当王位。 ㉜食日：昧旦。 ㉝旦日：日出。 ㉞融：大明。 ㉟日之《谦》，当鸟：指《明夷》下卦离变为艮得《谦》卦。离又为日为鸟。 ㊱明夷于飞：《明夷》卦初九爻辞为“明夷于飞，垂其翼。君子于行，三日不食。有攸往，主人有言”。离为鸟，艮为山，有鸟飞于山上之象，故曰“明夷于飞”。 ㊲日之动：《明夷》下卦为离为日，初九爻由阳变阴。故曰“日之动”。 ㊳当三在旦：位在第三（卿位）相当旦时，尚未到食时。 ㊴于人为言：艮为言，为口。 ㊵败言：坏话。 ㊶纯：偶。 ㊷适：归于。 ㊸不足：不满。 ㊹不翔：不能远翔。 ㊺不峻：不高。 ㊻不广：不能远广。 ㊼后：继承人。 ㊽少不终：虽老寿，仍不得善终。少，小。 ㊾莵氏：郑地，在今河南省尉氏县西北。 ㊿仪：仪式。 (51)在家：在私家。指鲁国政权已掌握在卿大夫手中。 (52)子家羁：即懿伯。 (53)私：私难，自己的危机。 (54)他：指季氏等三家。 (55)于此乎在：“在于此乎”的倒装句。 (56)屑屑：烦琐细屑。亟：急。 (57)索氏：郑地，在今河南省荥阳市西。 (58)终无不复：杜注：“事皆可复行。” (59)训辞：前代先贤的言语。 (60)度：衡量。 (61)得志：满足愿望。 (62)耻：羞辱。 (63)享眺（tiào）：宴享进见。眺，见。 (64)巡功：即巡狩。 (65)机：同“几”。 (66)陪鼎：另外增加的菜肴。 (67)重此：任此，即承当此责任。 (68)麇：通“群”。 (69)赵成等：此五人为韩起之下的五卿。 (70)祁午等：以下八人为羊舌肸之下的贤大夫。 (71)选：所选择的良臣。 (72)大家：大家族。 (73)赋：

征赋。 ⑭成县：大县。 ⑮羊舌四族：指叔向及其兄弟伯华、叔鱼、叔虎。 ⑯杨肸（xī）：叔向采邑在杨，故又称杨肸。 ⑰韩须：韩起之子。杨石：叔向之子。 ⑱长毂：战车。 ⑲遗守：留守之兵车。 ⑳往遗之禽：送去做晋国的俘虏。 ㉑敖：同"傲"。 ㉒围：郑地，在今河南省杞县南。 ㉓骤：屡。 ㉔牟娄及防、兹：皆为莒地。牟娄在今山东省诸城市西，防在今山东省安丘市西南，兹在今山东省诸城市北。 ㉕尊：重视。 ㉖诱：引诱。 ㉗间：暇。 ㉘戊辰：十四日。 ㉙蚡泉：地名，在莒、鲁交界处。 ㉚繁扬：即繁阳，在今河南省新蔡县境。 ㉛琐：楚地，在今安徽省霍邱县东。 ㉜遽：急速，匆忙。 ㉝鹊岸：地名，在今安徽省无为县南到铜陵市北沿长江一带。 ㉞罗汭：即汨罗江，在今湖南省汨罗市南。 ㉟守龟：职掌龟卜者。 ㊱亟：急。 ㊲龟兆：兆象。 ㊳驩：同"欢"。 ㊴休怠：懈怠。 ㊵奋焉：勃然。 ㊶震电冯怒：雷霆盛怒。 ㊷息师：阻止、对抗楚军。 ㊸难易：患难和平安。 ㊹臧、否（pǐ）：吉凶。 ㊺常：一定。 ㊻城濮之兆，其报在邲：城濮晋楚之战，楚卜吉，而实败，则此吉兆应验在邲之胜。报，报应。 ㊼其庸：反诘副词连用，岂。 ㊽莱山：河南省光山县南天台山，或云即莱山。 ㊾坻箕之山：在今安徽省巢湖市南，即踟蹰山。 ㊿雩（yú）娄：楚地，在安徽省金寨县北。一说在今河南省商城县东。

[译文]

　　五年春季，周历正月，撤销了中军建制，这是为了削弱公室。撤销中军一事在施氏家里谋划，在臧氏家里决定。当初设立中军，把公室的军队一分为三，三家各自掌握一军。季孙一军全部采取征兵征税的方法；叔孙一军青壮士卒做奴隶兵，年老体弱者做自由民；孟孙一军一半为自由民，一半为奴隶兵。撤销中军后，把公室军队一分为四，季孙取两部分，叔孙、孟孙各取一部分。全部征兵或征税，向公室交纳贡赋。

季孙用策书让杜泄在叔孙豹的灵柩前报告："您本来就打算撤销中军，现在撤去了，特此向您报告。"杜泄说："他老人家不愿意撤去中军，所以在僖公庙门口盟誓，在五父之衢诅咒。"接了策书扔到地上，率领众人大哭起来。

叔仲子对季孙说："叔孙命令我，给未能寿终的送葬的人从西门通过。"季孙让杜泄从西门出殡。杜泄说："卿的丧礼从正门出去，这是鲁国的礼仪。您主持国政，没有修改礼仪却随意变更。群臣害怕被杀，不敢服从。"安葬之后，杜泄就出走了。

仲壬从齐国回来，季孙准备立他为叔孙氏继承人。南遗说："叔孙氏一旦强大，季孙氏就会被削弱。他们发生了家乱，您装作不知道，不也可以吗？"南遗让国人帮助竖牛在大库的庭院中攻打仲壬。司宫射中仲壬的眼睛，仲壬死去。竖牛把东部边境的三十座城邑送给南遗。

昭子即位后，召集家族的人朝见，说："竖牛祸乱叔孙氏，搅乱了重大问题的正常秩序，杀了嫡子立了庶子，又把封邑分给他人，企图逃避自己的罪责，没有比这更大的罪行了。必须尽快除掉他。"竖牛害怕，逃到了齐国。孟丙和仲壬的儿子在塞关之外把他杀了，把他的头扔到宁风的荆棘中。孔子说："昭子不酬劳竖牛立己之功，真是难能可贵。周任说过：'执政的人不能赏赐私功，不能惩罚私怨。'《诗经》说：'君主德行正直，四方国家归顺。'"

当初，叔孙豹出生时，庄叔用《周易》为他占筮，得到明夷卦变为谦卦，拿给卜人楚丘看。楚丘解释说："他将出逃，又回来为您祭祀。带着一个奸邪之人回来，叫牛。他最终将饿死。明夷是日。日的数目是十，一天被分为十个时辰，也和十个位次相配。从王以下，第二是公，第三是卿。太阳升至天空相当于王，食时相当于公，旦日相当于卿。明夷卦变为谦卦，天虽然亮了太阳还没有升高，大概相当于刚刚离开地面，因此说为您祭祀。太阳变为谦卦，相当于鸟，因此说明夷飞翔。天虽然亮了太阳还没有升高，所以说垂着翅膀。又象征太阳的运行，因此说君子要出奔。太阳刚刚离开地面时相当于第三位，因此说三天不吃东西。离为火，艮为山。离是火，火烧山，山就会崩毁。艮对人来说就是言语，说别人的坏话就是谗言，所以说有人离去。主人要说话，这话一定是坏话。与离相配的是牛，世道动乱谗言得逞，得逞就会归于离，因此说这个人叫牛。谦就是不能满足，虽然能飞但飞不高，下垂就是飞不高，有翅膀但飞不远，因此说他大概能成为您的继承人。您是次卿，但您的继承人却难得善终。"

楚灵王认为屈申暗中勾结吴国，把他杀了。任命屈生为莫敖，派他和令尹子荡到晋国迎亲。途径郑国时，郑简公在氾地慰劳子荡，在菟氏慰劳屈生。晋平公把女儿送到邢丘。子产辅佐郑简公在邢丘会见平公。

昭公前往晋国，从郊劳之礼到赠礼，都没有失礼之处。平公对女叔齐说："鲁侯不也很懂得礼吗？"女叔齐说："鲁侯哪里懂得礼呢？"平公说："为什么？从郊劳直到赠礼，没有任何一处违礼，他怎么不懂礼呢？"女叔齐说："这是仪式，不能算是礼。礼是用以保护国家、推行政令、拥有百姓的工具。现在鲁国的政权都落在大夫之手，国君无力收回。有子家羁这样的贤人却不能重用。违背和大国之间的盟约，欺压小国。利用别国的动乱乘机侵略，却不知自己也面临危难。公室的军队一分为四，百姓依靠三家大夫养活。无人思念国君，国君也不考虑后果。作为国君祸难将要降临，却也不忧虑他的处境。礼的根本和枝节就在于此，他却急于学习一些烦琐细碎的仪式。说他懂得礼，不是差得太远了吗？"君子认为女叔齐在这个问题上懂得礼。

晋国的韩起护送晋女前往楚国，叔向为副手。郑国的子皮、游吉在索氏慰劳他们；游吉对叔向说："楚王过于骄横，您要格外小心。"叔向说："骄横过分了，是他个人的灾难，哪能连累别人呢？只要我们进献贡礼，举止谨慎，保守信用，讲究礼仪，慎始慎终，以后就都可以这么做。顺从而不失礼仪，恭敬而不失威严，以先人遗训为指导，以传统法度为准则，参照先王的做法，衡量两个大国的力量，即使楚王骄横，又能把我们怎么样？"

到达楚国后，灵王召集大夫们朝见，说："晋国是我们的仇敌。假若能够满足我们的愿望，不要顾及其他。现在来我国的人是上卿和上大夫。假若我们砍掉韩起的双脚让他看门，对叔向施以宫刑让他担任阉官，就足以羞辱晋国，我也就满足了愿望。这样做可以吗？"大夫们都不答话。薳启强说："可以。如果我们做好了防备，有什么不可以呢？羞辱一个普通人尚且要有所防备，何况羞辱一个国家呢？因此圣明的君主总是要致力于推行礼治，不追求羞辱他人。朝见聘问时手执玉珪，宴享时进献玉璋，小国对大国有朝见，大国对小国有巡狩。设置了几案而不靠，斟满了酒杯却不喝，饮宴时赠送礼品，吃饭时增加菜肴，宾客入境举行郊劳之礼，宾客离境要赠送礼物，这都是礼的最高形式。一个国家所以失败，就是因为失去了这些礼，才导致祸乱的发生。城濮之战，晋国战胜后没有提防楚国，导致了邲之战的失败。邲地战役后楚国对晋国放松了戒备，结果鄢陵一战失败。从鄢陵之战后，晋国一直严加防备，同时又加之以礼，格外和睦，因此楚国无法报仇雪耻，只能请求通婚。既然已经结成姻亲，又要羞辱对方，等于自树仇敌，我们准备得怎么样？谁来承担这一责任呢？如果有人担责，可以羞辱他们；如果没有这样的人，希望国君慎重考虑。晋国事奉国君，我认为已经够可以的了：您想召集诸侯，他们成群结队来了。您想求婚让他们进献美女，国君亲自送行，上卿和上大夫护送。做到了这些，还要羞辱他们，恐怕国君真要有准备了。否则怎么办？晋国自韩起以下，卿有赵成、荀吴、魏舒、范鞅、知盈；自叔向以下，大夫有祁午、张趯、籍谈、女齐、梁丙、张骼、辅跞、苗贲皇，都是诸侯中的名臣良将。韩襄担任公族大夫，韩须受命出使国外。箕襄、邢带、叔禽、叔椒、子羽都是比较大的家族。韩氏征收赋税的七个城邑，都是晋国的大县。叔向四兄弟都是势力强大的家族。晋国人一旦失去了韩起和叔向，五卿、八个大夫必然会协助韩须、杨石，依靠他们十个家族九个县的力量，率领九百辆战车，让其他四十个县的四千辆战车镇守国内，发扬勇武，奋力作战，以雪此奇耻大辱。有伯华策划，有荀吴和魏舒率领，没有不成功的。国君以亲善换来怨恨，以无礼招致敌寇，又没有充分的准备，把群臣拱手送出去当俘虏，以满足国君的心愿，有什么不行呢？"灵王说："这是我的过错，您不要再羞辱我了。"于是对韩起厚加礼遇。灵王还想提出一些不知道的问题为难叔向，没有达到目的，也对他厚加礼遇。

韩起回国途中，郑简公在圉地慰劳。韩起辞谢不敢进见，这是合乎礼的。

郑国的子皮到齐国迎娶子尾氏的女儿。晏婴多次和他会见。陈桓子问这样做的原因，晏婴说："因为他能任用好人，是百姓的主人。"

夏季，莒国的牟夷带着牟娄和防地、兹地投奔鲁国。牟夷不是卿，但《春秋》加以记载，是因为看重这些土地。

莒国人到晋国控告鲁国。晋平公准备扣留昭公。范鞅说："不能这么做。人家前来朝见，却把他抓起来，这是引诱。不用武力讨伐，却通过引诱来达到目的，这是怠惰。作为盟主犯下这两个过错，恐怕不行吧！请让鲁侯先回去，有时间再发兵攻打。"于是让昭公回国。

秋季七月，昭公从晋国回到国内。

莒国人前来讨伐鲁国，自己不设防备。十四日，叔弓在蚡泉打败了他们，当时莒军还没有摆开阵势。

冬季十月，楚灵王率领诸侯和东夷军队攻打吴国，以报棘、栎、麻战役之仇。薳射率领繁扬的军队和灵王在夏汭会合。越国大夫常寿过率军在琐地和灵王会合。听说吴国军队出动，薳启强领兵追击，匆忙之中没有设防，在鹊岸被吴军打败。灵王乘驿车赶到罗汭。

吴王派他的弟弟蹶由犒劳楚军，楚国人把他抓了起来，准备杀了祭鼓。灵王派人问他："你来之前占卜的是吉卦吗？"蹶由回答说："是吉卦。寡君听说国君准备在我国用兵，就用守龟占卜，说：'我准备迅速派人犒劳楚军，以便观察楚王怒气的大小，从而加以防备，如果能获胜请告知。'龟甲显示的卦象是吉利，说：可以预料能够取胜。如果国君高兴地迎接使臣，滋长我国的懈怠情绪，忘记死亡的威胁，那么我们灭亡就没有几天了。如今国君勃然大怒、大发雷霆，又把使臣抓住，准备杀掉祭鼓，这样吴国就知道要做好戒备了。我国虽然疲弱，如果早早加固城郭，整治武器，或许还能够抵抗楚军。无论是患难还是平安，只要事先有了准备，就可以说是吉利的。再说吴国是为国家占卜吉凶，哪里是为了我一个人？如果我得以被杀祭鼓，从而使我国加强防备，以防不测，这不是最大的吉利吗？国家的守龟什么事不能占卜出来？是吉是凶，谁能知道就一定是在哪件事上应验呢？当年城濮之战贵国占卜的吉兆却应验在邲之战中。我这次来的占卜结果，难道也会应验吗？"灵王决定不杀蹶由。

楚军在罗汭渡河，沈尹赤和灵王会合，驻扎在莱山，薳射率领繁扬的军队首先进入南怀，楚军随后跟上，行至汝清。吴国无法攻入。灵王于是在坻箕山检阅了军队。

这次行动，吴国及早做了防备，楚军无功而返，把蹶由带回国。灵王怕吴国进犯，派沈尹射在巢地待命，薳启强在雩娄待命，这是合乎礼的。

秦国的后子回到秦国，因为秦景公去世了。

昭公六年

经 六年春，王正月，杞伯益姑卒。葬秦景公。夏，季孙宿如晋。葬杞文公。宋华合比出奔卫。秋九月，大雩。楚薳罢帅师伐吴。冬，叔弓如楚。齐侯伐北燕。

传 六年春，王正月，杞文公卒，吊如同盟，礼也。大夫如秦，葬景公，礼也。

三月，郑人铸刑书①。叔向使诒子产书②，曰："始吾有虞于子③，今则已矣。昔先王议事以制④，不为刑辟⑤，惧民之有争心也。犹不可禁御，是故闲之以义⑥，纠之以政⑦，行之以礼⑧，守之以信，奉之以仁⑨，制为禄位以劝其从⑩，严断刑罚以威其淫⑪。惧其未也⑫，故诲之以忠，耸之以行⑬，教之以务⑭，使之以和⑮，临之以敬⑯，莅之以强⑰，断之以刚⑱。犹求圣哲之上⑲，明察之官，忠信之长，慈惠之师，民于是乎可任使也，而不生祸乱。民知有辟，则不忌于上⑳，并有争心，以征于书㉑，而徼幸以成之，弗可为矣。夏有乱政而作《禹刑》㉒，商有乱政而作《汤刑》，周有乱政而作《九刑》，三辟之兴㉓，皆叔世也㉔。今吾子相郑国，作封洫㉕，立谤政㉖，制参辟㉗，铸刑书，将以靖民，不亦难乎？《诗》曰㉘：'仪式刑文王之德，日靖四方。'又曰：'仪刑文王，万邦作孚㉙。'如是，何辟之有？民知争端矣㉚，将弃礼而征于书，锥刀之末㉛，将尽争之。乱狱滋丰㉜，贿赂并行㉝。终子之世，郑其败乎！肸闻之，国将亡，必多制。其此之谓乎！"

复书曰："若吾子之言……侨不才，不能及子孙㉞，吾以救世也。既不承命，敢忘大惠？"

士文伯曰："火见㉟，郑其火乎㊱！火未出而作火以铸刑器，藏争辟焉㊲。火如象之㊳，不火何为？"

夏，季孙宿如晋，拜莒田也。晋侯享之，有加笾。武子退，使行人告曰："小国之事大国也，苟免于讨，不敢求贶。得贶不过三献。今豆有加，下臣弗堪，无乃戾也。"韩宣子曰："寡君以为欢也。"对曰："寡君犹未敢，况下臣，君之隶也，敢闻加贶？"固请彻加而后卒事。晋人以为知礼，重其好货。

宋寺人柳有宠，大子佐恶之。华合比曰：“我杀之。”柳闻之，乃坎、用牲、埋书，而告公曰：“合比将纳亡人之族㊴，既盟于北郭矣。”公使视之，有焉，遂逐华合比。合比奔卫。于是华亥欲代右师㊵，乃与寺人柳比㊶，从为之征㊷，曰：“闻之久矣。”公使代之。见于左师㊸，左师曰：“女夫也㊹，必亡！女丧而宗室㊺，于人何有？人亦于女何有？《诗》曰㊻：‘宗子维城，毋俾城坏，毋独斯畏。’女其畏哉！”

六月丙戌㊼，郑灾。

楚公子弃疾如晋，报韩子也。过郑，郑罕虎、公孙侨、游吉从郑伯以劳诸柤㊽。辞不敢见，固请见之。见，如见王，以其乘马八匹私面㊾；见子皮如上卿㊿，以马六匹；见子产，以马四匹；见子大叔，以马二匹。禁刍牧采樵(51)，不入田，不樵树(52)，不采蓺(53)，不抽屋(54)，不强丐(55)。誓曰：“有犯命者，君子废，小人降(56)。”舍不为暴，主不慁宾(57)。往来如是。郑三卿皆知其将为王也(58)。

韩宣子之适楚也，楚人弗逆。公子弃疾及晋竟，晋侯亦将弗逆。叔向曰：“楚辟我衷(59)，若何效辟？《诗》曰(60)：‘尔之教矣，民胥效矣。’从我而已，焉用效人之辟？《书》曰：‘圣作则(61)。’无宁以善人为则，而则人之辟乎？匹夫为善，民犹则之，况国君乎？”晋侯说，乃逆之。

秋九月，大雩，旱也。

徐仪楚聘于楚，楚子执之，逃归。惧其叛也，使薳泄伐徐。吴人救之。令尹子荡帅师伐吴，师于豫章(62)，而次于乾谿(63)。吴人败其师于房钟(64)，获宫厩尹弃疾。子荡归罪于蔿泄而杀之。

冬，叔弓如楚聘，且吊败也。

十一月，齐侯如晋，请伐北燕也。士匄相士鞅，逆诸河，礼也。晋侯许之。十二月，齐侯遂伐北燕，将纳简公。晏子曰："不入。燕有君矣，民不贰。吾君贿㊿，左右谄谀，作大事不以信，未尝可也。"

[注释]

①铸刑书：将刑法铸于鼎上。　②诒：送给。　③虞：希望。　④议事以制：衡量事之轻重，据以断刑。议，度。制，断。　⑤刑辟：刑律。　⑥闲之以义：用道义来防止。闲，防备，限制。　⑦纠：纠察。　⑧行：施行。　⑨奉：奉养。　⑩劝其从：勉励顺从者。　⑪以威其淫：威胁那些放纵者。　⑫未：未能奏效。　⑬耸：奖励。　⑭务：业务，专业。　⑮使之以和：用和悦的态度使用他们。　⑯敬：严肃。　⑰强：威严。　⑱刚：刚直，坚决。　⑲上：和下文"官""长""师"均为各级官长。上指执政的卿相，官指主事的官员，长指乡长，师为掌教化的老师。　⑳忌：敬畏。　㉑征于书：引刑律条文为证。　㉒乱政：违犯政令者。《禹刑》：与下文《汤刑》《九刑》均为刑名。《禹刑》未必为禹所作，下文亦同。　㉓三辟：指《禹刑》《汤刑》《九刑》。　㉔叔世：晚期。　㉕作封洫：事见襄公三十年传。　㉖立谤政：指作丘赋郑人谤之。详见昭公四年传。　㉗参辟：指刑律的三种或三项内容。参，同"叁"。　㉘《诗》曰：以下二句出自《诗经·周颂·我将》。"仪""式""刑"三字同义连用，意为效法。　㉙"仪刑文王"二句：句出《诗经·大雅·文王》。孚，信。　㉚争端：指刑书，即征于书。　㉛锥刀之末：锥刀为刻字的工具，"锥刀之末"喻刑书的每字每句。　㉜丰：繁多。　㉝并：遍。　㉞及子孙：虑及子孙。　㉟火见：大火星出现。　㊱火：火灾。　㊲藏争辟：隐藏着刑律的争端。　㊳象：象

征。 ㊴亡人：指出奔于陈的华臣。 ㊵华亥：华合比之弟。 ㊶比：勾结。 ㊷征：证。 ㊸左师：晋向戌。 ㊹女夫：轻视之词，亦作"而夫"。 ㊺宗室：宗主，宗族。 ㊻《诗》曰：以下三句出自《诗经·大雅·板》。毋独斯畏，勿使己孤独而畏惧。 ㊼丙戌：初七日。 ㊽郲：郑地，位近郑都。 ㊾私面：即私觌。 ㊿如上卿：如见楚上卿。 ㊿刍牧：割草放牧。 ㊿樵树：伐树为柴。 ㊿蓺（yì）：种植。此指蔬菜瓜果。 ㊿抽屋：拆房屋之木。 ㊿强丐：即强行乞讨。 ㊿君子废，小人降：君子撤职，小人降级。君子，有官职者。小人，杂役。 ㊿悃（hùn）宾：即不以宾为患。悃，忧，烦劳。 ㊿三卿：指罕虎、公孙侨、游吉。 ㊿辟：邪。衷：正。 ㊿《诗》曰：以下二句出自《诗经·小雅·角弓》。胥，皆。 ㊿圣作则：句出逸书。作则，作出准则。 ㊿豫章：地名，在今安徽省六安市、霍邱县、霍山县一带。 ㊿乾谿：在今安徽省亳州市谯城区东南。 ㊿房钟：在今安徽省蒙城县西南。 ㊿贿：贪财。

[译文]

六年春季，周历正月，杞文公去世，鲁国派人吊唁如同对待盟国，这是合乎礼的。鲁国大夫到秦国为秦景公送葬，也是合乎礼的。

三月，郑国人把刑法铸到鼎上。叔向派人给子产送了一封信，说："开始我对您寄予希望，现在则不这么想了。从前先王根据事情的轻重来判罪，并不制定刑律，是害怕百姓有争夺之心。这样还不能禁止，就用道义来防范，用政令来约束，用礼仪来推行，用信用来维持，用仁爱来奉养，制定了俸禄爵位制度以劝勉顺从之人，用严格的刑罚以威慑放纵之人。担心不能生效，又以忠诚教导他们，对好的行为加以奖励，教他们掌握专业技能，以和悦的态度使用他们，严肃地对待他们，强硬地管理他们，坚决地惩处他们。还要访求圣明贤能的卿相、明察事理的官员、忠诚守信的乡长和仁慈和善的教师，百姓在这种情况下才能任凭使唤，而不发生祸乱。百姓知道有了刑律，对上司不会恭敬，都有争夺之心，引用刑律作为根据，侥幸得以成功，这样就无法治理了。夏朝有人违犯政令，因此制定了《禹刑》；商朝有人违反政令，于是制定了《汤刑》；周朝有人违反政令，于是制定了《九刑》。三种刑法的制定都在朝代的末世。现在您辅佐郑国，划定田埂水沟，推行受人毁谤的制度，制定三种刑律，又把它铸到鼎上，企图以此安定百姓，不也很难做到吗？《诗经》说：'效法文王德行，每天安定四方。'又说：'效法文王，万邦信赖。'这样，又何必制定刑律呢？百姓知道有了争夺的根据，就会丢弃礼仪而引证法条，一字一句都要争辩清楚。触犯法律的案件日益增加，贿赂行为更加普遍。在您活着的时候，郑国就要灭亡了吧？据我所知，国家将要灭亡，必然制定很多法令。大概说的就是这种情况吧！"

子产回信说："如果按照您所说的……我没有才能，不能顾及子孙，只是以此挽救现在。即使不能接受您的命令，怎敢忘记您的大恩大德！"

士匄说："大火星出现，恐怕郑国会发生火灾吧！火星还未出现，就用火来熔铸刑器，把引起百姓争端的法条铸到上面。大火星如果象征这件事，还能不发生火灾吗？"

夏季，季孙宿到晋国，拜谢晋国不追究鲁国接受莒田之事。晋平公设享礼宴请他，又特别增加了菜肴。季孙宿退了出来，派外交官说："小国事奉大国，能被免于讨伐，不敢再奢求赏赐。即使接受也不能超过三献的规格。现在增加了菜肴，我担当不起，恐怕这是罪过。"韩起说："寡君是想以此使您高兴。"季孙宿说："寡君尚且不敢当，何况我这个国君的奴仆，怎敢接受这一厚遇呢？"坚决请求撤去加菜，然后完成宴享。晋国人认为他知晓礼仪，多送给他一些礼物。

宋国的寺人柳受到宋平公的宠信，太子佐讨厌他。华合比对太子佐说："我去杀了他。"柳听说后，便挖了一个坑，杀了牺牲，埋进盟书，然后告诉平公："华合比准备接纳逃亡在外的人，已经在北城外结盟了。"平公派人察看，果然有这回事，便驱逐了华合比。华合比逃到了卫国。这时华亥想代替华合比担任右师,就和寺人柳勾结,跟随他作证说:"早就听说此事了。"平公让他代替了华合比。华亥拜见左师向戌,向戌说:"你小子也一定会落个逃亡的下场。你毁坏自己的宗族,对别人又有什么好处?人家又给了你什么?《诗经》说:'宗族就是城墙,不要将城墙毁坏,不要使自己孤立害怕。'你会害怕的!"

六月七日,郑国发生了火灾。

楚国的公子弃疾到晋国,对韩起送晋女表示感谢。途经郑国,郑国的子皮、子产、游吉随同郑简公在柤地慰劳他。公子弃疾辞谢不敢接受,再三请求才见。见到郑简公就像见到楚灵王一样,把驾车的八匹马作为私人礼物送给简公;见到子皮如同见到楚国的上卿,送给他六匹马;见到子产,送他四匹马;见到游吉送给他两匹马。禁止随行人员割草放牧或采摘砍柴,不得侵入农田,不得砍伐树木,不得采摘蔬菜瓜果,不得拆毁民房,不得强行索要。发誓说:"有触犯命令的,君子要撤职,小人要降级。"因此馆舍没有受到糟蹋,主人不受宾客打扰,来去都是如此。郑国的三个卿都看出公子弃疾将来要成为楚王。

韩起到楚国时,楚国人没有迎接。公子弃疾来到晋都边境,平公也打算不去迎接。叔向说:"楚国奸邪,我们正派,为什么要效仿别人奸邪呢?《诗经》说:'你的教诲,百姓都会效仿。'只按照我们的规矩去做就行了,何必去效仿别人的奸邪呢?《尚书》说:'圣人做出了榜样。'宁可以善人为榜样,难道要学习奸邪吗?普通人做了善事,百姓还以他为榜样,何况国君呢?"平公非常高兴,迎接了公子弃疾。

秋季九月,鲁国举行大雩祭,因为发生了旱灾。

徐国大夫仪楚到楚国聘问,灵王把他抓了起来,他逃了回去。灵王担心他背叛,派薳泄攻打徐国。吴国出兵援救。令尹子荡率兵攻打吴国,军队从豫章出发,驻扎在乾谿。吴国人在房钟打败了楚军,俘获了宫厩尹弃疾。子荡把失败归罪于薳泄,把他杀了。

冬季,叔弓到楚国聘问,同时对楚军打了败仗表示慰问。

十一月,齐景公到晋国,请求讨伐北燕。士匄作为相礼陪同士鞅到黄河边迎接，这是合乎礼的。晋平公同意了。十二月，齐景公攻打北燕，准备把燕简公送回国。晏婴说："送不回去。北燕已有国君，百姓没有二心。国君贪图财物，身边的人阿谀奉承，做大事不讲信用，这事办不成。"

昭公七年

经 七年春，王正月，暨齐平。三月，公如楚。叔孙婼如齐莅盟。夏四月甲辰朔，日有食之。秋八月戊辰，卫侯恶卒。九月，公至自楚。冬十有一月癸未，季孙宿卒。十有二月癸亥，葬卫襄公。

传 七年春，王正月，暨齐平，齐求之也。癸巳①，齐侯次于虢②。燕人行成，曰："敝邑知罪，敢不听命？先君之敝器，请以谢罪。"公孙晳曰③："受服而退④，俟衅而动⑤，可也。"二月戊午⑥，盟于濡上⑦。燕人归燕姬，赂以瑶罋、玉椟、斝耳⑧，不克而还。

楚子之为令尹也，为王旌以田⑨。芋尹无宇断之⑩，曰："一国两君，其谁堪之？"及即位，为章华之宫⑪，纳亡人以实之。无宇之阍入焉。无宇执之，有司弗与⑫，曰："执人于王宫⑬，其罪大矣。"执而谒诸王。王将饮酒，无宇辞曰："天子经略⑭，诸侯正封⑮，古之制也。封略之内，何非君土？食土之毛⑯，谁非君臣？故《诗》曰⑰：'普天之下，莫非王土。率土之滨，莫非王臣。'天有十日，人有十等，下所以事上，上所以共神也。故王臣公⑱，公臣大夫，大夫臣士，士臣皂，皂臣舆，舆臣隶，隶臣僚，僚臣仆，仆臣台，马有圉，牛有牧⑲，以待百事。今有司曰：
'女胡执人于王宫？'将焉执之？周文王之法，曰：有亡，
荒阅⑳。所以得天下也。吾先君文王㉑，作《仆区》之法㉒，
曰：盗所隐器㉓，与盗同罪。所以封汝也㉔。若从有司，是
无所执逃臣也。逃而舍之，是无陪台也㉕，王事无乃阙乎？
昔武王数纣之罪，以告诸侯曰：'纣为天下逋逃主㉖，萃渊
薮㉗。'故夫致死焉㉘。君王始求诸侯而则纣㉙，无乃不可
乎？若以二文之法取之㉚，盗有所在矣。"王曰："取而臣
以往，盗有宠㉛，未可得也。"遂赦之。

楚子成章华之台，愿与诸侯落之㉜。大宰薳启强曰：
"臣能得鲁侯。"薳启强来召公，辞曰："昔先君成公，命
我先大夫婴齐曰：'吾不忘先君之好，将使衡父照临楚国，
镇抚其社稷，以辑宁尔民㉝。'婴齐受命于蜀㉞。奉承以来，
弗敢失陨㉟，而致诸宗祧。日我先君共王，引领北望，日月
以冀㊱。传序相授㊲，于今四王矣。嘉惠未至，唯襄公之辱
临我丧。孤与其二三臣㊳，悼心失图㊴，社稷之不皇㊵，况
能怀思君德？今君若步玉趾，辱见寡君，宠灵楚国㊶，以信
蜀之役㊷，致君之嘉惠，是寡君既受贶矣，何蜀之敢望？其
先君鬼神实嘉赖之，岂唯寡君？君若不来，使臣请问行期，
寡君将承质币而见于蜀，以请先君之贶。"

公将往，梦襄公祖㊸。梓慎曰："君不果行。襄公之适
楚也，梦周公祖而行。今襄公实祖，君其不行。"子服惠伯
曰："行。先君未尝适楚，故周公祖以道之㊹。襄公适楚
矣，而祖以道君。不行，何之？"

三月，公如楚，郑伯劳于师之梁㊺。孟僖子为介，不能

相仪。及楚，不能答郊劳。

夏四月甲辰朔㊻，日有食之。晋侯问于士文伯曰：“谁将当日食㊼？”对曰：“鲁、卫恶之㊽。卫大，鲁小。”公曰：“何故？”对曰：“去卫地，如鲁地㊾。于是有灾，鲁实受之。其大咎，其卫君乎，鲁将上卿。”公曰：“《诗》所谓‘彼日而食，于何不臧’者㊿，何也？”对曰：“不善政之谓也。国无政，不用善，则自取谪于日月之灾(51)。故政不可不慎也。务三而已(52)，一曰择人，二曰因民(53)，三曰从时(54)。”

晋人来治杞田，季孙将以成与之(55)。谢息为孟孙守，不可。曰：“人有言曰：虽有挈瓶之知(56)，守不假器(57)，礼也。夫子从君(58)，而守臣丧邑(59)，虽吾子亦有猜焉。”季孙曰：“君之在楚，于晋罪也。又不听晋，鲁罪重矣。晋师必至，吾无以待之(60)，不如与之，间晋而取诸杞。吾与子桃(61)，成反，谁敢有之，是得二成也。鲁无忧而孟孙益邑，子何病焉？”辞以无山，与之莱、柞(62)，乃迁于桃。晋人为杞取成。

楚子享公于新台(63)，使长鬣者相(64)，好以大屈(65)，既而悔之。薳启强闻之，见公。公语之，拜贺。公曰：“何贺？”对曰：“齐与晋、越欲此久矣，寡君无适与也(66)，而传诸君。君其备御三邻(67)。慎守宝矣，敢不贺乎？”公惧，乃反之。

郑子产聘于晋。晋侯有疾。韩宣子逆客，私焉，曰：“寡君寝疾，于今三月矣，并走群望(68)，有加而无瘳(69)。今梦黄熊入于寝门，其何厉鬼也？”对曰：“以君之明，子为大政(70)，其何厉之有？昔尧殛鲧于羽山(71)，其神化为黄熊，以入于羽渊㊆，实为夏郊㊆，三代祀之。晋为盟主，其或者未之祀也乎！"韩子祀夏郊㊆。晋侯有间㊆，赐子产莒之二方鼎。

子产为丰施归州田于韩宣子㊆，曰："日君以夫公孙段为能任其事，而赐之州田。今无禄早世㊆，不获久享君德。其子弗敢有，不敢以闻于君，私致诸子。"宣子辞。子产曰："古人有言曰：'其父析薪㊆，其子弗克负荷㊆。'施将惧不能任其先人之禄，其况能任大国之赐？纵吾子为政而可，后之人若属有疆埸之言㊆，敝邑获戾，而丰氏受其大讨。吾子取州，是免敝邑于戾，而建置丰氏也㊆。敢以为请。"宣子受之，以告晋侯。晋侯以与宣子。宣子为初言㊆，病有之，以易原县于乐大心㊆。

郑人相惊以伯有㊆，曰："伯有至矣。"则皆走，不知所往。铸刑书之岁二月，或梦伯有介而行㊆，曰："壬子㊆，余将杀带也㊆。明年壬寅㊆，余又将杀段也㊆。"及壬子，驷带卒，国人益惧。齐、燕平之月壬寅㊆，公孙段卒，国人愈惧。其明月㊆，子产立公孙泄及良止以抚之㊆，乃止。子大叔问其故，子产曰："鬼有所归，乃不为厉，吾为之归也。"大叔曰："公孙泄何为？"子产曰："说也㊆。为身无义而图说，从政有所反之，以取媚也㊆。不媚，不信。不信，民不从也。"

及子产适晋，赵景子问焉㊆，曰："伯有犹能为鬼乎？"子产曰："能。人生始化曰魄㊆，既生魄，阳曰魂。用物精多㊆，则魂魄强，是以有精爽㊆，至于神明。匹夫匹妇强死㊆，其魂魄犹能冯依于人㊆，以为淫厉。况良霄㊆，我先君穆公之胄,子良之孙^⑩,子耳之子^⑩,敝邑之卿,从政三世矣。郑虽无腆,抑谚曰蕞尔国^⑩,而三世执其政柄,其用物也弘矣,其取精也多矣。其族又大,所冯厚矣。而强死,能为鬼,不亦宜乎?"

子皮之族饮酒无度,故马师氏与子皮氏有恶。齐师还自燕之月,罕朔杀罕魋。罕朔奔晋。韩宣子问其位于子产。子产曰:"君之羁臣^⑩,苟得容以逃死,何位之敢择?卿违^⑩,从大夫之位,罪人以其罪降^⑩,古之制也。朔于敝邑,亚大夫也,其官,马师也。获戾而逃,唯执政所置之。得免其死,为惠大矣。又敢求位?"宣子为子产之敏也^⑩,使从嬖大夫^⑩。

秋八月,卫襄公卒。晋大夫言于范献子曰:"卫事晋为睦^⑩,晋不礼焉,庇其贼人而取其地^⑪,故诸侯贰。《诗》曰:'鹡鸰在原,兄弟急难^⑫。'又曰:'死丧之威,兄弟孔怀^⑬。'兄弟之不睦,于是乎不吊^⑭,况远人,谁敢归之?今又不礼于卫之嗣^⑮,卫必叛我,是绝诸侯也。"献子以告韩宣子。宣子说,使献子如卫吊,且反戚田。

卫齐恶告丧于周,且请命。王使郕简公如卫吊,且追命襄公曰:"叔父陟恪^⑯,在我先王之左右,以佐事上帝。余敢忘高圉、亚圉^⑰?"

九月,公至自楚。孟僖子病不能相礼^⑱,乃讲学之^⑲,苟能礼者从之^⑳。及其将死也,召其大夫,曰:"礼,人之干也。无礼,无以立。吾闻将有达者曰孙丘^㉑,圣人之后也,而灭于宋。其祖弗父何,以有宋而授厉公^㉒。及正考父佐戴、武、宣^㉓,三命兹益共^㉔。故其鼎铭云:'一命而偻(125)，再命而伛(126)，三命而俯(127)，循墙而走(128)，亦莫余敢侮。馆于是(129)，鬻于是(130)，以糊余口。’其共也如是。臧孙纥有言曰：‘圣人有明德者，若不当世(131)，其后必有达人。’今其将在孔丘乎！我若获没，必属说与何忌于夫子(132)，使事之，而学礼焉，以定其位。”故孟懿子与南宫敬叔师事仲尼(133)。仲尼曰：“能补过者，君子也。《诗》曰：‘君子是则是效。’(134)孟僖子可则效已矣。”

单献公弃亲用羁。冬十月辛酉(135)，襄、顷之族杀献公而立成公。

十一月，季武子卒。晋侯谓伯瑕曰：“吾所问日食，从矣(136)，可常乎(137)？”对曰：“不可。六物不同，民心不壹，事序不类，官职不则(138)，同始异终，胡可常也？《诗》曰(139)：‘或燕燕居息，或憔悴事国。’其异终也如是。”公曰：“何谓六物？”对曰：“岁、时、日、月、星、辰是谓也。”公曰：“多语寡人辰而莫同。何谓辰？”对曰：“日月之会是谓辰，故以配日。”

卫襄公夫人姜氏无子，嬖人婤姶生孟絷。孔成子梦康叔谓己(140)：“立元(141)，余使羁之孙圉与史苟相之(142)。”史朝亦梦康叔谓己：“余将命而子苟与孔烝钼之曾孙圉相元。”史朝见成子，告之梦，梦协(143)。晋韩宣子为政，聘于诸侯之岁，婤姶生子，名之曰元。孟絷之足不良，能行。孔成子以《周易》筮之，曰：“元尚享卫国(144)，主其社稷。”遇《屯》䷂(145)。又曰：“余尚立絷，尚克嘉之。”遇《屯》䷂之《比》䷇(146)，以示史朝。史朝曰：“元亨(147)，又何疑焉？”成子曰：“非长之谓乎(148)？”对曰：“康叔名之，可谓长矣。

孟非人也⑭，将不列于宗，不可谓长。且其繇曰：'利建侯。'⑮嗣吉⑮，何建？建非嗣也⑯。二卦皆云，子其建之。康叔命之，二卦告之。筮袭于梦⑯，武王所用也，弗从何为？弱足者居⑯。侯主社稷，临祭祀，奉民人，事鬼神，从会朝，又焉得居？各以所利⑯，不亦可乎？"故孔成子立灵公。十二月癸亥⑯，葬卫襄公。

[注释]

①癸巳：十八日。 ②虢：燕地，在今河北省任丘市西北。 ③公孙晳：齐大夫。 ④受服而退：接受归服而退兵。 ⑤俟衅：伺机。俟，等待。 ⑥戊午：十四日。 ⑦濡：水名。濡上当在今河北省任丘市西北。 ⑧瑶瓮：玉制酒器。玉椟：用玉石装饰的柜子。斝（jiǎ）耳：两旁带耳的酒杯。 ⑨王旌：楚王所用旌旗。一说为周天子所用之旌。 ⑩芊尹：官名。 ⑪章华之宫：楚王别宫，在今湖北省监利县西北。 ⑫有司：指管理章华宫的官员。 ⑬执：指执无宇。 ⑭经略：经营疆界。 ⑮正封：治理封土。 ⑯毛：草，此指五谷。 ⑰《诗》曰：以下四句出自《诗经·小雅·北山》。 ⑱王臣公：天子以公为臣。以下所列举的为人之十等。其中士为卫士之长，皂为卫士中无爵而在员额者，隶为罪人，僚为罪人中服苦役者，仆则三代为奴隶，台则罪人为奴者。 ⑲圉、牧：不在十等之列。 ⑳有亡，荒阅：奴隶中有逃亡者，（要进行）大搜捕。荒，大。 ㉑文王：指楚文王。 ㉒《仆区》之法：关于窝藏的法令。仆，隐。区，匿。 ㉓盗所隐器：隐匿盗贼的赃物。 ㉔封汝：开拓封疆到汝水。 ㉕陪台：逃亡又抓获的奴隶，在十等之下。 ㉖逋逃主：逃亡者的窝主。 ㉗萃渊薮：聚集的渊薮。渊为鱼所藏所，薮为兽所聚处。 ㉘夫致死焉：人们拼命攻打纣。夫，人。 ㉙则：效法。 ㉚二文：指周文王及楚文王。取之：逮捕盗贼。 ㉛盗有宠：楚王自指。

㉜落：落成典礼。　㉝辑：安。　㉞婴齐受命于蜀：事见成公二年传。　㉟失陨：失落。　㊱日月以冀：每日每月都在盼望。　㊲传序相授：世代相传。　㊳孤：指楚康王之子郏敖。　㊴悼心失图：心中摇摆，拿不定主意。　㊵皇：暇。　㊶灵：福。　㊷信：伸。　㊸祖：祭路神。　㊹道：同"导"。　㊺师之梁：郑城门。　㊻甲辰：初一日。　㊼当日食：承当日食的灾祸。古人迷信，以日食为上天的谴责。　㊽恶之：受其凶恶。　㊾"去卫地"二句：日食开始时先在卫地分野，后在鲁地分野结束。古时将天空星宿分为十二次，配属于各国用来占卜吉凶，名曰分野。娵訾为卫国分野，降娄为鲁国分野，此次日食先开始于娵訾，行至降娄开始见日。　㊿《诗》所谓：下二句出自《诗经·小雅·十月之交》。不臧，不善。　㉛谪：谴责。　㉒务三：致力于三点。　㉓因民：依靠百姓。　㉔从时：顺从时令。　㉕成：即郕，本为杞田，后为孟氏邑。　㉖挈瓶之知：喻小智小惠。挈瓶，即垂瓶者，汲水者。　㉗假：借。　㉘夫子：孟僖子。从君：从公如楚。　㉙守臣：谢息自指。　㉚待：御。　㉛桃：鲁地，在今山东省汶上县东北。　㉜莱、柞：二山名，在今山东省莱芜市境。　㉝新台：章华台。　㉞长鬣：美髯，即长胡须。　㉟大屈：弓名。　㊱适(dí)：专主。　㊲三邻：指齐、晋、越三邻国。　㊳并走群望：晋所望祀山川，皆前往祈祷。　㊴瘳(chōu)：病愈。　㊵大政：正卿。　㊶殛：诛杀。　㊷羽渊：羽山之水汇集处。　㊸郊：郊祭。　㊹祀夏郊：在郊祭时以夏鲧配享。　㊺间：渐痊愈。　㊻丰施：郑公孙段之子。　㊼早世：早死。　㊽析薪：劈柴，比喻勤劳创业。　㊾负荷：担当。　㊿属：碰巧。　㉛建置：扶持。　㉒初言：指赵文子争州田之言。见昭公三年传。　㉓乐大心：宋大夫。　㉔伯有：郑前任执政，作乱被杀，见襄公三十年传。　㉕介：披甲。　㉖壬子：昭公六年三月二日。　㉗带：驷带，助子晰杀伯有。　㉘壬寅：昭公七年正月二十七日。　㉙段：公孙段。　㉚齐、燕平之月：即昭公七年正月。　㉛其明月：即公孙段死后第二月。　㉜公孙泄：子孔之子。子孔被杀

事见襄公十九年传。良止：伯有之子。 ⑬说：同"悦"。 ⑭取媚：取悦。 ⑮赵景子：晋中军佐赵成。 ⑯化：死。 ⑰用物精多：活着养生之物精美且多。 ⑱精爽：精神。 ⑲强死：不生病而死。 ⑳冯依于人：凭借依附在他人身上。 ㉑良霄：即伯有。 ㉒子良：公子去疾。 ㉓子耳：公孙辄。 ㉔蔑尔：小小的。 ㉕羁臣：羁旅之臣。 ㉖违：离开本国。 ㉗罪人：指于本国有罪而逃奔他国者。 ㉘敏：机敏，恰当。 ㉙嬖大夫：即下大夫，嬖大夫比亚大夫仅低一等。 ⑩睦：亲近。 ⑪贼人：指孙林父。 ⑫"鹡鸰（jí líng）在原"二句：句出《诗经·小雅·常棣》。鹡鸰，鸟名，本生活于水滨，今在平原。急难，互相救助。 ⑬"死丧之威"二句：句亦出《诗经·小雅·常棣》。威，畏。孔，甚。怀，怀念。 ⑭不吊：不善。 ⑮嗣：继君位。 ⑯陟恪：升天。 ⑰高圉、亚圉：指周朝先代、殷时贤诸侯。 ⑱病：患。 ⑲讲学：研究学习。 ⑳能礼者：精通礼仪者。 ㉑达：得志。 ㉒有宋：据有宋国，即做国君。 ㉓戴、武、宣：三人皆宋君。 ㉔三命：即上卿。兹益：同义词连用，更加。共：同"恭"。 ㉕偻：低头。 ㉖伛：弓身。 ㉗俯：弯腰着地。 ㉘循墙而走：避开道路中央，顺墙急走。此表示恭敬。 ㉙饘（zhān）：稠粥。 ⑩鬻：稀粥。 ⑪当世：为国君。 ⑫属：嘱托。夫子：指孔丘。 ⑬孟懿子、南宫敬叔：孟僖子二子。孟懿子即何忌，南宫敬叔即阅。 ⑭君子是则是效：句出《诗经·小雅·鹿鸣》。则，取法。效，效仿。 ⑮辛酉：二十日。 ⑯从：应验。 ⑰常：常以此占卜。 ⑱不则：不同。 ⑲《诗》曰：以下二句出自《诗经·小雅·北山》。燕燕，安逸。 ⑩孔成子：卫卿。康叔：卫国始封祖。 ⑪元：孟絷之弟，做梦时元未生。 ⑫絷：孔成子之子。圉：又称叔圉、孔文子。史苟：史朝之子。 ⑬协：合。 ⑭尚：表希冀的副词。 ⑮《屯》：卦名，卦象为震下坎上。 ⑯《比》：卦名，卦象为坤下坎上。 ⑰元亨：为《屯》卦卦辞。 ⑱长：年长，长子。 ⑲非人：非嗣位之人。 ⑳利建侯：《屯》卦卦辞。 ㉑嗣吉：嗣位吉利。

⑫建非嗣：言若立孟絷，这叫嗣位，不是建侯。既是建侯，就不是嫡子嗣位。　⑬袭：合。　⑭弱足者居：跛足者居其家。此用《屯》卦初九爻辞"盘桓利居贞"。盘桓即蹒跚，跛行貌。　⑮各以所利：各用其便利。　⑯癸亥：二十三日。

[译文]

　　七年春季，周历正月，北燕和齐国讲和，这是出于齐国的要求。十八日，齐景公住在虢地。北燕派人求和，说："敝邑已经知罪，怎么敢不听从命令呢？请求用先君的陈旧器物谢罪。"公孙晰说："接受归顺而退兵，等待机会再出兵，是可以的。"二月十四日，在濡水边结盟。北燕人把燕姬嫁给齐景公，并送给他玉瓮、玉椟、玉罃，齐国没有取得胜利而回国。

　　楚灵王担任令尹时，打着楚王用的旗子去打猎。芋尹无宇把旗子斩断，说："一个国家有两个国君，谁能受得了？"灵王即位后，兴建章华之宫，接纳逃亡的人居住。无宇的守门人也逃到里面。无宇要进去抓他，主管宫室的官员不让，说："在王宫里抓人，罪大恶极。"把无宇抓起来去见灵王。灵王正准备饮酒，无宇申辩说："天子治理天下，诸侯管理封疆，这是自古以来的制度。封疆之内，哪里不是国君的土地？食用土地的出产，谁不是国君的臣子？因此《诗经》说：'普天之下没有不是君王的领土，四海之内没有谁不是君王的臣子。'天上有十个太阳，人分为十个等级，在下者要事奉在上者，在上者要事奉神灵。因此天子统治公侯，公侯统治大夫，大夫统治士，士统治皂，皂统治舆，舆统治隶，隶统治僚，僚统治仆，仆统治台，马有马官，牛有牛官，各负其责。现在管理宫殿的官员说：'你为何要在王宫里抓人呢？'那么我到哪里去抓人呢？周文王的法律规定：有人逃亡，要四处搜索。他因此而得到了天下。我们先君楚文王制定了惩罚窝藏犯罪的法律，规定隐藏盗贼的赃物，与盗贼同罪。所以他的封地一直扩大到汝水之滨。如果按照官员的话去做，就没有地方去抓获逃走的罪犯了。他愿意逃跑就放他逃跑，等于取消了陪台这一等人，国君的政令不是出现缺失了吗？从前武王列举了纣王的罪状向诸侯说：'纣是天下逃犯的窝主，是逃亡者聚集的场所。'因此人们拼死攻打纣王。国君现在开始争取诸侯的拥护，却又效仿纣王，恐怕不行吧？如果以两位文王的法律来捉拿盗贼，盗贼是有地方捉拿的。"灵王说："把你的守门人带走吧，有个盗贼正受上天宠爱，还不能抓他。"便赦免了无宇。

灵王兴建了章华之台，想和诸侯举行落成典礼。太宰薳启强说："我可以让鲁侯前来。"薳启强到鲁国召请昭公，说："从前贵国先君成公命令我们先大夫婴齐说：'我不忘记先君的友好，准备派衡父前往楚国，帮助安定国家，安抚百姓。'婴齐在蜀地接受命令。奉命以后，不敢怠慢丢弃，并祭告祖庙。从前我们先君共王常常引颈北望，每日每月都在盼望。世代相传，现在已经是第四代君王了。但还是没有得到贵国的恩赐，只有襄公曾屈尊光临先君康王的丧礼。当时楚王郏敖和群臣痛苦万分，六神无主，连国家都顾不上，哪里还能顾得上感怀贵君的恩德呢？现在如果国君能移步前来，屈尊和寡君见面，赐给楚国恩宠福泽，以重申蜀地的盟约，送来国君的恩惠，寡君就受到恩宠了，哪里还敢像蜀地结盟那样留下人质呢？即使是先君的神灵也会称赞这种做法，又哪里仅仅是寡君呢？国君如果不来，我想请问出兵的日期，寡君将会带着进献礼物和您在蜀地会见，以请求先君成公许诺的恩赐。"

昭公准备前往楚国，梦见襄公为他祭祀路神。梓慎说："国君最终去不了楚国。以前襄公去楚国时，梦见周公为他祭祀路神才去。现在襄公为您祭祀，还是不去为好。"子服惠伯说："要去。先君没有去过楚国，因此周公祭祀路神为他引路。襄公去过楚国，所以就祭祀路神为国君引路。不去楚国，要去哪里呢？"

三月，昭公前往楚国，郑简公在师之梁城门设宴慰劳。孟僖子是副手，不能相礼。到楚国后，不能对答楚国的郊劳之礼。

夏季四月一日，鲁国发生了日食。晋平公问士匄："谁将承担这次日食的灾祸呢？"士匄说："鲁国、卫国将遭受灾祸。卫国严重，鲁国较轻。"平公说："为什么？"士匄说："日食时太阳离开卫国分野，行至鲁国分野。因此如果发生灾害，鲁国也要受到波及。大的灾祸要降到卫君身上，鲁国将降到上卿身上。"平公说："《诗经》所说的'那个太阳发生了日食，是什么地方做得不好'，是什么意思？"士匄说："说的是不推行善政。国家不推行善政，不起用善人，就会遭受日食月食带来的灾祸。所以为政不能不加倍小心。努力做到三点就行了：一是选拔人才，二是依靠百姓，三是顺应时令。"

晋国来人划定杞国的田界，季孙打算把成地还给杞国。谢息是孟孙的成邑守臣，不同意这么做，说："人们说：即使只有小智小慧，只要守住器物不借人，也是合乎礼的。我的主人跟随国君外出，我作为守臣却丢失了他的城邑，即使是您也会怀疑我的。"季孙说："国君去楚国，对晋国来说就是罪过。再不听晋国，鲁国的罪过就更重了。晋军必然前来，我们无法抵抗，不如送给他们，等晋国有机可乘再从杞国收回来。我把桃地给你，等将来收回成地时，谁占有了它，就等于得到了两个成地。鲁国没有了忧患，孟孙又增加了城邑，你还担心什么？"谢息以桃地无山为由推辞，季孙又增加了莱山和柞山，谢息才迁到桃地。晋国人为杞国取得成地。

楚灵王设享礼在章华台宴请昭公，让一个长着大胡子的人作为相礼，送给昭公一把名叫大屈的名弓，不久就后悔了。薳启强得知进见昭公。昭公和他说起此事，薳启强下拜祝贺。昭公说："为什么祝贺？"薳启强回答说："齐国与晋国、越国早就想得到这把弓，寡君不给他们却给了国君。国君趁早准备好抵抗三个邻国吧。小心保护这件宝物，难道不值得祝贺吗？"昭公害怕了，把弓还给了灵王。

郑国的子产到晋国聘问。晋平公患了病。韩起迎接客人时私下对子产说："寡君卧病在床已经三个月了，名山大川都祭祀过了，病情却有增无减。现在又梦见黄熊进入寝宫大门，这是什么恶鬼呢？"子产说："凭着国君的英明,加上有您执政,能有什么恶鬼?从前尧在羽山杀死了鲧,鲧的灵魂变成了黄熊,进入羽渊,成为夏朝郊祭的神灵,夏、商、周三代都祭祀他。晋国作为盟主,也许是没有祭祀他吧!"韩起就祭祀鲧,果然平公的病逐渐痊愈,赐给子产莒国的两个方鼎。

子产替丰施把州田还给了韩起,说:"从前国君认为公孙段能够承担大事,而把州田赐给他。如今他不幸早逝,不能长久享有国君的恩德。他的儿子不敢占有这块田地,也不敢面奏国君,让我私下还给您。"韩起推辞。子产说:"古人有句话:'父亲砍好了柴,儿子却不能扛。'丰施生怕不能继承他先人的禄位,更何况接受大国的恩赐呢?即使您执政时可以,但后来的人如果遇到边界纠纷,我们国家要获罪,丰氏将会受到更严厉的惩罚。您取得州地,是使我国免于罪过,也是对丰氏的扶持。特地向您提出请求。"韩起接受了州地,报告了平公。平公把州地赐给韩起。韩起想起当初和赵武说过的话,心中有愧,便用州地和乐大心交换了原县。

郑国人因为伯有的鬼魂互相惊扰,说:"伯有来了。"大家便逃跑,慌不择路。在铸刑鼎的那一年二月,有人梦见伯有身穿皮甲走来,说:"到三月二日,我将杀死驷带。明年正月二十七日,我又要把公孙段杀死。"到去年三月二日,驷带死了,国都的人越发害怕。齐国和北燕讲和那个月的二十七日,公孙段也死了,国人更加惊恐不安。直到第二个月,子产立了公孙泄和良止安抚伯有的鬼魂,伯有才停止了作怪。游吉问是什么原因,子产说:"鬼魂有了归宿,就不会变成恶鬼,我为他找到了归宿。"游吉又问:"为什么要立公孙泄呢?"子产说:"这是为了取悦鬼神。立身不行道义而希望得到快乐,执政者违背礼义是为了取悦鬼神。不讨得鬼神的欢心,就得不到信任。得不到信任,百姓就不会听从。"

等子产到晋国,赵成问起此事,说:"伯有还会兴妖作怪吗?"子产说:"会的。人刚死叫魄,变成魄之后,阳气就叫魂。生前用品精美丰富,魂魄就强大有力,他就能够现形以至成为神明。普通男女意外死亡，其魂魄尚且要依附到人的身上，成为祸害。何况伯有是先君穆公的后代，子良的孙子，子耳的儿子，我国的卿，执政已经三代了。郑国虽不强大，或者正如谚语所说是个小小的国家，但伯有三代家族执掌政权，享用了很多东西，摄取的精华也很多。他的家族又大，依靠的势力雄厚。却又不得善终，他能变成鬼魂不也是应该的嘛！"

子皮的族人饮酒没有节制，因此马师氏和子皮氏关系恶劣。齐军从北燕回去的那个月，罕朔杀了罕魋。罕朔逃到了晋国。韩起就安排罕朔什么官位征求子产的意见。子产说："他是贵君的寄居之臣，如能免于一死，哪里还敢挑选什么官位？如果是卿离开本国，就随大夫的班位，如果是罪人就根据他的罪行降等，这是自古以来的制度。罕朔在我国是亚大夫，官职是马师。他犯罪逃到贵国，听凭您处置。能免他一死，就是莫大的恩惠了。哪里还敢要求官位呢？"韩起认为子产的回答非常恰当，就让罕朔随下大夫的班位。

秋季八月，卫襄公去世。晋国大夫对士鞅说："卫国事奉晋国恭顺亲近，晋国却不加礼遇，包庇卫国的叛贼而占取他们的土地，因此诸侯有了二心。《诗经》说：'鹡鸰鸟流落在原野，遇到危险兄弟救助。'又说：'死亡是多么可怕，兄弟要互相关怀。'兄弟不和睦，就不能亲近，何况是关系疏远的人呢，谁还敢顺从晋国？现在又对卫国新君无礼，卫国必定会背叛我们，这会断绝诸侯和我们的来往。"士鞅把这话转告韩起。韩起很高兴，派士鞅前往卫国吊唁，并把戚地还给了卫国。

卫国的齐恶到王室报告丧事，同时请求赐予恩命。天子派郕简公到卫国吊唁，并追命卫襄公说："叔父升天，在先王左右，以辅佐事奉上帝。我怎么敢忘记先祖高圉和亚圉呢？"

九月，昭公从楚国回来。孟僖子对自己不懂礼仪非常惭愧，就开始学习，只要是精通礼义者，就跟他学。等到快死时，他把属下大夫招来说："礼是人的根本。不懂礼便无法立身。我听说有一个将要显达的人名叫孔丘，是圣人的后代，其家族在宋国被灭亡。其祖父弗父何可以当国君，却让给了宋厉公。到正考时，辅佐戴公、武公和宣公，三命而做了上卿越发恭敬。所以他的鼎上铭文说：'一命低头，二命躬身，三命深深弯腰，顺着墙根快步走，也没有人敢欺侮我。我在鼎里煮稠粥煮稀粥，用来充饥糊我口。'竟是这样恭敬。臧孙纥有句话说：'圣人只要有光明的德行，即使不当国君，其后代也必然显贵通达。'现在这句话将要应在孔丘身上吧！假如我得以善终，一定要把南宫敬叔和何忌托付给他，让他们师从孔丘，跟他学习礼，以安定他们的地位。"因此孟懿子和南宫敬叔投到孔子门下当了学生。孔子说："能主动弥补过失，是个君子。《诗经》说：'君子值得效法和学习。'孟僖子可以作为学习和效法的榜样吧。"

单献公抛开亲族却重用外来的逃臣。冬季十月二十日，襄公、顷公的族人杀了献公立了成公。

十一月，季武子去世。晋平公对士匄说："我以前问起的日食一事，应验了，可以经常这样占验吗？"士匄说："不能。六种事物各不相同，民心也不一致，事情的顺序不相似，官员的好坏不一样，开始一样结果却不同，怎么能经常这么做呢？《诗经》说：'有人悠闲在家休息，有人奔波为国操心。'结果的不同就像这样。"平公问："什么是六物？"士匄说："六物就是岁、时、日、月、星、辰。"平公说："有很多人和我说起辰，但说法各不相同，什么是辰呢？"士匄说："日月相会就是辰，因此它被用来和日相配。"

卫襄公夫人姜氏没有儿子，襄公的宠姬婤姶生了儿子孟絷。孔成子梦见康叔对自己说："要立元为君，我让羁的孙子圉和史苟辅佐他。"史朝也梦见康叔对自己说："我将命令你的儿子史苟和孔烝鉏的曾孙圉辅佐元。"史朝见到成子，告诉他做梦之事，发现两梦相合。晋国韩起执政聘问诸侯那一年，婤姶生了一个儿子，名叫元。孟絷的脚跛行走不便。孔成子用《周易》为他占筮，说："元可望享有国家，执掌国政。"得到屯卦，又说："我希望立絷，希望得到赞同。"得到屯卦变为比卦，把结果拿给史朝看。史朝说："元将享有国家，还怀疑什么呢？"成子说："元不是指年长的人吗？"史朝说："康叔取的名字，元就可以说是年长的人了。孟絷不是个健全的人，不能名列宗主之中，不能说他年长。再说繇辞说：'利建侯。'如果嫡子嗣位吉利，还建什么侯？建侯不是嗣位。两个卦象都是这么说，您还是立他为好。既然康叔有了命令，两个卦象也告诉了我们。占筮和梦境吻合，这是武王采用过的，为什么不听从呢？脚有毛病适合守在家里。国君要管理国家，亲临祭祀，奉养百姓，事奉鬼神，参加会盟朝见，怎么能够待在家里？两人各自去做有利于自己的事情，不也可以吗？"因此，孔成子立了卫灵公。十二月二十三日，安葬了卫襄公。

昭公八年

经 八年春，陈侯之弟招杀陈世子偃师。夏四月辛丑，陈侯溺卒。叔弓如晋。

楚人执陈行人干征师杀之。陈公子留出奔郑。秋，蒐于红。陈人杀其大夫公子过。大雩。冬十月壬午，楚师灭陈。执陈公子招，放之于越。杀陈孔奂。葬陈哀公。

传 八年春，石言于晋魏榆①。晋侯问于师旷曰："石何故言？"对曰："石不能言，或冯焉②。不然，民听滥也③。抑臣又闻之曰：'作事不时④，怨讟动于民⑤，则有非言之物而言。'今宫室崇侈，民力凋尽⑥，怨讟并作，莫保其性⑦。石言，不亦宜乎。"于是晋侯方筑虒祁之宫⑧。叔向曰："子野之言⑨，君子哉！君子之言，信而有征⑩，故怨远于其身。小人之言，僭而无征⑪，故怨咎及之。《诗》曰⑫：'哀哉不能言，匪舌是出，唯躬是瘁。哿矣能言，巧言如流，俾躬处休。'其是之谓乎！是宫也成，诸侯必叛，君必有咎，夫子知之矣⑬。"

陈哀公元妃郑姬[14]，生悼大子偃师[15]，二妃生公子留，下妃生公子胜[16]。二妃嬖，留有宠，属诸司徒招与公子过[17]。哀公有废疾[18]。三月甲申[19]，公子招、公子过杀悼大子偃师，而立公子留。

夏四月辛亥[20]，哀公缢。干征师赴于楚[21]，且告有立君。公子胜诉之于楚，楚人执而杀之。公子留奔郑。

书曰"陈侯之弟招杀陈世子偃师"，罪在招也；"楚人执陈行人干征师杀之"，罪不在行人也。

叔弓如晋，贺虒祁也。游吉相郑伯以如晋，亦贺虒祁也。史赵见子大叔[22]。曰："甚哉，其相蒙也[23]！可吊也[24]，而又贺之。"子大叔曰："若何吊也？其非唯我贺，将天下实贺。"

秋，大蒐于红[25]，自根牟至于商、卫[26]，革车千乘。

七月甲戌[27]，齐子尾卒，子旗欲治其室。丁丑[28]，杀梁婴[29]。八月庚戌[30]，逐子成、子工、子车[31]，皆来奔，而立子良氏之宰[32]。其臣曰："孺子长矣[33]，而相吾室[34]，欲兼我也。"授甲[35]，将攻之。陈桓子善于子尾，亦授甲，将助之。或告子旗，子旗不信，则数人告。将往[36]，又数人告于道，遂如陈氏。桓子将出矣，闻之而还，游服而逆之[37]。请命，对曰："闻强氏授甲将攻子[38]，子闻诸？"曰："弗闻。""子盍亦授甲？无宇请从[39]。"子旗曰："子胡然？彼孺子也，吾诲之犹惧其不济，吾又宠秩之[40]。其若先人何？子盍谓之？《周书》曰：'惠不惠，茂不茂[41]。'康叔所以服弘大也[42]。"桓子稽颡曰[43]："顷、灵福子[44]，吾犹有望[45]。"遂和之如初。

陈公子招归罪于公子过而杀之。九月，楚公子弃疾帅师奉孙吴围陈㊽，宋戴恶会之㊼。冬十一月壬午㊽，灭陈。舆嬖袁克㊾，杀马毁玉以葬㊿。楚人将杀之，请置之㉛。既又请私㉜，私于幄㉝，加绖于颡而逃㉞。

使穿封戌为陈公㉟，曰："城麇之役㊱，不谄。"侍饮酒于王，王曰："城麇之役，女知寡人之及此，女其辟寡人乎㊲？"对曰："若知君之及此，臣必致死礼以息楚㊳。"

晋侯问于史赵曰："陈其遂亡乎？"对曰："未也。"公曰："何故？"对曰："陈，颛顼之族也㊴。岁在鹑火㊵，是以卒灭，陈将如之㊶。今在析木之津㊷，犹将复由㊸。且陈氏得政于齐，而后陈卒亡。自幕至于瞽瞍㊹，无违命。舜重之以明德㊺，置德于遂㊻，遂世守之。及胡公不淫㊼，故周赐之姓，使祀虞帝。臣闻盛德必百世祀，虞之世数未也㊽。继守将在齐，其兆既存矣㊾。"

[注释]
①魏榆：晋地，在今山西省晋中市榆次区西北。 ②或冯：有所凭借。 ③听滥：听错。 ④不时：不合时令。 ⑤动：发生。 ⑥凋尽：竭尽。 ⑦性：生，生存，生活。 ⑧虒（sī）祁之宫：晋离宫，在今山西省侯马市附近。 ⑨子野：师旷字。 ⑩信而有征：诚实而有证据。 ⑪僭：虚假。 ⑫《诗》曰：以下诗句出自《诗经·小雅·雨无正》。匪舌是出，出自他的舌头。匪，读为"彼"。唯躬是瘁，只是劳伤自身。哿（gě），嘉，善。俾躬处休，使自身安逸。 ⑬夫子：指师旷。 ⑭元妃：正妻，夫人。 ⑮悼：偃师的谥号。 ⑯下妃：三妃。 ⑰司徒招、公子过：二人皆哀公弟。 ⑱废疾：久治不愈之症。 ⑲甲申：十六日。 ⑳辛亥：十三日。 ㉑干征师：

陈国行人。 ㉒子大叔：即游吉。 ㉓蒙：欺骗。 ㉔吊：吊唁。 ㉕红：地名。 ㉖根牟：鲁东境地名，在今山东省莒县西南。商、卫：指宋国和卫国边境。 ㉗甲戌：初八日。 ㉘丁丑：十一日。 ㉙梁婴：子尾家宰。 ㉚庚戌：十四日。 ㉛子成等：三人均为齐大夫。 ㉜子良：子尾之子高强。 ㉝孺子：指子良。 ㉞相吾室：帮我家管理事情。 ㉟授甲：授予甲兵。 ㊱往：往子良家。 ㊲游服：燕游衣服。 ㊳强氏：子良。 ㊴无宇：陈桓子之名。 ㊵宠秩之：宠信并为他立宰。 ㊶惠不惠，茂不茂：施惠于不感激施惠之人，劝勉于不听劝勉之人。 ㊷服弘大：作事宽大。服，事。 ㊸稽颡(qǐ sǎng)：叩响头。 ㊹顷、灵：齐二国君。福子：保佑您。 ㊺有望：希望赐惠于己。 ㊻奉孙吴：奉事太孙吴。吴，悼太子偃师之子惠公。 ㊼戴恶：宋大夫。 ㊽冬十一月壬午：《经》作十月壬午，未知孰是。 ㊾舆嬖：嬖大夫。 ㊿以葬：为陈侯殉葬。 (51)置：赦。 (52)私：小便。 (53)幄：帐。 (54)加绖于颡：将麻带系于头上。绖，丧服的一种。颡，额头。 (55)公：县公。 (56)城麇之役：指襄公二十六年穿封戌囚皇颉，公子围（灵王）与之争一事。 (57)辟：避让。 (58)致死礼以息楚：冒死用礼仪安定楚国。 (59)族：嗣，后代。 (60)岁在鹑火：岁星在鹑火之次。 (61)如之：如过去一样。 (62)析木之津：箕、斗二宿间的银河。津，银河，天河。 (63)复由：复兴。 (64)幕、瞽瞍：二者为舜的先祖。 (65)重：增加。 (66)遂：舜的后代。 (67)胡公不淫：遂的后代。 (68)未：未满。 (69)兆：预兆。

[译文]

八年春季，在晋国的魏榆有石头开口说话。晋平公向师旷询问说："石头为什么会说话？"师旷回答说："石头不能说话，可能是有什么东西凭借它说话。否则，就是百姓误传。不过我又听说过：'做事违背农时，怨言在百姓之中发生，就有不会说话的东西说话。'现在宫室高大奢侈，百姓财力耗尽，怨声载道，连生活都得不到保障。石头开口说话，不也是应该的吗？"此时平公正修建虒祁之宫。叔向说："师旷的话是君子之言啊！君子之言诚实而有据，因此怨恨远离其身。小人之言虚假而无凭，所以怨恨和灾祸降临其身。《诗经》说：'不会讲话多可悲，话刚出口就招来灾祸。善于表达可真好，巧言善辩使自己安宁。'说的就是这种情况吧！等到这座宫殿建成，诸侯也必将背叛，国君一定遇到灾祸，师旷已经预料到了。"

陈哀公的第一个夫人郑姬生了悼太子偃师，第二个夫人生了公子留，第三个夫人生了公子胜。第二个夫人最受宠爱，公子留受到宠信，哀公把他托付给司徒招和公子过。哀公患了不治之症。三月十六日，公子招、公子过杀了悼太子偃师而立公子留为太子。

夏季四月十三日，哀公自缢身亡。干征师到楚国报丧，同时报告立了新君。公子胜到楚国控告，楚国人把干征师抓起来杀了。公子留逃到了郑国。

《春秋》记载"陈侯之弟招杀陈世子偃师"，是说罪过在于公子招；"楚人执陈行人干征师杀之"，是说外交官员没有罪。

叔弓到晋国祝贺虒祁之宫落成。游吉辅佐郑简公到晋国，也是祝贺虒祁之宫落成。史赵见到游吉说："太过分了，这是互相欺骗！应该吊唁的事情，却来祝贺。"游吉说："为什么要吊唁呢？不但我们要祝贺，天下都会来祝贺！"

秋季，鲁国在红地检阅了军队，从根牟一直到宋、卫两国边境，战车有一千多辆。

七月八日，齐国的子尾去世。子旗想控制子尾的家室。十一日，杀了梁婴。八月十四日，驱逐了子成、子工、子车，三人都逃到了鲁国，为子良立了家宰。子良的家臣说："子良已经长大了，子旗还要帮助管理我们家室，是要兼并我们啊。"便发放武器，准备攻打子旗。陈桓子和子尾要好，也发了武器，要帮助他们。有人告诉子旗，子旗不相信，又有几个人来报告。子旗准备到子良家，又有几个人在路上告诉他，于是他到了陈桓子家。陈桓子正准备领兵出发，听说子旗来了，便转身回去，换上便服出来迎接。子旗问他打算怎么办，陈桓子回答说："听说子良发了武器准备攻打您，您听说了没有？"子旗说："没有听说。"陈桓子说："您何不也发放武器？我跟您一起去。"子旗说："您为什么要这样做呢？他是个小孩子，我教导他，还怕他不能成功，我又宠爱并为他立了家宰。我如果像您说的，怎么能对得起祖先呢？您何不去劝劝他？《周书》说：'要施恩给不知感恩的人，劝勉不知勉励的人。'这就是康叔做事宽宏大度的原因。"桓子连忙叩头说："但愿顷公、灵公能保佑您，我也希望您对我有所恩惠。"于是，使双方和好如初。

陈国的公子招把责任推到公子过身上，并杀了他。九月，楚国的公子弃疾率领军队护送太孙吴包围了陈国，宋国的戴恶领兵会合。冬季十一月某日，灭了陈国。陈哀公的宠臣袁克杀了马、毁了玉为哀公殉葬。楚国人准备杀他，袁克请求赦免自己。一会儿又请求小便，在帐篷中小便时，把麻带缠在头上逃走了。

楚灵王派穿封戌担任陈县县公，说："在城麇之战中他没有谄媚我。"穿封戌陪同灵王饮酒，灵王说："城麇之战时，你要知道我有今天，大概会避让我吧？"穿封戌回答说："如果知道国君能到这一步，我肯定会拼死杀掉您使楚国安定下来。"

晋平公问史赵："陈国就此灭亡了吗？"史赵回答说："不会的。"平公说："为什么？"史赵说："陈国是颛顼的后代。当岁星运行到鹑火的位置时，颛顼才灭亡，陈国也将这样。现在岁星才运行到箕宿、斗宿之间的银河，陈国还会复兴。而且要等到陈氏在齐国取得政权之后，陈国才灭亡。陈氏从幕到瞽瞍都没有违背过天命。舜又增加了德行，一直保留到遂这一代，遂的后人世代保守着这种德行。直到胡公不淫，因此周朝赐给他姓，让他祭祀虞帝。据我所知，拥有盛德一定享有百代的祭祀，现在虞的世代还不到这个数。继续保持对虞的祭祀将在齐国，它的预兆已经在那里了。"

昭公九年

经 九年春，叔弓会楚子于陈。许迁于夷。夏四月，陈灾。秋，仲孙貜如齐。冬，筑郎囿。

传 九年春，叔弓、宋华亥、郑游吉、卫赵黡会楚子于陈。

二月庚申，楚公子弃疾迁许于夷，实城父①。取州来、淮北之田以益之②。伍举授许男田。然丹迁城父人于陈，以夷濮西田益之。迁方城外人于许。

周甘人与晋阎嘉争阎田③。晋梁丙、张趯率阴戎伐颍。王使詹桓伯辞于晋④，曰："我自夏以后稷⑤、魏、骀、芮、岐、毕⑥，吾西土也；及武王克商，蒲姑、商奄，吾东土也；巴、濮、楚、邓，吾南土也；肃慎、燕、亳，吾北土也。吾何迩封之有⑦？文、武、成、康之建母弟⑧，以蕃屏周，亦其废队是为⑨，岂如弁髦而因以敝之⑩？先王居梼杌于四裔⑪，以御螭魅，故允姓之奸⑫，居于瓜州。伯父惠公归自秦⑬，而诱以来，使逼我诸姬，入我郊甸⑭，则戎焉取之⑮。戎有中国，谁之咎也？后稷封殖天下⑯，今戎制之⑰，不亦难乎？伯父图之。我在伯父，犹衣服之有冠冕，木水之有本原⑱，民人之有谋主也。伯父若裂冠毁冕，拔本塞原，专弃谋主⑲，虽戎狄，其何有余一人⑳？"叔向谓宣子曰："文之伯也㉑，岂能改物㉒？翼戴天子而加之以共㉓。自文以来，世有衰德而暴灭宗周㉔，以宣示其侈㉕。诸侯之贰，不亦宜乎？且王辞直㉖，子其图之。"宣子说。王有姻丧[27]，使赵成如周吊，且致阎田与襚，反颍俘[28]。王亦使宾滑执甘大夫襄以说于晋[29]，晋人礼而归之。

夏四月，陈灾。郑裨灶曰："五年，陈将复封，封五十二年而遂亡。"子产问其故。对曰："陈，水属也[30]；火，水妃也[31]，而楚所相也[32]。今火出而火陈[33]，逐楚而建陈也。妃以五成[34]，故曰五年。岁五及鹑火[35]，而后陈卒亡，楚克有之，天之道也，故曰五十二年。"

晋荀盈如齐逆女，还，六月，卒于戏阳[36]。殡于绛，未葬。晋侯饮酒，乐[37]。膳宰屠蒯趋入，请佐公使尊[38]。许之。而遂酌以饮工[39]，曰："女为君耳，将司聪也[40]。辰在子卯[41]，谓之疾日[42]。君彻宴乐，学人舍业[43]，为疾故也。君之卿佐，是谓股肱。股肱或亏[44]，何痛如之！女弗闻而乐，是不聪也。"又饮外嬖嬖叔曰："女为君目，将司明也。服以旌礼[45]，礼以行事，事有其物[46]，物有其容[47]。今君之容，非其物也[48]，而女不见，是不明也。"亦自饮也，曰："味以行气[49]，气以实志[50]，志以定言[51]，言以出令。臣实司味，二御失官[52]，而君弗命[53]，臣之罪也。"公说，彻酒。

初，公欲废知氏而立其外嬖[54]，为是悛而止。秋八月，使荀跞佐下军以说焉[55]。

孟僖子如齐殷聘[56]，礼也。

冬，筑郎囿。书，时也。季平子欲其速成也，叔孙昭子曰："《诗》曰：'经始勿亟，庶民子来[57]。'焉用速成，其以剿民也[58]？无囿犹可，无民，其可乎？"

[注释]

①实城父：实为城父。城父本陈地，即夷，僖公二十三年楚伐陈而取之。　②益：增加。　③甘人：指甘大夫襄。甘在今河南省洛阳市西南。阎嘉：晋阎县大夫。　④辞：责备。　⑤自夏以后稷：在夏代因后稷之功。　⑥魏、骀等：均为国名，以下同此，不再注明。　⑦迩封：近封。　⑧建母弟：封母弟以建国封土。　⑨废队是为：为防止废坏坠落。　⑩弁髦：黑布帽。敝：弃。　⑪梼杌（táo wù）：四凶之一，详见文公十八年传。四裔：四方边远之地。　⑫允姓：阴戎之祖。　⑬伯父：当时天子对同姓诸侯，无论生死，皆称伯父或叔父。　⑭郊甸：邑外为郊，郊外为甸。　⑮焉：于是。　⑯封殖：缔造，创立。　⑰制：割据。　⑱原：通"源"。　⑲专：专断。　⑳何有余一人：心中怎能有我这天子。　㉑伯：同"霸"。　㉒改物：改旧制。　㉓翼戴：辅佐，拥戴。　㉔暴灭：损害轻视。灭，亦作"蔑"。　㉕侈：骄横。　㉖直：有理。　㉗姻丧：外亲之丧。　㉘反颖俘：遣返攻颖时的俘虏。　㉙宾滑：周大夫。　㉚水属：隶属于水。　㉛水妃：水的配偶，即水火相辅相成。　㉜楚所相：楚国所主治。楚祖先祝融，为高辛氏火正，主治火事。　㉝火出而火陈：大火星出现而陈有火灾。　㉞妃以五成：此以阴阳五行而论，即天以一生水，地以二生火，天以三生木，地以四生金，天以五生土。五位以五而合，阴阳易位，故为妃以五成。　㉟岁五及鹑火：岁星五年到达鹑火。　㊱戏阳：晋地，在今河南省内黄县北。　㊲乐：奏乐，用作动词。　㊳佐公使尊：助公斟酒。　㊴工：乐工。　㊵司聪：主管使国君聪敏。　㊶辰在子卯：日子在甲子、乙卯。甲子为商纣灭亡之日，乙卯为夏桀灭亡之日。　㊷疾日：忌日。　㊸学人舍业：学习音乐的人停止习乐。　㊹亏：损，此指死。　㊺旌礼：表示礼仪。　㊻物：类。　㊼容:外貌。　㊽非其物：不是应有的类别。　㊾味以行气：口味是

用来使血气畅通。 (50)实志：充实意志、精神。 (51)定言：确定语言。 (52)二御：指乐工及嬖叔。失官：失职。 (53)弗命：不发命治罪。 (54)知氏：知盈，荀盈。 (55)说：自我解说。 (56)殷：盛大。 (57)“经始勿亟”二句：句出《诗经·大雅·灵台》，意为营造开始不必急速，百姓像儿子一样踊跃而来。 (58)剿：劳。

[译文]

九年春季，鲁国的叔弓、宋国的华亥、郑国的游吉、卫国的赵黡在陈地会见了楚灵王。

二月某日，楚国的公子弃疾把许国迁到夷地，其实就是城父。用州来、淮北的田地补偿给许国。伍举把田地授给许男。然丹把城父的人迁到陈地，把濮水以西的夷地补偿给城父。把方城山之外的人迁到原许国。

周王室的甘邑大夫襄与晋国的阎嘉争夺阎地的田地。晋国的梁丙、张趯率领阴戎攻打颍地。天子派詹桓伯责备晋国人：“在夏代，因为我们祖先后稷有功，魏、骀、芮、岐、毕，是我们的西部领土；武王战胜商朝后，蒲姑、商奄，是我们的东部领土；巴、濮、楚、邓，是我们的南部领土；肃慎、燕、亳，是我们的北部领土。我们哪里有特别近的封地呢？文王、武王、成王、康王分封同母弟为诸侯，是为了在四周护卫王室，防止衰落和败坏，哪里会像帽子那样用过就扔掉呢？先王派梼杌居住在四方边远的地区，抵御各种妖魔鬼怪，所以让允姓中的奸邪之人住在瓜州。伯父晋惠公从秦国回来后就引诱他们前来，威胁我姬姓诸国，侵入王室近郊，从此戎人占领了这些地方。戎人占据中原，是谁的过错呢？后稷缔造了天下，如今却由戎人控制，不令人难以接受吗？希望伯父考虑一下。王室对伯父来说，就像衣服上的帽子，树木的根部，流水的源头，百姓的主人。假如伯父要撕毁帽子，拔掉树根，堵塞水源，专横地丢弃主人，即使戎狄心中能有我这个天子吗？”叔向对韩起说：“即使文公称霸诸侯时，哪里就改变过传统的礼制？他辅佐和拥戴天子更加恭敬有礼。从文公以来，每一代的德行都有所衰减，损害和蔑视王室，炫耀自己的骄纵。诸侯产生二心不也是应该的吗？而且天子的话很有道理，您还是要考虑一下。"韩起表示赞成。天子的亲戚有了丧事，韩起派赵成到王室吊唁，同时归还阎田，送去寿衣，遣反攻打颍地时抓获的俘虏。天子也派宾滑把甘地大夫襄抓了起来，以取得晋国的欢心，晋国人对襄加以礼遇后放他回去。

夏季四月，陈国发生了火灾。郑国的裨灶说："再过五年陈国将会再次受封，受封五十二年后会被灭亡。"子产问是什么原因。裨灶回答说："陈国属于水，火是水的配偶，是楚国所主治的。现在大火星出现而陈国发生了火灾，表明是要赶走楚国重建陈国。阴阳五行都是用五相配，所以说是五年。岁星到达鹑火五次，陈国就会最后灭亡。楚国将其吞并，这是上天的安排，因此说是五十二年。"

晋国的荀盈到齐国迎娶齐女，返回途中，六月，在戏阳去世。棺材停放在绛地，没有安葬。平公举行酒宴，奏乐助兴。膳宰屠蒯快步走进去，请求为平公斟酒。平公答应了。又给乐工斟酒说："您作为国君的耳朵，是要让他听觉灵敏。甲子日和乙卯日是忌日。国君不能饮宴奏乐，学习的人也要停止，就是为了避开禁忌。大臣是国君的股肱。股肱受到损伤，这是多么痛心啊！你没有听说而仍然奏乐，这是你耳朵不聪。"又给宠臣嬖叔斟酒说："您作为国君的眼睛，是让他眼睛明亮。服饰用以表示礼仪，礼仪用以行事，凡事各有类别，其外貌形态也多种多样。现在国君的外貌不是他应有的那种，您却视而不见，这是你眼睛不明。"自己也喝了一杯，说："味道用来使血气疏通，血气用来强化意志，意志用来表现语言，语言用来发出命令。我负责调和国君的口味，这两个侍候国君的人失职，国君却没有下令惩治他们，这是我的罪过。"平公很高兴，下令撤除酒宴。

当初，平公准备废掉荀盈而立他的宠臣，因为这件事而改变了主意。秋季八月，任命荀跞为下军副帅，以安抚他。

孟僖子到齐国进行隆重的聘问，这是合乎礼的。

冬季，鲁国修筑郎囿。《春秋》记载此事，是因为合乎时令。季平子想加快工程进度，叔孙昭子说："《诗经》说：'开始修建不必着急，百姓如同儿子纷纷赶来。'何必为了加快进度使百姓过度疲劳呢？可以没有园林，没有百姓可以吗？"

昭公十年

经 十年春，王正月。夏，齐栾施来奔。秋七月，季孙意如、叔弓、仲孙貜帅师伐莒。戊子，晋侯彪卒。九月，叔孙婼如晋，葬晋平公。十有二月甲子，宋公成卒。

传 十年春，王正月，有星出于婺女①。郑裨灶言于子产曰："七月戊子②，晋君将死。今兹岁在颛顼之虚③，姜氏、任氏实守其地④。居其维首⑤，而有妖星焉⑥，告邑姜也⑦。邑姜，晋之妣也⑧。天以七纪⑨，戊子，逢公以登⑩，星斯于是乎出⑪。吾是以讥之⑫。"

齐惠栾、高氏皆耆酒⑬，信内多怨⑭，强于陈、鲍氏而恶之。

夏，有告陈桓子曰："子旗、子良将攻陈、鲍。"亦告鲍氏。桓子授甲而如鲍氏，遭子良醉而骋⑮，遂见文子⑯，则亦授甲矣。使视二子⑰，则皆将饮酒。桓子曰："彼虽不信⑱，闻我授甲，则必逐我。及其饮酒也，先伐诸？"陈、鲍方睦，遂伐栾、高氏。子良曰："先得公⑲，陈、鲍焉往？"遂伐虎门⑳。

晏平仲端委立于虎门之外㉑，四族召之㉒，无所往。其徒曰："助陈、鲍乎？"曰："何善焉？""助栾、高乎？"

曰："庸愈乎㉓？""然则归乎？"曰："君伐焉归？"公召之而后入。公卜使王黑以灵姑銔率㉔，吉。请断三尺焉而用之㉕。五月庚辰，战于稷㉖，栾、高败，又败诸庄㉗。国人追之，又败诸鹿门㉘。栾施、高强来奔。陈、鲍分其室。

晏子谓桓子："必致诸公。让，德之主也，让之谓懿德。凡有血气，皆有争心，故利不可强㉙，思义为愈。义，利之本也，蕴利生孽㉚。姑使无蕴乎，可以滋长。"桓子尽致诸公，而请老于莒。

桓子召子山㉛，私具幄幕、器用、从者之衣屦㉜，而反棘焉㉝。子商亦如之，而反其邑。子周亦如之，而与之夫于㉞。成反子城、子公、公孙捷㉟，而皆益其禄。凡公子、公孙之无禄者，私分之邑㊱。国之贫约孤寡者，私与之粟。曰："《诗》云，'陈锡载周㊲'，能施也，桓公是以霸。"公与桓子莒之旁邑，辞。穆孟姬为之请高唐㊳，陈氏始大㊴。

秋七月，平子伐莒取郠㊵。献俘，始用人于亳社㊶。臧武仲在齐，闻之，曰："周公其不飨鲁祭乎！周公飨义，鲁无义㊷。《诗》曰：'德音孔昭，视民不佻㊸。'佻之谓甚矣，而壹用之㊹，将谁福哉？"

戊子，晋平公卒。郑伯如晋。及河，晋人辞之，游吉遂如晋。九月，叔孙婼、齐国弱、宋华定、卫北宫喜、郑罕虎、许人、曹人、莒人、邾人、滕人、薛人、杞人、小邾人如晋，葬平公也。

郑子皮将以币行。子产曰："丧焉用币？用币必百两㊺，百两必千人，千人至，将不行㊻。不行，必尽用之。

几千人而国不亡?”子皮固请以行。

既葬，诸侯之大夫欲因见新君。叔孙昭子曰：“非礼也。”弗听。叔向辞之，曰：“大夫之事毕矣。而又命孤，孤斩焉在衰绖之中㊼。其以嘉服见㊽，则丧礼未毕；其以丧服见，是重受吊也。大夫将若之何?”皆无辞以见。

子皮尽用其币。归，谓子羽曰：“非知之实难，将在行之。夫子知之矣㊾，我则不足。《书》曰：‘欲败度，纵败礼㊿。’我之谓矣。夫子知度与礼矣，我实纵欲而不能自克也(51)。”

昭子至自晋，大夫皆见。高强见而退。昭子语诸大夫曰：“为人子，不可不慎也哉！昔庆封亡，子尾多受邑而稍致诸君，君以为忠而甚宠之。将死，疾于公宫，辇而归，君亲推之。其子不能任(52)，是以在此。忠为令德，其子弗能任，罪犹及之，难不慎也(53)？丧夫人之力(54)，弃德旷宗(55)，以及其身，不亦害乎?《诗》曰(56)：‘不自我先，不自我后。’其是之谓乎!”

冬十二月，宋平公卒。初，元公恶寺人柳(57)，欲杀之。及丧，柳炽炭于位(58)，将至，则去之。比葬，又有宠。

[注释]

①婺（wù）女：即女宿。 ②戊子：初三日。 ③今兹：今年。颛顼之虚：即玄枵，在二十八宿中为女、虚、危三宿。 ④姜氏、任氏实守其地：姜氏，齐国；任氏，薛国。二国的分野为玄枵。 ⑤居其维首：婺女处于玄枵三宿的首位。 ⑥妖星：指出于婺女之星，或客星，或新星。 ⑦邑姜：齐太公女，晋始封君唐叔之母。 ⑧妣：

先妣。　⑨天以七纪：天用七记数。此指二十八宿分布四方，每方七宿。　⑩逢公以登：逢公升天（死）。逢公，殷代居于齐地的诸侯。　⑪星斯于是乎出：妖星在这个时候出现。　⑫讥：卜以问疑，此以星象占卜。　⑬栾、高氏：二氏皆出于惠公。栾，栾施，字子旗；高，高强，字子良。　⑭信内：宠信女人。　⑮遭：遇到。　⑯文子：鲍国。　⑰二子：子旗、子良。　⑱彼虽不信：那些话虽不一定真实。彼，指有告者。　⑲得公：意为挟持齐景公。　⑳虎门：景公路寝之门。　㉑端委：朝服。　㉒四族：指栾、高、陈、鲍。　㉓庸愈：岂能取胜。庸，岂。愈，胜。　㉔王黑：齐大夫。灵姑钑（pī）：齐桓公龙旗名。　㉕断三尺：王黑以大夫而用齐侯旗，实为奉齐侯之命，故请截断三尺以示恭敬。　㉖稷：齐都城门。　㉗庄：城内大街名。　㉘鹿门：齐都东南门。　㉙强：强取。　㉚蕴利生孽：积累利益产生妖害。　㉛子山：其及子商、子周均为襄公三十一年子尾所逐群公子。　㉜私具：私下准备。　㉝棘：齐地。　㉞夫于：齐地，在今山东省邹平县长山镇附近。　㉟子城、子公、公孙捷：三子于昭公八年为子旗所逐。　㊱私分之邑：将自己的私邑分给他们。　㊲陈锡载周：出自《诗经·大雅·文王》。诗言文王陈列所得的赏赐，以赐予别人，故创建了周朝。　㊳穆孟姬：齐景公之母。高唐：齐地，在今山东省高唐县东。　㊴大：昌大。　㊵郠（gěng）：莒邑，后为鲁国夺取。在今山东省沂水县。　㊶用人：用人作祭物。　㊷无义：杀人以为祭故曰无义。　㊸"德音孔昭"二句：出自《诗经·小雅·鹿鸣》。德音，善言。孔，甚。昭，明。视，示。佻，苟且轻薄。　㊹壹：专一。　㊺百两：百辆车子。　㊻不行：不还。　㊼斩焉：哀痛貌。　㊽嘉服：吉服。　㊾夫子：指子产。　㊿欲败度，纵败礼：句出逸书。度，法度。纵，放纵。　㉑自克：自我克制。　㉒任：承袭。　㉓难：奈何的合音。　㉔夫人：指子尾。　㉕旷宗：使宗庙空而不祀。　㉖《诗》曰：下二句出自《诗经·小雅·正月》及《诗经·大雅·瞻卬》。　㉗元公：平公太子，名佐。　㉘炽炭：烧炭。

[译文]

十年春季,周历正月,女宿星附近出现了一颗新星。郑国的裨灶对子产说:"七月戊子日,晋君将死去。今年岁星运行到玄枵,姜氏、任氏守卫着玄枵分野的土地。在玄枵三宿中女宿为首,而有妖星出现,这是预告灾祸要归于邑姜。邑姜是晋国始祖唐叔的母亲。上天用七来记数,逢公就是在戊子这一天死的,正好这一天出现妖星。我是根据这些来预测的。"

齐惠公的后代子旗、子良都喜欢喝酒,听信女人,招来很多怨恨,势力比陈氏、鲍氏强大又讨厌陈、鲍。

夏季,有人告诉陈桓子:"子旗、子良准备攻打陈氏和鲍氏。"也告诉了鲍氏。桓子给家兵发放武器,又到鲍氏家去,路上遇到子良喝醉了酒驾车狂奔,就去见鲍文子,看到鲍文子也在给家兵发放武器。派人去察看子旗和子良,他们都准备喝酒。陈桓子说:"那个人的话虽然不一定可靠,但听说我们发放了武器,就必定会驱逐我们。趁他们正在喝酒,抢先攻打怎么样?"陈、鲍两家关系正好,就联合攻打子旗、子良两家。子良说:"先得到国君支持,看陈氏、鲍氏逃到哪里去?"随后攻打虎门。

晏婴身穿朝服站在虎门之外,四个家族都请他,他都不去。手下人说:"帮助陈、鲍一方吗?"晏婴说:"他们有哪一点好处呢?"手下人又说:"帮助栾、高一方吗?"晏婴说:"他们有比陈、鲍强的地方吗?""那么回去吗?"晏婴说:"国君遭到攻打,能回到哪里呢?"景公召他,然后进宫。景公准备派王黑举着灵姑钰旗率军反击,占卜的结果吉利。王黑请求把旗子截断三尺之后再用。五月某日,在稷门交战,子旗、子良战败,又在庄街被打败。国都的人追赶他们,又在鹿门将其打败。子旗、子良逃到鲁国,陈氏、鲍氏瓜分了他们的家产。

晏婴对桓子说:"一定要把财产还给国君。谦让是德行的基础,谦让是一种美德。凡是有血气的人,都有争权夺利之心,因此利不能强行夺取，时刻不忘义才能胜过别人。义是利的根本，积聚利益就会产生妖孽。姑且不要让它积聚吧，可以让它慢慢增长。"于是桓子把得到的东西都送给了景公，并请求退休到莒邑养老。

陈桓子召请子山回去，私下为他准备了帷幕、用具和随从人员的衣物，并把棘地也还给了他。对子商也这样，把封地还给了他。对子周也这样，把夫于还给了他。召请子城、子公、公孙捷回国，都增加了他们的俸禄。凡是公子、公孙中没有俸禄的，把自己的封邑分给他们。对国内贫穷孤寡的人，私下给他们粮食。他说："《诗经》说：'陈列赏赐，送给别人，创建周朝。'这就是能够施舍的缘故，桓公也因此而称霸诸侯。"景公要把莒地附近的城邑赐给陈桓子，被他辞谢。穆孟姬请求把高唐一地封给他，陈氏开始强大起来。

秋季七月，季平子讨伐莒国，夺取了郠地。奉献俘虏，开始用人祭祀亳社。臧武仲在齐国听到后说："周公恐怕不会享用鲁国的祭祀吧！周公只享用合乎道义的祭祀，鲁国不合乎道义。《诗经》说：'先王的德教非常显明，使天下的百姓不要轻薄。'鲁国的做法太轻薄了，把人和牛羊一样使用，上天还能降福给谁呢？"

戊子日，晋平公去世。郑简公到晋国吊唁。走到黄河，晋国人辞谢了他，于是便派游吉前去。九月，鲁国的叔孙婼、齐国的国弱、宋国的华定、卫国的北宫喜、郑国的罕虎、许国人、曹国人、莒国人、邾国人、滕国人、薛国人、杞国人、小邾国人到了晋国，为平公送葬。

郑国的子皮准备带上财礼前往。子产说："送葬哪里还用得着财礼？把财礼运去，就要用一百辆车，一百辆车需要一千人，一千人一时回不来。回不来，财礼就会被用尽。几次派上千人送礼，国家不亡才怪呢？"子皮坚持把财礼带了去。

安葬后，诸侯的大夫们想借此朝见新君。叔孙婼说："这样做不合礼。"众人不听。叔向拒绝了他们，说："大夫送葬之事已经结束。又要拜见国君的孤儿，孤儿正哀痛地处在服丧期间。如果换上吉服接见，但丧礼还未结束；以丧服接见，等于再一次接受吊唁。大夫们准备怎么办呢?"大家都没有理由再请求拜见。

子皮把带去的财礼全都用完了。回国后他对子羽说:"懂得道理并不难,难的是按照道理去做。子产懂得这一道理,我却不懂。《尚书》中说:'欲望败坏法度,骄纵败坏礼仪。'说的就是我吧。子产懂得法度和礼仪,我只知道放纵欲望而不能克制自己。"

叔孙婼从晋国回国,大夫们都来拜见。子良见到后退了出去。叔孙婼对大夫们说:"作为一个儿子不能不谨慎啊!从前庆封逃亡之后,子尾得到很多封邑,送给了国君一部分,国君认为他很忠诚,很宠信他。他临死时,在宫中得了病,用车送他回去时,国君亲自推送。他的儿子不能继承父业,因此逃亡在此。忠诚是美德,他的儿子不能继承,罪过还要落到他身上,怎么能不谨慎呢?丧失了父亲的功劳,丢弃了父亲的德行,废弃了宗庙的祭祀,罪过还要落到自己身上,不是祸害吗?《诗经》说:'灾祸不在我前面,也不在我后面。'说的就是这种情况吧!"

冬季十二月,宋平公去世。当初,元公讨厌寺人柳,准备杀了他。等到有了丧事,柳在元公的丧位烧上炭火,元公要来时,便把火撤掉。安葬平公后,柳又得到了元公的宠信。

昭公十一年

经 十有一年春,王二月,叔弓如宋。葬宋平公。夏四月丁巳,楚子虔诱蔡侯般杀之于申。楚公子弃疾帅师围蔡。五月甲申,夫人归氏薨。大蒐于比蒲。仲孙貜会邾子,盟于祲祥。秋,季孙意如会晋韩起、齐国弱、宋华亥、卫北宫佗、郑罕虎、曹人、杞人于厥慭。九月己亥,葬我小君齐归。冬十有一月丁酉,楚师灭蔡,执蔡世子有以归,用之。

传 十一年春，王二月，叔弓如宋，葬平公也。

景王问于苌弘曰①："今兹诸侯，何实吉？何实凶？"对曰："蔡凶。此蔡侯般弑其君之岁也。岁在豕韦②，弗过此矣。楚将有之③，然壅也④。岁及大梁⑤，蔡复⑥，楚凶。天之道也。"

楚子在申，召蔡灵侯。灵侯将往，蔡大夫曰："王贪而无信，唯蔡于感⑦，今币重而言甘，诱我也，不如无往。"蔡侯不可。三月丙申⑧，楚子伏甲而飨蔡侯于申，醉而执之。夏四月丁巳⑨，杀之，刑其士七十人⑩。公子弃疾帅师围蔡。

韩宣子问于叔向曰："楚其克乎⑪？"对曰："克哉！蔡侯获罪于其君，而不能其民⑫，天将假手于楚以毙之，何故不克？然肸闻之，不信以幸⑬，不可再也。楚王奉孙吴以讨于陈，曰：'将定而国。'陈人听命，而遂县之⑭。今又诱蔡而杀其君，以围其国，虽幸而克，必受其咎，弗能久矣。桀克有缗以丧其国⑮，纣克东夷而陨其身。楚小位下，而亟暴于二王⑯，能无咎乎？天之假助不善，非祚之也⑰，厚其凶恶而降之罚也。且譬之如天，其有五材而将用之⑱，力尽而敝之⑲，是以无拯，不可没振⑳。"

五月，齐归薨，大蒐于比蒲㉑，非礼也。

孟僖子会邾庄公，盟于祲祥㉒，修好，礼也。

泉丘人有女㉓，梦以其帷幕孟氏之庙，遂奔僖子，其僚从之㉔。盟于清丘之社㉕，曰："有子，无相弃也。"僖子使助薳氏之簉㉖。反自祲祥，宿于薳氏，生懿子及南宫敬叔于泉丘人。其僚无子，使字敬叔㉗。

昭 公

楚师在蔡。晋荀吴谓韩宣子曰："不能救陈，又不能救蔡，物以无亲㉘，晋之不能，亦可知也已。为盟主而不恤亡国，将焉用之？"

秋，会于厥慭㉙，谋救蔡也。

郑子皮将行。子产曰："行不远，不能救蔡也。蔡小而不顺，楚大而不德，天将弃蔡以壅楚。盈而罚之，蔡必亡矣。且丧君而能守者，鲜矣。三年，王其有咎乎！美恶周必复㉚，王恶周矣。"

晋人使狐父请蔡于楚㉛，弗许。

单子会韩宣子于戚，视下言徐㉜。叔向曰："单子其将死乎！朝有著定㉝，会有表㉞，衣有袷㉟，带有结。会朝之言，必闻于表著之位，所以昭事序也㊱。视不过结、袷之中㊲，所以道容貌也㊳。言以命之，容貌以明之，失则有阙。今单子为王官伯㊴，而命事于会㊵，视不登带㊶，言不过步㊷，貌不道容㊸，而言不昭矣。不道不共，不昭不从。无守气矣㊹。"

九月，葬齐归，公不戚。晋士之送葬者，归以语史赵。史赵曰："必为鲁郊㊺。"侍者曰："何故？"曰："归姓也㊻。不思亲，祖不归也㊼。"

叔向曰："鲁公室其卑乎！君有大丧，国不废蒐。有三年之丧，而无一日之戚。国不恤丧，不忌君也㊽。君无戚容，不顾亲也㊾。国不忌君，君不顾亲，能无卑乎？殆其失国。"

冬十一月，楚子灭蔡，用隐大子于冈山㊿。申无宇曰："不祥。五牲不相为用(51)，况用诸侯乎？王必悔之。"

十二月，单成公卒。

楚子城陈、蔡、不羹㊾，使弃疾为蔡公。王问于申无宇曰："弃疾在蔡，何如？"对曰："择子莫如父，择臣莫如君。郑庄公城栎而置子元焉，使昭公不立；齐桓公城谷而置管仲焉，至于今赖之。臣闻五大不在边㊼，五细不在庭㊽。亲不在外，羁不在内㊿。今弃疾在外，郑丹在内㊾。君其少戒。"王曰："国有大城，何如？"对曰："郑京、栎实杀曼伯㊼，宋萧、亳实杀子游㊽，齐渠丘实杀无知㊾，卫蒲、戚实出献公㊿。若由是观之，则害于国。末大必折㊼，尾大不掉㊽，君所知也。"

[注释]

①苌弘：周大夫。　②豕韦：即室宿。　③有之：拥有蔡国。　④壅：积恶。　⑤大梁：十二星次之一，在二十八宿为胃、昴、毕三宿。　⑥复：复国。　⑦感：通"憾"，恨。　⑧丙申：十五日。　⑨丁巳：初七日。　⑩刑：处死，杀。　⑪克：胜。　⑫能：得。　⑬不信以幸：不守信用而得利。　⑭县：用作动词，置县。　⑮桀克有缗：参见昭公四年传。　⑯亟：屡。二王：指夏桀、商纣。　⑰祚：福。　⑱五材：金木火水土。　⑲敝：弃。　⑳没振：最终振兴。没，终。　㉑比蒲：鲁地，不详何处。　㉒祲祥：鲁地，或在今山东省曲阜市境内。　㉓泉丘：鲁邑，当在今山东省宁阳、泗水两县间。　㉔僚：邻女。　㉕盟于清丘之社：此言二女自盟于土地庙。清丘，地名，当距泉丘不远。　㉖薳氏：或为僖子正室，或为僖子别邑名。簉：即妾。　㉗字：养。　㉘物以无亲：别人因而不来亲附。物，人。　㉙厥憖：卫地，在今河南省新乡县。　㉚周必复：岁星绕一周必有报。　㉛狐父：晋大夫。　㉜视下言徐：目光向下，言语迟缓。　㉝著定：朝见时有既定的位置。　㉞表：会见时位次所立标

志。 ㉟袷（guì）：衣服左右襟交叉处。 ㊱昭事序：表明事情有条理。 ㊲视不过结、袷之中：目光不低于带结与衣襟之中。 ㊳道：治，端正。 ㊴王官伯：周王官员之长。 ㊵命事于会：在盟会上宣告王命。 ㊶视不登带：目光下垂，不高于衣带。 ㊷言不过步：言语微弱，远一步即听不到。 ㊸貌不道容：外貌不能端正仪容。 ㊹守气：保守身体之气。 ㊺为鲁郊：寄食于鲁之郊外。 ㊻归姓：齐归之子。姓，子。 ㊼不归：不归附，即不保佑。 ㊽忌：畏，敬。 ㊾顾：思念。 ㊿用隐大子：即杀隐太子以祭。隐太子，即世子友。 51五牲：即牛、羊、豕、犬、鸡。 52不羹：二邑名，一在今河南省襄城县东南，一在今河南省舞阳县北。 53五大：指太子、母弟、贵宠公子、公孙、累世正卿。 54五细：即隐公三年传所谓“贱妨贵，少陵长，远间亲，新间旧，小加大”中的贱、少、远、新、小五种人。 55羁：他国来此寄居之臣。 56郑丹：即子革，详见襄公十九年传。 57杀曼伯：详见庄公十四年传。曼伯，即子仪。 58杀子游：见庄公十二年传。 59杀无知：即庄公九年传云“雍廪杀无知”，渠丘实为雍廪。 60出献公：事在襄公十四年传。 61末：树枝。 62掉：摇。

[译文]

十一年春季，周历二月，叔弓到宋国为平公送葬。

周景王问苌弘：“在现今各诸侯中，哪国有吉兆？哪国有凶兆呢？”苌弘回答说：“蔡国有凶兆。今年是蔡侯般杀死他父亲的年份。岁星在豕韦，凶祸不出今年。楚国将占领蔡国，但楚国也是在积聚罪恶。等岁星运行到大梁时，蔡国将会复国，楚国不吉利。这是天道。”

楚灵王在申地召见蔡灵侯。灵侯准备前往，蔡国大夫说：“楚王贪婪而不讲信用，对蔡国只有怨恨，现在送来这么多财礼，说话又好听，这是在引诱我们，不如别去。”灵侯不听。三月十五日，灵王在申地埋伏了甲兵，宴请灵侯，把他灌醉后抓了起来。夏季四月七日，将其杀害，随行的七十多人也同时被害。公子弃疾率兵包围了蔡国。

韩起问叔向："楚国能取胜吗？"叔向说："能！蔡侯杀了他的国君父亲，又没得到百姓的拥护，这是上天借楚国之手将他杀掉，怎能不胜呢？但据我所知，不讲信用却侥幸得利，不能再有第二次了。楚王事奉太孙吴攻打陈国，说：'我将帮助你安定国家。'陈国人听了他的话，他却把陈国变成了楚国的一个县。现在又引诱蔡国并杀了他们的国君，还包围了蔡国，即使侥幸取胜，也一定会受到惩罚，长久不了。桀王战胜有缗却丧失了国家，纣王战胜东夷诸国却因此而丧命。楚国疆域小且地位低下，但多次暴虐无道超过了桀、纣二王，能不遭灾吗？上天借助坏人之手，不是赐福给他，而是加重其罪恶然后降罚给他。再如上天有金、木、水、火、土五种材料被人们所利用，财力用尽就会被丢弃，因此楚国无法挽救，将来也不会再复兴了。"

五月，齐归去世，在比蒲举行盛大的阅兵，这是不合礼的。

孟僖子和邾庄公会见，在祲祥结盟，重修友好，这是合乎礼的。

泉丘有个女子，梦见自己的帷幕覆盖了孟氏的宗庙，就私奔到孟僖子那儿，她的女伴也跟去了。二女在清丘的社庙盟誓，说："如果有了儿子，不要互相抛弃。"僖子让她们做了妾，住到薳氏。僖子从祲祥回来，住在薳氏，泉丘那个女子生了懿子和南宫敬叔。女伴没生儿子，把敬叔要过来收养。

楚国军队驻扎在蔡国。晋国的荀吴对韩起说："不能救援陈国，又不能救援蔡国，不会有人和我们亲近了，由此可知晋国已经没有用处了。作为盟主却不能关心灭亡的国家，还有什么用呢？"

秋季，诸侯大夫在厥慭会见，谋划救援蔡国。

郑国的子皮准备动身。子产说："你走不远，蔡国已无法挽救了。蔡国小而又不顺服，楚国大却又不讲德行，上天将要抛弃蔡国以加重楚国的罪恶。楚国恶贯满盈时将受到惩罚，蔡国必定要灭亡。再说失去国君而能守住国家的极为少见。再过三年，楚王就会遭到灾祸吧！善和恶在岁星绕行一周后必定有报应，楚王作恶快要到岁星绕行一周的时间了。"

晋国人派狐父为蔡国求情,楚国不答应。

单成公在戚地会见韩起时,目光向下,说话迟缓。叔向说:"单子快死了吧!朝见有规定的位置,会见时有一定的座次,衣服左右衿应交叉胸前,带子也要在腰间系成结。会见和朝见时说的话一定要使在座的人都能听到,以使言语条理清楚。目光不能低于衣襟交叉处或衣带系结处,以使仪态容貌保持端正。言语用以发布命令,仪容用以表明态度,做不到就会犯下过失。现在单子作为天子的百官之长,在盟会上宣布天子的命令,目光不高于衣带,声音超不过一步,形貌没有应有的威仪,言语自然不能让人明白了。不端正就不恭敬,言语不明白别人就不顺从。他已经丧失了元气。"

九月,安葬齐归,昭公不够悲痛。晋国前来送葬的人回去后告诉了史赵。史赵说:"鲁侯一定会出居鲁国郊外。"侍者问:"这是为什么?"史赵说:"他是齐归的儿子。不思念母亲,祖先不会保佑他。"

叔向说:"鲁国的公室要衰落下去了!国君有了大丧,国家却没有停止阅兵。鲁侯有三年丧期,却没有一天的悲伤。国家不为丧事而悲哀,等于对国君不敬畏。国君面无戚容,说明他不顾念亲人。国家不敬畏国君,国君不顾念亲人,能不衰落吗?恐怕他要失去国家。"

冬季十一月,楚灵王灭了蔡国,杀了隐太子祭祀冈山之神。申无宇说:"这样做不吉祥。五种牺牲都不能用来互相祭祀,何况用诸侯呢?楚王一定会后悔的。"

十二月,单成公去世。

楚灵王在陈、蔡和不羹筑城,派公子弃疾担任蔡公。灵王问申无宇:"让弃疾去镇守蔡地怎么样?"申无宇说:"选择儿子的人莫过于父亲,选择臣子的人莫过于国君。郑庄公在栎地筑城后让子元镇守,结果昭公不能立为国君;齐桓公在谷地筑城后让管仲镇守,结果齐国到现在还蒙受他的恩惠。据臣所知,有五种大人物不能派驻边境,有五种小人物不能留在朝廷。亲近的人不任外职,寄居的人不任内官。现在弃疾在外,郑丹在内。国君要特别小心。"灵王说:"国家有大的城邑，怎么样？"申无宇回答道："郑国有京、栎两邑，结果曼伯被杀死；宋国有萧、亳两邑，结果子游被杀死；齐国有渠丘，结果无知被杀死；卫国有蒲、戚两邑，结果卫献公被赶出了国。由此看来，拥有大的城邑反而危害国家。树枝太大一定会被折断，尾巴太大不能摇摆自如，这个道理国君也知道。"

昭公十二年

经 十有二年春，齐高偃帅师纳北燕伯于阳。三月壬申，郑伯嘉卒。夏，宋公使华定来聘。公如晋，至河乃复。五月，葬郑简公。楚杀其大夫成熊。秋七月。冬十月，公子慭出奔齐。楚子伐徐。晋伐鲜虞。

传 十二年春，齐高偃纳北燕伯款于唐，因其众也。

三月，郑简公卒，将为葬除①。及游氏之庙，将毁焉。子大叔使其除徒执用以立②，而无庸毁。曰："子产过女，而问何故不毁③，乃曰：'不忍庙也！诺，将毁矣！'"既如是，子产乃使辟之。司墓之室④，有当道者，毁之，则朝而窆⑤，弗毁，则日中而窆⑥。子大叔请毁之，曰："无若诸侯之宾何？"子产曰："诸侯之宾，能来会吾丧，岂惮日中？无损于宾，而民不害，何故不为？"遂弗毁，日中而葬。君子谓子产于是乎知礼。礼，无毁人以自成也。

夏，宋华定来聘，通嗣君也。享之，为赋《蓼萧》⑦，弗知，又不答赋。昭子曰："必亡。宴语之不怀⑧，宠光之不宣⑨，令德之不知⑩，同福之不受⑪，将何以在？"

齐侯、卫侯、郑伯如晋，朝嗣君也。公如晋，至河乃复。取郓之役，莒人诉于晋，晋有平公之丧，未之治也，故辞公。公子憖遂如晋。

晋侯享诸侯，子产相郑伯，辞于享，请免丧而后听命⑫。晋人许之，礼也。

晋侯以齐侯宴，中行穆子相⑬。投壶⑭，晋侯先。穆子曰："有酒如淮⑮，有肉如坻⑯。寡君中此，为诸侯师⑰。"中之。齐侯举矢，曰："有酒如渑⑱，有肉如陵⑲。寡人中此，与君代兴⑳。"亦中之。伯瑕谓穆子曰㉑："子失辞㉒。吾固师诸侯矣㉓，壶何为焉？其以中俊也㉔。齐君弱吾君㉕，归弗来矣。"穆子曰："吾军帅强御㉖，卒乘竞劝，今犹古也，齐将何事？"公孙傁趋进曰㉗："日旰君勤㉘，可以出矣。"以齐侯出。

楚子谓成虎若敖之余也㉙，遂杀之。或谮成虎于楚子，成虎知之而不能行。书曰："楚杀其大夫成虎。"怀宠也。

六月，葬郑简公。

晋荀吴伪会齐师者，假道于鲜虞，遂入昔阳㉚。秋八月壬午㉛，灭肥㉜，以肥子绵皋归。

周原伯绞虐㉝，其舆臣，使曹逃㉞。冬十月壬申朔，原舆人逐绞而立公子跪寻㉟，绞奔郊㊱。

甘简公无子㊲，立其弟过。过将去成、景之族㊳。成、景之族赂刘献公㊴。丙申㊵，杀甘悼公㊶，而立成公之孙鳅。丁酉㊷，杀献大子之傅庾皮之子过，杀瑕辛于市㊸，及宫嬖绰、王孙没、刘州鸠、阴忌、老阳子。

季平子立，而不礼于南蒯㊹。南蒯谓子仲㊺："吾出季氏，而归其室于公，子更其位，我以费为公臣。"子仲许之。南蒯语叔仲穆子，且告之故。

季悼子之卒也，叔孙昭子以再命为卿。及平子伐莒，克之，更受三命。叔仲子欲构二家㊻，谓平子曰："三命逾父兄㊼，非礼也。"平子曰："然。"故使昭子㊽。昭子曰："叔孙氏有家祸，杀适立庶，故婼也及此。若因祸以毙之㊾，则闻命矣。若不废君命，则固有著矣㊿。"昭子朝，而命吏曰："婼将与季氏讼，书辞无颇(51)。"季孙惧(52)，而归罪于叔仲子(53)。故叔仲小、南蒯、公子慭谋季氏。慭告公，而遂从公如晋。南蒯惧不克，以费叛如齐。子仲还，及卫，闻乱，逃介而先(54)。及郊，闻费叛，遂奔齐。

南蒯之将叛也，其乡人或知之。过之而叹，且言曰："恤恤乎(55)，湫乎攸乎(56)！深思而浅谋，迩身而远志(57)，家臣而君图(58)，有人矣哉(59)！"南蒯枚筮之(60)，遇《坤》䷁之《比》䷇(61)，曰："黄裳元吉(62)。"以为大吉也，示子服惠伯，曰："即欲有事(63)，何如？"惠伯曰："吾尝学此矣(64)，忠信之事则可，不然必败。外强内温，忠也(65)；和以率贞(66)，信也。故曰'黄裳元吉'。黄，中之色也(67)。裳，下之饰也(68)。元，善之长也。中不忠(69)，不得其色。下不共(70)，不得其饰。事不善，不得其极(71)。外内倡和为忠(72)，率事以信为共，供养三德为善(73)，非此三者弗当(74)。且夫《易》，不可以占险(75)，将何事也？且可饰乎(76)？中美能黄，上美为元，下美则裳，参成可筮(77)。犹有阙也(78)，筮虽吉(79)，未也。"

将适费，饮乡人酒。乡人或歌之曰："我有圃，生之杞乎(80)。从我者子乎(81)，去我者鄙乎(82)，倍其邻者耻乎(83)！已乎已乎，非吾党之士乎！"

平子欲使昭子逐叔仲小。小闻之，不敢朝。昭子命吏谓小待政于朝，曰："吾不为怨府[84]。"

楚子狩于州来[85]，次于颍尾[86]，使荡侯、潘子、司马督、嚣尹午、陵尹喜帅师围徐以惧吴[87]。楚子次于乾谿，以为之援。雨雪，王皮冠，秦复陶[88]，翠被[89]，豹舄[90]，执鞭以出，仆析父从。右尹子革夕[91]，王见之，去冠、被，舍鞭。与之语曰："昔我先王熊绎[92]，与吕伋、王孙牟、燮父、禽父，并事康王，四国皆有分[93]，我独无有。今吾使人于周，求鼎以为分，王其与我乎？"对曰："与君王哉！昔我先王熊绎，辟在荆山，筚路蓝缕，以处草莽。跋涉山林，以事天子。唯是桃弧、棘矢，以共御王事[94]，齐，王舅也[95]。晋及鲁、卫，王母弟也[96]。楚是以无分，而彼皆有。今周与四国服事君王，将唯命是从，岂其爱鼎？"王曰："昔我皇祖伯父昆吾[97]，旧许是宅[98]。今郑人贪赖其田[99]，而不我与。我若求之，其与我乎？"对曰："与君王哉。周不爱鼎，郑敢爱田？"王曰："昔诸侯远我而畏晋，今我大城陈、蔡、不羹，赋皆千乘，子与有劳焉。诸侯其畏我乎？"对曰："畏君王哉！是四国者[100]，专足畏也，又加之以楚，敢不畏君王哉？"工尹路请曰："君王命剥圭以为外鏚柲[101]，敢请命。"王入视之。析父谓子革："吾子，楚国之望也。今与王言如响[102]，国其若之何？"子革曰："摩厉以须[103]，王出，吾刃将斩矣。"王出，复语。左史倚相趋过。王曰："是良史也，子善视之。是能读《三坟》《五典》《八索》《九丘》[104]。"对曰："臣尝问焉。昔穆王欲肆其心[105]，周行天下，将皆必有车辙马迹焉。祭公谋父作《祈招》之诗[106]，以止王心。王是以获没于祇宫。臣问其诗而不知也。若问远焉,其焉能知之?"王曰:"子能乎?"对曰:"能。其诗曰:'祈招之愔愔[107],式昭德音[108]。思我王度,式如玉,式如金。形民之力[109],而无醉饱之心。'"王揖而入,馈不食,寝不寐,数日。不能自克[110],以及于难。

仲尼曰:"古也有志,克己复礼,仁也。信善哉!楚灵王若能如是,岂其辱于乾谿?"

晋伐鲜虞,因肥之役也。

[注释]

①除:清道。 ②除徒:清道的徒众。 ③而:假设连词,若。 ④司墓之室:掌公墓者的房子。 ⑤朝而堋(bèng):早晨就可下葬。堋,下葬。 ⑥日中:正午。 ⑦《蓼萧》:《诗经·小雅》篇名。 ⑧宴语之不怀:《蓼萧》中有"燕笑语兮,是以有誉处兮"句。不怀,即不思念。 ⑨宠光之不宣:《蓼萧》中有"为龙为光"句。龙,即宠。宠光,即宠信,光耀。宣,扬。 ⑩令德之不知:《蓼萧》中有"宜兄宜弟,令德寿岂(恺)"句。令德,善德。 ⑪同福之不受:《蓼萧》中有"万福攸同"句。华定不答赋,故曰不受。 ⑫免丧:服丧期满。时郑定公有父丧未毕。 ⑬中行穆子:即荀吴。 ⑭投壶:古代主客宴饮娱乐,有投壶之礼。壶用来盛箭,口较大,颈狭长,腹大,内盛豆。箭用楛或荆棘做成,不去皮,取其坚且重。箭投中壶内,被豆弹出。多中者胜,少者负,胜者请负者饮酒。 ⑮淮:淮水。 ⑯坻:水中高地。 ⑰师:长。 ⑱渑:水名,在齐境。 ⑲陵:山陵。 ⑳代兴:代之而兴盛。 ㉑伯瑕:士文伯。 ㉒失辞:言辞不当。 ㉓固:本来。 ㉔其以中俊:岂能把投中看作俊异。 ㉕弱吾君:以为我君软弱。 ㉖强御:强梁。 ㉗公孙傁:

齐大夫。 ㉘日旰（gàn）君勤：天晚了，国君疲劳。 ㉙若敖之余：若敖氏余党。若敖氏之灭在宣公四年。 ㉚昔阳：鼓国都城，在今河北省晋州市西。 ㉛壬午：初十日。 ㉜肥：国名，白狄之别支，在今河北省石家庄市藁城区西南。与鼓皆为鲜虞属国。 ㉝原伯绞：周大夫原公。 ㉞曹逃：成群逃走。 ㉟跪寻：原伯绞之弟。 ㊱郊：周地，在今河南省巩义市附近。 ㊲甘简公：周卿士。 ㊳成、景：成公、景公，皆为过的先君。 ㊴刘献公：周卿士。 ㊵丙申：二十五日。 ㊶甘悼公：即过。 ㊷丁酉：二十六日。 ㊸瑕辛：和宫嬖绰等六人皆为周大夫。 ㊹南蒯：南遗之子，季氏费邑宰。 ㊺子仲：公子慭。 ㊻构二家：离间二家的关系。二家，指季平子与叔孙昭子。 ㊼逾：越，超过。 ㊽使昭子：使昭子自贬黜。 ㊾因祸以毙：因祸乱被讨而倒台。 ㊿著：著定，位次。 (51)颇：偏。 (52)季孙：即季平子。 (53)叔仲子：即叔仲小。 (54)逃介而先：丢下副使先逃回国。 (55)恤：忧。 (56)湫乎攸乎：忧愁。湫，借为“愁”。攸，借为“悠”。悠，忧。 (57)迩身：南蒯身为季氏家臣，故曰迩身。 (58)家臣而君图：身为家臣却为国君谋划。 (59)人：人才。 (60)枚筮：古代卜筮必先告其所问之事，若不告，则为枚卜或枚筮，即隐匿其事而占筮。 (61)《坤》、《比》：二卦名。 (62)黄裳元吉：《坤》卦六五爻辞。 (63)即：假设连词，若。 (64)此：指《周易》。 (65)外强内温，忠也：此以《比》卦卦象解释。《比》外卦为坎，坎有险义，故强；内卦为坤，坤有顺义，故温。对外强盛，对内温顺，这就是忠诚。 (66)和以率贞：以《比》卦来说，坤为土，坎为水，土水相合则和。率，行。贞，卜问。即用和顺来行卜问的事情。 (67)中之色：内衣的颜色。中，义有双关，此借为“衷”，即亵衣，内衣。 (68)下之饰：下身服饰。古代男子着裳，如今之裙。 (69)中：中心，内心。 (70)共：同“恭”。 (71)不得其极：不能和准则相合。极，标准，准则。 (72)倡和：和谐，呼应。倡，同“唱”。 (73)供养三德：培养三种德行。三德指忠、信、极。 (74)弗当：不合卦辞所测。 (75)占险：占问冒险的事情。 (76)可饰乎:言能否在下位而恭敬。 ⑦参成可筮:三美具备方合于卦辞的预测。参,同"叁"。 ⑧犹:假设连词,如果。 ⑨筮:指卦辞。 ⑩杞:杞柳。杞柳本生水旁,而生于圃,喻所得违其所欲。 ⑪子:古代男子的美称。 ⑫去:违背,背离。鄙:鄙陋之人。 ⑬倍:通"背",背叛。邻:亲。 ⑭怨府:怨恨聚集处。 ⑮狩:冬猎。 ⑯颍尾:颍水入淮处,又称颍口。 ⑰荡侯等:五人皆为楚大夫。 ⑱秦复陶:秦国所赠羽衣。 ⑲翠被:翠羽披风。被,同"披"。 ⑳豹舄(xì):豹皮所制之鞋。 ㉑夕:晚上朝见。 ㉒熊绎:楚始封君。 ㉓四国:指齐、晋、鲁、卫。分:珍宝之器。 ㉔共御:进奉,贡献。 ㉕王舅:周成王母邑姜,为齐太公女。吕伋为齐太公之子,故为成王舅。 ㉖王母弟:鲁姬旦,卫康叔为周武王母弟,晋唐叔则为周成王母弟。 ㉗昆吾:楚远祖之兄。 ㉘旧许:许国,在今河南省许昌市,后迁于叶,又迁于夷,故其地为郑所得,称为旧许。宅:居。 ㉙赖:利。 ㉚四国:四大都邑。或指陈、蔡、二不羹。 ㉛剥圭以为铖(qī)柲(bì):破圭玉以装饰斧柄。铖,斧。柲,柄。 ㉜响:回声。 ㉝摩厉以须:磨刀剑而等待。摩厉,今作"磨砺"。须,等待。 ㉞《三坟》《五典》《八索》《九丘》:皆古书名,早已亡佚。 ㉟穆王:周穆王。 ㊱祭公谋父:周公之孙。 ㊲愔(yīn)愔:和谐。 ㊳式:语首助词。 ㊴形:同"刑",成。 ㊵自克:克制自己。

[译文]

十二年春季,齐国的高偃把北燕伯款送到唐地,这是因为唐地民众愿意接纳他。

三月,郑简公去世,准备为下葬清除道路。到达游氏的宗庙,准备拆毁它。游吉让清除的人拿着工具站在一边,不要动手去拆。他说:"子产路过这里,问你们为何不拆,就说:'不忍心拆毁祖庙!好吧,现在就拆!'"这样,子产就让绕开宗庙。有一个掌管公墓大夫的房屋挡住了道路，拆了它，早晨就能下葬，不拆，要到中午才能下葬。游吉请求拆掉，说："如果不拆对诸侯宾客怎么办？"子产说："诸侯宾客能来参加我国的葬礼，难道还在乎等到中午吗？不拆对宾客没有损害，百姓又不受害，为什么不这么做呢？"就决定不拆，直到中午才下葬。君子认为子产在这件事上是懂得礼的。礼不允许损人利己。

夏季，宋国的华定来鲁国聘问，通报宋国新君即位。设享礼宴请，为他吟诵了《蓼萧》一诗，他不懂是什么意思，也不吟诗答谢。叔孙婼说："华定必将逃亡国外。他对诗中的欢乐气氛不知怀念，对主人的宠信和荣光不知宣扬，赞美他的德行美好不知道，与他共享福禄不知答谢，这样的人怎么待下去呢？"

齐景公、卫灵公、郑定公到晋国，朝见继位的晋昭公。鲁昭公去晋国，走到黄河边就回来了。鲁国发动夺取郧地的战役，莒国人到晋国控告，晋国因为平公的丧事，没有惩治鲁国，所以这次拒绝了昭公。于是公子慭到了晋国。

晋昭公设享礼宴请诸侯，子产辅佐郑定公，辞谢了宴请，请求服丧期满后再听候吩咐。晋国人答应了他们，这是合乎礼的。

晋昭公和齐景公饮宴，荀吴作为相礼。席间以投壶助兴，昭公先投。荀吴说："酒如淮水多，肉如土丘高。国君如投中，就能成盟主。"投中了。齐景公举起箭，说："酒如渑水多，肉如山陵高。如果我投中，代之而兴盛。"也投中了。伯瑕对荀吴说："您说的话不恰当。我们本来就是诸侯盟主，与投壶有什么关系？投中又有什么了不起？如果齐君看不起寡君，回去就不会再来了。"荀吴说："我国军队将帅强悍，士兵勇敢，仍然像从前一样，齐国能做什么？"齐大夫公孙傁快步走进来说："天色已晚，国君也很疲倦了，可以出去了。"便和齐景公离开了宴会。

楚灵王认为成虎是若敖的余党，就杀了他。有人在灵王面前诬陷成虎，成虎知道了，并没有逃走。《春秋》记载为"楚杀其大夫成虎"。意思是成虎怀恋国君的宠幸。

六月，郑国安葬了郑简公。

晋国的荀吴假装要会合齐军，向鲜虞借道，乘机进入昔阳。秋季八月十日，将肥国灭掉，把肥子绵皋带回晋国。

周大夫原伯绞暴虐无道，他的臣下成群地逃走。冬季十月一日，原地的民众赶走原伯绞，立了公子跪寻，原伯绞逃到了郊地。

甘简公没有儿子，立了他的弟弟过为国君。过准备除掉甘成公和甘景公的族人。成公、景公的族人贿赂刘献公。二十五日，杀了甘悼公，立了成公的孙子鳅。二十六日，杀了献太子的师傅庚皮的儿子过，在市场杀了瑕辛，以及宫嬖绰、王孙没、刘州鸠、阴忌、老阳子。

季平子被立为继承人之后，对南蒯不够尊重。南蒯对子仲说："我赶走季氏，把他的家产还给公室，您取代他的职位，我依靠费地做国君的臣子。"子仲答应了。南蒯又告诉了叔仲穆子，并说明了原因。

季悼子去世时，叔孙昭子接受了再命成为卿。等到季平子攻打莒国得胜，昭子改受了三命。叔仲穆子打算挑起两家的不和，对平子说："三命超过了父兄，这是不合礼的。"平子说："对。"就让昭子降低宠命。昭子说："叔孙氏发生了家祸，杀嫡立庶，因此我才到这一步。如果因为我家的祸乱而讨伐我，那么我听从命令。如果不废除国君的命令，这个地位是我应该得到的。"昭子上朝命令官员说："我准备和季氏打官司，你们记录讼辞不要偏袒。"季平子害怕了，归罪于叔仲穆子。因此叔仲穆子、南蒯和子仲打算对付季氏。子仲告诉了昭公，又随昭公去了晋国。南蒯担心事情不能成功，就带领费地人投靠了齐国。子仲返回途中，到达卫国，听说发生叛乱，便丢下副使的职务先行回国。来到郊外，听说费地叛变，便逃到了齐国。

南蒯准备叛乱时，他的同乡就知道了。那人经过他家门口，叹口气说："忧愁啊，忧啊愁啊！想做大事却智谋短浅，自身卑下却志向远大，身为家臣却为国君着想，真是有这样的人啊！"南蒯不说明何事而占筮吉凶，得到坤卦变为比卦，卦辞说："黄裳元吉。"南蒯以为吉利，拿给子服惠伯看，说："我要做这件事，怎么样？"惠伯说："我学过《周易》，如果是忠信之事，可以按照占筮的结果去做，否则，必定失败。外表强硬内里温顺，是忠诚；以温顺来占卜，是信用。所以说'黄裳元吉'。黄是内衣的颜色，裳是衣服的下部，元是善的首位。内心不忠，就和颜色不相协调。位居下面却不恭敬，就和下身衣服不相配合。所行不是善事，就和准则不相符合。内外和谐是忠，办事诚信是恭，遵循上述三种德行是善，不是这三种情况就不符合卦辞预测。而且《周易》不能用来占卜凶险之事，您究竟打算干什么呢？而且身居下位做没做到恭敬呢？中间美是黄，上面美是元，下面美是裳，三者都具备了才合于卦辞的预测。如果有欠缺，卦辞虽然吉利，也不行。"

南蒯准备到费地去，设酒宴招待乡人。有乡人唱道："我有块菜地，却长出了杞柳。跟我走是个男子汉，不跟我走是卑鄙小人。背弃亲人可耻啊！算了，算了，你不是我的同路人！"

平子想让昭子赶走叔仲穆子。穆子听说后，不敢上朝。昭子让官员通知穆子上朝听命，说："我不会给自己积聚怨恨。"

楚灵王在州来打猎，驻扎在颍尾，派荡侯、潘子、司马督、嚣尹午、陵尹喜率军围攻徐国以威胁吴国。灵王住在乾谿作为后援。天上下雪，灵王戴着皮帽子，穿着秦国赠送的羽衣，披着翠羽披风，脚穿豹皮做的鞋，手里拿着马鞭出来，仆析父跟在后面。右尹子革晚上来朝见，灵王接见他，摘下帽子，脱下披风，放下鞭子。对子革说："从前先王熊绎与吕伋、王孙牟、燮父、禽父一同事奉周康王，四个国家都被赐予珍宝，唯独我国没有。现在我派人到周室，去要那个宝鼎，天子能给吗？"子革回答说："会给君王的！从前先王熊绎居住在偏僻的荆山，推着柴车，穿着破衣出入草丛荒野之中。跋山涉水穿越森林以事奉天子。总是把桃木弓、棘木箭进献给天子。齐侯是天子的舅父。晋国和鲁国、卫国的祖先是天子的同母弟。因此楚国没有分到珍宝，而他们都有。现在周朝和四国都归顺事奉大王，将听从您的命令，难道还舍不得一个鼎？"灵王说："从前皇祖伯父昆吾住在旧许。现在郑国人贪图那里的田地,不肯还给我们。如果我们索回这个地方,他们会给吗?"子革回答说:"会给君王的!周朝能舍得一个鼎,郑国还敢爱惜一块田地吗?"灵王说:"从前诸侯疏远我而畏惧晋国,现在我们在陈、蔡和不羹修筑了高大的城墙,有上千辆兵车,你是有功劳的。诸侯会怕我吗?"子革回答:"会怕君王的!仅这四座城邑就足以使诸侯害怕了,再加上楚国,还会不害怕大王吗?"工尹路请求说:"大王命令破开圭玉装饰斧柄,请问装饰成什么样子?"灵王进去观看。仆析父对子革说:"您是楚国有声望的人。现在您对大王的话随声附和,国家会怎么样呢?"子革说:"我已经把刀刃磨利了,等大王出来,我的刀就要砍下去了。"灵王出来,又和子革说话。左史倚相快步走过去。灵王说:"这是一个好史官,你要好好对待他。他能读《三坟》《五典》《八索》《九丘》。"子革说:"我曾经问过他。从前周穆王想要实现自己的野心,周游天下,想让天下到处都留下自己的车辙马迹。于是祭公谋父做了《祈招》一诗,以打消穆王的念头。穆王因此得以在祇宫善终。我问起这首诗,他居然不知道。如果问更为久远的事情,他又怎能知道呢?"灵王说:"你能知道吗?"子革回答说:"知道。那首诗说:'祈招安详和悦,德音宏大深远。想起我们君王的风度,就像玉,就像金。保存百姓的力量,自己没有醉饱之心。'"灵王向子革作了个揖,便进屋了,吃不下饭,睡不着觉,一连好几天。终究不能自我克制,以致后来遭到灾祸。

孔子说:"古时候有句话,克制自己回到礼上,就是仁。这话说得太好了!楚灵王如果能做到这一点,还会在乾谿受到羞辱吗?"

晋国攻打鲜虞,这是趁灭亡肥国时顺路进攻。

昭公十三年

经 十有三年春,叔弓帅师围费。夏四月,楚公子比自晋归于楚,弑其君虔于乾谿。楚公子弃疾杀公子比。秋,公会刘子、晋侯、齐侯、宋公、卫侯、郑伯、曹伯、莒子、邾子、滕子、薛伯、杞伯、小邾子于平丘。八月甲戌,同盟于平丘。公不与盟。晋人执季孙意如以归。公至自会。蔡侯庐归于蔡。陈侯吴归于陈。冬十月,葬蔡灵公。公如晋,至河乃复。吴灭州来。

传 十三年春,叔弓围费,弗克,败焉。平子怒,令见费人执之,以为囚俘。冶区夫曰①:"非也。若见费人,寒者衣之,饥者食之,为之令主②,而共其乏困。费来如归,南氏亡矣。民将叛之,谁与居邑?若惮之以威,惧之以怒,民疾而叛,为之聚也③。若诸侯皆然,费人无归,不亲南氏,将焉入矣?"平子从之,费人叛南氏。

楚子之为令尹也,杀大司马蔿掩而取其室。及即位,夺蔿居田,迁许而质许围④。蔡洧有宠于王,王之灭蔡也,其父死焉,王使与于守而行⑤。申之会⑥,越大夫戮焉⑦。王夺斗韦龟中犫⑧,又夺成然邑而使为郊尹⑨。蔓成然故事蔡公⑩。故蔿氏之族及蔿居、许围、蔡洧、蔓成然,皆王所不礼也。因群丧职之族⑪,启越大夫常寿过作乱⑫,围固城,克息舟⑬,城而居之。

观起之死也⑭,其子从在蔡,事朝吴⑮,曰:"今不封蔡⑯,蔡不封矣。我请试之。"以蔡公之命召子干、子晰⑰,及郊,而告之情,强与之盟,入袭蔡。蔡公将食,见之而逃。观从使子干食,坎,用牲,加书,而速行。己徇于蔡曰⑱:"蔡公召二子,将纳之,与之盟而遣之矣,将师而从之。"蔡人聚,将执之。辞曰:"失贼成军⑲,而杀余,何益?"乃释之。朝吴曰:"二三子若能死亡⑳,则如违之㉑,以待所济㉒。若求安定,则如与之,以济所欲。且违上㉓,何适而可?"众曰:"与之!"乃奉蔡公,召二子而盟于邓㉔,依陈、蔡人以国㉕。楚公子比、公子黑肱、公子弃疾、蔓成然、蔡朝吴帅陈、蔡、不羹、许、叶之师,因四族之徒㉖,以入楚。及郊,陈、蔡欲为名,故请为武军㉗。蔡公知之,曰:"欲速。且役病矣㉘,请藩而已㉙。"乃藩为军。蔡公使须务牟与史猈先入㉚,因正仆人杀大子禄及公子罢敌㉛。公子比为王,公子黑肱为令尹,次于鱼陂㉜。公子弃疾为司马,先除王宫㉝。使观从从师于乾谿㉞,而遂告之,且曰:"先归复所㉟,后者劓㊱。"师及訾梁而溃㊲。

王闻群公子之死也,自投于车下,曰:"人之爱其子也,亦如余乎?"侍者曰:"甚焉,小人老而无子,知挤于沟壑矣。"王曰:"余杀人子多矣,能无及此乎?"右尹子革曰:"请待于郊,以听国人。"王曰:"众怒不可犯也。"曰:"若入于大都㊳,而乞师于诸侯。"王曰:"皆叛矣。"曰:"若亡于诸侯㊴,以听大国之图君也㊵。"王曰:"大福不再,只取辱焉。"然丹乃归于楚㊶。王沿夏㊷,将欲入鄢㊸。芋尹无宇之子申亥曰:"吾父再奸王命㊹,王弗诛,惠孰大焉?君不可忍㊺,惠不可弃,吾其从王。"乃求王,遇诸棘闱以归㊻。夏五月癸亥㊼,王缢于芋尹申亥氏。申亥以其二女殉而葬之。

观从谓子干曰:"不杀弃疾,虽得国,犹受祸也。"子干曰:"余不忍也。"子玉曰㊽:"人将忍子,吾不忍俟也㊾。"乃行。国每夜骇曰㊿:"王入矣!"乙卯夜⁽⁵¹⁾,弃疾使周走而呼曰："王至矣！"国人大惊。使蔓成然走告子干、子皙曰："王至矣！国人杀君司马，将来矣！君若早自图也，可以无辱。众怒如水火焉，不可为谋。"又有呼而走至者曰："众至矣！"二子皆自杀㊾。丙辰㊿，弃疾即位，名曰熊居。葬子干于訾，实訾敖。杀囚，衣之王服而流诸汉，乃取而葬之，以靖国人。使子旗为令尹㊴。

楚师还自徐，吴人败诸豫章，获其五帅。

平王封陈、蔡，复迁邑㊺，致群赂㊻，施舍宽民㊼，宥罪举职㊽。召观从，王曰："唯尔所欲。"对曰："臣之先，佐开卜㊾。"乃使为卜尹。使枝如子躬聘于郑，且致犨、栎之田㊿。事毕，弗致。郑人请曰："闻诸道路，将命寡君以犨、栎，敢请命。"对曰："臣未闻命。"既复，王问犨、栎，降服而对㊶，曰："臣过失命㊷，未之致也。"王执其手，曰："子毋勤㊸。姑归，不榖有事，其告子也。"

他年，芋尹申亥以王柩告，乃改葬之。

初，灵王卜，曰："余尚得天下㊴。"不吉，投龟，诟天而呼曰㊵："是区区者而不余畀㊶，余必自取之。"民患王之无厌也，故从乱如归。

初，共王无冢适㊷，有宠子五人，无适立焉㊸。乃大有事于群望㊹，而祈曰："请神择于五人者，使主社稷。"乃遍以璧见于群望㊺，曰："当璧而拜者㊻，神所立也，谁敢违之？"既，乃与巴姬密埋璧于大室之庭㊼，使五人齐㊽，而长入拜㊾。康王跨之。灵王肘加焉㊿。子干、子皙皆远之。平王弱，抱而入，再拜，皆厌纽㊶。斗韦龟属成然焉㊷，且曰："弃礼违命，楚其危哉。"

子干归，韩宣子问于叔向曰："子干其济乎？"对曰："难。"宣子曰："同恶相求[78]，如市贾焉[79]，何难？"对曰："无与同好，谁与同恶？取国有五难：有宠而无人[80]，一也；有人而无主[81]，二也；有主而无谋，三也；有谋而无民，四也；有民而无德，五也。子干在晋十三年矣，晋、楚之从，不闻达者[82]，可谓无人；族尽亲叛，可谓无主；无衅而动，可谓无谋；为羁终世[83]，可谓无民；亡无爱征[84]，可谓无德。王虐而不忌[85]，楚君子干[86]，涉五难以弑旧君[87]，谁能济之？有楚国者，其弃疾乎！君陈、蔡[88]，城外属焉[89]。苟慝不作[90]，盗贼伏隐，私欲不违[91]，民无怨心。先神命之[92]，国民信之，芈姓有乱[93]，必季实立[94]，楚之常也[95]。获神，一也；有民，二也；令德，三也；宠贵，四也；居常，五也。有五利以去五难，谁能害之？子干之官，则右尹也。数其贵宠，则庶子也。以神所命，则又远之。其贵亡矣，其宠弃矣，民无怀焉，国无与焉，将何以立？"宣子曰："齐桓、晋文不亦是乎？"对曰："齐桓，卫姬之子也[96]，有宠于僖。有鲍叔牙、宾须无、隰朋以为辅佐，有莒、卫以为外主[97]，有国、高以为内主[98]。从善如流，下善齐肃[99]，不藏贿[100]，不从欲[101]，施舍不倦，求善不厌。是以有国，不亦宜乎？我先君文公，狐季姬之子也，有宠于献[102]。好学而不贰[103]，生十七年，有士五人[104]。有先大夫子余、子犯以为腹心[105]，有魏犨、贾佗以为股肱，有齐、宋、秦、楚以为外主[106]，有栾、郤、狐、先以为内主[107]。亡十九年，守志弥笃。惠、怀弃民[108]，民从而与之。献无异亲，民无异望，天方相晋，将何以代文？此二君者，异于子干。

共有宠子⑩，国有奥主⑩。无施于民，无援于外，去晋而不送，归楚而不逆，何以冀国⑪？"

晋成虒祁，诸侯朝而归者皆有贰心。为取郓故，晋将以诸侯来讨。叔向曰："诸侯不可以不示威。"乃并征会⑫，告于吴。秋，晋侯会吴子于良⑬。水道不可⑭，吴子辞，乃还。

七月丙寅⑮，治兵于邾南⑯，甲车四千乘，羊舌鲋摄司马⑰，遂合诸侯于平丘⑱。子产、子大叔相郑伯以会。子产以幄幕九张行，子大叔以四十，既而悔之，每舍，损焉。及会，亦如之⑲。

次于卫地，叔鲋求货于卫⑳，淫刍荛者㉑。卫人使屠伯馈叔向羹㉒，与一箧锦，曰："诸侯事晋，未敢携贰，况卫在君之宇下㉓，而敢有异志？刍荛者异于他日，敢请之㉔。"叔向受羹反锦，曰："晋有羊舌鲋者，渎货无厌㉕，亦将及矣。为此役也㉖，子若以君命赐之，其已。"客从之。未退，而禁之。

晋人将寻盟，齐人不可。晋侯使叔向告刘献公曰㉗："抑齐人不盟㉘，若之何？"对曰："盟以底信㉙。君苟有信，诸侯不贰，何患焉？告之以文辞，董之以武师，虽齐不许，君庸多矣㉚。天子之老㉛，请帅王赋㉜。'元戎十乘㉝，以先启行㉞。'迟速唯君。"叔向告于齐，曰："诸侯求盟，已在此矣。今君弗利㉟，寡君以为请。"对曰："诸侯讨贰，则有寻盟。若皆用命㊱，何盟之寻？"叔向曰："国家之败，有事而无业㊲，事则不经㊳。有业而无礼，经则不序㊴。有礼而无威，序则不共㊵。有威而不昭，共则不明㊶。不明弃共,百事不终⑭,所由倾覆也。是故明王之制,使诸侯岁聘以志业⑭,间朝以讲礼⑭,再朝而会以示威,再会而盟以显昭明⑭。志业于好,讲礼于等⑭,示威于众,昭明于神,自古以来,未之或失也。存亡之道,恒由是兴。晋礼主盟,惧有不治,奉承齐牺⑭,而布诸君,求终事也。君曰:'余必废之,何齐之有?'唯君图之,寡君闻命矣!"齐人惧,对曰:"小国言之,大国制之,敢不听从?既闻命矣,敬共以往,迟速唯君。"叔向曰:"诸侯有间矣,不可以不示众。"八月辛未⑭,治兵,建而不旆⑭。壬申,复旆之。诸侯畏之。

邾人、莒人诉于晋曰:"鲁朝夕伐我,几亡矣。我之不共,鲁故之以⑮。"晋侯不见公,使叔向来辞曰:"诸侯将以甲戌盟⑮,寡君知不得事君矣,请君无勤。"子服惠伯对曰:"君信蛮夷之诉⑮,以绝兄弟之国,弃周公之后,亦唯君。寡君闻命矣。"叔向曰:"寡君有甲车四千乘在,虽以无道行之,必可畏也。况其率道⑮,其何敌之有?牛虽瘠,偾于豚上⑮,其畏不死?南蒯、子仲之忧,其庸可弃乎?若奉晋之众,用诸侯之师,因邾、莒、杞、鄫之怒,以讨鲁罪,间其二忧,何求而弗克?"鲁人惧,听命。

甲戌,同盟于平丘,齐服也。令诸侯日中造于除⑮。癸酉⑯,退朝。子产命外仆速张于除⑮,子大叔止之,使待明日。及夕,子产闻其未张也,使速往,乃无所张矣。

及盟,子产争承⑯,曰:"昔天子班贡⑯,轻重以列⑯。列尊贡重,周之制也。卑而贡重者,甸服也⑯。郑伯,男也⑯,而使从公侯之贡,惧弗给也⑯,敢以为请。诸侯靖兵[164]，好以为事。行理之命[165]，无月不至。贡之无艺[166]，小国有阙，所以得罪也。诸侯修盟，存小国也，贡献无及，亡可待也。存亡之制，将在今矣。"自日中以争，至于昏，晋人许之。既盟，子大叔咎之曰："诸侯若讨，其可渎乎[167]？"子产曰："晋政多门，贰偷之不暇[168]，何暇讨？国不竞亦陵[169]，何国之为？"

公不与盟。晋人执季孙意如，以幕蒙之[170]，使狄人守之。司铎射怀锦[171]，奉壶饮冰，以蒲伏焉[172]。守者御之[173]，乃与之锦而入。晋人以平子归[174]，子服湫从[175]。

子产归，未至，闻子皮卒，哭，且曰："吾已！无为为善矣[176]，唯夫子知我。"

仲尼谓："子产于是行也，足以为国基矣[177]。《诗》曰[178]：'乐只君子，邦家之基。'子产，君子之求乐者也。"且曰："合诸侯，艺贡事[179]，礼也。"

鲜虞人闻晋师之悉起也，而不警边，且不修备。晋荀吴自著雍以上军侵鲜虞，及中人[180]，驱冲竞[181]，大获而归。

楚之灭蔡也，灵王迁许、胡、沈、道、房、申于荆焉[182]。平王即位，既封陈、蔡，而皆复之，礼也。隐大子之子庐归于蔡，礼也。悼大子之子吴归于陈，礼也。

冬十月，葬蔡灵公，礼也。

公如晋。荀吴谓韩宣子曰："诸侯相朝，讲旧好也。执其卿而朝其君，有不好焉，不如辞之。"乃使士景伯辞公于河。

吴灭州来。令尹子期请伐吴，王弗许，曰："吾未抚民人，未事鬼神，未修守备，未定国家，而用民力，败不可悔。州来在吴，犹在楚也。子姑待之。"

季孙犹在晋。子服惠伯私于中行穆子曰："鲁事晋，何以不如夷之小国？鲁，兄弟也，土地犹大，所命能具。若为夷弃之，使事齐、楚，其何瘳于晋⑱？亲亲，与大，赏共⑱，罚否，所以为盟主也。子其图之。谚曰：'臣一主二。'吾岂无大国？"穆子告韩宣子，且曰："楚灭陈、蔡，不能救，而为夷执亲，将焉用之？"乃归季孙。惠伯曰："寡君未知其罪，合诸侯而执其老⑱。若犹有罪，死命可也。若曰无罪而惠免之，诸侯不闻，是逃命也，何免之为？请从君惠于会。"宣子患之，谓叔向曰："子能归季孙乎？"对曰："不能。鲋也能。"乃使叔鱼⑱。叔鱼见季孙曰："昔鲋也得罪于晋君，自归于鲁君。微武子之赐⑱，不至于今。虽获归骨于晋，犹子则肉之⑱，敢不尽情？归子而不归，鲋也闻诸吏，将为子除馆于西河⑱，其若之何？"且泣。平子惧，先归，惠伯待礼⑲。

[注释]

　　①冶区夫：鲁大夫。　②令主：好主人。　③为之聚：为南氏聚民。　④质许围：以许围为人质。许围，许国大夫。　⑤使与于守而行：使蔡洧守国，自己出行到乾豁。　⑥申之会：事在昭公四年。⑦戮：辱。　⑧中犫（chōu）：邑名，疑在今河南省南阳市一带。⑨成然：韦龟之子。郊尹：治理郊区的大夫。　⑩蔓成然：即成然，食采于蔓。故事：即旧事，过去事奉。蔡公：即公子弃疾。　⑪因：凭借。　⑫启：启发，诱导。　⑬固城、息舟：二城名。　⑭观起之死：事在襄公二十二年。　⑮朝吴：原蔡大夫声子之子。　⑯封：恢复。　⑰子干、子晰：二子皆灵王弟。　⑱己徇于蔡：自己对蔡人宣

布。　⑲贼：指子干、子晰。　⑳死亡：谓为楚王或死或亡。　㉑则如违之：就应违背蔡公。如，应当。　㉒济：成。　㉓上：指蔡公。　㉔邓：蔡国旧都，在今河南省上蔡县西北。　㉕以国：复国的愿望。　㉖四族：指蒍氏、许围、蔡洧、蔓成然。　㉗为武军：此指筑起壁垒，树立陈、蔡军旗。　㉘役病：役人疲劳。　㉙藩：立起藩篱，作动词用。　㉚须务牟、史猈：二人皆为楚大夫，蔡公之党。　㉛正仆人：仆人之长，太子近臣。　㉜鱼陂：楚地，在今湖北省天门市西北。　㉝除王宫：驱除楚灵王的亲信。　㉞从师：接触楚军。　㉟复所：保留一切待遇。　㊱劓：古代一种割鼻子的刑罚。　㊲訾梁：楚地，在今河南省信阳市平桥区。　㊳大都：大的都邑。　㊴若：或许，或者。　㊵图君：为君谋划。　㊶然丹：子革。　㊷沿夏：顺夏水而下。夏，汉水支流。　㊸鄢：楚别都，在今湖北省宜城市西南。　㊹再奸王命：两次违犯王命。此指断王旌、执人于章台二事，详见昭公七年传。　㊺忍：狠心。　㊻棘闱：地名。　㊼癸亥：二十五日。　㊽子玉：即观从。　㊾忍俟：忍心等待。　㊿骇：惊叫。　㉛乙卯：十七日。　㉜二子：指子干、子晰。　㉝丙辰：十八日。　㉞子旗：即蔓成然。　㉟复迁邑：使迁走的邑人返回。　㊱致群赂：赏赐有功之臣。　㊲宽民：宽以待民。　㊳举职：起用废官，选贤才。　㊴佐开卜：卜师的助手。　㊵致犨、栎之田：交还犨、栎二地。犨、栎，本郑邑，楚取之。　㊶降服：脱去上服，以示请罪。　㊷过：故意。　㊸勤：辱。　㊹尚：庶几。表示希冀的副词。　㊺诟：骂詈。　㊻不余畀：即"不畀余"。畀，给予。　㊼冢适：嫡长子。　㊽无适立：不知立谁。适，专主。　㊾大有事于群望：遍祭名山大川。　㊿见：呈现。　㉛当璧：面壁。　㉜巴姬：共王妾。大室：祖庙。　㉝齐：同"斋"。　㉞长：按长幼次序。　㉟肘加：肘臂压在上面。　㊱压纽：压纽。纽，璧鼻，有孔，可穿绳。　㊲属：同"嘱"。　㊳同恶：共恶。谓共恶灵王。　㊴市贾：商人求利。　㊵有宠而无人：有宠贵的地位而无贤人辅佐。　㊶无主：无内应。　㊷闻达：知名。　㊸为羁终世：终身做羁旅之臣。 ⑧亡无爱征：逃亡在外而国人无爱戴的迹象。 ⑧不忌：不忌刻。 ⑧楚君子干：楚以子干为君。 ⑧涉：关涉。 ⑧君：统治。 ⑧城外属焉：方城山以外归属于他。 ⑨苛慝不作：烦琐和邪恶没有发生。 ⑨不违：不违礼。 ⑨先神命之：指再拜皆压纽。 ⑨芈姓：即楚国。 ⑨季：小儿子。 ⑨常：常例。 ⑯卫姬：齐僖公妾。 ⑰外主：外援。 ⑱国、高：指国氏、高氏，皆为齐上卿。 ⑲下善齐肃：下善，一般行动。齐肃，疾速。 ⑳藏贿：贪财货。 ㉑从：纵。 ㉒献：晋献公，文公之父。 ㉓不贰：不贰志，专一。 ㉔五人：指狐偃、赵衰、颠颉、魏武子、司空季子。 ㉕子余、子犯：即赵衰、狐偃。 ㉖齐、宋、秦、楚以为外主：谓齐妻以女，宋赠以马，楚王享之，秦伯纳之。 ㉗栾、郤、狐、先：即栾枝、郤縠、狐突、先轸。 ㉘惠、怀：指晋惠公、晋怀公。 ㉙宠子：指弃疾。 ㉚奥主：内主。指弃疾，弃疾在国内。 ㉛何以冀国：有何希望享有国家。 ㉜并征会：征召所有诸侯会见。并，遍。 ㉝良：地名，在今江苏省邳州市东南。 ㉞不可：不通。 ㉟丙寅：二十九日。 ㊱治兵于邾南：在邾国南境检阅军队。 ㊲摄：代理。 ㊳平丘：卫地，在今河南省封丘县东。 ㊴如之：指子太叔所带幄幕同子产一样仅剩九张。 ㊵叔鲋：即羊舌鲋，叔向之弟。 ㊶淫刍荛者：放纵砍柴草的人。 ㊷箧（qiè）：箱子。 ㊸宇下：房檐下。 ㊹请之：请求制止他们。 ㊺渎货：贪财。 ㊻此役：此事。 ㊼刘献公：周王卿士。 ㊽抑：语首助词，无义。 ㊾厎：致。 ㊿庸：功。 ㋀老：卿士。 ㋁王赋：王军。 ㋂元戎：大车。 ㋃启行：开道。 ㋄弗利：不以此为利，即不参与。 ㋅用命：效力。 ㋆无业：无贡赋。 ㋇不经：不经常。 ㋈不序：不依高下之序。 ㋉共：同"恭"。 ㋊不明：不昭告神明。 ㋋不终：无结果。 ㋌志业：记住自己的职责。 ㋍间朝：据杜预注，"三年而一朝，正班爵之义，率长幼之序"。 ㋎显昭明：显示信义。 ㋏等：等级次序。 ㋐齐牲：斋盟的牺牲。齐，同"斋"。 ㋑辛未：初四日。

⑭建而不旆：建立旌旗而不加飘带。旆，即旒，旌旗飘带。 ⑮鲁故之以：即"以鲁之故"。 ⑯甲戌：初七日。 ⑯蛮夷：指邾、莒。 ⑯率道：循道。 ⑭偾（fèn）于豚上：压在小猪身上。偾，仆。 ⑯造于除：到盟会处。除，除地为坛。 ⑯癸酉：初六日。 ⑯张：张挂幄幕。 ⑯争承：争贡赋的次序。 ⑯班贡：定贡献的次序。班，次序。 ⑯列：地位。 ⑯甸服：天子畿内供职贡者。 ⑯男：男服。《周礼·夏官·职方氏》有九服，即侯服、甸服、男服、采服、卫服、蛮服、夷服、镇服、藩服。自王畿千里之外，每五百里依次为别。 ⑯给：足。 ⑯靖：息。 ⑯行理：行旅，使者。 ⑯无艺：无极。 ⑯渎：轻慢。 ⑯贰偷：不一心且偷安。 ⑯不竞亦陵：不竞争也被欺凌。 ⑰蒙：遮蔽。 ⑰司铎射：鲁大夫。司铎，官名。 ⑰蒲伏：即匍匐而入。 ⑰御：阻止。 ⑰平子：即季孙意如。 ⑰子服湫：即子服意伯。 ⑰无为：无人帮助。 ⑰基：根基，柱石。 ⑰《诗》曰：以下二句出自《诗经·小雅·南山有台》。 ⑰艺贡事：制定贡赋的限度。 ⑱中人：地名，在今河北省唐县西北。 ⑱驱冲竞：驱使冲车以争逐。冲，陷阵的兵车。 ⑱荆：即楚。 ⑱瘳：疾病痊愈，即好处。 ⑱共：同"供"。 ⑱老：指季孙。 ⑱叔鱼：即鲋。 ⑱武子：季武子，季平子的祖父。 ⑱肉之：使骨生肉，即再生。 ⑱除馆于西河：在西河修造馆舍。西河，黄河之西，在今陕西省大荔县、华阴市一带。 ⑲待礼：等待以礼目送。

[译文]

十三年春季，叔弓包围费地，没有攻克，被打败。平子大为恼火，下令见到费地的人就抓起来，作为囚犯。冶区夫说："这样做不对。如果见到费地人，受冻的就送给他衣服，挨饿的就送给他食物，变成他们的好主人，供应他们所缺乏的东西。费地人前来就像回家一样，南氏就要灭亡了。百姓一旦背叛了他，谁还会和他住在一处呢？如果用威力使他们害怕，用愤怒使他们恐惧，百姓就会憎恨而背叛，这是为南氏聚集力量。如果诸侯都这么做，费地人没有地方可去，不亲近南氏，还能到哪儿去呢？"平子听从了他的建议，费地人背叛了南氏。

楚灵王担任令尹时，杀了大司马蒍掩，夺取了他的家产。等他即位了，又夺取了蒍居的田地，把许地的人迁走，并抓了许围为人质。蔡洧曾受到灵王的宠信，灵王灭掉蔡国时，蔡洧的父亲死在战争中，灵王派蔡洧镇守蔡地而继续前进。申地盟会上，越国大夫受到了羞辱。灵王夺走斗韦龟的封邑中犨，又夺取了成然的封邑，让他做了郊尹。蔓成然从前曾事奉蔡公。因此蒍氏的族人和蒍居、许围、蔡洧、蔓成然，都是灵王不加礼遇的人。他们依靠那些被剥夺职位的人，诱导越国大夫常寿过发动了叛乱，包围了固城，攻陷了息舟，修筑了城池居住在那里。

观起死的时候，他的儿子观从正在蔡国，事奉蔡大夫朝吴，他说："现在再不恢复蔡国，蔡国就没有机会复国了。请允许我尝试一下。"便以蔡公的名义召请子干、子晳，二人来到城郊，观从把实情告知，并强行与之盟誓，入城袭击蔡邑。蔡公正准备吃饭，见到他们便逃走了。观从让子干吃饭，挖了坑，杀了牺畜，放上盟书，然后让他们快走。观从对蔡地人公开宣布说："蔡公把子干、子晳请来，准备送他们回国，已经结了盟送他们回去了，准备率军跟着出发。"蔡地人聚集起来把观从抓起来。观从辩解说："已经放走贼人组成了军队，杀了我有什么用？"便把他放了。朝吴说："你们这些人如果要为楚王或死或逃，就不要听从蔡公的命令，等待局势的发展。如果想要安定下来，就不如帮助蔡公，以实现你们的愿望。再说违背了蔡公，又能去哪里呢？"众人都说："帮助蔡公！"于是事奉蔡公，把子干、子晳两人请回来，在邓地结盟，用复国的许诺利用陈国和蔡国人的力量。楚国的公子比、公子黑肱、公子弃疾、蔓成然、蔡国的朝吴率领陈、蔡、不羹、许、叶的军队，依靠蒍氏、许围、蔡洧、蔓成然四氏的族人，进入楚国。行至楚都郊区，陈、蔡两国为宣扬复国的名声，请求筑起壁垒竖立旗帜。蔡公得知后说："行动要快。而且役夫已经疲惫不堪，用篱笆围起来就行了。"便用篱笆围起来作为军营。蔡公派须务牟和史猈先行入城,依靠正仆人杀了太子禄和公子罢敌。公子比立为楚王,公子黑肱为令尹,驻扎在鱼陂。公子弃疾担任司马,首先清除王宫。派观从到乾谿军中告诉他们,并说:"先回去的保留所有待遇,后回去的要处以割鼻之刑。"楚军行至訾梁就溃散了。

灵王得知儿子们的死讯,自己从车上摔了下来,说:"别人爱他的儿子是否和我一样呢?"侍臣说:"要超过您。像我这样老而无子的人,知道将来要被推到沟壑里去死的。"灵王说:"我杀别人的儿子太多了,能不落到这一步吗?"右尹子革:"请大王在郊外等候听凭国人的处置。"灵王说:"看来众怒是不能触犯的。"子革说:"也许可以先到大的都邑,然后请求诸侯派兵救援。"灵王说:"都背叛我了。"子革说:"要不逃亡到诸侯国去,听凭大国为您谋划。"灵王说:"大的福分不会再有,只能自找羞辱而已。"子革便回到楚都。灵王沿着夏水而行,准备到鄢地去。芋尹无宇的儿子申亥说:"我父亲两次触犯了王命,大王都没有诛杀他,还有比这更大的恩惠吗?对大王不能不救,恩惠不能忘记,我愿意跟随大王。"就去追寻灵王,在棘闱遇到他,把他领回家中。夏季五月二十五日,灵王在芋尹申亥氏家中自缢而死。申亥把两个女儿作为殉葬品,安葬了灵王。

观从对子干说:"假如不杀了弃疾,即使您能得到国家,也会受到祸害的。"子干说:"我不忍心。"观从说:"人家会忍心杀您的,我不忍心再等下去了。"就离开了子干。国都的人每每在夜间互相惊扰说:"大王回来了!"十七日,弃疾派人到各处散布:"大王回来了!"都城的人极为惊恐。弃疾派蔓成然跑去向子干、子晰诈称:"大王来了!国人把司马弃疾杀了,马上就要攻到这里了!您如果早做安排,可以免受耻辱。众人的愤怒犹如火水一样,没有办法了。"又有人喊叫着跑来说:"他们杀过来了!"于是子干、子晰都自杀了。十八日,弃疾即位,改名为熊居。把子干安葬到訾地,就是訾敖。又杀死一个囚犯,穿上灵王的衣服,扔到汉水中,再打捞上来埋葬,以安定国人。任命子旗为令尹。

楚军从徐国回来，吴国人在豫章将其打败，俘获了五位将领。

平王恢复了陈、蔡二国，让人们迁回原来的住处，又赏赐群臣许多财物，布施恩惠，放宽政策，赦免罪人，使失去职位的人官复原职。召回观从，平王说："你有什么要求，我都满足。"观从回答说："我的祖先做过卜尹的助手。"于是就任命他为卜尹。平王派枝如子躬到郑国聘问，并把犨、栎两地的田地送还郑国。聘问结束后，子躬没有归还田地。郑国人请求说："听路人传言，贵国要把犨、栎两地还给寡君，谨此请命。"子躬回答说："我没有听到这样的命令。"回国复命时，平王问起犨、栎两地之事，子躬脱去上衣请罪说："下臣故意违背命令，没有交还他们。"平王拉起他的手安慰道："你不必自责。先回去吧，以后我有事还会告诉你的。"

几年后，芊尹申亥把楚灵王的灵柩所在告诉平王，于是将他改葬。

当初，灵王占卜，说："我希望能得到天下。"结果不吉利，灵王把龟甲扔到地上，诅咒上天说："连小小的天下都舍不得给我，我一定要自己夺取。"百姓担心灵王的欲望没有满足的时候，所以追随叛乱就像回家一样。

当初，楚共王没有嫡长子，宠爱的儿子有五个，不知道应该立谁。他就遍祭名山大川，祈祷说："请神灵在这五人中选择一个，让他主持国家。"又把一块玉璧向神灵展示一遍说："谁要正对着玉璧下拜，谁就是神灵所立的人，谁敢违背呢？"祭祀后，共王和巴姬偷偷把玉璧埋到祖庙的院子里，然后让五位公子斋戒，按长幼顺序依次下拜。康王两脚跨在玉璧上。灵王胳膊压住了玉璧。子干、子晰都离玉璧很远。平王还很小，被人抱着进来，两次下拜，都压在玉璧的纽上。斗韦龟把成然嘱托给平王，并说："如果抛弃礼仪违背神灵的命令，楚国恐怕就危险了。"

子干回国后，韩起问叔向："子干恐怕能成功吧！"叔向说："难以成功。"韩起说："大家有共同的憎恨对象而互相需求，就像商人追求获利一样,有什么难的?"叔向说:"没人和子干有相同的喜好,谁和他有共同的憎恶?取得国家有五大障碍:受到宠信但没有贤人辅佐,这是一;有贤人辅佐但没有内应,这是二;有人做内应但缺少谋略,这是三;有谋略但没有百姓支持,这是四;有百姓支持但没有德行,这是五。子干在晋国已有十三年了,晋、楚两国与他交往的人,没听说有什么知名之士,可以说他没有贤人;他的族人灭亡亲戚背叛,可以说没有人能做他的内应;无机可乘却轻举妄动,可以说没有谋略;长期流亡在外,可以说没有国内百姓的支持;逃亡在外,国人却没有怀念他的迹象,可以说无德。国君虽然暴虐但不忌刻,楚国如果以子干为君,面临着这五大障碍,还要冒杀害国君的风险,谁会帮助他成功呢?拥有楚国的恐怕就是公子弃疾吧!弃疾管理陈、蔡两地,方城山之外也归他统治。那里没有繁杂的政令和邪恶的行为,盗贼销声匿迹,人们虽有私欲但从不违背礼法,百姓没有怨恨之心。可以说神灵已经任命了他,国内的百姓信任他,芈姓发生内乱,总是立小的为国君,这是楚国的常规。他得到神灵的保佑,这是一;拥有百姓,这是二;有良好的品德,这是三;受到宠爱地位高贵,这是四;年纪合乎立君的常规,这是五。具备这五个有利条件,排除了五种障碍,还有谁能伤害他呢?子干的官位不过是右尹。论起他的身份,也不过是庶子。说到神灵的命令,他离玉璧又是那么远。其显贵的地位丧失,宠信丢掉,百姓不怀念,国内又没有亲近之人,又靠什么取得君位呢?"韩起说:"齐桓公、晋文公不也是这样吗?"叔向说:"齐桓公是卫姬的儿子,受到了僖公的宠爱。又有鲍叔牙、宾须无、隰朋辅佐,有莒、卫以为外援,有国氏、高氏在国内策应。桓公听从善人有如流水,日常行为庄重严肃,不贪财货,不放纵欲望,不停地施舍,不停地求善。他因此得到国家,不是应该的吗?先君文公是狐季姬的儿子,受到献公的宠爱。好学不倦,专心致志,十七岁就结交了五位贤能之士。有先大夫赵衰和狐偃作为心腹,有魏犨、贾佗作为助手,有齐、宋、秦、楚国作为外援,有栾枝、郤縠、狐突、先轸作为内应。虽然流亡十九年,返国的决心却越来越坚定。惠公、怀公抛弃了百姓,百姓就转而追随帮助他。献公没有别的亲人,百姓没有别的希望,上天正在保佑晋国,还有谁能代替文公呢?这两位国君都和子干不同。共王有最宠爱的儿子,国内已经有了君主。子干对百姓没有施舍恩惠,在国外没有援助,离开晋国时没有人送他,回到楚国时没有人欢迎,他又怎能有希望得到国家呢?"

晋国的虒祁之宫落成,诸侯朝见回来后都有了背离之心。因夺取郠地一事,晋国准备率领诸侯讨伐鲁国。叔向说:"不能不向诸侯显示一下我们的威力。"便通知诸侯参加盟会,同时告诉了吴国。秋季,晋昭公和吴王约好在良地会见。因为水路不通,吴王推辞不来,昭公只好回去。

七月二十九日,晋国在邾国南部举行了军事检阅,调动战车四千辆,由羊舌鲋代理司马,在平丘会合诸侯。子严、游吉辅佐郑定公赴会。子产带了帐、幕各九顶动身,游吉带了四十顶,不久就后悔了,每到宿营,就减少一些。等到了盟会地点,就和子产一样多了。

晋军驻扎在卫国,羊舌鲋向卫国索要财物,放纵打草砍柴的人。卫国人派屠伯送给叔向羹汤和一箱锦缎,说:"诸侯事奉晋国,不敢有二心,何况卫国在贵君的屋宇之下,怎敢有别的想法呢?现在贵国打草砍柴的人和以前大不一样,请您加以制止。"叔向接受了羹汤,把锦缎退了回去,说:"晋国有个羊舌鲋,贪财不知满足,他马上就要遭到灾祸。对于这件事,您以国君的名义把这箱锦缎赐给他,就可以制止。"屠伯听了他的话。果然,给羊舌鲋送礼的人还未退出,禁止乱砍柴草的命令就下达了。

晋国人打算重修旧盟,齐国人不同意。晋昭公派叔向告诉刘献公说:"齐国人不同意结盟,怎么办?"刘献公说:"结盟用以表示信用。国君假如有信用,诸侯不会生有二心,又担心什么?如果以文辞警告他们,以武力督促他们,即使齐国不答应,您的功劳也是很大的。作为天子的卿士,我愿意率领王师前去助阵。'十辆大车,作为开路先锋。'迟早由国君决定。"叔向告诉齐国:"诸侯要求结盟,已经都聚集在这里了。现在贵君认为结盟没有好处,寡君请贵国再考虑一下。"齐国人回答说:"诸侯讨伐生有二心的国家才重温盟约。如果都听从命令,何必再重温旧盟呢?"叔向说:"一个国家的衰败,就在于有了事情而无贡赋,事情就不能正常进行。有了贡赋而没有礼仪,规矩就没有秩序。讲究礼仪却没有威严,即使秩序不乱也不能做到恭敬。有威严却不能加以宣扬,即使恭敬也不能昭告神灵。不能昭告神灵便放弃了恭敬,各种事情都将难有结果,这就是国家败亡的原因。因此,圣明的君主规定,让诸侯每年聘问一次以记住自己的职责,每三年朝见一次以讲习礼仪,每六年会见一次以昭示威仪,每十二年盟会一次以显示信义。在友好中记住职责,用等级次序讲习礼仪,向百姓显示威严,向神灵昭明信义,自古以来都没有缺失。国家的存亡之道常常因此而产生。晋国依据礼仪主持盟会,担心做不好,现奉上结盟的牺牲,陈列在国君面前,以求完成结盟之事。贵君却说:'我一定要废掉这一活动,还要结什么盟呢?'希望贵君慎重考虑,寡君听到命令了!"齐国人害怕了,回答说:"小国提出意见,由大国决定,怎么能不听从呢?我们已经听到命令了,将会恭恭敬敬地前去,时间早晚听凭贵国盼咐。"叔向说:"诸侯和晋国已经有隔阂了,我们不能不示威。"八月四日,开始演习,立起大旗,没有飘带。五日,又加上飘带。诸侯害怕了。

邾国人、莒国人到晋国控告说:"鲁国不断攻打我国,我国快要灭亡了。我们不能进献贡品,就是因为鲁国。"晋昭公拒绝接见昭公,派叔向辞谢说:"诸侯准备在七日结盟,寡君深知不能事奉贵君,请贵君不要参加了。"子服惠伯回答说:"贵君听信蛮夷小国的控告,断绝兄弟国家,抛弃周公的后代,听凭贵君的决定。寡君听到命令了。"叔向说:"寡君拥有战车四千辆,即使不按常规行事,也一定是可怕的。何况是遵循常规,有谁能抵挡得住呢?牛虽然瘦,压在小猪身上,还怕压不死它?南蒯和子仲引起的祸患,难道已经忘记了吗?如果以晋国的众多人马，动用诸侯的军队，依靠邾、莒、杞、鄫国的怨恨，讨伐鲁国的罪过，利用南蒯和子仲造成的忧患，想要什么得不到呢？"鲁国人害怕了，表示听从命令。

七日，诸侯在平丘一起会盟，因为齐国顺从了。晋国让诸侯在中午到达盟会地点。六日，朝见晋国完毕。子产令仆人尽快在盟会地点搭起帐篷，游吉拦住了，让第二天再搭。晚上，子产得知还没有去搭，派人快去，已经没有可搭的地方了。

结盟时，子产为贡赋的等次力争，说："从前天子规定贡赋的等次，轻重是根据地位来决定的。地位尊贵贡赋就重，这是周朝的制度。地位低下贡赋却重，只有甸服是这样。郑伯只是男服，让我们缴纳和公侯一样的贡赋，恐怕无力承受，特此提请考虑。诸侯之间应当放弃战争，以友好处理各种事情。现在催收贡赋的命令没有一个月间断过，贡赋没有限度，小国无法满足，因此多有得罪。诸侯重温旧盟，是为了保全小国，贡赋没有限度，小国的灭亡就指日可待了。决定小国是存是亡，就看这次盟会了。"从中午争辩到黄昏，晋国人答应了他。盟誓之后，游吉责备子产说："诸侯可能因此来讨伐，你怎么可以轻慢他们呢？"子产说："晋国的政权分散在各个家族手中，他们人心不齐苟且偷安还来不及，哪里顾得上讨伐我们？国家不和他们力争，就会遭到欺凌，还算什么国家？"

昭公没有参加会盟。晋国人把季平子抓起来，用帐篷布裹起来，让狄人看守。司铎射怀里揣着锦缎，用壶盛了冰水，偷偷爬进去。看守阻拦他，他把锦缎送给看守，才得以进去。晋国人押着季平子回国，子服意伯跟着。

子产回国，还未到达，听说子皮去世，放声大哭，并且说："我完了！没有人帮我行善了，只有你老人家最了解我啊。"

孔子认为："子产在这次盟会上的表现，足以成为郑国的柱石。《诗经》说：'高尚君子多欢乐，国家靠你做基石。'子产是君子中追求快乐的人。"又说："会合诸侯，确定贡赋的限度，这就是礼啊。"

鲜虞人听说晋军全部出动，便放松了边境上的警戒，也不修治武备。晋国的荀吴率领上军从著雍入侵鲜虞，攻入中人，使用冲车和敌人争战，大胜而归。

楚国灭掉蔡国时，灵王把许、胡、沈、道、房、申地的人迁到楚国境内。平王即位之后，重封了陈、蔡二国，又让各国都迁回原处，这是合乎礼的。让隐太子的儿子庐回到蔡国，合乎礼。让悼太子的儿子吴回到陈国，也合乎礼。

冬季十月，安葬蔡灵公，这是合乎礼的。

昭公前往晋国。荀吴对韩起说："诸侯互相朝见是为了重温过去的友好。现在扣押了别国的卿而让其国君前来朝见，这是不友好的，不如辞谢他。"就派士景伯在黄河岸边辞谢了昭公。

吴国灭掉了州来。令尹子期请求攻打吴国，平王不同意，说："我还没有安抚百姓，没有事奉鬼神，没有修治防御设备，国家还没有安定，却要征用民力，失败了后悔莫及。州来归属吴国，就像在楚国一样。你姑且等着。"

季平子还被押在晋国。子服惠伯私下对荀吴说："鲁国事奉晋国，哪一点比不上蛮夷小国呢？鲁国是晋国的兄弟国家，领土又很大，晋国的要求都能满足。如果因为蛮夷之国而抛弃它，使它去事奉齐、楚两国，对晋国有什么好处呢？亲近兄弟国家，联合强大的国家，奖赏缴纳贡赋的国家，惩罚不能供给的国家，这就是成为盟主的原因。您还是考虑一下。俗话说：'一个臣子可以选择两个主人。'我们难道就没有其他大国可以事奉了吗？"荀吴告诉了韩起，并且说："楚国灭掉陈、蔡两国时，我们没有救援，为了蛮夷小国把兄弟国家的大臣抓了起来，有什么用呢？"于是放季平子回国。惠伯说："寡君不知道犯了什么罪，会合诸侯却把他的卿抓了起来。如果有罪，即使被处死也可以。如果说无罪而加恩赦免，诸侯并不知道，这是逃避命令，怎么能算是赦免呢？谨请国君赐恩召集盟会。"韩起感到很为难，对叔向说："你能让季孙回国吗？"叔向回答说："我不能。羊舌鲋可以。"便让羊舌鲋前去。羊舌鲋见到季平子说："从前我得罪了晋侯，投奔了贵君，假如没有您祖父季武子的恩赐，我到不了今天。我这把老骨头虽然得以回到晋国，也等于是您使我获得新生，我怎能不尽力报答呢？现在让您回国您却不回，我从官吏那儿听说，将为你在西河修建馆舍，那时该怎么办呢？"说着掉下泪来。季平子害怕了，决定先回鲁国，留下惠伯等待晋国以礼相送。

昭公十四年

经 十有四年春，意如至自晋。三月，曹伯滕卒。夏四月。秋，葬曹武公。八月，莒子去疾卒。冬，莒杀其公子意恢。

传 十四年春，意如至自晋，尊晋罪己也①。尊晋罪己，礼也。

南蒯之将叛也，盟费人。司徒老祁、虑癸伪废疾②，使请于南蒯曰："臣愿受盟而疾兴，若以君灵不死③，请待间而盟④。"许之。二子因民之欲叛也，请朝众而盟。遂劫南蒯曰："群臣不忘其君⑤，畏子以及今，三年听命矣。子若弗图，费人不忍其君⑥，将不能畏子矣。子何所不逞欲⑦？请送子。"请期五日⑧。遂奔齐。侍饮酒于景公。公曰："叛夫⑨！"对曰："臣欲张公室也⑩。"子韩晳曰⑪："家臣而欲张公室，罪莫大焉。"司徒老祁、虑癸来归费。齐侯使鲍文子致之。

夏，楚子使然丹简上国之兵于宗丘⑫，且抚其民。分贫振穷⑬，长孤幼⑭，养老疾，收介特⑮，救灾患，宥孤寡⑯，赦罪戾,诘奸慝⑰,举淹滞⑱。礼新叙旧⑲,禄勋合亲⑳,任良物官㉑。使屈罢简东国之兵于召陵㉒,亦如之。好于边疆㉓,息民五年㉔,而后用师,礼也。

秋八月,莒著丘公卒,郊公不戚㉕。国人弗顺,欲立著丘公之弟庚舆。蒲余侯恶公子意恢而善于庚舆㉖,郊公恶公子铎而善于意恢。公子铎因蒲余侯而与之谋曰:"尔杀意恢,我出君而纳庚舆。"许之。

楚令尹子旗有德于王㉗,不知度㉘,与养氏比㉙,而求无厌。王患之。九月甲午㉚,楚子杀斗成然㉛,而灭养氏之族,使斗辛居郧㉜,以无忘旧勋。

冬十二月,蒲余侯兹夫杀莒公子意恢,郊公奔齐。公子铎逆庚舆于齐。齐隰党、公子鉏送之,有赂田。

晋邢侯与雍子争鄐田㉝,久而无成。士景伯如楚,叔鱼摄理㉞。韩宣子命断旧狱,罪在雍子。雍子纳其女于叔鱼,叔鱼蔽罪邢侯㉟。邢侯怒,杀叔鱼与雍子于朝。宣子问其罪于叔向。叔向曰:"三人同罪,施生戮死可也㊱。雍子自知其罪而赂以买直㊲,鲋也鬻狱㊳,邢侯专杀㊴,其罪一也㊵。己恶而掠美为昏㊶,贪以败官为墨㊷,杀人不忌为贼㊸。《夏书》曰:'昏、墨、贼,杀。'皋陶之刑也,请从之。"乃施邢侯而尸雍子与叔鱼于市。

仲尼曰:"叔向,古之遗直也㊹!治国制刑,不隐于亲㊺,三数叔鱼之恶,不为末减㊻。曰义也夫,可谓直矣!平丘之会,数其贿也㊼,以宽卫国,晋不为暴。归鲁季孙,称其诈也㊽,以宽鲁国,晋不为虐。邢侯之狱,言其贪也,以正刑书㊾,晋不为颇㊿。三言而除三恶,加三利,杀亲益荣(51)，犹义也夫!”

［注释］

①罪己：归罪于自己。 ②司徒老祁、虑癸：二人为季氏家臣。司徒，一说为姓，一说即小司徒。伪废疾：假装生病。废，借为“发”。 ③君灵：您的福气。 ④间：稍痊愈。 ⑤君：指季氏。 ⑥忍：狠心。 ⑦何所：何处。 ⑧请期：请求缓期。 ⑨叛夫：叛徒。 ⑩张：加强。 ⑪子韩晰：齐大夫。 ⑫简：选练。上国：在国都之西。宗丘：楚地，在今湖北省秭归县境。 ⑬分：分予。振：救助。 ⑭长：抚养。 ⑮收介特：收容单身汉。 ⑯宥：宽缓其赋税。 ⑰诘：禁治。 ⑱淹滞：沉沦下位的人才。 ⑲礼新叙旧：礼遇新人安排旧好。 ⑳禄勋合亲：赏有功，睦亲族。 ㉑任良物官：任用贤良，物色官吏。 ㉒东国：楚东部地区。 ㉓好：结好。 ㉔息:休养。 ㉕郊公：著丘公之子。 ㉖蒲余侯：莒大夫。 ㉗德:恩德。 ㉘不知度：不节制。 ㉙养氏：子旗之党，养由基之后。 ㉚甲午：初三日。 ㉛斗成然：又称蔓成然，即子旗。 ㉜斗辛：子旗之子。 ㉝鄐：晋邢侯邑名。 ㉞摄理：代理。 ㉟蔽：判断。 ㊱施生戮死：生者杀而陈尸，死者暴尸。 ㊲买直：买来胜诉。 ㊳鬻狱：卖法。 ㊴专杀：擅自杀人。 ㊵一：同。 ㊶己恶而掠美为昏：己有罪恶反而掠取他人之美就是昏乱。此指雍子。 ㊷贪以败官为墨：贪婪而败坏官职就是不干净。此指叔鱼。 ㊸杀人不忌为贼：杀人而无所顾忌就是残暴。此指邢侯。 ㊹古之遗直：其刚直是古代的遗风。 ㊺隐：蔽，包庇。 ㊻不为末减：不减轻一点。末，薄。 ㊼数：责备。 ㊽称：称道。 ㊾正刑书：执行法律。 ㊿颇：偏。 (51)益荣：指名声更加显著。

［译文］

十四年春季，意如从晋国回国，《春秋》只写他的名字表示尊重晋国责备自己。尊重晋国责备自己,是合乎礼的。

南蒯准备叛变时,和费地人盟誓。司徒老祁、虑癸假装犯病,派人向南蒯请求说:"我们愿意接受盟约但疾病发作,如果托您的福而不死,请求等病好一点再去参加盟誓。"南蒯答应了。二人依靠百姓打算背叛南蒯,聚集众人一起结盟。于是劫持了南蒯,说:"大家并没有忘记自己的君主,只因害怕你而一直拖到今天,已经顺服你三年了。你如果再不改变主意,费地人因为不忍心背叛主人,将要对你不客气了。你到哪里不能满足自己的欲望呢?请让我们把你送走吧。"南蒯请求给他五天时间。于是逃到了齐国。南蒯陪齐景公饮酒,景公说:"叛徒!"南蒯说:"我是想加强公室的力量。"子韩晳说:"作为家臣却要加强公室,没有比这更大的罪过了。"司徒老祁、虑癸前来要求归还费地。齐景公派鲍文子来送还费地。

夏季,楚平王派然丹在宗丘选拔检阅西部军队,同时安抚当地百姓。救助贫困,赈济穷人,抚养孤儿,赡养病残老人,收容单身流民,救济灾患家庭,宽免孤儿寡妇的赋税,赦免罪人,惩治奸邪,举拔被埋没的贤人。重用投奔前来的外臣,录用过去的官员,奖赏立功之人,亲近宗族亲属,任用贤良,物色官吏。派屈罢在召陵选拔检阅东部军队,做法和然丹一样。和四方邻邦和睦相处,让百姓休养生息五年,然后才用兵,这是合乎礼的。

秋季八月,莒国的著丘公去世,郊公并不悲伤。国人都不顺从他,打算拥立著丘公的弟弟庚舆。蒲余侯讨厌公子意恢,和庚舆关系很好,郊公讨厌公子铎,却和意恢要好。公子铎依靠蒲余侯并和他商量:"你杀了意恢,我赶走国君接纳庚舆。"蒲余侯答应了他。

楚国的令尹子旗自恃对平王有功,不知节制,和养氏勾结起来,贪得无厌。平王对他很担心。九月三日,平王杀了子旗,灭了养氏族人,把斗辛封在郧地,表示没有忘记他祖先的功勋。

冬季十二月,蒲余侯兹夫杀了莒国的公子意恢,郊公逃到齐国。公子铎从齐国迎来庚舆。齐国的隰党、公子鉏送行,莒国送给他们田地。

晋国的邢侯和雍子争夺鄐邑的田地，很久也没有调解成功。士景伯到楚国，由羊舌鲋代理他的职务。韩起命羊舌鲋审理此案，判决雍子有罪。雍子把女儿嫁给羊舌鲋，羊舌鲋又判邢侯有罪。邢侯大怒，在朝廷上杀了羊舌鲋和雍子。韩起询问叔向如何给他们定罪。叔向说："三人同罪，杀死活着的人，对已死的暴尸就可以了。雍子知道自己有罪却以贿赂换得胜诉，羊舌鲋贪赃枉法，邢侯擅自杀人，三人罪行一样。自己邪恶却掠取别人的美名为昏，贪婪而渎职为墨，杀人无所顾忌为贼。《夏书》说：'犯昏、墨、贼三种罪行，格杀勿论。'这是皋陶制定的刑法，请依此照办。"于是杀了邢侯，把雍子和叔鱼的尸首在市上陈列示众。

孔子评论说："叔向有古人正直的遗风啊！治理国家制定刑法，不包庇亲人，三次列举羊舌鲋的罪状，不给他减轻罪行。这叫作合乎道义啊，他可以说是正直无私啊！平丘会盟，叔向责备羊舌鲋贪财，从而宽免了卫国，使晋国没有乱施强暴。让鲁国季孙回国，说他善于欺诈，从而宽免了鲁国，使晋国没有造成凌虐。在邢侯这起案件上，说他贪赃枉法，以执行法律，使晋国不产生偏差。三次说话消除了三种罪恶，为晋国增加了三次利益，杀了亲人名声更加显著，做事合乎道义啊！"

昭公十五年

经 十有五年春，王正月，吴子夷末卒。二月癸酉，有事于武宫。籥入，叔弓卒。去乐，卒事。夏，蔡朝吴出奔郑。六月丁巳朔，日有食之。秋，晋荀吴帅师伐鲜虞。冬，公如晋。

传 十五年春，将禘于武公，戒百官①。梓慎曰："禘之日,其有咎乎!吾见赤黑之祲②,非祭祥也,丧氛也。其在莅事乎③?"二月癸酉④,禘。叔弓莅事,籥入而卒⑤,去乐,卒事,礼也。

楚费无极害朝吴之在蔡也⑥,欲去之。乃谓之曰:"王唯信子,故处子于蔡。子亦长矣,而在下位,辱。必求之,吾助子请。"又谓其上之人曰:"王唯信吴,故处诸蔡,二三子莫之如也,而在其上,不亦难乎?弗图,必及于难。"夏,蔡人逐朝吴,朝吴出奔郑。王怒,曰:"余唯信吴,故置诸蔡。且微吴⑦,吾不及此。女何故去之?"无极对曰:"臣岂不欲吴?然而前知其为人之异也⑧。吴在蔡,蔡必速飞。去吴,所以翦其翼也⑨。"

六月乙丑⑩,王大子寿卒⑪。

秋八月戊寅⑫,王穆后崩⑬。

晋荀吴帅师伐鲜虞,围鼓⑭。鼓人或请以城叛,穆子弗许⑮。左右曰:"师徒不勤,而可以获城,何故不为?"穆子曰:"吾闻诸叔向曰:'好恶不愆⑯,民知所适,事无不济。'或以吾城叛,吾所甚恶也。人以城来,吾独何好焉?赏所甚恶,若所好何?若其弗赏,是失信也,何以庇民?力能则进,否则退,量力而行。吾不可以欲城而迩奸⑰,所丧滋多。"使鼓人杀叛人而缮守备。围鼓三月,鼓人或请降,使其民见,曰:"犹有食色⑱,姑修而城。"军吏曰:"获城而弗取,勤民而顿兵⑲,何以事君?"穆子曰:"吾以事君也。获一邑而教民怠,将焉用邑?邑以贾怠⑳,不如完旧㉑,贾怠无卒㉒,弃旧不祥。鼓人能事其君,我亦能事吾君。率义不爽㉓,好恶不愆,城可获而民知义所㉔,有死命而无二心，不亦可乎！"鼓人告食竭力尽，而后取之。克鼓而反，不戮一人，以鼓子𬶍鞮归㉕。

冬，公如晋，平丘之会故也。

十二月，晋荀跞如周，葬穆后，籍谈为介。既葬，除丧，以文伯宴㉖，樽以鲁壶㉗。王曰："伯氏，诸侯皆有以镇抚王室㉘，晋独无有，何也？"文伯揖籍谈㉙，对曰："诸侯之封也，皆受明器于王室㉚，以镇抚其社稷，故能荐彝器于王㉛。晋居深山，戎狄之与邻，而远于王室。王灵不及，拜戎不暇㉜，其何以献器？"王曰："叔氏㉝，而忘诸乎㉞？叔父唐叔㉟，成王之母弟也，其反无分乎㊱？密须之鼓㊲，与其大路㊳，文所以大蒐也。阙巩之甲㊴，武所以克商也。唐叔受之以处参虚㊵，匡有戎狄㊶。其后襄之二路㊷，鏚钺，秬鬯，彤弓，虎贲，文公受之，以有南阳之田，抚征东夏㊸，非分而何？夫有勋而不废，有绩而载㊹，奉之以土田，抚之以彝器，旌之以车服㊺，明之以文章，子孙不忘，所谓福也。福祚之不登㊻，叔父焉在？且昔而高祖孙伯黶，司晋之典籍，以为大政，故曰籍氏。及辛有之二子董之晋㊼，于是乎有董史。女，司典之后也㊽。何故忘之？"籍谈不能对。宾出，王曰："籍父其无后乎！数典而忘其祖㊾。"

籍谈归，以告叔向。叔向曰："王其不终乎！吾闻之：所乐必卒焉㊿。今王乐忧㈤，若卒以忧，不可谓终。王一岁而有三年之丧二焉㈥，于是乎以丧宾宴㈦，又求彝器，乐忧甚矣，且非礼也。彝器之来，嘉功之由㈧，非由丧也。三年之丧，虽贵遂服㈨，礼也。王虽弗遂，宴乐以早㈩，亦非礼也。礼，王之大经也。一动而失二礼，无大经矣。言以考典，典以志经，忘经而多言，举典，将焉用之？"

[注释]

①戒：告之以斋戒。　②赤黑之祲（jìn）：红黑色的妖恶之气。祲，不祥之气。　③莅事：临事，指主持祭礼的人。　④癸酉：十五日。　⑤籥（yuè）：古代祭祀备有乐舞，乐有文舞、武舞。文执羽籥，武执干戚。入庙时，先文后武。　⑥害：疾恨。　⑦微：无。⑧前：早。异：有异心。　⑨翦：同"剪"。　⑩乙丑：初九日。⑪寿：周景王子。　⑫戊寅：二十二日。　⑬王穆后：太子寿之母。⑭鼓：国名，姬姓，白狄的一支，时属鲜虞。国境在今河北省晋州市。　⑮穆子：即荀吴。　⑯好恶不愆：喜好、厌恶都不过分。⑰迩奸：接近奸邪。　⑱食色：从脸色上看，尚有饭吃。　⑲顿兵：损坏兵器。　⑳邑以贾（gǔ）怠：得一城邑而买来懈怠。贾，买。㉑完旧：保持不怠。　㉒无卒：没有好结果。　㉓率义不爽：遵循道义不能有差错。　㉔知义所：知义所在。　㉕鸢（yuān）鞮（dī）：鼓君之名。　㉖以：与。文伯：即荀跞。　㉗樽以鲁壶：用鲁国所献的壶做酒杯。樽，同"尊"，酒器。　㉘镇抚王室：指贡献王室的物品。　㉙揖籍谈：向籍谈作揖，使对答。　㉚明器：明德之器。另一义为殉葬的器物。　㉛彝器：宗庙之器物。　㉜拜戎：服戎，即使戎归服。　㉝叔氏：指籍谈。　㉞而：同"尔"，你。　㉟叔父：周王对诸侯同姓，无论行辈，俱称伯父或叔父。　㊱分：所得赏赐。　㊲密须：古国名，为周文王所征服，得其鼓与大路，用以田猎检阅。㊳大路：大车。　㊴阙巩：古国名，为周武王所灭。　㊵参虚：即实沈之次，晋国的分野。　㊶匡：正，统治。　㊷襄之二路：周襄王所赐晋文公大路、戎路车。事见僖公二十八年传。　㊸东夏：齐、鲁、郑、宋诸国，皆在晋东，故称东夏。　㊹载：记于策书。　㊺旌：表

彰。 ㊻登：记载。 ㊼二子：次子。 ㊽司典：指孙伯黡。 ㊾数典：举出典故。 ㊿所乐必卒焉：即所乐必卒于乐。焉，复合词“于之”。 (51)乐忧：以忧为乐。 (52)三年之丧：指太子寿卒和穆后死。《仪礼·丧服》及《墨子·节葬下》均载有王为太子、夫为妻服丧三年之礼。 (53)以丧宾宴：与吊丧宾客饮宴。 (54)嘉功之由：为“由于嘉功”的倒装句。嘉功，嘉奖功勋。 (55)遂服：丧服终结。遂，终，毕。 (56)以：同“已”，太、甚。

［译文］

十五年春季，鲁国准备对武公举行禘祭，让百官斋戒。梓慎说：“禘祭之日将有灾祸发生吧！我看见了赤黑色的妖气，这不是祭祀的祥兆，是丧事的凶气。难道会应验在主祭官身上吗？”二月十五日，举行禘祭。由叔弓主祭，演奏籥舞的人进来，叔弓突然死去，于是撤除音乐，继续完成祭祀，这是合乎礼的。

楚国的费无极嫉妒朝吴镇守蔡国，打算除掉他。便对他说：“大王只相信您，所以把您安置在蔡国。您这么大年纪了，地位却这么低下，这是耻辱。您一定要请求提升，我帮您请求。”又对朝吴的上司说：“大王只信任朝吴，所以让他治理蔡国，你们几个都不如他，却在他上面，不也很难吗？再不想办法，一定遭受祸难。”夏季，蔡国人赶走了朝吴，朝吴逃到郑国。平王大怒，说：“我只信任朝吴，所以把他安置在蔡国。如果没有朝吴，我不会到这一步。你为什么要赶他走？”无极回答说：“我难道不想要朝吴？但是我早就知道他有异心了。朝吴在蔡国，蔡国必然迅速腾飞。赶走朝吴，是为了剪除蔡国的翅膀。”

六月九日，周景王的太子寿去世。

秋季八月二十二日，周景王的穆后去世。

晋国的荀吴率军攻打鲜虞，围攻鼓地。鼓地有人请求带领全城投降，荀吴不同意。左右侍从说：“军队不劳累就取得城邑，为什么不干呢？”荀吴说：“我听叔向说过：‘追求善恶都不过分，百姓知道努力的方向,事情没有不成功的。'有人带着我们的城邑叛变,这是我们所憎恨的。别人率城来降,我们为什么就高兴呢?如果奖赏所厌恶的行为,对喜欢的行为又怎么样呢?如果不奖赏,失去了信用,拿什么来保护百姓?有能力就进攻,没有能力就撤退,量力而行。不能为了得到一个城邑便亲近邪恶,这样失去的东西会更多。"让鼓地人杀了那个叛贼,修缮防御设施。包围鼓地三个月之后,鼓地有人请求投降。荀吴让鼓地百姓前来见他,说:"从脸色看还能吃饱饭,暂且回去修城抵抗吧。"军官说:"能够取得城池却不要,劳累百姓损坏武器,怎么能事奉国君呢?"荀吴说:"我就用这方法来事奉国君。获得一座城邑而教导百姓怠惰,要这座城有什么用?得到城邑换来怠惰,还不如保持原来的样子,换取怠惰没有好结果,丢掉本来的勤奋不够吉祥。鼓地人能事奉他们的国君,我也能事奉我们的国君。遵循道义而无差错,追求善恶而不过分,既能获得城邑,又使百姓懂得道义所在,敢于拼命而不产生二心,不也可以吗?"鼓地人报告城内粮食已经吃完,力量用尽,这才夺取鼓城。攻克鼓地后回来,没有杀害一人,只抓了鼓君鸢鞮回国。

冬季,昭公前往晋国,是为了平丘那次会盟。

十二月,晋国的荀跞到王室为穆后送葬,籍谈作为副手。安葬之后,减除了丧服,天子和荀跞饮宴,用鲁国进献的壶为酒杯。天子说:"伯氏,诸侯都有东西进献王室,唯独晋国没有,这是为什么呢?"荀跞作揖让籍谈回答,籍谈说:"当初诸侯受天子分封时,都从王室接受了宝器,以镇抚自己的国家,因此他们能献给天子各种礼器。晋国居住在深山老林,与戎狄为邻,远离王室。天子的洪福不能到达,降服戎狄都来不及,哪里还能进献宝器呢?"天子说:"叔氏,你难道忘了?叔父唐叔是成王的同母弟弟,难道没有从王室分得赏赐吗?密须国的鼓和大路车,是文王用来检阅军队的。阙巩的皮甲,是武王用来攻克商朝的。唐叔接受后住在参虚的分野晋地,统治着戎狄之人。此后又把襄王的大路、戎路车,斧钺,黑黍酿造的香酒,红色的弓以及勇士赐给文公，文公接受后拥有了南阳的田地，安抚和征伐了东方各国，这不是王室的赏赐是什么？有功勋而不废弃，有业绩记载在册，用土田来奉养，用宝器来安抚，用车服来表彰，用旌旗来显耀，使其子孙永不忘记，这就是所说的福。连这些福禄都忘记了，叔父的良心何在？并且从前你的高祖孙伯黡负责掌管晋国的典籍，以主持国家大政，因此称为籍氏。直到辛有的次子董到了晋国，晋国才有了史官董氏。你是管理典籍官员的后代。怎么能忘了这些呢？"籍谈无言以对。宾客出去后，天子说："籍谈将来恐怕没有后代吧！他在列举典故时忘记了自己的祖先。"

籍谈回国后，把此事告诉了叔向。叔向说："天子恐怕难以善终了！我听说：喜欢什么事情，就必定死在什么事情上。现在天子以忧患为乐，如果因为忧患而死，就不能说是善终。天子在这一年有了两次应服丧三年的丧事，在这种情况下又和吊丧的宾客饮宴，又索要宝器，这种以忧患为乐的做法太过分了，而且是违背礼的。宝器的取得，是由于嘉奖功业，不是因为丧事。应服三年之丧，即使地位尊贵，也要如期服完，这是合乎礼的。天子即使不愿服满丧期，但过早饮宴奏乐，也是违背礼的。礼是天子的根本大法。做一件事两次违背了礼，心中已无根本大法了。语言用以引证典故，典故用以记载礼法，忘记了礼法，即使口若悬河，引证典故，又有什么用呢？"

昭公十六年

经 十有六年春，齐侯伐徐。楚子诱戎蛮子杀之。夏，公至自晋。秋八月己亥，晋侯夷卒。九月，大雩。季孙意如如晋。冬十月，葬晋昭公。

传 十六年春，王正月，公在晋，晋人止公。不书，讳之也。

齐侯伐徐。

楚子闻蛮氏之乱也与蛮子之无质也①,使然丹诱戎蛮子嘉杀之,遂取蛮氏②。既而复立其子焉,礼也。

二月丙申③,齐师至于蒲隧④,徐人行成,徐子及郯人、莒人会齐侯,盟于蒲隧,赂以甲父之鼎⑤。叔孙昭子曰:"诸侯之无伯,害哉!齐君之无道也,兴师而伐远方,会之有成而还,莫之亢也⑥。无伯也夫!《诗》曰⑦:'宗周既灭,靡所止戾。正大夫离居,莫知我肄。'其是之谓乎!"

三月,晋韩起聘于郑,郑伯享之。子产戒曰:"苟有位于朝,无有不共恪⑧。"孔张后至⑨。立于客间⑩,执政御之⑪。适客后,又御之,适县间⑫。客从而笑之。事毕,富子谏曰⑬:"夫大国之人,不可不慎也。几为之笑而不陵我⑭?我皆有礼,夫犹鄙我。国而无礼,何以求荣?孔张失位,吾子之耻也。"子产怒曰:"发命之不衷⑮,出令之不信,刑之颇类⑯,狱之放纷⑰,会朝之不敬,使命之不听,取陵于大国,罢民而无功⑱,罪及而弗知,侨之耻也。孔张,君之昆孙⑲,子孔之后也⑳,执政之嗣也㉑。为嗣大夫,承命以使,周于诸侯㉒,国人所尊,诸侯所知。立于朝而祀于家,有禄于国,有赋于军,丧祭有职,受脤归脤㉓。其祭在庙㉔,已有著位。在位数世,世守其业,而忘其所,侨焉得耻之?辟邪之人而皆及执政,是先王无刑罚也。子宁以他规我㉕。"

宣子有环㉖,其一在郑商。宣子谒诸郑伯㉗,子产弗与,曰:"非官府之守器也,寡君不知。"子大叔、子羽谓子产曰:"韩子亦无几求㉘,晋国亦未可以贰。晋国、韩子，不可偷也㉙。若属有谗人交斗其间㉚，鬼神而助之，以兴其凶怒，悔之何及？吾子何爱于一环，其以取憎于大国也？盍求而与之？"子产曰："吾非偷晋而有二心，将终事之，是以弗与，忠信故也。侨闻君子非无贿之难㉛，立而无令名之患㉜。侨闻为国非不能事大字小之难㉝，无礼以定其位之患。夫大国之人，令于小国，而皆获其求，将何以给之㉞？一共一否，为罪滋大。大国之求，无礼以斥之㉟，何餍之有？吾且为鄙邑㊱，则失位矣㊲。若韩子奉命以使，而求玉焉，贪淫甚矣，独非罪乎㊳？出一玉以起二罪，吾又失位，韩子成贪，将焉用之？且吾以玉贾罪，不亦锐乎㊴？"

韩子买诸贾人，既成贾矣㊵，商人曰"必告君大夫。"韩子请诸子产曰："日起请夫环，执政弗义㊶，弗敢复也。今买诸商人，商人曰'必以闻'。敢以为请。"子产对曰："昔我先君桓公，与商人皆出自周，庸次比耦㊷，以艾杀此地㊸，斩之蓬蒿藜藿，而共处之。世有盟誓，以相信也，曰：'尔无我叛，我毋强贾㊹，毋或匄夺㊺。尔有利市宝贿㊻，我勿与知。'恃此质誓㊼，故能相保，以至于今。今吾子以好来辱㊽，而谓敝邑强夺商人，是教敝邑背盟誓也，毋乃不可乎！吾子得玉而失诸侯，必不为也。若大国令，而共无艺㊾，郑，鄙邑也，亦弗为也。侨若献玉，不知所成㊿。敢私布之。"韩子辞玉，曰："起不敏，敢求玉以徼二罪？敢辞之。"

夏四月，郑六卿饯宣子于郊。宣子曰："二三君子请皆赋，起亦以知郑志。"子齹赋《野有蔓草》㈤。宣子曰："孺子善哉！吾有望矣。"子产赋郑之《羔裘》㈥。宣子曰："起不堪也。"子大叔赋《褰裳》㊳。宣子曰："起在此，敢勤子至于他人乎㊴?"子大叔拜。宣子曰："善哉，子之言是。不有是事，其能终乎!"子游赋《风雨》㊵，子旗赋《有女同车》㊶，子柳赋《萚兮》㊷。宣子喜曰："郑其庶乎㊸!二三君子以君命贶起，赋不出郑志㊹，皆昵燕好也。二三君子数世之主也，可以无惧矣。"宣子皆献马焉，而赋《我将》㊺。子产拜，使五卿皆拜，曰："吾子靖乱，敢不拜德?"

宣子私觐于子产以玉与马，曰："子命起舍夫玉，是赐我玉而免吾死也㊻，敢不藉手以拜㊼?"

公至自晋。子服昭伯语季平子曰："晋之公室，其将遂卑矣。君幼弱，六卿强而奢傲，将因是以习。习实为常，能无卑乎?"平子曰："尔幼，恶识国㊽?"

秋八月，晋昭公卒。

九月，大雩，旱也。

郑大旱，使屠击、祝款、竖柎有事于桑山㊾。斩其木，不雨。子产曰："有事于山，蓺山林也㊿，而斩其木，其罪大矣。"夺之官邑。

冬十月，季平子如晋葬昭公。平子曰："子服回之言犹信㉖，子服氏有子哉㉗。"

[注释]

①无质：无信用。　②蛮氏：见成公六年传。　③丙申：十四日。　④蒲隧：地名，在今江苏省睢宁县西南。　⑤甲父：古国名，在今山东省金乡县南。　⑥亢：抵御。　⑦《诗》曰：以下四句出自《诗

经·小雅·雨无正》。戾，安定。正大夫，执政大夫。肆，劳苦。⑧共恪：恭敬。⑨孔张：名申，字子张，公孙泄之子。⑩客间：客人之间。⑪执政：即司正，主管典礼者。御：阻挡。⑫县间：悬挂钟、磬等乐器的空隙间。⑬富子：郑大夫。⑭几：反诘副词，岂。陵：欺。⑮不衷：不当。⑯颇类：偏颇不平。⑰放纷：放纵纷乱。⑱罢：通“疲”。⑲昆：兄。⑳子孔：郑襄公兄，孔张的祖父。㉑执政：子孔曾执郑国之政。㉒周：遍。㉓受脤：诸侯祭灶，以祭肉赐大夫，称受脤。归脤：大夫祭社，也归肉于公，叫归赈。㉔其祭在庙：辅助国君在宗庙祭祀。㉕规：正。㉖宣子：晋韩起。㉗谒：请求。㉘无几求：所求无几。㉙偷：薄，轻视。㉚若属：如果正当此时。属，适，恰巧。交斗：交构，挑拨。㉛非无贿之难：不是担忧无财物。难，患。㉜之患：及下文“之难”等“之”字均作“是”用。㉝字：养。㉞给：满足供给。㉟斥：驳斥。㊱鄙邑：边境的一个县城。㊲失位：失去大国的地位。㊳独：岂。㊴锐：细小。谓因小失大。㊵成贾：成交。㊶执政弗义：执政认为不合道义。㊷庸次比耦：共同合作。㊸艾杀：铲除，清除。㊹强贾：强买。㊺毋或丐夺：不乞求，不强夺。㊻利市：好买卖。㊼质誓：诚信誓辞。㊽以好来辱：带着友好屈尊光临。㊾无艺：无极。㊿成：利益。(51)子齹（cuó）：子皮之子婴齐。《野有蔓草》：《诗经·郑风》篇名。取其“邂逅相遇，适我愿兮”之义。(52)《羔裘》：《诗经·郑风》篇名。其有“彼其之子，舍命不渝”“彼其之子，邦之司直”“彼其之子，邦之彦兮”等句，以赞美韩起。(53)《褰裳》：亦出《诗经·郑风》。诗有“子惠思我，褰裳涉溱。子不我思，岂无他人”句，言宣子思己，将有褰裳之志；如我不思，亦岂无他人？(54)至于他人：事奉他人。(55)《风雨》：《诗经·郑风》篇名，取其“既见君子，云胡不夷”句。(56)《有女同车》：《诗经·郑风》篇名，取“洵美且都”句，言宣子貌美且风度娴雅。(57)《萚（tuò）兮》：《诗经·郑风》篇名，取

"倡予和女"句,言宣子唱,已将附和。 ㊽庶:庶几兴盛。 ㊾郑志:郑诗,郑风。 ㉖《我将》:《诗经·周颂》篇名,取其"日靖四方""我其夙夜,畏天之威"等句,言志在靖乱,保护小国。 ㉑赐我玉:意为赐我金玉良言。 ㉒藉手:假借手中薄礼。 ㉓恶:疑问代词,何,哪里。 ㉔屠击等:三人皆郑大夫。 ㉕蓺:养育保护。 ㉖子服回:即子服昭伯,惠伯之子。 ㉗有子:有贤子。

[译文]

十六年春季,周历正月,昭公在晋国,晋国人扣留了昭公。《春秋》没有记载,是出于避讳。

齐景公讨伐徐国。

楚平王听说蛮氏发生内乱和蛮子不讲信义的情况,派然丹引诱戎蛮子嘉杀了他,随后夺取了蛮氏。不久又立了嘉的儿子,这是合乎礼的。

二月十四日,齐军进驻蒲隧,徐国人求和,徐子和郯人、莒人与齐景公会见,在蒲隧结盟,把甲父之鼎送给了齐国。叔孙婼说:"诸侯失去盟主,有危害啊!齐君无道,兴兵攻打远方,会见订立盟约后回国,没有人能抵抗得住。这是因为没有霸主啊!《诗经》说:'宗周已经衰亡,没有栖身之处,执政大夫逃散,无人关心我的辛劳。'说的就是这种情况吧!"

三月,晋国的韩起到郑国聘问,郑定公设享礼宴请他。子产告诫说:"只要是在朝廷上有职位的官员,都不得有不恭行为。"孔张来迟了。他要站到客人中间,主持者制止。又站到客人后面,又制止,只好站到悬挂乐器的间隙。客人都嘲笑他。宴会结束后,富子劝告说:"对待大国的客人,不能不谨慎。受到嘲笑,他们不会趁机欺侮我们吗?即使恭敬有礼,尚且看不起我们。如果失去了礼,怎么维护国家的荣誉呢?孔张没有站到应有的位置上,这是您的耻辱。"子产生气地说:"发令不当,出令无信,处罚有失公正,断案放纵混乱,朝会无礼，有令不行，遭受大国的欺凌，劳民而无功，罪过到来还不知道，这是我的耻辱。孔张是国君哥哥的孙子，子孔的后代，执政大臣的继承人。他作为继承爵位的大夫，奉命出使遍访各国，深受国人尊重，诸侯也久闻其名。他在朝中有重要职位，在家族中主持祭祀，拥有国家的俸禄，承担国家的军赋，丧葬祭祀有一定职责，能够接受或奉献祭肉。协助国君祭祀宗庙，也有他固定的位置。他家位列朝廷已有几代，每一代都能保守家业，现在忘记应该站立的位置，这哪里是我的耻辱呢？奸邪之人总是把一切过错都推到执政者身上，这样先王就没有刑罚了。你还不如用其他事情规劝我。"

韩起有只玉环，另一只在郑国商人手里。韩起请求郑定公帮助，子产不愿意给，说："这不是公室府库的东西，寡君不知道在哪里。"游吉、子羽对子产说："韩起也没有更多要求，对晋国可不敢有二心。晋国和韩起都不能怠慢。如果正好有小人挑拨离间，鬼神再帮助他们，从而挑起晋国人的愤怒，到时候即使后悔哪里来得及呢？您为什么对一只玉环那么爱惜，而去得罪一个大国呢？何不找来送给他呢？"子产说："我并非怠慢晋国而怀有二心，正是想要长期事奉晋国，所以不给他，这是为了忠诚和守信啊。我听说君子不怕没有财富，而是怕立身却没有一个好的名声。我听说治理国家不担心不能事奉大国保护小国，而是担心失礼而使自己的位置难以安定。假如大国对小国发号施令，都能得到满足，小国哪有这么多东西供给呢？有时给有时不给，罪过更大。对大国的要求，不依礼予以驳回，他们哪里会有满足的时候？这样我国就成了他们边境上的城邑，将丧失国家的地位。如果韩起奉命出使，来索取玉环，他的贪婪可就太过分了，难道不是罪过吗？献出一只玉环却犯下两起罪过，我们又失去了国家的地位，韩起成为贪婪之徒，怎么能这么做呢？再说我们因为玉环而换来罪过，不是太不值得了吗？"

韩起从商人那里购买玉环，已经成交了，商人说："一定要告诉国君和执政大臣。"韩起向子产请求："前些日子我请求得到那只玉环，您认为不合道义，就不敢再提出要求。现在我从商人手里购买，商人说'一定要告诉您'。希望您能同意。"子产回答说："从前先君桓公和商人都是从周朝迁出，一起并肩整治这块土地，铲除荒草杂木，一同住在这里。世代订有盟誓，以此互相信任，说：'你不背叛我，我也不强买你的货物，不乞求，不强夺。你生意兴盛或有宝贵货物，我也不加过问。'仗着这一有信用的誓辞，所以能互相支持直到现在。如今承蒙您为了友好光临我国，却让我国强夺商人的宝物，这是教唆我国违背当初誓言，恐怕不可以吧！您得到这只玉环却失去了诸侯，一定不会这么干。如果大国的命令没有极限，郑国就成了贵国边境上的一座城邑，我们也不愿意这么干。假如我把玉环献给您，不知道有什么好处。特此私下向您陈述。"韩起把玉环退回，说："我太糊涂了，怎敢为了得到玉环而换来两种罪过？请允许我退回去。"

夏季四月，郑国的六卿在郊外为韩起饯行。韩起说："请诸位都赋诗，以让我了解郑国的志向。"婴齐吟诵《野有蔓草》。韩起说："年轻人说得好！我看到了希望。"子产吟诵《郑风》中的《羔裘》。韩起说："我担当不起。"游吉吟诵《褰裳》。韩起说："有我韩起在，怎么能让您去事奉他人呢？"游吉连忙拜谢。韩起说："很好，您说到了这个问题。如果不是这件事，两国关系恐怕很难善始善终啊！"子游吟诵《风雨》。子旗吟诵《有女同车》。子柳吟诵《萚兮》。韩起高兴地说："郑国差不多要强盛起来吧！几位大臣以国君的名义赏赐我，吟诵的又都是郑国的诗歌，表示了诚挚的友好。诸位大臣都是可以传承几代的人，可以不用担心了。"韩起送给他们每人一匹马，并吟诵《我将》。子产拜谢，让五卿都起身拜谢，说："您安定了动乱，怎能不拜谢恩德呢？"

韩起私下会见子产，送给他玉和马匹，说："您让我放弃那个玉环，是赐给了我玉使我免于一死。我怎能不借此薄礼表示感谢呢？"

昭公从晋国回来。子服昭伯对季平子说："晋国公室恐怕要衰弱了。国君年幼而势弱，六卿强大而专横，将从此形成习惯。习惯成自然,公室能不衰弱吗?"平子说:"你还年轻,哪里懂得国家大事。"

秋季八月,晋昭公去世。

九月,鲁国举行大雩祭,因为发生了旱灾。

郑国大旱,派屠击、祝款、竖柎到桑山祭祀。砍掉了山上的树木,还不下雨。子产说:"祭祀山神,本应养护山林,而砍伐山上的树木,罪过就大了。"便剥夺了他们的官职和封邑。

冬季十月,季平子到晋国为昭公送葬。平子说:"子服昭伯的话可以相信,子服氏有了个好儿子。"

昭公十七年

经 十有七年春,小邾子来朝。夏六月,甲戌朔,日有食之。秋,郯子来朝。八月,晋荀吴帅师灭陆浑之戎。冬,有星孛于大辰。楚人及吴战于长岸。

传 十七年春,小邾穆公来朝,公与之燕。季平子赋《采叔》①,穆公赋《菁菁者莪》②。昭子曰:"不有以国③,其能久乎?"

夏六月甲戌朔,日有食之。祝史请所用币④。昭子曰:"日有食之,天子不举,伐鼓于社;诸侯用币于社,伐鼓于朝,礼也。"平子御之⑤,曰:"止也。唯正月朔⑥,慝未作⑦,日有食之,于是乎有伐鼓用币,礼也。其余则否。"大史曰:"在此月也⑧。日过分而未至⑨,三辰有灾⑩。于是乎百官降物⑪,君不举,辟移时⑫,乐奏鼓,祝用币,史用辞⑬。故《夏书》曰:'辰不集于房⑭,瞽奏鼓,啬夫驰⑮,庶人走。'此月朔之谓也。当夏四月,是谓孟夏。"平子弗从。昭子退曰:"夫子将有异志,不君君矣⑯。"

秋，郯子来朝，公与之宴。昭子问焉，曰："少皞氏鸟名官⑰，何故也？"郯子曰："吾祖也，我知之。昔者黄帝氏以云纪⑱，故为云师而云名⑲；炎帝氏以火纪⑳，故为火师而火名；共工氏以水纪㉑，故为水师而水名；大皞氏以龙纪㉒，故为龙师而龙名。我高祖少皞挚之立也，凤鸟适至，故纪于鸟，为鸟师而鸟名。凤鸟氏，历正也㉓；玄鸟氏㉔，司分者也㉕；伯赵氏㉖，司至者也㉗；青鸟氏㉘，司启者也㉙；丹鸟氏㉚，司闭者也㉛。祝鸠氏㉜，司徒也；鴡鸠氏㉝，司马也；鳲鸠氏㉞，司空也；爽鸠氏㉟，司寇也；鹘鸠氏㊱，司事也。五鸠：鸠民者也㊲。五雉㊳，为五工正㊴，利器用，正度量，夷民者也㊵。九扈㊶，为九农正，扈民无淫者也㊷。由颛顼以来，不能纪远，乃纪于近。为民师而命以民事，则不能故也㊸。"

仲尼闻之，见于郯子而学之。既而告人曰："吾闻之：'天子失官㊹，学在四夷㊺。'犹信。"

晋侯使屠蒯如周，请有事于洛与三涂㊻。苌弘谓刘子曰："客容猛，非祭也，其伐戎乎！陆浑氏甚睦于楚，必是故也。君其备之㊼！"乃警戎备。九月丁卯㊽，晋荀吴帅师涉自棘津，使祭史先用牲于洛。陆浑人弗知，师从之。庚午㊾，遂灭陆浑，数之以其贰于楚也。陆浑子奔楚，其众奔甘鹿㊿。周大获㊼。宣子梦文公携荀吴而授之陆浑，故使穆子帅师，献俘于文宫㊼。

冬，有星孛于大辰㊼，西及汉㊼。申须曰㊼："彗所以除旧布新也。天事恒象㊼，今除于火，火出必布焉㊼。诸侯其有火灾乎！"梓慎曰："往年吾见之，是其征也，火出而见。今兹火出而章(58)，必火入而伏(59)。其居火也久矣，其与不然乎(60)？火出，于夏为三月，于商为四月，于周为五月。夏数得天(61)，若火作，其四国当之，在宋、卫、陈、郑乎？宋，大辰之虚也(62)；陈，大皞之虚也；郑，祝融之虚也(63)：皆火房也(64)。星孛及汉，汉，水祥也。卫，颛顼之虚也，故为帝丘。其星为大水(65)，水，火之牡也(66)。其以丙子若壬午作乎(67)！水火所以合也。若火入而伏，必以壬午，不过其见之月。”

郑裨灶言于子产曰：“宋、卫、陈、郑将同日火。若我用瓘斝玉瓒(68)，郑必不火。”子产弗与。

吴伐楚。阳匄为令尹，卜战，不吉，司马子鱼曰：“我得上流(69)，何故不吉？且楚故(70)，司马令龟(71)，我请改卜。”令曰：“鲂也(72)，以其属死之(73)，楚师继之，尚大克之(74)！”吉。战于长岸(75)。子鱼先死，楚师继之，大败吴师，获其乘舟余皇(76)。使随人与后至者守之，环而堑之(77)，及泉，盈其隧炭(78)，陈以待命。吴公子光请于其众，曰：“丧先王之乘舟，岂唯光之罪？众亦有焉。请藉取之(79)，以救死。”众许之。使长鬣者三人(80)，潜伏于舟侧，曰：“我呼余皇，则对。”师夜从之，三呼，皆迭对(81)。楚人从而杀之，楚师乱。吴人大败之，取余皇以归。

[注释]

①《采叔》：今作《采菽》，《诗经·小雅》篇名。　②《菁菁者莪》：《诗经·小雅》篇名。取其“既见君子，乐且有仪”，以答《采叔》。　③不有以国：若无治国的人才。不有，假设连词。以，为。

④所用币：所用祭品。 ⑤御：禁止。 ⑥正月朔：周历六月初一。 ⑦慝：阴气。 ⑧在此月：此月即正月。正月为正阳之月，于周历为六月，于夏历为四月。 ⑨日过分而未至：太阳过了春分而未到夏至。 ⑩三辰：指日、月、星。 ⑪降物：指素服。 ⑫辟移时：避开正寝，等到过了日食。 ⑬用辞：使用辞令祈祷。 ⑭辰不集于房：句出逸《书》。意为日、月与地球三物一线，不在正常轨道。 ⑮啬夫：乡邑官名。 ⑯不君君：不以国君为君。 ⑰鸟名官：以鸟名作为官名。 ⑱以云纪：以云记事。 ⑲故为云师而云名：传说黄帝受命有云瑞，故以云记事。春官为青云，夏官为缙云，秋官为白云，冬官为黑云，中官为黄云。 ⑳炎帝氏：即神农氏，姜姓之祖，以火名官，春官为大火，夏官为鹑火，秋官为西火，冬官为北火，中官为中火。 ㉑共工氏：作为诸侯而称霸九州，在神农之前，太皞之后，以水名官，春官为东水，夏官为南水，秋官为西水，冬官为北水，中官为中水。 ㉒大皞氏：即伏羲氏，风姓之祖，以龙名官，春官为青龙氏，夏官为赤龙氏，秋官为白龙氏，冬官为黑龙氏，中官为黄龙氏。 ㉓历正：主历法的官员。 ㉔玄鸟：即燕子。 ㉕分：指春分、秋分。燕子春分来，秋分去。 ㉖伯赵：即伯劳。 ㉗至：夏至、冬至。伯劳夏至鸣，冬至止。 ㉘青鸟：鸧鹒。 ㉙启：指立春、立夏。青鸟立春鸣，立夏止。 ㉚丹鸟：今名锦鸡，亦名天鸡。 ㉛闭：指立秋、立冬。丹鸟立秋来，立冬去。 ㉜祝鸠：鹪鸠，即鹁鸪，性孝，故为司徒，掌教民。 ㉝鴡鸠：王鴡，雕类，又名鹗，性凶猛，故为司马，主法律。 ㉞鸤鸠：布谷鸟，每年谷雨后始鸣，夏至后乃止，性均平，故为司空主，平水土。 ㉟爽鸠：鹰，性鸷，故为司寇，主盗贼。 ㊱鹘鸠：春来冬去，故为司事，主四季农事。 ㊲鸠民：聚民。 ㊳五雉：指西方鷷雉，东方鶅雉，南方翟雉，北方鵗雉，伊、洛之南翚雉五种。 ㊴五工正：五种工匠之长。 ㊵夷民：使民平均。夷，平。 ㊶九扈：九种农官。据蔡邕《独断》所记，指春扈趣民耕种，夏扈趣民芸除，秋扈趣民收敛，冬扈趣民盖藏，棘扈掌人百果，

行扈昼为民驱鸟，宵扈夜为民驱兽，桑扈趋民养蚕，老扈趋民收麦。 ㊷扈民：止民。 ㊸故：旧。 ㊹失官：古代学在官府，失官即失学。 ㊺四夷：四方边远小国。 ㊻有事：即祭祀。洛、三涂：洛指洛水，三涂在今河南省嵩县西南。 ㊼君：指刘子。 ㊽丁卯：二十四日。 ㊾庚午：二十七日。 ㊿甘鹿：地名，在今河南省宜阳县东南。 (51)大获：大批俘获陆浑人。 (52)文宫：晋文公庙。 (53)孛：即彗星，俗称扫帚星。大辰：大火，即心宿。 (54)汉：银河。 (55)申须：鲁大夫。 (56)恒象：常象征吉凶。 (57)火出必布：大火星再出现，必散布为灾。 (58)章：同“彰”，明。 (59)火入而伏：秋季大火始入，火灾即消失。 (60)其与：其同“岂”。与，句中助词，无义。 (61)夏数得天：夏代历数与天道相合。 (62)大辰之虚：大火星的分野。 (63)祝融：高辛氏的火正，居郑。 (64)房：舍。 (65)大水：营室。 (66)水，火之牡：言水火相配，水为雄，火为雌。牡，雄。 (67)丙子、壬午：此指丙子日、壬午日。古人以五行配入干支，则丙为火，子为水；壬为水，午为火。故丙子、壬午为水火相合之日。 (68)瓘（guàn）斝（jiǎ）玉瓒（zàn）：礼器名。瓘，玉圭。斝，玉爵。瓒，盛灌鬯酒之勺，以圭玉为柄。 (69)上流：上游。 (70)故：旧例。 (71)令龟：命龟，即卜前告以所卜之事。 (72)鲂：公子鲂，即子鱼。 (73)其属：子鱼的私卒。 (74)尚：表示希冀的副词。 (75)长岸：又称天门山，在今安徽省当涂县西南。 (76)余皇：舟名。 (77)环而堑之：环绕该舟挖掘深沟。 (78)盈其隧炭：沟堑中填满木炭。 (79)藉取：借众人力而取舟。 (80)长鬣者：高大之人。 (81)迭对：交替回答。

[译文]

十七年春季，小邾穆公前来朝见，昭公和他饮宴。季平子吟诵了《采叔》一诗，穆公吟诵了《菁菁者莪》一诗。叔孙婼说：“如果没有治国人才，国家能长久吗？”

夏季六月一日，鲁国发生了日食，祝史请示用什么物品祭祀。叔孙婼说:"发生了日食,天子减少膳食,在社庙击鼓;诸侯用玉帛在社庙祭祀,在朝廷击鼓,这是礼制。"季平子禁止这样做,他说:"不能这么做。只有正月初一日,阴气没有发作,发生日食,这时才击鼓祭献供品,这是合乎礼的。其他时间则不这么做。"太史说:"就是在这个月。太阳过了春分还没有到夏至,日、月、星有了灾殃。这时百官穿上素服,君主减少膳食,离开正寝躲过这段时间,乐工击鼓,祝史用玉帛祭祀,太史用辞令祝祷。因此《夏书》说:'日月交会失去了正常的位置,乐师击鼓,啬夫驾车奔驰,百姓奔跑。'说的就是这个月初一日的情况。这个月正当夏历四月,称为孟夏。"平子不听。叔孙婼退下来之后说:"这个人有了别的念头,他不把国君当国君了。"

秋季,郯子前来朝见,昭公和他饮宴。叔孙婼问郯子:"少皞氏以鸟名作为官名,这是为什么呢?"郯子回答说:"少皞是我的祖先,我知道为什么。从前黄帝以云记事,因此他的百官以云命名;炎帝以火记事,他的百官以火命名;共工以水记事,他的百官以水命名;太皞以龙记事,他的百官以龙命名。我的高祖少皞挚即位时,恰遇凤鸟飞来,因此便以鸟记事,其百官也以鸟命名。凤鸟氏掌管历法,玄鸟氏掌管春分、秋分,伯赵氏掌管夏至、冬至,青鸟氏掌管立春、立夏,丹鸟氏掌管立秋、立冬。祝鸠氏是司徒,鴡鸠氏是司马,鸤鸠氏是司空,爽鸠氏是司寇,鹘鸠氏是司事。这五鸠负责管理百姓。五雉是五种工匠之长,负责改善器物用具,统一度量,使百姓得到平均。九扈是九种农官,防止百姓放纵。从颛顼之后,不能记录远古的事情,就从近代开始记录,作为管理百姓的官职而用百姓的事情命名,就不能像过去那样了。"

孔子听说后,前去拜见郯子,向他学习。不久告诉别人说:"我听说:'天子失去了官制,学问保存在四方边远小国。'这话很对。"

晋顷公派屠蒯到王室请求祭祀洛水和三涂山。苌弘对刘子说:"来客面容凶猛,不是为了祭祀,恐怕是要攻打戎人吧!陆浑氏和楚国关系很好,一定是这个原因。您要有所准备。"就对戎人加强了戒备。九月二十四日,晋国的荀吴率军从棘津渡河,先让祭史杀掉牲畜祭祀洛水。陆浑人没有发觉,晋军继续前进。二十七日,灭亡了陆浑,历数了他们勾结楚国的罪状。陆浑子逃到楚国,他的部下逃到了甘鹿。王室俘获了大批陆浑戎人。韩起梦见晋文公拉着荀吴的手把陆浑交给他,所以派荀吴率军前去,在文公庙中奉献了俘虏。

冬季,彗星在大火星附近出现,向西到达银河。申须说:"彗星是用以除旧布新的。上天发生的事常常显现吉凶,现在大火星被扫除,等到它再次出现,必然会播散灾祸,诸侯恐怕要遭受火灾吧!"梓慎说:"去年我看到了彗星,这就是它的征兆了,大火星出现时见到它。现在大火星出现时更加明亮,大火星消失时必定潜伏起来。它在大火星的位置已经很久了,难道不是这样吗?大火星出现,在夏历是三月,商历是四月,周历是五月。夏历与天象适应,假如发生火灾,应有四个国家承受,是宋、卫、陈、郑四国吗?宋国是大火星的分野,陈国是太皞氏的分野,郑国是祝融的分野,都是大火星停留的地方。彗星到达银河,银河就是水。卫国是颛顼的分野,因此称为帝丘。与之相配的星是大水,水是火的雄性配偶。大概要在丙子日或壬午日发生吧!那是水火相配合的日子。如果大火星消失彗星隐伏,一定在壬午日,不会超过它出现的那个月。"

郑国的裨灶对子产说:"宋、卫、陈、郑四国将在同一天发生火灾。如果我们使用瓘斝、玉瓒祭祀神灵,郑国一定不会发生火灾。"子产不给他。

吴国讨伐楚国。楚国阳匄是令尹,为迎战吴国而占卜,不吉利。司马子鱼说:"我们地处上游,为什么不吉利?再说楚国的惯例是,由司马向卜龟祝告,我请求重新占卜。"他祝告说:"我率领部下死战,楚军随后跟上,希望大胜敌军!"吉利。于是两军在长岸交战。子鱼首先战死,楚军跟上,大败吴军,缴获吴军乘坐的战船余皇。让随国人和后来赶到的人看守,围着这条船挖了深沟,直到泉水涌出,用炭填满,摆开阵势等待命令。吴国的公子光和手下人商量说:"失去了先王的战船,岂止是我的罪过?大家也有责任。希望依靠大家的力量夺回来,以免除一死。"大家都同意。派了三个身高体壮的士兵潜伏到战船旁边,说:"我喊余皇,你们就回答。"军队趁夜里跟上去,喊了三次,潜伏的士兵交替答应。楚国人追上去把这三人杀了,结果楚军大乱。吴国人大败楚军,夺取了余皇船回国。

昭公十八年

经 十有八年春,王三月,曹伯须卒。夏五月壬午,宋、卫、陈、郑灾。六月,邾人入鄅。秋,葬曹平公。冬,许迁于白羽。

传 十八年春,王二月乙卯①,周毛得杀毛伯过而代之。苌弘曰:"毛得必亡,是昆吾稔之日也②,侈故之以③。而毛得以济侈于王都④,不亡何待?"

三月,曹平公卒。

夏五月,火始昏见。丙子⑤,风。梓慎曰:"是谓融风⑥,火之始也。七日,其火作乎!"戊寅⑦,风甚。壬午⑧,大甚。宋、卫、陈、郑皆火。梓慎登大庭氏之库以望之⑨,曰:"宋、卫、陈、郑也。"数日,皆来告火。

裨灶曰:"不用吾言,郑又将火。"郑人请用之,子产不可。子大叔曰:"宝,以保民也。若有火,国几亡。可以救亡,子何爱焉?"子产曰:"天道远,人道迩,非所及也⑩。何以知之?灶焉知天道?是亦多言矣⑪,岂不或信⑫?"遂不与,亦不复火。

郑之未灾也,里析告子产曰⑬:"将有大祥⑭,民震动,国几亡。吾身泯焉，弗良及也⑮。国迁其可乎？"子产曰："虽可，吾不足以定迁矣。"及火，里析死矣，未葬，子产使舆三十人，迁其柩。

火作，子产辞晋公子、公孙于东门。使司寇出新客⑯，禁旧客勿出于宫。使子宽、子上巡群屏摄⑰，至于大宫。使公孙登徙大龟。使祝史徙主祏于周庙⑱，告于先君。使府人、库人各儆其事。商成公儆司宫⑲，出旧宫人⑳，置诸火所不及。司马、司寇列居火道，行火所焮㉑。城下之人，伍列登城㉒。明日，使野司寇各保其征㉓。郊人助祝史除于国北㉔，禳火于玄冥、回禄㉕，祈于四鄘㉖。书焚室而宽其征㉗，与之材㉘。三日哭，国不市㉙。使行人告于诸侯。宋、卫皆如是。陈不救火，许不吊灾，君子是以知陈、许之先亡也。

六月，鄅人藉稻㉚。邾人袭鄅，鄅人将闭门，邾人羊罗摄其首焉㉛，遂入之，尽俘以归。鄅子曰："余无归矣。"从帑于邾㉜，邾庄公反鄅夫人，而舍其女㉝。

秋，葬曹平公。往者见周原伯鲁焉㉞，与之语，不说学㉟。归以语闵子马㊱，闵子马曰："周其乱乎！夫必多有是说，而后及其大人㊲。大人患失而惑㊳，又曰'可以无学，无学不害'。不害而不学，则苟而可㊴。于是乎下陵上替㊵，能无乱乎？夫学，殖也㊶，不学将落㊷。原氏其亡乎？"

七月，郑子产为火故，大为社㊸，祓禳于四方㊹，振除火灾㊺，礼也。乃简兵大蒐，将为蒐除㊻。子大叔之庙在道南，其寝在道北㊼，其庭小㊽。过期三日，使除徒陈于道南庙北，曰："子产过女而命速除，乃毁于而乡㊾。"子产朝，过而怒之，除者南毁㊿。子产及冲㊿，使从者止之曰："毁于北方㊿。"

火之作也，子产授兵登陴。子大叔曰："晋无乃讨乎？"子产曰："吾闻之，小国忘守则危，况有灾乎？国之不可小㊿，有备故也。"既，晋之边吏让郑曰㊿："郑国有灾，晋君、大夫不敢宁居，卜筮走望㊿，不爱牲玉。郑之有灾，寡君之忧也。今执事㦬然授兵登陴㊿，将以谁罪？边人恐惧，不敢不告。"子产对曰："若吾子之言，敝邑之灾，君之忧也。敝邑失政，天降之灾，又惧谗慝之间谋之，以启贪人，荐为敝邑不利㊿，以重君之忧。幸而不亡，犹可说也㊿；不幸而亡，君虽忧之，亦无及也。郑有他竟㊿，望走在晋㊿。既事晋矣，其敢有二心？"

楚左尹王子胜言于楚子曰："许于郑，仇敌也，而居楚地，以不礼于郑。晋、郑方睦，郑若伐许，而晋助之，楚丧地矣。君盍迁许？许不专于楚㊿。郑方有令政，许曰：'余旧国也㊿。'郑曰：'余俘邑也㊿。'叶在楚国，方城外之蔽也㊿。土不可易㊿，国不可小，许不可俘，仇不可启。君其图之。"楚子说。冬，楚子使王子胜迁许于析，实白羽㊿。

[注释]

①乙卯：十五日。　②昆吾：祝融之后，陆终次子，封于帝丘，与夏桀同日亡。稔：熟，此犹言恶贯满盈。　③侈故之以：即"以侈之故"的倒装。侈，骄横。　④济侈：以侈成事。　⑤丙子：初七日。

⑥融风：东北风。一说为立春木风，火之母，火始生。 ⑦戊寅：初九日。 ⑧壬午：十四日。 ⑨大庭氏：古国名，在鲁城内，鲁于其处建库。 ⑩非所及：二者不相关。 ⑪是：此人。 ⑫或信：有时言中。 ⑬里析：郑大夫。 ⑭祥：变异之气。 ⑮弗良及：意为先于火灾而死。良，能。 ⑯新客：新来聘者。 ⑰屏摄：祭祀的处所。 ⑱主祏（shí）：安放神主的石函。 ⑲商成公：郑大夫。司宫：巷伯、寺人之官。 ⑳出旧宫人：迁出先公的宫女。 ㉑行火所焮（xìn）：巡行救火。焮，火所燃烧的地方。 ㉒伍列：列成部伍。 ㉓野司寇：县士。征：征发的役卒。 ㉔除：除地为坛以祭祀。 ㉕玄冥：水神。回禄：火神。 ㉖郦：城。 ㉗书：登记。征：赋税。 ㉘材：建筑材料。 ㉙市：买卖。 ㉚郚（yǔ）人：郚国君。郚，妘姓国，在今山东省临沂市区北。藉稻：巡行踏勘藉田，以劝农耕种。 ㉛摄其首：斩守门人之首而持之。 ㉜从帑：跟随妻子儿女。 ㉝舍：留止。 ㉞原伯鲁：周大夫。 ㉟说：同"悦"。 ㊱闵子马：又名闵马父，鲁臣。 ㊲大人：在位者。 ㊳患失而惑：担心失位而不明事理。 ㊴苟：苟且。 ㊵下陵上替：下面欺凌上面，上面废弛怠惰。 ㊶殖：种植。 ㊷落：坠落。 ㊸大为社：大筑社庙。 ㊹被襘于四方：祭四方之神以祈求消灾除患。 ㊺振除：救治。 ㊻将为蒐除：将要为检阅清除场地。 ㊼寝：住房。 ㊽其庭小：指子太叔庙、寝之庭狭小，故必须拆毁其庙或寝。 ㊾乡：同"向"。除徒所向，为子太叔之庙。 ㊿南毁：即向南拆庙。 ㉛冲：十字路口。 ㉜北方：北方为子太叔之寝。 ㉝小：轻视。 ㉞让：责备。 ㉟走望：四出祭祀名山大川。 ㊱㘅（xián）然：凶猛的样子。 ㊲荐：重，再次。 ㊳说：解释。 ㊴郑有他竟：郑若有他国之忧。竟，通"境"。 ㊵望走在晋：希望投奔晋国。 ㊶不专于楚：不为楚所专有。 ㊷旧国：旧都。 ㊸俘邑：战胜所得城邑。 ㊹蔽：屏障。 ㊺易：轻视。 ㊻白羽：楚地，后改为析，在今河南省西峡县。一说在今河南省内乡县。

[译文]

十八年春季,周历二月十五日,周大夫毛得杀了毛伯过,取代了他的职位。苌弘说:"毛得一定逃亡,这一天正是昆吾恶贯满盈的日子,因为他过于骄横。毛得在天子的都城骄横成事,不逃亡还能怎么样呢?"

三月,曹平公去世。

夏季五月,大火星在黄昏时开始出现。七日,刮风。梓慎说:"这就是融风,是火灾的开始。再过七天就要发生大火了。"九日,风很大。十四日,风更大。宋、卫、陈、郑四国都发生了火灾。梓慎登上大庭氏的库房眺望,说:"起火的是宋、卫、陈、郑四国。"几天后,四国都来报告火灾的消息。

裨灶说:"不听我的话,郑国还会发生火灾。"郑国人请求按他的话去做,子产不同意。游吉说:"宝物是用来保护百姓的。如果发生了火灾,国家就要濒于灭亡。可以挽救灭亡,您为什么舍不得呢?"子产说:"天道远不可测,人道近在眼前,两者互不相关。怎么知道还要发生火灾呢?裨灶哪里懂得天道?这个人的话说多了,难道就没有偶尔说中的时候?"还是不给,郑国也没有再发生火灾。

郑国没有发生火灾时,里析告诉子产说:"郑国将有大的灾难,百姓震动,国家几乎要灭亡。那时我已经死了,等不到了。如果迁都可不可以?"子产说:"即使可以,我一个人也决定不了迁都。"等到火灾发生,里析已经死了,还没有安葬,子产派了三十个役夫把他的灵柩迁走。

火灾发生后,子产在东门辞谢了晋国的公子和公孙。派司寇把新来的客人送走,禁止旅居郑国的外国大夫走出住所。让子宽、子上巡视祭祀场所直到郑国的宗庙。让公孙登把大龟搬走。让祝史把宗庙中安放神主的石匣迁到周王庙中,向先君报告。管理府库的官员各自坚守岗位。商成公命令司宫官员戒备,转移先公的宫女,安置在火烧不到的地方。司马、司寇紧随火道，巡行救火。城下的人都排队登城。次日，派野司寇分别管理好征召的役夫。郊人帮助祝史在国都北部挖土堆成祭坛，祈求水神火神禳除火灾，又在四城祈祷。登记烧毁的房屋减免房主的赋税，发放建筑材料。号哭三日，国都市场停止开放。让外交官员向诸侯通报。宋国、卫国也都这样做了。陈国没有救火，许国没有慰问灾情，君子因此知道陈国、许国将率先灭亡。

六月，鄅国国君巡视藉田稻谷耕种情况。邾国人趁机偷袭鄅国，鄅国人准备关闭城门，邾国人羊罗砍下了关门人的脑袋，于是攻进鄅都，把鄅都里的人都俘虏回去了。鄅君说："我无家可归了。"就跟着妻子儿女到了邾国。邾庄公归还了鄅君的夫人，留下了他的女儿。

秋季，安葬了曹平公。去参加葬礼的鲁国使者见到了周大夫原伯鲁，和他谈话，发现他不爱学习。回来告诉了闵子马，闵子马说："王室恐怕要发生动乱！一定是先有很多这种说法，然后影响当权的大夫。大夫担心失去官位又不明事理，又说'可以不学习，不学习没有害处'。认为没有害处而不学习，就更加得过且过。这样在下者欺凌在上者，在上者荒废公务，能不发生动乱吗？学习如同种植，不学习就会凋落下去。原氏恐怕要灭亡了吧！"

七月，郑国的子产因为火灾，大规模修建社庙，祭祀祈祷四方神灵，救治火灾，这是合乎礼的。又精选军队准备检阅，开始为检阅清理场地。游吉的家庙在路南，住房在路北，庭院很小。清理的期限已超过了三天，游吉让清除场地的徒卒分别站在路南庙北，说："如果子产经过这里，命令你们尽快清除，你们就朝面对的方向动手。"子产上朝路过这里，大为恼火，徒卒便向南拆庙。子产走到十字路口，让随从去制止，说："拆毁北面的住房。"

火灾发生时，子产发放武器，让士兵登上城墙做好警戒。游吉说："晋国会不会讨伐我们呢？"子产说："据我所知，小国忘记防守就很危险，何况发生了火灾呢？国家能不被人轻视，就因为常备不懈。"不久，晋国的边境官员指责郑国说："郑国发生了灾患，晋君和大夫不敢安居，占卜占筮，四处祭祀名山大川，不吝惜牺牲玉帛。郑国有灾，就是寡君的忧患。如今执事雄赳赳地发放武器登上城墙，这是要拿谁问罪？我国边境的百姓恐惧万分，特此向您报告。"子产回答说："正如您说的那样，我国的灾患也是贵君的忧患。由于我国政事失修，上天降下了灾祸，又担心奸邪之人乘人之危，引诱那些贪婪之辈，再次对我国不利，加重贵君的忧患。如果侥幸而不灭亡，还可以解释清楚；如果不幸灭亡了，即使贵君担心，也来不及了。郑国如果受到其他国家攻击，希望投奔晋国。已经事奉晋国了，怎么敢有二心呢？"

楚国的左尹王子胜对楚平王说："许国是郑国的仇敌，它在楚国境内，又对郑国无礼。晋国和郑国正处于友好时期，郑国如果讨伐许国，晋国帮助，楚国就会丧失这块土地。大王何不把许国迁走呢？许国不为楚国所专有。郑国正在推行善政，许国说：'那里是我们的旧都。'郑国说：'那里是我们俘虏的城邑。'对楚国来说，叶地是方城山之外的屏障。土地不可以轻视，小国不可以小看，许国不能作为俘虏，仇恨不能开启。希望大王认真考虑。"平王很高兴。冬季，平王派王子胜把许国迁到析地，就是原来的白羽。

昭公十九年

经 十有九年春，宋公伐邾。夏五月戊辰，许世子止弑其君买。己卯，地震。秋，齐高发帅师伐莒。冬，葬许悼公。

传 十九年春，楚工尹赤迁阴于下阴①，令尹子瑕城郏②。叔孙昭子曰："楚不在诸侯矣！其仅自完也③，以持其世而已④。"

楚子之在蔡也，郹阳封人之女奔之⑤，生大子建。及即位，使伍奢为之师⑥，费无极为少师。无宠焉，欲谮诸王，曰："建可室矣⑦。"王为之聘于秦，无极与逆，劝王取之。正月，楚夫人嬴氏至自秦。

鄅夫人，宋向戌之女也，故向宁请师⑧。二月，宋公伐邾，围虫⑨。三月，取之，乃尽归鄅俘。

夏，许悼公疟⑩。五月戊辰⑪，饮大子止之药，卒。大子奔晋。书曰："弑其君。"君子曰："尽心力以事君，舍药物可也。"

邾人、郳人、徐人会宋公。乙亥⑫，同盟于虫。

楚子为舟师以伐濮⑬。费无极言于楚子曰："晋之伯也，迩于诸夏，而楚辟陋，故弗能与争。若大城城父而置大子焉⑭，以通北方，王收南方，是得天下也。"王说，从之。故大子建居于城父。

令尹子瑕聘于秦，拜夫人也。

秋，齐高发帅师伐莒。莒子奔纪鄣⑮。使孙书伐之⑯。初，莒有妇人，莒子杀其夫，已为嫠妇。及老，托于纪鄣⑰，纺焉以度而去之⑱。及师至，则投诸外⑲。或献诸子占。子占使师夜缒而登。登者六十人，缒绝。师鼓噪⑳，城上之人亦噪。莒共公惧，启西门而出。七月丙子㉑，齐师入纪㉒。

是岁也，郑驷偃卒。子游娶于晋大夫㉓，生丝，弱。其父兄立子瑕㉔。子产憎其为人也，且以为不顺㉕，弗许，亦弗止。驷氏耸㉖。他日，丝以告其舅。冬，晋人使以币如郑，问驷乞之立故。驷氏惧，驷乞欲逃。子产弗遣。请龟以卜，亦弗予。大夫谋对。子产不待而对客曰："郑国不天㉗，寡君之二三臣札瘥夭昏㉘。今又丧我先大夫偃，其子幼弱，其一二父兄惧队宗主，私族于谋而立长亲。寡君与其二三老曰㉙：'抑天实剥乱是㉚，吾何知焉？'谚曰：'无过乱门。'民有兵乱，犹惮过之，而况敢知天之所乱？今大夫将问其故，抑寡君实不敢知，其谁实知之。平丘之会，君寻旧盟曰：'无或失职。'若寡君之二三臣，其即世者㉛，晋大夫而专制其位，是晋之县鄙也，何国之为？"辞客币而报其使㉜，晋人舍之。

楚人城州来。沈尹戌曰："楚人必败。昔吴灭州来，子旗请伐之。王曰：'吾未抚吾民。'今亦如之，而城州来以挑吴，能无败乎？"侍者曰："王施舍不倦，息民五年，可谓抚之矣。"戌曰："吾闻抚民者，节用于内，而树德于外，民乐其性㉝，而无寇仇。今宫室无量，民人日骇，劳罢死转㉞，忘寝与食，非抚之也。"

郑大水，龙斗于时门之外洧渊㉟。国人请为禜焉㊱，子产弗许，曰："我斗，龙不我觌也㊲。龙斗，我独何觌焉？禳之，则彼其室也㊳。吾无求于龙，龙亦无求于我。"乃止也。

令尹子瑕言蹶由于楚子曰㊴："彼何罪？谚所谓'室于怒，市于色'者㊵，楚之谓矣。舍前之忿可也。"乃归蹶由。

[注释]

①阴：阴地戎人。下阴：楚邑，在今湖北省老河口市西。　②郏：本为郑邑，后属楚，在今河南省郏县。　③自完：自守。　④持其世：

保守其世代。　⑤鄾（jú）阳：蔡邑，在今河南省新蔡县。奔：私奔。娶女不依礼曰奔。　⑥伍奢：伍举之子，伍员之父。　⑦室：成家，娶妻，用作动词。　⑧向宁：向戌之子。　⑨虫：邾邑。　⑩疟：患疟疾。　⑪戊辰：初五日。　⑫乙亥：十二日。　⑬濮：百濮。　⑭城父：楚邑，在今河南省宝丰县东。　⑮纪鄣：莒邑，在今江苏省连云港市赣榆区北。　⑯孙书：陈无宇之子，又名子占。　⑰托：寄居。　⑱纺焉以度而去之：纺线搓成绳子，量了城墙高度就收藏起来。　⑲投诸外：将绳子投到城外。　⑳鼓噪：击鼓呐喊。　㉑丙子：十四日。　㉒纪：即纪鄣。　㉓子游：即驷偃。　㉔子瑕：即驷乞，子游之弟。　㉕不顺：不合常规。　㉖耸：惧。　㉗不天：不获天福。　㉘札瘥夭昏：因疫疠而死曰札，病死曰瘥，短命而死曰夭，无名而死曰昏。　㉙二三老：郑国卿大夫。　㉚剽乱：同义词连用。　㉛即世：去世。　㉜辞客币而报其使：拒绝客人的财礼，回报其使者。　㉝性：生。　㉞死转：尸体抛弃在外。　㉟时门：郑南门。洧（wěi）渊：郑国都城门外的湖。　㊱祟：禳除灾害的祭祀。　㊲觌（dí）：看。　㊳彼其室：龙的居处。　㊴蹶由：吴王之弟，昭公五年为楚王所执。　㊵室于怒，市于色：即"怒于室，色于市"的倒装句。意为在家里发怒，在外面给人看脸色。

[译文]

十九年春季，楚国的工尹赤把阴地戎人迁到了下阴，令尹子瑕在郏地筑城。叔孙婼说："楚国已无心称霸诸侯了！只求自保，维持其世代传承而已。"

楚平王在蔡国时，鄾阳封人的女儿私奔到他那里，生了太子建。等到平王即位，让伍奢做太子建的老师，费无极为少师。费无极不受宠信，便想在平王面前诬陷太子，说："太子建可以娶妻了。"平王从秦国为太子建聘定了妻子，费无极前往迎娶，劝平王娶了秦女。正月，楚平王夫人嬴氏从秦国来到楚国。

郳君的夫人是宋国向戌的女儿，因此向宁请求出兵。二月，宋元公讨伐邾国，围攻虫地。三月，夺取虫地，把郳国被俘的人全都送了回去。

夏季，许悼公患了疟疾。五月五日，喝了太子止送的药后就死了，太子逃到了晋国。《春秋》记载为"弑其君"。君子认为："尽心尽力事奉国君，可以不进献药物。"

邾国人、郳国人、徐国人会见宋元公。五月十二日，在虫地一起结盟。

楚平王出动水军攻打濮地。费无极对平王说："晋国之所以是诸侯盟主，是因为和中原各国接近，而楚国地处偏远，所以不能与之争雄。如果在城父修建高大的城墙，把太子建安置到那里镇守，让他联合北方，大王收服南方，这就能得到天下了。"平王非常高兴，听从了他的建议。因此太子建住在城父。

令尹子瑕到秦国聘问，拜谢秦国把嬴氏嫁给平王。

秋季，齐国的高发领兵讨伐莒国。莒子逃到纪鄣。齐国又派孙书攻打纪鄣。当初，莒国有一个女人，莒子杀了她的丈夫，成了寡妇。年老时寄居在纪鄣，纺线搓绳达到城墙的高度后就收藏起来。等齐军攻到城下，就把绳子垂到城外。有人报告了孙书。孙书派兵在夜间攀着绳子登城。登上六十个人后，绳子断了。齐军击鼓呐喊，登上城的人也大声喊叫。莒子害怕了，打开西门逃了出去。七月十四日，齐军攻入纪鄣。

这一年，郑国的子游死了。子游娶了晋大夫的女儿，生了儿子丝，还很年幼。他的父兄立了子瑕为继承人。子产讨厌子瑕的为人，而且认为立子瑕不合常规，便不答应，也不制止。驷氏族人很担心。几天后，丝把这件事告诉了他的舅舅。冬季，晋国人带着财礼到郑国，质问为什么要立子瑕。驷氏的族人非常害怕，子瑕打算逃跑。子产不让他走。请求用龟甲占卜，子产也不给。大夫们商量对策。子产没等商量好就回答晋国客人说："郑国不能得到上天的保佑，寡君的几个大臣不幸患病早死。现在又失去了我们的先大夫子游，他的儿子尚且年幼，几个父辈兄弟害怕断绝宗主，就和族人商量立了年长的亲子。寡君和几个老臣说：'这是上天要破坏继承的规矩，我能知道什么呢？'俗话说：'不要经过动乱人家的门口。'百姓打架斗殴，人们还避之唯恐不及，何况敢过问上天降下的动乱呢？现在大夫问为什么要立子瑕，寡君都不知道，还有谁能知道呢？平丘盟会上，贵君重申过去的盟约说：'不要有人失职。'如果寡君的几个臣子，凡是有人去世，晋国大夫都要专横地干涉继承人，我国就成了贵国边境的一个县，还成什么国家？"辞谢了客人的礼物并回报了他们，晋国人这才放弃过问。

楚国人在州来筑城。沈尹戌说："楚国人一定失败。从前吴国人灭了州来，子旗请求讨伐他们。楚王说：'我还没有安抚我的百姓。'现在和过去一样，却开始在州来筑城挑逗吴国，能不失败吗？"侍从说："国君施舍不知疲倦，百姓休养生息五年，可以说是安抚他们了。"沈尹戌说："我听说安抚百姓，就是对内节约开支，对外树立德行，使百姓安居乐业，而没有仇敌。现在修建宫室无休无止，百姓每天惊恐不安，劳苦疲倦死了无人收葬，忘记了睡觉和吃饭，这不是安抚他们。"

郑国发生了大水灾，有龙在时门外的洧渊中争斗。国人请求举行禳灾的祭祀，子产不答应，说："我们人与人争斗，龙不看我们。龙与龙争斗，我们为何要去看呢？祭祀祛除它们，那里本来就是龙的住所啊。我们对龙没有什么要求，龙对我们也没有什么要求。"就没有祭祀。

楚国令尹子瑕对楚平王说起蹶由之事："他有什么罪呢？俗话说'在家里发怒却到大街上给人脸色'，说的就是楚国。应该放弃从前的怨恨了。"就释放蹶由使他回国了。

昭公二十年

经　二十年春，王正月。夏，曹公孙会自鄸出奔宋。

秋，盗杀卫侯之兄絷。冬十月，宋华亥、向宁、华定出奔陈。十有一月辛卯，蔡侯庐卒。

传 二十年春，王二月己丑①，日南至②。梓慎望氛曰③：“今兹宋有乱，国几亡，三年而后弭④。蔡有大丧。”叔孙昭子曰：“然则戴、桓也⑤！汰侈无礼已甚，乱所在也。”

费无极言于楚子曰：“建与伍奢将以方城之外叛，自以为犹宋、郑也⑥，齐、晋又交辅之，将以害楚。其事集矣⑦。”王信之，问伍奢。伍奢对曰：“君一过多矣⑧，何信于谗？”王执伍奢，使城父司马奋扬杀大子。未至，而使遣之⑨。三月，大子建奔宋。王召奋扬。奋扬使城父人执己以至。王曰：“言出于余口，入于尔耳，谁告建也？”对曰：“臣告之。君王命臣曰：‘事建如事余。’臣不佞，不能苟贰。奉初以还⑩，不忍后命⑪，故遣之。既而悔之，亦无及已。”王曰：“而敢来，何也？”对曰：“使而失命⑫，召而不来，是再奸也⑬。逃无所入。”王曰：“归。”从政如他日。

无极曰：“奢之子材⑭，若在吴，必忧楚国，盍以免其父召之。彼仁，必来。不然，将为患。”王使召之，曰：“来，吾免而父。”棠君尚谓其弟员曰⑮：“尔适吴，我将归死。吾知不逮⑯，我能死，尔能报⑰。闻免父之命，不可以莫之奔也。亲戚为戮，不可以莫之报也。奔死免父，孝也。度功而行，仁也。择任而往，知也。知死不辟，勇也。父不可弃，名不可废，尔其勉之！相从为愈⑱。”伍尚归。奢闻员不来，曰："楚君、大夫其旰食乎⑲！"楚人皆杀之。

员如吴，言伐楚之利于州于⑳。公子光曰："是宗为戮而欲反其仇㉑，不可从也。"员曰："彼将有他志㉒。余姑为之求士，而鄙以待之㉓。"乃见鱄设诸焉㉔，而耕于鄙。

宋元公无信多私，而恶华、向。华定、华亥与向宁谋曰："亡愈于死，先诸？"华亥伪有疾，以诱群公子。公子问之㉕，则执之。夏六月丙申㉖，杀公子寅、公子御戎、公子朱、公子固、公孙援、公孙丁，拘向胜、向行于其廪。公如华氏请焉，弗许，遂劫之。癸卯㉗，取大子栾与母弟辰、公子地以为质。公亦取华亥之子无戚、向宁之子罗、华定之子启，与华氏盟，以为质。

卫公孟絷狎齐豹㉘，夺之司寇与鄄㉙，有役则反之，无则取之。公孟恶北宫喜、褚师圃，欲去之。公子朝通于襄夫人宣姜㉚，惧而欲以作乱。故齐豹、北宫喜、褚师圃、公子朝作乱。

初，齐豹见宗鲁于公孟㉛，为骖乘焉。将作乱，而谓之曰："公孟之不善，子所知也。勿与乘，吾将杀之。"对曰："吾由子事公孟，子假吾名焉㉜，故不吾远也。虽其不善，吾亦知之。抑以利故㉝，不能去，是吾过也。今闻难而逃，是僭子也㉞。子行事乎，吾将死之，以周事子㉟，而归死于公孟，其可也。"

丙辰㊱，卫侯在平寿㊲。公孟有事于盖获之门外㊳。齐子氏帷于门外而伏甲焉。使祝蛙置戈于车薪以当门，使一乘从公孟以出。使华齐御公孟，宗鲁骖乘。及闳中㊴，齐氏用戈击公孟，宗鲁以背蔽之，断肱，以中公孟之肩，皆杀之。

公闻乱，乘，驱自阅门入。庆比御公，公南楚骖乘，使华寅乘贰车⑩。及公宫，鸿骃魋驷乘于公⑪，公载宝以出。褚师子申遇公于马路之衢，遂从。过齐氏，使华寅肉袒执盖，以当其阙⑫。齐氏射公，中南楚之背。公遂出。寅闭郭门，逾而从公⑬。公如死鸟⑭，析朱鉏宵从窦出，徒行从公。

齐侯使公孙青聘于卫。既出，闻卫乱，使请所聘。公曰："犹在竟内，则卫君也。"乃将事焉⑮。遂从诸死鸟，请将事。辞曰："亡人不佞，失守社稷，越在草莽。吾子无所辱君命。"宾曰："寡君命下臣于朝，曰：阿下执事⑯。臣不敢贰。"主人曰："君若惠顾先君之好，照临敝邑，镇抚其社稷，则有宗祧在。"乃止。卫侯固请见之，不获命，以其良马见，为未致使故也⑰。卫侯以为乘马⑱。宾将撤⑲，主人辞曰："亡人之忧，不可以及吾子。草莽之中，不足以辱从者⑳。敢辞。"宾曰："寡君之下臣，君之牧圉也。若不获扦外役㉑，是不有寡君也。臣惧不免于戾，请以除死㉒。"亲执铎㉓，终夕与于燎㉔。

齐氏之宰渠子召北宫子。北宫氏之宰不与闻谋，杀渠子，遂伐齐氏，灭之。丁巳晦㉕，公入，与北宫喜盟于彭水之上㉖。秋七月戊午朔，遂盟国人。八月辛亥㉗，公子朝、褚师圃、子玉霄、子高鲂出奔晋。闰月戊辰㉘，杀宣姜。卫侯赐北宫喜谥曰贞子，赐析朱鉏谥曰成子，而以齐氏之墓予之。

卫侯告宁于齐，且言子石㉙。齐侯将饮酒，遍赐大夫曰：“二三子之教也。”苑何忌辞[60]，曰：“与于青之赏，必及于其罚。在《康诰》曰[61]：‘父子兄弟，罪不相及。’况在群臣？臣敢贪君赐以干先王[62]？”

琴张闻宗鲁死，将往吊之。仲尼曰：“齐豹之盗，而孟絷之贼，女何吊焉？君子不食奸[63]，不受乱，不为利疚于回[64]，不以回待人，不盖不义[65]，不犯非礼。”

宋华、向之乱，公子城、公孙忌、乐舍、司马强、向宜、向郑、楚建、郳甲出奔郑[66]。其徒与华氏战于鬼阎[67]，败子城，子城适晋。

华亥与其妻必盥而食所质公子者而后食。公与夫人每日必适华氏，食公子而后归。华亥患之，欲归公子。向宁曰：“唯不信，故质其子。若又归之，死无日矣。”公请于华费遂[68]，将攻华氏。对曰：“臣不敢爱死，无乃求去忧而滋长乎[69]。臣是以惧，敢不听命？”公曰：“子死亡有命，余不忍其诟[70]。”

冬十月，公杀华、向之质而攻之。戊辰[71]，华、向奔陈，华登奔吴。向宁欲杀大子。华亥曰：“干君而出[72]，又杀其子，其谁纳我？且归之有庸[73]。”使少司寇牼以归[74]，曰：“子之齿长矣，不能事人，以三公子为质[75]，必免。”公子既入，华牼将自门行，公遽见之，执其手曰：“余知而无罪也，入，复而所[76]。”

齐侯疥，遂痁[77]。期而不瘳[78]，诸侯之宾问疾者多在。梁丘据与裔款言于公曰[79]：“吾事鬼神丰，于先君有加矣。今君疾病，为诸侯忧，是祝、史之罪也。诸侯不知，其谓我不敬。君盍诛于祝固、史嚚以辞宾？”公说，告晏子。晏子曰:"日宋之盟⑧,屈建问范会之德于赵武⑧。赵武曰:'夫子之家事治。言于晋国,竭情无私。其祝、史祭祀,陈信不愧⑧,其家事无猜,其祝、史不祈。'建以语康王⑧。康王曰:'神人无怨,宜夫子之光辅五君⑧,以为诸侯主也。'"公曰:"据与款谓寡人能事鬼神,故欲诛于祝、史。子称是语,何故?"对曰:"若有德之君,外内不废⑧,上下无怨,动无违事⑧,其祝、史荐信⑧,无愧心矣。是以鬼神用飨,国受其福,祝、史与焉。其所以蕃祉老寿者⑧,为信君使也⑧,其言忠信于鬼神。其适遇淫君⑨,外内颇邪⑨,上下怨疾⑨,动作辟违⑨,从欲厌私⑨。高台深池,撞钟舞女⑨,斩刈民力,输掠其聚⑨,以成其违⑨,不恤后人。暴虐淫从,肆行非度⑨。无所还忌⑨,不思谤讟,不惮鬼神,神怒民痛,无悛于心⑩。其祝、史荐信,是言罪也。其盖失数美⑩,是矫诬也⑩。进退无辞,则虚以求媚。是以鬼神不飨其国以祸之,祝、史与焉。所以夭昏孤疾者,为暴君使也,其言僭嫚于鬼神⑩。"公曰:"然则若之何?"对曰:"不可为也。山林之木,衡鹿守之⑭。泽之萑蒲⑩,舟鲛守之⑩。薮之薪蒸⑩,虞候守之⑩。海之盐蜃⑩,祈望守之⑩。县鄙之人⑪,入从其政。逼介之关⑫,暴征其私。承嗣大夫⑬,强易其贿⑭。布常无艺,征敛无度。宫室日更,淫乐不违⑮。内宠之妾,肆夺于市⑯。外宠之臣,僭令于鄙⑰。私欲养求,不给则应⑱。民人苦病⑲,夫妇皆诅。祝有益也,诅亦有损。聊、摄以东⑳,姑、尤以西㉑,其为人也多矣!虽其善祝,岂能胜亿兆人之诅?君若欲诛于祝、史,修德而后可。"公说,使有司宽政,毁关㉒,去禁㉓,

薄敛，已责[124]。

十二月，齐侯田于沛[125]，招虞人以弓[126]，不进[127]。公使执之。辞曰："昔我先君之田也，旌以招大夫，弓以招士，皮冠以招虞人。臣不见皮冠，故不敢进。"乃舍之。仲尼曰："守道不如守官[128]。"君子韪之[129]。

齐侯至自田，晏子侍于遄台[130]。子犹驰而造焉[131]。公曰："唯据与我和夫！"晏子对曰："据亦同也，焉得为和？"公曰："和与同异乎？"对曰："异。和如羹焉，水火醯醢盐梅以烹鱼肉[132]，燀之以薪[133]。宰夫和之[134]，齐之以味[135]，济其不及[136]，以泄其过[137]。君子食之，以平其心。君臣亦然。君所谓可而有否焉[138]，臣献其否以成其可；君所谓否而有可焉，臣献其可以去其否。是以政平而不干[139]，民无争心。故《诗》曰[140]：'亦有和羹，既戒既平。鬷嘏无言，时靡有争。'先王之济五味、和五声也，以平其心，成其政也。声亦如味，一气，二体，三类，四物，五声，六律，七音，八风，九歌[141]，以相成也；清浊，小大，短长，疾徐，哀乐，刚柔，迟速，高下，出入，周疏，以相济也。君子听之，以平其心。心平，德和。故《诗》曰：'德音不瑕[142]。'今据不然。君所谓可，据亦曰可；君所谓否，据亦曰否。若以水济水，谁能食之？若琴瑟之专一，谁能听之？同之不可也如是。"

饮酒乐。公曰："古而无死，其乐若何！"晏子对曰："古而无死，则古之乐也，君何得焉？昔爽鸠氏始居此地[143]，季荝因之[144]，有逢伯陵因之[145]，蒲姑氏因之[146]，而后大公因之[147]。古若无死，爽鸠氏之乐，非君所愿也。"

郑子产有疾，谓子大叔曰："我死，子必为政。唯有德者能以宽服民，其次莫如猛。夫火烈，民望而畏之，故鲜死焉。水懦弱，民狎而玩之⑭，则多死焉。故宽难。"疾数月而卒。

大叔为政，不忍猛而宽。郑国多盗，取人于萑苻之泽⑭。大叔悔之，曰："吾早从夫子，不及此。"兴徒兵以攻萑苻之盗，尽杀之，盗少止⑮。

仲尼曰："善哉！政宽则民慢，慢则纠之以猛。猛则民残⑮，残则施之以宽。宽以济猛，猛以济宽，政是以和。《诗》曰⑮：'民亦劳止⑮，汔可小康⑮。惠此中国，以绥四方。'施之以宽也。'毋从诡随⑮，以谨无良⑮。式遏寇虐，惨不畏明⑮。'纠之以猛也。'柔远能迩⑮，以定我王。'平之以和也⑮。又曰⑯：'不竞不絿⑯，不刚不柔。布政优优⑯，百禄是遒⑯。'和之至也。"

及子产卒，仲尼闻之，出涕曰："古之遗爱也⑯。"

[注释]

①己丑：初一日。　②南至：冬至。　③氛：气。　④弭：安定。　⑤戴、桓：指戴族华氏、桓族向氏。　⑥犹宋、郑：如宋国、郑国一样，即言自成一国。　⑦集：成。　⑧一过多矣：一次过错就很严重了。多，重。　⑨遣之：令其逃走。　⑩奉初以还：奉初命以周旋。　⑪后命：即杀太子。　⑫失命：未完成使命。　⑬再奸：二次违命。　⑭材：有才能。　⑮棠君尚：即伍尚。棠，地名，在今河南省遂平县西北。　⑯吾知不逮：我的才智赶不上你。　⑰报：报父仇。　⑱相从为愈：比相从俱死为好。　⑲旰食：即晚食。言楚国从此多难，君臣连吃饭也要晚了。　⑳州于：吴子僚。　㉑反其仇：报仇。

㉒彼：指公子光。 ㉓鄙以待之：退处于野以待之。 ㉔鯙设诸：一作专诸，人名。 ㉕问：探视。 ㉖丙申：初九日。 ㉗癸卯：十六日。 ㉘狎：轻慢。 ㉙鄄：齐豹之邑，在今山东省鄄城县西北。 ㉚宣姜：灵公嫡母。 ㉛见：推荐。 ㉜假吾名：为我宣扬。 ㉝抑：但。 ㉞僭：不信。 ㉟周：终。 ㊱丙辰：二十九日。 ㊲平寿：卫邑。 ㊳盖获：卫郭门。 ㊴闳：曲门。 ㊵贰车：副车。 ㊶驷乘：一车四人。 ㊷当其阙：遮挡空缺处。 ㊸逾：跳过城墙。 ㊹死鸟：地名。 ㊺将事：将行聘礼。 ㊻阿下执事：屈附执事。执事，指卫侯。 ㊼未致使：即未行聘礼。 ㊽乘马：驾车之马。 ㊾掫（zōu）：夜间警戒。 ㊿从者：指公孙青。 (51)扞外役：担任外面的警卫差役。 (52)除死：免死。 (53)铎：大铃。 (54)燎：设火燎以备守。一说通“僚”，即巡夜者。 (55)丁巳晦：三十日。 (56)彭水：水名，当近卫都，今无存。 (57)辛亥：二十五日。 (58)戊辰：十二日。 (59)子石：公孙青。 (60)苑何忌：齐大夫。 (61)《康诰》：《尚书》篇名。下文所引非原文。 (62)干：犯。 (63)不食奸：不食奸人之禄。 (64)不为利疚于回：不因为利益而为邪恶所病。疚，病。回，邪恶。 (65)不盖不义：不掩盖不道义的事情。 (66)公子城等：八人均为宋大夫，避难出奔。 (67)鬼阎：宋地，在今河南省西华县东北。 (68)华费遂：宋大司马，华氏之族。 (69)求去忧而滋长：求得除去忧愁反更滋长忧愁。 (70)诟：耻辱。 (71)戊辰：十三日。 (72)干：犯。 (73)有庸：有功。 (74)牼（kēng）：华亥庶兄。 (75)质：信。 (76)所：所居官。 (77)痁（shān）：疟疾。 (78)期：一年。 (79)梁丘据、裔款：皆齐景公所宠幸的大夫。 (80)日：往日。 (81)范会：士会。 (82)陈信不愧：陈述真实情况不愧心。 (83)康王：楚康王。 (84)光辅五君：辅佐五位国君。五君，指晋文、襄、灵、成、景五君。 (85)外内不废：外内不荒废。外指国事，内指宫中。 (86)违事：违礼之事。 (87)荐信：陈述实情。荐，进言。 (88)蕃：繁衍。祉：福。老寿：健康长寿。 (89)为信君使：因为是诚实君主的使者。 (90)适：恰巧。 (91)颇邪：偏

颇邪恶。 ⑨²怨疾：怨恨嫉妒。 ⑨³辟违：邪僻违礼。 ⑨⁴从欲厌私：放纵欲望，满足私心。 ⑨⁵撞钟：奏乐。 ⑨⁶输掠其聚：掠取百姓财物。 ⑨⁷成其违：铸成其过。 ⑨⁸非度：不守法度。 ⑨⁹还忌：顾忌。 ⑩⁰悛：改。 ⑩¹盖失数美：掩盖过失，列举美善。 ⑩²矫诬：虚诈欺骗。 ⑩³僭嫚：欺诈轻侮。 ⑩⁴衡鹿：管理山林的官吏。 ⑩⁵萑（zhuī，又读 huán）蒲：芦苇。 ⑩⁶舟鲛：管理川泽的官吏。 ⑩⁷薪蒸：柴木。 ⑩⁸虞候：管理柴木的官吏。 ⑩⁹蜃：大蛤。 ⑩祈望：管理水产的官吏。 ⑪县鄙：乡野。 ⑫逼介之关：迫近国都的关卡。 ⑬承嗣：世袭。 ⑭强易其贿：强买财物。易，交易。 ⑮违：离。 ⑯肆夺：肆意掠夺。 ⑰僭令于鄙：在边境上假传命令。 ⑱不给则应：不满足就治罪。应，应之以罪。 ⑲苦病：痛苦困顿。 ⑳聊、摄：齐西境。聊，在今山东省聊城市东昌府区西北。摄，即聂，也在聊城境内。 ㉑姑、尤：齐东界。姑，即大姑河，源出山东省招远市会仙山，南流经莱阳市西南。尤，即小姑河，源出莱州市北马鞍山，南流入大姑河。 ㉒毁关：拆除关卡。 ㉓去禁：废除禁令。 ㉔已责：免除旧债。 ㉕沛：齐国泽名，在今山东省博兴县南。 ㉖虞人：掌山泽之官。 ㉗进：进见。 ㉘守道不如守官：守道义不如守官位。 ㉙惪：是，对。 ㉚遄台：在今山东省淄博市临淄区东，今名歇马亭。 ㉛子犹：梁丘据。 ㉜醯（xī）：醋。 ㉝燀（chǎn）：烧火。 ㉞和：调和。 ㉟齐：通"剂"。 ㊱济：增加。 ㊲泄：减。 ㊳否：不可。 ㊴不干：不违背礼义。 ㊵《诗》曰：以下四句出自《诗经·商颂·烈祖》。和羹，调和之羹。既戒既平，已经告诫宰夫使味道适中。鬷（zōng）假（gǔ，又读 jiǎ），今诗作"鬷假"，进献。 ㊶一气：声音需由气发动。二体：乐舞二种，即文舞、武舞。一说为阳刚、阴柔。三类：指《风》《雅》《颂》。四物：杂用四方之物以成器。五声：宫、商、角、徵、羽。六律：指黄钟、大簇、姑洗、蕤宾、夷则、无射。七音：五声再加上变宫、变徵，共七种音阶。八风：八方之风。九歌：歌九功之德。九功，即六府三事，详见文公七年传。

⑭德音不瑕：句出《诗经·豳风·狼跋》。意为有德之音无缺点。 ⑭爽鸠氏：少皞氏之司寇。 ⑭季荝（cè）：虞、夏时代的诸侯。 ⑭逢伯陵：殷代诸侯，姜姓。 ⑭蒲姑氏：殷、周之际诸侯。 ⑭大公：姜太公吕尚。 ⑭狎而玩：轻视而玩弄。 ⑭取人：即群盗相聚。取，读为"聚"。萑苻之泽：泽名，即萑蒲。 ⑮少：稍。 ⑮残：伤害。 ⑮《诗》曰：以下所引诗句皆出自《大雅·民劳》，不再一一注明。 ⑮止：语末助词。 ⑮汔：庶几。 ⑮毋从诡随：不要放纵违法者及其追随者。 ⑮谨：约束，警戒。 ⑮式遏寇虐，憯不畏明：应遏止那些侵掠残暴不惧怕明法者。式，助动词，应。憯，曾。 ⑮柔远能迩：怀柔远方，安抚近地。 ⑮平之以和：用和睦友好使国家安定太平。 ⑯又曰：以下四句出自《诗经·商颂·长发》。 ⑯不竞不絿：不急不缓。竞，强。絿，缓。 ⑯布政优优：施政从容。优，通"悠"。 ⑯遒：聚。 ⑯古之遗爱：其仁爱有古人的遗风。爱，仁。

[译文]

二十年春季，周历二月一日，冬至。梓慎观察了云气后说："今年宋国要发生动乱，国家几乎要灭亡，三年后才能安定。蔡国有大的丧事。"叔孙婼说："那么（说的）就是戴、桓两大家族了。他们骄纵无度，极其无礼，是动乱的根源。"

费无极对楚平王说："太子建和伍奢准备率领方城之外的人叛乱，自认为和郑国、宋国一样，齐国、晋国又共同辅佐他们，必将危害楚国。这事情就要成功了。"平王相信了，就责问伍奢。伍奢说："大王有一次过错已经很严重了，为什么还要听信谗言？"平王把伍奢抓了起来，派城父司马奋扬去杀太子建。奋扬没有走到，先派人通知太子逃走。三月，太子建逃到宋国。平王召回奋扬。奋扬让城父的人把自己绑起来押回郢都。平王说："话是我说的，只有你听到，是谁告诉了太子建？"奋扬回答说："是我告诉他的。大王命令我说：'你事奉太子建要像事奉我一样。'我虽然无能，但不敢苟且有二心。既然奉了当初的命令去做，便不忍心执行后来的命令，因此放他逃跑。不久我就后悔了，但已经来不及了。"平王说："你为什么又敢来见我？"奋扬说："奉命而去却没有完成，召我再不回来，就是再次违命了。我也无处可逃啊。"平王说："你回去吧。"奋扬还和以前一样做官。

无极说："伍奢的儿子很有才能，如果在吴国，一定成为楚国的忧患，何不以赦免他父亲为由召他回来。他们很仁爱，一定能回来。否则，将成为祸害。"平王召他们回来，说："回来，就赦免你们的父亲。"棠君伍尚对弟弟伍员说："你到吴国去，我准备回去一死。我的才能不如你，我可以为父而死，你能报仇。听到赦免父亲的命令，不能不奔走回去。亲人被杀戮，不能够不报仇。奔走回去使父亲免死，是孝；估计能取得成功然后行动，是仁；选择相应的任务而前往，是智；明知必死却不逃避，是勇。父亲不能丢弃，名誉不能受损，你要努力！这比一起跟着去死要好。"伍尚回到楚国。伍奢得知伍员没回来，说："楚国的国君、大夫们将寝食难安了。"楚国人将他们父子二人杀害。

伍员逃到吴国，向吴王州于说明讨伐楚国的好处。公子光说："这个人的家族被杀戮，他是想报仇，不能听从他。"伍员说："他将有异志。我姑且为他寻找勇士，住在郊野等待机会。"便把鱄设诸推荐给了公子光，自己住在郊外耕田种地。

宋元公不讲信用且私心极重，讨厌华氏、向氏。华定、华亥和向宁密谋说："逃亡总要比死强，先下手吧？"于是诈称有病，引诱公子们前来。凡有公子来探病的，就抓起来。夏季六月九日，杀了公子寅、公子御戎、公子朱、公子固、公孙援、公孙丁，把向胜、向行关押在谷仓。宋元公到华氏家求情，华氏不答应，反而劫持了元公。十六日，抓了太子栾和他的同母弟弟公子辰、公子地为人质。宋元公也抓了华亥的儿子无戚、向宁的儿子罗、华定的儿子启，与华氏结盟后，把他们作为人质。

卫国的公孟絷轻慢齐豹，剥夺了他的司寇官职与封邑鄄地，有劳役就把它们还给齐豹，没有劳役就又夺回来。公孟讨厌北宫喜、褚师圃，打算除掉他们。公子朝和襄夫人宣姜私通，心中害怕而打算发动叛乱。因此齐豹、北宫喜、褚师圃、公子朝发动了叛乱。

当初，齐豹把宗鲁推荐给公孟，让他做了骖乘。准备叛乱时对宗鲁说："公孟不是好人，你也知道。你不要和他一起乘车，我准备杀了他。"宗鲁回答说："我是您推荐去事奉公孟的，因为您对我的美言，公孟才亲近我。他虽然不好，我也知道。但因为对自己有好处，不能离开他，这是我的过错。现在听说他有灾难而逃跑，这是让您失去信用了。您尽管干您的，我准备为他而死，以完成对您的事奉，我为公孟而死，是应该的。"

二十九日，卫灵公正在平寿。公孟在盖获门外祭祀。齐豹在门外搭起帷帐，设下伏兵。让祝蛙在装满柴草的车里藏上武器，挡住城门，派一辆车跟着公孟出来。让华齐为公孟驾车，宗鲁为骖乘。到了曲门中，齐氏用戈猛击公孟，宗鲁用自己的后背遮挡，被砍断一条胳臂，公孟的肩膀被砍中，齐氏把他们都杀了。

卫灵公听说发生了叛乱，乘车从阅门进入国都。庆比为他驾车，公南楚为骖乘，华寅坐在副车上。来到公宫，鸿骃魋也坐到灵公的车上，灵公装载了宝物出城。褚师子申在十字路口遇到灵公，就跟随他出走。经过齐氏门口，让华寅光着上身，手拿车盖遮挡空隙。齐氏用箭射灵公，射中了公南楚的背部。灵公逃出了卫都。华寅关上城门，跳出城墙跟上灵公。灵公来到死鸟，析朱钼趁夜里从城墙的排水沟中爬出，步行追随灵公。

齐景公派公孙青到卫国聘问。已经走出国境，听说卫国发生了动乱，派人请示聘问事宜。齐景公说："只要卫侯还在国内，就是卫国的国君。"就奉命行事。跟着到了死鸟，请求举行聘礼。灵公辞谢说："逃亡的人没有能耐，失去了国家，流落在乡间野地。没有地方让您履行贵君的使命。"公孙青说："寡君在朝廷上命令我说：要谦恭地事奉卫君。我不敢违抗君命。"灵公说:"贵君如果为了先君的友好,关照我国,安定我们国家,那么有宗庙在那里。"便停止了聘问。灵公坚持要接见公孙青,公孙青推辞不掉,用一匹好马作为进见之礼,这是因为没有举行聘礼的缘故。灵公把公孙青送的那匹马作为驾车的马。公孙青准备夜间担任警戒,灵公辞谢说:"逃亡之人的忧患,不能连累您。荒郊野地之中,不能劳您大驾。请不要这么做。"公孙青说:"我是寡君的臣子,也就是国君的仆人。如果不允许我担任警戒,就是心中没有寡君。我担心自己犯下罪过,请求让我免于一死。"于是亲自拿着铃铛,整夜和卫君的警卫一起守夜。

齐豹的家宰渠子召请北宫喜。北宫喜的家宰不让主人知道密谋的事,杀了渠子,并攻打齐豹,消灭了齐氏家族。六月三十日,卫灵公进入国都,和北宫喜在彭水边结盟。秋季七月一日,和国人结盟。八月二十五日,公子朝、褚师圃、子玉霄、子高鲂逃往晋国。闰八月十二日,杀了宣姜。卫灵公赐北宫喜谥号为贞子,赐析朱鉏谥号为成子,并把齐氏的墓地赐给他们。

卫灵公向齐国报告国内已经安定,同时称赞公孙青有礼。齐景公准备饮酒,就遍赐大夫们,说:"这是诸位大夫教导的结果。"苑何忌辞谢不喝,说:"和公孙青同受赏赐,也必将同受惩罚。《康诰》上说:'父子兄弟,犯罪互不相干。'何况同朝为臣的人呢?我哪里敢贪图国君的赏赐而违背先王的要求呢?"

琴张得知宗鲁已死,准备前往吊唁。孔子说:"齐豹所以成为盗贼,公孟所以被害,都是因为他,你为什么要吊唁呢?君子不食恶人的俸禄,不牵入暴乱,不为私利受到邪恶的侵蚀,不以邪恶待人,不掩盖不义的行为,不做违礼之事。"

因为宋国的华氏、向氏之乱,公子城、公孙忌、乐舍、司马强、向宜、向郑、楚建、郳甲逃亡到郑国。其党羽在鬼阎和华氏交战,子城被打败,逃到了晋国。

华亥和他的妻子一定要盥洗干净,让作为人质的公子们吃饭后自己才吃。宋元公和夫人每天必定到华氏家,让公子们吃完饭才回去。华亥很害怕,打算让公子们回去。向宁说:"正因为国君无信,才以他的儿子为人质。如果放回去,我们离死就没有几天了。"宋元公求助华费遂,准备攻打华氏。华费遂说:"我并不是怕死,是担心这样做不会消除忧患反而会滋生更多忧患。因此我很害怕,哪里是不听从命令呢?"元公说:"太子们生死自有天命,我不忍心他们受到污辱。"

冬季十月,元公杀了华氏、向氏的人质,并攻打他们。十三日,华氏、向氏逃往陈国,华登逃往吴国。向宁打算杀了太子。华亥说:"冒犯了国君逃亡国外,又杀死他的儿子,还有谁敢收留我们?姑且放他们回去还有点儿功劳。"让少司寇华轻带着公子们回去,说:"您年事已高,不能再事奉他人,用这几位公子作为见证,必能免于惩罚。"公子们回去后,华轻准备离开宫门,元公急忙召见,拉着他的手说:"我知道你没有罪,回来吧,我让你官复原职。"

齐景公患了疥疮,又得了疟疾。一年都没有痊愈,诸侯派来问候病情的客人很多。梁丘据和裔款对景公说:"我们事奉鬼神的祭品丰盛,比先君还有所增加。如今国君病重,成为诸侯的忧患,这都是祝、史的罪过。诸侯们不知情的,还以为我们对鬼神不敬呢。国君何不杀了祝固、史嚚以向来宾解释呢?"景公很高兴,告诉了晏婴。晏婴说:"从前在宋国举行的盟会上,屈建向赵武问起士会的德行。赵武说:'他老人家治家很有条理。说起晋国的事,竭尽实情没有私心。他的祝、史祭祀时陈述可信没有愧疚,他家中没有让人猜忌之事,因此祝、史也不用向鬼神祷告。'屈建把这话告诉了楚康王。康王说:'神和人对他都没有怨恨,难怪他一连辅佐五代国君,并使其成为诸侯盟主啊。'"景公说:"梁丘据和裔款说寡人善于事奉鬼神,因此想杀了祝、史。您说这番话,是什么意思?"晏婴回答说:"假如是有德的国君,国事和宫里的事都不会荒废,上下毫无怨言,一举一动都没有违礼之处,其祝、史对鬼神以实相告,就不会感到惭愧。因此鬼神享用祭品,国家受到鬼神的保佑,当然祝、史也不例外。他们所以繁衍有福,健康长寿,是因为他是诚实国君的使者,他们的话对鬼神忠诚有信。假如遇到放纵无度的国君,国家和宫里的事偏颇邪恶,上下民怨沸腾,行动举止邪僻悖理,放纵私欲满足野心。高台深池,奏乐歌舞,耗尽民力,掠夺百姓,犯下种种罪孽,不为后代子孙着想。暴虐放纵,横行无度。无所顾忌,不怕百姓的诅咒,不怕鬼神的惩罚,神怒民怨,不知悔改。其祝、史如果以实相告,就报告国君的罪过。如果掩饰过失而歌功颂德,是对神灵的欺骗。在进退两难的情况下,就用一些空话讨得神灵的欢心。因此鬼神不享用他们国家的祭品,还会降祸给他们,祝、史也难于逃脱。他们所以会夭折患病,是由于他们是暴虐国君的使者,他们的话欺骗侮辱了鬼神。"景公说:"怎么办才好呢?"晏婴说:"无法挽救了。山林中的树木由衡鹿看守,沼泽中的芦苇由舟鲛看守,荒野中的柴草由虞候看守,海水中的鱼盐由祈望看守。偏僻乡野之人也参与朝政,国都附近的关卡横征暴敛,世袭大夫强买货物,发布政令没有标准,征收赋税没有节制,宫室经常更新,寻欢作乐不肯离开。宫内的宠妾在市场上任意掠夺,宫外的宠臣在边境上假传圣旨,私心欲望衣食玩好不能满足便严加惩办。百姓苦不堪言,夫妻人人诅咒,祈祷有好处,诅咒也有害处。聊地、摄地以东,姑水、尤水以西,这些地方的人很多。即使祝、史善于祈祷,难道能胜过亿万百姓的诅咒吗?国君如要杀掉祝、史,只有修明德行以后才可以。"景公很高兴,下令各级官员放宽政策,撤去关卡,解除禁令,减轻赋税,减免债务。

十二月,齐景公在沛地打猎,用弓召唤虞人,虞人没有上前。景公派人把他抓了起来。虞人辩解说:"从前先君打猎时,是以旗子召唤大夫,以弓召唤士,以皮帽子召唤虞人。我没有看到皮帽子,所以不敢前来。"景公便把虞人放了。孔子评论说:"保守道义不如保守官职。"君子认为这是对的。

齐景公从打猎的地方回来,晏婴在遄台随侍。梁丘据驱车急驰前来。景公说:"只有梁丘据与我和谐啊!"晏婴回答说:"梁丘据只是

（与您）相同而已，怎么谈得上和谐呢？"景公说："和谐与相同有区别吗？"晏婴说："有区别。和谐就像羹汤，用水、火、醋、肉酱、盐、梅来烹调鱼肉，先用火烧煮。厨师加以调和，使味道适中，太淡了就加调料，太浓了就冲淡。君子食用之后内心平和。君臣之间也是这样。国君认为可行而有不可行的，臣子就指出不可行使之更加完善；国君认为不可行而有可行的，臣子就肯定其可行去掉不可行。因此政事平和不违礼制，百姓也无争夺之心。所以《诗经》说：'也有那调和的羹汤，已经告诫厨师使味道适中。献给神灵享用无所指责，上下没有争夺之心。'先王调和五味，谐调五声，以平定内心，完成政事。声音也和味道一样，是由一种气韵、两种乐舞、三类诗歌、四方物产、五种声音、六种律吕、七种音阶及八方之风、九功之歌互相配合而成的；是由清浊、大小、长短、缓急、哀乐、刚柔、快慢、高低、出入、疏密互相配合协调而成的。君子听后，内心平静。内心平静，德行和谐。因此《诗经》说：'有德之音没有瑕疵。'现在梁丘据不是这样。国君认为可以的，他也说可以；国君认为不行的，他也说不行。如同用水调水，谁能吃得下去？又如琴瑟只弹一个声调，谁能听得下去？不能一味地相同也是这个道理。"

景公饮酒很高兴。他说："自古以来都没有死，那该是多么快乐啊！"晏婴回答说："自古以来都没有死亡，就只有古人的快乐了，国君怎能得到呢？从前爽鸠氏开始住在这里，季荝沿袭爽鸠氏，有逢伯陵沿袭季荝，蒲姑氏沿袭有逢伯陵，然后是太公沿袭蒲姑氏。古人不死，就只有爽鸠氏的快乐，这当然不是国君所希望的了。"

郑国的子产有了病，对游吉说："我死了，您一定要主持朝政。只有具备高尚德行的人才能推行宽松政策使百姓顺服，其次就是实行严厉的政策。火势太猛，百姓望而生畏，很少有人被烧死。水性柔弱，百姓轻视玩弄，很多人被淹死。所以政策宽松也难以治理。"子产病了几个月后去世。

游吉执掌政权，不忍心太严厉而实行宽松政策。结果郑国盗贼多了起来，聚集在湖泽中。游吉很后悔，说："我早听子产的话，不会到这一步。"发兵攻打湖泽中的盗贼，全部杀掉，盗贼才稍微平息。

孔子评论说："好啊！政策宽松百姓就会怠慢，怠慢就实行严厉的政策来纠正。政策严厉百姓就会受到伤害，受到伤害就实行宽松的政策。以宽松调剂严厉，以严厉补救宽松，政事因此而调和。《诗经》说：'百姓已很辛劳，差不多可以稍事休息。施惠中原各国，四方得以安定。'说的是施行宽松政策。'不要放纵违法之人，严厉约束不良之人。坚决制止掠夺残暴，因为他们不怕王法。'说的是以严厉的政策来纠正。'安抚远方怀柔近邦，以使王室得以安定。'是以和睦来安定天下。又说：'不急不缓，不刚不柔。从容施政，福禄聚集。'说的是和谐的最高境界。"

等到子产去世，孔子听说后，流着泪说："他具有古人仁爱的遗风啊。"

昭公二十一年

经 二十有一年春，王三月，葬蔡平公。夏，晋侯使士鞅来聘。宋华亥、向宁、华定自陈入于宋南里以叛。秋七月壬午朔，日有食之。八月乙亥，叔辄卒。冬，蔡侯朱出奔楚。公如晋，至河乃复。

传 二十一年春，天王将铸无射①。泠州鸠曰②："王其以心疾死乎？夫乐，天子之职也。夫音，乐之舆也③。而钟，音之器也。天子省风以作乐④，器以钟之⑤，舆以行之⑥。小者不窕⑦，大者不摦⑧，则和于物⑨。物和则嘉成⑩。故和声入于耳而藏于心，心亿则乐⑪。窕则不咸⑫，摦则不容⑬，心是以感⑭，感实生疾。今钟摦矣，王心弗堪，其能久乎？"

三月，葬蔡平公。蔡大子朱失位⑮，位在卑⑯。大夫送葬者归，见昭子⑰。昭子问蔡故⑱，以告。昭子叹曰："蔡其亡乎！若不亡，是君也必不终⑲。《诗》曰：'不解于位，民之攸墍⑳。'今蔡侯始即位，而适卑㉑，身将从之。"

夏，晋士鞅来聘，叔孙为政㉒。季孙欲恶诸晋，使有司以齐鲍国归费之礼为士鞅。士鞅怒，曰："鲍国之位下，其国小，而使鞅从其牢礼，是卑敝邑也。将复诸寡君。"鲁人恐，加四牢焉，为十一牢。

宋华费遂生华貙、华多僚、华登。貙为少司马，多僚为御士。与貙相恶，乃谮诸公曰："貙将纳亡人㉓。"亟言之㉔。公曰："司马以吾故亡其良子㉕。死亡有命，吾不可以再亡之。"对曰："君若爱司马则如亡。死如可逃，何远之有？"公惧，使侍人召司马之侍人宜僚，饮之酒而使告司马。司马叹曰："必多僚也。吾有逸子而弗能杀，吾又不死，抑君有命，可若何？"乃与公谋逐华貙，将使田孟诸而遣之。公饮之酒，厚酬之，赐及从者。司马亦如之。张匄尤之㉖，曰："必有故。"使子皮承宜僚以剑而讯之㉗。宜僚尽以告。张匄欲杀多僚。子皮曰："司马老矣，登之谓甚㉘，吾又重之，不如亡也。"五月丙申㉙，子皮将见司马而行，则遇多僚御司马而朝。张匄不胜其怒，遂与子皮、臼任、郑翩杀多僚，劫司马以叛，而召亡人。壬寅㉚，华、向入。乐大心、丰愆、华轻御诸横㉛。华氏居卢门㉜，以南里叛。六月庚午㉝，宋城旧鄘及桑林之门而守之㉞。

秋七月壬午朔㉟，日有食之。公问于梓慎曰："是何物也㊱？祸福何为？”对曰：“二至、二分㊲，日有食之，不为灾。日月之行也，分，同道也㊳；至，相过也㊴。其他月则为灾。阳不克也，故常为水㊵。”

于是叔辄哭日食。昭子曰：“子叔将死，非所哭也。”八月，叔辄卒。

冬十月，华登以吴师救华氏。齐乌枝鸣戍宋㊶。厨人濮曰㊷：“《军志》有之：‘先人有夺人之心，后人有待其衰。’盍及其劳且未定也伐诸？若入而固，则华氏众矣，悔无及也。”从之。丙寅㊸，齐师、宋师败吴师于鸿口㊹，获其二帅公子苦雂、偃州员。华登帅其余以败宋师。公欲出㊺，厨人濮曰：“吾小人，可藉死而不能送亡㊻，君请待之。”乃徇曰：“扬徽者㊼，公徒也。”众从之。公自扬门见之㊽，下而巡之，曰：“国亡君死，二三子之耻也，岂专孤之罪也？”齐乌枝鸣曰：“用少，莫如齐致死。齐致死㊾，莫如去备㊿。彼兵多矣，请皆用剑。”从之。华氏北，复即之(51)。厨人濮以裳裹首而荷以走，曰：“得华登矣！”遂败华氏于新里(52)。翟偻新居于新里，既战，说甲于公而归(53)。华妵居于公里，亦如之。

十一月癸未(54)，公子城以晋师至。曹翰胡会晋荀吴、齐苑何忌、卫公子朝救宋。丙戌(55)，与华氏战于赭丘(56)。郑翩愿为鹳，其御愿为鹅(57)。子禄御公子城，庄堇为右。干犨御吕封人华豹，张匄为右。相遇，城还，华豹曰：“城也！”城怒而反之。将注(58)，豹则关矣(59)。曰：“平公之灵尚辅相余(60)。”豹射，出其间。将注，则又关矣。曰：“不狎，鄙(61)！”抽矢。城射之，殪。张匄抽殳而下(62)，射之，折股。

扶伏而击之㉖，折轸。又射之，死。干犨请一矢㉔，城曰："余言汝于君。"对曰："不死伍乘㉕，军之大刑也。干刑而从子，君焉用之？子速诸。"乃射之，殪。大败华氏，围诸南里。华亥搏膺而呼㉖，见华貙，曰："吾为栾氏矣㉗。"貙曰："子无我迂㉘，不幸而后亡。"使华登如楚乞师。华貙以车十五乘、徒七十人，犯师而出㉙，食于睢上㉚，哭而送之，乃复入。

楚薳越帅师将逆华氏。大宰犯谏曰："诸侯唯宋事其君。今又争国，释君而臣是助，无乃不可乎！"王曰："而告我也后，既许之矣。"

蔡侯朱出奔楚。费无极取货于东国㉛，而谓蔡人曰："朱不用命于楚，君王将立东国。若不先从王欲，楚必围蔡。"蔡人惧，出朱而立东国。朱诉于楚，楚子将讨蔡。无极曰："平侯与楚有盟，故封。其子有二心，故废之。灵王杀隐大子，其子与君同恶㉜，德君必甚㉝。又使立之，不亦可乎？且废置在君，蔡无他矣。"

公如晋，及河，鼓叛晋。晋将伐鲜虞，故辞公。

[注释]

①无射（yì）：大钟名。　②泠州鸠：乐官名。泠，或作"伶"。　③乐之舆：音乐的车厢，此以车作比喻。　④省风以作乐：视察风俗来制作乐曲。省，观。风，风土民俗。　⑤器以钟之：以器聚音。钟，聚。　⑥舆以行之：用声音来表现。　⑦小者不窕：小乐器发音不细弱。　⑧不摦（huà）：不粗大。　⑨和于物：使事物和谐。　⑩嘉成：美好的音乐从而形成。　⑪心亿：心安。　⑫窕则不咸：

音细则闻者不周遍。咸,遍。 ⑬不容:难容于心。 ⑭感:借为"憾",不安。 ⑮失位:指在葬礼中没站在嫡子的位置上。 ⑯卑:下面。 ⑰昭子:鲁大夫叔孙婼。 ⑱故:事。 ⑲不终:不善终。 ⑳"不解于位"二句:句出《诗经·大雅·假乐》。意为居其位而不懈怠,百姓得以休息。解,同"懈"。 墍(xì,又读jì),息,归。 ㉑适卑:站在下位。 ㉒为政:此为主持接待宾客。 ㉓貑:即子皮。亡人:指华亥等。 ㉔亟:屡。 ㉕良子:指华登。 ㉖张旬:华貑臣。尤:奇怪。 ㉗承宜僚以剑:把剑架在宜僚的脖子上。 ㉘登之谓甚:华登逃亡使司马伤透了心。 ㉙丙申:十四日。 ㉚壬寅:二十日。 ㉛横:宋地,在今河南省商丘市区西南。 ㉜卢门:宋都郊之城门。 ㉝庚午:十九日。 ㉞旧鄘:故城,在今河南省商丘市。 ㉟壬午朔:初一日。 ㊱物:事。 ㊲二至:指夏至、冬至。二分:指春分、秋分。 ㊳分,同道也:太阳行黄道中线,到二分而黄道与赤道相交,称为同道。 ㊴至,相过也:二至时太阳过赤道内外各二十三度,称为相过。 ㊵阳不克也,故常为水:古人知日食是日光为月所遮蔽,又认为日为火为阳,月为水为阴,故认为日食是阳不胜阴,而常为水灾。 ㊶乌枝鸣:齐大夫。 ㊷厨人濮:宋厨邑大夫。 ㊸丙寅:十七日。 ㊹鸿口:宋地,在今河南省虞城县西北。 ㊺出:出奔。 ㊻藉死:为君死难。 ㊼徽:旌旗名。 ㊽扬门:宋都正东门。 ㊾齐致死:一起效死拼命。 ㊿去备:撤除守备。 ㋀即:追。 ㋁新里:宋地,华氏所取,在今河南省开封市东。 ㋂说:同"脱"。归:归附。 ㋃癸未:初四日。 ㋄丙戌:初七日。 ㋅赭(zhě)丘:宋地,当在宋都郊外。 ㋆鹳、鹅:军阵名。 ㋇注:搭箭。 ㋈关:引满弓。 ㋉平公:公子城之父。此句为临战祈祷。 ㋊不狃,鄙:不让还手,卑鄙。狃,更替。 ㋋殳(shū):兵器名。 ㋌扶伏:同"匍匐"。 ㋍请一矢:即受一箭求死。 ㋎不死伍乘:即不与伍乘同死。伍乘,同乘共伍。 ㋏搏膺:拍胸。 ㋐栾氏:指晋栾盈作乱而死,事在襄公二十三年。 ㋑迁

(guàng)：恐吓。　⑲犯师：突围冲锋。　⑳睢上：水名，在今河南省商丘市区。　㉑东国：隐太子之子，蔡平侯之弟，蔡侯朱的叔父。㉒其子：指东国。与君同恶：谓灵王杀东国之父，楚平王又杀灵王，故同恶灵王。　㉓德：感恩戴德。

[译文]

　　二十一年春季，周天子准备铸造无射大钟。泠州鸠说："天子恐怕要死于心病吧！音乐是由天子主持的。音是装载音乐的车厢，钟是发音的器具。天子考察风俗后制作音乐，用器具聚集，用车厢运行。小的乐器发音不一定纤细，大的乐器发音不一定洪亮，能使万物和谐。万物和谐就产生美好的音乐。所以和谐的声音进入耳朵深入内心，内心平静就感到快乐。声音纤细就不能传遍四方，声音洪亮又使人难以忍受，内心因此不安，不安就会生病。现在钟声过于洪亮，天子的内心忍受不了，还能长寿吗？"

　　三月，安葬蔡平公。蔡国的太子朱站错了位置，站在了位次较低的位置上。前去送葬的鲁国大夫回来拜见叔孙婼。叔孙婼问起蔡国的情况，大夫说起了这件事。叔孙婼叹息说："蔡国快要亡国了吧！即使不亡，这位新君也一定不得善终。《诗经》说：'在位不懈息，百姓得休息。'蔡侯刚刚即位，就站在下位，其身份地位也将随之下降。"

　　夏季，晋国的士鞅前来聘问，由叔孙婼主持接待。季孙故意要得罪晋国，让官员以齐国、鲍国归还费地时的礼节接待士鞅。士鞅非常生气，说："鲍国的地位低下，他的国家弱小，让我跟从他接受一样的牢礼，这是看不起我国。我要向寡君报告。"鲁国人害怕了，增加了四牢，变成了十一牢。

　　宋国司马华费遂生了华貙、华多僚、华登。华貙担任少司马，多僚担任宋元公的御士。多僚与华貙不和，在元公面前诬陷他说："华貙准备接纳逃亡的人。"说了多次。元公说："司马因为我的缘故使他的儿子逃亡。死和逃亡都是命中注定，我不能再让他的另一个儿子逃亡。"多僚回答说："国君如果爱司马，就让他逃亡。如果能逃避一死，还怕远吗？"元公害怕了，让侍从招来司马的侍从宜僚，请他喝酒，让他告诉司马。司马叹口气说："一定是多僚干的。我有一个进谗言的儿子，却不能杀死，我又不死，现在国君有了命令，我该怎么办？"便和元公商量驱逐华貙，打算让华貙到孟诸去打猎时让他逃走。元公请华貙喝酒，送给他很多礼物，同时赏赐到他的随从。司马也这样做。张匄很奇怪，说："一定有原因。"让华貙用剑顶住宜僚的脖子审问他。宜僚全说了出来。张匄要杀死多僚。华貙说："父亲已经年老了，华登逃亡就已经使他伤心了，我与其再次加重，不如逃亡吧。"五月十四日，华貙准备去见司马后出发，碰到多僚给司马驾车上朝。张匄按捺不住愤怒，和华貙、曰任、郑翩杀了多僚，劫持司马发动叛乱，召请逃亡的人回国。二十日，华氏、向氏回到国内。乐大心、丰愆、华轻在横地抵抗他们。华氏住在卢门，率领南里的人叛乱。六月十九日，宋国修建旧城和桑林之门来防守。

秋季七月一日，鲁国发生日食。昭公问梓慎："这是怎么回事？预示什么祸福呢？"梓慎回答说："冬至、夏至、春分、秋分发生日食，不会造成灾害。因为日月运行，春分、秋分时黄道和赤道相交点相同，冬至、夏至时则相交点最远。其他月份，则会造成灾害。是由于阳不能胜阴，所以常常发生水灾。"

这时叔辄为日食而号哭。叔孙婼说："叔辄将要死了，不应该哭而哭。"八月，叔辄去世。

冬季十月，华登率领吴国军队救援华氏。齐国的乌枝鸣戍守宋国。厨邑大夫濮说："《军志》有这样的话：'先发制人可以夺去敌人斗志，后发制人就要等待敌人士气衰竭。'何不乘他们疲劳还没有安定下来就攻打呢？等他们进来巩固了阵地，华氏人马众多，后悔都来不及了。"乌枝鸣采纳了他的建议。十七日，齐军和宋军在鸿口打败了吴军，俘获了他们的两个将帅公子苦雃、偃州员。华登则率领其余部队打败了宋军。宋元公打算逃亡，濮说："我是小人，宁可为国君而死，也不能送国君逃亡,请国君等一下。"便通报全军说:"挥舞旗帜的,就是国君的士兵。"众人都举起了军旗。元公从扬门上看到后,下城巡视,说:"国家灭亡国君死去,也是你们的耻辱,哪里仅仅是我一人的罪过?"齐国的乌枝鸣说:"使用少数兵力,最好是一起拼命。一起拼命,最好是撤除守备。他们的兵器很多,请都使用剑。"元公同意。结果华氏被打败,宋军、齐军又追了上去。厨人濮用衣服裹着一个人头,扛着奔跑,喊道:"已经杀死华登了。"随后在新里打败了华氏。翟偻新住在新里,战斗开始后,他脱下盔甲投奔了元公。华妵住在公里,也和翟偻新一样。

十一月四日,公子城率领晋国军队赶到。曹国的翰胡会合晋国的荀吴、齐国的苑何忌、卫国的公子朝救援宋国。七日,联军与华氏在赭丘交战。郑翩请求摆成鹳阵,他的御者请求摆成鹅阵。子禄为公子城驾车,庄堇为车右。干犨为吕地封人华豹驾车,张匄为车右。双方相遇,公子城要回去,华豹说:"这就是公子城!"公子城恼火了,掉转车头。刚搭上箭,华豹已经拉开弓了。公子城说:"希望平公的神灵保佑我!"华豹射了一箭,箭头从子城、子禄中间穿过。子城刚搭上箭,华豹又拉开了弓。公子城说:"不让我还手,真是卑鄙!"华豹取下箭。公子城一箭射去,把华豹射死。张匄抽出殳从车上下来,公子城一箭射去,射断了张匄的大腿。张匄爬过来举起殳猛击,击断了车上轸木。公子城又射一箭,把张匄射死。干犨请求给他一箭,公子城说:"我向国君为你求情。"干犨说:"不和战友同死,就是犯了军中大法。犯了法再追随您,国君怎么会再用我呢?您快给我一箭。"公子城射他一箭,干犨死去。联军大败华氏,包围了南里。华亥捶胸高喊,见到华貙说:"我们已经成了晋国的栾氏。"华貙说:"你不要吓唬我,不幸战败就逃亡。"派华登到楚国请求救兵。华貙率十五辆战车、七十个步兵突围而出,在睢水岸边吃了饭,哭着送走华登,又转身冲入南里。

楚国的薳越率军准备接应华氏。太宰犯劝阻说:"诸侯中只有宋国的臣民还在事奉其国君。现在他们又在争夺国家政权，丢下国君帮助臣子，恐怕不行吧！"平王说："你说得太晚了，我已经答应他们了。"

蔡侯朱逃到了楚国。费无极从东国那里得了财物，对蔡国人说："朱不听从楚国的命令，楚王准备立东国为君。如果不先顺从楚王的意愿，楚军一定围攻蔡国。"蔡国人害怕了，便驱逐朱立了东国。朱到楚国控告，楚王准备讨伐蔡国。无极说："蔡平侯和楚国有盟约，因此才封他。他的儿子有了二心，所以废黜他。灵王杀了隐太子，隐太子的儿子和国君有了共同的仇人，一定非常感激您。又立他为君，不也可以吗？再说如果废立大权操在国君手里，蔡国人就不敢有其他念头了。"

昭公到晋国访问，走到黄河岸边，鼓地背叛了晋国。晋国准备讨伐鲜虞，便辞谢了昭公。

昭公二十二年

经　二十有二年春，齐侯伐莒。宋华亥、向宁、华定自宋南里出奔楚。大蒐于昌间。夏四月乙丑，天王崩。六月，叔鞅如京师，葬景王。王室乱。刘子、单子以王猛居于皇。秋，刘子、单子以王猛入于王城。冬十月，王子猛卒。十有二月癸酉朔，日有食之。

传　二十二年春，王二月甲子①，齐北郭启帅师伐莒②，莒子将战，苑羊牧之谏曰③："齐帅贱④，其求不多，不如下之。大国不可怒也。"弗听，败齐师于寿余⑤。齐侯伐莒，莒子行成。司马灶如莒莅盟⑥。莒子如齐莅盟，盟于稷门之外⑦。莒于是乎大恶其君。

楚薳越使告于宋曰："寡君闻君有不令之臣为君忧，无宁以为宗羞⑧！寡君请受而戮之。"对曰："孤不佞，不能媚于父兄⑨，以为君忧，拜命之辱。抑君臣日战，君曰：'余必臣是助。'亦唯命。人有言曰：'唯乱门之无过。'君若惠保敝邑，无亢不衷⑩，以奖乱人，孤之望也。唯君图之！"楚人患之。诸侯之戍谋曰⑪："若华氏知困而致死，楚耻无功而疾战⑫，非吾利也。不如出之以为楚功⑬，其亦无能为也已。救宋而除其害，又何求？"乃固请出之，宋人从之。己巳⑭，宋华亥、向宁、华定、华貙、华登、皇奄伤、省臧、士平出奔楚。宋公使公孙忌为大司马，边卬为大司徒，乐祁为司城，仲几为左师，乐大心为右师，乐挽为大司寇，以靖国人。

王子朝、宾起有宠于景王。王与宾孟说之⑮，欲立之。刘献公之庶子伯蚠事单穆公，恶宾孟之为人也，愿杀之。又恶王子朝之言，以为乱⑯，愿去之。宾孟适郊，见雄鸡自断其尾。问之，侍者曰："自惮其牺也⑰。"遽归告王，且曰："鸡其惮为人用乎⑱？人异于是。牺者，实用人⑲，人牺实难⑳，己牺何害？"王弗应。

夏四月，王田北山㉑，使公卿皆从，将杀单子、刘子。王有心疾。乙丑㉒，崩于荣锜氏㉓。戊辰，刘子挚卒，无子㉔，单子立刘蚠。五月庚辰㉕，见王㉖，遂攻宾起，杀之。盟群王子于单氏。

晋之取鼓也，既献，而反鼓子焉。又叛于鲜虞。

六月，荀吴略东阳㉗，使师伪籴者负甲以息于昔阳之门外㉘，遂袭鼓，灭之。以鼓子鸢鞮归，使涉佗守之㉙。

丁巳㉚，葬景王。王子朝因旧官、百工之丧职秩者，与灵、景之族以作乱㉛,帅郊、要、饯之甲㉜,以逐刘子。壬戌㉝,刘子奔扬。单子逆悼王于庄宫以归。王子还夜取王以如庄宫㉞。癸亥㉟,单子出。王子还与召庄公谋㊱,曰:"不杀单旗㊲,不捷。与之重盟,必来。背盟而克者多矣。"从之。樊顷子曰㊳:"非言也㊴,必不克。"遂奉王以追单子。及领㊵,大盟而复,杀挚荒以说。刘子如刘。单子亡。乙丑㊶,奔于平畤㊷。群王子追之。单子杀还、姑、发、弱、鬷、延、定、稠㊸,子朝奔京㊹。丙寅㊺,伐之,京人奔山,刘子入于王城。辛未㊻,巩简公败绩于京㊼。乙亥㊽,甘平公亦败焉㊾。

叔鞅至自京师,言王室之乱也。闵马父曰㊿:"子朝必不克,其所与者,天所废也㉛。"

单子欲告急于晋,秋七月戊寅㉜,以王如平畤,遂如圃车㉝,次于皇㉞。刘子如刘。单子使王子处守于王城,盟百工于平宫㉟。辛卯㊱,鄩肸伐皇㊲,大败,获鄩肸。壬辰㊳,焚诸王城之市。八月辛酉㊴,司徒丑以王师败绩于前城㊵,百工叛。己巳㊶,伐单氏之宫,败焉。庚午㊷,反伐之。辛未㊸,伐东圉㊹。冬十月丁巳㊺,晋籍谈、荀跞帅九州之戎及焦、瑕、温、原之师,以纳王于王城。庚申㊻,单子、刘蚠以王师败绩于郊,前城人败陆浑于社㊼。十一月乙酉㊽,王子猛卒,不成丧也㊾。己丑㊿,敬王即位㉛,馆于子旅氏㉜。十二月庚戌㉝,晋籍谈、荀跞、贾辛、司马督帅师军于阴㉞,于侯氏㉟,于溪泉㊱,次于社。王师军于氾㊲,于解,次于任人。闰月,晋箕遗、乐征、右行诡济师㊳,取前城,军其东南。王师军于京楚。辛丑㊴,伐京,毁其西南。

[注释]

①甲子：十六日。　②北郭启：齐大夫。　③苑羊牧之：莒大夫。　④贱：地位低。　⑤寿余：莒地，在今山东省安丘市境。　⑥司马灶：齐大夫。　⑦稷门：齐都城门。　⑧宗羞：宗庙的耻辱。　⑨媚于父兄：取悦于父兄。因华、向为公族，故称父兄。　⑩无亢不衷：不要保护不善之人。亢，保护。　⑪诸侯之戍：诸侯派往宋国的戍守者。　⑫楚耻无功：谓楚索华、向而不得，故以无功而耻。　⑬出之：放出华氏。　⑭己巳：二十一日。　⑮宾孟：即宾起。　⑯乱：违。指王子朝有自立的欲望。　⑰自惮其牺：自己害怕充当牺牲。　⑱用：用作祭品。　⑲实用人：即实用于人，省略介词"于"。　⑳人牺：充当他人的牺牲。　㉑北山：北邙山，在今河南省洛阳市东北。　㉒乙丑：十八日。　㉓荣锜：周王室大夫。　㉔无子：无嫡子，刘盆为刘子挚的庶子。　㉕庚辰：初四日。　㉖王：周天子猛。景王崩，猛承嗣，未及称元年即死。　㉗略东阳：巡行东阳。东阳，当时指太行山以东广大地区。　㉘伪籴者：伪装成买米的人。昔阳：晋地，在今河北省晋州市西。　㉙涉佗：晋大夫。　㉚丁巳：十一日。　㉛灵、景之族：周灵王、周景王子孙。　㉜郊、要、饯：周地三邑名。　㉝壬戌：十六日。　㉞王子还：王子朝之党。　㉟癸亥：十七日。　㊱召庄公：召伯奂，王子朝之党。　㊲单旗：即单子。　㊳樊顷子：即樊齐，单、刘之党。　㊴非言：非善言。　㊵领：即轘辕山，一名嵼岭，周地，在今河南省偃师市东南。　㊶乙丑：十九日。　㊷平畤：周地，当离洛阳不远。　㊸还、姑等：此八人皆为王子，灵、景之族。　㊹京：周地，非郑之京邑，当在洛阳西南。　㊺丙寅：二十日。　㊻辛未：二十五日。　㊼巩简公：周卿士。　㊽乙亥：二十九日。　㊾甘平公：周卿士。　㊿闵马父：即闵子马，鲁大夫。　㉛所废：所丧失官职的。　㉜戊寅：初三日。　㉝圃车：周地，当在今河南省巩

义市西南。 (54)皇：周地，在今河南省巩义市西南。 (55)平宫：周平王庙。 (56)辛卯：十六日。 (57)鄩肸（xún xī）：王子朝之党。 (58)壬辰：十七日。 (59)辛酉：十六日。 (60)前城：周地，在今河南省洛阳市东南，伊水东岸。 (61)己巳：二十四日。 (62)庚午：二十五日。 (63)辛未：二十六日。 (64)东圉：周地，在成周东，今河南省偃师市西南。 (65)丁巳：十三日。 (66)庚申：十六日。 (67)社：周地，在今河南省巩义市东北。 (68)乙酉：十二日。 (69)不成丧：未举行天子丧葬之礼，故不书"崩"。 (70)己丑：十六日。 (71)敬王：王子猛母弟王子匄。 (72)子旅：周大夫。 (73)庚戌：初七日。 (74)阴：即平阴，在今河南省孟津县北，黄河南岸。 (75)侯氏：即今河南省巩义市缑氏镇。 (76)溪泉：地名，在今河南省洛阳市东南。 (77)氾：与下文"解""任人"均为地名，距洛阳不远。 (78)济师：晋军渡过洛水、伊水。 (79)辛丑：二十九日。

［译文］

二十二年春季，周历二月十六日，齐国的北郭启率军讨伐莒国，莒子准备迎战，苑羊牧之劝谏说："齐军将帅出身卑贱，其要求也不多，不如向他屈服，大国不可以被激怒啊。"莒子不听，在寿余打败齐军。齐景公攻打莒国，莒子求和。司马灶到莒国参加结盟。莒子到齐国参加结盟，在稷门之外订立了盟约。莒国人从此非常怨恨他们的国君。

楚国的薳越派人告诉宋国说："寡君听说贵君有几个逆臣成为心腹之患，岂不成为宗庙的耻辱！寡君请求接纳他们加以诛戮。"宋元公回答说："我无德无能，不能和父兄和睦相处，以致惊扰贵君，有劳关心。不过君臣之间每天交战，贵君却说：'我一定要帮助臣子。'我也只能悉听尊便。人们常说：'不要经过动乱人家的门口。'贵君如果要赐恩保护我国，就不要庇护不忠之人，以鼓励作乱的人，这是我的愿望。望贵君认真考虑！"楚国人非常担忧。诸侯戍守宋国的将领商量说:"如果华氏感到绝望而拼死一战,楚国耻于调解无功而迅速出兵,对我们就很不利了。不如让华氏逃走以成全楚国,华氏也不会再有所作为了。挽救了宋国又除掉了他们的祸害,还能有什么要求呢?"于是坚持请求放华氏出逃,宋国人同意了。二十一日,宋国的华亥、向宁、华定、华貙、华登、皇奄伤、省臧、士平逃到了楚国。宋元公任命公孙忌为大司马,边卬为大司徒,乐祁为司城,仲几为左师,乐大心为右师,乐輓为大司寇,以安定国人。

王子朝、宾起受到周景王的宠信。天子和宾起都喜爱王子朝,打算立他为太子。刘献公的庶子伯蚠事奉单穆公,讨厌宾起的为人,想杀了他。又讨厌王子朝的话,认为违背了礼制,想去掉他。宾起到郊外,见到一只公鸡自己啄掉尾部的羽毛。便问为什么,侍从说:"这是担心成为牺牲。"宾起报告天子,并说:"难道鸡也害怕被人当作牺牲杀掉吗?人和鸡就不一样了。牺牲是被人使用的,做别人的牺牲确实很难,但做自己的牺牲又有什么害怕的呢?"天子没有回答。

夏季四月,天子在北山打猎,让公卿们都随同前往,准备杀掉单穆公和刘献公。天子突然患了心脏病。十八日,死在荣锜氏家里。二十二日,刘献公去世,他没有嫡子,单穆公立了刘蚠。五月四日,拜见周天子猛,随后攻打宾起,把他杀了。在单氏家里和王子们结盟。

晋国夺取了鼓地,举行了献俘仪式又让鼓子回国。鼓子又背叛晋国归服了鲜虞。

六月,荀吴巡视东阳,派部队伪装成买粮的人,背着皮甲在昔阳城门外休息,乘机偷袭鼓国,将其灭亡。俘获了鼓子鸢鞮回国,留下涉佗镇守鼓地。

十一日,安葬了周景王。王子朝依靠前朝官员和百工中失去职位的人,联合灵王、景王的子孙发动了叛乱。王子朝率领郊地、要地、饯地甲兵,驱逐刘蚠。十六日,刘蚠逃到扬地。单穆公把周悼王从庄宫迎到自己家里。王子还又在夜里把周悼王接回庄宫。十七日,单穆公逃出周都。王子还和召庄公商量说:"不杀了单旗,不能算取得胜利。和他重新结盟，他肯定要来。背叛盟约而取得胜利的人多的是。"召庄公同意。樊顷子说："真不像话，一定不能成功。"王子还奉悼王之命追赶单穆公。追到领地，和单穆公举行盛大的结盟仪式后回来，杀了挚荒以向单穆公解释。刘盆到了刘地。单穆公逃亡。十九日，逃到平畤。王子们追赶。单穆公杀了还、姑、发、弱、酀、延、定、稠八位王子，子朝逃往京地。二十日，单穆公攻打京地，京地人逃到山里，刘盆进入王城。二十五日，巩简公在京地大败。二十九日，甘平公也被打败。

叔鞅从京师回来，说王室发生了动乱。闵马父说："子朝肯定不会取胜，他所依靠的那些人，都是上天要废弃的人。"

单穆公想向晋国告急，秋季七月三日，带着周悼王到了平畤，又到了圃车，驻扎在皇地。刘盆回到刘地。单穆公派王子处驻守王城，和百工在平宫结盟。十六日，鄩肸攻打皇地，被打得大败，鄩肸被俘。十七日，在王城的市场上将其烧死。八月十六日，司徒丑率领天子的军队在前城大败，百工叛变。二十四日，攻打单穆公的住宅，被打败。二十五日，单穆公发动反击。二十六日，攻打东圉。冬季十月十三日，晋国的籍谈、荀跞率领九州的戎人和焦、瑕、温、原的军队把天子送回王城。十六日，单穆公和刘盆率领天子的军队在郊地被打败，前城人在社地打败陆浑人。十一月十二日，王子猛去世，没有举行天子的葬礼。十六日，周敬王即位，住在子旅氏家里。十二月七日，晋国的籍谈、荀跞、贾辛、司马督率军分别驻扎在阴地、侯氏、溪泉和社地。天子的军队驻扎在氾地、解地和任人。闰十二月，晋国的箕遗、乐征、右行诡率军渡过伊水、洛水，攻占了前城，驻扎在前城东南。天子的军队驻扎在京楚。二十九日，攻打京地，摧毁了它的西南部。

昭公二十三年

经 二十有三年春，王正月。叔孙婼如晋。癸丑，叔鞅卒。晋人执我行人叔孙婼。晋人围郊。夏六月，蔡侯东国卒于楚。秋七月，莒子庚舆来奔。戊辰，吴败顿、胡、沈、蔡、陈、许之师于鸡父。胡子髡、沈子逞灭，获陈夏啮。天王居于狄泉。尹氏立王子朝。八月乙未，地震。冬，公如晋，至河，有疾，乃复。

传 二十三年春，王正月壬寅朔，二师围郊①。癸卯②，郊、鄩溃。丁未③，晋师在平阴，王师在泽邑。王使告间④。庚戌⑤，还。

邾人城翼⑥，还，将自离姑⑦。公孙钼曰⑧："鲁将御我。"欲自武城还，循山而南。徐钼、丘弱、茅地曰⑨："道下遇雨，将不出，是不归也。"遂自离姑。武城人塞其前，断其后之木而弗殊⑩。邾师过之，乃推而蹶之⑪。遂取邾师，获钼、弱、地。

邾人诉于晋，晋人来讨。叔孙婼如晋，晋人执之。书曰："晋人执我行人叔孙婼。"言使人也。晋人使与邾大夫坐⑫。叔孙曰："列国之卿，当小国之君，固周制也。邾又夷也。寡君之命介子服回在⑬，请使当之，不敢废周制故也。"乃不果坐⑭。

韩宣子使邾人聚其众，将以叔孙与之。叔孙闻之，去众与兵而朝。士弥牟谓韩宣子曰⑮："子弗良图⑯，而以叔孙与其仇，叔孙必死之。鲁亡叔孙，必亡邾。邾君亡国，将焉归？子虽悔之，何及？所谓盟主，讨违命也。若皆相执⑰，焉用盟主？"乃弗与。使各居一馆⑱。士伯听其辞而诉诸宣子，乃皆执之。士伯御叔孙，从者四人，过邾馆以如吏⑲。先归邾子。士伯曰:"以乌莞之难⑳,从者之病㉑,将馆子于都㉒。"叔孙旦而立,期焉㉓,乃馆诸箕。舍子服昭伯于他邑。

范献子求货于叔孙,使请冠焉。取其冠法㉔,而与之两冠,曰:"尽矣。"为叔孙故,申丰以货如晋。叔孙曰:"见我,吾告女所行货。"见,而不出。吏人之与叔孙居于箕者,请其吠狗㉕,弗与。及将归,杀而与之食之。叔孙所馆者,虽一日,必葺其墙屋,去之如始至。

夏四月乙酉㉖,单子取訾㉗,刘子取墙人、直人㉘。六月壬午㉙,王子朝入于尹㉚。癸未㉛,尹圉诱刘佗杀之。丙戌㉜,单子从阪道㉝,刘子从尹道伐尹㉞。单子先至而败,刘子还。己丑㉟,召伯奂、南宫极以成周人戍尹㊱。庚寅㊲,单子、刘子、樊齐以王如刘㊳。甲午㊴,王子朝入于王城,次于左巷。秋七月戊申㊵,鄩罗纳诸庄宫㊶。尹辛败刘师于唐㊷。丙辰㊸,又败诸鄩。甲子㊹,尹辛取西闱㊺。丙寅㊻,攻蒯㊼,蒯溃。

莒子庚舆虐而好剑,苟铸剑,必试诸人,国人患之。又将叛齐。乌存帅国人以逐之㊽。庚舆将出,闻乌存执殳而立于道左,惧将止死。苑羊牧之曰㊾:"君过之!乌存以力闻可矣,何必以弑君成名?"遂来奔。齐人纳郊公㊿。

吴人伐州来,楚薳越帅师及诸侯之师奔命救州来[51]。吴人御诸钟离。子瑕卒[52],楚师熸[53]。吴公子光曰:"诸侯从于楚者众,而皆小国也。畏楚而不获已,是以来。吾闻之曰:'作事威克其爱[54],虽小必济。'胡、沈之君幼而狂[55],陈大夫啮壮而顽[56],顿与许、蔡疾楚政。楚令尹死,其师熠。帅贱多宠，政令不壹。七国同役而不同心，帅贱而不能整，无大威命㊼，楚可败也。若分师先以犯胡、沈与陈，必先奔。三国败，诸侯之师乃摇心矣。诸侯乖乱㊽，楚必大奔。请先者去备薄威㊾，后者敦陈整旅㊿。"吴子从之。戊辰晦㉑，战于鸡父㉒。吴子以罪人三千，先犯胡、沈与陈。三国争之㉓。吴为三军以系于后㉔，中军从王，光帅右，掩余帅左。吴之罪人或奔或止，三国乱。吴师击之，三国败，获胡、沈之君及陈大夫。舍胡、沈之囚，使奔许与蔡、顿，曰："吾君死矣！"师噪而从之，三国奔，楚师大奔。

书曰："胡子髡、沈子逞灭，获陈夏啮。"君臣之辞也。不言战，楚未陈也。

八月丁酉㉕，南宫极震㉖。苌弘谓刘文公曰："君其勉之！先君之力可济也。周之亡也，其三川震㉗。今西王之大臣亦震㉘，天弃之矣。东王必大克㉙。"

楚大子建之母在郹，召吴人而启之。冬十月甲申㉚，吴大子诸樊入郹，取楚夫人与其宝器以归。楚司马薳越追之，不及。将死㉛，众曰："请遂伐吴以徼之㉜。"薳越曰："再败君师，死且有罪。亡君夫人，不可以莫之死也。"乃缢于薳澨㉝。

公为叔孙故如晋，及河，有疾而复。

楚囊瓦为令尹㉞，城郢。沈尹戌曰："子常必亡郢。苟不能卫，城无益也。古者天子守在四夷㉟。天子卑，守在诸侯。诸侯守在四邻。诸侯卑，守在四竟。慎其四竟㊱，结其四援㊲，民狎其野㊳，三务成功㊴，民无内忧，而又无外惧，国焉用城？今吴是惧而城于郢，守已小矣㊵。卑之不获㊶，能无亡乎？昔梁伯沟其公宫而民溃㊿。民弃其上，不亡何待？夫正其疆场，修其土田，险其走集㊿，亲其民人，明其伍候㊿，信其邻国，慎其官守，守其交礼㊿，不僭不贪㊿，不懦不耆㊿，完其守备，以待不虞，又何畏矣？《诗》曰：'无念尔祖，聿修厥德。'㊿无亦监乎若敖、蚡冒至于武、文㊿，土不过同㊿，慎其四竟，犹不城郢。今土数圻㊿，而郢是城，不亦难乎？"

[注释]

①二师：指王师、晋师。　②癸卯：初二日。　③丁未：初六日。　④间：本义为病情好转，此指乱势稍平。　⑤庚戌：初九日。　⑥翼：郑邑。　⑦离姑：郑邑。从离姑，则途经鲁国的武城，过邻国必假道。　⑧公孙钮：郑大夫。　⑨徐钮、丘弱、茅地：皆郑大夫。　⑩弗殊：树木伐倒而不使断绝。殊，绝。　⑪蹶之：推倒树木。蹶，扑倒。　⑫坐：古代诉讼双方互争曲直。　⑬子服回：鲁大夫，叔孙的副手。　⑭不果坐：始终不去争论。　⑮士弥牟：即士景伯。　⑯子弗良图：即子图弗良。　⑰相执：互相抓人。　⑱使各居一馆：指叔孙、子服回各居一馆。　⑲如吏：去见官吏。　⑳刍荛之难：柴薪难以供给。　㉑从者之病：侍从辛苦。　㉒都：邑。　㉓期：期待，待命。　㉔冠法：帽子尺寸的大小。法，模，型。　㉕吠狗：其狗善吠，故称吠狗。　㉖乙酉：十四日。　㉗訾：周地，有东、西二訾，此为西訾，在今河南省巩义市西南。　㉘墙人、直人：均为周邑，在今河南省新安县境。　㉙壬午：十二日。　㉚尹：周邑，疑在今河南省洛宁县境。　㉛癸未：十三日。　㉜丙戌：十六日。　㉝阪道：偏僻山路。　㉞尹道：正道。　㉟己丑：十九日。　㊱召伯奂、南宫极：二人皆周卿士。　㊲庚寅：二十日。　㊳刘：刘子之邑。　㊴甲午：二十四日。　㊵戊申：初九日。　㊶鄩罗：周大夫鄩肸之子。　㊷唐：

周地，在今河南省洛阳市东。㊸丙辰：十七日。㊹甲子：二十五日。㊺西闱：周地，在今河南省洛阳市西南。㊻丙寅：二十七日。㊼蒯：周地，在今河南省洛阳市西北。㊽乌存：莒大夫。㊾苑羊牧之：莒大夫。㊿郊公：著丘公之子。(51)奔命：奔赴。(52)子瑕：楚令尹。(53)熸（jiān）：火灭，比喻士气低落。(54)威克其爱：威严胜过爱心。(55)幼而狂：年轻而狂躁。(56)顽：愚钝。(57)威命：威望。(58)乖乱：混乱。乖，背，不顺。(59)去备薄威：放松警备，减少军威。(60)敦陈整旅：加强军阵，整顿师旅。(61)戊辰晦：七月二十九日。(62)鸡父：楚地，在今河南省固始县东南。(63)争之：争获俘虏。(64)系：紧随。(65)丁酉：二十七日。(66)南宫极震：南宫极因地震房屋坍塌而死。(67)三川：即泾水、渭水、洛水。(68)西王：子朝在王城，故称西王。(69)东王：敬王居狄泉，在王城之东，故称东王。(70)甲申：十六日。(71)将死：准备自杀。(72)徼之：侥幸取胜。(73)薳澨（wěi shì）：楚地，在今湖北省京山县西百余里之汉水东岸。(74)囊瓦：子囊之孙子常。(75)守在四夷：意为以四夷为中原各国的守卫。(76)慎其四竟：警戒四周边境。(77)四援：四方邻国为援助。(78)狎：安居乐业。(79)三务：春、夏、秋三季的农务。(80)守已小：守卫的范围太小。(81)卑之不获：卑则守在四境，今仅城国都，故曰不获。(82)梁伯沟其公宫：事见僖公十九年传。(83)险其走集：巩固边垒。走集，边境上的壁垒。(84)伍：部队，军队基层组织。候：候望，侦察。(85)交礼：交往的礼仪。(86)僭：差失。(87)耆：强暴。(88)“无念尔祖”二句：句出《诗经·大雅·文王》。意为念尔祖，修其德。无、聿，句首助词，无义。厥，代词，那。(89)监：视，通“鉴”。若敖、蚡冒、武、文：四君皆楚前代贤君。(90)同：土地方圆百里为一同。(91)圻：方圆千里为圻。

［译文］

二十三年春季，周历正月一日，王室和晋国的两支军队围攻郊地。

二日，郊地和郲地的人溃散。六日，晋军驻在平阴，王室军队驻在泽邑。天子派人通知晋军局势已经好转。九日，晋军回国。

邾国人在翼地筑城，回去时准备取道离姑。邾大夫公孙钮说："鲁国人将会抵抗我们。"打算到武城后折返，沿山向南走。徐钮、丘弱、茅地说："山路低洼，遇到下雨，就无法出去，回不了国。"决定仍取道离姑。武城人从前面堵塞道路，把后面的树木锯断不让其倒下。等邾军过去，就把大树推倒以断其退路。于是消灭了邾军，俘获了徐钮、丘弱、茅地。

邾国人向晋国告状，晋国人前来讨伐。叔孙婼到晋国，晋国人把他抓了起来。《春秋》记载"晋人执我行人叔孙婼"，是说晋国扣押了使者。晋国人让叔孙婼和邾国大夫辩论。叔孙婼说："各国的卿，相当于小国的国君，本来是周朝的制度。邾国是蛮夷之邦。有寡君任命的副手子服回在，请让他担当这一任务，这是因为不敢废弃周朝的制度啊。"于是就不去辩论。

韩起让邾国聚集他们的部众，准备把叔孙婼交给他们。叔孙婼听说后，不带随从和武器朝见晋顷公。士景伯对韩起说："你不想一个好办法，却把叔孙婼交给他的仇人，叔孙婼肯定会因此而死去。鲁国失去叔孙婼，一定要灭掉邾国。邾君失去了国家，还能到哪里去呢？你就是后悔也来不及了。所谓盟主，就是要讨伐违背命令的人。如果都互相抓人，盟主还有什么用呢？"就没有把叔孙婼交给邾国人。让叔孙婼和子服回各住一个宾馆。士景伯听了双方的辩解后，告诉了韩起，把他们都抓了起来。士景伯为叔孙婼驾车，车后跟着四个人，经过邾人下榻的宾馆到官吏家去。让邾子先回国。士景伯说："因为柴草供应困乏，随从人员辛劳，准备把您转移到别的城邑。"叔孙婼一大早就站在那里等待动身。于是让他住到箕地。又让子服回住在其他城邑。

士鞅向叔孙婼求取财物，派人索要他的帽子。叔孙婼根据他的帽子做了两顶送去，说："只有这些了。"因为叔孙婼被扣留，申丰带着财物到晋国。叔孙婼说："来见我，我告诉你把财物送给谁。"申丰来到后，叔孙婼便不让他出去了。在箕地和叔孙婼住在一起看守他的人，想要他那只会叫的狗，叔孙婼不给。等回国时，把狗杀了送给看守吃。叔孙婼住的旅馆，即使只住一天，也要修整墙屋，离开时如同刚来时一样。

夏季四月十四日，单穆公夺取了訾地，刘岔攻取了墙人和直人。六月十二日，王子朝进入尹地。十三日，尹圉引诱刘佗并杀了他。十六日，单穆公从偏僻山路，刘岔从大道攻打尹地。单穆公先到尹地被打败，刘岔撤兵。十九日，召伯奂、南宫极率领成周的军队戍守尹地。二十日，单穆公、刘岔、樊齐奉周敬王到达刘地。二十四日，王子朝进入王城，驻扎在左巷。秋季七月九日，郫罗护送王子朝来到庄宫。尹辛在唐地打败了刘岔的军队。十七日，又在鄩地将其打败。二十五日，尹辛夺取了西闱。二十七日，进攻蒯地，蒯地人溃散。

莒子庚舆暴虐而喜欢玩剑，每当铸成一把剑，必定要用活人试验，国人非常厌恶他。他又打算背叛齐国。莒大夫乌存率领国人要赶走他。庚舆准备出逃，听说乌存手持长殳正在路边等候，害怕把他拦住杀死。苑羊牧之说："国君尽管过去！乌存以勇敢闻名就可以了，又何必靠杀死国君成名呢？"庚舆来到鲁国。齐国人把郊公送回莒国。

吴国人攻打州来，楚国的薳越率军和诸侯的军队奉命奔赴救援州来。吴国人在钟离抵抗。令尹子瑕去世，楚军士气低落。吴国的公子光说："诸侯跟随楚国的很多，都是小国。他们是害怕楚国不得已才来的。我听说：'做事威严胜过仁爱，即使弱小也一定成功。'胡国、沈国的国君年轻而浮躁，陈国大夫啮虽然年富力强但顽固不化，顿国和许国、蔡国憎恨楚国的政令。楚国令尹刚死，楚军士气低落。其将帅出身低贱，很受宠信，政令不统一。七国共同作战并不同心协力，将帅出身低贱，无力整肃全军，没有多高威望，可以把楚国打败。如果先分兵攻打胡国、沈国和陈国，必先溃散奔逃。三个国家一旦失败，就会动摇诸侯的军心。联军混乱，楚军必然大败。请让先头部队放松戒备收敛军威，后续部队加强力量整顿军旅。"吴王采纳了这一建议。

七月二十九日，双方在鸡父交战。吴王先派三千囚犯攻击胡、沈、陈三国军队。三国争着抓获俘虏。吴国三军紧随在后，中军跟随吴王，公子光率领右军，公子掩余率领左军。吴国囚犯有的奔跑，有的停下，三国军阵大乱。吴军进攻，三国军队大败，抓获了胡、沈两国国君和陈国大夫。吴军放走胡、沈两国俘虏，让他们逃到许、蔡、顿三军中说："我们的国君死了！"吴军击鼓呐喊追了上去，许、蔡、顿三军四散奔逃，楚军拼命逃跑。

《春秋》记载："胡子髡、沈子逞灭，获陈夏啮。"这是对君臣使用不同的措辞。不说"战"，是因为楚军还未摆开战阵。

八月二十七日，南宫极死于地震。苌弘对刘文公说："您要努力啊！先君所致力的事情可以成功了。西周灭亡时，三河都发生了地震。现在西王的大臣也死于地震，是上天要抛弃他。东王一定大胜。"

楚国太子建的母亲住在郹地，招来吴国人并打开城门。冬季十月十六日，吴国的太子诸樊进入郹地，带着楚夫人和她的宝器回国。楚国司马薳越追赶，没有追上。薳越准备自杀，众人说："请求乘机攻打吴国，或许能侥幸取胜。"薳越说："再次使国君的军队大败，即使死了也有罪过。失去了国君夫人，不能不为此而死。"就在薳澨自缢身亡。

昭公为了叔孙婼前往晋国，走到黄河，因为生病而回国。

楚国的囊瓦出任令尹，在郢都筑城。沈尹戌说："囊瓦一定会失去郢都。假如保卫不了，筑城也无用。古代，天子以四方夷狄作为守卫。天子的地位降低了，便以诸侯作为守卫。诸侯以四方邻国为守卫。诸侯的地位下降了，便以四方边境作为守卫。谨守四方边境，结交四方援兵，百姓就可以安心地在田野里耕作，春、夏、秋三季的农活有所收获，百姓既无内忧，又无外患，国家又何必筑城呢？现在害怕吴国而在郢都筑城，守卫的范围更小了。连地位降低之后的守卫都做不到，还能不灭亡吗？从前梁伯在他的宫殿周围挖沟防守，因此百姓溃散奔逃。一旦百姓抛弃他们的国君，还能不灭亡吗？如果划定疆界，修整土地，加固边防堡垒，亲近百姓，加强瞭望，对邻国讲究信用，官员尽职尽责，不失外交礼节，无差失不贪婪，不懦弱不强横，完善防卫设施，应付意外发生，有什么可害怕的呢？《诗经》说：'怀念你的祖先，发扬他们的美德。'难道没看到从若敖、蚡冒到武王、文王，土地方圆不过百里，但警惕四方边境，尚且不在郢都筑城。现在楚国的领土方圆数千里，却要修筑郢都，不也很难吗？"

昭公二十四年

经 二十有四年春，王二月丙戌，仲孙貜卒。婼至自晋。夏五月乙未朔，日有食之。秋八月，大雩。丁酉，杞伯郁釐卒。冬，吴灭巢。葬杞平公。

传 二十四年春，王正月辛丑①，召简公、南宫嚚以甘桓公见王子朝。刘子谓苌弘曰："甘氏又往矣。"对曰："何害？同德度义②。《大誓》曰③：'纣有亿兆夷人，亦有离德；余有乱臣十人④，同心同德。'此周所以兴也。君其务德，无患无人。"戊午⑤，王子朝入于邬⑥。

晋士弥牟逆叔孙于箕。叔孙使梁其踁待于门内⑦，曰："余左顾而欬⑧，乃杀之。右顾而笑，乃止。"叔孙见士伯，士伯曰："寡君以为盟主之故，是以久子⑨。不腆敝邑之礼，将致诸从者，使弥牟逆吾子。"叔孙受礼而归。二月，婼至自晋，尊晋也。

三月庚戌⑩，晋侯使士景伯莅问周故，士伯立于乾祭而问于介众⑪。晋人乃辞王子朝，不纳其使。

夏五月乙未朔⑫，日有食之。梓慎曰："将水。"昭子曰："旱也。日过分而阳犹不克⑬，克必甚⑭，能无旱乎？阳不克，莫将积聚也⑮。"

六月壬申⑯，王子朝之师攻瑕及杏⑰，皆溃。

郑伯如晋，子大叔相，见范献子。献子曰："若王室何？"对曰："老夫其国家不能恤，敢及王室？抑人亦有言曰：'嫠不恤其纬，而忧宗周之陨，为将及焉。'今王室实蠢蠢焉⑱，吾小国惧矣。然大国之忧也，吾侪何知焉？吾子其早图之！《诗》曰：'瓶之罄矣，惟罍之耻⑲。'王室之不宁，晋之耻也。"献子惧，而与宣子图之。乃征会于诸侯，期以明年。

秋八月，大雩，旱也。

冬十月癸酉⑳，王子朝用成周之宝珪沉于河㉑。甲戌㉒，津人得诸河上㉓。阴不佞以温人南侵㉔，拘得玉者，取其玉。将卖之，则为石。王定而献之，与之东訾㉕。

楚子为舟师以略吴疆㉖。沈尹戌曰："此行也，楚必亡邑。不抚民而劳之，吴不动而速之，吴踵楚㉗，而疆场无备，邑能无亡乎？"

越大夫胥犴劳王于豫章之汭㉘，越公子仓归王乘舟㉙。仓及寿梦帅师从王㉚，王及圉阳而还㉛。吴人踵楚，而边人不备，遂灭巢及钟离而还。

沈尹戌曰："亡郢之始，于此在矣。王壹动而亡二姓之帅㉜，几如是而不及郢㉝？《诗》曰：'谁生厉阶？至今为梗！'㉞其王之谓乎！"

[注释]

①辛丑：初五日。 ②同德度义：同心同德在于合乎正义。度，

居，在。　③《大誓》：《尚书》篇名。今《大誓》无此文。　④乱：治。反义相训。　⑤戊午：二十二日。　⑥邬：本为郑地，被周占取，在今河南省偃师市南。　⑦梁其踁：叔孙家臣。　⑧欬：同"咳"。　⑨久子：久留您。　⑩庚戌：十五日。　⑪乾祭：王城北门。介众：大众。　⑫乙未朔：初一日。　⑬日过分而阳犹不克：太阳过了春分而阳气仍不胜阴气。　⑭克必甚：阳气胜过阴气必定过分。　⑮莫：作"谋"讲，谋将积聚而为旱。　⑯壬申：初八日。　⑰瑕：周邑，不详何处。杏：周邑，在今河南省禹州市北。　⑱蠢蠢焉：动扰的样子。　⑲瓶之罄矣，惟罍（léi）之耻：句出《诗经·小雅·蓼莪》。句意为瓶中无酒，罍中必空。此以瓶喻王室，以罍喻晋，晋虽为诸侯，实强大。瓶、罍皆为古代盛酒器，瓶器小，罍器大。罄，空。　⑳癸酉：十一日。　㉑宝珪沉于河：此为王子朝献珪于河神以求福。　㉒甲戌：十二日。　㉓津人：摆渡的船工。　㉔阴不佞：周大夫。　㉕东訾：周地，在今河南省巩义市东。　㉖略：巡行。　㉗踵：紧跟。　㉘豫章：见昭公六年注。　㉙归：馈送。　㉚寿梦：越大夫。　㉛圉阳：楚地，在今安徽省巢湖市南。　㉜二姓之帅：指守钟离、巢二邑的大夫。　㉝几如是：如此几次。　㉞"谁生厉阶"二句：句出《诗经·大雅·桑柔》。厉阶，罪恶阶梯。梗，病患。

[译文]

　　二十四年春季，周历正月五日，召简公、南宫嚚带着甘桓公进见王子朝。刘蚠对苌弘说："甘氏又去了。"苌弘说："这有什么妨碍？同心同德在于合乎正义。《大誓》说：'纣王虽有亿兆人，个个离心离德；我有治世之臣十个，人人同心同德。'这就是周朝兴盛的原因。君王应该致力于修养德行，不要担心没有人。"二十二日，王子朝进入邬地。

　　晋国的士景伯到箕地迎接叔孙婼。叔孙婼派梁其踁隐藏在大门里面，说："如果我向左看并且咳嗽，就把他杀死。向右看并且微笑，就不要动手。"叔孙婼见到士景伯时,士景伯说:"因为寡君身为盟主,所以才挽留您这么久。敝邑的微薄礼物送给您的随从,派我来接您。"叔孙婼接受了礼物回国。二月,《春秋》记载"婼至自晋",表示尊重晋国。

三月十五日,晋顷公派士景伯去王城了解周室之乱,士景伯站在乾门上,向大家询问。晋国人决定拒绝王子朝,不接纳他的使者。

夏季五月一日,鲁国发生日食。梓慎说:"将要发生水灾。"叔孙婼说:"是旱灾。太阳已经过了春分,阳气还没有胜过阴气,一旦胜过阴气,阳气一定猛烈,能不旱吗?阳气没有胜过阴气,是正在蓄积。"

六月八日,王子朝的军队攻打瑕地和杏地,两地军队都溃散了。

郑定公前往晋国,游吉作为相礼,会见了士鞅。士鞅说:"对王室怎么办?"游吉说:"我这个老头子连自己国家和家族都治不好,怎么敢涉及王室的事情呢?不过有人说过:'寡妇不担心纬线不够,却忧虑宗周的衰落,是害怕灾祸降到自己头上。'现在王室确实动乱不安,我们小国非常害怕。但这是大国的忧虑,我辈怎能知道呢?您还是早做打算吧!《诗经》说:'酒瓶空空,也是酒坛的耻辱。'王室动乱不安,也是贵国的耻辱。"士鞅害怕了,便和韩起商量。决定召集诸侯会见,时间定在明年。

秋季八月,鲁国举行了盛大的雩祭,这是因为天旱。

冬季十月十一日,王子朝把成周的宝珪沉入黄河以祈福。十二日,渡口的船夫在河边拾到。阴不佞率领温地人向南追击王子朝,抓住了那个拾到玉的船夫,夺了过来。准备把玉卖掉,却发现变成了一块石头。王室安定后,阴不佞把玉献给敬王,敬王把东訾赐给了他。

楚平王组织水军巡行吴国疆界。沈尹戌说:"这次行动,楚国一定会损失城邑。不安抚百姓却让他们疲劳,吴国没有动静却加速他们出兵,吴军紧追不舍,边疆又没有设防,能不损失城邑吗?"

越国大夫胥犴在豫章的江边慰劳平王,越国公子仓送给平王一艘船。公子仓和寿梦领兵跟随平王,平王到达圉阳就回去了。吴军紧跟楚军，楚国边境的守军没有防备，吴国人灭掉了巢和钟离后回去。

沈尹戌说："郢都的灭亡将从此开始。国君一次行动便失去了两地的将帅，照这样几次不就轮到郢都了吗？《诗经》说：'是谁生出了祸端？至今还深受其害！'恐怕说的就是国君吧！"

昭公二十五年

经 二十有五年春，叔孙婼如宋。夏，叔诣会晋赵鞅、宋乐大心、卫北宫喜、郑游吉、曹人、邾人、滕人、薛人、小邾人于黄父。有鸜鹆来巢。秋七月上辛，大雩；季辛，又雩。九月己亥，公孙于齐，次于阳州。齐侯唁公于野井。冬十月戊辰，叔孙婼卒，十有一月己亥，宋公佐卒于曲棘。十有二月，齐侯取郓。

传 二十五年春，叔孙婼聘于宋。桐门右师见之①，语，卑宋大夫，而贱司城氏②。昭子告其人曰③："右师其亡乎！君子贵其身而后能及人，是以有礼。今夫子卑其大夫而贱其宗，是贱其身也。能有礼乎？无礼必亡。"

宋公享昭子，赋《新宫》④。昭子赋《车辖》⑤。明日宴，饮酒，乐。宋公使昭子右坐⑥，语相泣也⑦。乐祁佐⑧，退而告人曰："今兹君与叔孙其皆死乎？吾闻之：哀乐而乐哀⑨，皆丧心也。心之精爽⑩，是谓魂魄。魂魄去之，何以能久？"

季公若之姊为小邾夫人，生宋元夫人，生子，以妻季平子。昭子如宋聘，且逆之。公若从，谓曹氏勿与⑪，鲁将逐之。曹氏告公，公告乐祁。乐祁曰："与之。如是，鲁君必出。政在季氏三世矣⑫，鲁君丧政四公矣⑬。无民而能逞其志者，未之有也。国君是以镇抚其民。《诗》曰⑭：'人之云亡，心之忧矣。'鲁君失民矣，焉得逞其志？靖以待命犹可⑮，动必忧。"

夏，会于黄父⑯，谋王室也。赵简子令诸侯之大夫⑰，输王粟，具戍人，曰："明年将纳王。"

子大叔见赵简子，简子问揖让周旋之礼焉。对曰："是仪也，非礼也。"简子曰："敢问何谓礼？"对曰："吉也闻诸先大夫子产曰：'夫礼，天之经也，地之义也，民之行也。'天地之经，而民实则之。则天之明⑱，因地之性，生其六气⑲，用其五行。气为五味，发为五色，章为五声。淫则昏乱，民失其性。是故为礼以奉之⑳：为六畜、五牲㉑、三牺㉒，以奉五味。为九文㉓、六采㉔、五章㉕，以奉五色。为九歌、八风、七音、六律㉖，以奉五声。为君臣、上下，以则地义。为夫妇、外内㉗，以经二物㉘。为父子、兄弟、姑姊、甥舅、昏媾㉙、姻亚㉚，以象天明。为政事、庸力㉛、行务㉜，以从四时。为刑罚、威狱，使民畏忌，以类其震曜杀戮㉝。为温慈、惠和，以效天之生殖长育。民有好、恶、喜、怒、哀、乐，生于六气。是故审则宜类㉞，以制六志㉟。哀有哭泣，乐有歌舞，喜有施舍，怒有战斗。喜生于好，怒生于恶。是故审行信令，祸福赏罚，以制死生。生，好物也㊱。死，恶物也。好物，乐也。恶物，哀也。哀乐不失㊲，乃能协于天地之性，是以长久。"简子曰："甚哉，礼之大也！"对曰："礼，上下之纪㊳，天地之经纬也㊴，民之所以生也，是以先王尚之㊵。故人之能自曲直以赴礼者㊶,谓之成人。大,不亦宜乎?"简子曰:"鞅也请终身守此言也。"

宋乐大心曰:"我不输粟,我于周为客,若之何使客㊷?"晋士伯曰:"自践土以来㊸,宋何役之不会,而何盟之不同?曰同恤王室㊹,子焉得辟之?子奉君命,以会大事,而宋背盟,无乃不可乎!"右师不敢对,受牒而退㊺。士伯告简子曰:"宋右师必亡。奉君命以使,而欲背盟以干盟主,无不祥大焉㊻。"

"有鸜鹆来巢㊼。"书所无也。师己曰㊽:"异哉!吾闻文、成之世,童谣有之,曰:'鸜之鹆之,公出辱之。鸜鹆之羽,公在外野,往馈之马。鸜鹆跦跦㊾,公在乾侯㊿,征褰与襦[51]。鸜鹆之巢,远哉遥遥。稠父丧劳[52],宋父以骄[53]。鸜鹆鸜鹆,往歌来哭!'童谣有是。今鸜鹆来巢,其将及乎?"

秋,书再雩,旱甚也。

初,季公鸟娶妻于齐鲍文子[54],生甲。公鸟死,季公亥与公思展与公鸟之臣申夜姑相其室。及季姒与饔人檀通[55],而惧,乃使其妾抶己[56],以示秦遄之妻[57],曰:"公若欲使余[58],余不可而抶余。"又诉于公甫[59],曰:"展与夜姑将要余[60]。"秦姬以告公之[61],公之与公甫告平子,平子拘展于卞而执夜姑[62],将杀之。公若泣而哀之,曰:"杀是,是杀余也。"将为之请,平子使竖勿内[63],日中不得请。有司逆命,公之使速杀之。故公若怨平子。

季、郈之鸡斗。季氏介其鸡[64],郈氏为之金距[65]。平子怒,益宫于郈氏[66],且让之。故郈昭伯亦怨平子。

臧昭伯之从弟会，为谗于臧氏，而逃于季氏，臧氏执旃⁶⁷。平子怒，拘臧氏老⁶⁸。将禘于襄公，万者二人⁶⁹，其众万于季氏⁷⁰。臧孙曰："此之谓不能庸先君之庙⁷¹。"大夫遂怨平子。

公若献弓于公为⁷²，且与之出射于外，而谋去季氏。公为告公果、公贲。公果、公贲使侍人僚柤告公⁷³。公寝，将以戈击之，乃走。公曰："执之！"亦无命也。惧而不出，数月不见，公不怒。又使言，公执戈以惧之，乃走。又使言，公曰："非小人之所及也。"公果自言，公以告臧孙，臧孙以难。告郈孙，郈孙以可，劝。告子家懿伯，懿伯曰："谗人以君侥幸⁷⁴，事若不克，君受其名，不可为也。舍民数世⁷⁵，以求克事，不可必也⁷⁶。且政在焉，其难图也。"公退之。辞曰："臣与闻命矣，言若泄，臣不获死⁷⁷。"乃馆于公宫。

叔孙昭子如阚⁷⁸，公居于长府⁷⁹。九月戊戌⁸⁰，伐季氏，杀公之于门，遂入之。平子登台而请曰："君不察臣之罪，使有司讨臣以干戈，臣请待于沂上以察罪⁸¹。"弗许。请囚于费⁸²，弗许。请以五乘亡，弗许。子家子曰⁸³："君其许之！政自之出久矣，隐民多取食焉⁸⁴。为之徒者众矣，日入慝作⁸⁵，弗可知也。众怒不可蓄也。蓄而弗治，将蕴。蕴蓄，民将生心⁸⁶；生心，同求将合⁸⁷。君必悔之。"弗听。郈孙曰："必杀之。"

公使郈孙逆孟懿子⁸⁸。叔孙氏之司马鬷戾言于其众曰："若之何？"莫对。又曰："我家臣也，不敢知国⁸⁹。凡有季氏与无，于我孰利？"皆曰："无季氏，是无叔孙氏也。"

齱戾曰："然则救诸!"帅徒以往,陷西北隅以入。公徒释甲,执冰而踞⑨。遂逐之。孟氏使登西北隅,以望季氏。见叔孙氏之旃,以告。孟氏执郈昭伯,杀之于南门之西,遂伐公徒。子家子曰："诸臣伪劫君者,而负罪以出,君止。意如之事君也㉑,不敢不改。"公曰："余不忍也。"与臧孙如墓谋㉒,遂行。

己亥㉓,公孙于齐㉔,次于阳州㉕。齐侯将唁公于平阴㉖,公先至于野井㉗。齐侯曰："寡人之罪也。使有司待于平阴,为近故也。"书曰："公孙于齐,次于阳州。齐侯唁公于野井。"礼也。将求于人,则先下之,礼之善物也㉘。齐侯曰："自莒疆以西,请致千社㉙,以待君命。寡人将帅敝赋以从执事⑩,唯命是听。君之忧,寡人之忧也。"公喜。子家子曰："天禄不再㉛。天若祚君㉜,不过周公㉝,以鲁足矣。失鲁,而以千社为臣,谁与之立㉞?且齐君无信,不如早之晋。"弗从。

臧昭伯率从者将盟,载书曰㉟:"戮力壹心,好恶同之。信罪之有无㊱,缱绻从公㊲,无通外内。"以公命示子家子。子家子曰:"如此,吾不可以盟。羁也不佞,不能与二三子同心,而以为皆有罪。或欲通外内,且欲去君。二三子好亡而恶定,焉可同也?陷君于难,罪孰大焉?通外内而去君㊳,君将速入,弗通何为?而何守焉?"乃不与盟。

昭子自阚归,见平子。平子稽颡,曰:"子若我何?"昭子曰:"人谁不死?子以逐君成名,子孙不忘,不亦伤乎!将若子何?"平子曰:"苟使意如得改事君,所谓生死而肉骨也。"昭子从公于齐,与公言。子家子命适公馆者执之。公与昭子言于幄内,曰:"将安众而纳公。"公徒将杀昭子,伏诸道。左师展告公⑩,公使昭子自铸归⑩。平子有异志。冬十月辛酉⑪,昭子齐于其寝⑫,使祝宗祈死,戊辰⑬,卒。左师展将以公乘马而归,公徒执之。

壬申⑭,尹文公涉于巩⑮,焚东訾,弗克。

十一月,宋元公将为公故如晋。梦大子栾即位于庙,己与平公服而相之⑯。旦,召六卿。公曰:"寡人不佞,不能事父兄,以为二三子忧,寡人之罪也。若以群子之灵,获保首领以殁,唯是楄柎所以藉干者⑰,请无及先君。"仲几对曰:"君若以社稷之故,私降昵宴⑱,群臣弗敢知。若夫宋国之法,死生之度,先君有命矣。群臣以死守之,弗敢失队⑲。臣之失职,常刑不赦。臣不忍其死⑳,君命只辱㉑。"宋公遂行。己亥㉒,卒于曲棘㉓。

十二月庚辰㉔,齐侯围郓。

初,臧昭伯如晋,臧会窃其宝龟偻句㉕,以卜为信与僭㉖,僭吉。臧氏老将如晋问㉗,会请往。昭伯问家故㉘,尽对。及内子与母弟叔孙㉙,则不对。再三问,不对。归,及郊,会逆。问,又如初。至,次于外而察之,皆无之。执而戮之,逸,奔郈。郈鲂假使为贾正焉㉚。计于季氏㉛,臧氏使五人以戈楯伏诸桐汝之间㉜。会出,逐之,反奔,执诸季氏中门之外。平子怒,曰:"何故以兵入吾门?"拘臧氏老。季、臧有恶。及昭伯从公,平子立臧会。会曰:"偻句不余欺也。"

楚子使薳射城州屈㉝,复茄人焉㉞。城丘皇㉟,迁訾人焉。使熊相禖郭巢,季然郭卷㉝。子大叔闻之,曰:"楚王将死矣!使民不安其土,民必忧,忧将及王,弗能久矣。"

[注释]

①桐门右师:乐大心为右师,居桐门。 ②司城氏:乐祁此时为司城,为乐氏大宗。 ③昭子:即叔孙婼。 ④《新宫》:逸诗。 ⑤《车辖》:《诗经·小雅》篇名。诗义为周人思得贤女以配君子。昭子为季孙将迎宋公女而赋之。 ⑥右坐:坐在右边近处,便于交谈。 ⑦语相泣:谈话中都流了眼泪。 ⑧佐:帮助主持宴礼。 ⑨哀乐而乐哀:当哀而乐,当乐而哀。 ⑩精爽:精神。 ⑪曹氏:即宋元夫人。小邾君为曹姓。 ⑫三世:指文子、武子、平子。 ⑬四公:指宣、成、襄、昭四公。 ⑭《诗》曰:下二句出自《诗经·大雅·瞻卬》。 ⑮待命:等待天命安排。 ⑯黄父:又名黑壤,晋地,在今山西省翼城县东北。 ⑰赵简子:赵鞅。 ⑱天之明:指日、月、星辰。 ⑲六气:指阴阳、风雨、晦明。 ⑳奉:奉行。 ㉑五牲:牛、羊、豕、犬、鸡。 ㉒三牺:即以牛、羊、豕用于祭天、地、宗庙,称为三牺。 ㉓九文:九种文采,即龙、山、花虫、火、宗彝五种画于衣上,藻、粉米、黼、黻四者绣于裳上。 ㉔六采:六种色彩,即青、白、赤、黑、玄、黄六色。 ㉕五章:青与赤谓之文,赤与白谓之章,白与黑谓之黼,黑与青谓之黻,五色备谓之绣。 ㉖九歌、八风、七音、六律:见昭公二十年注。 ㉗外内:即夫妇,古以夫治外,妇治内。 ㉘二物:谓阴阳,即刚柔。 ㉙昏媾:即婚姻关系。 ㉚姻:婿。亚:连襟。 ㉛庸力:民功劳力。 ㉜行务:日常工作和临时措施。 ㉝震曜:雷电。 ㉞审则宜类:慎重效法,适当仿效。 ㉟六志:六种欲望,即好、恶、喜、怒、哀、乐。 ㊱好物:喜好的事情。 ㊲不失:不失礼。 ㊳纪:纲纪。 ㊴天地之经纬:天经地义。 ㊵尚:通"上",崇尚,至上。 ㊶自曲直以赴礼:意为从不

同方面，或委屈其本性，或顺从其性情以遵循礼。㊷使客：指使宾客。㊸践土：指僖公二十八年践土之盟。㊹同恤王室：此为当时的盟辞。㊺牒：简札。㊻无不祥大焉：即“不祥莫大焉”的变句。无，莫。㊼鸜鹆（qú yù）：即八哥。㊽师己：鲁大夫。㊾跦（zhū）跦：跳行貌。㊿乾侯：晋邑，在今河北省成安县东南。(51)征褰与襦：征，求。褰，裤。襦，短衣。(52)稠（chóu）父：昭公名。丧劳：死于外。(53)宋父：定公名。(54)季公鸟：季公亥之兄。(55)季姒（sì）：公鸟之妻。饔人檀：季氏家臣中掌饮食者，名檀。(56)抶：扑打。(57)秦遄（chuán）：鲁大夫。其妻为公鸟之妹。(58)公若：即公亥。使余：要我陪宿。(59)公甫：即公甫靖，季孙纥之子。(60)要：要挟。(61)秦姬：秦遄之妻。公之：名鞅。(62)卞：鲁地，在今山东省泗水县东。(63)内：同“纳”。(64)介其鸡：为鸡戴上甲，即制作小铠甲著于鸡头。一说“介”作“芥”，即将芥子捣成粉末，撒在鸡翼上，可以迷敌方的眼睛。(65)为之金距：将金属套在鸡爪上。(66)益宫于郈（hòu）氏：在郈氏家里扩大自己的住宅。(67)旃：“之焉”的合音字。(68)老：家臣头子。(69)万：舞名。(70)万于季氏：到季氏那里跳万舞。(71)庸：酬功。(72)公为：昭公之子务人。(73)公果、公贲：皆公为之弟。(74)谗人：指公若、郈孙等。(75)舍民数世：丢掉百姓已经数代。意为自文公以来，政权不在公室。(76)不可必：即无把握。(77)不获死：不得好死。(78)阚：鲁邑，在今山东省汶上县南旺湖。(79)长府：府库名。(80)戊戌：十一日。(81)沂上：沂水岸边。(82)费：季氏采邑。(83)子家子：子家羁，子家懿伯。(84)隐民多取食焉：贫民有很多人靠他吃饭。隐，约，穷困。(85)日入慝作：太阳落山后，邪恶将会发生。(86)生心：生叛乱之心。(87)同求将合：与季氏同心者将纠合一起。(88)孟懿子：即仲孙何忌。(89)知国：考虑国事。(90)冰：箭筒盖。(91)意如：季平子名。(92)如墓谋：到祖坟上商量，辞别祖宗。(93)己亥：十二日。(94)孙：同“逊”，逃奔。(95)阳州：齐邑，在今山东省东平县北。

⑨唁：慰问。　⑨野井：齐地，在今山东省齐河县东南。一说在今山东省济南市长清区。　⑨善物：善事。　⑨千社：二万五千家。二十五家为一社。　⑩敝赋：敝邑的军队。　⑩天禄不再：上天的福禄不会二次降给君王。　⑩胙：通"祚"，赐福。　⑩不过周公：不会超过周公。周公，指鲁国。　⑩立：即复位。　⑩载书：盟书。　⑩信罪之有无：明确有罪无罪。信，明。　⑩缱绻：坚决。　⑩去君：离开国君奔走。　⑩展：鲁大夫。　⑩铸：地名，在今山东省肥城市南。　⑪辛酉：初四日。　⑪齐：同"斋"。　⑪戊辰：十一日。　⑪壬申：十五日。　⑪尹文公：子朝之党。　⑪平公：元公父。服：着朝服。　⑪唯是楄柎所以藉干者：愿那些装载我尸骨的棺木。楄柎，古人棺木中垫尸体的木板。干，骸骨。藉，垫。　⑪昵宴：指亲近声乐、饮食等事。　⑪失队：失坠。　⑫不忍其死：不能因失职而死。　⑫只辱：只能有辱君命了，意即不执行。　⑫己亥：十三日。　⑫曲棘：宋地，在今河南省兰考县东南。　⑫庚辰：二十四日。　⑫偻句：龟名。　⑫僭：不信。　⑫问：问候昭伯起居。　⑫家故：家事。　⑫内子：妻。　⑬邱鮒假：邱邑大夫。贾正：掌货物价格的官吏。　⑬计：账簿。此用作动词，即送账本。　⑬桐汝：里名。　⑬州屈：楚地，在今安徽省凤阳县西。　⑬茄：临近淮水的小邑。　⑬丘皇：楚地，在今河南省信阳市平桥区。　⑬郭：用作动词，筑外城。

[译文]

　　二十五年春季，叔孙婼到宋国聘问。桐门右师乐大心去见他，两人交谈，乐大心轻视宋国大夫，也看不起司城氏。叔孙婼对手下人说："右师恐怕要逃亡了吧！君子尊重自己，然后才能尊重别人，这就是有礼。现在这个人轻视本国大夫，看不起自己的宗族，这是不尊重他自己。能说他懂得礼吗？不懂礼，就一定会逃亡。"

　　宋元公设享礼宴请叔孙婼，吟诵了《新宫》一诗。叔孙婼吟诵了

《车辖》一诗。第二天饮宴，喝酒，很开心。元公让叔孙婼坐在自己右边，二人说着都哭了。乐祁帮助主持宴会，退出来对别人说："今年国君和叔孙婼大概都要死去吗？我听说：应该高兴却悲哀，应该悲哀却高兴，都是心态失常的表现。心的精华是魂魄。丧失魂魄，还靠什么长寿？"

季公若的姐姐是小邾夫人，生了宋元公夫人，元公夫人生了女儿，准备嫁给季平子。叔孙婼到宋国聘问，并且代为迎亲。季公若也跟着去了，劝元公夫人不要将女儿嫁给季平子，因为鲁国准备驱逐他。夫人告诉了元公，元公又告诉了乐祁。乐祁说："嫁给他。如果是这样，出去的一定是鲁君。政权落在季氏手里已经三代了，鲁君丧失政权已经第四代了。没有百姓却能实现自己愿望的，从来不曾有过。国君因此应该安抚他的百姓。《诗经》说：'丧失了百姓，是心中的忧患。'鲁君失去了百姓，哪里还能满足他的愿望？安心等待命运的安排就行了，轻举妄动必然招致忧患。"

夏季，诸侯大夫在黄父会见，谋划如何安定王室。赵鞅下令诸侯大夫给天子输送粮食、准备戍守的将士，说："明年准备护送天子回到王城。"

游吉见到赵鞅，赵鞅向他请教揖让和交际之礼。游吉回答说："这只是仪式，并非礼。"赵鞅问："请问什么是礼呢？"游吉回答说："我从先大夫子产那里听说：'礼是上天的规范，大地的准则，百姓行动的依据。'天地的规范，就是百姓效法的对象。效法上天的明亮，依靠大地的本性，生出了上天的六种气象，使用了大地的五行。气有五种味道，表现为五种颜色，显示为五种声音。过分了就会导致昏乱，百姓就会丧失本性。因此要制订礼以奉行：规定了六畜、五牲、三牺，使五味有所遵循。规定了九文、六采、五章，使五色有所遵循。规定了九歌、八风、七音、六律，使五声有所遵循。规定了君臣、上下的规范，以效法大地的准则。规定了夫妻、内外的规矩，以规范阴阳两种事物。规定了父子、兄弟、姑姐、甥舅、婚姻、翁婿的关系，以象征上天的明亮。规定了政令事务、农工管理、行为规范，以适应四时。规定了刑罚、牢狱，使百姓畏惧忌怕，以模仿雷电杀伤万物的威力。规定了温和仁慈的政策，以效仿上天的生长繁育。百姓的好、恶、喜、怒、哀、乐六种情绪，是从上天的六气中派生出来的。因此要谨慎地效法、恰当地模仿，以制约这六种情绪。悲哀时可以哭泣，欢乐时可以歌舞，高兴时可以施舍，愤怒时可以征战。高兴产生于喜好，愤怒产生于厌恶。因此行动要谨慎，政令有信用，以祸福赏罚制约生死。生是人们所喜好的，死是人们所厌恶的。喜好让人欢乐，厌恶令人悲哀。哀乐不失于礼，就能够协和天地本性，因此能长久。"赵鞅说："礼的作用真是太大了！"游吉回答说："礼是上下的纲纪，天地的经纬，是百姓赖以生存的基础，所以先王尊崇它。因此人们能够或委曲求全或率由天性达到礼的，就称为完人。礼的伟大，不是很应该的吗？"赵鞅说："我将终身谨守这番话。"

宋国的乐大心说："我国不送给天子粮食，对王室来说我们是客人，怎么能役使客人呢？"晋国的士景伯说："自从践土结盟以来，宋国哪一次战役没有参加？哪一次盟会没有参与？盟约中说共同为王室分忧，您怎么能逃避责任？您奉君命来商讨勤王大事，却让宋国背弃盟约，恐怕不行吧！"乐大心不敢对答，接受文书后退出。士景伯对赵鞅说："宋国的右师定将逃亡。奉君命出使，却要背弃盟约以冒犯盟主，没有比这更大的不祥了。"

"有鹳鹆来巢。"这是从来没有过的事情，所以《春秋》特加记载。师己说："奇怪！我听说在文公、成公时代，童谣说到这事：'鹳鹆啊鹳鹆，国君出亡遭羞辱。鹳鹆的羽毛，国君在郊野，臣下送马到。鹳鹆蹦蹦跳，国君住乾侯，要裤要短袄。鹳鹆的窝巢，遥远路迢迢。稠父辛劳死，宋父为此骄。鹳鹆啊鹳鹆，出去唱着走，来时却哭叫！'童谣这么说。现在鹳鹆又来做窝，灾祸要降临了吗？"

秋季，《春秋》两次记载举行雩祭的情况，说明旱灾严重。

当初，季公鸟娶齐国鲍文子的女儿为妻，生了儿子甲。公鸟死后，季公亥和公思展及公鸟的家臣申夜姑一同管理他的家政。公鸟的妻子季姒和食官檀私通，怕人知道，让侍女把自己打伤，让秦遄的妻子秦姬看，说："季公亥想跟我睡觉，我不同意他就打了我。"又向公甫控告说："公思展和申夜姑要挟我。"秦姬把此事告诉了公之，公之和公甫告诉了季平子，平子把公思展抓起来关押在卞地，又抓了申夜姑，准备杀了这个人。季公亥哭着哀求道："杀了这个人，就等于杀了我。"要进去为申夜姑求情，平子让手下人不放他进来，直到中午也没有接见。行刑的官员前去领受命令，公之让他尽快行刑。所以季公亥怨恨平子。

季氏和郈氏斗鸡。季氏给鸡套上皮甲，郈氏给鸡装上金属爪子。季平子很恼火，在郈氏住处扩建自己的住房，并责骂郈氏。因此郈昭伯也很恼恨平子。

臧昭伯的堂弟臧会在臧昭伯那里诬陷别人，事后逃到了季氏家，昭伯到季氏家抓他。平子很生气，把臧氏的家臣头子抓了起来。在襄公庙中举行祭祀，只有两个人跳万舞，多数人都到季氏家里跳万舞去了。臧孙说："这就是所谓的不能酬功于先君的宗庙。"大夫们也怨恨平子。

季公亥献给昭公的儿子公为一把弓，并和他一起出外射箭，商量怎样除掉季氏。公为告诉了公果、公贲。公果、公贲派侍人僚柤去报告昭公。昭公正在睡觉，拿起戈要打他，僚柤逃走。昭公说："把他抓住！"但没有下达正式命令。僚柤吓得不敢出门，几个月不敢进见昭公，昭公也不生气。又让他报告此事，昭公又拿起戈吓唬他，僚柤又逃走。再让他去说，昭公说："这不是你这个小人应该管的事。"公果自己去说，昭公告诉了臧孙，臧孙认为难以成功。又告诉了郈孙，郈孙认为可行，劝昭公支持。告诉了子家懿伯，懿伯说："奸邪之人依靠国君侥幸行事，如果行动失败，国君就要蒙受恶名，不能干。失去民心已经有好几代了，企求成功，恐怕没有把握。再说政权握在那个人手里，恐怕难以对付。"昭公让他退下。懿伯说："我听到国君的命令了，如果我泄漏出去，不得好死。"就住在公宫不出来。

叔孙婼前往阚地，昭公住在长府。九月十一日，讨伐季氏，在门口杀了公之，冲进季氏家里。季平子登上高台向昭公请求说："国君没有查清我是否有罪，便派官员用武力讨伐臣下，我请求在沂水岸边听候调查结果。"昭公不答应。平子请求把他囚禁在费地，昭公不同意。又请求带五辆车子逃亡，昭公还不答应。懿伯说："国君答应他吧！长久以来政令都是出自他的手中，很多穷人都受过他的恩惠。愿意跟随他的人有很多，太阳落山之后会不会有奸人帮助他，也很难说。众怒不可蓄积。蓄积而不加以疏导，将会越来越严重。怨怒蓄积，百姓就会产生背叛之心。一旦产生背叛之心，就会和叛乱的人勾结起来。国君一定会后悔。"昭公不听。郈孙说："一定要杀了季孙。"

昭公派郈孙去迎接孟懿子。叔孙氏的司马鬷戾问他的手下人："怎么办？"无人回答。鬷戾又说："我是一个家臣，不敢过问国家大事。但有（或者）没有季氏，哪一种情况对我们有利？"大家都说："没有了季氏，也就没有了叔孙氏。"鬷戾说："那么就去救援季氏吧！"便率领众人前去营救，攻克季氏的西北角，冲了进去。昭公的军队脱下皮甲，手执箭筒盖蹲在地上。于是把他们赶走。孟氏让人登上西北角眺望季氏家的情况。看到了叔孙氏的旗子，告诉了孟氏。孟氏抓住郈昭伯，在南门西侧把他杀死，于是攻打昭公的军队。懿伯说："要让群臣假装劫持国君，并畏罪潜逃，国君留下来。将来季孙事奉国君的态度，就不敢不有所改变。"昭公说："我无法忍受。"和臧孙到墓地商议，于是离开了国都。

九月十二日，昭公逃到齐国，住在阳州。齐景公准备到平阴慰问昭公，昭公先到野井等候。景公说："这是我的罪过。派官员在平阴等候，是为了就近的缘故。"《春秋》记载为："公孙于齐，次于阳州。齐侯唁公于野井。"这是合乎礼的。准备求助他人，就先自我谦恭，这是礼中的好事。景公说："请允许把莒国以西两万五千户奉送给您，等待您的命令。我将率领我国军队随您前往，一切听从您的命令。您的忧患,就是我的忧患。"昭公很高兴。懿伯说:"上天的福禄不会降给国君两次。上天即使赐福给国君,也不会超过周公,拥有一个鲁国就足够了。失去鲁国得到两万五千户而成为别国的臣子,谁还帮助您恢复君位呢?再说齐君一向不讲信用,不如早点到晋国去。"昭公不听。

臧昭伯率领跟随昭公逃亡的人准备结盟,盟书上写道:"同心协力,好恶一致。明确有罪无罪,坚决跟随国君,不和内外私通。"以昭公的名义拿给懿伯看。懿伯说:"这样写,我就不参加结盟。我愚蠢无能,不能和你们几个人同心协力,而是认为大家都有罪。也许我要与国内通气,并且要离开国君。你们几个人喜欢逃亡而讨厌安定君位,咱们怎么能一致呢?陷国君于危难,还有比这更大的罪过吗?为沟通内外而离开国君,使国君尽快返国,为什么不去做呢?为什么要死守这里呢?"于是没有参加结盟。

叔孙婼从阚地回到国都,见到季平子。平子叩头请罪说:"您打算要我怎么办?"叔孙婼说:"将来谁能幸免一死?您因为驱逐了国君而成名,子子孙孙不会忘记,您不感到可悲吗?我对您能怎么样呢?"平子说:"假如能让我重新事奉国君,就是让死人复生、白骨长肉的大恩啊。"叔孙婼到齐国去见昭公,和昭公说起此事。懿伯下令把进入昭公宾馆的人,一律扣押起来。昭公和叔孙婼在帐幕内商议,叔孙婼说:"为了安定百姓而接纳国君回国。"昭公的亲兵准备杀了叔孙婼,已埋伏在路上。左师展报告了昭公,昭公让叔孙婼改道从铸地回国。季平子改变了主意。冬季十月四日,叔孙婼在寝室斋戒,让祝宗为他求死,十一日,死去。左师展准备带着昭公乘一辆马车回国,被昭公的亲兵抓了起来。

十五日,尹文公在巩地渡过洛水,焚烧了东訾,但没有攻克。

十一月,宋元公准备为昭公之事到晋国去。梦见太子栾在宗庙中即位,自己和宋平公身穿朝服辅佐他。早晨,元公召见六卿。元公说:"我愚蠢无能,不能事奉父兄,使诸位忧虑不安,这是我的罪过。如果托诸位的福,使我能以善终的话,请求给我使用的棺材不要超过先君。"仲几回答说:"国君如果为了国家而自动降低饮宴喜丧的规格,群臣不敢苟同。宋国的法度和生死的礼制,先君早就有了规定。我们作为臣子要誓死维护它,不敢失职。臣子失职,法律是不能赦免的。我们不忍心这样死去,只能有辱君命。"宋元公动身出发。十三日,死在曲棘。

十二月二十四日,齐景公包围了郓地。

当初,臧昭伯到晋国,臧会偷了他的宝龟偻句,占卜为人诚实好还是虚伪好,结果是虚伪吉利。臧氏的家臣头子准备到晋国探望昭伯,臧会请求让自己去。昭伯问起家中的情况,臧会都回答了。问到妻子和同母弟弟叔孙,臧会则闭口不语。再三问他,还是不说。昭伯回国时到达郊外,臧会出城迎接。问起家里的事,还是原先的态度。到了都城,昭伯先住到城外查访,什么情况也没有。把臧会抓起来准备杀了他,臧会逃走,跑到郈地。郈鲂假让他做了贾正。臧会到季氏家里送账簿,臧氏派了五个人手执武器隐藏在桐汝的里门。臧会出来,五人追赶他,臧会转身奔逃,在季氏中门之外被抓住。季平子大怒,说:"为什么带着武器闯入我家?"把臧氏的家臣头子扣押了。季、臧两家关系恶化。等昭伯跟随昭公出逃后,平子立了臧会为臧氏继承人。臧会说:"偻句宝龟没有欺骗我。"

楚平王派薳射在州屈筑城,让茄地人回去居住。在丘皇筑城,把訾地人迁了过去。派熊相禖修筑巢地的外城,派季然修筑卷地的外城。游吉听说后说:"楚王快要死了!不让百姓在原来的土地上安居,百姓一定忧患,忧患将降到楚王身上,他活不长了。"

昭公二十六年

经 二十有六年春,王正月,葬宋元公。三月,公至自齐,居于郓。夏,公围成。秋,公会齐侯、莒子、邾子、杞伯,盟于鄟陵。公至自会,居于郓。九月庚申,楚子居卒。冬十月，天王入于成周。尹氏、召伯、毛伯以王子朝奔楚。

传 二十六年春，王正月庚申①，齐侯取郓。

葬宋元公，如先君，礼也。

三月，公至自齐，处于郓，言鲁地也。

夏，齐侯将纳公，命无受鲁货。申丰从女贾②，以币锦二两③，缚一如瑱④，适齐师。谓子犹之人高龁⑤："能货子犹⑥，为高氏后，粟五千庾⑦。"高龁以锦示子犹，子犹欲之。龁曰："鲁人买之，百两一布⑧，以道之不通，先入币财。"子犹受之，言于齐侯曰："群臣不尽力于鲁君者，非不能事君也。然据有异焉⑨。宋元公为鲁君如晋，卒于曲棘。叔孙昭子求纳其君，无疾而死。不知天之弃鲁耶，抑鲁君有罪于鬼神，故及此也？君若待于曲棘，使群臣从鲁君以卜焉⑩。若可，师有济也⑪，君而继之⑫，兹无敌矣⑬。若其无成，君无辱焉⑭。"齐侯从之，使公子鉏帅师从公。

成大夫公孙朝谓平子曰⑮："有都以卫国也，请我受师⑯。"许之。请纳质⑰，弗许，曰："信女足矣。"告于齐师曰："孟氏，鲁之敝室也⑱。用成已甚⑲，弗能忍也，请息肩于齐⑳。"齐师围成。成人伐齐师之饮马于淄者㉑，曰："将以厌众㉒。"鲁成备而后告曰："不胜众。"

师及齐师战于炊鼻㉓。齐子渊捷从泄声子㉔，射之，中楯瓦㉕。繇朐汏辀㉖，匕入者三寸㉗。声子射其马，斩鞅㉘，殪。改驾，人以为鬷戾也而助之㉙，子车曰㉚："齐人也。"将击子车，子车射之，殪。其御曰："又之。"子车曰：

“众可惧也，而不可怒也。”子囊带从野泄㉛，叱之㉜。泄曰：“军无私怒，报乃私也，将亢子㉝。”又叱之，亦叱之。冉竖射陈武子㉞，中手，失弓而骂。以告平子，曰：“有君子白晰，鬒须眉㉟，甚口㊱。”平子曰：“必子强也，无乃亢诸？”对曰：“谓之君子，何敢亢之？”林雍羞为颜鸣右㊲，下。苑何忌取其耳㊳。颜鸣去之。苑子之御曰：“视下顾㊴。”苑子刜林雍㊵，断其足。𨄅而乘于他车以归㊶。颜鸣三入齐师，呼曰：“林雍乘！”

四月，单子如晋告急。五月戊午㊷，刘人败王城之师于尸氏㊸。戊辰㊹，王城人、刘人战于施谷㊺，刘师败绩。

秋，盟于鄟陵㊻，谋纳公也。

七月己巳㊼，刘子以王出。庚午㊽，次于渠㊾。王城人焚刘㊿。丙子(51)，王宿于褚氏(52)。丁丑(53)，王次于萑谷(54)。庚辰(55)，王入于胥靡(56)。辛巳(57)，王次于滑(58)。晋知跞、赵鞅帅师纳王，使女宽守阙塞(59)。

九月，楚平王卒，令尹子常欲立子西，曰：“大子壬弱(60)，其母非适也(61)，王子建实聘之。子西长而好善，立长则顺，建善则治。王顺国治，可不务乎？”子西怒曰：“是乱国而恶君王也。国有外援(62)，不可渎也(63)。王有适嗣，不可乱也。败亲速仇，乱嗣不祥，我受其名(64)。赂吾以天下，吾滋不从也(65)。楚国何为？必杀令尹！”令尹惧，乃立昭王。

冬十月丙申(66)，王起师于滑。辛丑(67)，在郊，遂次于尸。十一月辛酉(68)，晋师克巩，召伯盈逐王子朝(69)。王子朝及召氏之族、毛伯得、尹氏固、南宫嚚奉周之典籍以奔楚。

阴忌奔莒以叛[70]。召伯逆王于尸，及刘子、单子盟。遂军圉泽[71]，次于隄上。癸酉[72]，王入于成周。甲戌[73]，盟于襄宫[74]。晋师使成公般戍成周而还[75]。十二月癸未[76]，王入于庄宫。

王子朝使告于诸侯曰："昔武王克殷，成王靖四方，康王息民。并建母弟[77]，以蕃屏周。亦曰：'吾无专享文、武之功，且为后人之迷败倾覆[78]，而溺入于难，则振救之。'至于夷王[79]，王愆于厥身[80]。诸侯莫不并走其望[81]，以祈王身。至于厉王，王心戾虐，万民弗忍，居王于彘[82]。诸侯释位[83]，以间王政[84]。宣王有志[85]，而后效官[86]。至于幽王，天不吊周[87]，王昏不若[88]，用愆厥位[89]。携王奸命[90]，诸侯替之[91]，而建王嗣[92]，用迁郏鄏[93]。则是兄弟之能用力于王室也。至于惠王，天不靖周，生颓祸心[94]，施于叔带[95]，惠、襄辟难，越去王都[96]。则有晋、郑，咸黜不端[97]，以绥定王家。则是兄弟之能率先王之命也[98]。在定王六年，秦人降妖[99]，曰：'周其有髭王[100]，亦克能修其职。诸侯服享[101]，二世共职。王室其有间王位[102]，诸侯不图，而受其乱灾。'至于灵王，生而有髭。王甚神圣，无恶于诸侯。灵王、景王，克终其世。今王室乱，单旗、刘狄，剥乱天下，壹行不若[103]。谓先王何常之有？唯余心所命，其谁敢讨之？帅群不吊之人，以行乱于王室。侵欲无厌，规求无度[104]，贯渎鬼神，慢弃刑法，倍奸齐盟[105]，傲很威仪[106]，矫诬先王。晋为不道，是摄是赞[107]，思肆其罔极[108]。兹不穀震荡播越[109]，窜在荆蛮，未有攸厎[110]。若我一二兄弟甥舅[111]，奖顺天法[112]，无助狡猾，以从先王之命，毋速天罚[113]，赦图不穀[114]，则所愿也。敢尽布其腹心，及先王之经⑮，而诸侯实深图之⑯。昔先王之命曰：'王后无适，则择立长。年钧以德⑰，德钧以卜。'王不立爱，公卿无私，古之制也。穆后及大子寿早夭即世，单、刘赞私立少，以间先王⑱，亦唯伯仲叔季图之⑲。"

闵马父闻子朝之辞，曰："文辞以行礼也。子朝干景之命⑳，远晋之大㉑，以专其志㉒，无礼甚矣。文辞何为？"

齐有彗星，齐侯使禳之。晏子曰："无益也，只取诬焉㉓。天道不谄㉔，不贰其命㉕，若之何禳之？且天之有彗也，以除秽也。君无秽德，又何禳焉？若德之秽，禳之何损？《诗》曰㉖：'惟此文王，小心翼翼。昭事上帝，聿怀多福。厥德不回，以受方国。'君无违德，方国将至，何患于彗？《诗》曰：'我无所监㉗，夏后及商。用乱之故，民卒流亡。'若德回乱，民将流亡，祝、史之为，无能补也。"公说，乃止。

齐侯与晏子坐于路寝，公叹曰："美哉室！其谁有此乎？"晏子曰："敢问何谓也？"公曰："吾以为在德。"对曰："如君之言，其陈氏乎！陈氏虽无大德，而有施于民。豆区釜钟之数，其取之公也薄㉘，其施之民也厚㉙。公厚敛焉，陈氏厚施焉，民归之矣。《诗》曰：'虽无德与女，式歌且舞㉚。'陈氏之施，民歌舞之矣。后世若少惰，陈氏而不亡㉛，则国其国也已㉜。"公曰："善哉！是可若何？"对曰："唯礼可以已之㉝。在礼，家施不及国，民不迁，农不移，工贾不变，士不滥㉞，官不滔㉟，大夫不收公利。"公曰："善哉！我不能矣。吾今而后知礼之可以为国也。"对曰:"礼之可以为国也久矣,与天地并。君令臣共,父慈子孝,兄爱弟敬,夫和妻柔,姑慈妇听㊱,礼也。君令而不违,臣共而不贰,父慈而教,子孝而箴㊲,兄爱而友,弟敬而顺,夫和而义,妻柔而正,姑慈而从,妇听而婉㊳,礼之善物也。"公曰:"善哉!寡人今而后闻此礼之上也㊴!"对曰:"先王所禀于天地㊵,以为其民也㊶。是以先王上之。"

[注释]

①庚申:初五日。 ②申丰、女贾:季氏家臣。 ③二两:二匹。 ④缚一如瑱:将二匹锦束在一起,像一块瑱玉。 ⑤子犹:齐景公宠臣,即梁丘据。高齮:梁丘据之臣。 ⑥货:收买。 ⑦庾:古代容量单位,其容量为二斗四升。 ⑧一布:一堆。 ⑨有异:感到奇怪。 ⑩卜:试探战争情况以测能否取胜。 ⑪济:成功。 ⑫而:乃。 ⑬兹:则。 ⑭无辱:不必亲自出征。 ⑮成:本孟氏邑,在今山东省宁阳县北。 ⑯受师:抵御齐军。 ⑰纳质:交上人质。 ⑱敝室:破落家族。 ⑲用成已甚:过分役使成邑的民力财力。 ⑳息肩:卸下负担,此言请降。 ㉑淄:水名。 ㉒厌众:使众心服。 ㉓炊鼻:鲁地,在今山东省宁阳县境。 ㉔泄声子:鲁大夫。 ㉕楯瓦:盾脊。 ㉖繇(yóu)胸(qú)汰(tài)辀(zhōu):由曲木穿过车辕。繇,同"由"。胸,同"鞠",车轭。汰,过。辀,车辕。 ㉗匕:箭头。 ㉘斩鞅:射断马颈皮带。 ㉙籔戾:叔孙氏司马。 ㉚子车:即子渊捷。 ㉛子囊带:齐大夫。野泄:即泄声子。 ㉜叱:叱骂。 ㉝亢:同"抗",抵挡。 ㉞冉竖:季氏臣。陈武子:陈无宇之子,名开,字子强。 ㉟鬒(zhěn)须眉:胡须眉毛黑且密。鬒,黑,稠发。 ㊱甚口:善骂人。 ㊲林雍、颜鸣:皆鲁人。 ㊳苑何忌:齐大夫。 ㊴视下顾:眼睛向下看。 ㊵刜(fú):砍。 ㊶鐾(qīng):一足行。 ㊷戊午:初五日。 ㊸尸氏:周地,在今河南省偃师市西。 ㊹戊辰:十五日。 ㊺施谷:周地,在今河

南省洛阳市东。　㊻郯（zhuān）陵：不详何处。　㊼己巳：十七日。　㊽庚午：十八日。　㊾渠：阳渠，周地，在今河南省洛阳市。　㊿焚刘：烧刘氏邑。　㉛丙子：二十四日。　㉜褚氏：周地，在今河南省洛阳市东。　㉝丁丑：二十五日。　㉞萑谷：与施谷相接。　㉟庚辰：二十八日。　㊱胥靡：周地，在今河南省偃师市东。　㊲辛巳：二十九日。　㊳滑：周地，即今河南省偃师市南缑氏镇。　㊴阙塞：即伊阙，周地，今河南省洛阳市南之龙门。　㊵大子壬：即楚昭王，后改名轸。　㊶适：繁体字为"適"，通"嫡"。　㊷外援：指秦援。壬之母为秦女。　㊸渎：轻慢。　㊹受其名：言受恶名。　㊺滋：益，更加。　㊻丙申：十六日。　㊼辛丑：二十一日。　㊽辛酉：十一日。　㊾召伯盈：即召简公，本王子朝之党，此又叛王子朝。　㊿阴忌：子朝之党。莒：周邑，其地不详。　㉛圉泽：周地，在今河南省洛阳市东。　㉜癸酉：二十三日。　㉝甲戌：二十四日。　㉞襄宫：周襄王之庙。　㉟成公般：晋大夫。　㊱癸未：初四日。　㊲建：分封。　㊳迷败倾覆：沉迷败坏而亡国。　㊴夷王：周厉王之父。　㊵愸：恶疾。　㊶并走其望：一起祭祀其境内的名山大川。　㊷霍：地名，在今山西省霍州市。　㊸释位：离开其位。　㊹间：参与。　㊺有志：有识。　㊻效官：致王位于宣王。　㊼吊：保佑。　㊽不若：不顺。　㊾用愸厥位：因而失掉王位。用，因。愸，失。厥，其。　㊿携王奸命：携王违犯天命。携王，即王子余臣，幽王死，为虢公翰拥立于携，至平王二十一年，被晋文侯杀死。　㉛替：废。　㉜王嗣：指周平王。　㉝郏鄏（jiá rǔ）：即洛阳。　㉞生颓祸心：使颓生出祸心。颓，王子颓，因争位作乱，使惠王出奔。详见庄公十九年。　㉟施延及。叔带：襄王弟，争位作乱，襄王出奔。详见僖公二十四年。　㊱越去：逃离。　㊲咸黜不端：晋文公杀叔带，郑厉公杀王子颓，为王室剪灭不端之人。　㊳率：遵循。　㊴降妖：出现妖言。　㊵有髭（zī）王：有长胡须的天子。髭，口上须。　㊶诸侯服享：使诸侯顺服享有国家。　㊷间王位：乘隙干求王位。　㊸壹行不若：专行悖谬之事。　㊹规求：贪求。　㊺倍奸：违背触犯。倍，通"背"。　㊻傲很：无视。　㊼摄、赞：二词同义，佐助。　⑩肆其罔极：放纵其无厌的欲望。　⑩不穀：子朝自称。震荡播越：动荡流离。　⑩厎：止。　⑪兄弟：指同姓诸侯。甥舅：指异姓诸侯。　⑫奖顺天法：成全顺从上天的法度。　⑬速：招致。　⑭赦图：免除忧虑，除去灾难。　⑮经：命。　⑯而：尔，汝。　⑰钧：同"均"。　⑱间：违犯。　⑲伯仲叔季：泛指众诸侯。　⑳干景之命：违犯景王的遗命。　㉑远晋之大：疏远晋这样的大国。　㉒专其志：专欲为王。　㉓取诬：自取欺骗。　㉔慆（tāo）：同"慆"，疑。　㉕不贰其命：即其命不贰。贰，即"忒"，差失。　㉖《诗》曰：下列诗句出自《诗经·大雅·大明》。回，违背。以受方国，接受四方之国的拥戴。　㉗我无所监：此句及以下三句为逸诗。监，通"鉴"，借鉴。　㉘取之公：指收赋税。　㉙施之民：指借贷。　㉚"虽无德与女"二句：出自《诗经·小雅·车辖》。式，当。　㉛而：若。　㉜国其国：使其封地成为国家。　㉝已：止，阻止。　㉞不滥：不失职。　㉟不滔：不怠慢。　㊱姑：夫之母，即婆婆。妇听：儿媳妇顺从。　㊲箴：规劝。　㊳婉：委婉陈辞。　㊴上：通"尚"，崇尚。　㊵禀：受，承。　㊶为：治理。

[译文]

二十六年春季，周历正月五日，齐景公夺取了郓地。

宋国安葬了宋元公，规格和先君一样，这是合乎礼的。

三月，昭公从齐国回国，住在郓地。这是说郓地是鲁国的领土。

夏季，齐景公准备把昭公送回国都，下令不得接受鲁国的礼物。申丰跟着女贾，携带两匹锦，把它们捆紧像一块瑱玉，来到齐国军中。对梁丘据的家臣高龁说："你能买通梁丘据，就立你为高氏继承人，送给你五千庾粮食。"高龁把锦送给梁丘据看，梁丘据想要。高龁说："这是鲁国人买的，每百匹一堆，因为道路不通，先奉上这一点。"梁丘据收下后，对齐景公说："群臣不尽力帮助鲁君，并不是不愿听从君命。我也感到奇怪。宋元公为鲁君之事到晋国去，结果死在曲棘。叔孙婼谋求国君复位，结果无病身亡。不知是上天要丢弃鲁君，还是鲁君得罪了鬼神，所以才到了这一步？请国君在曲棘等候，派群臣跟随鲁君前去试探一下。如果可以，军队取得胜利，国君随后赶来，就不会遭到抵抗了。如果不能成功，也不必劳驾国君亲征了。"齐景公同意，派公子鉏领兵随昭公前去。

成地大夫公孙朝对季平子说："都邑是用以保护国家的，请允许我抗击齐军。"平子答应了。公孙朝请求留下人质，平子不同意，说："我相信您，就足够了。"公孙朝对齐军说："孟氏是鲁国的破落家族。过分征用成地的民力财力了，实在忍受不下去了，请求归顺齐军以得到休息。"齐军包围了成地。成地人攻打在淄水饮马的齐军，说："这是做样子给众人看的。"等鲁国人做好了准备后又告诉齐国人说："我们无法说服众人。"

鲁军和齐军在炊鼻交战。齐国的子渊捷追击鲁国的泄声子，射中了泄声子的盾瓦。箭头从曲木穿过车辕，射进盾牌有三寸之深。声子射子渊捷的战马，射断了马颈上的皮带，把马射死。子渊捷改乘其他战车，鲁国人误以为他是甗庚，要帮助他。子渊捷说："我是齐国人。"那个人要击打子渊捷，子渊捷一箭把他射死。他的御者说："再射。"子渊捷说："对众多的敌人只能让他们害怕，不能把他们激怒。"子囊带追赶声子，大声骂他。声子说："战场上没有私人怨恨，我回骂就是报复私怨了，我要抵抗你。"子囊带又骂他，他也开始回骂。冉竖射中了陈武子的手，陈武子弓落到地上，破口大骂。冉竖告诉平子，说："有个君子皮肤很白，胡子眉毛很黑很密，很会骂人。"平子说："一定是子强，你怎么不抵抗他？"冉竖回答说："说他是个君子，又怎么敢抵抗他呢？"林雍羞于做颜鸣的车右，下车作战。苑何忌割掉了林雍的耳朵。颜鸣驾车跑了。苑何忌的御者说："往下看。"苑何忌砍林雍，砍断了他的脚。林雍用一只脚跳到其他车上逃了回去。颜鸣三次冲入齐军，大呼："林雍上车！"

四月，单穆公到晋国告急。五月五日，刘蚡的军队在尸氏打败了王城的军队。十五日，王城的军队和刘蚡的军队在施谷交战，刘军大败。

秋季,诸侯在邻陵结盟,商议护送昭公回都。

七月十七日,刘蚠事奉天子逃走。十八日,驻扎在渠地。王城的军队焚烧了刘地。二十四日,天子住在褚氏。二十五日,天子住在萑谷。二十八日,天子进入胥靡。二十九日,天子住在滑地。晋国的知跞、赵鞅率军护送天子,派女宽戍守阙塞。

九月,楚平王去世。令尹子常想立子西,说:"太子壬年幼,他的母亲不是嫡夫人,本来是王子建聘的。子西年长且为人善良。立年长之人合情合理,立善良之人国家就能大治。国君名正言顺,国家得以治理,能不尽量这么做吗?"子西生气地说:"这是要搞乱国家而张扬国君的恶名。国家有外援,不能轻慢。先王有嫡子,不能混乱。败坏亲人的名声,招致仇人的入侵,扰乱王位继承的制度,是不吉祥的,我会蒙受恶名。即使把天下送给我,我也不会顺从,楚国又算什么?一定要杀了令尹!"令尹害怕了,便立了昭王。

冬季十月十六日,天子从滑地发兵。二十一日,到达郊邑,随后驻扎在尸地。十一月十一日,晋军攻克巩地,召伯盈驱逐了王子朝。王子朝和召氏的族人、毛伯得、尹氏固、南宫嚚保护着周朝的典籍逃到了楚国。阴忌逃到莒地叛变。召伯盈到尸地迎接天子,和刘蚠、单穆公结盟。于是列阵于圉泽,驻扎在堤上。二十三日,天子进入成周。二十四日,在襄王庙中结盟。晋军留下成公般帮助戍守成周,军队回国。十二月四日,天子进入庄宫。

王子朝派人通报诸侯说:"从前武王战胜殷朝,成王平定四方,康王休养百姓。他们分封同母兄弟为诸侯,以作为周朝的屏障。还说:'我不能独自享受文王、武王的功德,同时也是为了使后代迷途败亡陷于危难时能得到拯救。'到夷王时,他恶病缠身。诸侯遍祭山川为他的健康祈祷。到厉王时,他残忍暴虐,百姓不堪忍受,把他流放到彘地。诸侯离开其君位,参与王室的政事。宣王志向远大,诸侯把王位奉还给他。到幽王时,上天不再怜悯周朝,天子昏庸无道,因此失去了王位。携王违背天命,诸侯又废掉了他,另立了天子,迁都到郑郦。这都是诸侯兄弟能为王室效力啊。到惠王时,上天不让周朝安定,使王子颓滋生祸心,并影响到叔带,惠王、襄王躲避祸乱,离开了王都。幸亏晋国、郑国发兵勤王除掉所有奸人,使王室得以安定。这都是诸侯兄弟能够遵奉先王的命令。定王六年,秦国流传妖言,说:'周王室将出现一位长着胡子的天子,他能修明自己的职责。诸侯顺服而享有国家,能够两代恭敬守护职位。王室有人企图篡夺王位,诸侯如不及早动手,必将受其祸乱。'到灵王时,他生下来就有胡须。灵王非常神奇圣明,从未对诸侯做下什么恶事。灵王、景王都能安然终其一生。现在王室动乱不安,单旗、刘狄祸乱天下,专门倒行逆施。扬言先王有什么固定不变的法度?我想立谁就立谁,有谁敢来讨伐?领着一些奸邪之人,在王室中制造混乱。贪得无厌,追求无度,一贯亵渎神灵,轻慢抛弃刑罚,违背触犯盟约,蔑视礼仪,诬蔑先王。晋国不主持正义,帮助他们,使其更为放纵不知满足。现在我因动乱而流离失所,躲在荆蛮之地,没有栖身之处。如果能有我一两个兄弟或甥舅顺应天命,不再帮助乱臣贼子,听从先王的命令,不要招致上天的惩罚,解除我的忧患,将是我最大的愿望。谨此披露我的想法和先王的命令,希望诸侯能认真考虑。从前先王的命令说:'王后没有嫡子就选立长者。年龄相同就以德行选择,德行相同就通过占卜决定。'天子不立自己偏爱的人,公卿没有私心,是自古以来的制度。穆后和太子寿过早夭亡,单氏、刘氏出于私心立了年幼的王子,违犯了先王的命令,也希望各位诸侯考虑一下。"

闵马父听了王子朝的辞令,说:"文辞是用来施行礼的。子朝无视景王遗命,疏远强大的晋国,一心想做天子,无礼到了极点。文辞又有什么用呢?"

齐国出现了彗星,齐景公派人祭祀以消灾。晏婴说:"没有用,自欺欺人而已。天道不能怀疑,它的命令也不会有错,怎么能消除得了呢?再说天上出现了彗星,是用来扫除污秽的。国君没有污秽的德行,又何必要消除呢？如果德行有污秽，仅靠祭祀就能消除得了吗？《诗经》说：'只有这个文王，才小心翼翼。光明正大事奉上帝，因此得到各种福禄。他的德行不违天命，所以拥有四方各国。'国君没有不好的德行，四方的国家就会前来顺服，还用害怕彗星的出现吗？《诗经》说：'我没有什么可资借鉴，要有就是夏后和商。由于动乱频仍，百姓纷纷逃亡。'如果德行违背了天命而导致动乱，百姓必将流离失所，即使让祝、史祭祀，也无法补救。"景公听了很高兴，决定取消祭祀。

齐景公在路寝中和晏婴相坐，景公叹了口气道："多么漂亮的房屋啊！将来要归谁所有呢？"晏婴回答说："请问国君是什么意思呢？"景公说："我认为这里将归于有德之人。"晏婴说："如果像国君所说，可能要归于陈氏吧！陈氏虽然没有大德，但对百姓肯于施舍。他们使用豆、区、釜、钟几种容器，从公田收取赋税时用小的，借给百姓时用大的。公室征税多，陈氏施舍多，百姓都归向他了。《诗经》说：'虽然对你没有恩德，也应当载歌载舞。'对陈氏的慷慨好施，百姓已经为之鼓舞了。您的后代稍稍懈怠，陈氏又没有灭亡的话，齐国就变为他的国家了。"景公说："你说得好啊！这可怎么办呢？"晏婴回答说："只有礼才能防止这种情况发生。根据礼，家族的施舍不能遍及国家，百姓不让迁移，农夫不离土地，商贾不让改行，士不失职，官不懈怠，大夫不贪取公家利益。"景公说："说得好！可是我做不到了。我现在才知道礼可以治国。"晏婴回答说："依礼治国由来已久，和天地并行。国君下令，臣子恭敬，父亲慈爱，子女孝顺，兄长仁爱，弟弟尊敬，丈夫和顺，妻子温柔，婆婆慈祥，媳妇顺从，这都是礼。国君发令没有失误，臣子恭敬，忠心不二，父亲慈爱，精心教育，子女孝顺又能规劝，兄长仁爱又友善，弟弟尊敬又顺从，丈夫和顺又讲究道义，妻子温柔又端庄正派，婆婆慈祥又听从规劝，媳妇听话又委婉陈辞，这都是礼中的好事情。"景公说："说得好！寡人从现在开始听到应该崇尚礼了！"晏子回答说："先王从天地那里接受了礼，用来治理百姓，所以先王崇尚礼。"

昭公二十七年

经 二十有七年春，公如齐。公至自齐，居于郓。夏四月，吴弑其君僚。楚杀其大夫郤宛。秋，晋士鞅、宋乐祁犁、卫北宫喜、曹人、邾人、滕人会于扈。冬十月，曹伯午卒。邾快来奔。公如齐。公至自齐，居于郓。

传 二十七年春，公如齐。公至自齐，处于郓，言在外也。

吴子欲因楚丧而伐之，使公子掩余、公子烛庸帅师围潜①。使延州来季子聘于上国②，遂聘于晋，以观诸侯。楚莠尹然、王尹麇帅师救潜。左司马沈尹戌帅都君子与王马之属以济师③，与吴师遇于穷④。令尹子常以舟师及沙汭而还⑤。左尹郤宛、工尹寿帅师至于潜，吴师不能退。

吴公子光曰："此时也，弗可失也。"告鱄设诸曰："上国有言曰：不索何获⑥？我，王嗣也，吾欲求之。事若克，季子虽至，不吾废也。"鱄设诸曰："王可弑也。母老子弱，是无若我何⑦？"光曰："我，尔身也。"

夏四月，光伏甲于堀室而享王⑧。王使甲坐于道，及其门。门阶户席，皆王亲也⑨，夹之以铍⑩。羞者献体改服于门外⑪，执羞者坐行而入⑫，执铍者夹承之，及体以相授也⑬。光伪足疾，入于堀室。鱄设诸置剑于鱼中以进。抽剑刺王，铍交于胸⑭，遂弑王。阖庐以其子为卿⑮。

季子至，曰："苟先君无废祀，民人无废主，社稷有奉，国家无倾，乃吾君也。吾谁敢怨？哀死事生，以待天命。非我生乱，立者从之⑯，先人之道也。"复命哭墓，复位而待。吴公子掩余奔徐，公子烛庸奔钟吾⑰。楚师闻吴乱而还。

郤宛直而和，国人说之。鄢将师为右领⑱，与费无极比而恶之。令尹子常贿而信谗。无极谮郤宛焉，谓子常曰："子恶欲饮子酒⑲。"又谓子恶："令尹欲饮酒于子氏。"子恶曰："我，贱人也，不足以辱令尹。令尹将必来辱⑳，为惠已甚。吾无以酬之㉑，若何？"无极曰："令尹好甲兵，子出之，吾择焉。"取五甲五兵㉒，曰："置诸门，令尹至，必观之，而从以酬之。"及飨日，帷诸门左㉓。无极谓令尹曰："吾几祸子。子恶将为子不利，甲在门矣，子必无往。且此役也㉔，吴可以得志㉕，子恶取赂焉而还，又误群帅，使退其师，曰：'乘乱不祥。'吴乘我丧，我乘其乱，不亦可乎？"令尹使视郤氏，则有甲焉。不往，召鄢将师而告之。将师退，遂令攻郤氏，且爇之㉖。子恶闻之，遂自杀也。国人弗爇，令曰："不爇郤氏，与之同罪。"或取一编菅焉㉗，或取一秉秆焉㉘，国人投之，遂弗爇也。令尹炮之㉙，尽灭郤氏之族党，杀阳令终与其弟完及佗㉚，与晋陈及其子弟㉛。晋陈之族呼于国曰："鄢氏、费氏自以为王，专祸楚国，弱寡王室，蒙王与令尹以自利也㉜。令尹尽信之矣，国将如何？"令尹病之。

秋，会于扈㉝，令成周，且谋纳公也。宋、卫皆利纳公，固请之。范献子取货于季孙，谓司城子梁与北宫贞子曰㉞："季孙未知其罪，而君伐之。请囚，请亡，于是乎不获。君又弗克，而自出也。夫岂无备而能出君乎？季氏之复,天救之也。休公徒之怒㉟,而启叔孙氏之心。不然,岂其伐人而说甲执冰以游㊱!叔孙氏惧祸之滥,而自同于季氏,天之道也。鲁君守齐㊲,三年而无成。季氏甚得其民,淮夷与之,有十年之备,有齐、楚之援,有天之赞,有民之助,有坚守之心,有列国之权,而弗敢宣也㊳,事君如在国。故鞅以为难。二子皆图国者也,而欲纳鲁君,鞅之愿也。请从二子以围鲁,无成,死之。"二子惧,皆辞。乃辞小国,而以难复。

孟懿子、阳虎伐郓,郓人将战。子家子曰:"天命不慆久矣㊴。使君亡者,必此众也。天既祸之,而自福也,不亦难乎?犹有鬼神㊵,此必败也。乌呼!为无望也夫,其死于此乎!"公使子家子如晋,公徒败于且知㊶。

楚郤宛之难,国言未已㊷,进胙者莫不谤令尹㊸。沈尹戌言于子常曰:"夫左尹与中厩尹莫知其罪㊹,而子杀之,以兴谤谗,至于今不已。戌也惑之:仁者杀人以掩谤,犹弗为也。今吾子杀人以兴谤,而弗图,不亦异乎?夫无极,楚之谗人也,民莫不知。去朝吴㊺,出蔡侯朱㊻,丧大子建,杀连尹奢㊼,屏王之耳目㊽,使不聪明。不然,平王之温惠共俭,有过成、庄,无不及焉,所以不获诸侯,迩无极也㊾。今又杀三不辜,以兴大谤,几及子矣。子而不图,将焉用之?夫鄢将师矫子之命,以灭三族。三族,国之良也,而不愬位㊿。吴新有君,疆埸日骇[51],楚国若有大事,子其危哉!知者除谗以自安也[52],今子爱谗以自危也,甚矣其惑也!"子常曰:"是瓦之罪[53],敢不良图。"九月己未[54],子常杀费无极与鄢将师,尽灭其族,以说于国[55]。谤言乃止。

冬，公如齐，齐侯请飨之。子家子曰："朝夕立于其朝，又何飨焉？其饮酒也。"乃饮酒。使宰献，而请安㊱。子仲之子曰重㊲，为齐侯夫人，曰："请使重见。"子家子乃以君出。

十二月，晋籍秦致诸侯之戍于周，鲁人辞以难。

[注释]

①潜：楚地，在今安徽省霍山县东北。　②延州来：季子本封于延陵，后复封州来，故称延州来。上国：指中原诸国。　③都君子：都邑亲兵。王马：公马。济师：增援部队。　④穷：楚地，在今安徽省霍邱县西南。　⑤沙汭：沙水转弯处，在今安徽省怀远县东北。　⑥索：求。　⑦是无若我何："我无若是何"的倒装句，意为我没有办法安置老母、弱子。　⑧堀（kū）室：地下室。　⑨亲：亲兵。　⑩夹之以铍（pī）：佩带刀剑夹护吴王。铍，剑的一种，形似刀而两面有刃。　⑪羞者献体：进食的人赤身露体。羞，食品，此用作动词。　⑫坐行：膝行，即跪着行走。　⑬及体以相授：刀剑顶着身体，互相传递。　⑭交于胸：交叉刺入胸部。　⑮阖庐：即公子光。其子：鲦设诸之子。　⑯立者从之：立为国君的人就服从他。　⑰钟吾：小国，为吴所灭，在今江苏省宿迁市区东北。　⑱右领：官名。　⑲子恶：即郤宛。　⑳必来辱：一定屈尊前来。　㉑酬：酬礼。　㉒五甲五兵：五领皮甲，五种兵器。　㉓帷：置于帷中，用作动词。　㉔此役：指救潜之役。　㉕吴可以得志："可以得志于吴"的倒装句。　㉖爇（ruò）：烧。　㉗编菅：草编，草席。　㉘一秉秆：一把禾秆。秉，把。　㉙炮：烧。　㉚阳令终：阳匄之子。　㉛晋陈：楚大夫，郤氏之党。　㉜蒙：欺骗。　㉝扈：郑地，在今河南省原阳县西。　㉞子梁：宋乐祁。北宫贞子：卫北宫喜。　㉟休：息，止。　㊱伐人：

攻打别人的人。㊲守齐：请求齐国援助。㊳宣：宣传，公开。㊴慆：疑。㊵犹：如果。㊶且知：在郓地附近。㊷国言：国内怨言。㊸进胙者：分赐胙肉的人。㊹左尹：指郤宛。中厩尹：指阳令终。㊺去朝吴：事见昭公十五年传。㊻出蔡侯朱：事见昭公二十一年传。㊼丧大子建，杀连尹奢：事见昭公二十年传。㊽屏：遮蔽。㊾迩：接近。㊿不愆位：在位无过错。(51)日骇：一天比一天紧张。(52)知：同“智”。(53)瓦：子常名。(54)己未：十四日。(55)说：同“悦”。(56)请安：此为齐侯请自安，离席而去。(57)子仲：即鲁公子慭，于昭公十二年谋逐季氏，未遂而奔齐。

[译文]

二十七年春季，昭公到齐国。昭公从齐国回来，住在郓地。这是说昭公住在国都之外。

吴王打算趁楚国有平王丧事而去攻打它，派公子掩余、公子烛庸率军围攻潜地。派延州来季子到中原各国聘问，于是到晋国聘问，以观察诸侯的态度。楚国的莠尹然、王尹麇率军救援潜地，左司马沈尹戌率领都邑的亲兵和王马的部属前往增援，在穷地和吴军相遇。令尹子常率领水军行至沙汭便回去了。左尹郤宛、工尹寿率军到达潜地，吴军被阻无法退却。

吴国的公子光说：“这是个机会，不能错过。”告诉鱄设诸说：“中原各国有这样的话：不去追求，怎有收获？我是王位继承人，我想得到王位。假如事情成功，即使季子回来，也不能把我废掉。”鱄设诸说：“可以把国君杀掉。但我母亲年老子女年幼，怎么安置他们呢？”公子光说：“我就是你。”

夏季四月，公子光让甲士埋伏在地下室，设享礼宴请吴王。吴王让甲士坐在道路两旁，一直到门口。大门、台阶、小门、坐席旁边，都有吴王亲兵，佩带刀剑护卫在左右。运菜的人要在门外脱光衣服换装后才能入内。上菜的人跪着进去，持剑的左右甲兵用剑抵住他的身体,让他把菜献上。公子光假装脚上有病,去地下室躲了起来。鱄设诸把一支短剑藏到鱼肚子里端了上去。突然抽出短剑刺向吴王,两旁的甲兵也迅速将利剑刺入鱄设诸的胸膛,于是吴王被杀。公子光即位后让鱄设诸的儿子做了卿。

季子回国后说:"假如不废弃先君的祭祀,百姓不废弃君主,土地和五谷神灵受到供奉,国家和家族不致颠覆,这个人就是我的国君。我还敢怨恨谁呢?我将悲痛死者事奉生者,以等待天命的安排。叛乱不是我发动的,谁做国君我就服从谁,这是先人的传统。"到吴王僚的墓前复命,大哭一场,然后回到自己的职位等候王命。吴国的公子掩余逃到徐国,公子烛庸逃到钟吾。楚军听说吴国发生了叛乱,便撤退回国了。

左尹郤宛正直而温和,国人都很喜欢他。鄢将师为右领,和费无极互相勾结厌恶郤宛。令尹子常贪图财物而轻信谗言。费无极乘机诬陷郤宛,对子常说:"郤宛想请您喝酒。"又对郤宛说:"令尹想到你家里喝酒。"郤宛说:"我地位卑贱,不敢让令尹屈尊。令尹一定要来,对我的恩惠实在太大了。我没有好东西招待他,怎么办?"无极说:"令尹喜欢武器,您拿出来,我帮您挑选。"挑选了五副皮甲和五种兵器,又说:"把这些东西放到门口,令尹来到,一定会观看,您就趁机献给他。"等到宴请那一天,郤宛在大门里边拉起帐幔遮住那些兵器。费无极对子常说:"我差一点儿将您害死。郤宛准备杀您,已经把武器藏在门后了,您千万不要去。再说这次救援潜地的战役,本来可以战胜吴国,因为郤宛接受了吴国的贿赂才收兵回国的,又误导其他将领让他们退兵,说:'乘人之危不够吉祥。'吴国乘我国有了丧事而进攻,我们乘他们动乱不也可以吗?"令尹派人到郤宛家里察看,果然有皮甲武器在。便不去了,召见鄢将师把此事告诉他。将师下去命令攻打郤氏,并准备放火焚烧郤氏的家。郤宛听说后,便自杀了。国都的人们不愿意焚烧郤氏的家,鄢将师下令:"不烧郤氏,与之同罪。"有人取来一条席子,有人找来一把禾秆,国人把这些东西扔过去就走,因此没有烧起来。令尹又派人烧了郤氏，把郤氏族人和党羽全部杀死，杀了阳令终和他的弟弟完、佗，以及晋陈及其子弟。晋陈的族人在都城喊道："鄢氏、费氏以国君自居，专权祸害楚国，削弱王室，欺蒙国君和令尹，为自己谋取私利。令尹完全相信他们了，国家将怎么办呢？"令尹子常很担心。

秋季，诸侯大夫在扈地会见，下令戍守成周，同时商量送回昭公。宋、卫两国都认为送回昭公对自己有利，坚持请求这么做。士鞅因为从季孙那里接受了贿赂，对司城乐祁犂和北宫喜说："季孙还不知道自己的罪过时，国君就攻打他。季孙请求被囚禁或逃亡，没有被允许。国君又不能战胜他，就自己出走了。难道毫无防备就能将国君赶走吗？季氏恢复原来的地位，是上天救了他。上天平息鲁侯亲兵的愤怒，启发叔孙氏的心意。如果不是这样，那些前去攻打季氏的鲁侯亲兵为什么脱下皮甲手拿箭筒蹲在那里玩呢！叔孙氏害怕祸乱惹到自己身上，自动和季氏站在一起，这也是上天的意愿。鲁君请求齐国帮助，三年也没有成功。季氏深得百姓拥护，连淮夷都亲近他，又有打仗十年的充分准备，有齐国、楚国的支援，有上天的保佑，有百姓的帮助，有坚守的决心，有诸侯一样的权势，却没有公开宣扬，事奉国君如同他在国都一样。因此我认为这件事很难办。你们二位都是为国家谋划的重臣，想护送鲁君回去，这也是我的愿望。我请求跟随您围攻鲁国，如果不能成功，就为此而死。"二人感到胆怯，都辞谢了。于是就拒绝了小国，以事情难办向晋侯复命。

孟懿子、阳虎攻打郓地，郓地人准备迎战。懿伯说："天命无可怀疑已经很久了。让国君逃亡的，一定就是这批人。上天既然降祸给国君，自己还去求福，不是很难吗？如果鬼神有知，这一战注定要失败。呜呼！没有希望了，也许要死在这里了！"昭公派懿伯到晋国，昭公的亲兵在且知被打败。

楚国发生郤宛之难，国人的怨言没有平息，有资格进献祭肉的人没有不指责令尹的。沈尹戌对子常说："郤宛和阳令终没有人知道他们犯了什么罪，您却杀了他们，招致众多的怨恨，至今还没有停止。我也感到迷惑：一个仁爱的人，即使让他为了掩饰诽谤而去杀人，他也不会干。现在您杀了人招来诽谤，却不考虑补救，不是很奇怪吗？那个费无极，是楚国的奸佞小人，百姓谁都知道。他清除了朝吴，赶走了蔡侯朱，使楚国失去了太子建，又杀了连尹奢，遮掩大王的耳目，使他不辨是非。如果不是这样，以平王的温和恭俭，超过了成王、庄王，没有赶不上他们的地方，之所以没能得到诸侯的拥护，就是因为亲近了费无极。现在又杀了三个无辜的人，招致举国上下的怨恨，几乎要拖累您了。再不考虑解决，您这个令尹还有什么用？鄢将师假传您的命令，灭亡了三个家族。这三个家族是楚国的良材，在位没有犯过错误。吴国刚立了新君，边境越来越紧张，一旦楚国发生战事，您就很危险了！聪明人就要铲除奸邪小人以求自身安全，现在您却喜爱进谗者而危害自己，您也太糊涂了！"子常说："这是我的罪过，怎能不想个好办法呢？"九月十四日，子常杀了费无极和鄢将师，把他们的族人全部消灭，以让国人高兴。怨气才平息。

冬季，昭公到齐国，齐景公请求设享礼招待他。子家懿伯说："早晚都在人家的朝廷上，还设什么享礼呢！还是喝酒罢。"于是就喝酒。景公派宰臣向昭公敬酒，自己则请求退席。鲁国子仲的女儿叫重，是齐景公的夫人，景公说："请让重出来见您。"懿伯便带着昭公退席了。

十二月，晋国的籍秦把诸侯帮助戍守成周的军队送去，鲁国以国内有难拒绝派兵。

昭公二十八年

经 二十有八年春，王三月，葬曹悼公。公如晋，次于乾侯。夏四月丙戌，郑伯宁卒。六月，葬郑定公。秋七月癸巳，滕子宁卒。冬，葬滕悼公。

传 二十八年春，公如晋，将如乾侯。子家子曰："有求于人，而即其安①，人孰矜之②？其造于竟。"弗听。使请逆于晋。晋人曰："天祸鲁国，君淹恤在外③。君亦不使一个辱在寡人④，而即安于甥舅⑤，其亦使逆君？"使公复于竟而后逆之。

晋祁胜与邬臧通室⑥。祁盈将执之，访于司马叔游。叔游曰："《郑书》有之⑦：'恶直丑正⑧，实蕃有徒⑨。'无道立矣⑩，子惧不免。《诗》曰：'民之多辟，无自立辟⑪。'姑已⑫，若何？"盈曰："祁氏私有讨⑬，国何有焉⑭。"遂执之。祁胜赂荀跞，荀跞为之言于晋侯。晋侯执祁盈。祁盈之臣曰："钧将皆死⑮，憗使吾君闻胜与臧之死也以为快⑯。"乃杀之。夏六月，晋杀祁盈及杨食我⑰。食我，祁盈之党也，而助乱，故杀之。遂灭祁氏、羊舌氏。

初，叔向欲娶于申公巫臣氏，其母欲娶其党⑱。叔向曰："吾母多而庶鲜⑲，吾惩舅氏矣⑳。"其母曰："子灵之妻杀三夫㉑、一君、一子，而亡一国、两卿矣。可无惩乎？吾闻之：甚美必有甚恶。是郑穆少妃姚子之子，子貉之妹也㉒。子貉早死，无后，而天钟美于是㉓，将必以是大有败也。昔有仍氏生女，鬒黑而甚美㉔，光可以鉴，名曰玄妻。乐正后夔取之，生伯封，实有豕心，贪惏无餍，忿纇无期㉕，谓之封豕㉖。有穷后羿灭之，夔是以不祀。且三代之亡㉗，共子之废㉘，皆是物也㉙。女何以为哉？夫有尤物㉚，足以移人㉛。苟非德义，则必有祸。"叔向惧，不敢取。平公强使取之，生伯石。伯石始生，子容之母走谒诸姑㉜，曰："长叔姒生男㉝。"姑视之，及堂，闻其声而还，曰：

"是豺狼之声也，狼子野心。非是，莫丧羊舌氏矣。"遂弗视。

秋，晋韩宣子卒，魏献子为政㉞。分祁氏之田以为七县，分羊舌氏之田以为三县。司马弥牟为邬大夫，贾辛为祁大夫，司马乌为平陵大夫，魏戊为梗阳大夫，知徐吾为涂水大夫，韩固为马首大夫，孟丙为盂大夫，乐霄为铜鞮大夫，赵朝为平阳大夫，僚安为杨氏大夫。谓贾辛、司马乌为有力于王室，故举之。谓知徐吾、赵朝、韩固、魏戊，余子之不失职㉟，能守业者也。其四人者，皆受县而后见于魏子，以贤举也㊱。

魏子谓成鱄㊲："吾与戊也县，人其以我为党乎㊳？"对曰："何也？戊之为人也，远不忘君，近不逼同㊴，居利思义㊵，在约思纯㊶，有守心而无淫行。虽与之县，不亦可乎？昔武王克商，光有天下㊷。其兄弟之国者十有五人，姬姓之国者四十人，皆举亲也。夫举无他，唯善所在，亲疏一也。《诗》曰㊸：'唯此文王，帝度其心。莫其德音，其德克明。克明克类，克长克君。王此大国，克顺克比。比于文王，其德靡悔。既受帝祉，施于孙子。'心能制义曰度㊹，德正应和曰莫㊺，照临四方曰明，勤施无私曰类，教诲不倦曰长，赏庆刑威曰君㊻，慈和遍服曰顺，择善而从之曰比，经纬天地曰文。九德不愆㊼，作事无悔，故袭天禄㊽，子孙赖之。主之举也㊾，近文德矣，所及其远哉。"

贾辛将适其县，见于魏子。魏子曰："辛来！昔叔向适郑，鬷蔑恶㊿，欲观叔向，从使之收器者而往。立于堂下，一言而善。叔向将饮酒，闻之，曰：'必鬷明也㉛。'下，执其手以上，曰：'昔贾大夫恶㊼，娶妻而美，三年不言不笑。御以如皋㊽，射雉，获之，其妻始笑而言。贾大夫曰：才之不可以已，我不能射，女遂不言不笑夫！今子少不飏㊾，子若无言，吾几失子矣。言之不可以已也如是。'遂如故知。今女有力于王室㊿，吾是以举女。行乎！敬之哉，毋堕乃力！"

仲尼闻魏子之举也，以为义，曰："近不失亲，远不失举，可谓义矣。"又闻其命贾辛也，以为忠："《诗》曰：'永言配命，自求多福㊶。'忠也。魏子之举也义，其命也忠，其长有后于晋国乎！"

冬，梗阳人有狱㊷，魏戊不能断，以狱上㊸。其大宗赂以女乐，魏子将受之。魏戊谓阎没、女宽曰㊹："主以不贿闻于诸侯，若受梗阳人，赂莫甚焉。吾子必谏！"皆许诺。退朝，待于庭。馈入㊺，召之。比置㊻，三叹。既食，使坐。魏子曰："吾闻诸伯叔，谚曰：'唯食忘忧。'吾子置食之间三叹，何也？"同辞而对曰："或赐二小人酒，不夕食㊼。馈之始至，恐其不足，是以叹。中置㊽，自咎曰：'岂将军食之而有不足㊾？'是以再叹。及馈之毕，愿以小人之腹为君子之心，属厌而已㊿。"献子辞梗阳人。

[注释]

①即其安：在其地安居。　②矜：怜悯。　③淹恤：滞留。　④一个：一位使者。在：存问。　⑤甥舅：指齐国。　⑥通室：互与对方妻子通奸。　⑦《郑书》：郑国先代之书。　⑧恶直丑正：嫉害正直者。"恶""丑"同义。　⑨蕃：多。　⑩立：在位。　⑪"民

之多辟”二句：句出《诗经·大雅·板》。立辟，陷入邪恶。⑫姑已：姑且停下来。⑬私有讨：即讨其家臣。⑭国何有焉：与国有何关系。⑮钧：同。⑯憖（yìn）：情愿，甘愿。吾君：指祁盈。⑰杨食我：叔向之子伯石。杨，叔向邑名。⑱娶其党：娶其娘家亲族。⑲庶鲜：庶兄弟少。⑳惩：鉴戒。㉑子灵：即巫臣。杀三夫：事见成公二年传。㉒子貉：即郑灵公，于鲁宣公四年即位，为公子归生所杀。㉓钟美于是：把美丽集聚在她身上。㉔鬒（zhěn）：发密而黑。㉕忿纇（lèi）无期：暴戾无极。纇，亦作“类”，戾。㉖封豕：大猪。㉗三代之亡：指夏桀宠妹喜，殷纣宠妲己，周幽宠褒姒，皆因之被灭亡。㉘共子之废：指太子申生，因晋献公宠骊姬而废。㉙是物：这样的美色。㉚尤物：特美之女。㉛移人：改变人的地位和处境。㉜子容之母：伯华之妻，叔向之嫂。走谒诸姑：跑去告诉婆婆。㉝长叔姒：大弟媳。㉞魏献子：魏舒。㉟余子：大夫之庶子。㊱以贤举：因有贤能而举拔。㊲成鱄：晋大夫。㊳党：偏袒。㊴逼同：威逼同僚。㊵居利思义：有了利益想到道义。㊶在约思纯：处在贫困之中而无滥心。㊷光：借为“广”。㊸《诗》曰：以下诗句出自《诗经·大雅·皇矣》，其意为颂扬文王之德。㊹制义：为道义所制约。㊺应和：相呼应。㊻赏庆刑威：即赏善刑恶。㊼九德不愆：九种德行而无过失。㊽袭：承受。㊾主：指魏子。㊿恶：貌丑。(51)鬷明：即鬷蔑，又称然明，参看襄公二十五年传。(52)贾大夫：贾国之大夫。(53)皋：沼泽。(54)少不飏：稍不显扬，即外貌不太好看。(55)力：功。(56)“永言配命”二句：句出《诗经·大雅·文王》。言，语中助词，无义。配命，合于天命。(57)狱：诉讼。(58)上：上报。(59)阎没、女宽：皆晋大夫。(60)馈：食品。(61)比置：等到摆上食品。(62)夕食：晚饭。(63)中置：上菜上到一半。(64)将军：魏子此时为中军帅，故称将军。(65)属厌：刚刚满足。属，适，喻不宜贪贿。

[译文]

二十八年春季,昭公去晋国,将要到乾侯。懿伯说:"有求于人,却心安理得地住在那里,还有谁同情您?还是在边境上等着吧。"昭公不听。派人请求晋国来人迎接。晋国人说:"上天降祸给贵国,使贵君长期流亡在外。贵君也不派一个使者屈尊问候寡人,就在甥舅国家安心住了下来,难道还要我们派人去迎接吗?"让昭公回到鲁国边境,然后再派人迎接。

晋国的祁胜与邬臧交换妻子淫乐。祁盈准备把他们抓起来,去征求司马叔游的意见。叔游说:"《郑书》中有句话:'厌恶刚直丑化正派,这样的人实在很多。'目前无道的人得势,您恐怕难免灾祸。《诗经》说:'百姓邪恶已多,自己不要陷入。'姑且缓一缓,怎么样?"祁盈说:"这是以祁氏私家的名义讨伐,和国家有什么关系?"便把他们抓了起来。祁胜贿赂荀跞,荀跞为他在晋顷公面前说好话。顷公抓了祁盈。祁盈的家臣:"同样都是要死,情愿先让主人知道祁胜、邬臧已死的消息痛快一些。"就把祁胜和邬臧杀了。夏季六月,晋国杀了祁盈和杨食我。食我是祁盈的党羽,帮助祁盈作乱,所以杀了他。于是灭亡了祁氏、羊舌氏。

当初,叔向打算娶申公巫臣的女儿为妻,他母亲想让他娶自己的族人。叔向说:"我的母亲多但庶兄弟很少,我以舅家女儿不易生子作为鉴戒。"他母亲说:"巫臣的妻子夏姬杀了三个丈夫、一个国君、一个儿子,使一个国家灭亡,两个卿逃亡。难道就不是鉴戒吗?据我所知:最美的人也必然最恶毒。这个女人是郑穆公的少妃姚子的女儿,子貉的妹妹。子貉死得早,没有留下后代,上天便把美丽集中到她身上,一定要以此狠狠地败坏别人。从前有仍氏生了一个女儿,头发又密又黑,非常漂亮,光可照人,起名为玄妻。乐正后夔娶了她,生了伯封,伯封性情和猪一样,贪婪不知满足,凶暴异常,被称为大猪。有穷后羿灭了他,后夔因此得不到祭祀。并且三代的灭亡,晋太子申生的被废,都是由于美色。你为什么要娶她呢?有了绝色的女人,足以使人发生变化。假如不是有德有义之人娶她,必然会招致灾祸。"叔向害怕了,不敢娶了。晋平公坚持要叔向娶她,生了伯石即杨食我。伯石生下来时,子容的母亲跑去告诉婆婆:"大弟弟媳妇生了个男孩。"叔向的母亲前去探视,走到堂前,听到伯石的哭声就回去了,说:"这是豺狼的声音,狼一样的孩子必然有野心。不是这个人,没有人能毁掉羊舌氏。"便不去看他。

秋季,晋国的韩起去世,魏舒执政。他把祁氏的田地分为七个县,把羊舌氏的田地分为三个县。任命司马弥牟为邬地大夫,贾辛为祁地大夫,司马乌为平陵大夫,魏戊为梗阳大夫,知徐吾为涂水大夫,韩固为马首大夫,孟丙为盂地大夫,乐霄为铜鞮大夫,赵朝为平阳大夫,僚安为杨氏大夫。认为贾辛、司马乌援助王室有功,便提拔了他们;认为知徐吾、赵朝、韩固、魏戊是卿的庶子中能够尽职尽责、守护家业的人。其余四个人,都是接受职务之后才拜见魏舒的,他们是因为贤能才被举荐的。

魏舒对大夫成鱄说:"我任命魏戊为县大夫,别人会不会认为我偏袒他呢?"成鱄回答说:"怎么会呢?魏戊的为人,从远处说不忘国君,从近处说不威胁同僚,处在有利地位能想到道义,处在贫困之中保持纯正,有守礼之心而无过分行为。交给他一个县,有什么不可以呢?从前武王战胜商朝,拥有了整个天下。他的兄弟得以封国的有十五人,姬姓被封国的有四十人,都是选拔重用亲属。选拔人才不考虑别的,就看他是不是有善行,远近亲疏都一视同仁。《诗经》说:'只有这个文王,天赐道义之心。品德高尚无比,美名传遍四方。光明磊落无私,堪称领袖君王。统率这个大国,能使四方归顺。直到文王继位,德行完美无损。承受上天福禄,延及他的子孙。'内心能受道义制约叫度,德行端正反应和谐叫莫,德行远及四方叫明,乐于施舍没有私心叫类,诲人不倦叫长,赏罚分明叫君,慈祥和蔼令天下顺服叫顺,选择善行去做叫比,以天地为准则叫文。这九种德行没有缺失,做任何事情没有悔恨,因此承受上天的福禄,造福子孙。现在您的举拔重用,已经接近文王的德行了,影响将非常深远。"

贾辛准备到他的县去上任,拜见魏舒。魏舒说:"贾辛你过来!从前叔向到郑国去,鬷蔑长得很丑,他想看看叔向,便随着收拾器具的人去了。他站在堂下,说了一句话,说得很好。叔向正要饮酒,听到后说:'这一定是鬷蔑。'便走下堂来,拉着他的手上去,说:'从前贾大夫长得很丑,娶了个很漂亮的妻子,三年不说不笑。贾大夫驾车带她到沼泽地打野鸡,射中之后,他的妻子才开始有说有笑。贾大夫说:一个人不能没有本事,如果我不能射箭,你就不说不笑了!现在你其貌不扬,如果不是说了那句话,我差一点会失去你。说话竟是这样不能缺少!'两个人一见如故。如今你对王室有功,所以我才举拔你。你去吧!要恭敬行事,不要前功尽弃!"

孔子听说了魏舒举拔人才的事情,认为合乎道义,说:"近不失去亲属,远不失去应该举拔的人,可以说是合乎道义了。"又听说他命令贾辛的话,认为魏舒很忠诚:"《诗经》说:'永远顺应天命,自己求得多种福禄。'这就是忠诚。魏舒对人才的举拔合乎道义,对贾辛的命令体现了忠诚,他的子孙大概要长期享有晋国的福禄吧!"

冬季,梗阳有人打官司,魏戊不能断案,把案情上报魏舒决断。诉讼一方的大宗送给魏舒一个女乐,魏舒准备接受。魏戊对阎没、女宽说:"恩主以不受贿赂闻名于诸侯,如果接受了梗阳人送的女乐,就没有比这更大的贿赂了。你们一定要劝阻他!"两个人都答应了。退朝之后,他们站在院子里等候魏舒出来。饭菜送来,魏舒请二人一起吃。摆上饭菜后,两个人一连叹了三口气。吃完饭后,让他们坐下。魏舒说:"我听伯叔说,有谚语说:'只有吃饭的时候才能忘掉忧愁。'你们在摆上饭菜时叹息三次,是为什么呢?"两人一同回答:"有人请我们两个人喝酒,没有吃晚饭。刚上饭菜时,我们担心不够吃,所以叹气。饭菜上了一半,自责说:'难道将军让我们吃饭会不让吃饱?'因此再次叹气。等吃完饭,希望以我们小人的肚腹比作君子的内心,刚好满足就行了。"魏舒辞谢了梗阳人的贿赂。

昭公二十九年

经 二十有九年春，公至自乾侯，居于郓。齐侯使高张来唁公。公如晋，次于乾侯。夏四月庚子，叔诣卒。秋七月。冬十月，郓溃。

传 二十九年春，公至自乾侯，处于郓。齐侯使高张来唁公，称主君①。子家子曰："齐卑君矣，君只辱焉②。"公如乾侯。

三月己卯③，京师杀召伯盈、尹氏固及原伯鲁之子。尹固之复也④，有妇人遇之周郊，尤之⑤，曰："处则劝人为祸，行则数日而反，是夫也，其过三岁乎⑥？"

夏五月庚寅⑦，王子赵车入于邬以叛⑧，阴不佞败之。

平子每岁贾马，具从者之衣屦而归之于乾侯⑨。公执归马者，卖之。乃不归马⑩。

卫侯来献其乘马曰启服⑪，絷而死⑫。公将为之椟⑬。子家子曰："从者病矣，请以食之。"乃以帏裹之。

公赐公衍羔裘，使献龙辅于齐侯⑭，遂入羔裘⑮。齐侯喜，与之阳谷⑯。公衍、公为之生也，其母偕出⑰。公衍先生。公为之母曰："相与偕出，请相与偕告。"三日，公为生，其母先以告，公为为兄。公私喜于阳谷而思于鲁，曰："务人为此祸也⑱。且后生而为兄，其诬也久矣。"乃黜之，而以公衍为大子。

秋，龙见于绛郊。魏献子问于蔡墨曰⑲："吾闻之，虫莫知于龙[20]，以其不生得也[21]。谓之知，信乎？”对曰：“人实不知，非龙实知。古者畜龙，故国有豢龙氏，有御龙氏[22]。”献子曰：“是二氏者，吾亦闻之，而不知其故，是何谓也？”对曰：“昔有飂叔安[23]，有裔子曰董父[24]，实甚好龙，能求其耆欲以饮食之[25]，龙多归之。乃扰畜龙[26]，以服事帝舜。帝赐之姓曰董，氏曰豢龙，封诸鬷川[27]，鬷夷氏其后也。故帝舜氏世有畜龙。及有夏孔甲，扰于有帝[28]，帝赐之乘龙[29]，河、汉各二[30]，各有雌雄。孔甲不能食[31]，而未获豢龙氏。有陶唐氏既衰，其后有刘累，学扰龙于豢龙氏，以事孔甲，能饮食之。夏后嘉之[32]，赐氏曰御龙，以更豕韦之后[33]。龙一雌死，潜醢以食夏后[34]。夏后飨之，既而使求之。惧而迁于鲁县[35]，范氏其后也。”献子曰：“今何故无之。”对曰：“夫物，物有其官，官修其方[36]，朝夕思之。一日失职，则死及之。失官不食，官宿其业[37]，其物乃至。若泯弃之，物乃坻伏[38]，郁湮不育[39]。故有五行之官[40]，是为五官。实列受氏姓[41]，封为上公[42]，祀为贵神。社稷五祀[43]，是尊是奉。木正曰句芒[44]，火正曰祝融，金正曰蓐收，水正曰玄冥，土正曰后土。龙，水物也。水官弃矣[45]，故龙不生得。不然，《周易》有之，在《乾》䷀之《姤》䷫[46]，曰：‘潜龙勿用[47]。’其《同人》䷌曰[48]：‘见龙在田[49]。’其《大有》䷍曰[50]：‘飞龙在天[51]。’其《夬》䷪曰[52]：‘亢龙有悔[53]。’其《坤》䷁曰[54]：‘见群龙无首，吉[55]。’《坤》之《剥》䷖曰[56]：‘龙战于野[57]。’若不朝夕见，谁能物之[58]？”献子曰：“社稷五祀，谁氏之五官也[59]？”对曰：“少皞氏有四叔，曰重，曰该，曰修，曰熙，实能金木及水。使重为句芒，该为蓐收，修及熙为玄冥，世不失职，遂济穷桑⁶⁰，此其三祀也。颛顼氏有子曰犁，为祝融，共工氏有子曰句龙，为后土，此其二祀也。后土为社；稷，田正也。有烈山氏之子曰柱为稷，自夏以上祀之。周弃亦为稷，自商以来祀之。"

冬，晋赵鞅、荀寅帅师城汝滨⁶¹，遂赋晋国一鼓铁⁶²，以铸刑鼎⁶³，著范宣子所为刑书焉。

仲尼曰："晋其亡乎！失其度矣。夫晋国将守唐叔之所受法度，以经纬其民⁶⁴，卿大夫以序守之⁶⁵，民是以能尊其贵，贵是以能守其业。贵贱不愆⁶⁶，所谓度也。文公是以作执秩之官⁶⁷，为被庐之法⁶⁸，以为盟主。今弃是度也，而为刑鼎，民在鼎矣，何以尊贵⁶⁹？贵何业之守？贵贱无序，何以为国？且夫宣子之刑，夷之蒐也⁷⁰，晋国之乱制也，若之何以为法？"蔡史墨曰："范氏、中行氏其亡乎！中行寅为下卿，而干上令⁷¹，擅作刑器，以为国法，是法奸也⁷²。又加范氏焉，易之⁷³，亡也。其及赵氏，赵孟与焉⁷⁴。然不得已，若德，可以免。"

[注释]

①主君：春秋时卿大夫的家臣称卿大夫为主君。 ②只辱：仅自取辱。 ③己卯：十三日。 ④复：返周。 ⑤尤：指责。 ⑥其：同"岂"。 ⑦庚寅：二十五日。 ⑧赵车：子朝的余党。辇（liǎn）：周邑。 ⑨具：准备。 ⑩归：通"馈"，送。 ⑪启服：马名。 ⑫堑而死：坠于坑而死。 ⑬梓：棺材。 ⑭龙辅：龙纹美玉。 ⑮入：献上。 ⑯阳谷：齐邑，在今山东省阳谷县北。 ⑰其母偕出：

他们的母亲一同出去。据《礼记·内则》载，古代贵族妇人将生子，出居于侧室，又称为产舍。出，即出居产舍。 ⑱务人：即公为。 ⑲蔡墨：晋大夫。 ⑳知：同“智”。 ㉑生得：活捉。 ㉒豢、御：养。二词同义。 ㉓飂（liú）：古国名，亦作“蓼”。在今河南省唐河县南。叔安：国君名。 ㉔裔子：后代。 ㉕耆：同“嗜”。 ㉖扰畜：驯养。 ㉗鬷川：封地名，传说在今山东省菏泽市定陶区北。 ㉘有帝：天帝。有，名词词头。 ㉙乘龙：驾车之龙。 ㉚河、汉：黄河、汉水。 ㉛食：饲养。 ㉜夏后：夏代君主，指孔甲。后，君。 ㉝以更豕韦：以代替豕韦。豕韦，祝融氏之后。 ㉞潜醢（hǎi）：偷偷剁成肉酱。 ㉟鲁县：在今河南省鲁山县东北。 ㊱方：法术。 ㊲宿：长久。 ㊳坻伏：隐伏。 ㊴郁湮不育：抑郁不能生长。 ㊵五行：即金、木、水、火、土。 ㊶列受氏姓：代代相传继承姓氏。 ㊷封：爵位。 ㊸社稷五祀：社为地神，稷为谷神。五祀，即五官之神。 ㊹正：官长。 ㊺弃：废。 ㊻在《乾》䷀之《姤》䷫：指《乾》卦变为《垢》卦。《乾》卦卦象为乾下乾上，其初九爻由阳变阴而成为巽下乾上，即《垢》卦。 ㊼潜龙勿用：此为《乾》卦初九爻辞。意为潜伏在水中的龙不能发挥作用。 ㊽《同人》：卦名，卦象为离下乾上。 ㊾见龙在田：此为《乾》卦九二爻辞，意为龙出现在田野里。 ㊿《大有》：卦名，卦象为乾下离上。此卦是《乾》卦九五阳爻变为阴爻而来。 (51)飞龙在天：此为《乾》卦九五爻辞，意为龙飞上云天。 (52)《夬》：卦名，卦象为乾下兑上。该卦为《乾》卦上九爻由阳变阴而来。 (53)亢龙有悔：此为《乾》卦上九爻辞，意为龙升至极点必有忧悔。 (54)《坤》：卦名，卦象为坤下坤上。《乾》卦六阳爻皆变为阴爻即《坤》卦。 (55)见群龙无首，吉：此为《乾》卦用九爻辞，意为见到群龙没有首领，吉利。 (56)《坤》之《剥》：《坤》卦变为《剥》卦。《剥》，卦名，卦象为坤下艮上。此卦为《坤》卦上六爻由阴变阳而来。 (57)龙战于野：此为《坤》卦上六爻辞，意为龙在野外战斗。 (58)物之：描述它们。 (59)谁氏之五官：哪一代帝王的五官。氏,上古帝王。　⑩济穷桑:使穷桑成功。穷桑,即少昊金天氏。　㉛汝滨:汝水之滨,本陆浑地,为晋所取。　㉜鼓:重量单位,合当时四百八十斤。　㉝铸刑鼎:将刑法条文铸于鼎上。　㉞经纬:纳入常法。　㉟序:位次。　㊱不愆:不错乱。　㊲执秩之官:掌百官级别的官吏。　㊳为被庐之法:鲁僖公二十七年,晋文公蒐被庐,修唐叔之法。　㊴民在鼎矣,何以尊贵:百姓依据刑鼎所载成文法典做事,贵族便无权任意处罚人民,故百姓不像先前那样尊重贵族了。　㊵夷之蒐:在文公六年,赵盾执政,始制定成文法典,为晋国常法。　㊶干:违犯。　㊷法奸:效法奸邪。　㊸易:改变。　㊹赵孟:赵鞅。

[译文]

　　二十九年春季,昭公从乾侯回国,住在郓地。齐景公派高张前来慰问,称昭公为主君。子家懿伯说:"齐侯已经瞧不起国君了,国君只是自取其辱。"鲁昭公到乾侯去。

　　三月十三日,京城的军队杀了召伯盈、尹氏固和原伯鲁的儿子。尹氏固回来时,在周都郊外遇到一个妇人,那妇人指责他说:"住在国内就煽动别人作乱,逃走几天又回来,这个人能活三年吗?"

　　夏季五月二十五日,王子赵车到郼地发动了叛乱,阴不佞将其打败。

　　季平子每年都买马匹,为昭公的随从准备好衣服和鞋子送到乾侯。昭公把送马的人抓起来,把马卖掉。季平子就不再送马。

　　卫灵公把为自己驾车的一匹名叫启服的马送给昭公,这匹马掉进沟里死了。昭公准备为马做一口棺材。懿伯说:"随从人员都饿病了,把马让他们吃了吧。"昭公就用帷帐把马裹起来埋了。

　　昭公赐给公衍一件羔羊皮衣,让他去献给齐景公一块雕有龙纹的美玉,公衍连同羔羊皮衣一起献给了景公。景公很高兴,把阳谷赐给了他。当初,公衍、公为出生时,两人的母亲一同进入产房。公衍生得早。公为的母亲说:"我们一块儿出来,希望一起去向国君报喜。"三天之后,公为出生,公为的母亲先去报告,公为就成了哥哥。昭公私下很喜欢阳谷这个地方,又想起鲁国的这段往事,说:"是公为惹出了这场祸端。再说他出生在后却做了哥哥,把我欺骗了这么多年。"就废黜了公为,立公衍为太子。

秋季,有龙出现在晋都绛城郊外。魏舒向蔡墨问道:"我听说在虫类动物中,没有比龙更有智慧的了,因为人们生擒不到它。说它有智慧,真是这样吗?"蔡墨回答说:"其实是人没有智慧,而不是龙有智慧。古时候养龙,所以国内才有豢龙氏,有御龙氏。"魏舒说:"这两个家族,我也听说过,但不知他们的来历,说的是怎么一回事呢?"蔡墨说:"从前有飂国的国君叔安有一个后代叫董父,非常喜欢龙,能根据龙的嗜好喂养,很多龙都去他那里。他就专门驯养龙,来服侍帝舜。帝舜赐他姓为董,氏为豢龙,把他封在鬷川,鬷夷氏就是他的后代。因此帝舜氏世世代代都有人养龙。到了夏代孔甲,因为孔甲顺服天帝,天帝赐给他驾车的龙,两条黄河的龙,两条汉水的龙,各有一雌一雄。孔甲不会喂养,又没有找到豢龙氏的后人。在陶唐氏衰落后,他的后代有一个人叫刘累,向豢龙氏学过养龙,便事奉孔甲,使这几条龙得到了喂养。孔甲嘉奖他,赐氏给他为御龙,以代替豕韦氏的后代。有一条雌龙死了,刘累偷偷把龙肉做成肉酱给孔甲吃。孔甲吃了,不久又派人向刘累要。刘累害怕便迁到了鲁县,范氏就是他的后代。"魏舒说:"现在为什么没有龙了?"蔡墨说:"任何事物都有相应的官员负责管理,官员要研究管理方法,从早到晚都在思考。一旦失职,就会搭上性命。失去官位便享受不到俸禄,官员长期从事某一职业,这种生物才能来到。如果放弃,生物便隐伏起来,抑郁而得不到繁殖。因此有管理五行的官员,称为五官。他们的姓氏世代承袭,生前封爵是上公,死后祭祀又成为尊贵的神灵。在社神、稷神和五行之神的祭祀中,对它们倍加尊奉。木官之长叫句芒,火官之长叫祝融,金官之长叫蓐收,水官之长叫玄冥,土官之长叫后土。龙是水中的动物。水官被废黜了,所以龙就无法生擒。如果不是这样,《周易》就有多处记载,乾卦变为姤卦的爻辞说:'巨龙潜藏水中,不能施展才用。'同人卦说:'巨龙出现在田野。'大有卦说:'龙在天空飞翔。'夬卦说:'高飞的巨龙有所懊悔。'坤卦说:'群龙出现没有首领,吉利。'坤卦变成剥卦时,说:'巨龙在原野交战。'如果龙不是经常出现,谁能描绘它们呢?"魏舒说:"社神、稷神和五行之神,是哪一代帝王的五官呢?"蔡墨回答说:"少皞氏有四个叔父,叫重、该、修、熙,善于管理金、木和水。任命重为句芒,该为蓐收,修和熙为玄冥,世代恪尽职守,辅佐穷桑帝取得成功,这是其中的三祀。颛顼氏有个儿子叫犁,担任祝融;共工氏有个儿子叫句龙,担任后土,这是另外二祀。后土就是社神,稷是田官之长。有烈山氏的儿子叫柱,是稷神,夏朝以前受到祭祀。周朝的始祖弃也是稷神,从商朝以后就祭祀他。"

冬季,晋国的赵鞅、荀寅率军在汝水之滨筑城,向晋国征收了四百八十斤铁,用以铸造刑鼎,铸刻范宣子所著的刑书。

孔子评论说:"看来晋国快要灭亡了吧!它已失去了自己的法度。晋国应该遵循唐叔传下来的法度,管理百姓,卿大夫们各自维护他们的位次,百姓才能尊重高贵的人,高贵的人也才能保守自己的家业。贵贱等级没有差错,这就是法度。晋文公因此设置了掌管官位次序的官员,在被庐修订了法律,成为盟主。现在废弃这一法度,而铸造刑鼎,百姓依据鼎上的条文做事,还用得着尊重高贵的人吗?高贵的人还靠什么保守家业呢?没有贵贱高下的区别,还靠什么来治理国家呢?再说范宣子的刑书,是在夷地检阅军队时制定的,是晋国的乱法,怎么能把它作为国家的法律呢?"蔡墨说:"范氏、中行氏恐怕要灭亡了吧!荀寅身为下卿,却违犯上司的命令,擅自铸造刑器作为国家的法律,这是在效法奸邪啊。还有范氏,改变被庐制定的法律,也要灭亡。还要牵涉赵氏,因为赵孟也参与了此事。但赵孟是不得已才这么干的,如果他能修明德行,就可以免于祸患。"

昭公三十年

经 三十年春，王正月，公在乾侯。夏六月庚辰，晋侯去疾卒。秋八月，葬晋顷公。冬十有二月，吴灭徐，徐子章羽奔楚。

传 三十年春，王正月，公在乾侯。不先书郓与乾侯，非公，且征过也①。

夏六月，晋顷公卒。秋八月，葬。郑游吉吊，且送葬。魏献子使士景伯诘之，曰："悼公之丧，子西吊，子蟜送葬。今吾子无贰②，何故？"对曰："诸侯所以归晋君，礼也。礼也者，小事大、大字小之谓③。事大在共其时命④，字小在恤其所无。以敝邑居大国之间，共其职贡，与其备御不虞之患⑤，岂忘共命？先王之制，诸侯之丧，士吊，大夫送葬。唯嘉好⑥、聘享、三军之事，于是乎使卿。晋之丧事，敝邑之间⑦，先君有所助执绋矣⑧。若其不间，虽士、大夫有所不获数矣⑨。大国之惠，亦庆其加⑩，而不讨其乏⑪，明底其情⑫，取备而已⑬，以为礼也。灵王之丧，我先君简公在楚，我先大夫印段实往——敝邑之少卿也。王吏不讨⑭，恤所无也。今大夫曰：'女盍从旧⑮？'旧有丰有省，不知所从。从其丰，则寡君幼弱，是以不共；从其省，则吉在此矣，唯大夫图之。"晋人不能诘。

吴子使徐人执掩余，使钟吾人执烛庸，二公子奔楚。楚子大封⑯，而定其徙⑰。使监马尹大心逆吴公子，使居养⑱。莠尹然、左司马沈尹戌城之，取于城父与胡田以与之⑲，将以害吴也。子西谏曰："吴光新得国而亲其民，视民如子，辛苦同之，将用之也。若好吴边疆⑳，使柔服焉，犹惧其至。吾又强其仇以重怒之㉑，无乃不可乎！吴，周之胄裔也㉒，而弃在海滨，不与姬通㉓。今而始大，比于诸华㉔。光又甚文㉕，将自同于先王。不知天将以为虐乎，使翦丧吴国而封大异姓乎㉖？其抑亦将卒以祚吴乎㉗？其终不远矣㉘。我盍姑亿吾鬼神㉙，而宁吾族姓，以待其归㉚。将焉用自播扬焉㉛。"王弗听。

吴子怒。冬十二月，吴子执钟吾子，遂伐徐，防山以水之㉜。己卯㉝，灭徐。徐子章禹断其发㉞，携其夫人，以逆吴子。吴子唁而送之，使其迩臣从之㉟，遂奔楚。楚沈尹戍帅师救徐，弗及。遂城夷㊱，使徐子处之。

吴子问于伍员曰："初而言伐楚，余知其可也，而恐其使余往也，又恶人之有余之功也㊲。今余将自有之矣，伐楚何如？"对曰："楚执政众而乖㊳，莫适任患㊴。若为三师以肄焉㊵，一师至，彼必皆出。彼出则归，彼归则出，楚必道敝㊶。亟肄以罢之㊷，多方以误之㊸。既罢而后以三军继之，必大克之。"阖庐从之。楚于是乎始病㊹。

[注释]

①征：表明。　②无贰：即无二人，仅游吉一人。　③字：抚爱。　④共其时命：恭敬地按时执行命令。共，同"恭"。　⑤与：参与。　⑥嘉好：即朝会。　⑦间：通"闲"，闲暇。　⑧执绋（fú）：挽柩车的大绳，意为送葬。　⑨不获数：不能参加，难于派遣。　⑩庆其加：以其于常礼有所增加为善。庆，善。　⑪乏：礼数不备。　⑫明

厎其情：明白致其诚心。厎，致。 ⑬取备：要求大体具备。 ⑭不讨：不责备。 ⑮女盍从旧：你们何不按照旧例。 ⑯大封：厚封土地。 ⑰定其徙：确定其徙居之处。 ⑱养：吴公子所封邑名，在今河南省沈丘县南。 ⑲城父、胡：二邑名。城父即夷，在养之东北；胡，即今安徽省阜阳市，在养之东南。 ⑳好：修好。 ㉑强其仇：使吴国的仇人强大。强，使动用法。 ㉒胄裔：后代。 ㉓不与姬通：不与姬姓诸国往来。 ㉔诸华：中原诸国。 ㉕文：有知识。 ㉖封大异姓：使异姓国疆域扩大。 ㉗祚：赐福，保佑。 ㉘终：结果。 ㉙亿：安。 ㉚待其归：等待其结果。 ㉛播扬：劳动。 ㉜防山以水之：堵防山上的水灌进徐国。 ㉝己卯：二十三日。 ㉞断其发：剪断头发，表示从吴俗为吴民。 ㉟迩臣：近臣。 ㊱夷：即城父。 ㊲人：指吴王僚。 ㊳乖：违背，即不和。 ㊴莫适任患：无人去承担责任。 ㊵肄：读为"肆"，即突然袭击又快速撤退。 ㊶道敝：疲敝于道路。 ㊷亟：屡次。罢：通"疲"。 ㊸多方以误之：用多种方法使楚军失误。 ㊹病：困顿。

[译文]

　　三十年春季，周历正月，昭公住在乾侯。《春秋》此前不写昭公在郓或在乾侯而现在记载，是指责昭公，并且明确他的过错。

　　夏季六月，晋顷公去世。秋季八月，举行葬礼。郑国的游吉前往吊唁，并送葬。魏舒派士景伯质问游吉："悼公去世时，子西前来吊唁，子蟜送葬。现在只有您一个人来，是什么意思？"游吉回答说："诸侯之所以归服晋君，是因为贵国有礼。礼说的是小国事奉大国、大国爱护小国。事奉大国要恭敬地按时执行命令，爱护小国要体恤小国所缺少的。我国处在大国之间，要进献各种贡品，参与预防被攻伐的各种准备，怎么敢忘记丧葬之礼呢？先王的制度是，诸侯的丧礼，由士吊唁，大夫送葬；只有朝会、聘问宴享、战争之事，才派卿参加。晋国的丧事，只要我国闲暇无事，先君也曾前来送葬；如果没有时间，即使是士、大夫有时也难以保证。大国的恩惠是，小国高于常礼时予以嘉赏，礼数不周时不加责备，明察它的忠诚，只求大体合礼具备，就认为是合乎礼。周灵王去世时，先君简公正在楚国，我们派先大夫印段前去——他只是我国一个下卿。天子的官员并没有责备我们，因为他们理解我国的困乏。现在大夫却说：'你为什么不按从前的规矩办？'从前有高于常礼的时候，也有低于常礼的时候，不知道应该比照哪一种情况。如果高于常礼，寡君年纪还小，不能亲自前来；低于常礼，那么就有我游吉代表了。希望您再考虑一下。"晋国人便不再质问了。

吴王派徐国人捉拿掩余，派钟吾人捉拿烛庸，两个公子逃到了楚国。楚昭王封给他们大片土地，让其安居下来。楚王让监马尹大心迎接吴国的公子，让他们住在养地。派莠尹然、左司马沈尹戌为他们筑城，把城父和胡地的田地送给他们，想用来危害吴国。子西劝谏说："吴国的公子光刚刚即位，非常亲近百姓，视百姓如子女，与百姓同甘苦，这是准备要使用他们。即使和吴国边境交好，让他们温柔顺服，还担心他们会发兵入侵呢。我们再使他们的仇人强大起来，从而加重其愤怒，恐怕不能这么做吧！吴国也是周朝的后代，被丢弃在海滨，不和中原姬姓诸国来往。现在开始强盛起来，堪与中原各国相比。公子光又很有学识，打算使自己创建像先王一样的功业。不知道是上天将要使他暴虐，让他灭亡吴国而使异姓国家扩大疆土呢，还是要最终保佑吴国呢？这一结果不远了。何不姑且安定我们的鬼神，抚育我们的百姓，等待结果的到来。又何必自己劳累辛苦呢？"昭王不听。

吴王果然发怒了。冬季十二月，吴王抓住了钟吾子，攻打徐国，并堵截山上的水来淹徐国。二十三日，灭掉了徐国。徐子章禹剪下头发，带着夫人迎接吴王。吴王慰劳后送走了他，让他的近臣跟随他，徐子逃到了楚国。楚国的沈尹戌领兵救援徐国，没有来得及。于是在夷地筑城，让徐子住在那里。

吴王阖庐问伍员说："当初你要求攻打楚国，我知道是可以的，但既担心会派我去，又担心别人抢了我的功劳。现在我将独自拥有这一功劳了，攻打楚国，怎么样？"伍员回答说："楚国掌权的人很多而互相不和，没人敢于承担责任。如果派出三支部队轮番骚扰他们，一支部队攻进楚国，楚军一定全军出动。楚军一出动，我们就撤回，楚军一回去，我们就进攻，楚军必然疲于奔命。多次骚扰使他们疲劳，用多种战术使他们失误。等他们疲惫不堪时，再派出三军接着进攻，一定大获全胜。"阖庐采纳了这一建议。楚国从此开始陷于困顿疲乏。

昭公三十一年

经 三十有一年春，"王正月，公在乾侯"。季孙意如会晋荀跞于适历。夏四月丁巳，薛伯谷卒。晋侯使荀跞唁公于乾侯。秋，葬薛献公。冬，黑肱以滥来奔。十有二月辛亥朔，日有食之。

传 三十一年春，王正月，公在乾侯，言不能外内也①。

晋侯将以师纳公。范献子曰："若召季孙而不来，则信不臣矣②。然后伐之，若何？"晋人召季孙，献子使私焉，曰："子必来，我受其无咎③。"季孙意如会晋荀跞于适历④。荀跞曰："寡君使跞谓吾子：何故出君？有君不事，周有常刑。子其图之！"季孙练冠麻衣跣行⑤，伏而对曰："事君，臣之所不得也，敢逃刑命？君若以臣为有罪，请囚于费，以待君之察也，亦唯君⑥。若以先臣之故，不绝季氏，而赐之死。若弗杀弗亡，君之惠也，死且不朽。若得从君而归，则固臣之愿也，敢有异心？"

夏四月，季孙从知伯如乾侯⁷。子家子曰："君与之归。一惭之不忍，而终身惭乎⁸？"公曰："诺。"众曰："在一言矣，君必逐之。"荀跞以晋侯之命唁公，且曰："寡君使跞以君命讨于意如，意如不敢逃死，君其入也！"公曰："君惠顾先君之好，施及亡人，将使归粪除宗祧以事君⁹，则不能见夫人⑩。己所能见夫人者，有如河！"荀跞掩耳而走，曰："寡君其罪之恐⑪，敢与知鲁国之难？臣请复于寡君。"退而谓季孙："君怒未怠⑫，子姑归祭⑬。"子家子曰："君以一乘入于鲁师，季孙必与君归。"公欲从之，众从者胁公⑭，不得归。

薛伯谷卒。同盟，故书。

秋，吴人侵楚，伐夷，侵潜、六。楚沈尹戍帅师救潜，吴师还。楚师迁潜于南冈而还⑮。吴师围弦⑯。左司马戌、右司马稽帅师救弦，及豫章，吴师还。——始用子胥之谋也。

冬，邾黑肱以滥来奔⑰。贱而书名，重地故也。

君子曰："名之不可不慎也如是。夫有所有名，而不如其已⑱。以地叛，虽贱，必书地以名其人，终为不义，弗可灭已。是故君子动则思礼，行则思义，不为利回⑲，不为义疚⑳。或求名而不得，或欲盖而名章㉑，惩不义也。齐豹为卫司寇，守嗣大夫㉒，作而不义，其书为'盗'。邾庶其、莒牟夷、邾黑肱以土地出，求食而已，不求其名，贱而必书。此二物者㉓，所以惩肆而去贪也㉔。若艰难其身，以险危大人㉕，而有名章彻㉖，攻难之士㉗，将奔走之。若窃邑叛君，以徼大利而无名，贪冒之民㉘，将置力焉㉙。是以

《春秋》书齐豹曰'盗'，三叛人名，以惩不义，数恶无礼㉚，其善志也㉛。故曰《春秋》之称㉜：微而显㉝，婉而辨㉞。上之人能使昭明㉟，善人劝焉，淫人惧焉，是以君子贵之㊱。"

十二月辛亥朔㊲，日有食之。是夜也，赵简子梦童子裸而转以歌㊳。旦占诸史墨，曰："吾梦如是，今而日食，何也？"对曰："六年及此月也㊴，吴其入郢乎！终亦弗克。入郢，必以庚辰㊵。日月在辰尾㊶，庚午之日，日始有谪㊷。火胜金㊸，故弗克。"

[注释]

①不能外内：不能去国外，又不能回国内。　②不臣：不合臣道。　③受其无咎：保其无灾祸。　④适历：晋地名。　⑤练冠、麻衣：皆为丧服。跣行：赤足行走。《礼记·问丧》有"亲始死徒跣"。　⑥唯君：即"唯君命是听"的省略。　⑦知伯：即荀跞。　⑧惭：愧，羞。　⑨粪除：扫除。　⑩夫人：那个人，指季孙意如。　⑪其罪之恐：恐其获罪。　⑫怠：松弛。　⑬归祭：回去主持祭祀，即代理国君事宜。　⑭胁：胁迫。　⑮南冈：楚地，在今安徽省霍邱县北，在潜地之北。　⑯弦：楚邑，在今河南省息县南。　⑰滥：邾邑，在今山东省滕州市东南。　⑱不如其已：不如无名。　⑲不为利回：不因利而违礼。　⑳不为义疚：在道义上不做内疚的事。　㉑章：同"彰"，明。　㉒守嗣：世袭。　㉓二物：二事。　㉔肆：放肆。　㉕险危大人：使上位的人处于危险境地。　㉖章彻：显明。"章""彻"同义。　㉗攻难：作难。　㉘贪冒：贪婪。　㉙置力：致力。　㉚数：责备。　㉛志：记述。　㉜称：叙述史实。　㉝微而显：文字隐微而意义明显。　㉞婉而辨：言辞委婉而意思分明有别。　㉟上之

人能使昭明：作传者能使《春秋》之义明显。㊱贵：重视。㊲辛亥朔：初一日。㊳裸而转以歌：光着身子根据歌拍跳舞。㊴六年：即过了六年。㊵庚辰：庚辰日。㊶辰尾：龙尾，即东方苍龙七宿之尾。㊷谪：灾。㊸火胜金：午为火，南方，指楚。庚为金。

[**译文**]

三十一年春季，周历正月，公在乾侯。《春秋》这样记载，是说昭公既不见容于国外，又不见容于国内。

晋定公准备领兵护送昭公回到国都。范献子说："如果召见季平子而不来，就确信他不守臣道了。然后再攻打他，怎么样？"晋国召见季平子，范献子私下派人告诉平子，说："你一定要来，我确保你没事。"季平子到适历会见了晋国的荀跞。荀跞说："寡君派我对您说：为什么要赶走国君？有国君却不能事奉，周朝有明确的刑罚。你好好想想吧！"季平子头戴练冠，身着麻衣，赤脚走路，伏在地上回答说："事奉国君是我求之不得的，怎么敢逃避刑罚呢？国君如果认为我有罪，请把我囚禁在费地，等待国君的调查，一切听凭国君发落。如果看在先臣的面子上，只要不断绝季氏的香火，请求赐我一死。如果国君不杀我，也不放逐我，这是国君的恩惠，死了也不会忘记。如果能够跟随国君回去，这本来就是我的愿望，哪里还敢有其他念头呢？"

夏季四月，平子跟随荀跞到了乾侯。子家懿伯说："国君跟他一起回去吧。一点儿羞辱都不能忍受，难道要忍受终身的羞辱吗？"昭公说："好吧。"群臣说："就在国君一句话了，国君一定要驱逐季孙。"荀跞以晋定公的名义慰问昭公，并说："寡君派我以他的名义责备季孙，季孙不敢逃避死罪，国君还是回去吧！"昭公说："承蒙贵君施恩顾念先君友谊，并延续到我这个流亡之人，准备让我回去祭扫宗庙事奉贵君，那就不能再见到那个人。我要是还见那个人，有河神作证！"荀跞捂着耳朵跑开，说："寡君生怕犯下罪过，怎么敢听到鲁国的祸难呢？请允许我回去报告寡君。"退出后对平子说："贵君的怒气还没有消除，你姑且回去主持国政。"子家懿伯说："国君乘一辆车进入鲁军，季孙肯定会和您一块儿回去。"昭公准备听从，但随从的人们胁迫昭公，使他没能回去。

薛伯谷去世。因为是鲁国的同盟国，所以《春秋》予以记载。

秋季，吴国人入侵楚国，攻打夷地，入侵潜、六二地。楚国的沈尹戌率军救援潜地，吴军撤退。楚军把潜地人迁到南冈后就回去了。不久吴军围攻弦地。左司马戌、右司马稽率军救援弦地，行至豫章，吴军就撤退了。——这是吴国开始使用伍子胥的计谋了。

冬季，邾国的黑肱带着滥地投奔鲁国。这个人地位很低，《春秋》记载他的名字，表示对滥地的重视。

君子认为："名声不能不慎重，就像这样。有时出了名反而不如没有出名好。带上土地发动叛乱，即使地位低下，也一定要记载地名，以记载那个人的名字，这个人终将成为不义之人，无法消除。因此君子采取行动就要想到礼，做事情就要想到义，不因为私利而违背礼，不因为不合道义而使自己内疚。有的人追求名声却得不到，有的人想掩盖反而更加彰显，这是对不义的惩罚。齐豹是卫国的司寇，是世袭大夫，做了不义之事，被记为'盗'。邾国的庶其、莒国的牟夷、邾国的黑肱带着土地出逃，只是为了谋求生存，并不想求名，虽然地位低下，也被记载下来。这两件事，就是用来惩罚放肆无礼并消除贪婪行为的。如果对那些不惜身历艰难而危害上司的人，让其声名显扬，那么主动发难的人就会趋之若鹜。如果窃取城邑背叛国君追求巨大私利却不将其恶名记载下来，贪婪之徒就更加奔走卖力。因此《春秋》称齐豹为'盗'，记载这三个叛乱者的名字，以惩罚不义行为，斥责无礼之举，真是善于记述啊。所以说《春秋》记述史实文字隐微而意义显著，言辞委婉而褒贬明确。身居上位的人若能发扬《春秋》大义，就能使善人得到勉励，恶人感到恐惧，因此君子推崇《春秋》。"

十二月一日，鲁国发生了日食。当天晚上，赵鞅梦见小孩光着身子随着歌声的节拍跳舞。天亮后请史墨占梦，说："我做了这样一个梦，现在又发生了日食，这是什么意思呢？"史墨回答说："六年以后的这个月，吴国人恐怕要攻进楚国郢都吧！但最终也不能取胜。进入郢都一定是在庚辰这一天。那天日月在苍龙之尾，庚午那天，太阳开始有灾。不过火胜金，所以吴军不能取胜。"

昭公三十二年

经 三十有二年春，王正月，公在乾侯。取阚。夏，吴伐越。秋七月。冬，仲孙何忌会晋韩不信、齐高张、宋仲几、卫世叔申、郑国参、曹人、莒人、薛人、杞人、小邾人，城成周。十有二月己未，公薨于乾侯。

传 三十二年春，王正月，公在乾侯。言不能外内，又不能用其人也①。

夏，吴伐越，始用师于越也。史墨曰："不及四十年，越其有吴乎。越得岁而吴伐之②，必受其凶。"

秋八月，王使富辛与石张如晋，请城成周。天子曰："天降祸于周，俾我兄弟并有乱心③，以为伯父忧④。我一二亲昵甥舅，不皇启处⑤，于今十年，勤戍五年⑥。余一人无日忘之，闵闵焉如农夫之望岁⑦，惧以待时。伯父若肆大惠⑧，复二文之业⑨，弛周室之忧⑩，徼文、武之福，以固盟主，宣昭令名，则余一人有大愿矣。昔成王合诸侯，城成周，以为东都，崇文德焉⑪。今我欲徼福假灵于成王⑫，修成周之城，俾戍人无勤，诸侯用宁，蛮贼远屏⑬，晋之力也。其委诸伯父，使伯父实重图之。俾我一人无征怨于百姓⑭，而伯父有荣施⑮，先王庸之⑯。"

范献子谓魏献子曰:"与其成周,不如城之,天子实云。虽有后事,晋勿与知可也。从王命以纾诸侯,晋国无忧,是之不务,而又焉从事?"魏献子曰:"善。"使伯音对曰⑰:"天子有命,敢不奉承,以奔告于诸侯!迟速衰序⑱,于是焉在。"

冬十一月,晋魏舒、韩不信如京师,合诸侯之大夫于狄泉,寻盟,且令城成周。魏子南面⑲。卫彪傒曰⑳:"魏子必有大咎。干位以令大事㉑,非其任也。《诗》曰㉒:'敬天之怒,不敢戏豫。敬天之渝,不敢驰驱。'况敢干位以作大事乎㉓?"

己丑㉔,士弥牟营成周㉕。计丈数㉖,揣高卑,度厚薄,仞沟洫㉗,物土方㉘,议远迩,量事期㉙,计徒庸㉚,虑材用㉛,书餱粮㉜,以令役于诸侯。属役赋丈㉝,书以授帅㉞,而效诸刘子㉟。韩简子临之㊱,以为成命㊲。

十二月,公疾。遍赐大夫,大夫不受。赐子家子双琥㊳、一环、一璧、轻服㊴,受之。大夫皆受其赐。己未㊵,公薨。子家子反赐于府人㊶,曰:"吾不敢逆君命也。"大夫皆反其赐。书曰:"公薨于乾侯。"言失其所也。

赵简子问于史墨曰:"季氏出其君,而民服焉,诸侯与之,君死于外,而莫之或罪㊷,何也?"对曰:"物生有两,有三,有五,有陪贰㊸。故天有三辰㊹,地有五行,体有左右,各有妃耦㊺。王有公,诸侯有卿,皆有贰也。天生季氏,以贰鲁侯,为日久矣。民之服焉,不亦宜乎?鲁君世从其失㊻,季氏世修其勤㊼,民忘君矣。虽死于外,其谁矜之?社稷无常奉㊽,君臣无常位,自古以然。故《诗》曰:

'高岸为谷,深谷为陵⁴⁹。'三后之姓⁵⁰,于今为庶⁵¹,主所知也。在《易》卦,雷乘《乾》曰《大壮》䷡⁵²,天之道也。昔成季友,桓之季也⁵³,文姜之爱子也,始震而卜⁵⁴,卜人谒之⁵⁵,曰:'生有嘉闻⁵⁶,其名曰友,为公室辅。'及生,如卜人之言,有文在其手曰'友'⁵⁷,遂以名之,既而有大功于鲁⁵⁸,受费以为上卿。至于文子、武子,世增其业,不废旧绩。鲁文公薨,而东门遂杀嫡立庶,鲁君于是乎失国,政在季氏,于此君也,四公矣。民不知君,何以得国?是以为君,慎器与名⁵⁹,不可以假人⁶⁰。"

[注释]

①其人:指子家羁等人。 ②越得岁:指当时岁星在斗宿,斗为越分野。岁,岁星,即木星。 ③兄弟:指王子朝之党。 ④伯父:指晋侯。 ⑤不皇启处:无暇安居。 ⑥勤戍:派兵戍守。 ⑦闵闵焉:忧愁貌。岁:收割。 ⑧肆:展放。 ⑨二文:指晋文侯、晋文公。 ⑩弛:解,缓。 ⑪文德:文教德化。 ⑫假灵:与"徼福"义近,即求福。 ⑬蛮贼远屏:将坏人放逐远方。屏,放逐。 ⑭征:召。 ⑮荣施:荣功。 ⑯庸:酬功。 ⑰伯音:即韩不信。 ⑱迟速衰序:指工程的进度与工作量的分配。衰,差。 ⑲南面:面向南,居君位。 ⑳彪傒(xī):卫大夫。 ㉑干位:越位。 ㉒《诗》曰:以下四句出自《诗经·大雅·板》。戏豫,游戏,轻慢。渝,改变常态,意为愤怒。驰驱,放纵任意。 ㉓作大事:指兴土功。 ㉔己丑:十四日。 ㉕营:经营,即制订方案。 ㉖丈数:长度。 ㉗仞:计算深度。 ㉘物:考察。 ㉙量事期:预测完工日期。 ㉚徒庸:人力工时。 ㉛材用:材料器具。 ㉜书糇粮:记载所需粮食。 ㉝属役赋丈:分嘱各国出劳役多少,完成工程若干。 ㉞帅:诸侯国的大

夫。 ㉟效：致。 ㊱临：监督。 ㊲成命：既定方案。 ㊳琥（hǔ）：虎形玉器。 ㊴轻服：细好之服。 ㊵己未：十四日。 ㊶府人：掌管鲁昭公府库的官吏。 ㊷莫之或罪：即"莫或罪之"的倒装，言无人归罪于他。 ㊸陪贰：辅助。 ㊹三辰：日、月、星。 ㊺妃耦：配偶。 ㊻世从其失：世代放纵安逸。失，通"佚"，逸。 ㊼修其勤：勤恳辛劳。 ㊽无常奉：无固定不变的祭祀者。 ㊾"高岸为谷"二句：句出《诗经·小雅·十月之交》。意为大地也有巨大的变化。 ㊿三后之姓：三王的子孙。三后，指虞、夏、商三王。姓，子，此指子孙。 ㊶庶：庶民。 ㊷《大壮》：卦名，卦象为乾下震上。震，为雷，为臣。乾，为天，为君。君臣易位，大臣犹强壮，像天上有雷。因震在乾之上，故称为"雷乘乾"。 ㊸桓之季：鲁桓公的小儿子。 ㊹震：娠，怀孕。 ㊺谒：告。 ㊻嘉闻：好名声。 ㊼有文在其手：手掌上有字或图案。 ㊽有大功：指立僖公。 ㊾慎器与名：谨慎对待礼器与名位。 ㊿假：借。

[译文]

三十二年春季，周历正月，公在乾侯。《春秋》这样记载，是说昭公既不见容于国外和国内，又不能使用身边的人才。

夏季，吴国攻打越国，开始对越国用兵。史墨说："用不了四十年，越国恐怕就要占有吴国吧！岁星正运行在越国上空，而吴国攻打它，一定会受到岁星的惩罚。"

秋季八月，周敬王派富辛和石张到晋国，请求为成周筑城。天子说："上天降祸给周室，使我的兄弟都产生了祸乱之心，给伯父带来了忧患。我几个亲近的甥舅之国得不到安宁，至今已有十年了，诸侯派兵戍守成周也已经有五年了。我没有一天敢忘记这个，整日忧愁像农夫盼望丰收年成一样，提心吊胆地等待着收获季节的到来。如果伯父肯施以大恩，重建晋文侯、晋文公的大业，缓解王室的忧患，以求得文王、武王的保佑，巩固盟主的地位，宣扬晋国的美名，这就是我最大的愿望了。从前成王会合诸侯修筑成周,作为东都,尊崇文德。现在我准备祈求成王保佑,修筑成周的城墙,使成守的士兵免于辛劳,诸侯得以安宁,把坏人屏逐远方,这都要依靠晋国的力量。谨把这一任务交给伯父,请伯父认真考虑。使我本人不致招来百姓的怨恨,伯父也有了荣耀和功绩,先王的神灵也会酬谢您的。"

范献子对魏舒说:"与其派兵戍守成周,不如修筑城墙,这也是天子的要求。即使以后有事,晋国可以不参与。听从天子的命令,缓解诸侯的压力,晋国也没有了忧患,不尽量这么做,还能怎么样呢?"魏舒说:"好。"派伯音答复使者说:"天子有了命令,怎敢不听从并尽快告诉诸侯呢!至于工程进度和任务量的分配,听从天子的命令。"

冬季十一月,晋国的魏舒、韩不信到了京师,召请诸侯的大夫们在狄泉重温了平丘的盟约,并且下令在成周筑城。魏舒面南而坐。卫国的彪傒说:"魏舒一定会遭到大灾。超越本位颁布重大命令,这不是他能承担得了的。《诗经》说:'敬畏上天发怒,不敢嬉戏玩忽。敬畏上天变脸,不敢放纵任性。'何况敢越位去做大事呢?"

十四日,士弥牟设计为成周筑城的施工方案。计算长度,估计高度,度量厚度,测算深度,确定挖掘土石的方向和远近,预算完工日期、人力工时、材料器具、所需粮食,向诸侯下达任务。分配各国劳役和工程数量,写成书面材料交给诸侯大夫,并汇总送给刘文公。由韩简子监工,执行这项命令。

十二月,昭公生了病。他要赏赐所有跟随他的大夫,大夫们不接受。赐给子家懿伯一对玉琥、一只玉环、一块玉璧和一身又轻又软的衣服,懿伯接受了。大夫们才都接受了赏赐。十二月十四日,昭公去世。懿伯把赏赐给自己的东西又交给管理库房的人,说:"我之所以接受,是不敢违背国君的命令。"大夫也都归还了赏赐。《春秋》记载:"公薨于乾侯。"是说他没有死在应死的地方。

赵简子问史墨:"季氏赶走了他的国君,百姓却顺服他,诸侯亲近他,国君死在外地也没有人怪罪他,这是为什么呢?"史墨回答说:

"事物的存在,有的成双,有的成三,有的成五,有的有辅佐。因此天上有日、月、星三辰,地上有金、木、水、火、土五行,身体有左右两侧,人各有配偶。天子有公,诸侯有卿,都有辅佐之人。上天生了季氏,让他辅佐鲁侯,已经很久了。百姓顺服季氏,不也是应该的吗?鲁国的国君代代放纵安逸,季氏却世世修德勤勉,以致百姓忘记了国君。即使国君客死他乡,又有谁会怜悯他呢?社稷没有固定不变的祭祀者,君臣的位置也不会固定不变,自古以来就是这样。因此,《诗经》说:'高山可以变成河谷,深谷可以变成山陵。'虞、夏、商三王的子孙如今都成了平民,这是您知道的。《易经》的卦象上,代表雷的震卦在乾卦之上叫大壮,这是上天的常道。从前的成季友是鲁桓公的小儿子,文姜的爱子,刚刚怀孕时占卜,卜人报告说:'生下后享有好名声,名字叫友,能辅佐公室。'生下来之后,和卜人说的一样,手上有一个酷似'友'字的掌纹,便取名叫'友'。后来为鲁国立下大功,得到费邑并官拜上卿。直到季文子、季武子,每一代都能增加他们的家业,不废弃祖先的功绩。鲁文公去世,东门遂杀了嫡子立了庶子,从此鲁国国君开始失去国政,大权落在季氏手中,到这一代国君已经四代了。百姓不知道国君,国君还怎么能得到国政呢?因此作为国君应当慎重地对待宝器和名位,不能借给别人。"

定　公

定公元年

经　元年春，王。三月，晋人执宋仲几于京师。夏六月癸亥，公之丧至自乾侯。戊辰，公即位。秋七月癸巳，葬我君昭公。九月，大雩。立炀宫。冬十月，陨霜杀菽。

传　元年春①，王正月辛巳②，晋魏舒合诸侯之大夫于狄泉，将以城成周。魏子莅政③。卫彪傒曰："将建天子④，而易位以令，非义也。大事奸义，必有大咎。晋不失诸侯，魏子其不免乎。"是行也，魏献子属役于韩简子及原寿过⑤，而田于大陆⑥，焚焉⑦。还，卒于宁⑧。范献子去其柏椁⑨，以其未复命而田也。

孟懿子会城成周。庚寅⑩，栽⑪。宋仲几不受功⑫，曰："滕、薛、郳，吾役也⑬。"薛宰曰："宋为无道，绝我小国于周，以我适楚，故我常从宋。晋文公为践土之盟⑭，曰：'凡我同盟，各复旧职。'若从践土，若从宋，亦唯命。"仲几曰："践土固然⑮。"薛宰曰："薛之皇祖奚仲，居薛以为夏车正⑯。奚仲迁于邳⑰，仲虺居薛⑱，以为汤左相。若复旧职，将承王官[19]，何故以役诸侯？"仲几曰："三代各异物[20]，薛焉得有旧[21]？为宋役，亦其职也。"士弥牟曰："晋之从政者新[22]，子姑受功。归，吾视诸故府[23]。"仲几曰："纵子忘之，山川鬼神其忘诸乎？"士伯怒，谓韩简子曰："薛征于人[24]，宋征于鬼，宋罪大矣！且己无辞而抑我以神[25]，诬我也。'启宠纳侮[26]'，其此之谓矣。必以仲几为戮[27]。"乃执仲几以归。三月，归诸京师。

城三旬而毕，乃归诸侯之戍。齐高张后，不从诸侯。晋女叔宽曰："周苌弘、齐高张皆将不免。苌叔违天，高子违人。天之所坏，不可支也。众之所为，不可奸也。"

夏，叔孙成子逆公之丧于乾侯[28]。季孙曰："子家子亟言于我，未尝不中吾志也。吾欲与之从政，子必止之[29]，且听命焉。"子家子不见叔孙，易几而哭[30]。叔孙请见子家子，子家子辞，曰："羁未得见，而从君以出。君不命而薨，羁不敢见。"叔孙使告之曰："公衍、公为实使群臣不得事君。若公子宋主社稷[31]，则群臣之愿也。凡从君出而可以入者，将唯子是听。子家氏未有后，季孙愿与子从政。此皆季孙之愿也，使不敢以告[32]。"对曰："若立君，则有卿士、大夫与守龟在，羁弗敢知。若从君者，则貌而出者[33]，入可也。寇而出者[34]，行可也。若羁也[35]，则君知其出也，而未知其入也。羁将逃也。"丧及坏隤[36]，公子宋先入，从公者皆自坏隤反。

六月癸亥[37]，公之丧至自乾侯。戊辰[38]，公即位。季孙使役如阚公氏[39]，将沟焉[40]。荣驾鹅曰[41]："生不能事，死又离之[42]，以自旌也[43]？纵子忍之[44]，后必或耻之。"乃止。季孙问于荣驾鹅曰："吾欲为君谥⑮，使子孙知之。"对曰："生弗能事，死又恶之，以自信也⑯？将焉用之？"乃止。

秋七月癸巳⑰，葬昭公于墓道南。孔子之为司寇也，沟而合诸墓⑱。

昭公出故，季平子祷于炀公⑲。九月，立炀宫⑳。

周巩简公弃其子弟㉑，而好用远人㉒。

[注释]

①元年：公元前509年，即周敬王十一年。 ②辛巳：初七日。 ③莅政：代天子主持政事。 ④建天子：为天子筑城。 ⑤韩简子：即韩不信。原寿过：周大夫。 ⑥大陆：旧名吴泽陂，在今河南省获嘉县西北。 ⑦焚：烧薮泽的草木便于田猎。 ⑧宁：地名，在今河南省获嘉县西。 ⑨柏椁：柏木外棺。 ⑩庚寅：十六日。 ⑪栽：夯土。 ⑫不受功：不接受工程任务。 ⑬吾役：为我服役。 ⑭践土之盟：事在僖公二十八年。 ⑮固然：本来就是如此。 ⑯车正：官名。 ⑰邳：地名，在今江苏省邳州市东北。 ⑱仲虺：奚仲后代。 ⑲王官：天子的官位。 ⑳异物：事情各不相同。 ㉑旧：旧时的章程。 ㉒新：刚上任。 ㉓故府：犹今之档案。 ㉔征：取证。 ㉕抑：施加压力。 ㉖启宠纳侮：给予宠爱反招来欺侮。 ㉗戮：辱，惩戒。 ㉘叔孙成子：叔孙婼之子。 ㉙止：留。 ㉚易几而哭：改变哭丧的时间。几，期。 ㉛公子宋：即昭公弟定公。 ㉜不敢：叔孙成子名。 ㉝貌：表面。 ㉞寇：寇仇，指与季氏结仇者。 ㉟若至于。 ㊱坏隤（tuí）：鲁地，在今山东省曲阜市境内。 ㊲癸亥：二十一日。 ㊳戊辰：二十六日。 ㊴阚公氏：阚为鲁群公墓地名，又因为公墓所在，故称阚公氏。 ㊵沟：挖沟，用作动词。 ㊶荣驾鹅：即鲁大夫荣成伯。 ㊷离之：指将昭公墓和祖茔隔离。 ㊸自旌：自彰其恶。旌，表明。 ㊹忍：狠心。 ㊺谥：指恶谥。 ㊻自信：

自我申明。信，同"申"。 ㊼癸巳：二十二日。 ㊽沟而合诸墓：即在昭公墓以外挖沟，扩大墓域，表示昭公墓与鲁先君之墓属同一兆域。 ㊾炀公：鲁先君考公西之弟，名熙。考公卒，炀公继承兄位。季氏欲废公衍而立昭公之弟，效炀公嗣位故事，故祈祷于炀公。 ㊿立炀宫：建炀公庙。季氏另建炀宫以表示兄终弟及，鲁有先例，并非自己私意。 ㈤巩简公：周卿士。 ㈥远人：异族。

[译文]

元年春季，周历正月七日，晋国的魏舒在狄泉会合诸侯的大夫，准备为成周筑城。魏舒主持筑城事宜。卫国的彪傒说："准备为天子筑城，却越位发号施令，不合道义。在重大的事情上违背道义，一定会招致大祸。即使晋国不失去诸侯，魏子恐怕也难免灾祸吧。"这次行动，魏舒把筑城的事情交给韩不信和原寿过，自己跑到大陆打猎，还放火烧荒。回来时，行至宁地去世。范献子撤去了魏舒的柏木外椁，因为他没有复命就去打猎。

孟懿子参加成周筑城工程。十六日，开始夯土。宋国的仲几拒绝接受任务，说："滕、薛、郳三国都应该替我国服役。"薛国的宰臣说："从前宋国无道，使我们这个小国断绝了和王室的来往，带着我们去事奉楚国，因此我们才常常顺从宋国。晋文公主持践土盟会，盟誓说：'凡我同盟国家，都恢复原有职位。'是服从践土的盟约，还是服从宋国的命令，听凭吩咐。"仲几说："践土盟约本来就是让你们为宋国服役。"宰臣说："薛国的始祖奚仲住在薛地，担任夏朝的车正。后来奚仲迁移到邳地，仲虺住在薛地，担任汤的左相。如果恢复原来的职位，薛国应该接受天子任命的官职，为什么要为诸侯服役呢？"仲几说："三代的情况各不相同，薛国怎能还有原先的职位呢？为宋国服役，就是你们的职责。"士弥牟说："晋国主持政事的是个新人，你姑且接受任务。等我回去，再查阅一下档案中的记载。"仲几说："即使您忘了这事，山川鬼神难道会忘记吗？"士弥牟发火了，对韩简子说：

"薛国以人为证，宋国以鬼为证，宋国罪大恶极！而且自己无理可讲，便用鬼神压我，这是欺侮我们。'给他宠信反而招来欺侮。'大概说的就是这个道理。我一定要惩罚仲几。"就抓了仲几回国。三月，把他送到京城。

筑城的工程历时三十天完成，让诸侯的戍卒回国。齐国的高张后到，没有赶上诸侯。晋国的女叔宽说："周朝的苌弘和齐国的高张都将难免灾祸。苌弘违背了上天，高张违背了众人。上天要毁坏谁，谁也不能保护，众人想怎么做，谁也违背不了。"

夏季，叔孙成子前往乾侯迎接昭公的灵柩。季孙说："子家子几次和我谈话，都很合我的心思。我打算让他和我一起执政，你一定要挽留他，并要听候他的安排。"子家子不想见到叔孙成子，故意改变哭丧的时间。叔孙成子请求见子家子，他推辞说："我没能见到您，就跟随国君出走了。国君没有命令我见您就去世了，我不敢见您。"叔孙成子派人告诉他："实际上是公衍、公为让群臣不能事奉国君。让公子宋主掌国家，是群臣的愿望。跟随国君外出的人谁可以回国，都由您决定。子家氏还没有立下继承人，季孙希望与您共同主持国政。这都是季孙的愿望，派我来向您报告。"子家子回答说："如果要立新君，有卿士、大夫和守龟在那里，我不敢过问。至于跟随国君出来的人，表面上随君出走的人可以回去，与季氏为敌的人可以让他出逃。至于我，国君只知道我跟他出奔，并不知道我会回去。我准备逃往他国。"灵柩运至坏隤时，公子宋已先入都，跟随昭公逃亡的人都从坏隤往回走了。

六月二十一日，昭公的灵柩从乾侯运至国都。二十六日，鲁定公即位。季平子派役卒到阚公氏那里准备挖条沟。荣驾鹅说："生前不能事奉，死后又将他的坟墓和祖茔隔离，这不是要张扬自己的罪恶吗？即使您忍心这么做，后世也必定有人以此为耻。"于是不再挖沟。平子对荣驾鹅说："我准备为先君取一个恶谥，让子孙都知道他。"荣驾鹅回答说："生前不能事奉他，死后又取一个恶谥，这是表明自己厌恶他吗？有这个必要吗？"平子只好作罢。

秋季七月二十二日，把昭公安葬在墓道南侧。孔子出任鲁国司寇时，在昭公墓外挖了一条沟，使昭公墓和鲁国先君的坟墓连在了一起。

由于昭公出走，季平子向炀公祈祷。九月，建立了炀公庙。

周朝卿士巩简公疏远自己的子弟而喜欢任用异族客卿。

定公二年

经 二年春，王正月。夏五月壬辰，雉门及两观灾。秋，楚人伐吴。冬十月，新作雉门及两观。

传 二年夏，四月辛酉①，巩氏之群子弟贼简公②。

桐叛楚③。吴子使舒鸠氏诱楚人，曰："以师临我，我伐桐，为我使之无忌④。"

秋，楚囊瓦伐吴，师于豫章。吴人见舟于豫章⑤，而潜师于巢。冬十月，吴军楚师于豫章⑥，败之。遂围巢，克之，获楚公子繁⑦。

邾庄公与夷射姑饮酒⑧，私出⑨。阍乞肉焉⑩，夺之杖以敲之。

[注释]

①辛酉：二十四日。 ②贼：杀害。 ③桐：古国名，当时属楚，在今安徽省桐城市北。 ④忌：疑忌。 ⑤见：同"现"。 ⑥军：击，用作动词。 ⑦公子繁：守巢之大夫。 ⑧夷射姑：邾大夫。 ⑨私出：出去小便。 ⑩阍：守门人。

[译文]

二年夏季，四月二十四日，巩氏的子弟们刺杀了巩简公。

桐地人背叛了楚国。吴王派舒鸠氏诱骗楚国人，说："让军队逼近我们，我们去攻打桐地，让他们对我们出兵不产生猜疑。"

秋季，楚国的囊瓦攻打吴国，军队驻扎在豫章。吴国人让战船在豫章出现，秘密派兵围攻巢地。冬季十月，吴军在豫章攻打楚军，将其击败。随后围攻巢地，将其攻克，俘获了楚国的公子繁。

邾庄公和大夫夷射姑一起喝酒，夷射姑出去小便。守门人向他要肉吃，他夺过对方的棍子来打他。

定公三年

经 三年春，王正月，公如晋，至河，乃复。二月辛卯，邾子穿卒。夏四月。秋，葬邾庄公。冬，仲孙何忌及邾子盟于拔。

传 三年春二月辛卯①，邾子在门台②，临廷③。阍以瓶水沃廷④。邾子望见之，怒。阍曰："夷射姑旋焉⑤。"命执之。弗得，滋怒，自投于床，废于炉炭⑥，烂⑦，遂卒。先葬以车五乘，殉五人。庄公卞急而好洁⑧，故及是。

秋九月，鲜虞人败晋师于平中⑨，获晋观虎，恃其勇也。

冬，盟于郯⑩，修邾好也。

蔡昭侯为两佩与两裘以如楚⑪，献一佩一裘于昭王。昭王服之，以享蔡侯。蔡侯亦服其一。子常欲之⑫，弗与。三年止之⑬。唐成公如楚，有两肃爽马⑭，子常欲之，弗与，亦三年止之。唐人或相与谋，请代先从者，许之。饮先从者酒，醉之，窃马而献之子常。子常归唐侯。自拘于司败⑮，曰："君以弄马之故⑯，隐君身⑰，弃国家。群臣请相夫人以偿马⑱，必如之。"唐侯曰："寡人之过也，二三子无辱。"皆赏之。蔡人闻之，固请而献佩于子常。子常朝，见蔡侯之徒，命有司曰："蔡君之久也，官不共也⑲。明日，礼不毕⑳，将死。"蔡侯归，及汉，执玉而沉，曰："余所有济汉而南者㉑，有若大川！"蔡侯如晋，以其子元与其大夫之子为质焉，而请伐楚。

[注释]

①辛卯：二十九日。　②门台：即门楼。　③临廷：面对庭院。　④沃：洒。　⑤旋：小便。　⑥废：堕。　⑦烂：因烧伤而感染。　⑧卞急：躁急。　⑨平中：鲜虞地名，在今河北省唐县西北。　⑩郊：即拔，在今山东省郯城县西南。　⑪佩：玉佩。　⑫子常：即令尹囊瓦。　⑬三年止之：扣留了三年。　⑭肃爽：骏马名。　⑮自拘于司败：指窃马人自己到司法官那里拘禁起来。司败，即司寇。　⑯弄：玩。　⑰隐：被拘禁。　⑱夫人：那人，指养马人。　⑲官不共：有司不供给馈赠饯别的礼品。　⑳礼不毕：礼品不完备。　㉑济汉而南：渡过汉水往南去，此言誓不再朝楚。

[译文]

　　三年春季，二月二十九日，郯庄公站在门楼上，面对庭院。守门人用瓶子盛水洒在院子里。郯庄公看到，非常生气。守门人说："夷射姑在这里小便了。"庄公下令把夷射姑抓起来。没有抓到，庄公更加愤怒，从床上跳下来，跌倒在炉子的炭火上，皮肉烧伤溃烂而死。先用五辆车和五个人殉葬。庄公性急而喜欢干净，所以发生了这种事。

　　秋季九月，鲜虞人在平中打败晋军，俘获了晋国的观虎，这是观虎恃勇轻敌的结果。

　　冬季，仲孙何忌和郯子在郯地结盟，重修和郯国的友好。

　　蔡昭侯准备了两块佩玉和两件皮衣到楚国，献给楚昭王一块佩玉、

定　公

一件皮衣。昭王穿上皮衣戴上佩玉，设享礼招待昭侯。昭侯也穿着另一件皮衣、戴着另一块佩玉出席宴会。子常想要过来，昭侯不给。子常把他扣留了三年。唐成公到楚国，带了两匹名为肃爽的骏马，子常想要，成公不给，也被扣押了三年。唐国有人相互商议，请求派人到楚国替代原先跟从成公的人，成公同意了。他们让先去的人喝酒，把他们灌醉，偷出马献给了子常。子常释放成公回国。偷马的人把自己捆起来到司寇那里请罪说："国君因为玩弄马匹，使自己身陷囹圄，抛弃了国家。群臣请求帮助养马人来赔马，一定要找来两匹同样的好马。"成公说："这是我的过错，你们几个不要再羞辱我。"全都赏赐了他们。蔡国人听说后，坚持请求昭侯把佩玉献给了子常。子常上朝，见到昭侯的侍从，命令官员说："蔡君所以滞留这么久，就是因为你们没有备好回赠的礼品。如果明天再不准备好，就把你们处死。"蔡昭侯回国途中，到达汉水，把玉沉到水中发誓说："我要再渡过汉水往南去，有河神作证！"昭侯前往晋国，把自己的儿子和大夫的儿子做人质，请求攻打楚国。

定公四年

经 四年春，王二月癸巳，陈侯吴卒。三月。公会刘子、晋侯、宋公、蔡侯、卫侯、陈子、郑伯、许男、曹伯、莒子、邾子、顿子、胡子、滕子、薛伯、杞伯、小邾子、齐国夏于召陵，侵楚。夏四月庚辰，蔡公孙姓帅师灭沈，以沈子嘉归，杀之。五月，公及诸侯盟于皋鼬。杞伯成卒于会。六月，葬陈惠公。许迁于容城。秋七月，公至自会。刘卷卒。葬杞悼公。楚人围蔡。晋士鞅、卫孔圉帅师伐鲜虞。葬刘文公。冬十有一月庚午，蔡侯以吴子及楚人战于柏举，楚师败绩。楚囊瓦出奔郑。庚辰，吴入郢。

传 四年春三月，刘文公合诸侯于召陵，谋伐楚也。晋荀寅求货于蔡侯，弗得，言于范献子曰："国家方危，诸侯方贰，将以袭敌，不亦难乎？水潦方降，疾疟方起，中山不服①，弃盟取怨，无损于楚，而失中山，不如辞蔡侯。吾自方城以来②，楚未可以得志，只取勤焉③。"乃辞蔡侯。

晋人假羽旄于郑④，郑人与之。明日，或旆以会⑤。晋于是乎失诸侯。

将会，卫子行敬子言于灵公曰⑥："会同难⑦，啧有烦言⑧，莫之治也。其使祝佗从⑨。"公曰："善。"乃使子鱼。子鱼辞，曰："臣展四体⑩，以率旧职⑪，犹惧不给而烦刑书⑫，若又共二⑬，徼大罪也。且夫祝，社稷之常隶也⑭。社稷不动⑮，祝不出竟，官之制也。君以军行，祓社衅鼓，祝奉以从，于是乎出竟。若嘉好之事，君行师从，卿行旅从⑯，臣无事焉。"公曰："行也。"

及皋鼬⑰，将长蔡于卫⑱。卫侯使祝佗私于苌弘曰："闻诸道路，不知信否？若闻蔡将先卫，信乎？"苌弘曰："信。蔡叔，康叔之兄也⑲，先卫，不亦可乎？"子鱼曰："以先王观之，则尚德也。昔武王克商，成王定之，选建明德，以藩屏周。故周公相王室，以尹天下⑳，于周为睦㉑。分鲁公以大路、大旂，夏后氏之璜㉒，封父之繁弱㉓，殷民六族：条氏、徐氏、萧氏、索氏、长勺氏、尾勺氏，使帅其宗氏㉔，辑其分族㉕，将其丑类㉖，以法则周公，用即命于周。是使之职事于鲁，以昭周公之明德。分之土田陪敦㉗，祝、宗、卜、史，备物㉘、典策，官司、彝器。因商奄之民㉙，命以《伯禽》，而封于少皞之虚㉚。分康叔以大路、少帛㉛、绮茷、旃旌㉜、大吕㉝，殷民七族：陶氏、施氏、繁氏、锜氏、樊氏、饥氏、终葵氏。封畛土略，自武父以南，及圃田之北竟，取于有阎之土㉞，以共王职，取于相土之东都㉟，以会王之东蒐㊱。聃季授土㊲，陶叔授民㊳，命以《康诰》㊴，而封于殷虚㊵。皆启以商政㊶，疆以周索㊷。分唐叔以大路、密须之鼓㊸、阙巩㊹、沽洗㊺，怀姓九宗㊻，职官五正，命以《唐诰》㊼，而封于夏虚㊽。启以夏政，疆以戎索。三者皆叔也㊾，而有令德，故昭之以分物㊿。不然，文、武、成、康之伯犹多㉛，而不获是分也，唯不尚年也㉒。管蔡启商㉓，惎间王室㉔。王于是乎杀管叔而蔡蔡叔㉕，以车七乘，徒七十人。其子蔡仲，改行帅德㉖，周公举之，以为己卿士，见诸王而命之以蔡㉗，其命书云：'王曰：胡㉘，无若尔考之违王命也㉙！'若之何其使蔡先卫也？武王之母弟八人，周公为大宰，康叔为司寇，聃季为司空，五叔无官㉠，岂尚年哉？曹，文之昭也㉡。晋，武之穆也㉢。曹为伯甸㉣，非尚年也㉤。今将尚之，是反先王也。晋文公为践土之盟。卫成公不在，夷叔，其母弟也，犹先蔡。其载书云：'王若曰：晋重、鲁申、卫武、蔡甲午、郑捷、齐潘、宋王臣、莒期㉥。'藏在周府，可覆视也。吾子欲复文、武之略㉦，而不正其德，将如之何？"苌弘说，告刘子，与范献子谋之，乃长卫侯于盟㉧。

反自召陵，郑子大叔未至而卒。晋赵简子为之临㉨，甚哀，曰："黄父之会㉩，夫子语我九言，曰：'无始乱，无怙富，无恃宠，无违同㉪，无敖礼㉫，无骄能㉬，无复怒㉭，无谋非德，无犯非义。'"

沈人不会于召陵，晋人使蔡伐之。夏，蔡灭沈。

秋，楚为沈故，围蔡。伍员为吴行人以谋楚。

楚之杀郤宛也，伯氏之族出。伯州犁之孙嚭，为吴大宰以谋楚。楚自昭王即位，无岁不有吴师。蔡侯因之，以其子乾与其大夫之子为质于吴。

冬，蔡侯、吴子、唐侯伐楚。舍舟于淮汭，自豫章与楚夹汉。左司马戌谓子常曰："子沿汉而与之上下74。我悉方城外以毁其舟，还塞大隧、直辕、冥阨75，子济汉而伐之，我自后击之，必大败之。"既谋而行。武城黑谓子常曰76："吴用木也，我用革也77，不可久也，不如速战。"史皇谓子常78："楚人恶子而好司马79。若司马毁吴舟于淮，塞城口而入80，是独克吴也。子必速战，不然不免。"乃济汉而陈，自小别至于大别81。三战，子常知不可，欲奔。史皇曰："安求其事82，难而逃之，将何所入？子必死之，初罪必尽说83。"

十一月庚午84，二师陈于柏举85。阖庐之弟夫概王，晨请于阖庐曰："楚瓦不仁86，其臣莫有死志。先伐之，其卒必奔。而后大师继之，必克。"弗许。夫概王曰："所谓'臣义而行，不待命'者，其此之谓也。今日我死，楚可入也。"以其属五千，先击子常之卒。子常之卒奔，楚师乱，吴师大败之。子常奔郑。史皇以其乘广死87。

吴从楚师，及清发88，将击之。夫概王曰："困兽犹斗，况人乎？若知不免而致死，必败我。若使先济者知免，后者慕之，蔑有斗心矣。半济而后可击也89。"从之，又败之。楚人为食，吴人及之，奔。食而从之90，败诸雍澨91。

五战及郢。

己卯㉒,楚子取其妹季芈畀我以出,涉睢㉓。鍼尹固与王同舟。王使执燧象以奔吴师㉔。

庚辰㉕,吴入郢,以班处宫㉖。子山处令尹之宫㉗,夫概王欲攻之,惧而去之,夫概王入之。

左司马戌及息而还㉘,败吴师于雍澨,伤。初,司马臣阖庐,故耻为禽焉㉙,谓其臣曰:"谁能免吾首⑩?"吴句卑曰:"臣贱,可乎?"司马曰:"我实失子⑪,可哉。"三战皆伤,曰:"吾不可用也已。"句卑布裳⑫,刭而裹之⑬,藏其身而以其首免。

楚子涉睢,济江,入于云中⑭。王寝,盗攻之,以戈击王。王孙由于以背受之,中肩。王奔郧⑮,钟建负季芈以从⑯,由于徐苏而从⑰。郧公辛之弟怀将弑王⑱,曰:"平王杀吾父,我杀其子,不亦可乎?"辛曰:"君讨臣,谁敢仇之?君命,天也。若死天命,将谁仇?《诗》曰⑲:'柔亦不茹,刚亦不吐。不侮矜寡,不畏强御。'唯仁者能之。违强陵弱⑩,非勇也。乘人之约⑪,非仁也。灭宗废祀⑫,非孝也。动无令名,非知也。必犯是,余将杀女。"斗辛与其弟巢以王奔随。吴人从之,谓随人曰:"周之子孙在汉川者,楚实尽之。天诱其衷,致罚于楚,而君又窜之⑬,周室何罪?君若顾报周室,施及寡人,以奖天衷⑭,君之惠也。汉阳之田,君实有之。"楚子在公宫之北,吴人在其南。子期似王⑮,逃王⑯,而已为王⑰,曰:"以我与之,王必免。"随人卜与之,不吉。乃辞吴曰:"以随之辟小而密迩于楚⑱,楚实存之,世有盟誓,至于今未改。若难而弃之,何以事君？执事之患，不唯一人。若鸠楚竟⑪⑨，敢不听命？"吴人乃退。镶金初宦于子期氏⑫⓪，实与随人要言⑫①。王使见，辞，曰："不敢以约为利。"王割子期之心⑫②，以与随人盟。

初，伍员与申包胥友。其亡也，谓申包胥曰："我必复楚国⑫③。"申包胥曰："勉之！子能复之，我必能兴之。"及昭王在随，申包胥如秦乞师，曰："吴为封豕、长蛇，以荐食上国⑫④，虐始于楚。寡君失守社稷，越在草莽，使下臣告急，曰，夷德无厌⑫⑤，若邻于君，疆埸之患也。逮吴之未定，君其取分焉⑫⑥。若楚之遂亡，君之土也。若以君灵抚之⑫⑦，世以事君。"秦伯使辞焉，曰："寡人闻命矣，子姑就馆，将图而告。"对曰："寡君越在草莽，未获所伏⑫⑧，下臣何敢即安？"立，依于庭墙而哭，日夜不绝声，勺饮不入口七日⑫⑨。秦哀公为之赋《无衣》⑬⓪，九顿首而坐。秦师乃出。

[注释]

①中山：即鲜虞，战国时为中山国。 ②方城：晋楚方城之战在襄公十六年。 ③只取勤：仅劳师费财。 ④假羽旄：借羽毛。羽旄，参看襄公十四年注。 ⑤旆：将羽毛装饰在旗杆上。 ⑥子行敬子：卫大夫。 ⑦会同难：朝会难于协同。 ⑧啧有烦言：意为互相怨争而言论不一致。 ⑨祝佗：太祝子鱼。 ⑩展四体：从事工作，即动手跑腿。 ⑪率旧职：承袭先人的职责。 ⑫不给：不能尽职。烦刑书：触犯刑律。 ⑬共二：供奉第二种职务。 ⑭隶：贱臣。 ⑮社稷：土地神和谷神。 ⑯师、旅：二千五百人为师，五百人为旅。 ⑰皋鼬：郑邑，在今河南省临颍县南。 ⑱长蔡于卫：使蔡先于卫献

血。 ⑲蔡叔：为蔡国始封君。康叔：为卫国始封君。 ⑳尹：治。 ㉑睦：亲厚。 ㉒瑱：半圆形玉璧。 ㉓封父：古国名，在今河南省封丘县。繁弱：古时良弓名。 ㉔宗氏：大宗，即嫡长房之族。 ㉕分族：其余小宗之族。 ㉖丑类：附属此六族的奴隶。 ㉗陪敦：附庸。 ㉘备物：服用之物。 ㉙商奄：古国名，在今山东省曲阜市境。 ㉚少皞之虚：即曲阜。虚，同"墟"。 ㉛少帛：即小白，旗名。 ㉜綪茷、旃旌：均为旗名。 ㉝大吕：钟名。 ㉞有阎：卫所受朝宿邑，在京畿附近。 ㉟相土之东都：即今河南省商丘市区。一说为今河南省濮阳市。相土，殷商之祖。 ㊱东蒐：往东巡狩。 ㊲聃季：周公弟，司空。 ㊳陶叔：疑即曹叔振铎，司徒。 ㊴《康诰》：周书。 ㊵殷虚：朝歌，今河南省淇县。 ㊶皆启以商政：鲁、卫都沿袭商代的政事。 ㊷疆以周索：按照周朝的制度划疆理土。 ㊸密须：国名，在今甘肃省灵台县西。 ㊹阙巩：指代铠甲。详见昭公十五年传。 ㊺沽洗：亦作姑洗，钟名。 ㊻怀姓：即隗国，指晋西北诸族。 ㊼《唐诰》：古书诰命篇名，已佚。 ㊽夏虚：大夏，在今山西省太原市一带。 ㊾三者：指周公、康叔、唐叔。或为武王之弟，或为成王之弟。 ㊿昭之以分物：用分赐东西显扬他们的德行。 51伯：兄。 52不尚年：不崇尚年龄。 53启商：引诱商人。 54惎（jì）：谋。间：犯。 55蔡：放逐。 56改行帅德：改变行为遵循善德。帅，同"率"，循。 57命之以蔡：任命做蔡侯。 58胡：蔡仲名。 59尔考：你的父亲。 60五叔：指管叔、蔡叔、成叔、曹叔、霍叔。 61曹，文之昭也：曹国是文王的后代。曹叔为文王之子，周公异母弟。 62晋，武之穆也：晋国是武王的后代。晋始封君唐叔为周武王之子。 63伯甸：以伯爵居甸服。 64非尚年：曹叔长于唐叔虞，而封地远，故云不崇尚年龄。 65晋重：晋国重耳。以下皆为各国君主名，省略一字，为避讳之故。 66略：规章。 67长：先。 68临：吊丧。 69黄父之会：事在昭公二十五年。 70违同：违背共同的意愿。 71敖礼：傲视有礼之人。敖，同

"傲"。 ⑫骄能：因有能而骄。 ⑬复怒：发怒两次。 ⑭与之上下：与吴军周旋，勿使其渡过汉水。 ⑮大隧、直辕、冥阨：汉东三隘道，即今豫鄂交界三关。东为九里关，即大隧；中为武胜关，即直辕；西为平靖关，即冥阨。 ⑯武城黑：楚武城大夫。武城，今河南省信阳市东北。 ⑰用木、用革：指战车。吴战车纯以木制成。楚战车蒙以皮革，用胶黏结，故不耐雨湿。 ⑱史皇：楚大夫。 ⑲司马：沈尹戌。 ⑳城口：三隘道的总称。 ㉑小别、大别：二山名。 ㉒安求其事：平安时，争着执掌政事。 ㉓尽说：全部解除。说，通"脱"。 ㉔庚午：十八日。 ㉕柏举：楚地，在今湖北省麻城市东北。 ㉖瓦：子常名。 ㉗乘广：楚王或主帅所乘的兵车。 ㉘清发：水名，为涢水支流，在今湖北省安陆市境。 ㉙半济：渡过一半。 ㉚食而从之：吃了楚军做的饭又追赶。 ㉛雍澨（shì）：楚地，在今湖北省京山县境。 ㉜己卯：二十七日。 ㉝睢：水名，即今沮水，当在今湖北省枝江市东北。 ㉞执燧象：烧火燧系于象尾。 ㉟庚辰：二十八日。 ㊱以班处宫：按尊卑班次居于宫室。 ㊲子山：吴王之子。 ㊳息：楚地，在今河南省息县西南。 ㊴禽：通"擒"。 ⑩免吾首：谓不使吴人得我尸首。 ⑪失子：即不知你贤能。 ⑫布裳：展开下衣。 ⑬刭：割其首。 ⑭云中：即云梦泽。 ⑮郧：楚邑，在今湖北省京山县、安陆市一带。 ⑯钟建：楚大夫。 ⑰徐苏：慢慢苏醒过来。 ⑱郧公辛：蔓成然之子斗辛。 ⑲《诗》曰：以下四句出自《诗经·大雅·烝民》。意为不欺弱者，不畏强者。茹，食，吞。矜，同"鳏"。 ⑩违强：避强。 ⑪约：危难。 ⑫灭宗废祀：弑君之罪应灭宗。 ⑬窜：藏匿。 ⑭以奖天衷：以助成天意。 ⑮子期：楚昭王之兄公子结。 ⑯逃王：让楚王逃走。 ⑰为王：着楚王衣饰。 ⑱辟：同"僻"。 ⑲鸠：安。 ⑳镒金：子期家臣。 ㉑要言：约言。 ㉒割子期之心：割破子期胸部取血。 ㉓复：借为"覆"，倾覆。 ㉔荐食上国：一再吞食中原诸国。荐，屡次。 ㉕夷德：夷人的心性。 ㉖取分：与吴共分楚地。 ㉗抚：存恤。

定　公

⑱伏：居处。　⑲勺饮：一勺水。　⑳《无衣》：《诗经·秦风》篇名，义取"王于兴师，修我戈矛，与子同仇"句，表示将出师救楚。

[译文]

　　四年春季三月，刘文公在召陵会合诸侯，谋划攻打楚国。晋国的荀寅向蔡昭侯索取财物，没能得到，便对范献子说："国家正处于危急时刻，诸侯也都有了二心，这时攻打敌人，不是很难吗？阴雨连绵，疟疾流行，鲜虞人又不顺从，破坏盟约而招致怨恨，对楚国不会造成损害，我国却会失去鲜虞，不如拒绝蔡侯。自从方城一战，我国一直没有在楚国身上满足过心愿，只是劳民伤财。"于是拒绝了蔡昭侯。

　　晋国人向郑国人借用装饰旌旗的羽毛，郑国人给了他们。第二天，晋国人就用羽毛装饰旌旗参加盟会。从此晋国失去了诸侯的拥护。

　　盟会将要开始，卫国的子行敬子对卫灵公说："朝会难以取得一致意见，往往因分歧而争论不休，无法协调。希望让祝佗跟随。"灵公说："好吧。"便让祝佗跟随。祝佗推辞说："我竭尽全力继承先人的职务，尚且担心做不好而犯下罪过，如果再派给我第二份工作，恐怕会招致大罪了。再说太祝是为社稷设立的贱臣。社稷不出动，太祝就不能走出国境，这是官制的规定。假如国君领兵出发，祭祀社神，杀牲衅鼓，太祝奉社神而行，这才走出国境。至于朝会之事，国君出动有一师人马随从，卿出动有一旅人马随从，我没有事情可做。"灵公说："还是去吧。"

　　行至皋鼬，晋国人准备让蔡国排在卫国之前。卫灵公派祝佗私下对苌弘说："我们在路上听说这个消息，不知是真是假？听说要把蔡国排在卫国之前，是真的吗？"苌弘说："是真的。蔡叔是康叔的哥哥，排在卫国前面，不也可以吗？"祝佗说："从先王的标准来看，是崇尚德行。从前武王战胜了商朝，成王安定了天下，便选拔分封有德行的贤人，作为周朝的屏障。因此周公得以辅佐王室，治理天下，诸侯和周朝和睦相处。赐给鲁公大路车、龙旗、夏后氏的璜玉、封父的繁弱弓，以及殷朝的六个家族条氏、徐氏、萧氏、索氏、长勺氏、尾勺氏，让他们率领大宗，集合小宗，带着所属的奴隶，顺从周公的法令，由此听从周朝的命令。这是让他们到鲁国做事效力，以宣扬周公的德行。分给鲁国附庸小国，以及太祝、宗人、太卜、太史，服饰器物、典籍简册、百官、祭器。依托商奄之地的百姓，用《伯禽》这篇策文命令，而封在少皞的故城。赐给康叔大路车、少帛、靖茷、旃旌、大吕钟，以及殷朝的七个家族陶氏、施氏、繁氏、锜氏、樊氏、饥氏、终葵氏。分封的疆域从武父以南直到圃田的北境，取得了有阎氏，以执行王室任命的职务，取得了相土的东都，以协助天子在东方巡视。聃季送给他土地，陶叔送给他百姓，用《康诰》这篇策文训诫，而封在殷朝的故城。鲁公和康叔都是沿用殷朝的政策，但按照周朝的制度治理土地边疆。赐给唐叔大路车、密须国的鼓、阙巩国的甲、沽洗钟，以及怀姓的九个宗族、五正的职官，用《唐诰》这篇策文训诫，而封在夏朝的故城。唐叔沿用夏朝的政策，但依照戎人的制度治理疆土。三人都是天子的弟弟，都有美好的德行，所以分赐他们很多东西以宣扬其德行。如果不是这样，文王、武王、成王、康王的哥哥还有很多，为什么得不到这些赏赐呢？就是因为不崇尚年龄。管叔、蔡叔煽动商朝遗民，企图谋犯王室。天子因此杀了管叔放逐了蔡叔，只给了蔡叔七辆车子，七十个随从。蔡叔的儿子蔡仲改恶从善，周公提拔他为自己的卿士，让他晋见天子，天子命他为蔡侯。任命书上说：'天子说：胡，不要像你父亲那样违抗天子的命令！'为什么要把蔡国排在前面呢？武王的同母弟弟有八个，周公做了太宰，康叔做了司寇，聃季做了司空，其他五叔都没有官职，难道是崇尚年龄吗？曹国是文王的后代。晋国是武王的后代。曹国身为伯爵只是做了甸服，也不是崇尚年龄。现在要崇尚年龄，就是违反了先王的制度。晋文公召集践土盟会时，卫成公没有参加，到会的是同母弟弟夷叔，尚且排在蔡国之前。盟书上说：'天子说：晋国重耳、鲁国申、卫国叔武、蔡国甲午、郑国捷、齐国潘、宋国王臣、莒国期。'盟书保存在王室的府库中可以查阅。您想恢复文王、武王的法度,却不修正自己的德行,怎么行呢?"苌弘很高兴,又告诉了刘子,和范献子商量后,让卫灵公排在前面歃血盟誓。

从召陵盟会回来,郑国的游吉还没有到达国内就去世了。晋国的赵鞅为他哭丧,很悲伤,说:"黄父那次会盟,这个人对我说过九句话:'不可发动祸乱,不可仗恃富有,不可仗恃宠信,不可违背众人意愿,不可傲视有礼之人,不可恃才而骄,不可为同一件事情发怒两次,不可谋划不合道德之事,不可去做不义之事。'"

沈国没有派人参加召陵会盟,晋国人让蔡国前去攻打。夏季,蔡国灭亡了沈国。

秋季,楚国因为沈国的缘故而围攻蔡国。伍子胥作为吴国的外交官员谋划对付楚国。

楚国杀死郤宛时,伯氏的族人出逃。伯州犁的孙子伯嚭担任吴国的太宰,策划对付楚国。自楚昭王即位后,楚国没有一年不遭到吴军骚扰。蔡昭侯利用这个机会,把儿子乾和大夫们的儿子送到吴国做人质。

冬季,蔡昭侯、吴王阖庐、唐成公出兵攻打楚国。他们把战船停在淮河口,从豫章出发与楚军隔汉水相对。左司马戌对令尹子常说:"您沿着汉水和他们上下周旋,我率领方城山以外的全部军队去毁掉他们的战船,再回师堵塞大隧、直辕、冥阨三处险要通道。您渡过汉水发起攻击,我领兵从后面夹击,一定能把他们打得大败。"商议妥当后便行动了。武城黑对子常说:"吴国是木制战车,我们在战车上蒙上了一层皮革,作战不宜太久,不如速战速决。"史皇对子常说:"楚国人讨厌您而喜欢司马。如果司马在淮水边毁掉了吴国战船,堵塞了城口而回兵,就等于他单独战胜了吴国。您必须速战速决,不然的话,难免罪责。"子常渡过汉水摆开阵势,从小别山绵延到大别山。一连交战三次,子常知道不能取胜,打算逃走。史皇说:"国家太平时您想执掌大权,有了危难却要溜之大吉,能逃到哪里去呢?您一定要拼死一战,当初的罪过才能全部免除。"

十一月十八日，吴、楚两军在柏举摆开阵势。阖庐的弟弟夫概王早晨向阖庐请示："楚国的子常不讲仁爱，其臣下没有人会拼死作战。如果先攻打他们，他们的士兵必然奔逃。然后派大军跟上，一定能战胜他们。"吴王不同意。夫概王说："人们所说的'只要所做所为合于道义，为臣不必等待命令'，大概说的就是这种情况。现在我拼死一战，就可以攻进楚都。"就率领他的部属五千人首先进攻子常的士兵。子常的士兵四散奔逃，楚军大乱，吴军大败楚军。子常逃到郑国。史皇在子常车上战死。

吴军追击楚军，直到清发，准备发动攻击。夫概王说："被围困的野兽尚且垂死挣扎，何况是人呢？假如知道怎样都难免一死，必然会把我们打败。假如让先渡过河去的人得以逃生，后面的人羡慕他们，就没有斗志了。等他们一半人渡过河时就可以攻击了。"吴王听从了，又一次大败楚军。楚国人正在做饭，吴军赶到，楚军奔逃。吴军吃了楚军做的饭又继续追赶，在雍澨将其打败。经过五次战斗，抵达郢都。

十一月二十七日，楚昭王带了他的妹妹季芈畀我逃出郢都，渡过睢水。鍼尹固和昭王同乘一条船。昭王让他把点燃的火把系在大象的尾巴上冲向吴军。

二十八日，吴军进入郢都，按照官爵高低入住宫室。子山住进令尹的宫室，夫概王要攻打他，子山害怕而搬走，夫概王住了进去。

左司马戌行至息地就撤军回来，在雍澨将吴军打败，自己也身负重伤。当初，司马戌做过阖庐的臣子，因此对成为吴军俘虏感到耻辱，对部下说："谁保证我的脑袋不落入吴军之手？"吴句卑说："我地位低下，能不能胜任呢？"司马说："我以前竟然没有重用你，你可以。"三次战斗，司马都负了伤，他说："我已经不行了。"句卑把自己的下衣铺开，把司马的脑袋割下来包好，把他的尸身隐藏起来，就带着司马的脑袋逃走了。

楚昭王渡过睢水，过了长江，进入云梦泽。昭王正在睡觉，一伙土匪袭击他,土匪用戈刺杀昭王。王孙由于用背挡住戈,被砍在肩上。昭王逃到郧地,钟建背着季芈跟在后面,王孙苏醒之后也赶了上来。郧公辛的弟弟斗怀准备杀了昭王,说:"平王杀了我的父亲,我杀他的儿子,难道不可以吗?"郧公辛说:"国君讨伐臣子,谁敢怀恨在心呢?国君的命令就是天意。如果死于上天的命令,你能仇恨谁?《诗经》说:'软的不吞下,硬的不吐掉。不欺侮鳏寡,不畏惧强暴。'只有仁慈的人才能做到。逃避强暴欺凌弱者,不是勇。乘人之危,不是仁。灭亡宗族,废弃祭祀,不是孝。一举一动不能落得美名,不是智。你如果一定要这样做,我就杀了你。"郧公辛和他的弟弟巢护送昭王逃到了随地。吴国人追了上去,对随国人说:"周朝住在汉水的子孙,都被楚国灭亡了。现在上天垂示心意,惩罚楚国,而国君却把楚王隐藏起来,王室有什么罪?您若顾念并报答周朝,恩惠延及寡人,以完成上天的心愿,这是国君的恩惠。汉水以北的土地,都归国君所有。"当时昭王在随君宫室的北边,吴军在南边。子期长得像昭王,他让昭王逃跑,自己装扮成昭王,说:"把我交给吴军,国君一定能免于被俘。"随国人为交出子期而占卜,结果不吉利。于是随国人对吴军说:"随国偏僻弱小,距楚国很近,是楚国保存了我们,两国世代都有盟约,至今也不曾改变过。如果楚国遇到祸难就抛弃他们,又怎么能事奉贵君?贵君的忧患不只是楚王一人。如果你们安定了楚国境内,岂敢不听从命令?"吴国人便撤退了。镛金当初做过子期的家臣,这次是他与随国人商议不要把昭王交给吴国人。事后昭王让他进见,他辞谢了,说:"我不敢趁国君处于困境而谋求私利。"昭王把子期胸口割破,取出血和随国人结了盟。

当初,伍子胥和申包胥是朋友。他逃亡时对申包胥说:"我一定要使楚国灭亡。"申包胥说:"你努力吧!你能灭亡它,我就一定使它复兴。"等昭王逃到随国,申包胥到秦国请求援兵,说:"吴国就像野猪和毒蛇,多次吞食中原诸国,最先危害楚国。寡君失去国家,流落乡间荒野,特派下臣前来告急说:夷蛮的贪心没有满足的时候,如果他们成为国君的邻邦，就是边境上的祸患。趁吴国人还未站稳脚跟，您就与吴国人平分楚国吧。如果楚国就这样灭亡，它就是国君的领土了。如果仰赖国君的洪福拯救楚国，楚国将世代事奉国君。"秦哀公派人拒绝，说："寡人听到命令了，您姑且住在旅馆里，等我们商议之后再告诉您。"申包胥回答说："寡君远避荒野，没有安身之处，我怎么敢贪图安逸呢？"于是就站在院墙底下痛哭，哭声日夜不停，一连七天不喝一勺水。哀公为他吟诵了《无衣》一诗，申包胥叩了九次头才坐下。随后秦军出动。

定公五年

经 五年春，三月辛亥朔，日有食之。夏，归粟於蔡。于越入吴。六月丙申，季孙意如卒。秋七月壬子，叔孙不敢卒。冬，晋士鞅帅师围鲜虞。

传 五年春，王人杀子朝于楚。

夏，归粟于蔡①，以周亟②，矜无资③。

越入吴，吴在楚也。

六月，季平子行东野④，还，未至，丙申⑤，卒于房。阳虎将以玙璠敛⑥，仲梁怀弗与⑦，曰："改步改玉⑧。"阳虎欲逐之，告公山不狃⑨。不狃曰："彼为君也，子何怨焉？"既葬，桓子行东野⑩，及费。子泄为费宰，逆劳于郊，桓子敬之。劳仲梁怀，仲梁怀弗敬。子泄怒，谓阳虎："子行之乎⑪？"

申包胥以秦师至，秦子蒲、子虎帅车五百乘以救楚。子蒲曰："吾未知吴道⑫。"使楚人先与吴人战，而自稷会之⑬，大败夫概王于沂⑭。吴人获薳射于柏举。其子帅奔徒以从子西⑮,败吴师于军祥⑯。

秋七月,子期、子蒲灭唐⑰。

九月,夫概王归,自立也,以与王战而败,奔楚,为棠谿氏⑱。

吴师败楚师于雍澨,秦师又败吴师。吴师居麇⑲,子期将焚之,子西曰:"父兄亲暴骨焉,不能收,又焚之,不可⑳。"子期曰:"国亡矣!死者若有知也,可以歆旧祀㉑,岂惮焚之?"焚之,而又战,吴师败。又战于公婿之谿㉒,吴师大败,吴子乃归。囚闉舆罢㉓,闉舆罢请先,遂逃归。叶公诸梁之弟后臧从其母于吴,不待而归㉔。叶公终不正视。

乙亥㉕,阳虎囚季桓子及公父文伯㉖,而逐仲梁怀。冬十月丁亥㉗,杀公何藐㉘。己丑㉙,盟桓子于稷门之内。庚寅㉚,大诅㉛,逐公父歜及秦遄,皆奔齐。

楚子入于郢。初,斗辛闻吴人之争宫也,曰:"吾闻之:不让则不和,不和不可以远征。吴争于楚,必有乱。有乱则必归,焉能定楚?"

王之奔随也,将涉于成臼㉜,蓝尹亹涉其帑㉝,不与王舟。及宁㉞,王欲杀之。子西曰:"子常唯思旧怨以败,君何效焉?"王曰:"善!使复其所,吾以志前恶㉟。"

王赏斗辛、王孙由于、王孙圉、钟建、斗巢、申包胥、王孙贾、宋木、斗怀㊱。子西曰:"请舍怀也。"王曰:"大德灭小怨,道也。"申包胥曰:"吾为君也,非为身也。君既定矣,又何求?且吾尤子旗㊲,其又为诸?"遂逃赏。王将嫁季芈,季芈辞曰:"所以为女子,远丈夫也㊳。钟建负我矣。"以妻钟建,以为乐尹㊊。

王之在随也,子西为王舆服以保路㊵,国于脾泄㊶。闻王所在,而后从王。王使由于城麇,复命。子西问高厚焉,弗知,子西曰:"不能,如辞。城不知高厚小大,何知?"对曰:"固辞不能,子使余也。人各有能有不能。王遇盗于云中,余受其戈,其所犹在㊷。"袒而视之背,曰:"此余所能也,脾泄之事,余亦弗能也。"

晋士鞅围鲜虞,报观虎之役也。

[注释]

①归:通"馈"。　②周亟:救济急难。周,通"赒"(zhōu)。　③矜无资:怜悯蔡国人无粮食。资,粮。　④行东野:巡行视察东野。东野,季氏邑。　⑤丙申:十七日。　⑥玙璠:鲁国的宝玉。　⑦仲梁怀:与阳虎同为季氏家臣。　⑧改步改玉:古礼,越是尊贵之人,其步行慢而短,卑贱之人步履则长而快。步履不同,则佩玉也不同。昭公出,季氏代行君事,佩玙璠,祭宗庙。今定公立,季孙复臣位,步履及佩玉亦当改变。　⑨公山不狃:季氏家臣子泄。　⑩桓子:季孙意如之子季孙斯。　⑪行:逐仲梁怀。　⑫道:战法战术。　⑬稷:楚地,当在今河南省桐柏县境。　⑭沂:楚地,在今河南省信阳市平桥区境。　⑮奔徒:溃散的士卒。　⑯军祥:楚地,在今湖北省随县西南。　⑰唐:姬姓小国,即今湖北省枣阳市东南唐城镇。　⑱棠谿:谿谷名,楚地,在今河南省遂平县西北。　⑲麇:楚地,在雍澨附近。　⑳不可:指上一年楚与吴战,士兵多死麇中,骸骨未收,不可并焚之。　㉑歆旧祀:享旧祭。　㉒公壻之谿:楚地,在今湖北省襄樊市东。　㉓闉(yīn)舆罢:楚大夫。　㉔不待而归:丢下其母而返楚。　㉕乙亥:二十八日。　㉖公父文伯:季桓子从父昆弟。

㉗丁亥：初十日。　㉘公何貌：季氏族人。　㉙己丑：十二日。　㉚庚寅：十三日。　㉛诅：诅咒，即祭神以嫁祸于他人。　㉜成臼：即臼水，又名曰成河。　㉝蓝尹亹（wěi）：楚大夫。帑：妻子与儿女。　㉞宁：安定。　㉟志前恶：记住先王的过失。　㊱斗辛等：九人皆从王有大功。　㊲尤子旗：怨恨子旗。子旗，即万成然，因有德于平王，求欲无厌，为平王所杀。详见昭公十四年。　㊳丈夫：男子。　㊴乐尹：司乐大夫。　㊵保路：收留保护道路流亡的人。　㊶国于脾泄：立国于脾泄。脾泄，楚邑，在今湖北省江陵县境。　㊷其所：其受伤处。

[译文]

五年春季，天子的人在楚国杀了子朝。

夏季，鲁国送给蔡国粮食，以救济急难，这是怜悯他们缺粮。

越国攻打吴国，因为吴军还在楚国。

六月，季平子到东野巡视，回来时，没有走到鲁都，十七日在房地去世。阳虎准备用玙璠随葬，仲梁怀不给，说："地位改变了，佩玉也要改变。"阳虎准备驱逐仲梁怀，告诉了公山不狃。不狃说："他也是为国君着想，您为什么要怨他呢？"安葬之后，季桓子到东野巡视，到达费地。公山不狃是费地宰邑，到郊外慰劳，桓子对他非常恭敬。慰劳仲梁怀，仲梁怀不礼貌。不狃很生气，对阳虎说："您还不赶他走吗？"

申包胥领着秦军到达，秦国的子蒲、子虎率自己领五百辆战车救援楚国。子蒲说："我不了解吴国人的战术。"让楚军先与吴军交战，自己领兵从稷地会合，在沂地大败夫概王。吴国人在柏举俘获了薳射。薳射的儿子率领逃散的士兵跟随子西，在军祥打败了吴军。

秋季七月，子期、子蒲灭亡了唐国。

九月，夫概王回国，自立为王，领兵和吴王阖庐交战，被打败，逃到楚国，就是后来的棠豀氏。

吴军在雍澨打败楚军，秦军又打败吴军。吴军驻扎在麇地，子期准备放火焚烧，子西说："父兄的尸骨暴于荒野，不能收敛，又放火焚烧，不能这样做。"子期说："国家就要灭亡了！如果死者有灵，以后还可以享受以往的祭祀，难道怕被烧掉吗？"于是放火焚烧了麇城，又发动进攻，结果吴军大败。又在公婿之谿交战，吴军大败，吴王撤兵回国。抓获了闉舆罢，他请求自己先走，乘机逃回楚国。叶公诸梁的弟弟后臧跟随母亲到了吴国，后来抛下母亲回到楚国。叶公始终不再正眼看他。

九月二十八日，阳虎囚禁了季桓子和公父文伯，赶走了仲梁怀。冬季十月十日，杀了公何藐。十二日，在稷门之内和桓子结盟。十三日，举行大规模诅咒，驱逐了公父文伯和秦遄，两人都逃到了齐国。

楚昭王回到郢都。当初，斗辛听说吴国人争夺令尹的宫室，说："我听说：不谦让，就不会和睦。不和睦，就不能远征。吴国人在楚国争夺，一定发生内乱；有了内乱，就一定撤兵回国，怎么能平定楚国呢？"

昭王逃亡随国时，准备渡过臼水，楚大夫蓝尹亹让自己的妻子儿女过河，不肯把船让给昭王。战事平定后，昭王准备把他杀了。子西说："子常就因为总记着旧怨而失败，大王为什么要效仿他呢？"昭王说："好！让他官复原职，以此使我牢记从前的过错。"

昭王赏赐斗辛、王孙由于、王孙圉、钟建、斗巢、申包胥、王孙贾、宋木、斗怀。子西说："请不要赏赐斗怀。"昭王说："用大德消除小怨，是符合道义的。"申包胥说："我是为国君着想，不是为了自身。国君已经安定下来了，我还追求什么呢？再说我曾怨恨子旗，又怎么能做他那样的人呢？"便躲开不接受赏赐。昭王准备让季芈出嫁，季芈拒绝说："作为一个女人，应该和男人保持距离。钟建已经背过我了。"便把她嫁给了钟建，让钟建做了乐尹。

昭王在随国时，子西仿制了他的车子和服装，以保护和收留逃散的军民，把国都临时迁到脾泄。听说了昭王的下落后，便过去跟随他。

昭王派由于在麇地筑城，由于完成任务复命。子西问起所筑城墙的高度与厚度，由于不知道，子西说："你如果干不了，就不如辞掉。筑城却不知道城墙的高厚和大小，还能知道什么呢？"由于回答说："我坚决推辞说干不了，是您让我去的。人各有所能，也有所不能。国君在云梦泽遇到盗贼，我挺身而出，挡住了戈，留下的伤痕至今还在。"脱下上衣让子西看他的后背，说："这是我能做到的，至于假冒国君诈称迁都脾泄一事，我却干不了。"

晋国的士鞅围攻鲜虞，以报鲜虞人抓获观虎之仇。

定公六年

经 六年春，王正月癸亥，郑游速帅师灭许，以许男斯归。二月，公侵郑。公至自侵郑。夏，季孙斯、仲孙何忌如晋。秋，晋人执宋行人乐祁犁。冬，城中城。季孙斯、仲孙忌帅师围郓。

传 六年春，郑灭许，因楚败也。

二月，公侵郑，取匡①，为晋讨郑之伐胥靡也。往不假道于卫，及还，阳虎使季、孟自南门入②，出自东门，舍于豚泽③。卫侯怒，使弥子瑕追之④。公叔文子老矣⑤，辇而如公，曰："尤人而效之，非礼也。昭公之难，君将以文之舒鼎⑥，成之昭兆⑦，定之鞶鉴⑧，苟可以纳之，择用一焉⑨。公子与二三臣之子，诸侯苟忧，将以为之质。此群臣之所闻也。今将以小忿蒙旧德⑩，无乃不可乎？大姒之子⑪，唯周公、康叔为相睦也⑫。而效小人以弃之⑬，不亦诬乎⑭？天将多阳虎之罪以毙之⑮，君姑待之，若何？"乃止。

夏，季桓子如晋，献郑俘也。阳虎强使孟懿子往报夫人之币。晋人兼享之⑯。孟孙立于房外，谓范献子曰："阳虎若不能居鲁，而息肩于晋，所不以为中军司马者，有如先君。"献子曰："寡君有官，将使其人。鞅何知焉？"献子谓简子曰："鲁人患阳虎矣，孟孙知其衅⑰，以为必适晋，故强为之请，以取入焉⑱。"

四月己丑⑲，吴大子终累败楚舟师，获潘子臣、小惟子及大夫七人⑳。楚国大惕㉑，惧亡。子期又以陵师败于繁扬㉒。令尹子西喜曰："乃今可为矣㉓。"于是乎迁郢于鄀㉔，而改纪其政㉕，以定楚国。

周儋翩率王子朝之徒㉖，因郑人将以作乱于周。郑于是乎伐冯、滑、胥靡、负黍、狐人、阙外㉗。六月，晋阎没戍周，且城胥靡。

秋八月，宋乐祁言于景公曰："诸侯唯我事晋，今使不往，晋其憾矣。"乐祁告其宰陈寅。陈寅曰："必使子往。"他日，公谓乐祁曰："唯寡人说子之言，子必往。"陈寅曰："子立后而行，吾室亦不亡。唯君亦以我为知难而行也。"见溷而行㉘。赵简子逆，而饮之酒于绵上㉙，献杨楯六十于简子㉚。陈寅曰："昔吾主范氏㉛，今子主赵氏，又有纳焉。以杨楯贾祸㉜，弗可为也已。然子死晋国，子孙必得志于宋。"范献子言于晋侯曰："以君命越疆而使㉝，未致使而私饮酒㉞，不敬二君㉟，不可不讨也。"乃执乐祁。

阳虎又盟公及三桓于周社㊱，盟国人于亳社，诅于五父之衢。

冬，十二月，天王处于姑莸㊲，辟儋翩之乱也。

[注释]

①匡：郑邑，即今河南省长垣县的匡城。 ②季、孟：指季桓子、孟献子。 ③豚泽：卫东门外地名。 ④弥子瑕：卫灵公宠臣。 ⑤老:告老退休。 ⑥文之舒鼎：卫文公的舒鼎。 ⑦成：卫成公，文公子。昭兆：宝龟。 ⑧定：卫定公，文公曾孙。磐鉴：详见庄公二十一年注。 ⑨择用一：三宝择用其一。 ⑩蒙：掩盖。 ⑪大姒：文王妃。 ⑫周公、康叔：鲁、卫的始祖。 ⑬小人：指阳虎。 ⑭诬：骗。 ⑮多：增加。 ⑯兼享之：同时宴享季桓子与孟懿子。 ⑰眹：预兆。 ⑱取入：求得入他国的禄位，故云取入。 ⑲己丑：十五日。 ⑳潘子臣、小惟子：楚水军之帅。 ㉑惕：担心，恐惧。 ㉒陵师：陆军。繁扬：即繁阳，在今河南省新蔡县北。 ㉓可为：可治。 ㉔鄀（ruò）：楚邑，古都国，在今湖北省宜城市东南。 ㉕纪:治理。 ㉖儋翩：王子朝余党。 ㉗冯等：为周六邑名。 ㉘见溷：让溷拜见景公。溷，乐祁之子。 ㉙绵上：即山西省翼城县西小绵山。 ㉚杨楯：杨木盾牌。 ㉛主：事奉。 ㉜贾祸：买来祸灾。 ㉝越疆：从宋至晋，必经郑国，故称越疆。 ㉞致使：报告使命。 ㉟二君：指晋定公与宋景公。 ㊱三桓：指季孙、孟孙、叔孙三族。 ㊲姑莸：周地。

[译文]

六年春季，郑国灭亡了许国，这是利用楚国战败的机会。

二月，定公攻打郑国，占领了匡地，这是为晋国讨伐郑国对胥靡的攻打。去时没有向卫国借道，回来时，阳虎让季桓子、孟献子从卫都南门进去，从东门出来，住在豚泽。卫灵公得知后大为恼怒，派弥子瑕追赶他们。此时公叔文子已经年老退休，他坐车去见灵公说："怨恨别人却又效法他，不合礼。当初鲁昭公流亡国外时，国君拿出文公的舒鼎、成公的宝龟、定公的磐鉴，谁能帮助他回国，从中任选其一。

如果诸侯还不放心，还可以将公子和几个大臣的儿子作为人质。这都是群臣知道的事。现在却因为小小的怨恨而掩盖过去的恩德，恐怕不行吧？在太姒的儿子中，只有周公和康叔关系最好。现在要效法小人而放弃和睦，不也太容易受骗了吗？上天将会增加阳虎的罪过而使其灭亡，国君姑且忍耐一下，怎么样？"灵公这才停止追击。

夏季，季桓子到晋国，是为了进献俘获的郑国俘虏。阳虎强行派孟懿子前去向晋定公夫人献上财礼。晋国人同时设享礼宴请季桓子和孟懿子。孟懿子站在房外对范献子说："阳虎如果在鲁国呆不下去而逃到晋国，如果不任命他为中军司马，有先君在上。"献子说："寡君任命官员，要选择合适的人。我怎么敢保证呢？"范献子对赵鞅说："鲁国人已经以阳虎为患了，孟孙看到了征兆，认为阳虎肯定会到晋国，所以极力为他请求，以期求得禄位。"

四月十五日，吴国的太子终累打败了楚国水军，俘获了楚将潘子臣、小惟子和七个大夫。楚国为之震动，深恐亡国。子期率领陆军在繁阳战败。令尹子西高兴地说："现在可以做些事了。"于是把国都从郢地迁往鄀地，并改革了治国策略，以安定楚国。

周室的儋翩率领王子朝的余党，依靠郑国人准备在成周发动叛乱。郑国这时便攻打冯、滑、胥靡、负黍、狐人、阙外。六月，晋国的阎没到成周戍守，并在胥靡筑城。

秋季八月，宋国的乐祁对宋景公说："诸侯中只有我国事奉晋国，如果不派使者前去，晋国恐怕要对我们不满意了。"乐祁告诉了他的家宰陈寅。陈寅说："一定会派您前去。"过了几天，景公对乐祁说："只有寡人欣赏你的建议，你一定要去晋国。"陈寅说："您要立了继承人再去，这样我们的宗室也不至于灭亡。即使国君也知道您这是冒险而去。"乐祁带儿子溷去见景公，然后便动身了。赵鞅出来迎接乐祁，在绵上请他喝酒，乐祁把六十副杨木盾牌献给赵鞅。陈寅说："从前我们事奉范氏，如今您事奉赵氏，又送给他礼物。这些杨木盾牌将招致灾祸，没有办法挽救了。不过您死在晋国，子孙一定会在宋国发达。"范献子对晋定公说:"奉君命越过边界出使,没有完成使命就私下饮酒,这是对两国国君的不尊敬,不能不讨伐。"便把乐祁抓了起来。

阳虎又在周社和鲁定公及孟孙、季孙、叔孙三家盟誓,在亳社和国都的人们盟誓,在五父之衢诅咒。

冬季十二月,周敬王住到姑莸,是为了躲避儋翩发动的叛乱。

定公七年

经 七年春,王正月。夏四月。秋,齐侯、郑伯盟于咸。齐人执卫行人北宫结以侵卫。齐侯、卫侯盟于沙。大雩。齐国夏帅师伐我西鄙。九月,大雩。冬十月。

传 七年春,二月,周儋翩入于仪栗以叛①。

齐人归郓、阳关,阳虎居之以为政。

夏四月,单武公、刘桓公败尹氏于穷谷。

秋,齐侯、郑伯盟于咸②,征会于卫。卫侯欲叛晋,诸大夫不可。使北宫结如齐,而私于齐侯曰:"执结以侵我。"齐侯从之,乃盟于琐③。

齐国夏伐我。阳虎御季桓子,公敛处父御孟懿子④,将宵军齐师。齐师闻之,堕⑤,伏而待之。处父曰:"虎不图祸,而必死⑥。"苫夷曰:"虎陷二子于难,不待有司⑦,余必杀女。"虎惧,乃还,不败。

冬十一月戊午⑧,单子、刘子逆王于庆氏⑨。晋籍秦送王。己巳⑩,王入于王城,馆于公族党氏⑪,而后朝于庄宫⑫。

[注释]

①仪栗：周邑，当在今河南省洛阳市附近。 ②咸：卫地，在今河南省濮阳市东南。 ③琐：即沙，晋地，在今河北省大名县东。 ④公敛处父：孟氏家臣。 ⑤堕：佯为懈怠无备以诱敌军。 ⑥而：汝，你。 ⑦有司：执掌军法者。 ⑧戊午：二十三日。 ⑨庆氏：守姑莸之大夫。 ⑩己巳：初五日。 ⑪党氏：周大夫。 ⑫庄宫：庄王庙。

[译文]

七年春季，二月，周室的儋翩进入仪栗发动叛乱。

齐国人把郓地、阳关归还了鲁国，阳虎住在那里执掌国政。

夏季四月，单武公、刘桓公在穷谷打败了尹氏。

秋季，齐景公、郑献公在咸地结盟，要求卫国参加。卫灵公准备背叛晋国，大夫们不同意。灵公派北宫结到齐国，私下对齐景公说："你们把北宫结抓起来并攻打我国。"景公听从了，于是在琐地结盟。

齐国的国夏攻打鲁国。阳虎为季桓子驾车，公敛处父为孟懿子驾车，准备夜袭齐军。齐军听说后故意使军容不整，设下伏兵等候。公敛处父说："阳虎你不考虑这样做的危害，必定难免一死。"苫夷说："阳虎把季孙和孟孙拖入危险的境地，不必刑官出面，我也一定要杀了你。"阳虎害怕了，于是撤兵，鲁军才没有遭到失败。

冬季十一月二十三日，单武公和刘桓公到庆氏家里迎接天子。晋国的籍秦护送天子。十二月五日，天子进入王城，住在公族党氏家里，然后到庄王庙中朝拜。

定公八年

经　八年春，王正月，公侵齐。公至自侵齐。二月，公侵齐。三月，公至自侵齐。曹伯露卒。夏，齐国夏帅师伐我西鄙。公会晋师于瓦。公至自瓦。秋七月戊辰，陈侯柳卒。晋士鞅帅师侵郑，遂侵卫。葬曹靖公。九月，葬陈怀公。季孙斯、仲孙何忌帅师侵卫。冬，卫侯、郑伯盟于曲濮。从祀先公。盗窃宝玉、大弓。

传 八年春，王正月，公侵齐，门于阳州①。士皆坐列②，曰："颜高之弓六钧③。"皆取而传观之。阳州人出，颜高夺人弱弓④，籍丘子鉏击之⑤，与一人俱毙⑥。偃⑦，且射子鉏，中颊，殪。颜息射人中眉⑧，退曰："我无勇⑨，吾志其目也⑩。"师退，冉猛伪伤足而先。其兄会乃呼曰："猛也殿⑪。"

二月己丑⑫，单子伐谷城⑬，刘子伐仪栗。辛卯⑭，单子伐简城⑮，刘子伐盂⑯，以定王室。

赵鞅言于晋侯曰："诸侯唯宋事晋，好逆其使，犹惧不至。今又执之，是绝诸侯也。"将归乐祁。士鞅曰："三年止之，无故而归之，宋必叛晋。"献子私谓子梁曰⑰："寡君惧不得事宋君，是以止子。子姑使溷代子。"子梁以告陈寅。陈寅曰："宋将叛晋，是弃溷也，不如待之。"乐祁归，卒于大行。士鞅曰："宋必叛，不如止其尸以求成焉。"乃止诸州⑱。

公侵齐，攻廪丘之郛⑲。主人焚冲⑳，或濡马褐以救之㉑，遂毁之。主人出，师奔。阳虎伪不见冉猛者，曰："猛在此，必败。"猛逐之，顾而无继，伪颠。虎曰："尽客气也㉒。"

苫越生子，将待事而名之。阳州之役获焉，名之曰阳州。

夏，齐国夏、高张伐我西鄙。晋士鞅、赵鞅、荀寅救我。公会晋师于瓦㉓。范献子执羔，赵简子、中行文子皆执雁。鲁于是始尚羔㉔。

晋师将盟卫侯于鄟泽㉕。赵简子曰："群臣谁敢盟卫君者？"涉佗、成何曰㉖："我能盟之。"卫人请执牛耳㉗。成何曰："卫，吾温、原也，焉得视诸侯㉘？"将歃，涉佗捘卫侯之手㉙，及捥㉚，卫侯怒。王孙贾趋进㉛，曰："盟以信礼也。有如卫君，其敢不唯礼是事，而受此盟也。"卫侯欲叛晋，而患诸大夫。王孙贾使次于郊，大夫问故。公以晋诟语之㉜，且曰："寡人辱社稷，其改卜嗣，寡人从焉。"大夫曰："是卫之祸，岂君之过也？"公曰："又有患焉，谓寡人：'必以而子与大夫之子为质。'"大夫曰："苟有益也，公子则往，群臣之子敢不皆负羁绁以从？"将行，王孙贾曰："苟卫国有难，工商未尝不为患，使皆行而后可。"公以告大夫，乃皆将行之。行有日㉝，公朝国人，使贾问焉，曰："若卫叛晋，晋五伐我，病何如矣㉞？"皆曰："五伐我，犹可以能战。"贾曰："然则如叛之㉟，病而后质焉，何迟之有？"乃叛晋。晋人请改盟，弗许。

秋，晋士鞅会成桓公，侵郑，围虫牢，报伊阙也。遂侵卫。

九月，师侵卫，晋故也。

季寤、公鉏极、公山不狃皆不得志于季氏，叔孙辄无宠于叔孙氏，叔仲志不得志于鲁。故五人因阳虎㊱。阳虎欲去三桓，以季寤更季氏，以叔孙辄更叔孙氏，己更孟氏。

冬十月，顺祀先公而祈焉㊲。辛卯㊳，禘于僖公。壬辰㊴，将享季氏于蒲圃而杀之，戒都车曰㊵："癸巳至㊶。"

成宰公敛处父告孟孙，曰："季氏戒都车，何故？"孟孙曰："吾弗闻。"处父曰："然则乱也，必及于子，先备诸。"与孟孙以壬辰为期。

阳虎前驱，林楚御桓子，虞人以铍盾夹之㊷，阳越殿，将如蒲圃。桓子咋谓林楚曰㊸："而先皆季氏之良也㊹，尔以是继之。"对曰："臣闻命后。阳虎为政，鲁国服焉。违之，征死㊺。死无益于主。"桓子曰："何后之有？而能以我适孟氏乎？"对曰："不敢爱死，惧不免主。"桓子曰："往也。"孟氏选圉人之壮者三百人㊻，以为公期筑室于门外㊼。林楚怒马及衢而骋㊽。阳越射之，不中，筑者阖门。有自门间射阳越，杀之。阳虎劫公与武叔㊾，以伐孟氏。公敛处父帅成人，自上东门入㊿，与阳氏战于南门之内，弗胜。又战于棘下(51)，阳氏败。阳虎说甲如公宫，取宝玉、大弓以出，舍于五父之衢，寝而为食。其徒曰："追其将至。"虎曰："鲁人闻余出，喜于征死(52)，何暇追余？"从者曰："嘻！速驾，公敛阳在。"公敛阳请追之(53)，孟孙弗许。阳欲杀桓子，孟孙惧而归之。子言辨舍爵于季氏之庙而出(54)。阳虎入于讙、阳关以叛(55)。

郑驷歂嗣子大叔为政(56)。

[注释]

①阳州：本为鲁邑，此时已为齐有，在今山东省东平县北境。②坐列：坐于陈列中。 ③六钧：当时三十斤为一钧，六钧则为一百

八十斤，约合今六十斤。 ④弱弓：软弓。 ⑤籍丘子钼：齐人。 ⑥毙：倒下。 ⑦偃：仰卧。 ⑧颜息：鲁人。 ⑨无勇：不善射。 ⑩志：本意。 ⑪殿：殿后。 ⑫二月己丑：二月无己丑，己丑为三月二十六日，此处“二月”应为“三月”。 ⑬谷城：周地，在今河南省洛阳市西北。 ⑭辛卯：三月二十八日。 ⑮简城：周地，距王城不远。 ⑯盂：即邘，周初国名，后为郑地，又为周邑，在今河南省沁阳市西北。 ⑰子梁：即乐祁。 ⑱州：晋邑，在今河南省沁阳市东南。 ⑲郛：外城。 ⑳主人焚冲：廪丘守将烧毁攻城的战车。 ㉑濡马褐：把粗麻布短衣浸湿。 ㉒客气：虚心假意。 ㉓瓦：卫地，在今河南省滑县瓦岗寨。 ㉔尚羔：以执羔羊为尊。 ㉕鄟(zhuān)泽：卫地，不详所在。 ㉖涉佗、成何：二人为晋大夫。 ㉗请执牛耳：请晋臣执牛耳。根据盟法，卑者执之，尊者莅之。 ㉘视诸侯：同诸侯一样看待。 ㉙捘(zùn)：推。 ㉚及捥：血流至腕。捥，今作“腕”。 ㉛王孙贾：卫大夫。 ㉜诟：耻辱。 ㉝行有日：已定起程日期。 ㉞病何如：危及国家将如何。 ㉟如：应当。 ㊱因：依靠。 ㊲顺祀：按即位先后次序祭祀。 ㊳辛卯：初二日。 ㊴壬辰：初三日。 ㊵戒都车：戒令都邑的兵车。 ㊶癸巳：初四日。 ㊷虞人：警卫军士。 ㊸咋：同“乍”，突然。 ㊹而先：你的先辈。 ㊺征死：招死。 ㊻圉人：奴隶。 ㊼公期：孟氏支子。 ㊽怒马：使马发怒奔驰。 ㊾武叔：叔孙州仇。 ㊿上东门：鲁东城北门。 (51)棘下：城内地名。 (52)征死：缓死。 (53)公敛阳：即公敛处父。 (54)子言：即季寤。辨舍爵：斟酒遍告祖宗，此为古人出奔告别之礼。 (55)讙：鲁地，在今山东省宁阳县西北。 (56)驷歂：驷乞之子子然。

［译文］

八年春季，周历正月，定公入侵齐国，攻打阳州的城门。士卒成排地坐在城外，说：“颜高的大弓有一百八十斤重。”都拿来传看。阳城人出城应战，颜高把别人的软弓夺过来迎战，齐人籍丘子鉏击打颜高，颜高和另外一人被打倒在地。颜高躺在地上向子鉏射箭，射中子鉏的面部，把他射死。颜息射中了齐人的眉毛，退下来后说："我太笨了，本来是要射他的眼睛的。"军队撤退，冉猛假装脚受伤跑到前头。他哥哥冉会大声喊道："冉猛，去断后！"

三月二十六日，单武公攻打谷城，刘桓公攻打仪栗。二十八日，单武公攻打简城，刘桓公攻打盂地，以安定王室。

赵鞅对晋定公说："诸侯中只有宋国事奉晋国，好好地对待他们的使者，尚且怕他们不来。现在又拘禁了使者，这是要和诸侯断绝来往。"准备把乐祁释放回国。范献子说："扣押了三年，又无故放回去，宋国肯定背叛晋国。"献子私下对乐祁说："寡君是因为担心不能事奉贵君，才挽留您。您姑且让乐溷来替换您。"乐祁告诉了陈寅。陈寅说："宋国正准备背叛晋国，这样做等于抛弃了乐溷，不如再等一下。"乐祁回国途中死在太行山。范献子说："宋国一定背叛，不如把他的尸首扣下来，作为求和的条件。"便在州地把乐祁的尸首拦截了下来。

定公入侵齐国，攻打廪丘的外城。廪丘守军纵火焚烧攻城的鲁国战车，鲁军有人把粗布麻衣弄湿灭火，随后攻破外城。廪丘人出战，鲁军四散奔逃。阳虎假装没有看到冉猛说："假如冉猛在这里，一定能打败他们。"冉猛便去追赶廪丘人，回头发现没有人跟上来，便假装从车上摔了下来。阳虎说："全都是假惺惺的。"

苦越生了一个儿子，想等有了大事后再取名。阳州一战俘获了敌军，便起名叫阳州。

夏季，齐国的国夏、高张攻打鲁国西部边境。晋国的士鞅、赵鞅、荀寅前来救援。定公和晋军在瓦地会师。士鞅手持羔羊，赵鞅和荀寅手持大雁作为礼物。鲁国从此开始以羔羊为尊贵。

晋军准备在鄟泽和卫灵公结盟。赵鞅说："群臣中谁敢去和卫君结盟呢？"涉佗、成何说："我们能够结盟。"卫国人请晋国人执牛耳。

成何说："卫国如同我国的温地、原地，怎能当作诸侯国看待呢?"准备歃血时，涉佗推了一下卫灵公的手，血流到手腕上，卫灵公大怒。王孙贾快步上前说："结盟是为了申明礼仪。像国君这样做，难道有人胆敢不遵从礼仪而接受这盟约吗?"卫灵公准备背叛晋国，又怕大夫们不同意。王孙贾把他安排在郊外住下，大夫们问为什么。卫灵公便告诉他们自己蒙受了晋国的耻辱，并说："寡人给国家带来了耻辱，请改卜其他公子继承先君的大业，寡人听从各位的选择。"大夫们说："这是卫国的祸患，哪里是国君的过错呢?"灵公说："还有更大的忧患呢，他们对寡人说：'一定要让你的儿子和大夫们的儿子作为人质。'"大夫们说："假如有好处，公子就前去，我们的儿子还敢不背着马笼头、马缰绳跟随而去吗?"人质正要动身，王孙贾说："假如卫国遇到祸难，工匠商人未尝不会成为祸患，让他们也都跟去才行。"灵公告诉了大夫们，便要这些人都去。已经定下了动身的日期，灵公接见国都的人，让王孙贾征求大家的意见："如果卫国背叛了晋国，晋国连续五次攻打我们，国家将会危急到哪一步?"众人都说："即使晋国攻打五次，还能够继续抗击。"王孙贾说："这样就应该背叛晋国，等到危急时再派人质，能算晚吗?"于是背叛晋国。晋国人请求重新结盟，卫国人不同意。

秋季，晋国的士鞅会合成桓公攻打郑国，围攻虫牢，报了伊阙一战之仇。然后入侵卫国。

九月，鲁军入侵卫国，这是为了晋国。

季寤、公钽极、公山不狃都在季孙氏那里不得志，叔孙辄得不到叔孙氏的宠信，叔仲志在鲁国不得志。因此五人投靠了阳虎。阳虎准备除掉季孙、叔孙、孟孙三家当权者，让季钽代替季桓子，叔孙辄代替叔孙州仇，自己代替孟懿子。冬季十月，依照顺序祭祀历代先君并祈祷。二日，在僖公庙举行了禘祭。三日，准备在蒲圃设享礼招待季桓子并乘机杀了他，命令都城的兵车："四日集合起来。"

成地的宰臣公敛处父告诉孟懿子说："季氏下令战车做好准备，是什么原因呢？"孟懿子说："我没有听说。"处父说："这是要发动叛乱了，一定会祸及您，要早做准备。"与孟孙约定三日为会合日期。

阳虎为前驱，林楚为季桓子驾车，虞人手持铍、盾两边护卫，阳越走在最后，准备前往蒲圃。桓子突然对林楚说："你的祖先都是季氏的忠臣，你要继承下去。"林楚说："下臣听到这一命令已经晚了。阳虎执政，整个鲁国都服从他。谁要违抗他只能找死。即使死了也对主公没有好处。"桓子说："怎么会晚呢？你能带我到孟孙那里去吗？"林楚回答说："我并不怕死，怕的是主公不能免于祸难。"桓子说："走吧。"孟孙挑选了三百个身强体壮的男仆，在门外为公期建造房子。林楚用鞭子猛打驾车的马，冲到大街狂奔起来。阳越射他，没有射中，建房的人关上大门。有人从门缝里向阳越射箭，把阳越杀死。阳虎劫持了定公和叔孙州仇，以攻打孟氏。公敛处父率领成地的人从上东门进城，与阳虎在南门之内交战，没有战胜。又在棘下交战，把阳虎打败。阳虎脱下皮甲逃进公宫，取了宝玉、大弓出来，驻扎在五父之衢，已经睡下了又让人做饭。他的随从说："追兵马上就到了。"阳虎说："鲁国人听说我逃走了，正庆幸可以晚一点儿死呢，哪有工夫来追我？"随从说："哈！快点儿套车吧，有公敛处父这个人在。"公敛处父请求追赶阳虎，孟孙不让。处父要杀死季桓子，孟孙害怕了，把季桓子送回家。季寤在季氏祖庙里向祖宗一一献酒祭告后出逃。阳虎进入谨地、阳关发动了叛乱。

郑国的驷歂接替游吉执掌国政。

定公九年

经 九年春，王正月。夏四月戊申，郑伯虿卒。得宝玉、大弓。六月，葬郑献公。秋，齐侯、卫侯次于五氏。秦伯卒。冬，葬秦哀公。

传 九年春，宋公使乐大心盟于晋，且逆乐祁之尸。辞，伪有疾。乃使向巢如晋盟，且逆子梁之尸。子明谓桐门右师出①，曰："吾犹衰绖②，而子击钟，何也？"右师曰："丧不在此故也。"既而告人曰："己衰绖而生子，余何故舍钟？"子明闻之，怒，言于公曰："右师将不利戴氏③，不肯适晋，将作乱也。不然无疾④。"乃逐桐门右师。

郑驷歂杀邓析，而用其《竹刑》⑤。君子谓："子然于是不忠。苟有可以加于国家者⑥，弃其邪可也⑦。《静女》之三章⑧，取彤管焉⑨。《竿旄》'何以告之'⑩，取其忠也。故用其道，不弃其人。《诗》云⑪：'蔽芾甘棠，勿翦勿伐，召伯所茇。'思其人犹爱其树，况用其道而不恤其人乎？子然无以劝能矣⑫。"

夏，阳虎归宝玉、大弓。书曰"得"，器用也。凡获器用曰得，得用焉曰获。

六月，伐阳关。阳虎使焚莱门⑬。师惊，犯之而出⑭，奔齐，请师以伐鲁，曰："三加必取之⑮。"齐侯将许之。鲍文子谏曰⑯："臣尝为隶于施氏矣⑰，鲁未可取也。上下犹和，众庶犹睦，能事大国，而无天灾，若之何取之？阳虎欲勤齐师也，齐师罢，大臣必多死亡，己于是乎奋其诈谋⑱。夫阳虎有宠于季氏，而将杀季孙，以不利鲁国，而求容焉⑲。亲富不亲仁，君焉用之？君富于季氏，而大于鲁国，兹阳虎所欲倾覆也。鲁免其疾，而君又收之，无乃害乎？"齐侯执阳虎，将东之⑳。阳虎愿东，乃囚诸西鄙。尽借邑人之车，锲其轴㉑，麻约而归之㉒。载葱灵㉓，寝于其中而逃。追而得之，囚于齐。又以葱灵逃，奔宋，遂奔晋，适赵氏。仲尼曰:"赵氏其世有乱乎。"

秋,齐侯伐晋夷仪。敝无存之父将室之㉔,辞,以与其弟,曰:"此役也不死,反,必娶于高、国㉕。"先登,求自门出,死于雷下㉖。东郭书让登㉗,犁弥从之,曰:"子让而左,我让而右,使登者绝而后下㉘。"书左,弥先下。书与王猛息㉙,猛曰:"我先登。"书敛甲㉚,曰:"曩者之难㉛,今又难焉。"猛笑曰:"吾从子,如骖之有靳㉜。"

晋车千乘在中牟㉝。卫侯将如五氏㉞,卜过之㉟,龟焦。卫侯曰:"可也。卫车当其半,寡人当其半,敌矣㊱。"乃过中牟。中牟人欲伐之,卫褚师圃亡在中牟,曰:"卫虽小,其君在焉,未可胜也。齐师克城而骄,其帅又贱,遇,必败之,不如从齐。"乃伐齐师,败之。齐侯致禚、媚、杏于卫㊲。

齐侯赏犁弥,犁弥辞,曰:"有先登者,臣从之。皙帻而衣狸制㊳。"公使视东郭书,曰:"乃夫子也,吾贶子㊴。"公赏东郭书,辞,曰:"彼,宾旅也㊵。"乃赏犁弥。

齐师之在夷仪也,齐侯谓夷仪人曰:"得敝无存者,以五家免。"乃得其尸。公三襚之㊶,与之犀轩与直盖㊷,而先归之。坐引者㊸,以师哭之㊹,亲推之三㊺。

[注释]

①子明:乐祁之子乐溷。右师:即乐大心。 ②衰绖:古代丧服。 ③戴氏:指宋国。 ④无疾:意为无病装病。 ⑤《竹刑》:邓析作刑律,书于竹简,故名曰《竹刑》。 ⑥加:益。 ⑦弃其邪:不责其邪恶。 ⑧《静女》:《诗经·邶风》篇名。 ⑨彤管:《静女》诗

写男女私约，互相赠物定情。其第二章有"静女其娈，贻我彤管"句。彤管，赤管笔，一说为赤色茅草。 ⑩《竿旄》：《诗经·鄘风》篇名。其中有"彼姝者子，何以告之"句，时人以为表达了作诗者的忠心。 ⑪《诗》云：以下三句出自《诗经·召南·甘棠》。甘棠，一名杜棃。蔽芾，高大茂密。茇（bá），草舍。 ⑫劝能：勉励贤能的人。 ⑬莱门：阳关邑门。 ⑭犯：突围。 ⑮三加：三次加兵于鲁。 ⑯鲍文子：鲍国。 ⑰为隶于施氏：在施氏那里做家臣。施氏，鲁大夫。 ⑱己：指阳虎。 ⑲求容：取悦，讨好。 ⑳东之：置于齐国东方。 ㉑锲：刀刻。 ㉒麻约：以麻捆束车轴。 ㉓载葱灵：在车上装载衣物。葱灵，载衣物的车子。 ㉔室之：为之娶妻。 ㉕高、国：二氏为齐贵族。 ㉖雷：门槛。 ㉗让登：抢先登城。 ㉘绝：尽，完。 ㉙王猛：即犁弥。 ㉚敛甲：收拾皮甲欲斗。 ㉛曩者：以前。 ㉜如骖之有靳：如同骖马跟着服马一样。古代战车驾四马，中间两马曰服，两旁之马曰骖。服马胸背有皮带曰靳，靳用以使骖马随从服马，不致旁出或前行。 ㉝中牟：晋地，在今河南省汤阴县西。一说在今河北省邢台市与邯郸市之间。 ㉞五氏：即寒氏，晋地，在今河北省邯郸市西。 ㉟卜过之：为经过中牟而占卜。 ㊱敌：匹敌，相等。 ㊲禚、媚、杏：三邑名，在齐西界。 ㊳皙帻而衣狸制：白色头巾，狸皮斗篷。皙，白色。狸制，狸皮制作而成。 ㊴吾赀子：吾把它赏赐给您，此乃对东郭书言之。 ㊵宾旅：羁旅之臣，客臣。 ㊶三袚：从迁尸、小敛至大敛三次为死者穿衣。 ㊷犀轩：犀牛皮装饰的车子，为高贵者所乘坐。直盖：即高盖、长柄伞。用此二物殉葬。 ㊸坐引者：使拉灵车的人跪着。 ㊹以师哭之：全军哭吊。 ㊺亲推之三：亲自推丧车三次。

[译文]

九年春季，宋景公派乐大心到晋国结盟，并接回乐祁的尸首。乐大心假装有病推辞。景公派向巢到晋国结盟，并接回乐祁的尸首。子明让乐大心出城迎接,说:"我还穿着丧服,您却敲钟奏乐,是什么意思?"乐大心说:"因为丧事不在这里啊。"不久乐大心告诉别人说:"自己在服丧期间生了儿子,我为什么不能敲钟奏乐呢?"子明听说后大怒,对景公说:"乐大心将要危害宋国,他不肯到晋国去,是准备作乱。否则,为什么装病推辞呢?"景公便驱逐了乐大心。

郑国的驷歂把邓析杀了,又采用了邓析制定的《竹刑》。君子认为:"驷歂在这件事上表现不忠。如果一个人对国家有贡献,就可以不责罚他的邪恶。《静女》一诗共有三章,可取的是送人以彤管。《竿旄》一诗中的'何以告之',可取的是他的忠诚。所以采纳了他的主张,就不要遗弃这个人。《诗经》说:'甘棠高大茂盛,不要修剪砍伐,召伯曾经停留树下。'怀念一个人,尚且爱护那棵树,何况采用了他的主张却不顾惜他的生命呢?驷歂将无法劝勉贤能之士。"

夏季,阳虎归还了宝玉和大弓。《春秋》记为"得",表明它们是器物用具。凡是获得器物用具称"得",用器物获得生物称"获"。

六月,鲁军攻打阳关。阳虎派人焚烧了莱门。鲁军受到惊扰,阳虎突围而出,逃到了齐国,请求出兵攻打鲁国,说:"只要攻打三次,就一定能占领。"景公准备答应。鲍国劝谏说:"臣曾经做过施氏的家臣,深知鲁国不能攻取。鲁国上下仍然团结,百姓和睦,能够事奉大国,又没有遇到天灾,凭什么去占领呢?阳虎要利用齐军,齐军疲惫不堪,臣民必然死伤很多,他自己就能乘机施展阴谋。阳虎深受季氏的宠信,反而要杀季孙,危害鲁国,以求得庇护。阳虎亲近富有不亲近仁爱,国君怎么能用他呢?国君比季氏富有,齐国比鲁国强大,这正是阳虎所要颠覆的对象。鲁国免除了这一祸害,国君却要收留他,不是自招祸害吗?"齐景公把阳虎抓了起来,准备囚禁在齐国东部。阳虎表示愿意住在东部,景公就把他囚禁在西部边境。阳虎把当地的车子都借来,用刀把车轴刻坏,用麻布包上还给车主。阳虎在葱灵车上装满衣物,自己睡到里面企图逃跑。齐国人追上抓住他,把他囚禁在齐都。阳虎又藏在葱灵车中逃跑,到了宋国,又到了晋国,投奔了赵氏。孔子说:"赵氏将永世不得安宁了。"

秋季,齐景公攻打晋国的夷仪。齐国人敝无存的父亲准备为他娶妻,他拒绝了,让给弟弟,说:"这次战役中如果不死,回来后一定娶高氏、国氏家的女子。"他率先登上城墙,又准备从城门里冲出来,结果在城门的檐下战死。东郭书抢先登城,犁弥跟了上去,喊道:"你登上去向左,我登上去向右,等大家都上去,我们再下来。"东郭书登上城往左走,犁弥却先下了城。战后两人在一起休息,犁弥说:"是我先登上了城。"东郭书收拾皮甲说:"刚才你跟我过不去,现在又要跟我过不去。"犁弥笑着说:"我跟着您,就像骖马跟着服马一样哪能抢先。"

晋国有一千辆战车集中在中牟。卫灵公准备前往五氏,为经过中牟而占卜,结果龟甲烧焦了。灵公说:"可以通过。卫国的战车相当于他们的一半,寡人也相当于一半,对等了。"于是通过中牟。中牟人准备攻打,卫国的褚师圃逃亡在此,说:"卫国虽然小,但国君在军中,战胜不了他们。齐军攻克城邑而骄傲,将帅地位又很低,遇到他们,一定能将其打败,不如追赶齐军。"于是攻打齐军,将其打败。齐景公把禚、媚、杏三地送给了卫国。

齐景公赏赐犁弥,犁弥拒绝说:"有人率先登城,我是跟着他。那人扎着白头巾,披着狸皮斗篷。"景公让他看东郭书是不是那个人,他说:"就是这个人,我把赏赐让给你。"景公赏赐东郭书,东郭书推辞说:"他是外国来的客人。"就赏赐了犁弥。

齐军在夷仪的时候,景公对夷仪人说:"得到敝无存尸首的,赏赐五户,免除劳役。"于是得到了敝无存的尸首。景公三次为他穿上衣服,用犀牛皮装饰的车子和长柄伞为他殉葬,而且先把灵柩送回国内。景公让拉灵车的人跪着行走,率领全军大哭,亲自推车三次。

定公十年

经 十年春,王三月,及齐平。夏,公会齐侯于夹谷。

公至自夹谷。晋赵鞅帅师围卫。齐人来归郓、谨、龟阴田。叔孙州仇、仲孙何忌帅师围郈。秋，叔孙州仇、仲孙何忌帅师围郈。宋乐大心出奔曹。宋公子地出奔陈。冬，齐侯、卫侯、郑游速会于安甫。叔孙州仇如齐。宋公之弟辰暨仲佗、石彄出奔陈。

传 十年春，及齐平。

夏，公会齐侯于祝其，实夹谷①。孔丘相。犁弥言于齐侯曰："孔丘知礼而无勇。若使莱人以兵劫鲁侯，必得志焉。"齐侯从之。孔丘以公退，曰："士兵之②！两君合好，而裔夷之俘③，以兵乱之，非齐君所以命诸侯也。裔不谋夏，夷不乱华，俘不干盟，兵不逼好④，于神为不祥，于德为愆义⑤，于人为失礼，君必不然。"齐侯闻之，遽辟之⑥。

将盟，齐人加于载书曰："齐师出竟，而不以甲车三百乘从我者，有如此盟！"孔丘使兹无还揖对⑦，曰："而不反我汶阳之田，吾以共命者⑧，亦如之。"

齐侯将享公，孔丘谓梁丘据曰："齐、鲁之故⑨，吾子何不闻焉？事既成矣，而又享之，是勤执事也。且牺象不出门⑩，嘉乐不野合⑪。飨而既具⑫，是弃礼也。若其不具，用秕稗也⑬。用秕稗，君辱。弃礼，名恶。子盍图之？夫享，所以昭德也。不昭，不如其已也。"乃不果享。

齐人来归郓、谨、龟阴之田。

晋赵鞅围卫，报夷仪也。

初，卫侯伐邯郸午于寒氏⑭，城其西北而守之⑮。宵熸⑯。及晋围卫，午以徒七十人门于卫西门，杀人于门中，曰:"请报寒氏之役[17]。"涉佗曰:"夫子则勇矣,然我往,必不敢启门。"亦以徒七十人,旦门焉[18],步左右[19],皆至而立,如植[20]。日中不启门,乃退。

反役,晋人讨卫之叛故[21],曰:"由涉佗、成何。"于是执涉佗以求成于卫。卫人不许。晋人遂杀涉佗。成何奔燕。君子曰:"此之谓弃礼,必不钧[22]。《诗》曰:'人而无礼,胡不遄死[23]。'涉佗亦遄矣哉。"

初,叔孙成子欲立武叔,公若藐固谏曰:"不可。"成子立之而卒。公南使贼射之[24],不能杀。公南为马正,使公若为郈宰。武叔既定,使郈马正侯犯杀公若[25],弗能。其圉人曰:"吾以剑过朝[26],公若必曰:'谁之剑也?'吾称子以告,必观之。吾伪固而授之末[27],则可杀也。"使如之。公若曰:"尔欲吴王我乎[28]?"遂杀公若。侯犯以郈叛。武叔、懿子围郈,弗克。

秋,二子及齐师复围郈[29],弗克。叔孙谓郈工师驷赤曰[30]:"郈非唯叔孙氏之忧,社稷之患也。将若之何?"对曰:"臣之业,在《扬水》卒章之四言矣[31]。"叔孙稽首。驷赤谓侯犯曰:"居齐、鲁之际,而无事[32],必不可矣。子盍求事于齐以临民[33]?不然,将叛。"侯犯从之。齐使至,驷赤与郈人为之宣言于郈中曰[34]:"侯犯将以郈易于齐,齐人将迁郈民。"众凶惧[35]。驷赤谓侯犯曰:"众言异矣,子不如易于齐。与其死也,犹是郈也[36],而得纾焉[37],何必此?齐人欲以此逼鲁,必倍与子地。且盍多舍甲于子之门,以备不虞?"侯犯曰:"诺。"乃多舍甲焉[38]。侯犯请易于齐,齐有司观郈。将至,驷赤使周走呼曰[39]:"齐师至矣!"

郈人大骇，介侯犯之门甲⑩，以围侯犯。驷赤将射之，侯犯止之，曰："谋免我。"侯犯请行，许之。驷赤先如宿㊶，侯犯殿。每出一门，郈人闭之。及郭门，止之，曰："子以叔孙氏之甲出，有司若诛之㊷，群臣惧死。"驷赤曰："叔孙氏之甲有物㊸，吾未敢以出。"犯谓驷赤曰："子止而与之数㊹。"驷赤止而纳鲁人。侯犯奔齐，齐人乃致郈。

宋公子地嬖蘧富猎，十一分其室㊺，而以其五与之。公子地有白马四。公嬖向魋㊻。魋欲之。公取而朱其尾鬣以与之㊼。地怒，使其徒抶魋而夺之㊽。魋惧，将走。公闭门而泣之，目尽肿。母弟辰曰㊾："子分室以与猎也，而独卑魋，亦有颇焉㊿。子为君礼㉛，不过出竟，君必止子。"公子地出奔陈，公弗止。辰为之请，弗听。辰曰："是我迋吾兄也㉜。吾以国人出，君谁与处？"冬，母弟辰暨仲佗、石彄出奔陈㉝。

武叔聘于齐。齐侯享之，曰："子叔孙！若使郈在君之他竟，寡人何知焉？属与敝邑际㉞，故敢助君忧之。"对曰："非寡君之望也。所以事君，封疆社稷是以㉟。敢以家隶勤君之执事㊱？夫不令之臣，天下之所恶也。君岂以为寡君赐？"

[注释]

①夹谷：即祝其，齐地，在今山东省莱芜市夹谷峪。　②兵之：执兵攻之。　③裔夷之俘：偏远的东夷俘虏。裔，指中原以外的地域。夷，指华以外的人。　④逼好：威逼友好。　⑤忿义：丧失道义。　⑥遽辟之：马上让莱人避开。　⑦兹无还：鲁大夫。　⑧共命：供给

齐国所需。 ⑨故：旧典。 ⑩牺、象：酒器名，即牺尊、象尊。 ⑪野合：野外合奏。 ⑫飨而既具：享礼的器具全部备。 ⑬用秕稗也：若秕稗一样轻薄。秕，未成熟的谷物。稗，似谷物的草。 ⑭邯郸午：邯郸本卫邑，后属晋。午，邑宰名。 ⑮城其西北：攻破寒氏城西北隅。 ⑯宵燔（jiān）：寒氏守军夜间溃散。 ⑰报：报复。 ⑱旦门：早晨攻门。 ⑲步左右：行步至城门左右两边。 ⑳如植：像树木一样。 ㉑讨：责问。 ㉒不钧：不等同。 ㉓"人而无礼"二句：句见《诗经·鄘风·相鼠》。遄，速。 ㉔公南：叔孙家臣，武叔之党。 ㉕郈：叔孙氏邑名。 ㉖过朝：经过郈宰的朝堂。 ㉗伪固而授之末：假装固陋不懂礼而以剑锋递给公若。末，尖。 ㉘尔欲吴王我乎：你想把我当作吴王吗？吴王，即吴王僚，为鱄设诸所杀，事见昭公二十七年传。 ㉙二子：指武叔、公南。 ㉚工师：掌工匠之官。 ㉛《扬水》：即《诗经·唐风·扬之水》。其末章有四字为"我闻有命"，意为我听从你的命令。 ㉜无事：无所事奉。 ㉝临民：统治百姓。 ㉞宣言：制造流言。 ㉟凶惧：轰动不安。 ㊱犹是郈也：意为以郈换取齐国另一个邑，所得无异于郈地。 ㊲得纾：能够缓和祸害。 ㊳舍甲：存放皮甲。 ㊴周走：跑遍全邑。 ㊵介：穿戴。 ㊶宿：齐邑，在今山东省东平县东南。 ㊷诛：治罪。 ㊸有物：有标志。 ㊹数：查点。 ㊺十一分其室：将家产分为十一份。 ㊻向魋（tuí）：即司马桓魋。 ㊼朱：涂上红色。 ㊽抶：打。 ㊾母弟辰：宋景公同母弟辰。 ㊿颇：偏，不公平。 51为君礼：有礼于君。 52迋（guàng，一读 kuáng）：通"诳"，欺骗。 53仲佗、石甃（kōu）：二人均为宋卿。 54际：交界。 55封疆社稷是以：是因为国家疆土的安全。 56隶：家臣，指侯犯。

[译文]

十年春季，鲁国和齐国讲和。

定　公

夏季，定公在祝其会见了齐景公，祝其实即夹谷。孔子任相礼。犁弥对齐景公说："孔丘懂得礼，但不够勇武。如果让莱地人用武力劫持鲁侯，一定能够达到我们的目的。"齐景公同意了。孔子带着定公退下去，喊道："士卒们快拿起武器！两君友好会见，却让夷狄俘虏拿着武器捣乱，这不是齐君命令诸侯的做法。边远之国不得图谋中原，夷狄之人不得扰乱华夏，俘虏不得冒犯盟会，武力不能逼迫友好，否则对于神灵是不吉祥，对于德行是丧失道义，对于人是背弃礼义，齐君肯定不会这么做。"听了这番话，景公连忙下令使莱兵退下去。

两国正要盟誓，齐国又在盟书上增加了一句话："如果齐军出境而鲁国不派三百辆战车跟随我国，有盟誓为证！"孔丘派兹无还作揖回答说："如果不把汶阳的田地归还我国，而让我国恭敬地听从命令，也有盟誓为证。"

齐景公准备设享礼宴请定公，孔丘对梁丘据说："齐、鲁两国过去的惯例，难道阁下没有听说吗？盟约已经达成，又要设宴款待，这是给贵国增加麻烦。再说牺尊象尊不能拿出国门，钟磬嘉乐不在野外演奏。如果享礼上这些东西一应俱全，就等于背弃了礼制；如果不用这些东西，就像秕子秕子一样轻率而不庄重。过于简陋，是贵君的耻辱。背弃礼法，损害名声。阁下要慎重考虑。设享礼是宣扬德行。如果不能宣扬德行，就不如不举办。"于是齐国取消了享礼。

齐国人前来归还郓、谨、龟阴的田地。

晋国的赵鞅围攻卫国，以报复齐国对夷仪的攻打。

当初，卫灵公在寒氏攻打邯郸午，攻陷了城的西北部并派兵把守。夜间寒氏守军逃散。等晋国围攻卫国，邯郸午率领七十个士卒攻打卫国西门，在城门里杀人，说："以此来报攻打寒氏之仇。"晋国的涉佗说："你很勇敢，但如果我去，他们一定不敢开门。"也带了七十个人在早晨攻打城门，分左右两排，全部站定，像树木一样直立不动。直到中午，卫国人也不敢打开城门，涉佗这才退下。

晋国退兵后，派人追究卫国背叛的原因，说："是由涉佗、成何二人引起的。"于是把涉佗抓了起来要和卫国讲和。卫国人不同意。晋国人就杀了涉佗。成何逃到了北燕。君子评论说:"这就是说抛弃了礼,处理一定不公平。《诗经》说:'人要不懂礼,何不早点儿死?'涉佗可以说是死得很快了。"

当初,叔孙成子准备立武叔为继承人,公若藐坚决劝阻,说:"不能这么做。"成子立了武叔后便去世了。公南派人暗杀公若藐,没有成功。公南任马正,让公若藐任郈邑宰臣。武叔邑位稳定后,派郈邑马正侯犯暗杀公若藐,也没有做到。侯犯的管马人说:"我带着剑经过朝堂,公若藐一定会问我:'这是谁的剑呢?'我就说是您的剑,他一定要观看。我假装不懂规矩把剑尖对着他递过去,就可以把他杀掉了。"侯犯让他这样去做。公若藐说:"你想把我当吴王吗?"管马人把公若藐杀死。侯犯带领郈邑人叛乱。武叔、孟懿子围攻郈邑,没有攻下。

秋季,武叔、公南和齐军再次围攻郈邑,仍未攻下。武叔对郈邑工匠官员驷赤说:"郈邑并不只是我叔孙氏的忧患,也是国家的忧患啊。你打算怎么办?"驷赤说:"我要做的都在《扬水》最后一章的四个字中了。"武叔叩头表示感谢。驷赤对侯犯说:"处在齐、鲁两国之间谁也不事奉,肯定不行。您何不请求事奉齐国以统治百姓呢?否则,郈邑人就会背叛您。"侯犯听了他的话。齐国使者到来,驷赤和郈邑人在街上散布:"侯犯准备用郈邑和齐国人交换,齐国人准备把我们迁走。"众人都很惊慌。驷赤对侯犯说:"大家的想法和您不一样,不如用郈邑和齐国交换。这样,就仍然等于得到郈邑,又能使祸乱得以缓解,何必一定要死守在这里呢?齐国人打算以这块土地威逼鲁国,肯定会用加倍的土地和您交换。再说何不在门口多放些皮甲以防意外啊?"侯犯说:"对。"于是在门口存放了很多皮甲。侯犯请求和齐国交换土地,齐国官员前来察看郈邑。快要来到时,驷赤派人四处喊道:"齐军来了!"郈邑人惊慌失措,都披上侯犯放在门口的皮甲,围攻侯犯。驷赤要射他们,侯犯拦住了他,说:"你设法让我免于祸患。"侯犯提出逃亡,大家同意了。于是驷赤先去宿地,侯犯走在后面。每当他走出一道门,郈邑人便急忙把门关上。走到外城门,人们拦住了他说:"您带着叔孙家的皮甲出去,官员们要追究,我们怕受到惩罚。"驷赤说:"叔孙氏的皮甲都有标记,我们不敢带出去。"侯犯对驷赤说:"你留下帮他们清点。"驷赤留下,把鲁国人请来。侯犯逃到齐国,齐国人又把郈邑还给了鲁国。

宋国的公子地宠信蘧富猎,把家产分成十一份,分给蘧富猎五份。公子地有四匹白马。宋景公宠信向魋。向魋想得到这几匹马。景公把马要来,把马尾、鬣毛染红送给了向魋。公子地大怒,派手下人殴打向魋,并把马夺了回来。向魋害怕了,准备逃走。景公关上门哭着挽留他,眼睛都哭肿了。景公的同母弟弟辰对公子地说:"你能把家产分给蘧富猎,却看不起向魋,太不公平了。你对国君有礼,最多不过出国,国君一定挽留您。"于是公子地逃往陈国,景公并不挽留。辰为公子地请求,景公不听。辰说:"我这是欺骗了我哥哥。我带着国人出走,还有谁和国君在一起呢?"冬季,景公的同母弟弟辰和仲佗、石彄逃到陈国。

武叔到齐国聘问。齐景公设享礼款待他,说:"武叔!如果郈邑在贵君的其他边境,我能知道什么呢?这里正好和敝邑交界,所以敢帮助贵君分忧。"武叔回答说:"这不是寡君所希望的。敝国所以事奉国君,是为了国土社稷。哪里敢因为家臣的捣乱而麻烦国君呢?不忠之臣,是天下人所厌恶的,国君难道以此作为对寡君的恩赐吗?"

定公十一年

经 十有一年春,宋公之弟辰及仲佗、石彄、公子地自陈入于萧以叛。夏四月。秋,宋乐大心自曹入于萧。冬,及郑平。叔还如郑莅盟。

传 十一年春,宋公母弟辰暨仲佗、石彄、公子地入于萧以叛①。秋,乐大心从之,大为宋患,宠向魋故也。

冬,及郑平,始叛晋也。

[注释]

①萧:宋邑,在今安徽省萧县西北。

[译文]

十一年春季,宋景公的同母弟弟辰和仲佗、石䐈、公子地进入萧地发动了叛乱。秋季,乐大心跟着叛乱,成为宋国一大祸患,这都是景公宠信向魋的结果。

冬季,鲁国和郑国讲和,鲁国开始背叛晋国。

定公十二年

经 十有二年春,薛伯定卒。夏,葬薛襄公。叔孙州仇帅师堕郈。卫公孟彄帅师伐曹。季孙斯、仲孙何忌帅师堕费。秋,大雩。冬十月癸亥,公会齐侯盟于黄。十有一月丙寅朔,日有食之。公至自黄。十有二月,公围成。公至自围成。

传 十二年夏,卫公孟彄伐曹,克郊①。还,滑罗殿②。未出③,不退于列。其御曰:"殿而在列,其为无勇乎?"罗曰:"与其素厉④,宁为无勇。"

仲由为季氏宰⑤,将堕三都⑥。于是叔孙氏堕郈。季氏将堕费,公山不狃、叔孙辄帅费人以袭鲁。公与三子入于季氏之宫⑦,登武子之台。费人攻之,弗克。入及公侧。仲尼命申句须、乐颀下⑧,伐之,费人北⑨。国人追之,败诸姑蔑⑩。二子奔齐⑪，遂堕费。

将堕成⑫，公敛处父谓孟孙⑬："堕成，齐人必至于北门。且成，孟氏之保障也。无成，是无孟氏也。子伪不知，我将不堕。"

冬十二月，公围成，弗克。

[注释]

①郊：曹邑，在今山东省菏泽市牡丹区界。 ②滑罗：卫大夫。 ③未出：未出曹国边境。殿后部队应退出行列，走在其他部队之后。 ④素厉：空有勇猛之名。素，空。厉，猛。 ⑤仲由：字子路，孔子弟子。 ⑥堕三都：毁掉三邑城墙。三都，指季孙氏之费、叔孙氏之郈、孟孙氏之成三家采邑。 ⑦三子：季孙、叔孙、孟孙。 ⑧申句须、乐颀：二人为鲁大夫。 ⑨北：败。 ⑩姑蔑：鲁地，在今山东省泗水县东。 ⑪二子：即公山不狃、叔孙辄。 ⑫成：孟孙氏食邑，在今山东省宁阳县东北。 ⑬公敛处父：成邑宰。

[译文]

十二年夏季，卫国的公孟驱攻打曹国，攻克郊地。回来时，由大夫滑罗殿后。还没有走出曹国国境，滑罗就不再领兵走在最后。他的御者说："作为殿后部队却走在队伍中间，难道是没有勇气吗？"滑罗说："与其空有勇敢的名声，宁可让人说缺乏勇气。"

子路担任季氏的家宰，打算拆毁季孙、叔孙、孟孙三家都邑的城墙。于是叔孙氏拆毁了郈邑。季氏准备拆毁费邑，公山不狃、叔孙辄率领费邑人攻打鲁都。定公和季孙、叔孙、孟孙三人躲到季氏的宫室中，登上武子之台。费邑人攻打他们，未能攻克。攻到了定公附近。孔子命令申句须、乐颀冲下台攻击他们，费邑人败逃。国人追赶，在姑蔑将其打败。公山不狃和叔孙辄逃到了齐国。随后拆毁了费邑。

准备拆毁成邑，公敛处父对孟孙说："拆毁了成邑，齐国人一定会直抵我国北门。而且成邑是孟氏的保障啊，没有了成邑，就等于没有了孟氏。您假装不知道，我准备不拆毁成邑。"

冬季十二月，定公围攻成邑，没有攻克。

定公十三年

经 十有三年春，齐侯、卫侯次于垂葭。夏，筑蛇渊囿。大蒐于比蒲。卫公孟彄帅师伐曹。秋，晋赵鞅入于晋阳以叛。冬，晋荀寅、士吉射入于朝歌以叛。晋赵鞅归于晋。薛弑其君比。

传 十三年春，齐侯、卫侯次于垂葭①，实郹氏。使师伐晋，将济河。诸大夫皆曰："不可。"邴意兹曰："可。锐师伐河内②，传必数日而后及绛③。绛不三月，不能出河，则我既济水矣。"乃伐河内。

齐侯皆敛诸大夫之轩④，唯邴意兹乘轩。

齐侯欲与卫侯乘，与之宴，而驾乘广⑤，载甲焉。使告曰："晋师至矣。"齐侯曰："比君之驾也⑥，寡人请摄⑦。"乃介而与之乘⑧，驱之。或告曰："无晋师。"乃止。

晋赵鞅谓邯郸午曰："归我卫贡五百家，吾舍诸晋阳。"午许诺。归，告其父兄。父兄皆曰："不可。卫是以为邯郸⑨，而置诸晋阳，绝卫之道也⑩。不如侵齐而谋之⑪。"乃如之，而归之于晋阳。赵孟怒，召午，而囚诸晋阳。使其从者说剑而入⑫，涉宾不可⑬。乃使告邯郸人曰："吾私有讨于午也，二三子唯所欲立。"遂杀午。赵稷、涉宾以邯郸叛。夏六月，上军司马籍秦围邯郸。邯郸午，荀寅之甥也；荀寅，范吉射之姻也⑭。而相与睦，故不与围邯郸，将作乱。董安于闻之，告赵孟，曰："先备诸？"赵孟曰："晋国有命，始祸者死，为后可也。"安于曰："与其害于民，宁我独死。请以我说⑮。"赵孟不可。秋七月，范氏、中行氏伐赵氏之宫⑯，赵鞅奔晋阳，晋人围之。

范皋夷无宠于范吉射⑰，而欲为乱于范氏。梁婴父嬖于知文子⑱，文子欲以为卿。韩简子与中行文子相恶⑲，魏襄子亦与范昭子相恶⑳。故五子谋，将逐荀寅而以梁婴父代之，逐范吉射而以范皋夷代之。荀跞言于晋侯曰："君命大臣，始祸者死，载书在河。今三臣始祸，而独逐鞅，刑已不钧矣。请皆逐之。"冬十一月，荀跞、韩不信、魏曼多奉公以伐范氏、中行氏，弗克。

二子将伐公。齐高强曰㉑："三折肱知为良医。唯伐君为不可，民弗与也，我以伐君在此矣。三家未睦㉒，可尽克也。克之，君将谁与？若先伐君，是使睦也。"弗听，遂伐公。国人助公，二子败，从而伐之。丁未㉓，荀寅、士吉射奔朝歌。

韩、魏以赵氏为请。十二月辛未㉔，赵鞅入于绛，盟于公宫。

初，卫公叔文子朝而请享灵公。退见史䲡而告之㉕。史䲡曰："子必祸矣，子富而君贪，其及子乎！"文子曰："然。吾不先告子，是吾罪也。君既许我矣，其若之何？"史䲡曰："无害。子臣㉖，可以免。富而能臣，必免于难，上下同之。戌也骄㉗，其亡乎。富而不骄者鲜，吾唯子之见㉘。骄而不亡者，未之有也。戌必与焉。"及文子卒，卫侯始恶于公叔戍,以其富也。公叔戍又将去夫人之党㉙,夫人诉之曰:"戍将为乱。"

[注释]

①垂葭(jiā):即郹(jú)氏,在今山东菏泽市区西北。 ②河内:本属卫国,卫迁都后属晋,在今河南省卫辉市。 ③传:传车,即驿车。 ④敛:收回。 ⑤驾乘广:套好战车。 ⑥比:等到。 ⑦摄:代御者驾车。 ⑧介:披上甲。 ⑨卫是以为邯郸:卫国用这五百家帮助邯郸。 ⑩绝卫之道:断绝和卫国的友好之路。 ⑪侵齐而谋:用侵袭齐国的办法去谋划使五百家迁于晋阳。侵齐,则齐必报复,以惧齐而徙。 ⑫说剑:脱掉佩剑。 ⑬涉宾:邯郸家臣。 ⑭姻:姻亲。 ⑮说:解释。 ⑯范氏:即士吉射。中行氏:即荀寅。 ⑰范皋夷:范氏侧室子。 ⑱梁婴父:晋大夫。知文子:荀跞。 ⑲韩简子:韩起之孙韩不信。中行文子:即荀寅。 ⑳魏襄子:魏舒之孙曼多。范昭子:即士吉射。 ㉑齐高强:齐子尾之子,昭公十年奔晋。 ㉒三家:指知、韩、魏三氏。 ㉓丁未:十八日。 ㉔辛未:十二日。 ㉕史鳅:史鱼。 ㉖子臣:你谨守臣道。 ㉗戍:公叔文子之子。 ㉘唯子之见:只见您一个富而不骄。 ㉙夫人之党:卫灵公夫人的党羽。

[译文]

十三年春季,齐景公、卫灵公驻扎在垂葭,就是郹氏。领兵攻打晋国,准备渡过黄河。大夫们都说:"不行。"齐国大夫郑意兹说:"可以。派精锐部队攻打河内,即使驿车报信也一定要几天才能到达绛都。绛都出兵没有三个月到不了黄河。那时我们已经渡河回去了。"于是攻打河内。

齐景公把大夫们的车子都收了起来,只有郑意兹可以坐车。

齐景公想和卫灵公同乘一辆车,和他一同饮宴,又让套好战车,载上皮甲。让人假装报告："晋军来了。"齐景公说："等国君的车子套好，请让我为您驾车。"于是穿上皮甲和灵公一起上车，向前疾驰。有人又报告："没有晋军。"这才停下车。

晋国的赵鞅对邯郸午说："请把卫国进贡的五百家还给我们，我把他们安置到晋阳去。"邯郸午答应了。回去告诉了父兄。父兄都说："不行。卫国是用这五百家帮助邯郸的，把他们迁到晋阳，等于要和卫国断绝友好。不如先侵犯齐国来达到目的。"于是照此去做，把五百家迁到了晋阳。赵鞅大怒，把邯郸午召去，关押到晋阳。让他的随从解下佩剑再进来，邯郸午的家臣涉宾不答应。赵鞅便派人告诉邯郸人说："我以私人的名义惩罚邯郸午，你们可以随便立他的继承人。"随后杀了邯郸午。赵稷、涉宾带着邯郸人叛乱。夏季六月，晋国上军司马籍秦率军围攻邯郸。邯郸午是荀寅的外甥，荀寅和范吉射是姻亲，彼此关系很好，因此不愿参加围攻邯郸，准备发动叛乱。董安于闻知此事，告诉了赵鞅，说："事先做些准备吧？"赵鞅说："晋国的法律规定，首先制造祸乱者都要处死，我们后发制人就行了。"安于说："与其使百姓遭殃，不如让我一个人先死。请以我作为解释。"赵鞅不同意。秋季七月，范吉射、荀寅攻打赵氏的宫室，赵鞅逃到晋阳，晋国人包围了晋阳。

范皋夷不受范吉射宠信，准备在范氏家族中发动叛乱。梁婴父深受荀跞的宠信，荀跞打算让他做卿。韩不信和荀寅关系不好，魏襄子也和范吉射有仇。因此五人商议，准备驱逐荀寅，以梁婴父代替，驱逐范吉射，以范皋夷代替。荀跞对晋定公说："国君曾命令大臣，谁首先发动祸乱，就要将谁处死，盟书沉在黄河里。现在有三个大臣首先制造祸端，却只驱逐赵鞅一人，刑罚太不公平了。请把他们都赶走。"冬季十一月，荀跞、韩不信、魏襄子事奉定公攻打范吉射和荀寅，没有攻克。

范吉射和荀寅准备攻打定公。齐国的高强说："三次折臂就成了良医。只有攻打国君是不行的，百姓不会帮助您，我就是因为攻打国君才逃亡在此啊。三家不够和睦，可以把他们都打败。战胜他们，国君还能亲近谁呢？如果先攻打国君，是促使他们团结。"二人不听，随后攻打国君。国人帮助国君，二人失败，三家追赶他们。十八日，荀寅和范吉射逃往朝歌。

韩不信、魏襄子为赵鞅求情。十二月十二日，赵鞅回到绛都，在公宫盟誓。

当初，卫国的公叔文子上朝请求设享礼宴请卫灵公。退朝后，见到史䲡把这件事告诉他。史䲡说："您一定会招致灾祸，您富有而国君贪婪，祸难将要降到您的头上了！"文子说："是这样的。我没有事先告诉您，这是我的罪过。但国君已经答应了，怎么办呢？"史䲡说："没关系。您只要谨守为臣之礼，就可以免除灾祸。富有而能谨守臣礼，一定能免于灾祸，不论职位高低都是这个道理。您的儿子戍很骄纵，恐怕要落个逃亡的下场。富有而不骄纵的人很少，我只见到您一个。骄纵而最终不逃亡的，还没有过。戍一定成为其中的一个。"等到文子去世，卫灵公开始讨厌公叔戍，因为他富有。公叔戍又准备铲除卫灵公夫人的党羽，夫人向灵公控告说："公叔戍要发动叛乱了。"

定公十四年

经　十有四年春，卫公叔戍来奔。卫赵阳出奔宋。二月辛巳，楚公子结、陈公孙佗人帅师灭顿，以顿子牂归。夏，卫北宫结来奔。五月，于越败吴于檇李。吴子光卒。公会齐侯、卫侯于牵。公至自会。秋，齐侯、宋公会于洮。天王使石尚来归脤。卫世子蒯聩出奔宋。卫公孟彄出奔郑。宋公之弟辰自萧来奔。大蒐于比蒲。邾子来会公。城莒父及霄。

传 十四年春，卫侯逐公叔戌与其党，故赵阳奔宋，戌来奔。

梁婴父恶董安于，谓知文子曰："不杀安于，使终为政于赵氏，赵氏必得晋国。盍以其先发难也，讨于赵氏？"文子使告于赵孟曰："范、中行氏虽信为乱，安于则发之，是安于与谋乱也。晋国有命，始祸者死。二子既伏其罪矣，敢以告。"赵孟患之。安于曰："我死而晋国宁，赵氏定，将焉用生？人谁不死？吾死莫矣①。"乃缢而死。赵孟尸诸市，而告于知氏曰："主命戮罪人，安于既伏其罪矣，敢以告。"知伯从赵孟盟。而后赵氏定，祀安于于庙。

顿子牂欲事晋，背楚而绝陈好。二月，楚灭顿。

夏，卫北宫结来奔，公叔戌之故也。

吴伐越。越子句践御之，陈于槜李②。句践患吴之整也，使死士再禽焉③，不动。使罪人三行④，属剑于颈，而辞曰："二君有治⑤，臣奸旗鼓⑥，不敏于君之行前⑦，不敢逃刑，敢归死⑧。"遂自刭也。师属之目⑨，越子因而伐之，大败之。灵姑浮以戈击阖庐⑩，阖庐伤将指⑪，取其一屦。还，卒于陉，去槜李七里。

夫差使人立于庭⑫，苟出入，必谓己曰："夫差，而忘越王之杀而父乎⑬？"则对曰："唯⑭，不敢忘！"三年，乃报越。

晋人围朝歌，公会齐侯、卫侯于脾、上梁之间⑮，谋救范、中行氏。析成鲋、小王桃甲率狄师以袭晋⑯，战于绛中，不克而还。士鲋奔周，小王桃甲入于朝歌。

秋，齐侯、宋公会于洮⑰，范氏故也。

卫侯为夫人南子召宋朝⑱，会于洮。大子蒯聩献盂于齐⑲，过宋野⑳。野人歌之曰："既定尔娄猪㉑，盍归吾艾豭㉒。"大子羞之，谓戏阳速曰㉓："从我而朝少君㉔，少君见我，我顾㉕，乃杀之。"速曰："诺。"乃朝夫人。夫人见大子，大子三顾，速不进。夫人见其色，啼而走，曰："蒯聩将杀余。"公执其手以登台。大子奔宋，尽逐其党。故公孟彄出奔郑，自郑奔齐。

大子告人曰："戏阳速祸余。"戏阳速告人曰："大子则祸余。大子无道，使余杀其母。余不许，将戕于余㉖；若杀夫人，将以余说㉗。余是故许而弗为，以纾余死。谚曰：'民保于信㉘。'吾以信义也㉙。"

冬十二月，晋人败范、中行氏之师于潞㉚，获籍秦、高强。又败郑师及范氏之师于百泉㉛。

[注释]

①莫：同"暮"。　②檇李：越地，在今浙江省嘉兴市区南。③使死士再禽焉：派敢死队再次冲锋吴阵以擒获吴军士，搅乱敌阵。　④三行：排成三队。　⑤有治：出兵作战。　⑥奸旗鼓：违犯军令。⑦不敏于君之行前：在君王的队伍前面表现出无能。不敏，不才。⑧归死：自首而死。　⑨师属之目：吴军注目而视。　⑩灵姑浮：越大夫。　⑪将指：大脚趾。　⑫夫差：阖闾之子。　⑬而：同"尔"，你。　⑭唯：应答辞。　⑮脾、上梁之间：即牵地，在今河南省浚县北。　⑯析成鲋、小王桃甲：二人皆晋大夫，范、中行氏之党。　⑰洮：曹地，在今山东省鄄城县西南。　⑱宋朝：宋国公子，貌美，私通于南子。　⑲盂：卫邑，在今河南省濮阳市东南。　⑳宋野：宋国野外。　㉑娄猪：发情之母猪，喻南子。　㉒艾豭：漂亮的公猪。

艾,美,喻宋朝。 ㉓戏阳速:太子家臣。 ㉔少君:即小君,指南子。 ㉕顾:使眼色示意。 ㉖戕:残杀。 ㉗将以余说:将归罪于我以解脱自己。说,通"脱"。 ㉘民保于信:百姓以信用保全自己。 ㉙信义:以道义为信用。 ㉚潞:赤狄部落名,在今山西省潞城市东北。 ㉛百泉:晋地,在今河南省辉县市西北。

[译文]

十四年春季,卫灵公驱逐了公叔戍及其党羽,因此赵阳逃到了宋国,公叔戍来到鲁国。

梁婴父讨厌董安于,对荀跞说:"不杀董安于,一直让他执掌赵氏大权,赵氏一定得到晋国。何不以他首先发难为由责备赵氏呢?"荀跞派人告诉赵鞅说:"荀寅和范吉射虽然确实发动了叛乱,但都是董安于挑起的,这样董安于就参与了叛乱。晋国有命令,首先制造祸端者处死。那两个人已经服罪了,谨此大胆奉告。"赵鞅很担心。安于说:"假如我死能使晋国安宁,赵氏家族稳定,又何必活着呢?人谁没有一死?我死得已经太晚了。"于是自缢而死。赵鞅把他的尸首抬到市上示众,并告诉荀跞说:"阁下命令我处罚罪人,现在他已服罪,特此禀告。"荀跞和赵鞅结盟。从此赵氏家族安定下来,在宗庙中祭祀安于。

顿国的国君牂打算事奉晋国,背叛了楚国,和陈国断绝友好关系。二月,楚国灭亡了顿国。

夏季,卫国的北宫结逃亡来到鲁国,这是受到公叔戍牵连的缘故。

吴国攻打越国。越王句践率军抵抗,在槜李摆开阵势。句践对吴军严整的军容很担心,两次派出敢死队冲击吴军,吴军阵脚不乱。又派出犯人,排成三行,把剑放到脖子上,致辞说:"两国国君用兵,下臣违犯了军令,在国君阵前无能,不敢逃避刑罚,愿以自杀谢罪。"说完就自杀了。吴军将士正在聚精会神地观看,越王乘机下令进攻,大败吴军。越国大夫灵姑浮用戈猛击吴王阖庐,阖庐的脚趾受伤,灵姑浮拾到他一只鞋。阖庐撤退途中,行至陉地而死,距槜李才七里路。

夫差派人站在院子里，只要他出入，一定要对自己说："夫差，你忘了越王杀父之仇吗？"夫差就回答："是的，我不敢忘记！"三年后，夫差向越国报了此仇。

晋国人包围了朝歌，定公在脾地和上梁之间会合齐景公、卫灵公，商议救援荀寅和范吉射。析成鲋、小王桃甲率领狄军攻打晋国，在绛城交战，没有战胜便撤兵了。析成鲋逃到成周，小王桃甲逃到朝歌。

秋季，齐景公、宋景公在洮地会见，商议救援荀寅。

卫灵公为了夫人南子召见宋国的公子朝，在洮地会见。卫国的太子蒯聩去把盂地献给齐国，途径宋国野外。田野上有人唱道："既然满足了你们发情的母猪，为什么还不送回我们漂亮的公猪？"太子听了羞愧万分，对家臣戏阳速说："你跟我去朝见夫人，夫人见我时，只要我一回头，你就把她杀了。"戏阳速说："好。"于是去朝见夫人。夫人见到太子，太子回头三次，戏阳速也不上前动手。夫人看到太子的脸色不对。吓得哭着逃走了，说："蒯聩要杀我。"卫灵公拉住她的手登上高台躲避。太子逃到了宋国，其党羽被全部驱逐。因此公孟彄逃到了郑国，又从郑国到了齐国。

太子蒯聩对别人说："是戏阳速害了我。"戏阳速告诉别人说："太子想嫁祸于我。他大逆不道，让我杀死他的母亲。我不答应，他会杀了我；杀了夫人，他将归罪于我。因此我虽然答应但并不动手，以此暂免一死。俗话说：'百姓以信用保护自己。'我以道义作为信用。"

冬季十二月，晋国人在潞地打败了范吉射和荀寅的军队，抓获了籍秦和高强。又在百泉打败了郑国军队和范吉射的军队。

定公十五年

经 十有五年春，王正月，邾子来朝。鼷鼠食郊牛，牛死，改卜牛。二月辛丑，楚子灭胡，以胡子豹归。夏五月辛亥，郊。壬申，公薨于高寝。郑罕达帅师伐宋。齐侯、卫侯次于渠蒢。邾子来奔丧。秋七月壬申，姒氏卒。八月庚辰朔，日有食之。九月，滕子来会葬。丁巳，葬我君定公，雨，不克葬。戊午，日下昃，乃克葬。辛巳，葬定姒。冬，城漆。

传 十五年春，邾隐公来朝。子贡观焉①。邾子执玉高，其容仰②。公受玉卑，其容俯。子贡曰："以礼观之，二君者，皆有死亡焉。夫礼，死生存亡之体也③。将左右周旋，进退俯仰，于是乎取之。朝祀丧戎，于是乎观之。今正月相朝，而皆不度④，心已亡矣⑤。嘉事不体⑥，何以能久？高仰，骄也；卑俯，替也⑦。骄近乱，替近疾。君为主，其先亡乎⑧！"

吴之入楚也，胡子尽俘楚邑之近胡者。楚既定，胡子豹又不事楚，曰："存亡有命，事楚何为？多取费焉⑨。"二月，楚灭胡。

夏五月壬申⑩，公薨。仲尼曰："赐不幸言而中⑪，是使赐多言者也。"

郑罕达败宋师于老丘⑫。

齐侯、卫侯次于蘧挐⑬，谋救宋也。

秋七月壬申⑭，姒氏卒。不称夫人，不赴⑮，且不祔也⑯。

葬定公。雨，不克襄事⑰，礼也。

葬定姒⑱。不称小君，不成丧也⑲。

冬，城漆⑳。书，不时告也㉑。

[注释]

①子贡：即端木赐，卫人，孔丘弟子。 ②容：面。 ③体：主体。 ④不度：不合法度。 ⑤亡：无。 ⑥嘉事不体：朝会不合于礼。嘉事，指朝会之礼。体，通礼。 ⑦替：废惰。 ⑧亡：死亡。 ⑨多取费：只是过多花费财物。多，只是。 ⑩壬申：二十二日。 ⑪不幸：鲁公死，为不幸事。 ⑫老丘：宋地，在今河南省开封市东南。 ⑬蘧挐（qú rú）：即渠蒢（chú），其地不详。 ⑭壬申：二十三日。 ⑮不赴：不发讣告。 ⑯不祔：没有陪祀于祖庙。 ⑰不克襄事：未能办完丧事。襄，成。 ⑱定姒：姒氏，定公夫人。 ⑲不成丧：未按夫人葬礼安葬。 ⑳漆：本为邾邑，此时属鲁，在今山东省邹城市北。 ㉑不时告：未按时祭告祖庙。此次城漆实为秋季，不合时令，故迟至冬闲时祭告祖庙。

[译文]

十五年春季，邾隐公来鲁国朝见。子贡前去观礼。邾隐公把玉举得很高，仰着脸。定公接玉时拿得很低，脸朝下。子贡说："从礼的角度看，两位国君都有死亡的迹象。礼是生死存亡的主体。因为人的左右周旋、进退俯仰都要从礼中寻找依据。朝会、祭祀、丧事、作战，从中都能看到礼的表现。现在是正月，两君互相朝见，就都不合法度了，说明他们心中已经没有礼了。朝会不合乎礼，还怎能长久呢？高和仰，表明高傲；低和俯，说明衰微。高傲接近祸乱，衰微接近疾病。国君作为主人，恐怕要先死吧！"

吴军侵入楚国时，胡子把靠近胡国的楚国城邑掳掠一空。等楚国安定下来，胡子豹又不事奉楚国，说："生死存亡自有天命，事奉楚国又能怎么样？不过多损失一些贡礼而已。"二月，楚国灭亡了胡国。

夏季五月二十二日，鲁定公去世。孔子说："子贡不幸而言中，这证明子贡是个多嘴的人。"

郑国的罕达在老丘打败了宋军。

齐景公、卫灵公驻扎在蘧挐,以谋求救援宋国。

秋季七月二十三日,定公夫人姒氏去世。《春秋》不称她为夫人,是因为没有发布讣告,而且没有让她陪祀于祖庙。

鲁国安葬了鲁定公。由于下雨,没有完成葬事,这是合乎礼的。

安葬定姒。《春秋》不称她为小君,是因为没有按国君夫人的葬礼安葬她。

冬季,鲁国在漆地筑城。《春秋》记载此事,是因为没有按时祭告祖庙。

哀　公

哀公元年

经　元年春，王正月，公即位。楚子、陈侯、随侯、许男围蔡。鼷鼠食郊牛，改卜牛。夏四月辛巳，郊。秋，齐侯、卫侯伐晋。冬，仲孙何忌帅师伐邾。

传　元年春①，楚子围蔡，报柏举也。里而栽②，广丈，高倍。夫屯昼夜九日③，如子西之素④。蔡人男女以辨⑤，使疆于江、汝之间而还。蔡于是乎请迁于吴。

吴王夫差败越于夫椒⑥，报槜李也。遂入越。越子以甲楯五千，保于会稽⑦。使大夫种因吴大宰嚭以行成⑧，吴子将许之。伍员曰："不可。臣闻之树德莫如滋，去疾莫如尽。昔有过浇杀斟灌以伐斟鄩⑨，灭夏后相⑩。后缗方娠⑪，逃出自窦⑫，归于有仍，生少康焉⑬，为仍牧正⑭。惎浇⑮，能戒之。浇使椒求之⑯，逃奔有虞⑰，为之庖正⑱，以除其害⑲。虞思于是妻之以二姚⑳，而邑诸纶㉑。有田一成㉒，有众一旅㉓。能布其德，而兆其谋㉔，以收夏众，抚其官职。

使女艾谍浇㉕，使季杼诱豷㉖，遂灭过、戈㉗，复禹之绩，祀夏配天，不失旧物㉘。今吴不如过，而越大于少康，或将丰之㉙，不亦难乎？句践能亲而务施㉚，施不失人，亲不弃劳。与我同壤而世为仇雠。于是乎克而弗取，将又存之，违天而长寇仇㉛，后虽悔之，不可食已㉜。姬之衰也㉝，日可俟也㉞。介在蛮夷，而长寇仇，以是求伯㉟，必不行矣。"弗听。退而告人曰："越十年生聚㊱，而十年教训㊲。二十年之外，吴其为沼乎㊳！"三月，越及吴平。吴入越，不书，吴不告庆㊴，越不告败也。

夏四月，齐侯、卫侯救邯郸，围五鹿㊵。

吴之入楚也，使召陈怀公。怀公朝国人而问焉，曰："欲与楚者右，欲与吴者左。陈人从田㊶，无田从党㊷。"逢滑当公而进㊸，曰："臣闻国之兴也以福，其亡也以祸。今吴未有福，楚未有祸，楚未可弃，吴未可从。而晋，盟主也，若以晋辞吴，若何？"公曰："国胜君亡，非祸而何？"对曰："国之有是多矣，何必不复。小国犹复，况大国乎？臣闻国之兴也，视民如伤，是其福也。其亡也，以民为土芥㊹，是其祸也。楚虽无德，亦不艾杀其民㊺。吴日敝于兵㊻，暴骨如莽㊼，而未见德焉。天其或者正训楚也，祸之适吴，其何日之有㊽？"陈侯从之。及夫差克越，及修先君之怨。秋八月，吴侵陈，修旧怨也。

齐侯、卫侯会于乾侯，救范氏也。师及齐师、卫孔圉、鲜虞人伐晋，取棘蒲㊾。

吴师在陈，楚大夫皆惧，曰："阖庐惟能用其民，以败我于柏举。今闻其嗣又甚焉，将若之何？"子西曰："二三子恤不相睦，无患吴矣。昔阖庐食不二味(50)，居不重席(51)，室不崇坛(52)，器不彤镂(53)，宫室不观(54)，舟车不饰，衣服财用，择不取费(55)。在国，天有灾疠(56)，亲巡孤寡，而共其乏困。在军，熟食者分(57)，而后敢食。其所尝者，卒乘与焉(58)。勤恤其民而与之劳逸，是以民不罢劳，死知不旷(59)。吾先大夫子常易之(60)，所以败我也。今闻夫差次有台榭陂池焉(61)，宿有妃嫱嫔御焉(62)。一日之行，所欲必成，玩好必从。珍异是聚，观乐是务(63)，视民如仇，而用之日新(64)。夫先自败也已，安能败我？”

冬十一月，晋赵鞅伐朝歌。

[注释]

①元年：公元前494年，即周敬王二十六年。 ②里而栽：在离蔡都城一里处构筑堡垒。 ③夫屯昼夜九日：役夫屯驻九昼夜。 ④素：预定计划。 ⑤男女以辨：男女分别排列捆缚而出降。 ⑥夫椒：越地，在今浙江省绍兴市柯桥区北。 ⑦保于会稽：守住会稽。会稽，即会稽山，在今浙江省绍兴市柯桥区东南。 ⑧种：文种，字禽，楚国南郢人。 ⑨有过浇：据襄公四年传，寒浞杀羿，因其室而生浇，处浇于过。故此谓有过浇，详见襄公四年传。斟灌、斟鄩(xún)：皆部落名。 ⑩夏后相：夏代国君，夏启之孙，名相。后相失国，依于二斟，复为浇所灭。 ⑪后缗：后相妻，有仍氏女。 ⑫窦：城墙洞。 ⑬少康：后缗遗腹子，夏代中兴帝王。 ⑭牧正：牧官之长。 ⑮惎：忌恨。 ⑯椒：浇臣。 ⑰有虞：部落名，虞舜之后。 ⑱庖正：掌饮食之官。 ⑲以除其害：以免除浇的危害。 ⑳虞思：有虞酋长名，姚姓，以二女妻少康。 ㉑纶：有虞国地名，在今河南省虞城县东南。 ㉒成：方十里为成。 ㉓旅：五百人为旅。

㉔兆其谋：开始谋划复国计划。兆，始。　㉕使女艾谍浇：让女艾打入浇处做间谍。女艾，少康臣。　㉖季杼：少康之子。豷（yì）：浇弟。　㉗过：浇之国名。戈：豷之国名。　㉘旧物：原来的天下。　㉙丰：壮大。　㉚句践：越君。　㉛长寇仇：使仇敌增强壮大。　㉜不可食：吃不消。　㉝姬：吴姓，此指吴国。　㉞日可俟：计日可待。　㉟伯：霸主。　㊱生聚：生息积聚。　㊲教训：教导训练。　㊳沼：池沼。谓吴国将荡然无存。　㊴庆：胜利。　㊵五鹿：晋邑，详见僖公二十三年注。　㊶从田：根据田地的方位而分立左右。田在东者居左，为吴。田在西者居右，为楚。　㊷从党：附亲族而立。　㊸当公：不左不右。　㊹土芥：粪土草芥。　㊺艾：同"刈"。　㊻日敝于兵：每日都疲敝于战事。　㊼莽：草。　㊽何日之有：言日子不多。　㊾棘蒲：晋地，在今河北省赵县境。　㊿食不二味：吃饭不备两样菜。　51居不重席：坐下不铺两层席。　52室不崇坛：房屋不建在高坛上。　53器不彤镂：器物不加雕饰。　54不观：不筑楼台亭阁。　55择不取费：选其实用，不尚华美。　56疠：病疫。　57熟食者分：煮熟的饭菜使军士都能分到。　58其所尝者，卒乘与焉：其所吃的甘珍异味，士兵也能得到。　59不旷：不为徒死。旷，空。　60易之：反之而行。　61次：停留超过两夜。　62宿：住一宿。妃嫱嫔御：皆宫中内官，妃嫱为贵者，嫔御为贱者。　63观乐：玩乐。　64用之日新：役使百姓天天变化，无有止境。

[译文]

元年春季，楚昭王包围蔡国，以报复柏举一战。在距蔡都一里处修筑了堡垒，宽一丈，高两丈。役夫屯守了九天九夜，和子西的预定计划一样。蔡国人把男女捆绑分成两排出城投降，楚昭王让他们迁到长江和汝水之间，然后便回去了。蔡国人因此向吴国人请求迁到吴国去。

吴王夫差在夫椒打败了越军，报了槜李一战之仇。随后攻进越国。

越王句践率领披甲执盾的五千名士卒坚守会稽山。派大夫文种通过吴国太宰伯嚭求和，吴王夫差准备答应。伍子胥说："不能同意。据臣听说树立德行最好是不断培植，铲除病毒最好是干净彻底。从前有过国的国君浇杀了斟灌，攻打斟鄩，灭亡了夏后相。后相的妻子后缗有孕在身，从城墙的排水沟里逃了出来，回到有仍氏，生了少康。少康担任了有仍氏的牧正。他对浇充满了仇恨，又能处处提防他。浇派椒去搜寻他，他逃到了有虞国，做了一名庖正，以避免祸害。虞思把两个女儿嫁给他为妻，封在纶邑。有土地方圆十里，有五百人的军队。少康能广施恩德，开始实施复国计划，收集了夏朝的大批遗民，安抚他的各级官员。派女艾打入浇的内部为间谍，派季杼引诱浇的弟弟豷，随后灭了过国和戈国，复兴了禹王的大业，恢复了对夏朝祖先和天帝的祭祀，维护了原来的天下。现在的吴国还没有过国强大，而越国的力量却超过了少康，如果讲和而让越国更加壮大，将来不更难以对付吗？越王句践能够亲近百姓而乐于施舍，施舍而不遗漏一人，亲近百姓而不埋没有功之人。越国和我们土地相连，却世代为仇。在这种情况下攻克又不去占领，又准备让他们存在下去，是违背天命而滋长仇敌，日后即使后悔了也吃不消。作为姬姓的吴国，衰落指日可待。我们处在蛮夷之间，又使仇敌得以壮大，还指望以此谋求霸业，绝对行不通。"吴王不听。伍子胥出来告诉别人说："越国用十年繁衍人口积聚财富，用十年教育百姓训练兵马。二十年之后，吴国恐怕就要变成池沼了啊。"三月，越国和吴国讲和。对吴国侵入越国一事，《春秋》没有加以记载，是因为吴国没有报告胜利，越国也没有报告失败。

夏季四月，齐景公、卫灵公救援邯郸，包围了五鹿。

吴国侵入楚国时，派人召请陈怀公。怀公在朝廷上征求国人的意见，说："愿意亲近楚国的站在右边，愿意亲近吴国的站在左边。陈国人中有田地的根据田地所在方向分立，没有田地的人和亲族站在一起。"逢滑面对怀公而立，上前说："臣听说国家的兴盛是因为福，灭亡是因为祸。现在吴国没有福，楚国也没有祸，对楚国不能抛弃，对吴国也不能听从。晋国是诸侯盟主,如果以晋国为借口而拒绝吴国,怎么样?"怀公说:"国家被吴国战胜,国君逃亡,不是灾祸是什么?"逢滑回答说:"国家遇到这种情况的时候很多,为什么就一定不能恢复?小国尚且能恢复,何况是大国呢?据臣所知,国家兴盛时,国君关心百姓如同对待受伤的人,这是它的福气;国家灭亡时,视百姓生命如草芥粪土,这是它的祸害。楚国虽然缺少德行,但并没有滥杀百姓。吴国每日在战争中衰败下去,将士的尸骨暴露荒野多如杂草,看不出它有什么德行。或许是上天正在给楚国教训,吴国大祸临头,还能有多少日子?"怀公听了他的话。等到夫差战胜越国,就准备清算先君的旧怨。秋季八月,吴军入侵陈国,就是为了清算过去的怨仇。

齐景公、卫灵公在乾侯会见,商议如何救援范氏。鲁军会同齐军、卫国的孔圉、鲜虞人攻打晋国,夺取了棘蒲。

吴军驻扎在陈国,楚国的大夫们都很害怕,说:"吴王阖庐善于使用他的百姓,所以在柏举把我们打败。现在听说他的继承人更厉害,可如何是好?"子西说:"你们几个应该担心彼此不和睦,不必担心吴国。从前阖庐吃饭时不上两道菜,座位下面不铺两层席子,盖房不起高坛,器物不雕花纹,宫内不建亭台楼阁,车船不加装饰,衣物和用品只求实用不尚奢靡。在国内,只要发生了天灾和疾病,亲自去探视安抚孤儿鳏寡并救助他们。在军中,煮熟的食物分给士卒之后,自己才敢食用。他吃山珍海味,也分给士卒一份。经常关心百姓,和他们同劳动同享受,因此百姓不感到疲劳,死了也知道能有所补偿。而我国先大夫子常却恰恰相反,所以我国才被打败。现在听说夫差出行超过两宿,一定要有楼台池沼,住一宿要有嫔妃宫女。即使外出一天,想要做的东西一定要得到,喜欢的东西一定随身携带。积聚珍奇宝物,沉溺声色犬马,视百姓如仇敌,而役使他们却无休无止。这是自己先把自己打败,又怎么能打败我们呢?"

冬季十一月,晋国的赵鞅攻打朝歌。

哀公二年

经 二年春，王二月，季孙斯、叔孙州仇、仲孙何忌帅师伐邾，取漷东田及沂西田。癸巳，叔孙州仇、仲孙何忌及邾子盟于句绎。夏四月丙子，卫侯元卒。滕子来朝。晋赵鞅帅师纳卫世子蒯聩于戚。秋八月甲戌，晋赵鞅帅师及郑罕达帅师战于铁。郑师败绩。冬十月。葬卫灵公。十有一月，蔡迁于州来。蔡杀其大夫公子驷。

传 二年春，伐邾，将伐绞①。邾人爱其土，故赂以漷、沂之田而受盟②。

初，卫侯游于郊，子南仆③。公曰："余无子④，将立女。"不对。他日，又谓之，对曰："郢不足以辱社稷，君其改图。君夫人在堂，三揖在下⑤。君命只辱⑥。"

夏，卫灵公卒。夫人曰："命公子郢为大子，君命也。"对曰："郢异于他子。且君没于吾手⑦，若有之，郢必闻之。且亡人之子辄在⑧。"乃立辄。

六月乙酉⑨，晋赵鞅纳卫大子于戚。宵迷⑩，阳虎曰："右河而南⑪，必至焉。"使大子绖⑫，八人衰绖，伪自卫逆者。告于门，哭而入，遂居之。

秋八月，齐人输范氏粟，郑子姚、子般送之⑬。士吉射逆之，赵鞅御之，遇于戚。阳虎曰："吾车少，以兵车之旆⑭，与罕、驷兵车先陈。罕、驷自后随而从之，彼见吾貌，必有惧心。于是乎会之⑮，必大败之。"从之。卜战，龟焦。乐丁曰⑯："《诗》曰：'爰始爰谋，爰契我龟⑰。'

谋协，以故兆询可也。"简子誓曰："范氏、中行氏，反易天明⑱，斩艾百姓，欲擅晋国而灭其君。寡君恃郑而保焉。今郑为不道，弃君助臣。二三子顺天明，从君命，经德义，除诟耻，在此行也。克敌者，上大夫受县，下大夫受郡，士田十万，庶人工商遂⑲，人臣隶圉免⑳。志父无罪㉑，君实图之。若其有罪，绞缢以戮，桐棺三寸㉒，不设属辟㉓，素车朴马㉔，无入于兆㉕，下卿之罚也。"

甲戌㉖，将战，邮无恤御简子㉗，卫大子为右。登铁上㉘，望见郑师众，大子惧，自投于车下。子良授大子绥而乘之㉙，曰："妇人也。"简子巡列㉚，曰："毕万㉛，匹夫也。七战皆获，有马百乘，死于牖下㉜。群子勉之，死不在寇㉝。"繁羽御赵罗，宋勇为右㉞，罗无勇，麇之㉟。吏诘之，御对曰："痁作而伏㊱。"卫大子祷曰："曾孙蒯聩敢昭告皇祖文王、烈祖康叔、文祖襄公：郑胜乱从㊲，晋午在难㊳，不能治乱，使鞅讨之。蒯聩不敢自佚㊴，备持矛焉。敢告无绝筋，无折骨，无面伤，以集大事㊵，无作三祖羞㊶。大命不敢请㊷，佩玉不敢爱。"

郑人击简子中肩，毙于车中㊸，获其蜂旗㊹。大子救之以戈。郑师北，获温大夫赵罗㊺。大子复伐之，郑师大败，获齐粟千车。赵孟喜曰："可矣。"傅傁曰㊻："虽克郑，犹有知在，忧未艾也㊼。"

初，周人与范氏田，公孙尨税焉㊽。赵氏得而献之，吏请杀之。赵孟曰："为其主也，何罪？"止而与之田。及铁之战，以徒五百人宵攻郑师，取蜂旗于子姚之幕下，献曰："请报主德。"追郑师。姚、般、公孙林殿而射，前列多死。

赵孟曰："国无小。"既战，简子曰："吾伏弢呕血⑭，鼓音不衰，今日我上也⑮。"大子曰："吾救主于车，退敌于下，我，右之上也。"邮良曰："我两靷将绝⑯，吾能止之，我，御之上也。"驾而乘材，两靷皆绝。

吴泄庸如蔡纳聘，而稍纳师⑰。师毕入，众知之。蔡侯告大夫，杀公子驷以说，哭而迁墓。冬，蔡迁于州来。

[注释]

①绞：郑邑，在今山东省滕州市北。 ②潨、沂：二水名，皆流经郑境。 ③子南：卫灵公之子，名郢。 ④无子：即无嫡子。 ⑤三揖：指卿、大夫、士。 ⑥君命只辱：只能有辱君命。 ⑦君没于吾手：意为侍候国君至死。 ⑧亡人：指太子蒯聩。 ⑨乙酉：十七日。 ⑩宵迷：夜间迷路。 ⑪右河而南：右行渡河往南。 ⑫绖（wèn）：古代一种丧服，脱帽，以布括发。 ⑬子姚、子般：即罕达、驷弘。 ⑭旆：大将之旗。 ⑮会之：与他们会战。 ⑯乐丁：晋大夫。 ⑰"爰始爰谋"二句：句出《诗经·大雅·绵》。意为开始谋划，于是占卜。前二"爰"字为语首助词，无义。后一"爰"字义为乃。契龟，占卜。 ⑱反易天明：违背天命。明，通"命"。 ⑲遂：做官。古代庶人工商世承其业，不得仕进。 ⑳人臣隶圉免：做人奴隶的使为自由民。 ㉑志父：即赵鞅。 ㉒桐棺三寸：使用三寸厚的桐木棺材。桐棺三寸为刑余罪人的丧具。 ㉓属辟：外棺。 ㉔素车朴马：装运棺材的车马不加装饰。 ㉕兆：界域，即同族人的墓地。 ㉖甲戌：初七日。 ㉗邮无恤：即王良。 ㉘铁：即铁丘，在今河南省濮阳市区。 ㉙子良：即邮无恤。绥：绳索。 ㉚巡列：巡视队伍。 ㉛毕万：晋臣，详见闵公元年传。 ㉜死于牖下：意为得以善终。牖，窗户。 ㉝死不在寇：言勇战者未必死于敌人之手。 ㉞繁羽、赵罗、宋勇：三人皆晋大夫。 ㉟縻之：绑在车上。縻，束。

㊱痁：疟疾。 ㊲郑胜乱从：郑胜扰乱常道。郑胜，郑声公名。 ㊳午：晋定公名。 ㊴佚：同“逸”，安逸。 ㊵集大事：成就大事。 ㊶三祖：即皇祖、烈祖、文祖。 ㊷大命：死生之命。 ㊸毙：跌倒。 ㊹蜂旗：旗名。 ㊺赵罗：与上文赵罗非一人。 ㊻傅傁：赵简子的下属。 ㊼艾：止。 ㊽公孙尨税焉：公孙尨为范氏收税。公孙尨，为范氏家臣。 ㊾伏弢：伏在弓袋上。 ㊿上：上等功。 (51)靷：即“靳”，控制骖马的皮绳。 (52)稍纳师：逐渐将军队引入蔡国。

［译文］

二年春季，鲁国攻打邾国，准备先攻打绞邑。邾国人珍惜他们的土地，因此用漷、沂两处的土地作为贿赂而接受了盟约。

当初，卫灵公到郊外游玩，他的儿子公子郢驾车。灵公说：“我没有嫡子，准备立你为继承人。”公子郢没有回答。过了几天灵公又说起此事，子南回答说：“我不足以承担国家重任，请国君改变主意。有君夫人在上，有卿、大夫、士在下。我只能有辱君命。”

夏季，卫灵公去世。夫人说：“立公子郢为太子，这是国君的命令。”公子郢回答说：“我和其他公子不同。况且我一直陪伴国君到死，如果有这遗命，我一定能听到。再说还有逃亡太子的儿子辄在。”就立了辄为新君。

六月十七日，晋国的赵鞅把卫国太子蒯聩送到戚地。夜间迷了路，阳虎说：“向右渡过黄河再向南走，就一定能走到。”让太子脱帽以布裹发，八个人身穿丧服，伪装成从卫都前来迎接的人。告诉守门人，哭着进入戚邑，随后就住在这里。

秋季八月，齐国人给范氏送去粮食，由郑国的子姚和子般负责押送。范吉射迎接他们，赵鞅抵抗，双方在戚地相遇。阳虎说：“我们的车辆少，应该把大将的旗帜插到车上，在子姚、子般的战车到来之前摆好阵势。等子姚、子般从后面赶到，他们看到我们的阵势，一定害怕。这时候交战，就一定能打败他们。”赵鞅同意。占卜作战的吉凶，结果龟甲烧焦了。晋大夫乐丁说:"《诗经》说:'先行谋划,再行占卜。'既然意见一致,按照过去占卜的结果去做就行了。"赵鞅发誓说:"范氏、中行氏违背天意,残害百姓,企图独揽晋国大权而灭亡国君。寡君指望依靠郑国得以保护。现在郑国倒行逆施,背弃国君而帮助逆臣。我们几个人顺应天命,服从君令,主持正义,消除耻辱,就在此一举了。谁要战胜敌人,是上大夫的可以得到县,是下大夫的可以得到郡,士兵可以得到田地十万亩,平民、工匠、商人可以做官,奴隶可以恢复自由。如果我免于罪过,也请国君考虑。如果战败获罪,请求把我处以绞刑,只用三寸厚的桐棺,既不用外棺,不用彩饰的车马运送灵柩,也不葬入本族墓地,这是按下卿地位所作的惩罚。"

八月七日,准备交战,邮无恤为赵鞅驾车,卫国的太子蒯聩为车右。登上铁丘,远远看到郑军人马很多,卫国太子吓得从车上跌落下来。邮无恤递给他一条带子,让他拉着登上车,说:"简直像个女人。"赵鞅巡视队伍说:"从前先君献公的车右毕万是一个普通的人。他在七次战斗中都俘虏了敌人,被赐给四百匹马,得以善终。大家努力吧,不一定就会战死。"繁羽为赵罗驾车,宋勇为车右,赵罗胆子很小,让人把他绑在车上。军吏问他怎么回事,繁羽回答说:"疟疾发作了,所以才趴下。"卫国的太子祷告说:"曾孙蒯聩诚惶诚恐地向皇祖文王、烈祖康叔、文祖襄公报告:郑胜倒行逆施,晋君身陷危难,不能亲自领兵平叛,特派赵鞅讨伐。蒯聩不敢贪图安逸,也拿起武器参加。祈求祖先保佑不要让我伤筋,不要让我断骨,面部不要受伤,以成大事,不给三位祖先带来耻辱。这不是为个人的生死请求,也不敢爱惜自己的佩玉。"

郑国人击中了赵鞅的肩膀,赵鞅倒在车中,郑国人乘机把他的大旗拔走。太子蒯聩持戈前去救援。郑军败退,抓获了温大夫赵罗。蒯聩又去攻打郑军,郑军被打败,缴获了齐国上千车粮食。赵鞅大喜,说:"可以了。"傅傁说:"虽然战胜了郑军,还有知氏在那里,忧患没有消除。"

当初，周王室给范氏田地，公孙龙为范氏收税。赵氏族人把他抓起来献给了赵鞅，军吏请求将其杀掉。赵鞅说："他是为他的主人，有什么罪呢？"不让杀还送给他田地。到了铁丘之战，公孙龙率领五百士卒在夜里攻打郑军，冲到子姚的帐幕下夺取那面大旗，献给赵鞅，说："以此报答主公的恩德。"继续追赶郑军。子姚、子般、公孙林断后，边退边射，晋军前锋死伤很多。赵鞅说："对小国也不能轻视啊。"战斗结束，赵鞅说："我趴在弓箭袋上吐血不止，但仍然不停地击鼓，今天我的功劳最大。"卫国太子说："我冲到车前去营救主帅，又在车下把敌人击退，在车右中我功劳最大。"邮无恤说："我骖马的肚带都快要断了，我还能控制住它们，我在御者中功劳最大。"套上马装上木材，果然两条肚带断了。

吴国的泄庸到蔡国送聘礼，逐渐把军队带进蔡国。吴军全部进入后，蔡国人才发觉。蔡昭侯告诉大夫们，杀了公子驷以塞责，哭着把先君的坟墓迁走。冬季，蔡国人迁到州来。

哀公三年

经 三年春，齐国夏、卫石曼姑帅师围戚。夏四月甲午，地震。五月辛卯，桓宫、僖宫灾。季孙斯、叔孙州仇帅师城启阳。宋乐髡帅师伐曹。秋七月丙子，季孙斯卒。蔡人放其大夫公孙猎于吴。冬十月癸卯，秦伯卒。叔孙州仇、仲孙何忌帅师围邾。

传 三年春，齐、卫围戚，求援于中山。

夏五月辛卯①，司铎火②。火逾公宫，桓、僖灾③。救火者皆曰："顾府④。"南宫敬叔至，命周人出御书⑤，俟于宫，曰："庀女而不在⑥，死。"子服景伯至，命宰人出礼书⑦，以待命，命不共⑧，有常刑。校人乘马⑨，巾车脂辖⑩。百官官备⑪，府库慎守，官人肃给⑫。济濡帷幕⑬，郁攸从之⑭，蒙葺公屋⑮。自大庙始，外内以俊⑯，助所不给⑰。有不用命，则有常刑，无赦。公父文伯至，命校人驾乘车。季桓子至，御公立于象魏之外⑱。命救火者伤人则止⑲，财可为也。命藏《象魏》，曰："旧章不可亡也⑳。"富父槐至，曰："无备而官办者㉑，犹拾沈也㉒。"于是乎去表之槁㉓，道还公宫㉔。

孔子在陈，闻火，曰："其桓、僖乎。"

刘氏、范氏世为婚姻，苌弘事刘文公，故周与范氏。赵鞅以为讨。六月癸卯㉕，周人杀苌弘。

秋，季孙有疾，命正常曰㉖："无死。南孺子之子㉗，男也，则以告而立之。女也，则肥也可㉘。"季孙卒，康子即位。既葬，康子在朝。南氏生男，正常载以如朝，告曰："夫子有遗言，命其圉臣曰㉙：'南氏生男，则以告于君与大夫而立之。'今生矣，男也，敢告。"遂奔卫。康子请退㉚。公使共刘视之㉛，则或杀之矣，乃讨之。召正常，正常不反。

冬十月，晋赵鞅围朝歌，师于其南。荀寅伐其郛，使其徒自北门入，己犯师而出㉜。癸丑㉝，奔邯郸。

十一月，赵鞅杀士皋夷㉞，恶范氏也。

[注释]

①辛卯：二十八日。　②司铎：官署名。　③桓、僖灾：桓公、僖公庙被火烧毁。　④顾府：保护府库。　⑤命周人出御书：命令周

人拿出国君所阅之书。周人，掌管周书典籍之官。 ⑥庀（pǐ）女：即"庀于女"，意为托你保护好。庀，借为"庇"。 ⑦宰人：即宰夫，掌管法令礼数的官员。 ⑧命不共：奉命不尽职。 ⑨校人乘马：校人驾上马。校人，掌国君马匹的官员。 ⑩巾车脂辖：巾车给车轴涂上油。巾车，车官之长。 ⑪官备：坚守岗位。 ⑫官人肃给：主管馆舍的官员严格供应。 ⑬济濡帷幕：将帷幕浸湿。 ⑭郁攸：灭火器具。 ⑮蒙葺：以湿物覆盖。 ⑯外内以俊：先内后外，依次扑救。俊，次。 ⑰不给：人力物力不足者。 ⑱象魏：古代诸侯宫室有三门，库门、雉门、路门。雉门即宫室南门。雉门两旁，积土为台，台上筑重屋叫楼，楼可以观望，故称为观。国家的法令常悬于观上，故又叫作象魏。 ⑲伤人：受伤之人。 ⑳旧章：即象魏，指文献律令。 ㉑官办：百官各尽职守。 ㉒拾沈：从地上捡起汤汁。沈，汁。 ㉓去表之槁：清除火道上的枯木。 ㉔道还公宫：环绕公宫开辟火巷。还，同"环"。 ㉕癸卯：十一日。 ㉖正常：季孙的宠臣。 ㉗南孺子：季桓子之妻。 ㉘肥：季康子。 ㉙圉臣：贱臣，正常自谦。 ㉚退：避位。 ㉛共刘：鲁大夫。 ㉜犯师：突围。 ㉝癸丑：二十三日。 ㉞士皋夷：即定公十三年传之范皋夷。

[译文]

三年春季，齐国、卫国围攻戚地，戚地向鲜虞求救。

夏季五月二十八日，鲁国的司铎宫发生火灾。大火越过公宫，桓公和僖公庙被烧毁。救火的人们都喊道："保护府库。"南宫敬叔跑来，命令周人把国君所读的书搬出来，在公宫门口等候，说："交给你，如有损失，就处死。"子服景伯来到，让宰人把礼书搬出来等候命令，警告如果失职，将依法惩处。校人套上马，巾车给车轴上好油。每个官员都坚守岗位，府库加强看守，负责馆舍的官员保证供应。用水浇湿帷幕，准备好灭火器具，用浸湿的东西把公屋遮盖起来。从太庙开始，从外到内依次蒙上，对力量不足者加以帮助。凡有不听从指挥的，依法惩办，不予赦免。公父文伯来到，命令校人为国君的车子套上马。季桓子来到，为哀公驾车站在象魏门之外。他下令救火的人一旦受伤就停下来，认为财物还可以再创造。又命令把法令典章都收藏起来，说："典章文献不能丢失。"富父槐来到，说："不做准备，这时让百官仓促备办，就像要捡起洒在地上的汤汁一样。"于是清除火道上的干枯物品，在公宫四周开挖了隔火道。

孔子正在陈国，听说发生了火灾，说："恐怕是桓公、僖公庙吧。"

刘氏和范氏世代结为婚姻，苌弘事奉刘文公，因此周室偏向范氏。赵鞅因此而讨伐。六月十一日，周人杀了苌弘。

秋季，季桓子患了病，命令正常说："你不可为我而死。南孺子生下的孩子，如果是男孩，就报告国君，立为继承人；如果是女孩，就立肥为继承人。"季桓子死后，康子即位。安葬后，康子在朝廷听命。南孺子生了一个男孩，正常抱着他来到朝廷报告说："主公生前留下遗言，命令贱臣说：'南氏生男，则报告国君和大夫们立他为继承人。'现在生的是个男孩，特此报告。"随后就逃到了卫国。康子请求退位。哀公派大夫共刘前去察看，有人已把孩子杀死，便讨伐凶手。召请正常回国，正常不肯回来。

冬季十月，晋国的赵鞅围攻朝歌，大军驻扎在城南。荀寅攻打朝歌外城的晋军，让他的部下从北门进城，自己突围而出。二十三日，荀寅逃到邯郸。

十一月，赵鞅杀了士夷皋，是因为憎恶范氏。

哀公四年

经 四年春，王二月庚戌，盗杀蔡侯申。蔡公孙辰出奔吴。葬秦惠公。宋人执小邾子。夏，蔡杀其大夫公孙姓、公孙霍。晋人执戎蛮子赤归于楚。城西郛。六月辛丑，亳社灾。秋八月甲寅，滕子结卒。冬十有二月，葬蔡昭公。

葬滕顷公。

传 四年春，蔡昭公将如吴，诸大夫恐其又迁也，承①。公孙翩逐而射之，入于家人而卒②。以两矢门之③，众莫敢进。文之锴后至④，曰："如墙而进，多而杀二人。"锴执弓而先，翩射之，中肘。锴遂杀之，故逐公孙辰，而杀公孙姓、公孙盱⑤。

夏，楚人既克夷虎⑥，乃谋北方。左司马眅、申公寿余、叶公诸梁致蔡于负函⑦，致方城之外于缯关⑧，曰："吴将泝江入郢⑨，将奔命焉⑩。"为一昔之期⑪，袭梁及霍⑫。单浮余围蛮氏⑬，蛮氏溃。蛮子赤奔晋阴地⑭。司马起丰、析与狄戎⑮，以临上洛⑯。左师军于菟和⑰，右师军于仓野⑱，使谓阴地之命大夫士蔑曰⑲："晋、楚有盟，好恶同之。若将不废，寡君之愿也。不然，将通于少习以听命⑳。"士蔑请诸赵孟。赵孟曰："晋国未宁，安能恶于楚？必速与之。"士蔑乃致九州之戎㉑，将裂田以与蛮子而城之㉒，且将为之卜。蛮子听卜，遂执之，与其五大夫㉓，以畀楚师于三户㉔。司马致邑，立宗焉，以诱其遗民㉕，而尽俘以归。

秋七月，齐陈乞、弦施、卫宁跪救范氏。庚午㉖，围五鹿。九月，赵鞅围邯郸。冬十一月，邯郸降。荀寅奔鲜虞，赵稷奔临㉗。十二月，弦施逆之，遂堕临。国夏伐晋，取邢、任、栾、鄗、逆畤、阴人、盂、壶口㉘。会鲜虞，纳荀寅于柏人㉙。

[注释]

①承：紧跟。　②家人：百姓之家。　③门之：守住门口。　④文之锴：蔡昭侯之臣。　⑤公孙盱（xū）：即公孙霍。　⑥夷虎：叛楚的蛮夷人。　⑦致蔡于负函：在负函召集蔡人。负函，楚地，在今河南省信阳市平桥区。　⑧缯关：楚地，在今河南省方城县。　⑨泝：逆流而上。　⑩奔命：奔走听命。　⑪昔：夕。　⑫梁、霍：蛮氏之邑，梁在今河南省汝州市西，霍在梁西南。　⑬蛮氏：国名，戎的别种，在霍地之西。　⑭阴地：晋地，在今河南省卢氏县东北。　⑮起：征召。丰：楚邑，在今河南省淅川县故治西南。析：楚邑，在今河南省西峡县。　⑯上洛：即今陕西省商洛市商州区。　⑰菟和：山名，在今陕西省商洛市商州区东。　⑱仓野：在今陕西省商洛市商州区东南。　⑲命大夫：周王或晋侯亲自任命的大夫。　⑳通于少习：打通少习山，意为与秦军联合以攻晋。㉑九州之戎：见昭公二十二年注。㉒裂：分。㉓五大夫：蛮子之大夫五人。㉔三户：楚地，在今河南省淅川县西南。　㉕遗民：逃散的百姓。　㉖庚午：十四日。㉗临：晋邑，故城在今河北省临县西南。　㉘邢、任等：八邑名，均为晋地。㉙柏人：晋邑，在今河北省隆尧县西南。

[译文]

四年春季，蔡昭侯准备到吴国去，大夫们担心他又要迁移，便紧紧跟着他。公孙翩追赶蔡昭侯并用箭射他，蔡昭侯逃到百姓家里就死了。公孙翩拿着两支箭守在门口，大家不敢进去。大夫文之锴后到，说："大家排成一道人墙前进，他顶多能杀死两个人。"文之锴手执弓走在前面，公孙翩射他，射中了肘部。文之锴杀了公孙翩，因此驱逐了公孙辰，杀了公孙姓、公孙盱。

夏季，楚国人攻占了夷虎之后，谋划进攻北方。左司马眅、申公寿余、叶公诸梁在负函集合蔡国人，又在缯关集合方城之外的人，说：

"吴国军队准备溯长江而上攻打郢都，我们要奔走听命。"以一个晚上为期限，袭击梁地和霍地。单浮余围攻蛮氏，蛮氏溃散。蛮子赤逃到了晋国的阴地。司马动员丰地、析地和狄戎一起攻打上洛。左翼部队驻在菟和，右翼部队驻在仓野，派人告诉阴地的大夫士蔑说："晋、楚两国曾有盟约，好恶一致。如果不废除这一盟约，是寡君的愿望。不然，我们打通少习山之后再来听候贵国的命令。"士蔑向赵鞅请示。赵鞅说："晋国没有安定下来，怎么能和楚国结仇？一定赶快把蛮子赤交给他们。"士蔑集合九州之戎，诈称要封地给蛮子并为他筑城，且准备为此而占卜。蛮子前来听取占卜结果，士蔑把他和五个大夫抓了起来，在三户把他们交给了楚军。楚国的司马诈称要封邑给蛮子并设立宗主，引诱流散的蛮氏百姓，然后把他们都抓了起来带回楚国。

秋季七月，齐国的陈乞、弦施、卫国的宁跪发兵救援范氏。十四日，包围了五鹿。九月，赵鞅围攻邯郸。冬季十一月，邯郸投降。荀寅逃到了鲜虞，赵稷逃到了临邑。十二月，弦施前去迎接赵稷，拆毁了临邑的城墙。齐国的国夏攻打晋国，夺取了邢地、任地、栾地、鄗地、逆畤、阴人、盂地、壶口。会合鲜虞人，把荀寅送到了柏人。

哀公五年

经 五年春，城毗。夏，齐侯伐宋。晋赵鞅帅师伐卫。秋九月癸酉，齐侯杵臼卒。冬，叔还如齐。闰月，葬齐景公。

传 五年春，晋围柏人，荀寅、士吉射奔齐。

初，范氏之臣王生恶张柳朔，言诸昭子①，使为柏人②。昭子曰："夫非而仇乎？"对曰："私仇不及公，好不废过③，恶不去善④，义之经也。臣敢违之？"及范氏出⑤，张柳朔谓其子:"尔从主,勉之。我将止死,王生授我矣⑥,吾不可以僭之⑦。"遂死于柏人。

夏,赵鞅伐卫,范氏之故也,遂围中牟。

齐燕姬生子⑧,不成而死⑨,诸子鬻姒之子荼嬖。诸大夫恐其为大子也,言于公曰:"君之齿长矣,未有大子,若之何?"公曰:"二三子间于忧虞⑩,则有疾疢⑪。亦姑谋乐,何忧于无君?"公疾,使国惠子、高昭子立荼⑫,置群公子于莱⑬。秋,齐景公卒。冬十月,公子嘉、公子驹、公子黔奔卫,公子鉏、公子阳生来奔。莱人歌之曰:"景公死乎不与埋,三军之事乎不与谋。师乎师乎⑭,何党之乎⑮?"

郑驷秦富而侈,嬖大夫也⑯,而常陈卿之车服于其庭。郑人恶而杀之。子思曰⑰:"《诗》曰:'不解于位,民之攸墍⑱。'不守其位,而能久者鲜矣。《商颂》曰:'不僭不滥⑲,不敢怠皇⑳,命以多福。'"

[注释]

①昭子:即范吉射。 ②为柏人:做柏人之宰。 ③好不废过:喜好不掩弃过错。 ④恶不去善:厌恶不排除善良。 ⑤出:逃出柏人,奔齐。 ⑥授我:使我死于节操。 ⑦僭:不守信用。 ⑧燕姬:齐景公嫡夫人。 ⑨不成:未成年。 ⑩间于忧虞:参与忧虑。 ⑪疾疢:疾病。 ⑫国惠子、高昭子:即国夏、高张。 ⑬莱:齐东部边境邑。 ⑭师:众。 ⑮何党之:到哪里能有所投靠。 ⑯嬖大夫:下大夫。 ⑰子思:子产之子国参。 ⑱"不解于位"二句:句出《诗经·大雅·假乐》。解,同"懈"。攸,所。墍,息。 ⑲不僭不滥:不出差错不自满。 ⑳怠皇:懈怠偷闲。皇,同"遑"。

[译文]

五年春季,晋军围攻柏人,荀寅和范吉射逃往齐国。

当初,范氏的家臣王生讨厌张柳朔,向范吉射建议,让张柳朔出任柏人的宰邑。吉射说:"他不是你的仇人吗?"王生回答说:"私人之间的怨仇不能影响到公事,喜欢一个人不能忽视他的过错,厌恶一个人不能抹杀他的优点,这是道义的根本,我哪里敢违背呢?"等范吉射逃出柏人,张柳朔对他儿子说:"你随主公走,努力吧。我准备留下来死战到底,因为王生教给了我死节大义,我不能辜负他的信任。"就战死在柏人。

夏季,赵鞅攻打卫国,这是卫国帮助范氏的缘故,于是包围了中牟。

齐景公的夫人燕姬生了儿子,未成年便死了,景公姬妾中鬻姒的儿子荼受到宠爱。大夫们深恐荼被立为太子,对景公说:"国君年纪已大,还没有立下太子,怎么办呢?"景公说:"你们几位陷于忧愁,就会生病。尽管去纵情享乐,何必担心没有国君呢?"景公有了病,让国惠子和高昭子立荼为太子,把群公子安置到莱地。秋季,齐景公去世。冬季十月,公子嘉、公子驹、公子黔逃到了卫国,公子鉏、公子阳生逃到鲁国。莱地人唱道:"景公死了不参加埋葬,三军大事不参与商量。这些人啊这些人,准备逃到何方?"

郑国的驷秦富有而骄奢,他是一个下大夫,却常常在庭院中陈列卿的车马和服饰。郑国人厌恶他,把他杀了。子思说:"《诗经》说:'为官勤政不息,百姓安居乐业。'不安于自己的职位,很少能保持长久。《商颂》说:'不出差错,不敢自满,不敢懈怠,不敢偷懒,上天赐予多种福禄。'"

哀公六年

经 六年春,城邾瑕。晋赵鞅帅师伐鲜虞。吴伐陈。

夏，齐国夏及高张来奔。叔还会吴于柤。秋七月庚寅，楚子轸卒。齐阳生入于齐。齐陈乞弑其君荼。冬，仲孙何忌帅师伐邾。宋向巢帅师伐曹。

传 六年春，晋伐鲜虞，治范氏之乱也。

吴伐陈，复修旧怨也。楚子曰："吾先君与陈有盟，不可以不救。"乃救陈，师于城父①。

齐陈乞伪事高、国者，每朝必骖乘焉②，所从必言诸大夫，曰："彼皆偃蹇③，将弃子之命。皆曰：'高、国得君④，必逼我，盍去诸？'固将谋子，子早图之。图之，莫如尽灭之。需，事之下也⑤。"及朝，则曰："彼虎狼也，见我在子之侧，杀我无日矣。请就之位⑥。"又谓诸大夫曰："二子者祸矣！恃得君而欲谋二三子，曰：'国之多难，贵宠之由，尽去之而后君定。'既成谋矣，盍及其未作也，先诸？作而后悔，亦无及也。"大夫从之。

夏六月戊辰⑦，陈乞、鲍牧及诸大夫，以甲入于公宫。昭子闻之，与惠子乘如公，战于庄⑧，败。国人追之。国夏奔莒，遂及高张、晏圉、弦施来奔。

秋七月，楚子在城父，将救陈，卜战不吉，卜退不吉。王曰："然则死也！再败楚师，不如死。弃盟逃仇，亦不如死。死一也，其死仇乎⑨！"命公子申为王⑩，不可；则命公子结⑪，亦不可；则命公子启⑫，五辞而后许。将战，王有疾。庚寅⑬，昭王攻大冥⑭，卒于城父。子闾退，曰："君王舍其子而让，群臣敢忘君乎？从君之命，顺也；立君之子，亦顺也。二顺不可失也。"与子西、子期谋，潜师闭涂⑮,逆越女之子章⑯,立之而后还。

是岁也,有云如众赤鸟,夹日以飞,三日。楚子使问诸周大史。周大史曰:"其当王身乎。若崇之⑰,可移于令尹、司马。"王曰:"除腹心之疾⑱,而置诸股肱,何益?不穀不有大过,天其夭诸?有罪受罚,又焉移之?"遂弗崇。

初,昭王有疾。卜曰:"河为祟。"王弗祭。大夫请祭诸郊。王曰:"三代命祀⑲,祭不越望⑳。江、汉、睢、漳,楚之望也。祸福之至,不是过也。不穀虽不德,河非所获罪也㉑。"遂弗祭。

孔子曰:"楚昭王知大道矣。其不失国也,宜哉。《夏书》曰:'惟彼陶唐,帅彼天常㉒,有此冀方㉓。今失其行㉔,乱其纪纲,乃灭而亡。'又曰:'允出兹在兹㉕。'由己率常㉖,可矣。"

八月,齐邴意兹来奔。

陈僖子使召公子阳生。阳生驾而见南郭且于㉗,曰:"尝献马于季孙,不入于上乘,故又献此,请与子乘之。"出莱门而告之故。阚止知之㉘,先待诸外。公子曰:"事未可知,反,与壬也处㉙。"戒之,遂行。逮夜,至于齐,国人知之。僖子使子士之母养之㉚。与馈者皆入㉛。

冬十月丁卯㉜,立之。将盟,鲍子醉而往。其臣差车鲍点曰㉝:"此谁之命也?"陈子曰:"受命于鲍子。"遂诬鲍子曰:"子之命也。"鲍子曰:"女忘君之为孺子牛而折其齿乎㉞,而背之也!"悼公稽首㉟,曰:"吾子奉义而行者也,若我可,不必亡一大夫。若我不可,不必亡一公子。

义则进，否则退，敢不唯子是从？废兴无以乱，则所愿也。”鲍子曰：“谁非君之子？”乃受盟。使胡姬以安孺子如赖[36]，去鬻姒[37]，杀王甲，拘江说，囚王豹于句渎之丘[38]。

公使朱毛告于陈子[39]，曰：“微子则不及此。然君异于器，不可以二。器二不匮[40]，君二多难，敢布诸大夫。”僖子不对而泣，曰：“君举不信群臣乎[41]？以齐国之困，困又有忧。少君不可以访[42]，是以求长君。庶亦能容群臣乎[43]！不然，夫孺子何罪？”毛复命，公悔之。毛曰：“君大访于陈子[44]，而图其小可也。”使毛迁孺子于骀[45]，不至，杀诸野幕之下[46]，葬诸殳冒淳[47]。

［注释］

①城父：此为北城父，楚邑，在今河南省宝丰县东。 ②骖乘：同乘一车。 ③偃蹇：骄傲，指诸大夫。 ④得君：得到国君宠信。 ⑤需，事之下也：疑虑是下策。 ⑥请就之位：请让我投靠到他们那一边。 ⑦戊辰：二十三日。 ⑧庄：临淄城内大街。 ⑨死仇：死于仇敌。 ⑩公子申：子西。 ⑪公子结：子期。 ⑫公子启：子闾。 ⑬庚寅：十六日。 ⑭大冥：陈地，在今河南省项城市境。 ⑮潜师闭涂：秘密转移部队，封锁有关通路。 ⑯越女：越王句践之女。 ⑰祟：禳灾之祭。 ⑱腹心：楚王以腹心自比。下句则以股肱比令尹、司马。 ⑲命祀：所规定的祭祀制度。 ⑳不越望：不超越本国境内山川。 ㉑河非所获罪：“非所获罪于河”的倒装。 ㉒帅彼天常：遵循那上天的常道。 ㉓冀方：即中国。 ㉔失其行：失去常道。 ㉕允出兹在兹：行善则应之以福，行恶则报之以祸。允，语助词。 ㉖由己率常：由自己遵循常道。 ㉗南郭且于：即齐公子钮。 ㉘阚止：阳生家臣子我。 ㉙壬：阳生之子。 ㉚子士之母：陈僖

子妾。㉛入：入处公宫。 ㉜丁卯：二十四日。 ㉝差车：主车之官。 ㉞为孺子牛而折其齿：孺子指已立之齐君荼，因年龄幼小，故曰孺子。齐景公爱荼，将自己扮作牛，令荼牵之，跌倒，景公牙齿折断。 ㉟悼公：即阳生。 ㊱胡姬：胡国女，景公妾。安孺子：即荼。赖：在今山东省济南市章丘区西北。 ㊲鬻姒：荼之母。 ㊳王甲、江说、王豹：三人皆景公宠臣，荼之党。 ㊴朱毛：齐大夫。 ㊵器二不匮：器物有两件不为缺乏。 ㊶举：全，皆。 ㊷少君：年幼的国君。访：询问。 ㊸庶：庶几。 ㊹大：大事，国政。 ㊺驵：齐邑，在今山东省临朐县界。 ㊻野幕：野外帐篷。 ㊼殳冒淳：地名。

[译文]

六年春季，晋军攻打鲜虞，是为了惩罚它帮助范氏作乱。

吴国攻打陈国，这是再次清算过去的积怨。楚昭王说："我们先君和陈国有过盟约，不能不去救援。"于是发兵救援陈国，军队驻扎在城父。

齐国的陈乞假装事奉高张、国夏，每次上朝一定和他们同坐一辆车子，每次跟从一定会说起其他大夫："他们都很骄傲，准备违背您二位的命令。他们说：'高、国得到国君宠信，一定会逼迫我们，何不把他们除掉呢？'早就打算对付你们，你们一定要早点想办法。对付他们，不如将其全部杀掉。犹豫等待是下策。"到了朝廷上，又说："他们都是虎狼，看我在你们身边，很快就会把我杀死。请允许我站到他们那边去。"又对大夫们说："这两个人要作乱了！他们仗着得到国君的宠信而打算对付你们这些人，说：'国家多灾多难，就是因为一些受宠的大夫，把他们都铲除，国君的地位才能稳定。'已经策划好了，为什么不趁他俩还没有动手，先下手为强呢？一旦他们动手后悔也来不及了。"大夫们听从了陈乞的话。

夏季六月二十三日，陈乞、鲍牧和大夫们率领甲兵冲入公宫。高张得知后，与国夏坐车到齐侯那里，双方在庄街交战，高张和国夏战败。齐国人追赶他们。国夏逃到了莒国，随后和高张、晏圉、弦施逃到鲁国。

秋季七月，楚昭王住在城父，准备救援陈国，占卜作战，不吉利，占卜退兵，也不吉利。昭王说："既然如此只有死路一条了。再让楚军战败，不如死去的好。背弃盟国逃避仇敌，也不如死去的好。同样是死，不如和敌人作战而死！"就命公子申继承王位，公子申不答应；又命公子结继位，公子结也不答应；又命公子启继位，公子启推辞了五次才答应。正要准备作战，昭王有了病。十六日，昭王领兵攻打大冥，死在城父。公子启退兵，他说："国君舍弃了他的儿子而让位，群臣怎能忘记国君呢？我听从国君的命令，符合忠顺之道；拥立国君的儿子，也符合忠顺之道。两种忠顺都不能丢失啊。"于是和子西、子期商量，秘密转移军队，封锁所经道路，把越女所生的公子章迎来立为国君，随后回国。

这一年，天空有云彩如同一群红色的鸟，围着太阳飘飞了三天。楚昭王派人请教周太史。周太史说："恐怕要应在大王身上吧。如果您举行祭祀消灾，可能转移到令尹或司马身上。"昭王说："消除了腹部和心脏的疾病，却把它转移到四肢上，有什么好处？假如不是寡人犯下了过错，上天会让我夭折吗？有罪受到处罚，又何必嫁祸于他人呢？"便没有举行祭祀。

当初，昭王有了病。占卜说："这是黄河之神在作怪。"昭王不肯祭祀。大夫们请求在郊野祭祀黄河之神。昭王说："从前三代规定的祭祀制度，是祭祀不能超出本国山河的范围。长江、汉水、睢水、漳水才是楚国祭祀的对象。祸福的到来，不会超出这个范围。寡人虽然缺少德行，也不至于得罪黄河之神。"就没有祭祀黄河。

孔子评论说："楚昭王明白大道理了。他没有失去国家也是理所当然的。《夏书》说：'只有那位陶唐，遵循上天的纲常，拥有中原这个地方。如今废弃了他的做法，扰乱了他的纲纪，就是自取灭亡。'又说：'付出什么就得到什么。'从自己做起遵守天道，就可以了。"

八月,齐国的郤意兹逃亡来到鲁国。

陈乞派人召请公子阳生回国。阳生套上车马去见公子鉏说:"我曾献给季孙几匹马,都没有列为他的上等好马,因此又献上这几匹马,请求和您一起乘坐。"车子出了莱门才把实情告诉他。阳生的家臣阚止也知道了此事,就等在郊外。阳生对他说:"事情还很难预料,你先回去,和壬一起等我。"叮嘱后就动身了。等到夜里到达齐国都城时,国人才知道。陈乞先让子士的母亲服侍他。让他随同送饭的人一起进入公宫。

冬季十月二十四日,立阳生为国君。准备结盟,鲍牧醉醺醺地来到。他管理车子的家臣鲍点说:"这是谁的命令呢?"陈乞说:"这是遵照鲍子的命令。"便硬赖鲍牧说:"这分明是您的命令啊。"鲍牧说:"您难道忘记了国君为孺子当牛而折断自己牙齿的事了吗?要违背先君的意愿吗?"悼公连忙叩头说:"您是奉行道义的人,如果我被立为国君,不必杀掉一个大夫。如果我做不了国君,也不必杀我这个公子。合乎道义就做,不合道义就罢,岂敢不听从您的安排?无论废谁立谁,只要不发生动乱,就是我的愿望。"鲍牧说:"谁不是国君的儿子呢?"就接受了盟约。让胡姬带着荼到了赖地,把荼的母亲鬻姒送往别地,杀了王甲,关押了江说,把王豹囚禁在句渎之丘。

齐悼公派大夫朱毛告诉陈乞说:"没有您,我到不了这一步。但国君和器具不一样,不能同时有两个。有两个器具,就不会感到匮乏,有了两个国君就有很多祸乱,谨此向您陈述。"陈乞没有回答,哭着说:"国君难道对群臣都不相信吗?因为齐国贫困,贫困又有忧患。年幼的国君不能请示,因此寻求年长的国君。国君大概能够容忍群臣的选择吧!如果不这样,孺子又有什么罪过呢?"朱毛向悼公复命,悼公后悔了。朱毛说:"国君遇到大事征求陈子的意见,小事自己决定就行了。"悼公让朱毛把荼迁到骀地,没有到达,就把他杀死在野外的帐篷里,埋葬在殳冒淳。

哀公七年

经 七年春，宋皇瑗帅师侵郑。晋魏曼多帅师侵卫。夏，公会吴于鄫。秋，公伐邾。八月己酉，入邾，以邾子益来。宋人围曹。冬，郑驷弘帅师救曹。

传 七年春，宋师侵郑，郑叛晋故也。

晋师侵卫，卫不服也。

夏，公会吴于鄫。吴来征百牢①，子服景伯对曰："先王未之有也。"吴人曰："宋百牢我，鲁不可以后宋②。且鲁牢晋大夫过十③，吴王百牢，不亦可乎？"景伯曰："晋范鞅贪而弃礼，以大国惧敝邑④，故敝邑十一牢之。君若以礼命于诸侯，则有数矣⑤。若亦弃礼，则有淫者矣⑥。周之王也，制礼，上物不过十二⑦，以为天之大数也⑧。今弃周礼，而曰必百牢，亦唯执事。"吴人弗听。景伯曰："吴将亡矣，弃天而背本。不与，必弃疾于我⑨。"乃与之。

大宰嚭召季康子，康子使子贡辞。大宰嚭曰："国君道长⑩，而大夫不出门，此何礼也？"对曰："岂以为礼，畏大国也。大国不以礼命于诸侯，苟不以礼，岂可量也⑪？寡君既共命焉，其老岂敢弃其国⑫？大伯端委以治周礼⑬，仲雍嗣之⑭，断发文身⑮，裸以为饰⑯，岂礼也哉？有由然也⑰。"反自鄫，以吴为无能为也。

季康子欲伐邾，乃飨大夫以谋之。子服景伯曰："小所以事大，信也；大所以保小，仁也。背大国，不信；伐小国，不仁。民保于城⑱，城保于德，失二德者，危，将焉保?"孟孙曰:"二三子以为何如?恶贤而逆之⑲?"对曰:"禹合诸侯于涂山⑳,执玉帛者万国㉑。今其存者,无数十焉。唯大不字小㉒,小不事大也。知必危,何故不言?鲁德如邾,而以众加之㉓,可乎?"不乐而出㉔。

秋,伐邾,及范门㉕,犹闻钟声。大夫谏,不听。茅成子请告于吴㉖,不许,曰:"鲁击柝闻于邾㉗,吴二千里,不三月不至,何及于我?且国内岂不足?"成子以茅叛。师遂入邾,处其公宫。众师昼掠㉘,邾众保于绎㉙。师宵掠,以邾子益来,献于亳社,囚诸负瑕㉚。负瑕故有绎㉛。

邾茅夷鸿以束帛乘韦㉜,自请救于吴,曰:"鲁弱晋而远吴㉝,冯恃其众,而背君之盟,辟君之执事㉞,以陵我小国。邾非敢自爱也,惧君威之不立。君威之不立,小国之忧也。若夏盟于鄫衍㉟,秋而背之,成求而不违㊱,四方诸侯,其何以事君?且鲁赋八百乘㊲,君之贰也㊳;邾赋六百乘,君之私也㊴。以私奉贰㊵,唯君图之。"吴子从之。

宋人围曹。郑桓子思曰:"宋人有曹,郑之患也。不可以不救。"冬,郑师救曹,侵宋。

初,曹人或梦众君子立于社宫㊶,而谋亡曹。曹叔振铎请待公孙强㊷,许之。旦而求之曹,无之。戒其子曰:"我死,尔闻公孙强为政,必去之。"及曹伯阳即位,好田弋㊸。曹鄙人公孙强好弋,获白雁,献之。且言田弋之说㊹,说之㊺。因访政事,大说之。有宠,使为司城以听政。梦者之子乃行。

强言霸说于曹伯㊻,曹伯从之,乃背晋而奸宋㊼。宋人伐之,晋人不救。筑五邑于其郊,曰黍丘、揖丘、大城、钟、邘。

[注释]

①百牢：牢为祭祀所用的牛、羊、猪，百牢即牛、羊、猪各百头。此为享礼。　②后宋：薄于宋。　③鲁牢晋大夫过十：鲁礼士鞅用十一牢，见昭公二十一年传。　④惧：恐惧，使动用法。　⑤有数：有常数。据《周礼·秋官·大行人》载，上公九牢，侯伯七牢，子男五牢。　⑥淫：过分。　⑦上物：上等物品。　⑧天之大数：古代以天空为十二次，故制礼以十二为极数。　⑨弃疾：加害。　⑩国君道长：吴王自吴至鄫，路途千里，故曰道长。　⑪量：度量，估量。　⑫老：老臣，指季氏。　⑬端委：二者皆为周统一前礼服。端，玄端之衣。委，委貌之冠。　⑭仲雍：吴太伯之弟。　⑮断发文身：剪断头发，在身上刺成花纹。　⑯裸以为饰：作为赤身裸体的装饰。　⑰由：原因。　⑱民保于城：百姓由城来保护。　⑲恶贤而逆：何贤而迎，即哪一种意见贤明我就接受哪种。　⑳涂山：疑为三涂山，在今河南省嵩县西南。　㉑执玉帛者万国：前来参加朝会的有一万个国家。国，即当时部落，与会也未必执玉执帛。　㉒字：养，安抚。　㉓以众加之：用大军压迫。　㉔不乐而出：不欢而散。　㉕范门：邾郭门。　㉖茅成子：邾大夫茅夷鸿。　㉗击柝：敲梆子。古以击柝为巡夜警戒。　㉘昼掠：白天劫掠。　㉙保于绎：守卫在绎。绎，山名，今山东省邹城市东南峄山。　㉚负瑕：鲁邑，在今山东省济宁市兖州区西。　㉛有绎：即有绎地人。　㉜束帛乘韦：帛十端，熟牛皮四张。　㉝弱晋而远吴：认为晋国衰弱，吴国偏远。弱、远均为动词意动用法。　㉞辟：陋，看不起。　㉟鄫衍：即鄫。　㊱成求而不违：达到欲望而没有障碍。违，抗。　㊲赋：军赋。　㊳贰：陪贰，即副手。　㊴私：下属。　㊵以私奉贰：把下属交给副手，意为加强了副手的力量。　㊶社宫：国社围墙。　㊷曹叔振铎：周武王弟，封于曹。　㊸田弋：

打猎射鸟。　㊹田弋之说：田弋的技巧。　㊺说：同"悦"。　㊻言霸说：谈论称霸的策略、方法。　㊼奸宋：侵犯宋国。

[译文]

　　七年春季，宋军入侵郑国，因为郑国背叛了晋国。

　　晋军入侵卫国，是因为卫国不顺服晋国。

　　夏季，哀公在鄫地和吴国人会见。吴国人前来要求进献百牢的享礼，子服景伯回答说："先王没有这样的事。"吴国人说："宋国就给了我们百牢，鲁国不能比宋国少。再说鲁国曾献给晋国大夫超过十牢，献给吴王百牢，不也可以吗？"景伯说："晋国的范鞅贪婪而违礼，以大国的势力使我国慑服，因此我国才以十一牢之礼宴享他。贵君如果以礼号令诸侯，那么就有规定的数量。如果也背弃礼，那么就太过分了。周朝统一天下，制定礼仪，最高的规格不超过十二，因为这是上天的大数。现在贵国背弃周礼，而说一定要百牢之礼，我们也听从执事的命令。"吴国人不听。景伯说："吴国将要灭亡了，抛弃上天背离根本。如果不满足，肯定会加害于我国。"就给了百牢之礼。

　　吴国太宰伯嚭召见季康子，康子派子贡前去推辞。太宰伯嚭说："寡君远道而来，大夫却闭门不出，这是什么礼呢？"子贡回答说："这哪里是什么礼，不过是畏惧大国。大国不依礼号令诸侯，假如不依礼行事，后果还能设想吗？寡君既然已经奉命前来，他的老臣怎么敢丢下国家不管呢？太伯身着玄端之衣、头戴委貌之冠施行周礼，仲雍继承他，剪断头发身上刺了花纹，作为裸体的装饰，难道也合乎礼吗？是有原因才这样做的。"从鄫地回来，季康子认为吴国不会有所作为。

　　季康子准备讨伐邾国，设享礼宴请大夫们商量此事。子服景伯说："小国事奉大国，靠的是信用；大国保护小国，靠的是仁爱。背弃大国，是不信；攻打小国，是不仁。百姓依靠城池受到保护，城池依靠德行加以保护，失去了信用和仁爱，处境就危险了，还靠什么保护呢？"孟孙说："几位大夫是什么意思呢？谁的意见好我就听谁的。"

大夫们回答说："禹王在涂山会合诸侯时，携带玉帛前去朝见的国家有一万多个。现在剩存的不过几十个。这是因为大国不能养育小国，小国不能事奉大国啊。知道这么做必定有危险，为什么不说呢？鲁国的德行和邾国一样，却要以武力征服他们，能成功吗？"结果不欢而散。

秋季，鲁国攻打邾国，到达邾都范门时，尚能听到乐钟的声音。大夫们劝谏，季康子不听。茅成子请求去吴国求救，邾君不同意，说："鲁国夜里巡更的梆子声邾国都能听到，吴国有两千里之遥，没有三个月来不到，怎么能救我们呢？再说依靠国内的力量难道就不够吗？"茅成子率领茅地背叛。鲁军随后开进邾国，住在公宫。各军白天抢掠财物，邾国人则退守绎山。鲁军夜里抢掠，俘获了邾子益，把他献给亳社，囚禁在负瑕。因此负瑕有绎山人居住。

邾国的茅成子带着十端帛、四张熟牛皮，自己去向吴国求救，说："鲁国以为晋国衰弱吴国遥远，凭借其人多，背叛和国君订立的盟约，瞧不起国君的执事，欺凌我弱小国家。邾国不敢爱惜自己，担心的是国君的威严不能树立。君威不立，是小国的忧患啊。如果夏天才在鄫地结了盟，秋季就背叛，欲望满足而没有任何障碍，四方诸侯还靠什么来事奉国君呢？再说鲁国只有八百辆战车，只配做您的副手；邾国有六百辆战车，是您的部属。把自己的部属拱手送给副手，希望您考虑。"吴王听从了他的建议。

宋军围攻曹国。郑国的桓子思说："宋国占有了曹国，就成为郑国的祸患。不能不去援救。"冬季，郑军救援曹国，攻打宋国。

当初，曹国有人梦见一群君子站在国社墙外，商量怎样灭亡曹国。曹叔振铎请求等公孙强来，众人答应了。天亮后在曹国寻找这个人，没有找到。做梦的人告诫儿子说："等我死后，你只要听说公孙强执政，就一定要逃离。"等曹伯阳即位，他喜欢打猎射鸟。曹国边境有一个叫公孙强的人喜欢射鸟，得到一只大白雁，献给了曹伯阳。并说起打猎射鸟的技巧，曹伯非常高兴。由此向他询问有关国家政事，大为欣赏。公孙强受到宠信，被任命为司城，执掌国政。做梦人的儿子得知后便离开了曹国。

公孙强向曹伯灌输称霸之术,曹伯听了他的话,便背叛晋国侵犯宋国。宋国人攻打曹国,晋国人不来救援。公孙强在郊外建造了五座城邑,名叫黍丘、揖丘、大城、钟、邗。

哀公八年

经 八年春,王正月,宋公入曹,以曹伯阳归。吴伐我。夏,齐人取谨及阐。归邾子益于邾。秋,七月。冬,十有二月癸亥,杞伯过卒。齐人归谨及阐。

传 八年春,宋公伐曹,将还,褚师子肥殿①。曹人诟之,不行,师待之。公闻之,怒,命反之,遂灭曹,执曹伯阳及司城强以归,杀之。

吴为邾故,将伐鲁,问于叔孙辄②。叔孙辄对曰:"鲁有名而无情③。伐之,必得志焉。"退而告公山不狃。公山不狃曰:"非礼也。君子违④,不适仇国。未臣而有伐之⑤,奔命焉⑥,死之可也。所托也则隐⑦。且夫人之行也⑧,不以所恶废乡⑨。今子以小恶而欲覆宗国⑩,不亦难乎?若使子率⑪,子必辞,王将使我。"子张疾之⑫。王问于子泄⑬,对曰:"鲁虽无与立⑭,必有与毙⑮。诸侯将救之,未可以得志焉。晋与齐、楚辅之,是四仇也。夫鲁,齐、晋之唇,唇亡齿寒,君所知也。不救何为?"

三月,吴伐我,子泄率,故道险⑯,从武城⑰。初,武城人或有因于吴竟田焉,拘鄫人之沤菅者⑱,曰:"何故使吾水滋⑲?"及吴师至,拘者道之⑳,以伐武城,克之。王犯尝为之宰[21],澹台子羽之父好焉[22]。国人惧。懿子谓景伯[23]:"若之何?"对曰:"吴师来,斯与之战[24],何患焉?且召之而至,又何求焉?"吴师克东阳而进[25],舍于五梧[26]。明日,舍于蚕室[27]。公宾庚、公甲叔子与战于夷[28],获叔子与析朱钼,献于王。王曰:"此同车,必使能[29],国未可望也[30]。"明日,舍于庚宗[31],遂次于泗上[32]。微虎欲宵攻王舍[33],私属徒七百人[34],三踊于幕庭[35]。卒三百人[36],有若与焉[37],及稷门之内。或谓季孙曰:"不足以害吴,而多杀国士[38],不如已也。"乃止之。吴子闻之,一夕三迁。

吴人行成,将盟。景伯曰:"楚人围宋,易子而食,析骸而爨,犹无城下之盟。我未及亏,而有城下之盟,是弃国也。吴轻而远[39],不能久,将归矣。请少待之。"弗从。景伯负载[40],造于莱门[41],乃请释子服何于吴[42],吴人许之。以王子姑曹当之[43],而后止[44]。吴人盟而还。

齐悼公之来也,季康子以其妹妻之,即位而逆之。季鲂侯通焉[45]。女言其情,弗敢与也。齐侯怒。夏五月,齐鲍牧帅师伐我,取讙及阐。

或谮胡姬于齐侯,曰:"安孺子之党也。"六月,齐侯杀胡姬。

齐侯使如吴请师,将以伐我,乃归邾子。邾子又无道,吴子使大宰子余讨之[46],囚诸楼台,栫之以棘[47]。使诸大夫奉大子革以为政。

秋,及齐平。九月,臧宾如如齐莅盟。齐闾丘明来莅盟,且逆季姬以归[48],嬖。

鲍牧又谓群公子曰:"使女有马千乘乎?"公子诉之。

公谓鲍子："或谮子，子姑居于潞以察之(49)。若有之，则分室以行(50)。若无之，则反子之所。"出门，使以三分之一行。半道，使以二乘。及潞，麇之以入(51)，遂杀之。

冬十二月，齐人归讙及阐，季姬嬖故也。

[注释]

①褚师子肥：宋大夫。 ②叔孙辄：叔孙辄与公山不狃于定公十二年帅费人袭鲁，兵败奔齐，后至吴。 ③无情：无实。 ④违：离开国家。 ⑤未臣：未尽为臣之道。 ⑥奔命焉：指为仇国奔走效命。 ⑦所托也则隐：敌国所委托的事应回避。 ⑧行：离国。 ⑨废乡：祸害乡土。 ⑩宗国：祖国。 ⑪率：率先。 ⑫子张：公孙辄。疾之：悔恨前言失误。 ⑬子泄：公山不狃。 ⑭与立：亲近盟国。 ⑮与毙：愿与其共同抗暴同死的国家。 ⑯故道险：故意从险道行军。 ⑰武城：此为南武城，其地多山，在今山东省费县西南。 ⑱沤菅：浸泡菅草，剥之以为绳索。 ⑲滋：染污。 ⑳拘者：指被拘之鄫人。 ㉑王犯：吴大夫，曾奔鲁为武城宰。 ㉒澹台子羽：武城人，孔子弟子，其父与王犯相好。 ㉓懿子：即孟孙。 ㉔斯：则，乃。 ㉕东阳：鲁邑，在今山东省费县西南。 ㉖五梧：鲁邑，当在东阳西北，今山东省平邑县西。 ㉗蚕室：鲁地，在今山东省平邑县境。 ㉘夷：鲁地，在今山东省平邑县。 ㉙使能：任用贤能。 ㉚望：觊觎。 ㉛庚宗：鲁地，在今山东省泗水县东。 ㉜泗上：鲁邑，今山东省泗水县。 ㉝微虎：鲁大夫。 ㉞属：嘱。 ㉟三踊：跳跃三次。 ㊱卒三百人：最终挑选三百人。 ㊲有若：孔子弟子。 ㊳国士：国内有才能的人。 ㊴轻而远：轻率而远离本国。 ㊵载：盟书。 ㊶莱门：鲁郭门。 ㊷释子服何于吴：使子服何为质于吴。释，舍。 ㊸王子姑曹：吴王之子。 ㊹止：停止交换人质。 ㊺季鲂侯：康子叔父。 ㊻子余：即太宰嚭。 ㊼栫（jiàn）：围。 ㊽季姬：季康

子之妹。 ㊾潞：齐邑，疑在齐都郊外。 ㊿分室：家产的一半。(51)麇：束缚。

［译文］

八年春季，宋景公攻打曹国，准备撤退，由宋大夫褚师子肥断后。曹国人辱骂他，他便停下不走，军队也停下来等他。景公得知后，大为恼火，下令全军折回，消灭了曹国，把曹伯阳和公孙强抓回去，并杀了他们。

吴国为了邾国，准备攻打鲁国，征求叔孙辄的意见。叔孙辄回答说："鲁国有名无实。攻打它，一定能成功。"退出来后告诉了公山不狃。公山不狃说："这是不合礼的。君子离开国家不应该到敌国去。在本国没有尽到为臣之礼却又劝告敌国攻打，为敌国奔走效力，还不如死去的好。敌国有求于自己应该躲避起来。再说一个人流亡在外，不能因为怨恨某些人便祸害自己的乡土。现在你因为一点小小的怨恨而准备颠覆祖国，不也很难吗？假如让你为前锋，你一定要拒绝，这样吴王就会让我去。"公孙辄很后悔。吴王又征求公山不狃的意见，公山不狃回答说："鲁国虽然没有亲近的国家，但一定有愿意抗敌共死的国家。如果诸侯救援它，吴国便不能达到目的。晋国和齐国、楚国辅助鲁国，吴国就有了四个敌国。鲁国就像齐国、晋国的嘴唇，一旦失去嘴唇，牙齿便会寒冷，这一点国君也知道。他们不去救援还能怎么样呢？"

三月，吴国攻打鲁国，公山不狃做前锋，故意从险道前进，取道武城。当初，武城有人在吴国边界内种田，把浸沤菅草的鄫地人抓了起来，质问他："你为什么把我们田里的水弄脏？"等这次吴军到达，被抓的那个人领着吴军攻打武城，把武城攻陷。吴国大夫王犯曾经做过武城的邑宰，澹台子羽的父亲和他交好。鲁国人都很担心。孟懿子对景伯说："这可怎么办？"景伯回答说："只要吴军来到，就和他们作战，又有什么可担心的呢？而且是我们把他们引来的，还能求什么呢?"吴军攻克东阳,继续向前推进,驻扎在五梧。第二天,驻扎在蚕室。公宾庚、公甲叔子和他们在夷地交战,吴军俘虏了公甲叔子和析朱锄,献给吴王。吴王说:"他们同乘一辆车,表明鲁国善于用人,这个国家还不能轻易得手呢?"第二天,吴军驻扎在庚宗,随后又驻扎泗水上游。鲁大夫微虎打算趁夜里攻打吴王住所,私下嘱咐手下七百个士卒在帐幕外边的庭院里跳跃三次。最终选出三百人,孔子的弟子有若也在其中,来到稷门之内。有人对季孙说:"这些人不足以危害吴军,只是白白牺牲许多精英,不如制止。"于是取消了这次行动。吴王得知后,吓得一夜之间换了三个住处。

吴国人提出讲和,双方准备结盟。景伯说:"楚国围攻宋国,宋国人交换儿子充饥,敲碎人的骨头当柴来烧,尚且没有订立城下之盟。我们还没有遭到损害,却订立了城下之盟,这是抛弃国家啊。吴国轻率远征,不能持久,就会回去的。请再稍等一下。"季孙不听。景伯带着盟书到了莱门,请求让景伯到吴国做人质,吴国人答应了。又提出让吴国的王子姑曹到鲁国做人质,最后决定都不派人质。吴国人结盟后回国。

当初齐悼公来鲁国时,季康子把妹妹许配他,悼公即位后要接她回去。季魴侯和她私通。女人把实情告诉了季康子,康子便不敢把她送到齐国了。齐悼公非常恼火。夏季五月,齐国的鲍牧率兵攻打鲁国,夺取了谨地和阐地。

有人在齐悼公面前诬陷胡姬,说:"她也是荼的党羽。"六月,齐悼公杀了胡姬。

齐悼公派人到吴国请求出兵,准备攻打鲁国,鲁国就把邾子送了回去。邾子回国后仍然无道,吴王派太宰伯嚭讨伐,把他囚禁在楼台,四周围上荆棘。让邾国大夫们奉立太子革执政。

秋季,鲁国和齐国讲和。九月,臧宾如到齐国结盟。齐国的闾丘明来鲁国结盟,并接季姬回国,季姬受到宠爱。

鲍牧又对群公子说:"你们有人愿意拥有四千匹马吗?"公子们把

这话告诉了齐悼公。悼公对鲍牧说："有人说你的坏话，你姑且住到潞地等我调查。如果有这回事，你就带着一半家产到国外去；如果没有，就官复原职。"鲍牧出门，悼公让他带走家产的三分之一。走到半路，又让他只带两辆车子。到了潞地，就把他捆绑进城，然后杀掉。

冬季十二月，齐国人归还了谨地和阐地，这是因为季姬受到了宠爱。

哀公九年

经 九年春，王二月，葬杞僖公。宋皇瑗帅师取郑师于雍丘。夏，楚人伐陈。秋，宋公伐郑。冬，十月。

传 九年春，齐侯使公孟绰辞师于吴。吴子曰："昔岁寡人闻命，今又革之①，不知所从，将进受命于君。"

郑武子剩之嬖许瑕求邑②，无以与之。请外取③，许之。故围宋雍丘④。宋皇瑗围郑师，每日迁舍，垒合⑤。郑师哭。子姚救之，大败。二月甲戌⑥，宋取郑师于雍丘，使有能者无死，以郑张与郑罗归⑦。

夏，楚人伐陈，陈即吴故也⑧。

宋公伐郑。

秋，吴城邗⑨，沟通江、淮。

晋赵鞅卜救郑，遇水适火⑩，占诸史赵、史墨、史龟⑪。史龟曰："是谓沈阳⑫，可以兴兵。利以伐姜⑬，不利子商⑭。伐齐则可，敌宋不吉。"史墨曰："盈，水名也。子，水位也。名位敌，不可干也。炎帝为火师，姜姓其后也。水胜火，伐姜即可。"史赵曰："是谓如川之满，不可游也。郑方有罪，不可救也。救郑则不吉，不知其他。"阳虎以《周易》筮之，遇《泰》䷊之《需》䷄⑮，曰："宋方吉，不可与也⑯。微子启，帝乙之元子也⑰。宋、郑，甥舅也。祉，禄也。若帝乙之元子归妹，而有吉禄，我安得吉焉？"乃止。

冬，吴子使来儆师伐齐⑱。

[注释]

①革：更改。　②武子剩：又称子姚，即罕达。武，谥号。③外取：取于他国。　④雍丘：宋邑，在今河南省杞县境。　⑤垒合：堡垒连成一体。　⑥甲戌：十四日。　⑦郑张、郑罗：郑国有才能的人。　⑧即：靠近。　⑨邗（hán）：吴邑，在今江苏省扬州市北。　⑩遇水适火：水流向火。此为古代龟卜术语，卜法无传，故难解。　⑪史赵、史墨、史龟：三人皆晋太史。　⑫沈阳：阳气下沉。沈，同"沉"。　⑬姜：齐姓。　⑭子商：指宋国，宋为子姓，商代之后。　⑮遇《泰》䷊之《需》䷄：得到《泰》卦，变为《需》卦。《泰》，卦象为乾下坤上，其六五爻由阴变阳，而得《需》卦。《泰》卦六五爻辞为"帝乙归妹，以祉，元吉"。　⑯宋方吉，不可与也：宋正处于吉利，不能与之为敌。据《泰》卦六五爻辞占断，帝乙为商纣之父名，五爻是天子之位。由阴变阳，即转为兴盛时期。　⑰元子：长子。　⑱儆师：告诫出兵。

[译文]

九年春季，齐悼公派公孟绰到吴国谢绝出兵。吴王说："去年寡人听到了贵君的命令，现在又改变了，让我不知该怎么办，我准备前去聆听贵君的命令。"

郑国罕达的宠臣许瑕请求得到封邑，没有地方可以给他。许瑕又请求从外国夺取，罕达答应了。所以包围了宋国的雍丘。宋国的皇瑗率军包围了郑军，每天换一个地方建造堡垒，不久堡垒围成一圈。郑国士兵哭了。罕达前去救援，被打得大败。二月十四日，宋军在雍丘歼灭郑军，让有才干的人免死，带了郑张和郑罗回去。

夏季，楚国人攻打陈国，因为陈国亲近了吴国。

宋景公发兵攻打郑国。

秋季，吴国在邗地筑城，沟通了长江和淮水。

晋国的赵鞅为救援郑国进行占卜，得到的卦象是水流向火，请史赵、史墨、史龟解释吉凶。史龟说："这表明阳气下沉，可以发兵，有利于攻打姜姓之国，不利于攻打子商。攻打齐国可以，与宋国为敌就不吉利。"史墨说："盈是水的名字，子是水的位置。名字和位置相当，便不能侵犯。炎帝是火师，姜姓是他的后代。水战胜火，攻打姜姓便能成功。"史赵说："这叫作江河涨满，不能游过去。郑国有罪，不能救它。救郑就不吉利，其他事我就不知道了。"阳虎又用《周易》占筮，得到泰卦变成需卦，他说："宋国目前正处吉利，不能与它为敌。微子启是帝乙的长子，宋国、郑国是甥舅之国。祉是福禄。如果帝乙的长子嫁女而吉利有福，我们哪里能够吉利呢？"便停止救郑。

冬季，吴王派人来通报出兵攻打齐国。

哀公十年

经 十年春，王二月，邾子益来奔。公会吴伐齐。三月戊戌，齐侯阳生卒。夏，宋人伐郑。晋赵鞅帅师侵齐。五月，公至自伐齐。葬齐悼公。卫公孟彄自齐归于卫。薛伯夷卒。秋，葬薛惠公。冬，楚公子结帅师伐陈。吴救陈。

传 十年春，邾隐公来奔。齐甥也，故遂奔齐。

公会吴子、邾子、郯子伐齐南鄙，师于鄎①。

齐人弑悼公，赴于师。吴子三日哭于军门之外。徐承帅舟师②，将自海入齐，齐人败之，吴师乃还。

夏，赵鞅帅师伐齐，大夫请卜之。赵孟曰："吾卜于此起兵③，事不再令④，卜不袭吉⑤。行也！"于是乎取犁及辕⑥，毁高唐之郭，侵及赖而还⑦。

秋，吴子使来复儆师。

冬，楚子期伐陈。吴延州来季子救陈，谓子期曰："二君不务德⑧，而力争诸侯⑨，民何罪焉？我请退，以为子名，务德而安民。"乃还。

[注释]

①鄎（xī）：齐南部边境邑名。 ②徐承：吴大夫。 ③卜于此起兵：指对齐发兵曾占卜过。 ④事不再令：一事不能再次占卜。令，命龟。 ⑤卜不袭吉：占卜不会重复得吉兆。 ⑥犁、辕：齐二邑名。犁，即犁丘，在今山东省临邑县西。辕，在今山东省济南市禹城区西北。 ⑦赖：齐邑，在今山东省济南市章丘区西北。 ⑧二君：楚、吴二国君。 ⑨力争：用武力争夺。

[译文]

十年春季，邾隐公逃亡来到鲁国。他是齐国的外甥，所以又逃往齐国。

哀公会合吴王、邾子、郯子攻打齐国南部边境，军队驻扎在鄎城。齐国人杀了齐悼公，向军中发出讣告。吴王在军门之外哭了三天。吴大夫徐承准备率水军从海上入侵齐国，被齐军打败，吴军撤兵回国。

夏季，赵鞅率军攻打齐国，大夫请求占卜。赵鞅说："我是根据占卜结果发兵的，一次行动不能占卜两次，再占卜也未必吉利。出兵吧！"于是占领了犁地及辕地，摧毁了高唐的外城，攻至赖地才收兵。

秋季，吴王派人来鲁国再次通报出兵。

冬季，楚国的子期攻打陈国。吴国的延州来季子救援陈国，对子期说："吴、楚两君不致力于修明德行，而以武力争夺诸侯，百姓有什么罪过呢？我请求退兵，以成全您的名声，请您致力于修明德行而安定百姓。"便撤退回国。

哀公十一年

经 十有一年春，齐国书帅师伐我。夏，陈辕颇出奔郑。五月，公会吴伐齐。甲戌，齐国书帅师及吴战于艾陵，齐师败绩，获齐国书。秋七月辛酉，滕子虞毋卒。冬十有一月，葬滕隐公。卫世叔齐出奔宋。

传 十一年春，齐为鄎故，国书、高无丕帅师伐我，及清①。季孙谓其宰冉求曰②："齐师在清，必鲁故也。若之何？"求曰："一子守，二子从公御诸竟③。"季孙曰："不能。"求曰："居封疆之间④。"季孙告二子，二子不可。求曰："若不可，则君无出。一子帅师，背城而战。不属者⑤，非鲁人也。鲁之群室⑥，众于齐之兵车。一室敌车⑦，优矣，子何患焉？二子之不欲战也宜，政在季氏。当子之身⑧，齐人伐鲁而不能战，子之耻也大。不列于诸侯矣⑨。"季孙使从于朝，俟于党氏之沟。武叔呼而问战焉⑩。对曰："君子有远虑，小人何知？"懿子强问之⑪，对曰："小人虑材而言⑫，量力而共者也⑬。"武叔曰："是谓我不成丈夫也。"退而蒐乘。孟孺子泄帅右师⑭，颜羽御，邴泄为右⑮。冉求帅左师，管周父御，樊迟为右⑯。季孙曰："须也弱。"有子曰⑰："就用命焉⑱。"季氏之甲七千，冉有以武城人三百为己徒卒。老幼守宫，次于雩门之外⑲。五日，右师从之。公叔务人见保者而泣⑳，曰："事充政重㉑，上不能谋，士不能死，何以治民？吾既言之矣，敢不勉乎？"

师及齐师战于郊。齐师自稷曲㉒。师不逾沟。樊迟曰："非不能也，不信子也。请三刻而逾之㉓。"如之㉔，众从之。师入齐军。

右师奔㉕，齐人从之。陈瓘、陈庄涉泗㉖。孟之侧后入以为殿㉗，抽矢策其马，曰："马不进也。"林不狃之伍曰㉘："走乎？"不狃曰："谁不如㉙？"曰："然则止乎㉚？"不狃曰："恶贤㉛？"徐步而死。

师获甲首八十，齐人不能师㉜。宵，谍曰："齐人遁。"冉有请从之三，季孙弗许。

孟孺子语人曰："我不如颜羽，而贤于邴泄。子羽锐敏，我不欲战而能默。泄曰：'驱之㉝。'"公为与其嬖僮汪锜乘，皆死，皆殡。孔子曰："能执干戈以卫社稷，可无殇也㉞。"冉有用矛于齐师，故能入其军。孔子曰："义也。"

夏，陈辕颇出奔郑。初，辕颇为司徒，赋封田以嫁公女㉟。有余，以为己大器㊱。国人逐之，故出。道渴，其族辕咺进稻醴㊲、粱糗㊳、腶脯焉㊴。喜曰："何其给也㊵？"对曰："器成而具。"曰："何不吾谏？"对曰："惧先行㊶。"

为郊战故，公会吴子伐齐。五月克博㊷。壬申㊸，至于嬴㊹。中军从王㊺，胥门巢将上军，王子姑曹将下军，展如将右军。齐国书将中军，高无㔻将上军，宗楼将下军。陈僖子谓其弟书："尔死，我必得志。"宗子阳与闾丘明相厉也㊻。桑掩胥御国子。公孙夏曰："二子必死。"将战，公孙夏命其徒歌《虞殡》㊼。陈子行命其徒具含玉㊽。公孙挥命其徒曰："人寻约㊾，吴发短㊿。"东郭书曰："三战必死，于此三矣。"使问弦多以琴㉛，曰："吾不复见子矣。"陈书曰："此行也，吾闻鼓而已，不闻金矣。㉜"

甲戌㉝，战于艾陵㉞。展如败高子，国子败胥门巢。王卒助之，大败齐师，获国书、公孙夏、闾丘明、陈书、东郭书，革车八百乘，甲首三千，以献于公。

将战，吴子呼叔孙，曰："而事何也？㉟"对曰："从司马㊱。"王赐之甲、剑铍，曰："奉尔君事，敬无废命。"叔孙未能对，卫赐进㊲，曰："州仇奉甲从君而拜。"

公使大史固归国子之元㊳，置之新箧，裹之以玄纁㊴，加组带焉㊵。置书于其上，曰："天若不识不衷㊶，何以使下国㊷？"

吴将伐齐。越子率其众以朝焉，王及列士皆有馈赂。吴人皆喜，惟子胥惧，曰："是豢吴也夫㊸！"谏曰："越在我，心腹之疾也。壤地同㊹，而有欲于我。夫其柔服，求济其欲也，不如早从事焉㊺。得志于齐，犹获石田也㊻，无所用之。越不为沼㊼，吴其泯矣。使医除疾，而曰'必遗类焉'者㊽，未之有也。《盘庚》之诰曰：'其有颠越不共㊾，则劓殄无遗育㊿，无俾易种于兹邑㉛。'是商所以兴也。今君易之，将以求大，不亦难乎？"弗听。使于齐，属其子于鲍氏，为王孙氏。反役，王闻之，使赐之属镂以死㉜。将死，曰："树吾墓槚㉝，槚可材也，吴其亡乎！三年，其始弱矣。盈必毁，天之道也。"

哀　公　　　　　　　　　　1181

秋，季孙命修守备，曰："小胜大，祸也。齐至无日矣。"

冬，卫大叔疾出奔宋[74]。初，疾娶于宋子朝，其娣嬖。子朝出。孔文子使疾出其妻而妻之[75]。疾使侍人诱其初妻之娣[76]，置于犂，而为之一宫，如二妻[77]。文子怒，欲攻之，仲尼止之。遂夺其妻。或淫于外州[78]，外州人夺之轩以献。耻是二者[79]，故出。卫人立遗[80]，使室孔姞[81]。疾臣向魋纳美珠焉，与之城鉏[82]。宋公求珠，魋不与，由是得罪。及桓氏出[83]，城鉏人攻大叔疾，卫庄公复之。使处巢[84]，死焉。殡于郧，葬于少禘[85]。

初，晋悼公子慭亡在卫，使其女仆而田[86]。大叔懿子止而饮之酒[87]，遂聘之，生悼子[88]。悼子即位，故夏戊为大夫[89]。悼子亡，卫人翦夏戊。

孔文子之将攻大叔也，访于仲尼。仲尼曰："胡簋之事[90]，则尝学之矣。甲兵之事，未之闻也。"退，命驾而行，曰："鸟则择木，木岂能择鸟？"文子遽止之，曰："圉岂敢度其私[91]，访卫国之难也[92]。"将止，鲁人以币召之，乃归。

季孙欲以田赋[93]，使冉有访诸仲尼。仲尼曰："丘不识也。"三发[94]，卒曰："子为国老，待子而行，若之何子之不言也？"仲尼不对[95]。而私于冉有曰："君子之行也，度于礼：施取其厚，事举其中，敛从其薄。如是则以丘亦足矣[96]。若不度于礼，而贪冒无厌，则虽以田赋，将又不足。且子季孙若欲行而法[97]，则周公之典在。若欲苟而行[98]，又何访焉？"弗听。

[注释]

①清：鲁地，在今山东省东阿县境。　②冉求：鲁人，孔子弟子。③一子、二子：指季、叔、孟三孙。　④封疆之间：境内近郊。⑤不属者：不参加战斗者。属，臣属。　⑥群室：卿大夫家。　⑦一室：季氏一家。　⑧当子之身：在您在世的时候。　⑨列于诸侯：和诸侯并列。　⑩武叔：叔孙州仇。　⑪懿子：孟孙何忌。　⑫虑材而言：考虑才能而说话。　⑬量力而共：衡量力量而出力。　⑭孺子泄：孟懿子之子。　⑮颜羽、邴泄：二人为孟氏家臣。　⑯樊迟：又名樊须，孔子弟子。　⑰有子：即冉求。　⑱就用命：能够服从命令。⑲雩门：鲁都南门。　⑳公叔务人：即公为，昭公之子。㉑事充政重：徭役繁，赋税多。政，征。　㉒稷曲：近郊地名。　㉓三刻：申明号令三次。　㉔如之：冉求照樊迟的话办。　㉕右师：孟孺子泄所率军队。　㉖陈瓘、陈庄：均为齐大夫。　㉗孟之侧：孟氏之族人。㉘伍：战友。　㉙谁不如：谁不愿逃跑。　㉚止：留而抗敌。㉛恶贤：有何高尚。恶，疑问代词，哪里。　㉜不能师：不能整顿军队。　㉝驱：驱马逃奔。　㉞无殇：丧葬之礼不能视为夭折。殇，未成人而死。　㉟赋封田：对封邑内的田地征收赋税。　㊱大器：钟鼎类器物。　㊲稻醴：稻米酿制的甜酒。　㊳粱糗（qiǔ）：小米干饭。㊴腶（duàn）脯：腌制的干肉。　㊵给：足，厚。　㊶先行：先逐我。　㊷博：齐邑，在今山东省泰安市区东南。　㊸壬申：二十五日。㊹嬴：齐邑，在今山东省莱芜市西北。　㊺中军：指吴中军。以下三将均为吴大夫。　㊻相厉：互相勉励。　㊼《虞殡》：送葬的挽歌。㊽含玉：葬礼有死者含玉，表示必死的决心。　㊾人寻约：每人准备八尺长的绳子。　㊿吴发短：古代战场斩首后以发连接。吴人剪发，则用绳子。此言激励将士，多获战功。　㉛问弦多以琴：问候弦多并赠送一把琴。　㉜闻鼓而已，不闻金：只听到鼓声，听不到钟声。鼓

为进军号令,金为退兵号令,言将战死。 ㊼甲戌:二十七日。 ㊾艾陵:即艾邑,齐地,在今山东省莱芜市东境。 ㊾事何:何职。 ㊿从司马:即任司马之职。 ㊼卫赐:子贡,孔子弟子。 ㊽元:首级。 ㊾裛(wèi):垫在下面。玄纁(xūn):红色和黑色的丝帛。 ⑥组带:丝带。 ⑥不识不衷:不了解其行不正。 ⑥使下国:让下国得胜。下国,弱小之国,鲁自指。 ⑥豢:养。如人养牺牲,非爱之,将杀之。 ⑥壤地同:同居于一块土地。 ⑥早从事:早点下手。 ⑥石田:石头田地,不能耕种。 ⑥越不为沼:意为不把越除掉。沼,泽。 ⑥遗类:留下病根。 ⑥颠越不共:狂乱不听命。 ⑦劓:割。殄:绝。无遗育:不留后裔。 ⑦易种:蔓延种苗。 ⑦属镂:剑名。 ⑦槚(jiǎ):即楸树。 ⑦大叔疾:即世叔齐。 ⑦孔文子:卫卿孔圉。妻之:以女嫁之。 ⑦娣:妻妹。 ⑦如二妻:像有两个妻子。 ⑦或淫于外州:又在外州与一女人通奸。外州,卫地。 ⑦耻是二者:妻被夺,轩又被夺,故为二事感到羞耻。 ⑧遗:太叔疾之弟。 ⑧使室孔姞:让他娶了孔姞。孔姞,即孔文子女,疾之妻。 ⑧城钼:宋邑,在今河南省滑县东。 ⑧桓氏:即向魋。 ⑧巢:卫地,旧说在今河南省睢县南。 ⑧郓、少禘:卫二地名,未详何处。 ⑧仆而田:驾车打猎。 ⑧大叔懿子:即世叔申。 ⑧悼子:即太叔疾。 ⑧夏戊:悼子之甥。 ⑨胡簋(guǐ)之事:祭祀宴享的事情。胡簋,即簠(fǔ)簋,古代祭祀宴享时盛稻粱的器皿。 ⑨度:谋。 ⑨访:防。 ⑨田赋:按田亩征税。 ⑨三发:三次发问。 ⑨不对:不正式回答。 ⑨以丘:按丘征税。 ⑨行而法:办事合于法度。 ⑨苟而行:苟且行事。

[译文]

十一年春季,齐国因为郎地战役的缘故,由国书、高无丕领兵攻打鲁国,到达清地。季孙对他的家宰冉求说:"齐军在清地,一定是为了攻打鲁国。怎么办?"冉求说:"你们一人留守国内,两人跟从国君前往边境抵抗。"季孙说："这样做不到。"冉求说："那就在国内近郊抵抗。"季孙告诉了叔孙和孟孙，两个人都不同意。冉求说："如果不行，国君就不必出来了。由您一人率军背城而战。如果谁不跟随，谁就不是鲁国人。鲁国卿大夫家族的数目要比齐国的兵车还多。就是您一家的兵车也多过齐军，您担心什么呢？那两个人不愿意作战是正常的，因为政权在您季氏手里。在您有生之年，齐国人攻打鲁国而不能奋起抵抗，这就是您的奇耻大辱了。您就再没有资格位居诸侯之列了。"季孙让冉求随自己上朝，让他先在党氏之沟那里等候。叔孙路过招呼冉求问他对出战的看法。冉求回答说："君子深谋远虑，我一个小人知道什么呢？"孟孙坚持要他回答，冉求回答说："小人是考虑才干而说话，衡量力量才出力的。"叔孙说："你这是说我不是一个大丈夫。"回去就检阅军队准备作战。孟孺子泄率领右军，颜羽为他驾车，邴泄为车右。冉求率领左军，管周父为他驾车，樊迟为车右。季孙说："樊迟太年轻了。"冉求说："他能服从命令。"季氏出动甲兵七千，冉求率领武城的三百人作为自己的亲兵。年老或年幼的士兵守护宫室，军队驻扎在雩门之外待命。过了五天，右军才跟了上来。公为看到守城人便流下了眼泪，说："劳役又多，赋税又重，在位者不能谋划，士兵不愿献身，靠什么来治理百姓呢？我既然这样说了，还能不努力吗？"

鲁军和齐军在郊外交战。齐军从稷曲发起攻击。鲁军不肯越过城沟出战。樊迟说："这并非做不到，而是对您不信任。请把号令申明三次，然后冲过城沟。"冉求照他的话做了，众人跟着冲了过去。鲁军冲入齐军。

鲁国的右军逃跑，齐军追了上去。齐大夫陈瓘、陈庄渡过泗水。鲁国的孟之侧走在最后，他抽箭鞭打他的马，说："是马跑不快啊。"林不狃的士兵说："逃走吗？"林不狃说："我们比别人差吗？"士兵又说："那么就停下来抵抗吧？"林不狃说："那就显得你高尚吗？"于是慢慢撤退，结果被杀死。

鲁军砍下了齐军士卒的八十颗首级，以致齐军无法整顿军容。晚上，探子报告："齐军逃跑了。"冉求多次请求追击，季孙不同意。

孟孺子对人说："我不如颜羽，但比邴泄要强。颜羽敏锐，我不想作战但能沉住气。邴泄喊：'驱车逃跑吧。'"公为和他宠爱的小僮汪锜同乘一辆战车，一起战死，都加以殡殓。孔子评论说："能拿起武器保卫国家，可以不用未成年人的丧礼安葬。"冉求手持长矛对付齐军，因此军队才能冲入敌阵。孔子说："这是合乎道义的。"

夏季，陈国的辕颇逃到郑国。当初，辕颇担任陈国司徒时，曾征收封邑内田地的赋税用以陪嫁哀公女儿。多余的就为自己铸造钟鼎类器具。国人驱逐他，所以他才出逃。路上口渴，其族人辕咺献给他稻米甜酒、小米干饭、腌肉干。辕颇高兴地说："怎么这么丰盛啊！"辕咺回答说："在您造好了钟鼎时就准备好了。"辕颇说："为什么不劝阻我？"辕咺回答说："怕你先把我赶走。"

由于郊外一战，哀公会合吴王攻打齐国。五月，攻克博地。二十五日，到达嬴地。中军跟随吴王，胥门巢率领上军，王子姑曹率领下军，展如率领右军。齐国的国书率领中军，高无㔻率领上军，宗楼率领下军。陈乞对他弟弟陈书说："你能战死，我就能达到自己的目的。"宗子阳和闾丘明互相勉励。桑掩胥为国书驾车。公孙夏说："这两个人一定会战死。"激战之前，公孙夏让他的士卒高唱挽歌《虞殡》。陈逆让他的士卒准备好含玉。公孙挥命令他的士卒："每人都准备一条八尺长的绳子，吴人头发很短。"东郭书说："作战三次必定难免一死，这次是第三次了。"于是派人问候并送琴给弦多，说："我再也见不到您了。"陈书说："这次我只能听到进军的鼓声，听不到收兵的金声了。"

五月二十七日，双方在艾陵交战。展如打败了高无㔻，国书打败了胥门巢。吴王的中军援助胥门巢，大败齐军，俘虏了国书、公孙夏、闾丘明、陈书、东郭书，缴获了战车八百辆、士兵首级三千颗，献给鲁哀公。

准备作战时，吴王召唤叔孙："你担任什么职务呢？"叔孙回答说："司马。"吴王赐给他皮甲和利剑，说："努力完成国君交给你的任务，恭敬不要废弃命令。"叔孙不知如何回答，子贡上前一步说："州仇敬受皮甲跟随国君，拜谢命令。"

哀公派太史固把国书的首级送回，放在一个新做的盒子里，垫上黑色与红色的帛，加上绸带。盒子上放了一封书信，内容是："假如上天不能明察你们的邪恶，为什么会让我国得胜。"

吴国准备攻打齐国。越王句践率领他的群臣到吴国朝见，吴王和大臣都得到了馈赠。吴国人都非常高兴，唯独伍子胥忧心忡忡，说："这是在养肥吴国啊！"劝谏吴王："越国对吴国来说，是心腹大患。两国土地相邻，又对我国抱有野心。他们的顺服，是为了满足更大的愿望，不如早点下手。即使战胜了齐国，也像得到了一块布满石头的土地，根本无法耕种。假如不把越国变为池沼，吴国就要灭亡了。就像求医治病，却说'一定要留下病根'，这是从来没有的事。《盘庚》说：'如有猖狂作乱拒不听命的，斩尽杀绝不留后患，以免使其后代在这里繁衍生存。'这就是商朝所以兴盛的原因。现在国君却反其道而行之，以此谋求强盛，不是很难做到吗？"吴王不听。伍子胥出使齐国，把儿子托付给齐国的鲍氏，就是王孙氏。艾陵之战归来，吴王听说了这件事，派人赐给伍子胥一把属镂宝剑让他自杀。伍子胥自杀前说："请在我的墓前种上檟树，等檟树长大成材时，吴国就要灭亡了！三年后它开始衰落。骄狂自满就一定走向毁灭，这是上天的常道。"

秋季，季康子下令修筑防御工事，说："小国战胜大国，是祸害。齐军不久就会大兵压境。"

冬季，卫国的太叔疾逃到宋国。当初太叔疾娶了宋国子朝的女儿为妻，从嫁的妻妹受到宠爱。子朝出逃之后，孔文子让太叔疾休掉妻子而把女儿嫁给他。太叔疾派人劝诱前妻的妹妹，把她安置到犁地，并建造了一座宫室，如同有两个妻子。孔文子大怒，打算攻打太叔疾，被孔子劝阻。孔文子把女儿从太叔疾手里夺了回来。太叔疾又与外州女人通奸，外州人把他的车子夺过去献给国君。太叔疾为这两件事而羞愧，所以决定出逃。卫国人立了太叔遗为继承人，让他娶嫂子孔姞为妻。太叔疾做了宋国向魋的家臣，献给向魋珍珠，向魋送给他城鉏一地。宋景公向向魋索取珍珠，向魋不给，由此得罪了景公。到了向魋逃亡国外，城鉏人攻打太叔疾，卫庄公召他回国。把他安置在巢地，死在那里。棺材停放在郧地，安葬在少禘。

当初，晋悼公的儿子慭流亡卫国，让他的女儿为自己驾车打猎。太叔懿子留他喝酒，随后便娶了慭的女儿，生了太叔疾。太叔疾即位，他的外甥夏戊因此做了大夫。太叔疾逃亡之后，卫国人削夺了夏戊的官爵和封邑。

孔文子准备攻打太叔疾时，曾去访问孔子。孔子说："祭祀宴享之事，我略知一二。但兴兵动武，我一无所知。"孔子退下之后，让人驾车要走，说："鸟可以选择树木而栖，树木怎能选择鸟呢？"孔文子急忙挽留孔子，说："我哪儿是为自己着想啊，是为了使卫国免遭祸难啊。"孔子准备留下，鲁国人以财礼召请孔子，孔子又回到鲁国。

季康子准备根据田亩的多少征收赋税，派冉求去征求孔子的意见。孔子说："我不懂这个。"一连去问三次，最后一次问："您是国家的元老，就等着按您的意见去办，为什么您不表态呢？"孔子不回答。但私下对冉求说："君子处理政事，要以礼为根据：施舍尽量丰厚，办事力求适中，赋税越少越好。如果这样，按丘征税就足够了。若不依礼行事，贪婪不知满足，即使根据田亩征税，还是得不到满足。再说你季孙如果想办事又合于法度，自有周公制定的典章在。假如想随意胡为，又何必来征求意见呢？"季康子不听。

哀公十二年

经 十有二年春，用田赋。夏五月甲辰，孟子卒。公会吴于橐皋。秋，公会卫侯、宋皇瑗于郧。宋向巢帅师伐郑。冬十有二月，螽。

传 十二年春，王正月，用田赋。

夏五月，昭夫人孟子卒。昭公娶于吴，故不书姓。死不赴，故不称夫人。不反哭，故不言葬小君。孔子与吊，适季氏。季氏不绖①，放绖而拜②。

公会吴于橐皋③。吴子使大宰嚭请寻盟。公不欲，使子贡对曰："盟所以周信也④，故心以制之，玉帛以奉之，言以结之，明神以要之。寡君以为苟有盟焉，弗可改也已。若犹可改，日盟何益？今吾子曰必寻盟。若可寻也，亦可寒也⑤。"乃不寻盟。

吴征会于卫。初，卫人杀吴行人且姚而惧，谋于行人子羽⑥。子羽曰："吴方无道，无乃辱吾君，不如止也。"子木曰⑦："吴方无道。国无道，必弃疾于人⑧。吴虽无道，犹足以患卫。往也！长木之毙⑨，无不摽也⑩。国狗之瘈⑪，无不噬也。而况大国乎？"

秋，卫侯会吴于郧。公及卫侯、宋皇瑗盟，而卒辞吴盟。吴人藩卫侯之舍⑫。子服景伯谓子贡曰："夫诸侯之会，事既毕矣，侯伯致礼⑬，地主归饩⑭，以相辞也⑮。今吴不行礼于卫，而藩其君舍以难之，子盍见大宰？"乃请束锦以行。语及卫故，大宰嚭曰："寡君愿事卫君，卫君之来也缓，寡君惧，故将止之。"子贡曰："卫君之来，必谋于其众。其众或欲或否，是以缓来。其欲来者，子之党也。其不欲来者，子之仇也。若执卫君，是堕党而崇仇也⑯。夫堕子者得其志矣。且合诸侯而执卫君，谁敢不惧？堕党崇仇，而惧诸侯，或者难以霸乎！"大宰嚭说，乃舍卫侯。卫侯归，效夷言⑰。子之尚幼⑱，曰："君必不免，其死于夷乎！执焉，而又说其言⑲，从之固矣⑳。"

冬十二月，螽㉑。季孙问诸仲尼，仲尼曰："丘闻之，火伏而后蛰者毕㉒。今火犹西流，司历过也。"

宋、郑之间有隙地焉㉓，曰弥作、顷丘、玉畅、岩、戈、锡。子产与宋人为成，曰："勿有是。"及宋平、元之族自萧奔郑，郑人为之城岩、戈、锡。九月，宋向巢伐郑，取锡，杀元公之孙，遂围岩。十二月，郑罕达救岩。丙申㉔，围宋师。

[注释]

①绕：发丧之礼，即免冠括发。 ②放绖：去除丧服。 ③橐皋：吴地，在今安徽省巢湖市西北。 ④周信：巩固信用。 ⑤寒：寒凉。"寻"与"寒"为反义词，"寻"即温。 ⑥子羽：卫大夫。 ⑦子木：卫大夫。 ⑧弃疾：加害。 ⑨长木之毙：大树倒下。 ⑩摽：击。 ⑪国狗之瘈（zhì）：一国的名狗发疯。 ⑫藩：围。 ⑬侯伯致礼：盟主礼宾。 ⑭地主归饩：盟会所在地的主人馈送食物。 ⑮相辞：互相告别。 ⑯堕党而崇仇：毁坏了亲近而抬高了仇敌。 ⑰效夷言：仿效吴人说话。 ⑱子之：即公孙弥牟。 ⑲说：同"悦"。 ⑳固：必定。 ㉑螽：蝗灾。 ㉒火伏：大火星在天空消失。蛰者：昆虫蛰伏。 ㉓隙地：闲田。 ㉔丙申：二十八日。

[译文]

十二年春季，周历正月，鲁国实行田亩征税制度。

夏季五月，鲁昭公夫人孟子去世。因为孟子是昭公从吴国娶的，所以《春秋》不记载她的姓。孟子死后没有发讣告，所以也不称她为夫人。安葬后没有返回祖庙哭吊,所以不称葬小君。孔子参加吊唁,到了季氏家。季康子不脱帽服丧,孔子则脱去丧服下拜。

哀公在橐皋会见吴国人,吴王派太宰伯嚭请求重温鄫地的盟约。哀公不同意,派子贡答复说:"盟誓用以巩固信用,所以要在内心制约它,把玉帛献给它,用言语体现它,用神灵约束它。寡君认为已经有了盟约,就不要修改。如果可以修改,即使每日结盟又有什么用处呢?现在阁下说一定要重温旧盟。如果盟约可以重温,也可以冷下去。"于是没有重温旧盟。

吴国召集卫国参加会见。当初,卫国人因杀了吴国外交官员且姚而害怕,就和外交官员子羽商量。子羽说:"吴国正值暴虐无道,恐怕会借机侮辱我们国君,不如不去参加。"子木说:"吴国确实正值暴虐无道。国家暴虐无道,必定会嫁祸于人。吴国虽然无道,仍然足以祸害卫国。还是去吧!大树倒下的时候,还要压倒一些草木。国家的名狗发疯,遇到谁都会咬。何况是一个大国呢?"

秋季,卫出公在郧地会见吴国人。哀公和卫出公、宋国的皇瑗结盟,最终拒绝和吴国结盟。吴国人包围了卫出公的住所。子服景伯对子贡说:"诸侯会盟,仪式完成,盟主要向来宾致礼,东道主国家要赠送大家食物,表示告别。现在吴国不向卫国致礼,反而包围卫君的住处向他发难,您何不去见吴国的太宰呢?"子贡请求带五匹锦去。说到卫国的问题,伯嚭说:"寡君本来愿意事奉卫君,只因卫君迟到了,寡君有点担心,所以才准备挽留他。"子贡说:"卫君来时,一定和他的群臣商议。有的主张来,有的主张不来,因此才来晚了。那些主张来的,都是您的朋友。主张不来的,都是您的仇人。假如抓起卫君,就等于是害了您的朋友而成全了仇人。那些企图损害您的人就会越发得意。再说会合诸侯却把卫君抓了起来,谁不害怕呢?损害朋友,成全仇人,使诸侯感到恐惧,也许很难称霸天下!"太宰伯嚭非常高兴,便放了卫出公。卫出公回国后,常常学说吴国话。当时公孙弥牟还很年幼,说:"国君必定难免灾祸,恐怕要死在夷地吧!他被夷人抓了却喜欢说他们的话，肯定要跟他们去了。"

冬季十二月，鲁国发生了蝗灾。季康子请教孔子，孔子说："据我所知，一旦火星消失，昆虫也就全部蛰伏起来。现在火星仍然经过西方天空，这是司历官把日子算错了。"

宋国和郑国之间有几块荒地，叫弥作、顷丘、玉畅、岩、戈、锡。子产和宋国人达成协议，说："谁也不要开发这些地方。"等宋平公、宋元公的族人从萧地逃到郑国，郑国人为他们在岩、戈、锡三地筑城。九月，宋国的向巢攻打郑国，占领了锡地，杀了宋元公的孙子，又包围了岩地。十二月，郑国的罕达救援岩地。二十八日，包围了宋国军队。

哀公十三年

经 十有三年春，郑罕达帅师取宋师于嵒。夏，许男成卒。公会晋侯及吴子于黄池。楚公子申帅师伐陈。于越入吴。秋，公至自会。晋魏曼多帅师侵卫。葬许元公。九月，螽。冬十有一月，有星孛于东方。盗杀陈夏区夫。十有二月，螽。

传 十三年春，宋向魋救其师。郑子剩使徇曰："得桓魋者有赏。"魋也逃归，遂取宋师于岩，获成讙、郜延①，以六邑为虚②。

夏，公会单平公③、晋定公、吴夫差于黄池④。

六月丙子⑤，越子伐吴，为二隧⑥。畴无余、讴阳自南方⑦，先及郊。吴大子友、王子地、王孙弥庸、寿于姚自泓上观之⑧。弥庸见姑蔑之旗⑨，曰："吾父之旗也。不可以见仇而弗杀也。"大子曰："战而不克，将亡国。请待之。"

弥庸不可，属徒五千⑩，王子地助之。乙酉⑪，战，弥庸获畴无余，地获讴阳。越子至，王子地守。丙戌⑫，复战，大败吴师，获大子友、王孙弥庸、寿于姚。丁亥⑬，入吴。吴人告败于王，王恶其闻也⑭，自刭七人于幕下。

秋七月辛丑⑮，盟，吴、晋争先。吴人曰："于周室，我为长。"晋人曰："于姬姓，我为伯⑯。"赵鞅呼司马寅曰："日旰矣⑰，大事未成，二臣之罪也⑱。建鼓整列，二臣死之，长幼必可知也⑲。"对曰："请姑视之。"反，曰："肉食者无墨⑳。今吴王有墨，国胜乎㉑？大子死乎？且夷德轻㉒，不忍久㉓，请少待之。"乃先晋人。

吴人将以公见晋侯，子服景伯对使者曰㉔："王合诸侯，则伯帅侯牧以见于王。伯合诸侯，则侯帅子、男以见于伯。自王以下，朝聘玉帛不同。故敝邑之职贡于吴，有丰于晋，无不及焉，以为伯也。今诸侯会，而君将以寡君见晋君，则晋成为伯矣，敝邑将改职贡。鲁赋于吴八百乘，若为子、男，则将半邾以属于吴㉕，而如邾以事晋㉖。且执事以伯召诸侯，而以侯终之，何利之有焉？"吴人乃止，既而悔之，将囚景伯。景伯曰："何㉗也立后于鲁矣㉘。将以二乘与六人从，迟速唯命。"遂囚以还。及户牖㉙，谓大宰曰："鲁将以十月上辛㉚，有事于上帝先王，季辛而毕㉛。何世有职焉㉜，自襄以来，未之改也。若不会，祝宗将曰：'吴实然。'且谓鲁不共，而执其贱者七人，何损焉？"大宰嚭言于王曰："无损于鲁，而只为名㉝，不如归之。"乃归景伯。

吴申叔仪乞粮于公孙有山氏㉞，曰："佩玉繠兮㉟，余无所系之。旨酒一盛兮㊱,余与褐之父睨之㊲。"对曰:"粱则无矣㊳,粗则有之㊴。若登首山以呼曰:'庚癸乎㊵。'则诺。"

王欲伐宋,杀其丈夫而囚其妇人㊶。大宰嚭曰:"可胜也,而弗能居也。"乃归。

冬,吴及越平。

[注释]

①成讙、郳延:二人为宋大夫。 ②虚:使为空邑,双方都不占有。 ③单平公:周卿士。 ④黄池:地名,在今河南省封丘县境。 ⑤丙子:十一日。 ⑥为二隧:兵分两路。 ⑦畴无余、讴阳:二人皆越大夫。 ⑧泓:水名。 ⑨姑蔑:越地名。 ⑩属徒:集命部下。 ⑪乙酉:二十日。 ⑫丙戌:二十一日。 ⑬丁亥:二十二日。 ⑭恶其闻:讨厌诸侯听到。 ⑮辛丑:初六日。 ⑯伯:霸。 ⑰旰:晚。 ⑱二臣:指赵鞅、司马寅。 ⑲长幼:即先后。 ⑳肉食者:即食肉者,指大夫以上官员。 ㉑国胜:国为敌所胜。 ㉒夷德轻:夷人轻佻不稳重。 ㉓不忍久:即不能久忍。 ㉔伯:诸侯之长,霸主。 ㉕半邾以属于吴:按邾国战车的半数贡赋给吴国。 ㉖如邾:按邾战车数。 ㉗何:景伯名。 ㉘立后:确定了继承人。 ㉙户牖:宋邑,今河南省兰考县东北。 ㉚上辛:第一个辛日。 ㉛季辛:最后一个辛日。 ㉜世有职:世代担任祭祀的职务。 ㉝只为名:仅留恶名。 ㉞申叔仪:吴大夫。公孙有山:鲁大夫。 ㉟蕤(ruǐ):下垂貌。 ㊱一盛:一杯。 ㊲余与褐之父睨之:我与下贱的老翁斜视着。褐,卑贱者的服装。 ㊳粱:细粮。 ㊴粗:粗粮。 ㊵庚癸:下等货。若分货为十等,甲乙为上等,庚则为下等,癸再下。 ㊶丈夫:男人。

[译文]

十三年春季,宋国的向魋救援本国军队。郑国的罕达派人通令全军说:"抓获向魋有赏。"向魋吓得逃回去了,郑军全歼了岩地的宋军,俘获了成讙、郜延两位大夫,六座城邑重新荒废。

夏季,哀公在黄池会见了单平公、晋定公、吴王夫差。

六月十一日,越王发兵攻打吴国,兵分两路。由畴无余、讴阳从南部进攻,先逼至吴都郊外。吴国的太子友、王子地、王孙弥庸、寿于姚从泓水观察越军。弥庸看到越地姑蔑的军旗,说:"这是我父亲的战旗。我不能见到仇敌而不杀。"太子说:"如果作战而不能取胜,就要亡国。请暂且等待一下。"弥庸不听,率领部属五千人出战,由王子地协助。二十日,双方交战,弥庸俘获了畴无余,王子地俘获了讴阳。越王赶到,王子地防守。二十一日,再次交战,吴军大败,太子友、王孙弥庸、寿于姚被俘。二十二日,越军攻入吴都。吴国人向吴王报告战败的消息,吴王怕参加盟会的诸侯知道,亲自把前来报信的七个人杀死在帐幕中。

秋季七月六日,诸侯结盟,吴国和晋国争着要先行歃血。吴国人说:"在周王室中,我们是最年长的。"晋国人说:"在姬姓中,我们是盟主。"赵鞅对司马寅喊道:"现在天色已晚,结盟的大事还没有完成,这是我们两个人的罪过。请敲起战鼓,整顿队伍,我们二人决一死战,就能知道长幼顺序了。"司马寅回答说:"姑且让我到吴军观察一下。"回来后说:"身居高位的人不应该面色灰暗。现在吴王面色灰暗,他的国家被战胜了吗?或者是太子死了吗?夷之人德行轻率,不能长期忍耐,请稍稍等候。"于是先让晋国人歃血。

吴国人准备带领哀公去见晋定公,子服景伯对使者说:"天子会合诸侯时,由盟主率领诸侯朝见天子。盟主会合诸侯时,由侯爵率领子爵、男爵进见盟主。自天子以下,朝聘时进献的玉帛有所不同。因此敝国献给吴国的贡品只会比晋国丰厚,而不会少,因为我们把吴国作为盟主对待。现在诸侯会集此地，而国君竟要带着寡君进见晋君，那么晋国就成了盟主，敝国就要改变进贡的数量了。原来鲁国是以八百辆战车的标准向吴国进贡的，如果被作为子爵、男爵国家，就要以半数于邾国战车的标准向吴国进贡，以邾国一样的标准事奉晋国了。再说执事开始以诸侯盟主的身份召集诸侯，却以侯爵的身份来结束，有什么好处呢？"吴国人便作罢，不久又后悔了，准备把景伯关押起来。景伯说："我已经在鲁国立了继承人。现在就准备带着两辆车六个人跟你们去，何时动身悉听尊便。"吴国人押着他回国。行至户牖，景伯对太宰说："鲁国将要在十月的第一个辛日祭祀上帝和历代先王，最后一个辛日结束。我家世代都在祭祀中担任重要职务，自襄公以来，从没有改变过。如果这次我不能参加，祝宗将告诉神灵：'是吴国不让他回来。'说鲁国对吴国不够恭敬，却只抓了七个身份低下的人，对鲁国又能有什么损害呢？"太宰伯嚭对吴王说："对鲁国没有损害，只会落一个恶名，不如放他们回去！"于是就放了景伯回国。

吴国的申叔仪向公孙有山氏讨要粮食，说："虽然佩玉下垂，却没有地方可系；虽有一杯甜酒，我和身着破衣的老翁只能干瞅。"公孙有山氏回答说："细粮已经没有了，不过粗粮还有。你只要登上首山高喊：'我是下等人。'就答应你。"

吴王准备攻打宋国，杀掉他们的男人，拘禁他们的女人。太宰伯嚭说："可以取胜，但不能久留。"于是回国。

冬季，吴国和越国讲和。

哀公十四年

经 十有四年春，西狩获麟。小邾射以句绎来奔。夏四月，齐陈恒执其君，置于舒州。庚戌，叔还卒。五月庚申朔，日有食之。陈宗竖出奔楚。宋向魋入于曹以叛。莒子狂卒。六月，宋向魋自曹出奔卫。宋向巢来奔。齐人弑其君壬于舒州。秋，晋赵鞅帅师伐卫。八月辛丑，仲孙何忌卒。冬，陈宗竖自楚复入于陈，陈人杀之。陈辕买出奔楚。有星孛。饥。

传 十四年春，西狩于大野①，叔孙氏之车子鉏商获麟②，以为不祥，以赐虞人③。仲尼观之，曰："麟也。"然后取之。

小邾射以句绎来奔④，曰："使季路要我⑤，吾无盟矣。"使子路，子路辞。季康子使冉有谓之曰："千乘之国，不信其盟，而信子之言，子何辱焉？"对曰："鲁有事于小邾，不敢问故，死其城下可也。彼不臣而济其言⑥，是义之也⑦。由弗能⑧。"

齐简公之在鲁也⑨，阚止有宠焉。及即位，使为政。陈成子惮之⑩，骤顾诸朝⑪。诸御鞅言于公曰⑫："陈、阚不可并也⑬，君其择焉。"弗听。

子我夕⑭，陈逆杀人⑮，逢之，遂执以入。陈氏方睦，使疾⑯，而遗之潘沐⑰，备酒肉焉，飨守囚者，醉而杀之，而逃。子我盟诸陈于陈宗⑱。

初，陈豹欲为子我臣⑲，使公孙言己⑳，已有丧而止㉑。既而言之，曰："有陈豹者，长而上偻㉒，望视㉓，事君子必得志㉔。欲为子臣，吾惮其为人也，故缓以告。"子我曰："何害？是其在我也。"使为臣。他日，与之言政，说，遂有宠。谓之曰："我尽逐陈氏，而立女，若何？"对曰："我远于陈氏矣㉕。且其违者㉖，不过数人，何尽逐焉？"遂告陈氏。子行曰："彼得君，弗先，必祸子。"子行舍于公宫。

夏五月壬申㉗,成子兄弟四乘如公。子我在幄,出,逆之。遂入,闭门。侍人御之,子行杀侍人。公与妇人饮酒于檀台,成子迁诸寝㉘。公执戈,将击之。大史子余曰㉙:"非不利也,将除害也。"成子出舍于库,闻公犹怒,将出,曰:"何所无君?"子行抽剑,曰:"需,事之贼也㉚。谁非陈宗?所不杀子者,有如陈宗!"乃止。

子我归,属徒㉛,攻闱与大门㉜,皆不胜,乃出。陈氏追之,失道于弇中㉝,适丰丘。丰丘人执之㉞,以告,杀诸郭关㉟。成子将杀大陆子方㊱,陈逆请而免之。以公命取车于道。及耏㊲,众知而东之。出雍门㊳,陈豹与之车,弗受,曰:"逆为余请,豹与余车,余有私焉㊴。事子我而有私于其仇,何以见鲁、卫之士?"东郭贾奔卫。

庚辰㊵,陈恒执公于舒州㊶。公曰:"吾早从鞅之言,不及此。"

宋桓魋之宠害于公。公使夫人骤请享焉,而将讨之。未及,魋先谋公,请以鞌易薄㊷,公曰:"不可。薄,宗邑也㊸。"乃益鞌七邑。而请享公焉,以日中为期。家备尽往㊹。公知之,告皇野曰㊺:"余长魋也㊻。今将祸余,请即救。"司马子仲曰:"有臣不顺,神之所恶也,而况人乎?敢不承命!不得左师不可㊼。请以君命召之。"左师每食击钟。闻钟声,公曰:"夫子将食。"既食,又奏。公曰:"可矣。"以乘车往,曰:"迹人来告曰㊽:'逢泽有介麇焉㊾。'公曰:'虽魋未来,得左师,吾与之田,若何?'君惮告子㊿。野曰:'尝私焉㉑。'君欲速,故以乘车逆子。"

与之乘，至，公告之故，拜，不能起。司马曰："君与之言㉜。"公曰："所难子者㉝，上有天，下有先君。"对曰："魋之不共，宋之祸也。敢不唯命是听？"司马请瑞焉㉞，以命其徒攻桓氏㉟。其父兄故臣曰："不可。"其新臣曰："从吾君之命。"遂攻之。子颀骋而告桓司马㊱。司马欲入，子车止之㊲，曰："不能事君，而又伐国，民不与也，只取死焉。"向魋遂入于曹以叛。六月，使左师巢伐之，欲质大夫以入焉，不能。亦入于曹，取质。魋曰："不可。既不能事君，又得罪于民，将若之何？"乃舍之。民遂叛之。向魋奔卫。向巢来奔，宋公使止之，曰："寡人与子有言矣，不可以绝向氏之祀。"辞曰："臣之罪大，尽灭桓氏可也。若以先臣之故，而使有后，君之惠也。若臣则不可以入矣。"

司马牛致其邑与珪焉㊳，而适齐。向魋出于卫地，公文氏攻之，求夏后氏之璜焉。与之他玉，而奔齐。陈成子使为次卿，司马牛又致其邑焉，而适吴。吴人恶之，而反。赵简子召之，陈成子亦召之。卒于鲁郭门之外，阬氏葬诸丘舆㊴。

甲午㊵，齐陈恒弑其君壬于舒州。孔丘三日齐㊶，而请伐齐三。公曰："鲁为齐弱久矣㊷，子之伐之，将若之何？"对曰："陈恒弑其君，民之不与者半。以鲁之众，加齐之半，可克也。"公曰："子告季孙。"孔子辞。退而告人曰："吾以从大夫之后也㊸，故不敢不言。"

初，孟孺子泄将圉马于成㊹。成宰公孙宿不受，曰："孟孙为成之病㊺，不圉马焉。"孺子怒，袭成。从者不得入，乃反。成有司使，孺子鞭之。秋八月辛丑㊻，孟懿子卒。成人奔丧㊿，弗内㊿。祖免哭于衢㊿，听共㊿，弗许。惧，不归。

[注释]

①大野：又名巨野、巨泽，鲁地，在今山东省巨野县北。　②车：御者。麟：麒麟。　③虞人：掌山泽之官。　④射：小邾大夫。　⑤要：约。　⑥彼不臣而济其言：他不尽臣道反而使他的话得以实现。　⑦义之：以其不臣为义。　⑧由：子路名。　⑨齐简公：悼公阳生之子，名壬。　⑩陈成子：陈常。　⑪骤：屡次。　⑫鞅：齐大夫。鞅为一般仆御之官，故称诸御。　⑬并：并列。　⑭子我夕：子我晚上朝见齐侯。子我，即阚止。　⑮陈逆：字子行，齐臣。　⑯使疾：使陈逆装病。　⑰潘沐：洗头的淘米水。潘，米汁。　⑱陈宗：陈氏宗主家。　⑲陈豹：字子皮，陈氏族人。　⑳公孙：齐大夫。㉑已：已而，不久。　㉒长而上偻：高个子而驼背。　㉓望视：仰视。㉔得志：满意。　㉕远于陈氏：在陈氏家族中为远支。　㉖违者：与子我为敌者。　㉗壬申：十三日。　㉘迁诸寝：欲迁齐侯于寝宫。㉙子余：陈氏之党。　㉚需，事之贼：犹豫不定，是事情的大害。㉛属徒：集合私卒。　㉜闱：宫中小门。　㉝失道于弇（yǎn）中：在弇中迷了路。弇中，即临淄西南的弇中峪。　㉞丰丘：陈氏食邑。㉟郭关：齐都郭门。　㊱大陆子方：即东郭贾，子我之臣。　㊲邴（ér）：地名，在齐、鲁交界处。　㊳雍门：齐都城门。　㊴私：私交。㊵庚辰：二十一日。　㊶舒州：齐地，在今河北省大城县。一说在今河北省廊坊市，为齐极北之地。　㊷窨、薄：窨为向氏邑，薄为公邑。　㊸宗邑：祖庙所在地。　㊹家备：私家的甲兵。　㊺皇野：司马子仲。　㊻长：抚育长大。　㊼左师：向魋之兄向巢。　㊽迹人：掌田猎足迹、知禽兽之处的人。　㊾逢泽有介麋：逢泽有一只麋鹿。逢泽，在今河南省商丘市区南。介，单，独。　㊿惮告子：不便告诉

您。 (51)尝私焉：试以私人身份来告。 (52)言：盟誓。 (53)难子：使您遭祸难。 (54)瑞：符节。 (55)桓氏：即向魋。 (56)子颀：向魋之弟。桓司马：即向魋。 (57)子车：向魋之弟。 (58)司马牛：桓魋之弟。珪：守邑的符信。 (59)阬氏：鲁人。丘舆：鲁地，在今山东省费县西。 (60)甲午：初五日。 (61)齐：同“斋”。 (62)弱：削弱。 (63)从大夫之后：位列大夫之末。 (64)圉马：养马。 (65)病：贫困。 (66)辛丑：十三日。 (67)成人：即成宰。 (68)内：通“纳”。 (69)袒免：脱去上衣，摘下帽子。 (70)听共：听从驱使。

［**译文**］

十四年春季，哀公在鲁都西部的大野打猎，叔孙氏的御者子钼商捕获了一只麒麟，认为不吉祥，把它赐给了虞人。孔子看到后说：“这是麒麟。”便要了过去。

小邾国大夫射带着句绎一地投奔鲁国，说：“假如派子路和我口头约定，我就不要求结盟。”鲁国派子路去，子路拒绝了。季康子派冉求对子路说：“不相信千乘之国的盟约，却相信你的话，这对你有什么屈辱呢？”子路回答说：“假如鲁国和邾国发生了战争，我不必询问原因就可以战死城下。现在他不尽为臣之道我却让他的话得以实现，就等于承认其行为是合乎道义的了。我办不到。”

齐简公在鲁国时，宠信阚止。回国即位后，让阚止执掌齐国政权。陈常害怕他，多次在朝廷上回头看他。齐大夫鞅对简公说：“陈常和阚止不能并用，国君还是选择一个吧。”简公不听。

阚止晚上朝见简公，遇到陈逆杀人，把他抓起来带到公宫。当时陈氏族人正和睦，就让陈逆装病，送去洗头的淘米水，并备有酒肉，招待看守的人，把看守灌醉后杀死，陈逆逃跑。阚止在陈氏宗主家里和陈氏族人结盟。

当初，陈豹打算做阚止的家臣，让公孙推荐自己，不久因为有丧事而中止。丧事过后，公孙对阚止说起此事，说：“有一个人叫陈豹，身材很高,有点儿驼背,两眼上视,如果事奉君子一定能令人满意。他想做您的家臣,我担心他为人不好,所以才迟迟没有告诉您。"阚止说:"这有什么害处?全都取决于我。"让他做了家臣。过了几天,阚止和陈豹谈起为政之道,阚止很高兴,随后陈豹受到宠信。阚止对陈豹说:"我把陈氏族人全部赶走,立你为继承人,怎么样?"陈豹说:"我是陈氏的远支。再说对你不满的也就几个人,为什么要把他们都赶走呢?"随后告诉了陈氏。陈逆说:"他得到国君的宠信,如果不先下手,祸患一定落到您头上。"陈逆先住到公宫。

夏季五月十三日,陈常兄弟四人乘坐一辆车去见齐简公。阚止正在帐幕里,出来迎接。陈氏兄弟进去之后把门关上。齐简公的侍从抵抗,陈逆把他们杀了。简公正和女人在檀台上饮酒,陈常让简公转移到寝宫。简公拿起戈要打陈常。太史子余说:"他们不是要为难国君,而是要为君除害。"陈常出来住到府库,听说国君还在发怒,准备出奔,说:"哪里没有国君呢?"陈逆抽出宝剑说:"犹疑不决是事情的大害。谁不能做陈氏的宗主呢?您走我要不杀您,有陈氏宗主作证。"于是陈常决定不走。

阚止回到家里,集合家兵,攻打公宫的小门和大门,都没有攻克,便逃了出去。陈氏族人追赶他,他在弇中迷了路,结果逃到了丰丘。丰丘人把他抓起来报告了陈常,陈氏把阚止杀死在外城门。陈常准备杀了阚止的家臣大陆子方,陈逆请求赦免了他。子方以简公的名义在路上夺了一辆车。逃到耏地后,被人们发现,又向东逃去。出了雍门,陈豹送给他一辆车,他拒绝接受,说:"陈逆为我请求免死,陈豹赠我车子,说明我和他们有私交。事奉阚止却私下和他的仇人有交情,有何脸面去见鲁国人、卫国人呢?"子方就逃到了卫国。

二十一日,陈常在舒州把简公抓了起来。简公说:"假如我听了鞅的忠告,也不会落到这一步。"

宋国的向魋受宠,对国君构成了威胁。宋景公让夫人几次设享礼请他饮宴,企图乘机将其除掉。还没有来得及实施,向魋就先对付景公了，请求用自己的封邑篭地和景公的薄地交换，景公说："不行。薄是公室宗庙所在地。"同意把周围的七座城邑划归篭地。向魋请求设享礼宴请景公，时间约定在中午。向魋把自己的甲兵全都埋伏起来。景公知道后，对司马皇野说："向魋是我养大的。如今他要加害于我，请派兵去救援。"皇野说："臣子不听从君命，就连神灵也会厌恶，更何况人呢？我怎敢不接受命令呢！但不得到左师向巢的支持不行，请以国君的名义召见他。"左师向巢每次吃饭都要击钟。听见钟声，景公说："他要吃饭了。"向巢吃完饭，又奏乐。景公说："可以去了。"皇野乘车前往，说："据掌管田猎的官员报告说：'逢泽有一只麇。'国君说：'即使向魋没有回来，如果有左师在，我就和他一起去打猎，怎么样？'国君不好意思向您开口。我说：'让我私下去拭探一下。'国君想快点去，所以让我乘车来接您。"向巢和他一同坐上车来到公宫，景公把原因告诉他，向巢吓得扑倒在地不能起身。皇野说："国君要和他盟誓。"景公说："如果把祸难加到您身上，上有天、下有先君作证。"向巢回答说："向魋对君不敬，是国家的祸患。我怎敢不绝对听命呢？"皇野请求授给他符节，以令他的家兵攻打向魋。他的父兄旧臣说："不行。"新臣则说："要服从国君的命令。"于是就攻打向魋。子颀策马前去告诉向魋。向魋打算入城攻打国君，子车劝阻说："不能事奉国君，又要攻打国都，绝不会得到百姓的拥护，只能是自取灭亡。"于是向魋进入曹邑发动了叛乱。六月，景公派左师向巢攻打，向巢想得到大夫做人质以保证回到国都，没有办到。他也进入曹邑，准备把曹邑人作为人质。向魋说："不能这么做。既然不能事奉国君，又得罪了百姓，这可怎么是好？"于是向巢释放了曹邑的人质。曹邑百姓随后背叛了他们。向魋逃到了卫国。向巢逃到了鲁国，宋景公派人挽留他说："寡人和你有过约定，不能断绝向氏的祭祀。"向巢推辞说："我的罪过太大了，即使把桓氏家族全部灭绝也是应该的。假如因为先臣的缘故，使桓氏能有后人，就是国君的恩惠了。至于我，是不能再回国了。"

向魋的弟弟司马牛把他的封邑和玉珪交出来逃到了齐国。向魋逃到卫国，卫国大夫公文氏攻打他，向他索取夏后氏的一块玉璜。向魋给了他另外一块玉，又逃到了齐国。陈常让他做了次卿，司马牛把齐国给自己的封邑交还后到了吴国。吴国人很讨厌他，他又回到宋国。赵鞅请他到晋国去。陈常也请他到齐国去。他死在鲁都外城之外，阬氏把他安葬在丘舆。

六月初五日，齐国的陈常在舒州杀了他的国君齐简公壬。孔子为此斋戒三天，又三次请求攻打齐国。哀公说："齐国长期削弱鲁国，您要攻打它，国家怎么办呢？"孔子回答说："陈常杀了他的国君，百姓中亲近他的不到一半。用鲁国的兵力，加上齐国的一半人，能够战胜他。"哀公说："你去告诉季孙。"孔子拒绝了。退下来后对别人说："因为我曾经也位居大夫之列，所以不敢不说。"

当初，孟孺子准备在成地养马。成地的邑宰公孙宿不同意，说："孟孙因为成地百姓贫困，不在这里养马。"孟孺子非常恼火，袭击成地。跟从的人没有攻进去，只好折回来。成地官员前来，遭到了孟孺子的鞭打。秋季八月十三日，孟懿子去世。成地的邑宰前去奔丧，孺子拒绝接纳。邑宰脱去上衣，摘下帽子，在大街上哭吊，表示愿意听候孟孺子的驱使。孟孺子不肯原谅。邑宰害怕，不敢回去。

哀公十五年

经 十有五年春，王正月，成叛。夏五月，齐高无㔻出奔北燕。

郑伯伐宋。秋八月，大雩。晋赵鞅帅师伐卫。冬，晋侯伐郑。及齐平。卫公孟彄出奔齐。

传 十五年春，成叛于齐。武伯伐成，不克，遂城输①。

夏，楚子西、子期伐吴，及桐汭②。陈侯使公孙贞子吊焉，及良而卒③，将以尸入④。吴子使大宰嚭劳，且辞曰："以水潦之不时，无乃廪然陨大夫之尸⑤，以重寡君之忧。寡君敢辞。"上介芋尹盖对曰⑥："寡君闻楚为不道，荐伐吴国⑦，灭厥民人。寡君使盖备使⑧，吊君之下吏。无禄，使人逢天之戚⑨，大命陨队⑩，绝世于良。废日共积，一日迁次⑪。今君命逆使人曰：'无以尸造于门。'是我寡君之命委于草莽也。且臣闻之曰：事死如事生，礼也。于是乎有朝聘而终，以尸将事之礼⑫，又有朝聘而遭丧之礼。若不以尸将命，是遭丧而还也，无乃不可乎！以礼防民，犹或逾之⑬。今大夫曰：'死而弃之。'是弃礼也。其何以为诸侯主？先民有言曰：'无秽虐士⑭。'备使奉尸将命，苟我寡君之命达于君所，虽陨于深渊，则天命也。非君与涉人之过也⑮。"吴人内之。

秋，齐陈瓘如楚⑯。过卫，仲由见之⑰，曰："天或者以陈氏为斧斤，既斫丧公室，而他人有之，不可知也。其使终飨之，亦不可知也。若善鲁以待时，不亦可乎？何必恶焉？"子玉曰："然，吾受命矣，子使告我弟。"

冬，及齐平。子服景伯如齐，子赣为介，见公孙成⑱，曰："人皆臣人，而有背人之心。况齐人虽为子役，其有不贰乎？子，周公之孙也，多飨大利，犹思不义。利不可得，而丧宗国⑲，将焉用之？"成曰："善哉！吾不早闻命。"

陈成子馆客⑳，曰："寡君使恒告曰：'寡人愿事君如事卫君。'"景伯揖子赣而进之㉑。对曰："寡君之愿也。昔晋人伐卫，齐为卫故，伐晋冠氏㉒，丧车五百，因与卫地,自济以西,禚、媚、杏以南,书社五百㉓。吴人加敝邑以乱,齐因其病,取谨与阐,寡君是以寒心。若得视卫君之事君也,则固所愿也。"成子病之㉔,乃归成。公孙宿以其兵甲入于嬴㉕。

卫孔圉取大子蒯聩之姊,生悝。孔氏之竖浑良夫㉖,长而美。孔文子卒㉗,通于内㉘。大子在戚,孔姬使之焉。大子与之言曰:"苟使我入获国,服冕乘轩㉙,三死无与㉚。"与之盟。为请于伯姬。

闰月㉛,良夫与大子入,舍于孔氏之外圃㉜。昏,二人蒙衣而乘㉝,寺人罗御,如孔氏。孔氏之老栾宁问之,称姻妾以告。遂入,适伯姬氏。既食,孔伯姬杖戈而先,大子与五人介,舆豭从之㉞。迫孔悝于厕㉟,强盟之,遂劫以登台。栾宁将饮酒,炙未熟㊱,闻乱,使告季子㊲。召获驾乘车㊳,行爵食炙㊴,奉卫侯辄来奔。

季子将入,遇子羔将出㊵,曰:"门已闭矣。"季子曰:"吾姑至焉。"子羔曰:"弗及,不践其难㊶。"季子曰:"食焉㊷,不辟其难㊸。"子羔遂出。子路入,及门,公孙敢门焉,曰:"无入为也。"季子曰:"是公孙也,求利焉而逃其难。由不然,利其禄,必救其患。"有使者出,乃入。曰:"大子焉用孔悝?虽杀之,必或继之。"且曰:"大子无勇,若燔台,半,必舍孔叔㊹。"大子闻之,惧,下。石乞、盂黡敌子路。以戈击之,断缨㊺。子路曰:"君子死,冠不免。"结缨而死㊻。孔子闻卫乱,曰:"柴也其来,由也死矣。"

孔悝立庄公㊼。庄公害故政㊽,欲尽去之。先谓司徒瞒成曰："寡人离病于外久矣㊾，子请亦尝之。"归告褚师比，欲与之伐公，不果。

[注释]

①输：在成地附近。 ②桐汭：即今桐水。 ③良：吴地，在吴都附近。 ④尸：灵柩。 ⑤廪：泛滥。 ⑥上介：即第一副使。芊尹：陈国官名。盖：人名。 ⑦荐：屡，多次。 ⑧备使：备于使臣之列。 ⑨逢天之戚：遇到上天忧伤。 ⑩队：同"坠"。 ⑪一日迁次：每天迁移住地，意为匆忙赶路。 ⑫以尸将事：以灵柩完成使命。 ⑬犹或逾之：尚且有人逾越。 ⑭虐士：死者。 ⑮涉人：船工。 ⑯陈瑾：陈恒兄，字子玉。 ⑰仲由：即子路。 ⑱公孙成：成宰公孙宿。 ⑲丧宗国：失掉祖国。 ⑳馆客：到宾馆见客。 ㉑子赣：即子贡。 ㉒冠氏：晋邑，在今山东省冠县北。 ㉓书：将户籍记入簿册。社：二十五户为社。 ㉔病：愧。 ㉕嬴：齐邑，在今山东省泰安市区东北。 ㉖竖：小臣。 ㉗孔文子：即孔圉。 ㉘内：孔文子妻孔姬。 ㉙冕、轩：为大夫车服。 ㉚三死无与：免其死罪三次。 ㉛闰月：闰十二月。 ㉜外圃：家外菜园。 ㉝蒙衣：以巾蒙面，伪装为妇人。 ㉞舆豭：车上装着公猪。 ㉟厕：墙角。 ㊱炙:肉。 ㊲季子：即子路。时子路为卫大夫孔悝的邑宰。 ㊳获:人名。 ㊴行爵食炙：在车子上边走边喝酒吃肉。 ㊵子羔：卫大夫高柴，孔子弟子。 ㊶不践其难：不要去遭罹祸难。 ㊷食焉：吃他的俸禄。 ㊸辟：同"避"。 ㊹孔叔：即孔悝。 ㊺缨：帽带。 ㊻结缨：系紧帽带。 ㊼庄公：即太子蒯聩。 ㊽故政：故旧大臣。 ㊾离病：遭受祸难。离，通"罹"。

[译文]

十五年春季，成地人背叛投靠了齐国。孟孺子攻打成地，没有攻克，就在输地筑城。

夏季，楚国的子西、子期攻打吴国，行至桐水。陈闵公派公孙贞子前往吴国慰问，公孙贞子行至良地死去，陈国人准备带着他的尸体进入吴都。吴王派太宰伯嚭出城慰劳，并辞谢说："由于大雨下得不是时候，恐怕泛滥开来损害大夫的尸体，加重寡君的忧虑。寡君特此派我前来辞谢。"陈国第一副使芋尹盖回答说："寡君听说楚国暴虐无道，多次攻打贵国，百姓惨遭祸殃。寡君派出特使，慰问国君属下官吏。不幸的是，使臣公孙贞子恰遇上天发怒，以致命丧途中，在良地去世。我们用了一些时间准备殡殓的东西，为赶路每天都搬迁几次。现在国君派人前来迎接，却说：'不能把灵柩运进城门。'这是把寡君的命令丢弃到草丛野地里。再说据我所知：事奉死者如同事奉生者一样，才合乎礼。因此就有朝聘期间使臣死去，仍然要奉着灵柩完成使命的礼仪，又有朝聘期间遇到受聘国家发生丧事的礼仪。如果不让我们奉着灵柩完成使命，就等于贵国发生了丧事而让我们回去，恐怕不行吧！以礼提防百姓，尚且有人违背。现在大夫说：'死了就把他扔掉。'这是要丢弃礼。还怎么能成为诸侯的盟主呢？先民有句话说：'不要认为死者污秽。'我要奉着灵柩完成国君的使命，假如寡君的命令能传达给贵君，即使让我坠入深渊，也是上天的意志，不是贵君和船夫的过错。"于是吴国人让他们进城了。

秋季，齐国的陈瓘前往楚国。途径卫国，子路拜见他，说："或许是上天把陈氏作为一把利斧，已经削弱了公室，而使他人坐享其成，很难预料；也许是最后要使陈氏享有它，也很难预料。假如你们善待鲁国，等待时机，不也是可以的吗？又何必与鲁国交恶呢？"陈瓘说："对，我接受您的命令，您派人告诉我的弟弟。"

冬季，鲁国和齐国讲和。子服景伯到齐国，子赣为副使，见到公孙成，说："同样都是做别人的臣子，有人却有背叛主人的念头。何况齐国人虽然愿意为您帮忙，难道就保证没有二心吗？您是周公的后代，享受到很大的利益，尚且要做不义之事。这样得不到好处，反而会丧失祖国，何必这样呢？"公孙成说："说得好！我没有早一点听到您的教诲。"

陈常到宾馆会见鲁国客人,说:"寡君特派我报告:'寡人愿意像事奉卫君一样事奉贵君。'"景伯向子贡作了个揖,示意他上前回答。子贡说:"这正是寡君的愿望。从前晋国人攻打卫国,贵国为了卫国攻打晋国的冠氏,损失了五百辆战车,因此给予了卫国土地,从济水以西到禚、媚、杏以南,共有五百社的户籍。吴国人使敝邑发生动乱,贵国却乘人之危占领了谨地和阐地,寡君因此感到寒心。假如贵国能像事奉卫君那样事奉寡君,这正是我们的愿望了。"陈常感到愧疚,便把成地还给了鲁国。公孙宿带着士卒、武器进入齐国的嬴地。

卫国的孔圉娶了太子蒯聩的姐姐,生了孔悝。孔圉的仆人浑良夫身材高大,面貌英俊。孔圉死后,浑良夫和主母孔姬私通。当时太子蒯聩流亡戚地,孔姬派浑良夫去看望他。蒯聩对他说:"假如你能帮我回到国内,我让你穿大夫的衣冠,坐大夫的车子,赦你死罪三次。"和他结了盟。浑良夫回来后向孔姬请求。

闰十二月,良夫和太子回到卫都,住在孔氏家外的菜园里。黄昏时分,二人以头巾蒙面,乘坐车子,由寺人罗驾车,到了孔氏家里。孔氏的家宰栾宁问是什么人,寺人罗说是亲戚家的侍妾。进去后,去见孔姬。吃完饭,孔姬拿着戈走在前面,太子和五个随从身穿皮甲,用车子拉着公猪在后面跟着。把孔悝追到墙角,强行和他结盟,然后又劫持他登上高台。栾宁正准备喝酒,肉还没有烤熟,听说发生了叛乱,派人报告子路。叫获套上车马,边走边喝酒吃肉,保护着卫出公逃到鲁国。

子路正要进城,遇到子羔准备出奔,子羔说:"城门已经关上了。"子路说:"我姑且去看看。"子羔说:"来不及了,不要前去送死。"子路说:"吃了他的俸禄,不能躲避祸难。"子羔随后逃亡。子路进城,来到孔氏门口,公孙敢守卫着大门,说:"不要进去了。"子路说:"你是公孙敢吧,为谋求个人利益逃避孔氏灾难。我不会这样,吃了人家俸禄,就一定要解决他的祸难。"有使者从里面出来,子路便进去了。他高喊："太子何必劫持孔悝呢？即使杀了他，也一定有人接替他。"并说："太子胆小无勇，如果用火烧台，烧毁一半，他就一定放了孔悝。"太子听到后害怕，走下高台。石乞、盂黡抵抗子路。他们用长戈猛击子路，砍断了他的帽带。子路说："君子即使死了，也不能脱掉帽子。"把帽带系好而被杀死。孔子听说卫国动乱，说："子羔能回来，子路将死去。"

孔悝立庄公为君。庄公担心旧臣靠不住，打算全部换掉。先对司徒瞒成说："寡人在外面遭受患难很久了，请你也尝一尝。"瞒成回去告诉褚师比，打算一同攻打庄公，但没有实施。

哀公十六年

经 十有六年春，王正月己卯，卫世子蒯聩自戚入于卫。卫侯辄来奔。二月，卫子还成出奔宋。夏四月己丑，孔丘卒。

传 十六年春，瞒成、褚师比出奔宋。

卫侯使鄢武子告于周①，曰："蒯聩得罪于君父君母，逋窜于晋②。晋以王室之故，不弃兄弟③，置诸河上④。天诱其衷，获嗣守封焉。使下臣肸敢告执事。"王使单平公对曰："肸以嘉命来告余一人，往谓叔父：'余嘉乃成世⑤，复尔禄次⑥。敬之哉！方天之休⑦，弗敬弗休⑧，悔其可追⑨。'"

夏四月己丑⑩，孔丘卒。公诔之曰⑪："旻天不吊⑫，不慭遗一老⑬。俾屏余一人以在位⑭，茕茕余在疚⑮。呜呼哀哉！尼父⑯，无自律⑰。"

子赣曰："君其不没于鲁乎！夫子之言曰⑱：'礼失则

昏，名失则愆。’失志为昏，失所为愆[19]。生不能用，死而诔之，非礼也。称一人[20]，非名也。君两失之[21]。”

六月，卫侯饮孔悝酒于平阳[22]，重酬之，大夫皆有纳焉[23]。醉而送之，夜半而遣之。载伯姬于平阳而行，及西门，使贰车反祏于西圃[24]。子伯季子初为孔氏臣，新登于公[25]。请追之，遇载祏者，杀而乘其车。许公为反祏[26]，遇之，曰：“与不仁人争明无不胜[27]。”必使先射，射三发，皆远许为。许为射之，殪。或以其车从，得祏于橐中。孔悝出奔宋。

楚大子建之遇谗也，自城父奔宋。又辟华氏之乱于郑，郑人甚善之。又适晋，与晋人谋袭郑，乃求复焉[28]。郑人复之如初。晋人使谍于子木[29]，请行而期焉[30]。子木暴虐于其私邑，邑人诉之。郑人省之[31]，得晋谍焉。遂杀子木。其子曰胜，在吴，子西欲召之。叶公曰[32]：“吾闻胜也诈而乱，无乃害乎。”子西曰：“吾闻胜也信而勇，不为不利。舍诸边竟，使卫藩焉[33]。”叶公曰：“周仁之谓信[34]，率义之谓勇[35]。吾闻胜也好复言[36]，而求死士[37]，殆有私乎？复言，非信也。期死[38]，非勇也。子必悔之。”弗从。召之使处吴竟，为白公。请伐郑。子西曰：“楚未节也[39]。不然，吾不忘也。”他日，又请，许之。未起师，晋人伐郑，楚救之，与之盟。胜怒，曰：“郑人在此，仇不远矣[40]。”

胜自厉剑，子期之子平见之，曰：“王孙何自厉也[41]？”曰：“胜以直闻[42]，不告女，庸为直乎[43]？将以杀尔父。”平以告子西。子西曰：“胜如卵，余翼而长之。楚国第我死[44]，令尹、司马，非胜而谁？”胜闻之，曰：“令尹之狂也,得死⑮,乃非我。"子西不悛⑯。胜谓石乞曰⑰:"王与二卿士,皆五百人当之⑱,则可矣。"乞曰:"不可得也。"曰:"市南有熊宜僚者,若得之,可以当五百人矣。"乃从白公而见之,与之言,说。告之故,辞。承之以剑⑲,不动。胜曰:"不为利谄,不为威惕,不泄人言以求媚者。去之。"

吴人伐慎㊿,白公败之。请以战备献㊿,许之。遂作乱。秋七月,杀子西、子期于朝,而劫惠王。子西以袂掩面而死。子期曰:"昔者吾以力事君,不可以弗终。"抉豫章以杀人而后死㊿。石乞曰:"焚库弑王,不然不济。"白公曰:"不可。弑王不祥,焚库无聚,将何以守矣?"乞曰:"有楚国而治其民,以敬事神,可以得祥,且有聚矣,何患?"弗从。

叶公在蔡,方城之外皆曰:"可以入矣。"子高曰:"吾闻之:以险侥幸者㊿,其求无餍,偏重必离㊿。"闻其杀齐管修也而后入㊿。

白公欲以子闾为王㊿。子闾不可,遂劫以兵。子闾曰:"王孙若安靖楚国,匡正王室,而后庇焉,启之愿也,敢不听从?若将专利以倾王室,不顾楚国,有死不能㊿。"遂杀之,而以王如高府㊿,石乞尹门㊿。圉公阳穴宫㊿,负王以如昭夫人之宫㊿。

叶公亦至,及北门,或遇之,曰:"君胡不胄㊿?国人望君如望慈父母焉。盗贼之矢若伤君,是绝民望也。若之何不胄?"乃胄而进。又遇一人曰:"君胡胄?国人望君如望岁焉㊿,日日以几㊿。若见君面,是得艾也㊿。民知不死,其亦夫有奋心㊻。犹将旌君以徇于国㊼,而又掩面以绝民望㊽,不亦甚乎?"乃免胄而进。遇箴尹固帅其属将与白公㊾。子高曰:"微二子者㊿,楚不国矣。弃德从贼,其可保乎(71)?"乃从叶公。使与国人以攻白公。白公奔山而缢,其徒微之(72)。生拘石乞而问白公之死焉(73),对曰:"余知其死所,而长者使余勿言(74)。"曰:"不言将烹。"乞曰:"此事克则为卿,不克则烹,固其所也(75),何害?"乃烹石乞。王孙燕奔颁黄氏(76)。

沈诸梁兼二事(77),国宁,乃使宁为令尹(78),使宽为司马(79),而老于叶。

卫侯占梦,嬖人求酒于大叔僖子,不得,与卜人比而告公曰(80):"君有大臣在西南隅(81),弗去,惧害。"乃逐大叔遗。遗奔晋。

卫侯谓浑良夫曰:"吾继先君而不得其器(82),若之何?"良夫代执火者而言(83),曰:"疾与亡君,皆君之子也。召之而择材焉可也(84)。若不材,器可得也。"竖告大子(85)。大子使五人舆豭从己,劫公而强盟之。且请杀良夫。公曰:"其盟免三死。"曰:"请三之后,有罪杀之。"公曰:"诺哉。"

[注释]

①鄢武子:卫大夫肸。 ②逋窜:逃窜。 ③兄弟:同姓之国。 ④河上:即戚地。 ⑤嘉乃成世:赞许你继承先世。 ⑥禄次:禄位。 ⑦方天之休:保有上天的恩赐。 ⑧弗敬弗休:不恭敬上天就不会赐福。 ⑨悔其可追:岂可追悔。 ⑩己丑:十一日。 ⑪诔:悼辞。 ⑫旻天不吊:上天不开恩。 ⑬不慭(yìn)遗一老:不肯姑

且留下一位国老。憖，姑且。 ⑭俾屏：使他保护。 ⑮茕茕：孤独貌。 ⑯尼父：孔子名丘，字仲尼。父，尊称。 ⑰无自律：失去自己的榜样。律，法。 ⑱夫子：指孔丘。 ⑲失所：失去身份。 ⑳一人：即"余一人"的省称，为当时天子的自称。 ㉑两失：即失礼、失名。 ㉒平阳：卫地，在今河南省滑县东南。 ㉓有纳：纳以财货。 ㉔祏（shí）：盛放神主的石函。西圃：孔氏庙所在地。 ㉕登于公：提升为卫庄公之臣。 ㉖许公为：人名，孔氏臣。 ㉗争明：争强，争高下。 ㉘求复：要求复居郑国。 ㉙子木：太子建之字。 ㉚请行而期：晋间谍准备回晋并约定袭郑日期。 ㉛省：考察。 ㉜叶公：即子高，沈诸梁。 ㉝卫藩：保卫边境。 ㉞周仁：符合仁爱。周，密合。 ㉟率义：遵循道义。 ㊱复言：实践诺言。 ㊲死士：不怕死的人。 ㊳期死：不畏死。 ㊴末节：不合法度。 ㊵仇不远矣：胜以郑有杀父之仇，子西救郑且与之盟，于是比子西为杀父仇人。 ㊶王孙：胜为楚平王嫡孙，故称之为王孙。 ㊷以直闻：以直率闻名。 ㊸庸：岂，反诘副词。 ㊹第：若，假设连词。 ㊺得死：能善终。 ㊻不悛：不觉察。 ㊼石乞：胜的下属。 ㊽皆:共。 ㊾承之以剑：把剑架在脖子上。 ㊿慎：吴地，在今安徽省颍上县北。 ㈤战备：战场所缴获甲兵。 ㈡抉豫章：拔掉一棵樟树。豫章，即樟木。 ㈢以险侥幸：凭冒险而侥幸成功。 ㈣偏重必离：心不平，众人不附。 ㈤齐管修：管修自齐适楚，为阴大夫。 ㈥子闾：楚平王之子启。 ㈦有死不能：宁死不从。 ㈧高府：楚宫府库名。 ㈨尹门：守门。 ㈩圉公阳：楚大夫。穴宫：在宫墙上挖洞。 ㈥昭夫人：楚惠王母，越女。 ㈦胄：头盔，此用作动词。 ㈧岁：谷熟。 ㈨几：同"冀"，盼望。 ㈩艾：安。 ㈥奋心：奋战之心。 ㈦旌君以徇于国：以您作为旌表而巡行全城。 ㈧掩面：古代头盔两旁长，用来掩盖面颊。 ㈨与：助。 ㈩二子：指子西、子期。 ㈥保：安。 ㈦微之：藏匿其尸体。 ㈧死：即尸。 ㈨长者：指白公胜。 ㈩固其所：本来就是这样的下场。 ㈥王孙燕：白公胜之弟。颍（kuí）黄氏：吴地，在今安徽省宣城市宣州区。 ⑦沈诸梁：即叶公子高。兼二事：兼二职，即令尹、司马。 ⑧宁：子西之子子国。 ⑨宽：子期之子。 ⑩比：勾结。 ⑪西南隅：西南角，太叔遗居于此。 ⑫器：国之宝器。 ⑬代执火者：代替执烛的人，即屏退左右而密言。 ⑭择材焉：量才选择。 ⑮竖告大子：小臣密告太子疾。

[译文]

十六年春季，卫国的瞒成、褚师比逃到宋国。

卫庄公派鄢武子向周王室报告说："蒯聩得罪了君父君母，流亡晋国。晋国看在王室的面子上，没有抛弃兄弟，把我安置在黄河边上。所幸天随人愿，使我继承守卫封地。特派下臣前来报告。"天子派单平公回答说："你给我带来了好消息，回去告诉叔父：'我赞成你继承先世，恢复你的禄位。你要恭敬啊！保有上天的恩赐，不恭敬上天就不会赐福，到时候后悔莫及。'"

夏季四月十一日，孔子去世。哀公作诔文说："上天不发慈善，不肯为我留下这位国老。让他保护我一人安居君位，使我孤苦无依备受煎熬。呜呼哀哉！尼父啊，我失去了自己的榜样。"

子贡说："国君恐怕难以在鲁国善终吧！夫子曾经说过：'失去礼就会昏聩，失去名分就会犯错。'失去志气就是昏聩，失去身份就是过错。生前不能重用，死后致辞悼念，这是不合礼的。自称'一人'，是不合名分的。国君两样都丧失了。"

六月，卫庄公在平阳请孔悝饮酒，重重地酬谢他，对大夫们也都馈送了礼物。孔悝喝醉之后送他回去，到了半夜就让他动身。孔悝用车子载着孔姬从平阳出发，到了西门，又派副车回西圃宗庙中取来宗庙神主。子伯季子从前做过孔氏的家臣，新近才成为国君的大臣。他请求追赶孔悝，遇到孔悝的副车回来取神主，于是杀了副车并乘上他的车子。许公为去接应取神主的副车，遇到子伯季子，说："和不仁不义的人作战,不会不胜利。"一定要让子伯季子先射,子伯季子射了三箭,都离许公为很远。许公为只射一箭,就把子伯季子射死。有人坐着子伯季子的车子跟了上来,在袋子中找到了神主。孔悝逃到了宋国。

楚国的太子建遭到诬陷时,从城父逃到宋国。为了躲避宋国的华氏之乱又逃到了郑国,郑国人待他很好。又到晋国,与晋国人商议偷袭郑国,要求再回郑国以做内应。郑国人对他仍然一如既往。晋国人派间谍和太子建联系,请求回国时确定袭击的日期。太子建在他的封邑内暴虐胡为,封邑的人控告他。郑国派人调查,抓获了晋国的间谍。于是杀了太子建。太子建的儿子叫胜,正在吴国,令尹子西打算召他回国。叶公说:"我听说胜奸诈而好作乱,恐怕会滋生祸端。"子西说:"我听说胜讲究信用而且勇敢,不做不利的事情。把他安置在边境上,让他保卫国家。"叶公说:"切近仁爱叫信,合乎道义叫勇。我听说胜说了必定要做,到处网罗亡命之徒,恐怕他有更大的私欲吧!说什么话都要去做,并不是信。什么事都去死,不是勇。您一定会后悔的。"子西不听。把胜召回来,让他住到和吴国相邻的边境上,号称"白公"。胜请求攻打郑国。子西说:"楚国还没有顺合法度。如果不是这个原因,我不会忘记。"过些日子,胜又一次请求,子西同意了。还没有出兵,晋国攻打郑国,楚国救援郑国,与郑国结盟。胜大怒,说:"原来郑国人就在这里,仇人离我不远。"

胜亲自磨剑,子期的儿子子平见到后问:"王孙为什么自己磨剑呢?"胜说:"我以直率闻名,不告诉你,怎么称得上直率?我准备用这把剑杀了你父亲。"子平告诉了子西。子西说:"胜就像一个蛋,是我用翅膀把他孵化养大的。在楚国如果我死了,令尹或司马的职位不是胜的还能是谁的呢?"胜听到这话后说:"令尹太狂妄了,假如他能善终,我就不是人。"子西对他仍然没有察觉。胜对石乞说:"国君和子西、子期两位卿士,只要五百人就可以对付了。"石乞说:"没法找到五百人。"胜说:"市场南边有个熊宜僚,只要能找到他,就能抵得上五百人。"于是石乞跟着胜去见熊宜僚,和他一说话,很高兴。讲明来意后,却遭到宜僚的拒绝。把剑架到他脖子上,他也不为所动。胜说:"他不求利益,不怕威胁,更不会泄露别人的机密去讨好他人。还是走吧。"

吴国人攻打慎地,白公胜打败了他们。白公请求进献战利品,楚惠王同意了。白公乘机叛乱。秋季七月,在朝廷上杀了子西、子期,劫持了惠王。子西用袖子遮住脸死去。子期说:"从前我以勇敢事奉国君,不能有始无终。"拔起一棵樟树打死敌人后死去。石乞说:"要烧掉府库杀死国君,否则便不能成功。"白公说:"不能这么做。杀了国君不吉祥,烧了府库就没有了积蓄,靠什么来保守国家?"石乞说:"有了楚国治理百姓,用恭敬事奉神灵,就能得到吉祥,也就有了财物,还怕什么?"白公不听。

叶公当时正在蔡国,方城之外的人都说:"您可以进入郢都平定祸乱。"叶公说:"据我所知:通过冒险而求得成功的人,其欲望没有得到满足的时候,一旦他做事不公,百姓必然离他而去。"听说白公把齐国的管修杀了,叶公才进入郢都。

白公打算立子闾为国君。子闾不接受,用武力威胁他。子闾说:"如果王孙能安定楚国,保护王室,对我加以庇护,这是我的愿望,我怎么能不听从呢?如果为专谋私利而颠覆王室,不顾国家的兴亡,我宁死不从。"白公把子闾杀了,带着楚惠王前往高府,由石乞把守大门。楚大夫圉公阳在宫墙上挖了个洞,背着惠王逃到了母亲昭夫人的宫里。

叶公也赶到了,行至北门,有人遇到他,说:"您为什么不戴上头盔呢?国人盼望您就像盼望慈祥的父母一样。如果叛贼的乱箭射伤了您,就断绝了百姓的希望。为什么不戴上头盔呢?"叶公戴上头盔行进。又遇到一个人说:"您为什么要戴上头盔呢?国人盼望您就像盼望一年的好收成一样,天天企盼。如果能见到您,心里就踏实了。百姓知道不会再有生命危险,人人就有了奋起作战之心。还想打着您的旗号在国内巡行,您却遮起面孔断绝百姓的希望,不是太过分了吗?"于是叶公又把头盔摘下来行进。遇到箴尹固率领部下准备去帮助白公。叶公说:"假如没有子西、子期二人,楚国就不存在了。背弃有德之人去追随叛贼,难道有保障吗?"于是箴尹固跟着叶公去攻打白公。叶公派他和国人攻打白公。白公逃到山上自缢而死,他的士卒把他的尸体藏了起来。叶公活捉了石乞追问白公的尸体下落。石乞说:"我知道他的尸体在哪里,但主人不让我说。"叶公说:"不说就把你煮了。"石乞说:"本来这种事情成功了就是卿,不成功便被烹,这是当然的结局,又有什么妨碍?"于是把石乞煮了。白公的弟弟王孙燕逃亡到了吴地颊黄氏。

叶公身兼令尹和司马二职,国家安定后,让子西的儿子子国做了令尹,子期的儿子子宽做了司马,自己则告老回到封邑叶地。

卫庄公请人为他解梦,宠臣向太叔僖子讨酒,没有得到,宠臣就和卜人勾结起来对庄公说:"国君有大臣住在西南方向,不把他除掉,恐怕会有危险。"庄公便驱逐了太叔僖子。太叔僖子逃到了晋国。

卫庄公对浑良夫说:"我继承了君位却没有得到先君的宝器,怎么办?"浑良夫代替执烛的人执烛,对庄公说:"公子疾和逃亡在外的国君,都是国君的儿子。把他们召回来根据每个人的才干确定一位太子就行了。如果没有才能就把他废掉,就可以得到宝器。"仆人告诉了太子疾。太子疾让五个人用车子载上公猪,跟着自己劫持了庄公,强行与他结盟。并请求杀了良夫。庄公说:"我曾经和他结盟,要免他三次死罪。"公子疾说:"请在免了三次之后把他杀死。"庄公说:"好吧。"

哀公十七年

传 十七年春,卫侯为虎幄于藉圃①,成,求令名者②,而与之始食焉。大子请使良夫。良夫乘衷甸两牡③,紫衣狐裘④。至,袒裘⑤,不释剑而食。大子使牵以退⑥,数之以三罪而杀之⑦。

三月，越子伐吴，吴子御之笠泽⑧，夹水而陈。越子为左右句卒⑨，使夜或左或右，鼓噪而进。吴师分以御之。越子以三军潜涉⑩，当吴中军而鼓之，吴师大乱，遂败之。

晋赵鞅使告于卫曰："君之在晋也，志父为主⑪。请君若大子来⑫，以免志父⑬。不然，寡君其曰志父之为也。"卫侯辞以难。大子又使椓之⑭。

夏六月，赵鞅围卫。齐国观、陈瓘救卫，得晋人之致师者⑮。子玉使服而见之⑯，曰："国子实执齐柄，而命瓘曰：'无辟晋师。'岂敢废命？子又何辱？"简子曰："我卜伐卫，未卜与齐战。"乃还。

楚白公之乱，陈人恃其聚而侵楚⑰。楚既宁，将取陈麦。楚子问帅于大师子谷与叶公诸梁。子谷曰："右领差车与左史老⑱，皆相令尹、司马以伐陈，其可使也。"子高曰："率贱⑲，民慢之，惧不用命焉。"子谷曰："观丁父，鄀俘也⑳，武王以为军率㉑，是以克州、蓼，服随、唐，大启群蛮。彭仲爽，申俘也，文王以为令尹，实县申、息㉒，朝陈、蔡㉓，封畛于汝㉔。唯其任也㉕，何贱之有？"子高曰："天命不谄㉖。令尹有憾于陈，天若亡之，其必令尹之子是与，君盍舍焉㉗？臣惧右领与左史有二俘之贱，而无其令德也。"王卜之，武城尹吉㉘。使帅师取陈麦。陈人御之，败。遂围陈。秋七月己卯㉙，楚公孙朝帅师灭陈。

王与叶公枚卜子良以为令尹㉚。沈尹朱曰："吉，过于其志㉛。"叶公曰："王子而相国㉜，过将何为？"他日，改卜子国而使为令尹。

卫侯梦于北宫，见人登昆吾之观㉝，被发北面而噪曰㉞:"登此昆吾之虚,绵绵生之瓜㉟。余为浑良夫。叫天无辜㊱。"公亲筮之,胥弥赦占之㊲,曰:"不害。"与之邑,置之,而逃奔宋。卫侯贞卜㊳,其繇曰:"如鱼窥尾㊴,衡流而方羊㊵。裔焉大国㊶,灭之将亡。阖门塞窦,乃自后逾㊷。"

冬十月,晋复伐卫,入其郛。将入城,简子曰:"止。叔向有言曰:怙乱灭国者无后。"卫人出庄公而与晋平,晋立襄公之孙般师而还。

十一月,卫侯自鄄入,般师出。初,公登城以望,见戎州㊸。问之,以告。公曰:"我姬姓也,何戎之有焉?"翦之㊹。公使匠久㊺。公欲逐石圃㊻,未及而难作。辛巳㊼,石圃因匠氏攻公,公阖门而请,弗许。逾于北方而队㊽,折股。戎州人攻之,大子疾、公子青逾从公。戎州人杀之。公入于戎州己氏。初,公自城上见己氏之妻发美,使髡之㊾,以为吕姜髢㊿。既入焉,而示之璧,曰:"活我,吾与女璧。"己氏曰:"杀女,璧其焉往?"遂杀之而取其璧。卫人复公孙般师而立之。十二月,齐人伐卫,卫人请平。立公子起,执般师以归,舍诸潞。

公会齐侯,盟于蒙㉑,孟武伯相。齐侯稽首,公拜。齐人怒,武伯曰:"非天子,寡君无所稽首。"武伯问于高柴曰:"诸侯盟,谁执牛耳?"季羔曰㉒:"鄫衍之役,吴公子姑曹;发阳之役,卫石魋。"武伯曰:"然则彘也㉓。"

宋皇瑗之子麇,有友曰田丙,而夺其兄酁般邑以与之,酁般愠而行,告桓司马之臣子仪克。子仪克适宋,告夫人曰㉔:"麇将纳桓氏。"公问诸子仲㉕。初,子仲将以杞姒之子非我为子㊼。麇曰:"必立伯也,是良材。"子仲怒,弗从。故对曰:"右师则老矣,不识麇也。"公执之。皇瑗奔晋,召之。

[注释]

①虎幄:刻有虎形花纹的小木房。 ②求令名者:找一个有好名声的人。 ③乘衷甸两牡:乘坐两匹公马驾驭的卿大夫之车。 ④紫衣:紫色上衣。紫色当时贵重,似为国君服色,他人不能用。 ⑤袒裘:敞开狐皮裘。 ⑥使牵以退:使人牵着他退出。 ⑦三罪:即紫衣、袒裘、不释剑。 ⑧笠泽:即今吴淞江。 ⑨句卒:军阵名,即左右两队相勾连而别为左右。 ⑩潜涉:偷渡。 ⑪志父:即赵鞅。 ⑫若:或。 ⑬免:免罪。 ⑭椓(zhuó):诉,毁谤。 ⑮致师:单车挑战。 ⑯子玉:即陈瓘。 ⑰聚:积聚,指粮草。 ⑱右领、左史:皆官名。 ⑲率贱:都做过俘虏。 ⑳鄀:上鄀,国名,在今湖北省宜城市东南。 ㉑武王:楚武王。 ㉒县申、息:使申、息成为楚国两个县。 ㉓朝陈、蔡:使陈、蔡来朝。 ㉔封畛于汝:开拓封疆至汝水。 ㉕任:胜任。 ㉖謟:疑。 ㉗舍:置,任命。 ㉘武城尹:子西之子公孙朝。 ㉙己卯:初八日。 ㉚枚卜:为选官而占卜。 ㉛志:愿望。 ㉜王子:子良为惠王弟,故曰王子。 ㉝昆吾之观:筑在昆吾之墟上的观台。 ㉞被:同"披"。 ㉟绵绵:不断的样子。 ㊱叫天无辜:向天诉喊无罪。 ㊲肸弥赦:卫篆史。 ㊳贞:问。 ㊴窺(chēng):即"赪",浅红色。 ㊵衡流而方羊:横穿急流而彷徨不前。衡,同"横"。方羊,即彷徨。 ㊶裔焉大国:边界邻近大国。裔,边。 ㊷自后逾:从后墙跳越过去。 ㊸戎州:戎人之邑。 ㊹蔑之:灭掉它。 ㊺使匠久:长久役使匠人,不让休息。 ㊻石圃:卫卿。 ㊼辛巳:十二日。 ㊽北方:北面宫墙。 ㊾髡(kūn):剃发。 ㊿以为吕姜髢(dí,旧读dì):作为吕姜的假

发。吕姜，庄公夫人。髢，假发。 (51)蒙：地名，在今山东省蒙阴县东。 (52)季羔：高柴。 (53)彘：武伯名。 (54)夫人：宋景公母。 (55)子仲：皇野。 (56)杞姒：子仲妻。为子：为嫡子。

［译文］

十七年春季，卫庄公在藉圃建造了一座刻有虎形花纹的木屋，落成后，要找一个有名望的人和他吃第一顿饭。太子疾请求找浑良夫。良夫坐着两匹公马拉的车子，穿着紫色狐皮大衣（赶来）。他来到后，敞开大衣，没有解下佩剑就吃饭。太子疾派人把他拉下来，数落了他三条罪状后杀了他。

三月，越王攻打吴国，吴王在笠泽抵抗，两军隔河摆开阵势。越王布置了左右两队相勾连的军阵，让其在夜里轮番击鼓呐喊出击。吴军分兵抵抗。越王率领三军主力悄悄渡过河去，面对吴国的中军击鼓猛攻，吴军大乱，被打得大败。

晋国的赵鞅派人告诉卫国说："当初贵君在晋国时，我是主人。现在请贵君或太子来一趟，以免去我的罪过。如果不能这样的话，寡君还以为是我不让你们来呢。"卫庄公以国内不安定为由拒绝了。太子疾又在使者面前攻击他的父亲。

夏季六月，赵鞅围攻卫国。齐国的国观、陈瓘救援卫国，俘虏了晋国来挑战的人。陈瓘让这个俘虏穿上原来的服装并接见了他，说："齐国是国书执政，他命令我：'不要躲避晋军。'我怎么敢违命呢？你又何必主动挑战呢？"赵鞅说："我只占卜过攻打卫国，没有占卜过要与齐军作战。"于是便回国了。

楚国白公胜叛乱时，陈国人依仗粮草充足而入侵楚国。楚国安定后，准备夺取陈国的麦子。楚惠王就出战将领征求太师子谷和叶公的意见。子谷说："右领差车和左史老都曾辅佐先令尹、司马攻打陈国，他们可以胜任。"叶公说："这两人都做过俘虏，百姓轻视他们，恐怕不会听从命令。"子谷说："当年观丁父被鄀国俘虏，但武王让他做了将帅,因此攻克了州国、蓼国,降服了随国、唐国,领土大大扩展到蛮夷各部落。彭仲爽曾被申国俘虏,但文王让他做了令尹,使申、息两国成为楚国的县,使陈、蔡两国前来朝见,把楚国的封疆一直开拓到汝水之滨。只要他能胜任,又何必顾及做过俘虏呢?"叶公说:"天命不容怀疑。先令尹对陈国有遗恨,如果上天要灭亡陈国,也一定要让令尹的儿子去完成,国君何不任命他呢?我担心右领和左史有观丁父和彭仲爽被俘的名声而没有他们的美德。"惠王为此而占卜,子西的儿子公孙朝吉利。于是派他率军夺取陈国的麦子。陈国人奋起抵抗,被打败。随后包围了陈国。秋季七月八日,公孙朝领兵灭亡了陈国。

楚惠王和叶公就让子良做令尹一事进行占卜。沈尹朱说:"吉利,甚至超过了对他的期望。"叶公说:"作为王子而辅佐国君,超过了将意味着什么?"过了几天,又另行占卜让子国做了令尹。

卫庄公在北宫做梦,见有人登上昆吾之观,披散头发向着北边高喊:"登上这个昆吾之墟,很多瓜在绵延不断地生长。我是浑良夫。对天喊冤。"庄公亲自占筮,胥弥赦解释说:"没有妨害。"庄公赐给他一座封邑,胥弥赦扔下封邑逃到了宋国。庄公又一次占卜,得到的繇辞说:"就像一条鱼,尾巴鲜红,横游激流,彷徨不定。紧邻大国,兴兵来袭,将其灭亡。闭门塞洞,越过后墙。"

冬季十月,晋国又一次攻打卫国,攻入外城。准备进入内城,赵鞅说:"停止前进。叔向有句话说:乘别国之乱而将其灭亡者断子绝孙。"卫国人驱逐了庄公和晋国讲和,晋国人立了卫襄公的孙子般师为君后回国。

十一月,卫庄公从鄄地回到卫都,般师出逃。当初,庄公登上城墙眺望,见到了戎州。问是什么地方,侍从告诉了他。庄公说:"我是姬姓,怎么还有戎人?"便把戎州灭掉了。庄公让匠人干活,一直不让他休息。还准备驱逐石圃,没有来得及就发生了动乱。十二日,石圃依靠匠人攻打庄公,庄公关上宫门请求讲和,石圃不答应。庄公翻越北墙坠下来,摔断了腿。戎州人攻打他,太子疾、公子青翻过围墙跟上庄公。戎州人把他们二人杀了。庄公逃到戎州的己氏家里。当初，庄公从城上看到己氏妻子的头发很漂亮，让人剪了作为夫人吕姜的假发。这次逃到己氏家里，他拿出一块玉璧，说："救我一命，我把玉璧送给你。"己氏说："如果我杀了你，玉璧还能跑到哪里去？"于是杀了庄公夺取了玉璧。卫国人把公孙般师接回来立为国君。十二月，齐国人攻打卫国，卫国人请求讲和。齐国人立了公子起为国君，把般师抓起来带回齐国，让他住在潞地。

哀公和齐平公在蒙地结盟，由孟武伯作为相礼。齐平公叩头，哀公弯腰答谢。齐国人大怒，武伯说："除了对天子，寡君都不叩头。"武伯向高柴问道："诸侯会盟时，应该由谁来执牛耳？"高柴说："鄫地那次盟会上，执牛耳的是吴国的公子姑曹；发阳那次盟会上，执牛耳的是卫国的石魋。"武伯说："看来这次就是我了。"

宋国皇瑗的儿子麇有一个朋友叫田丙，麇夺了哥哥鄭般的封邑送给了田丙。鄭般愤怒出走，告诉了桓司马的家臣子仪克。子仪克到宋都告诉宋景公的母亲说："麇准备接纳桓氏。"宋景公向皇野询问此事。当初，皇野打算将杞姒的儿子非我立为嫡子。麇说："一定要立哥哥，他有才干。"皇野很恼火，不听他的话。所以这时对宋景公说："右师已经老了，他的儿子麇则很难说。"宋景公把麇抓了起来。皇瑗逃到了晋国，宋景公又召他回国。

哀公十八年

传 十八年春，宋杀皇瑗。公闻其情，复皇氏之族，使皇缓为右师。

巴人伐楚，围鄾①。初，右司马子国之卜也，观瞻曰："如志。"故命之。及巴师至，将卜帅。王曰："宁如志②，何卜焉？"使帅师而行。请承③。王曰："寝尹、工尹④，勤先君者也。"三月，楚公孙宁、吴由于、薳固败巴师于鄾，故封子国于析⑤。

君子曰："惠王知志⑥。《夏书》曰：'官占唯能蔽志⑦，昆命于元龟⑧。'其是之谓乎？《志》曰：'圣人不烦卜筮⑨。'惠王其有焉！"

夏，卫石圃逐其君起，起奔齐。卫侯辄自齐复归，逐石圃，而复石魋与大叔遗。

[注释]

①鄾（yōu）：楚邑，在今湖北省襄阳市旧城东北。 ②宁：子国名。 ③请承：请求任命副手。 ④寝尹：指吴由于。工尹：即薳固。事见定公四年传。 ⑤析：楚邑，在今河南省内乡县西北。 ⑥知志：了解人的意愿。 ⑦官占唯能蔽志：卜筮之官仅能判断出人的意愿。蔽，断。 ⑧昆命于元龟：而后使用大龟甲。昆，后。 ⑨不烦：不用。

[译文]

十八年春季，宋国杀了皇瑗。宋景公得知实情后，恢复了皇氏家族，任命皇瑗的儿子皇缓为右师。

巴人攻打楚国，围攻鄾地。当初，为任命子国做右司马而占卜，观瞻说："符合国君的意愿。"因此任命子国为司马。等到巴军入侵，准备占卜主帅，楚惠王说："既然子国符合我的意愿，还用得着占卜吗？"便让他率军出发。子国请求任命副手。惠王说："寝尹吴由于和工尹薳固都是有功于先君的人。"三月，楚国的子国、吴由于、薳固在鄾地打败巴军，因此把析地封给了子国。

君子评论说："惠王知人善任。《夏书》中说：'占卜官员只有能够判断人的意愿，然后才使用神龟占卜。'大概就是说的这种情况吧！《志》中说：'圣人不必常常占卜占筮。'惠王就能做到这一点。"

夏季，卫国的石圃驱逐了国君起，起逃到齐国。卫出公辄从齐国回到国内，驱逐了石圃，而恢复了石魋和太叔遗的官职。

哀公十九年

传 十九年春，越人侵楚，以误吴也①。夏，楚公子庆、公孙宽追越师，至冥②，不及，乃还。

秋，楚沈诸梁伐东夷，三夷男女及楚师盟于敖③。

冬，叔青如京师④，敬王崩故也。

[注释]

①误吴：使吴形成错觉而迷惑。 ②冥：越地。 ③敖：东夷地名。 ④叔青：叔还之子。

[译文]

十九年春季，越国人入侵楚国，这是为了误导吴国。夏季，楚国的公子庆、公孙宽追击越军，到达冥地，没有追上，便回国了。

秋季，楚国的叶公攻打东夷，东夷三处的男女夷人在敖地和楚军结盟。

冬季，叔青前往京师，这是因为周敬王去世的缘故。

哀公二十年

传 二十年春，齐人来征会。夏，会于廪丘①。为郑故，谋伐晋。郑人辞诸侯。秋，师还。

吴公子庆忌骤谏吴子，曰："不改，必亡。"弗听。出居于艾②，遂适楚。闻越将伐吴。冬，请归平越，遂归。欲除不忠者以说于越，吴人杀之。

十一月，越围吴，赵孟降于丧食③。楚隆曰④："三年之丧，亲昵之极也。主又降之，无乃有故乎？"赵孟曰："黄池之役⑤，先主与吴王有质⑥，曰：'好恶同之。'今越围吴，嗣子不废旧业而敌之⑦，非晋之所能及也，吾是以为降。"楚隆曰："若使吴王知之，若何？"赵孟曰："可乎？"隆曰："请尝之。"乃往。先造于越军，曰："吴犯间上国多矣⑧，闻君亲讨焉，诸夏之人莫不欣喜，唯恐君志之不从。请入视之。"许之。告于吴王曰："寡君之老无恤⑨，使陪臣隆敢展谢其不共⑩：黄池之役，君之先臣志父得承齐盟，曰：'好恶同之。'今君在难，无恤不敢惮劳，非晋国之所能及也。使陪臣敢展布之。"王拜稽首曰："寡人不佞，不能事越，以为大夫忧。拜命之辱。"与之一箪珠⑪，使问赵孟⑫，曰："句践将生忧寡人⑬，寡人死之不得矣⑭。"王曰："溺人必笑⑮，吾将有问也，史黯何以得为君子⑯？"对曰："黯也进不见恶⑰，退无谤言⑱。"王曰："宜哉。"

[注释]

①虞丘：齐地，在今河南省范县东。　②艾：吴邑，在今江西省修水县西。　③降于丧食：比居丧时的食物又要降低等级。古礼，在父丧中，饮食必须减等。时赵孟有其父简子之丧，又因吴被围，有灭亡之势，晋不能救助，故又降等于丧父之食。　④楚隆：赵孟家臣。　⑤黄池之役：详见哀公十三年。　⑥质：盟信。　⑦嗣子：赵孟自指。　⑧犯间：冒犯。　⑨无恤：赵孟名。　⑩展谢：陈告，谢罪。　⑪箪：盛物的竹器。　⑫问：赠送。　⑬生忧：活着忧愁。　⑭不得：不善终。　⑮溺人必笑：快淹死的人强作欢笑，此为吴王以溺者自喻。　⑯史黯：即史墨。　⑰进不见恶：入朝做官不被嫌恶。　⑱退无谤言：退职以后无人毁谤。

[译文]

二十年春季,齐国人前来召集会议。夏季,在廪丘会见。因为郑国的缘故,谋划攻打晋国。郑国辞谢了诸侯。秋季,撤军回国。

吴国的公子庆忌几次向吴王进谏说:"假如再不改变政令,吴国一定要灭亡。"吴王不听。公子庆忌到艾地居住,又到了楚国。听说越国将要攻打吴国。冬季,请求回国和越国讲和,于是回国。打算除掉不忠的人以取悦越国,吴国人把他杀了。

十一月,越国围攻吴国,赵无恤正服父丧,把饮食标准又降了一等。家臣楚隆说:"服丧三年,已表明了对亲人的至诚之心。现在主公又降低饮食标准,恐怕是另有原因吧?"赵无恤说:"黄池之战中,先父曾与吴王有过盟约,说:'两国好恶一致。'现在越国包围了吴国,我作为继承人本应履行盟约前去帮助吴国,却又不是晋国所能做到的,因此只有降低饮食标准。"楚隆说:"若使吴王知道您的心意,怎么样呢?"赵无恤说:"能行吗?"楚隆说:"试一试吧。"于是楚隆动身前往。先到越军,说:"吴国冒犯贵国已经多次了,听说国君亲自率军讨伐,中原各国莫不欢欣鼓舞,但又恐怕国君不能如愿以偿。请让我先进入吴国看看。"越国人答应了。楚隆告诉吴王说:"寡君的老臣赵无恤特派为臣前来致歉,请求宽赦他的不恭:黄池之役,国君的先臣志父得以参加盟会,说:'两国好恶一致。'现在国君身处危难之中,无恤不怕长途辛劳,但又不是晋国的力量所能办得到的。所以特派我前来向国君说明。"吴王叩头拜谢说:"寡人无能,不能事奉越国,致使大夫为我担忧。感谢他的关怀。"拿出一小盒珍珠,让楚隆送给赵无恤,说:"句践是要决心折磨我了,我恐怕难以善终了。"又说:"快被淹死的人必然强颜欢笑,我想问您,史墨为什么能成为君子呢?"楚隆回答说:"史墨上朝没有人厌恶他,退朝后又没有人毁谤他。"吴王说:"确实如此。"

哀公二十一年

传 二十一年夏五月，越人始来。

秋八月，公及齐侯、邾子盟于顾①。齐人责稽首②，因歌之曰："鲁人之皋③，数年不觉④，使我高蹈⑤。唯其儒书⑥，以为二国忧。"

是行也，公先至于阳谷。齐闾丘息曰："君辱举玉趾，以在寡君之军⑦。群臣将传遽以告寡君⑧。比其复也，君无乃勤。为仆人之未次⑨，请除馆于舟道⑩。"辞曰："敢勤仆人？"

[注释]

①顾：齐地，在今河南省范县东南。 ②责稽首：事见哀公十七年传。责，责备。 ③皋：不恭敬。 ④不觉：不觉悟。 ⑤高蹈：因愤怒而跳跃。 ⑥儒书：儒家礼书。 ⑦在：存问，慰劳。 ⑧传遽：同义词连用，指驿车。 ⑨未次：未准备好馆舍。 ⑩舟道：齐地。

[译文]

二十一年夏季，五月，越国人首次来到鲁国。

秋季八月，哀公和齐平公、邾子在顾地会盟。齐国人谴责上次哀公不回拜叩头一事，并唱道："鲁国人失礼有过错，几年之后不察觉，真使我们怒不可遏。只因拘泥儒家礼书，以致齐、鲁两国交恶。"

在这次会盟中，哀公先到了阳谷。齐大夫闾丘息说："有劳国君亲自前来，慰问寡君的军队。群臣将乘坐驿车报告寡君，但等他们回来，国君恐怕就很疲劳了。因为仆人们没有安排好馆舍，就请在舟道安歇吧。"哀公辞谢说："岂敢有劳贵国的仆人？"

哀公二十二年

传 二十二年夏四月,邾隐公自齐奔越,曰:"吴为无道,执父立子。"越人归之,大子革奔越。

冬十一月丁卯①,越灭吴,请使吴王居甬东②。辞曰:"孤老矣,焉能事君?"乃缢。越人以归③。

[注释]

①丁卯:二十七日。 ②甬东:越地,即今浙江省舟山市定海区东之翁山。 ③以归:归之以尸。

[译文]

二十二年夏季,四月,邾隐公从齐国逃到越国,说:"吴国实在无道,抓了父亲立了儿子。"越国人把他护送回去,太子革逃到了越国。

冬季十一月二十七日,越国灭亡了吴国,请吴王住到甬东。吴王辞谢说:"我已经老了,怎能还事奉国君呢?"便自缢而死。越国人把他的尸首带回国。

哀公二十三年

传 二十三年春,宋景曹卒①。季康子使冉有吊,且送葬,曰:"敝邑有社稷之事,使肥与有职竞焉②,是以不得助执绋③,使求从舆人④。曰:'以肥之得备弥甥也⑤,有不腆先人之产马,使求荐诸夫人之宰⑥,其可以称旌繁乎⑦?'"

夏六月,晋荀瑶伐齐⑧。高无丕帅师御之。知伯视齐师,马骇,遂驱之,曰:"齐人知余旗,其谓余畏而反也。"

及垒而还。

将战，长武子请卜⑨。知伯曰⑩："君告于天子，而卜之以守龟于宗祧，吉矣。吾又何卜焉？且齐人取我英丘⑪，君命瑶，非敢耀武也⑫，治英丘也。以辞伐罪足矣⑬，何必卜？"

壬辰⑭，战于犁丘。齐师败绩，知伯亲禽颜庚⑮。

秋八月，叔青如越，始使越也。越诸鞅来聘，报叔青也。

[注释]

①景曹：宋元公夫人，景公之母。　②肥：季康子名。职竞：职务繁忙。　③执绋：送葬。绋，牵引棺材的绳索。　④求：冉有名。舆人：贱役，此为挽棺柩者。　⑤弥甥：远房外孙。　⑥荐：进献。　⑦旌繁：马匹的装饰物。称旌繁，意为充当夫人的马匹之数。　⑧荀瑶：荀跞之孙。　⑨长武子：晋大夫。　⑩知伯：即荀瑶。　⑪英丘：晋地，未详何处。　⑫耀武：炫耀武力。　⑬辞：理由。　⑭壬辰：二十六日。　⑮颜庚：齐大夫颜涿聚。

[译文]

二十三年春季，宋景公的母亲景曹去世。季康子派冉求前去吊唁，并送葬，冉求说："敝国有国家大事，季孙肥政务繁忙，不能亲自前来执绋送葬，派我来跟在舆人之后。他说：'季孙肥既然有幸是远房外甥，就把这先人留下的几匹劣马，派冉求献给夫人的家宰，不知能否和夫人的马饰相配。'"

夏季六月，晋国的荀瑶攻打齐国。高无丕领兵抵抗。荀瑶观察齐军情况，马受到惊吓，便驱车向前，说："齐国看到我的战旗了，不向前他们会说我胆怯而逃跑。"奔至齐军营垒前才回去。

准备交战，晋大夫长武子请求占卜。荀瑶说："国君报告了天子，在宗庙中已经用宝龟占卜过了，是吉利。又何必再占卜呢？况且齐国人夺取了我国的英丘，国君派我前来，不是要炫耀武力，而是要收复英丘。已经有了足够的理由讨伐有罪者，还用得着占卜吗？"

二十六日，晋、齐两国在犁丘交战。齐军大败，荀瑶亲自抓住了齐大夫颜庚。

秋季八月，叔青前往越国，这是鲁国首次出使越国。随后越国的诸鞅来鲁国聘问，以回报叔青对越国的聘问。

哀公二十四年

传 二十四年夏四月，晋侯将伐齐，使来乞师，曰："昔臧文仲以楚师伐齐，取谷①。宣叔以晋师伐齐，取汶阳②。寡君欲徼福于周公，愿乞灵于臧氏③。"臧石帅师会之，取廪丘。军吏令缮④，将进。莱章曰⑤："君卑政暴，往岁克敌，今又胜都⑥。天奉多矣，又焉能进？是躛言也⑦。役将班矣⑧！"晋师乃还，饩臧石牛⑨。大史谢之⑩，曰："以寡君之在行⑪，牢礼不度⑫，敢展谢之⑬。"

邾子又无道，越人执之以归，而立公子何⑭。何亦无道。

公子荆之母嬖⑮，将以为夫人，使宗人衅夏献其礼⑯。对曰："无之。"公怒曰："女为宗司⑰，立夫人，国之大礼也，何故无之？"对曰："周公及武公娶于薛，孝、惠娶于商，自桓以下娶于齐，此礼也则有。若以妾为夫人，则固无其礼也。"公卒立之，而以荆为大子。国人始恶之。

闰月，公如越，得大子适郢⑱，将妻公，而多与之地。公孙有山使告于季孙。季孙惧，使因大宰嚭而纳赂焉⑲，乃止。

[注释]

①取谷：事在僖公二十六年。　②取汶阳：事在成公二年。　③灵：福。　④缮：作为战斗准备。　⑤莱章：齐大夫。　⑥都：即廪丘。　⑦甗（wèi）言：荒诞虚伪的话。甗，通"伪"。　⑧班：班师，还师。　⑨饩（xì）臧石牛：用活牛慰劳臧石。　⑩大史：晋太史。　⑪在行：在军行。　⑫不度：不合礼仪标准。　⑬展谢：表示歉意。　⑭何：太子革之弟。　⑮公子荆：哀公庶子。　⑯献其礼：献上立为夫人的礼仪。　⑰宗司：宗主。　⑱得：相好。　⑲因：通过。

[译文]

　　二十四年夏季，四月，晋出公准备攻打齐国，派使者来鲁国请求出兵，说："从前贵国的臧文仲率领楚军攻打齐国，占领了谷地。臧宣叔率领晋军攻打齐国，夺取了汶阳。寡君想向周公求福，希望得到臧氏威灵的庇护。"臧石率军和晋军会合，夺取了廪丘。晋国的军吏下令修缮武器，准备进军。齐国大夫莱章说："晋君没有权力却滥施暴政，去年战胜了敌人，现在又攻克了都邑。上天给他的已经太多了，怎么还能进军呢？这是在说大话。就要班师回去了。"果然晋军撤退了，送给臧石一头活牛。太史对臧石表示歉意说："因为寡君也在军中，慰劳贵军的牲口不合礼数，特此表示歉意。"

　　郳隐公仍然暴虐无道，越国人又把他抓走，立了公子何为君。公子何同样暴虐无道。

　　哀公庶子公子荆的母亲受到宠爱，哀公打算立她为夫人，让宗人衅夏献上立夫人的礼仪。衅夏说："没有这种礼仪。"哀公生气地说："你是宗人，立夫人是国家的重要礼仪，怎么会没有呢？"衅夏回答说："周公和武公从薛国娶妻，孝公和惠公从宋国娶妻，自桓公以下都从齐国娶妻，这些礼仪都有。至于将妾立为夫人，确实没有这种礼仪。"哀公终究还是立了她，立公子荆为太子。从此国人开始厌恶哀公。

闰月，哀公到越国，和越国的太子适郢相处很好，适郢准备把女儿嫁给哀公，还要送给他很多土地。公孙有山派人告诉季孙。季孙害怕了，派人通过吴国太宰伯嚭送上贿赂，事情才得以中止。

哀公二十五年

传 二十五年夏五月庚辰①，卫侯出奔宋。

卫侯为灵台于藉圃，与诸大夫饮酒焉。褚师声子袜而登席②。公怒。辞曰③："臣有疾，异于人。若见之，君将殼之④。是以不敢。"公愈怒。大夫辞之，不可。褚师出，公戟其手⑤，曰："必断而足。"闻之，褚师与司寇亥乘，曰："今日幸而后亡⑥。"

公之入也，夺南氏邑⑦，而夺司寇亥政。公使侍人纳公文懿子之车于池。初，卫人翦夏丁氏⑧，以其帑赐彭封弥子⑨。弥子饮公酒，纳夏戊之女，嬖，以为夫人。其弟期⑩，大叔疾之从孙甥也⑪，少畜于公，以为司徒。夫人宠衰，期得罪。公使三匠久。公使优狡盟拳弥⑫，而甚近信之。故褚师比、公孙弥牟、公文要、司寇亥、司徒期因三匠与拳弥以作乱，皆执利兵，无者执斤⑬。使拳弥入于公宫，而自大子疾之宫噪以攻公。鄄子士请御之⑭，弥援其手，曰："子则勇矣，将若君何？不见先君乎⑮？君何所不逞欲？且君尝在外矣，岂必不反。当今不可，众怒难犯，休而易间也⑯。"乃出。将适蒲⑰，弥曰："晋无信，不可。"将适鄄⑱，弥曰："齐、晋争我，不可。"将适泠⑲，弥曰：

"鲁不足与，请适城𬴃以钩越⑳，越有君。"乃适城𬴃。弥曰："卫盗不可知也，请速，自我始。"乃载宝以归。

公为支离之卒㉑，因祝史挥以侵卫。卫人病之。懿子知之，见子之㉒，请逐挥。文子曰："无罪。"懿子曰："彼好专利而妄㉓。夫见君之入也，将先道焉㉔。若逐之，必出于南门而适君所。夫越新得诸侯，将必请师焉。"挥在朝，使吏遣诸其室。挥出，信㉕，弗内。五日，乃馆诸外里㉖。遂有宠，使如越请师。

六月，公至自越。季康子、孟武伯逆于五梧㉗。郭重仆㉘，见二子，曰："恶言多矣，君请尽之。"公宴于五梧。武伯为祝㉙，恶郭重，曰："何肥也？"季孙曰："请饮彘也㉚。以鲁国之密迩仇雠，臣是以不获从君，克免于大行㉛，又谓重也肥。"公曰："是食言多矣，能无肥乎？"饮酒不乐，公与大夫始有恶。

[注释]

①庚辰：二十五日。　②袜：穿着袜子。　③辞：辩解。　④嗀(hù)：呕吐。　⑤戟其手：以手叉腰如戟形。　⑥幸而后亡：能够逃亡就是幸运。　⑦南氏：即公孙弥牟。　⑧夏丁氏：即夏戊，见哀公十一年传。　⑨彭封弥子：即弥子瑕。　⑩期：夏戊之子。　⑪从孙甥：姊妹之孙，即从外孙。　⑫优狡：俳优，名狡。拳弥：卫大夫。　⑬斤：斧头。　⑭鄄子士：卫大夫。　⑮先君：指蒯聩。　⑯休而易间：叛乱平定才容易离间他们。休，定，止。　⑰蒲：卫邑，在今河南省长垣县东。　⑱鄄：卫地，在今山东省鄄城县西北。　⑲泠：卫地，近鲁。　⑳城𬴃：卫邑，在今河南省滑县东。钩越：与越国联系。　㉑为支离之卒：把徒兵分为数队。　㉒子之：即文子，公孙弥

牟。　㉓专利而妄：专权好利而不法。　㉔道：同"导"。　㉕信：再宿为信，即在外住两个夜晚。　㉖外里：地名，卫君所居处。　㉗五梧：鲁南部边境之地。　㉘仆：为公驾车。　㉙为祝：向鲁哀公敬酒祝寿。　㉚请饮彘：请罚彘喝酒。彘，孟武伯名。　㉛大行：远行。

[译文]

二十五年夏季，五月二十五日，卫出公逃到宋国。

卫出公在藉圃建造灵台，和大夫们一起饮酒他。褚师比穿着袜子入席。出公大怒。褚师比辩解说："臣有脚病，与别人不一样。如果让国君看到，将会呕吐。所以不敢脱下袜子。"出公更加愤怒。大夫们也都为褚师比开脱，出公仍不原谅他。褚师比退出来，出公仍然两手叉腰说："一定要砍断你的脚！"褚师比听到后，就和司寇亥同坐一辆车逃了出来，说："今日能够逃亡就是万幸了。"

出公回国时，夺走了公孙弥牟的封邑，夺取了司寇亥的官位。出公让侍从把公文懿子的车子扔到水池中。当初，卫国人灭了夏戍，把他的家产赐给了彭封弥子。弥子请出公喝酒，把夏戍的女儿献给了出公，受到宠爱，被立为夫人。夫人的弟弟期是太叔疾的从外甥，从小在公室长大，被任命为司徒。夫人的宠爱日渐衰减，期也得罪了出公。出公让三种匠人干活，长时间不让休息。出公让伶人狡和大夫拳弥结盟以侮辱拳弥，但又亲近宠信他。因此褚师比、公孙弥牟、公文懿子、司寇亥和司徒期依靠三种匠人和拳弥发动了叛乱，都拿着锋利的武器，没有武器的拿着斧子。让拳弥进入公宫，其他人从太子疾的宫中喊着要攻打出公。卫大夫鄄子士请求抵抗，拳弥拉住他的手说："你固然勇敢，但打算怎么保护国君呢？你难道忘了先君的结局吗？国君逃到哪里不能满足自己的欲望呢？再说国君也曾经在外边流亡过，怎么就能保证他不会再回来？现在不能抵抗，众怒难以触犯，等安定下来才能容易离间他们。"于是出公便逃亡了。准备到蒲地去，拳弥说："晋国不讲信用，不能到那里去。"准备到鄄地去，拳弥说："齐、晋正在争夺我国，不能到那里去。"准备到泠地去，拳弥说："鲁国不足以依靠，请国君到城钼，以联络越国，越国的国君很有能力。"出公逃往城钼。拳弥说："卫国的盗贼不可预料，请快点上路，我走在前面。"于是装上宝物回到国都。

出公把徒兵分为数队，依靠祝史挥作为内应攻打卫都。卫国人深为忧虑。公文懿子知道了，去见公孙弥牟，请求驱逐祝史挥。公孙弥牟说："他没有罪啊。"公文懿子说："他专权夺利并且胡作非为。如果看到国君有可能回来，就会前去引路的。如果驱逐他，他一定从南门出去，逃到国君那里。越国新近得到诸侯拥护，一定会请求越国出兵。"当时挥正在上朝，公文懿子派官吏等他回家后把他赶走了。挥出城后，住了两晚上，卫国人不让他进城。五天之后，就住到外里。很快受到出公的宠信，出公派他到越国请求出兵。

六月，哀公从越国回来。季康子、孟孺子在五梧迎接。郭重为哀公驾车，见了他们两人，回来后对哀公说："他们说了很多坏话，请国君追究他们。"哀公在五梧设宴。孟孺子向哀公祝酒，因为讨厌郭重，回来对哀公说："你为什么这么肥胖呢？"季康子说："请罚武伯一杯酒。因为鲁国紧邻仇敌之国，臣因此不能跟随国君，免于长途跋涉，但武伯却说辛苦奔波的郭重肥胖。"哀公说："这个人食言多了，能不肥胖吗？"大家喝得不痛快，哀公开始和大夫们不和。

哀公二十六年

传 二十六年夏五月，叔孙舒帅师会越皋如、舌庸、宋乐茷，纳卫侯。文子欲纳之。懿子曰："君愎而虐，少待之，必毒于民，乃睦于子矣。"师侵外州，大获①。出御之，大败。掘褚师定子之墓②，焚之于平庄之上③。

文子使王孙齐私于皋如④，曰："子将大灭卫乎，抑纳君而已乎？"皋如曰："寡君之命无他，纳卫君而已。"文子致众而问焉，曰："君以蛮夷伐国，国几亡矣。请纳之。"众曰："勿纳。"曰："弥牟亡而有益，请自北门出。"公曰："勿出。"重赂越人，申开守陴而纳公⑤，公不敢入。师还。立悼公，南氏相之。以城锄与越人。公曰："期则为此⑥。"令苟有怨于夫人者⑦，报之。司徒期聘于越，公攻而夺之币。期告王，王命取之。期以众取之。公怒，杀期之甥之为大子者。遂卒于越。

宋景公无子，取公孙周之子得与启，畜诸公宫，未有立焉。于是皇缓为右师，皇非我为大司马，皇怀为司徒，灵不缓为左师，乐茷为司城，乐朱锄为大司寇。六卿三族降听政⑧，因大尹以达⑨。大尹常不告⑩，而以其欲称君命以令。国人恶之。司城欲去大尹，左师曰："纵之，使盈其罪⑪。重而无基⑫，能无敝乎⑬？"

冬十月，公游于空泽⑭。辛巳⑮，卒于连中⑯。大尹兴空泽之士千甲⑰，奉公自空桐入，如沃宫⑱。使召六子⑲，曰："闻下有师⑳，君请六子画㉑。"六子至，以甲劫之，曰："君有疾病，请二三子盟。"乃盟于少寝之庭㉒，曰："无为公室不利。"大尹立启，奉丧殡于大宫㉓。三日，而后国人知之。司城茷使宣言于国曰："大尹惑蛊其君而专其利，今君无疾而死，死又匿之。是无他矣，大尹之罪也。"

得梦启北首而寝于卢门之外㉔，己为乌而集于其上㉕，咮加于南门㉖，尾加于桐门㉗。曰："余梦美，必立。"

大尹谋曰："我不在盟，无乃逐我，复盟之乎！"使祝为载书。六子在唐盂㉘，将盟之。祝襄以载书告皇非我，皇非我因子潞㉙、门尹得、左师谋曰："民与我，逐之乎？"

皆归授甲，使徇于国曰："大尹惑蛊其君，以陵虐公室。与我者，救君者也。"众曰："与之。"大尹徇曰："戴氏、皇氏将不利公室，与我者，无忧不富。"众曰："无别㉚。"戴氏、皇氏欲伐公，乐得曰："不可。彼以陵公有罪，我伐公，则甚焉。"使国人施于大尹㉛。大尹奉启以奔楚，乃立得。司城为上卿，盟曰："三族共政，无相害也。"

卫出公自城鉏使以弓问子赣㉜，且曰："吾其入乎？"子赣稽首受弓，对曰："臣不识也。"私于使者曰："昔成公孙于陈㉝，宁武子、孙庄子为宛濮之盟而君入㉞。献公孙于齐，子鲜、子展为夷仪之盟而君入㉟。今君再在孙矣，内不闻献之亲，外不闻成之卿，则赐不识所由入也。《诗》曰：'无竞惟人，四方其顺之㊱。'若得其人，四方以为主，而国于何有㊲？"

[注释]

①大获：大肆劫掠。　②褚师定子：褚师比之父。　③平庄：陵墓名。　④皋如：越臣。　⑤申开：将内外城门层层打开。陴：城上女墙。　⑥期：司徒期。　⑦夫人：期之姊。　⑧六卿：指右师、左师、司马、司徒、司城、司寇。三族：指皇、灵、乐。降听政：共同听政。　⑨因大尹以达：通过大尹上达。大尹，国君近官。　⑩不告：不向宋景公报告。　⑪使盈其罪：使其罪恶满盈。　⑫重而无基：权势重而无根基。　⑬敝：败。　⑭空泽：在今河南省虞城县南。　⑮辛巳：初四日。　⑯连中：馆名。　⑰千甲：甲士千人。　⑱沃宫：宋都内宫名。　⑲六子：六卿。　⑳下：下邑。　㉑画：谋划。　㉒少寝：即小寝，为诸侯退朝后燕息之处。　㉓大宫：宋国祖庙。　㉔北首：头朝北，死相。卢门：宋都东门。　㉕集：栖止。　㉖昧

(zhòu)：鸟嘴。　㉗桐门：宋都北门。　㉘唐盂：宋都远郊地名。　㉙子潞：司城乐茷。　㉚无别：与他人无区别。杜注："恶其号令与君无别。"　㉛施于大尹：施罪于大尹。　㉜子赣：即子贡。　㉝孙：通"逊"，逃。　㉞宛濮之盟：事见僖公二十八年。　㉟夷仪之盟：事见襄公二十六年。　㊱"无竞惟人"二句：句出《诗经·周颂·烈文》。意为莫强于得到人才，四方才会归顺。　㊲国于何有：言得国不难。

[译文]

二十六年夏季，五月，鲁国的叔孙舒率军会合越国的皋如、舌庸、宋国的乐茷，护送卫出公回国。公孙弥牟想接纳出公。公文懿子说："国君刚愎而暴虐，过些时候，就一定残害百姓，到那时百姓就会拥护您了。"越军入侵外州，大肆抢掠。卫军出来抵抗，结果大败。出公把褚师比的父亲褚师定子的坟墓掘了，在平庄上将尸骸焚烧。

公孙弥牟派王孙齐私下去问皋如："您是想彻底灭亡卫国呢？还是只送国君回来呢？"皋如说："寡君的命令没有别的，就是要护送卫君回国。"弥牟召集大家征求意见，说："国君率领蛮夷攻打国家，国家几乎要灭亡了。请求大家接纳他。"众人都说："不能接纳。"弥牟说："如果我逃亡对大家有好处的话，请允许我从北门出去。"众人都说："不让你走。"于是弥牟重重地贿赂越国人，大开城门，城墙上守卫森严地接纳出公，出公吓得不敢入城。越军回去。卫国立了悼公，由公孙弥牟辅佐。卫国把城钽一地送给了越国。卫出公说："这都是司徒期干的。"下令对夫人有怨恨的，可以进行报复。司徒期到越国聘问，出公攻打并夺了他携带的聘礼。司徒期报告越王，越王下令再夺回来。司徒期率领士卒夺回聘礼。出公非常愤怒，杀了司徒期的外甥，也就是太子。卫出公最终死在越国。

宋景公没有儿子，把公孙周的儿子得与启要来养在宫中，没有确定立谁为太子。这时，皇缓任右师，皇非我任大司马，皇怀任司徒，灵不缓任左师，乐茷任司城，乐朱钽任大司寇。皇、灵、乐三大家族的六卿共同执政，通过大尹向景公报告。大尹常常不向景公报告，却按照自己的想法假托君命发号施令。国人很厌恶他。司城打算除掉大尹，左师说："随他去，让他恶贯满盈。权势再大，而没有基础，能不毁败吗？"

冬季十月，宋景公在空泽游玩。四日，死在连中。大尹带着空泽的甲兵上千人，护送景公的灵柩从空洞进入国都，到达沃宫。派人召请六卿说："听说下邑有战事，请六卿前来谋划。"六卿来到后，大尹用甲士劫持他们说："国君有了重病，请几位盟誓。"就在小寝的院子里盟誓说："不做危害公室之事！"大尹立了启为新君，把灵柩安放到祖庙。三天以后国人才知道这事。司城乐茷派人在都城散布说："大尹蛊惑国君专权跋扈，现在国君无疾而终，死了他又秘不发丧。这没有别的原因，就是大尹的罪过。"

得梦见启头朝北睡在卢门之外，自己变成大乌鸦落在他身上，嘴巴放在南门上，尾巴伸到桐门上。醒来后他说："我这个梦很好，一定能被立为国君。"

大尹谋划说："我没有参加盟誓，恐怕会驱逐我，再和他们盟誓吧！"让祝史起草了盟书。六卿都在宋郊唐盂，准备和大尹盟誓。祝史襄带着盟书告诉皇非我，皇非我和乐茷、门尹得、左师商量："百姓拥护我们，把大尹赶走吧？"都回去把武器发给士卒，派人在城内宣扬说："大尹蛊惑国君，欺凌公室。支持我们，就是解救国君。"众人都说："支持你们。"大尹也到处宣传说："乐氏、皇氏准备危害公室，谁要支持我，不必发愁不能富贵。"众人说："你和国君没有区别。"乐氏和皇氏准备攻打新君启，乐得说："不能这么做。大尹因为欺凌国君所以才有了罪，我们攻打国君，罪过不就更大吗？"让国人把罪过都归到大尹身上。大尹事奉启逃到楚国，于是立了得为国君。司城做了上卿，盟誓说："三族共同执政，不要互相危害。"

卫出公从城钼派人送给子贡一把弓，并问："我能回国吗？"子贡叩头接受了弓，回答说："我不知道。"私下对使者说："从前卫成公逃亡陈国，宁武子、孙庄子在宛濮结盟后成公回国。献公逃到齐国时，子鲜、子展在夷仪结盟后献公回国。现在国君是第二次逃亡，既没有听说国内有献公那样的亲信，也没有听说国外有跟随成公那样的忠臣，我不知道他能依靠什么回国。《诗经》说：'得到人才便能强大，四方都会归顺。'假如能得到这样的人，四方臣民把他作为主人，回国又有什么困难呢？"

哀公二十七年

传 二十七年春，越子使舌庸来聘，且言邾田，封于骀上①。

二月，盟于平阳②。三子皆从③。康子病之，言及子赣，曰："若在此，吾不及此夫。"武伯曰："然。何不召？"曰："固将召之。"文子曰："他日请念。"

夏四月己亥④，季康子卒。公吊焉，降礼⑤。

晋荀瑶帅师伐郑，次于桐丘⑥。郑驷弘请救于齐。齐师将兴，陈成子属孤子⑦，三日朝。设乘车两马，系五邑焉⑧。召颜涿聚之子晋⑨，曰："隰之役，而父死焉。以国之多难，未女恤也。今君命女以是邑也，服车而朝，毋废前劳。"乃救郑。及留舒⑩，违谷七里⑪，谷人不知。及濮，雨，不涉。子思曰⑫："大国在敝邑之宇下⑬，是以告急。今师不行，恐无及也。"成子衣制⑭，杖戈，立于阪上⑮，马不出者，助之鞭之。知伯闻之，乃还，曰："我卜伐郑，不卜敌齐。"使谓成子曰："大夫陈子，陈之自出。陈之不祀，郑之罪也，故寡君使瑶察陈衷焉⑯。谓大夫其恤陈乎？若利本之颠⑰，瑶何有焉？"成子怒曰："多陵人者皆不在⑱，知伯其能久乎？"

中行文子告成子曰⑲："有自晋师告寅者，将为轻车千乘，以厌齐师之门，则可尽也。"成子曰："寡君命恒曰：'无及寡⑳，无畏众。'虽过千乘，敢辟之乎？将以子之命告寡君。"文子曰："吾乃今知所以亡。君子之谋也，始衷终皆举之㉑，而后入焉㉒。今我三不知而入之，不亦难乎？"

公患三桓之侈也㉓，欲以诸侯去之。三桓亦患公之妄也，故君臣多间㉔。公游于陵阪㉕，遇孟武伯于孟氏之衢，曰："请有问于子，余及死乎㉖？"对曰："臣无由知之。"三问，卒辞不对。公欲以越伐鲁，而去三桓。秋八月甲戌㉗，公如公孙有陉氏㉘，因孙于邾，乃遂如越。国人施公孙有山氏㉙。

悼之四年㉚，晋荀瑶帅师围郑。未至，郑驷弘曰："知伯愎而好胜，早下之㉛，则可行也。"乃先保南里以待之㉜。知伯入南里，门于桔柣之门。郑人俘酀魁垒㉝，赂之以知政㉞，闭其口而死。将门，知伯谓赵孟："入之。"对曰："主在此㉟。"知伯曰："恶而无勇㊱，何以为子㊲？"对曰："以能忍耻，庶无害赵宗乎！"知伯不悛。赵襄子由是惎知伯㊳。遂丧之。知伯贪而愎，故韩、魏反而丧之。

[注释]

①封于驷上：以驷上作为邾、鲁疆界。　②平阳：鲁邑，即今山东省邹城市。　③三子：指季康子、叔孙文子、孟武伯。　④己亥：二十五日。　⑤降礼：礼仪减等。　⑥桐丘：郑地，在今河南省扶沟

县西。　⑦属孤子：集合为国战死者的儿子。　⑧系五邑：将册书放在五个袋子里。邑，即"裛"（yì），书囊。　⑨颜涿聚：即颜庚。　⑩留舒：在今山东省东阿县旧治东北。　⑪违：离。　⑫子思：国参。　⑬大国：指晋。　⑭衣制：穿着雨衣。　⑮阪：山坡。　⑯察陈衷：调查陈国灭亡的内情。衷，同"中"。　⑰利本之颠：以树干的倾覆为利。　⑱不在：无好结果。　⑲中行文子：荀寅，此时奔在齐。　⑳及：打击。　㉑举：谋。　㉒入：上告而实行。　㉓侜：威胁。　㉔多间：隔阂多。　㉕陵阪：相传黄帝陵、少皞陵在曲阜城东北，陵阪即此地。　㉖死：指寿终而死。　㉗甲戌：初一日。　㉘公孙有陉：即公孙有山。　㉙施：劲捕。　㉚悼：鲁悼公，名宁，哀公之子。　㉛下之：向他表示屈服。　㉜南里：地名，在郑都城外。　㉝鄎（xī）魁垒：晋士。　㉞知政：即卿。　㉟主：指知伯。　㊱恶：貌丑。　㊲为子：立为继承人。　㊳綦：忌恨。

[译文]

二十七年春季，越王派舌庸来鲁国聘问，同时商谈邾国田地一事，商定以驷上作为鲁、邾两国的疆界。

二月，两国在平阳结盟。季康子、叔孙文子、孟孺子都跟随前去。季康子很忧虑，说起子贡，说："他要是在这里，我不会到这一步。"孟孺子说："对。为什么不召他来？"季康子说："本来是准备让他来的。"叔孙文子说："以后要记着他。"

夏季四月二十五日，季康子去世。哀公前往吊唁，礼仪降了一等。

晋国的荀瑶领兵攻打郑国，驻扎在桐丘。郑国的子般到齐国请求救兵。齐军准备出发，陈常召集阵亡将士的孩子，用三天时间接见他们。准备了一辆车、两匹马，把册书放在五个口袋里。陈常召见颜涿聚的儿子晋，说："隰地之战中你的父亲殉国。因为国家多灾多难，没有给你关怀。现在国君把这座城邑封给你，你赶快乘这辆车去朝见，不要废弃了你父亲的功劳。"然后便出兵救郑。越过留舒，过了谷地七里之后，谷地人还没有察觉。到达濮地，遇到大雨，军队不肯渡河。子思对齐军说："晋军已经来到我国的屋檐底下，所以才向贵国告急。现在军队停滞不前，恐怕来不及了。"陈常穿上雨衣手挂长戈，立在坡上，战马不肯向前，就亲自拉马或用戈打马。荀瑶听说后决定回国。他说："我只占卜了攻打郑国，没有占卜要和齐军作战。"派人对陈常说："陈大夫您是从陈国分支出来的。陈国遭到灭亡，是郑国的罪过，所以寡君派我前来考察陈国灭亡的原因。我想问您就不关心陈国的命运吗？假如您认为颠覆了根本对您有利，我还操这个心干什么？"陈常生气地说："经常欺凌别人的人必然没有好结果，荀瑶难道能长久吗？"

荀寅对陈常说："有人从晋军来告诉我，他们准备使用一千辆轻车攻打齐军的营门，就可以全歼齐军了。"陈常说："寡君曾命令我：'不要攻击小股敌人，不要畏惧大批敌人。'即使超过一千辆，我敢逃避吗？我将把您的话转告寡君。"荀寅说："现在我才明白自己为什么逃亡在外了。君子计划一件事，要对开始、中间和结局都考虑到，然后向上报告。现在我对这三者都不知道就报告了，不是很难吗？"

哀公担心三桓对自己的威胁，想依靠诸侯把他们除掉。三桓也担心哀公的狂妄昏乱，因此君臣之间多有隔阂。哀公在陵阪游玩，在孟氏之衢遇到孟武伯，说："我想向你请教，我能得以善终吗？"孟武伯回答说："臣无法知道。"一连问了三次，武伯始终不回答。哀公准备利用越国攻打鲁国来除掉三桓。秋季八月一日，哀公到了公孙有陉家，乘机避居到邾国，随后又到了越国。国人拘捕了公孙有陉氏。

鲁悼公四年，晋国的荀瑶率军围攻郑国。还没有到达，郑国的子般说："荀瑶刚愎自用而争强好胜，不如早些表示屈服，他就会退兵。"于是先到南里据守等待晋军。荀瑶到了南里，攻打桔柣之门。郑国人俘虏了酅魁垒，用卿的官位诱降他，他不同意，郑国人便塞住他的嘴将其杀害。准备攻打城门，荀瑶对赵无恤说："你冲进去。"赵无恤说："有主帅在这里。"荀瑶说："你丑陋而缺乏勇气，为什么把你立为继承人呢？"赵无恤回答说："因为我能忍受耻辱，也许对赵氏宗族没有危害吧！"荀瑶不知改悔。赵无恤从此忌恨荀瑶。荀瑶就想灭掉赵无恤。荀瑶贪婪而刚愎，因此韩、魏反过来联合灭亡了他。